Fritz U. Niethard und Joachim Pfeil

Orthopädie

Die überdurchschnittliche Ausstattung dieses Buches wurde durch die großzügige Unterstützung von drei Unternehmen ermöglicht, die sich seit langem als Partner der Mediziner verstehen. Wir danken der

MLP Marschollek, Lautenschläger & Partner AG,

Alte Leipziger Lebensversicherungsgesellschaft aG,

Hallesche Nationale Krankenversicherung aG.

Nähere Informationen hierzu siehe am Ende des Buches.

Duale Reihe

Orthopädie

Fritz U. Niethard
Joachim Pfeil

380 Abbildungen in 580 Einzeldarstellungen, 47 Tabellen

2., überarbeitete und erweiterte Auflage

Hippokrates Verlag Stuttgart

Die Deutsche Bibliothek - CIP-Einheitsaufnahme

Niethard, Fritz U.:
Orthopädie/Fritz U. Niethard; Joachim Pfeil - 2., überarb. und erw. Aufl. - Stuttgart: Hippokrates-Verl., 1992
(Duale Reihe)
ISBN 3-7773-1015-8
NE: Pfeil, Joachim:

Anschrift der Verfasser:

Professor Dr. med. Fritz U. Niethard
Priv.-Doz. Dr. med. Joachim Pfeil
Orthopädische Universitätsklinik
Schlierbacher Landstraße 200 a
6900 Heidelberg

Anschrift der Reihenherausgeber:

Dr. med. Alexander Bob
Dr. med. Konstantin Bob
Weschnitzstraße 4
6940 Weinheim

Studentische Mitarbeiter dieser Auflage:
Oliver Kistner, Heidelberg; Kerstin Lauer, Mainz; Birgit Schauder, Heidelberg; Helmut Mair, München, Thomas Wolffgram, Gießen

Zeichnungen:

Teil A Gerhard Kohnle
Teil B und C Gerhard Kohnle und Lothar Schnellbächer

1. Auflage 1989

Wichtiger Hinweis

Wie jede Wissenschaft ist die Medizin ständigen Entwicklungen unterworfen. Forschung und klinische Erfahrung erweitern unsere Erkenntnisse, insbesondere was Behandlung und medikamentöse Therapie anbelangt. Soweit in diesem Werk eine Dosierung oder eine Applikation erwähnt wird, darf der Leser zwar darauf vertrauen, daß Autoren, Herausgeber und Verlag große Sorgfalt darauf verwandt haben, daß diese Angabe dem Wissensstand bei Fertigstellung des Werkes entspricht.
Für Angaben über Dosierungsanweisungen und Applikationsformen kann vom Verlag jedoch keine Gewähr übernommen werden. Jeder Benutzer ist angehalten, durch sorgfältige Prüfung der Beipackzettel der verwendeten Präparate und gegebenenfalls nach Konsultation eines Spezialisten festzustellen, ob die dort gegebene Empfehlung für Dosierungen oder die Beachtung von Kontraindikationen gegenüber der Angabe in diesem Buch abweicht. Eine solche Prüfung ist besonders wichtig bei selten verwendeten Präparaten oder solchen, die neu auf den Markt gebracht worden sind. Jede Dosierung oder Applikation erfolgt auf eigene Gefahr des Benutzers. Autoren und Verlag appellieren an jeden Benutzer, ihm etwa auffallende Ungenauigkeiten dem Verlag mitzuteilen.
Geschützte Warennamen (Warenzeichen) werden nicht besonders kenntlich gemacht. Aus dem Fehlen eines solchen Hinweises kann also nicht geschlossen werden, daß es sich um einen freien Warennamen handele.

ISBN 3-7773-1015-8

Printed in Germany 1989, 1992.
Satz: Fotosatz Sauter, 7322 Donzdorf. Druck: Druckerei Kohlhammer, 7000 Stuttgart 61
Schrift: 9/10 Punkt Times (Berthold)

Inhalt

Teil B Allgemeine Orthopädie

Teil C Spezielle Orthopädie

Aus dem Vorwort der Reihenherausgeber zur 1. Auflage

Heute gibt es beinahe zu jedem medizinischen Spezialgebiet mehrere Lehrbücher unterschiedlichen Umfanges. Die Lerninhalte, die ein Student bewältigen muß, werden jährlich umfangreicher, und in demselben Trend bewegen sich auch die meisten Lehrbücher. Dies hat dazu geführt, daß die Studenten während des Semesters ein ausführliches Lehrbuch benutzen, zur Prüfungsvorbereitung aus Zeitgründen aber auf sowohl vom Inhalt wie auch von der Ausstattung her oftmals unbefriedigende »Skripten« zurückgreifen müssen.

In Zusammenarbeit mit dem Hippokrates Verlag haben wir daher ein didaktisches Konzept erstellt, welches gegenüber herkömmlichen Lehrbüchern eindeutige Vorzüge hat. Das Quentchen »mehr und besser« setzt sich zusammen aus dem Repetitorium, der großen Zahl an Abbildungen, den klinischen Fällen, der konsequenten formalen Didaktik und der Überprüfung der Prüfungsrelevanz des Repetitoriums durch Medizinstudenten.

Üppig ausgestattete Bücher sind häufig teuer und nicht selten für Studenten *zu* teuer. Um diesem Dilemma zu entgehen, haben wir uns gemeinsam mit dem Hippokrates Verlag nach einem Sponsor umgesehen. Das war nicht leicht, denn der Partner sollte im Medizinbereich tätig sein, über einen tadellosen Ruf verfügen und erhaben sein über den Verdacht der Einflußnahme auf den Inhalt der Bücher. Wir freuen uns daher, daß es gelungen ist die Firma MLP und die assoziierten Versicherungen für die Unterstützung der Reihe und mithin der Medizinstudenten zu gewinnen. Die Kooperation mit diesen Unternehmen ermöglichte eine ungeschmälerte Realisierung des Konzeptes und einen, aus unserer Sicht, konkurrenzlosen Preis für diese Bücher.

Wir bedanken uns bei den zahlreichen Medizinstudenten, die uns bei der konkreten Arbeit an den Bänden behilflich waren, indem sie diese auf Prüfungsrelevanz und Verständlichkeit testeten.

Wir hoffen, mit diesem Lehrbuchkonzept einen Beitrag zur Bewältigung der ständig wachsenden Wissensfülle geleistet zu haben, mit der sich die jungen Mediziner, angehende wie fertige, konfrontiert sehen.

Aus dem Vorwort der Reihenherausgeber zur 1. Auflage

Die Lerninhalte, die ein Student bewältigen muß, werden jährlich umfangreicher, und in demselben Trend bewegen sich auch die meisten Lehrbücher.

Wir haben ein didaktisches Konzept erstellt, welches gegenüber herkömmlichen Lehrbüchern eindeutige Vorzüge hat.

Die Kooperation mit MLP ermöglichte eine ungeschmälerte Realisierung des Konzeptes und einen, aus unserer Sicht, konkurrenzlosen Preis für diese Bücher.

Prüfungsrelevanz und Verständlichkeit wurden von Studenten überprüft.

Vorwort der Reihenherausgeber zur 2. Auflage

Etwas mehr als ein Jahr nach Erscheinen dieses Bandes sind wir bereits in der glücklichen Situation, die 2. Auflage der ersten Dualen Bände vorbereiten zu dürfen. Der überwältigende Erfolg des Dualen Konzeptes hat mit dem Vorurteil aufgeräumt, daß Medizinstudenten am liebsten schmalspurig lernen.

Durch die mehreren hundert Leserzuschriften wissen wir, wie dankbar die neue Didaktik aufgegriffen wurde, die es ermöglicht zeitsparend *und trotzdem* auf Verständnis zu lernen.

Die Autoren haben das Konzept hervorragend umgesetzt und mit den vielen klinischen Abbildungen, Röntgenbildern, den Praxistips und klinischen Beispielen der schnöden Faktenbüffelei ein Ende gesetzt.

Entsprechend den zahlreichen Zuschriften und Anregungen, für die wir uns sehr herzlich bedanken, wurde die 2. Auflage weiter verbessert. Unser großer Wunsch ist es, auch weiterhin möglichst viele Anregungen und Kritiken von Lesern zu erhalten und umzusetzen. Das neu hinzugekommene Glossar ist beispielsweise ein Ergebnis dieses Meinungsaustauschs mit den Lesern. Hierzu interessiert uns Ihre Meinung ganz besonders.

Bitte machen Sie regen Gebrauch von der Möglichkeit, uns Ihre Erfahrungen mit dem Konzept mitzuteilen (siehe letzte Buchseite).

Aus dem Studentenbeirat der Dualen Reihe haben die im Impressum genannten Kollegen besonders intensiv an diesem Band mitgewirkt - manch wichtigen Hinweis verdanken wir ihnen.

Für Ihre Medizinerlaufbahn die besten Wünsche.

Weinheim, Mai 1992
Dr. med. Alexander Bob *Dr. med. Konstantin Bob*

Vorwort

Die medizinische Ausbildung ist weitgehend verschult. Die Ausbildungsinhalte und die pädagogischen Konzepte haben sich darauf eingestellt. Da jedes Fach ein besonderes Gewicht für sich beansprucht, ist der vom Studierenden zu erarbeitende Lehrstoff überproportional angestiegen und kaum mehr zu bewältigen. Dies hat dazu geführt, daß die Studenten die kompendienhafte Abfassung von Lehrbüchern bevorzugen. Vor allem für die Prüfungsanforderungen steht das Muß des Gegenstandskataloges so weit im Vordergrund, daß der Student kaum mehr Muße und Interesse für die vertiefte Einarbeitung in ein Fachgebiet aufbringt. Das umfassende Lehrbuch wird daher kaum mehr zur Hand genommen.

Es galt also einen Mittelweg zu finden und ein Lehrbuch zu verfassen, das sowohl nach herkömmlichem Aufbau an das Verständnis des Studierenden appelliert als auch kompendienhaft die wesentlichen Inhalte zusammenfaßt.

Die von den Reihenherausgebern *Alexander Bob* und *Konstantin Bob* erarbeitete Idee eines Lehrbuchs und Kompendiums in einem schien uns der richtige Weg zu sein und ein neues Lehrbuch für Orthopädie zu rechtfertigen.

Daß diese »zwei Bücher in einem« mit der umfangreichen Ausstattung mit einem auch für den Studenten günstigen Preis auf den Markt gebracht werden können, ist der hervorragenden Zusammenarbeit der daran Beteiligten im Team zu verdanken.

Wir möchten dem Hippokrates Verlag mit seinem Verleger *Albrecht Hauff* für das Entgegenkommen herzlich danken. Großer Dank gebührt Dr. *Alexander Bob,* der ein besonderes Ohr für die Wünsche der Auszubildenden hat und mit dem hier vorgelegten Konzept den Lehrbuchmarkt bereichern konnte. Wir danken ihm auch für die immer bereitwillige Unterstützung bei der Fertigstellung des Buches. Im Zusammenhang mit der qualitativ hochstehenden Ausstattung des Buches möchten wir der Verlagstechnik unter Leitung von Herrn *B. Feuerbacher* und vor allen Dingen den Zeichnern, Herrn *G. Kohnle* und Herrn *L. Schnellbächer,* sowie der Firma *Otto Bock* für die Bereitstellung von Abbildungen besonders danken. Dank gebührt auch Frau *E. Höfer,* Frau *A. Heilmann* und Herrn *H. Brünler* aus der Orthopädischen Universitätsklinik Heidelberg, die uns bei der Textverarbeitung bzw. der Erstellung des Fotomaterials unterstützt haben.

Ein Lehrbuch zu schreiben bedeutet Arbeit, und wenn diese neben dem Klinikalltag erbracht werden muß, bedeutet dies Zeitverlust für die Familie. Einen ganz besonderen Dank möchten wir daher an unsere Ehefrauen und Kinder weitergeben, die zu jedem Zeitpunkt viel Verständnis für die zeitliche Inanspruchnahme aufbringen mußten. Schließlich wollen auch wir mit diesem Buch für Verständnis werben – das Verständnis für die Orthopädie, da Faktenwissen allein keine verantwortliche ärztliche Tätigkeit ermöglicht. Denn »Medizin ein Viertel, gesunder Menschenverstand drei Viertel« (Tamil, indisches Sprichwort).

Heidelberg, im Juni 1989 *F. U. Niethard und J. Pfeil*

Vorwort zur 2. Auflage

Mit dem Konzept der Dualen Reihe wollten wir nicht nur Sachwissen vermitteln, sondern das Verständnis für die Orthopädie fördern.

Wir sind verstanden worden; das hat die außerordentlich große Resonanz gezeigt, die wir vor allem unter Studenten gefunden haben. Wir danken für die zahlreichen Anregungen und Kritiken, die sich in ungewöhnlicher Tiefe mit Inhalt und Form des Buches auseinandergesetzt haben. Sie haben uns geholfen, die in einer 1. Auflage kaum vermeidbaren kleinen Fehler auszumerzen und an mehreren Stellen das didaktische Konzept zu verbessern. Dem wurde durch die Aufnahme neuer Erkenntnisse aus der Orthopädie und weiterer Abbildungen und Synopsen entsprochen. Wir freuen uns auch dieses Mal auf das Echo.

Heidelberg, im Mai 1992 *F. U. Niethard und J. Pfeil*

Teil A Grundlagen der Orthopädie

1 Einleitung

1 Einleitung

◀ Definition

Definition und Aufgaben der Orthopädie. Die Orthopädie umfaßt die Erkennung, Behandlung, Prävention und Rehabilitation von angeborenen und erworbenen Formveränderungen und Funktionsstörungen, Erkrankungen und Verletzungen der Stütz- und Bewegungsorgane.

Die Stütz- und Bewegungsorgane sind das größte Organsystem des menschlichen Körpers. Dementsprechend können die zugehörigen Strukturen von zahlreichen und unterschiedlichsten Formveränderungen und Funktionsstörungen, Erkrankungen und Verletzungen betroffen werden. Durch ihre Häufigkeit spielen in der alltäglichen Praxis Überlastungserscheinungen der Stütz- und Bewegungsorgane, Verschleißprozesse (degenerative Veränderungen), Verletzungen und Verletzungsfolgen die größte Rolle. Epidemiologische Untersuchungen zeigen, daß oberhalb des 50. Lebensjahres praktisch kein Mensch von degenerativen Erkrankungen und deren Folgen verschont bleibt. Die Entstehung dieser Erkrankungen oder zumindest die Auslösung klinischer Symptome ist in vielen Fällen umwelt- und/oder zivilisationsbedingt. Neben der Behandlung kommt daher der **Prävention** dieser Veränderungen große Bedeutung zu. In der Prävention von vermeidbaren Erkrankungen und Deformitäten finden sich auch die Wurzeln der Orthopädie. Nikolas Andry hat 1741 in seinem Werk »L'orthopédie ou l'art de prévenir et de corriger dans les enfants, les difformités du corps« vor allem die Vermeidung von Spätfolgen nach Haltungsschäden von Kindern im Auge gehabt. Mit dieser Zielvorstellung hat er der Orthopädie ihren Namen gegeben (von orthos=gerade, paidion=Kind). Sie ist bis in die heutige Zeit auch Richtschnur für das orthopädische Denken geblieben, und aus diesem Grund hat sich die Orthopädie das an einen Pfahl zur Wachstumslenkung festgebundene Bäumchen als Berufssignum gewählt *(Abb. 1)*.

Die Stütz- und Bewegungsorgane sind als größtes Organsystem des menschlichen Körpers von zahlreichen Formveränderungen und Funktionsstörungen, Erkrankungen und Verletzungen betroffen. Die größte Rolle in der alltäglichen Praxis spielen Überlastungserscheinungen und Verschleißprozesse, die in vielen Fällen umwelt- und/oder zivilisationsbedingt sind. Der **Prävention** derartiger Veränderungen kommt daher eine große Bedeutung zu.

In der Vorbeugung der Erkrankungen finden sich auch die Wurzeln der Orthopädie. So soll das »Orthopädiebäumchen« die Prävention von Deformitäten im Kindesalter durch Wachstumslenkung hervorheben *(Abb. 1)*.

Die Stütz- und Bewegungsorgane formen die menschliche Gestalt. Ihre Funktion bestimmt die Leistungsfähigkeit des Menschen im alltäglichen Leben. **Form und Funktion bilden eine untrennbare Einheit.** Der Mensch in seiner Ganzheit steht daher auch bei allen Überlegungen der orthopädischen **Therapie** im Mittelpunkt. Das Streben nach Wiederherstellung von Form und Funktion dient stets dem Ziel, den Menschen als Ganzes zu behandeln, seine Leistungsfähigkeit in Beruf und Freizeit zu erhalten. Selbst bei dauernd eingeschränkter Leistungsfähigkeit sind alle Bemühungen darauf gerichtet, den Behinderten durch Instrumente der **Rehabilitation** in das gesellschaftliche Leben zu integrieren.

Abb. 1: »Orthopädiebäumchen«

Form und Funktion sind als untrennbare Einheit wegweisend für die orthopädische **Therapie.** Der Mensch in seiner Ganzheit steht jedoch auch bei allen Maßnahmen der **Rehabilitation** im Mittelpunkt orthopädischen Denkens.

Form und Funktion in der Orthopädie. Als die Lehre von den Erkrankungen und Verletzungen der Stütz- und Bewegungsorgane setzt die Orthopädie die Kenntnis vom Aufbau und den Funktionen der zugehörigen Organe voraus. Wenngleich eine scharfe Trennung zwischen stützenden und bewegenden Organen nicht möglich ist, so übernimmt das Stützorgan doch vorwiegend statische Aufgaben. Seine Leistungen sind passiver Art. Die Bewegungsorgane werden überwiegend dynamisch beansprucht, wofür sie wiederum eine Vielzahl aktiver

Form und Funktion in der Orthopädie.
Die Orthopädie als Lehre von den Erkrankungen und Verletzungen der Stütz- und Bewegungsorgane suggeriert eine Trennung von stützenden und bewegenden Organen.

Statische Aufgaben des Stützapparates und dynamische Aufgaben des Bewegungsapparates lassen sich jedoch nicht trennen. Ihre Bewältigung geschieht stets zur gleichen Zeit und nebeneinander. Dabei werden höchste Anforderungen an den Aufbau und die Qualität der Gewebe gestellt.

Leistungen vollbringen müssen. **Statische und dynamische Aufgaben lassen sich nicht trennen.** Ihre Bewältigung geschieht stets zur gleichen Zeit und nebeneinander. Dabei werden höchste Anforderungen an den Aufbau und die Qualität der Gewebe gestellt, deren Erfüllung in der Technik bis heute weitgehend unmöglich ist. So hat z.B. die Wirbelsäule die gegensätzlichen Aufgaben einer größtmöglichen Stabilität (Gewichtheber) und Mobilität (Schlangenmensch) zu übernehmen, was einen differenzierten formalen Aufbau dieses Organs im makro- und mikromorphologischen Bereich voraussetzt.

Grundsätzlich gilt, daß die Einheit von Form und Funktion nur gewährleistet ist, wenn auch die an den Stütz- und Bewegungsorganen beteiligten Strukturen im makro- und mikromorphologischen Bereich in ihrer Integrität ungestört sind. Der Aufbau der Strukturen der Stütz- und Bewegungsorgane ist größtenteils genetisch bestimmt. Er kann aber durch Stoffwechselvorgänge und zahlreiche endogene und exogene Kräfte modifiziert werden. Diese spielen als Erkrankungspotential für die Entstehung orthopädischer Erkrankungen eine große Rolle, können aber auch therapeutisch häufig wirksam angegangen werden. Die Diagnose orthopädischer Erkrankungen darf sich daher nicht in einer Analyse von Form- und Funktionsstörungen verlieren, sondern muß auch viele Wechselwirkungen bedenken, die für die Pathogenese orthopädischer Erkrankungen bedeutsam sind.

Von der Diagnose zur Therapie
Da der menschliche Organismus stets den Gravitationskräften der Erde ausgesetzt ist, ist eine Übertragung der physikalischen **Gesetze der Mechanik** auf Probleme der Orthopädie naheliegend. Vorstellungen von der Entstehung von Überlastungserscheinungen, Verschleißprozessen und Deformitäten lassen sich gut mit bekannten Problemen aus der Technik vergleichen. Für die Darstellung von »fehlerhaften Konstruktionen« mit verminderter Belastungsfähigkeit des Stützorgans sind bildgebende Verfahren von großer Bedeutung *(Syn. 1)*.

Von der Diagnose zur Therapie. Medizinisches Denken fußt auf naturwissenschaftlichen Erkenntnissen und den Erfahrungen des Arztes. In der Orthopädie haben als naturwissenschaftliche Prinzipien die Biologie und Mechanik einen besonderen Stellenwert. Die Übertragung der physikalischen **Gesetze der Mechanik** auf Probleme der Orthopädie ist naheliegend. Der menschliche Organismus ist stets den Gravitationskräften der Erde ausgesetzt. Die Vorstellungen von der Entstehung von Überlastungserscheinungen, Verschleißprozessen (degenerativen Erkrankungen) und Deformitäten lassen sich daher gut mit bekannten Problemen aus der Technik vergleichen. Menschliche Gelenke werden als Kugel- und Scharniergelenke bezeichnet, deren Belastung durchaus an derjenigen technischer Gelenke gespiegelt werden kann. »Fehlerhafte Konstruktionen« müssen sich daher als Formstörungen dauerhaft auf die Funktion der Strukturen auswirken und erhalten bei der Beurteilung orthopädischer Erkrankungen ein besonderes Gewicht. Demgemäß sind die Röntgenmorphologie der Stütz- und Bewegungsorgane und andere bildgebende Verfahren von großer Bedeutung, weil sie u.a. auch eine Aussage über die mechanische Belastung und Belastungsfähigkeit der Strukturen zulassen *(Syn.1)*.

Synopsis 1: Der Einfluß orthopädischer Denkweisen auf Diagnose und Therapie: Das orthopädische Denken orientiert sich an Hauptsymptomen, die durch verschiedene Untersuchungsmethoden konkretisiert werden und zur Diagnose führen. Damit wird die Denkweise mittelbar auch für die Therapie bestimmend.

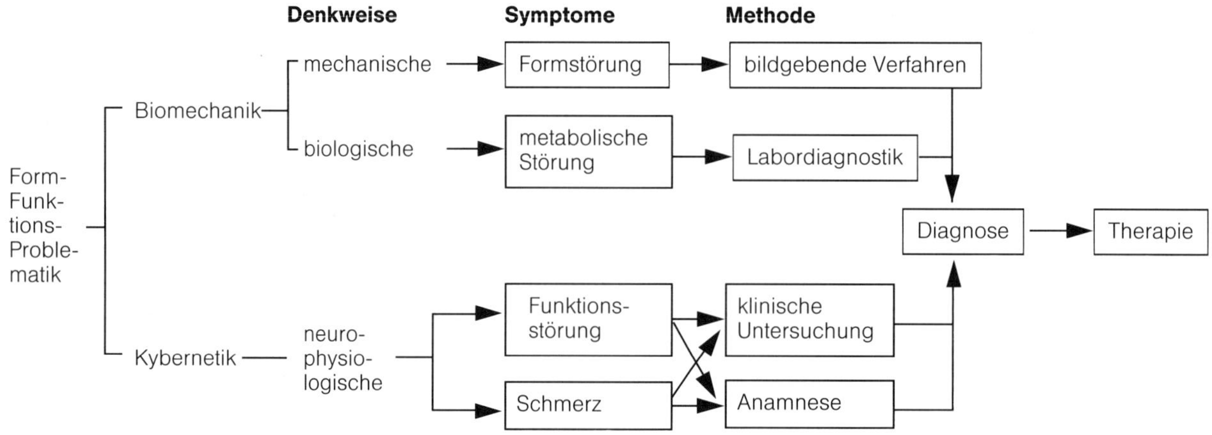

Doch die Gewebe des menschlichen Körpers sind mehr als nur technische Strukturen. Sie leben, verändern sich stetig und sind zu Anpassungsreaktionen fähig. Veränderungen ihrer Belastung können registriert und Adaptationsvorgänge eingeleitet werden. Der Metabolismus der Gewebe ist dabei ein wichtiges Bindeglied: Der Gebrauch erhält, die Anstrengung fördert, die Überanstrengung schadet (*Arndt-Schultze*-Regel). Die Erkenntnis vom Anpassungsvermögen der Gewebe kennzeichnet das **biologische Denken** in der Orthopädie. Vor allem Wachstumsprozesse, aber auch die stetigen Umstrukturierungen der Gewebe nach Wachstumsabschluß stellen einen ständigen Anpassungsprozeß, eine stetige Auseinandersetzung mit den auf sie wirkenden Kräften dar. Darüber hinaus sind Unterschiede der Gewebequalität bei der biologischen Betrachtungsweise orthopädischer Erkrankungen zu berücksichtigen. Allerdings stehen hierfür bisher kaum Maßzahlen zur Verfügung. Die Qualität des Gewebes richtig einzuschätzen, kennzeichnet die besondere Erfahrung eines Orthopäden.

Doch die Gewebe des menschlichen Körpers sind mehr als technische Strukturen. Sie leben, verändern sich und sind zu Anpassungsreaktionen fähig. Der Gewebestoffwechsel ist dabei ein wichtiges Bindeglied. Er kennzeichnet das **biologische Denken** in der Orthopädie.

Werden die Gewebe in ihren Anpassungsmöglichkeiten über- oder unterfordert, so kann es auch zu morphologisch faßbaren Auswirkungen kommen, die bereits die Vorstufe eines Krankheitsprozesses darstellen und im weiteren Verlauf dann in Krankheiten einmünden. Diese Zusammenhänge zwischen der mechanischen Belastung und der biologischen Reaktion der Gewebe sind insbesondere auf dem Gebiet der Orthopädie Anlaß für zahlreiche Untersuchungen und bilden das große Feld der **Biomechanik.** Als Biomechanik wird häufig nur die Auswirkung mechanischer Kräfte auf die biologischen Anpassungsvorgänge der Gewebe verstanden. Zum ganzheitlichen Verständnis der Orthopädie gehört jedoch mehr. Die einheitliche Betrachtung von Form und Funktion erst macht orthopädisches Denken aus. Die normale Form führt zu ungestörter Funktion und umgekehrt. Dementsprechend führen nicht nur Formstörungen zu Funktionsstörungen, sondern auch Funktionsstörungen zu Störungen der Form. Die **Form-Funktionsproblematik** ist ein relativ neuer Erwerb orthopädischen Denkens. Während die Form der Strukturen der Stütz- und Bewegungsorgane weitgehend definiert ist, sind deren Funktionen noch nicht bis ins letzte Detail geklärt. Am Gelenk ist z.B. die Funktion mehr als reine Mechanik. Erste Funktionsstörungen äußern sich häufig ausschließlich durch Schmerzen, ohne daß eine wesentliche funktionelle Beeinträchtigung oder ein pathomorphologischer Befund erhoben werden könnte. Die Schmerzanalyse ist so bei vielen orthopädischen Erkrankungen bereits der Schlüssel zur Diagnose. Die Kenntnis **neurophysiologischer Vorgänge** ist daher für die Beurteilung von Funktion und Funktionsstörungen von wesentlicher Bedeutung.

Die Zusammenhänge zwischen mechanischer Belastung und den biologischen Reaktionen des Gewebes sind Inhalt der **Biomechanik.** Als Biomechanik wird häufig nur die Auswirkung mechanischer Kräfte auf die biologischen Anpassungsvorgänge verstanden. Zum ganzheitlichen Verständnis der Orthopädie gehört jedoch vor allem auch die Betrachtung der Einheit von **Form und Funktion.** Während die Form der Strukturen an den Stütz- und Bewegungsorganen weitgehend definiert ist, sind deren Funktionen noch nicht bis ins letzte Detail geklärt. Funktionsstörungen sind eng an Schmerzphänomene gekoppelt. Die Kenntnis **neurophysiologischer Vorgänge** ist daher für die Beurteilung von Funktion und Funktionsstörungen von großer Bedeutung.

Das Verständnis der **naturwissenschaftlichen Grundlagen** der Orthopädie ist für die Diagnose und Therapie orthopädischer Erkrankungen unerläßlich. Nur bei Kenntnis der formalen Vielfalt am Skelettsystem kann der Arzt wirkliche Formstörungen herausfinden und auf daraus resultierende mechanische Störungen schließen. Nur wer die Biologie des Gewebes kennt, wird die für Heilungsprozesse erforderlichen Zeiten richtig einschätzen und notwendige Maßnahmen treffen können. Nur wer die Neurophysiologie der Haltungs- und Bewegungsorgane beherrscht, wird sich von einer rein statischen Betrachtungsweise der Stütz- und Bewegungsorgane lösen, viele Funktionsstörungen ohne Röntgenbild erkennen und sachgerecht behandeln können. Die ganzheitliche Betrachtung orthopädischer Krankheitsbilder erst ermöglicht den Schritt von der differenzierten Diagnose zur adäquaten Therapie, wie er aus *Synopsis 1* hervorgeht.

Das Verständnis der **naturwissenschaftlichen Grundlagen** der Orthopädie ist für die Diagnose und Therapie orthopädischer Erkrankungen unerläßlich. Es orientiert sich an mechanischen, biologischen und neurophysiologischen Denkweisen, die die Diagnose und mittelbar auch die Therapie bestimmen, wie es aus *Synopsis 1* hervorgeht.

Trotz der naturwissenschaftlichen Grundlagen ist in der Orthopädie jedoch auch ein großes Maß an **Erfahrung** erforderlich. Orthopädische Erkrankungen nehmen zum großen Teil einen chronischen Verlauf. Zahlreiche Erkrankungen und insbesondere Deformitäten sind durch die einmalige Analyse von Form und Funktion nicht begreifbar. Es zeichnet den erfahrenen Orthopäden aus, daß er den Spontanverlauf derartiger Erkrankungen einzuschätzen und die therapeutischen Maßnahmen richtig zu dimensionieren weiß. Der zeitliche Verlauf spielt in der Orthopädie eine große Rolle; denn schwerwiegende therapeutische Entscheidungen werden in der Orthopädie in der Regel nicht anhand eines einzigen Röntgenbildes im Sinne einer Momentaufnahme getroffen.

In der Orthopädie ist jedoch auch ein großes Maß an **Erfahrung** erforderlich. Es zeichnet den erfahrenen Orthopäden aus, daß er den Spontanverlauf zahlreicher Erkrankungen einzuschätzen und die therapeutischen Maßnahmen richtig zu dimensionieren weiß. Dies ist vor allem für die chronischen Erkrankungen von wesentlicher Bedeutung.

Merke ▶

Merke. Die Orthopädie zielt nie allein auf die Behebung von Notfallsituationen. Sie ist fast immer darauf angelegt, Störungen der Form und der Funktion an einem Fortschreiten zu hindern und durch den Einsatz moderner therapeutischer Verfahren zu beheben. Hierbei liegt der Schwerpunkt der Therapieziele weniger im raschen Erfolg als in langfristigen Problemlösungen.

Klinisches Beispiel

Klinisches Beispiel. 50jährige Frau mit fortgeschrittenem Aufbrauch des rechten Hüftgelenkes nach angeborener Hüftgelenksverrenkung. Die Patientin ist wegen der hochgradigen Schmerzhaftigkeit und der zunehmenden Bewegungseinschränkung nicht mehr in der Lage, ihren Beruf als Sekretärin eines Chefarztes auszuüben. Auch die Versorgung des eigenen Haushaltes bereitet ihr erhebliche Schwierigkeiten, weil sie selbst für kurze Gehstrecken immer auf Stockstützen angewiesen ist. Die Patientin drängt auf einen künstlichen Hüftgelenkersatz. Die klinische Untersuchung zeigt, daß das Hüftgelenk lediglich in Anspreizung erhebliche Schmerzen bereitet, in Abspreizung dagegen schmerzarm ist. Auch röntgenologisch kann eine verbesserte Kongruenz zwischen Hüftkopf und Hüftpfanne in Abspreizung des Beines festgestellt werden *(Abb. 2)*. Damit liegen günstige Voraussetzungen für eine Umstellungsoperation am Hüftgelenk vor. Für die Indikation zum künstlichen Gelenkersatz gilt es andererseits zu bedenken, daß die durchschnittliche Haltbarkeit eines erstimplantierten Hüftgelenkes derzeit 12 Jahre, diejenige eines erstmals gewechselten Hüftgelenks 7 Jahre und diejenige eines zweimal gewechselten nur 5 Jahre beträgt. Aus statistischer Sicht hätte die Patientin daher also mit zwei oder drei Wechseloperationen eines künstlichen Hüftgelenkes zu rechnen. Bei den beschriebenen günstigen Voraussetzungen wird sich der Orthopäde daher zunächst für die Gelenkerhaltung und die Korrekturosteotomie entscheiden, denn **der Schwerpunkt des Therapiezieles liegt weniger im raschen Erfolg als in der langfristigen Problemlösung.**

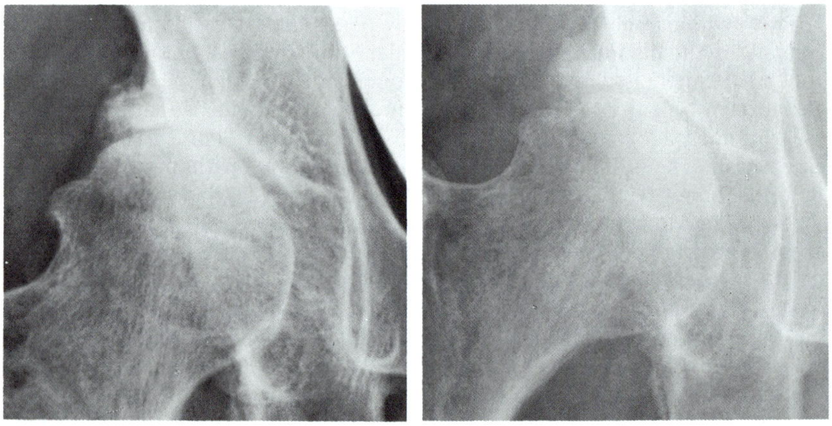

a b

Abb. 2: Aufsichtsaufnahme (a.-p.-Aufnahme) des Hüftgelenkes einer 50jährigen Frau in Mittelstellung (a) und in Abspreizstellung (b) des Beines. In Abspreizung verbesserte Kongruenz zwischen Hüftkopf und Hüftpfanne (beachte Gelenkspaltweite!). Damit liegen günstige Voraussetzungen für eine Umstellungs-(Korrektur-)Osteotomie nach biomechanischen Kriterien vor (vergleiche *Synopsis 34, S. 77* und *Abb. 36, S. 166).*

2 Orthopädische Diagnostik

Störungen des Zusammenspieles von Form und Funktion stehen im Mittelpunkt orthopädischen Denkens. Das Ziel der orthopädischen Diagnostik ist daher die Analyse von formalen Veränderungen und Funktionsstörungen im makroskopischen und mikroskopischen Bereich. Dabei ist zu bedenken, daß oft kein direkter Zusammenhang zwischen Störungen der Form und Funktion besteht. Darüber hinaus müssen **Formabweichungen** der Stütz- und Bewegungsorgane (z. B. Coxa valga et antetorta) nicht gesetzmäßig zu sekundären **Formveränderungen** (Koxarthrose) führen. Besonders morphologische Veränderungen ohne begleitende Funktionsstörung und umgekehrt bereiten in der Diagnostik und der Therapie häufig große Probleme.

Die erforderlichen Untersuchungen sollen sich daher an der klinischen Relevanz der Erkrankung orientieren. Bei vermeintlich guter Prognose, wie z. B. bei den meisten degenerativen Erkrankungen, erübrigen sich invasive diagnostische Maßnahmen.

> Über 50% aller orthopädischen Krankheitsbilder sind allein durch die Erhebung einer umfassenden Anamnese hinreichend zu klären.

Anamnese und klinische Untersuchung zusammen reichen in der Regel aus, um die Funktionsstörung näher zu beschreiben. Wenn erforderlich, stehen für die Analyse formaler Veränderungen die Röntgenuntersuchungen und weitere bildgebende Verfahren zur Verfügung.

Anamnese. Die ausführliche Erhebung der speziellen Krankheitsvorgeschichte steht am Anfang eines jeden Untersuchungsganges. Hier wird sich der Arzt selbstverständlich zunächst mit den Beschwerden beschäftigen, die den Patienten am meisten beeinträchtigen. Erstmalig auftretende, unbekannte Schmerzzustände stellen für den Erkrankten stets eine Bedrohung dar. Der Patient selbst kann nicht einordnen, ob dieser Schmerz lediglich ein Überlastungssyndrom oder bereits erster Ausdruck eines bevorstehenden lebenslangen Leidensweges ist. Schmerz macht Angst, und der Arzt sollte sich daher differenziert mit diesem Symptom auseinandersetzen, bevor der klinische Untersuchungsgang beginnt. Wichtig sind die Fragen nach dem Schmerzcharakter und den Begleitumständen der Schmerzentstehung, da sie die Einordnung des Schmerzgeschehens bereits erheblich erleichtern. In diesem Zusammenhang muß auch eine sorgfältige **Berufs- und Freizeitanamnese** erhoben werden. Wie kein anderes System wird der Bewegungsapparat in Beruf, Sport und Spiel den physikalischen Bedingungen der Mechanik ausgesetzt. Vielen Schmerzzuständen liegt eine Überbeanspruchung von degenerierten Strukturen zugrunde.

Für die Einschätzung einer orthopädischen Erkrankung ist die Beschreibung des **zeitlichen Verlaufes** von großer Bedeutung. Mit den Fragen: »Wann ist das Symptom zum ersten Mal aufgetreten? Hat sich das Symptom langsam und stetig verschlechtert oder hat es zwischenzeitlich immer wieder völlig beschwerdefreie Intervalle gegeben?« kann der zurückliegende und damit auch der voraussichtlich in der nächsten Zeit zu erwartende zeitliche Verlauf einer Erkrankung eingeschätzt werden. Die Ergebnisse der klinischen und radiologischen Untersuchung lassen sich häufig erst im Zusammenhang mit dieser Zeitcharakteristik in eine therapeutische Empfehlung umsetzen *(S. 53)*

2 Orthopädische Diagnostik

Das Ziel der orthopädischen Diagnostik ist die Analyse von Form- und Funktionsstörungen, die nicht immer übereinstimmen müssen

Die erforderlichen Untersuchungen sollen sich an der klinischen Relevanz der Erkrankung orientieren. **Invasive Maßnahmen sind häufig zu vermeiden, zumal sich über 50% der orthopädischen Krankheiten allein durch die Erhebung der Anamnese hinreichend klären lassen.**

Anamnese
Am Anfang eines jeden Untersuchungsganges steht die Anamnese, insbesondere über die aktuell geklagten Beschwerden.

Wichtig sind Fragen nach der **Berufs- und Freizeitanamnese,** da der Bewegungsapparat wie kein anderes System im Beruf, Sport und Spiel den physikalischen Bedingungen der Mechanik ausgesetzt wird.

Wegen der nur geringen Übereinstimmung zwischen klinisch-radiologischem Befund und Funktionsstörung ist die Beschreibung des **zeitlichen Verlaufes** orthopädischer Erkrankungen für die prognostische Einschätzung von großer Bedeutung.

2.1 Symptome in der Orthopädie

Schmerz. Das Hauptsymptom orthopädischer Erkrankungen ist der Schmerz. Er führt den Patienten zum Arzt. Schmerzen können von fast allen Strukturen der Stütz- und Bewegungsorgane ausgehen. Lediglich das Knorpelgewebe besitzt keine schmerzleitenden Afferenzen.

Bei der Differenzierung von Schmerzzuständen kann das Verständnis der **Schmerzwahrnehmung** weiterhelfen. Der stechende Schmerz wird über die markhaltigen (A-Delta-)Fasern, der dumpfe Schmerz über die marklosen

2.1 Symptome in der Orthopädie

Schmerz
Der Schmerz geht als Hauptsymptom von fast allen Strukturen der Bewegungsorgane aus, lediglich der Knorpel besitzt keine Schmerzafferenz.

Die Schmerzwahrnehmung kann in den unterschiedlichsten Strukturen durch zwei Reflexkreise modifiziert werden *(Syn. 2)*.
Durch eine Weiterleitung an sympathische Efferenzen kommt es zur positiven Rückkoppelung mit der Auswirkung eines **Dauerschmerzes.** Schmerzafferenzen können auch zu **Muskelhartspann** und damit zu einem Blockierungsreflex führen, der dem Ziel der Schonung der erkrankten Region dient.

Durch die Reizung von Mechanorezeptoren ist eine Hemmung der Schmerzwahrnehmung möglich, die bei zahlreichen therapeutischen Prinzipien genutzt wird *(Syn. 19, S. 54)*

Zur **Schmerzanamnese** gehören die Bestimmung der Schmerzart, des Schmerzortes, der Schmerzausstrahlung, der Mechanismen der Schmerzverschlimmerung und der tageszeitlichen Intensitätsschwankungen des Schmerzes.

Die Schmerzart weist auf die Art der pathologisch-anatomischen Veränderungen hin. Aus der Bestimmung des Schmerzortes ergibt sich der Ort der Gewebeläsion.

(C-) Nerven nach Umschaltung im Rückenmark an die Hirnzentren weitergeleitet *(Syn. 2)*. Eine Modifikation der Schmerzwahrnehmung ist vor allem durch zwei Reflexkreise möglich. So können alle Schmerzimpulse an sympathische Efferenzen weitergegeben werden, die wiederum die Schmerzwahrnehmung in der Peripherie verstärken. Es kommt zur positiven Rückkoppelung mit der Auswirkung eines **Dauerschmerzes und begleitenden Sympathikusreflexen** (Durchblutungsänderung durch Vasokonstriktion und -dilatation, Erhöhung der Schweißsekretion). Im Rahmen eines motorischen Reflexkreises können die eingehenden Schmerzimpulse zu einem erhöhten Muskeltonus und damit zu einer verstärkten Schmerzafferenz aus der Muskulatur selbst führen. Es resultiert ein **schmerzhafter Muskelhartspann,** der zur Schonung des Krankheitsherdes beiträgt und grundsätzlich dem Schutz gegen Überbelastung der Bewegungsorgane dient. Mit derartigen schmerzbedingten Blockierungen ist immer ein Funktionsverlust der betroffenen Gelenke oder Skelettabschnitte verbunden. Als objektivierbare Befunde lassen sich Schonungszeichen wie Muskelatrophie und regionale Osteoporose nachweisen. Sie sind für die Bewertung geklagter Beschwerden gutachterlich von großer Bedeutung. Das Ziel therapeutischer Maßnahmen muß in der Unterbrechung der Schmerzreflexe bestehen. So kann die Schmerzwahrnehmung z.B. durch die Reizung von Mechanorezeptoren (A-Beta-Fasern) nach entsprechender Verschaltung im Rückenmark direkt gehemmt werden. Dieser Mechanismus wird bei zahlreichen therapeutischen Prinzipien in der Orthopädie ausgenutzt (z.B. Massage, Druckverbände, *Syn. 19, S. 54)*

Für die Differenzierung von Schmerzzuständen ist eine umfassende **Schmerzanamnese** erforderlich. Dazu gehört die Bestimmung der Schmerzart, des Schmerzortes, der Schmerzausstrahlung, der Mechanismen der Schmerzverschlimmerung und der tageszeitlichen Intensitätsschwankungen des Schmerzes.

> Aus der genauen Bestimmung des Schmerzortes ergibt sich in den meisten Fällen auch der Ort der Gewebeläsion. Die Schmerzart wiederum weist auf die Art der zugrundeliegenden, pathologisch-anatomischen Veränderungen hin.

Synopsis 2: Schmerzwahrnehmung (Nozizeption): Der Schmerz wird von den Afferenzen über den Tractus spinothalamicus zu den Hirnzentren geleitet. Eine Modifikation der Schmerzwahrnehmung ist durch zwei Reflexkreise möglich.

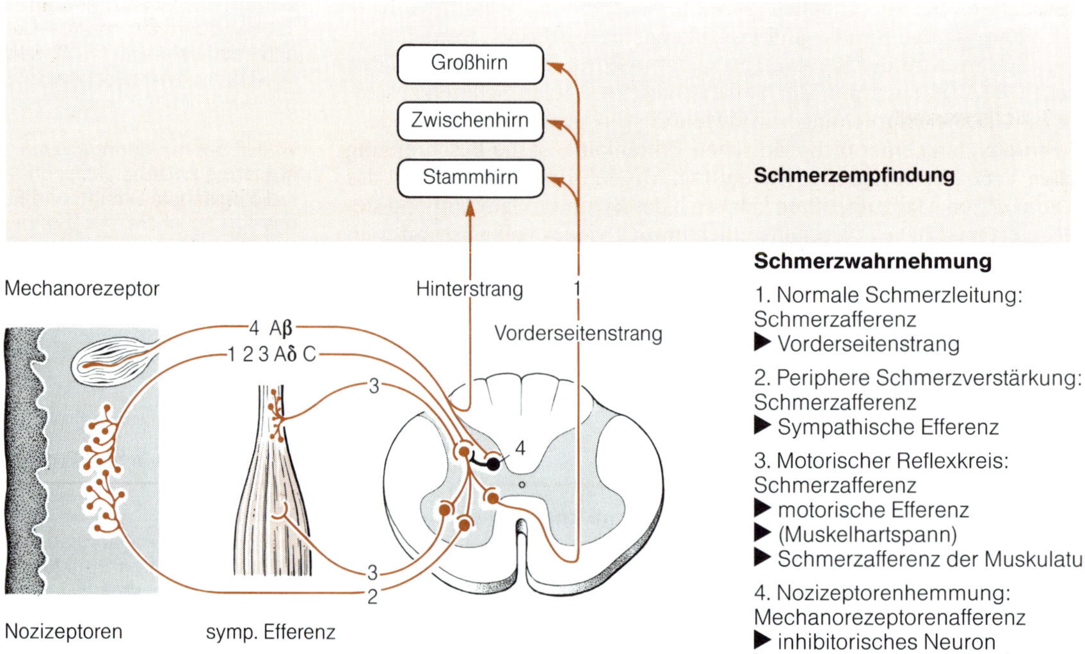

Schmerzwahrnehmung

1. Normale Schmerzleitung: Schmerzafferenz ▶ Vorderseitenstrang
2. Periphere Schmerzverstärkung: Schmerzafferenz ▶ Sympathische Efferenz
3. Motorischer Reflexkreis: Schmerzafferenz ▶ motorische Efferenz ▶ (Muskelhartspann) ▶ Schmerzafferenz der Muskulatur
4. Nozizeptorenhemmung: Mechanorezeptorenafferenz ▶ inhibitorisches Neuron ▶ Hemmung der Schmerzafferenz

Hinsichtlich des **Schmerzortes** ist zu bedenken, daß Schmerzen nicht nur unmittelbar an den betroffenen Strukturen nachzuweisen sind, sondern auch in weiter vom Ort des Geschehens entfernten Regionen empfunden werden. Derartige Schmerzausstrahlungen führen immer wieder zu Fehldiagnosen. So kann eine Irritation der lumbalen Nervenwurzeln durch Bandscheibenvorfall oder des Plexus lumbalis durch einen Tumor im kleinen Becken zu einem völlig gleichartigen Schmerzzustand im Nervenausbreitungsgebiet des Fußes führen (fortgeleiteter Schmerz). Die vom Kranken geäußerten »Schmerzprojektionen« sind jedoch häufig keine fortgeleiteten Schmerzen, sondern schmerzhafte Verspannungen der einen Krankheitsherd umgebenden Muskulatur, die der Schonung eines Bewegungsablaufes dienen. Typisch hierfür sind der Knieschmerz bei Hüftgelenkserkrankungen oder auch die Schmerzen in der Becken- bzw. Schultergürtelregion bei Erkrankungen im Bereich der Lenden- bzw. Halswirbelsäule.

Der **Schmerzort** ist nicht immer mit den in unmittelbarer Nähe liegenden, veränderten Strukturen identisch.
Fortgeleitete und projizierte Schmerzen müssen genauestens analysiert werden, da sie häufig zu Fehldiagnosen führen.

Angaben über die **Schmerzart** weisen darauf hin, ob es sich bei dem zugrundeliegenden pathologisch-anatomischen Prozeß um eine mechanische Überlastung oder ein entzündliches Geschehen handelt. Aus orthopädischer Sicht wird daher zwischen drei Schweregraden des Schmerzzustandes unterschieden. Der **Belastungsschmerz** ist die geringste Ausprägung des Schmerzbefalls an den Stütz- und Bewegungsorganen. Er tritt nur unter stärkerer Belastung auf und weist auf die mechanische Verursachung hin. Bei fortgeschrittenen pathologisch-anatomischen Veränderungen mit entzündlichen Begleitreaktionen kommt es zum **Bewegungsschmerz.** Ein aktiver Bewegungsschmerz deutet auf schmerzhafte Prozesse an Muskeln und Sehnen hin, ein passiver Bewegungsschmerz dagegen ist charakteristisch für einen schmerzhaften Prozeß innerhalb des Gelenkes oder an dessen Kapsel. Der **Ruheschmerz** ist typisch für entzündliche Vorgänge, wobei diese primär oder auch sekundär auf dem Boden anhaltender mechanischer Überlastungen entstanden sein können.

Die Schmerzart weist auf mechanische oder entzündliche Veränderungen hin. Der Belastungsschmerz kennzeichnet mechanische Ursachen. Beim Bewegungs- und noch mehr beim Ruheschmerz spielen entzündliche Vorgänge im Gewebe eine Rolle.

Eine Differenzierung zwischen mechanisch und entzündlich bedingten Schmerzzuständen ist auch durch die Frage nach den **tageszeitlichen Intensitätsschwankungen** des Schmerzes möglich. Charakteristisch für einen mechanisch bedingten Schmerzzustand ist die Schmerzverstärkung mit Beginn einer Belastung (Einlaufschmerz) und die Besserung der Beschwerden unter mechanischer Entlastung, so z. B. nachts. Nächtliche Schmerzen dagegen sind stets ein Hinweis auf entzündliche Veränderungen *(Syn. 3).*

Die tageszeitlichen **Intensitätsschwankungen** des Schmerzes tragen zur Differenzierung zwischen mechanisch und entzündlich bedingten Schmerzzuständen bei *(Syn. 3).*

Schwellung. Bei einer Volumenzunahme innerhalb der Gewebsverbände kann es sich um entzündliche Veränderungen, um pathologische Flüssigkeitsansammlungen, um Neubildungen der Gewebe oder chronisch deformierende Veränderungen des Skeletts handeln.

Schwellung
Schwellungen entstehen durch entzündliche Veränderungen, pathologische Flüssigkeitsansammlungen, Neubildungen der Gewebe oder chronisch deformierende Veränderungen.

Synopsis 3: Schmerzanalyse – Tageszeitliche Intensitätsschwankungen

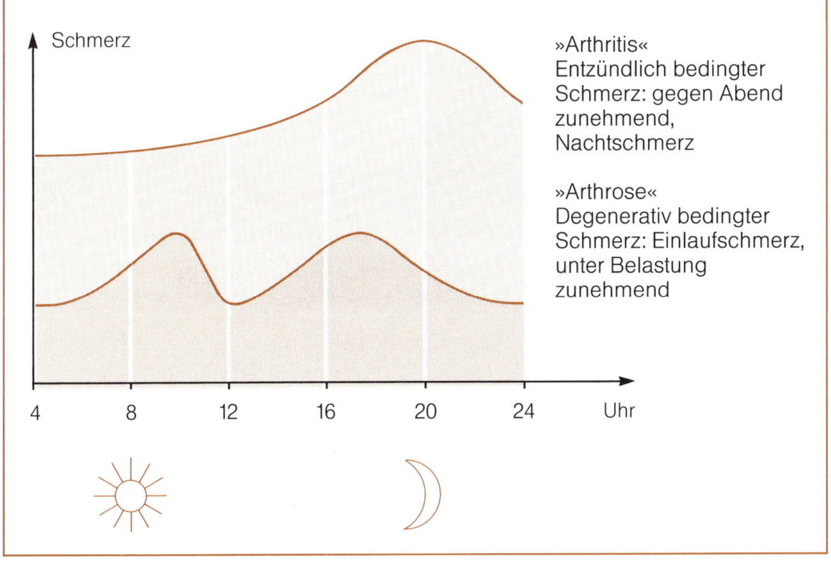

Für eine Gelenkschwellung können eine Schwellung der Kapsel, eine Ergußbildung oder chronisch deformierende Veränderungen des Gelenkes verantwortlich sein. Die Differenzierung des Gelenkergusses ist prognostisch wichtig, da durch leukozytäre Fermente eine Destruktion des Knorpelgewebes möglich wird.

Von besonderem Interesse ist die **Differenzierung von Schwellungszuständen** an den Gelenken. Hierbei ist zwischen Schwellungen der Kapsel, Ergußbildungen im Gelenk und chronisch deformierenden Veränderungen der Gelenkkörper zu unterscheiden. Eine derbe Kapselschwellung ist bei chronisch entzündlichen Erkrankungen des Gelenkes, so z.B. auch bei der Arthrose mit immer wieder auftretenden Reizzuständen (aktivierte Arthrose) tastbar. Weiche, teigige Kapselschwellungen treten bei Traumatisierungen des Gelenkes mit akut entzündlichen Veränderungen und ödematöser Durchtränkung der Gelenkkapsel sowie bei allen primär entzündlichen Gelenkerkrankungen auf. Bei Ergußbildungen kann es sich um blutige, seröse und fibrinös bis eitrige Flüssigkeitsansammlungen im Gelenk handeln. Je höher die Leukozytenzahl, um so wahrscheinlicher ist eine Destruktion des Knorpelgewebes durch leukozytäre Fermente. Dies gilt in ganz besonderer Weise für den eitrigen Gelenkerguß. Die Differenzierung des Symptoms Gelenkschwellung ist daher für Gelenkerkrankungen prognostisch wichtig.

Klinisches Beispiel ▶

Klinisches Beispiel. Der 18jährige, sehr aktive Patient klagte seit 10 Wochen über Schmerzen und eine langsam zunehmende Schwellung am rechten Kniegelenk. Die Schmerzanamnese wies auf einen Dauerschmerz hin, der sich insbesondere bei sportlicher Belastung verstärkte. Unter der Annahme eines chronischen Überlastungszustandes mit Gelenkschwellung wurde eine Behandlung mit Salbenverbänden eingeleitet. Erst nachdem die 10wöchige Behandlung nicht zum gewünschten Erfolg führte, wurde ein Röntgenbild veranlaßt. Dieses zeigt diffuse Verkalkungen, Abhebungen des Periostes mit zwiebelschalenartigen Einlagerungen und Osteolysen der Kortikalis am distalen Femur. Wie bereits aus dem Röntgenbild zu vermuten war, handelte es sich um ein Osteosarkom (siehe *S. 215*). Eine frühzeitige Behandlung wurde hier versäumt *(Abb. 3a/b)*

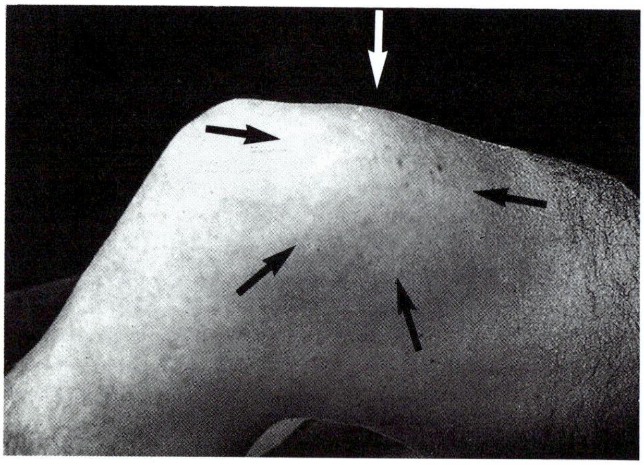

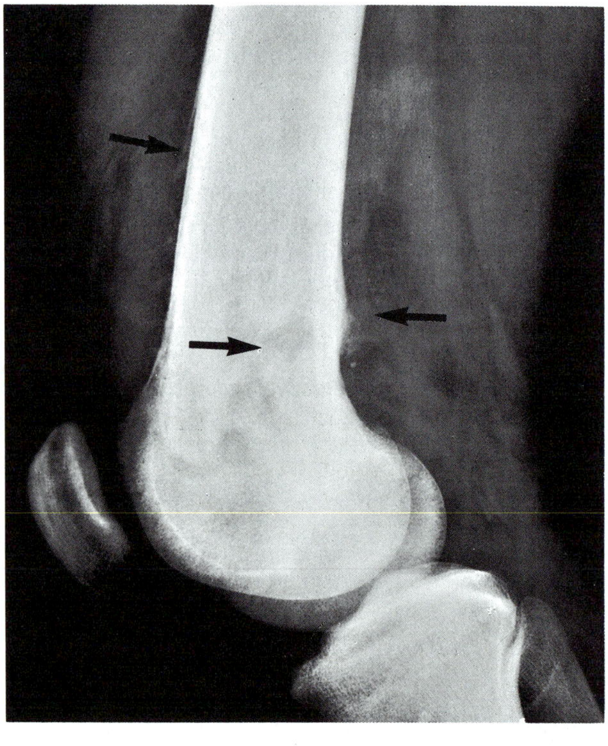

Abb. 3a/b: Klinisches Beispiel – 18jähriger Patient mit Schwellung proximal des Kniegelenkes und röntgenologischen Zeichen eines Osteosarkomes (Periostabhebung; Codman-Sporn, Spiculabildung, Osteolysen; *S. 215*).

Bewegungseinschränkung. Schmerzen gehen in der Regel mit einer Funktionsstörung, am Gelenk mit einer Bewegungseinschränkung einher. Von diesen schmerzbedingten, **funktionellen Bewegungseinschränkungen** sind die **strukturellen** abzugrenzen, die sich auch trotz Schmerzausschaltung nicht bessern lassen. Diese Unterscheidung ist aus therapeutischer Sicht von wesentlicher Bedeutung, da unter den **andauernden Bewegungseinschränkungen (Kontrakturen)** nur die funktionellen auf konservative Maßnahmen gut ansprechen. Vor Einleitung therapeutischer Maßnahmen ist daher häufig eine differentialdiagnostische Abklärung erforderlich, bei der durch Lokal-, Regional- oder Allgemeinanästhesie das Ausmaß der funktionellen Bewegungseinschränkung abgegrenzt werden kann. Die Ursache von Kontrakturen geht aus *Tabelle 1* hervor.

Bewegungseinschränkung

Funktionelle Bewegungseinschränkungen sind prognostisch günstig und durch Lokal-, Regional- oder Allgemeinanästhesie von **strukturellen** abzugrenzen. **Anhaltende Bewegungseinschränkungen werden als Kontrakturen bezeichnet.** Die Ursache von Kontrakturen ist in *Tabelle 1* zu finden.

Tabelle 1: Ursache und Entstehung von Kontrakturen

	strukturell	funktionell
Ursache	Fehlbildung (teratologisch) postinfektiös posttraumatisch degenerative Veränderungen an Gelenk und Weichteilen Immobilisation Lähmung Hautnarbe	schmerzbedingt
Entstehung	Gelenkdeformität Gelenkverklebung Kapselschrumpfungen Muskelschrumpfung Narbenkeloid	reflektorische Muskelverkürzung und Schonhaltung

Bei Aufhebung jeglicher Beweglichkeit in einem Gelenk liegt eine Versteifung vor. Hierbei kann es sich um eine **fibröse Gelenksteife** handeln, die auf eine ausgeprägte Schrumpfung aller das Gelenk umgebenden Weichteilstrukturen zurückzuführen ist. Der Gelenkspalt ist dann im Röntgenbild noch erkennbar. Bei einer völligen Destruktion des Gelenkspaltes, z.B. als Folge einer entzündlich bedingten Destruktion, handelt es sich um eine **knöcherne Gelenksteife (Ankylose).**

Die **fibröse Gelenksteife** ist auf eine Schrumpfung der Gelenkweichteile zurückzuführen, bei einer **knöchernen Gelenksteife (Ankylose)** ist der Gelenkspalt aufgehoben.

Hinken. Ein disharmonischer Gangablauf kann Folge eines schmerzhaften Prozesses **(Schmerzhinken)** und damit einer Belastungsminderung der unteren Extremität, aber auch einer muskulären Leistungsschwäche oder einer Bewegungseinschränkung und Kontraktur an den unteren Extremitätengelenken sein. Beim **Insuffizienzhinken** besteht eine Schwäche der Hüftabspreizmuskulatur durch relative Überlänge (z.B. Trochanterhochstand bei Hüftgelenksluxation) oder auch durch Lähmung (z.B. Poliomyelitis), so daß das Becken beim Einbeinstand nicht mehr stabilisiert werden kann *(Syn. 4).* Im Einbeinstand kommt es dann zum Absinken des Beckens auf der Gegenseite **(Trendelenburg-Zeichen)**. Auch während des Ganges ist das Abkippen des Beckens und das gegenregulierende Pendeln des Oberkörpers zu beobachten **(Duchenne-Hinken,** bei beidseitiger Muskelinsuffizienz Enten- oder Watschelgang). Bei Beinverkürzungen bis zu 2 cm ist das Gangbild in der Regel nicht auffällig. Bei reellen Beinverkürzungen von 3 cm und mehr kommt es jedoch zum **Verkürzungshinken.** Besonders hinderlich sind funktionelle Verkürzungen der unteren Extremität, die sich aus einer eingeschränkten Hüftgelenksbeweglichkeit in der Frontalebene ergeben. Bei einer Adduktionskontraktur (völlig aufgehobene Abspreizfähigkeit des Hüftgelenkes) muß das Becken auf der betroffenen Seite angehoben werden, um das Bein der erkrankten Seite am Standbein vorbeischwingen zu können. Derartige funktionelle Beinverkürzungen treten bei einer Vielzahl von Hüftgelenkserkrankungen auf und sind im Rahmen des Therapieprogrammes zu berücksichtigen *(S. 127).*

Hinken
Eine Störung des Gangablaufes kann durch **Schmerzen, Muskelinsuffizienz, Bewegungseinschränkung** an den unteren Extremitätengelenken oder durch **Beinverkürzung** bedingt sein. Beim Insuffizienzhinken besteht eine Schwäche der Hüftabspreizmuskulatur, so daß das Becken auf der Gegenseite absinkt **(Trendelenburg-Zeichen, Duchenne-Hinken,** Enten- oder Watschelgang, *Syn. 4).*

Besonders hinderlich für das Gangbild sind Anspreizkontrakturen des Hüftgelenkes (= aufgehobene Abspreizfähigkeit).

Synopsis 4: Insuffizienz der pelvitrochanteren Muskulatur
(Trendelenburg-Zeichen)

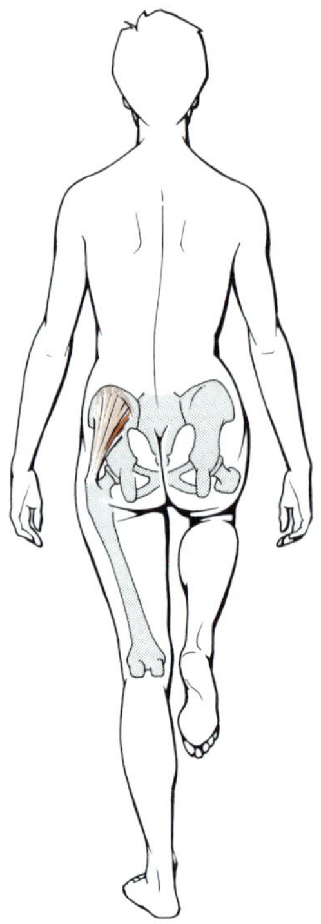

◀ Im Einbeinstand wird das Becken durch die pelvitrochantere Muskulatur (Mm. glutaei medius et minimus) stabilisiert: das Becken wird auf der Gegenseite angehoben.

Bei Insuffizienz der pelvitrochanteren Muskulatur (Überlänge, Lähmung) sinkt das Becken zur gesunden Gegenseite ab (Trendelenburg positiv). ▶

Merke: Trendelenburg positiv → das Becken kippt zur gesunden Seite ab

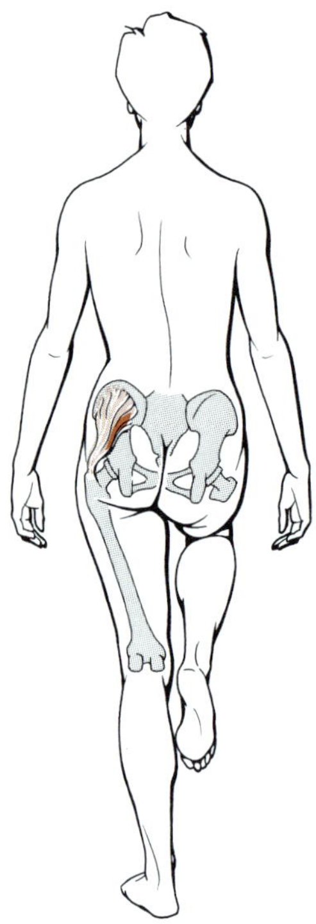

Deformität
Angeborene und **erworbene** Deformitäten sind ein Hauptsymptom orthopädischer Erkrankungen. Erworbene Deformitäten sind Folge degenerativer Veränderungen, entzündlicher Prozesse, tumoröser Veränderungen und Traumen.

Deformität. Abweichungen von der Normalform der Stütz- und Bewegungsorgane sind ein Hauptsymptom von Erkrankungen und Verletzungen bzw. Verletzungsfolgen. Sie beunruhigen den Patienten sehr, da er sie in der Regel mit einer Einschränkung der Leistungsfähigkeit in Verbindung bringt. Aus prognostischer Sicht sind **angeborene** von **erworbenen** Deformitäten abzugrenzen. Erworbene Deformitäten wiederum können Folge degenerativer Veränderungen, entzündlicher Prozesse, tumoröser Erkrankungen und Traumen sein.

Neurologische Symptome
Die zahlreiche orthopädische Erkrankungen begleitenden neurologischen Symptome müssen bekannt sein, da sie vom Patienten zunächst häufig nicht bemerkt werden. Dies gilt auch für geringergradige motorische Entwicklungsstörungen, die häufig nur durch Ungeschicklichkeit oder Haltungsschwäche der Kinder auffallen.

Neurologische Symptome. Eine große Anzahl von Erkrankungen und Verletzungen der Stütz- und Bewegungsorgane zeigt begleitende neurologische Auffälligkeiten. Ausgeprägte neurologische Defizite stehen in der Regel gegenüber der orthopädischen Symptomatik im Vordergrund. Bei diskreten Ausfällen dagegen muß der Arzt die typischen Zusammenhänge zwischen orthopädischen und neurologischen Symptomen kennen, um gezielt nach neurologischen Veränderungen suchen zu können. So werden beginnende Lähmungen mit ihrer geringen funktionellen Bedeutung vom Patienten häufig nicht bemerkt. Bei einem Vorfall der letzten Lendenbandscheibe mit Kompression der Nervenwurzel L 5 wird z.B. eine beginnende Schwäche der Großzehen- oder auch Fußhebung dem Patienten erst dann gegenwärtig, wenn der Arzt gezielt danach fragt und untersucht. Dies gilt auch für geringergradige motorische Entwicklungsstörungen. Lähmungen im Sinne der infantilen Zerebralparese fallen zumeist den Eltern durch Ungeschicklichkeit oder Haltungsschwäche ihrer Kinder auf.

Nicht alle vom Patienten als Lähmung empfundenen Funktionsstörungen sind echte neurologische Defizite. Abzugrenzen sind die schmerzbedingten **Blockierungsreflexe** an allen Skelettabschnitten *(Syn. 5)* und vorgetäuschte Lähmungen durch Läsionen der aktiven Strukturen der Stütz- und Bewegungsorgane.

Umgekehrt handelt es sich nicht bei allen vom Patienten als Lähmung empfundenen Funktionsstörungen um echte neurologische Defizite. Da alle Bewegungen stets nur unter Einschaltung des zentralen Nervensystems ablaufen können, kommt es bei schmerzhaften Veränderungen der Haltungs- und Bewegungsorgane **reflektorisch** zur Auslösung von **Blockierungen** bestimmter Skelettabschnitte. Jede Reizung von Nozizeptoren im Kniegelenksbinnenraum führt z.B. reflektorisch zu einer Tonussteigerung an der Kniebeugemuskulatur und einer Tonusminderung an den Kniestreckern *(Syn. 5)*. Es kommt zum plötzlichen Einknicken des Kniegelenkes nach vorn (»giving-way-Phänomen«). Die

Synopsis 5: Blockierungsreflex am Kniegelenk: Die Reizung von Nozizeptoren in der Gelenkkapsel (z.B. Gelenkerguß, Verletzung intraartikulärer Strukturen, Synovialitis bei Arthrose oder entzündlichen Gelenkerkrankungen) führt zur Tonusminderung an den Kniestreckern **(»giving-way-Phänomen«)** und Tonussteigerung an den Kniebeugern.

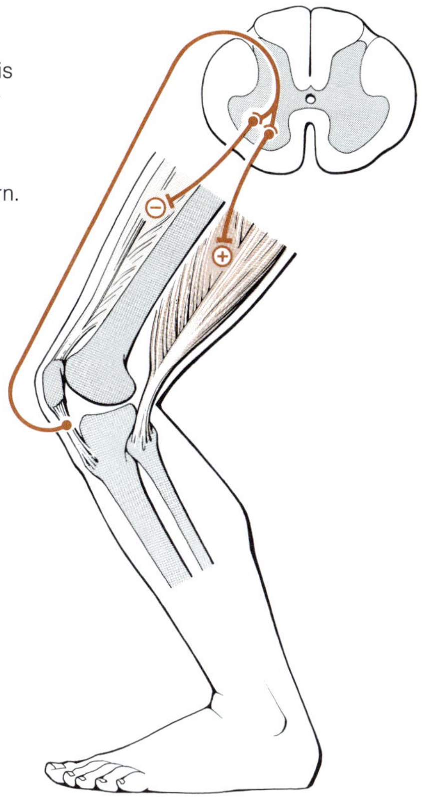

Atrophie des Musculus vastus medialis ist daher ein Frühsymptom aller Kniegelenkserkrankungen. Sie ist Ausdruck eines gestörten Rückkoppelungsmechanismus, der als Blockierung in gleicher Weise an allen Skelettabschnitten auftreten kann.

Neurologische Ausfälle werden auch durch Läsionen der aktiven Strukturen der Stütz- und Bewegungsorgane vorgetäuscht. Am Schultergelenk z.B. wird eine Ruptur der Rotatorenmanschette vom Patienten als Lähmung empfunden **(Pseudoparalyse),** obwohl neurologische Strukturen an dem Geschehen nicht beteiligt sind.

2.2 Orthopädische Untersuchung

Durch die funktionelle Zusammengehörigkeit der gesamten Stütz- und Bewegungsorgane bleiben selbst scheinbar regionale Erkrankungen nicht ohne Auswirkung auf benachbarte Strukturen. Die erstmalige orthopädische Untersuchung hat daher stets am unbekleideten Patienten nach einem standardisierten Untersuchungsschema zu erfolgen.

2.2 Orthopädische Untersuchung

Die erstmalige orthopädische Untersuchung hat stets am unbekleideten Patienten nach standardisiertem Schema zu erfolgen.

2.2.1 Klinische Untersuchung

Inspektion. Mit Komplettierung der Anamnese verschafft sich der Arzt einen ersten Eindruck von biologischem Alter, Gewicht und Konstitutionstyp des Patienten. Beim Auskleiden des Patienten beginnt bereits die Analyse der funktionellen Leistungsfähigkeit der Stütz- und Bewegungsorgane. Zu diesem Zeitpunkt fühlt sich der Patient meist unbeobachtet. Insbesondere für die gutachterliche Bewertung kann ein Vergleich dieses Funktionszustandes mit demjenigen beim eigentlichen Untersuchungsgang sehr aufschlußreich sein.

2.2.1 Klinische Untersuchung

Inspektion
Alter, Gewicht und Konstitutionstyp sind erste wichtige Informationen. Beim Auskleiden des Patienten läßt sich die funktionelle Leistungsfähigkeit prüfen.

Synopsis 6: Klinische Untersuchung

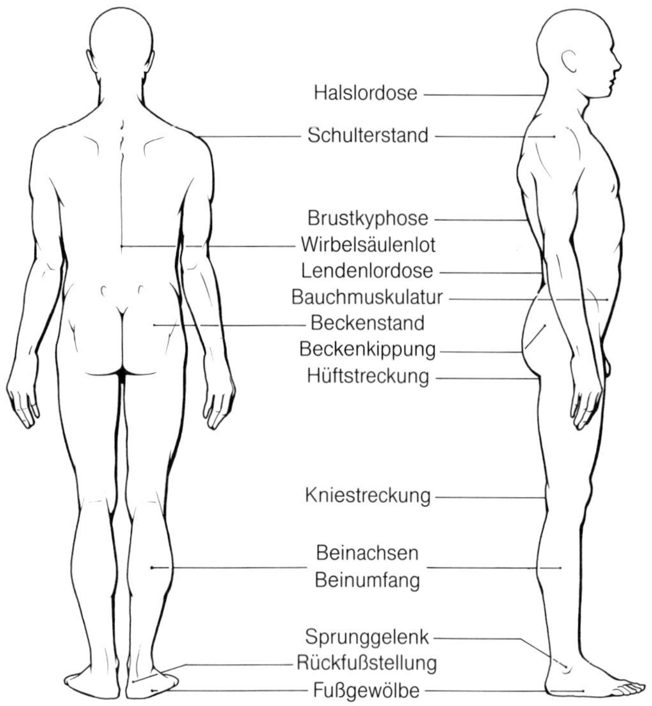

Untersuchungsgang:
- Inspektion: Gewicht, Konstitutionstyp
  Körperkonturen (Deformitäten)
  Körperachsen (▶ Statik)
- Manuelle Untersuchung:
  Druckdolenzen
  Temperatur, Sensibilität
  Schwellungen, Tumoren, Gefäßpulse
- Funktionelle Untersuchung:
  Auskleiden
  Gang
  Gelenkstatus
  Spez. neurologische Untersuchung

Die Statik der Stütz- und Bewegungsorgane wird am stehenden Patienten analysiert *(Syn. 6)*.

- Fuß- und Beinachsen. Achsenabweichungen sind in *Synopsis 7* zu finden.
- Beckenstand in der Frontalebene

Bei der Inspektion des weitgehend unbekleideten Patienten im Stehen analysiert der Arzt die Statik der Stütz- und Bewegungsorgane *(Syn. 6)*. Es werden in Reihenfolge beurteilt:

- Fuß- und Beinachsen (Fußgewölbe, Rückfußstellung, Knieachse). Achsenabweichungen sind in *Synopsis 7* wiedergegeben.
- Beckenstand (ungleicher Beckenstand zu einer Seite?, reelle oder funktionelle Beinverkürzung - *Synopsis 55, S. 128)*. Bei Beinlängendifferenz Ausgleich derselben durch Unterlage von Brettchen bis Beckengeradstand erreicht ist. (Kann die ausgleichende Wirbelsäulenseitverbiegung dadurch begradigt werden?)

- Beckenstand in der Seitansicht

- Beckenstand in der Seitansicht (vermehrte Flexion des Beckens mit konsekutivem Hohlrundrücken?)

- Schulterstand

- Schulterstand (ungleicher Hochstand der Schulterhöhen? Begleitende Thoraxasymmetrie, Skoliose? Nach vorn fallende Schultern bei Haltungsschwäche?)

- Kopfhaltung

- Kopfhaltung (Stellung des Kopfes zum Schwerelot in der Aufsicht und Seitansicht des Rumpfes)

- Statik der Wirbelsäule

- Statik der Wirbelsäule (lotrechter Aufbau bei Betrachtung von hinten? Ausprägung von Hals- und Lendenlordose bzw. Brustkyphose)

Für die **funktionelle** und motorische **Leistungsfähigkeit** wird vor allem das Gangbild beurteilt.

Mit der Inspektion des Gangablaufes beginnt zugleich die **funktionelle Untersuchung** der Stütz- und Bewegungsorgane und der motorischen Leistungsfähigkeit des Patienten. Dabei werden folgende Gesichtspunkte berücksichtigt:

- Gangbild (harmonisch oder disharmonisch? Beine innen- oder außenrotiert? Abrollvorgang der Füße? Werden Knie- und Hüftgelenke durchgestreckt? Gleichmäßige Rumpf- und Schulterschwingung? Hinken, Stolpern, Rumpfpendeln?)

Bei neurologischen Ausfällen sind gezielte neurologische Untersuchungen erforderlich.

Bei neurologischen Ausfällen an den unteren Extremitäten:

- Zehenspitzen- und Hackengang (Schwäche der Fußhebung oder -senkung, Hebung des Fußaußenrandes?)

Synopsis 7: Achsenabweichungen an den Extremitäten.

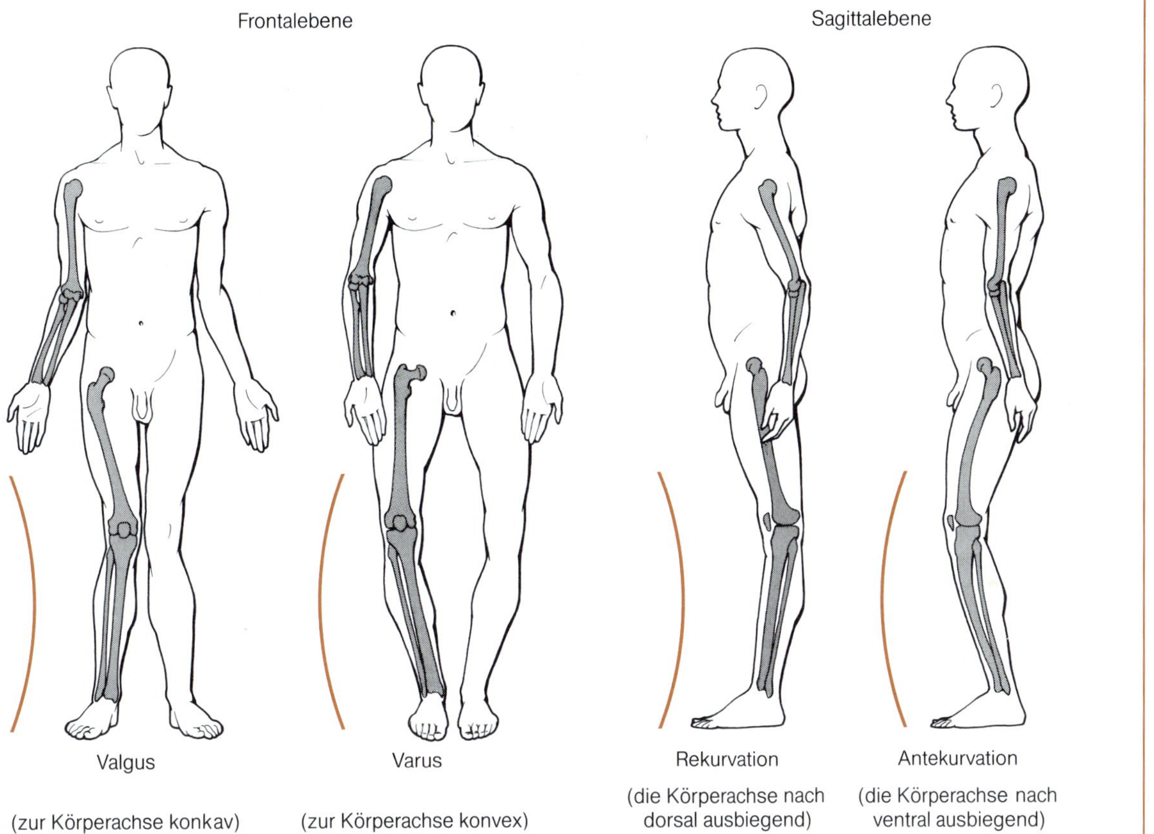

Manuelle Untersuchung. Mit der Palpation werden die pathologisch-anatomischen Veränderungen abgegrenzt und durch die Funktionsprüfung in ihren Auswirkungen analysiert. Bei der Palpation kommt es in erster Linie auf die Erfassung von schmerzhaften Strukturen und **Schwellungszuständen** an. Dabei ist zu bedenken, daß ein Druckschmerz über dem inneren Kniegelenkspalt nicht unbedingt auf den Meniskus hinweist, da bei der Palpation stets auch Haut- und Unterhautfettgewebe bei der Untersuchung mit erfaßt werden. Punktförmige Druckdolenzen werden als **Triggerpunkte** bezeichnet. Sie sind therapeutisch gut zu beeinflussen *(S. 73)*. Bei zahlreichen Erkrankungen der Stütz- und Bewegungsorgane werden reflektorisch **Hyperpathien** und schmerzhafte **Pannikulosen** an Haut- und Unterhautfettgewebe ausgelöst, die durch Abheben der **Kibbler-Hautfalten** (verdickte und schmerzhafte Hautfalte beim Abheben von der Unterlage) von den eigentlichen Gelenkschmerzen abgegrenzt werden können. Mit der Palpation wird dementsprechend auch der Gewebeturgor und Tonuszustand der Muskulatur überprüft. Reflektorisch bedingte Innervationsschwächen der Muskulatur, die noch nicht zu auffälligen Umfangsdifferenzen geführt haben, können bereits durch Überprüfung des Muskeltonus bei Maximalanspannung im Seitenvergleich palpiert werden. Im einzelnen werden bei der **Palpation** folgende Befunde zu erheben sein:

- Druckdolenzen (schmerzhafte Strukturen flächenhaft oder punktförmig abgrenzbar? Schmerzempfindlichkeit in Abhängigkeit von der Positionierung der Stütz- und Bewegungsorgane?)
- Haut- und Unterhautfettgewebe (Hauttemperatur, Turgor, Kibbler-Hautfalten)
- Muskulatur (Tonus in Ruhe und unter maximaler Anspannung im Seitenvergleich, umschriebene oder den gesamten Muskel oder die Muskelloge erfassende Verhärtungen?)

Manuelle Untersuchung
Bei Palpation kommt es in erster Linie auf die Erfassung von schmerzhaften Strukturen und **Schwellungszuständen** an. Dabei ist zu bedenken, daß bei der Palpation nicht nur die in der Tiefe liegenden Strukturen, sondern auch stets Haut- und Unterhautfettgewebe mit erfaßt werden, die reflektorisch **Hyperpathien** und schmerzhafte **Pannikulosen** aufweisen können. Punktförmige Druckdolenzen **(Triggerpunkte)** sind therapeutisch gut zu beeinflussen.

Bei der **Palpation** ist zu achten auf:

- Druckdolenzen
- Haut- und Unterhautfettgewebe
- Muskulatur

- Sehnen- und Sehnen-Knochen-Insertionen
- Periost
- Knochen
- Gelenke
- Peripheren Gefäßstatus

Funktionsprüfung der Gelenke
Bewegungseinschränkungen sind für die klinische Relevanz zahlreicher orthopädischer Erkrankungen verantwortlich.

Ihre **Verlaufskontrolle** ist für die prognostische Einschätzung von großer Bedeutung. Bewegungen sind in der Sagittalebene als Flexion/Extension, in der Frontalebene als Abduktion/Adduktion und in der Horizontalebene als Außenroration/Innenrotation möglich *(Syn. 8)*.

Für die Befunddokumentation ist die **Neutralnullmethode** eingeführt. Jede Abweichung von der Gelenkstellung eines aufrecht stehenden Menschen mit herabhängenden Armen wird in Winkelgraden gemessen *(Syn. 8)*.

Jede Einschränkung der Gelenkbeweglichkeit entspricht bei dieser Meßmethode auch einer Verminderung des Bewegungsumfanges.

An der **oberen Extremität** ist die Beweglichkeit von besonderer Bedeutung.

An der **Schulter** und am **Ellenbogengelenk** sind die in *Synopsis 9* dargestellten folgenden Bewegungsumfänge voneinander zu unterscheiden.

- Sehnen- und Sehnen-Knochen-Insertionen (Schnappen der Sehne oder Krepitation bei Bewegung?, Druckdolenz am Sehnen-Knochen-Übergang oder am Muskel-Sehnen-Übergang?)
- Periost (generalisierter Druckschmerz über dem Periost wie z.B. an Schienbeinvorderkante und Schulterhöhe wie bei Osteoporose?)
- Knochen (pathologische Beweglichkeit bei Frakturen oder Pseudarthrosen?)
- Gelenke (Schnappen oder Reiben bei aktiver oder passiver Bewegung? Pathologische Beweglichkeit, Hypermobilität? Abgrenzung von Erguß bzw. Kapselschwellung?)
- peripherer Gefäßstatus (Pulse in Normal- bzw. Extremstellung der Gelenke)

Funktionsprüfung der Gelenke. Die **Bewegungseinschränkung** eines oder mehrerer Gelenke ist häufigste Funktionsstörung der Stütz- und Bewegungsorgane. Sie erst macht die klinische Relevanz zahlreicher degenerativer Erkrankungen aus und steht im Mittelpunkt therapeutischer Überlegungen. Zur funktionellen Prüfung der Gelenke gehört die Messung des aktiven und passiven Bewegungsumfanges und evtl. bestehender Bewegungseinschränkungen. Insbesondere bei Lähmungszuständen und schmerzbedingten, funktionellen Kontrakturen kommt es zu ausgeprägten Divergenzen zwischen aktivem und passivem Bewegungsumfang, die eine getrennte Erfassung im Verlauf erforderlich machen. Die **Verlaufskontrolle** ist für die Bewertung von Bewegungseinschränkungen von großer Bedeutung. Insofern ist eine genaue Dokumentation unerläßlich. Die Dokumentation der Bewegungsumfänge bezieht sich auf die drei Ebenen des Raumes (Horizontal-, Sagittal-, Frontalebene). An einem Kugelgelenk wie z.B. dem Schulter- und Hüftgelenk werden entsprechend folgende Bewegungsrichtungen voneinander unterschieden *(Syn. 8)*:

- in der Sagittalebene: Beugung/Streckung (Flexion/Extension)
- in der Frontalebene: Abspreizung/Anspreizung (Abduktion/Adduktion)
- in der Transversalebene: Außendrehung/Innendrehung (Außenrotation/Innenrotation)

An einigen Gelenken sind spezielle Bezeichnungen gebräuchlich.

Für die Befunddokumentation hat sich die **Neutralnullmethode** bewährt. Dabei werden die Gelenkstellungen eines aufrecht stehenden Menschen mit herabhängenden Armen als Nullgrad-Ausgangsstellung angegeben *(Syn. 8)*. Jede Bewegung aus den verschiedenen Ausgangsstellungen wird in Winkelgraden gemessen. Für das Sprunggelenk gilt somit, daß die Rechtwinkelstellung nicht als 90-Grad-, sondern als 0-Grad-Ausgangsstellung angegeben wird. Der Normalumfang der Sprunggelenksbeweglichkeit würde dementsprechend wie folgt angegeben *(Syn. 8)*: Fußheben/Fußsenken (Dorsalextension/Plantarflexion) 20/0/40 Grad. Jede Einschränkung der Gelenkbeweglichkeit schlägt sich daher auch als Verminderung des Bewegungsumfanges nieder. Wird die Ausgangsnullstellung eines Gelenkes nicht erreicht und liegt eine ausgeprägte Kontraktur vor, so läßt sich diese mittels der Neutralnullmethode exakt definieren. Für einen weitgehend kontrakten Spitzfuß mit geringer Restbeweglichkeit von 20 Grad würde die Bewegungsformel für das obere Sprunggelenk lauten: Fußheben/Fußsenken (Dorsalextension/Plantarflexion) 0/20/40 Grad. Die maximal erreichbare Ausgangsstellung des Gelenkes beträgt dann 20 Grad Plantarflexion entsprechend der Spitzfußstellung, aus der heraus wiederum nur 20 Grad Restbeweglichkeit in Richtung Fußsenkung möglich sind.

Vor allem im Rahmen des Gutachtenwesens ist eine Dokumentation der Bewegungsumfänge auf Meßblättern gebräuchlich, die detaillierte Angaben zur Beweglichkeit an den Gelenken der oberen und unteren Extremität und an der Wirbelsäule zulassen.

An der **oberen Extremität** ist die Beweglichkeit von besonderer Bedeutung. Jede Bewegungseinschränkung wird gutachterlich daher auch entsprechend hoch bewertet.

An der **Schulter** ist aus pathologisch-anatomischen Gesichtspunkten die Beweglichkeit des Schultergelenkes von derjenigen des gesamten Schultergürtels abzugrenzen. Aus funktioneller Sicht interessiert jedoch die Gesamtbeweglichkeit. Daher werden folgende Bewegungsumfänge voneinander unterschieden *(Synopsis 9)*.

Synopsis 8: Bezugsebenen des menschlichen Körpers und Neutralnullmethode

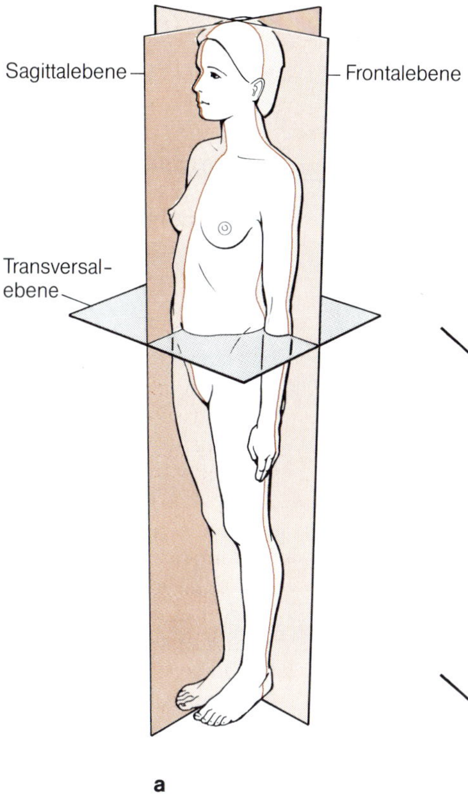

a

Für die Befunddokumentation ist die **Neutralnullmethode** eingeführt. Dabei entsprechen die Gelenkstellungen eines aufrechtstehenden Menschen mit herabhängenden Armen der Nullgrad-Ausgangsstellung (a). Jede Bewegung aus einer Ausgangsstellung wird in Winkelgraden angegeben. Der Normalumfang der Sprunggelenksbeweglichkeit wird wie folgt angegeben (b): Dorsalextension/Plantarflexion = 20/0/40. Für einen kontrakten Spitzfuß mit Restbeugefähigkeit heißt die Bewegungsformel (c): Dorsalextension/Plantarflexion = 0/20/40.

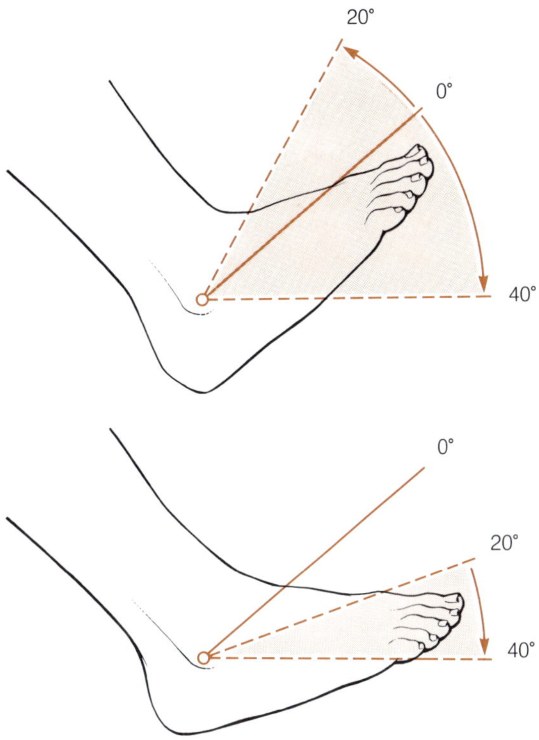

b
Dorsalextension/
Plantarflexion
20/0/40

c
Dorsalextension/
Plantarflexion
0/20/40

- Arm seitwärts/körperwärts
- Arm rückwärts/vorwärts
- Armdrehung auswärts/einwärts (bei anliegendem Oberarm, sogenannte Tiefrotation)
- Armdrehung auswärts/einwärts (bei 90 Grad abduziertem Oberarm, sogenannte Hochrotation)

Das **Ellenbogengelenk** erlaubt als Scharniergelenk eigentlich nur Bewegungen in der Sagittalebene (Streckung/Beugung). Allerdings ist das Ellenbogengelenk auch über das humero-radiale und proximale radio-ulnare Gelenk an den Unterarmdrehbewegungen (Drehung aus-/einwärts bei 90 Grad gebeugtem Ellenbogengelenk) beteiligt. Die normalen Bewegungsausmaße sind aus *Synopsis 9* zu erkennen.

Das **Handgelenk** erlaubt als Nußgelenk mit straffer Bandführung im wesentlichen Bewegungen in zwei Ebenen *(Syn. 10):*

- handrückenwärts/hohlhandwärts (Dorsalextension/Palmarflexion)
- speichenwärts/ellenwärts (Radialabduktion/Ulnarabduktion)

Die Funktionen von **Handgelenk, Daumen** und **Fingern** gehen aus *Synopsis 10* hervor.

Bei Bewegungseinschränkungen der **Finger** ist gegebenenfalls eine genaue Beschreibung der Beweglichkeit in den Metakarpophalangealgelenken (MP), den proximalen Interphalangealgelenken (PIP) und den distalen Interphalangealgelenken (DIP) erforderlich. Hinter der detaillierten Beschreibung der Bewegungsumfänge darf jedoch die gesamte funktionelle Leistungsfähigkeit der Hand und Finger nicht vergessen werden. So ist darauf zu achten, ob der Faustschluß vollständig gelingt *(Syn. 10),* ob die Finger gespreizt werden können und ob der Spitzgriff zwischen Daumen und Langfingern uneingeschränkt möglich ist.

Synopsis 9: Klinische Untersuchung und normaler Bewegungsumfang (Neutralnullmethode) von

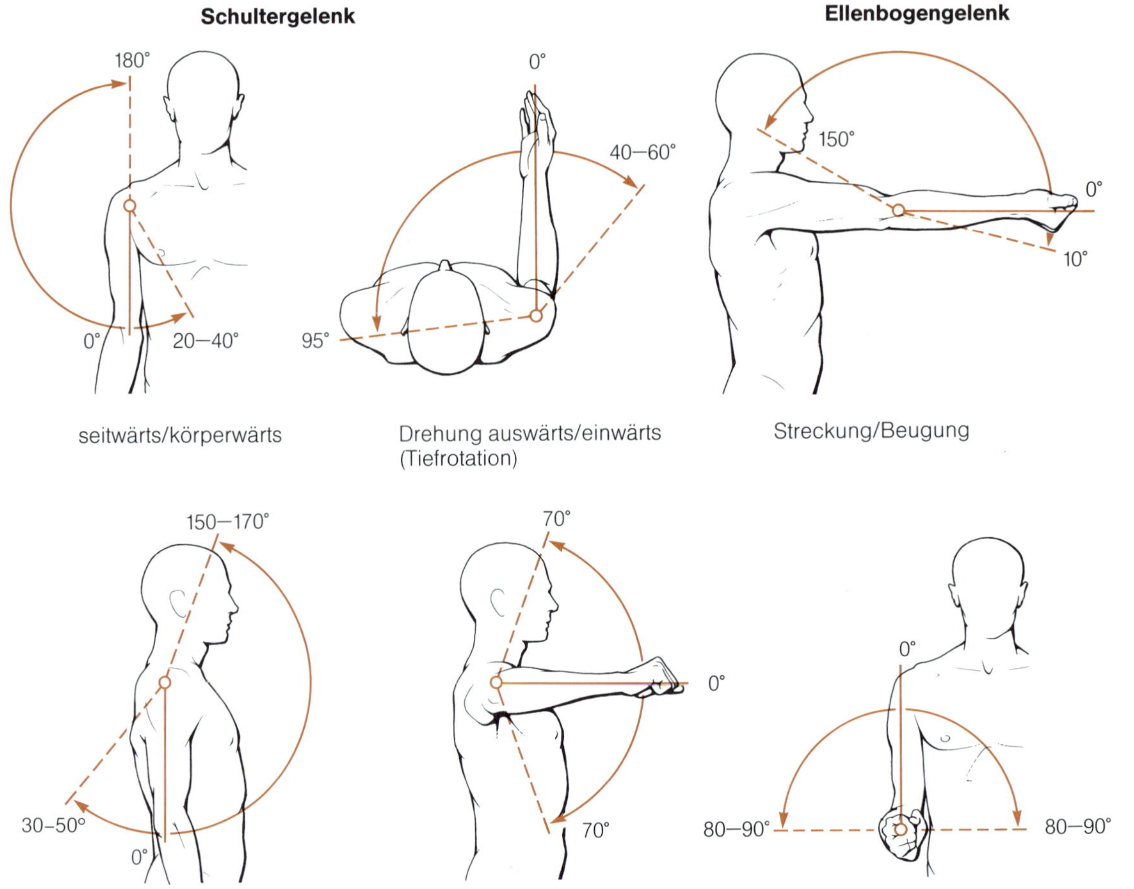

seitwärts/körperwärts | Drehung auswärts/einwärts (Tiefrotation) | Streckung/Beugung

rückwärts/vorwärts | Drehung auswärts/einwärts (Hochrotation) | Unterarmdrehung auswärts/einwärts Supination/Pronation

An der **unteren Extremität** steht die Statik im Vordergrund. Dennoch sind Einschränkungen der Gelenkbeweglichkeit von großer Bedeutung, weil sie kompensatorisch zu Überlastungserscheinungen angrenzender Gelenke führen. Die **Hüftbeugekontraktur** kann durch den **Thomas-Handgriff** nachgewiesen werden *(Syn. 11)*. Die Bewegungsrichtungen des **Hüft- und Kniegelenkes** ergeben sich aus *Synopsis 12*.

An der **unteren Extremität** stehen aus gutachterlicher Sicht naturgemäß die Anforderungen an die Statik und Belastungsfähigkeit im Vordergrund. Dennoch ist die genaue Erfassung der Hüftgelenksbeweglichkeit von großer Bedeutung, weil z. B. eine eingeschränkte Hüftstreckung häufig zu Überlastungserscheinungen im Bereich der kompensatorischen Hyperlordose der Lendenwirbelsäule führt. Die **Hüftbeugekontraktur** wird auch bei der Untersuchung nicht selten übersehen, da das Bein auf dem Untersuchungstisch aufliegt. Durch Anbeugen des gegenseitigen Beines gelingt es, die Lendenlordose auszugleichen **(Thomas-Handgriff,** *Syn. 11)*. Liegt eine Hüftbeugekontraktur vor, kann an dem abgehobenen Oberschenkel des betroffenen Beines das Ausmaß der Hüftbeugekontraktur direkt abgelesen werden. Im übrigen werden an dem kugeligen **Hüftgelenk** folgende Bewegungsrichtungen unterschieden *(Syn. 12)*.

Synopsis 10: Klinische Untersuchung und normaler Bewegungsumfang (Neutralnullmethode) von:

Handgelenk

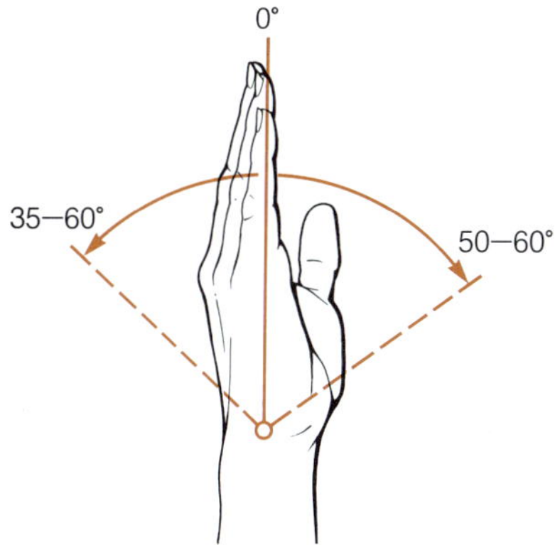

handrückenwärts/hohlhandwärts

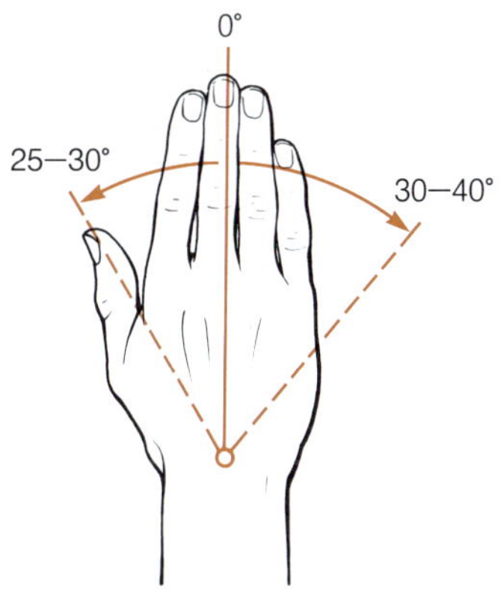

speichenwärts/ellenwärts

Daumen

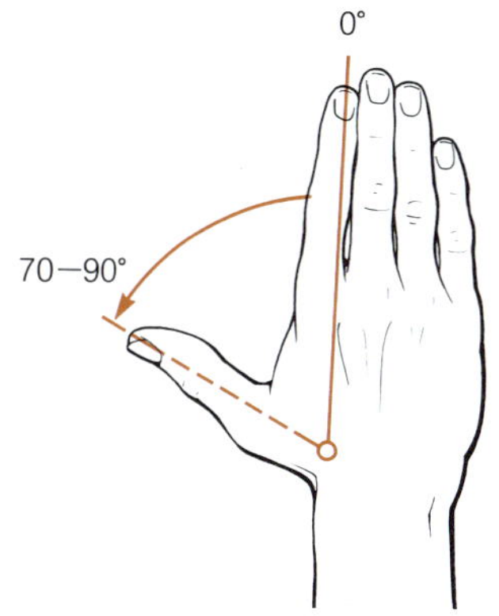

Daumenabspreizung

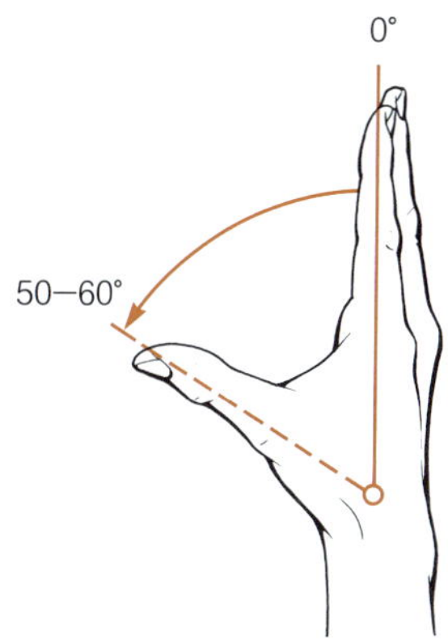

Daumenopposition

Fingern

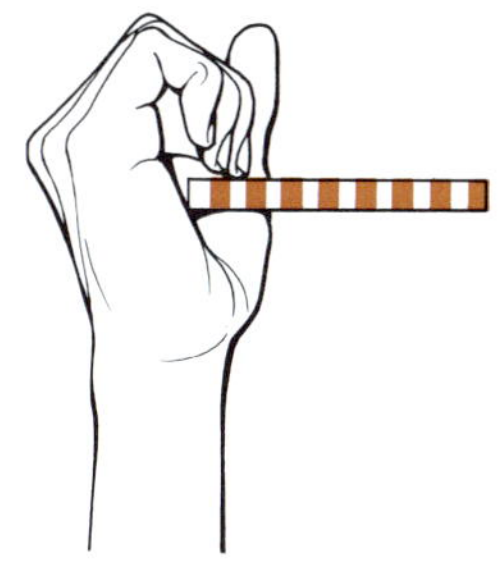
Fingerkuppenhohlhandabstand

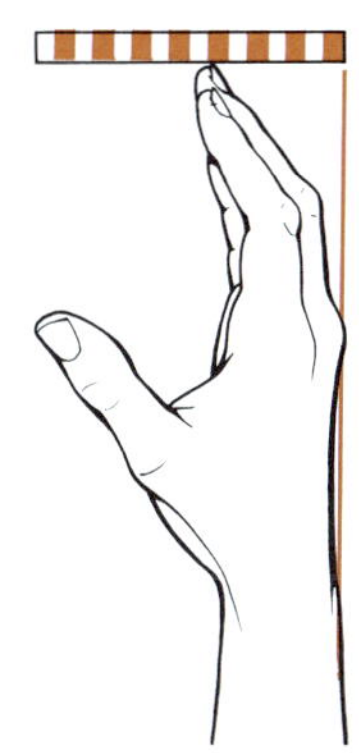
Fingerstreckdefizit

Synopsis 11: Thomas-Handgriff: Eine Hüftbeugekontraktur wird durch die ausgleichende Lendenlordose auf dem Untersuchungstisch verschleiert. Durch Anbeugen des gegenseitigen Beines kann die Lendenlordose ausgeglichen und das Ausmaß der Hüftbeugekontraktur dargestellt werden.

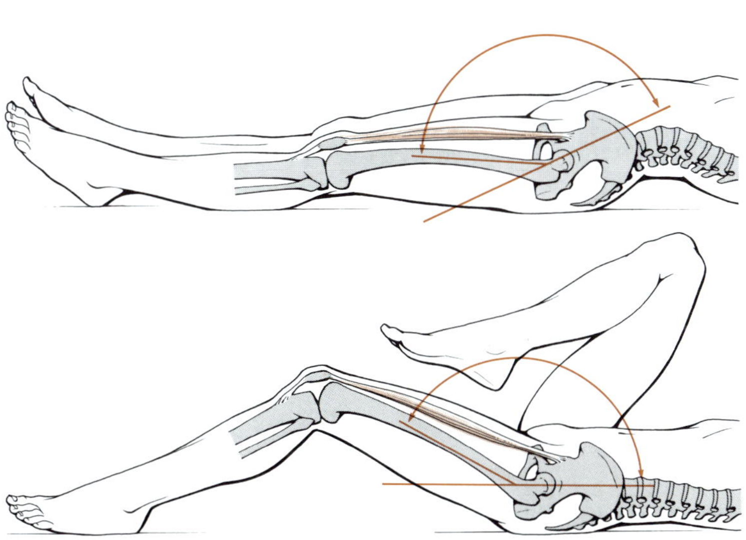

Synopsis 12: Klinische Untersuchung und normaler Bewegungsumfang (Neutralnullmethode)

Hüftgelenk

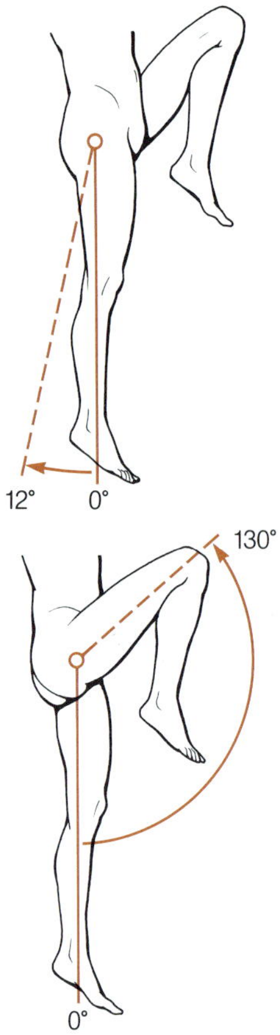

Streckung/Beugung (Seitlage)

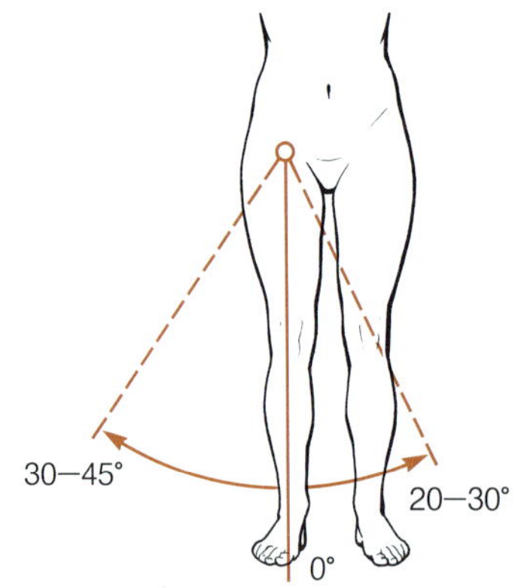

Abspreizen/Anführen

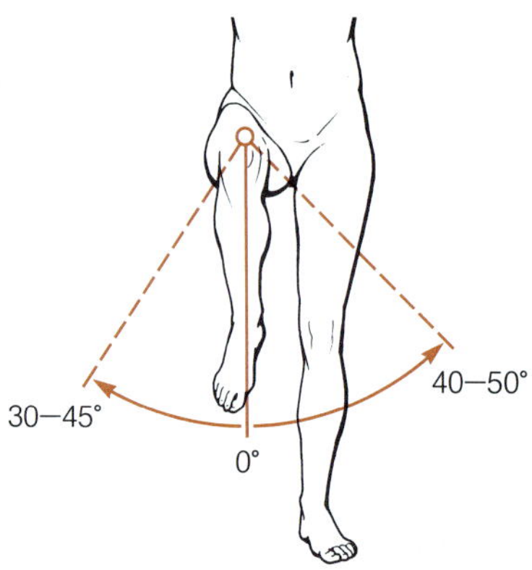

Drehung auswärts/einwärts (Rückenlage)

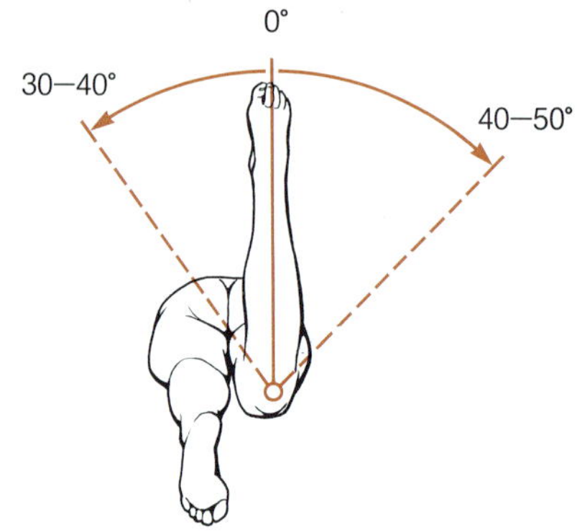

Drehung auswärts/einwärts (Bauchlage)

Kniegelenk

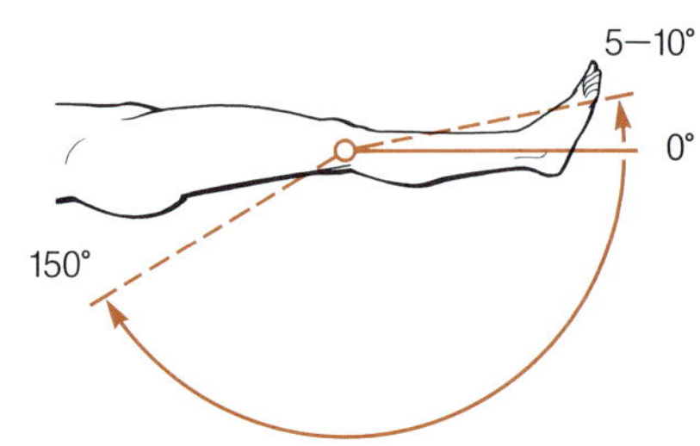

Streckung/Beugung

oberes Sprunggelenk

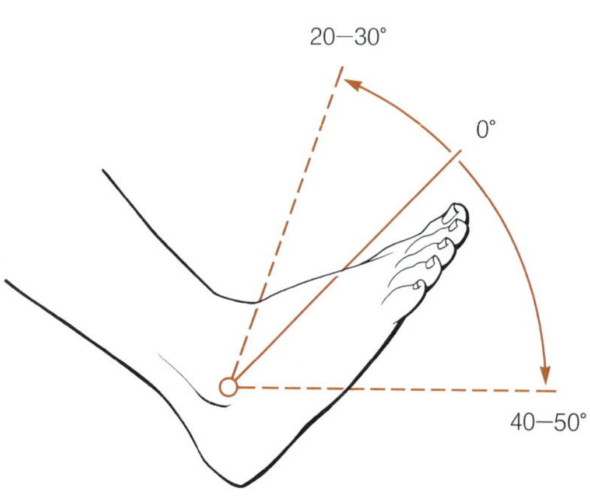

Heben/Senken des Fußes

unteres Sprunggelenk

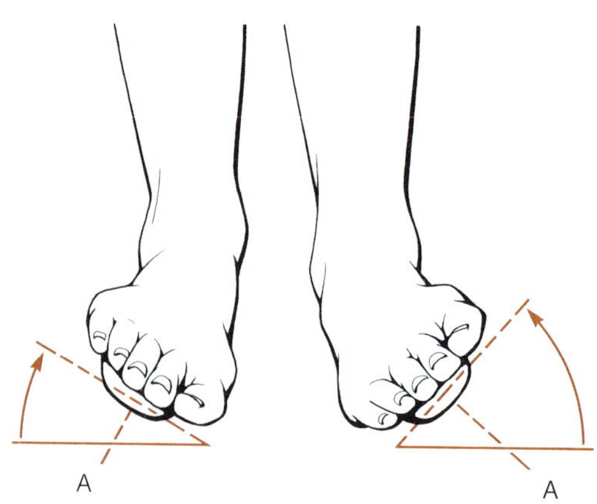

Gesamtbeweglichkeit in ¼ des normalen Bewegungsumfanges

- Streckung/Beugung (Extension/Flexion)
- Abspreizen/Anführen (Abduktion/Adduktion)
- Drehung auswärts/einwärts (Rotation auswärts/einwärts bei 90 Grad gebeugtem Hüftgelenk)
- Drehung auswärts/einwärts (Rotation auswärts/einwärts bei gestrecktem Hüftgelenk). Diese Untersuchung sollte an dem auf dem Bauch liegenden Patienten durchgeführt werden, wobei die Winkelmaße am 90 Grad gebeugten Kniegelenk direkt abgelesen werden können.

Bis auf die geringe Schlußkreiselung ist am **Kniegelenk** lediglich die Bewegung in der Sagittalebene (Streckung/Beugung bzw. Extension/Flexion) von Bedeutung *(Syn.12)*.

Die Funktionen des oberen und unteren Sprunggelenks sind in *Synopsis 12* wiedergegeben. Die Scharnierbeweglichkeit des **oberen Sprunggelenkes** ist winkelmäßig exakt zu erfassen. Im **unteren Sprunggelenk** dagegen handelt es sich um eine gekoppelte Bewegung mehrerer Gelenkanteile, die zusammenfassend die Hebung des Fußaußen- bzw. Fußinnenrandes beschreibt (Pronation/Supination). Diese Bewegung wird wegen der Schwierigkeiten des winkelgradmäßigen Erfassens häufig auch nur in Bruchteilen der normalen Gesamtbeweglichkeit angegeben.

An der **Wirbelsäule** bezieht sich die Messung des Bewegungsumfanges ebenfalls auf zahlreiche, miteinander gekoppelte Gelenke. Für die Dokumentation des Bewegungsumfanges in der Sagittalebene hat sich die Angabe des Fingerspitzen-Boden-Abstandes (FBA) und die Meßstreckenänderung an der Dornfortsatzreihe der Lenden- bzw. Brustwirbelsäule unter Vor- und Rückneigung bewährt *(Syn. 13)*. An der Lendenwirbelsäule wird für das **Schober-Zeichen** im Normalstand ein Punkt 10 cm oberhalb des ersten Sakraldornfortsatzes markiert. Die Entfaltung der Dornfortsatzreihe bei Rück- und Vorneigung wird als Meßstreckenänderung angegeben (z.B. Schober über S 1 7,5/10,0/17,0 cm). In gleicher Weise wird das **Ott-Zeichen** als eine Änderung der Meßstrecke vom 7. Zervikaldornfortsatz 30 cm nach kaudal definiert. Die Seitneigung des Rumpfes wird in Winkelgraden angegeben. Die Rotation der gesamten Wirbelsäule wird als Verdrehung der queren Schulterachse gegenüber derjenigen des Beckenringes gemessen.

Die **Wirbelsäulenbeweglichkeit** läßt sich durch die Messung definierter Abstände im Lumbal- **(Schober-Zeichen)** und Thorakalbereich **(Ott-Zeichen)** bzw. durch den Fingerspitzen-Boden-Abstand erfassen. Seitneigung und Rotation der Wirbelsäule werden in Winkelgraden angegeben *(Syn. 13)*.

An der **Halswirbelsäule** wird die Bewegung in der Sagittalebene durch den Kinn-Brustbein-Abstand in Beugung und Streckung erfaßt. Seitneigung und Rotation werden durch Kippung und Verdrehung der Kopfachse gegenüber dem Schultergürtel dokumentiert. Die Gesamtwirbelsäulenbeweglichkeit kann häufig keinen Aufschluß über zugrundeliegende Prozesse ergeben. Insofern ist die genauere Untersuchung lokalisierter und sogenannter **segmentaler Bewegungseinschränkungen** von großer Bedeutung.

Die **Halswirbelsäulenbeweglichkeit** wird in sagittaler Richtung durch den Kinn-Brustbein-Abstand und bei Seitneigung und Rotation durch die winkelmäßige Neigung bzw. Verdrehung der Kopfachse beschrieben.

Bewegungseinschränkungen gehen in der Regel mit einer proportional auftretenden Muskelatrophie einher. Die Ausprägung dieser **Muskelminderung** im Seitenvergleich wird durch die Messung des Extremitätenumfanges an definierten Bezugspunkten festgehalten.

Neurologische Untersuchung. Bei begleitenden neurologischen Symptomen muß die orthopädische Untersuchung durch einen exakten neurologischen Status ergänzt werden. In den allermeisten Fällen handelt es sich um die Erfassung von **Lähmungszuständen.** Diese sind zu differenzieren nach:

- Lokalisation: peripher/zentral (1./2. Neuron)
- Ausdehnung
- Art: schlaff/spastisch
- Muster: sensibel/motorisch/vegetativ

Neurologische Untersuchung
Lähmungszustände sind zu differenzieren nach:

- Lokalisation: peripher/zentral
- Ausdehnung
- Art: schlaff/spastisch
- Muster: sensibel/motorisch/vegetativ

Lähmungen peripherer Nerven sind anhand eines typischen Lähmungsbildes zu erkennen (z.B. Fallhand, Krallenhand, Fallfuß). Lähmungen am Rumpf werden dagegen häufig verkannt (Serratuslähmung mit Scapula alata).

Synopsis 13: Klinische Untersuchung der Wirbelsäulenbeweglichkeit: z.B. Schober (S 1): 7/10/17 cm
Ott (C 7): 29/30/32 cm

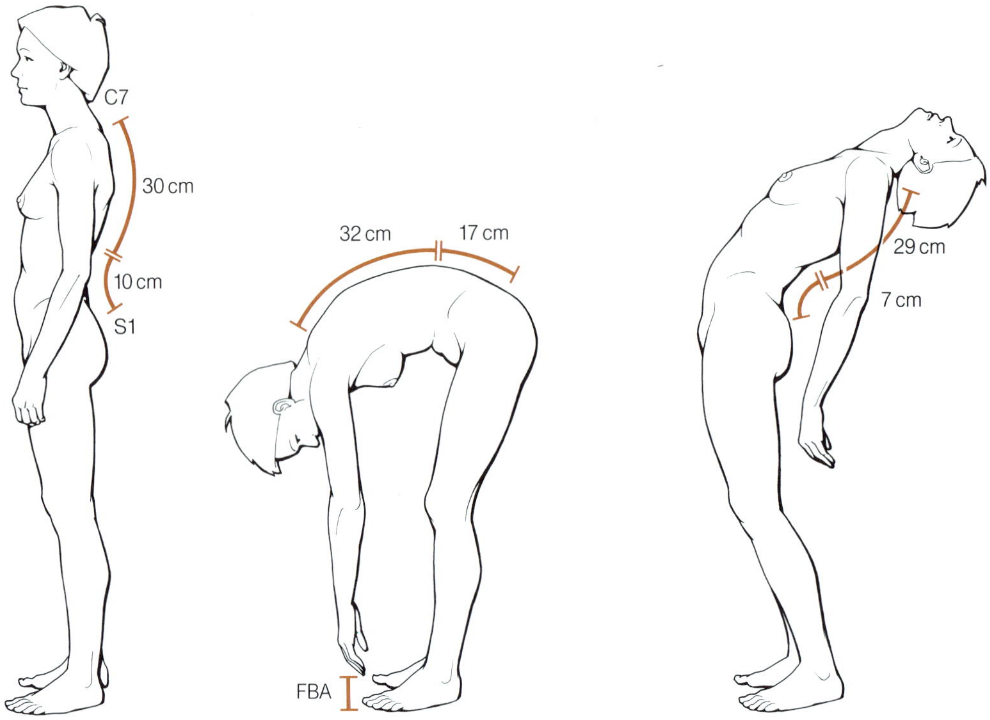

Im Stand: Markierung einer Meßstrecke 10 cm proximal von S 1 (Schober-Zeichen) und 30 cm distal von C 7 (Ott-Zeichen)

In Vorbeugung: eventuelle Vergrößerung der Meßstrecken; zusätzlich Fingerspitzen-Boden-Abstand (FBA)

In Rückneigung: eventuelle Verkleinerung der Meßstrecke

Bei der neurologischen Untersuchung ist zwischen zentralen und peripheren Lähmungen zu unterscheiden. **Periphere Lähmungen** im radikulären, Plexus- oder peripheren Nervenbereich lassen sich anhand der unterschiedlichen sensiblen und motorischen Ausfälle (Dermatome, Kennmuskeln; *Syn. 14, Tab. 2)* erkennen.

Mit der neurologischen Untersuchung soll geklärt werden, ob es sich bei der Lähmung um ein zentrales Geschehen oder eine **periphere Lähmung** mit Lokalisation im radikulären, Plexus- oder peripheren Nervenbereich handelt *(Syn. 14)*. Bei radikulären Läsionen halten sich die Nervenausfälle streng an das segmentale Verteilungsmuster. Störungen der Algesie und Ästhesie beschränken sich daher auf die zugehörigen Dermatome. Die motorischen Ausfälle sind bei radikulärer Läsion auf bestimmte Kennmuskeln bezogen, die ihre Innervation überwiegend aus einer einzigen Nervenwurzel erhalten *(Tab. 2)*. Bei Läsionen im Plexusbereich werden dagegen ausgedehntere Läsionen unter Einbeziehung mehrerer Nervenwurzeln nachweisbar. Bei einem Ausfall eines peripheren Nerven schließlich wird sich die Sensibilitäts- und motorische Störung auf das von diesem Nerven versorgte Gebiet konzentrieren.

Bei **zentralen Lähmungen** sind immer die vegetativen Funktionen (Blase, Mastdarm) abzuklären. Die Lähmungshöhe von Paraplegien wird auf das letzte noch vollständig innervierte Segment bezogen.

Bei **zentralen Lähmungen** muß immer nach den vegetativen Funktionen (Blase, Mastdarm) gefragt werden. Das Kaudasyndrom gehört zu den wenigen Notfallsituationen unter den orthopädischen Erkrankungen! Querschnittlähmungen werden in komplette und inkomplette Paraplegien bzw. Tetraplegien unterteilt. Ihre Lähmungshöhe wird auf das letzte noch vollständig innervierte Segment bezogen (z.B. komplette Paraplegie unterhalb L 2).

Im Säuglings- und Kleinkindesalter läßt sich der **motorische Entwicklungszustand** anhand des Reflexstatus bestimmen *(S. 249)*.

Im Säuglings- und Kleinkindesalter gehört zu jeder orthopädischen Untersuchung auch eine Beurteilung des **motorischen Entwicklungszustandes.** Auf dem Wege zu einer normalen motorischen Leistungsfähigkeit durchläuft jedes Kind Meilensteine seiner motorischen Entwicklung, die vom Arzt abgefragt und untersucht werden können *(S. 249)*.

Synopsis 14: Radikuläre, Plexus- und periphere Nervenläsion am Beispiel der oberen Extremität

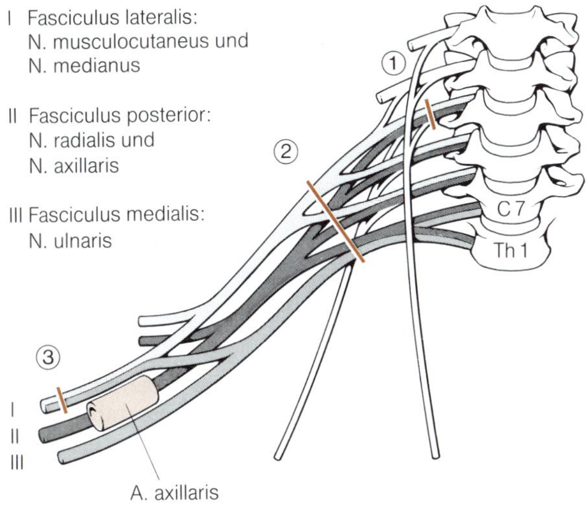

Radikuläre Läsion (I) ▶ Ausfälle im Ausbreitungsgebiet **einer Nervenwurzel** (sensibel = Dermatom, motorisch = Kennmuskel)

Plexusläsion (2) ▶ Ausfälle im Versorgungsgebiet **mehrerer Nervenwurzeln**

periphere Nervenläsion (3) ▶ Ausfälle im Versorgungsgebiet des betroffenen **Nerven**

Tabelle 2: Kennmuskeln radikulärer Läsionen

Nervenwurzel	Kennmuskel
C 3/4	Zwerchfell
C 6	M. biceps brachii M. brachioradialis
C 7	M. triceps brachii Thenar, M. pronator teres
C 8	Hypothenar, M. interossei
L 3	M. quadriceps
L 4	M. vastus med. des M. quadriceps M. tibialis anterior
L 5	M. extensor hallucis longus M. extensor digitorum brevis
S 1	M. fibularis brevis M. gastrocnemius (med. Teil)

2.2.2 Labor- und Funktionsdiagnostik

Bei der Mehrzahl orthopädischer Erkrankungen ist die Diagnose mit hinreichender Sicherheit aus der Anamnese, der klinischen Untersuchung und der Verlaufsbeobachtung zu stellen. Serologische, endoskopische und morphologische Untersuchungen können im Einzelfall für die Differentialdiagnose hilfreich sein.

Laboruntersuchungen. Die wichtigste serologische Untersuchung ist die **Blutkörperchensenkungsgeschwindigkeit.** Sie gibt Auskunft über Erkrankungen, die mit der Bildung von Paraproteinen einhergehen. Sie gehört zur Basisuntersuchung bei allen entzündlichen und tumorösen Erkrankungen. Große Bedeutung hat die Verlaufskontrolle der BKS bei entzündlichen Knochenerkrankungen. Der Erfolg einer antibiotischen Behandlung und Ruhigstellung kann anhand der BKS relativ genau abgelesen werden. Nach operativen Eingriffen kommt es zu einem typischen Verlauf der Blutkörperchensenkungsgeschwindigkeit. Gewöhnlich steigt die BKS am 7. Tage nach der Operation stark an, um anschließend wieder abzufallen. Eine anhaltend hohe BKS läßt den Verdacht auf eine postoperative Infektion aufkommen. Die BKS ist hier dem C-reaktiven Protein überlegen.

Der Abklärung rheumatisch-entzündlicher Erkrankungen dient die **Rheumaserologie.** Dazu gehören der Rheumafaktor, die antinukleären Faktoren, Antikörper gegen mikrobielle Antigene und das HLA-Antigen B 27 *(S. 176).*

Für die Differentialdiagnose von **systemischen Knochenerkrankungen** (Hyperparathyreoidismus, Rachitis, Osteomalazie, Morbus Paget) ist die Bestimmung von Kalzium, Phosphor und alkalischer Phosphatase erforderlich. Bei der Osteoporose lassen die Laborparameter jedoch im Stich *(S. 147).*

Relevante **Stoffwechselerkrankungen** finden sich in der Orthopädie vor allem in der Trias Hyperurikämie, Diabetes mellitus und Hyperlipidämie bzw. Hypercholesterinämie.

Gelenkpunktion. Die Untersuchung von Gelenkflüssigkeiten insbesondere bei Ergußbildungen hat über die differentialdiagnostische Aussage hinaus auch eine therapeutische Bedeutung. Dies gilt vor allem am Kniegelenk. Mit der

2.2.2 Labor- und Funktionsdiagnostik

Laboruntersuchungen
Die **Blutkörperchensenkungsgeschwindigkeit** gehört zur Basisuntersuchung bei allen entzündlichen und tumorösen Erkrankungen in der Orthopädie. Von besonderer Bedeutung ist die Verlaufsbeobachtung für die Erfolgskontrolle bei antibiotischer und immobilisierender Behandlung von entzündlichen Erkrankungen.

Die **Rheumaserologie** dient zur Abklärung entzündlich-rheumatischer Erkrankung *(S. 176).*

Für die Differentialdiagnose von **systemischen Knochenerkrankungen** (Hyperparathyreoidismus, Rachitis, Osteomalazie, Morbus Paget) werden Kalzium, Phosphor und die alkalische Phosphatase bestimmt.

Gelenkpunktion
Mit der Punktion eines Ergusses sind Aussagen über dessen Ursache und die zugrundeliegende

Erkrankung möglich. Blutige Ergüsse weisen in der Regel auf ein Trauma, fibrinöse bis fibrinös-eitrige auf infektiöse Prozesse im Gelenk und seröse auf mechanische Überlastungszustände hin.

Punktion eines Kniegelenksergusses sind Aussagen über die Ursache des Gelenkergusses und der zugrundeliegenden Erkrankung möglich. Blutige Gelenkergüsse weisen in der Regel auf ein traumatisches Geschehen hin. Fibrinöse bis fibrinös-eitrige Flüssigkeitsansammlungen sind typisch für infektiöse Prozesse im Gelenk. Ein seröser Erguß dagegen tritt bei mechanischen Überlastungszuständen oder Abflußbehinderungen im venösen System des betroffenen Beines auf.

Bei der **Synoviaanalyse** wird auch nach typischen Kristallen geforscht.

Bei Erkrankungen des rheumatischen Formenkreises werden im Rahmen der **Synoviaanalyse** Farbe, Aussehen, Viskosität, Leukozytenzahl und die für bestimmte Gelenkerkrankungen typischen Kristalle (Uratkristalle - Gicht, Kalziumpyrophosphatkristalle - Pseudogicht) untersucht *(Tab. 24, S. 178).*

Biopsie
Probeentnahmen von Gewebe werden zum Ausschluß entzündlicher oder tumoröser Veränderungen durch kleinere operative Eingriffe, Endoskopien oder Punktionen vorgenommen.

Biopsie. Probeentnahmen von Gewebe werden vor allem zum Ausschluß entzündlicher oder tumoröser Veränderungen durch kleinere operative Eingriffe oder Punktionen erforderlich. Bei unklaren Erkrankungen, die im Bereich der Wirbelkörperreihe und des Bandscheibenraumes auftreten, steht z.B. die Wirbelkörperstanze vor der Probevertebrotomie, da sie bei geringerem Risiko mit bis zu 80%iger Sicherheit eine Aussage über die Grunderkrankung zuläßt. Die Punktion von Gewebezylindern wird auch bei der Osteoporosediagnostik zur quantitativen Erfassung der Veränderungen angewandt.

Arthroskopie
Mit der Endoskopie von Gelenken sind Informationen über die Pathomorphologie des Gelenkinnenraumes zu erhalten. Diese muß jedoch nicht unbedingt mit der beobachteten Funktionsstörung übereinstimmen.

Arthroskopie. Mit der Endoskopie sind vor allen Dingen am Kniegelenk, aber auch am Schulter-, Ellbogen- und Hüftgelenk Einblicke in die Pathomorphologie des Gelenkes möglich. Morphologische Läsion und beobachtete Funktionsstörung müssen jedoch nicht unbedingt übereinstimmen. Die arthroskopische Diagnostik setzt daher ein großes Maß an Erfahrung voraus. Wenn auch die Arthroskopie zum Ziele der ausschließlichen Untersuchung in Lokalanästhesie mit einem vernachlässigbar geringen Risiko durchgeführt werden kann, so steht diese Untersuchung als invasive Methode doch am Ende des diagnostischen Stufenprogrammes *(S. 458).*

Neurologische Funktionsdiagnostik
Mit der **Elektromyographie (EMG)** lassen sich Erkrankungen und Verletzungen des peripheren motorischen Neurons, Myopathien und neuromuskuläre Überleitungsstörungen abklären. Das EMG spielt eine besondere Rolle für die Höhenlokalisation im Rahmen der Bandscheibendiagnostik. Die Bestimmung der **Nervenleitgeschwindigkeit** ist indiziert bei traumatischen Nervenschädigungen und Engpaßsyndromen. Die Registrierung **evozierter Potentiale** ist bei der Differenzierung spinaler Leitungsstörungen angezeigt.

Neurologische Funktionsdiagnostik. Neuromuskuläre Funktionen lassen sich mit Hilfe der **Elektromyographie (EMG)** untersuchen. Als Indikation kommen alle Erkrankungen und Verletzungen des peripheren motorischen Neurons, Myopathien und neuromuskuläre Überleitungsstörungen in Frage. Das EMG spielt eine besondere Rolle bei der differentialdiagnostischen Abklärung von radikulären Syndromen im Bereich der Hals- und Lendenwirbelsäule. Hier wird durch die typischen Veränderungen in bestimmten Kennmuskeln die Höhenlokalisation der Nervenwurzelschädigung erleichtert. Myopathien sind durch ein Fehlen von Spontanaktivitäten im EMG gekennzeichnet. Bei traumatischen Nervenschädigungen und Engpaßsyndromen ist durch **Bestimmung der Nervenleitgeschwindigkeit** das Ausmaß der Schädigung quantifizierbar und der Ort des Schadens genau zu lokalisieren. Vor allem für die Diagnostik spinaler Prozesse ist die Aufzeichnung **evozierter Potentiale** angezeigt. Durch Reizung eines peripheren Nerven können mit Nadelelektroden an der Kopfhaut somatosensorisch evozierte Potentiale (SSEP) abgeleitet werden, deren Störung eine Unterbrechung auf dem Weg zwischen Reizort und Empfängerort anzeigt. Diese Methode wird auch bei der intraoperativen Diagnostik von spinalen Leitungsstörungen im Rahmen der Skoliosechirurgie eingesetzt.

AngiologischeFunktionsdiagnostik
Intermittierende Schmerzzustände im Bereich der unteren Extremitäten lassen sich häufig angiologisch erklären. Eine Abflußstörung im Bereich des tiefen Venensystems kann durch den **Perthes-Test** ausgeschlossen werden. Eine genauere Lokalisation von Durchblutungsstörungen im arteriellen und venösen Schenkel ist mit Hilfe der **Doppler-Sonographie** möglich. Die **Oszillographie** dient der arteriellen Durchblutungsmessung.

Angiologische Funktionsdiagnostik. Vor allem zur Differentialdiagnose intermittierender Schmerzzustände im Bereich der unteren Extremitäten ist eine eingehende Untersuchung des Gefäßsystems erforderlich. Ein Verschluß der tiefen Beinvenen kann klinisch durch den **Perthes-Test** ausgeschlossen werden. Hierbei wird durch einen in der Inguinalregion um den Oberschenkel angelegten Gummischlauch der Abfluß über die oberflächlichen Beinvenen unterbunden. Zunehmende Schmerzen, Blauverfärbung und Schwellung des Beines weisen auf den kompletten Verschluß des tiefen Venensystems hin. Eine genauere Lokalisation von Abflußstörungen aus dem Venensystem, aber auch von arteriellen Durchblutungsstörungen ist mit Hilfe der **Doppler-Sonographie** möglich. Bei dieser Art der Ultraschalldiagnostik wird der Doppler-Effekt ausgenutzt, mit dem Strömungsgeräusche aus den Gefäßen registriert werden können. Die arterielle Durchblutung kann insbesondere auch unter funktionellen

Bedingungen mit Hilfe der **Oszillographie** bzw. **-metrie** überprüft werden. Hiermit lassen sich über eine am betroffenen Extremitätenabschnitt angelegte Blutdruckmanschette die arteriellen Pulswellen aufzeichnen.

2.2.3 Bildgebende Verfahren

Die bildhafte Darstellung der Strukturen der Stütz- und Bewegungsorgane spielt für die Analyse von Form- und Funktionsstörungen eine große Rolle. So ist die Differential- bzw. Ausschlußdiagnose bei Erkrankungen mit gleichartiger Symptomatik häufig erst durch die Abbildung der betroffenen Strukturen möglich. Bei anhaltenden Beschwerden der Brustwirbelsäule kann oft erst anhand des radiologischen Befundes entschieden werden, ob es sich »nur« um die Folge degenerativer Veränderungen, um eine Osteoporose oder etwa um eine Metastase handelt.

> Umgekehrt wird nicht aus jedem pathologisch-anatomischen Befund im Röntgenbild eine orthopädische Erkrankung.

Zahlreiche orthopädische Krankheiten, insbesondere die degenerativen, haben einen langwierigen Verlauf. Sie entstehen als Folge anhaltender Überlastungszustände an den Strukturen der Stütz- und Bewegungsorgane, die wiederum zu typischen morphologischen Reaktionen führen. Die Radiologie stellt hier nichts anderes als eine Momentaufnahme des Krankheitsprozesses dar, der sich über Jahre hinweg entwickelt hat. Durch einmalige Abbildung erhält der typische degenerative Randwulst eines Gelenkes allenfalls **»Denkmalcharakter«**. Immerhin wird dieses Denkmal die Aufmerksamkeit eines Untersuchers erregen und ggf. weitere Untersuchungen veranlassen.

Unter den bildgebenden Verfahren dominieren noch diejenigen, die ausschließlich eine morphologische Analyse gestatten. Hierzu gehören vor allem die Röntgenuntersuchung einschließlich der Xeroradiographie und Computertomographie, aber auch die Ultraschalldiagnostik. Demgegenüber stehen Methoden, die einen Einblick in biologische Abläufe und Stoffwechselvorgänge ermöglichen. Dies wird durch die Szintigraphie gewährleistet. Eine Mittelstellung nimmt die Kernspintomographie ein, die offenbar zwischen der Abbildung morphologischer Veränderungen und funktioneller Störungen erste Verbindungen knüpfen kann. Sie erlaubt nicht nur eine Abbildung von Weichteilstrukturen in bisher nicht bekannter Qualität, sie kann darüber hinaus auch Aussagen über biochemische Abläufe vermitteln, deren Tragweite zum augenblicklichen Zeitpunkt noch nicht voll bekannt ist.

Die Indikation für die einzelnen Verfahren ergibt sich aus den physikalisch-technischen Gegebenheiten, aber auch aus Kostengründen; denn für eine Vielzahl orthopädischer Erkrankungen ist die Ausschlußdiagnose durch eine Standardröntgenuntersuchung völlig ausreichend, wenngleich auch die Abbildung im Computer- oder Kernspintomogramm ein viel »schöneres« Bild zu geben vermag.

2.2.3.1 Röntgenuntersuchung

Methode. Röntgenstrahlen sind elektromagnetische Wellen, die ein hohes Durchdringungsvermögen auch für die Hartsubstanzen der Stütz- und Bewegungsorgane aufweisen, zugleich aber im Gewebe absorbiert werden. Die der Strahlenquelle zugewandten Körperpartien erhalten eine gleichmäßige, aber stärkere Strahlenintensität als die abgewandten *(Syn. 15)*. Beim Durchtritt durch den Körper entsteht **Streustrahlung,** die sowohl hinsichtlich der Strahlenbelastung als auch der Abbildung auf einer fotografischen Platte lästig ist. Der einfachste Weg für die Verringerung der Streustrahlung ist die Vergrößerung des Abstandes zwischen Objekt und Bildschirm. Damit kommt es nach den Gesetzen der Zentralprojektion jedoch auch zu einer Bildvergrößerung. Eine Zunahme der Bildgröße ergibt sich auch bei Verringerung des Abstandes zwischen Strahlenquelle und Körper. Damit geht gleichzeitig eine Erhöhung der

2.2.3 Bildgebende Verfahren

Die bildhafte Darstellung der Strukturen der Stütz- und Bewegungsorgane ist vor allem für die Ausschlußdiagnose gravierender Erkrankungen von wesentlicher Bedeutung.

Pathomorphologische Veränderungen im Röntgenbild sind nicht mit orthopädischer Erkrankung gleichzusetzen.

Das Röntgenbild ist vielfach nichts anderes als eine Momentaufnahme eines langjährigen Krankheitsprozesses. Demnach kommt vielen radiologischen Veränderungen **»Denkmalcharakter«** zu.

Bildgebende Verfahren für die Analyse morphologischer Veränderungen (Röntgenuntersuchung, Xeroradiographie, Computertomographie, Ultraschalldiagnostik) sind von Methoden mit Einblick in biologische Abläufe und Stoffwechselvorgänge (Szintigraphie, Kernspintomographie) abzugrenzen.

2.2.3.1 Röntgenuntersuchung

Methode
Röntgenstrahlen sind elektromagnetische Wellen mit hohem Durchdringungsvermögen für die Hartsubstanzen der Stütz- und Bewegungsorgane. Beim Durchtritt durch den Körper entsteht **Streustrahlung,** die die Strahlenbelastung wie auch die Abbildungsqualität negativ beeinflußt.

Für die Orthopädie sind eine möglichst senkrechte Einstellung von Objekt und Bildebene zum Zentralstrahl sowie ein großer Filmfokusabstand anzustreben *(Syn. 15).*

Strahlenintensität einher, die auf eine bestimmte Körperpartie auftrifft; denn die Strahlenintensität ist pro Flächeneinheit umgekehrt proportional dem Quadrat des Abstandes zwischen Strahlenquelle und Objekt.

Die Gesetze der Strahlenprojektion bedeuten für die Orthopädie, daß eine möglichst senkrechte Einstellung von Objekt und Bildebene zum Zentralstrahl angestrebt werden soll. Um eine objektgetreue Wiedergabe, insbesondere für radiometrische Aufgabenstellungen, zu erhalten, sind große Filmfokusabstände vorzuziehen *(Syn. 15).*

Alle Röntgenaufnahmen setzen eine kritisch abwägende Indikationsstellung voraus, da stets die Nachteile der Röntgenuntersuchung durch biologische Auswirkungen der Röntgenstrahlen (Gonaden- bzw. Organdosis) zu berücksichtigen sind.

Den Vorteilen der Röntgenuntersuchung und Darstellung auf einer fotografischen Platte stehen die Nachteile durch biologische Auswirkungen der Röntgenstrahlen gegenüber. Für die biologischen Auswirkungen sind Gonaden- und Organdosis voneinander zu unterscheiden, die in Abhängigkeit von der untersuchten Körperregion beträchtlich auseinanderliegen können. Immerhin machen die in der Orthopädie üblichen, vor allen Dingen beckennahen Röntgenaufnahmen ein Mehrfaches der natürlichen Strahlenexposition aus. Selbst die einfachen Standardaufnahmen einer Körperregion setzen daher eine kritisch abwägende Indikationsstellung voraus. Bei der Anfertigung eines Röntgenbildes sind die Gesichtspunkte des Strahlenschutzes an vorderster Stelle zu berücksichtigen. Allerdings darf natürlich aus übertriebener Angst vor Röntgenstrahlen das richtige Röntgenbild zum richtigen Zeitpunkt nicht versäumt werden.

Röntgenstandarduntersuchung: Eine **Indikation** für eine Röntgenstandarduntersuchung liegt dann vor, wenn Veränderungen von Knochenaufbau und -struktur vermutet werden, die für Diagnose und Therapie von Bedeutung sind.

Röntgenstandarduntersuchung. Wegen der besonders guten Darstellbarkeit des Knochengewebes ergibt sich eine **Indikation** für eine Röntgenstandarduntersuchung immer dann, wenn Veränderungen von Knochenaufbau und -struktur vermutet werden und für die Diagnose und einzuschlagende Therapie von Bedeutung sind. Für die Abbildung der einzelnen Körperregionen gibt es unterschiedliche Röntgeneinstelltechniken, mit denen auch die Erfassung detaillierter Strukturen möglich ist.

Nur standardisierte Röntgeneinstelltechniken und in der Regel Abbildungen in zwei Ebenen lassen eine umfassende Analyse der morphologischen Veränderungen zu.

Bei Skelettaufnahmen ist in der Regel eine Abbildung in zwei senkrecht zueinander stehenden Ebenen erforderlich; denn nur dann können die Veränderungen dreidimensional analysiert werden.

Synopsis 15: Röntgentechnik: Zur Vermeidung von Abbildungsfehlern soll der zu untersuchende Bereich im Zentralstrahl liegen

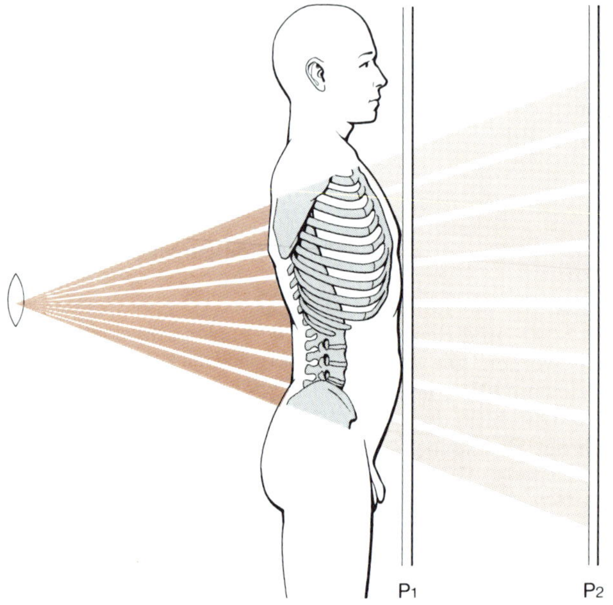

Zentralprojektion: Bei Abbildung großer Skelettregionen (z.B. Wirbelsäulenganzaufnahmen) ist ein großer Abstand zwischen Strahlenquelle und Film (Filmfokusabstand) erforderlich, um einen möglichst parallelen Strahleneinfall zu erhalten.

Strahlenintensität größer auf der der Strahlenquelle zugewandten Körperpartie: die Mammae sollten daher – wenn möglich – von der Strahlenquelle abgewandt sein.

Abbildung der röntgenröhrennahen Strukturen größer als der plattennahen (P_1)

Bildvergrößerung mit zunehmendem Abstand der Platte (P_2) vom Objekt

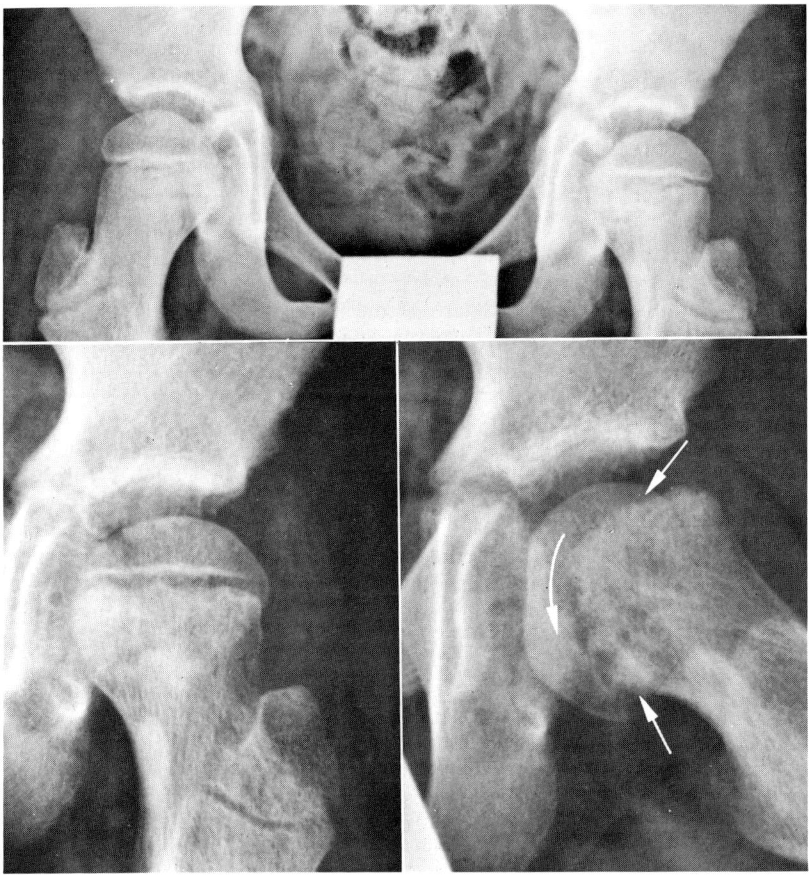

Abb. 4a–c: *siehe auch klinisches Beispiel*
a. Hüftgelenke beidseits im a.-p.-Strahlengang.
b. linkes Hüftgelenk: erneute Röntgenaufnahme im a.-p.-Strahlengang – keine wesentliche Änderung gegenüber Voraufnahme.
c. die Aufnahme in der zweiten Ebene (sog. Lauenstein-Projektion) zeigt den pathologischen Befund.

◀ Klinisches Beispiel

Klinisches Beispiel. 10jähriger Junge, der wegen belastungsabhängiger Schmerzen in der linken Leistenbeuge zur ärztlichen Untersuchung kam. Es wurde lediglich eine Röntgenaufnahme beider Hüftgelenke im anterior-posterioren Strahlengang angeordnet und für normal befundet *(Abb. 4a)*. Wegen Verschlechterung der Schmerzsymptomatik erneute Röntgenuntersuchung nach weiteren 7 Wochen. Die Röntgenaufnahme im a.-p.-Strahlengang ist kaum verändert *(Abb. 4b)*. Jetzt aber auch Röntgenuntersuchung in der zweiten Ebene (sogenannte Lauenstein-Aufnahme, *S. 423, Abb. 4c)*, die den deutlichen Abrutsch der Hüftkopfepiphyse nach dorsal zeigt (Pfeile). Diagnose: Epiphyseolysis capitis femoris. ***Fazit.*** Die röntgenologische Untersuchung von Skelettstrukturen sollte in der Regel in zwei aufeinander senkrecht stehenden Ebenen erfolgen!

Röntgenbilder sind stets nur Schattenbilder der abgebildeten Strukturen. Bei Anfertigung des Röntgenbildes in nur einer Ebene sind Fehleinschätzungen und Fehldiagnosen unvermeidbar (z.B. Epiphyseolysis capitis femoris).

Die **Beurteilung** eines Röntgenbildes wird stets nach Schema durchgeführt:

Die **Beurteilung** eines Röntgenbildes wird stets nach einheitlichem Schema durchgeführt:

- **Anatomische Form.** Beschreibung der Knochen- und Gelenkkonturen, Stellung der Gelenkkörper zueinander, Kontinuitätsunterbrechung des Knochens oder der Gelenkfläche, Unregelmäßigkeiten oder Aufrauhungen der Gelenkflächen, periphere Knochenneubildungen (Osteophyten), Gelenkspaltweite.
- **Knochendichte.** Kortikalisdicke und Spongiosadichte, Ausrichtung der Trabekelstruktur, lokalisierte Knochenverdichtungen (Sklerosierung), lokalisierte Knochenauflösungen (Osteolyse, Porose).
- Weichteilschatten, verknöcherte oder verkalkte Areale, freie Gelenkkörper, einliegende Implantate.

- **Anatomische Form**
- **Knochendichte**
- Weitere abgebildete Strukturen

Röntgenmorphologisch auffällig sind lediglich **Abbau- bzw. Anbauvorgänge** des Knochens. Knochenanbau ist meistens ein Hinweis auf eine mechanische Überbeanspruchung der Region *(Tab. 3)*. Die sorgfältige Analyse dieser produktiven Veränderungen kann zur Erkennung des Krankheitsbildes und der sich ergebenden Therapie beitragen.

Aus differentialdiagnostischer Sicht steht die Analyse der röntgenologisch erkennbaren Veränderungen des Knochengewebes im Vordergrund. Das Knochengewebe befindet sich in einem ständigen Umbau. Morphologisch auffällig werden lediglich die **Abbau- bzw. Anbauvorgänge,** die sich auch radiologisch voneinander abgrenzen lassen *(Tab. 3)*. Das Ausmaß der Veränderungen und die Qualität des trabekulären Aufbaus läßt dabei einen Rückschluß auf die zugrundeliegenden pathologisch-anatomischen Veränderungen zu. Überwiegt der Knochenanbau, so ist dies meistens ein Hinweis auf eine mechanische Überbeanspruchung der Knochenbälkchen dieser Region.

Merke ▶

> ***Merke.*** Eine subchondrale Sklerosierung z.B. deutet auf eine vermehrte Beanspruchung der zugehörigen Gelenkfläche hin, ohne daß bereits ein arthrotischer Prozeß eingetreten sein muß.

Differentialdiagnostisch zu beachten sind Knochenabbauvorgänge mit unscharfer Begrenzung der umge-

Zahlreiche derartige produktive Veränderungen treten gesetzmäßig als Folge mechanischer Beanspruchung bestimmter Knochenregionen oder Gelenkstrukturen auf. Die sorgfältige Analyse des Röntgenbildes kann daher wesentlich zur Erkennung des Krankheitsbildes, der resultierenden Funktionsstörungen und der sich ergebenden Therapie beitragen. Die produktiven Veränderungen als Folge mechanischer Überbeanspruchung stehen im Gegensatz zu den regressiven mit diffusem Knochenabbau. Besonders zu beachten ist der zirkumskripte, lokale Knochenabbau mit unscharfer Begrenzung der umgebenden trabekulären Strukturen. Derartige destruktive Veränderungen mit Knochenauflösung

Tabelle 3: Radiologische Kriterien für die Beurteilung des Röntgenbildes

Radiologische Kriterien				Klinisches Bild
Knochenabbau	generalisiert (Osteoporose)			
	lokal	diffus	gleichmäßig (Porose)	z. B. Immobilisation
			fleckförmig (Dystrophie)	M. Sudeck
		zirkumskript	von Sklerose begrenzt (Zyste)	Arthrose, benigne Knochentumoren
			unscharf begrenzt (Osteolyse)	Infektion, entzündl. rheumat. Erkrankungen, maligne Tumoren, Knochennekrose im Verlauf
normaler Knochenumbau				
Knochenanbau	generalisiert (Hyperostose)			
	lokal	diffus (Hypertrophie)	grobsträhnig	M. Paget
		zirkumskript	Spongiosaverdichtung (Sklerose)	degenerat. Erkrankungen, Nekrosen, mechanische Überbeanspruchung
			randständig (der Gelenkfläche) (Osteo-/Spondylophyt)	degenerative Erkrankungen
			Knochengrenzen überschreitend	Knochentumoren, Frakturheilung

finden sich vor allem bei Infektionen des Knochens, bei malignen Tumoren und bei Knochenabräumvorgängen, wie sie nach Nekrosen beobachtet werden.

Vielfältig sind die Knochenneubildungen in der Form benigner und maligner Tumoren, deren Differentialdiagnose nicht nur allein anhand der Röntgenmorphologie, sondern auch anhand der Lokalisation, des Alters des Patienten und weiterer begleitender Faktoren möglich ist *(Teil B: allgemeine Orthopädie).*

benden trabekulären Struktur als Hinweis auf Infektionen, maligne Tumoren und Knochenabräumvorgänge nach Osteonekrosen.

Für die **Beurteilung von Röntgenbildern im Kindesalter** müssen die Gesetze des wachsenden Skeletts bekannt sein. In Gelenknähe sind morphologische Veränderungen durch Überprojektion mit Epi- und Apophysen nicht immer sicher abgrenzbar. Soweit möglich, sollten daher vor Wachstumsabschluß Vergleichsaufnahmen der Gegenseite angefertigt werden. Die Verknöcherung der zunächst knorplig angelegten Epiphysen erfolgt gesetzmäßig und altersabhängig. Aus diesem Grund ist die Bestimmung der Skelettreife anhand einer radiologischen Untersuchung der Handwurzelossifikation möglich. Diese wird mit einer Röntgenaufnahme der linken Hand im a.-p.-Strahlengang durchgeführt. Durch einen Vergleich mit Röntgenatlanten *(z. B. Greulich-Peyle)* läßt sich somit das **Skelettalter** bestimmen und dem chronologischen Alter (reelles Alter) und dem Längenalter (Alter bezogen auf Körpergröße) gegenüberstellen *(S. 113).*

Die **Beurteilung von Röntgenbildern im Kindesalter** ist wegen der Überprojektion mit Epi- und Apophysen erschwert. Vergleichsaufnahmen der Gegenseite können die Diagnose erleichtern.

Das **Skelettalter** läßt sich mit einer a.-p.-Aufnahme der linken Hand bestimmen und dem chronologischen Alter und Längenalter gegenüberstellen.

Die zahlreichen Formvarianten des Skelettsystems im Kindesalter, aber auch beim Erwachsenen, lassen sich mit Hilfe der **Radiometrie** beschreiben. Durch die Angabe definitiver Längen- und Winkelmaße kann die Entwicklung der Gelenk-, Gliedmaßen- oder Wirbelsäulenstellung verfolgt werden. Derartige Messungen haben vor allen Dingen für die Beschreibung der Achsenentwicklung beim O- und X-Bein, der Hüftgelenksdeformität im Zusammenhang mit der Coxa valga et antetorta sowie des Verlaufes der Skoliose und Kyphose einen großen Stellenwert erlangt. Mit der Messung werden zwei Ziele verfolgt:

Mit der **Radiometrie** läßt sich durch die Angabe definitiver Längen- und Winkelmaße die Entwicklung von Gelenk-, Gliedmaßen- oder Wirbelsäulenstellungen beschreiben.

1) Für **die Erkennung einer Skelettdeformität,** die sich deutlich von der Norm abhebt, wird ein Vergleich der Meßgrößen mit denjenigen eines Normalkollektivs durchgeführt. Hierbei ist zu berücksichtigen, daß die Streubreite aller am Skelett bisher erhobenen Messungen ausgesprochen groß ist. Sie umfaßt die sogenannte biologische Streubreite und ist Ausdruck der formalen Vielfalt des Skelettsystems ohne krankhafte Bedeutung. In die methodisch bedingte Streubreite gehen Fehler durch unterschiedliche Röntgenprojektionen ein. Trotz standardisierter Technik sind in Abhängigkeit von der Größe und der Lokalisation der dargestellten Strukturen erhebliche Projektionsfehler zu veranschlagen. So führt z.B. bei der röntgenologischen Darstellung der Skoliose eine nur geringe Verdrehung des Rumpfes zu deutlichen Winkeländerungen. Dies ist auch bei der Vermessung der Hüftpfanne durch unterschiedliche Beckenkippung zu beachten. Schließlich ist auch die Meßgenauigkeit zu berücksichtigen, die in die Streubreite radiometrischer Untersuchungen eingeht. Insbesondere bei der Abbildung sehr kleiner Strukturen (Säuglingshüfte) sind Meßfehler zu erwarten, die eine Abgrenzung pathologischer Veränderungen von denjenigen eines Normalkollektivs erschweren.

Die Radiometrie dient vor allem der **Erkennung und Abgrenzung eines krankhaften Zustandes,** der sich deutlich von der Norm abhebt. Biologische Streubreite und methodische Fehler sind bei der Interpretation zu berücksichtigen.

2) Besondere Bedeutung hat die Radiometrie für die **Operationsplanung.** Ohne eine exakte Erfassung der Deformität ist eine Beschreibung des Operationsablaufes und Operationszieles nicht möglich. Bei der Erstellung eines Operationsplanes wird in der Regel vom Röntgenbild eine Umrißskizze angefertigt, in die hinein das gewünschte Operationsziel übertragen werden muß. Aus der Superposition der Skelettumrisse ergibt sich zwangsläufig der zu wählende Operationsablauf.

Unentbehrlich ist die Radiometrie für **die Operationsplanung.**

Spezielle Röntgenuntersuchungen. Die Mehrzahl orthopädischer Erkrankungen zeigt eine von der Funktion abhängige Symptomatik. In diesen Fällen kann die röntgenologische Untersuchung durch die Anfertigung von **Funktionsaufnahmen** wesentlich bereichert werden, um einen gestörten Bewegungsumfang bzw. eine pathologische Beweglichkeit darzustellen. Die Technik derartiger Aufnahmen ergibt sich aus der Pathophysiologie des gestörten Skelettabschnittes und setzt eine sorgfältige Analyse durch klinische Untersuchung voraus. Als Funktion werden vor allem die vertikale Belastung (Wirbelsäulenstandaufnahme, Einbeinstandaufnahme), die Bewegung (z.B. Bewegungsaufnahmen der Wirbelsäule zur Beurteilung von Instabilitäten; am Hüftgelenk zur Beurteilung der Hüftkopf-Pfannen-Relation) oder die pathologische Beweglich-

Spezielle Röntgenuntersuchungen Röntgenfunktionsaufnahmen sind angezeigt, um einen gestörten Bewegungsumfang bzw. pathologische Beweglichkeiten darzustellen. Als Funktion werden die vertikale Bewegung bzw. pathologische Beweglichkeit untersucht.

Bei der **Schichtaufnahme (Tomographie)** wird durch Verwischung das Strahlenbündel auf bestimmte Gewebsschichten zentriert. Sie ist vor allem für die Diagnose von Erkrankungen und Verletzungen an der Wirbelsäule und im spongiösen Knochenbereich von Bedeutung. *(Abb. 5).*

Die **Xeroradiographie** eignet sich zur Darstellung von Weichteilstrukturen, insbesondere zur Abgrenzung von Gewebestrukturen bei Knochentumoren.

Klinisch relevante **Kontrastmitteluntersuchungen** sind: Arthrographie, Fistulographie, Myelographie, Phlebographie und Angiographie.

keit (gehaltene Aufnahmen bzw. sogenannte »Streßaufnahmen« im Seitenvergleich zur Erfassung von Instabilitäten und Ausschluß konstitutioneller Bänderschwächen an Knie-, Sprung- und Daumengrundgelenk) überprüft.

Die **Schichtaufnahme (Tomographie)** dient zur Erfassung kleinerer Defekte, vor allen Dingen im spongiösen Knochen, die bei der Anfertigung von Standardaufnahmen nicht zu erkennen sind. Das Prinzip der Schichtaufnahme besteht darin, daß die Strahlenquelle und der Röntgenfilm um das abzubildende Objekt bewegt werden und damit eine Verwischung derjenigen Strukturen auftritt, die nicht im Drehpunkt des Strahlenkegels liegen. Damit können die Strahlenbündel auf bestimmte, auch tief im Körper liegende Gewebsschichten konzentriert werden. Schichtaufnahmen sind somit vor allem für die Diagnose von Erkrankungen an der Wirbelsäule und im spongiösen Bereich von Bedeutung *(Abb. 5).*

Bei der **Xeroradiographie** wird die Abbildung durch Elektrostase in einer durch Selen beschichteten Platte erreicht. Das Verfahren eignet sich ganz besonders zur Darstellung von Grenzschichten zwischen einzelnen Gewebestrukturen. Eine Indikation besteht vor allem bei der Radiologie von Knochentumoren, um den Befall der angrenzenden Gewebe zu erkennen.

Kontrastmitteluntersuchungen sind erforderlich, wenn es um die Darstellung von Hohlräumen geht, die sich der normalen röntgenologischen Untersuchung entziehen. In diesen Fällen werden die Hohlräume mit einem meist wasserlöslichen Kontrastmittel oder/und Luft aufgefüllt. Klinisch relevant sind die **Arthrographie** (Darstellung des Gelenkraumes zur Erfassung von Kapsel- und Knorpelläsionen bzw. Weichteilinterponaten), die **Fistulographie** (Darstellung von Fistelgängen und Zysten bei septischen Erkrankungen), die **Myelographie** (Darstellung des spinalen Subacharachnoidalraumes für die indirekte Erfassung von spinalen Stenosen), **Phlebographie** (Darstellung des Venensystems zur Erkennung von Abflußstörungen) und die **Arteriographie** (Darstellung der arteriellen Blutgefäßbahn im Rahmen der Tumor- und Amputationschirurgie oder auch

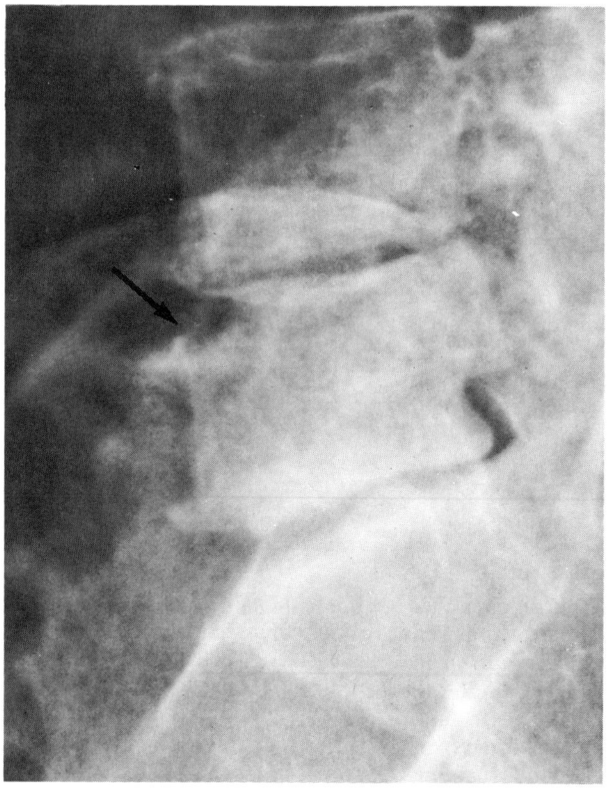

a

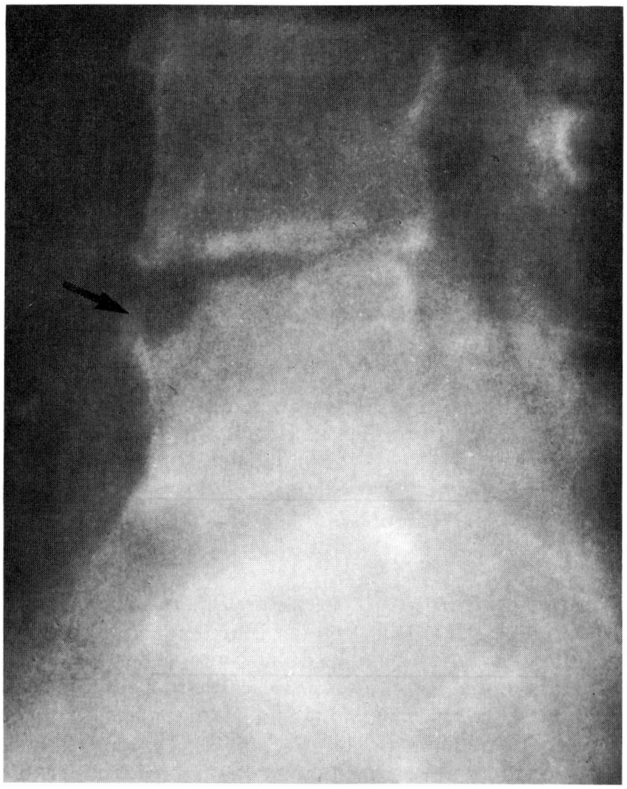

b

Abb. 5a und b: Vergleich der Übersichtsaufnahme (a) und des Tomogrammes (b) einer infektiösen Spondylodiszitis mit Osteolyse im 5. Lendenwirbel (Pfeil).

Bei der Tomographie wird durch künstliche Unschärfe auf die relevante Schicht fokussiert und die Darmgasüberlagerung in der Übersichtsaufnahme verwischt.

zur Erkennung von Gefäßläsionen bei aseptischen Knochennekrosen, digitale Subtraktionsangiographie).

Bei der **Computertomographie** wird die darzustellende Körperregion von der Röntgenröhre kreisförmig umfahren und die Information der korrespondierenden Bildplatten durch ein Computerprogramm zu einem transversalen Schichtbild verarbeitet. Da Weichteile und knöcherne Strukturen gleichermaßen gut zu erkennen sind, hat die Computertomographie sich überall dort in der Orthopädie duchgesetzt, wo es um die Beurteilung von Lagebeziehungen zwischen diesen Strukturen geht. Dennoch ist die Indikation zur Computertomographie streng zu stellen, da die Strahlenexposition für das einzelne Schichtbild etwa doppelt so hoch wie bei einer Übersichtsaufnahme des gleichen Körperabschnittes ist. Die Computertomographie ist angezeigt bei Erkrankungen und Verletzungen der Wirbelsäule, insbesondere mit Beteiligungen des zentralen Nervensystems. Einen Überblick über die Indikationen gibt *Synopsis 16.* Bei der Diagnose von Bandscheibenvorfällen ist sie sogar der Myelographie überlegen, weil sie in den präsakralen Wirbelsäulensegmenten die weit seitlich liegenden Bandscheibenvorfälle aufdecken kann, die durch die indirekte Kontrastmitteldarstellung im Myelogramm nicht zu erkennen sind.

Eine Indikation für die Computertomographie besteht jedoch nicht bei der Abklärung einfacher degenerativer Erkrankungen an der Wirbelsäule. Dies ist

Die **Computertomographie** stellt ein durch Computerprogramm entstandenes Röntgenschichtbild dar. Trotz hoher Abbildungsqualitäten ist die Indikation streng zu stellen, da die Strahlenexposition für das einzelne Schichtbild etwa doppelt so hoch wie bei einer Übersichtsaufnahme des gleichen Körperabschnittes ist. Eine Indikation besteht bei Erkrankungen und Verletzungen der Wirbelsäule, insbesondere mit Beteiligung des zentralen Nervensystems sowie bei Erkrankungen an Hüft- und Schultergelenk *(Syn. 16).* Für die Abklärung einfacher degenerativer Erkrankungen reichen Standardaufnahmen in der Regel aus.

Synopsis 16: Indikationen zur Computertomographie in der Orthopädie

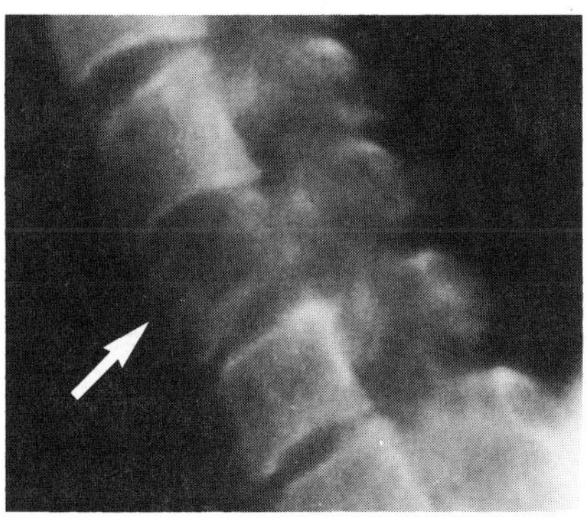

a

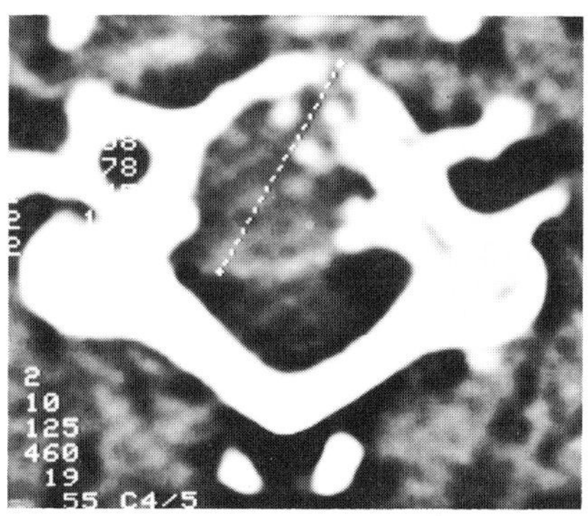

b

Metastase eines Mammakarzinomes mit neurologischer Symptomatik im 4. Halswirbelkörper: seitliches Tomogramm (a) und CT (b), das die Ausdehnung der Metastase in den Spinalkanal zeigt.

Die Indikationen:

1. Wirbelsäule: Erkrankungen und Verletzungen mit neurologischer Beteiligung (a, b)

2. Hüftgelenk: Hüftkopfnekrose, Hüftpfannenfrakturen

3. Schulter: habituelle Schultergelenksluxation

4. Tumoren: Bestimmung der Tumorausdehnung und Lagebeziehung zu umgebenden Weichteilstrukturen (c, d)

5. 3-D-Verfahren: Darstellung anatomisch komplexer Körperregionen, Operationsplanung.

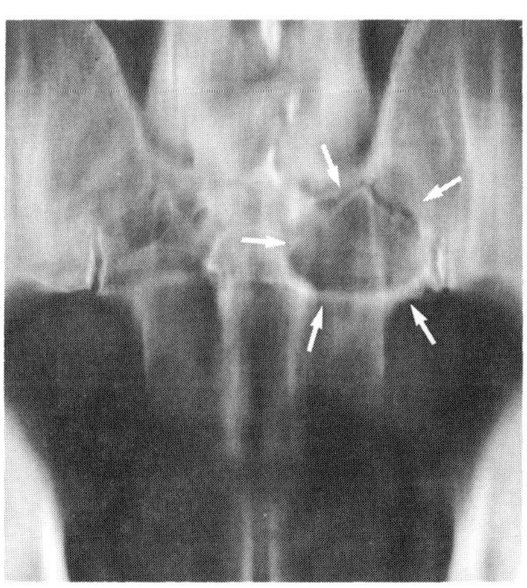

c

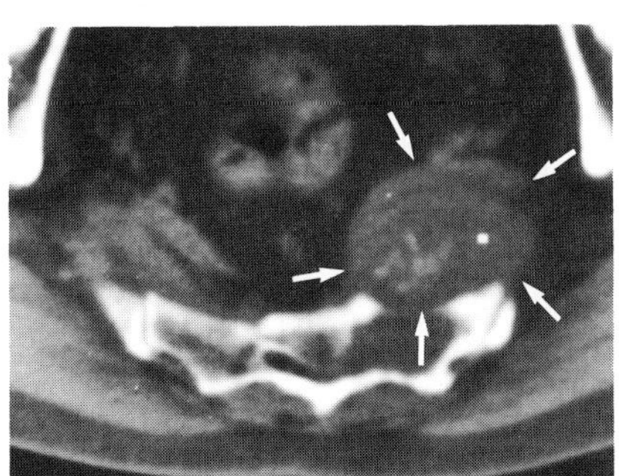

d

Chondrosarkom des Kreuzbeins im Tomogramm (c) und Tumorausdehnung im CT (d). Klinische Symptomatik lange Zeit als Bandscheibenvorfall verkannt.

hinreichend mit Standardaufnahmen der Wirbelsäule möglich. Bei Erkrankungen und Verletzungen des Hüftgelenkes (Hüftkopfnekrose, Hüftpfannenfrakturen) und solchen der Schulterregion (Schultergelenksluxation) kann die Computertomographie bessere Auskunft über die vorliegende Läsion geben als die herkömmliche Röntgendiagnostik. Im Rahmen der Tumordiagnostik kann mit der Computertomographie die Lagebeziehung zwischen knöchernen und Weichteilstrukturen gut beurteilt werden.

Durch weiterführende Datenverarbeitung ist bei der Computertomographie eine dreidimensionale Abbildung der untersuchten Körperregionen möglich **(3-D-Verfahren).** Dieses ist besonders für die Abbildung anatomisch komplexer Körperregionen (Wirbelsäule, Becken, Hüfte, Schulter, Schädel) und für die Operationsplanung von Umstellungsosteotomien und Gelenkersatzoperationen geeignet.

Durch extensive Datenverarbeitung ist es möglich, mit Hilfe der Computertomographie (und auch der Kernspintomographie) dreidimensionale Rekonstruktionen der untersuchten Körperregionen abzubilden **(3-D-Verfahren,** *S. 428, Abb. 122).* Die Objekte können auf einem Bildschirm beliebig zerlegt und gedreht werden, so daß eine Betrachtung von allen Seiten möglich ist. Mit geeigneten Rechenprogrammen können Manipulationen an den Objekten vorgenommen werden. Das 3-D-Verfahren findet zunehmend Anwendung bei der Darstellung von Läsionen in anatomisch komplexen Körperregionen (Wirbelsäule, Becken, Hüfte, Schulter, Schädel). Durch die Manipulation der Objekte ist eine exakte Operationsplanung (Umstellungsosteotomien, Gelenkersatz) möglich.

2.2.3.2 Kernspintomographie

Methode
Bei der Kernspintomographie wird ein elektrisches Spannungsfeld aufgezeichnet, das nach Anregung in den Geweben durch ein starkes magnetisches Feld zustande kommt. Da die meisten Signale vom Wasserstoffkern empfangen werden, werden wasserstoffreiche Gewebe signalreich dargestellt. Die Kernspintomographie vermittelt daher auch Einblicke in die Chemie der Gewebe.

2.2.3.2 Kernspintomographie

Methode. Die Kernspintomographie (Nuclear Magnetic Resonance, NMR) erlaubt die Abbildung der Strukturen des menschlichen Körpers durch die Aufzeichnung eines elektrischen Spannungsfeldes, das nach Anregung der Atomkerne in den Geweben durch ein starkes magnetisches Feld zustande kommt. Hierfür wird der Patient in einer Magnetspule gelagert, die zugleich als Detektor das nach magnetischer Anregung entstehende magnetische Feld aufzeichnet und computermäßig zu einem Bild verarbeitet. Die meisten Signale werden vom Wasserstoffkern empfangen, der nur aus einem Proton besteht und durch das Magnetfeld besonders stark beeinflußt wird. Wasserstoffreiche Gewebe sind daher signalreich, Gewebe mit einem geringeren Anteil an Wasserstoffatomen (z.B. Knochen) dagegen signalarm. Aus diesen Gründen vermittelt die Kernspintomographie nicht nur ein morphologisches Bild, sondern auch Einblicke in die Chemie der Gewebe. Durch die Registrierung der Relaxationszeiten (T1 und T2 = Rückkehr nach magnetischer Anregung bis zum Gleichgewichtszustand) sind Aussagen über den Bindungszustand der Atome an die Umgebung möglich.

Eine **Indikation** besteht vor allem bei Erkrankungen mit Beteiligung des zentralen Nervensystems *(Abb. 6, S. 47).*

Indikation. Die Kernspintomographie gehört bislang zu den aufwendigen und kostenintensiven diagnostischen Verfahren. Die Apparate befinden sich in ständiger Verbesserung, die Möglichkeiten der Registrierung chemischer Vorgänge sind noch nicht voll ausgeschöpft. Die Erstellung eines Indikationskataloges für orthopädische Krankheiten ist daher noch nicht möglich. Immerhin ist die Kernspintomographie bereits jetzt in ihrer Aussagefähigkeit bei orthopädischen Erkrankungen mit Beteiligung des zentralen Nervensystems von großer Bedeutung *(Abb. 6, S. 47).* Bei der Diagnose von primären Erkrankungen und traumatischen Veränderungen des Gehirns und Rückenmarks ist die Kernspintomographie unübertroffen.

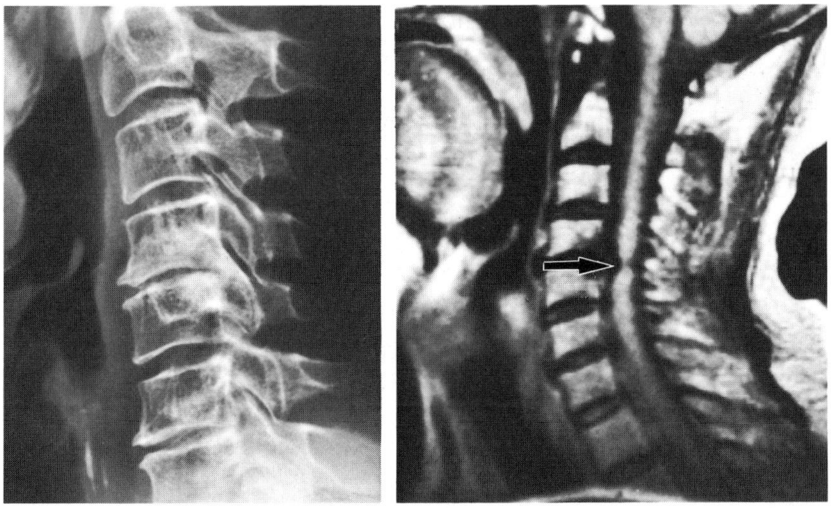

a b

Abb. 6: zervikale Myelopathie durch degenerative Veränderungen zwischen 4. und 5. Halswirbelkörper im Röntgenbild (a) und **Kernspintomogramm (b).**

2.2.3.3 Ultraschalldiagnostik

Methode. Bei der Ultraschalldiagnostik werden von einem Sender Schallsignale abgegeben und deren aus dem Gewebe kommende Echos in einem Empfänger registriert. Ultraschallechos entstehen vorwiegend an Grenzflächen von verschiedenen Strukturen mit unterschiedlicher Dichte. Insofern ist das Sonogramm ein Abbild der Gewebeschichtung. Es kann vor allem Weichteilveränderungen (Gelenkergüsse, Sehnenrisse, Weichteiltumoren), nicht aber intraossäre Prozesse darstellen. Die Eindringtiefe der Signale ist von der verwendeten Ultraschallfrequenz abhängig. In der Orthopädie hat sich ein Ultraschallkopf mit der Frequenz 5 MHz als vorteilhaft erwiesen. Für die Darstellung sehr oberflächlich liegender Strukturen kann auch ein Schallkopf mit höherer Frequenz gewählt werden. Als Ultraschallköpfe sind solche mit auf einer Linie liegenden Signalgebern **(Linearschallkopf)** oder auch auf einem Kreisbogen liegenden Sendern **(Sektorschallkopf)** gebräuchlich. Der letztere wird verwandt, wenn durch ein kleines Knochenfenster Information über dahinterliegende Strukturen erhalten werden soll. Bei allen übrigen Fragestellungen hat sich der Linearschallkopf als vorteilhaft erwiesen. Negative Auswirkungen sind von der Ultraschalldiagnostik nicht bekannt. Auch eine Schädigung des wachsenden Skeletts ist mit den dabei auftretenden Energien nicht möglich.

2.2.3.3 Ultraschalldiagnostik

Methode
Das Sonogramm ist ein Abbild der Gewebeschichten, da Ultraschallechos vorwiegend an Grenzflächen von verschiedenen Strukturen mit unterschiedlicher Dichte entstehen. Die Eindringtiefe der Signale ist von der verwendeten Frequenz abhängig. In der Orthopädie sind mehrheitlich **Linearschallköpfe** mit einer Frequenz von 5 MHz gebräuchlich.

Indikation. Das Hauptanwendungsgebiet für die Ultraschalluntersuchung in der Orthopädie ist die Untersuchung der **Säuglingshüfte.** Als bildgebendes Verfahren ist hier die Sonographie der Röntgenuntersuchung überlegen, weil sie nicht nur Aussagen über die knöcherne Formgebung, sondern vor allen Dingen auch über die knorplige Umfassung des Hüftkopfes liefert. Da Ultraschallechos aus der Hüftpfanne nur dann empfangen werden können, wenn der Pfanneneingang nicht völlig vom knöchernen Hüftkopfkern verdeckt wird, ist die Anwendung der Sonographie zur Diagnose der Hüftdysplasie im weiteren Sinn in der Regel auf das 1. Lebensjahr beschränkt. Einzelheiten hierzu finden sich im Kapitel »Hüftgelenksdysplasie« *(S. 410).*

Die **Hauptindikation** für die Sonographie ist die Untersuchung der **Säuglingshüfte.** Die qualitative Beschreibung der Hüftmorphologie ist durchschnittlich jedoch auf das 1. Lebensjahr beschränkt.

Am **Schultergelenk** wird die Ultraschalldiagnostik zur Erkennung von degenerativen Veränderungen im Bereich der Rotatorenmanschette eingesetzt. Die dynamische Untersuchung kann darüber hinaus Auskunft über das Gleitvermögen des Humeruskopfes und evtl. Anschlagphänomene (Impingement-Syndrome) geben.

Am **Schultergelenk** kann die Sonographie vor allem für die dynamische Untersuchung mit Vorteil eingesetzt werden.

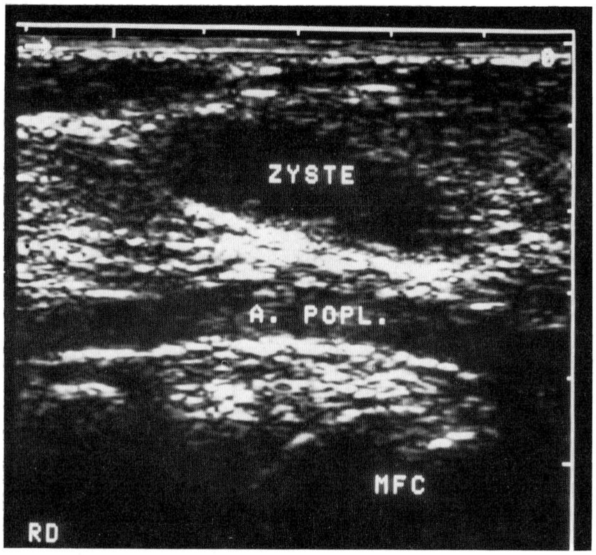

Abb. 7: Sonogramm einer Zyste in der Kniekehle.
Die etwa 3 x 1 cm große, längliche Zyste liegt nahe der Arteria poplitea. In der Tiefe sind die Kniegelenksstrukturen erkennbar (MFC = medialer Femurkondylus).

Die Sonographie vermag darüber hinaus eine Vielzahl von **Weichteilläsionen** der Stütz- und Bewegungsorgane darzustellen (z.B. Weichteiltumoren, Flüssigkeitsansammlungen im Gewebe oder in den Gelenken [*Abb. 7*], synoviale Schwellungen an Gelenken und im Sehnengleitgewebe, Achillessehnenruptur und weitere). Wenn diese Veränderungen aber auch mit sorgfältiger Palpation abzugrenzen sind, bleibt die sonographische Abbildung ohne richtunggebende Hinweise für die Diagnose.

2.2.3.4 Szintigraphie

Methode
Mit der Szintigraphie können Stoffwechselaktivitäten der Gewebe aufgezeichnet werden.

Bei der **Knochenszintigraphie** wird ein erhöhter Knochenstoffwechsel registriert *(Syn. 17)*.

Bei der **Ganzkörperszintigraphie** interessieren die Verteilung von Speicherregionen am gesamten Skelettsystem. Diese Methode ist daher besonders für die Suche nach Skelettmetastasen geeignet *(Syn. 17)*.

Die **lokale Szintigraphie** ist vor allem für die Differenzierung zwischen degenerativen und entzündlichen Veränderungen angezeigt. Typische Reaktionen werden bei Knochennekrosen mit fehlender Mehrspeicherung im Frühstadium **(cold lesion)** beobachtet.

2.2.3.4 Szintigraphie

Methode. Bei der Szintigraphie handelt es sich um die Aufzeichnung radioaktiver Impulse, die durch Markierung mit intravenös applizierten Pharmaka von bestimmten Geweben ausgehen. Gebräuchlich sind die Knochenszintigraphie, die Weichteilszintigraphie und die Leukozytenszintigraphie.

Bei der **Knochenszintigraphie** wird das Radiopharmakon (99^{m} Technetium-markierte Diphosphonate) vermehrt an die Knochen absorbiert, die einem erhöhten Stoffwechsel unterliegen. In Abhängigkeit von der Fragestellung werden die Aufzeichnungen mit der Gamma-Kamera auf bestimmte Körperregionen beschränkt oder auf den ganzen Körper ausgedehnt. Bei der **Ganzkörperszintigraphie** interessiert die Verteilung von Speicherregionen am gesamten Skelettsystem. Diese Methode eignet sich besonders für die Suche nach Skelettmetastasen. Wegen ihrer hohen Sensitivität (geringer Prozentsatz falsch-negativer Befunde) hat sie sich auf diesem Gebiet uneingeschränkt durchgesetzt *(S. 224)*. Bei der Szintigraphie ist die Entdeckung von entsprechenden Veränderungen bereits in einem Stadium möglich, wenn das Röntgenbild noch völlig negativ ist. Die Ganzkörperszintigraphie gehört damit auch zur umfassenden Befunderhebung bei der Diagnose eines Knochentumors *(Synopsis 17)*.

Die **lokale Szintigraphie** ist bei allen Erkrankungen angezeigt, die sich durch ihr Speicherverhalten differentialdiagnostisch von anderen Erkrankungen abgrenzen lassen. Dies gilt ganz besonders für die Differenzierung zwischen degenerativen und entzündlichen Veränderungen und hier wiederum besonders für Erkrankungen an der Wirbelsäule. Typische Veränderungen werden auch im Verlauf der Knochennekrosen beobachtet. Im Frühstadium einer Knochennekrose wird noch keine vermehrte Speicherung registriert **(»cold lesion«).** Mit Beginn organisatorischer Vorgänge innerhalb des Knochengewebes nimmt das Speicherungsverhalten jedoch zu. Bei der Hüftkopfnekrose z.B. ist dieses präradiologische Stadium nur durch die Szintigraphie zu erkennen.

Synopsis 17: Skelettszintigraphie bei Knochenmetastasierung

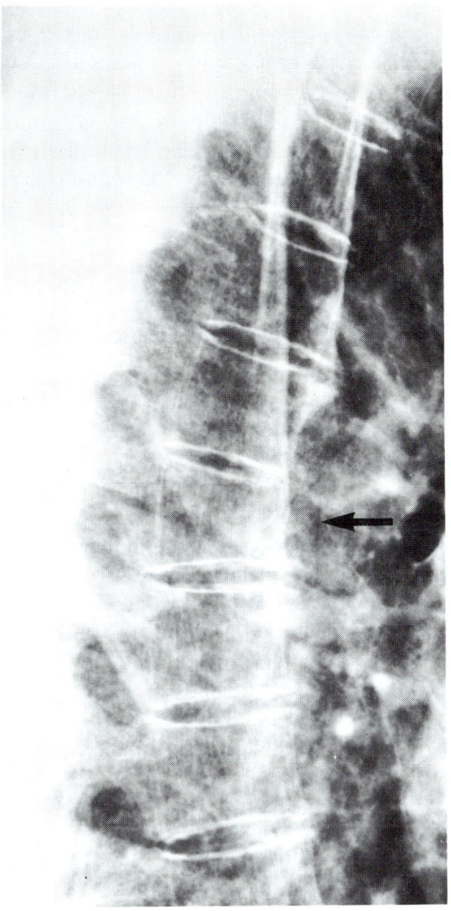

a

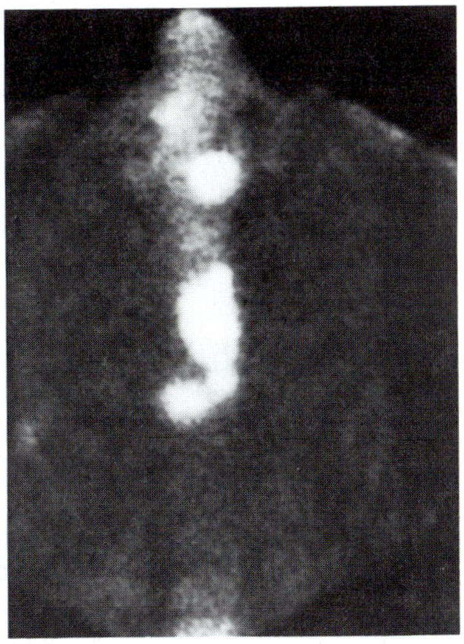

b

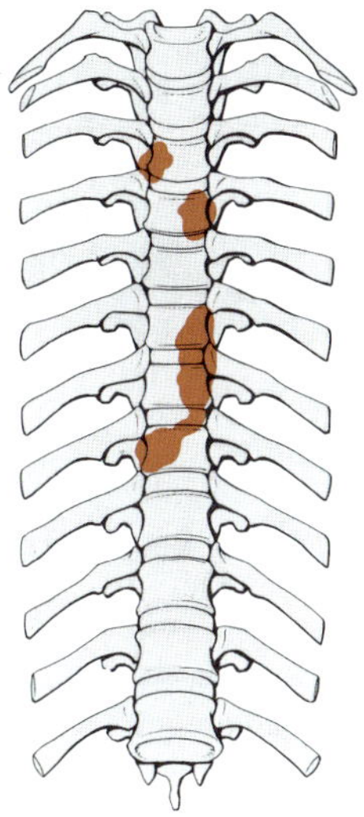

c

Im Röntgenbild besteht lediglich eine Höhenminderung der Vorderkante des 6. Brustwirbels (a, siehe Pfeil). Das Knochenszintigramm zeigt jedoch eine ausgedehnte Metastasierung eines Mammakarzinoms im 3., 4. und 6. bis 8. Brustwirbel, die röntgenologisch noch nicht darzustellen ist (b und c): **wegen ihrer großen Sensitivität ist die Skelettszintigraphie für die Metastasensuche besonders geeignet** *(siehe S. 224)*

Bei der **Mehrphasenszintigraphie** wird die Strahlenaktivität der Region während der Absorption des injizierten Radiopharmakons registriert, so daß Aussagen über die Blutverteilung möglich sind. Durch Erstellung eines Bezugspunkts (meistens Os sacrum) ist eine quantitative Aussage über die Speicherung in dem betroffenen Bezirk (region of interest, ROI) möglich und läßt Vergleiche im Rahmen einer Verlaufsbeobachtung zu.

Mit der **Mehrphasenszintigraphie** ist eine quantitative Aussage über die Speicherung in dem betroffenen Bezirk möglich.

Indikation. Die **Skelettszintigraphie** ist angezeigt bei Skelettmetastasen, primären Knochentumoren, Knochennekrosen, Ermüdungsfrakturen (auch Endoprothesenlockerungen) und zum Frakturausschluß. Bei der Erstellung einer Szintigraphie muß jedoch stets bedacht werden, daß auch physiologischerweise am Skelettsystem ablaufende Veränderungen mit einer erhöhten Speicherung einhergehen. Dies gilt ganz besonders für degenerative Erkrankungen und das wachsende Skelett mit einem besonderen Speicherverhalten in der Nähe der Wachstumsfugen.

Eine **Indikation** für die **Skelettszintigraphie** besteht bei Metastasen, Tumoren, Infektionen, Nekrosen, Ermüdungsfrakturen und zum Frakturausschluß. Auch degenerative Erkrankungen und das wachsende Skelett weisen ein besonderes Speicherverhalten auf.

Mit der **Weichteilszintigraphie** können speziell Weichteiltumoren abgegrenzt werden, die Untersuchung bleibt speziellen Indikationen vorbehalten.

Bei der **Leukozytenszintigraphie** werden Leukozyten des zu untersuchenden Patienten entnommen, radioaktiv markiert und reinjiziert. Diese Leukozyten reichern sich in Bereichen mit akut entzündlicher Aktivität an und geben somit einen Hinweis auf akute und subakute Infektionen. Diese Methode kann vor allen Dingen bei der Differentialdiagnose der Endoprothesenlockerung oder des -infektes zusätzliche Aufschlüsse verschaffen.

Mit der **Weichteilszintigraphie** können vor allem Weichteiltumoren abgegrenzt werden. Die **Leukozytenszintigraphie** ist für die Differentialdiagnose akut entzündlicher Erkrankungen von Bedeutung.

3 Orthopädische Therapie

3 Orthopädische Therapie

Orthopädische Erkrankungen zeigen häufig einen intermittierenden Verlauf. Aus diesem Grund ist nicht nur die Behandlung der Erkrankung im Dekompensationsstadium, sondern auch die Vorbeugung gegenüber Erkrankungsrückfällen (Prävention) von großer Bedeutung.

Orthopädische Erkrankungen sind häufig langwierig mit intermittierendem Verlauf. Die Aufgabe des Arztes gerade diesen Erkrankungen gegenüber ist vielschichtig: Es geht nicht nur um die Behandlung der chronischen Erkrankung im Dekompensationsstadium, sondern auch um die Vorbeugung gegenüber Erkrankungsrückfällen und vielmehr natürlich noch um die gesundheitsfürsorgliche Betreuung der Bevölkerung gegenüber bekannten Erkrankungsdispositionen.

3.1 Prävention

3.1 Prävention

Die Prävention konzentriert sich auf drei Problemkreise:

Die Gesundheitsfürsorge und Krankheitsvorbeugung hat in der Orthopädie stets eine große Rolle gespielt. Heute konzentriert sich die Prävention in der Orthopädie auf drei Problemkreise:

Vorbeugung gegen Erkrankung (Primärprävention)
Zahlreiche Erkrankungen der Stütz- und Bewegungsorgane sind zivilisationsbedingt und lassen sich auf unphysiologische Beanspruchungen in **Beruf** und **Freizeit** zurückführen, z.B. Meniskusschaden des Untertagearbeiters, Hallux valgus durch zu enge Schuhmode. Sie zu erkennen, bei der Behandlung zu berücksichtigen und aufklärend tätig zu sein, ist eine wichtige Aufgabe der täglichen Praxis.

Vorbeugung gegen Erkrankung (Primärprävention). Zahlreiche Erkrankungen der Stütz- und Bewegungsorgane sind zivilisationsbedingt. Bereits jugendliche **Haltungsschwächen** finden ihre Ursachen durch monotone Beanspruchung in der **Schulbank** und unangepaßte Schulmöbel. Überlastungssyndrome der Rückenmuskulatur sind in vielen Fällen Ausdruck einer gleichförmigen Beanspruchung in der **Arbeitswelt.** Der Meniskusschaden des Untertagearbeiters gehört zu den wenigen gesetzlich anerkannten **Berufskrankheiten** *(Tab. 9, S. 86),* wenn auch eine Vielzahl anderer Erkrankungen in einem direkten Zusammenhang mit der Arbeitswelt stehen (Sehnenscheidenentzündungen der Hand bei Schreibberufen, degenerative Halswirbelsäulenerkrankungen bei Zahnärzten). Der Arbeitsmediziner bemüht sich um die Lösungen derartiger Probleme. Sie zu erkennen, bei der Behandlung zu berücksichtigen und aufklärend tätig zu sein, ist aber auch eine wichtige Aufgabe der täglichen Praxis.

Die Primärprävention ist jedoch nicht nur in der Arbeitswelt von Bedeutung. Zahlreiche Fußerkrankungen, allen voran der **Hallux valgus** werden nur in den sogenannten »zivilisierten Ländern« beobachtet, weil die Schuhmode ganz entscheidend zur Entstehung dieser Deformität beiträgt. Mit dem immer größer werdenden Freizeitangebot werden in der orthopädischen Sprechstunde in zunehmendem Umfang **Verletzungen und Schäden der Stütz- und Bewegungsorgane** behandelt, die auf ein ungenügendes Wissen über die Belastungsfähigkeit des eigenen Körpers zurückzuführen sind. Diese Reihe ließe sich um viele Beispiele erweitern.

Früherkennung von Erkrankungen (Sekundärprävention)
Hüftgelenksanomalien, andere Fehlbildungen oder Erkrankungen des Skelettsystems und zerebrale Bewegungsstörungen gehören zu den häufigsten Erkrankungen im Säuglings- und Kleinkindesalter *(Tab. 4).* Durch ihre Früherkennung ist auch eine wirksame Frühbehandlung möglich,

Früherkennung von Erkrankungen (Sekundärprävention). Im Neugeborenen- und Kleinkindesalter spielen orthopädische Erkrankungen eine besondere Rolle. Dem wird durch die Vorsorgeuntersuchungen U 1 bis U 8 Rechnung getragen. Allen voran steht die »Hüftgelenksanomalie«, die bei den Vorsorgeuntersuchungen in der Bundesrepublik Deutschland die häufigste Diagnose ist. Kaum weniger bedeutungsvoll sind andere Fehlbildungen des Skelettsystems und die zerebrale Bewegungsstörung *(Tab. 4).* Die in pädiatrischen Händen liegenden Vorsorgeuntersuchungen enden mit dem 4. Lebensjahr. Später auftretende orthopädische Erkrankungen werden durch sie nicht erfaßt. Dazu gehören vor allen Dingen Haltungsschwächen und die Skoliose der Wirbelsäule.

denn die Prognose derartiger Erkrankungen ist um so günstiger, je früher sie erkannt werden. Dabei müssen die erforderlichen diagnostischen Maßnahmen in einem vernünftigen Verhältnis zur diagnostischen Aussage stehen.

> Bei allen orthopädischen Erkrankungen im Kindesalter gilt grundsätzlich, daß die Prognose derartiger Erkrankungen um so günstiger ist, je früher sie erkannt werden.

Von wesentlicher Bedeutung für die Vorsorgeuntersuchungen ist, daß die notwendigen diagnostischen Maßnahmen in einem vernünftigen Verhältnis zum erwarteten Ergebnis stehen. Eine prophylaktische Röntgen-Reihenuntersuchung der Säuglinge zur Aufdeckung der Hüftgelenksluxation und -dysplasie wird daher aus guten Gründen abgelehnt. Mit der sonographischen Untersu-

Tab. 4: Anzahl von behandelten Kindern nach pädiatrischer Vorsorgeuntersuchung U 1 bis U 8, BRD 1977 (n. Schwartz et al)				
Diagnose	**Anzahl (Rangfolge)**			
	♀		♂	
Hüftgelenksanomalien	35.652	(1)	25.945	(2)
andere Fehlbildungen oder Erkrankungen des Skelettsystems	18.798	(2)	23.563	(3)
Fehlbildungen oder Erkrankungen der Geschlechtsorgane	1.415	(13)	31.289	(1)
Fehlbildungen oder Erkrankungen der Haut	9.454	(3)	10.503	(5)
zerebrale Bewegungsstörungen	9.331	(4)	13.954	(4)
Schielkrankheit	6.427	(5)	7.043	(6)

chung dagegen steht nun eine aussagefähige Methode zur Verfügung, die die Kleinkinder und Säuglinge nicht belastet. Für die Skoliose ist als einfache Methode für die Früherkennung der Vorbeugetest anerkannt, bei dem jegliche Niveaudifferenz des Rückenprofils als verdächtig eingestuft werden muß.

Vorbeugung gegen Erkrankungsrückfälle (Tertiärprävention). Die Rezidivprophylaxe ist insbesondere in der Erwachsenenorthopädie von großer individueller und sozialmedizinischer Bedeutung. Dabei geht es um die Verhütung von Rückfällen chronisch rezidivierender Erkrankungen, wie sie an allen Gelenken und insbesondere an der Wirbelsäule gehäuft auftreten. Untersuchungen haben gezeigt, daß allein durch die Aufklärung der betroffenen Patienten und die Erarbeitung eines Selbstübungsprogrammes die Anzahl der Rezidive bei schmerzhaften degenerativen Wirbelsäulenerkrankungen erheblich gesenkt werden kann **(Rückendisziplin, Rückenschule).** Im weiteren Sinne gehören zu derartigen vorsorglichen Maßnahmen auch Untersuchungen im Rahmen der Tumornachsorge.

Vorbeugung gegen Erkrankungsrückfälle (Tertiärprävention)
Wegen des häufig intermittierenden Krankheitsverlaufes orthopädischer Erkrankungen ist die Rezidivprophylaxe von großer individueller und sozial-medizinischer Bedeutung. So kann z.B. allein durch die Aufklärung der betroffenen Patienten und die Erarbeitung eines Selbstübungsprogrammes die Anzahl der Rezidive bei degenerativen Wirbelsäulenerkrankungen erheblich gesenkt werden **(Rückenschule).**

3.2 Der Therapieplan

Notfallsituationen sind in der Orthopädie selten *(Tab. 5).* Der orthopädische Patient zeichnet sich in der Regel durch seine chronische Problematik aus, die nicht nur durch eine einmalige therapeutische Maßnahme beseitigt, sondern nur im Rahmen eines **Therapieplanes** berücksichtigt werden kann. Der Therapieplan orientiert sich an der voraussichtlichen Entwicklung orthopädischer

3.2 Der Therapieplan

Notfallsituationen sind in der Orthopädie selten *(Tab. 5).* Wegen des häufig chronischen Verlaufes orthopädischer Erkrankungen ist die Aufstellung eines **Therapieplanes** von besonderer Bedeutung.

Tab. 5: Orthopädische Notfallsituationen
Wegen Störung der Blutzirkulation
Thrombose, Embolie
Frakturen, Gefäßläsionen bzw. Logensyndrom (Volkmann-Kontraktur, Tibialis-anterior-Syndrom); Frakturen mit drohender Hautperforation
Schenkelhalsfraktur im Kindesalter
Epiphyseolysis capitis femoris acuta
Wegen Infektionsausbreitung
Gelenkeiterung
Gangrän
Phlegmonen (insbesondere an der Hand)
offene Frakturen und Gelenkverletzungen
Wegen Störungen der Nervenfunktion
Verletzungen und Erkrankungen der Wirbelsäule mit akuter Querschnittlähmung
Kaudasyndrom

Er orientiert sich an den unterschiedlichen Spontanverläufen orthopädischer Erkrankungen, wie sie in *Synopsis 18, Seite 53* wiedergegeben sind. Der zeitliche Verlauf der Erkrankungen bestimmt den Therapieplan nachhaltig; denn: **die richtige Therapie zur richtigen Zeit!**

Erkrankungen und Deformitäten. Er setzt daher das Wissen und die Erfahrung über den Verlauf orthopädischer Krankheiten voraus. Der zeitliche Verlauf spielt als »vierte Dimension« auch bei zahlreichen Erkrankungen im Erwachsenenalter eine große Rolle. Strukturelle Veränderungen und Funktionsstörungen stimmen nicht immer überein. Die Stütz- und Bewegungsorgane können selbst stärkste Formveränderungen und Formabweichungen über lange Zeit kompensieren. Erst im Dekompensationsstadium werden Formstörungen klinisch relevant. Der Spontanverlauf orthopädischer Erkrankungen und Deformitäten ist daher für die einzuschlagende Therapie von wesentlicher Bedeutung *(Syn. 18)*. Der Therapieplan beinhaltet daher die Forderung: **die richtige Therapie zur richtigen Zeit!**

Klinisches Beispiel ▶

Klinisches Beispiel. 49jährige Frau mit idiopathischer Hüftkopfnekrose links. Das Röntgenbild zeigt die typische, kranioventral lokalisierte Nekrose des linken Hüftkopfes mit beginnender Entrundung der Gelenkfläche; das rechte Hüftgelenk ist röntgenologisch völlig unauffällig *(Abb. 8a)*. Durch eine intertrochantere Varisationsosteotomie *(s. Syn. 34, Seite 77)* wurde der Hüftkopf besser in die Hüftpfanne zentriert und damit entlastet. Der drohende Zusammenbruch des Hüftkopfes konnte abgewendet werden, die primär vorliegende, starke Schmerzhaftigkeit bildete sich zurück. Die Patientin war als Verkäuferin weiterhin berufstätig. Nach 7 Jahren war röntgenologisch eine Revitalisierung des linken Hüftkopfes festzustellen, allerdings zeigte sich nun auch rechtsseitig eine beginnende Nekrose *(Abb. 8b)*. Nach weiteren 7 Jahren bestand im Alter von 63 Jahren schließlich eine hochgradige Destruktion des rechten Hüftgelenkes, die nur noch eine endoprothetische Versorgung ermöglichte *(Abb. 8c)*. Bei dem bekannten Verlauf der Erkrankung wurde rechtsseitig die rechtzeitige Korrekturosteotomie versäumt.

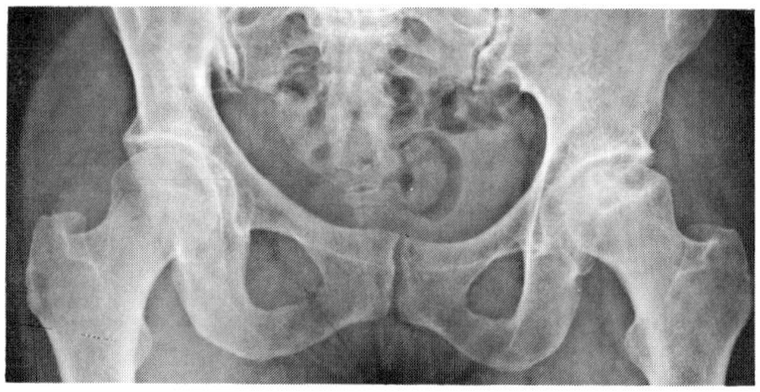

Abb. 8a

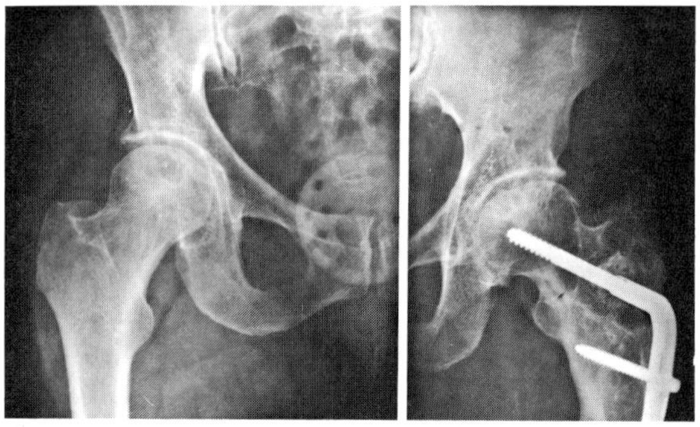

Abb. 8b

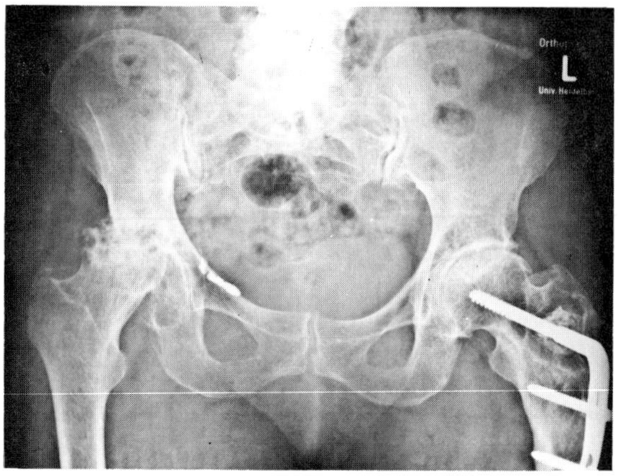

Abb. 8c

Synopsis 18: Spontanverlauf orthopädischer Erkrankungen: durch therapeutische Maßnahmen soll der Kurvenabfall verlangsamt, stabilisiert oder umgewandelt werden.

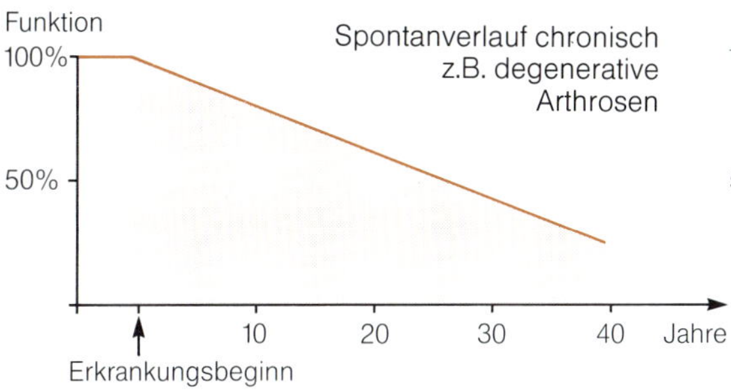

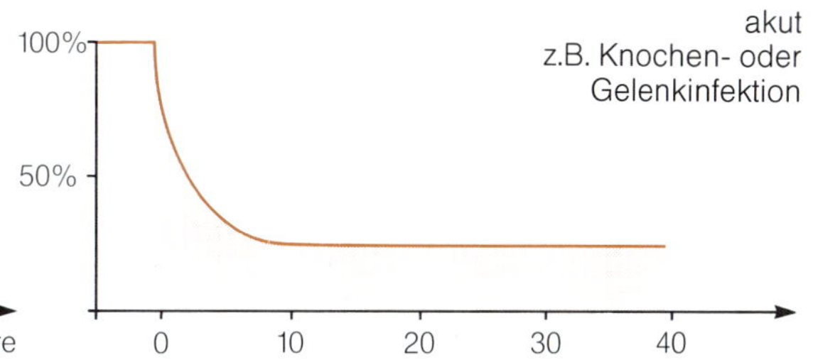

Therapie: In Abhängigkeit vom Alter bei Erkrankungsbeginn und erwarteter Progredienz der Erkrankung (Steilheit der Kurve)

Therapie: sofort!

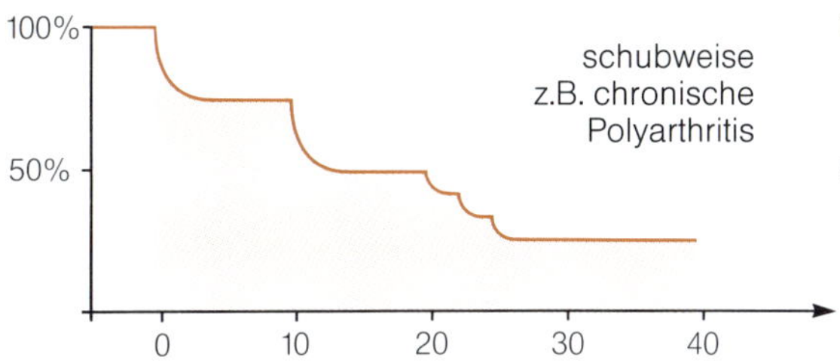

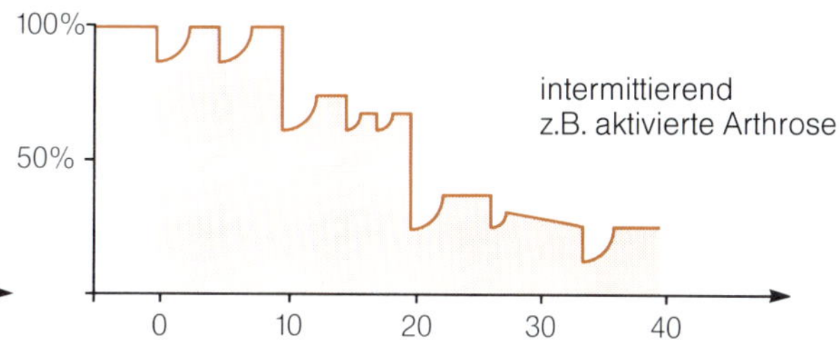

Therapie: Dauertherapie im Schub akzentuiert

Therapie: Im Schub, sonst in Abhängigkeit von der Progredienz

3.3 Konservative Therapie

Eine kausale Therapie ist auf konservativem Wege selten möglich. In den meisten Fällen wird sich die Therapie an den Symptomen der orthopädischen Erkrankung orientieren. Im Vordergrund stehen als **Ziele** der konservativen Behandlung die Schmerzlinderung oder -beseitigung, die Funktionsverbesserung und die Korrektur von Deformitäten *(Tab. 6).*

Bei **Deformitäten** wird der Orthopäde zu entscheiden haben, ob es sich um eine ausschließlich kosmetische Problematik oder eine bleibende Funktionsbehinderung handelt. An Gelenken spielt die dauernde Funktionsbeeinträchtigung eine besondere Rolle, da durch eine sogenannte **präarthrotische Deformität** die Entstehung von degenerativen Gelenkerkrankungen begünstigt wird *(S. 75).*

Tab. 6: Ziele und Mittel der konservativen Therapie

Schmerzbeseitigung Unterstützung des Heilungsprozesses	Ruhigstellung, medikamentös
Ausschaltung pathologischer Beweglichkeit Korrektur von Deformitäten	Fixation
Entlastung	Orthesen
Wiederherstellung der Beweglichkeit, Muskelkraft und Koordination	physikalische und Physiotherapie

3.3 Konservative Therapie

Die konservative Behandlung orientiert sich an den Hauptsymptomen orthopädischer Erkrankungen. Ihre Ziele sind: Schmerzlinderung oder -beseitigung; Funktionsverbesserung und die Korrektur von Deformitäten *(Tab. 6).*
Deformitäten können ausschließlich kosmetisch störend sein. Klinisch relevant werden sie durch die Funktionsbehinderung, insbesondere an den Gelenken **(präarthrotische Deformität,** *S. 75).*

Synopsis 19: Neurophysiologische Angriffspunkte der konservativen Schmerztherapie

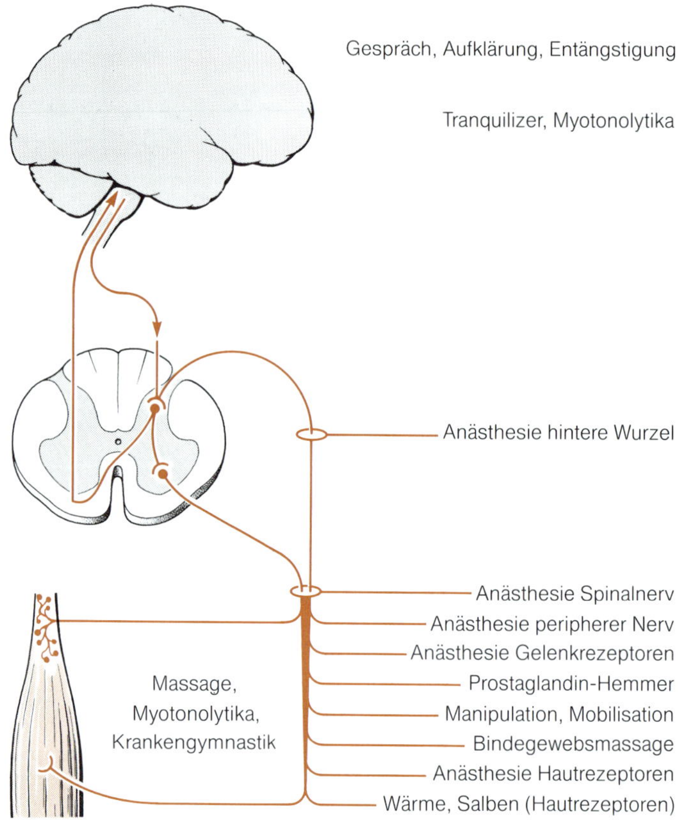

Wegen der engen Zusammenhänge sind **Funktionsverbesserungen** häufig erst nach Schmerzbeseitigung zu erreichen.

Schmerz ist ein neurophysiologisches Phänomen *(S. 22)*. Die Wirksamkeit von zahlreichen konservativen Behandlungsmaßnahmen läßt sich auf wenige Mechanismen der Schmerzhemmung zurückführen *(Syn. 19)*.

Schmerz und Funktionsstörung sind bei orthopädischen Erkrankungen eng miteinander verknüpft. **Funktionsverbesserungen** sind häufig erst nach Schmerzbeseitigung zu erreichen. Der Schmerzanalyse und Schmerztherapie muß daher im Rahmen der konservativen Behandlung eine besonders große Bedeutung eingeräumt werden.

Schmerz ist ein neurophysiologisches Phänomen *(Syn. 2, S. 22)*. Zahlreiche am Symptom Schmerz orientierte orthopädische Anwendungen werden nur verständlich, wenn auch die Neurophysiologie der Schmerzentstehung bekannt ist. Die Wirksamkeit von physikalischen und physiotherapeutischen Maßnahmen läßt sich auf wenige Mechanismen der Schmerzhemmung zurückführen *(Syn. 19)*.

3.3.1 Immobilisation

Eine Ruhigstellung von Skelettabschnitten wird durchgeführt, um schmerzhafte Funktionen auszuschalten und damit den Schmerz zu beseitigen, aber auch um die Erholung und den Heilungsprozeß von Gewebestrukturen zu fördern (Infektionen, postoperativ).

Eine Immobilisation kann durch **Verbände** oder **Mieder, Gips-** oder **Korsettanordnungen, Schienenlagerung** oder **Bettruhe** erreicht werden.

3.3.1 Immobilisation

Die Ruhigstellung von Skelettabschnitten dient vorwiegend der Schmerzbeseitigung. Schmerz tritt an den Stütz- und Bewegungsorganen in der Abhängigkeit von der funktionellen Beanspruchung der Strukturen auf.

Eine Ausschaltung der Funktion, d.h. Immobilisation führt daher auf einfache aber schnelle Weise zur Schmerzlinderung oder Schmerzbeseitigung.

Die Immobilisation ist auch angezeigt, um die Erholung und den Heilungsprozeß von Gewebestrukturen zu fördern (Infektionen, postoperativ). Eine Immobilisation kann in Abhängigkeit von der Lokalisation und Ursache der Läsion durch **Verbände oder Mieder, Gips- oder Korsettanordnungen, Schienenlagerung** oder in letzter Konsequenz auch durch **Bettruhe** erreicht werden.

3.3.2 Fixation

Die Feststellung eines Skelettabschnittes ist angezeigt, wenn pathologische Beweglichkeiten an Gelenken oder Skelettabschnitten ausgeschaltet oder Deformitäten korrigiert werden sollen. Eine Fixation von Rumpf und Extremitäten ist möglich durch

- **Verbände:** mit dachziegelartig angelegten Verbänden **(Tape-Verbände)** kann der Bewegungsumfang von Gelenken gezielt eingeschränkt und damit auch eine pathologische Beweglichkeit ausgeschaltet werden. Die Wirksamkeit dieser Verbände liegt vorwiegend in der Reizung von Mechanorezeptoren der Haut, die bei stärkerer mechanischer Beanspruchung des darunterliegenden Gelenkes die Propriozeption verbessern *(Syn. 20).* Tape-Verbände sind überall dort sinnvoll, wo keine absolute Ruhigstellung gewünscht und unter der erhaltenen Restfunktion eine Beschleunigung des Heilungsverlaufes zu erwarten ist.

Ein großes Anwendungsgebiet besteht bei leichteren Verletzungen von Gelenken (Bandzerrungen und geringgradige Bandrupturen am Sprung-/ Kniegelenk, Hand-/Ellenbogengelenk sowie Akromioklavikulargelenk). Tape-Verbände müssen regelmäßig kontrolliert werden. Bei straffer Anordnung und starker mechanischer Beanspruchung sind ausgedehnte Hautmazerationen unter den Verbänden möglich.

3.3.2 Fixation

Die Feststellung eines Skelettabschnittes zur Ausschaltung von pathologischen Beweglichkeiten oder zur Korrektur von Deformitäten wird durchgeführt durch

- **Verbände:** dachziegelartig angelegte Verbände (Tape-Verbände) können den Bewegungsumfang von Gelenken gezielt einschränken *(Syn. 20).*

Sie sind indiziert bei leichteren Verletzungen an Knie-, Sprung-, Hand-, Ellenbogen- und Akromioklavikulargelenk.

Synopsis 20: Fixation von Gelenken durch zügelnde, funktionelle (Tape-)Verbände

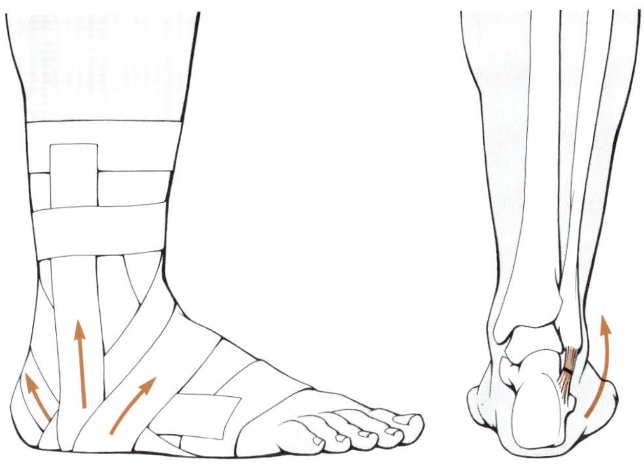

Durch dachziegelartig angelegte Klebestreifen kann z.B. die Läsion des Außenbandapparates am Sprunggelenk wirksam fixiert und ausgeheilt werden.

- **Gipsverbände:** Die Aufgabe eines Gipsverbandes bei Gelenk- und Knochenverletzungen ist nicht nur die Ruhigstellung der lädierten Strukturen, sondern auch die Ausschaltung pathologischer Beweglichkeit und damit die Fixation der Skelettabschnitte in der gewünschten Stellung. Die Fixation wird dabei in der Regel durch das **Drei-Punkte-Prinzip** erreicht. Dies setzt voraus, daß an mindestens drei Stellen der betroffenen Skelettregion flächenhaft Druck auf die Weichteile und darunterliegenden Strukturen ausgeübt wird. Als Komplikation der Gipsbehandlung werden daher immer wieder Hautnekrosen, aber auch druckbedingte Nervenschäden und sogar Durchblutungsstörungen beobachtet. **Das Anlegen eines Gipses und dessen Kontrolle ist daher eine ärztliche Aufgabe.** Um Druckschäden, insbesondere bei frischen Verletzungen zu vermeiden, müssen die Gipsverbände an druckgefährdeten Regionen besonders gut abgepolstert sein *(Syn. 21).* Darüber hinaus ist ein Gipsverband nach frischer Verletzung in jedem Fall »bis auf den letzten Faden« zu spalten, um einem Kompressionssyndrom bei sich noch entwickelndem Wundödem entgegenzuwirken.

- **Gipsverbände:** Mit Gipsverbänden wird nicht nur eine Ruhigstellung lädierter Strukturen, sondern auch eine Korrektur instabiler Skelettabschnitte und Ausschaltung pathologischer Beweglichkeit angestrebt. Dabei werden die korrigierenden Kräfte an mindestens drei Stellen auf die Körperoberfläche übertragen **(Drei-Punkte-Prinzip).** Hautnekrosen, druckbedingte Nervenschäden und Durchblutungsstörungen sind daher wichtige Komplikationen *(Syn. 21).* Zur Vermeidung von Druckschäden müssen die Gipsverbände an exponierten Körperstellen gut abgepolstert sein. Bei frischen Verletzungen und postoperativ ist ein Gipsverband »bis auf den letzten Faden« zu spalten.

Das Anlegen eines Gipses und dessen Kontrolle am Tag danach ist stets eine ärztliche Aufgabe.

Gipsverbände werden vor allem im Wachstumsalter auch zur Korrektur von Deformitäten eingesetzt (korrigierender Rumpfgips bei Skoliose, korrigierende Gipsverbände bei Achsabweichungen an den Extremitäten).

> Jeder Gipsverband nach frischer Gelenkverletzung oder Fraktur muß am Tage nach Anlegen eines Verbandes **ärztlich** kontrolliert werden.

Diese Prinzipien gelten in gleicher Weise auch für fixierende Gipsverbände, die nach Operationen angelegt werden.

Eine Fixation im Gipsverband ist auch zur Korrektur von Deformitäten, vor allem im Wachstumsalter angezeigt (korrigierender Rumpfgips bei Skoliose, korrigierende Gipsverbände bei Achsabweichungen an unteren und oberen Extremitäten). Bei länger währender Behandlung, insbesondere im Wachstumsalter werden auch Orthesen verwandt, die sich in ihrer Zielsetzung von einem Gipsverband nicht unterscheiden, für den Patienten jedoch hygienisch erhebliche Vorteile bringen. Aus diesem Grund wird die Skoliosebehandlung zum Beispiel überwiegend mit Rumpforthesen aus verschiedenerlei Kunststoffmaterialien durchgeführt. Dies gilt auch für lang währende Behandlungen von Deformitäten an oberer und unterer Extremität durch korrigierende Kunststoffschalen.

Synopsis 21: Gipsfixation und Komplikationen durch Druckschäden

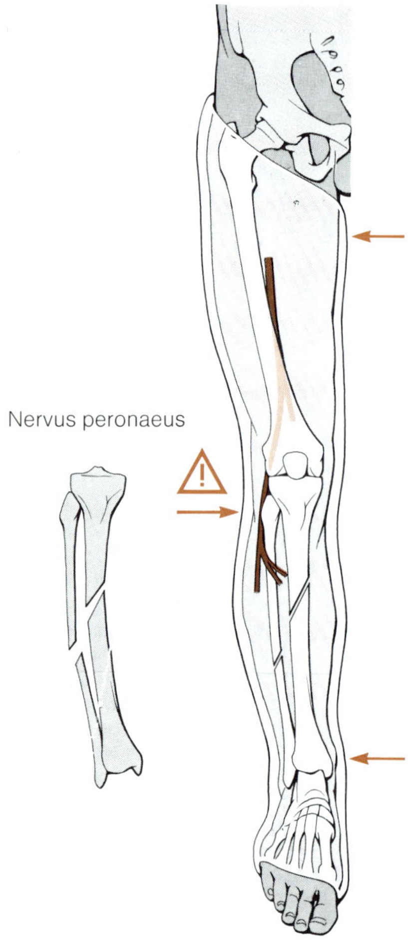

3-Punkte-Fixation einer in Varus-(0-)Richtung abweichenden Unterschenkelfraktur: Gefahr der Druckschädigung des Nervus peronaeus!

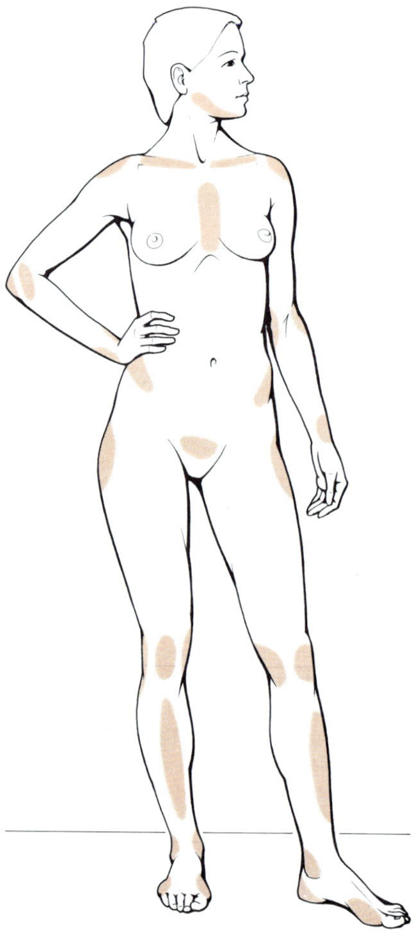

Druckgefährdete Hautregionen, die bei Gipsfixation zusätzlich abgepolstert werden müssen

3.3.3 Orthopädische Hilfsmittel

Die Ziele einer orthopädietechnischen Versorgung sind:

- **dauerhafte Ruhigstellung** (z.B. Ellenbogengelenkhülse, Arthrodesenschuh),
- **Entlastung** (z.B. Thomasschiene, entlastende Einlage bei Fersensporn),
- **Stützung** (z.B. Knieführungsschiene, Einlage mit retrokapitaler Abstützung bei Spreizfuß) und
- **Korrektur** (z.B. Rumpforthese bei Skoliose, Drei-Backen-Einlage bei Sichelfuß).

Für die Realisierung der unterschiedlichen Zielvorstellungen steht eine Vielzahl von orthopädischen Hilfsmitteln zur Verfügung. Durch die Anwendung neuer Materialien und Techniken lassen sich fast alle Bedürfnisse erfüllen, die für die erwähnten Zielvorstellungen erforderlich sind. Die Kenntnis der Möglichkeiten orthopädietechnischer Versorgungen ist von größter Bedeutung, da sich durch ihren geschickten Einsatz zahlreiche Erkrankungen auf elegante Art und Weise beeinflussen lassen. Die orthopädischen Hilfsmittel lassen sich unterscheiden in:

- **Einlagen:** Schuheinlagen dienen der **Ruhigstellung, Entlastung und Stützung** des Fußes, aber auch der **Korrektur** von Fußdeformitäten. Ihre Verordnung und Kontrolle ist Aufgabe des Arztes. Schuheinlagen können fest in einem Schuh eingearbeitet sein oder auch als lose Einlagen verordnet werden. Für die individuelle Anpassung von Einlagen ist ein Abdruck des Fußes entweder nach dem **Trittspurverfahren** *(Syn. 22)* oder als Gipsabdruck erforderlich. Das Trittspurverfahren mit Umrißzeichnung des Fußes eignet sich für entlastende und stützende Einlagen. Korrigierende Einlagen sollten dagegen nach **Gipsabdruck** verordnet werden, da allein im modellierten Gips die gewünschte Fußform hergestellt werden kann.

Einlagen mit dem Ziel der **Ruhigstellung** von Fußabschnitten werden z.B. eingesetzt bei schmerzhaften Erkrankungen und Bewegungseinschränkungen im Bereich des Vorfußes (Druckstellen, Hallux rigidus oder auch Zehenfrakturen, *S. 495).* Mit einer bis zu den Zehen vorgezogenen starren Einlage kann die Beweglichkeit des Vorfußes ausgeschaltet und der Abrollvorgang durch eine am Schuh angebrachte Sohlenrolle übernommen werden. Die Entlastung von Fußbereichen ist allein durch eine Einlage nur mit Schwierigkeiten zu erreichen, da die kraftaufnehmende Fläche der Fußsohle sehr klein ist.

Beim Fersensporn kann eine Hohllegung der schmerzhaften Region durch eine Locheinlage versucht werden, die unmittelbar unter der schmerzhaften Fersenregion eine schaumgummigepolsterte Vertiefung aufweist *(S. 505).* Stützende Einlagen sind zumeist auch **korrigierende.** Beim Knick-Senk-Fuß wird durch eine Abstützung des Längsgewölbes zugleich der durchgetretene Fuß korrigiert. Beim Spreizfuß wird das Quergewölbe durch eine retrokapitale Abstützung aufgebaut, damit die mittleren Mittelfußköpfchen wirksam entlastet werden können. Der Hohlfuß läßt sich durch die Stufeneinlage nach *Marquardt* korrigieren. Bei Sichel- und Klumpfuß sind Drei-Backen-Einlagen zur Korrektur der Verkürzung des Fußinnenrandes erforderlich *(Syn. 22).* Korrigierende Einlagen sind in der Regel aus starrem Material gefertigt und führen daher zu einer Inaktivierung der Fußmuskulatur. Vor allem im Kindesalter ist daher neben der Einlagenversorgung auf eine regelmäßig durchgeführte Fußgymnastik zu achten.

Einlagen können auch dazu verwandt werden, eine **Beinlängendifferenz auszugleichen.** Dies ist durch eine Schuheinlage in der Regel jedoch **nur bis zu etwa 1 cm** möglich, weil dann der Fuß aus der Fersenkappe herausschlüpft. Darüber hinausgehende Beinlängendifferenzen müssen zusätzlich oder ausschließlich am Schuh ausgeglichen werden *(S. 129).*

- **Orthopädische Schuhe und Schuhzurichtungen:** Bei komplexen, schmerzhaften Fußerkrankungen oder Deformitäten ist eine wirksame Ruhigstellung zur Stützung oder Korrektur oft nicht allein mit einer Einlage, sondern nur im Zusammenhang mit einer orthopädischen Schuhversorgung möglich. Auch die Verordnung orthopädischen Schuhwerks ist eine ärztliche Aufgabe. Hier liegen die gleichen Prinzipien zugrunde wie bei der Verordnung von Einlagen. Die

3.3.3 Orthopädische Hilfsmittel

Die Ziele einer orthopädietechnischen Versorgung sind:
- dauerhafte Ruhigstellung (z.B. Arthrodesenschuh),
- Entlastung (z.B. Thomasschiene)
- Stützung (z.B. Führungsschiene) und
- Korrektur (z.B. Skoliosekorsett).

Die orthopädischen Hilfsmittel lassen sich unterscheiden in:

- **Einlagen:** Schuheinlagen dienen der Ruhigstellung, Entlastung und Stützung des Fußes sowie der Korrektur von Fußdeformitäten. Die Anpassung für entlastende und stützende Einlagen erfolgt nach dem **Trittspurverfahren** *(Syn. 22).* Korrigierende Einlagen sollten dagegen nach **Gipsabdruck** verordnet werden.

Einlagen mit dem Ziel der Ruhigstellung von Fußabschnitten sind bei schmerzhaften Erkrankungen und Verletzungen im Bereich des Vorfußes indiziert (Druckstellen, Hallux rigidus, Zehenfrakturen).

Stützende Einlagen sind zumeist auch **korrigierende.** Bei Senkfuß wird das Längsgewölbe, beim Spreizfuß das Quergewölbe durch eine retrokapitale Abstützung aufgebaut. Der Hohlfuß kann durch eine Stufeneinlage aufgedehnt werden. Für die Korrektur von Sichel- und Klumpfuß sind Drei-Backen-Einlagen erforderlich *(Syn. 22).* Wegen der Inaktivierung der Fußmuskulatur durch starre Materialien muß begleitend regelmäßig eine Fußgymnastik durchgeführt werden.
Einlagen können auch dazu benutzt werden, um Beinlängendifferenzen bis etwa 1 cm auszugleichen.

- **Orthopädische Schuhe und Schuhzurichtungen**
Komplexe, schmerzhafte Fußerkrankungen oder Deformitäten sind oft nur durch eine Einlagen- und orthopädische Schuhversorgung

Synopsis 22: Trittspurverfahren und Einlagenversorgung bei Fußdeformitäten

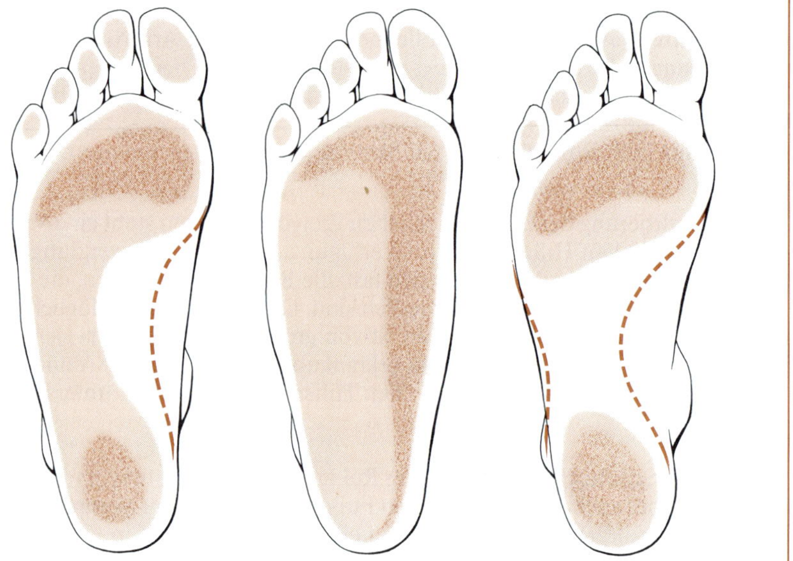

Normalfuß Plattfuß Hohlfuß
(Umrisse des Fußes ausgezogene Linie, Fußgewölbe gestrichelt)

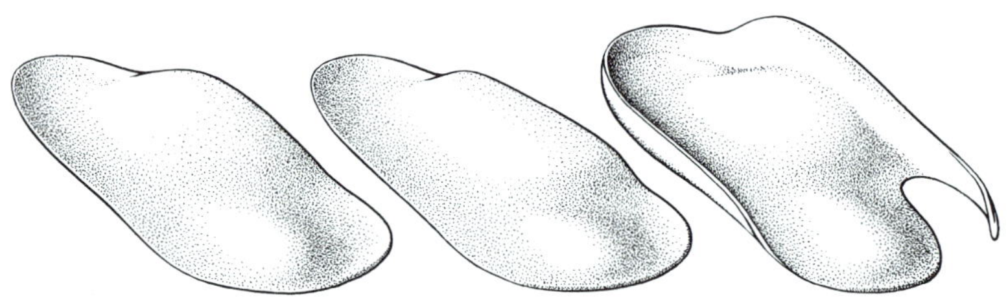

Korrigierende Spreizfußeinlage mit retrokapitaler Abstützung — Gewölbesprengende Hohlfußeinlage — Dreibackeneinlage für Sichel- und Klumpfuß

Ruhigstellung des Mittel- und Vorfußes ist durch die Verordnung einer **starren Sohle,** die Ruhigstellung des Sprunggelenkes durch einen **Arthrodesenstiefel** zu erreichen.

Druckgefährdete oder schmerzhafte Bereiche können bei der maßgerechten Anfertigung orthopädischen Schuhwerks ausgespart und entsprechend entlastet werden. Bei hochgradig durchblutungsgestörten Füßen (z.B. diabetischer Fuß) kann durch die Verordnung eines **Therapieschuhs** aus besonders weichem, dämpfendem Material die Kraftübertragung gleichmäßig auf den gesamten Fuß verteilt und damit der Entstehung von trophischen Ulzera vorgebeugt werden. Bei ausgeprägten Fußdeformitäten ist die Versorgung mit üblichen Kaufschuhen in der Regel nicht mehr möglich. Unter diesen Umständen stellt sich immer wieder die Frage, ob der Fuß entweder operativ korrigiert oder auf Dauer mit orthopädischen Schuhen versorgt werden soll.

Selbst bei kontrakten Fußdeformitäten kann durch die Fußbettung in einem orthopädischen Schuh nicht nur eine Verbesserung der Leistungsfähigkeit, sondern auch eine kosmetisch günstige Lösung gefunden werden. Bei noch korrigierbaren Deformitäten, vor allen Dingen im Wachstumsalter ist die Versorgung mit einem **Innenschuh** möglich. Über den die Stellung des Fußes haltenden, korrigierenden Innenschuh kann ein normaler Kaufschuh angezogen werden.

Von besonderer Bedeutung sind die sogenannten **Schuhzurichtungen,** bei denen häufig mit relativ geringem Aufwand große Wirkungen erzielt werden können. Zurichtungen können entweder an der Sohle, am Absatz oder im

zugleich wirksam ruhigzustellen. Die Ruhigstellung des Mittel- und Vorfußes gelingt durch die Verordnung einer **starren Sohle,** die Ruhigstellung des Sprunggelenkes durch einen **Arthrodesenstiefel.** Bei sehr stark druckgefährdeten Füßen (z.B. diabetischer Fuß) kann durch die Verordnung eines **Therapieschuhs** der Entstehung von trophischen Ulzera vorgebeugt werden.
Bei ausgeprägten Fußdeformitäten stößt auch die orthopädische Schuhversorgung an Grenzen, so daß operative Maßnahmen in Frage kommen.
Ist die Fußdeformität noch ausreichend korrigierbar, so ist vor allem im Wachstumsalter die Versorgung mit einem **Innenschuh** aus dünnem Leder angezeigt, über den ein normaler Kaufschuh angezogen werden kann.
Durch **Schuhzurichtungen** kann mit relativ geringem Aufwand häufig

Synopsis 23: Schuhzurichtungen

Zehenrolle: führt zur Stabilisierung des Kniegelenkes in Streckstellung, z.B. bei parapatellaren Schmerzsyndromen
Schmetterlingsrolle: zur Entlastung der Mittelfußköpfchen 2 und 3

Ballenrolle: begünstigt Abrollvorgang über die Zehengrundgelenke, z.B. bei Hallux rigidus und anderen schmerzhaften Erkrankungen und Verletzungen des Vorfußes

Mittelfußrolle: starke Verkürzung der Standfläche, Entlastung bei schmerzhaften Veränderungen des Mittel- und Rückfußes

Pufferabsatz: Stoßdämpfung bei Fersenauftritt, z.B. bei schmerzhaften Erkrankungen im Knie- und Hüftgelenk, sogar der Wirbelsäule

Schuh angebracht sein. Zur Verbesserung des Abrollvorganges kann die Schuhsohle rollenförmig aufgebaut werden. Die **Sohlenrolle** muß dabei so angebracht sein, daß sie beim Abrollvorgang die betroffene Fußregion wirksam entlasten kann. Zur Entlastung des Vorfußes muß sie unter dem Ballen (mit Aussparung der Mittelfußköpfchen 2 und 3 zu deren Entlastung = **Schmetterlingsrolle),** zur Entlastung des Mittel- und Rückfußes unter dem Mittelfuß lokalisiert sein *(Syn. 23).*

Auch durch Zurichtungen am Absatz kann die Biomechanik des Gangablaufes wirksam beeinflußt werden. Durch einen **Pufferabsatz** wird der Auftritt der Ferse gedämpft, was sich auf schmerzhafte Erkrankungen im Fuß-, Knie- oder sogar Hüftgelenk positiv auswirken kann. Beim **Flügelabsatz** wird durch Verbreiterung des Absatzes nach innen oder außen die Auftrittsfläche vergrößert und die Krafteinleitung des Fußes bei Fehlstellung des Rückfußes wirksam umgeleitet.

Erhöhungen dienen dem Ausgleich von Beinlängendifferenzen. Beim Verkürzungsausgleich von mehr als 2 cm ist eine **Sohlenerhöhung** in Betracht zu ziehen, da durch die Absatzerhöhung allein ein Vorschub des Kniegelenkes bewirkt wird. Beinlängendifferenzen von mehr als 6 cm lassen sich durch Schuherhöhungen nicht mehr günstig auffangen. In diesen Fällen ist eine orthetische Versorgung erforderlich *(S. 129).*

● **Orthesen.** Orthesen sind äußere Kraftträger, die der Ruhigstellung, Entlastung oder Korrektur von Skelettabschnitten dienen. Der Aufbau der Orthesen orientiert sich an der erforderlichen und gewünschten Stabilität.

Orthesen für die untere Extremität bestehen in der Regel aus einer tragenden Schienenkonstruktion und Manschetten, die die Skelettabschnitte umfassen. Bei Anspruch an eine größtmögliche Stabilität muß die Manschette den Skelettabschnitt langstreckig als Hülse umfassen. **(Schienenhülsenapparat,** *Syn. 24, S. 60).*

Bei geringen Anforderungen an die Stabilität ist lediglich eine ringförmige Umfassung des Skelettabschnitts durch Schellen erforderlich, was eine erhebliche Gewichtsreduktion der Orthese mit sich bringt **(Schienenschellenapparat).**

eine große Wirkung erzielt werden. Sie können an der Sohle, am Absatz oder im Schuh angebracht sein. Die verschiedenen **Sohlenrollen** können zur Entlastung des Vorfußes, des Mittel- und Rückfußes, aber auch des Kniegelenkes beitragen *(Syn. 23).*
Beinlängendifferenzen können bis zu 2 cm durch eine Absatzerhöhung, bis zu 4 cm als **Sohlenerhöhung** ausgeglichen werden. Für darüber hinausgehende Längendifferenzen ist in der Regel eine orthetische Versorgung erforderlich *(S. 129).*

● **Orthesen**
Orthesen sind äußere Kraftträger, die der Ruhigstellung, Entlastung oder Korrektur von Skelettabschnitten dienen.
Orthesen für die untere Extremität werden bei Anforderungen an eine größtmögliche Stabilität als **Schienenhülsenapparat** *(Syn. 24, S. 60),* bei lediglich führender Funktion auch als **Schienenschellenapparat** konstruiert. Bei Instabilitäten oder Lähmungen sind die in die Orthese eingebauten Gelenke verriegelbar.

Synopsis 24: Schienenhülsenapparat

Fertigung
Schienenkonstruktion mit festgestelltem Sprunggelenk und feststellbarem Kniegelenk (sog. Schweizer Sperre, Ober- und Unterschenkelhülsen sowie Fußteil aus Walkleder mit Klettverschluß bzw. Schnürung).

Indikation
Instabilitäten im Bereich von Unterschenkel (Pseudarthrose) und Kniegelenk; chronische Infektionen. Mit Tuberaufsitz auch zur Entlastung des Hüftgelenkes (Koxitis, M. Perthes).

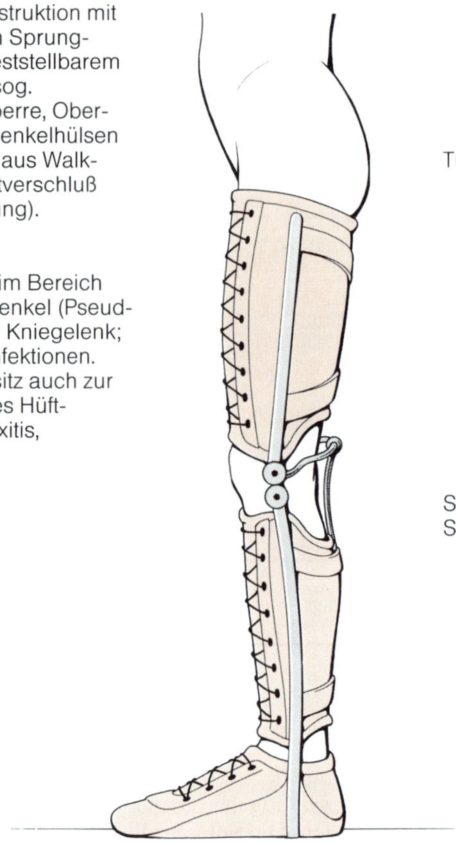

Bei der Verordnung von Rumpforthesen werden daher Stoffe bevorzugt, solange es der dadurch erreichbare Stabilitätsgewinn erlaubt *(Syn. 25, Seite 61)*. Bei **Leibbinden** handelt es sich um ausschließlich aus Stoffen gefertigte Gürtel, die der Unterstützung einer schwachen Bauchmuskulatur dienen. Bei **Miedern** kann durch das Einarbeiten von flexiblen Stäben die Stabilität erhöht werden. **Korsetts** sind sehr stabile Stützkonstruktionen aus Schienen-Stoff, Schienen-Leder oder Kunststoffen. Sie sind zur Ruhigstellung (z.B. Spondylitiskorsett) oder zur Korrektur von Deformitäten bei Skoliose angezeigt.

Bei ausgeprägten Instabilitäten oder auch Lähmungen sollen die in die Orthese eingebauten Gelenke feststellbar sein. Bei ausschließlich führenden Orthesen kann die Gelenkbeweglichkeit dagegen frei belassen oder auch in gewünschtem Ausmaß beschränkt eingebaut werden. Akzeptanz und Tragekomfort von Orthesen hängen im wesentlichen von den verwendeten Materialien ab. Durch die Verwendung von Kunststoffen kann das Gewicht der Orthesen erheblich reduziert werden. Sie sind allerdings in der Regel nicht so hautfreundlich wie Stoffe und Leder.

Gerade bei der Verordnung von **Rumpforthesen** werden daher Stoffe bevorzugt *(Syn. 25)*, so lange es der dadurch erreichbare Stabilitätsgewinn erlaubt. Bei **Leibbinden** handelt es sich ausschließlich um aus Stoffen und halbelastischem Gummi gefertigte Gürtel, die der Unterstützung einer schwachen Bauchmuskulatur und damit der Erhöhung des intraabdominellen Druckes zur Unterstützung der Wirbelsäulenstabilität dienen. Wird eine stärkere Stabilisierung des Rumpfes und gleichzeitig Immobilisierung gewünscht, so sind **Mieder** angezeigt, bei denen der Stabilitätsgewinn durch das Einarbeiten von flexiblen Stäben erhöht werden kann. Bei **Korsetts** handelt es sich um sehr stabile Stützkonstruktionen des Rumpfes, die entweder aus einer Schienen-Stoff-, Schienen-Leder- oder auch ausschließlich starren Kunststoffkonstruktion bestehen können. Sie sind vorwiegend zur Ruhigstellung bei entzündlichen Prozessen an der Wirbelsäule (Spondylitiskorsett) oder auch zur Korrektur von Wirbelsäulendeformitäten (Skoliosekorsett, z.B. Milwaukee-Korsett, Boston-Korsett, *S. 316)* angezeigt.

Synopsis 25: Rumpforthesen

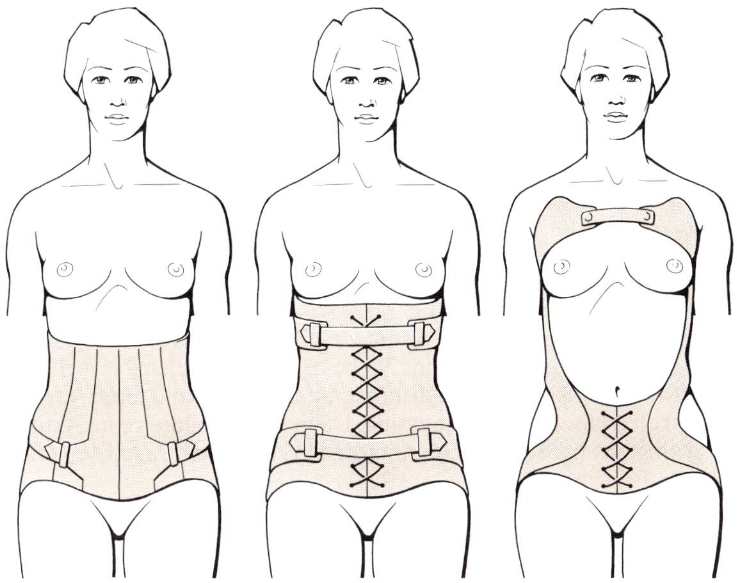

Leibbinde: Gürtel zur Unterstützung der schwachen Bauchmuskulatur

Mieder: durch Stäbe und Gurte erhöhte Stabilität

Korsett: stabile Stützkonstruktion aus festem Material

3.3.4 Bewegungstherapie (Physiotherapie)

3.3.4 Bewegungstherapie (Physiotherapie)

Maßnahmen zur Erhaltung und Wiederherstellung der Bewegungsfähigkeit stehen stets im Mittelpunkt orthopädischen Denkens. Bewegung ist nicht nur Fortbewegung, Bewegung ist das Grundprinzip des Lebens. Immobilisation ist mit zahlreichen Folgen verbunden (»wer rastet, der rostet«), Bewegung ist stoffwechselfördernd. Als Leistungen des Bewegungsapparates gelten: (Gelenk-)Beweglichkeit, Kraft, Koordination und Ausdauer. Wenn auch die ganzheitlichen Auswirkungen der Bewegungstherapie nicht zu vernachlässigen sind, so steht im Rahmen therapeutischer Überlegungen doch eine bestimmte Zielvorstellung im Vordergrund. **Die Bewegungstherapie gilt daher vorwiegend dem Ziel, den Bewegungsumfang eines Gelenkes zu verbessern, die Muskulatur zu kräftigen, die Koordinationsfähigkeit zu schulen und die allgemeine körperliche Leistungsfähigkeit zu stärken.**

Ziele einer Bewegungstherapie sind: Verbesserung des Bewegungsumfanges, Kräftigung der Muskulatur, Schulung der Koordinationsfähigkeit und Stärkung der allgemeinen körperlichen Leistungsfähigkeit.

3.3.4.1 Bewegungstherapie des Gelenkes

3.3.4.1 Bewegungstherapie des Gelenkes

Die Erhaltung und Wiederherstellung der Gelenkbeweglichkeit kann durch aktive oder passive Bewegungstherapie erreicht werden.

Gelenkverletzungen können durch Verklebung der gelenkumfassenden Weichteile, Gelenkerkrankungen durch Schrumpfung von Kapselbandapparat, Sehnen und Muskulatur zu erheblichen Bewegungseinschränkungen führen. Gelenkkontrakturen behindern nicht nur den Bewegungsablauf, sondern auch die Nutrition des Gelenkes und wirken sich durch die erforderlichen Kompensationsmechanismen auch an benachbarten Gelenken aus. Ein vorrangiges Ziel der Physiotherapie ist daher die Erhaltung und Wiederherstellung der Gelenkbeweglichkeit. Dies kann durch aktive, d.h. durch den Patienten selbst ausgeführte oder passive, durch den Therapeuten vorgenommene Bewegungstherapie erreicht werden:

- Bei der **aktiven Bewegungstherapie** werden die Bewegungen vom Patienten selbst ausgeführt, der Therapeut gibt dabei in Abhängigkeit von der Belastungsfähigkeit der Strukturen die Dosierung der durchgeführten Bewegungstherapie an.

Bei der **aktiven Bewegungstherapie** bewegt der Patient selbst. Der Therapeut gibt lediglich die Dosierung an.

Bei **geführten Bewegungen** wird der zu bewegende Körperteil vom Therapeuten unterstützt, so daß die Bewegungen ohne Eigenschwere erfolgen (z.B. nach nicht übungsstabilen Osteosynthesen).
Bei der **freien Bewegung** darf der Patient das Gelenk gegen Eigenschwere bewegen (z.B. übungsstabile Osteosynthesen).
Bei **Bewegungen gegen Widerstand** wird außer einer Verbesserung der Gelenkbeweglichkeit auch eine verbesserte Muskelkoordination und Muskelkraft angestrebt. Sie setzen belastungsstabile Strukturen voraus.
Aktive Behandlungstechniken sind vorwiegend beweglichkeitserhaltend.

- Bei den **geführten Bewegungen** wird der zu bewegende Körperteil vom Therapeuten unterstützt, so daß die Bewegungen ohne Eigenschwere erfolgen. Diese Therapie ist z.B. in der Behandlung von nicht sicher übungsstabilen Frakturen mit oder ohne Osteosynthese oder nach Weichteiloperationen ohne primäre Belastungsfähigkeit angezeigt.
- Bei der **freien Bewegung** darf der Patient das Gelenk gegen die Eigenschwere bewegen. Dies ist z.B. bei allen übungsstabilen operativen Versorgungen oder Verletzungen möglich.
- Bei **Bewegungen gegen Widerstand** steht neben einer Verbesserung der Gelenkbeweglichkeit auch das Ziel einer verbesserten Muskelkoordination und Muskelkraft im Vordergrund. Derartige Techniken, zum Teil auf neurophysiologischer Basis, setzen belastungsstabile Strukturen der zu behandelnden Körperregion voraus.

Die aktiven Behandlungstechniken sind vor allen Dingen für die Erhaltung der Gelenkbeweglichkeit angezeigt. Eine Verbesserung der Gelenkbeweglichkeit ist durch aktive Techniken nur möglich, wenn Gelenkkontrakturen vorwiegend durch Muskelverkürzungen bedingt sind. Dann läßt sich durch eine Aktivierung der Antagonisten eine Tonusminderung an den kontrakten Agonisten erreichen (*Sharrington*-Prinzip).

Mit **passiven Behandlungstechniken** werden verkürzte Strukturen gedehnt (Vernarbungen und Schrumpfungen der Kapselbandstrukturen). **Dabei ist die Besserungsfähigkeit einer Kontraktur um so geringer und langwieriger, je länger sie bereits bestanden hat.**

Bei Vernarbungen und Schrumpfungen der Kapselbandstrukturen sind dagegen vorwiegend **passive Behandlungstechniken** angezeigt, bei denen der Arzt oder Physiotherapeut die verkürzten Strukturen zu dehnen versucht. Grundsätzlich gilt, daß **die Besserungsfähigkeit einer Kontraktur um so geringer und langwieriger ist, je länger sie bereits bestanden hat.**

Als leichteste Anwendung passiver Behandlungstechniken gilt das **Durchbewegen von Gelenken** postoperativ oder nach Traumen. Dies ist auch auf der **motorischen Bewegungsschiene** (kontinuierliche passive Bewegung, *Abb. 9)* möglich.

Für die Erhaltung der Gelenkbeweglichkeit postoperativ oder nach Traumen werden Gelenke vom Physiotherapeuten **durchbewegt.** Diese Technik ist angezeigt, wenn sich jede Aktivierung der Muskulatur verbietet oder diese nicht möglich ist. Diese Technik wird heute vielfach durch die Behandlung auf der **motorischen Bewegungsschiene (kontinuierliche passive Bewegung,** »continuous passive motion«) ersetzt *(Abb. 9).* Hierbei wird die zu bewegende Extremität auf entsprechend konstruierten Bewegungsschienen gelagert, die ein andauerndes Durchbewegen des betroffenen Gelenkes ohne Muskelanspannung ermöglichen. Der Einsatz der motorischen Bewegungsschiene kann Gelenkkontrakturen vermeiden, die Schmerzhaftigkeit postoperativ oder nach Traumen erheblich lindern und die Regenerationsfähigkeit von Knorpel- und Weichteilläsionen beschleunigen. Die Anwendung der motorischen Bewegungsschiene muß zeitlich limitiert bleiben. Eine derartig durchgeführte, passive Physiotherapie kann zu ausgeprägten Muskelatrophien führen und muß daher zum frühestmöglichen Zeitpunkt mit einer aktiven Bewegungstherapie kombiniert werden.

Die **Traktionsbehandlung** ist als passive Behandlungstechnik vor allem bei lang bestehenden Bewegungseinschränkungen an Knie- und Ellenbogengelenk, aber auch zur Behandlung von degenerativen Veränderungen der Lenden- und der Halswirbelsäule geeignet.
Bei der **manuellen Therapie (Chirotherapie)** geht der Therapeut gezielt auf die biomechanischen Besonderheiten des einzelnen Gelenkes ein, um dessen Bewegungsumfang zu verbessern.

Bei der Behandlung lang bestehender Bewegungseinschränkungen geringeren Ausmaßes haben sich die Traktionsbehandlung und Techniken der manuellen Therapie bewährt. Bei der **Traktion** werden an oberer und unterer Extremität durch intermittierend angebrachten Zug die periartikulären Weichteilverkürzungen langsam aufgedehnt. Vor allem die an Knie-und Ellbogengelenk störenden Streckdefizite stellen eine gute Indikation für die Traktionsbehandlung dar. Zum Standardrepertoir gehört sie auch bei der Behandlung von degenerativen Veränderungen der Lenden- (Schrägbrett) und der Halswirbelsäule (Glissonschlinge). Traktionsbehandlungen sind auch mit Techniken der **manuellen Therapie (Chirotherapie)** durch den Physiotherapeuten möglich. Der Therapeut kann dabei gezielt auf die biomechanischen Besonderheiten des Gelenkes eingehen (z.B. Wirbelsäule, Fingergelenke, Schultergelenke). Vor Anwendungen der manuellen Therapie muß die Diagnose, gegebenenfalls auch durch ein Röntgenbild, gesichert sein, damit durch die Maßnahmen nicht pathologisch veränderte Knochenregionen (z.B. Wirbelmetastasen) gefährdet werden.

Bei konservativ nicht zu beeinflussenden Schrumpfungen von Kapselbandstrukturen kann eine **Mobilisation des Gelenkes in Narkose** erforderlich werden.

Bei lange Zeit bestehenden und ausgeprägten Schrumpfungen der Kapselbandstrukturen ist ggf. eine **Mobilisation des Gelenkes in Narkose** angezeigt. Diese Technik ist eine ärztliche Aufgabe. Ziel ist es, die verkürzten und verklebten Kapselbandstrukturen evtl. unter arthroskopischer Kontrolle aufzudehnen. Der Arzt darf dabei stets nur am kurzen Hebel der Extremität arbeiten, um Frakturen zu vermeiden. Die Mobilisation in Narkose wird vor allem an Schulter- und Kniegelenk durchgeführt.

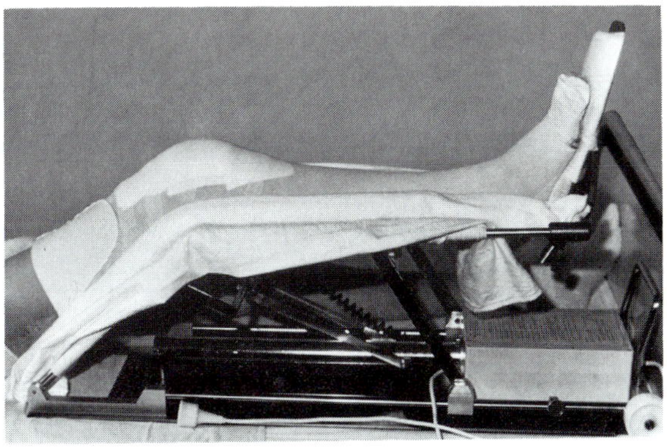

Abb. 9: Motorische Bewegungsschiene – kontinuierliche passive Bewegung.

3.3.4.2 Physiotherapie des Muskels

Die Muskulatur spielt für die dauerhafte Leistungsfähigkeit des Haltungs- und Bewegungsapparates eine zentrale Rolle. Sie hält und bewegt die Strukturen. Aus diesem Grund werden physiotherapeutische Maßnahmen zur Verbesserung der Muskelkraft und ihrer Koordinationsfähigkeit gleichrangig wie solche zur Erhaltung und Verbesserung der Gelenkbeweglichkeit eingesetzt. Grundsätzlich lassen sich diese Behandlungstechniken nicht streng voneinander unterscheiden, denn **ohne Gelenkbeweglichkeit ist eine intakte Muskulatur undenkbar und umgekehrt.**

Im Hinblick auf die Leistungsanforderungen werden statische und dynamische Muskelarbeit unterschieden. **Statische Muskelarbeit,** d.h. das Halten einer Gelenkstellung oder Körperposition ist auf Dauer unphysiologisch. Die Muskulatur ermüdet dabei rasch, weil die Blutzirkulation gering ist und die Ernährungsquellen versiegen. Nicht nur im Alltag (langdauerndes Stehen oder Sitzen) sondern auch **bei den Behandlungsprogrammen sollte daher die Muskulatur wo immer möglich dynamisch beansprucht werden.** Im Rahmen eines Trainingsprogrammes ist dies mit **isometrischen Muskelübungen** möglich. Bei isometrischen Muskelübungen wird bei gleichbleibender Länge des Muskels eine Muskelspannung gegen Widerstand aufgebaut *(Syn. 26).* Bei rhythmischer Wiederholung dieser Muskelanspannung entsteht eine dynamische Muskelarbeit. Bei **isotonischer Muskelübung** wird der Muskel bei gleichbleibendem Widerstand verkürzt. Da eine rein isotonische Muskelkontraktion an zahlreichen Gelenken wegen der sich dabei verändernden Hebelverhältnisse nicht möglich ist, handelt

3.3.4.2 Physiotherapie des Muskels

Maßnahmen zur Verbesserung der Muskelkraft und ihrer Koordinationsfähigkeit werden gleichrangig wie solche zur Besserung der Gelenkbeweglichkeit eingesetzt; **denn ohne Gelenkbeweglichkeit ist eine intakte Muskulatur undenkbar und umgekehrt.**

Die Muskulatur kann statische und dynamische Muskelarbeit leisten. **Statische Muskelarbeit** führt zu rascher Ermüdung. **Bei Behandlungsprogrammen sollte daher die Muskulatur wo immer möglich dynamisch beansprucht werden.** Dies gelingt mit **isometrischen Muskelübungen. Bei isotonischer Muskelarbeit** wird der Muskel dagegen bei gleichbleibendem Widerstand verkürzt *(Syn. 26).*

Synopsis 26: Muskelarbeit

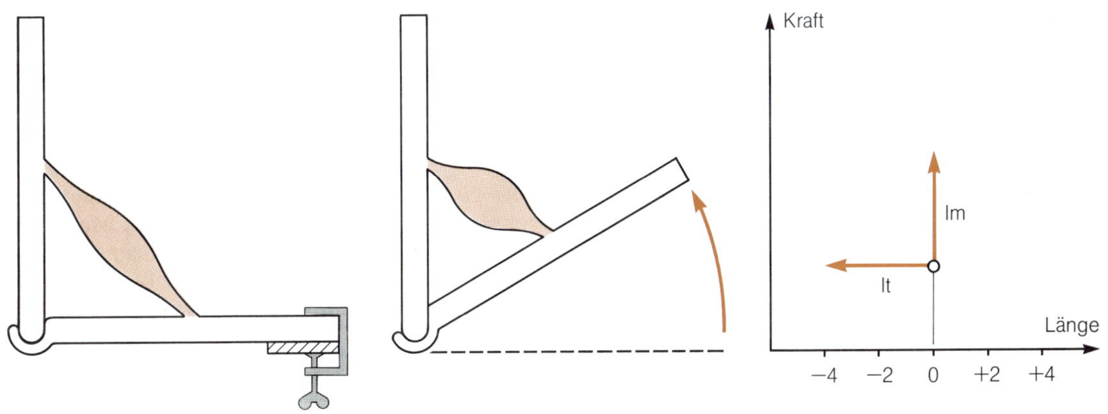

Isometrische Muskelarbeit: Kraftentwicklung ohne Längenveränderung

Isotonische Muskelarbeit: Längenveränderung ohne Kraftzunahme
Konzentrisch: Muskelverkürzung
Exzentrisch: Muskelverlängerung

Kraft-Weg-Diagramme isometrischer (Im) und isotonischer (It) Muskelarbeit

Synopsis 27: Circulus vitiosus von Schmerz, Muskelatrophie und Arthrose

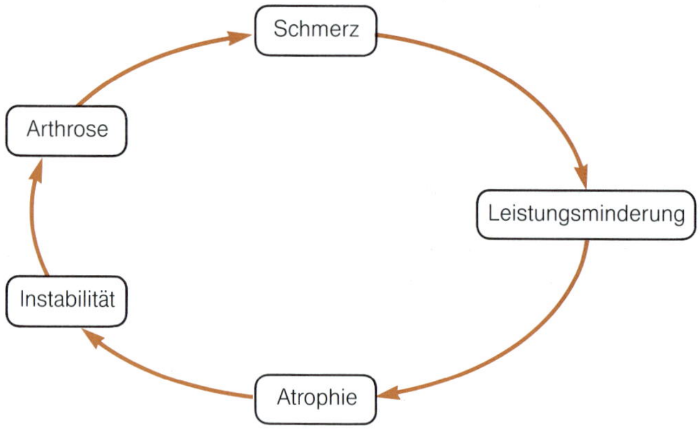

Mangelnde **Kraftleistung der Muskulatur** führt insbesondere an vorgeschädigten Gelenken zu weiterer Instabilität und Arthrose *(Syn. 27)*. An besonderen Trainingsapparaten können **Ausdauerkraft** und **Schnellkraft** der Muskulatur gezielt trainiert werden. Einen besonderen Stellenwert hat das **isokinetische Krafttraining,** bei dem durch konstante Winkelgeschwindigkeiten beim Bewegungsablauf eines Gelenkes der Krafttrainingseffekt vergrößert werden kann.

es sich in den meisten Fällen um eine **auxotonische** Beanspruchung der Muskulatur (Mischform von isotonischer und isometrischer Beanspruchung).

Besondere Aufmerksamkeit wird im Rahmen besonderer Behandlungsprogramme der **Kraftleistung der Muskulatur** geschenkt, da mit zunehmender Muskelatrophie Sekundärfolgen am Gelenk zu erwarten sind, die in die Arthrose einmünden *(Syn. 27)*. An besonderen Trainingsapparaten können **Ausdauerkraft** und **Schnellkraft** der Muskulatur, insbesondere in der Rehabilitation von Sportlern gezielt trainiert werden. Einen besonderen Stellenwert hat hierbei das **isokinetische Krafttraining** erlangt. Hiermit kann an entsprechenden Maschinen die Winkelgeschwindigkeit beim Bewegungsablauf eines Gelenkes konstant gehalten und somit die Verletzungsanfälligkeit des Gelenkes verringert und der Krafttrainingseffekt vergrößert werden.

3.3.4.3 Physiotherapie auf neurophysiologischer Basis

Da jede Bewegung des menschlichen Körpers propriozeptiv registriert wird, gibt es eigentlich keine Physiotherapie ohne neurophysiologische Basis. Dieser Begriff hat sich eingebürgert für Behandlungsmethoden, die sich mit der motorischen Gesamtleistung des Menschen beschäftigen.
Man unterscheidet:
- Die **Methode nach** *Bobath* (Training bestimmter Lage- und Stellreflexe mindert die Spastizität)
- **Die Behandlung nach** *Vojta* (Reflexlokomotion)
- Die **propriozeptive neuromuskuläre Faszilitation (PNF)** (Auslösung komplexer Bewegungs-

3.3.4.3 Physiotherapie auf neurophysiologischer Basis

Jede Bewegung des menschlichen Körpers wird von den propriozeptiven Organen kontrolliert und gesteuert. Insofern gibt es keine Physiotherapie ohne neurophysiologische Basis. Dieser Begriff hat sich jedoch eingebürgert für eine Reihe von Behandlungsmethoden, deren Techniken sich mit der motorischen Gesamtleistung des Menschen beschäftigen (Aufrichten, Sitzen, Stehen, Gehen) und die kassentechnisch anerkannt einen höheren Aufwand erfordern und daher besser vergütet werden.

Der **Methode von** *Bobath* liegen vorwiegend Erfahrungen an spastisch gelähmten Patienten zugrunde. Die Behandlungstechniken konzentrieren sich darauf, daß durch das Training bestimmter Lage- und Stellreflexe die Spastizität gemindert und damit die koordinative Leistungsfähigkeit verbessert werden kann.

Die *entwicklungskinesiologische Diagnostik* und **Behandlungsmethode nach** *Vojta* geht von der Erkenntnis aus, daß die Lokomotion des Menschen eine ursprünglich vorwiegend von Reflexen gesteuerte und später zur höchsten Reife ausgestattete Leistung darstellt. Mit der entwicklungskinesiologischen Diagnostik ist es möglich, eine Persistenz der motorischen Entwicklung zu erkennen und diese mit der Behandlung der **Reflexlokomotion** auf eine höhere Stufe anzuheben. Diese Methode wurde ursprünglich ebenfalls für die Behandlung spastisch gelähmter Patienten eingesetzt. Sie hat inzwischen jedoch auch Anwendung bei anderen orthopädischen Krankheitsbildern erfahren, bei denen nachweislich eine motorische Retardierung vorliegt (z.B. Hüftdysplasie, idiopathische Skoliose, Kontrakturen, Myelodysplasie) *(S. 254)*.

Eine Verbesserung der Muskelkoordinationsfähigkeit wird auch mit anderen Verfahren angestrebt, die ihre Wirkung ganz überwiegend mit der Auslösung neurophysiologischer Mechanismen begründen. Bei der **propriozeptiven neuro-**

muskulären Fazilitation (PNF, Bewegungsbahnung nach *Kabat)* soll durch das Auslösen komplexer Bewegungsmuster (»pattern«) die neuromuskuläre Leistungsfähigkeit insgesamt gebessert werden. Die Besonderheit derartiger Behandlungstechniken besteht darin, daß sie z.B. Gelenkkontrakturen nicht als lokales Phänomen interpretieren, sondern immer unter Berücksichtigung der gesamten Gliederkette in die Behandlung einbeziehen.

Dieses gilt auch für die **Behandlungsmethode nach** *Brügger.* Sie geht davon aus, daß Muskel und Gelenk über die Propriozeption als Einheit funktionieren. Eine optimale Funktion ist nur bei einem Gleichgewicht zwischen Antagonisten und Agonisten gewährleistet. Ein Ungleichgewicht der Muskelgruppen durch irgendwelche Störfaktoren führt zur Auslösung des sogenannten **arthrotendomyotischen Blockierungsreflexes,** der mit speziellen Behandlungstechniken durchbrochen werden kann.

muster verbessert die neuromuskuläre Leistungsfähigkeit)

- Die **Behandlungsmethode nach** *Brügger* (Beseitigung des Ungleichgewichtes der Muskelgruppen zur Wiederherstellung der optimalen Gelenkfunktion)

3.3.4.4 Gehhilfen und Gangschule

Bei vorübergehender oder dauernder Belastungsunfähigkeit der unteren Extremitäten ist die Versorgung mit Krückstöcken, Gehhilfen oder Rollstühlen erforderlich. Beim Gang mit einer Stockstütze kann die gegenseitige Extremität bereits bis zu 30 % entlastet werden (Fritzstock, Unterarmstütze, Achselstütze). Ist die Führung von Stockstützen wegen Kraftlosigkeit oder Koordinationsstörungen der oberen Extremitäten erschwert, sind Mehrpunktabstützungen erforderlich (Vierpunktstützen, Rollator). Bei völliger Gehunfähigkeit verbleibt die Versorgung mit einem Rollstuhl, der bei Lähmungen der unteren Extremität mechanisch, bei zusätzlichen Behinderungen der oberen Extremität elektrisch angetrieben wird. Eine Zusammenstellung der **Gehhilfen** enthält *Syn. 28.*

Die **Gangschule** ist als funktionelles Training angezeigt, um die Koordination des Gangablaufes zu verbessern. Das Gehen mit Krückstöcken ist vor allen Dingen für ältere Patienten ungewohnt und muß trainiert sein. Bei geplanten Operationen ist es daher sinnvoll, den Gang an Krückstöcken schon vorher zu üben. Die vollständige Entlastung eines Beines nach Trauma oder Operation erfordert den **3-Punkte-Gang.** Bei **Teilbelastung** darf das Bein eine dosierte Kraft aufnehmen, die auf einer Personenwaage trainiert werden kann (z.B. Teilbelastung 20 kg). Kann mehr als die Hälfte des Körpergewichtes von dem betroffenen Bein übernommen werden, so kann in der Regel auf den Gang mit einer Stockstütze übergegangen werden, die dann stets auf der Gegenseite des betroffenen Beines getragen werden muß. Mit dieser Art des Gangbildes kann auch bei chronischen Erkrankungen an der unteren Extremität eine wesentliche Entlastung und Schmerzlinderung bewirkt werden. Bei beidseitigen Affektionen der unteren Extremitäten ist das Gangbild im **4-Punkte-Gang** sinnvoll, wobei wechselseitig Stock und Bein der Gegenseite nach vorn gesetzt werden. Der **Durchschwunggang** ist bei Lähmungen der unteren Extremitäten erforderlich (z.B. Paraplegie, Kinderlähmung). Die Einzelheiten der Gangschule sind aus *Synopsis 29* zu entnehmen.

3.3.4.4 Gehhilfen und Gangschule

Bei vorübergehender oder dauernder Belastungsunfähigkeit der unteren Extremitäten sind Gehhilfen bis zur Rollstuhlversorgung erforderlich. Beim Gang mit einer Stockstütze kann die gegenseitige Extremität bereits bis zu 30% entlastet werden. Eine Zusammenstellung der **Gehhilfen** enthält *Synopsis 28.*

Die **Gangschule** ist als funktionelles Training angezeigt, um die Koordination des Gangablaufes zu verbessern. Das Gehen mit Krückstöcken ist vor allem für ältere Patienten ungewohnt und sollte daher vor Operationen eingeübt werden. Die vollständige Entlastung eines Beines erfordert den **3-Punkte-Gang.** Bei **Teilbelastung** darf das Bein dabei eine dosierte Kraft aufnehmen, die trainiert werden kann. Bei beidseitigen Affektionen der unteren Extremitäten ist der **4-Punkte-Gang** sinnvoll. Der **Durchschwunggang** ist bei Lähmungen der unteren Extremitäten erforderlich. Die Einzelheiten der Gangschule sind aus *Synopsis 29* zu entnehmen.

Synopsis 28: Gehhilfen

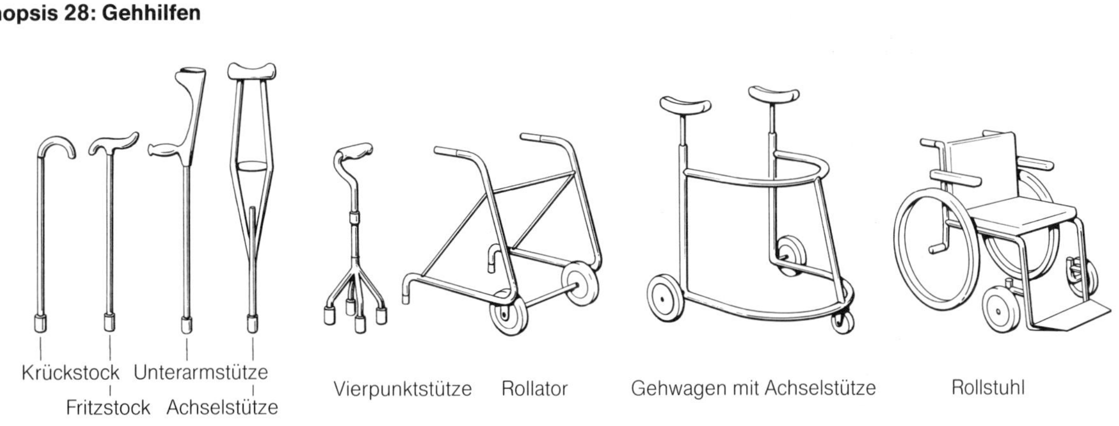

Synopsis 29: Gangschulung

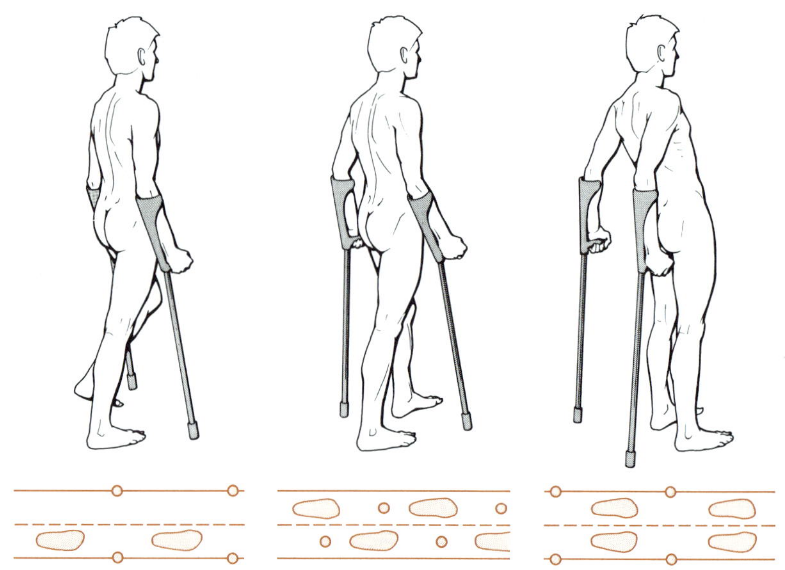

3-Punkte-Gang
Ein Bein kann völlig entlastet oder auch dosiert teilbelastet werden

4-Punkte-Gang
Gekreuztes Vorsetzen von Stütze und Bein; etwa hälftige Körperbelastung beider Beine

Durchschwunggang
Stockstützen und Beine werden jeweils zusammen nach vorn bewegt: Gangbild bei Lähmungen

3.3.4.5 Stoffwechselgymnastik

Ausdauer ist nicht nur eine Leistung der Muskulatur, sondern auch des gesamten Herz-Kreislauf-Systems. Für Erkrankungen mit allgemein herabgesetzter Leistungsfähigkeit werden daher spezielle krankengymnastische Methoden vorwiegend in Form einer Gruppengymnastik angeboten (periphere Durchblutungsstörung, Osteoporose, Morbus Bechterew).

3.3.4.5 Stoffwechselgymnastik

Ausdauer ist nicht nur eine Leistung der Muskulatur, sondern auch des gesamten Herz-Kreislauf-Systems. Bei hohen Anforderungen an die muskuläre Leistungsfähigkeit ist demgemäß ebenso ein Training des Herz-Kreislauf-Systems erforderlich wie bei herabgesetzter allgemeiner Leistungsfähigkeit, die auch die Gesamtleistungsfähigkeit des Haltungs- und Bewegungsapparates beeinträchtigt. Spezielle krankengymnastische Behandlungsmethoden vorwiegend in Form einer Gruppengymnastik sind z.B. für Herzinfarkterkrankte, Patienten mit peripheren Durchblutungsstörungen und Osteoporose sowie an Morbus Bechterew Erkrankte entwickelt worden.

3.3.5 Ergotherapie

Die Ergotherapie strebt durch die Erhaltung, Wiederherstellung oder Anpassung der funktionellen Leistungsfähigkeit eine **Selbständigkeit der Erkrankten in den Verrichtungen des täglichen Lebens und deren berufliche Wiedereingliederung an.**

Eine wichtige Maßnahme der Ergotherapie ist die Prävention von Erkrankungs- und Verletzungsfolgen durch **Lagerung** und Schienung von Extremitäten in Funktionsstellung.

Für die Wiederherstellung der Gelenkfunktionen nach Trauma oder chronischer Erkrankung werden

3.3.5 Ergotherapie

Während sich die Bewegungstherapie unter dem Begriff der Krankengymnastik überwiegend mit den Funktionseinschränkungen am Rumpf und den unteren Gliedmaßen befaßt, konzentrieren sich die Behandlungsmethoden der Ergotherapie auf Erkrankungen an den oberen Extremitäten und hier insbesondere der Hand. Durch die Erhaltung, Wiederherstellung oder Anpassung der funktionellen Leistungsfähigkeit an der oberen Extremität wird als Ziel die **Selbständigkeit in den Verrichtungen des täglichen Lebens und die berufliche Wiedereingliederung** angestrebt.

Die Maßnahmen der Ergotherapie beginnen bei Erkrankungen und Verletzungen als Prävention bereits unmittelbar nach deren Versorgung durch **Lagerung** der Extremitäten zur Vermeidung von Gelenkkontrakturen (Lähmungen, schwere Handverletzungen). Bei chronisch deformierenden Gelenkerkrankungen ist eine Schulung der betroffenen Patienten erforderlich, um durch das alltägliche Verhalten einem Fortgang der Erkrankung keinen Vorschub zu leisten.

Für die Wiederherstellung der Gelenkfunktionen nach Trauma oder chronischer Erkrankung werden von der Ergotherapie Methoden eingesetzt, die sich an den Funktionen des täglichen Lebens oder auch im Beruf orientieren

(Syn. 30). Die Ziele der ergotherapeutischen Behandlung decken sich hier weitgehend mit denen der krankengymnastischen Behandlung. Kann eine normale Gelenkfunktion nicht wieder hergestellt werden, so versucht die Ergotherapie über das Ziel der krankengymnastischen Behandlung hinaus **Kompensationsmechanismen** beizubringen, mit denen die gestörten Funktionen weitgehend ersetzt werden können. Schwere Funktionseinschränkungen der rechten Hand beim Rechtshänder können z.B. durch ein Umschulen auf die linke Hand fast völlig kompensiert werden. Durch die Schulung von **Trickbewegungen** lassen sich funktionelle Einschränkungen in ihrer Auswirkung deutlich mildern (z.B. Schuhanziehen hinter dem Gesäß bei Hüftversteiften).

Sofern sich durch die Schulung von körpereigenen Kompensationsmechanismen keine völlige Anpassung an die Funktionen des täglichen Lebens oder im Beruf erreichen läßt, so versucht die Ergotherapie durch die Versorgung mit Hilfsmitteln oder durch die **Anpassung des häuslichen oder beruflichen Arbeitsplatzes** eine größtmögliche Selbständigkeit des Patienten wieder herzustellen. Die **Hilfsmittelversorgung** ist eine besonders anspruchsvolle Aufgabe des Ergotherapeuten, weil sie - einfallsreich ausgeführt - vielen Patienten mit hochgradigen Funktionsstörungen die Selbständigkeit erhalten kann. Vom einfachsten Hilfsmittel (verlängerter Schuhlöffel bei ausgeprägter Beugebehinderung oder Arthrodese des Hüftgelenkes) über die Orthesenversorgung (zur Stützung oder Einstellung eines Gelenkes in Gebrauchsstellung) bis zur Rollstuhlversorgung ist eine Vielzahl von sehr individuellen Hilfsmittelversorgungen möglich. Um eine optimale Versorgung zu gewährleisten, muß der Ergotherapeut die gedankliche Verknüpfung von der funktionellen Behinderung zu deren Auswirkung im alltäglichen Leben herstellen können.

Methoden eingesetzt, die sich an den Funktionen des täglichen Lebens oder des Berufes orientieren *(Syn. 30).* Kann eine normale Gelenkfunktion nicht wieder hergestellt werden, versucht die Ergotherapie durch **Kompensationsmechanismen** die gestörten Funktionen weitgehend zu ersetzen (z.B. Umschulung des Rechtshänders auf die linke Hand, Schulung von **Trickbewegungen).**
Reichen Kompensationsmechanismen nicht mehr aus, so versucht die Ergotherapie durch die Versorgung mit Hilfsmitteln oder durch die **Anpassung des häuslichen oder beruflichen Arbeitsplatzes** eine größtmögliche Selbständigkeit des Patienten wieder herzustellen. Für die **Hilfsmittelversorgung** muß der Ergotherapeut die gedankliche Verknüpfung von der funktionellen Behinderung zu deren Auswirkung im alltäglichen Leben herstellen können.

Synopsis 30: Ziele und Methoden der Ergotherapie

Funktionen vollständig wiederherstellbar ⟶ **Funktionstraining, Prophylaxe (Lagerung)**

Gelenk	Funktion	Methode
Schulter	Arbeit über Kopf	Hochwebrahmen
Ellenbogen	Beugung, Streckung Unterarmdrehung	Weben, Hobeln, Sägen
Hand	Beugung, Streckung, Abspreizung	Drucken, Knüpfen, Tonarbeit
Finger	Spitzgriff, Faustschluß, Feinmotorik	Schreiben, Zeichnen; Schreibmaschine, Kneten, Steckspiele, Knüpfen, Flechten
Hüfte	Beugung, Streckung, Rotation	Fahrrad, Webstuhl
Knie	Beugung, Streckung	Fahrrad, Webstuhl
Fuß	Beugung, Streckung	Webstuhl

Funktionen teilweise wiederherstellbar ⟶ **Kompensationstraining Hilfsmittelversorgung**

Funktionen nicht wiederherstellbar ⟶ **Hilfsmittelversorgung** (»kleine« Hilfsmittel, Zurichtungen, Schienen, Orthesen, Prothesen, Rollstühle)

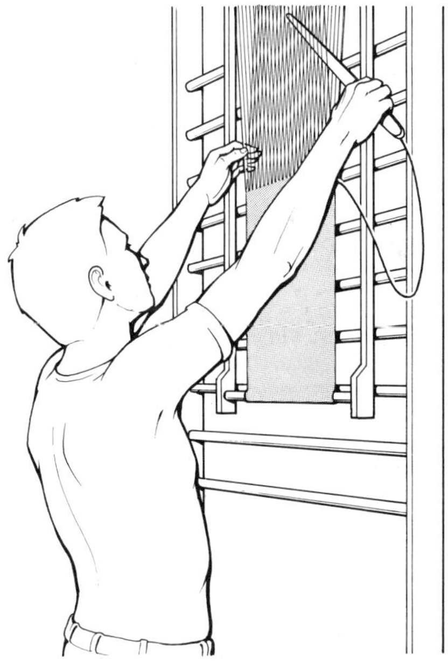

Am Hochwebrahmen können speziell die Funktionen der Über-Kopf-Arbeit geübt werden.

3.3.6 Physikalische Therapie

3.3.6 Physikalische Therapie

Der Mensch ist alltäglich den physikalischen Bedingungen seiner Umwelt ausgesetzt (z.B. Wärme, Kälte). Es ist eine Erfahrung, daß diese den Verlauf von Krankheiten, insbesondere auch an den Stütz- und Bewegungsorganen beeinflussen können. Viele dieser Zusammenhänge (z.B. Klimaeinflüsse) sind bisher kaum faßbar. Bekannte positive Auswirkungen physikalischer Einflüsse werden im Rahmen der physikalischen Therapie genutzt.

Merke ▶

> ***Merke.*** Die Indikation zu Maßnahmen der physikalischen Therapie wird von der zugrundeliegenden Erkrankung bestimmt. Art und Ort des Prozesses sind entscheidend für die Anwendung einzelner Verfahren, da sowohl die Wirkungsmechanismen als auch die Tiefenwirkung physikalisch therapeutischer Maßnahmen unterschiedlich sind.

Die differenzierte Indikation ist in *Synopsis 31* wiedergegeben.

Die sich daraus ergebende differenzierte Indikation am Beispiel von Wirbelsäulenerkrankungen ist in *Synopsis 31* dargestellt.

3.3.6.1 Wärme- und Kältebehandlung (Thermo- bzw. Kryotherapie)

Wärme- und Kältebehandlung besitzen dieselben **Wirkungsmechanismen:**

- **neurophysiologisch** Durch den Zustrom afferenter Impulse aus Temperaturrezeptoren ist eine Hemmung nozizeptiver Afferenzen möglich *(Syn. 19).*
- **vasomotorisch:** Wärme führt zu einer primären, Kälte nach einer Vasokonstriktion zu einer sekundären Vasodilatation mit umschriebener Hyperämie.
- **metabolisch:** Wärme beschleunigt, Kälte verlangsamt die Aktivität biochemischer Vorgänge.

Die physikalische Wirkung bestimmt die **Indikation. Wärmebehandlung** ist vor allem zur Verbesserung der Trophik **bei chronischen Erkrankungen, Kältebehandlung** dagegen **bei akut entzündlichen Veränderungen** der Stütz- und Bewegungsorgane angezeigt. *(Tab. 7)*

3.3.6.1 Wärme- und Kältebehandlung (Thermo- bzw. Kryotherapie)

Wärme- und Kältebehandlung haben aus physikalischer Sicht dieselben Angriffspunkte. Ihre Wirkung ist von der Intensität und der Dauer des einwirkenden Reizes abhängig. Ihre **Wirkungsmechanismen** sind

- **neurophysiologisch:** Wärme und Kälte werden von den Temperaturrezeptoren der Haut registriert und über den Tractus spinothalamicus nach zentral weitergeleitet. Durch einen starken Zustrom afferenter Impulse ist eine Hemmung nozizeptiver Afferenzen möglich *(Syn. 19, S. 54).*
- **vasomotorisch:** Wärme führt zu einer Dilatation der Gefäße und damit zu einer Hyperämie in den erwärmten Organen. Durch Kälte kommt es zunächst zu einer Vasokonstriktion, sekundär nach Beendigung des Kältereizes zu einer sekundären Vasodilatation mit umschriebener Hyperämie (Hautrötung nach Ablegen eines Eisbeutels).
- **metabolisch:** Wärme führt zu einer Beschleunigung metabolischer Prozesse, zum vermehrten Anstrom von Nährsubstraten, zum verbesserten Abtransport von Stoffwechselschlacken und zur Detonisierung der Muskulatur. Kälte dagegen verlangsamt die Aktivität biochemischer Vorgänge.

Aus den Wirkungen der Wärme- und Kältebehandlung ergibt sich deren **Indikation:** Die **Wärmebehandlung** ist vor allen Dingen zur Verbesserung der Trophik bei **chronischen Erkrankungen** der Stütz- und Bewegungsorgane angezeigt *(Tab. 7).* Die **Kältebehandlung** dagegen eignet sich wegen ihrer stoffwechselsenkenden und analgetischen Wirkung vorwiegend für **akut entzündliche Veränderungen** der Strukturen. In Abhängigkeit vom Stadium einer Erkrankung kann es daher durchaus angezeigt sein, die primär eingeleitete Kältetherapie in eine Wärmebehandlung zu ändern.

Tab. 7: Indikationen und Mittel der Wärme- und Kältebehandlung

Wärmetherapie:	Dampf Wärmepackung (Fango) Infrarot Warmwasser wärmende Textilien Elektrotherapie (Kurzwelle)	chronische, degenerative Erkrankungen, Muskelhärten
Kältetherapie:	Kältegel Eispackung Kaltwasser Kältekammer	akut entzündliche Erkrankungen frische Verletzungen

Synopsis 31: Differenzierte Indikation der physikalischen Therapie

Die Indikation zu physikalischen Maßnahmen ergibt sich aus:

Methode	**Art und Wirkungsmechanismus**	**Ort der Erkrankung spezielle und Tiefenwirkung**
Wärme/Kälte	Nozizeptorenhemmung/ Vasodilatation, Metabolismus	oberflächliche Strukturen
Wasserbehandlung	Aufhebung der Schwerkraft/Metabolismus	
Massage	Nozizeptorenhemmung/ Vasodilatation	Haut, Muskeln
Elektrobehandlung		
- Gleichstrom	Metabolismus	ganzer Körper
- Reizstrom	Nerv- u. Muskelstimulation	Nerv, Muskel
- Diadynamik	Analgetisch	Nerv
- Mittelfrequenz	Muskelstimulation	Muskel
- Hochfrequenz	Wärme/Vasodilatation	tiefliegende Strukturen
Ultraschall	Wärme/Gewebeauflockerung	auch tiefgelegene Strukturen
Strahlenbehandlung		
- Infrarot	Vasodilatation	oberflächlich
- Röntgen	Metabolismus (Entzündung)	tief

Differenzierte Indikation physikalischer Maßnahmen an der Wirbelsäule

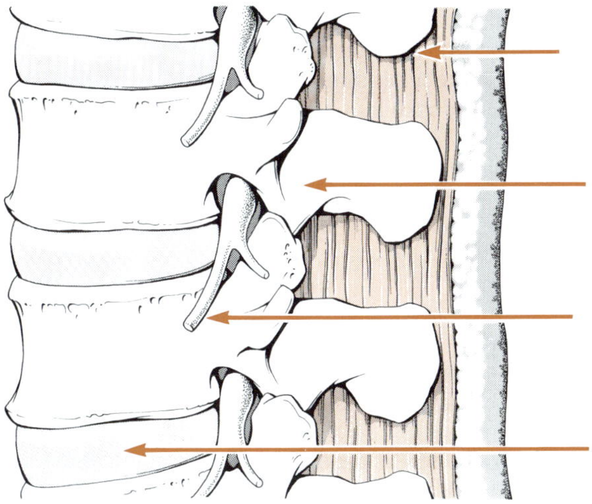

Wärme/Kälte: schmerzhafte Verspannungen in Haut und Muskulatur

Ultraschall: Auflockerung von Ligamentosen, Insertionstendopathien

Diadynamik: analgetische Wirkung an Nervenwurzeln und -verzweigungen

Kurzwelle: Wärmeerzeugung in tief gelegenen Wirbelsäulenstrukturen

Applikation: Die Applikationsform für Wärme und Kälte muß sich vorwiegend danach richten, welche Strukturen von deren physikalischer Wirkung erreicht werden sollen. Bei Wärmebehandlung ist mit Dampfbehandlungen, Wärmepakkungen und Infrarotbestrahlung, bei Kältebehandlung mit Kältegel oder Eispakkungen in der Regel nur in Einfluß auf oberste Körperschichten (Kutis, Subkutis und oberflächlich gelegene Muskel- und Gelenkpartien) möglich. Tiefer gelegene Gelenke, wie z.B. Hüftgelenk oder Wirbelsäulenabschnitte sind mit Wärmeanwendungen nur in Form von Elektrobehandlung erreichbar *(Syn. 31)*.

Die **Applikations**form ist von der erforderlichen Tiefenwirkung abhängig. Wärme- oder Kältepackungen erreichen nur die obersten Körperschichten. In tiefer gelegenen Strukturen ist Wärme nur durch Elektrobehandlung zu erzeugen *(Syn. 31)*

3.3.6.2 Wasserbehandlung

3.3.6.2 Wasserbehandlung

Im Wasserbad werden die physikalischen Wirkungen von Wärme und Kälte auf den gesamten Körper übertragen und damit vervielfacht. Neben diesen physikalischen werden auch chemische Wirkungen der Bäder diskutiert. Schwefel soll perkutan resorbiert und in Bindegewebe und Knorpel eingebaut werden kön-

Im Wasserbad werden die physikalischen Wirkungen von Wärme und Kälte auf den gesamten Körper übertragen.

Wegen der **Aufhebung der Schwerkraft** kann im Wasserbad eine besonders wirksame auf das Gelenk gerichtete Physiotherapie betrieben werden.

Im Wassergraben kann unter dosierter Reduzierung der Schwerkraft bei minderbelastbaren Extremitäten frühzeitig der Gangablauf trainiert werden.

3.3.6.3 Massage

Die **Wirkung** der Massage läßt sich überwiegend auf neurophysiologische Phänomene zurückführen. Durch den starken Einstrom afferenter Impulse aus Druckrezeptoren der Haut läßt sich die Afferenz aus Nozizeptoren blockieren *(Syn. 19, S. 54)*. Darüber hinaus kann durch die Massage eine Hyperämisierung in Kutis, Subkutis, Muskel- und Bindegewebspartien und damit ein verbesserter Abtransport von Stoffwechselschlacken erreicht werden.

Eine **Indikation** für die Massagebehandlung besteht daher vor allem bei schmerzhaften Myogelosen der Muskulatur, Lymphabflußstörungen des Bindegewebes und schmerzreflektorisch bedingten Funktionsstörungen. Der Muskel kann durch Massage tonisiert oder detonisiert werden.

3.3.6.4 Elektrobehandlung

Die **Wirkungen** elektrischer Ströme sind:
- Ein Transport von Ionen
- Depolarisation an der Zellmembran mit Kontraktion einer Muskelzelle oder Erregung einer Nervenzelle.
- Durch Konzentration des Stromflusses Wärmeerzeugung im Gewebe.

Therapeutisch werden Gleichstrom (Galvanisation), niederfrequente (0 bis 1000 Hz), mittelfrequente (1000 Hz bis 1000 kHz) und hochfrequente (über 1000 kHz) Ströme unterschieden.
Die **Gleichstrombehandlung** wird vor allem in Form der **hydroelektrischen Bäder** angewandt. Durch Zusatz ionisierender Substanzen kann eine perkutane Resorption von Pharmaka erreicht werden **(Iontophorese).**

nen. CO_2-Bäder (Stanger-Bad) sollen eine allgemein Herz-Kreislauf- und vegetativ-stabilisierende Wirkung haben.

Für den Orthopäden ist die **Aufhebung der Schwerkraft im Wasserbad** von besonderer Bedeutung. Im Wasserbad läßt sich das Körpergewicht bis auf ein Zehntel reduzieren. Im Bewegungsbad kann daher bei Aufhebung der Eigenschwere eine besonders wirksame auf das Gelenk gerichtete Physiotherapie betrieben werden. Aus diesem Grund bedarf die Bewegungstherapie im Bad einer wohlüberlegten Indikation, um durch die scheinbare Leichtigkeit der Bewegung die Gelenkstrukturen nicht zu überfordern. Von besonderer Bedeutung ist die Bewegungsbehandlung im **Wassergraben.** Hier wird unter Aufhebung oder Reduzierung der Schwerkraft bei minderbelastbaren Extremitäten frühzeitig der Gangablauf trainiert. Diese Behandlung ist daher vorwiegend beim älteren Patienten von großer Bedeutung.

3.3.6.3 Massage

Daß das Durchkneten der Haut über schmerzhaften Gelenken eine schmerzlindernde Wirkung entfaltet, ist jedem Patienten mit chronisch deformierenden Gelenkerkrankungen bekannt. Die **Wirkung** der Massage läßt sich dabei überwiegend auf **neurophysiologische Phänomene** zurückführen. Durch den starken Einstrom afferenter Impulse aus Druckrezeptoren der Haut läßt sich die Afferenz aus Nozizeptoren blockieren *(Syn. 19, S. 54)*. Über diesen neurophysiologischen Mechanismus hinaus kann durch die Massage eine Hyperämisierung in Kutis, Subkutis, Muskel- und Bindegewebspartien erreicht werden. Durch einen verbesserten Abtransport von Stoffwechselschlacken und den durch die Massage gesteigerten Lymphabtransport können Muskelhärten (Myogelosen) beseitigt werden. Diese Wirkungen stehen bei speziellen Techniken (z.B. Bindegewebsmassage, Lymphdrainage) im Vordergrund.

Eine **Indikation** für eine Massagebehandlung besteht daher vorwiegend bei schmerzhaften Myogelosen der Muskulatur und Lymphabflußstörungen des Bindegewebes. Der Muskel kann tonisiert oder detonisiert werden. Sie kann auch angewendet werden bei schmerzhaften Erkrankungen der Stütz- und Bewegungsorgane, deren Schmerzempfindung sich ausschließlich reflektorisch durch von der Haut ausgelöste Mechanismen beeinflussen läßt.

3.3.6.4 Elektrobehandlung

Mit elektrischen Strömen lassen sich verschiedene biologische **Wirkungen** im menschlichen Körper entfalten:
- Ein Transport von Ionen (gerichteter Transport bei Gleichstrom, Pendelbewegung bei Wechselstrom)
- Depolarisierung an der Zellmembran zur Auslösung eines Aktionspotentials mit der Wirkung einer Kontraktion einer Muskelzelle oder einer Erregungsfortleitung an der Nervenzelle.
- Durch Konzentration des Stromflusses Reibung zwischen Ladungsträgern und Gewebe mit der Wirkung einer Erwärmung.

Um die biologischen Wirkungen zu erzielen, werden unterschiedliche Stromarten eingesetzt: Gleichstrom (Galvanisation), niederfrequente (0 bis 1000 Hz), mittelfrequente (1000 Hz bis 1000 kHz) und hochfrequente (über 1000 kHz) Ströme.

Die **Gleichstrombehandlung** wird vor allen Dingen in Form der **hydroelektrischen Bäder** angewandt. Dabei wird entweder bei einem Vollbad der gerichtete Strom durch den gesamten Körper geleitet (Stangerbad) oder durch die Anwendung von Teilbädern an Arm und Bein auf isolierte Körperabschnitte verteilt (sogenannte Zellenbäder). Durch Zusatz ionisierender Substanzen kann eine perkutane Resorption von Pharmaka erreicht werden. Dies ist auch mit der sogenannten **Iontophorese** lokal über erkrankten Körperregionen möglich. Dabei werden hyperämisierende, analgesierende und entzündungshemmende Stoffe angewendet.

Die Therapie mit **niederfrequenten Strömen** hat sich vor allem in Form der Reizstromtherapie und der Therapie mit diadynamischen Strömen bewährt. Die **Reizstromtherapie** wird zur Stimulation von Muskulatur eingesetzt, um der nach Verletzung oder Krankheit entstehenden Muskelatrophie vorzubeugen oder diese zu verbessern. Die Reaktion der Muskulatur auf Dreieck- und Rechteck-Impulse wird durch die IT-Kurve (Stromstärke/Impulsdauer) charakterisiert *(Syn. 32)*. Bei Denervierung der Muskulatur kommt es zu typischen Veränderungen der IT-Kurve, die auch eine selektive Reizung denervierter Muskulatur durch entsprechende Impulse möglich macht.

Niederfrequente Ströme werden bei der **Reizstromtherapie** und diadynamischen Strombehandlung eingesetzt. Die Reizstromtherapie eignet sich zur Stimulation der Muskulatur nach Verletzungen oder Krankheit. Dabei wird das elektrische Verhalten der Muskulatur (It-Kurve) genutzt, um denervierte Muskulatur selektiv zu reizen. Die elektrophysiologischen Vorgänge sind in *Synopsis 32* wiedergegeben.

Diadynamische Ströme bestehen aus einem Gleichstromanteil und einer niederfrequenten Komponente. Sie besitzen eine ausgeprägte analgetische Wirkung, die mit dem Gleichstromanteil steigt. Die Indikation für diadynamische Ströme ist daher bei allen schmerzhaften Erkrankungen der Stütz- und Bewegungsorgane gegeben.

Bei der **transkutanen, elektrischen Nervenstimulation (TENS)** wird der afferente Zustrom zu den Hinterhornganglien erhöht und damit die dort eingehende Schmerzafferenz blockiert. Diese niederfrequente Elektrobehandlung ist daher vor allem für die Behandlung von chronischen Schmerzprozessen geeignet.

Bei **mittelfrequenten Strömen** ist eine Reaktion der Muskelzelle auf jeden einzelnen Stimulus nicht mehr möglich. Es kommt zu einer reaktiven Depolarisation mit den Folgen einer lokalen Muskelkontraktion ohne sensible Belästigung. Die Mittelfrequenztherapie wird daher vorwiegend zur Vermeidung von Muskelatrophien und zum Wiederaufbau von Muskulatur nach Traumen und Immobilisation eingesetzt.

Bei der **Hochfrequenztherapie** werden elektrische bzw. magnetische Felder **(Kurzwelle)** oder elektromagnetische Wellen **(Dezimeter-Welle, Mikro-Welle)** erzeugt, deren Energie zur Wärmeerzeugung im Körper ausgenutzt werden kann. Mit steigender Frequenz nimmt die Eindringtiefe hochfrequenter Ströme ab. Die Kurzwelle besitzt daher die beste Tiefenwirkung, während die Eindringtiefe von Mikro-Wellen wenige cm beträgt. Die Indikation für hochfrequente Ströme ergibt sich überall dort, wo durch übliche Wärmebehandlung keine ausreichende Tiefenwirkung erreicht werden kann.

Diadynamische Ströme besitzen eine ausgeprägte analgetische Wirkung. Sie sind bei allen schmerzhaften Erkrankungen der Stütz- und Bewegungsorgane indiziert.

Die **transkutane, elektrische Nervenstimulation (TENS)** führt zu einer Blockierung von Schmerzafferenzen an den Hinterhornganglien. Sie eignet sich für die Behandlung chronischer Schmerzprozesse.
Bei **mittelfrequenten Strömen** entsteht eine Dauerdepolarisation mit den Folgen einer lokalen Muskelkontraktion. Sie wird vorwiegend zur Behandlung und Vermeidung von Muskelatrophien nach Traumen und Immobilisation eingesetzt.
Bei der **Hochfrequenztherapie** wird die Energie von elektromagnetischen Wellen zur Wärmeerzeugung im Körper genutzt.

Synopsis 32: Reizstromtherapie und Elektrophysiologie

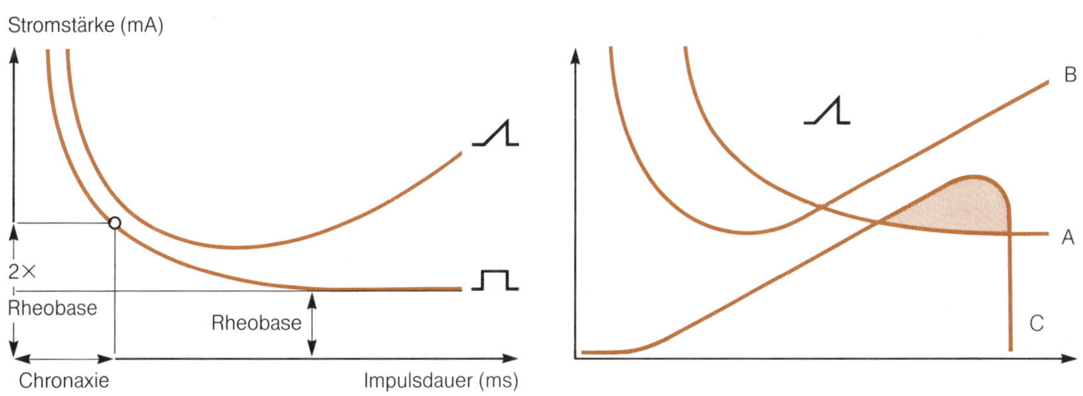

Reizzeit-Spannungs-(= Stromstärken-)Kurve (It-Kurve) der Muskulatur für Dreieck- und Rechteck-Impulse.
Rheobase: niedrigste zur Auslösung einer Muskelerregung führende Stromstärke
Chronaxie: Impulsdauer bei doppelter Rheobase

It-Kurve gesunder (B) und denervierter (A) Muskulatur für Dreieckimpulse: bei Reizung im roten Bereich (Dreieckimpuls, C) kann gelähmte Muskulatur selektiv stimuliert werden.

3.3.6.5 Ultraschallbehandlung

Sie führt ebenfalls zur Wärmeentwicklung an den Grenzzonen verschiedener Gewebe. Wegen der dabei auftretenden Gewebeauflokkerung wird sie vor allem bei **Tendinosen** und Verklebungen eingesetzt.

3.3.6.6 Strahlenbehandlung

Durch **Ultrarot-(Infrarot)**-Bestrahlung wird Wärme erzeugt, deren Eindringtiefe jedoch gering ist.
Eine Therapie mit **Röntgenstrahlen** ist in erster Linie bei rasch wachsenden malignen Tumoren angezeigt. Sie kann jedoch auch als Entzündungs- und schmerzhemmende Bestrahlung bei akut entzündlichen Erkrankungen (aktivierte Arthrose, Morbus Bechterew) eingesetzt werden.

3.3.7 Medikamentöse Therapie

Da die Möglichkeiten einer kausalen medikamentösen Behandlung in der Orthopädie begrenzt sind, nimmt die symptomatische medikamentöse Therapie einen breiten Raum ein *(Tab. 8)*. Dazu gehören:

Analgetika: Es werden vor allem peripher wirkende Analgetika verwendet. Zentrale Analgetika (Opiate) werden nur postoperativ oder bei Tumorschmerzen verordnet. Eine Analgesie kann auch mit Sedativa, mit Antidepressiva, Tranquilizern, Myotonolytika und Spasmolytika erreicht werden.
Antiphlogistika: Ein nicht-steroidales Antiphlogistikum ist das Mittel der Wahl bei entzündlichen Reizzuständen oder eigenständigen Entzündungen.
Steroide sind nur selten angezeigt. Ihre Anwendung kann zur Osteoporose, Muskelatrophie und Knochennekrose führen.

3.3.6.5 Ultraschallbehandlung

Wärmeerzeugung ist auch die wesentliche Wirkung der **Ultraschallbehandlung.** Die Energien entstehen vorwiegend an Grenzzonen verschiedener Dichte. Dabei kommt es auch zur Auflockerung des Gewebes, so daß die Ultraschallbehandlung in erster Linie auch zur **Auflockerung von Tendinosen** und zur Auflösung von Verklebungen eingesetzt wird.

3.3.6.6 Strahlenbehandlung

Durch **Ultrarotstrahlung** (UR-Strahlung, auch **Infrarotstrahlung)** wird Wärme erzeugt, deren Eindringtiefe jedoch äußerst gering ist. Eine Indikation für UR-Bestrahlungen besteht daher nur, wenn durch Erwärmung von Kutis oder Subkutis ein positiver Einfluß auf Erkrankungen der Stütz- und Bewegungsorgane möglich ist.

Eine Therapie mit **Röntgenstrahlen** ist vor allem bei rasch wachsenden, malignen Tumoren angezeigt. Eine Röntgenbestrahlung bis zu 5 Gray kann jedoch auch als »Entzündungsbestrahlung« zur Schmerzlinderung und Dämpfung metabolischer Prozesse bei akut entzündlichen Erkrankungen (aktivierte Arthrose, Morbus Bechterew) eingesetzt werden.

3.3.7 Medikamentöse Therapie

Die Möglichkeiten einer kausalen medikamentösen Behandlung sind in der Orthopädie beschränkt. Lediglich bei Hormonstoffwechselstörungen oder im Rahmen des Kalziummetabolismus kann durch medikamentöse Behandlung die Erkrankung kausal angegangen werden. Dafür nimmt die symptomatische, medikamentöse Therapie einen um so breiteren Raum ein *(Tab. 8)*. Dazu gehören:
Analgetika: Schmerzlindernde Medikamente finden in der Orthopädie vor allem in Form der sogenannten peripheren Analgetika Verwendung. Die Verordnung zentraler Analgetika (Opiate) ist die Ausnahme (postoperativ, Tumoren). In Abhängigkeit von der Art des Schmerzzustandes kann eine Analgesie auch mit Sedativa, Antidepressiva, Tranquilizern, Myotonolytika und Spasmolytika erreicht werden.
Antiphlogistika: Schmerzzustände im Bewegungsapparat gehen in der Regel von einer entzündlichen Reizung oder eigenständigen Entzündung aus.
Insofern stellt ein nicht steroidales Antiphlogistikum das Mittel der Wahl bei der Behandlung von Schmerzzuständen an den Haltungs- und Bewegungsorganen dar.

Steroide sind nur bei schwersten Schmerzzuständen (z.B. akute Ischialgie) angezeigt. Die chronische Anwendung von Steroiden kann zur Entstehung von Osteoporose, Muskelatrophie und Knochennekrosen führen.

Tab. 8: Medikamentöse Therapie in der Orthopädie

kausal	
Hyperparathyreoidismus	– Ca-Bilanzierung
Hypophysenunterfunktion	– STH
Rachitis, Osteomalazie	– Vitamin D
(bakterielle Entzündungen	– Antibiotika)
symptomatisch:	
Schmerz	– Analgetika, Sedativa, Lokalanästhetika Tranquilizer, Spasmolytika
Muskelhärten, -verspannungen	– Myotonolytika
abakterielle Entzündung	– Antiphlogistika
Knorpeldegeneration	– Antiarthrotika?

Antiarthrotika: Die Wirksamkeit von Chondroprotektiva (Knorpelaufbau- und Knorpelschutzsubstanzen) ist umstritten. Präparate mit knorpeleigenen Substanzen (Mukopolysaccharide, Glukosaminoglykane oder Knorpelzellaufbereitungen) sollen in den Knorpelstoffwechsel eingeschleust werden und damit zur beschleunigten Reparation von Knorpelläsionen beitragen. Hyaluronsäure soll darüber hinaus einen positiven Effekt auf die Schmierung des Gelenkes haben. Sicher ist, daß sie die Schmerzhaftigkeit von Arthrosen günstig beeinflussen.

Antibiotika: Bei allen septischen Erkrankungen der Stütz- und Bewegungsorgane ist der gezielte Einsatz von Antibiotika angezeigt. Die Wahl für das richtige Antibiotikum wird nach Austestung des Erregers entsprechend dem Antibiogramm getroffen. Die prophylaktische Gabe von Antibiotika bei Operationen hat sich bei Auswahl bestimmter Risikofaktoren (Alter, Begleiterkrankungen, Diabetes mellitus) bewährt. Dabei kann die Gabe des Antibiotikum auf zwei bis drei Tage beschränkt werden *(S. 229).*

Applikationsformen: Bei den zahlreichen chronischen Erkrankungen der Stütz- und Bewegungsorgane reicht die enteral-medikamentöse Therapie. Eine parenterale Gabe ist nur bei akuten Erkrankungen oder zum gezielten Einsatz spezieller Medikamente erforderlich.

Für den gezielten lokalen Einsatz haben sich lokale Injektionen mit Lokalanästhetika bewährt. Bei dieser Form der **Neuraltherapie** handelt es sich nicht nur um eine therapeutische Lokalanästhesie, sondern häufig auch um eine wichtige differentialdiagnostische Information. Bei schwer zu differenzierenden Schmerzzuständen an Wirbelsäule und Gelenken können durch die Injektion von geringen Mengen eines Lokalanästhetikums der Schmerzort und die Schmerzursache genau lokalisiert und damit der Therapieplan entsprechend ausgestaltet werden. Gleichzeitig kann durch mehrfache Applikationen von Lokalanästhetika der Circulus vitiosus von Schmerz und Funktionsstörung durchbrochen und damit ein anhaltend positiver Einfluß auf das Krankheitsgeschehen ausgeübt werden **(therapeutische Lokalanästhesie).** Derartige Lokalanästhesien sind praktisch an allen Strukturen der Haltungs- und Bewegungsorgane möglich. Besonders erfolgversprechend sind sie bei punktförmigen Druckdolenzen (**Triggerpunkte,** *S. 29).*

Die differentialdiagnostische Spinalanästhesie und Plexusanästhesie sind von großem Wert, weil sie bei unklaren Schmerzzuständen an den unteren und oberen Extremitäten die Differenzierung von Schmerzsimulation und Schmerzprozessen erlauben.

Intraartikuläre Injektionen spielen im orthopädischen Alltag eine große Rolle. Der Vorteil dieser Applikationsform besteht darin, daß das verwendete Medikament lokal begrenzt in ein Kompartiment verabreicht werden kann und eine systemische Gabe nicht erforderlich ist. Dies ist ganz besonders bei der Verwendung von Kortikosteroiden von großer Bedeutung, die sich zur Behandlung von akuten Schmerzzuständen im Rahmen der aktivierten Arthrose besonders bewährt haben *(S. 171).* Eine systemische Gabe von Kortikosteroiden wäre unter diesen Umständen kaum zu vertreten. Jede intraartikuläre Injektion stellt einen invasiven Eingriff dar. Insbesondere bei der Verabreichung von Kortikosteroiden ist an die Gefahr einer Gelenkinfektion zu denken. **Die intraartikuläre Verabreichung von Medikamenten muß daher unter strengster Asepsis erfolgen.** Dies setzt eine ausreichend lange Desinfektion der Haut, die Verwendung von Einmalkanülen und sterilen Handschuhen voraus. Die Zugänge für intraartikuläre Injektionen zu den wesentlichen Gelenken gehen aus *Synopsis 33* hervor.

Eine parenterale Verabreichung von Antibiotika ist durch **Spül-Saug-Drainagen** möglich. Eine seltene parenterale Verabreichung eines radioaktiven Pharmakons stellt die **Synoviorthese** bei monolokulärem Befall im Rahmen einer entzündlich-rheumatischen Erkrankung dar. Durch die intraartikuläre Injektion eines radioaktiven oder chemischen Pharmakons soll hierbei die immunologisch aktive synoviale Auskleidung des Gelenkes zerstört werden *(S. 178).*

Antiarthrotika: Die Wirksamkeit von Chondroprotektiva ist umstritten. Sicher ist, daß sie die Schmerzhaftigkeit von Arthrosen günstig beeinflussen.

Antibiotika: Der Einsatz von Antibiotika soll nur gezielt nach Austestung des Erregers entsprechend dem Antibiogramm vorgenommen werden.

Applikationsformen: Bei den zahlreichen chronischen Erkrankungen können die Medikamente in der Regel enteral verabreicht werden.

Der gezielte parenterale Einsatz von Lokalanästhetika hat sich im Rahmen der **Neuraltherapie** bewährt. Dabei handelt es sich nicht nur um eine therapeutische sondern auch eine wichtige differentialdiagnostische Maßnahme. Bei schwer zu differenzierenden Schmerzen an Wirbelsäule und Gelenken können durch ein Lokalanästhetikum der Schmerzort und die Schmerzursache genau lokalisiert und der Circulus vitiosus von Schmerz- und Funktionsstörungen durchbrochen werden **(therapeutische Lokalanästhesie).**
Sie ist besonders bei punktförmigen Druckdolenzen **(Triggerpunkte)** sinnvoll.

Intraartikuläre Injektionen spielen in der Orthopädie eine große Rolle, da das verwendete Medikament in einer relativ geringen Menge an den Ort des Geschehens verabreicht werden kann.

Die intraartikuläre Verabreichung von Medikamenten muß unter strengster Asepsis erfolgen. Die Zugänge für intraartikuläre Injektionen zu den wesentlichen Gelenken gehen aus *Synopsis 33* hervor.
Eine parenterale Verabreichung von Antibiotika ist durch **Spül-Saug-Drainagen** möglich. Bei der **Synoviorthese** wird im Rahmen entzündlich-rheumatischer Erkrankungen ein radioaktives oder chemisches Pharmakon intraartikulär verabreicht, um die immunologisch aktive synoviale Auskleidung des Gelenkes zu zerstören.

Synopsis 33: Zugänge für Gelenkpunktionen

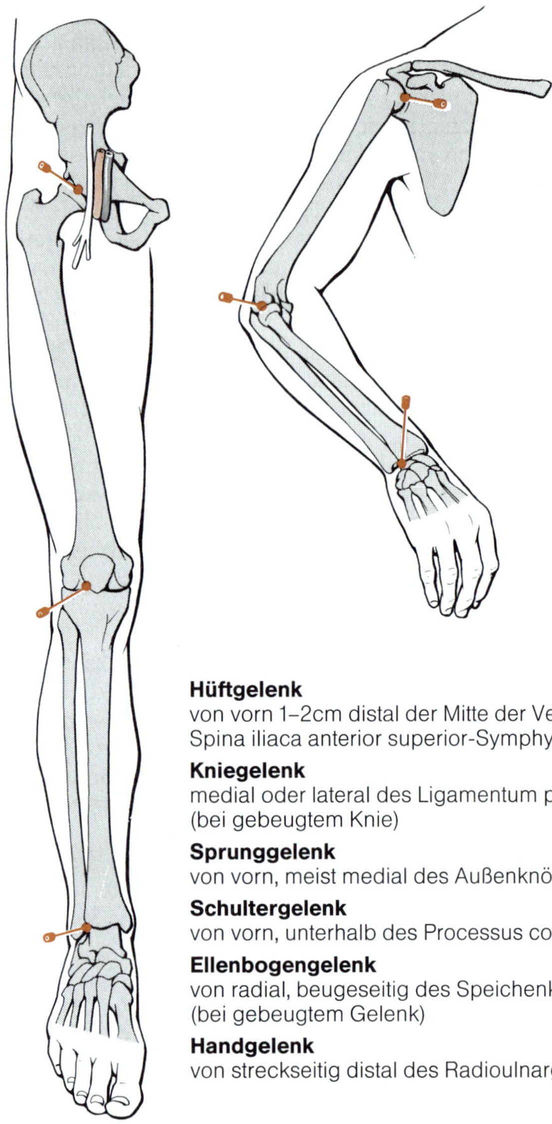

Hüftgelenk
von vorn 1–2cm distal der Mitte der Verbindungslinie Spina iliaca anterior superior-Symphyse

Kniegelenk
medial oder lateral des Ligamentum patellae (bei gebeugtem Knie)

Sprunggelenk
von vorn, meist medial des Außenknöchels

Schultergelenk
von vorn, unterhalb des Processus coracoideus

Ellenbogengelenk
von radial, beugeseitig des Speichenköpfchens (bei gebeugtem Gelenk)

Handgelenk
von streckseitig distal des Radioulnargelenkes

3.4 Operative Therapie

Bei Notfallsituationen *(Tab. 5, S. 51)* und häufig bei Infektionen und Tumoren ist eine primäre operative Behandlung angezeigt. Bei der Mehrzahl orthopädischer Erkrankungen ist die Operation als letzter Schritt des Therapieplanes erst dann indiziert, wenn die konservative Behandlung versagt hat.

3.4 Operative Therapie

Bei Notfallsituationen *(Tab. 5, S. 51)* und häufig auch bei Infektionen und Tumoren ist eine primäre operative Behandlung angezeigt. Bei der Mehrzahl der orthopädischen Erkrankungen ist die Operation jedoch der letzte Schritt im Rahmen des Therapieplanes. Sie ist erst dann indiziert, wenn die konservative Behandlung versagt hat.

Auch wenn der Erfolg operativer Maßnahmen durch Fortschritte der Operationstechnik und Asepsis sicherer geworden ist, ist jede Operation ein Risiko. Der Operateur hat für den Patienten eine Abwägung zu treffen, ob der zu erwartende Nutzen durch die Operation in einem vernünftigen Verhältnis zu dem von dem Patienten zu tragenden Operationsrisiko steht.

3.4.1 Operationsindikation

Bei den degenerativen Veränderungen der Stütz- und Bewegungsorgane sind jahrzehntelange Krankheitsverläufe keine Seltenheit. Es zeichnet den erfahrenen Orthopäden aus, daß er die Prognose von Krankheitsbildern mit hinreichender Sicherheit einschätzen kann, um danach auch die Operationsindikation zu stellen *(Syn. 18, S. 53)*. Bei dem langwierigen Verlauf bestimmter Erkrankungen geht es häufig nicht nur um die Frage, ob operiert wird, sondern auch, wann und schließlich mit welcher Methode operiert wird. Bei einem 50jährigen Patienten mit ausgeprägter Koxarthrose steht der Arzt z.B. immer wieder vor der schwierigen Entscheidung, ob er bereits in diesem Lebensalter die Indikation zum künstlichen Gelenkersatz stellt, ob er noch warten kann oder ob Alternativen zum künstlichen Gelenkersatz zur Verfügung stehen. Die Einschätzung des Spontanverlaufes orthopädischer Erkrankungen spielt insbesondere bei Deformitäten eine Rolle, die zunächst symptomlos sein können, aber im weiteren Verlauf zur frühzeitigen Arthrose führen. Bei diesen **präarthrotischen Deformitäten** ist die Entwicklung der Arthrose aber sowohl von der Störung der Gelenkmechanik als auch von der biologischen Qualität des Gewebes abhängig. Meßbar und objektiven Beurteilungskriterien zugänglich ist jedoch nur die mechanische Störung. Das biologische Verhalten der Gewebe kann durch ergänzende Informationen allenfalls grob geschätzt werden.

3.4.1 Operationsindikation

Insbesondere bei den degenerativen Veränderungen der Stütz- und Bewegungsorgane muß die langfristige Prognose der orthopädischen Krankheiten bekannt sein *(Syn. 18, S. 53)*. Dabei geht es häufig nicht nur um die Frage, daß operiert wird, sondern um den richtigen Zeitpunkt und die Methode.

Die Einschätzung des Spontanverlaufs spielt insbesondere bei **präarthrotischen Deformitäten** eine Rolle, die zunächst symptomlos sein können, aber im weiteren Verlauf zur frühzeitigen Arthrose führen.

Klinisches Beispiel. Ein 17jähriger Junge, wird wegen eines ausgeprägten X-Beines zur Überprüfung der Operationsindikation vorgestellt. Das Ausmaß der Deformität allein rechtfertigt eine korrigierende Osteotomie wegen präarthrotischer Deformität. Da bei dem 50jährigen Vater jedoch die gleiche Deformität ohne jegliche Symptomatik und ohne Arthrose vorliegt, ist abwartendes Verhalten angezeigt *(Abb. 10)*.

◀ **Klinisches Beispiel**

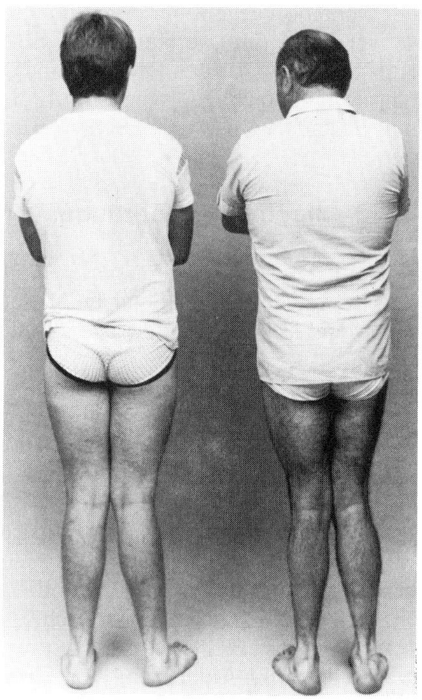

Abb. 10 ▶

Deformitäten im Wachstumsalter wie X-Bein, Coxa valga und Pfannendysplasie sind daher je nach Ausprägung als sicher pathologisch oder aber auch nur als Normvariante höchstens mit **Krankheitsdisposition** einzustufen.

Deformitäten im Wachstumsalter (z.B. Genu valgum, Coxa valga) sind je nach Ausprägung als sicher pathologisch oder aber auch nur als Normvariante, höchstens mit Krankheitsdisposition einzustufen.

> ***Merke.*** Eine Operationsindikation besteht nur dort, wo die Prognose auch bei konservativ erschöpfender Behandlung als ungünstig, die Operationsmethode als technisch sicher und der Operationserfolg durch Nachuntersuchungsergebnisse als hinreichend gesichert angesehen werden kann.

◀ **Merke**

Dies wird in besonderem Maße für **kausal** an der Erkrankung angreifende Operationsverfahren zutreffen. Hierbei handelt es sich fast ausschließlich um Operationen, durch die eine ausgeprägte Störung in der Biomechanik der Stütz- und Bewegungsorgane vollständig beseitigt werden kann. Die Indikationsstellung für derartige Operationen setzt eine exakte Kenntnis der normalen und gestörten Biomechanik oder Physiologie der Bewegungsorgane voraus. Als kausal angreifende Operationen können zahlreiche Umstellungsosteotomien bezeichnet werden, durch die die Gelenkmechanik wieder hergestellt werden kann.

Bei der Mehrzahl orthopädischer Eingriffe handelt es sich um **symptomatische** operative Maßnahmen, die sich an den Symptomen Schmerz, Schwellung und Funktionseinschränkung orientieren. Die Behandlungsziele können mit unterschiedlichsten operativen Verfahren erreicht werden. So ist Schmerzlinderung oder Schmerzbeseitigung sowohl durch eine Umstellungsosteotomie, aber auch durch Gelenkversteifung oder Gelenkersatz und schließlich durch Denervierung möglich.
Der Patient muß über die Vorteile, aber auch das Risiko des operativen Verfahrens exakt informiert werden. Dem **Aufklärungsgespräch** kommt in der Orthopädie eine große Bedeutung zu, da es sich bei der Mehrzahl der operativen Maßnahmen um planbare Operationen handelt.

Dies gilt ganz besonders für Deformitäten im Kindesalter und posttraumatische Fehlstellungen.

Bei der Mehrzahl orthopädischer Eingriffe handelt es sich um **symptomatische operative Maßnahmen.** Diese können sich an den Symptomen Schmerz, Schwellung und Funktionseinschränkung orientieren. Für die Verwirklichung des Operationszieles können durchaus sehr unterschiedliche operative Verfahren in Frage kommen. **Schmerzlinderung** oder Schmerzbeseitigung ist z.B. sowohl durch Osteotomie, aber auch durch Arthrodese oder Gelenkersatz und schließlich durch Denervierung möglich. Ausgeprägte **Funktionseinschränkungen** der Gelenke können evtl. durch Osteotomien in ihren Auswirkungen beeinflußt, durch den Gelenkersatz gebessert, durch die Arthrodese fixiert sowie durch Arthrolyse angegangen werden.

Der Erfolg derartiger symptomatischer Operationen ist oft nicht mit größter, sondern nur mit hinreichender Sicherheit zu veranschlagen, um die Operationsindikationen zu stellen. Der Patient muß daher über die Vorteile, aber auch das Risiko des operativen Verfahrens exakt informiert werden. Dies ist Inhalt des **Aufklärungsgespräches,** das der Arzt vor jeder Operation zu führen hat. Dem Aufklärungsgespräch kommt gerade in der Orthopädie eine große Bedeutung zu, da es sich bei der Mehrzahl der operativen Maßnahmen um planbare Operationen handelt, die für den Patienten einen durchaus wesentlichen Eingriff in seine häusliche und berufliche Belastung darstellen. Nur wenn der Arzt dem Patienten Vor- und Nachteile der Operation genau erklärt hat, wenn er den Wert der Operation gegenüber dem Spontanverlauf der Erkrankung oder bei konservativer Behandlung erläutert und nur, wenn er die Operation mit allen ihren Konsequenzen für den Patienten dargestellt hat, kann das Arzt- Patienten-Verhältnis in der orthopädischen Chirurgie auf Dauer **auch in schwierigen Situationen** Bestand haben.

3.4.2 Allgemeine Operationsverfahren

Die Terminologie der Operationsverfahren orientiert sich an dem zu operierenden Gewebe:

3.4.2 Allgemeine Operationsverfahren

Entsprechend dem differenzierten Aufbau der Stütz- und Bewegungsorgane stehen zahlreiche unterschiedliche operative Verfahren zur Verfügung, deren Terminologie sich an dem zu operierenden Gewebe orientiert:

Operationen am Knochen
- **Osteotomie:** Knochendurchtrennung zur Korrektur von Fehlstellungen. Bsp. Korrektur von Drehfehlstellungen, Aufrichtung von Coxa vara oder Beseitigung der Coxa valga durch Umstellungsosteomie *(Syn. 34)*
- **Osteosynthese:** Verbindung von Knochenteilen, z.B. nach Fraktur, durch Metallteile.
- **Osteoplastik:** Anlagerung von Knochengewebe mit dem Ziel des Aufbaus von körpereigener Knochensubstanz zur Auffüllung von Defektbildungen.

Operationen am Knochen

- **Osteotomie:** Knochendurchtrennung mit dem Instrument (Säge, Meißel), meist mit dem Ziel, pathologische Knochenformen zu beseitigen (Umstellungsosteotomie *(Syn. 34),* Verlängerungs- bzw. Verkürzungsosteotomien. Konkrete Anlässe sind beispielsweise die Aufrichtung von Coxa vara, die Umstellungsosteotomie bei lateraler Kniegelenksarthrose bei Genu valgum oder die Korrektur von Drehfehlstellungen.
- **Osteosynthese:** Verbindung und Verklammerung von Knochenteilen nach Fraktur oder nach Knochendurchtrennung durch Platten, Schrauben, Nägel oder Drähte (z.B. Plattenosteosynthese, Marknagelung, *Tab. 36, S. 284).*
- **Osteoplastik:** Anlagerung von Knochengewebe mit dem Ziel des Aufbaus von körpereigener Knochensubstanz zur Auffüllung von Defektbildungen (z.B. septische Chirurgie, Höhlenbildungen nach Tumorentfernung oder nach Fremdmaterialentfernung) oder auch mit dem Ziel der Versteifung von Gelenken oder Wirbelsäulenabschnitten. Meist wird Spongiosa verwandt, die autolog (vom selben Individuum) aus dem Beckenkamm oder homolog aus entnommenen Hüftköpfen aufbereitet wird (Fremdknochen).

Operationen am Gelenk
- **Arthroskopie**
- **Arthrotomie:** (Eröffnung)
- **Arthodese:** (Versteifung, *Syn. 35).*
- **Arthroplastik:** Plastischer Aufbau eines zerstörten Gelenkes.

Operationen am Gelenk

- **Arthroskopie:** Innere Besichtigung eines Gelenkes durch ein Endoskop (Arthroskop)
- **Arthrotomie:** Eröffnung eines Gelenkes.
- **Arthrodese:** Versteifung eines Gelenkes *(Syn. 35)* (an der Wirbelsäule Spondylodese).
- **Arthroplastik:** Plastischer Aufbau eines destruierten Gelenkes, z.B. durch Überkleiden der zerstörten Gelenkfläche mit kollagenen Strukturen (Interpositionsarthroplastik). Hierzu gehört auch die große Gruppe von Gelenkplastiken, bei denen Fremdmaterial verwendet wird (**Alloarthroplastik,** z.B. künstlicher

Synopsis 34: Intertrochantere Varisationsosteotomie. Durch Entnahme eines medialbasigen Keiles kann der Hüftkopf in bestimmten Fällen besser in die Hüftpfanne eingestellt (zentriert) werden (siehe Gelenkspaltweite). Aus biomechanischen Gründen ergibt sich so eine verminderte Beanspruchung der Gelenkstrukturen *(vgl. Syn. 73, S. 164).*
Fixation mit Winkelplatte. Zur Vermeidung einer O-Bein-Stellung nach Varisation *(s. Syn. 74, S. 165)* wird der Femurschaft gleichzeitig medialisiert.

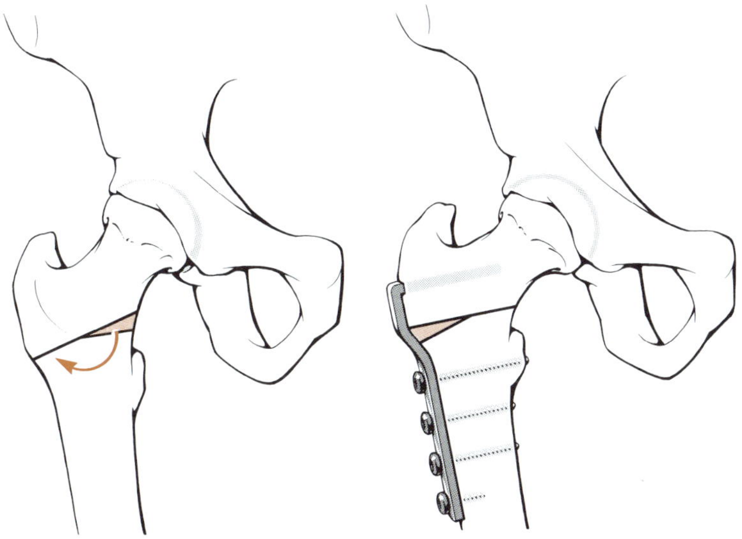

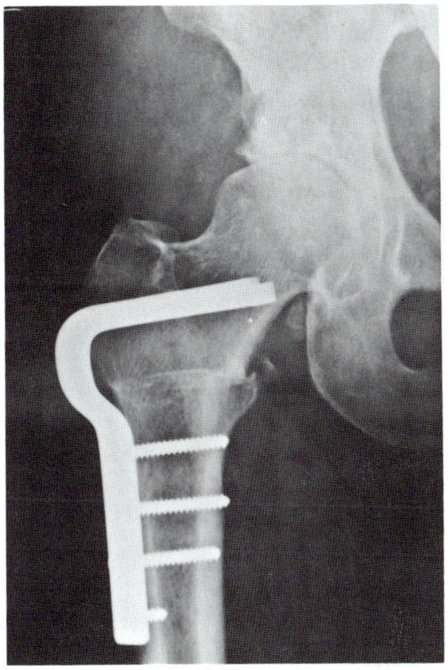

Synopsis 35: Arthrodese des Kniegelenkes. Durch Resektion der Gelenkflächen wird ein Gelenk in günstiger Funktionsstellung versteift; hier am Kniegelenk Fixation mit äußerem Spanner (Fixateur externe).

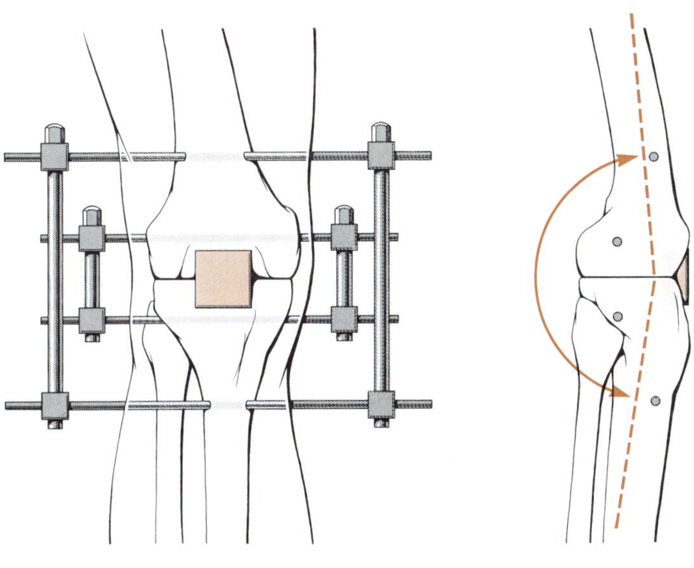

Synopsis 36: Z-förmige Tenotomie der Achillessehne. Durch Z-förmige Verlängerung wird eine Spitzfußstellung (z.B. Klumpfuß, spastischer Spitzfuß) beseitigt.

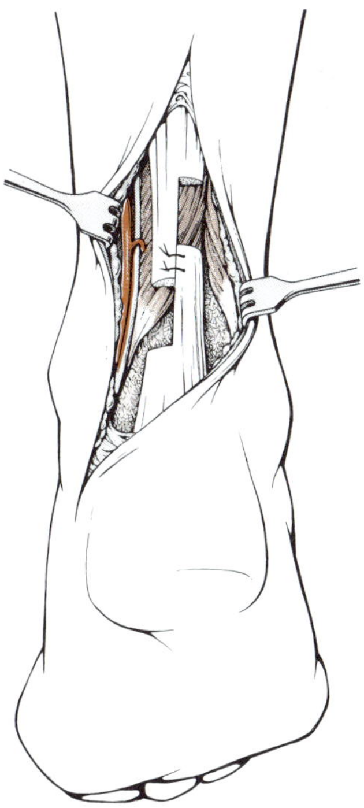

Gelenkersatz an Hüft-, Kniegelenk und anderen Gelenken, *Synopsis 37, S. 81).*

• **Synovialektomie:** (Synovektomie) Entfernung der Gelenkinnenhaut.

• **Synovialektomie** (Synovektomie): Entfernung der Gelenkinnenhaut, meist im Zusammenhang mit entzündlich-rheumatischen Erkrankungen.

Operationen an Sehnen, Muskeln, Faszien
• **Tenotomie, Myotomie, Fasziotomie:** *(Syn. 36, S. 77)*
• **Tenodese**
• **Teno-, Myoplastik**

Operationen an Sehnen, Muskeln, Faszien

• **Tenotomie, Myotomie, Fasziotomie:** Durchtrennung von Sehnen, Muskeln und Faszien mit dem Ziel einer Detonisierung (z.B. bei spastischer Lähmung) oder auch der Verbesserung der Gelenkbeweglichkeit *(Syn. 36, S. 77).*

• **Tenodese:** Verlagerung eines distalen Sehnenstumpfes in den Knochen, um einen Anschlag für die Gelenkbeweglichkeit zu erzielen.

• **Teno-, Myoplastik:** Plastische Vernähung von Sehnen und/oder Muskulatur, um deren Funktionstüchtigkeit zu bessern oder wieder herzustellen (Defektüberbrückung nach Rupturen), um ein gutes Weichteilpolster an Stümpfen zu bilden (Tenomyoplastik) oder Defekte mit Weichteilgewebe aufzufüllen (Myoplastik bei osteomyelitischen Höhlenbildungen, Myoplastik bei Girdlestone-Hüfte; *S. 241).* Im weiteren gehören hierzu auch alle Sehnentranspositionen, die zur Verbesserung der Funktionstüchtigkeit in unterschiedlichsten Formen an allen Gliedmaßenabschnitten in Frage kommen können (vor allen Dingen im Rahmen der Lähmungschirurgie).

Operationen an Nerven
• **Neurotomie**
• **Neurolyse**
• **Neuroplastik**

Operationen an Nerven

• **Neurotomie:** Instrumentelle Durchtrennung eines Nerven.

• **Neurolyse:** Befreiung eines Nerven aus Verwachsungsgewebe.

• **Neuroplastik:** Ersatz eines Nerven durch ein Transplantat, das meistens vom Nervus suralis entnommen wird (Nervenplastik).

Operationen an der Haut

Operationen an der Haut

Hierbei handelt es sich meistens um plastische Operationen, die aus funktionellen Gesichtspunkten (z-förmige Verlängerung zur Erzielung eines Streckengewinnes), zur Deckung von Hautdefekten oder auch aus kosmetischen Gesichtspunkten durchgeführt werden.

3.4.3 Komplikationen

Bei jeder Operationsindikation wird der behandelnde Arzt die Risiken des Eingriffs abwägen. Dazu gehören typische Komplikationen, die dem Patienten im Aufklärungsgespräch erläutert werden müssen.

Typische **intraoperative** Komplikationen sind:

3.4.3 Komplikationen

Vor jeder Operation wird der behandelnde Arzt eine eingehende Abwägung sämtlicher Nutzen und Risiken der Operation durchführen. Die Risiken beinhalten vor allen Dingen die Komplikationen eines operativen Verfahrens, über die auch der Patient im Gespräch eingehend aufgeklärt werden muß. Aus forensischer Sicht sind dem Patienten auch Komplikationen zu erläutern, deren Wahrscheinlichkeit auch unter 1 % liegt. Der Arzt muß daher über die Komplikationsdichte der operativen Verfahren genau informiert sein.
Typische **intraoperative** Komplikationen **sind:**

• **Läsionen von Nerven und Blutgefäßen**
Besonders gefährdet sind z.B. der N. radialis in Oberarmmitte, der N. femoralis in der Lacuna musculorum vor dem Hüftgelenk.

• **Über- oder Unterkorrektur**
z.B. bei Umstellungsosteotomien.

• **Versagen des Osteosynthesematerials oder des Knochens**
• **Schäden aus den Bedingungen der Blutleere oder der Lagerung des Patienten** (z. B. Nervendruckschäden)

• **Läsionen von Nerven und Blutgefäßen.** Wegen ihrer exponierten Lage sind der Nervus radialis in Oberarmmitte, der Nervus peronaeus im Bereich des proximalen Unterschenkels und der Nervus femoralis in der Lacuna musculorum vor dem Hüftgelenk bei operativen Revisionen besonders gefährdet. Eine besonders schwerwiegende Nervenläsion stellt die **Paraplegie** im Zusammenhang mit Versteifungsoperationen an der Wirbelsäule dar, deren Häufigkeit nach größeren Statistiken auf knapp unter 1 % geschätzt werden muß.

• **Über- oder Unterkorrektur.** Bei Osteosynthesen von Frakturen und Osteotomien:

• **Versagen des Osteosynthesematerials oder des Knochens.** (Fraktur durch Aufbohren oder Perforation des Knochens).

• Nicht wenige Komplikationen ergeben sich nicht aus dem operativen Verfahren selbst, sondern aus den Bedingungen der **Blutleere** oder der **Lagerung des Patienten,** die für die Operation notwendig sind. Auch hierüber muß der Arzt informiert sein, da er forensisch für das gesamte Umfeld des operativen Verfahrens verantwortlich ist.

Typische Komplikationen im **postoperativen** Verlauf sind:

● **Thrombose und Embolie.** Die Thromboserate ist bei orthopädischen Operationen im Becken-Bein-Bereich besonders hoch (z.B. bei Hüftgelenksersatz bis zu 80 %). Alle Maßnahmen müssen daher auf eine Verminderung des Thromboembolierisikos ausgerichtet sein. Dennoch ist auch nach großen Statistiken mit 1–5 letalen Lungenembolien auf ca. 1000 künstliche Hüftgelenksersatzoperationen zu rechnen.

● **Infektion.** Bei planbaren orthopädischen Operationen ist das Infektionsrisiko äußerst gering und beträgt etwa 1 %. Liegen jedoch Risikofaktoren (schlechte Vaskularisation, Diabetes mellitus, zerstörte Weichteile) vor, so muß mit einem erheblich erhöhten Infektrisiko gerechnet werden. Dies ist insbesondere bei Operationen am Knochen von weitreichender Bedeutung, da die postoperative chronische Osteomyelitis zu einer der gefürchtetsten Komplikationen operativer Eingriffe gehört *(S. 234)*.

● **Operativer Mißerfolg.** Bei planbaren Operationen wird der Patient durch das Aufklärungsgespräch mit einer gewissen Wahrscheinlichkeit auf den Operationserfolg vorbereitet. Ein Mißerfolg der Operation wird daher von den Patienten als Komplikation angesehen und ist eine der häufigsten Ursachen für Haftpflichtprozesse. Mißerfolge entstehen nicht nur aus typischen Komplikationen bei der Operation, sondern auch aus falscher Indikation und ungenügender Nachbehandlung (vorzeitige Belastung, fehlende Übungstherapie).

> Für viele Operationen im orthopädischen Bereich gilt, daß das Operationsergebnis nur so gut sein kann wie die Nachbehandlung.

Bei der Klumpfußoperation z.B. wird durch die Verlängerung der Sehnen und Kapselbandstrukturen lediglich die Korrekturfähigkeit des Fußes verbessert. Das Langzeitergebnis hängt jedoch ganz wesentlich von der auf die Operation folgenden korrigierenden Gips- und Schienenbehandlung ab *(S. 475)*. Bei bestimmten Operationsverfahren gib es typische Spätkomplikationen, auf die der Patient vorbereitet sein muß. Bei Verwendung künstlicher Materialien muß auf die Möglichkeiten der **Materialfraktur** (z.B. Plattenbruch bei Osteosynthese), **Materialwanderung** (Kirschnerdrahtwanderung) oder auch der **Materiallockerung** (Lockerung von künstlichen Gelenken) hingewiesen werden.

Wenn auch bei Operationen an den Stütz- und Bewegungsorganen zahlreiche Komplikationsmöglichkeiten zu bedenken sind, so darf dies nicht darüber hinwegtäuschen, daß sich die meisten Operationen sehr segensreich für den Patienten auswirken können. Intraoperative Komplikationen sind durch ein hohes Maß an operativer Erfahrung und Verfeinerung der Operationstechnik, postoperative Komplikationen durch eine lückenlose Nachbetreuung zu vermeiden.

3.4.4 Implantate und Fremdmaterialien

Durch Fortschritte in der biomedizinischen Technik werden bei orthopädischen und traumatologischen Operationsverfahren immer häufiger Fremdmaterialien verwendet. Als **temporäre Implantate** dienen sie der vorübergehenden Stabilisierung von Knochenfragmenten oder Skelettabschnitten und werden nach etwa ein bis zwei Jahren spätestens wieder entfernt. Als **Langzeitimplantate** sollen sie destruierte Gelenke oder Knochenabschnitte dauerhaft überbrücken und müssen daher erheblichen Anforderungen an die mechanische Festigkeit und die Biokompatibilität genügen. Bei Ersatz eines Hüftgelenkes z.B. im 4. Lebensjahrzehnt muß damit gerechnet werden, daß die Haltbarkeit des Hüftgelenkes 30 oder 40 Jahre betragen soll. Für die unterschiedlichsten Anforderungen haben sich Metalle, Kunststoffe, Keramiken und bestimmte Knochenzemente als zur Zeit günstigste Fremdmaterialien herausgestellt *(siehe Syn. 37, S. 81)*.

Metalle. Wegen ihrer physikalischen Eigenschaften werden Metallimplantate vorwiegend als Kraftträger verwendet. Aus Gründen der Festigkeit und der Biokompatibilität werden vor allen Dingen vier Metall-Legierungen verwendet: **Eisen-Chrom-Nickel (Edelstahl), Kobalt-Chrom, Titanium und Kobalt-Nickel-Chrom-Molybdän.**

Typische Komplikationen im **postoperativen Verlauf:**

● **Thrombose und Embolie**
ca. 1–5 letale Lungenembolien/1000 künstliche Hüftgelenksersatzoperationen.

● **Infektion**
Das Risiko bei geplanten Eingriffen beträgt 1 %.

● **Operativer Mißerfolg**
Gerade bei orthopädischen, geplanten Eingriffen wird ein Mißerfolg der Operation im Ergebnis häufig als Komplikation angesehen und ist eine der häufigsten Ursachen für Haftpflichtprozesse.

Für viele Operationen im orthopädischen Bereich gilt, daß das Operationsergebnis stets nur so gut sein kann wie die Nachbehandlung.

Bei Verwendung künstlicher Materialien muß auf die Möglichkeit der Materialfraktur, Materialwanderung und Materiallockerung hingewiesen werden.
Trotz der Komplikationsmöglichkeiten wirken sich die meisten Operationen sehr segensreich für den Patienten aus. Intraoperative Komplikationen sind durch ein hohes Maß an operativer Erfahrung und Verfeinerung der Operationstechnik, postoperative Komplikationen durch eine lückenlose Nachbetreuung zu vermeiden.

3.3.4 Implantate und Fremdmaterialien

Temporäre Implantate dienen der vorübergehenden Stabilisierung von Knochenfragmenten oder Skelettabschnitten und werden nach etwa ein bis zwei Jahren wieder entfernt. **Langzeitimplantate** sollen destruierte Gelenke oder Knochenabschnitte dauerhaft überbrücken. Für die unterschiedlichsten Anforderungen haben sich Metalle, Kunststoffe, Keramiken und bestimmte Knochenzemente als günstigste Materialien herausgestellt *(siehe Syn. 37)*.

Metalle
Sie werden vorwiegend als Kraftträger verwendet. Trotz ihrer besonderen Festigkeit sind Materialbrüche nicht ausgeschlossen, wenn das

Implantat ausschließlich auf Biegung beansprucht wird (Ermüdungsbruch). Die Gewebeverträglichkeit (Biokompatibilität) von Metall-Legierungen ist direkt von ihrer Korrosionsbeständigkeit abhängig.

Die mechanische Festigkeit der Metall-Legierung hängt von deren Zusammensetzung und Dimensionierung ab. Besonders hohe Festigkeit werden bei Kobalt-Nickel-Chrom-Molybdän-Legierung und Titan-Legierungen erreicht. Dennoch sind Materialbrüche nicht ausgeschlossen, wenn das Implantat ausschließlich auf Biegung beansprucht wird (Ermüdungsbruch). Die Verankerung des Implantates im Knochengewebe ist besonders problematisch, da die verwendeten Metall-Legierungen und der Knochen unterschiedliche Elastizitätsmodule besitzen. Für dauerhafte und zementfreie Implantation (z.B. von Gelenkprothesen) werden die Metalloberflächen speziell aufbereitet, um eine direkte Verbindung mit dem Knochen zu ermöglichen. Bei einer porösen Oberfläche mit Porengrößen zwischen 175 und 450 µm kann es zum Einwachsen von Knochengewebe in die Hohlräume und damit zur festen Verankerung des Materiales am Knochengewebe kommen. Die Biokompatibilität von Metall-Legierungen ist direkt von ihrer Korrosionsbeständigkeit abhängig.

Metall-Allergien müssen vor der Implantation von Metall-Legierungen berücksichtigt werden.

Metallallergien sollten bei der Implantation von Metall-Legierungen berücksichtigt werden, da durch die Freisetzung von Metall-Ionen eine lokale Gewebeunverträglichkeit ausgelöst und damit einer Lockerung des Materiales Vorschub geleistet werden kann.

Merke ▶

Merke. Eine **Karzinogenese** durch Implantate ist am Menschen bisher nicht bewiesen. Temporäre Implantate (z.B. Frakturosteosynthese) werden daher vorwiegend deswegen entfernt, weil es unter dem Implantat zu Knochenresorption mit der Gefahr von Spontanfrakturen kommt (»stress protection«)

Kunststoffe

Wegen seiner physikalischen Eigenschaften hat sich **Polyäthylen** bewährt. Wegen der Abriebbeständigkeit wird Polyäthylen vor allem für die Fertigung von Hüftgelenkspfannen verwendet.

Kunststoffe. Für die Bedürfnisse des Gelenkersatzes hat sich wegen seiner besonderen Festigkeit, Dämpfungsfähigkeit und Abriebbeständigkeit **Polyäthylen** durchgesetzt. Bei der Konstruktion künstlicher Gelenke werden Materialien mit den besten tribologischen Eigenschaften (Schmierung, Reibung und Verschleiß des künstlichen Gelenkes) ausgesucht (»low friction«). Zur Zeit kann die Gelenkflächenpaarung Polyäthylen–Keramik vor der Paarung Polyäthylen-Metall-Legierung angesiedelt werden. Verschleißprozesse des Polyäthylens ergeben sich aus einem vermehrten Abrieb, der z.B. bei ungünstig positionierten Gelenken mit lokalen Spitzendrücken oder auch durch im Gelenk verbliebene Knochenzementpartikel ausgelöst wird sowie durch Verformung des Polyäthylens, die sich nach ungünstiger Implantation des Materials mit Verbiegung der Gelenkfläche einstellen kann. Durch Metallarmierungen wird der plastischen Deformierung von Polyäthylen entgegengewirkt (»metal back«).

Keramik

Wegen seiner besonders guten Eigenschaften hinsichtlich der Schmierung und Gleitfähigkeit gegenüber Polyäthylen werden vor allem Hüftköpfe aus Keramik hergestellt.

Keramik. In der Orthopädie hat sich wegen ihrer besonderen Gewebeverträglichkeit die Aluminium-Oxyd-(Al_2O_3-)Keramik durchgesetzt. Wegen der besonderen tribologischen Eigenschaften gegenüber dem Gelenkpartner Polyäthylen werden meist Hüftköpfe aus Keramik hergestellt. Es werden jedoch auch Hüftgelenkspfannen aus Keramik angeboten.

Knochenzement

Bei zahlreichen künstlichen Gelenken ist zur Verbesserung des Formschlusses zwischen Prothese und Knochen und zur Erreichung einer primären Stabilität die Verankerung mit einem Knochenzement (Polymethylmetacrylat) erforderlich. Bei dem Abbindevorgang des Zements im Körper kann es zur Freisetzung von kardiotoxischen Substanzen kommen. Darüber hinaus entstehen dabei Temperaturen bis zu 90 °C, die die unmittelbaren umgebenden Gewebeschichten schädigen können, so daß dem Zement auch prophylaktisch **Antibiotika** beigemischt werden.

Knochenzement. Die Probleme der dauerhaften Verankerung von Implantaten sind noch nicht vollends gelöst. Für die Effektivität der zementfreien Implantation liegen noch keine ausreichenden Langzeitresultate vor. Zahlreiche künstliche Gelenke setzen daher für die Verbesserung des Formschlusses zwischen Prothese und Knochen und zur Erreichung einer Primärstabilität die Verankerung mit einem Akryl-Zement (Polymethylmetacrylat) voraus. Der Knochenzement wird unmittelbar vor Implantation aus einem Monomer- und Polymeranteil gemischt und bindet nach Implantation der Prothese im Körper ab. Bei dem Abbindevorgang kann es zur Freisetzung von kardiotoxischen Substanzen kommen, die für Narkosezwischenfälle verantwortlich gemacht werden. Darüber hinaus entstehen beim Abbindevorgang Temperaturen bis zu 90 Grad, die die unmittelbar umgebenden Gewebeschichten schädigen können. Auch aus diesem Grund wird dem Knochenzement unter Umständen ein **Antibiotikazusatz** beigemischt. Die mechanischen Eigenschaften der Knochenzemente sind sehr unterschiedlich. Die meisten Zementarten sind sehr spröde und kaum biegefest.

3.4.5 Künstlicher Gelenkersatz

Künstliche Gelenke **(Endoprothese, Alloarthroplastiken)** sind als Langzeitimplantate konzipiert, um destruierte Gelenke zu ersetzen. Wenngleich Endoprothesen für fast alle beweglichen Gelenke und sogar für den Ersatz der lumbalen Bandscheiben (Bandscheibenprolaps) angeboten werden, so liegen Langzeiterfahrungen bisher lediglich mit dem künstlichen Hüft- oder Kniegelenkersatz vor. Die tragenden Prothesenteile bestehen in der Regel aus Metallen (insbesondere Titan wegen Gewichtsersparnis). Als Gelenkpartner stehen wegen des günstigen Reibungskoeffizienten die Paarungen Polyäthylen-Keramik (z.B. Hüftgelenk) oder auch Polyäthylen-Metall (z.B. Kniegelenk) zur Verfügung. Bei den verwendeten Materialien sind **Aufbraucherscheinungen** möglich. Diese können vor allem im Sinne eines vermehrten **Abriebes** an Polyäthylenteilen auftreten. Metallbrüche werden dagegen kaum noch beobachtet. Die langfristige Haltbarkeit der Endoprothese hängt jedoch ganz wesentlich von deren Verankerung im Knochen ab. Überall dort, wo eine primär stabile Verankerung der Endoprothese nicht erreicht werden kann (ungünstige anatomische Voraussetzungen, fortgeschrittene Osteoporose) ist eine Verankerung mit **Knochenzement** angezeigt. Sonst kann einer **zementfreien Implantation** von Prothesen der Vorzug gegeben werden. Diese hat sich bisher vor allem an Hüft-, Knie- und zum Teil Schultergelenk durchgesetzt. Im Hinblick auf die langfristige Haltbarkeit unterscheiden sich die verschiedenen Prothesentypen bisher nicht. Vorteilhaft ist jedoch der in der Regel geringere Knochenverlust bei der Primärimplantation und ggf. notwendigen Wechseloperationen von zementfreien Prothesenmodellen. Die verschiedenen Lokalisationen des künstlichen Gelenkersatzes und die Art der zementfreien und zementierten Hüftendoprothetik sind in *Synopsis 37* wiedergegeben.

3.4.5 Künstlicher Gelenkersatz

Die Implantation von künstlichen Gelenken **(Endoprothesen, Alloarthroplastiken)** wird für fast alle mittelgroßen und größeren Gelenke incl. der lumbalen Bandscheiben beschrieben. Bewährt hat sich dieses Verfahren vor allem für den Ersatz von Hüft-, Knie- und Schultergelenk. Als Materialien werden Metalle (Titan), für die Gelenkpartner Polyäthylen und Keramik bzw. Metall verwendet. Die langfristige Haltbarkeit ergibt sich nicht nur aus dem **Materialverschleiß** (Polyäthylenabrieb, Metallbrüche) sondern vor allem aus der beständigen Verankerung in Knochengewebe. Bei ungünstigen Voraussetzungen muß die Primärstabilität durch **Zementierung** der Prothese gewährleistet werden, sonst ist **zementfreie Implantation** möglich *(siehe Syn. 37)*.

Synopsis 37: Gelenkersatz: Künstliche Gelenke (Endoprothesen, Alloarthroplastiken) werden vor allem an Hüft- und Kniegelenk eingesetzt, stehen aber auch für andere Gelenke zur Verfügung. Bei ausreichender primärer Stabilität im Knochen kann die Implantation zementfrei erfolgen. Ist dies nicht möglich und eine sofortige Belastungsfähigkeit erwünscht (Alter, Osteoporose), ist die Zementierung erforderlich (siehe Hüftendoprothesen).

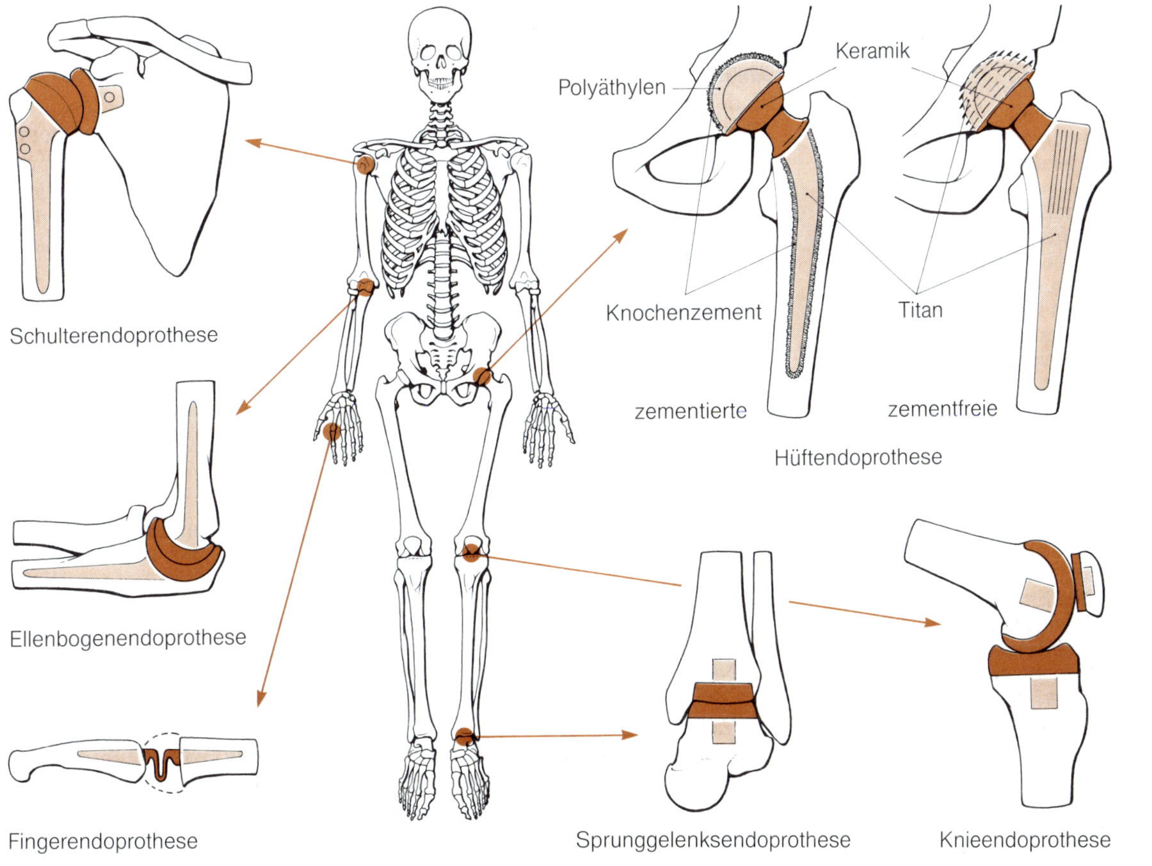

4 Rehabilitation

Orthopädische Erkrankungen mit lebenslangen Behinderungen sind im Wachstumsalter für die zukünftige Lebensgestaltung und für die Berufswahl, beim Erwachsenen hinsichtlich der Auswirkungen auf das alltägliche Leben und die Berufsausübung zu berücksichtigen. Für die Eingliederung eines Behinderten in das gesellschaftliche Leben sind daher sowohl Maßnahmen der **medizinischen** als auch der **sozialen Rehabilitation** erforderlich. Dem Arzt stehen hierfür verschiedene Instrumente zur Verfügung *(Syn. 38).*

Instrumente der Rehabilitation
Die Lasten rehabilitativer Maßnahmen sind auf die Hauptversicherungsträger verteilt:

- **die Krankenversicherung**
- **die Rentenversicherung**
- **die gesetzliche Unfallversicherung**

Medizinische Rehabilitation
Bei bleibenden Behinderungen müssen sich Maßnahmen der medizinischen Behandlung und der medizinischen Rehabilitation überlappen. Eine wichtige Aufgabe der medizinischen Rehabilitation ist daher die Früherkennung und Behandlung von chronischen Behinderungen. Mit der Früherkennung muß bereits ein langfristiges medizinisches Rehabilitationsprogramm entworfen werden, das auf die einzelnen Behinderungen abzustimmen ist.

Soziale Rehabilitation
Es ist ein besonderes Anliegen der Orthopädie, bei schweren Behinderungen medizinische und soziale Rehabilitation als Ganzes zu sehen. Bei Behinderungen im Kindesalter ist zu klären, ob eine Sonderschulbetreuung erforderlich ist.
Ist bei Jugendlichen eine normale Berufsausbildung nicht möglich, kann an **Berufsbildungswerken** eine angepaßte bestmögliche Berufswahl getroffen werden. Diese Ausbildungsstätten stehen für das

4 Rehabilitation

Orthopädische Erkrankungen sind zu einem erheblichen Teil mit lebenslangen Behinderungen verbunden. Treten diese bereits im Wachstumsalter auf, sind sie für die zukünftige Lebensgestaltung und vor allem für die Berufswahl zu berücksichtigen. Ergeben sich Behinderungen aus im Erwachsenenalter erworbenen Erkrankungen, so sind unter Umständen medizinische Hilfen für das alltägliche Leben und berufliche Umschulungsmaßnahmen erforderlich. Die Eingliederung eines Behinderten in das gesellschaftliche Leben beinhaltet daher sowohl Maßnahmen der **medizinischen** als auch der **sozialen Rehabilitation,** für die dem Arzt verschiedene Instrumente in die Hand gegeben sind *(Syn. 38).* Umfassende Rehabilitation ist stets nur als Zusammenarbeit verschiedener Fachdisziplinen denkbar (Rehabilitationsteam). Bei besonders problematischen Ausgangssituationen ist daher die Einleitung von rehabilitativen Maßnahmen nur aus speziellen Rehabilitationsstätten heraus möglich.

Instrumente der Rehabilitation. Durch gesetzgeberische Maßnahmen sind die Lasten rehabilitativer Maßnahmen auf die Hauptversicherungsträger verteilt:

- Die **Krankenversicherung** ist zuständig für die kassenärztliche **Behandlung** des Verletzten, für Arznei und Hilfsmittel, für Krankengeld, Mutterschaftsgeld und Familienhilfe.
- Die gesetzliche **Rentenversicherung** erbringt alle Leistungen im Rahmen der medizinischen und beruflichen **Rehabilitation,** sofern sich die Behinderungen nicht aus den Folgen eines Arbeitsunfalles ergeben haben. Die Rentenversicherung ist auch zuständig für die Gewährung von Renten wegen Berufs- und Erwerbsunfähigkeit, für Altersruhegeld und für die Hinterbliebenenversorgung.
- Die **gesetzliche Unfallversicherung** ist Träger der medizinischen und beruflichen **Rehabilitation nach Arbeitsunfällen.** Sie ist zuständig für die Unfallrenten und die Hinterbliebenenversorgung. Darüber hinaus hat sie sich große Aufgaben im Rahmen präventiver Maßnahmen zur Unfallverhütung gestellt.

Medizinische Rehabilitation. Bei folgenlos ausheilenden Erkrankungen sind lediglich medizinische Behandlungsmaßnahmen erforderlich. Ist jedoch eine bleibende Behinderung absehbar, so müssen sich Maßnahmen der medizinischen Behandlung und der medizinischen Rehabilitation überlappen. Eine wichtige Aufgabe der medizinischen Rehabilitation besteht daher in der **Früherkennung** und **Frühbehandlung** von chronischen Behinderungen. Nur dann sind auch Förderungsmaßnahmen von Behinderten möglich. Bei Kindern bedeutet die frühe Erkennung z.B. von spastischen Lähmungen oder sonstigen Behinderungen der Stütz- und Bewegungsorgane, daß bereits zu diesem Zeitpunkt ein langfristiges **Rehabilitationsprogramm** entworfen wird. Dies gilt auch für absehbare Behinderungen, die nach schweren Erkrankungen oder posttraumatisch im Erwachsenenalter verbleiben. Die medizinische Rehabilitation umfaßt in diesen Fällen unterschiedlichste Maßnahmen der ärztlichen Behandlung, die auf die einzelnen Behinderungen abgestimmt sein müssen (Physiotherapie, Ergotherapie, Logotherapie, medizinische Hilfsmittelversorgung).

Soziale Rehabilitation. Die Auswirkungen schwerer Körperbehinderungen und evtl. zusätzlich bestehender geistiger Behinderungen können im Rahmen der schulischen und beruflichen Ausbildung berücksichtigt werden. Der Orthopäde ist aufgefordert, medizinische und soziale Rehabilitation als Ganzes zu sehen und die Möglichkeiten der sozialen Rehabilitation frühzeitig zu nutzen.

Bei Behinderungen im **Kindesalter** ist frühzeitig zu erwägen, ob auf Grund der Behinderung eine Unterbringung in einer **Sonderschule** für Körperbehinderte erforderlich ist.

Im **Jugendlichenalter** stellt sich die Frage, ob die Betroffenen eine normale Berufsausbildung erfahren können. Ist dies nicht der Fall, so kann an **Berufsbildungswerken** durch Maßnahmen zur Berufsfindung und durch Arbeitserprobung eine der Behinderung angepaßte, bestmögliche Berufswahl getroffen werden. Diese speziellen Ausbildungsstätten stehen für das **Erwachsenenalter** als

Berufsförderungswerke zur Verfügung, an denen spezielle Ausbildungen und Umschulungen durchgeführt werden.

Werden die Instrumente der medizinischen und sozialen Rehabilitation sinnvoll eingesetzt, so kann trotz schwerster Behinderung vielen Patienten ein adäquater Platz im gesellschaftlichen Leben aufgebaut oder erhalten werden. Diese sich auf die psychische Situation der Behinderungen vorteilhaft auswirkenden Lösungen werden daher zu Recht gefördert: **Rehabilitation geht vor Rente.**

Erwachsenenalter als **Berufsförderungswerke** zur Verfügung.

Der sinnvolle Einsatz medizinischer und sozialer Rehabilitationsmaßnahmen wird zu Recht gefördert; denn **Rehabilitation geht vor Rente.**

Synopsis 38: Die Rehabilitationskette der Unfallversicherung (nach einem Schaubild der Berufsgenossenschaft, BG)

Erste Hilfe →	**Transport** →	**Medizinische Rehabilitation (Heilbehandlung)** →	**Schulische Rehabilitation** →	**Berufliche Rehabilitation (Berufshilfe)** →	**Soziale Rehabilitation**
↓	↓	↓	↓	↓	↓
Ersthelfer Rettungssänitäter Notfallarzt	Krankenwagen Rettungswagen Notarztwagen Rettungshubschrauber	Fachärztliche Versorgung BGliche/kassenärztliche Behandlung Ambulant-stationär	Klinik-/Hausunterricht Transport zur Schule Förderung in Sonderschule	Erhaltung des Arbeitsplatzes Vermittlung eines Arbeitsplatzes Anpassung an neuen Arbeitsplatz Berufliche Umorientierung (Umschulung) Sonstige Hilfen	Kfz-Hilfe Wohnungshilfe Hilfsmittel für den Alltag Nachgehende Betreuung durch UV-Träger
↓	↓	↓	↓	↓	↓
Beseitigung lebensbedrohender Akutsituationen	Transport zum geeigneten Arzt/Krankenhaus	Best-/schnellstmögliche Beseitigung der Unfallfolgen Wiedereingliederung in Arbeitsprozeß am alten Arbeitsplatz ohne Leistungseinbußen	Vorbereitung auf den Schulbesuch Angemessene schulische Förderung	Dauerhafte Wiedereingliederung in den Beruf entsprechend der verbliebenen Behinderung	Eingliederung in Familie und Gesellschaft

Die Rehabilitationskette der Unfallversicherung (UV) beschreibt die Betreuung der Verletzten von der Ersten Hilfe am Unfallort bis zur Wiedereingliederung in Beruf, Familie und Gesellschaft. Dabei werden alle im Einzelfall erforderlichen Kettenglieder genutzt.

5 Orthopädische Begutachtung

Das Netz der sozialen Sicherung ist in der Bundesrepublik Deutschland eng geknüpft. Bei Ansprüchen an die Versicherungsträger wird in der Regel ein orthopädisches Gutachten erforderlich, das die besonderen Voraussetzungen der Sicherungsleistungen berücksichtigen muß.

5 Orthopädische Begutachtung

Das Netz der sozialen Sicherung ist in der Bundesrepublik Deutschland eng geknüpft. Bereits im Erkrankungsfall ohne bleibende Folgen, besonders aber nach Erkrankungen und Verletzungen mit bleibenden Behinderungen entstehen Ansprüche an die Versicherungsträger, die in ihren Voraussetzungen und Auswirkungen durch ein orthopädisches Gutachten abgeklärt werden müssen. Die Voraussetzungen für den Anspruch auf Versicherungsleistungen sind bei den einzelnen Versicherungsträgern durchaus unterschiedlich und müssen dem Gutachter bekannt sein (insbesondere Privatversicherungen). Gerade im Gutachtenwesen besteht ein verständliches Bedürfnis des Erkrankten oder Verletzten, möglichst hohe Versicherungsleistungen zu erhalten. Die besondere Aufgabe des Gutachters besteht darin, vorgetäuschte und nicht vorhandene Funktionsausfälle **(Simulation)** oder übertrieben dargestellte Funktionsausfälle **(Aggravation)** oder auch in besonderen Fällen bagatellisierte Funktionsausfälle **(Dissimulation)** zu erkennen.

Um die gutachterliche Bewertung von subjektiven Kriterien (Simulation, Aggravation, Dissimulation) zu befreien, wird der Folgezustand der Erkrankung und Verletzung daher nach rein anatomischen und funktionellen Gesichtspunkten bewertet.
Die sich aus Funktionsausfällen ergebenden Minderungen der Erwerbsfähigkeit sind in *Synopsis 39* wiedergegeben.

> Um die gutachterliche Bewertung von subjektiven Kriterien zu befreien, wird der Folgezustand nach Erkrankung und Verletzung daher in der Regel nach rein anatomischen und funktionellen Gesichtspunkten bewertet.

So wird z.B. der Funktionsausfall einer Gliedmaße als Bruchteil oder als Prozentsatz einer Normalfunktion angegeben (z B. distale Oberschenkelamputation: $^4/_5$ Funktionsausfall des gesamten Beines oder 60%, *Syn. 39*). Die für die orthopädische Begutachtung anfallenden Fragestellungen ergeben sich aus den speziellen Anforderungen des Sozialrechtes, der Privatversicherungen und anderer Rechtsfragen (Schadensrecht etc.).

Sozialrecht
Als Sozialversicherungsträger kommen in der Bundesrepublik Deutschland die **Krankenversicherung, Rentenversicherung** und **Unfallversicherung** in Frage.

Sozialrecht. Das Netz der gesetzlichen Sozialleistungen in der Bundesrepublik Deutschland besteht aus der **Krankenversicherung, Rentenversicherung** und **Unfallversicherung.** Im Erkrankungsfalle hat der Arzt ein Gutachten über die Arbeitsfähigkeit bzw. -unfähigkeit abzugeben. Im Rahmen der gesetzlichen Krankenversicherung ist in der Bundesrepublik Deutschland eine Teilarbeitsfä-

Synopsis 39: Richtlinien für die Minderung der Erwerbsfähigkeit (MdE) bzw. Grad der Behinderung (GdB) bei Gliedmaßenverlust (rechte Körperhälfte) und bei Gelenkversteifung in guter Stellung (linke Körperhälfte).

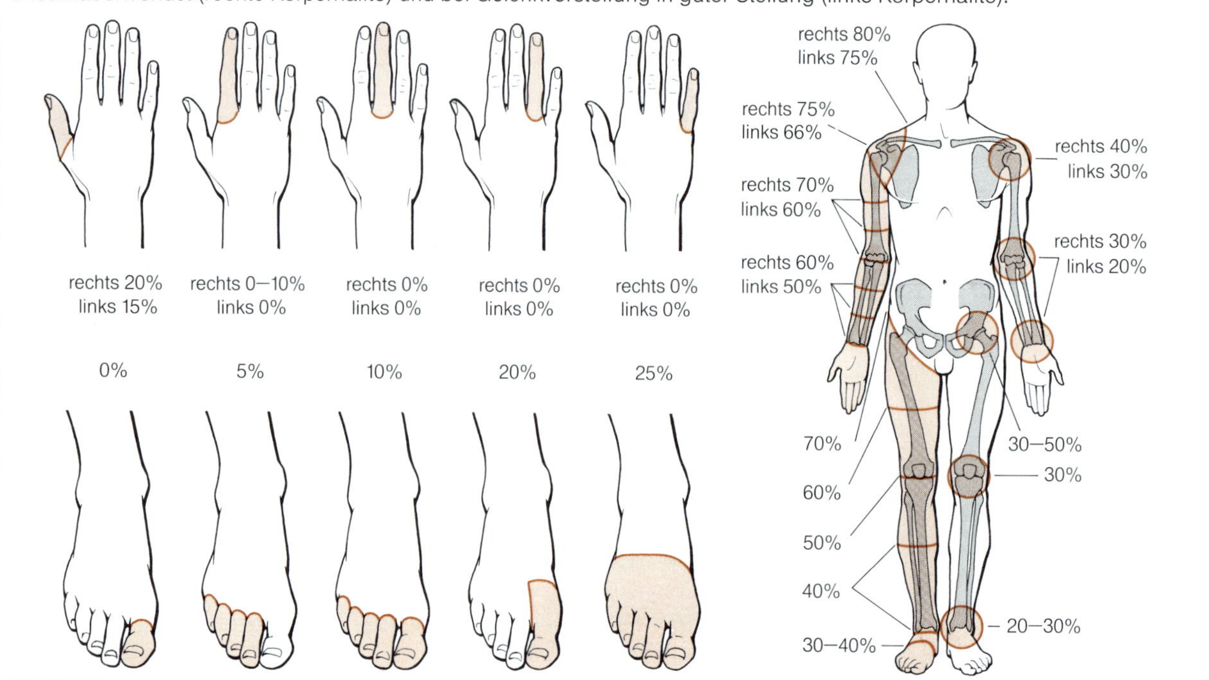

higkeit nicht bekannt. **Arbeitsunfähigkeit** besteht daher so lange, bis der Betroffene am bisherigen Arbeitsplatz wieder einsetzbar ist. Die Rentenversicherung ist für die Gewährung von Renten wegen Berufs- und Erwerbsunfähigkeit zuständig. Rente wegen **Berufsunfähigkeit** wird auch gewährt, wenn ein Versicherter trotz seiner Behinderung der Arbeitskraft noch so viel Erwerbsfähigkeit besitzt, daß er zusätzlich zu seiner Teilrente mehr als geringfügige Einkünfte hinzuverdienen kann. Berufsunfähigkeit liegt dann vor, wenn der Versicherte weniger als die Hälfte dessen verdienen kann, was ein vergleichbar Ausgebildeter erzielen könnte. Bei der Beurteilung der Berufsunfähigkeit muß der Orthopäde daher die speziellen Anforderungen des vom Versicherten ausgeübten Berufes kennen und diese an dessen Behinderung spiegeln. So wird z.B. ein Postangestellter im Außendienst kaum noch einsatzfähig sein, aber im Innendienst durchaus beschäftigt werden können. Bei der Beurteilung der **Erwerbsunfähigkeit** wird nicht die berufsspezifische Einschränkung der Arbeitsfähigkeit, sondern diejenige für den gesamten Arbeitsmarkt beurteilt. Erwerbsunfähig ist ein Versicherter dann, wenn er auf Grund seiner Funktionsausfälle nur noch geringfügige Einkünfte durch Erwerbstätigkeit auf dem allgemeinen Arbeitsmarkt erzielen kann.

Arbeitsunfähigkeit besteht daher so lange, bis der Betroffene am bisherigen Arbeitsplatz wieder einsetzbar ist.

Berufsunfähigkeit liegt dann vor, wenn der Versicherte weniger als die Hälfte dessen verdienen kann, was ein vergleichbar Ausgebildeter erzielen könnte.

Bei der Beurteilung der **Erwerbsunfähigkeit** wird nicht die berufsspezifische Einschränkung der Arbeitsfähigkeit, sondern diejenige für den gesamten Arbeitsmarkt beurteilt.

Im Rahmen der **gesetzlichen Unfallversicherung** sind Unfälle als plötzlich auf den Körper von außen einwirkende Ereignisse während des Arbeitstages (also auch auf dem Weg zur und von der Arbeit, Arbeitswegeunfall) versichert. Häufig wird der Gutachter mit der Frage konfrontiert, ob dem Unfall eine wesentliche rechtliche Bedeutung zukommt oder ob es sich nur um eine **Gelegenheitsursache** beim Zustandekommen einer Verletzung handelte. So ist z.B. bei der Entstehung von Meniskusrupturen ein entsprechender Unfallmechanismus zu belegen und ggf. eine histologische Untersuchung zur Bestätigung vorzuweisen, um das Unfallereignis anzuerkennen und die Gelegenheitsursache auf dem Boden einer vorbestehenden Degeneration des Meniskus auszuschließen. Auch im Rahmen der Unfallversicherung wird die **Minderung der Erwerbsfähigkeit** beurteilt *(Syn. 39)*, deren Maßstab sich allerdings von den Richtlinien der gesetzlichen Rentenversicherung zum Teil unterscheiden kann. Der resultierende Funktionsausfall wird im Schwerbehindertengesetz auch als **Grad der Behinderung (GdB)** angegeben. In die Liste der **Berufskrankheiten** sind diejenigen Erkrankungen aufgenommen, die durch Einwirkung des Berufs verursacht oder mitverursacht werden. Für die Anerkennung einer Berufserkrankung ist in der Regel erforderlich, daß diese in der Berufskrankheitenverordnung aufgeführt wird *(Tab. 9, S. 86)*.

Im Rahmen der **gesetzlichen Unfallversicherung** sind **Unfälle** als plötzlich auf den Körper von außen einwirkende Ereignisse während des Arbeitstages versichert. Häufig wird der Gutachter mit der Frage konfrontiert, ob dem Unfall eine wesentliche rechtliche Bedeutung zukommt oder ob es sich nur um eine **Gelegenheitsursache** beim Zustandekommen einer Verletzung handelt. Auch im Rahmen der Unfallversicherung wird die **Minderung der Erwerbsfähigkeit** beurteilt (bzw. **Grad der Behinderung** im Schwerbehindertengesetz), *(Syn. 39)*. In die Liste der Berufskrankheiten sind diejenigen Erkrankungen aufgenommen, die durch Einwirkung des Berufs verursacht werden *(Tab. 9, S. 86)*.

Klinisches Beispiel. Zur Begutachtung erscheint ein 50jähriger Lagerarbeiter 9 Monate nach Entfernung des rechten Innenmeniskus. Es soll die Zusammenhangsfrage der Meniskusläsion mit einem angeschuldigten Unfallereignis vor 12 Monaten geklärt werden. Dabei war der Lagerarbeiter bei der Suche nach Autoersatzteilen vor einem Regal in die Hocke gegangen. Beim Aufrichten aus der Hocke verspürte er plötzlich einen Schmerz an der Innenseite des Kniegelenks. Einen Tag später entwickelte sich eine Schwellung des Kniegelenkes. Nach 3 Tagen fand die erste ärztliche Untersuchung statt. Von dem erstbehandelnden Chirurgen wurde ein Bericht über einen Arbeitsunfall erstattet. Wegen anhaltender Schwellungszustände und Beschwerden kam es 3 Monate nach dem Ereignis zur Arthroskopie (Gelenkspiegelung), Arthrotomie und Entfernung eines eingerissenen und weitgehend verschlissenen Innenmeniskus. Die histologische Untersuchung des Meniskus erbrachte ausgeprägte und ältere degenerative Veränderungen, zum Teil ältere Blutungsherde. Die Erhebung des Krankheitsregisters zeigte, daß der Lagerarbeiter bereits 5 Jahre zuvor wegen Überlastungsbeschwerden im Bereich des inneren Kniegelenkspaltes in hausärztlicher Behandlung gestanden hatte. Im Rahmen des Zusammenhangsgutachtens konnte der Meniskusschaden nicht als Folge eines Unfallereignisses anerkannt werden. Eine plötzlich auf den Körper von außen einwirkende Kraft lag nicht vor. Die Kniehocke hatte für die Entstehung der Beschwerden lediglich die Bedeutung einer Gelegenheitsursache. Die Meniskusruptur entstand auf dem Boden einer bereits erheblichen degenerativen Vorschädigung. Diese konnte durch die histologische Untersuchung und klinisch durch die bereits früher aufgetretenen Beschwerden in dieser Region nicht bestätigt werden.

◀ **Klinisches Beispiel**

Klinisches Beispiel ▶

Klinisches Beispiel. Ein 25jähriger Student ist während der Semesterferien aushilfsweise in einem Umzugsunternehmen beschäftigt. Beim Abladen eines Schrankes von einer LKW-Hebebühne rutscht das schwere Möbelstück plötzlich nach, so daß der sich gerade in Kniehocke befindende Student zur Seite umgerissen wird. Bei feststehendem Unterschenkel wird das Kniegelenk verdreht und reagiert mit sofortiger Schwellung und erheblicher Bewegungseinschränkung. Wegen eines anhaltenden Streckdefizites wird bereits nach einer Woche eine Arthroskopie durchgeführt, bei der sich ein Korbhenkelriß des rechten Innenmeniskus darstellt, der arthroskopisch entfernt werden kann. Die später durchgeführte Zusammenhangsbegutachtung bestätigt das Unfallereignis als auslösende Ursache für den Meniskusschaden. Es wird als Arbeitsunfall anerkannt und im Rahmen der gesetzlichen Unfallversicherung entschädigt.

Tab. 9: In der Orthopädie relevante Berufskrankheiten

durch physikalische Einwirkung verursachte Krankheiten	Durch Infektionserreger oder Parasiten verursachte Krankheiten sowie Tropenkrankheiten
• Erkrankungen der Sehnenscheiden oder des Sehnengleitgewebes sowie der Sehnen- oder Muskelansätze, die zur Unterlassung aller Tätigkeiten gezwungen haben, die für die Entstehung, die Verschlimmerung oder das Wiederaufleben der Krankheit ursächlich waren oder sein können, z.B.: Sekretärin. • Meniskusschaden nach mindestens 3jähriger regelmäßiger Tätigkeit unter Tage, z.B. Bergarbeiter. • Erkrankungen durch Erschütterung bei Arbeit mit Druckluftwerkzeugen oder gleichartig wirkenden Werkzeugen oder Maschinen, z.B. Preßlufthammer-Arbeiter. • vibrationsbedingte Durchblutungsstörungen an den Händen, die zur Unterlassung aller Tätigkeiten gezwungen haben, die für die Entstehung, die Verschlimmerung oder das Wiederaufleben der Krankheit ursächlich waren oder sein können. • chronische Erkrankungen der Schleimbeutel durch ständigen Druck. • Drucklähmungen der Nerven • Abrißbrüche der Wirbelfortsätze	• Infektionskrankheiten, wenn der Versicherte im Gesundheitsdienst, in der Wohlfahrtspflege oder in einem Laboratorium tätig oder durch eine andere Tätigkeit der Infektionsgefahr im ähnlichen Maße besonders ausgesetzt war.

Privatversicherung
Im Unterschied zur gesetzlichen Krankenversicherung definiert die private Krankenversicherung auch eine **Teilarbeitsfähigkeit.** Völlige Arbeitsunfähigkeit liegt in der Regel nur für die Zeit völliger Handlungsunfähigkeit, z.B. bis zur Entlassung aus stationärer Behandlung vor. In der privaten Unfallversicherung wird der Grad der beruflichen Beeinträchtigung beurteilt, so daß der Gutachter auf die speziellen Belange des vom Versicherten ausgeübten Berufs einzugehen hat. Der Dauerschaden wird durch die **Gliedertaxe** bemessen.

Privatversicherung. Bei der Begutachtung von Privatversicherten müssen die Vertragsbedingungen für die Gutachtenaussage wesentlich berücksichtigt werden. In den meisten Fällen wird auf besonders vorformulierten Formulargutachten auf die speziellen Bedingungen der Versicherungsleistungen hingewiesen. Im Rahmen der privaten Krankenversicherung geht es in der Regel um Krankentagegeld und Krankenhaustagegeldversicherung. **Im Unterschied zur gesetzlichen Krankenversicherung definiert die private Krankenversicherung auch eine Teilarbeitsfähigkeit.** Völlige Arbeitsunfähigkeit liegt in der Regel nur für die Zeit völliger Handlungsunfähigkeit, z.B. bis zur Entlassung aus stationärer Behandlung vor. In der privaten Unfallversicherung wird der Grad der beruflichen Beeinträchtigung beurteilt. Hier wird auf die speziellen Belange des vom Versicherten ausgeübten Berufes eingegangen. Für die Feststellung eines Dauerschadens nach einem versicherten Unfall hat der Gutachter über den Invaliditätsgrad zu entscheiden, der sich nach funktionell anatomischen Gesichtspunkten an der sogenannten **Gliedertaxe** orientiert. Dabei wird die funktionelle Beeinträchtigung in Bruchteilen der Gesamtfunktion bemessen (z.B. $\frac{1}{3}$ Armwert).

Begutachtung im Schadenrecht
Im Rahmen von Haftpflichtversicherungen geht es in der Regel um die Beurteilung des **materiellen Schadens** (medizinische Behandlung, Verdienstausfall) und des **immateriellen Schadens** (Schmerzensgeld).

Begutachtung im Schadenrecht. Bei der Begutachtung von Personenschäden im Rahmen von Haftpflichtversicherungen geht es um die Beurteilung des **materiellen Schadens** (medizinische Behandlung, Verdienstausfall) und des **immateriellen Schadens** (Schmerzensgeld). Dabei hat der Gutachter auf das Ausmaß des erlittenen Schadens, die damit einhergehenden Schmerzen und die sich für den täglichen und Berufsalltag ergebenden Einschränkungen ganz speziell einzugehen.

Teil B Allgemeine Orthopädie

1 Fehlbildungen und angeborene Entwicklungsstörungen von Skelett und Bindegewebe

Teil B Allgemeine Orthopädie

1 Fehlbildungen und angeborene Entwicklungsstörungen von Skelett und Bindegewebe

◀ **Definition**

Definition. Fehlbildungen sind Anomalien der Extremitäten und der Wirbelsäule, die im allgemeinen bereits zum Zeitpunkt der Geburt auffallen. Bei angeborenen Entwicklungsstörungen von Skelett und Bindegewebe handelt es sich um lokalisierte oder generalisierte Anomalien (Systemerkrankungen), die vorgeburtlich determiniert, aber zum Zeitpunkt der Geburt nicht immer zu erkennen sind. Zahlreiche angeborene Skelettanomalien manifestieren sich erst im späteren Säuglings- und Kindesalter.

1.1 Ätiologie und Klassifikation

1.1 Ätiologie und Klassifikation

Epidemiologie
Fehlbildungen der Extremitäten sind mit 5 pro 1000 Neugeborenen besonders häufig. Es folgen Skelettdysplasien mit 2–4 bzw. multiple Fehlbildungen mit 1,5 pro 1000 Neugeborenen.

Epidemiologie. Nach den Zahlen der Vorsorgeuntersuchungen U 1 bis U 9 stehen die Fehlbildungen des Skelettsystems hinter den Hüftgelenksanomalien an zweit- bzw. dritthäufigster Stelle *(Tab. 4, S. 51).* Darunter sind die Fehlbildungen an den Extremitäten mit 5 pro 1000 Neugeborenen besonders häufig. Die Häufigkeit von Skelettdysplasien wird mit 2 bis 4 und diejenige von multiplen Fehlbildungen mit 1,5 pro 1000 Neugeborenen angegeben.

Ätiologie
Fehlbildungen und Entwicklungsstörungen von Skelett und Bindegewebe sind zwar beides angeborene Erkrankungen, aber weder ätiologisch noch prognostisch eine einheitliche Gruppe.

Das Erscheinungsbild, die Prognose und Therapie dieser Erkrankungsgruppe ist vom Zeitpunkt der Entstehung der Anomalie wesentlich abhängig. Die Ätiologie angeborener Erkrankungen geht aus *Tab. 10* hervor.

Ätiologie. Fehlbildungen und Entwicklungsstörungen von Skelett und Bindegewebe werden als angeborene Deformitäten bzw. Erkrankungen bezeichnet. Dennoch handelt es sich weder ätiologisch noch prognostisch um eine einheitliche Gruppe. Angeborene Erkrankungen können, müssen aber nicht genetisch bedingt sein. Die zusammenfassende Abhandlung angeborener Anomalien ist ausschließlich durch die sich unmittelbar postnatal ergebenden diagnostischen und therapeutischen Probleme gerechtfertigt.

Für Erscheinungsbild, Prognose und Therapie der Erkrankungsgruppe ist es von wesentlicher Bedeutung, ob die ursächlichen Faktoren schon während der ersten drei Schwangerschaftsmonate zu einer **Störung der Embryogenese** (teratologische Krankheitsbilder) oder erst nach Abschluß der Keimentwicklung zu einer **Störung der Fetogenese** geführt haben. Je früher nämlich die Störung eingetreten ist, um so ungünstiger ist die Prognose und um so aufwendiger ist die Behandlung. Ätiologisch kommen genetische Faktoren (z.B. Achondroplasie, multiple kartilaginäre Exostosen mit autosomalem Erbgang), Erkrankungen der Mutter oder Medikamenteneinnahme der Mutter während der ersten drei Schwangerschaftsmonate (Röteln-Embryopathie bzw. Thalidomid-Embryopathie), Bestrahlungen während der gesamten Schwangerschaft (Schnürfurchensyndrom), intrauterine Fehlentwicklungen oder intrauterine Zwangslagen (Hüftgelenksluxation bei Steißlage) in Frage *(Tab. 10).*

Embryologie der Strukturen der Stütz- und Bewegungsorgane

Embryologie der Strukturen der Stütz- und Bewegungsorgane. Bindegewebe, Muskulatur, Knorpel und Knochen werden aus dem Mesoderm gebildet. Lediglich das Nervensystem ist ektodermaler Herkunft. Um den 35. Tag beginnt die Differenzierung der Gliedmaßen aus Extremitätenknospen, wobei die Entwicklung der oberen Extremitäten derjenigen der unteren voranschreitet. Mit dem 60. Tag hat der Embryo eine Größe von etwa 30 mm und seine definitive Form erreicht. Es beginnt die fetale Entwicklung.

◀ **Merke**

Merke. Unterschiedlichste teratogenetische Faktoren können die Differenzierung der Strukturen stören und zur äußerlich gleichen Deformität führen (Phänokopie). Umgekehrt kann bei gleichen Ursachen eine völlig differente Ausprägung (Expressivität) der Erkrankung oder Deformität vorliegen. Aus der Art der angeborenen Anomalie kann daher **kein** Rückschluß auf die Ursache der Störung gezogen werden.

Tab. 10: Ursachen von Fehlbildungen und angeborenen Entwicklungsstörungen von Skelett und Bindegewebe

Störungen der Embryogenese (1.–3. Schwangerschaftsmonat → teratologische Krankheitsbilder)	
Erbkrankheiten (z.B. Achondroplasie, multiple kartilaginäre Exostosen) Erkrankungen der Mutter (z.B. Röteln) Trauma (Amnionruptur → Schnürfurchensyndrom) Medikamenteneinnahme (z.B. Thalidomid) Alkoholabusus Röntgenstrahlen	**Merke: unterschiedliche Ursachen können zur gleichen Deformität führen (Phänokopie)**
Störungen der Fetogenese (ab. 3. Schwangerschaftsmonat bis zur Geburt)	
intrauterine Zwangslagen (z.B. Hüftluxation bei Steißlage) Medikamente, Alkoholabusus	**Merke: die Prognose der Deformität ist um so günstiger, je später die Störung einsetzt**

Klassifikation
Die angeborenen Anomalien der Stütz- und Bewegungsorgane sind in *Tab. 11* untergliedert. Bei angeborenen Skelettentwicklungsstörungen liegt immer eine fehlerhafte Anlage und Entwicklungspotenz der Knorpel-Knochenzellen vor.

Klassifikation. Die angeborenen Anomalien der Stütz- und Bewegungsorgane lassen sich unterscheiden in:
- angeborene Fehlbildungen und Entwicklungsstörungen des Skeletts,
- angeborene Entwicklungsstörungen des Bindegewebes und
- Fehlentwicklungen *(Tab. 11).*

Als angeborene Entwicklungsstörungen des Skeletts werden alle Erkrankungen bezeichnet, bei denen eine fehlerhafte Anlage und Entwicklungspotenz der Knorpel-Knochenzellen vorliegt. Dies gilt nicht für die durch exogene Faktoren verursachten Fehlentwicklungen (Klumpfüße, Hüftdysplasie etc.), die daher im Kapitel Spezielle Orthopädie abgehandelt werden.

Tab. 11: Klassifikation der angeborenen Anomalien der Stütz- und Bewegungsorgane

1. angeborene Fehlbildungen und Entwicklungsstörungen des Skeletts (konstitutionell) → Hypoplasien/Hyperplasien, Dysplasien, Dysostosen, Dystrophien

2. Fehlentwicklungen des Skeletts (z.B. Klumpfuß, Hüftdysplasie)

3. angeborene Entwicklungsstörungen des Bindegewebes (z.B. Marfan-Syndrom, Ehlers-Danlos-Syndrom)

Hypoplasien/Hyperplasien	**Dysplasien (Gewebedefekte)**	**Dysostosen (Organdefekte)**	**Dystrophien (metabolische Defekte)**
1. generalisiert (z.B. primordialer Minderwuchs, Riesenwuchs) 2. lokalisiert (z.B. **Gliedmaßenhypoplasien***, lokalisierter Riesenwuchs)	1. Wachstums- und Entwicklungsstörungen von Knorpel- und Knochengewebe – bei der Geburt manifest (Achondroplasie) – im späteren Leben manifest (Pseudoachondroplasie) 2. Disorganisierte Entwicklung von Knorpel- und Fasergewebe (multiple kartilaginäre Exostosen) 3. abnormale Knochendichte (Osteogenesis imperfecta)	1. vorwiegend kraniale und Gesichtsbeteiligung (Akrozephalosyndaktylie) 2. vorwiegend axiale Beteiligung (Sprengel-Deformität, Klippel-Feil-Syndrom) 3. vorwiegende Beteiligung der Extremitäten (familiäre radioulnare Synostose, Poland-Syndrom, **Gliedmaßenfehlbildungen)***)	1. primäre Stoffwechselerkrankungen – Kalzium, Phosphor (idiopathische Hyperkalzämie) – Kohlenhydrate (Mukopolysaccharidosen) – Fette (M. Gaucher) – Nukleinsäuren – Aminosäuren (Homozystinurie) 2. sekundäre Skelettanomalien bei Störungen anderer Organsysteme (hormonell, hämatologisch, neurologisch, renal)
unbekannte Pathogenese			**bekannte Pathogenese**

* Klassifikationsüberschneidungen

Die angeborenen Skelettentwicklungsstörungen (siehe hierzu auch *Tab. 11)* werden eingeteilt in:

1) Hypo- und Hyperplasien,
2) Dysplasien,
3) Dysostosen,
4) Dystrophien.

Definition.
1) **Hypo- und Hyperplasien** sind Größenveränderungen einzelner oder mehrerer Knochen oder des gesamten Skeletts bei erhaltener Form des Knochens.
2) **Skelettdysplasien** sind systemhafte Entwicklungsstörungen des Knorpel-Knochengewebes. Somit handelt es sich primär nicht um Organ-, sondern um **Gewebsdefekte**.
3) Bei **Dysostosen** liegen angeborene Entwicklungsstörungen einzelner Knochen in Kombination vor. Somit handelt es sich formalgenetisch um **organische** und **nicht** um **systemhafte** Defekte. In der Gruppe der Dysostosen sind viele, aber nicht alle Mißbildungen enthalten. Aus diesem Grund liegt eine allen Gruppierungen gerecht werdende Klassifikation bisher nicht vor.
4) **Dystrophien** sind kongenitale metabolische Störungen des Knorpel- und Knochengewebes.

Die angeborenen Skelettentwicklungsstörungen *(Tab. 11)* werden eingeteilt in:
1) Hypo- und Hyperplasien
2) Dysplasien
3) Dysostosen
4) Dystrophien

◀ **Definition**

Diagnose. Bei Schwangerschaften mit erhöhtem Risiko eines fehlgebildeten Kindes (erbliche Belastung, Alter der Mutter über 35 Jahre) kann bereits pränatal mit verschiedenen Methoden nach kongenitalen Anomalien gesucht werden. Mit der **Ultraschalldiagnostik** ist im dritten Schwangerschaftsmonat eine Schlußstörung des Neuralrohres, in späteren Schwangerschaftsmonaten auch eine Störung der Gliedmaßenentwicklung zu erkennen. Mit speziellen **Laboruntersuchungen** (Alpha-Fetoprotein) können Störungen des Neuralrohrschlusses mit offener Zelenbildung auch im mütterlichen Blut diagnostiziert werden. Mit der **Chorionzellkultur** ist eine pränatale genetische Diagnostik bereits in der 10. Schwangerschaftswoche möglich. Mit der **Fetoskopie** (intrauterine Endoskopie), der **Amniozentese** (Fruchtwasseruntersuchung) und eventuell einer Chromosomenanalyse sind genetisch bedingte Erkrankungen ebenfalls in frühen Monaten der Schwangerschaftsentwicklung festzustellen. Die Indikation zu den einzelnen Untersuchungen ist in *Tabelle 12* zusammengefaßt.

Diagnose
Kongenitale Anomalien können bereits pränatal diagnostiziert werden. Mit der **Ultraschalldiagnostik** sind Schlußstörungen des Neuralrohres und der Gliedmaßenentwicklung zu erkennen. Bedeutung haben auch spezielle **Laboruntersuchungen** (Alpha-Fetoprotein), die **Fetoskopie, Amniozentese** und eventuell Chromosomenanalyse **(Chorionzellkultur)** erlangt.
Die Indikation zu den einzelnen Untersuchungen ist in *Tab. 12* zusammengefaßt.

Tab. 12: Pränatale Diagnostik bei Fehlbildungsrisiko des Kindes

Methode	Indikation	Zeitpunkt
Ultraschalldiagnostik	alle Fehlbildungen	ab. 12.–14. Schwangerschaftswoche
Laboruntersuchungen (α-Fetoprotein)	Neuralrohrdefekte	im Serum: 16.–18. Schwangerschaftswoche
Chorionzellkultur	genetische Diagnostik	10. Schwangerschaftswoche
Fetoskopie	genetisch bedingte Stoffwechsel- und Erbkrankheiten	ab 16. Schwangerschaftswoche
Amniozentese	genetisch bedingte Krankheiten, Fruchtwasseranalyse bei Rhesus-Inkompatibilität	15.–16. Schwangerschaftswoche

Prognose und Therapie

Die Prognose kongenitaler Anomalien des Stütz- und Bewegungsapparates ist um so schlechter, je früher die Störung eingesetzt hat und je ausgeprägter das Wachstum des Organismus zu diesem Zeitpunkt war.

Die Therapie orientiert sich daher ganz wesentlich an dem Zeitpunkt der Entstehung der kongenitalen Störung. Bei gleicher Expression der Störung (Hüftgelenksluxation) ist die Prognose z.B. äußerst ungünstig, wenn sich diese als tera-

Prognose und Therapie
Die Prognose kongenitaler Anomalien des Stütz- und Bewegungsapparates ist um so schlechter, je früher die Störung eingesetzt hat und je ausgeprägter das Wachstum zu diesem Zeitpunkt war.
Die Therapie orientiert sich daher ganz wesentlich an dem Zeitpunkt der Entstehung der kongenitalen Störung.

tologische Hüftgelenksluxation bereits in den ersten Embryonalmonaten entwickelt hat. Unter Umständen wird dann gar keine Behandlung mehr durchgeführt, weil der funktionelle Zustand eines zwar luxierten, aber beweglichen Gelenkes günstiger ist als der einer eingerenkten aber auch weitgehend eingesteiften Hüfte. Andererseits ist die Prognose günstig, wenn die Hüftgelenksluxation als Fehlentwicklung erst perinatal entstanden ist. Dabei handelt es sich um die weitaus häufigere Form *(S. 410)*.

1.2 Fehlbildungen

Definition ▶

Ätiologie
Etwa 90% der angeborenen Fehlbildungen sind auf genetische Faktoren, nur etwa 10% auf äußere Ursachen zurückzuführen.

1.2 Fehlbildungen

Definition. Fehlbildungen der Stütz- und Bewegungsorgane sind angeborene Anomalien an den Extremitäten und der Wirbelsäule.

Ätiologie. Etwa 90% der angeborenen Fehlbildungen entstehen auf Grund genetischer Faktoren. 60% der Fehlbildungen haben dabei einen multifaktoriellen Erbgang. 20% beruhen auf einzelnen Gendefekten, 10% auf Chromosomenanomalien. Weitere 10% lassen sich auf äußere Ursachen, z.B. Virusinfektion oder Medikamenteneinnahme der Mutter, zurückführen. Im Einzelfall ist es oft unmöglich, die ursächliche Störung zu benennen.

1.2.1 Extremitätenfehlbildungen (Dysmelien)

Klassifikation
Nach dem klinischen Erscheinungsbild lassen sich unterscheiden:
- Fehler in der Bildung von Teilen (Gliedmaßendefekte)
- Fehler in der Differenzierung und Separation von Teilen
- Duplikationen
- Überentwicklungen (Überschußfehlbildungen)
- Unterentwicklungen
- amniotische Abschnürungen

Man unterscheidet **qualitative Überschußfehlbildungen** mit formal regelrecht, aber zu groß angelegten Skelett-Teilen und **quantitative Überschußfehlbildungen** mit Mehrfachanlage formal normaler Skelettanteile.
Bei den **Gliedmaßendefekten** kann man zwischen transversalen und longitudinalen Defekten unterscheiden.

1.2.1 Extremitätenfehlbildungen (Dysmelien)

Klassifikation. Bei Extremitätenfehlbildungen wird nach dem klinischen Erscheinungsbild unterschieden in:
- Fehler in der Bildung von Teilen (Gliedmaßendefekte).
- Fehler in der Differenzierung und Separation von Teilen.
- Duplikationen.
- Überentwicklungen (Überschußfehlbildungen).
- Unterentwicklungen.
- amniotische Abschnürungen.

Bei **qualitativen Überschußfehlbildungen** handelt es sich um einen formal primär regelrecht, aber zu groß angelegten Skelettabschnitt (Riesenwuchs, definitionsgemäß auch als Hyperplasie bezeichnet; *Tab. 11)*. Bei **quantitativen Überschußfehlbildungen** liegen Mehrfachanlagen formal normaler Skelettanteile vor (z.B. Vielfingrigkeit-Polydaktylie; diese Fehlbildung wird wiederum den Dysostosen zugeordnet.).

Von besonderem Interesse sind die **Gliedmaßendefekte** (Fehler in der Bildung von Teilen), die auch Merkmale anderer Fehlbildungsgruppen in sich vereinigen. Nach der Lokalisation und dem anatomischen Erscheinungsbild wird zwischen transversalen und longitudinalen Gliedmaßenfehlbildungen unterschieden.

1.2.1.1 Transversale Gliedmaßendefekte

Definition ▶

1.2.1.1 Transversale Gliedmaßendefekte

Definition. Gliedmaßenfehlbildungen, bei denen in der Transversalebene Teile der Extremitäten nicht angelegt oder abgeschnürt sind. Die Terminologie orientiert sich dabei an der Höhe des Defektes *(Syn. 40)*.

Transversale Defekte der oberen Gliedmaßen
Der in der Hälfte der Fälle auftretende Unterarmdefekt wird zu Beginn des Greifalters mit einer **Patschhand,** im 2. bis 4. Lebensjahr mit einem **mechanischen Greifarm** *(Abb. 11a–c)* und später mit einer **myoelektrischen Prothese** versorgt.

Transversale Defekte der oberen Gliedmaßen. Mit 50% ist der Unterarmdefekt im proximalen Drittel *(Synopsis 40)* die häufigste Fehlbildung dieser Region. Die Funktionen von Ellenbogen, Schultergelenk und Schultergürtel sind intakt. Die Möglichkeit einer Prothesenversorgung ergeben sich aus der Länge und Beschaffenheit eines Stumpfes sowie aus dem ein- bzw. doppelseitigen Befall. Der kurze Unterarmstumpf wird zu Beginn des Greifalters (6. Lebensmonat) mit einer **Patschhand** versorgt, die beidhändiges »Begreifen« ermöglicht. Im 2. bis 4. Lebensjahr erfolgt die Versorgung mit einem **mechanischen Greifarm** *(Abb. 11a–c)*, der durch das Öffnen und Schließen eines Greifers

Synopsis 40: Teratologische Reihe transversaler Gliedmaßendefekte an der oberen Extremität
(an der unteren entsprechend)

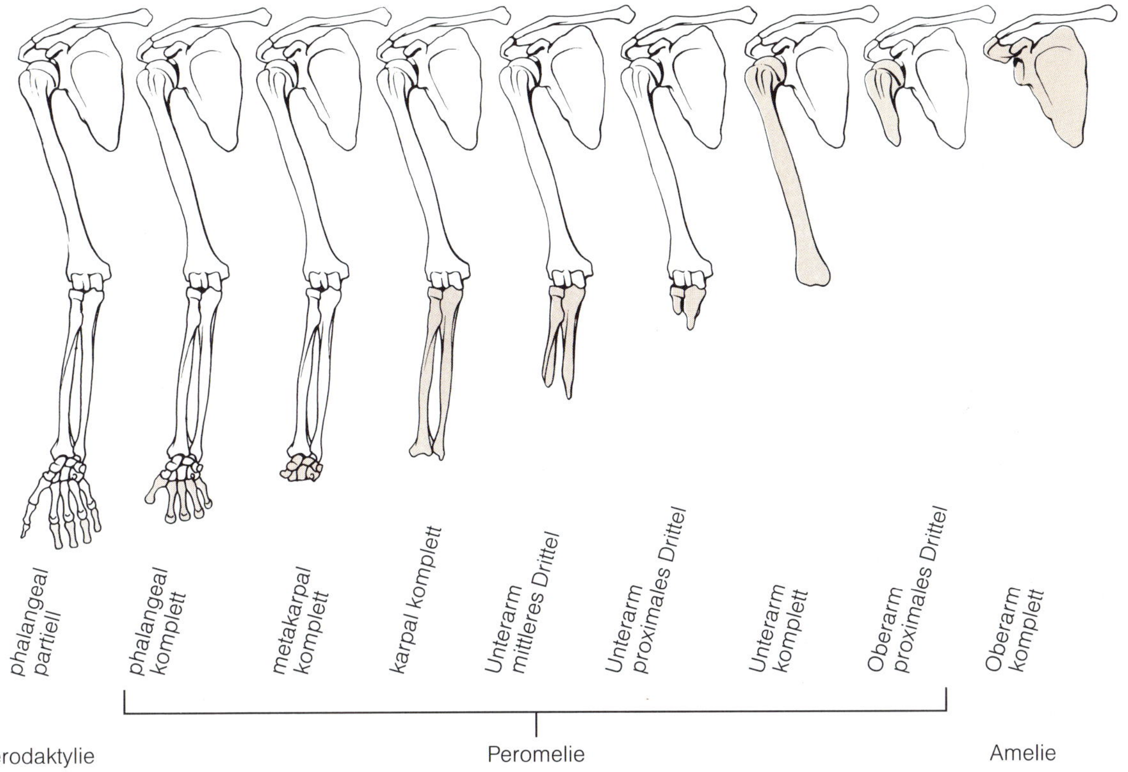

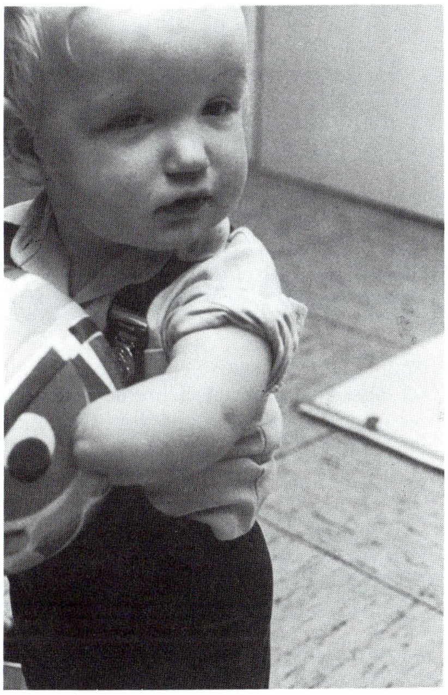

a

b

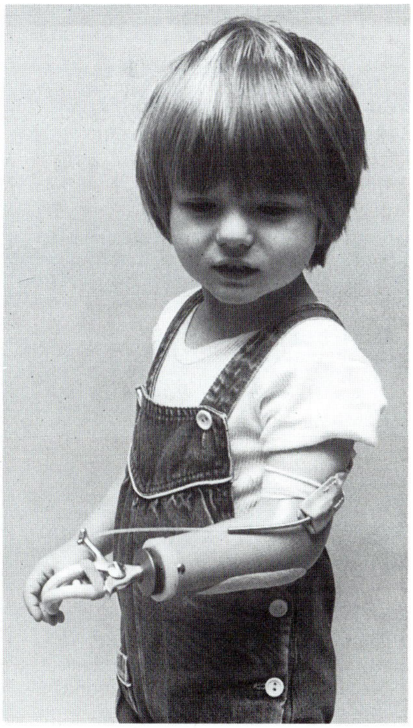

c

Abb. 11a–c: Der häufigste transversale Defekt der oberen Gliedmaßen ist der kurze Unterarmstumpf (a). Er wird zu Beginn des Greifalters mit einer Patschhand (b) und im Kindesalter mit einem mechanischen Greifarm (c) versorgt.

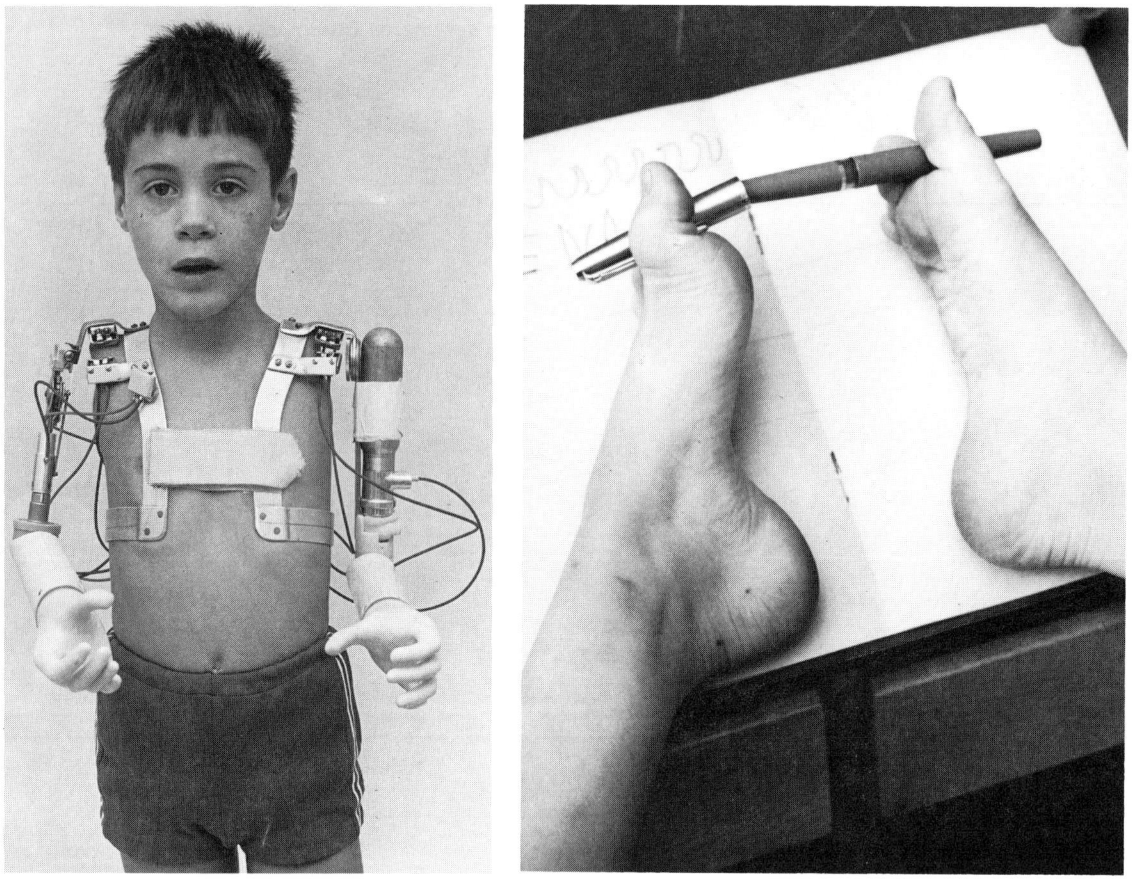

a b

Abb. 12: Kompletter transversaler Oberarmdefekt beidseits. Versorgung mit Schulterarmprothesen (a). Die Feinmotorik wird von den Füßen übernommen (b).

Bei vollständigem Fehlen der Arme **(Amelie)** sind die Kinder in der Regel auf die Selbstversorgung mit den Füßen eintrainiert.

(»hook«) motorische Grobfunktionen des Handschlusses übernehmen kann. Vor der Pubertät ist die Umstellung auf eine kosmetisch günstigere **myoelektrische Prothese** möglich *(s. Syn. 113, S. 271)*. Bei vollständigem Fehlen beider Arme **(Amelie)** ist die prothetische Versorgung der Kinder äußerst problematisch. In der Regel sind sie auf die Selbstversorgung mit den Füßen eintrainiert, mit denen sie größte Geschicklichkeit erlangen *(s. Klinisches Beispiel* und *Abb. 12a und b)*.

Klinisches Beispiel ▶

Klinisches Beispiel. 8jähriger Junge mit komplettem transversalen Oberarmdefekt (Amelie) beidseits *(Abb. 12a)*. Die Selbständigkeit (Essen, Anziehen, Schreiben) ist ausschließlich mit den Füßen oder mit Hilfsmitteln (körperliche Hygiene) möglich. Die Feinmotorik der Füße kann dabei fast diejenige einer Hand erreichen (Schreiben mit Gerät, *Abb. 12b*, Schreiben auf Tastatur, Faden einfädeln). Die Versorgung mit Fremdkraftprothesen *(Abb. 12a)* ist bei diesen ausgeprägten Oberarmdefekten speziellen Indikationen vorbehalten und der Eigenmotorik in der Regel unterlegen.

Transversale Defekte der unteren Gliedmaßen
Mit kurzem Unterschenkel ist die prothetische Versorgung unproblematisch. Bei allen prothetischen Versorgungen ist das Ziel die Vertikalisierung gegen Ende des 1. Lebensjahres.

Transversale Defekte der unteren Gliedmaßen. Bei einem Viertel dieser Fehlbildungen handelt es sich um kurze Unterschenkelstümpfe, deren prothetische Versorgung unproblematisch ist. Schwierigkeiten bereitet die Prothetik bei sehr kurzen Oberschenkelstümpfen oder völligem Fehlen beider Beine. Diese schwerstbehinderten Kinder erhalten gegen Ende des 1. Lebensjahres Stehprothesen, um die Rumpfaufrichtung und damit die motorische Weiterentwicklung zu bahnen *(s. Syn. 112, S. 268)*. Auch bei einem kompletten Oberschenkeldefekt ist Gehfähigkeit mit Hüftexartikulationsprothesen unter Zuhilfenahme von Unterarmkrücken möglich.

1.2.1.2 Longitudinale Gliedmaßendefekte

Definition. Bei longitudinalen Defekten handelt es sich um Minderanlagen oder das völlige Fehlen einzelner Skelettabschnitte, die ausschließlich den proximalen bzw. distalen oder kombiniert proximalen und distalen Extremitätenabschnitt befallen können.

Je nach Schweregrad wird von **Hypoplasie**, **partieller Aplasie** bzw. **kompletter Aplasie** gesprochen. Es können begleitend **Verdoppelungen** (z.B. Polydaktylie) und **Verschmelzungen** (Synostosen) einzelner Skelettabschnitte vorliegen. An der Hand und am Fuß ist zu differenzieren, ob es sich um radiale, ulnare, tibiale oder fibulare Defekte handelt. Die Klassifikation longitudinaler Defekte ist in *Synopsis 41* wiedergegeben.

1.2.1.2 Longitudinale Gliedmaßendefekte

◀ **Definition**

Je nach Schweregrad wird von **Hypoplasie, partieller Aplasie bzw. kompletter Aplasie** gesprochen. Begleitend können **Verdoppelungen und Verschmelzungen** einzelner Skelettabschnitte vorliegen. Die Klassifikation ist in *Synopsis 41* wiedergegeben.

Synopsis 41: Teratologische Reihe longitudinaler Gliedmaßendefekte an der oberen Extremität, dargestellt am Beispiel der distalen radialen Defekte. Entsprechendes gilt für die untere Extremität. Es werden proximale, distale und kombinierte longitudinale Defekte unterschieden, die sich wiederum in Hypoplasien, partielle und komplette Aplasien untergliedern lassen.

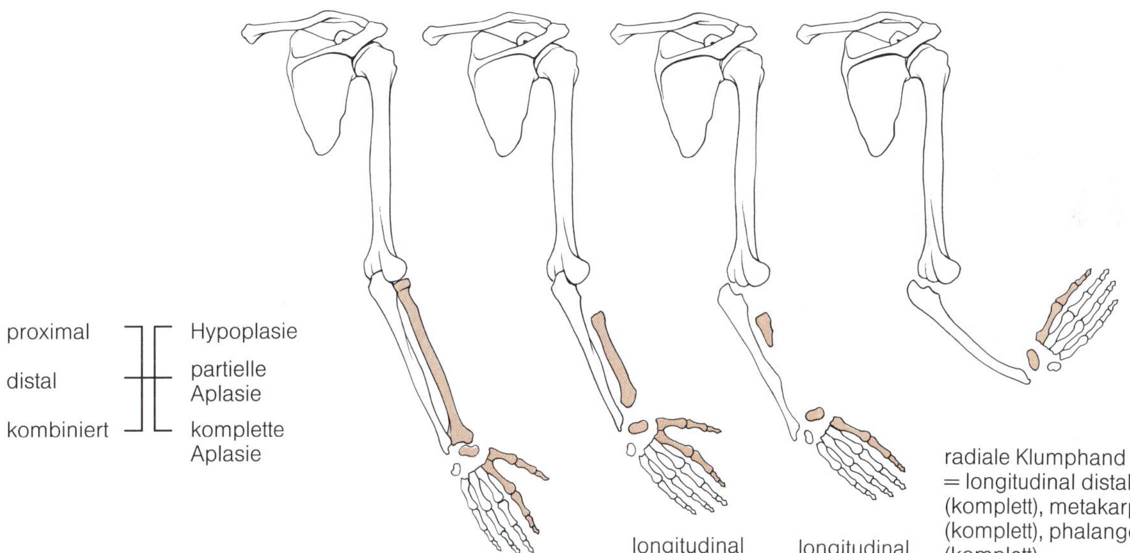

longitudinal distal metakarpal I, II (Hypoplasie), phalangeal (Hypoplasie)

longitudinal distal radial (Hypoplasie), metakarpal I, II (Hypoplasie), phalangeal (Hypoplasie)

longitudinal distal radial (partiell), metakarpal I (komplett), phalangeal I (komplett)

radiale Klumphand = longitudinal distal radial (komplett), metakarpal I (komplett), phalangeal I (komplett)

Klinischer Befund und Röntgenbild einer **radialen Klumphand** bei einem 7jährigem Jungen

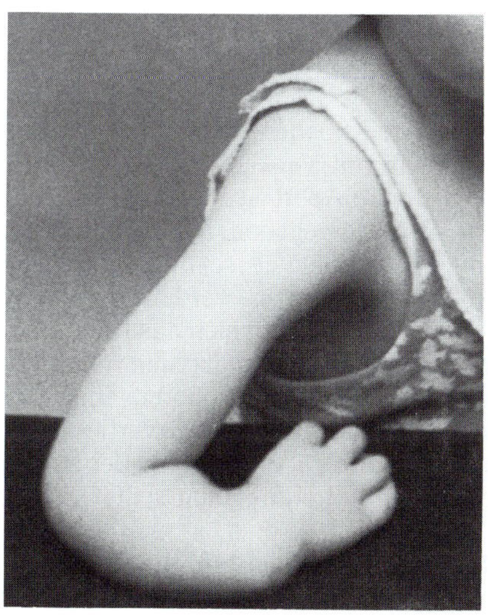

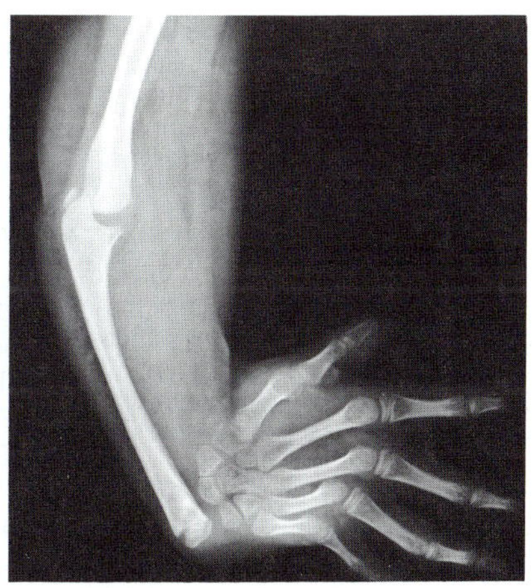

● **Phokomelie**
Hand bzw. Fuß setzen als **Robbengliedmaße** unmittelbar am Rumpf an.

● **Phokomelie.** Bei der Phokomelie fehlen Ober- und Unterarm bzw. Ober- und Unterschenkel, so daß die Hand oder der Fuß als **Robbengliedmaße** unmittelbar am Rumpf ansetzen. Die restlichen Hand- und Fingerfunktionen können häufig gut genutzt werden, um die Steuerung von Armprothesen zu übernehmen.

● **Klumphand**
Durch Hypoplasie der Ulna kommt es zur Abweichung der Hand nach ulnar (ulnare oder Pseudoklumphand), durch Defektbildung an der radialen Seite ensteht eine radiale Klumphand. Die Notwendigkeit zu operativen Maßnahmen ergibt sich aus den begleitenden funktionellen Störungen.

● **Klumphand.** Bei einer ulnaren distalen, longitudinalen Defektbildung mit Verkürzung oder Hypoplasie der Ulna kommt es zu einer Abweichung der Hand nach ulnar (ulnare oder Pseudoklumphand). Bei der häufigeren Defektbildung an der radialen Seite liegt eine radiale Klumphand vor *(Syn. 41)*. Die Notwendigkeit zur operativen Versorgung ergibt sich aus den begleitenden Funktionsstörungen von Ellenbogen- und Schultergelenk. Im Vordergrund steht die funktionelle Leistungsfähigkeit, die Selbständigkeit in den Aktivitäten des täglichen Lebens (z.B. Körperpflege, An- und Ausziehen, Toilette, Schreiben) garantiert. Achsenbegradigungen und Stabilisierungen des Handgelenkes sind daher nur dann angezeigt, wenn diese Funktionen nicht beeinträchtigt werden.

● **Polydaktylie**
Die Polydaktylie ist eine quantitative Überschußfehlbildung. Der zusätzliche Finger oder Zeh kann voll entwickelt oder auch rudimentär angelegt sein. Die Therapie ist meist operativ und ergibt sich aus funktionellen und an der Hand auch aus kosmetischen Gesichtspunkten *(Abb. 13)*.

● **Polydaktylie.** Bei der Polydaktylie handelt es sich um eine quantitative Überschußfehlbildung. Polydaktylien werden an oberer und unterer Extremität in unterschiedlichster Ausprägung angetroffen. Der zusätzliche Finger oder Zeh kann voll entwickelt oder auch rudimentär angelegt sein. Die Therapie ist meist operativ. Die Indikation zu operativen Maßnahmen ergibt sich aus funktionellen und, insbesondere an der Hand, auch aus kosmetischen Gesichtspunkten. Am Fuß ist in der Regel eine Abtragung der überzähligen Zehen gegen Ende des ersten Lebensjahres erforderlich, um die Schuhversorgung zu ermöglichen *(Abb. 13)*.

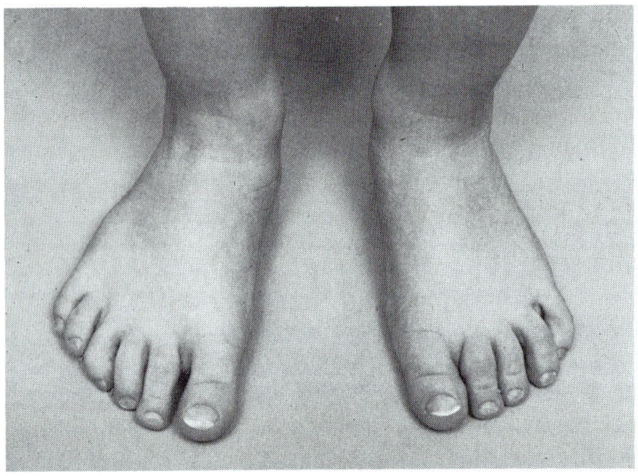

Abb. 13: Polydaktylie des rechten Fußes. Am Fuß ist eine Abtragung der überzähligen Zehen meist gegen Ende des 1. Lebensjahres wegen der Schuhversorgung erforderlich, an der Hand auch aus kosmetischen Gesichtspunkten indiziert.

● **Syndaktylie**
Bei der Syndaktylie besteht eine häutige **(kutane Syndaktylie)** oder auch knöcherne Verbindung **(ossäre Syndaktylie)** von Finger- oder Zehengliedern. Die stärkste Ausprägung der Syndaktylie stellt die **Löffelhand** mit Verwachsungen sämtlicher Finger dar. Die Formen der Syndaktylie sind in *Synopsis 42* wiedergegeben.

Die **Therapie** ergibt sich aus funktionellen und kosmetischen Gesichtspunkten. Ossäre Syndaktylien müssen wegen des zu erwartenden Fehlwachstums frühzeitig operativ angegangen werden.

● **Syndaktylie.** Bei der Syndaktylie besteht eine häutige oder auch knöcherne Verbindung von Finger- oder Zehengliedern. Bei der leichtesten Ausprägung handelt es sich um Schwimmhäute zwischen Fingern oder Zehen, die das Wachstum nicht beeinträchtigen **(kutane Syndaktylie).** Bei **ossären Syndaktylien** kommt es dagegen frühzeitig zu Deviationen der Finger und Zehen durch bestehende Knochenbrücken. Die stärkste Ausprägung der Syndaktylie stellt die **Löffelhand** mit Verwachsung sämtlicher Finger dar (z.B. als Akrozephalosyndaktylie beim Apert-Syndrom, *S. 106*). Die Formen der Syndaktylie sind in *Synopsis 42* wiedergegeben. Syndaktylien können als primäre, periphere Defektbildungen, aber auch als sekundäre (exogene) durch Schnürfurchen entstandene Fehlbildungen erklärt werden.

Die **Therapie** ergibt sich aus funktionellen und kosmetischen Gesichtspunkten. Am Fuß sind Syndaktylien in der Regel bedeutungslos. An der Hand wird bei ossären Syndaktylien bereits im ersten Lebensjahr eine Trennung der Knochenbrücke und Kommissurvertiefung durch Z-Plastik durchgeführt, um ein Fehlwachstum zu verhindern. Bei ausschließlich kutanen Syndaktylien ist die Kommissurvertiefung auch später möglich.

● **Spalthand und Spaltfuß**
Bei einer Defektbildung der zentralen Hand- und Fußknochen entsteht

● **Spalthand und Spaltfuß.** Bei der Defektbildung der zentralen Finger-, Mittelhand- und Handwurzelknochen (zentraler longitudinaler Gliedmaßendefekt entsteht eine Spaltung der Hand in einen radialen und ulnaren Anteil, die der

Synopsis 42: Klinik und Therapie der Syndaktylien.

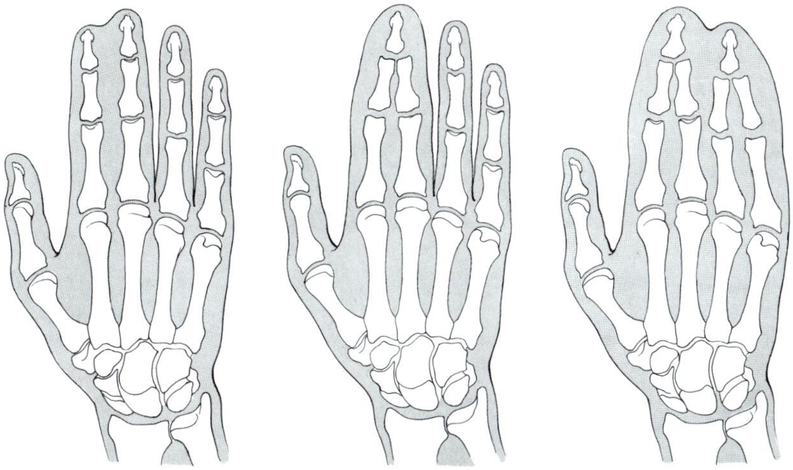

kutane Syndaktylie | ossäre Syndaktylie | Löffelhand

funktionell wenig behindernd → abwartendes Verhalten

funktionell stark behindernd Fehlwachstum → frühe operative Versorgung

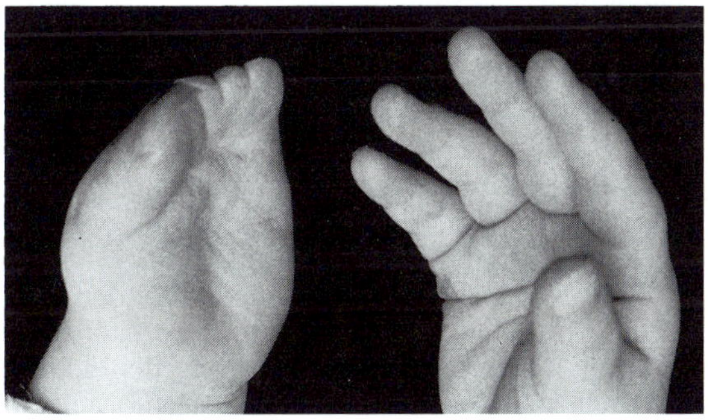

Klinischer Befund einer Löffelhand

Hand ein krebsscherenartiges Aussehen verleiht (an der unteren Extremität als Spaltfuß). Die Defektbildung an der Hand ist häufig kosmetisch weitaus störender als die vorliegenden funktionellen Ausfälle *(Abb. 14)*.

Die **Behandlung** ergibt sich jedoch aus funktionellen Gesichtspunkten, wobei die Opponierbarkeit des radialen und ulnaren Anteils für den Spitzgriff von wesentlicher Bedeutung ist. Am Fuß kann das Auseinanderweichen des tibialen und fibularen Strahls erhebliche Schwierigkeiten für die Schuhversorgung mit sich bringen, so daß operative Maßnahmen zur Fesselung der beiden Strahlen angezeigt sein können. Orthopädietechnisch wird mit einer Fußbettung evtl. mit Zehenausgleich oder mit einem Innenschuh versorgt.

eine Spaltung von Hand und Fuß in einen radialen und ulnaren Anteil, die den Gliedmaßen ein krebsscherenartiges Aussehen verleiht. Die Defektbildung an der Hand ist eher kosmetisch als funktionell störend. *(Abb. 14)*. Die Behandlung ergibt sich jedoch aus funktionellen Gesichtspunkten.

• Angeborener Femurdefekt

Synonym. Proximal focal femoral deficiency - PFFD.

Der angeborene Femurdefekt kann als proximale, **longitudinale Fehlbildung** alle Ausprägungen aufweisen und ist als geringgradige Hypoplasie eine häufige Ursache der vom Oberschenkel ausgehenden idiopathischen Beinverkürzung. Bei stärkeren Ausprägungen ist der Oberschenkel stark verkürzt, das Kniegelenk

• Angeborener Femurdefekt

Der angeborene Femurdefekt ist eine longitudinale Fehlbildung und kann von der geringgradigen Oberschenkelverkürzung bis zum völli-

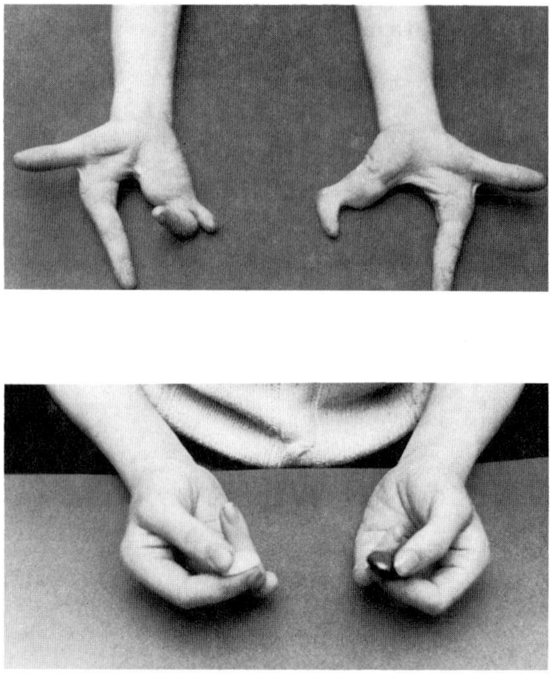

Abb. 14: Krebsscherenartiger Aspekt einer **beidseitigen Spalthand** mit durchaus guter funktioneller Leistungsfähigkeit beim Spitzgriff und der Feinmotorik der Finger.

gen Fehlen des Oberschenkelknochens reichen. Kombinationen des Femurdefekts mit Fehlbildungen des Unterschenkels sind möglich. Um eine orthoprothetische Versorgung zu gewährleisten, sind unter Umständen vorausgehend operative Maßnahmen erforderlich.

dysplastisch. Kombinationen des proximalen Femurdefekts mit Fehlbildungen des Unterschenkels sind möglich.

Bei der Therapie steht die Vertikalisierungsmöglichkeit der betroffenen Patienten im Vordergrund. In Abhängigkeit von der Ausprägung der Defektbildung sind unter Umständen operative Eingriffe erforderlich, um eine orthetische, orthoprothetische oder prothetische Versorgung zu ermöglichen. Beinverlängernde Operationen sind bei der gering ausgeprägten Femurhypoplasie bei normal angelegtem Hüft- und Kniegelenk möglich.

• Tibia- und Fibulahypoplasie und -aplasie

Bei Hypoplasie von Tibia und Fibula ist die Stabilität des Fußes im oberen Sprunggelenk gefährdet. Bei einer Aplasie fehlt die mediale bzw. die laterale Abstützung des Sprunggelenkes, so daß eine erheblich Varus- bzw. Valgusstellung des Fußes resultiert.
Die Therapie ist vom Ausmaß der Deformität abhängig.

• Tibia- und Fibulahypoplasie und -aplasie. Die funktionelle Beeinträchtigung ergibt sich aus dem Ausmaß der Deformität. Bei Hypoplasie von Tibia und Fibula ist in der Regel die Stabilität des Fußes im oberen Sprunggelenk gefährdet. Bei einer Aplasie der Tibia fehlt die mediale Abstützung für den Talus und der stabilisierende Pfeiler des Kniegelenkes. Es resultiert eine erhebliche Varusstellung des Unterschenkels mit Klumpstellung des Fußes. Bei der Fibulaaplasie dagegen kommt es zu Lateralluxationen des Talus aus der Knöchelgabel mit ausgeprägter Valgität des Rückfußes und Verkürzung der Achillessehne.

Die Therapie richtet sich nach dem Ausmaß der Verkürzung und den Stabilisierungsmöglichkeiten an Knie- und Sprunggelenk. Neben rekonstruktiven Maßnahmen zur Wiederherstellung der Stabilität sind unter Umständen auch Amputationen erforderlich, um eine gute prothetische Versorgung zu gewährleisten.

1.2.1.3 Überentwicklungen (Riesenwuchs)

Der Riesenwuchs kann in unterschiedlicher Ausdehnung und Ausprägung auftreten. Der Befall größerer Skelettabschnitte kann zur Amputation zwingen *(Abb. 15)*. Beim **Klippel-Trenaunay-Syndrom** liegen gleichzeitig eine Weichteilhyperplasie und Gefäßfehlbildungen vor.

1.2.1.3 Überentwicklungen (Riesenwuchs)

Der Riesenwuchs kann als qualitative Überschußfehlbildung die obere und untere Extremität mit unterschiedlicher Ausdehnung und Ausprägung befallen. Ist lediglich ein Zehen- oder Fingerglied betroffen, handelt es sich unter Umständen nur um ein kosmetisches Problem, das allerdings zur schwerwiegenden psychischen Belastung werden kann. Der Befall größerer Skelettabschnitte kann jedoch zu ausgeprägten funktionellen Störungen führen und evtl. zur Amputation zwingen *(Abb. 15)*. Beim **Klippel-Trenaunay-Syndrom** ist der Riesenwuchs einer gesamten Extremität mit Weichteilhyperplasie und Gefäßfehlbildungen (Varizen, angiomatöse Veränderungen, Naevus flammeus) kombiniert.

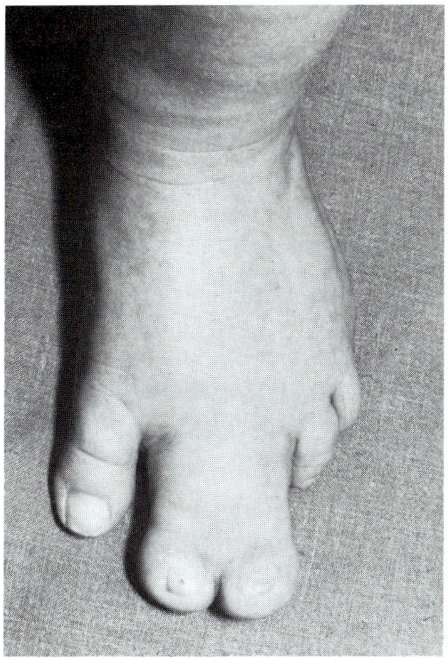

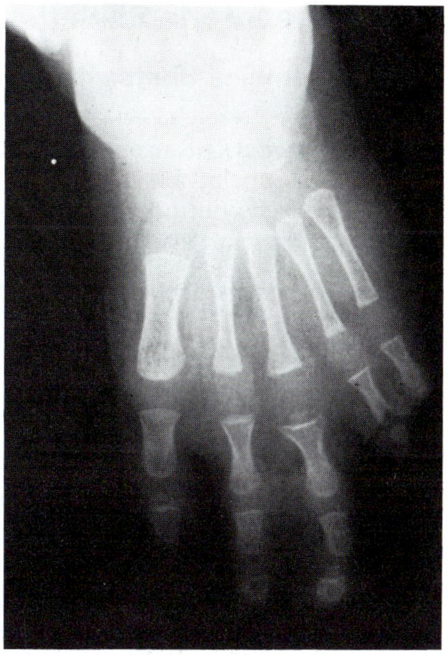

Abb. 15: 2jähriges Kind mit **isoliertem Riesenwuchs** der 2. und 3. Zehe. Amputation im Mittelgelenk für die Schuhversorgung erforderlich.

1.2.1.4 Amniotische Abschnürungen

Fehlentwicklungen des Amnion können zur Abschnürung der Extremitäten oder des Rumpfes führen. Bei ausgeprägten Formen kann eine Aplasie einzelner Fingerglieder vorliegen *(Abb. 16)*. Schwerste Strikturen mit der Gefahr peripherer Durchblutungsstörungen müssen unmittelbar nach der Geburt behoben werden. Alle anderen funktionsbehindernden Abschnürungen werden durch multiple Haut-Plastiken angegangen.

1.2.1.4 Amniotische Abschnürungen

Durch Fehlentwicklung des Amnion sind Abschnürungen an Rumpf und Extremitäten von Schnürfurchen bis zur völligen Amputation möglich *(Abb. 16)*.

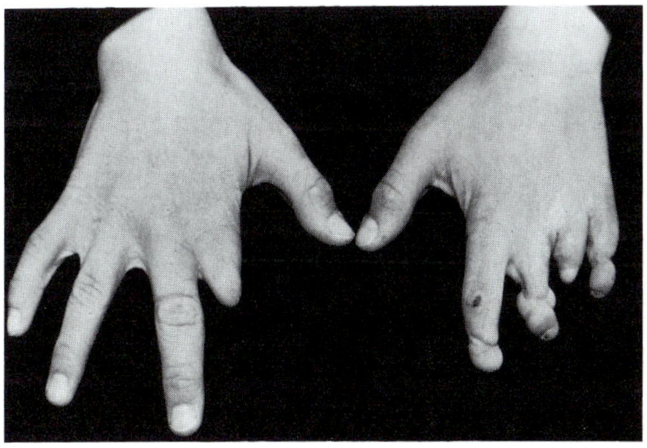

Abb. 16: Amniotische Abschnürungen mit tiefen Schnürfurchen am 2., 3. und 5. Finger links sowie Amputation des 2. Fingers rechts und 4. Fingers links.

1.2.2 Fehlbildungen der Wirbelsäule

Störungen der Wirbelsäulenentwicklung können ausschließlich die Wirbelsäule, aber auch die vom Ektoderm abstammenden neuralen Strukturen betreffen (Defekte des Neuralrohres). Die Erscheinungsbilder der einzelnen Wirbelsäulenfehlbildungen werden im Kapitel Wirbelsäule *(S. 291)*, die der Defekte des Neuralrohres im Zusammenhang mit den angeborenen Querschnittslähmungen *(S. 257)* abgehandelt.

1.2.2 Fehlbildungen der Wirbelsäule

Die Erscheinungsbilder der einzelnen Wirbelsäulenfehlbildungen werden im Kapitel Wirbelsäule *(S. 291)*, die der Defekte des Neuralrohres im Zusammenhang mit den angeborenen Querschnittslähmungen *(S. 257)* abgehandelt.

1.3 Angeborene Skelettentwicklungsstörungen

1.3.1 Allgemeine Übersicht

Definition ▶

Epidemiologie
Insgesamt selten. Die häufigste Skelettdysplasie ist die Achondroplasie mit zwei bis drei Fällen auf 100 000 Geburten.

Klassifikation
Die Klassifikation geht aus *Tab. 11* hervor. Als Dysplasien werden Gewebedefekte, als Dysostosen Organdefekte bezeichnet. Dystrophien sind kongenitale generalisierte metabolische Erkrankungen.

Pathogenese
Die dynamische Klassifikation der Skelettdysplasien berücksichtigt deren Zusammenhänge mit den Differenzierungsvorgängen von Knorpel und Knochen *(Übersicht in Synopsis 43).*

Klinik
Bei frühestmöglicher Diagnose können Voraussagen über die definitive Körpergröße, zu erwartende Deformitäten und das genetische Risiko für die Familie gemacht werden.

Diagnose
Eine Skelettdysplasie ist wahrscheinlich bei Kleinwuchs, familiärer Häufung, symmetrischem Skelettbefall und sogenannten Stigmata. Die Diagnose wird durch Röntgenaufnahmen der Wirbelsäule, des Beckens und der Hände gestellt.

Im folgenden werden die einzelnen Gruppen der angeborenen Skelettentwicklungsstörungen (Dysplasie, Dysostose, Dystrophie) mit den wichtigsten Erkrankungen vorgestellt:

1.3 Angeborene Skelettentwicklungsstörungen

1.3.1 Allgemeine Übersicht

> ***Definition.*** Bei den angeborenen Entwicklungsstörungen des Skeletts handelt es sich um eine fehlerhafte Anlage und Entwicklungspotenz der Knorpelknochenzelle mit unterschiedlichsten klinischen Erscheinungsbildern.

Epidemiologie. Angeborene Skelettentwicklungsstörungen sind selten, ihre morphologische Vielfalt ist dagegen um so ausgeprägter. Die Häufigkeit angeborener Skelettentwicklungsstörungen liegt bei zwei bis vier Erkrankungsfällen pro 1000 Neugeborenen. Die häufigste Skelettdysplasie ist die Achondroplasie, die bei etwa zwei bis drei von 100 000 Geborenen diagnostiziert wird. Fast ebenso häufig ist die Osteogenesis imperfecta.

Klassifikation. Die Pariser Klassifikation differenziert die bekannten 136 Krankheitsbilder in solche mit bekannter bzw. unbekannter Pathogenese, ohne dabei jedoch die Lokalisation der Entwicklungsstörungen zu berücksichtigen *(Tab. 11, S. 88).* Als Dysplasien werden Gewebedefekte, als Dysostosen Organdefekte bezeichnet. Unter Dystrophien versteht man kongenitale generalisierte, metabolische Erkrankungen mit Auswirkungen am Skelettsystem (Def. *S. 89).*

Pathogenese. Die Pathogenese der Dysostosen (Organdefekte) ist weitgehend unbekannt. Bei den Dysplasien (Gewebedefekte) kann jedoch eine Beziehung der verschiedenen Erkrankungen zu den Differenzierungsvorgängen von Knorpel und Knochen im Rahmen der Wachstumsprozesse hergestellt werden. Insofern ist eine dynamische Klassifikation der Skelettdysplasien nach anatomischen und pathogenetischen Gesichtspunkten möglich. In *Synopsis 43* ist eine Übersicht zusammengestellt. Bei den metabolischen Störungen (Dystrophien) ist die Pathogenese der Erkrankungen vielfach bekannt.

Klinik. Bei Skelettentwicklungsstörungen ist eine frühestmögliche Diagnose der wichtigste Schritt. Nur dann können genaue Voraussagen über die definitive Körpergröße, über die zu erwartenden Deformitäten oder begleitenden Erkrankungen und über das genetische Risiko für die Familie gemacht werden. Bei bekannter Diagnose können zahlreiche Krankheiten im Verlauf günstig beeinflußt und Komplikationen vermieden werden.

Diagnose. Die Diagnose von Dysostosen ergibt sich aus dem Lokalbefund. Eine Skelettdysplasie ist bei Vorliegen folgender Symptome zu bedenken: Kleinwuchs, familiäre Häufung, symmetrisch ausgedehnte Skelettveränderungen, Vorliegen sogenannter »Stigmata« (fehlende Ähnlichkeit mit anderen Familienangehörigen). Für die Diagnosebestätigung sind Röntgenaufnahmen, vorwiegend der Wirbelsäule, des Beckens und der Hände angezeigt. Bleiben diese Röntgenaufnahmen ohne pathologischen Befund, so ist eine Skelettdysplasie nicht wahrscheinlich. Pathologische Befunde können durch ergänzende Aufnahmen anhand von Dysplasieatlanten eingeordnet werden. Bei metabolischen Störungen sind unter Umständen Laboruntersuchungen richtungweisend.

Im folgenden werden die einzelnen Gruppen der angeborenen Skelettentwicklungsstörungen (Dysplasie, Dysostose, Dystrophie) mit den wichtigsten Erkrankungen vorgestellt:

Synopsis 43: Klassifikation der Skelettdysplasien nach anatomischen und pathophysiologischen Gesichtspunkten
(vergleiche Synopsis 47, S. 112)

1. Epiphysäre Dysplasien
1.1 Epiphysäre Hypoplasien
- Fehlentwicklungen des Gelenkknorpels: spondyloepiphysäre Dysplasie
- Fehlentwicklungen der Knorpelossifikation: multiple epiphysäre Dysplasie

1.2 Epiphysäre Hyperplasien
- Überschußbildung des Gelenkknorpels: Dysplasie epiphysialis hemimelica

2. Dyplasien der Wachstumsfuge
2.1 Knorpeldysplasien
- Fehlentwicklung des proliferierenden Knorpels: Achondroplasie
- Fehlentwicklung des hypertrophischen Knorpels

2.2 Knorpelhyperplasien
- Überschußbildung des proliferierenden Knorpels: Hyperchondroplasie
- Überschußbildung des hypertrophischen Knorpels: Enchondromatose

3. Metaphysäre Dysplasien
3.1 Metaphysäre Hypoplasien
- Störung der Spongiosaformation: Hypophosphatasie
- Störung der Resorption der primären Spongiosa: Osteopetrose
- Störung der Resorption der sekundären Spongiosa: kraniometaphysäre Dysplasie

3.2 Metaphysäre Hyperplasien
- Überschußbildung der Spongiosa: multiple Exostosen

4. Diaphysäre Dysplasien
4.1 Diaphysäre Hypoplasien
- Störung der periostalen Knochenformation: Osteogenesis imperfecta

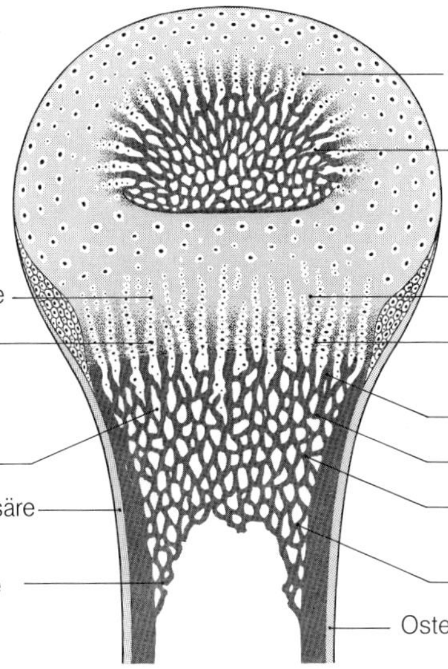

(vergleiche Synopsis 47, S. 112)

1.3.2 Skelettdysplasien

Klassifikation. Die Gruppe der Skelettdysplasien umfaßt verschiedenartige Erkrankungen mit
- Wachstumsstörungen von Knorpel und Knochengewebe
- disorganisierter Entwicklung von Knorpel und fibrösen Elementen
- Abnormalitäten der Knochendichte.

Die Erkrankungen im einzelnen:

● Achondroplasie
Synonym. Chondrodysplasie, Chondrodystrophia fetalis.
Die häufigste Skelettdysplasie (zwei bis drei Fälle/100 000) ist eine kurzgliedrige Form des Kleinwuchses mit einer durchschnittlichen Erwachsenenkörpergröße von etwa 125 cm. Die Erkrankung wird autosomal dominant vererbt.

Ursächlich liegt dem Leiden eine Hemmung der Knorpelproliferation und **Störung der enchondralen Ossifikation** zugrunde. Die Diagnose ergibt sich in jedem Alter durch das typische klinische und radiologische Bild *(Syn. 44)*.

Röntgenologisch ist der durch das gestörte Wirbelsäulenwachstum bedingte enge Spinalkanal typisch, der bei zusätzlichen degenerativen Veränderungen frühzeitig zu Lähmungserscheinungen führen kann. Die Röhrenknochen zeigen im Röntgenbild Verbreiterungen.

1.3.2 Skelettdysplasien

Klassifikation
Erkrankungen mit
- Wachstumsstörungen von Knorpel und Knochengewebe
- disorganisierter Entwicklung von Knorpel und fibrösen Elementen
- Abnormalitäten der Knochendichte

Die Erkrankungen im einzelnen:

● Achondroplasie
Die häufigste Skelettdysplasie ist eine kurzgliedrige Form des Kleinwuchses mit einer durchschnittlichen Erwachsenengröße von 125 cm. Sie wird autosomal dominant vererbt. Dem Leiden liegt eine Hemmung der Knorpelproliferation und **Störung der enchondralen Ossifikation** zugrunde *(Syn. 44)*.
Röntgenologisch findet sich neben einem engen Spinalkanal eine Verbreiterung der Röhrenknochen.

Synopsis 44: 9jähriger Junge mit dysproportioniertem Minderwuchs bei **Achondroplasie (a).** Beachte klinisch auch die kurzen Extremitäten und Beinachsenstellung. Sichtbar wird auch die thorakolumbale Kyphose, die lumbosakrale Hyperlordose sowie die Plumpheit der Hände. Typischer radiologischer Befund mit Verkürzung der Phalangen, becherartiger Form der Metaphysen und eingesunkenen Epiphysen an der Hand (b, siehe Pfeile) sowie mit Hypoplasie und Frontalstellung der Darmbeine und horizontal gestelltem Pfannendach im Bereich des Beckens (c).

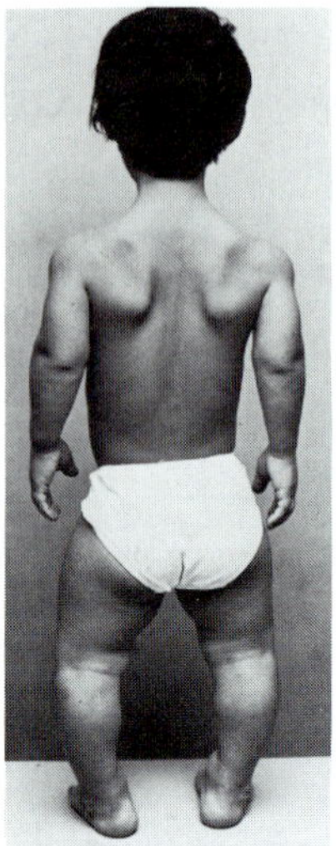

a

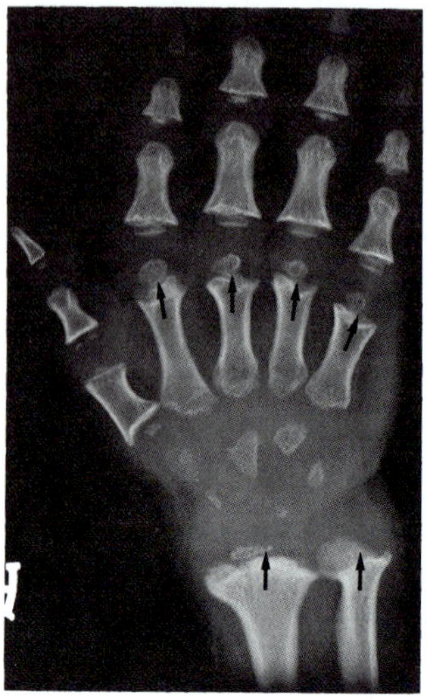

b

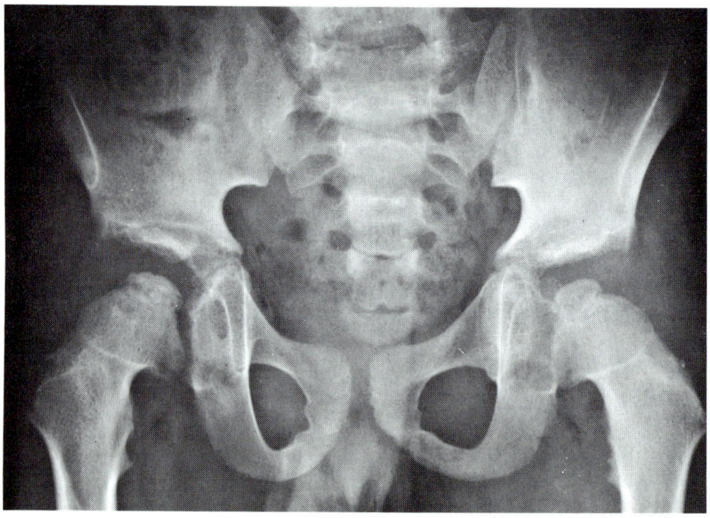

c

Klinisch fallen bei der Achondroplasie kurze Extremitäten, plumpe Hände und Füße, ein relativ großer Schädel, die einfallende Nasenwurzel, Wirbelsäulenveränderungen und Beinachsendeformitäten auf *(Syn. 44)*.

Die **Therapie** ist symptomatisch und orientiert sich an den funktionellen Behinderungen, in bestimmten Fällen kommen operative Beinverlängerungen in Frage *(S. 129)*.

Klinik. Klinisch fallen bei der Achondroplasie kurze Extremitäten (dysproportionierter Minderwuchs), plumpe Hände und Füße, ein relativ großer Schädel, die einfallende Nasenwurzel, Wirbelsäulenveränderungen und Beinachsendeformitäten auf *(Synopsis 44)*.

Wegen ihrer körperlichen Auffälligkeiten sind Achondroplastiker bei normaler Intelligenz seit jeher als Zirkusclowns und Spaßmacher bekannt.

Die **Therapie** ist symptomatisch und orientiert sich an den funktionellen Behinderungen durch die Beinachsendeformität sowie durch die thorakolumbale Kyphose. Bei Lähmungen sind dekomprimierende und stabilisierende Eingriffe an der Wirbelsäule erforderlich. Bei Körpergrößen unter 140 cm können mit modernen Methoden der operativen Beinverlängerung Längengewinne bis zu 20 cm erreicht werden *(S. 129)*.

● **Pseudoachondroplasie.** Bei der Pseudoachondroplasie ist die Wachstumsstörung im Gegensatz zur Achondroplasie *(S. 99)* zum Zeitpunkt der Geburt klinisch noch nicht erkennbar. Sie entwickelt sich erst im Kleinkindesalter und bleibt ohne die typischen Veränderungen des Gesichtsschädels, während die Verkürzung der Extremitäten noch relativ stärker ausfällt als bei der Achondroplasie. Die Therapie orientiert sich wie bei der Achondroplasie an den Symptomen der Extremitätenverkürzung und -deformierung.

• Pseudoachondroplasie
Wachstumsstörung wie bei der Achondroplasie *(S. 99)*, jedoch ohne typische Veränderungen des Gesichtsschädels, aber mit stärkerer Verkürzung der Extremitäten.

● **Spondyloepiphysäre Dysplasie.** Bereits zum Zeitpunkt der Geburt vorhandene Wachstumsstörung der Wirbelsäule mit Rumpfverkürzung. Im weiteren Entwicklungsalter kommt es auch zur Störung des proximalen Epiphysenwachstums. Das klinische Bild wird von der auffälligen Rumpfverkürzung evtl. mit Kyphose und Skoliose geprägt. Röntgenologisch bestehen typische Ossifikationsstörungen an den Wirbelkörpern (ovale Wirbelkörper, Platyspondylie). Die Therapie orientiert sich an den im Vordergrund stehenden Symptomen.

• Spondyloepiphysäre Dysplasie
Wachstumsstörung der Wirbelsäule mit Rumpfverkürzung und begleitenden Störungen des proximalen Epiphysenwachstums.

● **Kleidokraniale Dysplasie**
Synonym. Dysostosis cleidocranialis (ältere Nomenklatur).
Das klinische Erscheinungsbild mit großem Kopf und hervorspringenden Stirnhöckern, sowie Hypermobilität des Schultergürtels durch **Fehlen der Schlüsselbeine** geben der Erkrankung ihren Namen. Manche Patienten können die Schultern vor der Brust zusammenführen. Begleitend können Thoraxdeformitäten (Trichterbrust), Hüft- und Fußdeformitäten auftreten.

Röntgenologisch sind Verknöcherungsstörungen der Schädelnähte, des Schlüsselbeins, des Beckens (Spaltbecken) und der Wirbelsäule charakteristisch. Die Erkrankung wird meist autosomal dominant vererbt.

Die Therapie ist symptomatisch.

• Kleidokraniale Dysplasie

Klinisch imponieren der große Kopf mit hervorspringenden Stirnhöckern sowie die Hypermobilität des Schultergürtels durch **Fehlen der Schlüsselbeine.**

Röntgenologisch: Verknöcherungsstörung von Schädelnähten, Schlüsselbeinen, Becken und Wirbelsäule

● **Metaphysäre Chondrodysplasie.**
Synonym. Metaphysäre Dysostose.
In dieser Gruppe werden mehrere Typen der metaphysären Wachstumsstörung zusammengefaßt, denen die röntgenologischen Veränderungen mit Auflockerung und Verbreiterung der Metaphysen gemeinsam sind. Sie führen alle zum disproportionierten Minderwuchs mit Verkürzung und evtl. Deformierung der Extremitäten.

• Metaphysäre Chondrodysplasie

Erkrankungsgruppe mit metaphysärer Wachstumsstörung und klinisch disproportioniertem Minderwuchs.

● **Multiple epiphysäre Dysplasie**
Synonym. Polytope enchondrale Dysostose.
Skelettdysplasien mit polytopem Epiphysenbefall können mit verschiedener Lokalisation und unterschiedlichstem Schweregrad auftreten. Bei der leichteren Verlaufsform mit autosomal rezessivem Erbgang **(Typ Ribbing)** sind besonders die Hüftgelenke und die Wirbelsäule von den Wachstumsstörungen betroffen.

Röntgenologisch kommt es bereits im Kleinkindesalter zur Deformierung der Hüftköpfe (mit der Folge der Coxa vara) sowie zu ausgeprägten Ossifikationsstörungen an der Wirbelsäule. Das röntgenologische Erscheinungsbild des doppelseitigen Hüftgelenksbefalls ist im Kindesalter von der Perthes-Erkrankung abzugrenzen *(Abb. 17* und siehe zum Vergleich *S. 120)*. Bei der schweren Verlaufsform **(Typ Fairbank)** kann es aufgrund der hochgradigen Deformitäten bereits frühzeitig auch zu arthrotischen Veränderungen an den Gelenken (Hüft-, Knie-, Sprunggelenke) kommen.

• Multiple epiphysäre Dysplasie

Skelettdysplasie mit polytopem Epiphysenbefall. Bei der leichteren Verlaufsform (Typ Ribbing) sind Hüftgelenke (Coxa vara) und Wirbelsäule betroffen. **Röntgenologisch** kommt es bereits im Kleinkindesalter zur Deformierung der Hüftköpfe (mit der Folge der Coxa vara), und zu Ossifikationsstörungen. Die Differentialdiagnose zum Morbus Perthes ist wichtig *(Abb. 17)*. Bei der schweren Verlaufsform (Typ Fairbank) kommt es frühzeitig zu arthrotischen Veränderungen der Gelenke.

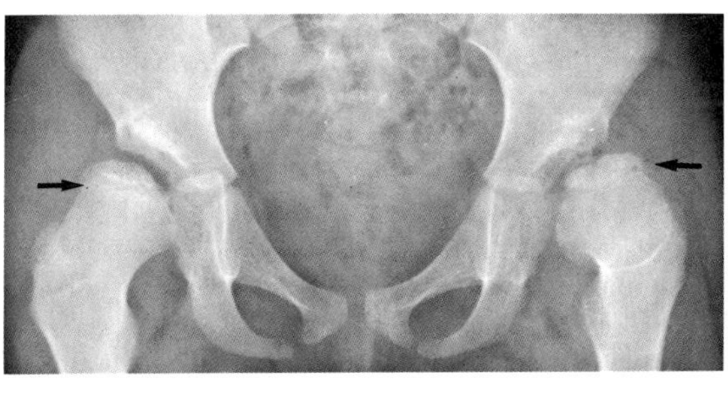

Abb. 17: Multiple epiphysäre Dysplasie mit typischen radiologischen Veränderungen im Bereich der Hüftgelenke (6jähriges Mädchen): Pfannendysplasie sowie Abflachung und Fragmentierung der Epiphysen (Pfeile). Differentialdiagnostisch muß ein Morbus Perthes ausgeschlossen werden.

• Multiple kartilaginäre Exostosen

Autosomal dominant vererbbares Leiden mit Ausbildung von zahlreichen über das gesamte Skelettsystem verteilten, epiphysenfugennahen Knochenauswüchsen *(Syn. 43, S. 99).*

Kartilaginäre Exostosen können nach Wachstumsabschluß maligne entarten und sollen daher röntgenologisch kontrolliert werden. Bei Behinderung der Gelenkbeweglichkeit kommt die Abtragung der Exostosen in Frage.

• Multiple kartilaginäre Exostosen

Synonym. Multiple Osteochondrome.

Es handelt sich um eine Überschußbildung der Spongiosa im metaphysären Bereich *(Syn. 43, S. 99).* Bereits im Kleinkindesalter kommt es zur Ausbildung von zahlreichen, über das gesamte Skelettsystem verteilten Knochenauswüchsen von unterschiedlicher Größe. Ihre Lokalisation ist wachstumsfugennah, vorwiegend in der Nähe des Knie-, des Schulter- und des Hüftgelenkes sowie der Rippen. Das Leiden wird autosomal dominant vererbt.

Therapeutisch kommt eine Abtragung der Exostosen in Frage, wenn diese wegen Größenzunahme die Gelenkbeweglichkeit behindern oder zu Druckerscheinungen benachbarter Weichteilstrukturen führen. Nach dem 20. Lebensjahr wird bei weniger als 2% der Patienten eine maligne Entartung zum Chondrosarkom beobachtet. **Bei Größenzunahme sind daher Röntgenkontrollen erforderlich.** Differentialdiagnostisch sind die ebenfalls vorkommenden solitären kartilaginären Exostosen zu bedenken *(S. 207).*

• Enchondromatose

Ansammlung von Knorpelnestern in normalem Knochengewebe mit der Gefahr von Wachstumsstörungen und Deformitäten. Der Befall einer Körperhälfte wird als **Morbus Ollier** bezeichnet *(Abb. 18).* Maligne Entartung ist möglich (25%). Die Kombination von multiplen Enchondromen und Hämangiomen wird als **Mafucci-Syndrom** bezeichnet, das sehr häufig sarkomatös entartet.

• Enchondromatose

Synonym. Chondrale Dysplasie.

Bereits im Kleinkindesalter röntgenologisch erkennbare Knorpelnester in normalem Knochengewebe, die mit zunehmendem Wachstum zur Schwächung des Knochens und damit zu Wachstumsstörungen und Deformitäten führen können. Es gibt unterschiedliche Befallsmuster, die je nach Ausdehnung und Ausprägung die Schwere des Krankheitsbildes bestimmen. Der Befall einer Körperhälfte wird als Hemichondrodystrophie **(Morbus Ollier)** bezeichnet *(Abb. 18).* Nach Wachstumsabschluß können sich die Veränderungen zurückbilden. Allerdings ist bei ausgeprägten enchondromatösen Läsionen auch eine maligne Entartung möglich (25% im 40. Lebensjahr). Zunehmende Auftreibungen müssen daher röntgenologisch, szintigraphisch und unter Umständen bioptisch kontrolliert werden. Beim **Mafucci-Syndrom** liegen zusammen mit multiplen Enchondromen subkutane, kavernöse Hämangiome vor. Bei dieser Erkrankung kommt es fast regelmäßig zur sarkomatösen Entartung der Enchondrome.

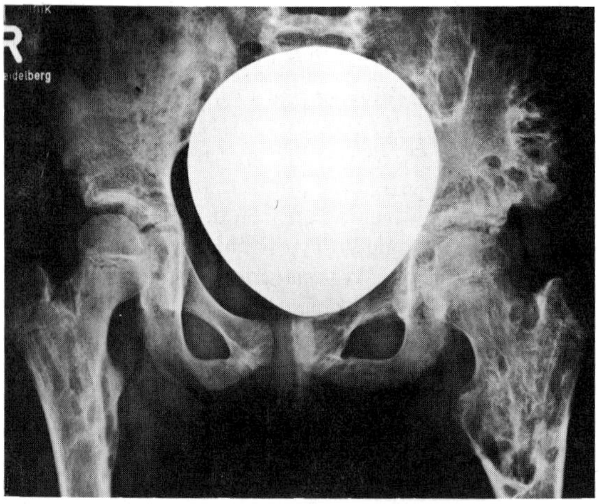

Abb. 18: Enchondromatose mit überwiegendem Befall der linken Körperhälfte bei 11jährigem Jungen **(Morbus Ollier).** Röntgenologisch strähnige und blasige Zeichnung der Knorpelherde im Bereich des Darmbeines und des koxalen Femurendes.

• Fibröse Dysplasie

Entwicklung fibröser Herde in den Markräumen von Röhrenknochen mit der Gefahr von Spontanfrakturen *(Abb. 19)* und zunehmender Deformierung (z.B. Coxa vara und Hirtenstabdeformität). Zusammen mit Pubertas praecox und Pigmentanomalien ist die Erkrankung als **McCune-Albright-Syndrom** bekannt.

Diagnose und Differentialdiagnose

Bei unsicherer Diagnose Biopsie.

• Fibröse Dysplasie

Synonym. Morbus Jaffé-Lichtenstein.

Bei der Erkrankung liegt eine disorganisierte Entwicklung von Knorpel und fibrösen Elementen vor. Meist im ersten Lebensjahrzehnt entwickeln sich fibröse Herde in den Markräumen der Röhrenknochen mit der Gefahr der Spontanfraktur und zunehmenden Deformierung *(Abb. 19).* Bei hüftgelenksnahem Befall kann es zur ausgeprägten Coxa vara (Hirtenstabdeformität, *S. 419)* kommen. Die Erkrankung kann monostotisch, polyostotisch oder zusammen mit Pubertas praecox und Pigmentanomalien **(McCune-Albright-Syndrom)** auftreten.

Die **Diagnose**, vor allen Dingen im Frühstadium, ist nicht immer einfach. Unter Umständen ist eine Biopsie zur Abklärung erforderlich.

Differentialdiagnostisch müssen Knochenfibrome, Chondrome und der primäre Hyperparathyreoidismus berücksichtigt werden. Die Erkrankung wird daher auch den tumorähnlichen Läsionen zugeordnet *(S. 219)*.

Therapeutisch kommt bei ausgeprägtem Befall mit der Gefahr der Spontanfraktur die Ausräumung der fibrösen Herde mit Spongiosaauffüllung in Frage *(Abb. 19)*. Das Leiden kommt jedoch in der Pubertät häufig spontan zum Stillstand.

Differentialdiagnostisch müssen Knochenfibrome, Chondrome und der primäre Hyperparathyreoidismus ausgeschlossen werden.

Therapie

Ausräumung der Herde und Spongiosaauffüllung. Das Leiden kommt in der Pubertät häufig zum Stillstand.

◀ Klinisches Beispiel

Klinisches Beispiel. 8jähriger Junge mit immer wieder auftretenden Schmerzen im Bereich des rechten Oberschenkels und Kniegelenkes, die zunächst auf Traumen beim Fußballspielen zurückgeführt wurden. Das erste Röntgenbild zeigt dann aber eine zunächst leichte, später deutliche kolbige Auftreibung des Femur, zentrale Osteolyse und Ausdünnung der Kortikalis mit beginnender Ermüdungsfraktur (Looser-Umbauzone) *(Abb. 19a)*. Auf der Suche nach weiteren Skelettherden werden szintigraphisch positive Befunde auch im linken Femur, in beiden Tibiae und im Schädel diagnostiziert *(Abb. 19b)*. Im Bereich des Schädels liegt röntgenologisch eine typische Usurierung der Tabula externa vor *(Abb. 19c)*. Die Vermutungsdiagnose »fibröse Dysplasie« wird nach Biopsie aus dem Oberschenkel gesichert. Es erfolgt eine Kürettage des Oberschenkelherdes rechts und Spongiosaauffüllung. 3 Monate später ist der Junge schmerzfrei belastungsfähig. Die Herde werden regelmäßig klinisch und röntgenologisch kontrolliert.

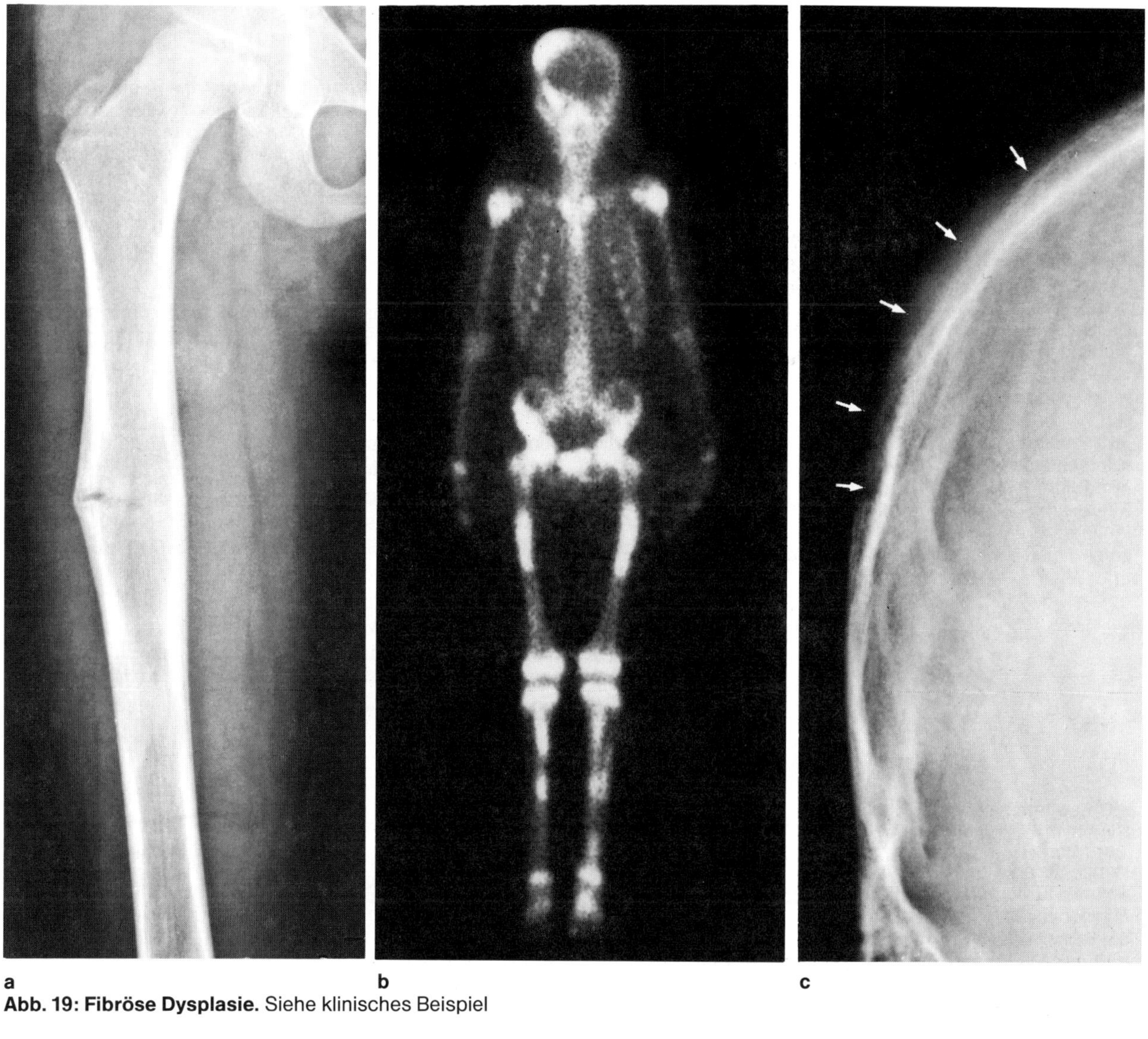

a b c

Abb. 19: Fibröse Dysplasie. Siehe klinisches Beispiel

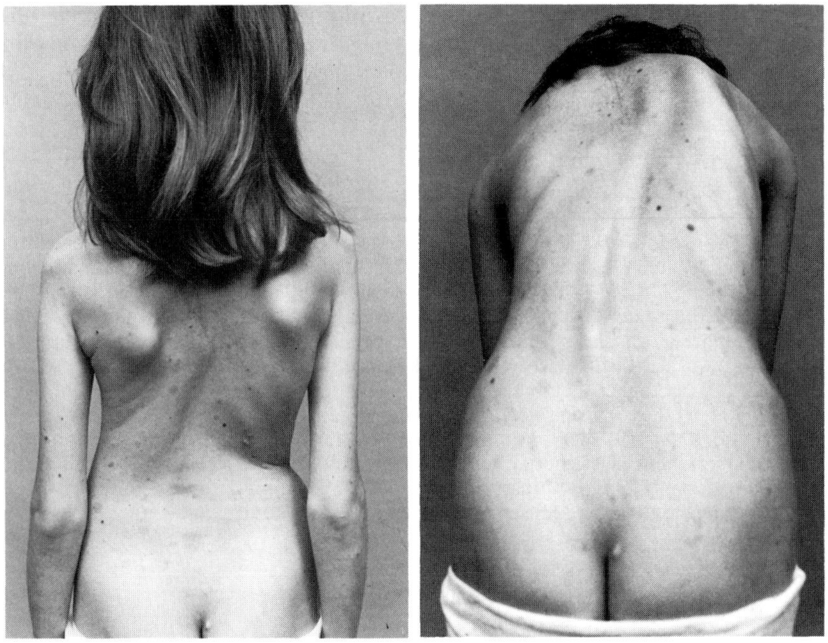

Abb. 20: 13jähriges Mädchen mit **neurofibromatotisch bedingter Skoliose.** Klinisch sind die zahlreichen Neurofibrome in der Haut, die »Café-au-lait«-Flecken und die hochthorakale kurzbogige Skoliose auffällig. Wegen der Neigung zu neurologischen Komplikationen ist frühzeitig die operative Stabilisierung angezeigt (Spondylodese).

• Neurofibromatose
Synonym. Morbus von Recklinghausen
Die Neurofibromatose ist eine der häufigsten **autosomal dominant** vererbbaren Erkrankungen. Charakteristisch sind die Neurofibrome der Haut und die begleitenden **Café-au-lait-Flecken** *(Abb. 20).*
Klinisch stehen das **Crus varum congenitum** und die sich im frühen Kindesalter entwickelnde **Skoliose** im Vordergrund. Wegen der Neigung zu neurologischen Komplikationen erfordert die Skoliose frühzeitig eine operative Stabilisierung.

• Neurofibromatose

Synonym. Morbus von Recklinghausen.

Die Neurofibromatose gehört zu den häufigsten **autosomal dominant** ererbten Erkrankungen. **Neurofibrome** können an allen Organen auftreten. Die Diagnose wird durch die Neurofibrome der Haut und die begleitenden **»Café-au-lait-Flecken«** gesichert *(Abb. 20).*

Klinisch stehen die bereits zum Zeitpunkt der Geburt vorhandene Varusdeformität des Unterschenkels **(Crus varum congenitum,** *S. 464)* und die sich im frühen Kindesalter entwickelnde **Skoliose** im Vordergrund, die durch den Zusammenbruch neurofibromatotisch veränderter Wirbel entsteht. Im Bereich des Crus varum congenitum kann bereits zum Zeitpunkt der Geburt oder auch erst später durch Spontanfrakturen eine Unterschenkelpseudarthrose entstehen, deren Behandlung durch mangelnde Heilungsfähigkeit im neurofibromatotischen Gewebe äußerst problematisch ist. Die Skoliose entsteht durch den Zusammenbruch neurofibromatotisch veränderter Wirbel. Sie zeichnet sich röntgenologisch dementsprechend durch ihre Kurzbogigkeit und die Eindellungen der Wirbelkörperkonturen aus. Die neurofibromatotischen Wirbelsäulendeformitäten sind häufig rasch progredient und neigen zu neurologischen Komplikationen, so daß frühzeitig eine operative Stabilisierung angezeigt ist *(Abb. 20).*

• Osteogenesis imperfecta
Synonym. Glasknochenkrankheit.

Kongenitale Osteoporose mit vermehrter **Knochenbrüchigkeit** und **Minderwuchs.** Die Erkrankung ist auf verschiedene **Störungen der Kollagensynthese und periostalen Knochenformation** zurückzuführen. Nach *Sillence* werden vier Formen unterschieden. Beim autosomal dominant vererblichen **Typ I (Tardaform, Typ Lobstein)** treten die Frakturen erst in der Vertikalisierungs-

• Osteogenesis imperfecta

Synonym. Glasknochenkrankheit.

Die Osteogenesis imperfecta gehört zu den Skelettdysplasien mit abnormaler Knochendichte und ist auf verschiedene **Störungen der Kollagensynthese und der periostalen Knochenformation** *(Syn. 43, S. 99)* zurückzuführen. Sie ist gekennzeichnet durch **Knochenbrüchigkeit** bei kongenitaler Osteoporose und **Minderwuchs.** Die Prognose der Erkrankung ist unterschiedlich. Nach *Sillence* werden vier Formen unterschieden.

Für den **Typ I** sind **blaue Skleren** charakteristisch. Die Frakturen treten erst mit Beginn der Vertikalisierung (früher auch als **Tardaform, Typ Lobstein,** bezeichnet). Im Erwachsenenalter entwickelt sich oft eine otosklerotische **Schwerhörigkeit.** Dieser Typ wird autosomal dominant vererbt.

Beim **Typ II (kongenitale Form, Typ Vrolik)** werden die Kinder bereits mit zahlreichen Frakturen geboren und überleben nur selten das 1. Lebensjahr. Dieser Typ resultiert aus neuen dominanten Mutationen.

Typ III führt zur fortschreitenden Deformierung der langen Röhrenknochen, des Schädels und der Wirbelsäule (genetisch uneinheitlich).

Der **Typ IV** ähnelt dem Typ I, weist aber keine blauen Skleren auf. Eine Unterscheidung ist durch Kollagenanalyse aus Fibroblastenkulturen oder pränatal aus Zellen der Chorionzotten möglich.

phase auf. Im Erwachsenenalter besteht oft **Schwerhörigkeit.** Die Prognose des **Typs II (kongenitale Form, Typ Vrolik)** ist ungünstig. **Typ III** ist genetisch heterogen. Beim **Typ IV** liegen im Gegensatz zum Typ I keine blauen Skleren vor.

Die Erkrankung tritt bei 4–7/100 000 Neugeborenen auf. Die **Diagnose** kann beim Typ II bereits pränatal sonographisch gestellt werden. Sonst ist die Anamnese und **röntgenologisch** die ausgeprägte Osteoporose mit Ausdünnung der Kortikalis (Glasknochenkrankheiten) charakteristisch.

In der **Therapie** wird die Vertikalisierung der betroffenen Kinder angestrebt. Dies kann mit Beginn des 2. Lebensjahres durch Gehapparate erreicht werden. Bei zunehmenden Deformierungen sind unter Umständen operative Ausgradungen der Extremitäten und Stabilisierungen (z.B. durch Teleskopnägel, *Abb. 21)* angezeigt.

Röntgenologisch
Osteoporose mit Ausdünnung der Kortikalis.
Therapeutisch wird eine Vertikalisierung der Kinder angestrebt. Zusätzlich zu Gehapparaten operative Stabilisierungen und Ausgradungen *(Abb. 21).*

Klinisches Beispiel. 12jähriger Junge mit insgesamt 44 Frakturen an unteren und oberen Extremitäten (Typ I der Osteogenesis imperfecta mit blauen Skleren). Zunehmende hirtenstabförmige Deformierung der Schenkelhälse, starke Verbiegungen des Unterschenkels mit immer wieder auftretenden Ermüdungsfrakturen. Der Junge verbrachte so fast ein Viertel seines Lebens in Krankenhäusern. Ein kontinuierlicher Schulbesuch war nie möglich. Eine auffällige psychische Beeinträchtigung lag bei dem Jungen nicht vor, ist aber bei anderen Kindern mit diesem Grad der Behinderung nicht selten. Durch operative Ausgradung und Stabilisierung mit Teleskopnägeln kann erstmals Steh- und Gehfähigkeit bei gleichzeitiger Apparateversorgung erreicht werden *(Abb. 21).*

◀ **Klinisches Beispiel**

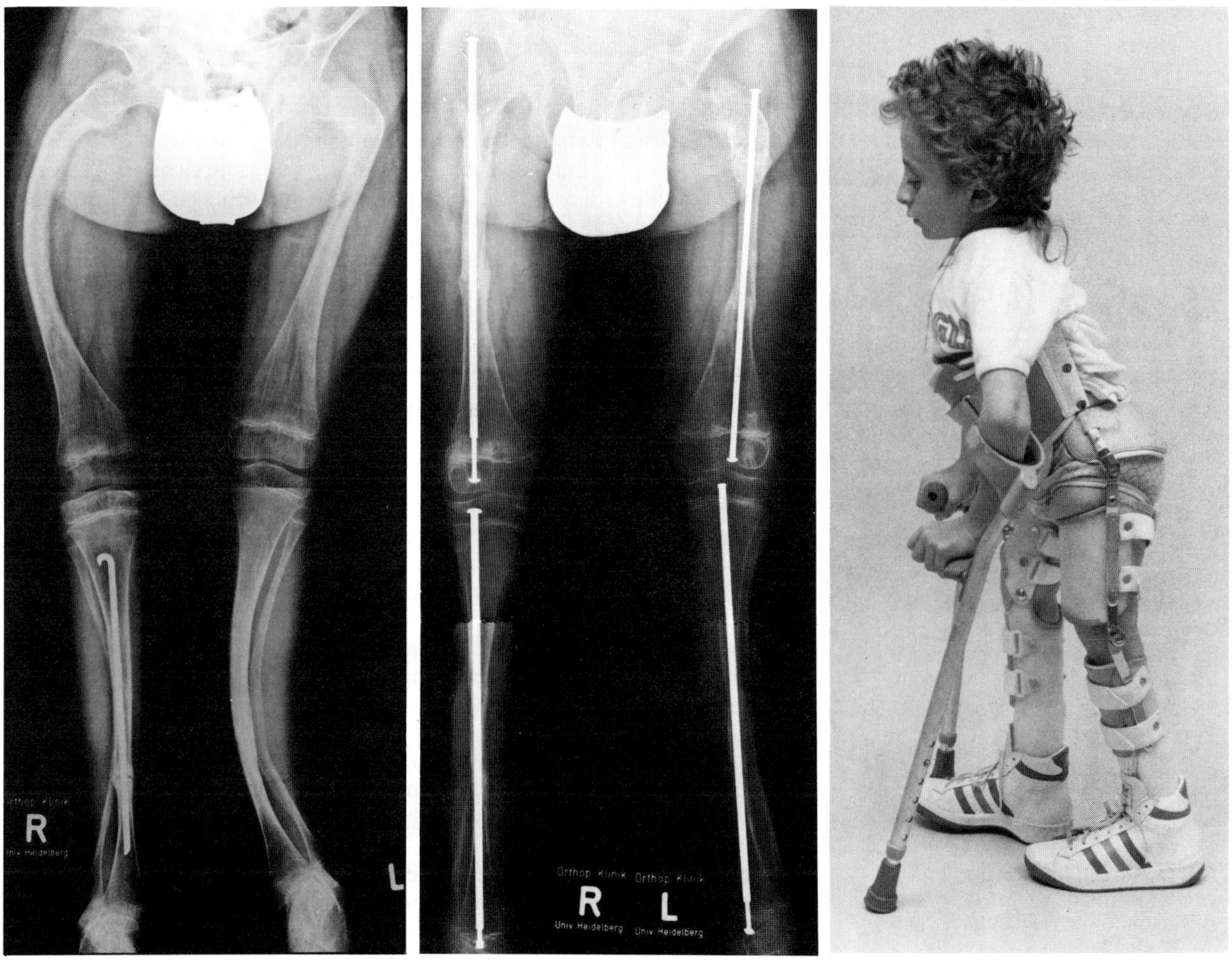

a b c
Abb. 21: Osteogenesis imperfecta. *Siehe klinisches Beispiel.*

• Osteopetrose

Generalisierte Sklerosierung des Skeletts mit der Gefahr einer ausgeprägten Anämie und septischen Infektion durch Ersatz des Knochenmarks *(Abb. 22).*

• Osteopetrose

Synonym. Marmorknochenkrankheit, Morbus Albers-Schönberg.

Bei dieser Erkrankung liegt eine generalisierte Sklerosierung (→ Marmor) des Skeletts vor *(Abb. 22).* Die Prognose bei frühkindlicher Manifestation ist ungünstig. Durch Ersatz des Knochenmarks kann es zur ausgeprägten Anämie mit der Gefahr der septischen Infektion kommen. Neuerdings sind durch Knochenmarkstransplantationen jedoch überraschende Heilerfolge erzielt worden. Bei späterer Manifestation können Krankheitszeichen völlig fehlen, so daß die typischen radiologischen Veränderungen als Zufallsbefund aufgedeckt werden.

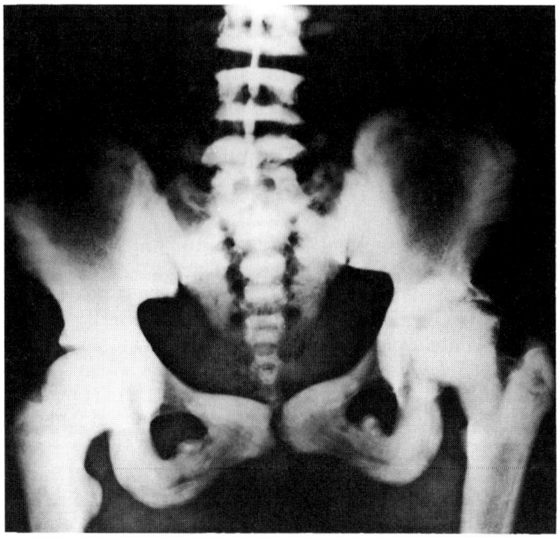

Abb. 22: Spätform der **Marmorknochenkrankheit (Osteopetrose)** bei 27jähriger Frau ohne hämatologische Komplikationen, aber mit progredienter Arthrose des linken Hüftgelenkes. Ausgeprägte Sklerosierungen der Hüft- und Ileosakralgelenke sowie der Deck- und Grundplatten an den Wirbelkörpern.

• Osteopoikilose

Einlagerung von Knocheninseln in die Spongiosa des normalen Knochens.

• Osteopoikilose

Synonym. Osteopoikylie, Osteopathia condensans disseminata.

Hereditäre Skeletterkrankung mit Einlagerung von zahlreichen Knocheninseln in die Spongiosa des normalen Knochens. Es handelt sich meist um einen röntgenologischen Zufallsbefund ohne zugehörige klinische Symptomatik.

1.3.3 Dysostosen

1.3.3 Dysostosen

Definition ▶

Definition. Dysostosen sind dysharmonische Entwicklungsstörungen einzelner Knochen. Somit handelt es sich formalgenetisch um organ- und nicht um systemhafte Defekte *(Tab. 11, S. 88).*

Klassifikation
Entsprechend der Hauptlokalisation sind drei Gruppen zu unterscheiden *(Tab. 11).*
1. **Vorwiegend kraniale und Gesichtsbeteiligung (Akrozephalosyndaktylie).**
Hierzu gehört das autosomal dominant vererbliche **Apert-Syndrom** mit typischer Gesichts- und Schädelkonfiguration sowie häutigen oder knöchernen Syndaktylien *(Abb. 23a).*

2. **Dysostosen mit vorwiegend axialer Beteiligung**
Hierzu gehören alle Fehlbildungen der Wirbelsäule.

Klassifikation. Die Dysostosen werden nach ihrer hauptsächlichen Lokalisation in drei Gruppen unterteilt *(Tab. 11):*

1. **Vorwiegend kraniale und Gesichtsbeteiligung (Akrozephalosyndaktylie).**
   Die häufigste Dysostose dieser Gruppe ist das **Apert-Syndrom,** für das folgende Symptome typisch sind *(Abb. 23a):*
   - Typische Gesichts- und Schädelkonfiguration mit Akrobrachizephalie, Oberkieferhypoplasie, flachem und steil abfallendem Hinterhaupt, weit offener und großer Fontanelle.
   - Häutige oder knöcherne Syndaktylien der 1. bis 5. Finger und Zehen (typischerweise Löffelhand, *s. Syn. 42, S. 95).* Das Apert-Syndrom ist autosomal dominant vererblich mit großer kindlicher Mortalität. Es sind weitere fünf Formen der Akrozephalosyndaktylien mit unterschiedlichem Erbgang beschrieben.

2. **Dysostosen mit vorwiegend axialer Beteiligung**

Im weitesten Sinne sind alle angeborenen Fehlbildungen an der menschlichen Wirbelsäule zu dieser Gruppe zu rechnen. Zahlreiche Wirbelfehlbildungen (z.B. Blockwirbel an der Halswirbelsäule) werden nur zufällig entdeckt. Die Erscheinungsbilder der einzelnen Wirbelsäulenfehlbildungen werden im Kapitel Wirbelsäule *(S. 300)* abgehandelt.

Eine typische Kombination von Fehlbildungen im Bereich der Halswirbelsäule wird als **Klippel-Feil-Syndrom** *(Abb. 23b)* bezeichnet. Hierbei handelt es sich um eine Kombination von Halb-, Block- und Keilwirbeln. Äußerlich fallen die Kürze des Halses, die tiefe Haar-Nacken-Grenze und die eingeschränkte Beweglichkeit auf. Häufig ist das Klippel-Feil-Syndrom mit einem Schulterblatthochstand kombiniert, der sich auf eine anomale knöcherne Verbindung des Schulterblattes und der Halswirbelsäule durch ein sogenanntes Os omovertebrale zurückführen läßt (**Sprengel-Deformität,** *Abb. 23b).* Die Halswirbelsäulenfehlbildung kann unter Umständen zu einer ausgeprägten Skoliose führen, die das Gesamtwirbelsäulenwachstum beeinträchtigt und eine langwierige Behandlung mit Rumpforthesen erfordert.

3. **Dysostosen mit vorwiegender Beteiligung der Extremitäten.**
Hierzu gehören alle Gliedmaßenfehlbildungen, die im *Kapitel 1.2 (S. 90)* abgehandelt sind. Ferner werden hierzu die familiäre, **radioulnare Synostose** *(S. 380)* sowie das **Poland-Syndrom** *(S. 348)* gerechnet.

Typisch ist das **Klippel-Feil-Syndrom** mit Halb-, Block- und Keilwirbeln der Halswirbelsäule, das häufig mit einem Schulterblatthochstand **(Sprengel-Deformität)** kombiniert ist.

3. **Dysostosen mit vorwiegender Beteiligung der Extremitäten**
(s. Kapitel **Gliedmaßenfehlbildungen**, *S. 90).* **Familiäre radioulnäre Synostose** *(S. 380),* **Poland-Syndrom** *(S. 348).*

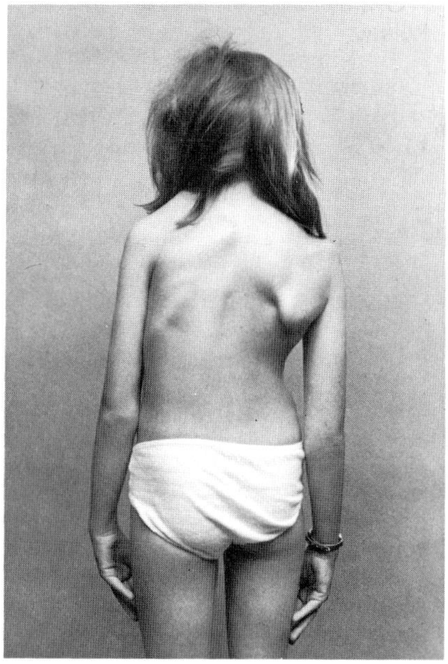

a **b**

Abb. 23a, b: Typische klinische Befunde von Dysostosen.
Beim **Apert-Syndrom** typische Gesichts- und Schädelkonfiguration mit Syndaktylie (Akrozephalosyndaktylie, *Abb. 23a).*
Beim **Klippel-Feil-Syndrom** Schiefhals infolge von Fehlbildungen der Halswirbel, häufig kombiniert mit der **Sprengel-Deformität** (Schulterblatthochstand, *Abb. 23b).*

1.3.4 Primäre Stoffwechselstörungen (Dystrophien)

Klassifikation. In dieser Gruppe werden zahlreiche angeborene Skelettsystemerkrankungen zusammengefaßt, die auf dem Boden von kongenitalen Störungen des Kalzium- und Phosphatstoffwechsels, des Kohlenhydrat-, Fett-, Nukleinsäure-, Aminosäure- und Metallstoffwechsels entstehen.

Orthopädisch relevant sind die Störungen des Kohlenhydratstoffwechsels. Die anderen Erkrankungen sind sehr selten und häufig ohne Auswirkungen auf das Skelett.

Mukopolysaccharidosen. Durch den **gestörten Abbau von Kohlehydraten** kommt es zu einer Speicherung von Mukopolysacchariden in Skelett, Leber, Milz, Gehirn, Haut und Gefäßwänden.

Beim **Typ I (Morbus Pfaundler-Hurler)** stehen im klinischen Erscheinungsbild der Minderwuchs und das aufgedunsene Gesicht **(Wasserspeierkopf)** im Vordergrund. Die Kinder sind durch den Gehirnbefall psychomotorisch stark

1.3.4 Primäre Stoffwechselstörungen (Dystrophien)

Klassifikation
Angeborene Skelettsystemerkrankungen als Folge von Störungen des Mineral-, des Kohlenhydrat-, Fett-, Nukleinsäure-, Aminosäure- und Metallstoffwechsels.
Orthopädisch relevant sind die Störungen des Kohlenhydratstoffwechsels. Die anderen Erkrankungen sind sehr selten und häufig ohne Auswirkungen auf das Skelett.

Mukopolysaccharidosen
Durch Störungen im Kohlenhydratabbau kommt es zur **Speicherung von Mukopolysacchariden** in Skelett, Leber, Milz, Gehirn, Haut und Gefäßwänden.

Am häufigsten sind **Typ I (Morbus Pfaundler-Hurler)** und **Typ IV (Morbus Morquio-Brailsford) mit Minderwuchs und bei Typ I auch psychomotorischer Retardierung** *(Syn. 45)*. Durch den Befall der inneren Organe **(Hepatosplenomegalie)** ist die Lebenserwartung stark herabgesetzt. Orthopädisch sind vor allem ausgeprägte Deformitäten der Wirbelsäule zu beobachten.
Diagnose durch den Nachweis von Mukopolysacchariden im Urin.

retardiert. Durch den Befall der inneren Organe **(Hepatosplenomegalie)** ist die Lebenserwartung stark herabgesetzt. Orthopädisch sind ausgeprägte **Deformitäten** an der Wirbelsäule zu beobachten. Dies gilt auch für den **Typ IV (Morbus Morquio-Brailsford)**, bei dem allerdings normale Intelligenz vorliegt. Auffällig ist darüber hinaus eine ausgeprägte **Kielbrust** *(Syn. 45)*. Röntgenologisch sind die Wachstumsstörungen an der Wirbelsäule (Platyspondylie) und an den proximalen Epiphysen typisch. Typ II und III werden nur sehr selten beobachtet. Die Prognose des Hurler-Typs ist ungünstig. Die Kinder werden selten älter als 20 Jahre. Die Lebenserwartung beim Typ IV ist günstiger.

Die Diagnose wird durch den Nachweis von Mukopolysacchariden (Heparansulfat, Keratansulfat) im Urin gestellt.

Die orthopädische Therapie ist vor allem gegen die Wirbelsäulen- und Beinachsendeformitäten gerichtet.

Synopsis 45: Klinik der Mukopolysaccharidosen

Klinik:
- Gehirnbefall (Typ I)
- aufgedunsenes Gesicht (Wasserspeierkopf)
- Kielbrust
- Wirbelsäulenkyphose
- Hepatosplenomegalie
- Wachstumsstörungen der proximalen Epiphysen

Diagnose
- Mukopolysaccharidnachweis im Urin

Therapie
- Wirbelsäulen- und Beinachsendeformitäten

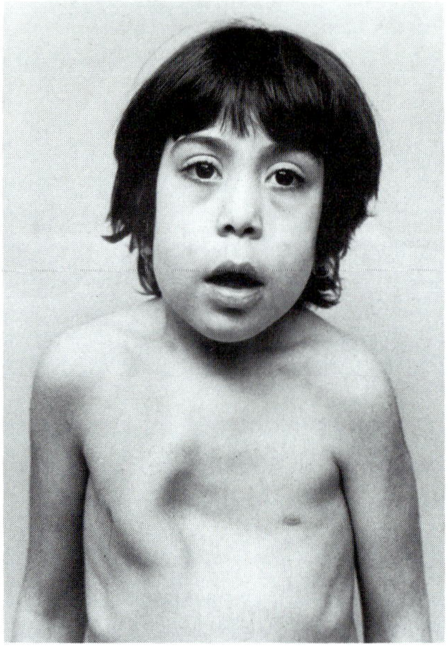

Typisches Erscheinungsbild des Morbus Morquio-Brailsford ▶

1.4 Kongenitale Störungen der Bindegewebsentwicklung

1.4 Kongenitale Störungen der Bindegewebsentwicklung

Definition ▶

Definition. Diese Gruppe faßt Erkrankungen zusammen, die sich auf eine Kollagenreifungsstörung zurückführen lassen. Kollagen liegt im Körper in fünf verschiedenen Typen vor *(Tab. 13)*, so daß bei diesen Erkrankungen nicht nur das Skelettsystem betroffen ist. Klinisch bedeutsam sind das Ehlers-Danlos-Syndrom und das Marfan-Syndrom.

• Ehlers-Danlos-Syndrom
Kollagenreifungsstörungen mit Hyperlaxität und Verletzbarkeit der Haut sowie Hypermobilität der Gelenke. Im Vordergrund stehen die **Skoliose** sowie **Gelenkverrenkungen** und **-instabilitäten.**

• Ehlers-Danlos-Syndrom. Die Charakteristika dieses Syndroms sind die Hyperlaxität und Verletzbarkeit der Haut, die Hypermobilität der Gelenke und andere Manifestationen, die auf eine Bindegewebsschwäche hinweisen (Auftreten von Hernien). Zur Zeit sind elf Formen des Ehlers-Danlos-Syndromes mit unterschiedlicher Heredität bekannt. Die orthopädischen Probleme dieser Erkrankung sind die **Skoliose** sowie die **Gelenkverrenkungen bzw. -instabilitäten.** Die Skoliose kann rasch progredient sein und erfordert dann eine frühe operative Stabilisierung. Die Gelenkverrenkungen sollten, soweit möglich, konservativ stabilisiert werden, da die zugrundeliegende Bindegewebsstörung alle Versuche der operativen Stabilisierung mit Ausnahme der Arthrodese scheitern läßt.

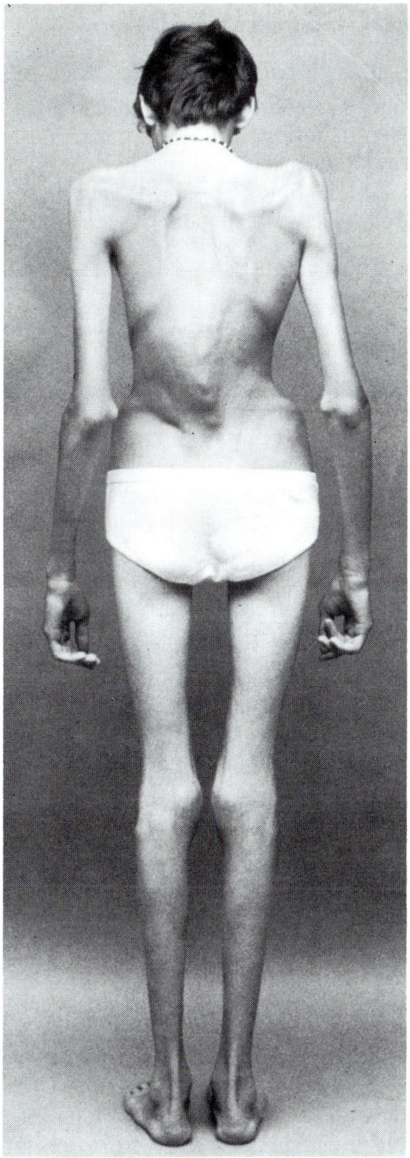

● **Marfan-Syndrom.** Ursache des Marfan-Syndroms ist eine Kollagenreifungsstörung. Dieses Syndrom ist durch die **Herz- und Aortenektasien,** durch die **Linsenluxationen** und die Skelettbeteiligung gekennzeichnet. Am Skelett fällt der **Hochwuchs** mit disproportionierter Überlänge der Extremitäten und der Phalangen **(Spinnenfinger, Arachnodaktylie),** Brustkorbdeformitäten und die **Skoliose** auf *(Abb. 24).* Die Skoliose ist beim Marfan-Syndrom durch rasche Progredienz gekennzeichnet, erfordert eine sorgfältige Beobachtung und evtl. frühzeitige operative Stabilisierung *(S. 316).*

Tab. 13: Kollagentypen und Verteilung

Typ	Lokalisation
1	Haut, Knochen, Sehne
2	Knorpel
3	Blutgefäße, Haut, Milz
4	Basalmembran
5	Plazenta, glatte Muskulatur

Abb. 24: Marfan-Syndrom. 17jähriger Junge mit disproportioniertem Hochwuchs (Überlänge der Extremitäten) und Skoliose. Weitere Symptome: Aortenektasie und Linsenluxation.

● **Marfan-Syndrom**
Syndrom infolge einer Kollagenreifungsstörung mit **Hochwuchs, Herz-** und **Aortenektasien, Linsenluxationen,** Brustkorbdeformitäten und **Skoliose** *(Abb. 24)*

2 Erworbene Wachstumsstörungen

Definition ▶

2 Erworbene Wachstumsstörungen

Definition. Generalisiert oder lokalisiert auftretende Störungen des normalen Knochenwachstums, die erst im Verlauf des Kindes- und Jugendlichenalters erworben werden. Die Verwandtschaft der Krankheiten mit unterschiedlichster und zum Teil unbekannter Ätiologie ergibt sich aus dem gleichartigen Verhalten der geschädigten Wachstumsregionen gegenüber den verschiedensten endogenen und exogenen Noxen.

2.1 Physiologie des Wachstums

Skelettwachstum findet vom Embryo bis zum Verschluß der Epiphysenfugen in der Pubertät statt. Durch enchondrales Längen- und periostales Dickenwachstum kommt es zum erheblichen Gestaltswandel des Skeletts mit Verschiebungen der Körperproportionen *(Syn. 46)*.

Das enchondrale Längenwachstum
Das Wachstum und die Zellteilung finden in der epiphysennahen Proliferationszone statt. Die Zone der Knorpelzellverkalkung ist die mechanisch schwächste Stelle der Epiphysenfugen. Bis zum Wachstumsabschluß besitzt die Epiphyse eine eigene Blutgefäßversorgung. Die Physiologie der Wachstumsvorgänge ist in *Synopsis 47, S. 112* wiedergegeben.

Das periostale (bzw. perichondrale) Dickenwachstum erfolgt appositionell aus Osteoblasten, die dem Periost entstammen.

Das enchondrale und perichondrale Wachstum folgen den Gesetzen der Biomechanik. Bei einer gestörten Biomechanik kann es zu Wachstumsstörungen kommen, während bei ungestörter Biomechanik durch die Wachstumsvorgänge selbst ausgeprägte Deformitäten korrigiert werden können *(Abb. 25, S. 112)*

Dabei ist das Kompensationsvermögen durch Wachstum der Wachstumsreserve direkt proportional.

Der Gestaltswandel des Skeletts vollzieht sich nach einem einheitlichen, dem Körper innewohnenden Bauplan. Der Verlauf des Wachstums läßt sich in **Wachstumsdiagrammen** erfassen, die in *Synopsis 46* wiedergegeben sind. Die Wachstumsdaten lassen sich auch auf einzelne Extremitätenabschnitte beziehen.

2.1 Physiologie des Wachstums

Das Skelettwachstum umfaßt die Zeit von der knorpligen Anlage des Embryo bis zum Verschluß der Wachstumsfugen in der Pubertät. Während dieser Zeit kommt es zu einem erheblichen Gestaltswandel des Skeletts mit ausgeprägten Verschiebungen der Körperproportionen *(Syn. 46)*. Das hierfür erforderliche Knochenwachstum kommt durch enchondrales Längenwachstum und periostales Dickenwachstum zustande.

Das enchondrale Längenwachstum erfolgt in der knorpligen Epiphysenfuge (Epiphysenscheibe), die bis zum Wachstumsabschluß radiologisch transparent ist. Die Epiphysenfuge besteht aus verschiedenen Knorpelzellzonen, die der knöchernen Metaphyse aufgelagert und von einer fibrösen Kapsel umgeben sind. Das Wachstum und die Zellteilung finden in der epiphysennahen Proliferationszone statt. Durch die ständige Zellteilung wird die Epiphyse vor der Metaphyse hergetrieben und dadurch der Längenzuwachs erreicht. Die blasig umgewandelten Knorpelzellen verkalken schließlich in der Ossifikationszone. Diese Zone der Verkalkung ist die mechanisch schwächste Stelle der Epiphysenfuge. Bei traumatisch bedingten Epiphysenfugenzerreißungen tritt die Ruptur immer an dieser Stelle auf, so daß die Zone des sich teilenden Knorpels mit der Epiphyse verbunden bleibt. Die Epiphyse und Metaphyse besitzen jeweils eine eigene Blutgefäßversorgung, solange die Epiphysenfuge noch nicht geschlossen ist. Die Physiologie der Wachstumsvorgänge ist in *Syn. 47, S. 112* wiedergegeben.

Das periostale (bzw. perichondrale) Dickenwachstum erfolgt appositionell aus Osteoblasten, die dem Periost entstammen. Mit der Dickenzunahme des Knochens findet gleichzeitig ein Abbau von Knochensubstanz im Inneren eines Röhrenknochens statt, so daß insgesamt eine Zunahme des Querdurchmessers resultiert.

Das enchondrale und perichondrale Wachstum folgen den Gesetzen der Biomechanik. So richtet sich die normale Wachstumsfuge stets senkrecht zu den auf sie einwirkenden Kräften aus. Bei einer fortdauernden Störung endogener Kräfte (Muskelungleichgewicht bei spastischer Zerebralparese und anderen Lähmungen) oder exogener Kräfte (Überbeanspruchung von Gelenken wegen kongenitaler Deformitäten, ungleichmäßiger Verschluß der Epiphysenfuge) kommt es daher auch zu entsprechenden Wachstumsstörungen. Andererseits können bei ungestörter Biomechanik durch die Wachstumsvorgänge selbst ausgeprägte Deformitäten korrigiert (»verwachsen«) werden *(Abb. 25, S. 112)*.

Dabei ist das Kompensationsvermögen durch Wachstum der Wachstumsreserve direkt proportional. Alle Wachstumsstörungen haben daher eine altersabhängige Dynamik.

Der Gestaltswandel des Skeletts vollzieht sich nach einem einheitlichen, dem Körper innewohnenden Bauplan. Der Verlauf des Wachstums läßt sich in **Wachstumsdiagrammen** erfassen, die geschlechtsabhängige Differenzen zeigen. Sie sind für die Diagnose und Prognose von Wachstumsstörungen von großer Bedeutung. In *Synopsis 46* sind die Wachstumsdaten für die Längenentwicklung wiedergegeben. Überschreitet die altersabhängige Körperlänge (Körpergröße) die Randbereiche der Normalverteilung, ist unter Umständen an einen endokrin bedingten Minder- oder Hochwuchs zu denken. Derartige Wachstumsdaten lassen sich auch auf einzelne Skelettabschnitte beziehen.

Synopsis 46: Skelettwachstum

Gestaltswandel des Skeletts

Im Wachstumsverlauf kommt es zu einer deutlichen Verschiebung der Körperproportionen. Der Kopf zeigt den geringsten Größenzuwachs und damit auch wenig Möglichkeiten für die Spontankorrektur frühkindlich erworbener Deformitäten (z.B. Gesichtsskoliose bei Schiefhals, *S. 352)*.

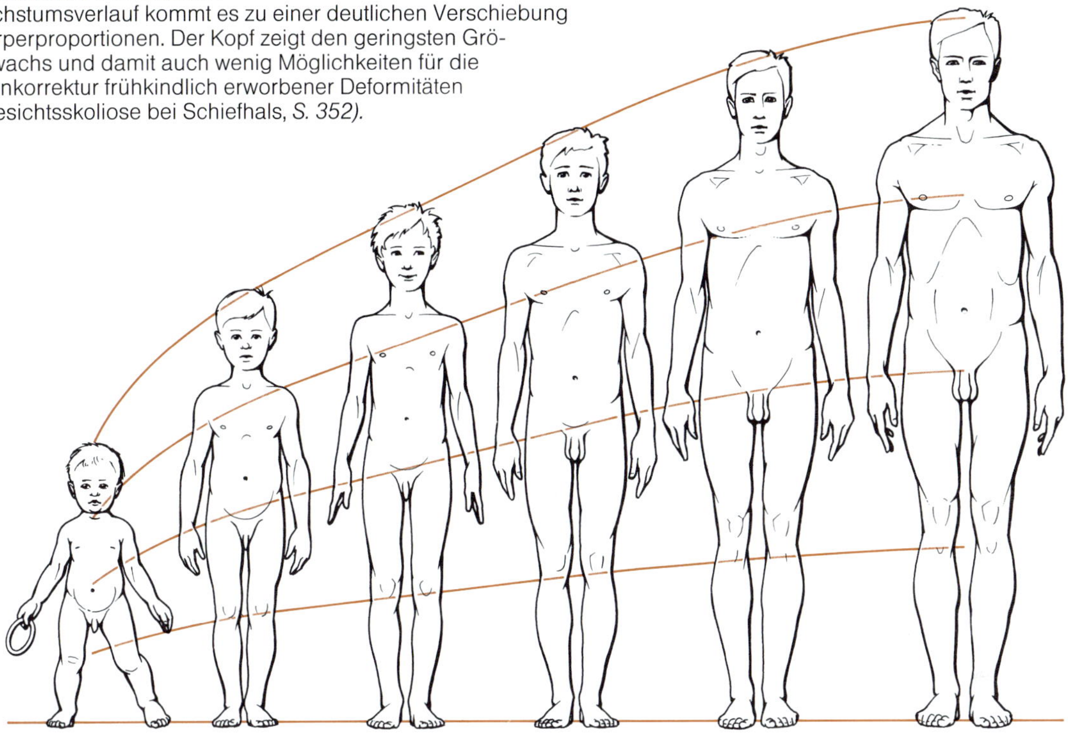

Wachstumsdiagramme für Jungen und Mädchen

Die Abweichungen vom durchschnittlichen Wachstumsverlauf werden anhand der Perzentilenkurven gemessen. Die Körpergröße (Körperlänge) muß in allen Zweifelsfällen zusätzlich auf das Skelettalter bezogen werden (→ Rö. li Hand ap und Vergleich mit einem Handskelettatlas, *S. 113)*.

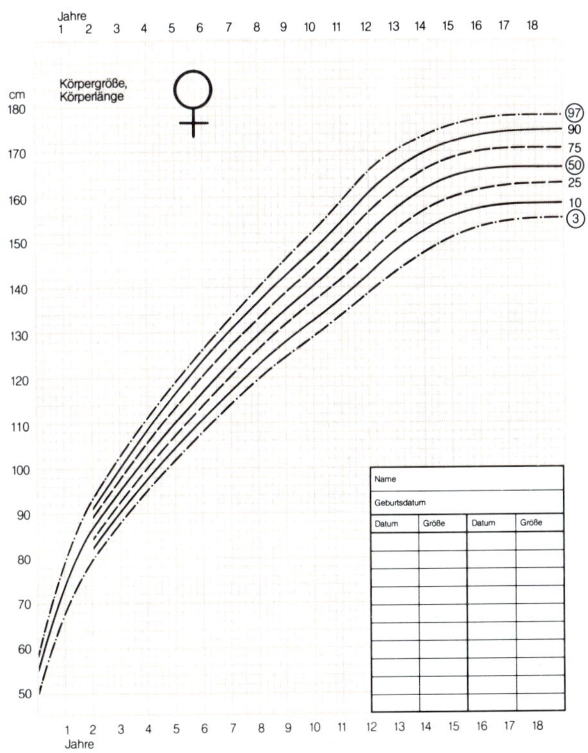

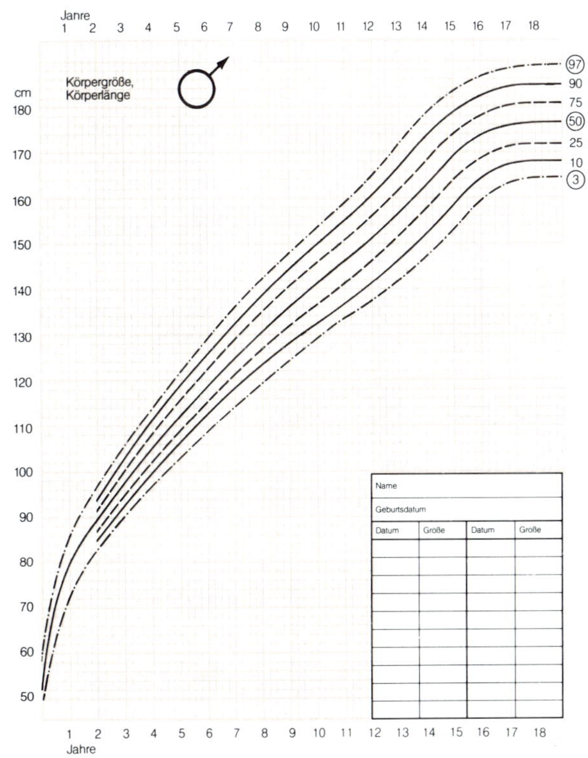

Synopsis 47: Anatomie und Physiologie der Wachstumsfuge: Die Wachstumsfuge ist zwischen Epi- und Metaphyse eingeschaltet, die eine eigene Blutversorgung besitzen. Zellteilung und enchondrales Längenwachstum erfolgen in der Proliferationszone. Die mechanisch schwächste Region ist die Verkalkungszone. Das Dickenwachstum findet appositionell im Perichondrium statt, wobei es gleichzeitig zur Resorption im Knocheninneren kommt.

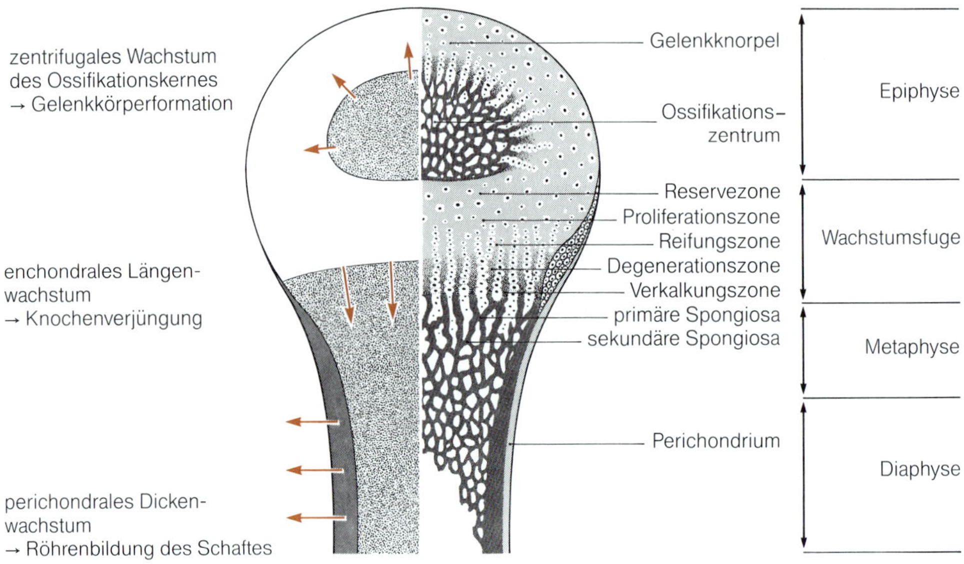

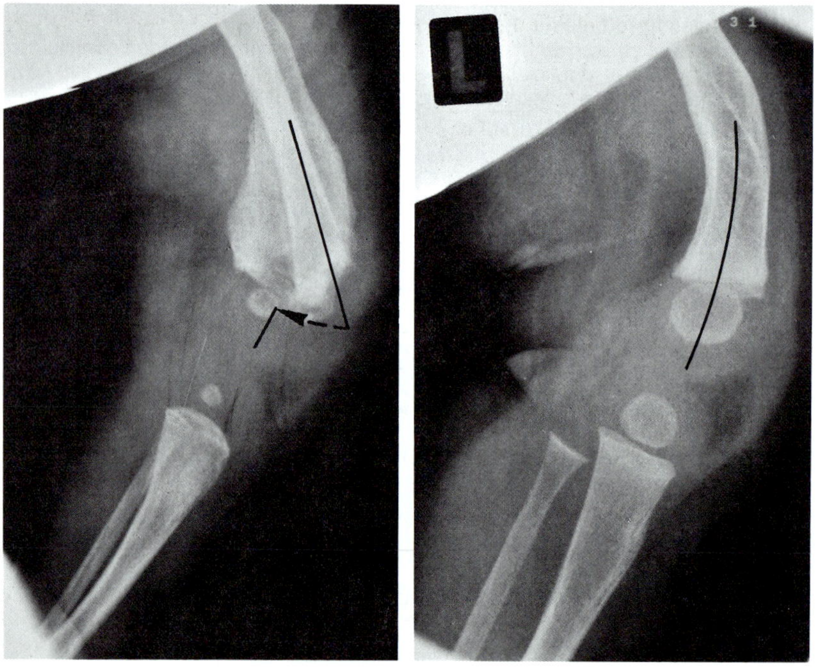

a b

Abb. 25: Geburtstraumatische **Lösung der distalen Femurepiphysenfuge** mit erheblicher Dislokalisation des Ossifikationskernes nach dorsal (Pfeil). 3 Wochen postpartal ist die Fehlstellung noch deutlich erkennbar (a), im Alter von 6 Monaten fast völlig verwachsen (b).

> Der Anteil des Epiphysenwachstums an der definitiven Länge ist relativ konstant. Bei völligem Verlust der Wachstumsfähigkeit in einer Epiphysenfuge ist daher rechnerisch eine Vorausbestimmung des definitiven Extremitätenlängenunterschiedes möglich. Auf Grund dieser Voraussage kann frühzeitig eine Entscheidung über notwendige operative Maßnahmen (entweder lokale Hemmung des Epiphysenwachstums an der kontralateralen Extremität oder aber Verlängerung der betroffenen Extremität, *S. 129)* getroffen werden.

Daher ist bei völligem Verlust der Wachstumsfähigkeit in einer Epiphysenfuge rein rechnerisch eine Vorausbestimmung des definitiven Extremitätenlängenunterschiedes möglich.

Die Wachstumsgeschwindigkeit ist von wesentlicher Bedeutung für die mechanische Festigkeit des wachsenden Knorpelzellverbandes in der Epiphysenfuge. Während der Zeit des pubertären Wachstumsschubes mit einer auf das 3fache gesteigerten Wachstumsgeschwindigkeit kann die Ossifikation der Knorpelzellen nicht mit der Neubildung von Knorpelgewebe Schritt halten, so daß eine stärkere mechanische Lädierbarkeit dieser Regionen resultiert (Morbus Scheuermann, Epiphyseolysis capitis femoris). Bei extremer Wachstumsgeschwindigkeit kann auch der Weichteilmantel des Skeletts (Muskeln, Sehnen) dem außergewöhnlichen Längenvorschub der Röhrenknochen nicht folgen, so daß sich daraus das Symptom der Pubertätssteife ergibt.

Während der Zeit des pubertären Wachstumsschubes mit einer auf das 3fache gesteigerten Wachstumsgeschwindigkeit kann die Ossifikation der Knorpelzellen nicht mit der Neubildung von Knorpelgewebe Schritt halten, so daß eine stärkere mechanische Lädierbarkeit dieser Regionen resultiert (Morbus Scheuermann, Epiphyseolysis capitis femoris).

2.2 Klassifikation von Wachstumsstörungen

Generalisierte Wachstumsstörungen können als Minder- und Hochwuchs, lokalisierte Wachstumsstörungen als Hypoplasie, Hyperplasie und Fehlwachstum in Erscheinung treten *(S. 88)*. Von besonderem Interesse ist das Fehlwachstum, das sich durch Störungen im Bereich der Epiphyse, der Wachstumsfuge oder auch im meta- und diaphysären Bereich entwickeln kann *(Tab. 14)*.

2.2 Klassifikation von Wachstumsstörungen

Die Klassifikation von generalisierten und lokalisierten Wachstumsstörungen geht aus *Tab. 14* hervor.

Tab. 14: Klassifikation von Wachstumsstörungen

generalisiert		lokal		
Minderwuchs	Hochwuchs	Hypoplasie	Hyperplasie	Fehlwachstum ● epiphysär ● Wachstumsfuge ● meta-diaphysär
Diagnose Röntgen linke Hand im anterior-posterioren Strahlengang ● chronologisches Alter ● Skelettalter ● Längenalter		Röntgenaufnahmen der betroffenen Region		

Generalisierte Wachstumsstörungen werden durch die Bestimmung des Skelettalters definiert. Die Röntgenaufnahme der linken Hand im anterior-posterioren Strahlengang erlaubt durch den Vergleich mit Röntgenatlanten eines Normalkollektivs die Bestimmung des Skelettalters. Dieses wird mit dem chronologischen Alter und evtl. dem Längenalter (Alter bezogen auf die tatsächliche Körperlänge) verglichen und kann als Retardierung oder Akzeleration angegeben werden. Die Diagnose von **lokalisierten Wachstumsstörungen** ergibt sich aus dem klinischen und radiologischen Befund dieser Region.

Generalisierte Wachstumsstörungen werden durch die Bestimmung des Skelettalters definiert (Retardierung oder Akzeleration). Die Diagnose von **lokalisierten Wachstumsstörungen** ergibt sich aus dem klinischen und radiologischen Befund der betroffenen Region.

2.3 Ätiologie und Pathogenese von Wachstumsstörungen

Unter den generalisierten Wachstumsstörungen ist der Minderwuchs in der Regel Folge metabolischer und/oder endokriner Störungen, der Hochwuchs tritt dagegen ausschließlich bei endokrinen Grunderkrankungen auf. Lokalisierte Wachstumsstörungen können durch unterschiedlichste Noxen entstehen. Ihre Ausprägung ist von der Lokalisation der Läsion abhängig.

2.3 Ätiologie und Pathogenese von Wachstumsstörungen

Unter den generalisierten Wachstumsstörungen entsteht der Minderwuchs als Folge von metabolischen (Kalzium/Phosphor) und/oder endokrinen Störungen, der Hochwuchs dagegen in der Regel ausschließlich bei endokrinen Grunderkrankungen. Lokalisierte Wachstumsstörungen können durch die unterschiedlichsten endogenen und exogenen Noxen verursacht werden. Ihre Ausprägung ist ausschließlich von der Lokalisation der Läsion und damit von der Pathogenese abhängig. Bei Schäden im metaphysären und diaphysären Bereich kommt es durch die Störung des periostalen Breitenwachstums zu Verjüngungen des Knochens, evtl. auch zu geringfügigen Achsenabweichungen. Bei ausgedehnten Läsionen im Epiphysenbereich entstehen Verformungen der Gelenkfläche (z.B. Osteochondrosis dissecans). Von besonderem Interesse aber sind die Läsionen im Bereich der Wachstumsfuge.

Merke ▶

Merke. Jede Schädigung des germinativen Knorpelgewebes in der Wachstumsfuge kann zu Störungen des Längenwachstums führen.

Bei der **Pathogenese** der epiphysären Wachsstumsstörungen spielen **Durchblutungsstörungen** eine große Rolle.

Ätiologisch kommen endogene Faktoren, Traumata, Infektionen, Tumoren, Bestrahlungen und Operationsfolgen in Betracht:

Je nach Lokalisation der Epiphysenfugenläsion wird daraus ausschließlich eine Störung des Längenwachstums oder aber auch eine zusätzliche Achsenabweichung resultieren. Bei der **Pathogenese** der epiphysären Wachstumsstörungen spielen **Durchblutungsstörungen** im Epiphysenbereich eine große Rolle, da die Vaskularisation der Epiphyse während des Wachstumsalters eigenen Gesetzmäßigkeiten unterliegt.

Ätiologisch kommen endogene und zum Teil unbekannte Faktoren, Traumata (auch Mißverhältnis zwischen Belastung und Belastbarkeit des Epiphysenkernes), Infektionen, Tumoren, Bestrahlungen und Operationsfolgen in Betracht:

● **Vaskularisationsstörungen** unbekannter Genese **(aseptische Osteochondrosen/Osteochondronekrosen)**
In dieser Gruppe werden Knochen- oder Knorpel-Knochen-Nekrosen zusammengefaßt, die auf eine Durchblutungsstörung unbekannter Genese zurückzuführen sind. Diese aus endogener Ursache entstehenden epiphysären Wachstumsstörungen sind an die Zeiten eines verstärkten Längenwachstums und hormoneller Umstellungen gebunden. Altersverteilung und typische Lokalisationen aseptischer Osteochondrosen gehen aus *Synopsis 48* hervor.

● **Vaskularisationsstörungen** unbekannter Genese **(aseptische Osteochondrosen/Osteochondronekrosen).** Bei zahlreichen epiphysären Wachstumsstörungen ist die Ursache der Durchblutungsstörung im Epiphysenbereich nicht bekannt. Morphologisch und radiologisch imponiert der Verlauf einer Knochennekrose, evtl. mit Beteiligung des Knorpelgewebes im Wachstumsfugen- oder Gelenkknorpelbereich, so daß morphologisch deskriptiv von aseptischen Osteochondrosen bzw. Osteochondronekrosen gesprochen wird. Diese vorwiegend aus endogener Ursache entstehenden epiphysären Wachstumsstörungen sind an die Zeiten eines verstärkten Längenwachstums und hormoneller Umstellungen gebunden (z.B. Morbus Perthes, Epiphyseolysis capitis femoris). Ihr klinisches Erscheinungsbild ist daher eng mit den Allgemeinproblemen während der Wachstumsschübe verbunden. Aseptische Osteochondrosen können praktisch an allen Epiphysen auftreten. Bevorzugt sind allerdings Lokalisationen mit einer primär kritischen Durchblutungssituation. Altersverteilung und typische Lokalisationen aseptischer Osteochondrosen gehen aus *Synopsis 48* hervor.

● **Traumen**
Entscheidend ist der Schaden an der Proliferationszone der Wachstumsfuge. Die prognostische Bedeutung von Frakturen im Bereich der Wachstumszone wird durch die Klassifikation von Aitken bzw. Salter berücksichtigt, die in *Synopsis 49, S. 116* wiedergegeben sind. Wenn eine Fraktur die Zellteilungszone des Wachstumsknorpels durchkreuzt, kann es zur Ausbildung eines Brükkenkallus mit der Folge einer vorzeitigen Verknöcherung und erheblichen Wachstumsstörung kommen *(Abb. 26, S. 116)*.

● **Traumen.** Auch für posttraumatische epiphysäre Wachstumsstörungen ist der Schaden an der Proliferationszone der Wachstumsfuge entscheidend. Jede primär durch direkte Destruktion oder auch sekundär durch Vaskularisationsstörungen bedingte Zerstörung der germinativen Knorpelzellschicht führt zu bleibenden Wachstumsstörungen. Die prognostische Bedeutung von Epiphysenfugenläsionen durch Frakturen im Kindesalter wird durch die Klassifikationen von Aitken bzw. Salter berücksichtigt, die in *Synopsis 49, S. 116* wiedergegeben sind. Bei Frakturen, die die Zellteilungszone des Wachstumsknorpels durchkreuzen, kann es zur Ausbildung eines Brückenkallus mit den Folgen einer vorzeitigen Verknöcherung der Wachstumsfuge und resultierenden Wachstumsstörungen kommen (Typ III nach Aitken, Typ IV und V nach Salter, *Abb. 26, S. 116)*. Bei völligem Verschluß der Wachstumsfuge kommt es zum vorzeitigen Wachstumsstillstand und damit zu einer relativen Verkürzung der Skelettregion. Bei einseitiger Brückenkallusbildung entsteht dagegen in der Regel eine Achsenabweichung. Die Wachstumspotenz der Epiphysenfuge wird auch durch Traumen beeinflußt, die deutlich von der Wachstumsfuge entfernt sind. Zum Beispiel ent-

Synopsis 48: Altersverteilung und typische Lokalisation aseptischer Osteochondrosen (Erstbeschreiber in Klammern). Die klinisch wichtigsten Osteochondrosen sind fett gedruckt.

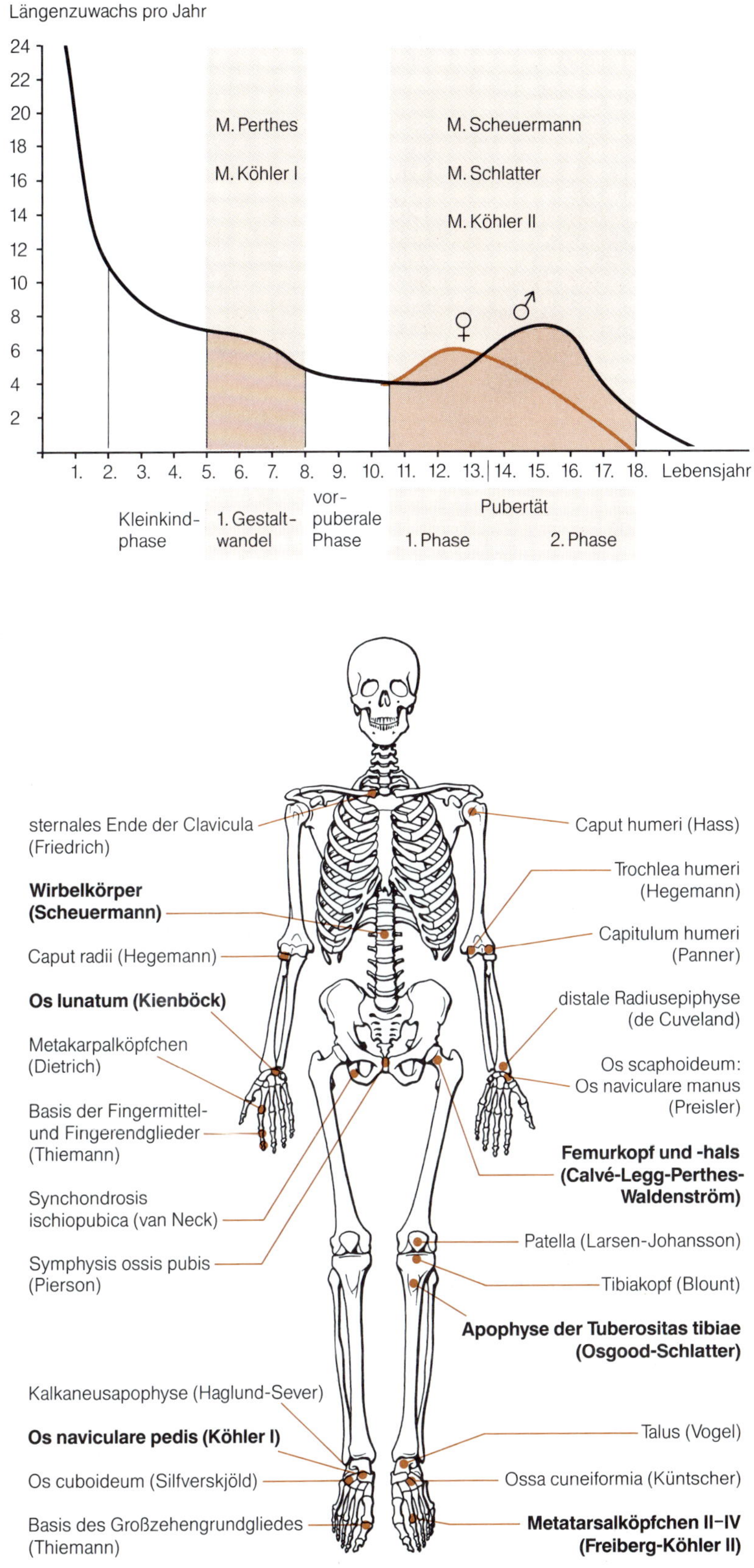

Synopsis 49: Klassifikation der Epiphysenfugenverletzungen nach Salter (S1–S5) und Aitken (A1–A3) und deren Folgezustände. Prognostisch ungünstig sind alle Verletzungen der Proliferationszone, die zu einer Brückenkallusbildung (Salter 3/4) oder vorzeitigen Verödung der Wachstumsfuge (Salter 5) führen.

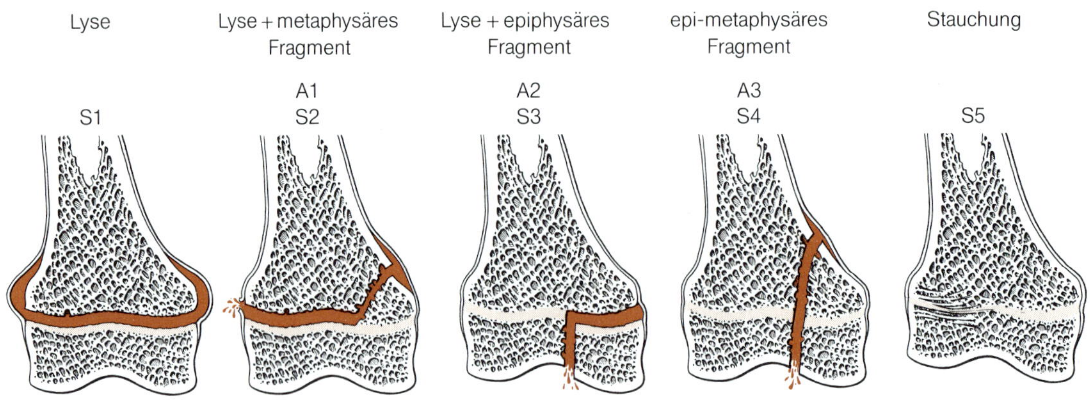

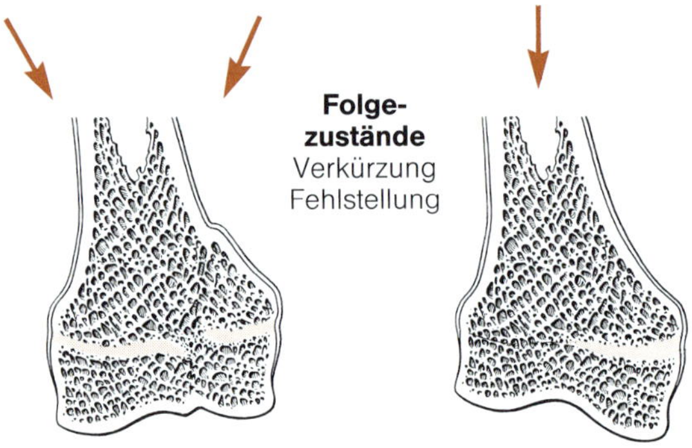

Merke. Eine vollständige **Verödung der Wachstumsfuge** führt zu vorzeitigem Wachstumsstillstand und somit zu einer relativen Skelettverkürzung.
Brückenkallusbildung führt in der Regel zu Achsenabweichungen.

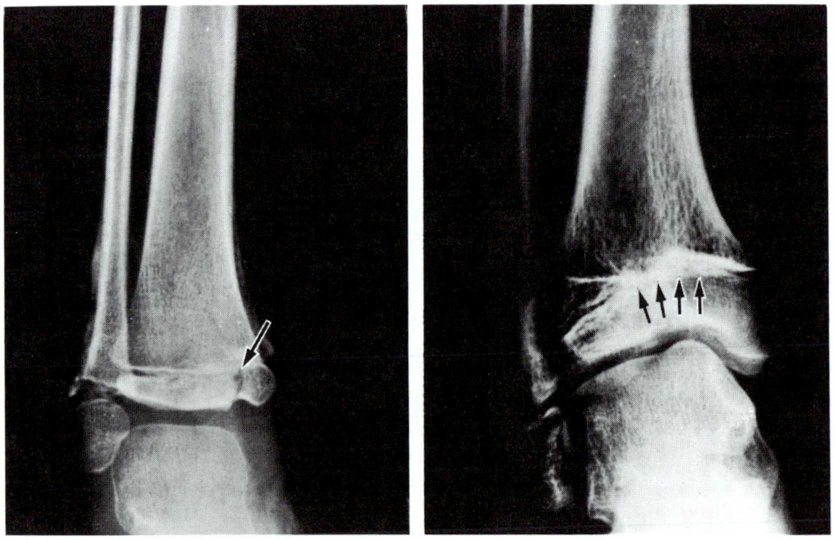

a **b**

Abb. 26: Brückenkallusbildung
Salter-3-Fraktur des rechten Innenknöchels bei 5jährigem Kind (a). Erhebliche Varusdeformität mit Brückenkallusbildung im Alter von 11 Jahren (b).

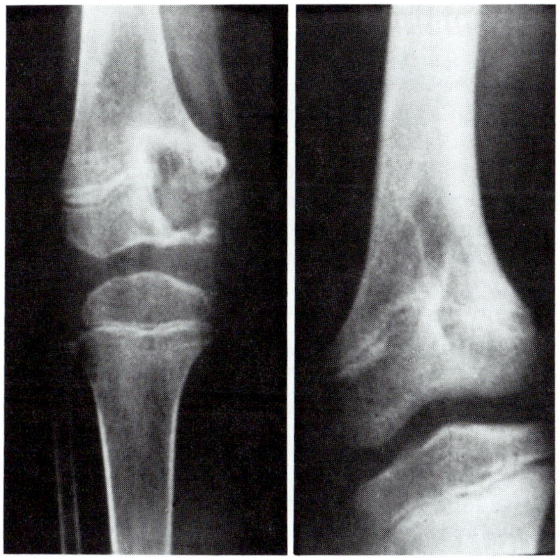

a b

Abb. 27: Tuberkulöse Osteomyelitis mit epi-metaphysärem Befall des rechten distalen Femurs (a), vorzeitiger Verödung der medialen Wachstumsfuge (b), und resultierender Beinverkürzung mit Genu varum.

steht bei Oberschenkelfrakturen im Kindesalter wegen der posttraumatisch entstehenden Mehrdurchblutung im Bereich der Wachstumsfugen eine durchschnittliche Längenzunahme des Oberschenkels von 1–2 cm, wenn die Fraktur stufenlos reponiert wird.

● **Infektion.** Die hämatogene Osteomyelitis im Kindesalter tritt bevorzugt in den Metaphysen auf und kann bei Wachstumsplattendestruktion zu Störungen des epiphysären Wachstums führen *(Abb. 27).*

● **Tumoren.** Seltene Ursache einer Wachstumsfugenläsion.

● **Röntgenbestrahlung.** Nach Bestrahlungen maligner Tumoren im Kindesalter kann es zu ausgeprägten Läsionen an der Wachstumsfuge mit den Folgen eines vorzeitigen Wachstumsstillstandes kommen (z.B. radiogene Lumbalskoliose nach Bestrahlung von Wilms-Tumoren, *Tab. 39, S. 311).*

● **Operation.** Das Wachstum der Epiphysenfuge kann durch operative Maßnahmen geschädigt, aber auch gezielt beeinflußt werden. Bei jeder Operation an einer Wachstumsfuge ist eine Störung des Wachstums möglich. Bei Osteosynthesen von kindlichen Frakturen sind daher Materialien und Techniken zu bevorzugen, die das epiphysäre Wachstum nicht stören (z.B. transepiphysäre Fixation mit Kirschnerdrähten). Andererseits kann die Wachstumsplatte durch operative Eingriffe gezielt beeinflußt werden. Durch Verklammerung der Epiphysenfugen ist eine temporäre Bremsung des Längenwachstums möglich. Durch die operative Fugenverödung kann das Wachstum definitiv beendet werden *(S. 129).*

● Infektion
Insbesondere bei der hämatogenen Osteomyelitis ist eine Destruktion der Wachstumszone möglich *(Abb. 27).*

● Tumoren
Seltene Ursache.

● Röntgenbestrahlung
Nach Bestrahlungen kann es zum vorzeitigen Wachstumsfugenverschluß kommen *(Tab. 39, S. 311).*

● Operation
Das Wachstum der Epiphysenfuge kann durch Operationen geschädigt, aber auch gezielt beeinflußt werden. (Epiphysenfugenverödung, Epiphysenfugenklammerung zur Bremsung von Längenwachstum, *S. 129).* Bei Osteosynthesen im Kindesalter sind Techniken zu bevorzugen, die das epiphysäre Wachstum nicht stören.

2.4 Aseptische Osteochondrosen

Definition ▶

2.4 Aseptische Osteochondrosen

Definition. Bei Kindern können Durchblutungsstörungen unbekannter Ursache im Epiphysenbereich zu lokalisierten Störungen der Verknöcherungsvorgänge (aseptische Osteochondrosen), unter Umständen mit begleitenden Knochennekrosen, seltener auch Knorpelnekrosen (Osteochondronekrosen) führen *(S. 114)*. Aseptische Osteochondrosen können an allen Epiphysen auftreten. Die häufigsten sind der Morbus Perthes, die Scheuermann-Erkrankung, die Osteochondrosis dissecans der Femurkondylen, die Osteochondrose der Tibiaapophyse und des Os naviculare pedis. Altersverteilung und typische Lokalisationen sind in *Synopsis 48* wiedergegeben.

2.4.1 Perthes-Erkrankung

Definition ▶

2.4.1 Perthes-Erkrankung

Synonyme. Morbus Legg-Calvé-Perthes, Osteochondrosis deformans coxae juveniles, juvenile Hüftkopfnekrose, idiopathische kindliche Hüftkopfnekrose.

Definition. Bei der Perthes-Erkrankung handelt es sich um eine meist zwischen dem 5. und 7. Lebensjahr auftretende aseptische Osteochondrose der Femurkopfepiphyse.

Die Perthes-Erkrankung ist die **bedeutendste Osteochondrose im Kindesalter** und wird daher beispielhaft für die pathogenetischen Abläufe hier behandelt.

Die Perthes-Erkrankung stellt die **bedeutendste Osteochondrose im Kindesalter** dar und wird daher beispielhaft für die pathogenetischen Abläufe an dieser Stelle abgehandelt. Die übrigen aseptischen Nekrosen anderer Lokalisation sind in Teil C abgehandelt.

Ätiologie
Die Durchblutung des kindlichen Hüftkopfes ist primär kritisch *(Syn. 50)*. Bei bekannter Ursache der Durchblutungsstörung (Trauma, Infektion etc.) spricht man von einer **symptomatischen** Osteochondrose. Bei der typischen Perthes-Erkrankung ist die Ursache der Vaskularisationsstörung dagegen unbekannt **(idiopathische Form).**

Ätiologie. Die Durchblutung der Femurkopfepiphyse ist wegen der transartikulär am oberen Schenkelhalsrand verlaufenden Blutgefäße primär kritisch *(Syn. 50)*. Jede Kompression oder Zerreißung der Blutgefäße durch Trauma (kindliche Schenkelhalsfraktur: cave Marknagelung bei kindlichen Oberschenkelfrakturen!) oder durch Infektion (Pyarthros, *S. 227)* kann zu einer **symptomatischen** Osteochondrose mit bekannter Ursache führen. Bei der typischen Perthes-Erkrankung ist die Ursache der Vaskularisationsstörung dagegen unbekannt. Es werden Minderanlagen der Blutgefäßversorgung und systemische Faktoren vermutet, da sich bei der **idiopathischen** Erkrankungsform regelmäßig eine Skelettretardierung nachweisen läßt.

Pathogenese
Die Perthes-Erkrankung hat einen typischen Verlauf, der von der Ausdehnung der aseptischen Osteonekrose abhängig ist.

Dem **Initialstadium** (Gelenkspaltverbreiterung) folgen das **Kondensationsstadium** (Knochenverdichtung), **Fragmentationsstadium** (Auflösung des Hüftkopfkernes), das **Reparationsstadium** (Wiederaufbau des Hüftkopfkernes) und schließlich das definitive oder **Ausheilungsstadium.** Wegen der verminderten Belastungsfähigkeit kann der Hüftkopf deformieren (Coxa plana/magna, Pilzform). Die Dauer der Erkrankung kann in Abhängigkeit von der Ausdehnung des Hüftkopfbefalles wenige Monate bis mehr als 5 Jahre betragen. Der Verlauf geht aus *Synopsis 51, S. 120* hervor.

Pathogenese. Die Perthes-Erkrankung hat einen typischen Verlauf, der jedoch von der Ausdehnung der aseptischen Osteochondrose abhängig ist *(Syn. 51, S. 120)*. Mit dem Beginn der Vaskularisationsstörung kommt es zunächst zu einer Retardierung der Kopfkernentwicklung und damit zu einer Zunahme der röntgenologisch erkennbaren Gelenkspaltbreite **(Initialstadium).**

Die Verdichtung im **Kondensationsstadium** ist auf die beginnenden reparativen Vorgänge durch Umbau der Knochenbälkchen und teilweise Frakturierung derselben zurückzuführen. Mit fortschreitendem Abbau der Knochenbälkchen kommt es zu Lückenbildungen im Knochengerüst des Hüftkopfkernes **(Fragmentationsstadium).**

Es folgt der Wiederaufbau des Hüftkopfes durch Bildung neuer Knochenbälkchen **(Reparationsstadium)**, das schließlich in das definitive oder **Ausheilungsstadium** übergeht. Während der knöchernen Umbauvorgänge ist die Femurkopfepiphyse vermindert belastungsfähig. Damit besteht die Gefahr der Deformierung der Femurkopfepiphyse und Ausheilung der Erkrankung mit Deformität. Als typische Verformung entwickelt sich eine Abflachung und Vergrößerung des Hüftkopfes (Coxa plana/magna, Pilzform). Solange dabei Hüftkopf und Hüftpfanne mit gleicher Rundung aneinander angepaßt sind, spricht man von pathologischer Kongruenz, die als prognostisch günstige Variante des Ausheilungsstadiums der inkongruenten Form (ungleicher Krümmungsradius zwischen Hüftkopf und Hüftpfanne) gegenübergestellt wird. Derartige Inkongruenzen sind als präarthrotische Deformität *(S. 75)* zu werten und müssen im Rah-

Synopsis 50: Durchblutung des kindlichen Hüftkopfes: sie ist wegen des intraartikulären Verlaufes der zuführenden Blutgefäße primär kritisch. Bei Unterbrechung des Hauptstammes kommt es zur epi-metaphysären Nekrose (1), bei Unterbrechung der metaphysären Gefäße ausschließlich zur metaphysären (2) und bei Läsion der lateralen epiphysären Gefäße zur partiellen Nekrose (3)

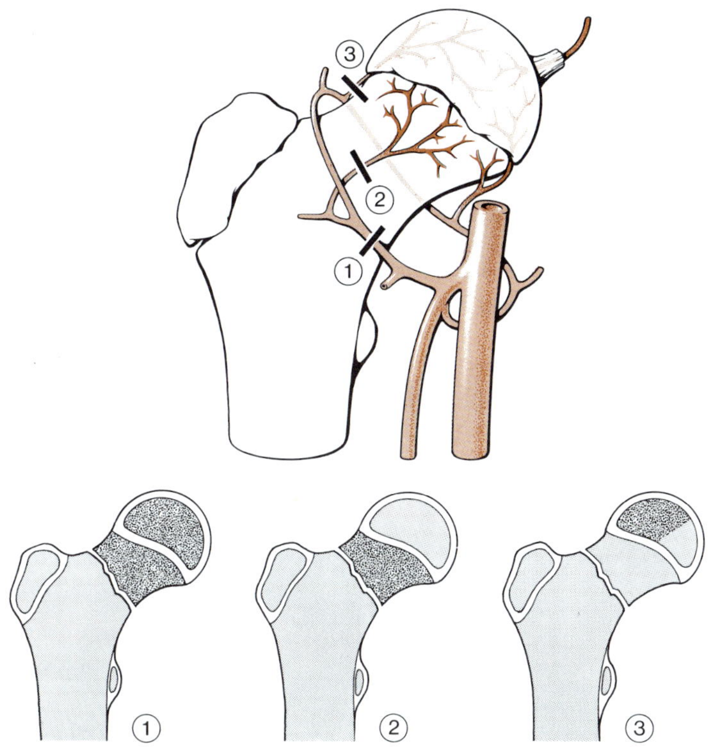

men der Verlaufsbeobachtung besonders berücksichtigt werden. Die **Dauer der Erkrankung** ist von der Ausdehnung des Hüftkopfbefalles abhängig und kann bis zum Ausheilungsstadium wenige Monate bis mehr als 5 Jahre betragen.

Klinik. Der idiopathische Morbus Perthes tritt in einer **typischen Altersperiode zwischen dem 5. und 7. Lebensjahr**, meist bei Jungen auf. Jeder unklare Hüftgelenksbefund muß in diesem Alter als »perthes-verdächtig« gewertet werden. In den meisten Fällen wird von den Eltern zunächst ein Hinken festgestellt. Schmerzen treten nur bei weniger als der Hälfte der Kinder auf und werden als projizierter Schmerz fast immer zunächst im Kniegelenk angegeben. **Der oft als typisch beschriebene Hüftschmerz ist die Ausnahme**. Die Beschwerden können äußerst wechselhaft sein und lassen sich durch reaktive Reizzustände des Hüftgelenkes erklären. Bei 15% der Kinder kommt es zum beidseitigen Hüftgelenksbefall.

Klinik
Der Morbus Perthes tritt **typischerweise zwischen dem 5. und 7. Lebensjahr** auf. Hinken und Knieschmerzen sind frühe Symptome. **Der oft als typisch beschriebene Hüftschmerz ist die Ausnahme.**

Diagnose. Die klinische Untersuchung kann bei blanden Verlaufsformen der Perthes-Erkrankung völlig unauffällig sein. So wird die Diagnose gelegentlich als Zufallsbefund beim Ausschluß einer Hüftgelenksdysplasie gestellt. Mit zunehmender Ausdehnung des Hüftkopfbefalles kommt es jedoch in der Regel zu einer **Bewegungseinschränkung des Hüftgelenkes, vorwiegend bei Abspreizung** und **rotatorischen Bewegungen.** Die **Bewegungseinschränkung** läßt sich anhand des **Viererzeichens** bereits im Frühstadium gut diagnostizieren *(Abb. 28)*. In schwerwiegenden Fällen ist sogar eine Hüftanspreiz- und beugekontraktur möglich.

Diagnose
In Abhängigkeit von der Ausdehnung des Hüftkopfbefalles ist eine **Einschränkung der Abspreiz- und Drehbeweglichkeit im Hüftgelenk typisch (positives Viererzeichen,** *Abb. 28).*

Synopsis 51: Pathogenese der Perthes-Erkrankung: radiologischer Verlauf über 3 Jahre mit zugehörigem pathomorphologischem Befund.

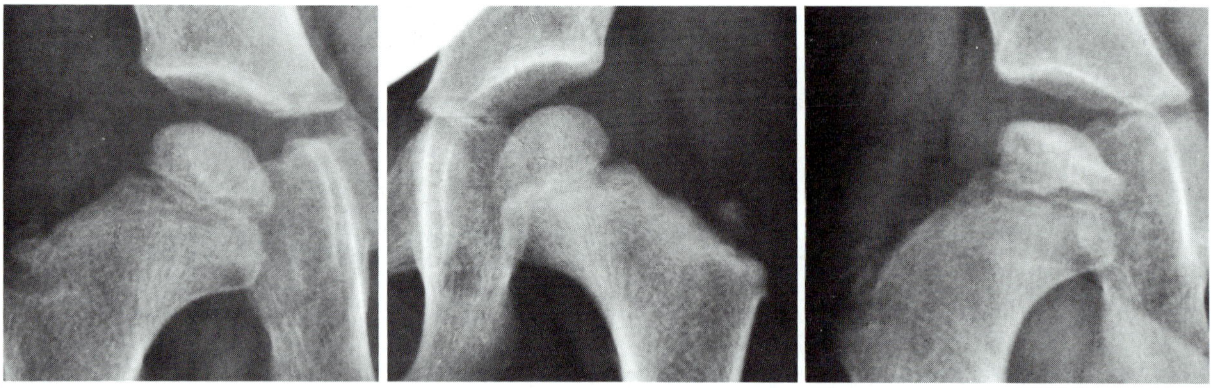

a, b) rechter und linker Oberschenkelkopf bei Diagnose (Initialstadium) c) nach 2 Monaten (Kondensationsstadium)

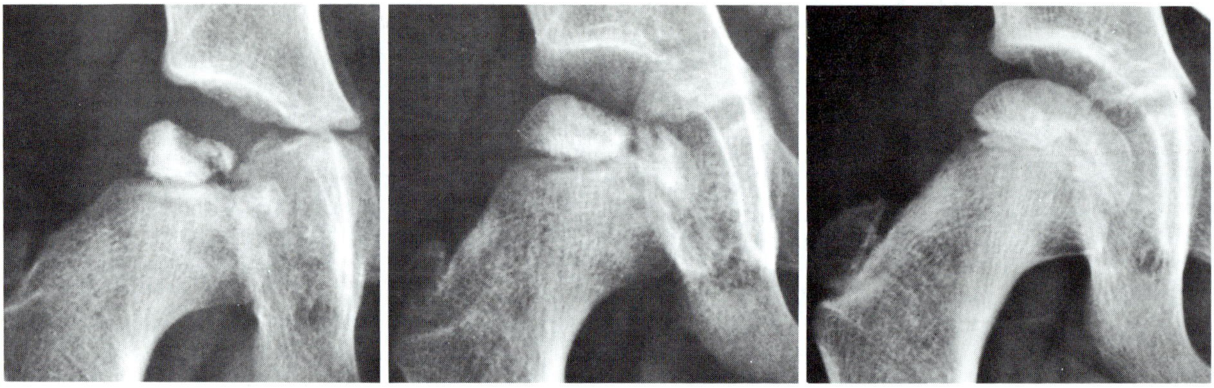

d) nach 1 Jahr (Fragmentationsstadium) e) nach 2 Jahren (Reparationsstadium) f) nach 3 Jahren (Ausheilung)

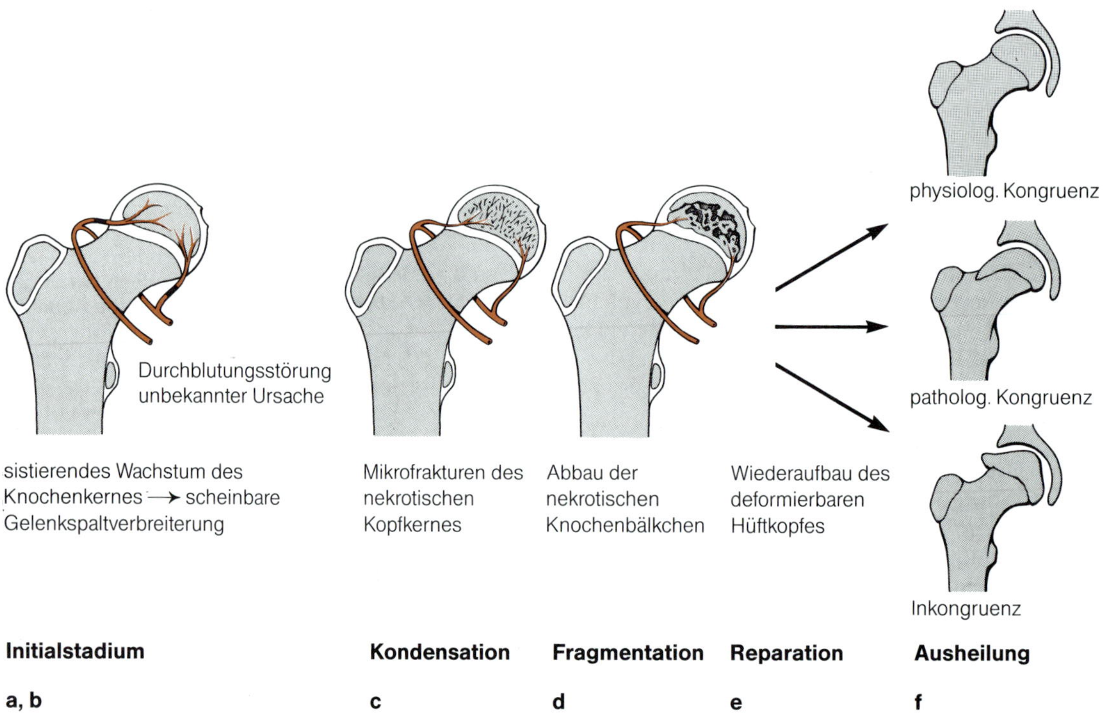

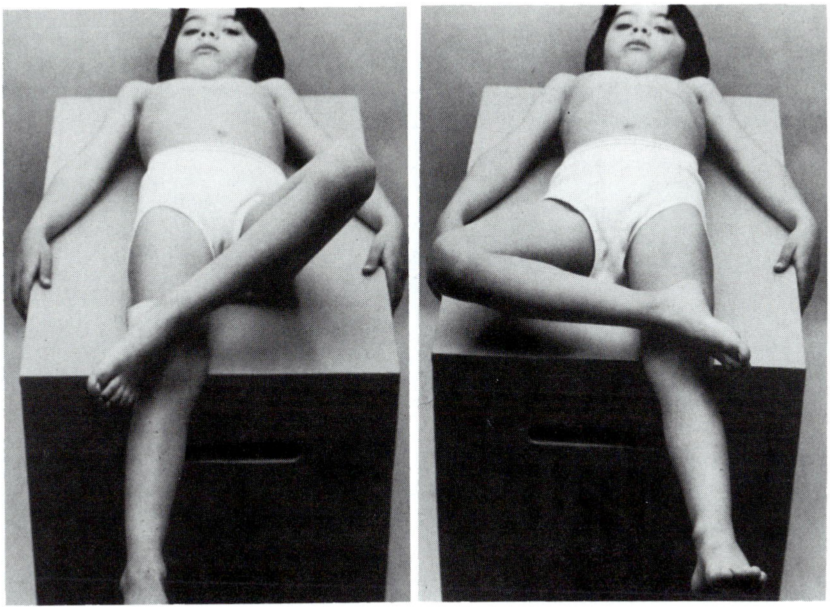

a b

Abb. 28: Positives **Viererzeichen** links bei Perthes-Erkrankung: bei Beugung und Abspreizung des Hüftgelenkes sowie gebeugtem Kniegelenk ergibt sich normalerweise die Konfiguration einer liegenden »4«. Rechtes Hüftgelenk normal (b). Linksseitig sieht man den pathologischen Befund mit ungenügender Abspreizung (a). Das Viererzeichen ist das wichtigste klinische Symptom bei Perthes-Erkrankung, kann aber auch bei anderen kindlichen Hüftaffektionen (z.B. Coxitis) positiv sein.

Röntgenologisch kann die Erkrankung anhand der morphologischen Veränderungen diagnostiziert und den verschiedenen Stadien zugeordnet werden *(Syn. 51)*. Die prognostisch bedeutsame Ausdehnung der Osteochondrose ist nur durch Röntgenaufnahmen des Hüftgelenkes in zwei Ebenen zu bestimmen. Durch den von ventral nach dorsal fortschreitenden Hüftkopfbefall kann die Ausdehnung nach Catterall in vier Grade eingeteilt werden. Das Röntgenbild gibt darüber hinaus Auskunft über sogenannte **Risikozeichen,** die eine prognostisch ungünstige Entwicklung wahrscheinlich machen. Dazu gehören die Lateralisation des Hüftkopfes, die laterale Kalzifikation der Epiphyse und die metaphysäre Beteiligung. Die radiologischen Veränderungen beim Morbus Perthes sind in *Synopsis 52* wiedergegeben.

Röntgenologisch können die Stadien und die Ausdehnung des Hüftkopfbefalles nach Catterall erkannt werden *(Syn. 52)*. Darüber hinaus sind die sogenannten **Risikozeichen** von prognostischer Bedeutung. Hierzu zählen die Lateralisation des Hüftkopfes, die laterale Kalzifikation der Epiphyse und die metaphysäre Beteiligung.

Merke. Zu den typischen Zeichen des M. Perthes im Röntgenbild gehören:
- Scheinbare Gelenkspaltverbreiterung (Initialstadium)
- Verdichtung der Femurepiphyse (Kondensationsstadium)
- Fragmentation des Femurkopf-Knochenkerns (Fragmentationsstadium)
- Deformation des Femurkopfes (Pilzform) (Spätstadium)

◀ **Merke**

Differentialdiagnostisch ist auf Grund des klinischen Befundes vor allem die **Coxitis fugax** abzugrenzen *(S. 122, Tab. 15)*. Sie führt ebenfalls zur typischen Bewegungseinschränkung. Nach einer flüchtigen Hüftgelenksentzündung sollte eine Nachuntersuchung die Entwicklung eines Morbus Perthes ausschließen. Aus röntgenologischer Sicht ist die Dysplasia capitis femoris von der Perthes-Erkrankung zu unterscheiden. Hierbei handelt es sich um Aufbaustörungen im Bereich der Hüftkopfepiphyse, die im Zusammenhang mit Variationen der Gefäßversorgung an der Epiphyse auftreten. Perthes-ähnliche Verläufe treten bei **kongenitalen Skelettdysplasien** und dann häufig doppelseitig auf (z.B. Morbus Ribbing, *S. 101)*. Sie sind therapeutisch kaum zu beeinflussen und müssen daher von der Perthes-Erkrankung differenziert werden, die allerdings ebenfalls beide Hüften befallen kann *(S. 119)*.

Differentialdiagnostisch ist vor allem die **Coxitis fugax** abzugrenzen *(S. 122, Tab. 15)*. Perthes-ähnliche Verläufe treten auch bei **kongenitalen Skelettdysplasien** auf (z.B. Morbus Ribbing *S. 101)*.

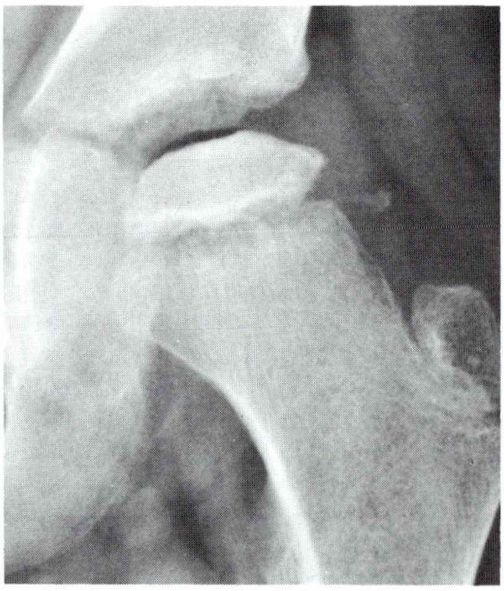

a Kondensation der Epiphyse

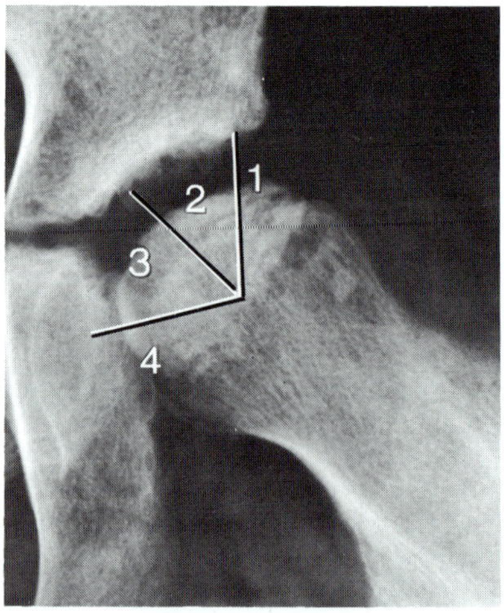

b Klassifikation nach Catterall

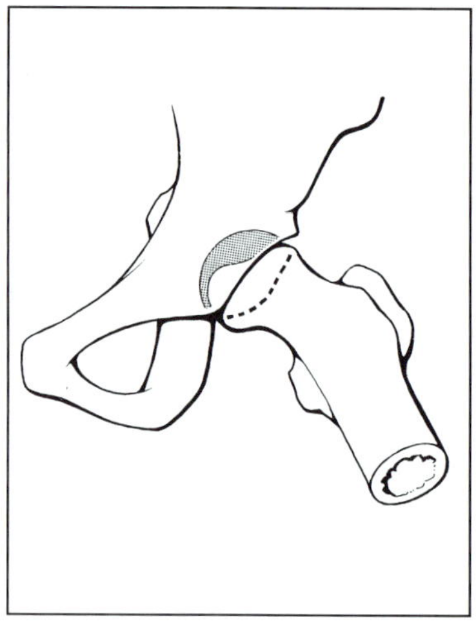

c

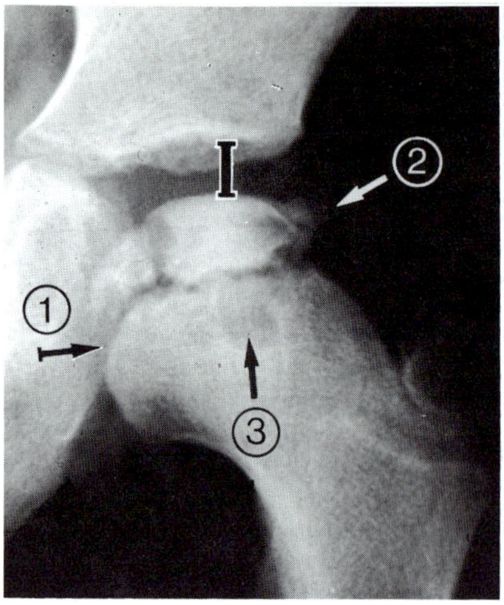

d Risikozeichen

Synopsis 52: Radiologie beim Morbus Perthes.
Im **Kondensationsstadium** kommt es zu Mikrofrakturen im Bereich der nekrotischen Epiphyse. Bei subchondralem Einbruch der Gelenkfläche entsteht eine Vakuumsichel (a). Die **Ausdehnung des Hüftkopfbefalls** ist aus der anterior-posterioren Röntgenaufnahme (a) nicht zu erkennen. Sie kann ausschließlich aus der axialen Röntgenaufnahme des Hüftgelenkes abgelesen werden und wird nach *Catterall* klassifiziert (b). Dabei wird die Ausbreitung der Nekrose von ventral nach dorsal in 4 Sektoren eingeteilt (c) (hier Catterall 2 bei 9jährigem Jungen, b und c). Zu den **Risikozeichen** mit ungünstiger Prognose gehören:
- die Lateralisation des Hüftkopfes (vergleiche Gelenkspaltweite kranial und kaudal ①)
- die laterale Kalzifikation der Epiphyse (②) und
- die metaphysäre Beteiligung (③).

Tab. 15: Differentialdiagnose des Morbus Perthes

Initialstadium	Kondensations- und Fragmentationsstadium
• Coxitis fugax • bakterielle Coxitis • Retardierung der Hüftkopfkernentwicklung • Hypophysenunterfunktion (Kretinismus) • Hypothyreose	• Skelettdysplasien (Morbus Ribbing und andere epiphysäre Dysplasien, Achondroplasie) • Skelettdystrophien (Morbus Morquio, Morbus Gaucher) • Hämophilie • Kortisonbehandlung • Trauma

Therapie
Das Ziel der Behandlung ist die **Verhinderung einer Deformierung** während der Phase der verminderten Belastbarkeit des Hüftkopfes sowie die **Wiederherstellung der Gelenkkongruenz** bei bereits ein

Therapie. Das Ziel der Behandlung ist die **Verhinderung einer Deformierung** während der Phase der verminderten Belastbarkeit des Hüftkopfes sowie die **Wiederherstellung der Gelenkkongruenz** bei bereits eingetretenen Verformungen. Die Behandlungsmaßnahmen orientieren sich am Alter, dem klinischen Befund (Bewegungseinschränkung) und den röntgenmorphologischen Veränderungen (vor allem den Risikofaktoren). Bei Kindern unterhalb des 5. Lebensjahres ist die Prognose günstig. Beim Fehlen von Risikofaktoren und freier

Beweglichkeit ist unter Umständen lediglich eine Verlaufsbeobachtung bei voller Belastung des Hüftgelenkes möglich. Deutliche Bewegungseinschränkungen deuten auf eine ungünstige Prognose hin und erfordern eine krankengymnastische Behandlung. Bei Kindern oberhalb des 5. Lebensjahres wird bei typischen morphologischen Veränderungen ohne Risikozeichen das Hüftgelenk in einem Apparat entlastet (z.B. Mainzer Orthese, Thomas-Schiene, *S. 60)*. Die lang währende Ruhigstellung im Beckenbeinfußgips ist wegen der ausgeprägten Immobilisationsschäden (Muskelatrophie, Beinverkürzung) verlassen. Mit dem Auftreten von Risikofaktoren (insbesondere Lateralisation und laterale Kalzifikation) wird die Zentrierung des Hüftkopfes zur Verhinderung weiterer Deformitäten durch intertrochantere Varisationsosteotomie *(S. 77)* oder Beckenosteotomie nach Salter empfohlen *(Syn. 53)*.

getretenen Verformungen. Der verminderten Belastbarkeit wird durch entlastende Orthesen (Mainzer Orthese, Thomas-Schiene) entsprochen. Zur Wiederherstellung der Gelenkkongruenz sind operative Maßnahmen (intertrochantere Varisationsosteotomie oder Beckenosteotomie nach Salter) erforderlich *(Syn. 53)*.

Synopsis 53: Therapie des Morbus Perthes

Behandlungsziel:	Verhinderung der Hüftkopfdeformierung	Wiederherstellung der Gelenkkongruenz
Maßnahmen:	Entlastung: z.B. Thomasschiene, Mainzer Orthese *(siehe Abb.)*, Stock	Zentrierung des Hüftkopfes – konservativ: Abduktionsschienen operativ: Varisationsosteotomie Salter-Beckenosteotomie
Indikation abhängig von:	● Alter ● klinischem Befund ● röntgenologischen Veränderungen (Risikofaktoren)	

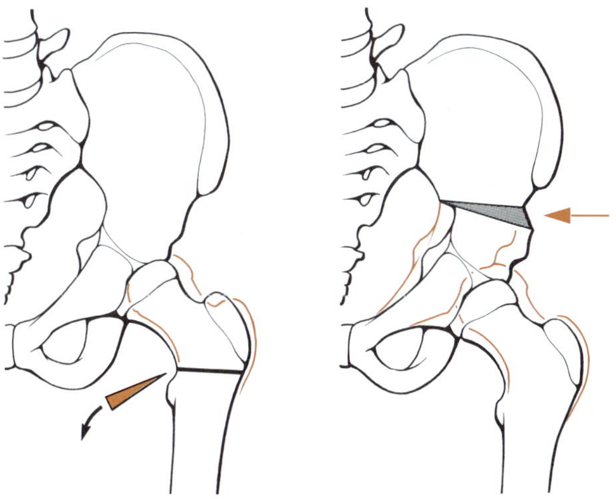

a b

Operative Behandlung (Zentrierung des Hüftkopfes) durch intertrochantere Varisationsosteotomie (a) oder Beckenosteotomie nach Salter, postoperativ weitere Entlastung bis zur Ausheilung mit Orthese

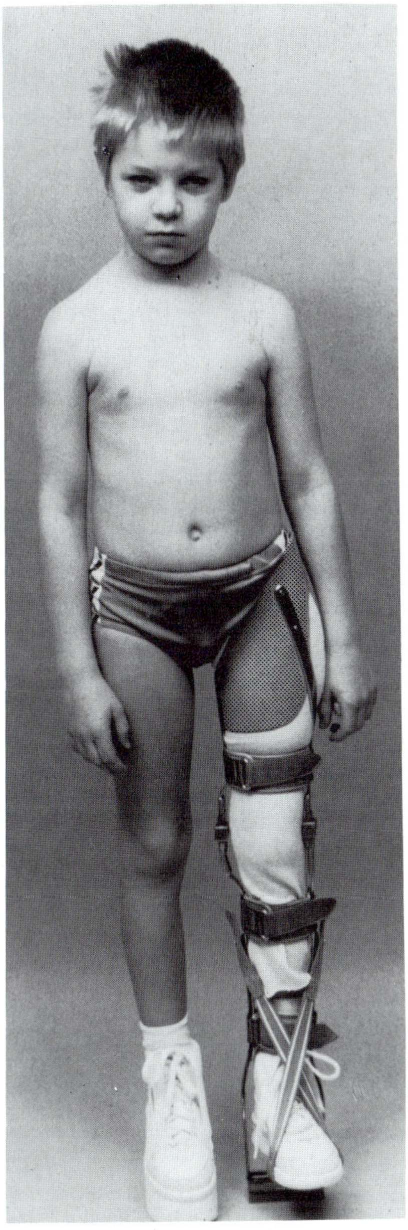

Klinisches Beispiel ▶

Klinisches Beispiel. 8jähriger Junge mit seit 2 Monaten anhaltenden Knieschmerzen links. Röntgenuntersuchung des Kniegelenkes ohne Auffälligkeiten. Diagnose: »Wachstumsschmerz«. Plötzlich Hinken und deutliche Abduktionsbehinderung des Hüftgelenkes. Röntgenologisch jetzt Morbus Perthes im Kondensationsstadium. Die plötzlich auftretende Symptomatik erklärt sich durch die subchondrale Fraktur des Hüftkopfes (Gelenkspaltsichel, s. Pfeil, *Abb. 29a)*. 5monatige Entlastung in Mainzer Orthese. Wegen lateraler Kalzifikation (Pfeil) und beginnender Dezentrierung intertrochantere Varisationsosteotomie und weitere Entlastung *(Abb. 29b)*. Zwei Jahre nach Operation Hüftkopf im Reparationsstadium *(Abb. 29c)*. Definitive Ausheilung mit geringer Coxa magna, aber guter Kongruenz erst 5 Jahre nach Erkrankungsbeginn *(Abb. 29d)*.

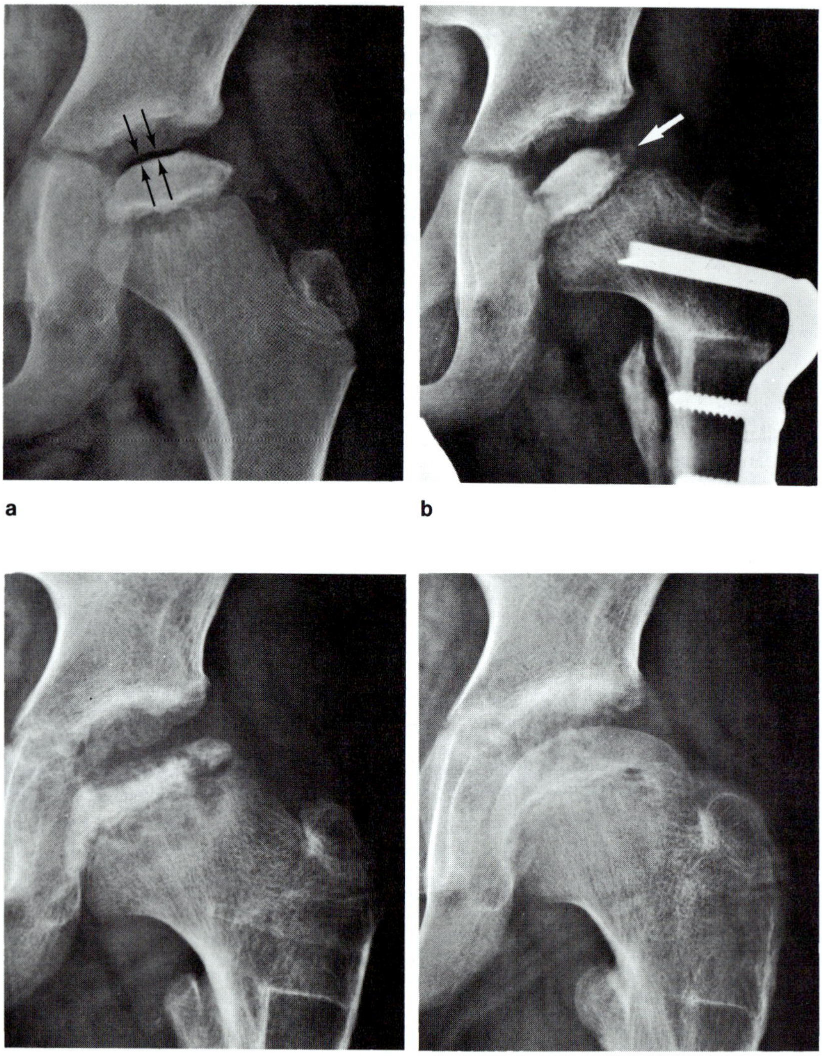

a b

c d

Abb. 29: Der klinische Fall: **Morbus Perthes** – operative Behandlung bei vorliegenden Risikofaktoren.

2.4.2 Osteochondrosis dissecans

Synonym. Osteochondritis dissecans.

Definition. Aseptische Osteochondrose eines umschriebenen Gelenkflächenareals, die mit der Abstoßung eines Gelenkflächenfragmentes (Gelenkmaus, Dissekat) unter Hinterlassung eines Gelenkflächendefektes (Mausbett) enden kann. Die Osteochondrosis dissecans kann an fast allen Gelenken des menschlichen Körpers, bevorzugt im Wachstumsalter, aber auch nach Wachstumsabschluß, auftreten.

Ätiologie. Die Ursache der Erkrankung ist unbekannt. Es werden Dauerbelastungen der Gelenkflächen, z.B. bei Leistungssportlern, ursächlich angeschuldigt.

Pathogenese. Die Erkrankung entsteht auf dem Boden einer subchondralen Vaskularisationsstörung. Zu Beginn kommt es zur Demarkierung eines Knochenbereiches mit Osteolyse oder Sklerosierung. Der daraufliegende Knorpel ist anfänglich lediglich gelb verfärbt und zeigt beginnende regressive Veränderungen. Durch Mikrofrakturen im Bereich des Sklerosierungssaumes kann sich der Knorpel-Knochen-Bereich aus der Gelenkfläche lösen (Corpus librum). Es bleibt ein von fibrösem Gewebe ausgekleidetes Mausbett zurück, das im weiteren Verlauf durch fortlaufende Umbauten im Bereich der Randzone geglättet wird, aber auch zum Aufbrauch des Gelenkflächenareals führt. Der typische Verlauf und Lokalisationen der Osteochondrosis dissecans sind aus *Synopsis 54, S. 126* zu entnehmen.

Klinik. Mit Beginn der ersten regressiven Veränderungen am Gelenkknorpel kann es zu einer reaktiven Synovialitis kommen, die zu ersten Beschwerden Anlaß gibt. Belastungsabhängige **Gelenkschmerzen** sind daher ein frühes Symptom der Erkrankung. Nach Auslösung eines Dissekates sind **Einklemmungserscheinungen** (Gelenksperre) am betroffenen Gelenk typisch.

Diagnose. Im Frühstadium der Erkrankung kann bis auf einen Bewegungs- und lokalisierten Druckschmerz jegliche weitere Symptomatik fehlen. Nach Freisetzung des Dissekates treten unter Umständen Gelenkblockierungen auf. Am Kniegelenk kann das Dissekat gelegentlich im Bereich des oberen Rezessus getastet werden *(S. 448)*. Richtungweisend ist das Röntgenbild, das die osteolytische oder sklerosierende Verlaufsform der Osteochondrosis dissecans bereits mit Freisetzung des Dissekates zeigt. Am Kniegelenk ist die Osteochondrosis dissecans in der anterior-posterioren Abbildung oft nicht zu erkennen, so daß Spezialaufnahmen erforderlich werden (Tunnelaufnahme nach Frik, Schrägaufnahmen). Die Diagnose im Frühstadium ist vor allem mit der Kernspintomographie möglich. Röntgenologisch abzugrenzen sind lokalisierte Ossifikationsstörungen an den Epiphysen, die im Kindesalter häufig als Variante der Norm auftreten.

Therapie. Die Behandlung ist vom Alter, von dem betroffenen Gelenk, der Lokalisation der Osteochondrose und dem Stadium der Erkrankung abhängig. Im Kindesalter ist häufig nur eine vorübergehende Entlastung oder Ruhigstellung des Gelenkes erforderlich. An den besonders belasteten Gelenken der unteren Extremität, vor allem am Kniegelenk, wird bei ungünstiger Lokalisation im Frühstadium der Erkrankung die subchondrale Spongiosaumkehrplastik empfohlen *(S. 448)*. Dabei wird von einem extraartikulären Zugang ein Spongiosazylinder entnommen, umgedreht und frisches Knochengewebe subchondral eingefalzt. Wenn bereits ein Dissekat vorliegt, kann dieses nach Anfrischung der Gelenkflächen replantiert, durch ein Knorpel-Knochen-Transplantat ersetzt oder ersatzlos entfernt werden.

Weitere aseptische Osteochondrosen werden im Teil C abgehandelt.

2.4.2 Osteochondrosis dissecans

◀ **Definition**

Ätiologie
Die eigentliche Ursache ist unbekannt.

Pathogenese
Infolge einer subchondralen Vaskularisationsstörung kommt es zur Demarkierung des Knochenbereiches mit Osteolyse oder Sklerosierung an der Gelenkfläche. Der Knorpel-Knochen-Bereich kann sich als Dissekat (Gelenkmaus) aus der Gelenkfläche lösen und einen Gelenkflächendefekt (Mausbett) hinterlassen. Der typische Verlauf ist *Synopsis 54, S. 126* zu entnehmen.

Klinik
Bei regressiven Veränderungen des Gelenkknorpels entsteht eine Synovialitis. **Belastungsschmerzen** sind ein Frühsymptom. Die Freisetzung eines Dissekates führt zu **Einklemmungserscheinungen.**

Diagnose
Typisch sind Gelenkblockierungen. Richtungweisend ist das Röntgenbild mit osteolytischen oder sklerosierenden Veränderungen der subchondralen Gelenkfläche.

Therapie
Die Behandlung ist vom Alter, von dem betroffenen Gelenk, der Lokalisation der Osteochondrose und dem Stadium der Erkrankung abhängig. Im Kindesalter sind bevorzugt konservative Maßnahmen, bei Erwachsenen unter Umständen eine subchondrale Spongiosaumkehrplastik oder Dissekatentfernung erforderlich.

Weitere aseptische Osteochondrosen werden im Teil C abgehandelt.

Synopsis 54: Typische Lokalisationen (a) und Verlauf der Osteochondrosis dissecans: zunächst subchondrale Sklerosierung und Demarkierung des osteonekrotischen Bereichs (b, c) später Auslösung des Dissekates (Gelenkmaus) aus der Gelenkfläche unter Hinterlassung eines Defektes (Mausbett, d). Intraoperativer Befund eines Dissekates mit Mausbett an der medialen Femurkondyle (e) und zugehöriger Röntgenbefund des Kniegelenkes (f, g), der das noch in die Gelenkfläche eingepaßte Dissekat zeigt.

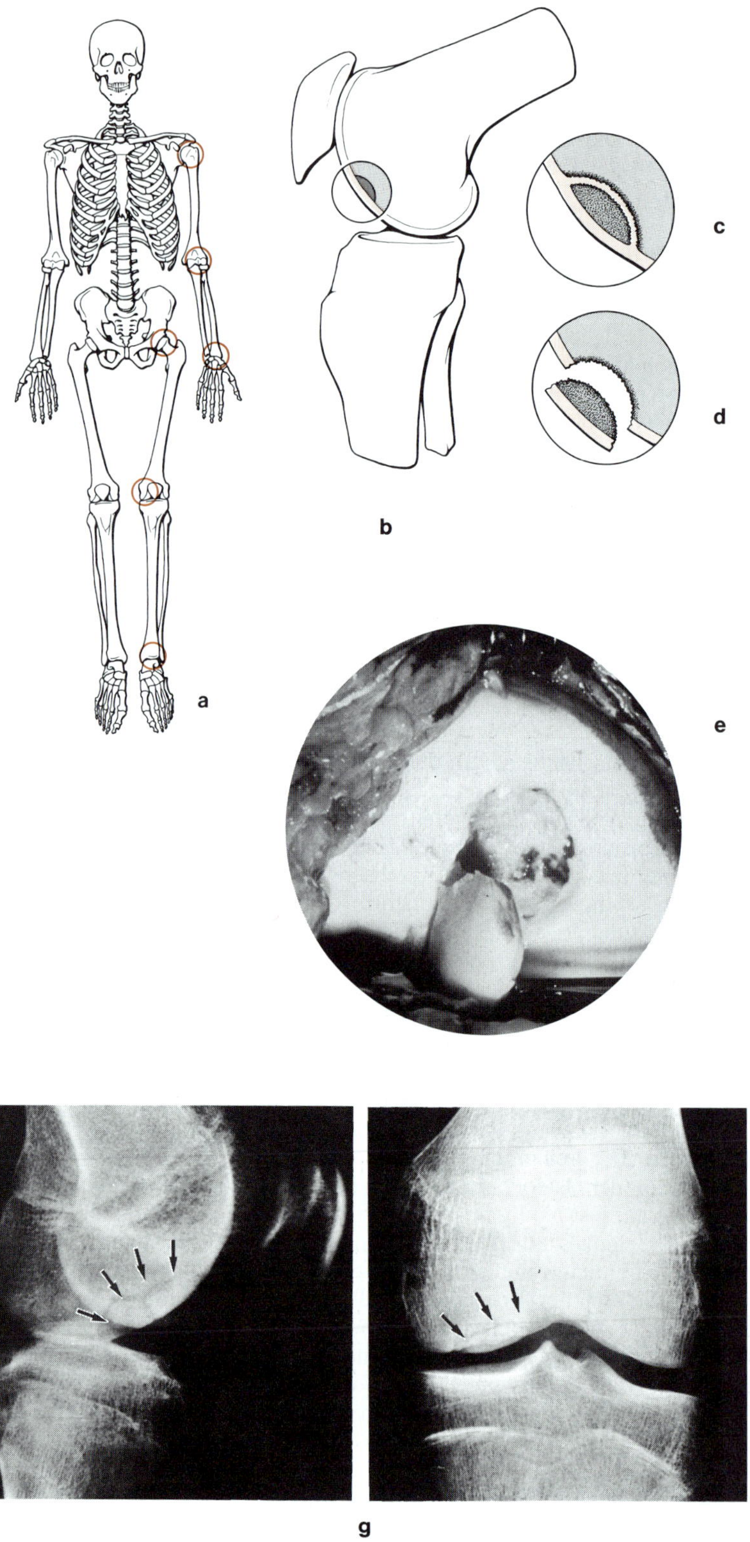

2.5 Beinlängendifferenzen

2.5 Beinlängendifferenzen

Definition. Beinlängendifferenzen können sich als Folge einer anatomisch unterschiedlichen Beinlänge (reelle Beinlängendifferenz) oder durch Gelenkkontrakturen (funktionelle Beinlängendifferenz) ergeben.

◀ **Definition**

Ätiologie. Reelle Beinlängendifferenzen können durch idiopathische, posttraumatische und postinfektiöse Beinverkürzungen sowie durch Hyperplasien einer Extremität bedingt sein. Eine funktionelle Beinverkürzung entsteht bei Adduktionskontrakturen des Hüftgelenkes (Verkürzung der Adduktoren, *Synopsis 55, S. 128)* und Beugekontrakturen des Kniegelenkes. Abduktionskontrakturen des Hüftgelenkes (Verkürzung des Musculus tensor fasciae latae und/oder des Tractus iliotibialis) oder einer Achillessehnenverkürzung (Spitzfuß) führen zur funktionellen Beinverlängerung.

Ätiologie
Die Ursache reeller und funktioneller Beinlängendifferenzen geht aus *Synopsis 55, S. 128* hervor. Funktionelle Beinverkürzungen als Folge einer Adduktionskontraktur des Hüftgelenkes sind häufig.

Pathogenese. Bei epiphysären Wachstumsstörungen ist bereits während des Kindesalters die zu erwartende Beinlängendifferenz berechenbar *(S. 113)*. Diese ergibt sich aus dem unterschiedlichen Anteil der Wachstumsfugen an der Gesamtlänge der unteren Extremitäten. Jede Beinlängendifferenz muß zu einem Beckenschiefstand und in der Mehrzahl der Fälle auch zu einer Seitverbiegung der Wirbelsäule führen.

Pathogenese
Jede Beinlängendifferenz führt zu einem Beckenschiefstand und in der Regel auch zu einer Seitverbiegung der Wirbelsäule.

Klinik. Beinlängendifferenzen bis zu 2 cm werden häufig nicht bemerkt. Darüber hinausgehende Beinlängendifferenzen werden durch das Verkürzungshinken, durch den Schiefstand des Beckens und der Wirbelsäule auffällig. Dazu gehören die Seitausbiegung der Wirbelsäule zur verkürzten Seite, die Adduktionsstellung der gegenseitigen Hüfte und die Abduktionsstellung des Hüftgelenkes auf der Seite der Beinverkürzung. Beschwerden durch die Kompensation im Bereich des lumbosakralen Überganges ergeben sich häufig erst im Erwachsenenalter.

Klinik
Beinlängendifferenzen über 2 cm werden durch Verkürzungshinken, Beckenschiefstand und Seitverbiegung der Wirbelsäule auffällig.

Diagnose. Die direkte Beinlänge wird am liegenden Patienten durch Abmessen der Strecke Spina iliaca anterior superior-Innenknöchel gemessen. Bei der indirekten Beinlängenmessung wird der Beckenstand beurteilt und die Beinlängendifferenz durch Brettchenunterlage ausgeglichen *(S. 28)*. Insbesondere für die Planung operativer Maßnahmen ist die radiologische Abklärung durch die Anfertigung einer Beckenstandaufnahme und unter Umständen von Rasteraufnahmen der Beine mit aufliegendem Maßstab erforderlich *(Abb. 30)*.

Diagnose
Die Beinlänge kann direkt durch Abmessen der Strecke Spina iliaca anterior superior–Innenknöchel oder indirekt durch Beurteilung des Beckenstandes bestimmt werden *(Abb. 30)*.

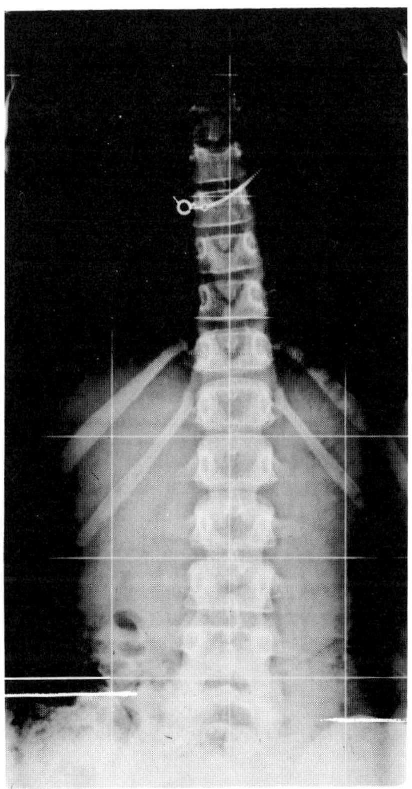

Abb. 30: **Beckenstandaufnahme** eines 7jährigen Mädchens im anterior-posterioren Strahlengang: der linke Beckenkamm steht 1,5 cm tiefer; es besteht eine großbogige linkskonvexe Seitausschwingung der Wirbelsäule. Daraus ergibt sich die Indikation zum Verkürzungsausgleich.

Synopsis 55: Beinlängendifferenzen. Reelle Beinlängendifferenzen: Differenz der anatomischen Beinlänge
Funktionelle Beinlängendifferenzen: Beckenschiefstand bei seitengleicher anatomischer Beinlänge.

Ursachen reeller Beinlängendifferenzen

Minderwuchs
longitudinale und transversale Fehlbildungen
veraltete Hüftgelenksluxationen
Zustand nach Hüftkopfnekrose
Coxa vara
posttraumatisch
angeborene Unterschenkelpseudarthrose
fibröse Dysplasie
Enchondromatose
Neurofibromatose
Störungen des Epiphysenwachstums:
- Epiphysenfrakturen
- Pyarthros/epiphysäre Osteomyelitis
- Strahlentherapie
iatrogen
idiopathisch

Überwuchs
Klippel-Trenaunay-Syndrom
Zustand nach diaphysärer/metaphysärer Fraktur
chronische diaphysäre/metaphysäre Osteomyelitis
Überwuchs verursachende Tumoren, z.B. Osteoidosteom

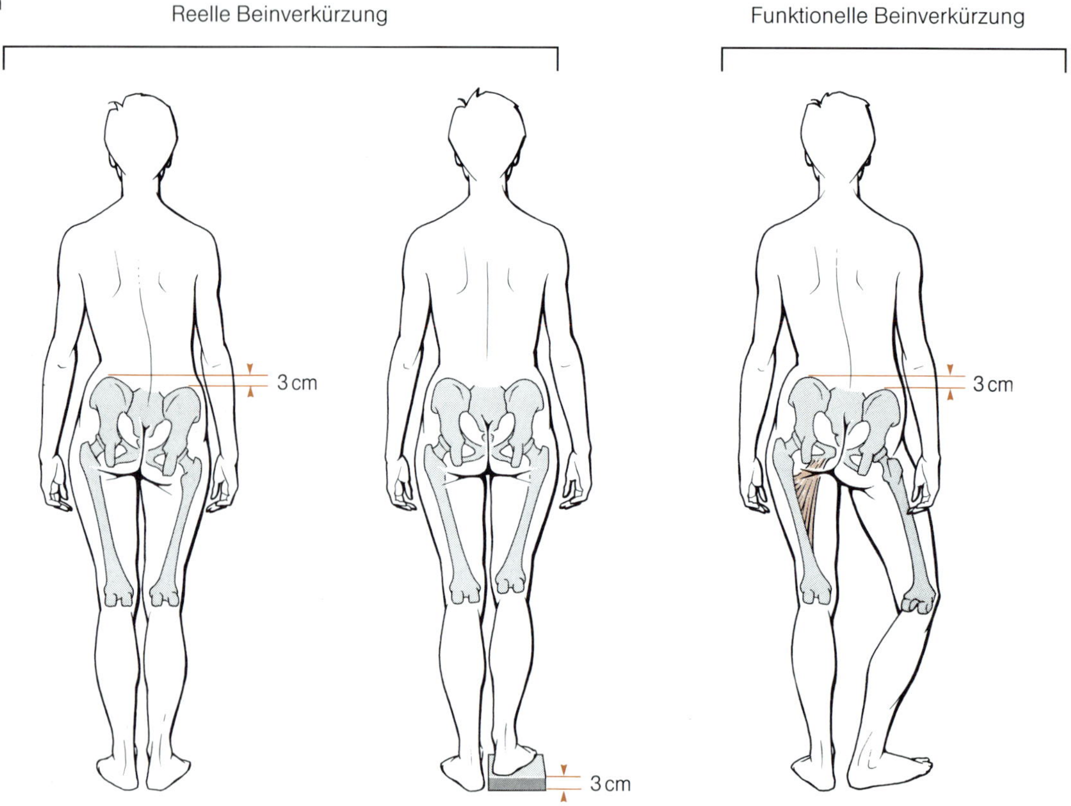

Reelle Beinverkürzung
▶ Beckentiefstand und Wirbelsäulenseitverbiegung mit Konvexität zur Seite des verkürzten Beines

▶ Beckengeradstand möglich Ausgleich durch Brettchenunterlage

Funktionelle Beinverkürzung:
▶ gleiche anatomische Beinlänge, aber ungleicher Beckenstand infolge von Kontrakturen:
bei Hüftanspreizkontraktur: Beckengeradstand unmöglich, Wirbelsäulenseitverbiegung mit Konvexität zur Gegenseite der Hüftanspreizkontraktur, bei Kniebeuge- und Spitzfußkontraktur Ausgleich möglich.

Synopsis 56: Der **konservative Ausgleich von Beinlängendifferenzen** ist möglich durch Schuheinlagen, Absatz- oder Schuherhöhung bis 5 cm, darüber hinaus durch orthopädisches Schuhwerk oder Orthoprothese.

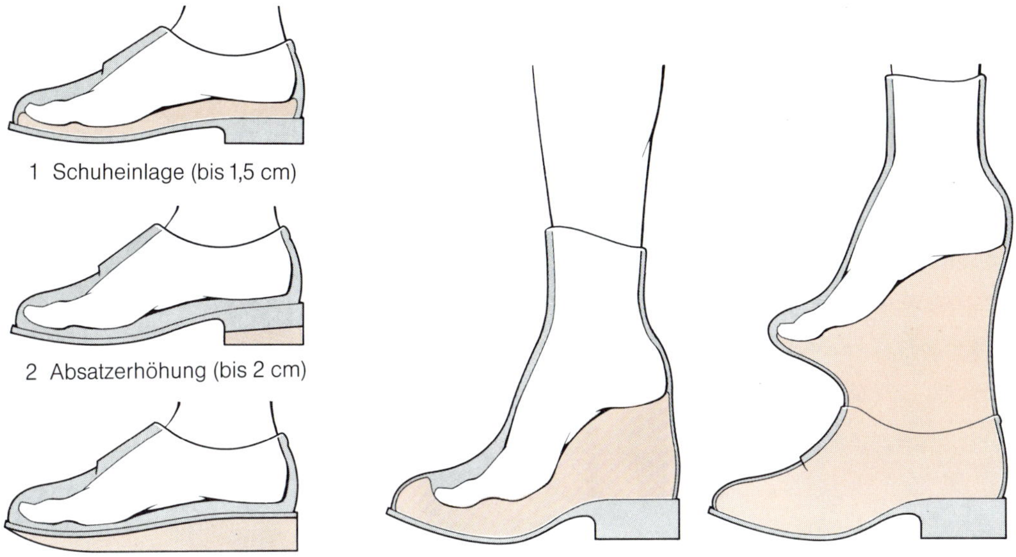

1 Schuheinlage (bis 1,5 cm)
2 Absatzerhöhung (bis 2 cm)
3 Schuh-(Sohlen-)erhöhung (bis 5 cm)
4 Orthopädischer Schuh (bis 15 cm)
5 Orthoprothese (über 10 cm)

Therapie. Die Therapie ist vom Alter des Patienten, der Ursache und dem Ausmaß der Beinlängendifferenz sowie von den Sekundärveränderungen an Hüftgelenk und Wirbelsäule abhängig. Bei Erwachsenen mit seit langer Zeit bestehenden Beinlängendifferenzen ist die Indikation zum Längenausgleich vor allem von den Beschwerden abhängig. Bei Kindern sollten jedoch alle Beinlängendifferenzen von 0,5 cm und mehr ausgeglichen werden, um Sekundärschäden an Hüftgelenk und Wirbelsäule (Lumbalskoliose) zu vermeiden. Bei funktionellen Beinlängendifferenzen ist die Behandlung der Gelenkkontraktur vorrangig. Bei reellen Beinlängendifferenzen kann mit Sohlen- und Absatzerhöhungen bis ca. 5 cm ein Ausgleich erfolgen. Darüber hinausgehende Differenzen bedürfen der Versorgung im orthopädischen Schuh oder in der Orthoprothese. Die Möglichkeiten der konservativen Versorgung von Beinlängendifferenzen sind in *Syn. 56* wiedergegeben.

Therapie
Reelle Beinlängendifferenzen von 0,5 cm und mehr sollten beim Kind stets ausgeglichen werden, beim Erwachsenen ist die Indikation nach den aktuellen Beschwerden zu stellen. Bei funktionellen Beinlängendifferenzen ist die Behandlung der Gelenkkontraktur vorrangig. Reelle Beinlängendifferenzen können bis zu 5 cm durch Schuhzurichtungen, darüber hinaus nur orthoprothetisch ausgeglichen werden *(Syn. 56).*

Für Beinlängendifferenzen von 3 cm und mehr ist differentialtherapeutisch auch der operative Ausgleich zu erwägen. Der sicherste und schnellste Ausgleich kann durch eine **Verkürzungsosteotomie** an der längeren Extremität erreicht werden. Diese ist bis zu Längendifferenzen von etwa 5 cm möglich, wobei eine seitengleiche Höhe der Kniegelenksachse angestrebt wird. Im Wachstumsalter kommen **Verödungen oder Verklammerungen der Wachstumsfuge** in Frage, wenn das zu erwartende Längenwachstum der kürzeren Extremität ausreicht, um bei sistierendem Wachstum an der Gegenseite zu einem völligen Ausgleich zu führen. Bei größeren Beinlängendifferenzen und allgemeinem Minderwuchs (z.B. Achondroplasie, *S. 99)* kommen **Verlängerungsosteotomien** mit nachfolgender Distraktion der Skelettabschnitte oder auch Distraktionsepiphyseolysen in Frage. Als Distraktionsapparate werden am Oberschenkel bevorzugt einseitige Fixateure (unilateraler Fixateur), am Unterschenkel dagegen Ringfixateure (Ilisarov) angewandt. Mit diesen Methoden können an der unteren, aber auch oberen Extremität Längengewinne bis zu 20 cm erzielt werden.

Für Beinlängendifferenzen von 3 cm und mehr kommen auch operative Maßnahmen in Frage. Ein Ausgleich kann durch **Verkürzungsosteotomie** der Gegenseite, durch **Verödungen der Wachstumsfuge,** bzw. deren Verklammerung oder **Verlängerungsosteotomien** erreicht werden.

Klinisches Beispiel. 6jähriges Mädchen mit Hypoplasie des linksseitigen Femurs. Im Alter von 3 Jahren Beinlängendifferenz von 2,3 cm, im Alter von 6 Jahren von 5 cm *(Abb. 31a).* Die vorausberechnete Beinlängendifferenz würde zum Wachstumsabschluß 13 cm betragen. Damit wäre für mehrere Jahre ein Ausgleich nur noch mit orthoprothetischer Versorgung möglich *(Syn. 56).* Um die damit einhergehenden psychischen und physischen Beeinträchtigungen des Kindes zu vermeiden, Entschluß zur Verlängerungsosteo-

◀ **Klinisches Beispiel**

tomie in zwei Etappen. Bis zur Durchführung der operativen Beinverlängerung Ausgleich der Beinlängendifferenz durch Sohlenerhöhung. Beinverlängerung durch Distraktion über unilateralen Fixateur externe *(Abb. 31b)*. Eine zweite, dann weniger aufwendige Verlängerung wird zum Zeitpunkt der Pubertät erforderlich werden.

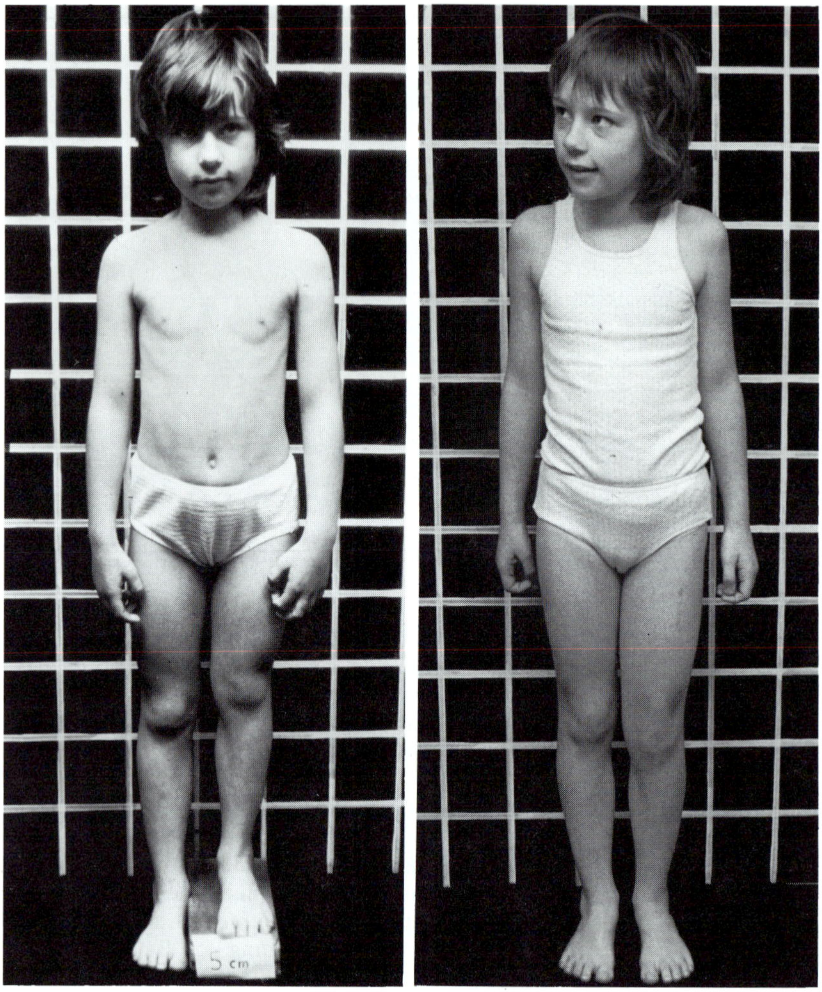

a b

Abb. 31a und b: Das klinische Beispiel: operative Behandlung von reellen **Beinlängendifferenzen** durch Verlängerungsosteotomie.

3 Knochenerkrankungen

3.1 Knochenaufbau und -funktion

Knochenaufbau. Der menschliche Knochen ist mesenchymaler Herkunft. Seine Bildung ist vom Alter und von biophysikalischen Gesetzen abhängig. **Während des Wachstumsalters** entsteht unter dem hydrostatischen Druck im Bereich der Wachstumszone durch Mineralisation von Knorpelgewebe (enchondrale, perichondrale Ossifikation) zunächst ein Gerüst aus Geflechtknochen (primäre Spongiosa, *S. 112).* Dieses wird schließlich zum typischen Lamellenknochen (sekundäre Spongiosa) umgebildet. **Im Erwachsenenalter** wird Knochengewebe ebenfalls aus bindegewebigen Elementen dort gebildet, wo Dehnung und Deformation (desmale, endostale und periostale Ossifikation) vorliegen.

Knochen besteht aus **Grundsubstanz** (Matrix), **Knochenzellen** (Osteoblasten, Osteozyten, Osteoklasten) und **Mineralien.** Die Entstehung und **Zusammensetzung** von menschlichem Knochengewebe sind in *Syn. 57, S. 132* wiedergegeben.

Die drei **Hauptfunktionen der Knochenzellen** sind die Kalziumbindung, biophysikalische und bioelektrische Eigenschaften sowie ihre Aufgaben im Rahmen des Hormonstoffwechsels. Osteoblasten bilden Knochen, Osteozyten tragen zur Homoiostase des Mineralstoffwechsels bei und Osteoklasten resorbieren Knochen.

Die Chondrozyten der Wachstumszone sowie Osteoblasten und Osteozyten kontrollieren den Prozeß der **Kalzifikation** durch die Veränderung der extrazellulären organischen Grundsubstanz. Bei der Orientierung der Kalziumkristalle spielt Kollagen eine große Rolle. Reifer Knochen besteht zu 95% aus Kalzium-Hydroxylapatitkristallen. Wegen seiner Kristallstruktur besitzt Knochen piezoelektrische Eigenschaften (bei Einwirkung von Druck oder Zug auf bestimmte Kristalle tritt an den Oberflächen eine elektrische Spannung auf). Die unter jeder mechanischen Belastung oder auch nach Verletzung (Regenerationssignal) auftretenden Potentiale sind die Basis für therapeutische Bemühungen, um eine Heilungsbegünstigung von Knochenverletzungen durch elektrische Strombehandlung zu erreichen.

Osteoblasten und Osteozyten sind Zielorgane verschiedener **Hormone** (Parathormon, PTH; Kalzitonin; Kortikosteroide; Östrogene; Schilddrüsenhormon). Die Osteoklasten werden durch das Parathormon zu starker Knochenresorption aktiviert. Darüber hinaus wird der Mineralstoffwechsel ganz entscheidend von Metaboliten des Vitamin D beeinflußt.

Knochenfunktion. Obwohl physikalisch fest, ist Knochen ein lebendes Gewebe, das ständigen Remodellierungsvorgängen unterworfen ist. Diese biologische Plastizität ist erforderlich, um den sich ständig ändernden Anforderungen an die **Stützfunktionen** des Skeletts gerecht werden zu können. Der menschliche Knochen besitzt daher einen strukturellen Aufbau, der sich aus den Besonderheiten der mechanischen Beanspruchung der jeweiligen Skelettregion ergibt.

Bei der primären Mineralisation wird gelenknah ein schwammartiges Netzwerk von Knochenbälkchen **(Spongiosa)** gebildet, das eine bessere Verteilung der Belastung erlaubt, während sich mit zunehmender Entfernung von der Gelenkfläche die Knochenbälkchen zusammendrängen und im Bereich von Röhrenknochen als **Kompakta** einen hohen Verdichtungsgrad erreichen. Im Bereich des spongiösen Knochens kann die Ausrichtung der Knochenbälkchen nach funktionellen Gesichtspunkten in **Druck-** und **Zugtrajektorien,** die dickeren Spongiosabälkchen entsprechen, besonders gut erkannt werden. So ist die Richtung der durch das Hüftgelenk geleiteten Kraft an dem Verlauf der Haupttrajektorien im Bereich des Hüftkopfes und Schenkelhalses abzulesen. Jede Änderung der Form und Funktion eines Knochens führt daher gesetzmäßig auch zu Veränderungen seines inneren strukturellen Aufbaus und seiner äußeren Konfiguration. Die dabei ablaufenden Remodellierungsvorgänge werden in der Regel als feines Zusammenspiel zwischen Knochenan- und -abbauvorgängen klinisch nicht relevant. Auf diese Art kommt es zum Gestalt- und Formwechsel des menschlichen Skeletts von der Kindheit bis zum Wachstumsabschluß *(S. 111).* Ist jedoch das Gleichgewicht zwischen Belastung und Belastbar-

3 Knochenerkrankungen

3.1 Knochenaufbau und -funktion

Während des Wachstumsalters entsteht Knochen durch Mineralisation von Knorpelgewebe (enchondrale, perichondrale Ossifikation). **Im Erwachsenenalter** wird Knochengewebe dort gebildet, wo Dehnung und Deformation vorliegen (desmale, endostale und periostale Ossifikation).

Die **Zusammensetzung** von Knochen aus **Grundsubstanz** (Matrix), **Knochenzellen** (Osteoblasten, Osteozyten, Osteoklasten) und **Mineralien** ist in *Syn. 57, S. 132* wiedergegeben.
Die **drei Hauptfunktionen der Knochenzellen sind** die Kalziumbindung, biophysikalische und bioelektrische Eigenschaften sowie Aufgaben im Rahmen des Hormonstoffwechsels.
Die **Kalziumbindung** wird durch Chondrozyten der Wachstumszone sowie Osteoblasten und Osteozyten kontrolliert. Wegen seiner Kristallstruktur besitzt der Knochen elektrische Eigenschaften, die für die Therapie von Knochenverletzungen genutzt werden.

Osteoblasten und Osteozyten sind Zielorgane verschiedener **Hormone** (Parathormon, PTH; Kalzitonin; Kortikosteroide; Östrogene; Schilddrüsenhormon und darüber hinaus Vitamin-D-Metaboliten).

Knochenfunktion
Der menschliche Knochen besitzt einen strukturellen Aufbau, der sich aus den Besonderheiten der mechanischen Beanspruchung der jeweiligen Skelettregion ergibt.

Gelenknah besteht der Knochen aus einem schwammartigen Netzwerk **(Spongiosa),** während er im Bereich von Röhrenknochen als **Kompakta** einen hohen Verdichtungsgrad erreicht. Die Spongiosastruktur spiegelt den durch den Knochen geleiteten Kraftverlauf wider. Die im Röntgenbild erkennbaren dickeren Spongiosabälkchen werden als Trajektorien bezeichnet, die in Abhängigkeit von ihrer mechanischen Beanspruchung in **Zug-** und **Drucktrajektorien** unterschieden werden. Ist das Gleichgewicht zwischen Belastung und Belastbarkeit des Knochengewebes gestört, kommt es zu **pathologischen Knochenumbauvorgängen.**

Synopsis 57: Entstehung und Zusammensetzung von menschlichem Knochengewebe: Knochen entsteht durch chondrale (enchondrale, perichondrale) und desmale Ossifikation. Er ist aus organischen Substanzen und Mineralien zusammengesetzt.

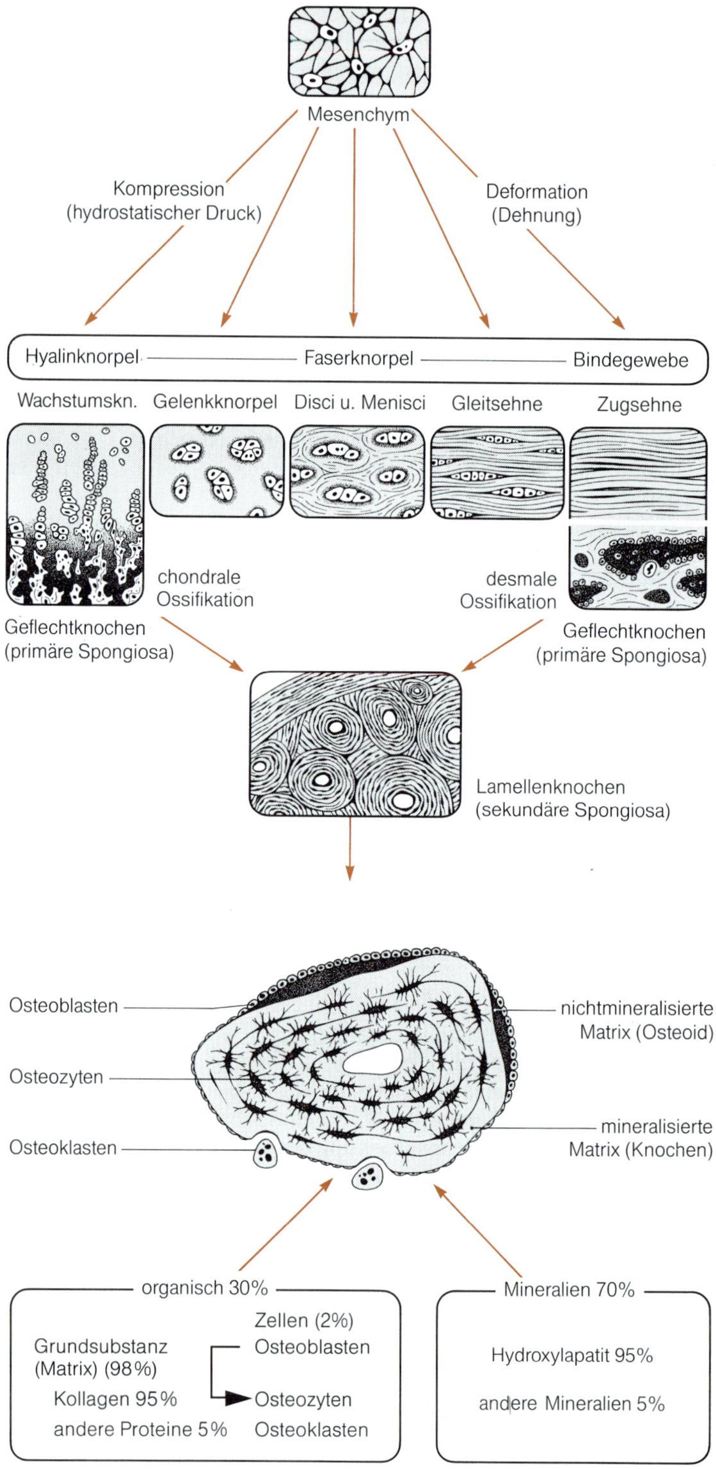

keit des Knochengewebes gestört, kommt es zu **pathologischen Knochenumbauvorgängen** mit typischen morphologischen Veränderungen, die sich auch im Röntgenbild erkennen lassen. Eine Zusammenfassung dieser Reaktionen ist am Beispiel des Hüftgelenkes in *Syn. 58, S. 134* wiedergegeben.

Die **Belastbarkeit** eines normalen Knochengewebes kann durch zahlreiche Faktoren überfordert werden. Besonders während des Wachstumsalters spielt die muskuläre Aktivität für die Formgebung des Skeletts eine große Rolle. Eine normale Skelettentwicklung ist praktisch nur bei einem ausgewogenen Muskelgleichgewicht möglich. Überwiegt z.B. am Hüftgelenk die Aktivität der Anspreizmuskulatur (wie z.B. bei der spastischen Zerebralparese), so entsteht aus biomechanischen Gründen *(S. 163)* eine typische Deformität des gesamten Hüftgelenkes *(Abb. 65, S. 254)*.

Mechanische Überlastungen spielen auch bei den Osteochondrosen und epiphysären Wachstumsstörungen eine große Rolle *(S. 114)*. Im Erwachsenenalter können Dauerbeanspruchungen zu verstärkten Umbauvorgängen des Knochens führen, die sich im Bereich der Zone der stärksten mechanischen Beanspruchung durch röntgenologisch erkennbare Verdichtungen (Looser-Umbauzonen) erkennen lassen. Derartige Bereiche mit gesteigertem Knochenumbau machen sich klinisch durch Schmerzen bemerkbar. Bei fortdauernder mechanischer Beanspruchung mit den Folgen eines Knochenabbaues kann, vergleichbar der Materialermüdung an technischen Werkstoffen, eine **Ermüdungsfraktur** mit den Folgen einer Kontinuitätsunterbrechung des Knochens entstehen (vergleiche erneut *Synopsis 58, S. 134)*.

Umgekehrt führt **Minderbelastung des Knochens** zu einer **Inaktivitätsatrophie** mit auch röntgenologisch erkennbarer verminderter Knochendichte. Die Inaktivitätsatrophie ist ein übliches Symptom bei gelähmten Skelettabschnitten. Sie kann aber auch nach langwährender Ruhigstellung im Gipsverband oder in einer Orthese auftreten.

Bedeutend sind die **funktionellen Anpassungsvorgänge** in den gelenknahen, spongiösen Knochenregionen. Hier läßt sich durch eine Neuorientierung des spongiösen Netzwerkes auch röntgenmorphologisch ein Hinweis auf die geänderte mechanische Beanspruchung gewinnen. Bei einer ausgeprägten Minderanlage des Hüftgelenkes (Hüftdysplasie, *S. 410)* ist die subchondrale Sklerosierung im kranio-lateralen Hüftpfannenbereich das erste Symptom der mechanischen Überlastung. Im weiteren Verlauf entstehen alle typischen Symptome einer Arthrose. Aus der genauen röntgenologischen Analyse derartiger Veränderungen sind wichtige Hinweise auf die Natur der Erkrankung und auf therapeutische Ansatzpunkte zu erhalten *(S. 163)*.

Pathologische Knochenumbauvorgänge treten auch bei allen Erkrankungen auf, bei denen die Belastbarkeit des Knochengewebes durch systemische, metabolische, hormonale Einflüsse oder durch lokale Erkrankungen vermindert ist. Bei der Osteomalazie kommt es infolge des Vitamin-D-Mangels zu einer Schwächung des Knochengerüstes und fortlaufenden Umbauten, die am Hüftgelenk zur Verkleinerung des Schenkelhalswinkels unter dem Bilde einer Coxa vara führen *(Syn. 58)*. Bei ausgeprägter metabolischer Störung kann sich aus dem Ungleichgewicht zwischen Belastung und Belastbarkeit des Knochens ebenfalls eine Ermüdungsfraktur entwickeln.

Remodellierungsvorgänge des Knochens spielen auch bei der **Frakturheilung** eine große Rolle *(S. 280)*.

Knochenabbau. Ein Abbau von Knochengewebe kommt zustande, wenn die Aktivität der Osteoklasten diejenige der Osteoblasten und Osteozyten übersteigt. Bei **generalisierter** Ausprägung, meist auf dem Boden von metabolischen Störungen, entstehen Erkrankungen mit verminderter Knochendichte. **Lokalisierte** Knochenabbauvorgänge treten unter dem radiologischen Befund der Osteolyse, vor allem bei Entzündungen, Tumoren und Knochennekrosen auf.

Der Knochen besitzt eine eigene Blutgefäßversorgung, die an bestimmten Skelettabschnitten primär kritisch angelegt ist (z.B. Hüftkopf, *S. 119)*. Bei einer Unterbrechung der Blutzufuhr durch unterschiedlichste Ursachen kommt es daher zum Tod der Knochenzellen **(aseptische Osteonekrose).** Besteht eine geringe Restblutversorgung oder ist die Nekrose verhältnismäßig klein ausgeprägt, kommt es zum Ersatz des abgestorbenen Knochens durch neuen lebenden Knochen (»creeping substitution«). Derartige Knochennekrosen können

Eine Zusammenfassung dieser Reaktionen ist in *Synopsis 58, S. 134* wiedergegeben.

Die **Belastbarkeit** eines normalen Knochengewebes kann endogen durch Muskelungleichgewichte oder exogen durch dauernde mechanische Beanspruchung überfordert werden.

Im Kindesalter resultiert eine **Deformität,** im Erwachsenenalter kommt es zu **Ermüdungsfrakturen** mit den Folgen einer Kontinuitätsunterbrechung des Knochens (vergleiche erneut *Synopsis 58)*.

Eine **Minderbelastung des Knochens** führt andererseits zu einer **Inaktivitätsatrophie** mit röntgenologisch erkennbar verminderter Knochendichte.

Die **zahlreichen funktionellen Anpassungsvorgänge des Knochens** sind röntgenologisch erkennbar und damit ein Hinweis auf die geänderte mechanische Beanspruchung. Die röntgenologische Analyse dieser Veränderungen gibt wichtige Hinweise auf die Erkrankung und therapeutische Ansätze *(S. 163)*.

Pathologische Knochenumbauvorgänge treten dort auf, wo die Belastbarkeit des Knochengewebes durch systemische, metabolische, hormonale Einflüsse oder auch durch lokale Erkrankungen vermindert ist (z.B. Osteomalazie bei Vitamin-D-Mangel).

Knochenabbau
Ein Abbau von Knochengewebe kommt zustande, wenn die Aktivität der Osteoklasten diejenige der Osteoblasten und Osteozyten übersteigt.
Generalisiert entstehen so Erkrankungen mit verminderter Knochendichte. **Lokalisiert** resultieren Osteolysen bei Entzündungen, Tumoren und Knochennekrosen. Bei einer Unterbrechung der Blutzufuhr kommt es zum Knochenzelluntergang → **aseptische Osteonekrose.**

Synopsis 58: Aufbau und mechanische Funktion des Knochens:
Gelenkflächennah besteht der Knochen aus Spongiosa, in der Diaphyse von Röhrenknochen aus Kompakta (a).
Der Aufbau des Knochens spiegelt dessen mechanische Beanspruchung wider.
Die normale Schenkelhalsstruktur zeigt ein Gleichgewicht von Zug- und Drucktrajektorien (b).
Bei der Steilstellung des Schenkelhalses (Coxa valga) sind die Drucktrajektorien (c),
bei einer Coxa vara dagegen die Zugtrajektorien der Spongiosa (d) (hier Coxa vara mit Ermüdungsfraktur des Schenkelhalses, siehe Pfeil) stärker ausgebildet.
Die Analyse des Röntgenbildes erlaubt somit eine Aussage über die mechanische Funktion des Knochens.

a b

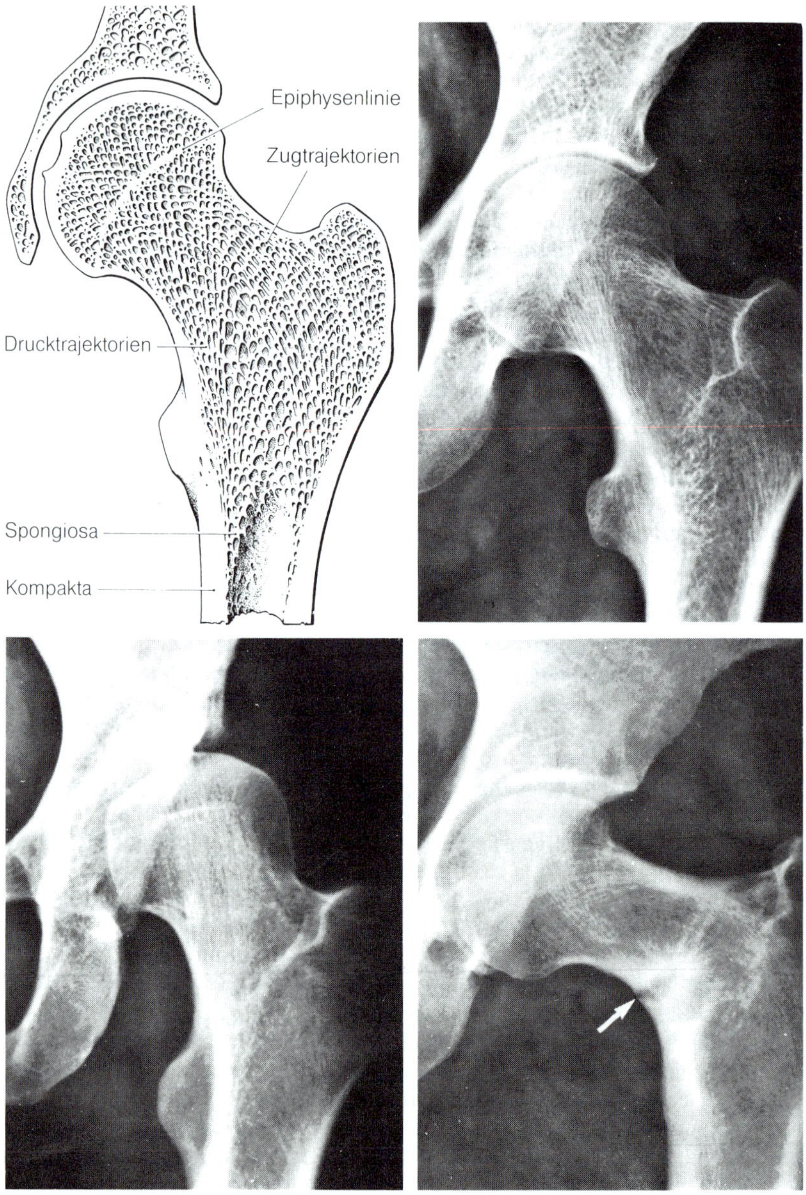

c d

auch bei entzündlichen Erkrankungen des Knochens in Form eines Sequesters auftreten *(S. 228)*.

Mineralstoffwechsel. Der Aufbau des Knochengewebes unterliegt verschiedenen Regulationsmechanismen, an denen Vitamin D und körpereigene Hormone (Parathormon, Kalzitonin, Östrogene, Kortikosteroide, Schilddrüsenhormon) teilhaben *(Syn. 59)*. Der Knochen ist dabei das Reservoir, das für die Aufrechterhaltung des Serum-Kalzium-Spiegels dient.

Mineralstoffwechsel
Der Knochen ist als Reservoir für die Aufrechterhaltung des Serum-Kalzium-Spiegels in verschiedene, hormonelle Regulationsmechanismen eingebunden *(Syn. 59)*.

> Der Serum-Kalzium-Spiegel und nicht der Kalziumgehalt des Knochens ist die Stellgröße für die Hormone der Kalziumhomöostase!

Der Serum-Kalzium-Spiegel und nicht der Kalziumgehalt des Knochens ist die Stellgröße für die Hormone der Kalziumhomöostase!

Das **Parathormon** wird in den Epithelkörperchen gebildet. Im Magen-Darm-Trakt führt es indirekt zu einer verstärkten Kalziumresorption, da es die Bildung von 1,25 $(OH)_2$ Vitamin D in der Niere stimuliert. In der Niere selbst erhöht es die Rückresorption von Kalzium und steigert die Phosphatausscheidung. Als Nettoeffekt ist das Serum-Kalzium erhöht, das Serum-Phosphat erniedrigt. Im Knochen führt es zu einer Aktivierung der Osteoklasten und Transformation der Osteoblasten in Fibroblasten. Durch den daraus resultierenden, verstärkten Knochenumbau entsteht das Strukturbild der Osteodystrophia fibrosa generalisata cystica (von Recklinghausen, *S. 140)*.

Das **Parathormon** erhöht die Rückresorption von Kalzium und steigert die Phosphatausscheidung in der Niere. Das Serum-Kalzium ist daher erhöht, das Serum-Phosphat erniedrigt. Im Knochen werden die Osteoklasten vom Parathormon aktiviert, vom **Kalzitonin** dagegen gehemmt.

Kalzitonin wird in den C-Zellen der Schilddrüse gebildet und ist ein Antagonist des Parathormons. Kalzitonin hemmt die Aktivität der Osteoklasten und steigert die Anzahl der Osteoblasten. Seine Sekretion wird durch den Serum-Kalzium-Spiegel kontrolliert. Als Nettoeffekt resultiert eine vorübergehende Senkung des Serum-Kalzium-Spiegels. Wegen des pharmakologischen Effektes ist die Anwendung von Kalzitonin vor allem bei Morbus Paget (vermehrter Knochenan- und -abbau unklarer Genese) sinnvoll.

Kalzitonin aus den C-Zellen der Schilddrüse ist ein Antagonist des Parathormons und senkt den Serum-Kalzium-Spiegel vorübergehend durch Hemmung der Osteoklasten.

Zahlreiche weitere Hormone besitzen einen häufig pathogenetisch nicht bewiesenen Einfluß auf den Knochenmetabolismus. Das **somatotrope Hormon** des Hypophysenvorderlappens (STH) kontrolliert das Skelettwachstum. Das **Schilddrüsenhormon** (T3, T4) fördert die Kalziumaufnahme. Von den gonadalen Hormonen ist vor allen Dingen das **Östrogen** von Interesse. Das Ausmaß des Knochenabbaus ist bei Frauen in der Postmenopause besonders ausgeprägt und korreliert mit dem abnehmenden endogenen Östrogenspiegel. Obwohl Rezeptoren für die Östrogenwirkung am Knochengewebe bisher nicht nachgewiesen werden konnten, ist die präventive und therapeutische Wirkung von Östrogen bei der postmenopausalen Osteoporose unbestritten. **ACTH** (adrenocorticotropes Hormon) aktiviert die Nebennierenrinde und führt zu einem Kalziumverlust. Auch **Kortikosteroide** führen zum Knochenabbau, indem sie die Kalziumresorption im Darm verringern, die renale Kalziumausscheidung steigern und einen sekundären Hyperparathyreoidismus auslösen. Hohe Dosen von Steroiden vermindern sowohl die Knochenbildung als auch die Knochenresorption.

Das **somatrope Hormon** kontrolliert das Skelettwachstum. Das **Schilddrüsenhormon** (T3, T4) fördert die Kalziumaufnahme. Der **Östrogenspiegel** korreliert bei Frauen in der Postmenopause mit dem Ausmaß der Osteoporose. **Adrenocorticotropes Hormon (ACTH)** und **Kortikosteroide** führen zum Knochenabbau.

Der wirksame Metabolit des **Vitamin D** ist 1,25-Dihydroxy-Vitamin D, das alle Kriterien eines Hormons erfüllt. Entweder in der Haut unter ultravioletter Bestrahlung gebildet oder im Darm mit der Nahrung resorbiert, wirkt es am Knochen, dem Darm, den Epithelkörperchen und an der Niere. Am Darm und in der Niere erhöht es die Resorption von Kalzium und Phosphat aus der Nahrung. Im Knochen trägt es zur Mobilisation von Kalzium-Ionen bei. An der Nebenschilddrüse hat es eine negative Rückkoppelung mit der Produktion von PTH.

Vitamin D erhöht die Resorption von Kalzium und Phosphat aus der Nahrung im Darm und an der Niere. Im Knochen trägt es zur Mobilisation von Kalzium-Ionen bei.

Klassifikation und Diagnose von Knochenerkrankungen. Die meisten Knochenerkrankungen lassen sich nach ätiologischen Gesichtspunkten einteilen. Insbesondere bei den metabolischen Erkrankungen ist die Ätiologie und Pathogenese im einzelnen jedoch nicht bekannt, so daß nach morphologischen Gesichtspunkten zwischen Erkrankungen mit einer erhöhten bzw. verminderten Knochendichte unterschieden wird. Die Klassifikation von Knochenerkrankungen geht aus *Tab. 16* hervor. Die stets am Knochen ablaufenden physiologischen Umbauvorgänge sind in der Regel klinisch nicht relevant. Pathologische Knochenumbauvorgänge können unter Umständen nur durch ihre metabolischen und morphologischen Veränderungen auffällig werden, aber

Klassifikation und Diagnose von Knochenerkrankungen
Die Knochenerkrankungen werden sowohl nach ätiologischen als auch nach morphologischen Gesichtspunkten eingeteilt. Die Klassifikation geht aus *Tab. 16* hervor. Der normale Knochenumbau ist klinisch nicht relevant. Der verstärkte Metabolismus im Rahmen von Knochenumbauvorgängen kann durch die

Synopsis 59: Regulation von Knochenstruktur und Kalziumstoffwechsel

Parathormon, PTH (▷ Epithelkörperchen): erhöht die Rückresorption von Kalzium und steigert die Phosphatausscheidung in der Niere (→ Serum-Kalzium erhöht, Serum-Phosphat erniedrigt). Durch Stimulation der 1,25 $(OH)_2$ Vitamin-D-Bildung in der Niere auch indirekt Erhöhung der intestinalen Kalzium-Resorption. Im Knochen verstärkte osteoklastäre Resorption und Freisetzung von Ca^{++} und Phosphationen (Pi).

Kalzitonin (▷ C-Zellen der Schilddrüse): Hemmung der Osteoklasten

Somatotropes Hormon, STH (▷ Hypophysenvorderlappen): fördert Knochenanbau

Thyroxin (▷ Schilddrüse): fördert Kalziumaufnahme im Knochen

Östrogene, Androgene (▷ Ovar, Hoden): kalziumretinierend im Knochen

Adrenocorticotropes Hormon (▷ Hypophysenvorderlappen) und
Kortikosteroide (▷ Nebenniere): verminderte intestinale Kalziumresorption, verstärkte renale Kalziumausscheidung.

Vitamin D (▷ Nahrung, Haut): die Vorstufen werden zunächst in der Leber, dann in der Niere zum wirksamen 1,25 $(OH)_2$ Vitamin D hydroxyliert. Dieses erhöht die intestinale Resorption von Kalzium und Phosphat und ermöglicht die normale Knochenmineralisation.

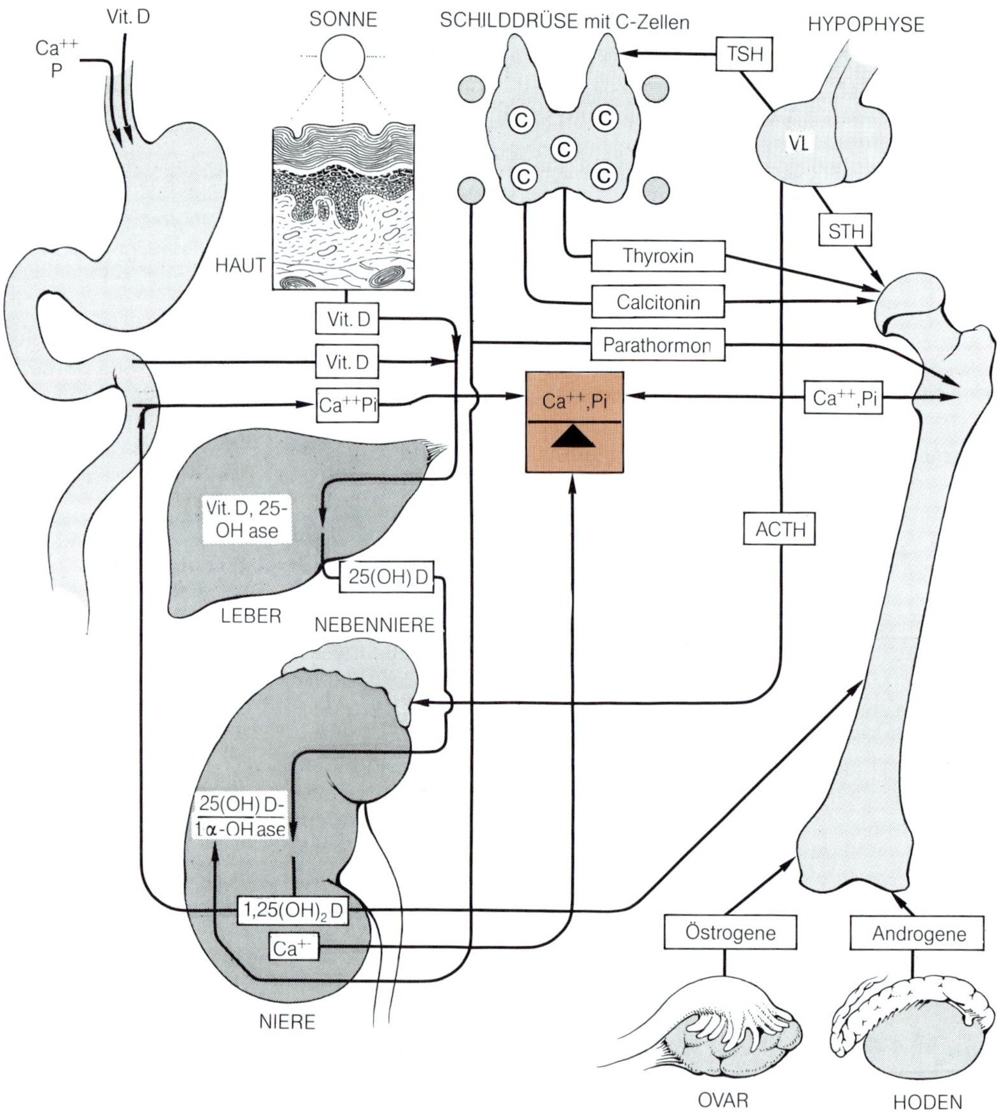

auch zu klinischen Symptomen führen. Der verstärkte Metabolismus im Rahmen von Knochenumbauvorgängen kann durch die Labordiagnostik *(Tab. 17, S. 147)* und Szintigraphie *(S. 47)*, der morphologische Umbau im Röntgenbild oder Kernspintomogramm *(S. 45)* erkannt werden.

Labordiagnostik *(Tab. 17, S. 147)* und Szintigraphie *(S. 47)*, der morphologische Umbau im Röntgenbild oder Kernspintomogramm *(S. 45)* erkannt werden.

Tab. 16: Klassifikation von Osteopathien

1. metabolische Osteopathien
2. metabolische Osteopathien mit verminderter Knochendichte
3. metabolische Osteopathien mit erhöhter Knochendichte
4. zirkulatorische Osteopathien (Osteonekrosen)
5. toxische Osteopathien

(6.) infektiöse Osteopathien *(S. 226)*
(7.) neoplastische Osteopathien *(S. 204)*

Die klinische Symptomatik ergibt sich in der Regel aus der Geschwindigkeit der ablaufenden Vorgänge. Schmerzen treten vor allem dann auf, wenn die Knochenabbauvorgänge den Knochenanbau übersteigen und daraus eine mechanische Belastungsminderung des Knochens resultiert.

Schmerzen treten vor allem dann auf, wenn der Knochenabbau den Knochenanbau überwiegt.

3.2 Metabolische Osteopathien

3.2 Metabolische Osteopathien

3.2.1 Osteopathien bei Vitaminmangel

Vitamine sind Ergänzungsstoffe im Hormon- und Energiestoffwechsel, die der Körper nicht selbst aufbauen kann. Knochenerkrankungen sind vor allen Dingen bei Mangel des Vitamins D, sehr selten bei Mangel der Vitamine A und C (Skorbut) bekannt.

3.2.1 Osteopathien bei Vitaminmangel

Knochenerkrankungen sind vor allem bei Vitamin-D-Mangel, seltener bei Mangel der Vitamine A und C bekannt.

Rachitis

Synonyme. Englische Krankheit, D-Avitaminose.

Rachitis

Definition. Mineralisationsstörung des Knochengewebes im wachsenden Skelett durch Vitamin-D-Mangel mit Folge einer Störung der enchondralen Ossifikation.

◀ **Definition**

Ätiologie und Pathogenese. Ursache der Erkrankung ist ein Vitamin-D-Mangel, der zu einer verminderten intestinalen Kalziumresorption führt. Die Folge ist eine Störung der Kalkeinlagerung in die vorgebildete Knochengrundsubstanz. In der präparatorischen Verkalkungszone *(Syn. 47, S. 112)* finden sich große Mengen von unverkalktem Osteoid und Knorpelgewebe. Der Knochen bleibt weich, es kommt zu ausgeprägten Verbiegungen. Die Erkrankung tritt vorwiegend in Zeiten der Mangelernährung auf und ist durch die Vitamin-D-Prophylaxe heute selten geworden.

Ätiologie und Pathogenese
Ursache der Erkrankung ist ein Vitamin-D-Mangel. Durch die verminderte Kalziumresorption aus dem Darm entsteht eine Störung der Ossifikation in der vorgebildeten Knochengrundsubstanz (Osteoid). Der Knochen bleibt weich, es kommt zu Verbiegungen.

Klinik. Im Kleinkindesalter erscheint die Erkrankung unter dem Bild der floriden Rachitis. Die Kinder sind appetitlos, blaß. Die mangelnde Knochenfestigkeit läßt sich durch die Eindrückbarkeit des Hinterhauptknochens **(Kraniotabes)**, durch die eingezogene Zwerchfell-Linie **(Harrison-Furche)** und die Auftreibungen der Knorpel-Knochen-Grenzen am Thorax **(Rosenkranz)**, durch Störungen der Zahnentwicklung und Extremitätenverbiegungen erkennen. Die Rachitis im Kindes- und Entwicklungsalter (Spätrachitis) führt zu ausgeprägten **Knochenverbiegungen** mit Kiel- oder Hühnerbrust, Skoliosen, Coxa vara, Genu varum, Crus varum, Knick-Senkfüßen und abgeflachtem Becken **(Kartenherzbecken)**. Die Klinik der Rachitis ist in *Syn. 60* zusammengefaßt.

Klinik
Die Erkrankung im Kleinkindesalter (Frührachitis) imponiert als Allgemeinerkrankung mit Appetitlosigkeit und Blässe. Die Spätrachitis fällt im Kindesalter vorwiegend durch Extremitätenverbiegungen auf. Die Symptome sind in *Synopsis 60* zusammengefaßt.

Diagnose. Die Diagnose ergibt sich aus dem klinischen Bild und typischen laborchemischen Veränderungen mit starker Erhöhung der alkalischen Serum-

Diagnose
Die Diagnose ergibt sich aus dem

Synopsis 60: Klinik der kindlichen Rachitis (a) und typische Veränderungen im Röntgenbild mit unverkalktem Osteoid und becherförmiger Verbreiterung der Metaphysen am Handskelett (b, siehe Pfeile), am Hüftgelenk mit Coxa vara (c) und am Kniegelenk mit Genu varum (d)

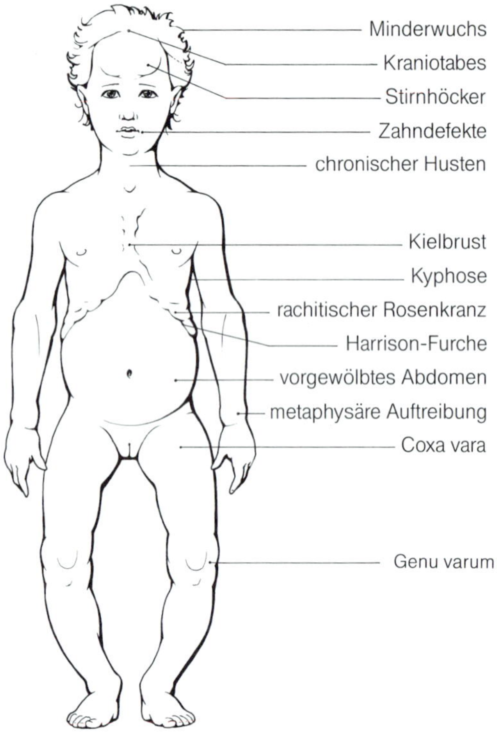

a

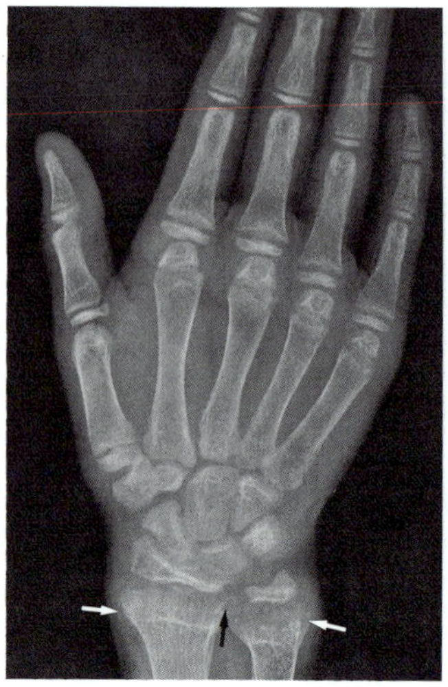

b

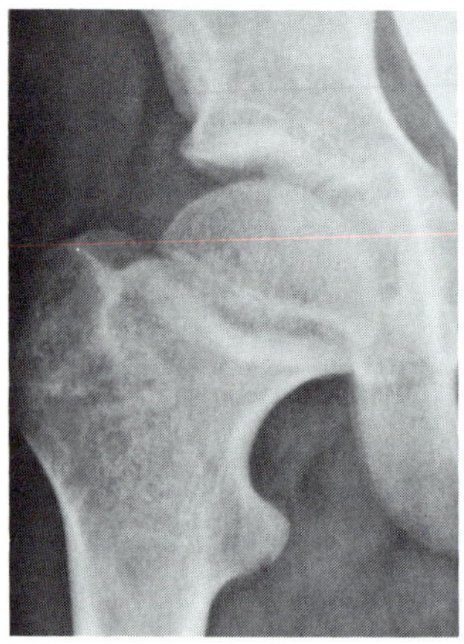

c

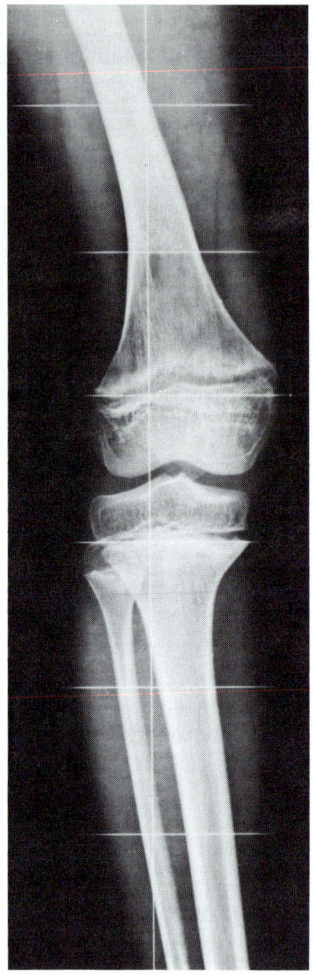

d

Rosenkranz: Verknöcherungsstörung an der Knorpel-Knochen-Grenze der Rippen mit kugeliger Auftreibung
Harrison-Furche: glockenförmige Thoraxdeformierung mit beidseitigen Einsenkungen in Zwerchfellhöhe

klinischen Bild, der starken Erhöhung der alkalischen Serum-Phosphatase, Hypophosphatämie und den röntgenologischen Veränderungen (becherartige Auftreibung der Metaphyse, Verbreiterung der Epiphysenfuge).

phosphatase und Hypophosphatämie. Das Serum-Kalzium ist erniedrigt oder normal. Die Konstellation der Laborwerte ergibt sich aus den regulatorischen Mechanismen zur Aufrechterhaltung des Serum-Kalzium-Spiegels. Das wegen des primär erniedrigten Kalzium-Spiegels vermehrt ausgeschüttete Parathormon aktiviert die Osteoklasten (alkalische Phosphatase erhöht), so daß das Serum-Kalzium sekundär durchaus wieder normal sein kann. Röntgenologisch ist die präparatorische Entkalkungszone verbreitert, unscharf, unregelmäßig verwaschen und lückenhaft. Es besteht eine **becherartige Auftreibung** der Metaphyse im Frühstadium, vorwiegend am distalen Radiusende.

Therapie
Vitamin-D-Zufuhr (500–1000 IE/die), unter Umständen Nachtlagerungsschalen.

Therapie. Vitamin-D-Zufuhr (500–1000 IE/die). Bei ausgeprägten Verbiegungen evtl. Nachtlagerungsschalen. Operative Maßnahmen zur Behandlung ausgeprägter Verbiegungen sind im mitteleuropäischen Raum eine extreme Seltenheit. Selbst starke Achsenfehler (20°) zeigen eine große Tendenz zur spontanen Ausgradung.

3.2.2 Osteopathien bei Nierenerkrankungen

Der Kalzium-und Phosphatstoffwechsel wird durch die renale Ausscheidung reguliert. Eine Glomerulusinsuffizienz geht mit einer Hyperphosphatämie einher. Dieses und die Abnahme der Tubuluszellzahl führen zu einer deutlich **verringerten Synthese von 1,25 $(OH)_2$ Vitamin D.** Damit wird wiederum die intestinale Absorption von Kalzium beeinträchtigt und ein ausgeprägter **sekundärer Hyperparathyreoidismus** ausgelöst *(Syn. 61)*. Bei isolierten Störungen der Tubulusfunktion kann es durch die vermehrte Eiweißausscheidung und Störungen der Resorption von Kalzium und Phosphat zu ausgeprägten Mineralisationsstörungen des Skeletts kommen. Besteht die renale Insuffizienz bereits im **Kindesalter,** resultieren eine ausgeprägte generalisierte Wachstumsstörung **(renaler Zwergwuchs)** sowie Verbiegungen der Extremitätenabschnitte. Im **Erwachsenenalter** kommt es zum Bild der **Osteomalazie** *(S. 149)*.

3.2.2 Osteopathien bei Nierenerkrankungen

Der Kalzium- und der Phosphatstoffwechsel werden durch die renale Ausscheidung reguliert. Die verminderte Vitamin-D-Synthese führt über die Hypokalzämie zu einem ausgeprägten **sekundären Hyperparathyreoidismus.** Es kommt zu ausgeprägten Mineralisationsstörungen (Kindesalter → renaler Zwergwuchs; Erwachsenenalter → Osteomalazie) *(Syn. 61)*

Synopsis 61: Pathophysiologie renaler Osteopathien
Glomerulusinsuffizienz und eingeschränkte Tubulusfunktion führen zur Hyperphosphatämie und mittelbar über eine verminderte Vitamin-D-Synthese zur Hypokalzämie. Es kommt zur Rachitis bzw. Osteomalazie und Osteodystrophia fibrosa. Bei chronisch erhöhtem Phosphorspiegel reicht ein kurzfristiger Anstieg des Serumkalziums aus, um zu ektopischen Verkalkungen (Konjunktiva, Haut, Blutgefäße, Gelenke) zu führen.

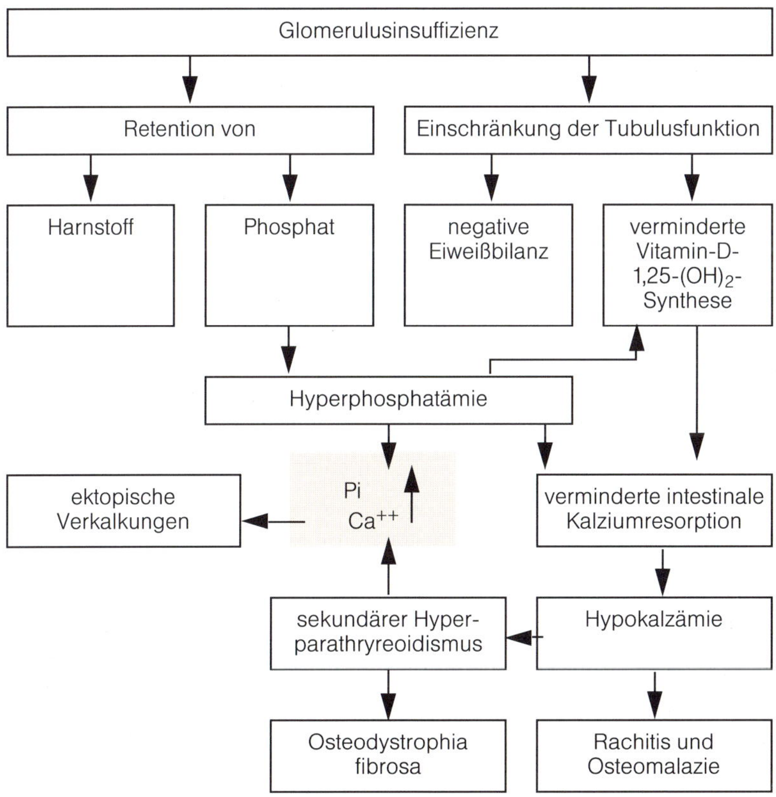

• Fanconi-Syndrom

Definition ▶

Klinik
Phosphaturie, Glukosurie und Aminoazidurie. Röntgenologisch rachitische Veränderungen. Die Behandlung erfolgt durch Ausgleich der Azidose und Vitamin-D-Zufuhr.

• Fanconi-Syndrom

Definition. Fehlfunktion der Nierentubuli mit erhöhter Aminosäureausscheidung, Glukosurie, Hyperphosphaturie und renal-tubulärer Azidose.

Klinik. Infolge der tubulären Störung verliert die Niere vermehrt Wasser, Bikarbonat und Proteine. Die Kinder sind sehr krank, dehydriert und zeigen alle Zeichen der Hypoproteinämie (Ödeme). Ein Entwicklungsrückstand und Kleinwuchs zeichnen sich bereits im 2. bis 3. Lebensjahr ab. Die rachitischen Veränderungen des Skeletts resultieren aus der gestörten Phosphatresorption und dem Verlust von Bikarbonat (→ Azidose). Diese ungünstige Konstellation führt sowohl zu rachitischen Veränderungen als auch zu einem mäßiggradigen Hyperparathyreoidismus. Dieser verschlechtert den Knochenstoffwechsel zusätzlich und verstärkt die Hypophosphatämie. Neben der erhöhten Phosphatausscheidung im Urin besteht eine Glukosurie und Hyperaminoazidurie. Röntgenologisch sind rachitische Veränderungen auffällig. Behandlung durch Ausgleich der Azidose und Vitamin-D-Zufuhr, die allerdings nur einen geringen Effekt hat.

• Hereditäre hypophosphatämische Vitamin-D-resistente Rachitis

Definition ▶

Klinik
Die erst nach dem 1. Lebensjahr manifeste Erkrankung ist durch Vitamin D kaum zu beeinflussen. Die Therapie erfolgt durch Phosphatzufuhr.

• Hereditäre hypophosphatämische Vitamin-D-resistente Rachitis
Synonym. Phosphatdiabetes.

Definition. Dominant vererbbare Nierentubulusstörung mit erhöhter Phosphatausscheidung, die zu Knochenverbiegungen und Spontanfrakturen führt.

Klinik. Die klinischen Symptome ähneln denen bei Vitamin-D-Mangelrachitis, treten im Gegensatz dazu erst nach dem 1. Lebensjahr auf. Im Vordergrund stehen Knochenverbiegungen und Spontanfrakturen. Die Phosphatausscheidung im Urin ist erheblich erhöht. Die Erkrankung ist durch Vitamin D kaum zu beeinflussen. Die Therapie erfolgt durch Phosphatzufuhr.

3.2.3 Osteopathien bei endokrinen Störungen
Störungen der endokrinen Regulation können zu Osteopathien führen, die häufig nicht erkannt werden.

3.2.3 Osteopathien bei endokrinen Störungen

Der Mineralstoffwechsel wird von verschiedenen endokrinen Organen reguliert. Störungen der endokrinen Regulation führen zu typischen Osteopathien, die bei minderer Ausprägung häufig nicht erkannt werden.

• Hyperparathyreoidismus

Definition ▶

• Hyperparathyreoidismus
Synonyme. Osteodystrophia fibrosa generalisata, Morbus von Recklinghausen.

Definition. Vermehrte Sekretion von Parathormon bei:
- Adenomen der Nebenschilddrüse (primärer Hyperparathyreoidismus),
- negativer Kalziumbilanz infolge Fehlernährung und Vitamin-D-Mangel (sekundärer Hyperparathyreoidismus) oder
- Hyperplasie nach sekundärer Hyperparathyreose (tertiärer Hyperparathyreoidismus).

Pathogenese
Durch die verstärkte Sekretion von Parathormon entsteht eine Aktivierung der Osteoklasten mit den Folgen einer allgemeinen Knochenresorption (Erhöhung der alkalischen Phosphatase, Hyperkalzurie). Es kommt zu einer **disseziierenden Fibroosteoklasie,** zu Spontanfrakturen und intraossären Einblutungen mit **braunen Tumoren** *(Syn. 62).*

Pathogenese. Durch die verstärkte Sekretion von Parathormon kommt es zu einer verstärkten Osteoklastentätigkeit mit den Folgen einer allgemeinen Knochenresorption (Erhöhung der alkalischen Phosphatase, Hyperkalzurie). Die Kortikalis lockert auf, es entstehen Kortikaliszysten. Das Knochenmark zeigt eine allgemeine Fibrose **(disseziierende Fibroosteoklasie).** Bei verminderter Tragfähigkeit des Skeletts entstehen **Spontanfrakturen** mit intraossären Blutungen, nach deren Heilung resorptive Riesenzellgranulome als typische Befunde des Hyperparathyreoidismus zurückbleiben (braune Tumoren, *Syn. 62).*

Synopsis 62: Pathophysiologie, Klinik und Radiologie des Hyperparathyreoidismus. Meist als Folge von Adenomen der Epithelkörperchen mit vermehrter Parathormonausschüttung kommt es zur verstärkten Osteoklastentätigkeit mit allgemeiner Knochenresorption (→ Hyperkalzämie). Führende Symptome sind Knochen- und Gelenkschmerzen (Osteitis fibrosa cystica, braune Tumoren [siehe b], Chondrokalzinose), Nephrolithiasis und peptische Magenulzera. Im Kindesalter kann es auch zu Femurkopfepiphyseolysen kommen (c).

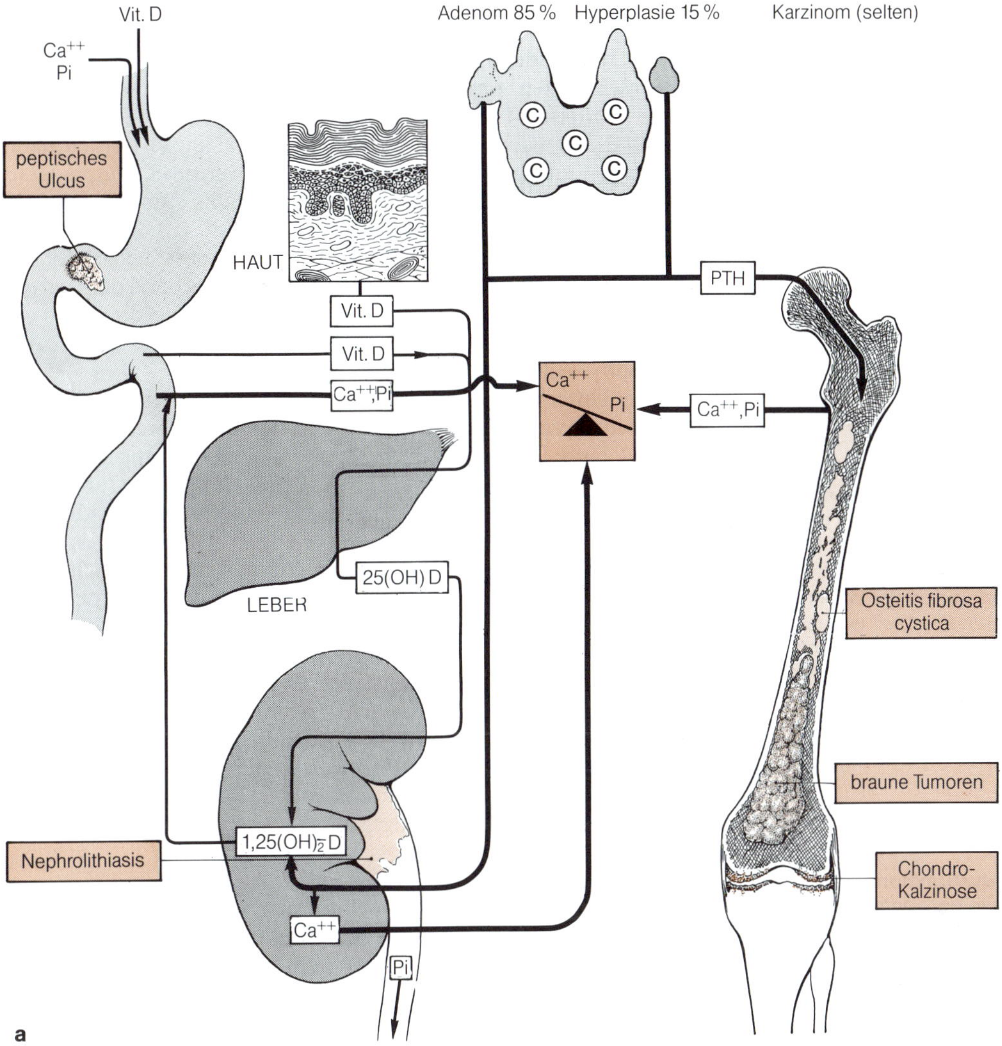

a

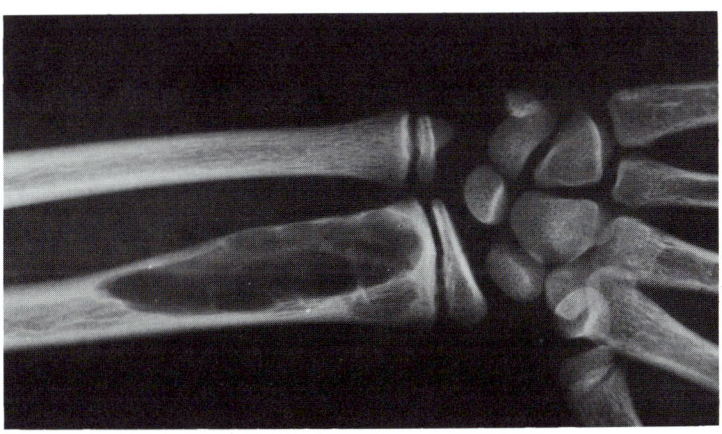

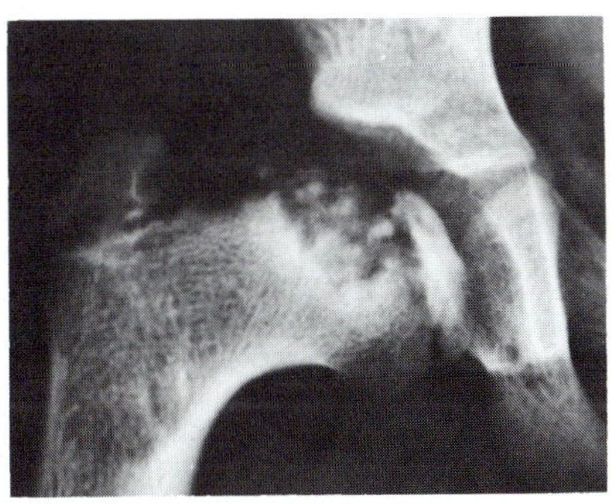

◀b c

Wegen der typischen Veränderungen wird das Krankheitsbild auch unter dem Begriff Osteodystrophia fibrosa generalisata (Morbus von Recklinghausen) geführt. **Frühsymptome sind im Bereich des Kiefers und an den Fingerphalangen zu erkennen.**

Wegen der typischen Veränderungen wird das Krankheitsbild auch unter dem Begriff Osteodystrophia fibrosa generalisata (Morbus von Recklinghausen) geführt. Die Krankheit manifestiert sich vor allem an der Wirbelsäule und den langen Röhrenknochen. **Frühsymptome sind im Bereich des Kiefers und an den Fingerphalangen röntgenologisch zu erkennen (Usuren durch subperiostale Knochenresorption).** Im Kindesalter kann es zu Epiphyseolysen des Femurkopfes kommen.

Klinik
Führende Symptome sind die **Nephrolithiasis** und **rheumaähnliche Gliederschmerzen (Chondrokalzinose),** eventuell **Magenbeschwerden** wegen **peptischer Ulzera.**

Klinik. Führende Symptome sind die **Nephrolithiasis** und **rheumaähnliche Gliederschmerzen** wegen einer **Chondrokalzinose** sowie **Magenbeschwerden** infolge **peptischer Ulzera.** Beide Symptome sind Folge der Hyperkalzämie. Die Gelenkbeschwerden infolge einer Chondrokalzinose werden häufig verkannt. Durch die routinemäßige Bestimmung des Serum-Kalziums lassen sich auch völlig asymptomatische Verläufe herauskristallisieren. Für die Diagnose entscheidend ist die Hyperkalzämie.

Therapeutisch kommt die Entfernung der Nebenschilddrüsenadenome oder der Ausgleich der Kalziumbilanz in Frage.

Die **Therapie** besteht in einer Entfernung der Nebenschilddrüsenadenome oder in dem Ausgleich der Kalziumbilanz entsprechend der zugrundeliegenden Störung.

• Hypophysendysfunktion
Bei einer Unterfunktion der Hypophyse kommt es durch Mangel an somatotropem Hormon zum hypophysären, proportionierten Zwergwuchs. Begleitend können Osteochondronekrosen, vor allem im Bereich des Hüftgelenkes, auftreten.

Bei der Überfunktion der Hypophyse vor Wachstumsabschluß entsteht der **hypophysäre Riesenwuchs,** im Erwachsenenalter die **Akromegalie,** bei der eine Vergröberung der Gesichtszüge und der Akren im Vordergrund steht.

• Hypophysendysfunktion
Bei einer Unterfunktion der Hypophyse kommt es durch Mangel an somatotropem Hormon zum **hypophysären, proportionierten Zwergwuchs.** Das Wachstum läßt im 2. bis 3. Lebensjahr nach. Die Genitalentwicklung ist verzögert, das Knochenwachstum ist retardiert. Die Knochenkernentwicklung erfolgt verspätet und unter Umständen unter dem Bild juveniler Osteochondronekrosen, wobei im Bereich des Hüftgelenkes immer wieder Verwechslungen mit dem Morbus Perthes entstehen *(S. 122).* Die Epiphysenfugen schließen sich später als normal.

Bei der Überfunktion der Hypophyse entsteht durch vermehrte Sekretion von Wachstumshormon der **hypophysäre Riesenwuchs** (Gigantismus), wenn die Wachstumsfugen noch nicht geschlossen sind. Im Vordergrund steht das große Längenwachstum. Unter Umständen liegt begleitend eine Keimdrüsenschwäche vor (eunuchoidaler Hochwuchs). Kommt es erst nach Wachstumsabschluß zur vermehrten Produktion von Wachstumshormon, entsteht das Krankheitsbild der **Akromegalie.** Charakteristisch ist die periostale Knochenapposition an den Akren und am Schädel (Löwenschädel, Handschuhe und Schuhe werden zu klein). Häufig treten frühzeitig generalisierte Arthrosen auf.

• Gonadendysfunktion
Bei Mangel an gonadotropem Hormon ensteht die **Dystrophia adiposogenitalis,** bei der eine ausgeprägte Fettsucht mit einer genitalen Hypoplasie kombiniert ist und die Epiphyseolysis capitis femoris gehäuft auftritt.

• Gonadendysfunktion
Durch Mangel an gonadotropen Hormonen wird die **Dystrophia adiposogenitalis** (pituitärer Hypogonadismus, M. Fröhlich) erklärt. Es handelt sich um eine während der Präpubertät entstehende Fettsucht mit Hypoplasie der Genitalien und sekundären Geschlechtsmerkmalen. Der Konstitutionstyp der Dystrophia adiposogenitalis ist geradezu typisch für Kinder mit X-Beinen, Epiphyseolysis capitis femoris *(S. 422)* und Adoleszentenkyphose.

• Dysfunktionen der Nebennierenrinde
Glukokortikoide hemmen die Aktivität der Osteoblasten und führen zur Degeneration der Muskulatur. Bei Überproduktion kommt es zum **Cushing-Syndrom.**

• Dysfunktionen der Nebennierenrinde
Die Glukokortikoide der Nebennierenrinde hemmen die Aktivität der Osteoblasten und führen zu einer allgemeinen Degeneration der Muskulatur. Bei der Überproduktion von Glukokortikoiden kommt es zum **Cushing-Syndrom.**

Klinik
Als klinische Symptome fallen Stammfettsucht, Mondgesicht und Striae an Bauch und Hüften, als röntgenologische Veränderungen die vorwiegend an der Wirbelsäule lokalisierte, hochgradige Osteoporose auf.

Klinik. Charakteristisch ist das Erscheinungsbild mit Stammfettsucht, Mondgesicht und Striae an Bauch und Hüften. Am Skelettsystem fällt eine vorwiegend an der Wirbelsäule lokalisierte, hochgradige Osteoporose mit Fischwirbelbildung, Kyphose und unter Umständen Skoliose auf. Das volle Erscheinungsbild des Morbus Cushing kann auch durch langfristige, hochdosierte Glukokortikoidtherapie entstehen. Bei einer derartigen Behandlung treten gehäuft aseptische Osteonekrosen, vor allen Dingen im Bereich des Hüftkopfes mit ungünstiger Prognose auf *(S. 153).*

3.3 Osteopathien mit verminderter Knochendichte (Osteopenien)

Der Verlust an Knochensubstanz geht mit einer Verminderung der Knochendichte einher, die im Röntgenbild erkennbar wird und als solche lediglich ein radiologisches Symptom darstellt. Es gibt zahlreiche Ursachen des Verlustes an Knochenmasse, die sich lokal oder aber auch generalisiert auswirken können. Tritt eine verminderte Knochendichte örtlich begrenzt auf, ist am ehesten an Entzündungen, Tumoren, zirkulatorische Störungen oder Inaktivität zu denken. Bei metabolischen Osteopathien liegt eine allgemeine Verringerung der Knochenmasse vor, die den Grundsubstanz- und Mineralanteil in gleicher Weise treffen kann (Osteoporose) oder ausschließlich auf den Mineralanteil des Knochens beschränkt ist (Osteomalazie). Die Differentialdiagnose der Osteopathien mit verminderter Knochendichte ist in *Synopsis 63* erläutert.

3.3 Osteopathien mit verminderter Knochendichte (Osteopenien)

Ein Verlust an Knochensubstanz kann lokal (Entzündungen, Tumoren, zirkulatorische Störungen oder Inaktivität) oder auch generalisiert auftreten. Bei einer allgemeinen Verringerung der Knochenmasse kann der Grundsubstanz- und Mineralanteil in gleicher Weise (Osteoporose) oder ausschließlich der Mineralanteil betroffen sein (Osteomalazie). Die Differentialdiagnose ist in *Synopsis 63* erläutert.

3.3.1 Osteoporose

3.3.1 Osteoporose

Definition. Pathologischer Knochenschwund, der den organischen und Mineralanteil des Knochens gleichermaßen betrifft.

◀ **Definition**

Epidemiologie. Unter der weißen Bevölkerung weisen etwa 15% der Frauen oberhalb des 65. Lebensjahres eine sichtbare Osteoporose auf. Bis zum 75. Lebensjahr haben 30% der Bevölkerung Frakturen erlitten, die auf eine Osteoporose zurückzuführen sind.

Epidemiologie
Etwa 30% der weißen Bevölkerung bis zum 75. Lebensjahr erleiden osteoporosebedingte Frakturen.

Ätiologie und Klassifikation. Im 4. Lebensjahrzehnt besitzt das menschliche Skelett die größte Knochenmasse. Nach dem 40. Lebensjahr beginnt ein sukzessiver, altersabhängiger Knochenabbau, der bei Frauen zu einem Verlust von 35 bis 40% des kortikalen Knochens und 55 bis 60% der Spongiosa führt. Männer verlieren nur etwa $^2/_3$ dieser Mengen. Kortikaler und spongiöser Knochenverlust zeigen einen biphasischen Verlauf. Im 5. Lebensjahrzehnt kommt es zunächst zu einem langsamen Knochenabbau von etwa 0,3 bis 0,5% pro Jahr, der sich dann jedoch beschleunigt und im Alter abermals verlangsamt.

Ätiologie und Klassifikation
Im 4. Lebensjahrzehnt besitzt das menschliche Skelett die größte Knochenmasse. Anschließend beginnt ein sukzessiver Knochenabbau, der bei Frauen insbesondere nach der Menopause (aufgrund Östrogenmangels) stärker ausgeprägt ist.

Synopsis 63: Differentialdiagnose der Osteopathien mit verminderter Knochendichte

normaler Knochen	Osteoporose	Osteomalazie	lokalisierte Veränderungen (Osteolysen)

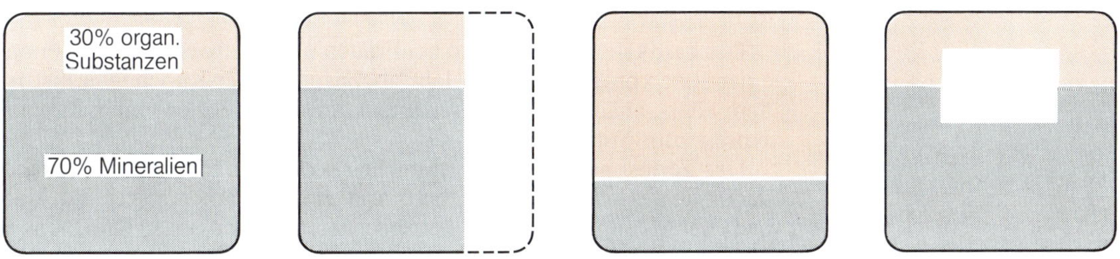

	Osteoporose	Osteomalazie	lokalisierte Veränderungen (Osteolysen)
	gleichmäßige Verringerung von Grundsubstanz und Mineralien: 1. primär (postklimakterisch, senil) 2. sekundär (Immobilisierung, Cushing-Syndrom, Hypogonadismus, Diabetes mellitus, Malabsorption, Medikamenteneinnahme)	vorwiegend Verringerung des Mineralienanteils: 1. Störung der Vitamin-D-Utilisation 2. Störung des Phosphatstoffwechsels 3. Phosphonattherapie	lokalisierte Verringerung von Mineralien und Grundsubstanz: 1. Infektion 2. Metastasen 3. Plasmozytom 4. Hyperparathyreoidismus

Synopsis 64: Ätiologie und Klassifikation der Osteoporose

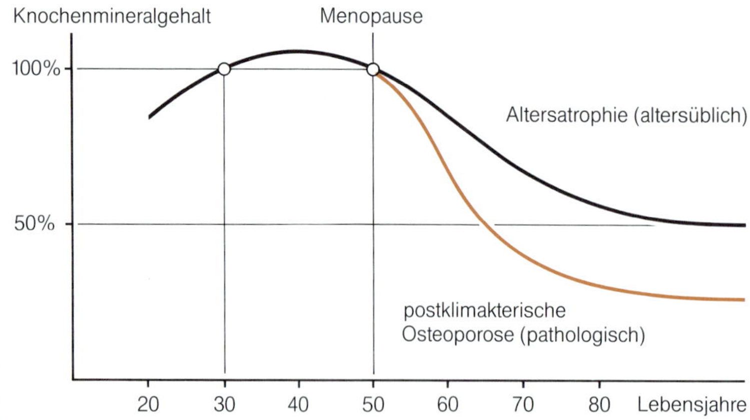

Im 4.Lebensjahrzehnt besitzt das menschliche Skelett die größte Knochenmasse. Diese verringert sich im Rahmen der **Altersatrophie** auf 50% des Knochenbestandes eines 30jährigen. Der pathologische Knochenschwund der **Osteoporose** wird von der Altersatrophie dadurch abgegrenzt, daß Wirbelkörperdeformierungen ohne adäquates Trauma auftreten.
Eine ausgeprägte Osteoporose ist immer die Folge einer negativen Skelettbilanz im Gleichgewicht zwischen Knochenbildung und Knochenresorption. Dementsprechend werden Osteoporosen durch verstärkte Knochenresorption (»high turn over«) von solchen durch verminderte Knochenbildung (»low turn over«) unterschieden.

Im Gegensatz zur Altersatrophie ist die Osteoporose in erster Linie durch einen **Spongiosaverlust** gekennzeichnet. Da die Tragfestigkeit des spongiösen Knochens dem Quadrat seiner Dichte proportional ist, resultiert daraus eine erhebliche Abnahme der Tragfestigkeit (Verringerung der Dichte um den Faktor 2 bedeutet Abnahme der Tragfestigkeit auf ein Viertel!)

Morphologisch kommt es am Wirbelkörper vor allem zum Abbau der horizontal verlaufenden Trabekel. Im Röntgenbild treten daher die Längstrabekel und der erhaltene kortikale Wirbelrahmen **(Rahmenstruktur)** stärker hervor. Mit dem Einbruch der Deck- und Grundplatten entstehen die typischen **Fisch- und Keilwirbel.**

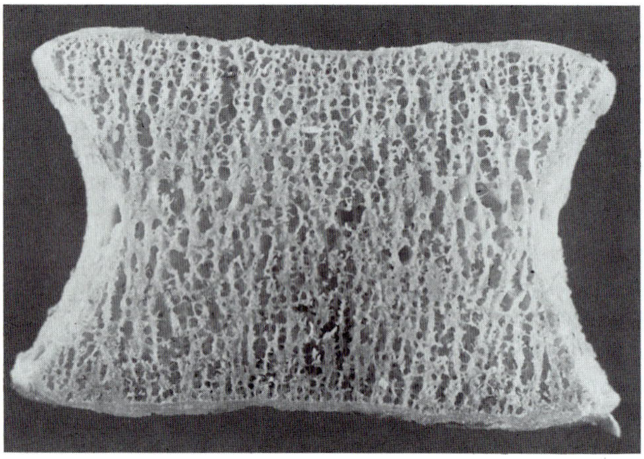

normaler Lendenwirbel

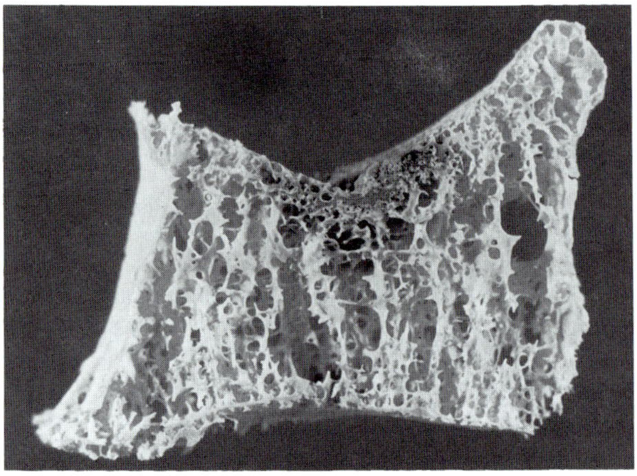

osteoporotischer Lendenwirbel

Insofern wird ein altersabhängiger Knochenabbau als **Altersatrophie** von dem pathologischen Knochenschwund der Osteoporose abgegrenzt *(Syn. 64).*

Die **Osteoporose** ist hier in erster Linie durch einen Spongiosaverlust gekennzeichnet. Auch ohne Osteoporose erfolgt eine Reduktion der Knochenmasse auf 50% des Knochenbestandes eines 30jährigen. Durch die Osteoporose wird dieser

Der **kortikale Knochen** wird bei Frauen unmittelbar nach der Menopause mit einer Rate von 2 bis 3% pro Jahr abgebaut. Dieser Knochenverlust lagert sich dem altersabhängigen Knochenabbau auf, kommt aber innerhalb von 8 bis 10 Jahren zum Stillstand.

Der Verlust an **spongiösem Knochen** setzt etwa 5 bis 10 Jahre früher ein als derjenige des kortikalen Knochens und ist stets stärker ausgeprägt. Unmittelbar nach der Menopause beträgt die Abbaurate des spongiösen Knochens etwa 4 bis 8% für durchschnittlich 5 bis 8 Jahre.

Diese pathophysiologischen Vorgänge zeigen, daß es einerseits einen altersabhängigen, bei jedem Menschen zu beobachtenden Knochenabbau gibt, der als **Altersatrophie** von dem pathologischen Knochenschwund, der **Osteoporose,** abgegrenzt wird *(Syn. 64).*

Die **Osteoporose** ist in erster Linie durch einen Spongiosaverlust gekennzeichnet, während sich der Abbau des kompakten Knochens parallel zu der Altersatrophie entwickelt. Auch ohne Osteoporose reduziert sich die Knochenmasse im Verlauf mehrerer Jahrzehnte auf etwa 50% des Knochenbestandes eines 30jährigen. Durch die Osteoporose wird dieser zeitliche Ablauf erheblich verkürzt. Bei einer derartigen Entwicklung kann der Knochen den mechanischen Belastungen des täglichen Lebens nicht widerstehen, so daß sich pathologische Frakturen einstellen. Die Tragfestigkeit des spongiösen Knochens ist dabei dem Quadrat seiner Dichte proportional. Wenn sich also die Dichte um einen Faktor 2 verringert, nimmt die Tragfestigkeit der Spongiosa auf ein Viertel ab *(Syn. 64)*.

Eine ausgeprägte **Osteoporose** kann sich nur entwickeln, wenn es im Gleichgewicht zwischen Knochenbildung und Knochenresorption zu einer **negativen Skelettbilanz** kommt. Normalerweise halten sich Knochenneubildung und Resorption die Waage, so daß sich keine Veränderungen für die Knochenmasse ergeben. Dies kann auch bei einem erheblich erhöhten Knochenstoffwechsel der Fall sein, wie es zum Beispiel für den Morbus Paget zutrifft *(S. 151)*. Die Nettobilanz bleibt auch bei deutlich erniedrigtem Knochenumsatz gleich (inaktive Phase eines normalen Knochenumbaues). Bei allen Fällen einer negativen Skelettbilanz entwickelt sich eine Osteoporose, die sich durch verstärkte Knochenresorption (**»high turn over«**, postklimakterische Osteoporose) oder vorwiegend durch verminderte Knochenneubildung (**»low turn over«**, Altersatrophie) erklären läßt.
Die Ätiologie von Osteoporosen ist auch aus *Syn. 63* zu entnehmen.

Wenn auch die Ätiologie der Osteoporose bisher nicht voll geklärt ist, sind doch **Risikofaktoren** für deren Entstehung bekannt. Der **typische Osteoporosepatient** ist eine schlanke Frau der weißen Rasse mit sitzender Beschäftigung und geringer Sonnenexposition. Sie hat mehrere Kinder gestillt. Sie raucht und ist an eine Kalzium- und Vitamin-D-arme Ernährung adaptiert. Bei der schwarzen Rasse oder bei adipösen Frauen tritt die Osteoporose weit seltener auf. Adipöse Frauen scheinen wegen ihres erhöhten Östrogenspiegels und ihrer größeren Knochenmasse zum Zeitpunkt der Menopause gegen eine Osteoporose geschützt zu sein.

zeitliche Ablauf erheblich verkürzt. Es kommt zu pathologischen Frakturen *(Syn. 64)*.

Eine **Osteoporose** kann sich immer dann entwickeln, wenn es im Gleichgewicht zwischen Knochenbildung und Knochenresorption zu einer **negativen Skelettbilanz** kommt. Pathophysiologisch können dementsprechend Osteoporosen mit verstärkter Knochenresorption (»high turn over«) bzw. verminderter Knochenneubildung (»low turn over«) unterschieden werden.

Trotz noch ungeklärter Ätiologie sind doch **Risikofaktoren** für die Entstehung der Osteoporose bekannt. Der **typische Osteoporosepatient** ist eine schlanke Frau der weißen Rasse mit sitzender Beschäftigung, geringer Sonnenexposition. Sie raucht und ernährt sich kalziumarm.

Klinik.

Klinik

> ***Merke.*** Der pathologische Knochenschwund der Osteoporose wird von der Altersatrophie dadurch abgegrenzt, daß Wirbelkörperdeformierungen ohne adäquates Trauma auftreten.

◀ **Merke**

Demgemäß stehen die Symptome der **Frakturkrankheit** im Vordergrund. Die spontan auftretenden Verformungen an der Wirbelsäule können sich durch akute Schmerzen im Bereich der Brust- und Lendenwirbelsäule nach Überlastungen oder auch als chronische Rückenschmerzen bemerkbar machen. Diese Schmerzen werden in der Regel als diffuse, nicht genau lokalisierbare und in der Tiefe der Wirbelsäule empfundene Beschwerden angegeben. Mit zunehmender Deformierung entwickelt sich im typischen Fall eine Kyphose der Wirbelsäule mit Scheitel im mittleren Thorakalbereich und kompensatorischer Hyperlordose der Lendenwirbelsäule, Verlust an Körperhöhe und ausgeprägter Vorwölbung der Bauchdecken *(Syn. 65, S. 146)*.

Demgemäß stehen die Symptome der **Frakturkrankheit** mit Schmerzen im Bereich von Brust- und Lendenwirbelsäule im Vordergrund, der Spätbefund ist durch die Kyphose im Thorakalbereich mit kompensatorischer Lordose der Lendenwirbelsäule gekennzeichnet. *(Syn. 65, S. 146)*.

Diagnose. Bei bekannten Risikofaktoren und erstmals auftretenden Beschwerden im Bereich von Brust- und Lendenwirbelsäule muß immer der Verdacht auf eine Osteoporose aufkommen. Beweisend ist das Röntgenbild mit den typischen Wirbelkörperdeformierungen. Die radiologische Frühdiagnose ist dagegen problematisch.

Diagnose
Richtungweisend ist das Röntgenbild mit den typischen Wirbelkörperdeformierungen.

> ***Merke.*** Eine vermehrte Strahlendurchlässigkeit des Skeletts ist kein sicheres Kriterium für die Diagnose einer Osteoporose, da sie erst dann auftritt, wenn bereits mehr als 30% der Knochenmasse verloren sind.

◀ **Merke**

Röntgenologisch kann eine Osteoporose vermutet werden, wenn die Deck- und Grundplatten der Wirbelkörper durch die Rarefizierung der Spongiosa in der Seitaufnahme der Wirbelsäule betont hervortreten **(Rahmenstruktur).** In der Seitaufnahme sind Eindellungen an den Grund- und Deckplatten der Wirbelkörper oder auch keilförmige Deformierungen im mittleren Thorakalbereich zu erkennen. Bei fortschreitender Erkrankung kommt es zur weiteren Sinterung

Ein röntgenologisches Frühsymptom ist die Rahmenstruktur der Wirbelkörper, ein Spätsymptom die Kyphose mit **Keil- und Fischwirbeln** *(Syn. 65, S. 146)*.

Synopsis 65: Pathogenese und Radiologie der Osteoporose an der Wirbelsäule: Kompressionsfrakturen der thorakalen Wirbel führen zur progredienten thorakalen Kyphose und damit zur Abnahme der Körpergröße. Unter Umständen kann der Rippenkorb dem Beckenkamm aufsitzen, die abdominellen Eingeweide wölben die Bauchdecken vor (osteoporotischer Kugelbauch mit Querfalte im Oberbauch). Röntgenologisch Rahmenstruktur der Wirbelkörper, Keilwirbel im Thorakalbereich und Eindellungen an Deck- und Grundplatten der lumbalen Wirbel (beginnende Fischwirbelbildung).

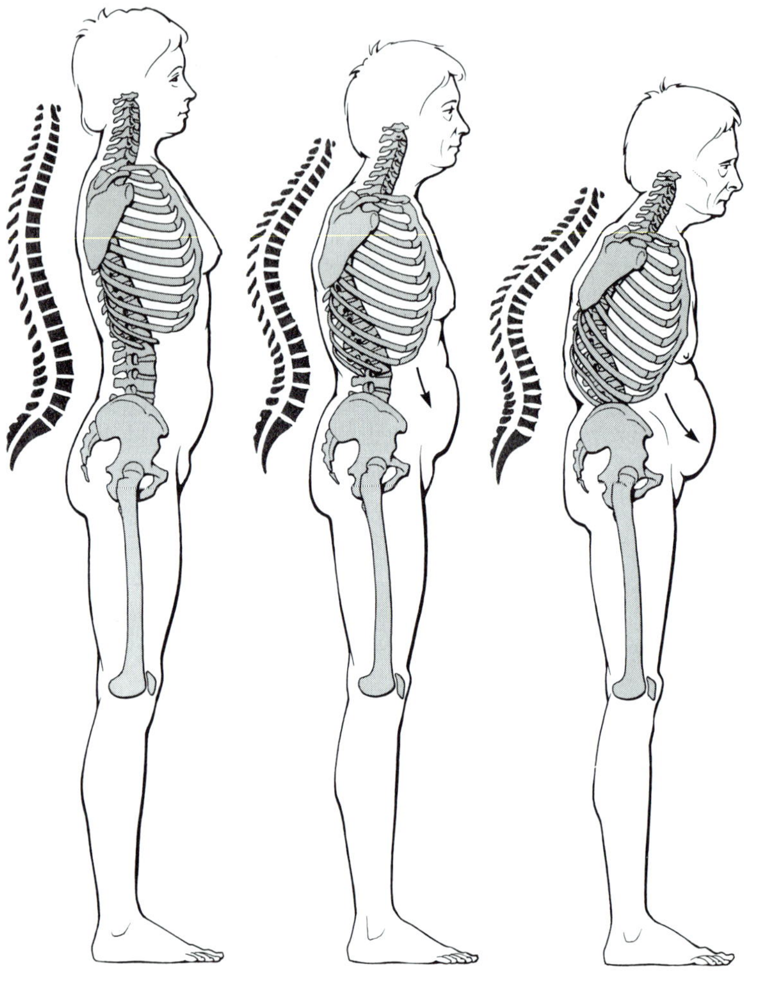

Eine **Messung der Knochendichte** ist mit der Photonenabsorptionsmessung oder der quantitativen Computertomographie möglich.

der Wirbelkörper mit den Folgen einer ausgeprägten thorakalen Kyphose und typischen **Keil- und Fischwirbeln** *(Syn. 64, S. 144).*

Da eine verläßliche **Messung der Knochendichte** auf dem Röntgenbild bisher nicht möglich ist, sind verschiedene Verfahren zur Erfassung der Knochenmasse entwickelt worden. Bei der Photonenabsorptionsmessung wird der von einer radioaktiven Quelle erzeugte Photonenstrahl beim Durchtritt durch den Knochen geschwächt, was Rückschlüsse auf die Knochendichte zuläßt. Die Einzelphotonenabsorptionsmessung ist von der Dicke des Weichteilmantels abhängig und kann daher ausschließlich an peripheren Extremitätenabschnitten (Unterarm) mit verläßlichen Daten durchgeführt werden. Bei der dualen Photonenabsorptionsmessung werden zwei unterschiedliche Strahlenquellen benutzt, so daß Verfälschungen durch die Weichteildicke ausgeschaltet werden können. Mit dieser Methode sind auch Messungen an der Wirbelsäule möglich. Eine relativ genaue Angabe über die Knochenmasse ist vor allem durch die quantitative Computertomographie zu erhalten, bei der die Dichte des Knochengewebes in den einzelnen Schichten mit Phantombildern verglichen wird.

Differentialdiagnostisch sind bei der primären Osteoporose zahlreiche andere Erkrankungen zu bedenken, die ebenfalls zu einem Knochenschwund führen können. Diese Unterscheidung gehört mitunter zu den schwierigsten Differentialdiagnosen in der Orthopädie. In erster Linie sind **Wirbelsäulenmetastasen** *(S. 224)* oder **Plasmozytomwirbel** *(S. 217)* auszuschließen, deren klinisches Bild nicht von dem einer Osteoporose abzugrenzen ist. Auch radiologisch kann die Differenzierung Probleme bereiten. Für die Differentialdiagnose können die serologischen Parameter, die radiologische und szintigraphische Untersuchung eingesetzt werden *(Tab. 17)*. Falls damit keine Diagnose möglich ist, kann eine Probebiopsie durch Knochenstanze (z.B. Beckenkamm) mit nachfolgender histologischer Untersuchung erforderlich werden.

Differentialdiagnostisch sind bei der Osteoporose in erster Linie **Metastasen** *(S. 224)* oder **Plasmozytomwirbel** *(S. 217)* auszuschließen. Unter Umständen ist die Probebiopsie durch Knochenmarkstanze erforderlich. Der Untersuchungsgang ist in *Tab. 17* wiedergegeben.

Tab. 17: Differentialdiagnose von Osteopathien

	Labor: Ca^{++}	Labor: Phosphor	Labor: alk. Phosphatase	Rö	Szintigraphie
Osteoporose	n	n	n	Wirbelfrakturen (Fisch-, Keilwirbel), Rahmenstruktur der Wirbel	bei Frakturen +
Osteomalazie	↘	↘	↑	Fischwirbel, Keilwirbel Looser-Zonen	++
primärer Hyperparathyreoidismus	↑	↘	↗	subperiostale Usuren, Zysten braune Tumoren	+
sekundärer Hyperparathyreoidismus intestinal	↓	n ↘	↑	subperiostale Usuren, Zysten braune Tumoren	+
sekundärer Hyperparathyreoidismus renal	n ↘	↑	↑	subperiostale Usuren, Zysten braune Tumoren	
Morbus Paget	n	n	↑↑	grobmaschige Knochenstruktur, herdförmiger Befall	++
Infektion	n	n	n	lokalisiert, osteolytisch bis sklerosierend	+
Tumormetastasen	n ↗	n	↗	lokalisiert, osteoklastisch oder osteoplastisch	+
Fraktur	n	n	↗	lokalisiert, Kallusbildung atroph bis hypertroph	+
bei unklarer Diagnose: Knochenstanze, Probebiopsie und quantitative Histologie					

Therapie. Die Behandlung der Osteoporose orientiert sich an der zugrundeliegenden metabolischen Erkrankung und den Auswirkungen am Skelettsystem. Der sich erstmalig vorstellende Patient ist zunächst an der Beseitigung seiner Schmerzen interessiert. Akute Symptome lassen sich durch eine **analgetische/antiphlogistische Behandlung** angehen. Unter Umständen ist zusätzlich eine Entlastung der Wirbelsäule im Mieder oder Korsett, nur ausnahmsweise auch eine kurzfristige Immobilisierung des Patienten durch Bettruhe erforderlich.

Langfristig ist jede Immobilisierung der Patienten kontraindiziert, um eine zusätzliche Inaktivitätsosteoporose zu vermeiden.

Therapie
Die Behandlung der Osteoporose orientiert sich an der zugrundeliegenden metabolischen Erkrankung und den Auswirkungen am Skelettsystem. Starke Schmerzen machen unter Umständen eine Ruhigstellung oder Entlastung der Wirbelsäule im Mieder oder Korsett erforderlich.
Langfristig ist eine Immobilisierung der Patienten wegen der zusätzlichen Inaktivitätsosteoporose kontraindiziert.

Die **Behandlung** umfaßt physikalische und **krankengymnastische Maßnahmen,** um die Belastungsfähigkeit von Wirbelsäule und Muskulatur zu verbessern.

Ziel der Behandlung ist daher die schmerzfreie Belastungsfähigkeit der Skelettstrukturen und die volle Leistungsfähigkeit des Patienten. Im Akutstadium ist hierfür ein **physikalisches** und **krankengymnastisches Behandlungsprogramm** angezeigt, das - durch Verhaltensmaßregeln unterstützt - in ein Präventivprogramm zur Vermeidung von schmerzhaften Episoden und weiteren Deformierungen der Wirbelsäule übergeht. Die krankengymnastischen Maßnahmen können dann von dem Patienten als Selbstübungsprogramm nach Anleitung zu Hause durchgeführt werden. Ist bereits eine beginnende Deformierung der Wirbelsäule eingetreten, so kann durch eine Miederversorgung die Stabilität der Wirbelsäule erhöht werden. Dabei sind leichte Mieder zu bevorzugen, die die vorgewölbten Bauchdecken zurückhalten und damit den Wirkungsgrad der paravertebralen Muskulatur verbessern *(S. 60).*

Medikamentös werden für die Störung des Mineralstoffwechsels Östrogene bzw. Androgene, Kalzium, Vitamin D und Natriumfluorid eingesetzt.

Zur Therapie der Störung des Mineralstoffwechsels werden Östrogene bzw. Androgene, **Kalzium, Vitamin D** und **Natrium-Fluorid** eingesetzt.

Merke ▶

Merke. Kalzium und Östrogene bzw. Androgene sind lediglich in der Lage, den Verlust an Knochensubstanz aufzuhalten oder zu verringern. Östrogene hemmen den Knochenabbau besonders während der Phase des Klimakteriums mit hohem Knochenumsatz (»high-turnover«). Bei Patientinnen im fortgeschrittenen Alter mit einer »low-turnover«-Osteoporose sind sie daher nicht indiziert. Eine Zunahme der Knochenmasse ist offenbar nur durch Natrium-Fluorid möglich, das den Knochenanbau durch Osteoblasten stimuliert.

Therapie und Dosierung der postklimakterischen Osteoporose sind aus *Tab. 18* zu entnehmen.

Für die Behandlung der postklimakterischen Osteoporose hat sich eine Kombinationstherapie bewährt. Dabei ist die Natrium-Fluorid-Behandlung mindestens für 2 Jahre durchzuführen. Bei unkontrollierter Behandlung ist eine Überdosierung möglich (Fluorose, *S. 158).* Therapie und Dosierung sind aus *Tab. 18* zu entnehmen.

Tab. 18: Medikamentöse Therapie der Osteoporose

	Östrogenpräparate (1 mg Östradiol/die)	Kalzium* (1,5 g/die)	Vitamin D (400–800 E/die)	Na-Fluorid* (1 mg/kg/die)
Prävention				
Frauen in der Postmenopause mit Risikofaktoren	–	X	X	–
Frauen (< 40 Jahre) in der Postmenopause (z.B. Ovarektomie) mit Risikofaktoren	X (nur 6 Jahre)	X	X	–
Therapie				
Frauen in der Postmenopause mit Osteoporose	–	X	X	X (mind. 2 Jahre)
Frauen in der Postmenopause mit Osteoporose/ Osteomalazie	–	X	X	X (erst nach Beseitigung der Osteomalazie)
Zusätzlich Analgetika und Physiotherapie in Abhängigkeit von der Schmerzintensität und um die Muskulatur zu kräftigen. Frakturbehandlung (Wirbelfraktur, Schenkelhalsfraktur) in Abhängigkeit von Lokal- und Allgemeinbefund.				
Bei den bisher verfügbaren Handelspräparaten sollte Na-Fluorid nicht gleichzeitig mit Kalzium gegeben werden (Bildung von CaP, das nicht resorbiert wird).				

3.3.2 Osteomalazie

3.3.2 Osteomalazie

◀ Definition

> ***Definition.*** Bei der Osteomalazie handelt es sich um die Rachitis des Erwachsenen. Durch Vitamin-D-Mangel kommt es zur Verringerung der Knochendichte, die ausschließlich den Mineralanteil betrifft. Der Knochen wird weich und verbiegbar.

Ätiologie und Pathogenese. Eine Osteomalazie kann verursacht werden durch **Mangel an Vitamin D** (fehlende Sonnenexposition, z.B. Heimbewohner, Mangelernährung, verminderte intestinale Resorption), mangelhafte Metabolisierung von Vitamin D bei Leber- und Niereninsuffizienz und durch Medikamenteneinnahme (Antiepileptika).

Die Pathogenese der Osteomalazie entspricht derjenigen der kindlichen Rachitis. Die Weichheit des Knochens führt zu Verbiegungen im Bereich besonderer mechanischer Beanspruchung. An diesen Stellen kommt es unter der mechanischen Belastung zu einem erhöhten Knochenumbau mit **schleichenden Frakturen (Pseudofrakturen, Looser-Umbauzonen,** *Abb. 32).* Typische Lokalisationen sind der proximale Unterschenkel mit den Folgen einer Varusdeformität, das Hüftgelenk mit **Coxa vara** und **Protrusio acetabuli** sowie das Einsinken des Kreuzbeines in das Becken **(Kartenherzbecken).** An der Wirbelsäule lassen sich gleichermaßen wie bei der Osteoporose **Keil- und Fischwirbel** sowie eine Zunahme der Brustkyphose feststellen. Das Befallmuster von Looser-Umbauzonen bei der Osteomalazie ist in *Synopsis 66* wiedergegeben.

Ätiologie und Pathogenese
Ätiologisch kann der Vitamin-D-Mangel beim Erwachsenen durch fehlende Sonnenexposition, nutritiven Mangel, mangelhafte Metabolisierung bei Leber- und Niereninsuffizienz oder langdauernde Einnahme von Antiepileptika bedingt sein.
Die Pathogenese der Osteomalazie entspricht derjenigen der kindlichen Rachitis. Die Weichheit des Knochens führt zu Verbiegungen im Bereich besonderer mechanischer Beanspruchung mit sogenannten **Pseudofrakturen (Looser-Umbauzonen,** *Abb. 32).* Das Befallmuster von derartigen Umbauzonen bei der Osteomalazie ist in *Synopsis 66* wiedergegeben. Typische Deformierungen sind die **Coxa vara,** die **Protrusion der Hüftpfannen,** das **Kartenherzbecken** und **Keil- und Fischwirbelbildungen.**

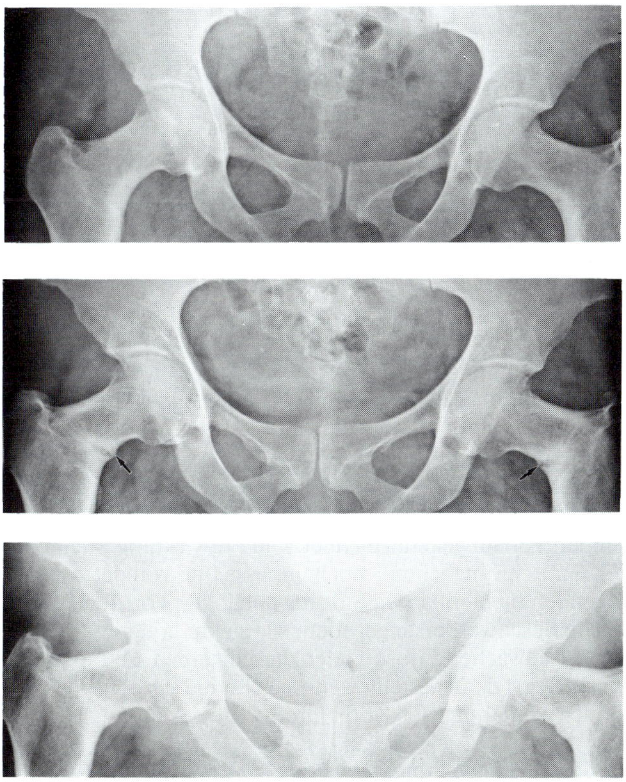

a

b

c

Abb. 32a–c: Klinisches Beispiel: **Osteomalazie mit Ermüdungsfrakturen (Pseudofrakturen) der Schenkelhälse** (Pfeile).

◀ Klinisches Beispiel

Klinisches Beispiel. 34jährige Frau mit Malabsorptionssyndrom. Ziehende Beschwerden in beiden Leistenbeugen. Bei der röntgenologischen Untersuchung Verkleinerung des Schenkelhalswinkels (Coxa vara) als Zeichen einer Osteomalazie *(Abb. 32).* Die medikamentöse Behandlung mit Vitamin D führt zur Konsolidierung des Befundes, so daß die Hüftgelenke weiterhin schmerzfrei und belastungsfähig sind, obwohl die radiologisch erkennbare Coxa vara im Alter von 48 und 64 Jahren zugenommen hat. Der Verlauf zeigt, welche Remodellierungsprozesse am Knochen bei metabolischen Störungen im Verlaufe von Jahrzehnten möglich sind.

Synopsis 66: Befallmuster bei Osteomalazie und typische Lokalisationen von Looser-Umbauzonen.

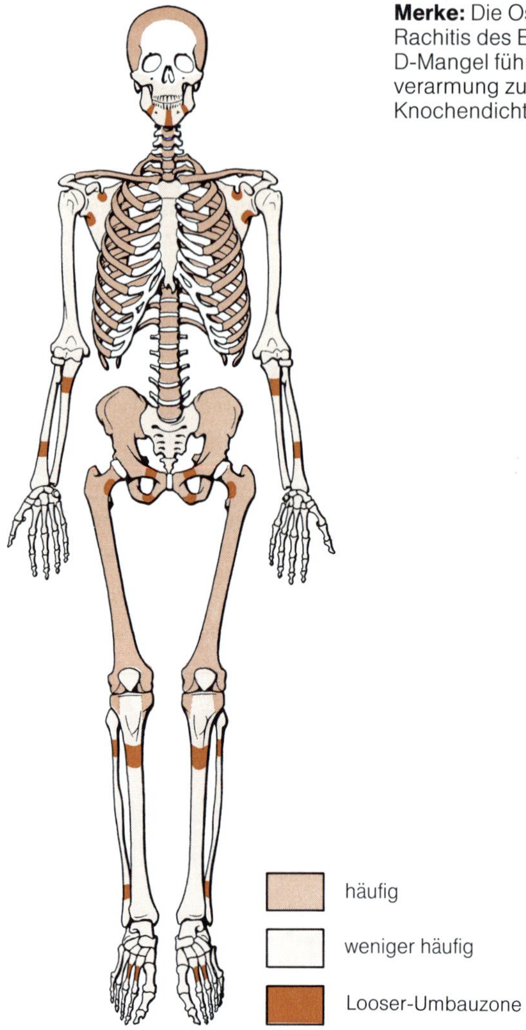

Merke: Die Osteomalazie ist die Rachitis des Erwachsenen, Vitamin-D-Mangel führt durch Kalziumverarmung zur Verringerung der Knochendichte.

Klinik
Die Osteomalazie ist eine Erkrankung des höheren Lebensalters. Sie hat einen schleichenden Verlauf. Unspezifische Beschwerden wie Muskelschwäche und diffuse Gelenkbeschwerden und Schmerzen stehen im Vordergrund.

Klinik. Die Osteomalazie ist eine Erkrankung des höheren Lebensalters. Sie ist durch ihren schleichenden Verlauf gekennzeichnet. Die Entwicklung ist von der Qualität und Quantität der ursprünglichen Knochenmasse und von der Ausprägung der zugrundeliegenden metabolischen Störung abhängig. Von den Patienten werden unspezifische Beschwerden angegeben, wie sie im höheren Lebensalter häufig sind (Muskelschwäche, diffuse Gelenkbeschwerden und Schmerzen). Die Diagnose wird oft erst dann gestellt, wenn sich bereits eine ausgeprägte Kyphose und damit auch Abnahme der Körpergröße entwickelt hat.

Diagnose
Die klinische Untersuchung ist wenig richtungweisend. Entscheidend ist die Labordiagnostik mit der Erhöhung der alkalischen Phosphatase, die die Abgrenzung zur Altersatrophie und Osteoporose erlaubt. **Röntgenologisch** sind die **Looser-Umbauzonen** auf eine Osteomalazie verdächtig. An der Wirbelsäule treten **Eindellungen an Deck- und Grundplatten, Keil-** und **Fischwir-**

Diagnose. Die klinische Untersuchung ist wenig richtungweisend. Auffällig sind die generalisierten Schmerzen am gesamten Skelettsystem mit besonderer Bevorzugung der Knochenregionen mit stärkerer Beanspruchung. Entscheidend ist die Labordiagnostik mit der Erhöhung der alkalischen Phosphatase, die differentialdiagnostisch die Abgrenzung zur Altersatrophie und Osteoporose erlaubt *(Tab. 17).*

Das **Röntgenbild** wird durch die vermehrte Strahlentransparenz auffällig. An der Wirbelsäule treten **Eindellungen an Deck- und Grundplatten, Keil- und Fischwirbelbildungen** auf wie bei der Osteoporose. Auf eine Osteomalazie verdächtig sind die **Looser-Umbauzonen** an Knochenregionen stärkerer mechanischer Beanspruchung *(Abb. 32).* Bei unklarer Diagnose ist eine Knochenbiopsie erforderlich, um die Diagnose der Osteomalazie zu bestätigen und Wirbelkörperdestruktionen entzündlicher und tumoröser Genese auszuschließen *(Tab. 17, S. 147)*.

belbildungen auf wie bei der Osteoporose. Bei unklarer Diagnose ist unter Umständen eine Knochenbiopsie erforderlich *(Tab. 17, S. 147)*.

Therapie. Der zugrundeliegende metabolische Defekt kann kausal angegangen werden. Bei Vitamin-D-Mangel (Vegetarier, fettfreie Diät) ist die perorale Vitamin-D-Gabe ausreichend. Bei Resorptionsstörungen ist eine parenterale Verabreichung erforderlich. Bei Niereninsuffizienz sind unter Umständen hohe Dosierungen an Vitamin D notwendig. Im übrigen zielt die Behandlung auf eine Beseitigung der Akutsymptome und Wiederherstellung der Belastungsfähigkeit der Extremitäten und Wirbelsäule. Bei ausgeprägten Deformierungen kann nach Beseitigung der metabolischen Störungen unter Umständen eine korrigierende Osteotomie erforderlich werden, um die Belastungsfähigkeit einer Extremität wieder herzustellen.

Therapie
Entscheidend ist die Beseitiung des Vitamin-D-Mangels entsprechend der zugrundeliegenden Störung. Bei ausgeprägten Deformierungen können an den Extremitäten Umstellungsosteotomien erforderlich werden.

3.4 Osteopathien mit erhöhter Knochendichte

3.4 Osteopathien mit erhöhter Knochendichte

Bei einem Überwiegen der Knochenanbauvorgänge kommt es zu einer positiven Skelettbilanz mit den Folgen einer erhöhten Knochendichte.

3.4.1 Osteodystrophia deformans Paget

3.4.1 Osteodystrophia deformans Paget

Synonym. Morbus Paget, Paget-Erkrankung.

◀ **Definition**

> ***Definition.*** Osteopathie unbekannter Ätiologie mit überstürzt ablaufendem Knochenumbau, die nur bei Menschen jenseits des 40. Lebensjahres auftritt und sich monostotisch oder polyostotisch, jedoch nie generalisiert manifestiert.

Ätiologie. Die Ursache der Erkrankung ist nicht bekannt. Sie wird gehäuft in England, Deutschland und Frankreich angetroffen, ist selten in Skandinavien, Afrika, im mittleren und fernen Osten. Eine Virus-Ätiologie wird diskutiert.

Ätiologie
Eine Virus-Ätiologie wird diskutiert.

Pathogenese. In der Anfangsphase der Erkrankung steht die Aktivität der Osteoklasten im Vordergrund. Wenig später allerdings kommt es durch die Osteoblasten zur überstürzten Neubildung von Knochen.

Pathogenese

> Es liegt dann ein Nebeneinander eines gesteigerten Knochenabbaus und eines noch stärker ausgeprägten Knochenanbaus von mechanisch minderwertigem Faserknochen vor, der trotz seiner erhöhten Knochendichte zu Frakturen und Deformierungen neigt.

Charakteristisch ist ein Nebeneinander eines gesteigerten Knochenabbaus und eines noch stärker ausgeprägten Knochenanbaus von mechanisch minderwertigem Faserknochen.

Der lokale Knochenumsatz ist bis zum 20fachen der Norm erhöht. Dies erklärt den deutlichen Anstieg der alkalischen Phosphatase, deren Serumspiegel mit der Osteoblastenaktivität korreliert. Darüber hinaus kommt es zur vermehrten Ausscheidung von Hydroxyprolin im Urin, das als metabolisches Produkt der kollagenen Grundsubstanz vermehrt umgesetzt wird.

Entsprechend findet sich ein deutlicher Anstieg der alkalischen Phosphatase und eine vermehrte Ausscheidung von Hydroxyprolin im Urin.

Klinik. **Bei etwa 30% der Patienten verläuft die Erkrankung asymptomatisch.** Häufig wird der Morbus Paget als Zufallsbefund beim Anfertigen von Röntgenaufnahmen entdeckt. Bei den symptomatischen Patienten stehen diffuse Beschwerden am Stütz- und Bewegungsapparat im Vordergrund. Der Rückenschmerz ist das häufigste Symptom, zumal die Wirbelsäule der Hauptmanifestationsort des Morbus Paget ist *(Syn. 67)*. Bei fortschreitender Erkrankung können die Symptome durch die Deformierung von Skelettabschnitten im Vordergrund stehen. Bei Befall des Schädels wird durch den Knochenanbau der Hut zu klein, die Verbiegung des Unterschenkels imponiert als **»Säbelscheidentibia«**. Eine maligne Entartung zum Osteosarkom tritt in weniger als 2% auf.

Klinik
Bei 30% der Patienten verläuft die Erkrankung asymptomatisch. Bei symptomatischen Patienten überwiegen die Wirbelsäulenbeschwerden (Hauptmanifestationsort des M. Paget) *(Syn. 67)*. Bei Progredienz können die Symptome durch die Deformierung von Skelettabschnitten vorrangig sein. Bei Befall des Schädels wird durch den Knochenanbau der Hut zu klein. Die Verbiegung des Unterschenkels imponiert als **»Säbelscheidentibia«**.

Synopsis 67: Befallmuster und Radiologie der Osteodystrophia deformans Paget: Hauptlokalisation sind Wirbelsäule, Schädel und Becken. Die Säbelscheidentibia gehört nicht zu den häufigsten Lokalisationen. Röntgenologisch sind Sklerosierungen mit grobsträhnigem Spongiosaumbau typisch.

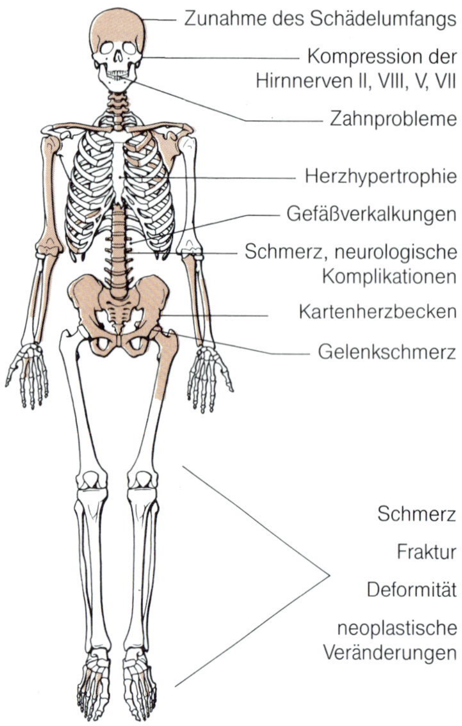

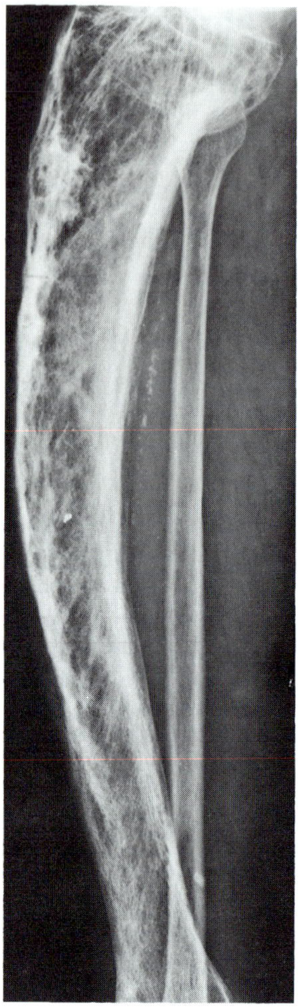

Säbelscheidentibia mit deutlicher Antekurvation

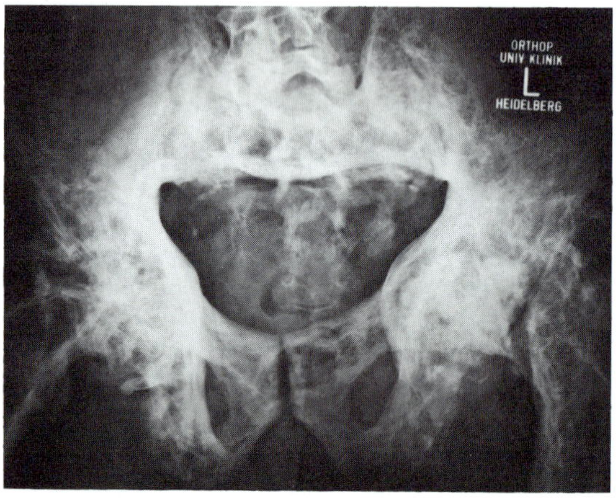

Kartenherzbecken bei Morbus Paget mit **Protrusion der Hüftpfannen,** eingesunkenem Kreuzbein und frischer Schenkelhalsfraktur links

Diagnose
Richtungweisend ist das **Röntgenbild** mit dem typischen grobsträhnigen Umbau der Spongiosastruktur sowie die dem Krankheitsprozeß parallel gehende **Erhöhung der alkalischen Phosphatase.** Die **Szintigraphie** dokumentiert alle befallenen Regionen mit erhöhtem Knochenumsatz.

Diagnose. Richtungweisend ist das **Röntgenbild,** das im Frühstadium lokalisierte Osteolysen (vor allen Dingen am Schädel), später dann Sklerosierungen mit grobsträhnigem Umbau der Spongiosastruktur zeigt. Vorwiegend betroffen sind die lumbosakrale Wirbelsäule (76%), der Schädel (65%), das Becken (43%), der Femur (35%), die Tibia (30%), die Klavikula (11%) und das Sternum (7%). Der erhöhte Knochenumsatz spiegelt sich auch bei der **szintigraphischen Untersuchung** wider, die einen Überblick über alle befallenen Regionen ermöglicht. Bei der **Labordiagnostik** ist die dem Krankheitsprozeß parallel gehende **Erhöhung der alkalischen Phosphatase** auffällig. **Differentialdiagnostisch** sind vor allem osteoblastische Metastasen beim Prostatakarzinom auszuschließen (Erhöhung der sauren Phosphatase!)

Therapie. Ziele der Behandlung bei der Paget-Erkrankung sind die Schmerzbeseitigung und die Verhinderung von progredienten Deformitäten, die die Belastungsfähigkeit des Skelettsystems einschränken. Bei asymptomatischen Patienten ohne Deformierungen ist daher eine Therapie nicht erforderlich. Die Schmerzhaftigkeit der Erkrankung läßt sich durch **Analgetika** und **Antiphlogistika** behandeln. Als besonders wirksam hat sich Kalzitonin herausgestellt, das die Osteoklastenaktivität herabsetzt. Eine sich während der **Kalzitonin-Behandlung** entwickelnde Resistenz ist häufig auf die Bildung von Antikörpern gegen die Substanz zurückzuführen. Die Behandlung mit Diphosphonaten (Etan-Hydroxydiphosphonat) ist noch nicht ausreichend gesichert.

Sind die Schmerzen des Patienten auf bereits eingetretene Deformierungen und chronische Überlastungen des mechanisch minderwertigen Knochens zurückzuführen, können **Umstellungsosteotomien** oder bei ausgeprägten Deformierungen auch **Gelenkersatzoperationen** notwendig werden.

Therapie
Ziele der Behandlung sind die Schmerzbeseitigung und die Verhinderung von progredienten Deformierungen. Die Schmerzhaftigkeit läßt sich durch **Analgetika, Antiphlogistika** und **Kalzitonin** behandeln, das die Osteoklastenaktivität herabsetzt.

Bei eingetretenen Deformierungen sind unter Umständen **Umstellungsosteotomien** oder **Gelenkersatzoperationen** erforderlich.

3.4.2 Osteopetrose (Marmorknochenkrankheit, Morbus Albers-Schönberg, *S. 106)*

3.4.3 Osteopoikilose *(S. 106)*

3.4.4 Melorheostose

> ***Definition.*** Meist bereits in der Kindheit entstehende progressive Hyperostose einer Gliedmaße; ungeklärte Ätiologie.

◀ **Definition**

Klinik und Therapie. Bei Progredienz können Schmerzen auftreten. Im Erwachsenenalter ist die Erkrankung meist symptomlos. Im Röntgenbild finden sich flache oder blumenkohlartige Knochenauflagerungen, die differentialdiagnostisch zu anderen Tumoren abgegrenzt werden müssen. Nur wenn die voluminösen Knochenauflagerungen durch Druck auf benachbarte Organe Symptome verursachen, ist eine operative Abtragung erforderlich.

Klinik und Therapie
Im Erwachsenenalter ist die Erkrankung meist symptomlos. Nur bei Druck auf benachbarte Organe sind operative Maßnahmen erforderlich.

3.5 Zirkulatorische Osteopathien (Osteonekrosen)

Durchblutungsstörungen des Knochens werden klinisch relevant, wenn Knochengewebe abstirbt.

3.5 Zirkulatorische Osteopathien (Osteonekrosen)
Durchblutungsstörungen des Knochens werden klinisch relevant, wenn Knochengewebe abstirbt.

Ätiologie. Der Tod von Knochengewebe kann indirekt durch Zirkulationsstörungen, aber auch durch direkte Zerstörung der Knochenzellen ausgelöst werden. Eine direkte Schädigung ist bei Entzündungen, Strahlenschäden und bei metabolischen Störungen (z.B. Kortisontherapie) möglich. Traumatisch bedingte Osteonekrosen werden größtenteils durch Vaskularisationsstörungen bedingt. Bei einer großen Anzahl von Osteonekrosen ist die Ätiologie im einzelnen unbekannt, so daß von idiopathischen Osteonekrosen gesprochen wird.

Ätiologie
Der Tod von Knochengewebe kann indirekt durch Zirkulationsstörungen, aber auch direkt durch Zerstörung der Knochenzellen ausgelöst werden (Entzündungen, Strahlenschäden, metabolische Störungen).

Pathogenese. Die Pathogenese von Knochennekrosen wird zu Beginn der Erkrankung von der Ätiologie bestimmt. Bei arteriellen Zirkulationsstörungen kommt es zum Knocheninfarkt (z.B. Caisson-Krankheit: arterielle Luftembolie bei Tauchern). Die Osteozyten und das Knochenmark gehen zugrunde, die Infarktzone wird demarkiert. Im weiteren Verlauf beginnen reparative Vorgänge durch einsprossendes Gefäßbindegewebe. Aus diesem Gewebe werden Osteoklasten zur Abräumung des nekrotischen Knochens und Osteoblasten zum Wiederaufbau neuer tragfähiger Knochensubstanz freigesetzt.

Der Prozeß des langsamen Ersatzes nekrotischen Knochens durch vitales Gewebe (»creeping substitution«) ist langwierig und benötigt in Abhängigkeit von der Ausdehnung der Nekrose bis zu mehreren Jahren. Bei frisch eingetretener Nekrose ist das Knochengewebe zunächst noch nicht in seiner Tragfähigkeit gemindert. Erst mit dem Beginn der reparativen Vorgänge kommt es zu einer Knochenerweichung und durch eingetretene Mikrofrakturen auch zur schleichenden Verformung oder Spontanfraktur eines ganzen Knochens. Der typische

Pathogenese
Bei Zirkulationsstörungen des Knochens entsteht zunächst eine Infarktzone, die im weiteren Verlauf durch einsprossendes Gefäßbindegewebe organisiert wird.

Der Prozeß des langsamen Ersatzes nekrotischen Knochens durch vitales Gewebe ist langwierig. Erst mit dem Beginn der reparativen Vorgänge kommt es zu einer Knochenerweichung. Der typische pathomorphologische Ablauf ist aus *Synopsis 68* zu entnehmen.

Synopsis 68: Pathogenese und Morphologie der Hüftkopfnekrose im Erwachsenenalter

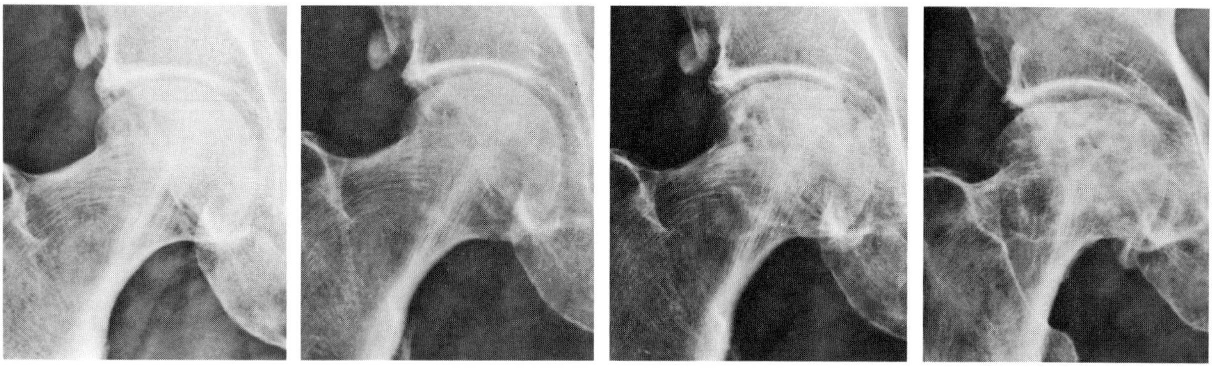

a Stadium 1 **b Stadium 2** **c Stadium 3** **d Stadium 4**

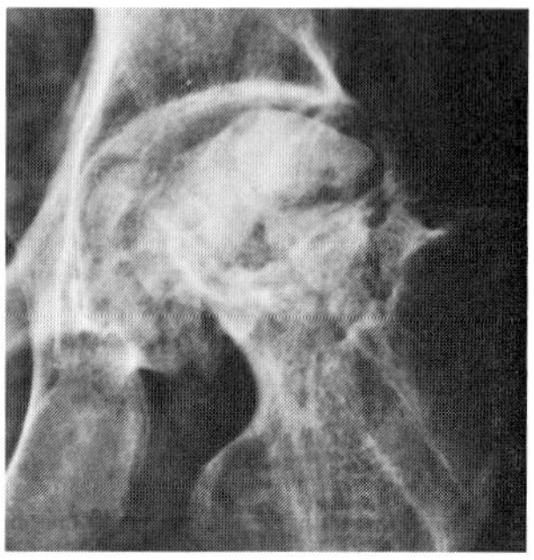

e

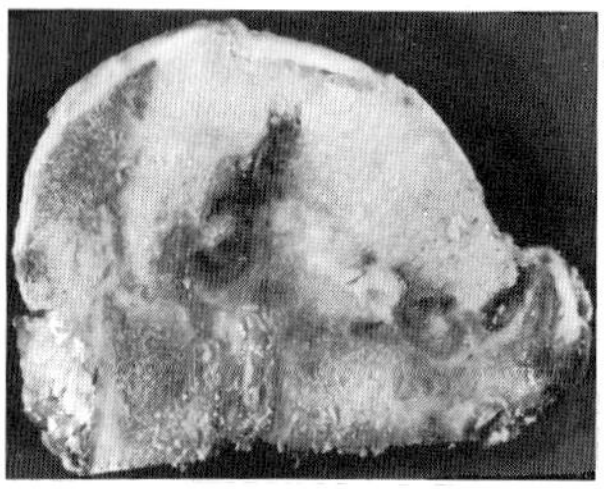

f

Stadium 1: präradiologisch (nur im Szintigramm, Kernspintomogramm oder Computertomogramm diagnostizierbar)

Stadium 2: Sklerosierungszonen als Zeichen verstärkten Knochenumbaus

Stadium 3: Einbruch der Gelenkfläche

Stadium 4: Deformierung mit Sekundärarthrose

Die Gegenüberstellung des radiologischen und morphologischen Befundes einer posttraumatischen Hüftkopfnekrose (e, f) läßt die Demarkierung des nekrotischen Areales und Abgrenzung durch fibröses, pseudoarthrosenähnliches Gewebe erkennen.

pathomorphologische und radiologische Ablauf ist am Beispiel der Hüftkopfnekrose aus *Synopsis 68* zu entnehmen.

Merke ▶

Merke. Wenngleich die pathomorphologischen Veränderungen der Osteonekrosen im Erwachsenenalter denen der Osteochondrosen und Osteochondronekrosen im Kindesalter gleichen, sind die Prognose und die Auswirkungen durch die Beteiligung der Wachstumsfugen sehr different.

Die aseptischen Osteochondrosen und epiphysären Wachstumsstörungen werden daher gesondert behandelt *(S. 114).*

Diagnose
Klinisch steht zunächst ein häufig unerklärlicher **Schmerzzustand** im Vordergrund. Röntgenologisch finden sich erst dann Veränderungen, wenn die Reparation der osteonekrotischen Bereiche einsetzt. Die Lokalisation von Osteonekrosen ist in *Synopsis 69* wiedergegeben.

Die Diagnose von Osteonekrosen gelingt im Frühstadium durch **Angiographie, Kernspintomographie und Szintigraphie** (»cold-lesion«).

Diagnose. Das Ereignis eines Knocheninfarktes ist durch einen **heftigen Schmerz** gekennzeichnet, der sich bei der klinischen Untersuchung zunächst kaum erklären läßt. Das Röntgenbild bleibt so lange unauffällig, bis die ersten reparativen Vorgänge zur Organisation des abgestorbenen Knochengewebes eingesetzt haben und dementsprechend eine Rarefizierung der Knochenbälkchen unter Umständen mit Spontan- und Mikrofrakturen zu beobachten ist. Die radiologischen Veränderungen entsprechen den pathomorphologischen Abläufen bei der Reparation der osteonekrotischen Bereiche. Sie sind unabhängig von der Lokalisation der Osteonekrose, werden jedoch von ihrer Ausdehnung beeinflußt. Verschiedene Lokalisationen von Osteonekrosen sind in *Synopsis 69* wiedergegeben.

Die Diagnose bei zirkulationsbedingten Osteonekrosen gelingt im Frühstadium durch die **Angiographie, Kernspintomographie** und **Szintigraphie.** Szintigraphisch ist zu diesem Zeitpunkt eine verminderte Aktivitätsbelegung des Bereiches festzustellen (»cold lesion«), während mit Beginn reparativer Vorgänge die Speicherung wieder zunimmt. Die sensitivste Methode ist das Kernspintomogramm. Die morphologischen Veränderungen im Röntgenbild stellen daher stets erst einen Spätbefund dar.

Synopsis 69: Häufigste Lokalisationen von Osteonekrosen im Erwachsenenalter

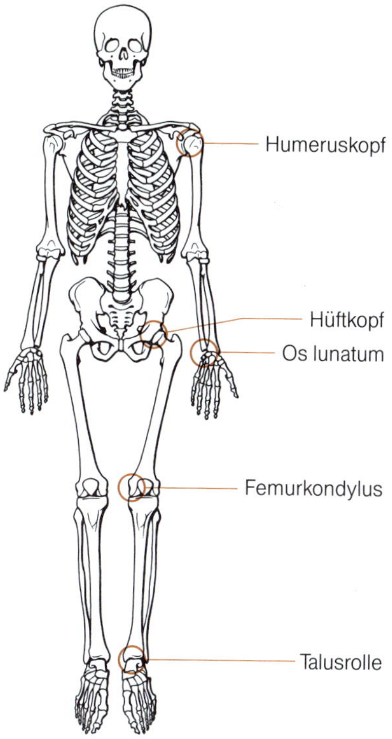

Merke: Pathomorphologisch gleichen sich die Osteonekrosen des Kindes- und des Erwachsenenalters. Die Prognose und Auswirkungen sind jedoch wegen des abgeschlossenen Wachstums und damit fehlender Anpassungsfähigkeit sowie durch die Beteiligung der Wachstumsfugen different.

Therapie. Für die Behandlung ist von wesentlicher Bedeutung, ob sich die Knochennekrose lediglich auf dem Boden einer lokalisierten Zirkulationsstörung entwickelt hat oder auch auf systemische Veränderungen zurückzuführen ist. Beobachtungen zeigen, daß bei Vorliegen metabolischer Osteopathien die Prognose von Knochennekrosen ungünstiger ist als bei lokalisierten Erkrankungen (z.B. nach langdauernder Kortikosteroidmedikation).

Therapie
Für die Behandlung ist von Bedeutung, ob es sich um eine lokalisierte Zirkulationsstörung oder eine generalisierte metabolische Störung (z.B. nach langdauernder Kortikosteroidmedikation) handelt.

• Hüftkopfnekrose im Erwachsenenalter

• **Hüftkopfnekrose im Erwachsenenalter**

Definition. Aseptische Nekrose im Hüftkopfbereich als Folge von Traumen, Infektionen u.a. (symptomatisch) oder bei ungeklärter Ätiologie (idiopathisch).

◄ **Definition**

Ätiologie. Die Durchblutung des Hüftkopfes ist primär kritisch. Die Ernährung wird von zwei aus der Arteria femoralis stammenden Blutgefäßen gewährleistet. Diese verlaufen entlang des Schenkelhalses und übernehmen zwei Drittel bis vier Fünftel der Blutgefäßversorgung des Hüftkopfes *(Syn. 50, S. 119).* Bei einer Unterbrechung dieser Blutzufuhr durch Trauma oder Kompression, durch intraartikuläre Ergußbildung und Infektion kann es zu aseptischen Osteonekrosen verschiedener Ausdehnung kommen. Eine seltene Ursache ist der embolische Verschluß der Gefäße durch Luftbläschen bei zu schnellem Aufstieg von Tiefseetauchern (Caissonkrankheit).

Ätiologie
Bei einer Unterbrechung der primär kritischen Durchblutung des Hüftkopfes kann es zu aseptischen Osteonekrosen verschiedener Ausdehnung kommen.

Bei einer im Zusammenhang mit metabolischen Erkrankungen zunehmenden Anzahl von morphologisch und radiologisch durchaus vergleichbaren Hüftkopfnekrosen ist die Ursache der Erkrankung jedoch nicht bekannt **(idiopathische Hüftkopfnekrose).** Es werden arterielle Zirkulationsstörungen vermutet, die mit gleichzeitig vorliegenden metabolischen Störungen (Fettstoffwechselstörung, Lebererkrankungen, Alkoholabusus) eine verminderte Festigkeit des Knochens bedingen und auf diesem Wege zur idiopathischen Hüftkopfnekrose Erwachsener führen können. Hüftkopfnekrosen infolge metabolischer Störungen sind auch nach lang dauernder Kortison- oder Zytostatika-Behandlung und nach Bestrahlung möglich.

Bei einer zunehmenden Anzahl von Hüfkopfnekrosen ist die Ursache nicht bekannt **(idiopathische Hüftkopfnekrose).** Symptomatische Hüftkopfnekrosen können auch nach langdauernder Kortison-, Zytostatikabehandlung und nach Bestrahlung auftreten.

Pathogenese
Da die Nekrose im tragenden Bereich des Hüftkopfes liegt, kommt es mit beginnenden Reparationsprozessen zum Einbruch der Gelenkfläche und zur Deformierung des Hüftkopfes. Im Gegensatz zur Arthrose bleibt der Gelenkspalt lange Zeit gut erhalten. Morphologischer und radiologischer Befund sind in *Synopsis 68* gegenübergestellt.

Klinik
Die Erkrankung beginnt häufig mit Leisten- oder Knieschmerzen. Mit zunehmender Deformierung ist das Hüftgelenk meist nicht mehr belastungsfähig.

Diagnose
Das Stadium I der Erkrankung kann lediglich im Szintigramm, Kernspintomogramm und Computertomogramm diagnostiziert werden *(Abb. 33a–b)*, die Stadien II bis IV sind röntgenologisch definiert.

Pathogenese. Die Hüftkopfnekrose liegt mit segmentaler oder flächenhafter Ausdehnung unmittelbar subchondral im tragenden Bereich des Hüftkopfes. Mit Beginn der Reparationsprozesse kommt es zum Einbruch der Gelenkfläche, Abhebung des Knorpelgewebes und Destruktion des Hüftkopfes. Morphologisch und radiologisch findet sich eine entsprechende Entrundung des Hüftkopfes. Mit fortschreitender Erkrankung kann der Hüftkopf durch den Einbruch des nekrotischen Bereiches in Subluxationsstellung geraten. Im Vergleich zu den degenerativen Erkrankungen fällt auf, daß der Gelenkspalt lange Zeit gut erhalten bleibt, während die Destruktion des Hüftkopfes bereits weit fortgeschritten ist. Reparative Vorgänge durch osteophytäre Randwulstbildungen an den Gelenkflächenrändern fehlen oder sind nur spärlich ausgeprägt. Morphologischer und radiologischer Befund sind in *Synopsis 68* gegenübergestellt.

Klinik. Die Erkrankung beginnt häufig mit ziehenden Schmerzen in der Leistenbeuge, aber auch mit Schmerzen im Kniegelenk. Relativ bald kommt es zu einer ausgeprägten Bewegungseinschränkung, insbesondere nach Einbruch der Gelenkfläche. Durch eine reaktive Entzündung der Gelenkinnenhaut (Synovialitis) kann die Schmerzhaftigkeit zur völligen Belastungsunfähigkeit des Beines führen. Es sind auch Verläufe möglich, bei denen die Schmerzsymptomatik über lange Zeit im Hintergrund steht und die Hüftkopfnekrose direkt in eine sekundäre Arthrose mit morphologischen Anpassungsvorgängen und zunächst ausreichender Belastungsfähigkeit einmündet.

Diagnose. Zu Beginn der Erkrankung kommt es lediglich zu mikromorphologischen Veränderungen, die im Röntgenbild nicht zu erkennen sind. Das Stadium I der Hüftkopfnekrose kann daher lediglich im Szintigramm, Kernspintomogramm und Computertomogramm diagnostiziert werden *(Abb. 33a–b)*. Im Szintigramm wird zunächst eine Zone verminderter Speicherung auffällig. Mit Beginn der Reparationsvorgänge weist das Szintigramm eine vermehrte Speicherung auf. Zu diesem Zeitpunkt sind die Vorgänge des Knochenumbaus durch Sklerosierungszonen erkennbar (Stadium II). Später kommt es zum Einbruch der Gelenkfläche (Stadium III) und zur Deformierung mit Sekundärarthrose (Stadium IV).

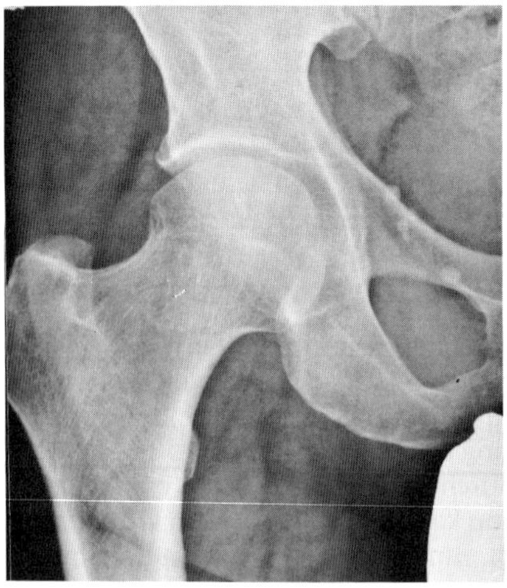

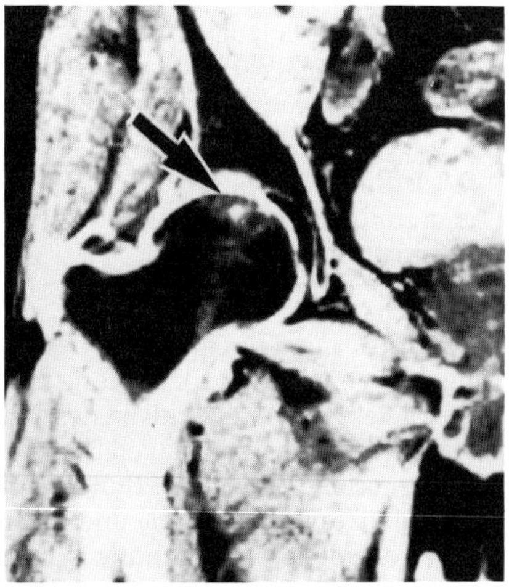

Abb. 33a, b: Bildgebende Verfahren im Frühstadium der Hüftkopfnekrose.
Bei röntgenologisch unauffälligem Befund *(Abb. 33a)* ist die Diagnose nur durch Kernspintomographie *(Abb. 33b)*, Szintigraphie *(vergleiche auch Abb. 34b)* oder Computertomographie möglich.

Therapie. Die Therapie ist sowohl von der Ursache der Nekrose, vom Alter des Patienten und der Ausdehnung des osteonekrotischen Bereiches abhängig. Die Prognose posttraumatischer Osteonekrosen ist günstiger als die der idiopathischen. Bei Osteonekrose im präradiologischen Stadium I ist eine Markraumdekompression (Knochenaufbohrung) angezeigt, die zu einer Entlastung der bei der Hüftkopfnekrose auftretenden venösen, intraossären Hypertonie führt. Bei beginnenden radiologischen Veränderungen (Stadium II/III) sind den Hüftkopf entlastende und zentrierende Umstellungsoperationen möglich, die unter Umständen zusammen mit Anbohrungen oder Spongiosaauffüllungen des nekrotischen Bereiches durchgeführt werden. Durch einen gefäßgestielten Bekkenkammspan kann auch der Versuch einer Revaskularisation der Osteonekrose unternommen werden. Bei fortgeschrittenem Alter und fortgeschrittenem Nekrosezustand ist nur noch der Gelenkersatz erfolgversprechend *(Abb. 34).*

Therapie
Die Therapie ist von der Ursache der Nekrose, vom Alter des Patienten und der Ausdehnung des osteonekrotischen Bereiches abhängig. Im Stadium I ist eine Markraumdekompression, im Stadium II/III eine Umstellungsosteotomie oder der Versuch der Revaskularisation mit gefäßgestieltem Beckenkammspan, im Stadium IV nur eine Gelenkersatzoperation erfolgversprechend.

● **Osteochondrosis dissecans** *(S. 125)*

● **Osteochondrosis dissecans** *(S. 125)*

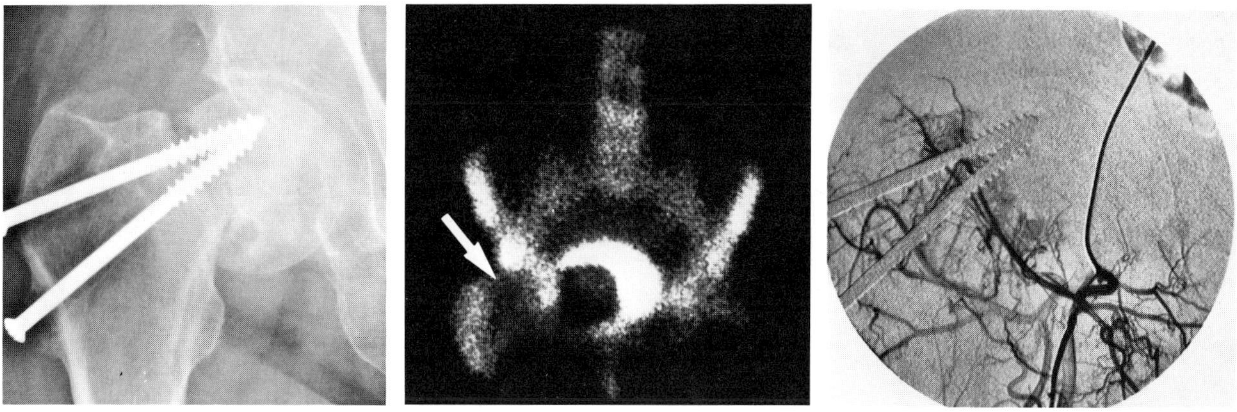

a b c

Abb. 34a–c: Posttraumatische Hüftkopfnekrose *(siehe auch klinisches Beispiel).*

Klinisches Beispiel. 49jährige Frau mit medialer Schenkelhalsfraktur. Ein Jahr nach operativer Versorgung mit zwei Zugschrauben weiterhin fehlende Konsolidierung und Instabilität im Frakturbereich mit Lockerungssäumen um die Implantate *(Abb. 34a).* Im Knochenszintigramm fehlende Speicherung im Hüftkopfbereich (»cold lesion«, *Abb. 34b).* Bei der digitalen selektiven Angiographie (DSA) fehlende Vaskularisation des gesamten Hüftkopfes *(Abb. 34c).* Wegen posttraumatischer Hüftkopfnekrose ist daher eine Operation zur Erhaltung des Hüftkopfes nicht mehr möglich und ein primärer Gelenkersatz angezeigt.

◀ **Klinisches Beispiel**

3.6 Toxische Osteopathien

Fluorose
Primärmanifestationsort der Fluorose ist die Wirbelsäule, an der bandartige Verdichtungen der Deck- und Grundplatten zu erkennen sind *(Abb. 35)*. Bei lang dauernder Natriumfluorid-Therapie der Osteoporose ist daher eine regelmäßige Kontrolle erforderlich, insbesondere bei eingeschränkter Nierenfunktion.

3.6 Toxische Osteopathien

Fluorose. Fluor wird nach Aufnahme im Gastrointestinaltrakt in den Knochen eingelagert und führt hier zur Formation größerer Hydroxylapatitkristalle als bei Kalzium. Der Knochen wird fester, röntgenologisch ergibt sich eine Verdichtung der Struktur *(Abb. 35)*. Primärmanifestationsort der Fluorose ist die Wirbelsäule, an der bandartige Verdichtungen der Deck- und Grundplatten zu erkennen sind. Bei Kindern kann es zur Entwicklung von Zahnanomalien kommen. Klinisch stehen rheumatische Beschwerden im Vordergrund. Wegen der Intoxikationsgefahr ist bei lang dauernder Natriumfluorid-Therapie der Osteoporose eine regelmäßige Kontrolle erforderlich. Eine Akkumulation ist vor allem bei eingeschränkter Nierenfunktion möglich.

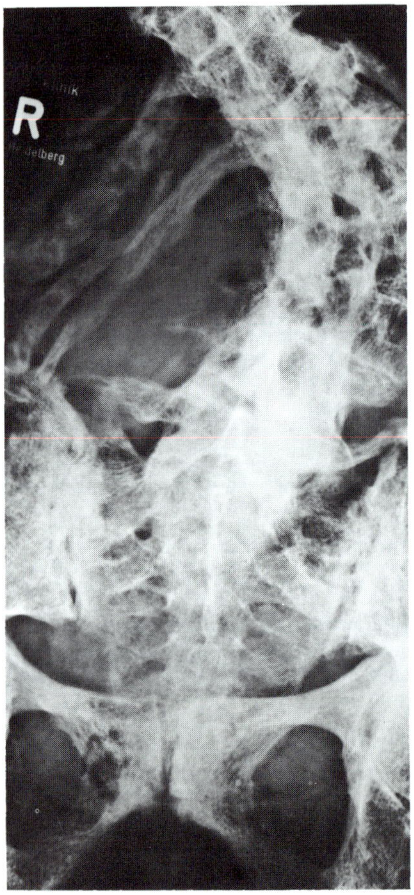

Abb. 35: Fluorose: Röntgenbild der thorakolumbalen Wirbelsäule und des Os sacrum. Bei vorbestehender Osteoporose mit Deckplatteneinbrüchen und erheblicher Schmerzsymptomatik sowie LWS-Skoliose erhielt die 73jährige Patientin unreflektiert über 5 Jahre hohe Dosen eines Na-Fluoridpräparates.

3.7 Infektiöse Osteopathien *(S. 226)*

3.8 Neoplastische Osteopathien *(S. 204)*

3.7 Infektiöse Osteopathien *(S. 226)*

3.8 Neoplastische Osteopathien *(S. 204)*

4 Gelenkerkrankungen

4.1 Anatomie und Physiologie des Gelenkes

Das Gelenk besteht aus den Gelenkkörpern, deren Gelenkflächen von hyalinem Knorpelgewebe überzogen sind, sowie aus der Gelenkkapsel, deren innere Auskleidung als Membrana synovialis bezeichnet wird. **Der hyaline Knorpel ist aus Knorpelzellen und Matrixgewebe zusammengesetzt.** Die Chondrozyten produzieren die Grundsubstanz des Knorpelgewebes aus Kollagen und Proteoglykanen. Die Zellentwicklung wird von Hormonen, Metaboliten und Enzymen beeinflußt. Während des Wachstumsalters sind die Chondrozyten teilungsfähig und tragen somit nicht nur zum Wachstum bei, sondern können auch Knorpelwunden reparieren.

Die normale **Knorpelzelle** des Erwachsenen hat ihre mitotischen Aktivitäten dagegen verloren. Knorpeldefekte können dann nur durch Ersatzgewebe aus dem spongiösen Knochen oder aus dem synovialen Gewebe im Bereich des Gelenkflächenrandes gedeckt werden.

Die **Matrix des Knorpelgewebes** besteht aus Kollagen, Proteoglykanen und Wasser. **Kollagen** macht etwa 50% des Trockengewichtes und 90% des Proteingehaltes des Knorpels aus. In den oberflächlichsten Knorpellagen verlaufen die Kollagenfasern parallel (Lamina splendens), um in den tieferen Lagen arkadenförmig umzubiegen und fast senkrecht in den subchondralen Knochen einzustrahlen. Die **Proteoglykane** bestehen aus einem Proteinanteil mit angelagerten Glukosaminoglykanketten. In Verbindung mit Hyaluronsäurekomplexen sind die Proteoglykane stark hydrophil. Durch ihre Wasserbindung sind sie für den beträchtlichen hydrodynamischen Druck im Knorpelgewebe verantwortlich, dem durch das kollagene Netzwerk entgegengewirkt wird. Dieses Netzwerk steht unter konstanter Beanspruchung. Jede Schwächung des Knorpelzellverbundes ermöglicht einen zusätzlichen Wassereinstrom in das Knorpelgewebe. Normalerweise besteht die Matrix des Knorpelgewebes zu 70% aus **Wasser.** Dieses steht in einem ständigen Austausch mit der Gelenkflüssigkeit. Aufbau des Gelenkes und Zusammensetzung des Gelenkknorpels sind in *Synopsis 70* wiedergegeben.

4 Gelenkerkrankungen

4.1 Anatomie und Physiologie des Gelenkes

Der hyaline Gelenkknorpel besteht aus Knorpelzellen und Matrix. Nur während des Wachstumsalters sind die Chondrozyten teilungsfähig.

Die normale **Knorpelzelle** des Erwachsenen hat ihre mitotischen Aktivitäten dagegen verloren, so daß Knorpeldefekte nur durch Ersatzgewebe gedeckt werden können.

Die **Matrix des Knorpelgewebes** besteht aus Kollagenen, Proteoglykanen und Wasser. Die arkadenförmig verlaufenden **kollagenen Fasern** sind von **Proteoglykanen** umgeben, die als hydrophile Substanzen für die **Wasserbindung** verantwortlich sind. Aufbau des Gelenkes und Zusammensetzung des Gelenkknorpels sind in *Synopsis 70* wiedergegeben.

Synopsis 70: Anatomie des Gelenkes und Zusammensetzung des Gelenkknorpels.

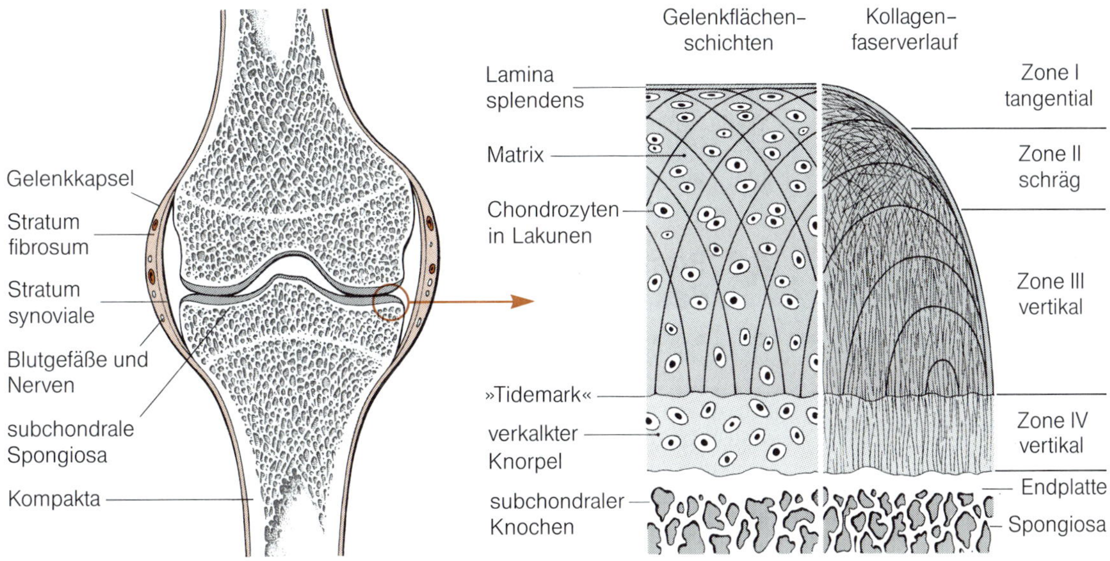

Die **Kapsel** besteht aus einer äußeren festen Schicht **(Stratum fibrosum)** und einer inneren lockeren Bindegewebsschicht **(Stratum synoviale).**
Die Synovialzellen produzieren verschiedene Bestandteile der Gelenkflüssigkeit **(Synovia),** die selbst aus einem Ultrafiltrat des Serums besteht.

Die **Kapsel** umschließt das Gelenk. Sie besteht aus einer äußeren Schicht aus festem kollagenem Gewebe **(Stratum fibrosum)** und einer inneren lockeren Bindegewebsschicht **(Stratum synoviale).** Kräftige Bänder aus kollagenem Gewebe überziehen die Gelenkkörper oder sind zum Teil mit der äußeren Gelenkkapsel verwoben. Sie sind von zahlreichen sensiblen Endorganen durchsetzt, die für die propriozeptive Steuerung des Gelenkes wichtig sind. Das Stratum synoviale besteht in der dem Gelenkinnenraum zugewandten Schicht aus zwei Zelltypen, deren Ernährung aus dem darunterliegenden lockeren Gefäßbindegewebe gewährleistet wird. Der Typ A der Synovialzellen hat Makrophagencharakter. Der Typ B ist für die Produktion von Proteinasen, Kollagenasen, Hyaluronsäure und Prostaglandinen verantwortlich. Die **Synovialflüssigkeit** (Synovia) besteht aus einem Ultrafiltrat des Serums, dem die Produkte der Synovialzellen beigemischt sind.

Die **Ernährung des Gelenkknorpels** wird während des Wachstumsalters aus der Gelenkflüssigkeit und den subchondralen Blutgefäßen, im Erwachsenenalter hauptsächlich durch Diffusion aus der Synovialflüssigkeit gewährleistet. Die Substanzen müssen daher durch den Gelenkbinnenraum zur Knorpelzelle transportiert werden (Transitstrecke).

Die **Ernährung des Gelenkknorpels** wird während des Wachstumsalters sowohl aus der Gelenkflüssigkeit (synoviale Trift) als auch aus den subchondralen Blutgefäßen (subchondrale Trift) gewährleistet. Im Erwachsenenalter wird das Knorpelgewebe hauptsächlich durch Diffusion aus der Synovialflüssigkeit ernährt. Der Knorpel selbst ist avaskulär. Die Chondrozyten haben keinen direkten Anschluß an die Blutversorgung. Die Ernährung der Knorpelzellen erfordert daher einen Transport der Substrate von der Gelenkinnenhaut durch den Gelenkbinnenraum und die Grundsubstanz bis zur Knorpelzelle (Transitstrecke des Gelenkes). Die intermittierende Belastung des Gelenkes trägt zum Austausch der Flüssigkeit zwischen Gelenkbinnenraum und Knorpelmatrix bei.

Die **Schmierung des Gelenkes** wird vor allem durch die Bindung von Proteinen an die knorpelige Gelenkoberfläche gewährleistet. Bei Zerreißung des Schmierfilmes kann es zu Schäden der Knorpeloberfläche kommen.

Die **Schmierung des Gelenkes** ermöglicht das reibungslose Gleiten der Gelenkflächen gegeneinander. Der Reibungsquotient des besten künstlichen Gelenkes ist immer noch etwa 30mal höher als der eines normalen Gelenkes. Die Schmierung wird durch verschiedene Mechanismen gewährleistet. Nur bei intakter knorpeliger Gelenkoberfläche kann durch die Bindung von Proteinen an die knorpelige Oberfläche ein feiner Schmierfilm aus Hyaluronsäure-Proteinkomplexen gebildet werden, der zwischen den Gelenkflächen die Schmierung aufrechterhält. Bei Zerreißung des Schmierfilmes kann es zu Schäden der oberflächlichen Lamina splendens kommen.

Jedes Gelenk kann nur als Einheit mit der Muskulatur und den neuralen Steuerungsmechanismen funktionieren. Die Muskulatur ist Motor der Bewegung. Die **Führung eines Gelenkes** kann vorwiegend knöchern, ligamentär, muskulär oder kombiniert ligamentär-muskulär sein. Kapsel und **Bänder** verstärken die Stabilität der Gelenke, sind aber vor allem auch sensible Endorgane der Propriozeption.

Jedes Gelenk kann nur als Einheit mit der Muskulatur und den neuralen Steuerungsmechanismen funktionieren. Die Muskulatur dient als Motor der Bewegung. Der physiologische Bewegungsumfang eines Gelenkes wird von den sensiblen Endorganen in der Gelenkkapsel und Muskulatur gesteuert. Die **Führung eines Gelenkes** kann vorwiegend knöchern (z.B. Hüftgelenk), ligamentär (Iliosakralgelenk, Schultereckgelenk), muskulär (Schultergelenk) oder kombiniert ligamentär und muskulär (Kniegelenk) sein. Die in das Kapselgewebe der Gelenke eingewobenen oder zusätzlich angelagerten Bänder verstärken die Stabilität der Gelenke, sind aber vor allem sensible Endorgane der Propriozeption. Die **Bänder** begrenzen den dynamischen Endausschlag der Gelenke. Sie sind jedoch nicht für eine Dauerbeanspruchung eingerichtet, da kollagenes Gewebe bei gleichmäßig anhaltender Zugbeanspruchung erschlafft.

Die Mechanismen der Knorpelernährung gelten auch für Bandscheiben, Menisken und Symphyse.

Die Mechanismen der Knorpelernährung und der Gelenkführung gelten grundsätzlich auch für die zwischengelenkigen Verbindungen aus faserknorpeligem Gewebe (Bandscheiben, Menisken, Symphyse).

4.2 Biomechanik der Gelenke und Pathogenese des Gelenkschadens

Die Funktionseinheit Muskel–Gelenk wird um so tiefgreifender gestört, je akuter die Schädigung eintritt. Bei langsam fortschreitenden Veränderungen kann sich das Gewebe dagegen immer wieder neu anpassen.

4.2 Biomechanik der Gelenke und Pathogenese des Gelenkschadens

Die Funktionseinheit Muskel–Gelenk kann durch die unterschiedlichsten Faktoren gestört werden. Wenn auch die infektiösen, degenerativen und metabolischen Gelenkerkrankungen von den Gelenkverletzungen abgegrenzt werden, so sind doch die zu einem Gelenkschaden führenden Mechanismen vergleichbar. Je akuter die Schädigung einsetzt (Gelenkflächenfraktur, Gelenkeiterung), um so tiefgreifender und bleibender ist die Störung des gesamten Systems *(Syn. 71).* Bei langsam fortschreitenden Veränderungen kann sich das Gewebe dagegen der jeweils neu geschaffenen Situation immer wieder anpassen, so daß die Funktion des Gelenkes auch über lange Zeit aufrechterhalten werden kann.

Dies zeigt sich insbesondere bei den **altersabhängigen Veränderungen** der Gelenkstrukturen. Mit steigendem Alter verschlechtert sich die Ernährungssituation der Knorpelzelle durch Strukturveränderungen an den Synovialkapillaren, durch qualitative und quantitative Veränderungen der Synovialflüssigkeit und durch altersbedingte Abnahme des Wassergehaltes in der Knorpelmatrix. Diese Veränderungen vermindern die elastischen Eigenschaften des Knorpelgewebes. Sie sind an den Gelenken der unteren und oberen Extremitäten gleichermaßen ausgeprägt und daher lediglich alters- aber nicht belastungsabhängig. Die altersabhängigen regressiven Veränderungen des Knorpelgewebes verursachen in der Regel keine klinische Symptomatik.

Dies zeigt sich insbesondere bei den **altersabhängigen Veränderungen** der Gelenkstrukturen, die in der Regel keine klinische Symptomatik verursachen.

> Im Mittelpunkt aller Gelenkerkrankungen steht die Knorpeldestruktion.

Im Mittelpunkt aller Gelenkerkrankungen steht die Knorpeldestruktion.

Aus pathogenetischer Sicht lassen sich vorwiegend mechanisch und biologisch bedingte Faktoren bei der Entstehung des Knorpelschadens voneinander abgrenzen. Für die **Störung der Gelenkbiologie** können Ernährungsstörungen im Knorpel oder enzymatische Faktoren verantwortlich gemacht werden. **Ernährungsstörungen** sind altersbedingt möglich, aber auch durch zytotoxische Substanzen, die bei lokalisierten oder generalisierten metabolischen Erkrankungen zur Knorpelzelle gelangen. Eine **enzymatische Destruktion** des Knorpelgewebes ist durch Enzyme möglich, die aus den Zellen der Synovialmembran (z.B. aus Leukozyten oder Lymphozyten bei Gelenkeiterung) oder aber auch aus dem Knorpelgewebe selbst (z.B. Knorpelzerstörung durch Trauma) freigesetzt werden. Diese lysosomalen Enzyme können zur Ausweitung eines zunächst nur begrenzten Knorpelschadens beitragen.

Aus pathogenetischer Sicht lassen sich vorwiegend mechanisch und biologisch bedingte Faktoren bei der Entstehung des Knorpelschadens voneinander abgrenzen. **Störungen der Gelenkbiologie** sind durch **Ernährungsstörungen** des Knorpelgewebes oder durch **enzymatische Destruktion** möglich.

Zur primär mechanischen Schädigung des Gelenkknorpels kommt es bei allen Traumen, bei akuten und chronischen Überlastungen des Gewebes infolge angeborener und erworbener Deformitäten und durch Immobilisation in Zwangsstellung des Gelenkes. Von besonderer Bedeutung sind die chronisch überhöhten Belastungen, die sich bei Formabweichungen der Gelenke im weitesten Sinne des Wortes ergeben. Damit sollen die gelenknahen und -fernen Achsenfehler mit ihrer konsekutiven Beeinträchtigung der Gelenkstatik und -dynamik eingeschlossen werden. Jede daraus resultierende Gefahr des lokalisiert auftretenden Knorpelschadens wird durch den Begriff der präarthrotischen Deformität *(S. 75)* umrissen. Die gestörte Ernährung des Knorpelgewebes, enzymatische und mechanische Faktoren können sich zu einem Circulus vitiosus schließen, bis der Prozeß der Knorpelzerstörung sein Ende im Abschliff des subchondralen Knochens findet.

Zur primär **mechanischen Schädigung** kommt es bei allen Traumen, bei akuten und chronischen Überlastungen des Gewebes (präarthrotische Deformität, *S. 75)* und durch Immobilisation des Gelenkes in Zwangsstellung. Biologische und mechanische Faktoren können sich zu einem Circulus vitiosus schließen.

Die bei der Knorpeldestruktion ablaufenden Vorgänge führen zu typischen morphologischen Reaktionen des Gewebes. Die Pathogenese des Gelenkschadens kann damit aus dem Röntgenbild abgelesen werden.

> Bei vorwiegend mechanisch bedingten Knorpelschäden auf dem Boden chronischer Überlastungszustände kommt es immer zu reparativen Vorgängen durch subchondrale Sklerosierung der Gelenkfläche und Randwulstbildungen (Osteophyten) an den Gelenkrändern.

Die bei der Knorpeldestruktion ablaufenden Vorgänge führen zu typischen morphologischen Reaktionen des Gewebes, die schließlich im Röntgenbild abzulesen sind. **Bei vorwiegend mechanisch bedingten Knorpelschäden kommt es hier zu reparativen Vorgängen durch subchondrale Sklerosierung und Randwulstbildung (Osteophyten).**

Diese entwickeln sich langsam über Jahre und sind Ausdruck der lokalisierten Überbeanspruchung des Gewebes. Die Analyse der Lokalisation und des Ausmaßes dieser morphologischen Veränderungen ist für die Einschätzung der Prognose und den therapeutischen Ansatz von wesentlicher Bedeutung *(Syn. 71)*. **Bei vorwiegend enzymatischer Knorpeldestruktion (z.B. Gelenkinfektion, rheumatoide Arthritis) ist die Reparationsfähigkeit des Gewebes dagegen zeitlich überfordert.** Es kommt zum raschen Knorpelverlust ohne begleitende morphologische Anpassungsvorgänge. Allerdings können sich nach Beseitigung des die Knorpeldestruktion auslösenden Schadens auch noch später sekundär morphologische Anpassungen einstellen. Die Aktivität enzymatisch destruktiver Vorgänge bestimmt auch den klinischen Verlauf.

Bei enzymatischer Knorpeldestruktion entsteht dagegen ein rascher Knorpelverlust ohne begleitende morphologische Anpassung *(Syn. 71)*.

Merke ▶

Merke. Selbst ausgeprägte morphologische Veränderungen müssen nicht mit Schmerzen einhergehen, da der Knorpel selbst keine Nervenendigungen besitzt. Erst durch die bei enzymatischer Destruktion des Knorpelgewebes eingeleitete Gelenkinnenhautentzündung (Synovialitis) gewinnen zahlreiche Erkrankungen Krankheitscharakter. Die klinisch latente Arthrose wird damit zur klinisch aktivierten Arthrose.

Synopsis 71: Pathomechanismen der Arthroseentstehung: primär mechanische bzw. biologische Ursachen münden in einen Circulus vitiosus ein, der den Fortgang der Arthrose bestimmt.

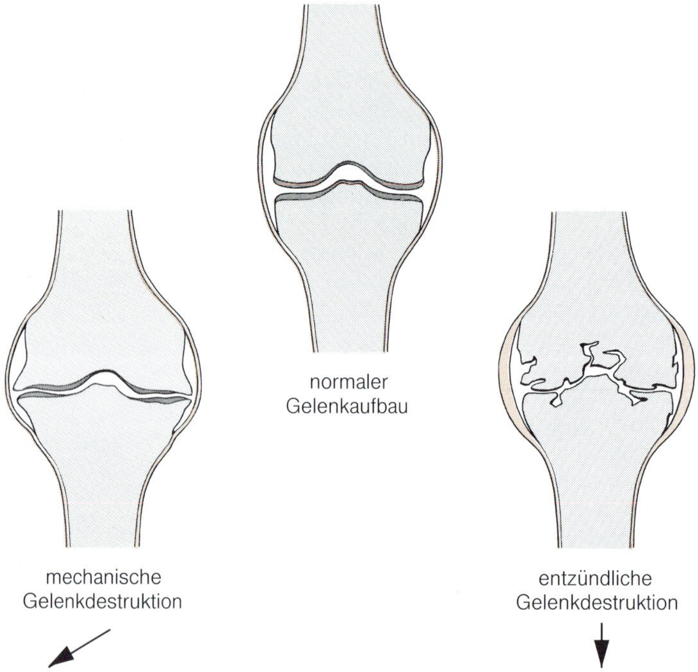

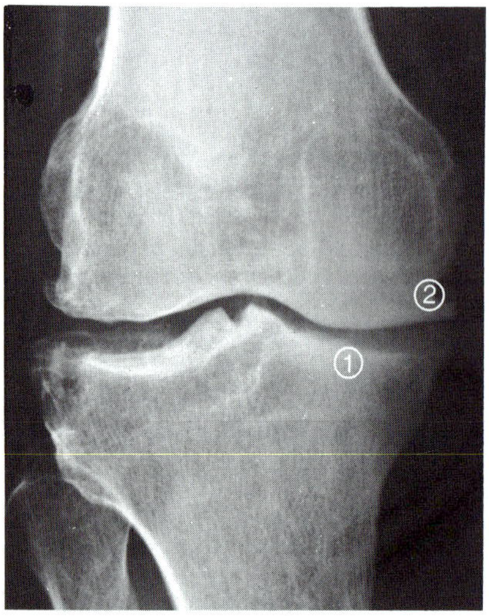

Röntgen: lokalisierter Schaden, mäßige Gelenkspaltverschmälerung, Anpassungsreaktionen (subchondrale Sklerose 1, Osteophyten 2)

Klinik: langsam progedient, durch ständige Anpassungsreaktionen lange Zeit subklinisch.

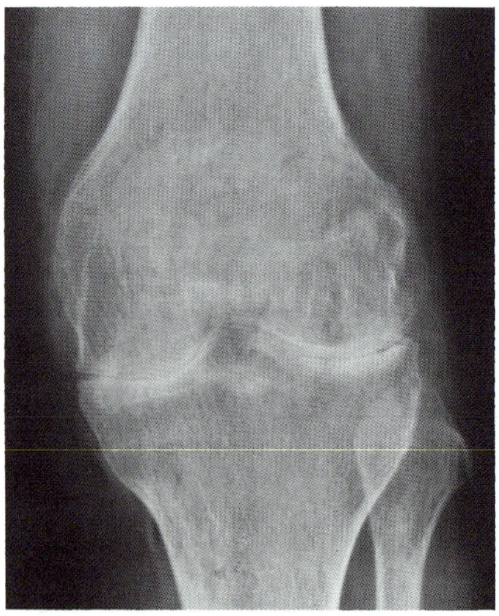

Röntgen: generalisierter Schaden, deutliche Gelenkspaltverschmälerung, eher Knochendestruktion

Klinik: mäßig progredient (aktivierte Arthrose) bis rasch destruierend (chronische Polyarthritis, Infektarthritis), Schmerzen!

Die Pathogenese des Gelenkschadens bestimmt die morphologischen und radiologischen Reaktionen sowie den klinischen Verlauf. Das Röntgenbild gibt somit Auskunft über die Art, Progredienz und die Prognose des Gelenkschadens. Bei vorwiegend mechanisch bedingter Knorpeldestruktion stehen die Anpassungsreaktionen im Vordergrund, der klinische Verlauf ist lange Zeit blande. Bei vorwiegend entzündlich bedingter Knorpeldestruktion ist der Verlauf progredient und frühzeitig durch Schmerzen kompliziert.

Biomechanik der Gelenke. Das normale Gelenk besitzt eine große Toleranzbreite gegenüber mechanischen Belastungen. Andauernde Überlastungen wie bei posttraumatischen oder kongenitalen Inkongruenzen des Gelenkes führen jedoch zum Knorpelschaden und zur Arthrose. Die Energie der intermittierenden Belastung wird normalerweise vom Knorpel und dem subchondralen spongiösen Knochenwerk aufgefangen. Mikrofrakturen des subchondralen Knochens führen zur Sklerose und Versteifung der subchondralen Knochenplatte. Dies wiederum erhöht die Beanspruchung des Knorpelgewebes. Aus diesen Erkenntnissen läßt sich die Biomechanik der Gelenke ableiten, deren Prinzipien für eine kausale Therapie von Gelenkerkrankungen von großer Bedeutung sind.

Biomechanik der Gelenke
Das normale Gelenk besitzt eine große Toleranzbreite gegenüber mechanischen Belastungen. Aus der Analyse der Belastung lassen sich Prinzipien für eine kausale Therapie von Gelenkerkrankungen ableiten.

Die **Belastung** der Gelenke ist gleichbedeutend mit den auf sie einwirkenden äußeren Kräften. Als **Beanspruchung** wird dagegen die Auswirkung der äußeren Kräfte im Material selbst verstanden *(Synopsis 72)*. Die mechanische Beanspruchung der Gelenke führt zu unmittelbaren Folgen an den Strukturen (Gelenkflächenfraktur, Knorpelkontusion, subchondrale Mikrofrakturen), aber auch zu Reaktionen des lebenden Gewebes. Über die Reaktionen des Knorpelgewebes ist wenig bekannt. Für die Reaktion des Knochengewebes ist die Größe der Beanspruchung maßgebend. Bei physiologischer Beanspruchung halten sich An- und Abbau von Knochengewebe die Waage. Bei erhöhter Beanspruchung kommt es zum Anbau von Knochengewebe und damit zu einer röntgenologisch erkennbaren Knochenverdichtung *(S. 134)*. Diese im Röntgenbild erkennbare subchondrale Verdichtung der Gelenkflächen ist von großer praktischer Bedeutung, weil sie direkt auf die Größenverteilung des Gelenkdruckes hinweist. Bei Überschreiten einer bestimmten Toleranzgrenze ist die Reaktionsfähigkeit des Knochengewebes jedoch ausgeschöpft. Es stehen dann die Abbauvorgänge am Knochengewebe mit Destruktion der Gelenkflächen im Vordergrund *(Synopsis 72)*.

Die **Belastung** der Gelenke ist gleichbedeutend mit den auf sie einwirkenden äußeren Kräften. Als **Beanspruchung** wird die Auswirkung der äußeren Kräfte im Material selbst verstanden *(Syn. 72)*. Die mechanische Beanspruchung der Gelenke führt zu unmittelbaren Folgen an den Strukturen (Gelenkflächenfraktur, Knorpelkontusion), aber auch zu Reaktionen von Knorpel- und Knochengewebe. Diese Reaktionen weisen direkt auf die Größenverteilung des Gelenkdruckes hin.

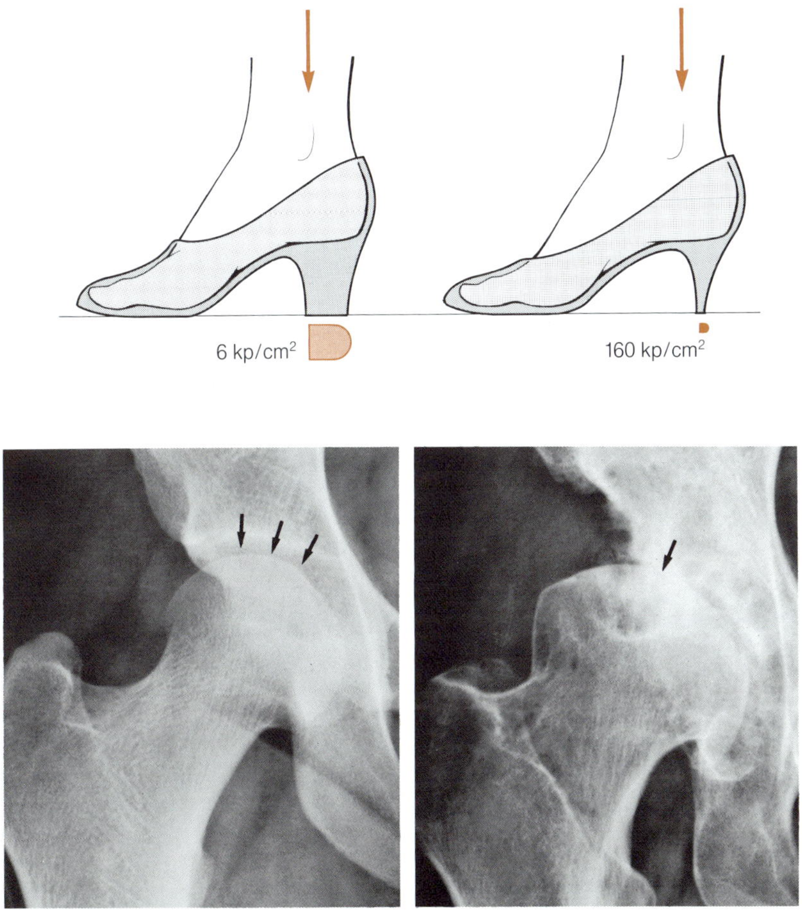

Synopsis 72: Biomechanik der Gelenke: Belastung ist die auf das Gelenk einwirkende äußere Kraft. **Beanspruchung** ist die Auswirkung dieser Kräfte im Material selbst. Für die Pathogenese arthrotischer Prozesse ist der Gelenkdruck von ausschlaggebender Bedeutung. Bei der gleichen Körperlast wird der Druck allein durch die Verkleinerung der Tragfläche um ein Vielfaches erhöht (siehe Stöckelabsatz oder Inkongruenz des Hüftgelenkes). Als Folge der erhöhten Beanspruchung kommt es zunächst zum Anbau von Knochengewebe (**subchondrale Sklerose)**, bei Überschreiten einer Toleranzgrenze jedoch zum Knochenabbau **(Zystenbildung).**

Während des Wachstumsalters wirkt sich die Belastung nicht nur an den Gelenkflächen, sondern auch an den Wachstumsfugen aus. Eine ungleiche Druckverteilung führt daher zu **ungleichem Längenwachstum** und zu **Achsverbiegungen** des Knochens.

Die auf ein Gelenk wirkenden Kräfte können berechnet werden. Die Grundlagen der Biomechanik des Hüftgelenkes sind in *Syn. 73* wiedergegeben.

Am Kniegelenk wird die Belastung an dem Verlauf der **Mikulicz-Linie** bemessen *(Syn. 74)*.

Während des Wachstumsalters wirkt sich die Belastung nicht nur an den Gelenkflächen selbst, sondern auch an den gelenknahen Wachstumsfugen aus. Eine gleichmäßige Verteilung der Druckspannungen im Epiphysenknorpel hat gleichmäßiges Längenwachstum des entsprechenden Skelettabschnittes zur Folge *(S. 110)*. Ungleiche Druckverteilung im Epiphysenknorpel führt dagegen zu **ungleichem Längenwachstum** und zu **Achsverbiegung des Knochens,** da das Wachstum auf einer Seite gefördert und auf der anderen Seite der Wachstumsfuge gehemmt wird. In diese Betrachtungen gehen alle äußeren und inneren Kräfte ein, die auf ein Gelenk wirken.

Diese Kräfte können für verschiedene Gelenke des menschlichen Körpers näherungsweise berechnet werden. Für das Hüftgelenk ist die Resultierende aus den Kräften maßgebend, die während des Gehens auf den Hüftkopf des belasteten Beines wirken. Die Grundlagen der Biomechanik des menschlichen Hüftgelenkes sind in *Synopsis 73* wiedergegeben.

Am Kniegelenk wird die Richtung der Resultierenden in der Frontalebene durch die **Mikulicz-Linie** wiedergegeben. Sie verbindet Hüftkopfzentrum mit der Fersenauftrittsfläche und verläuft in der Regel in der Mitte des Kniegelenkes. Beim Genu varum verlagert sich die Mikulicz-Linie zum medialen Gelenkspalt, dessen Strukturen daher einer erhöhten Beanspruchung unterliegen. Beim Genu valgum liegt die Mikulicz-Linie im Bereich des äußeren Gelenkspaltes oder außerhalb des Kniegelenkes. Die Größe der Beanspruchung an den Gelenkflächen ist proportional zur Abweichung von der Mittellinie *(Synopsis 74)*.

Synopsis 73: Biomechanik des Hüftgelenkes: maßgebend für die physiologische Belastung ist die Resultierende R aus den Kräften, die während des Gehens auf den Hüftkopf des belasteten Beines wirken. Die Größe der durch das Drehzentrum des Hüftkopfes verlaufenden Resultierenden wird von der Größe der Kraft der Hüftabspreizmuskulatur (pelvitrochantere Muskulatur) und vom Körpergewicht bestimmt. Die Richtung der Resultierenden ist durch eine Gerade gegeben, die das Drehzentrum des Hüftgelenkes mit dem Schnittpunkt der Wirkungslinien von Muskelkraft (M) und Körpergewicht (K) verbindet. Da der Hebelarm des Körpergewichtes etwa dreimal so lang ist wie der der Muskelkraft (M), muß die Muskelkraft für die Aufrechterhaltung des Gleichgewichtes im Hüftgelenk etwa dreimal so groß sein wie das Körpergewicht. Daraus ergibt sich, daß die Belastung des koxalen Femurendes viermal so groß ist wie das Körpergewicht (siehe Waagebalken). Die Belastung ist damit auch abhängig von der Steilheit des Schenkelhalses. Sie wird gemessen durch den CCD-Winkel (Centrum-Collum-Diaphysen-Winkel: Winkel zwischen Schenkelhals und Femurschaftachse, normal 120 °). Bei Vergrößerung des CCD-Winkels (Coxa valga) resultiert eine höhere Belastung, bei Verkleinerung (Coxa vara) eine geringere Belastung des koxalen Femurendes. Letzteres wird therapeutisch bei der Varisationsosteotomie *(Syn. 34, S. 77)* genutzt.

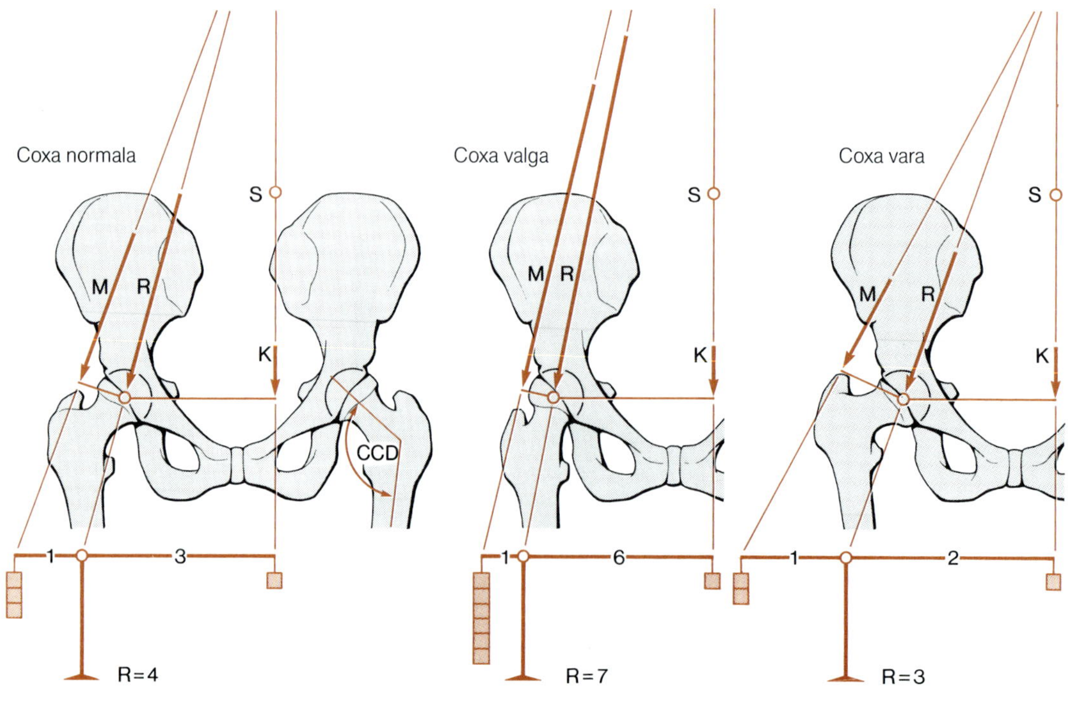

Die biomechanischen Erkenntnisse lassen sich für eine kausale Therapie von angeborenen oder erworbenen Deformitäten nutzen, die zu einer chronischen Überbeanspruchung von Gelenkstrukturen führen (präarthrotische Deformität, *S. 75*). Am kongruenten Hüftgelenk kann daher durch eine Osteotomie mit Verkleinerung des Schenkelhalsfemurschaftwinkels (Centrum-Collum-Diaphysenwinkel, CCD-Winkel) die Belastung des Hüftgelenkes verkleinert, durch eine Vergrößerung des CCD-Winkels die Belastung vergrößert werden. Für deformierte Gelenke mit Inkongruenzen der Gelenkkonturen hat jedoch auch die Größe der Kontakt- und Tragfläche des Gelenkes einen entscheidenden Einfluß auf die Beanspruchung des Gewebes und muß bei der Auswahl therapeutischer Verfahren berücksichtigt werden *(Abb. 36)*. Dies gilt auch für Osteotomien bei Achsfehlstellungen des Kniegelenkes, deren Ziel eine Einlenkung der Mikulicz-Traglinie zum Gelenkmittelpunkt ist.

Die biomechanischen Erkenntnisse lassen sich für eine kausale Therapie von angeborenen oder erworbenen Deformitäten nutzen, die zu einer chronischen Überbeanspruchung von Gelenkstrukturen führen (präarthrotische Deformität, *S. 75*). Durch Umstellungsosteotomien kann die Belastung eines Gelenkes verändert und so der Entwicklung von Arthrosen vorgebeugt werden (z.B. Osteotomien bei Achsfehlstellungen des Kniegelenkes).

Synopsis 74: Biomechanik des Kniegelenkes: maßgebend ist die Traglinie des Beines (TL, auch **Mikulicz-Linie),** die den Hüftkopf- mit dem Sprunggelenksmittelpunkt verbindet und normal auch durch die Mitte des Kniegelenkes verläuft. Die anatomische Femurachse (AF) steht in einer physiologischen Valgusstellung gegenüber der Vertikalen (V) bzw. mit einem Winkel von 81° gegenüber der Kniebasislinie (KBL). Bei der X-Stellung des Kniegelenkes **(Genu valgum)** verschiebt sich die Traglinie im Kniegelenk nach lateral, so daß vorwiegend die äußeren Gelenkflächen belastet werden. Umgekehrt bei der O-Stellung des Kniegelenkes **(Genu varum).**

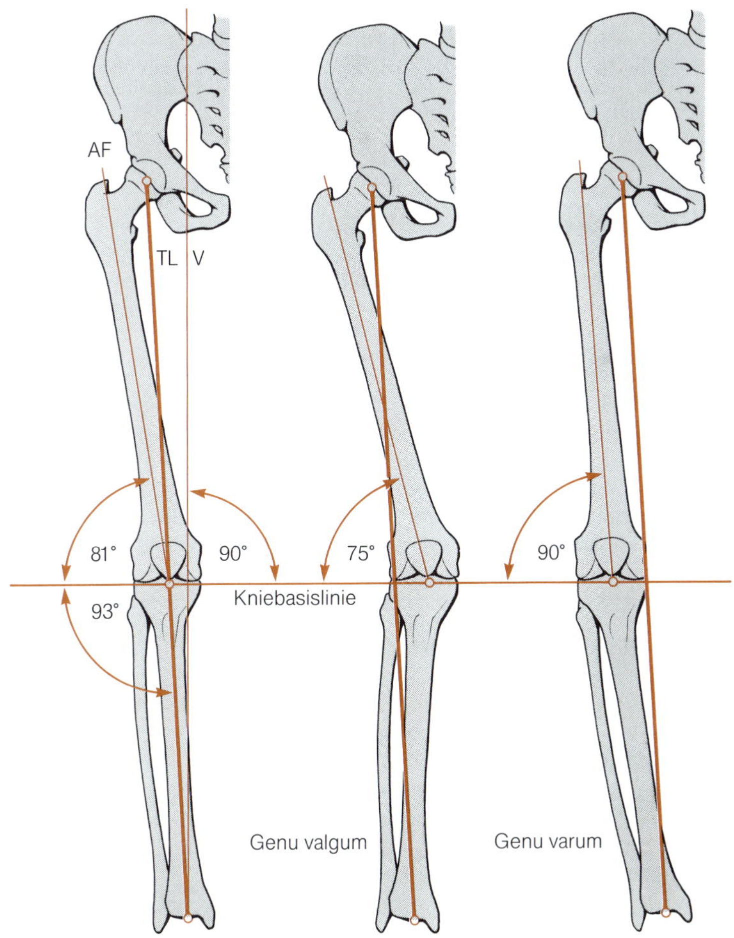

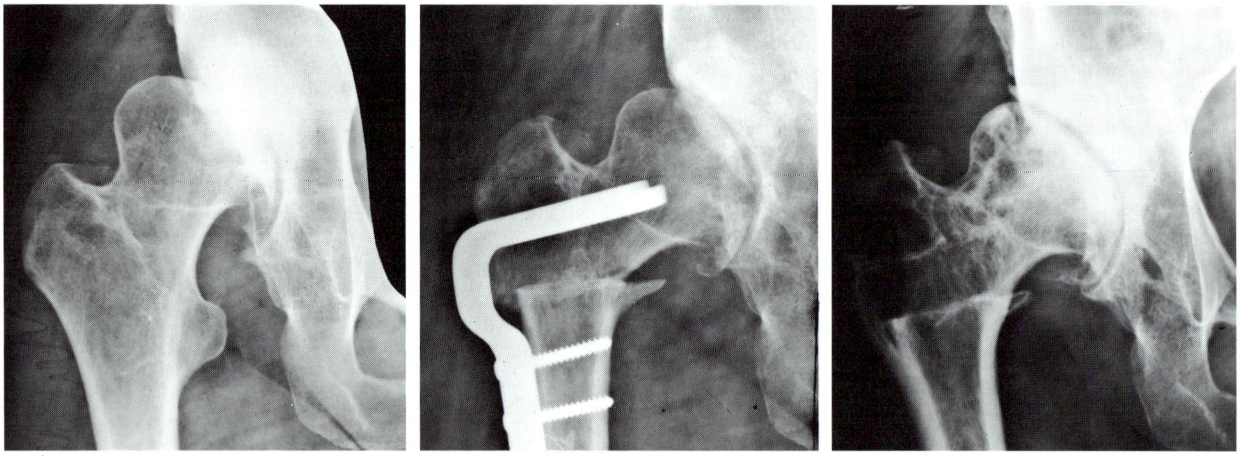

Abb. 36: Arthroseverlauf bei biomechanischer Ursache (kindliche Hüftdysplasie) und Therapie. *Siehe klinisches Beispiel.*

Klinisches Beispiel ▶

Klinisches Beispiel. 36jährige Frau mit hochgradiger und schmerzhafter Koxarthrose nach kindlicher Hüftdysplasie (Dysplasiekoxarthrose). Das Röntgenbild zeigt eine fortgeschrittene Destruktion des Hüftgelenkes mit Verformung der Gelenkkörper, nur noch fadenförmig einsehbarem Gelenkspalt, starker Sklerosierung im kraniolateralen Bereich der Hüftpfanne und beginnender Zystenbildung im Hüftkopf *(Abb. 36)*. Operative Behandlung durch intertrochantere Varisationsosteotomie *(S. 77)* nach biomechanischen Kriterien zur Reduktion der Belastung und Verbesserung der Kongruenz im Hüftgelenk. Gute Anpassung des Gelenkes mit ausreichender Tragfähigkeit bis zum 52. Lebensjahr. Die sonst erforderliche, frühzeitige Gelenkersatzoperation konnte damit um wesentliche Jahre aufgeschoben werden.

4.3 Degenerative Gelenkerkrankungen

4.3 Degenerative Gelenkerkrankungen

Synonyme. Arthrosis deformans, Osteoarthrose, degenerative Arthropathie, degenerativ rheumatische Gelenkerkrankungen, angloamerikanisch auch »Osteoarthritis, degenerative Arthritis«.

Definition ▶

Definition. Es handelt sich um eine Degeneration des Knorpelgewebes mit sekundärer Knochenläsion und entzündlich bedingter Schrumpfung der Gelenkkapsel. Die morphologischen Veränderungen gehen nicht immer mit einer entsprechenden klinischen Symptomatik einher. Im deutschen Sprachraum konzentriert sich der Blick auf das degenerative Geschehen (Arthrose), während im angloamerikanischen Sprachraum die klinische Symptomatik im Vordergrund steht (Osteoarthritis).

Epidemiologie
Die degenerativen Gelenkerkrankungen sind von großer sozialmedizinischer Bedeutung. **Jeder Mensch entwickelt Arthrosen – sofern er sie erlebt.** Um das 40. Lebensjahr sind bei der Hälfte einer Bevölkerung röntgenmorphologisch degenerative Gelenkveränderungen erkennbar.

Dabei werden **subjektive Beschwerden** jedoch im Durchschnitt nur bei etwa einem Viertel der Betroffenen angegeben. Die degenerativen Veränderungen der Wirbelsäule *(S. 328)* überwiegen diejenigen der Extremitätengelenke bei weitem. An nächster Stelle stehen Knie-, Schulter- und Hüftgelenk.

Epidemiologie. Die degenerativen Gelenkerkrankungen sind von großer sozialmedizinischer Bedeutung. Auf Grund ihrer Häufigkeit nehmen die Arthrosen und ihre Behandlung eine zentrale Stellung ein. **Jeder Mensch entwickelt Arthrosen – sofern er sie erlebt.** Mit Beginn der 3. Lebensdekade kommt es zu einer linearen Zunahme röntgenmorphologischer Veränderungen, die dem zunehmenden Alterungsprozeß des Binde- und Stützgewebes entsprechen. Um das 40. Lebensjahr sind bei der Hälfte einer Bevölkerung röntgenmorphologisch degenerative Gelenkveränderungen erkennbar. Im 65. Lebensjahr gibt es praktisch keinen Menschen mehr ohne sie.

Dabei werden subjektive Beschwerden jedoch im Durchschnitt nur bei etwa einem Viertel der Betroffenen angegeben. Die degenerativen Veränderungen der Wirbelsäule überwiegen diejenigen der Extremitätengelenke bei weitem. In einer orthopädischen Praxis wird bereits jeder zweite Patient, in einer Allgemeinpraxis jeder fünfte wegen degenerativer Wirbelsäulenerkrankungen behandelt. Die degenerativen Wirbelsäulenerkrankungen werden daher gesondert dargestellt *(S. 328)*. Unter den peripheren Gelenken steht die Erkrankungshäufigkeit des Kniegelenkes vor der des Schulter- und Hüftgelenkes.

Ätiologie. Die Arthrosis deformans entwickelt sich stets aus einem Mißverhältnis zwischen Belastung und Belastungsfähigkeit des Gelenkes. Bei den **primären Arthrosen** liegt eine Minderwertigkeit des Knorpelgewebes vor, deren Ursache im einzelnen nicht bekannt ist. **Sekundäre Arthrosen** können sich auf dem Boden von metabolischen Störungen, Fehlbelastungen, Traumen, Entzündungen oder auch altersabhängig entwickeln *(Tab. 19).* Aus therapeutischer Sicht ist wichtig, ob die Arthrose ausschließlich auf dem Boden einer nicht bekannten biologischen Minderwertigkeit des Gewebes entstanden ist oder ob zusätzlich oder allein mechanische Faktoren den Fortgang des arthrotischen Geschehens bestimmen. Die Gelenkmechanik nämlich kann durch verschiedene externe Hilfsmittel oder operative Maßnahmen günstig beeinflußt werden.

Ätiologie
Bei **primären Arthrosen** liegt eine unbekannte Minderwertigkeit des Knorpelgewebes vor, bei **sekundären Arthrosen** ist die Ursache der degenerativen Veränderungen bekannt *(Tab. 19).*

Tab. 19: Ätiologie der Arthrosen

primäre (idiopathische) Arthrosen	sekundäre Arthrosen
biologische Minderwertigkeit des Gewebes unbekannter Ursache	**Überlastung** - Gelenkdysplasien - Achsenfehler - Instabilitäten - erworbene Formstörungen der Gelenke (z.B. Morbus Perthes, Epiphyseolysis capitis femoris idiopathische Hüftkopfnekrosen u.a.) **Traumen** - Gelenkflächenfrakturen - Luxationen **entzündliche Gelenkprozesse** - bakterielle Arthritiden - chronische Polyarthritis **metabolische Erkrankungen** - Gicht - Chondrokalzinose - Ochronose (Ablagerung von Homogentisinsäure im Knorpel) **endokrine Erkrankungen** - Hyperparathyreoidismus - Hypothyreose

Pathogenese. Der Verlauf von degenerativen Gelenkerkrankungen ist langsam progredient. Am Anfang steht der Elastizitätsverlust des Gelenkknorpels. Erste röntgenmorphologische Veränderungen sind die **Höhenabnahme des Knorpelgewebes,** die Spaltbildung im Gelenkknorpel und die **subchondrale Sklerosierung** der Gelenkfläche. Durch den Knorpelschaden entstehen Schub- und Scherkräfte an den Gelenkflächenrändern, die zur Ausbildung wulstartiger Knochenvorsprünge führen **(Exophyten, Osteophyten)**. In diesem Stadium beginnt die Deformierung des Gelenkes (Arthrosis deformans).

Mit fortschreitendem Abrieb des Gelenkknorpels wird die kraftaufnehmende Fläche im Gelenk immer kleiner. Unter den maximal beanspruchten Gelenkflächenarealen bildet sich der Knochen zurück. Es entstehen zahlreiche kleine oder auch solitäre große **Zysten**. Reparative Vorgänge in Form der **Osteophytenbildung** und regressive Vorgänge in Form des Knochenabschliffes und der Zystenbildung können sich über viele Jahre lang die Waage halten, ohne daß sich eine auffällige klinische Symptomatik ergibt. Beschleunigt sich jedoch der sonst schleichende Verlauf der pathologisch-morphologischen Veränderungen, wird auch die Arthrose klinisch relevant. Dies kann durch einen vermehrten Anfall von Knorpelabriebprodukten mit reaktiver Entzündung der Gelenkinnenhaut **(aktivierte Arthrose)** oder aber auch durch begleitende subchondrale Knochennekrosen (Einbruch von Geröllzysten) der Fall sein. Die Pathogenese der degenerativen Veränderungen läuft an allen synovialen Gelenken prinzipiell

Pathogenese
Der Verlauf von degenerativen Gelenkerkrankungen ist langsam progredient. Die **Höhenabnahme des Knorpelgewebes, die Spaltbildung im Gelenkknorpel und subchondrale Sklerosierung** sind Frühveränderungen, später kommt es zur Ausbildung wulstartiger Knochenvorsprünge **(Exophyten, Osteophyten)**, zur **Zystenbildung** und zum **Knochenabschliff.**

Durch den vermehrten Anfall von Knorpelabriebprodukten kann der zunächst blande Verlauf der Arthrose klinisch relevant werden **(aktivierte Arthrose).**
(Hierbei kommt es zu Konglomeraten von frakturierten Trabekeln,

Nekrosen, und die Bildung freier Gelenkkörper ist häufig.) Die Pathogenese und Klinik der Arthrosis deformans sind am Beispiel des Hüftgelenkes in *Synopsis 75* dargestellt.

gleichartig ab. Auch die pathologisch-anatomischen Veränderungen an Synchondrosen, z.B. an den Bandscheiben der Wirbelsäule, zeigen keine grundsätzlichen Unterschiede. Die Pathogenese und Klinik der Arthrosis deformans sind am Beispiel des Hüftgelenkes in *Synopsis 75* dargestellt.

Klinik
Die Hauptsymptome der Arthrosis deformans sind:
- Schmerz
- Schwellung
- Muskelverspannung
- Bewegungseinschränkungen und
- zunehmende Deformität.

Der **Funktionsverlust** des Gelenkes ergibt sich aus den pathomorphologischen Veränderungen.
Die subjektiven Beschwerden gehen allerdings keineswegs mit dem röntgenologischen Bild parallel.

Klinik. Die Hauptsymptome der Arthrosis deformans sind:

- Schmerz
- Schwellung
- Muskelverspannung
- Bewegungseinschränkungen und
- zunehmende Deformität.

Der **Funktionsverlust** des Gelenkes und damit die objektivierbaren Befunde werden von den pathomorphologischen Veränderungen bestimmt.

> Die subjektiven Beschwerden gehen allerdings keineswegs mit dem röntgenologischen Bild parallel.

Zu **Beginn der Erkrankung** (Stadium I) stehen belastungsabhängige Schmerzen und Muskelverspannungen im Vordergrund.

Zu **Beginn der Erkrankung** (Stadium I) wird über belastungsabhängige Schmerzen geklagt, die vom Gelenkraum selbst oder auch von den periartikulären Weichteilen ausgehen können. Bei schmerzhaften Überbelastungen des Gelenkes entstehen reflektorisch Muskelverspannungen, die der Schonung der gefährdeten Gewebe dienen *(S. 22).* Da sich die Schmerzen aus dieser Muskulatur durchaus fern vom Gelenk abspielen können *(S. 23),* werden insbesondere degenerative Gelenkerkrankungen im Frühstadium häufig verkannt und als »rheumatische Beschwerden« eingestuft. Zu diesem Zeitpunkt kann die Schmerzhaftigkeit der überlasteten Strukturen häufig nur palpiert werden.

Im **zweiten Stadium** der Arthrose kommt es zum Bewegungsschmerz. Ein bei passiver Bewegung auftretender Schmerz deutet auf das Gelenk selbst hin **(Kapselmuster),** während der bei aktiver Bewegung auftretende Schmerz aus der Muskulatur und den Sehneninsertionen stammt **(Periarthrose,** *Tab. 20, S. 170).*

Im **zweiten Stadium** der Arthrose sind die Gelenk- und Weichteilstrukturen allgemein bereits bei Bewegung schmerzhaft. Ein bei passiver Bewegung auftretender Schmerz deutet auf einen Kapselschmerz **(Kapselmuster)** und damit auf intraartikuläre Läsionen hin. Ein bei aktiver Bewegung auftretender Schmerz stammt aus der Muskulatur und den Sehneninsertionen. Er ist Ausdruck der sich bei dem zugrundeliegenden Prozeß entwickelnden Muskelverspannungen, Muskelhärten und schließlich Kontrakturen **(Periarthrose,** *Tab. 20, S. 170).* In diesem Stadium der Arthrose nimmt die Schmerzhaftigkeit der Gelenke bei Gebrauch ab. An den unteren Extremitäten ist ein Einlaufschmerz typisch, der sich nach kurzer Wegstrecke zurückbildet.

Im **dritten Stadium** der Arthrose ist der Ruheschmerz typisch.

Der das **dritte Stadium** der Arthrose kennzeichnende Ruheschmerz wird sowohl auf eine Entzündung der das Gelenk umkleidenden Weichteile als auch auf eine venöse Hypertonie im Bereich der Gelenkknochen durch Knochenmarkfibrose zurückgeführt.

Die Bewegungseinschränkungen der Gelenke ergeben sich aus den Verkürzungen der Weichteile und den Deformierungen der Gelenkkörper selbst. Die Klinik der Arthrose geht aus *Syn. 75,* die Differentialdiagnose der Gelenkschwellung aus *Tab. 20 (S. 170)* hervor.

Die Bewegungseinschränkungen der Gelenke werden sowohl von den zunächst sich entwickelnden reflektorischen, funktionellen Kontrakturen als auch von den bleibenden Verkürzungen der Weichteile (strukturelle Kontrakturen) bestimmt. Schließlich wird der Bewegungsumfang des Gelenkes auch von der zunehmenden Deformität der Gelenkkörper selbst wesentlich beeinflußt. Die Differentialdiagnose der Hauptsymptome Schmerz, Schwellung und Bewegungseinschränkung geht aus *Tab. 20 (S. 170),* die der Klinik der Arthrose aus *Syn. 75* hervor.

Die Deformierung der Gelenkkörper kann zu **Achsenfehlstellungen** und **Instabilität des Gelenkes** mit begleitender Muskelatrophie führen.

Auf dem Boden der Deformität entwickeln sich insbesondere an den Gelenken der unteren Extremitäten **Achsenfehlstellungen**, die die Gebrauchsfähigkeit der Extremität zusätzlich behindern und zur frühzeitigen Invalidität führen können. Parallel zur Gebrauchsminderung des betroffenen Gelenkes kommt es zu einer **Muskelatrophie**, die die Belastungsfähigkeit des betroffenen Gelenkes weiter einschränkt. Im Zusammenhang mit dem eingetretenen Knorpelverlust kann eine erhebliche **Instabilität des Gelenkes** mit nachfolgender Bandlockerung entstehen (Schlottergelenke).

Bei symmetrischem **Befallsmuster** sind primäre Arthrosen wahrscheinlich. Für die Heberden- (Fingerendgelenke) und die Bouchard-Arthrosen (Fingermittelgelenke) ist eine genetische Disposition bekannt.

Das **Befallmuster** degenerativer Gelenkerkrankungen gibt einen Hinweis auf die Ätiologie. Bei symmetrischem Befall sind primäre Arthrosen wahrscheinlich. Bei dem Befall der Fingerendgelenke (Heberden-Arthrose) und der Fingermittelgelenke (Bouchard-Arthrose) ist eine genetische Disposition bekannt *(S. 388).*

Synopsis 75: Pathogenese, Röntgenmorphologie und Klinik der Arthrosis deformans am Beispiel des Hüftgelenkes

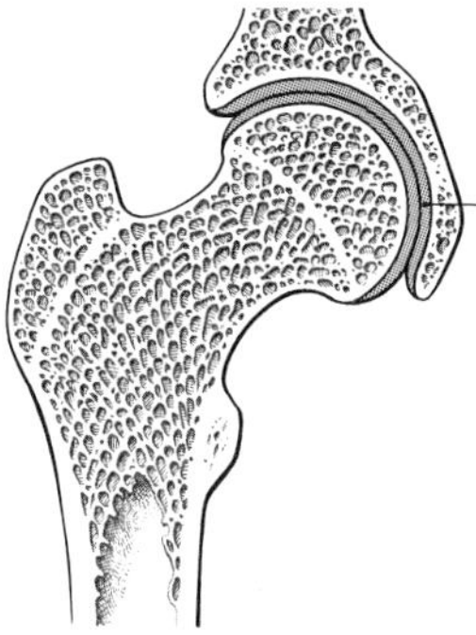

a

Stadium I

Knorpel verschmälert

Klinik:
Belastungsschmerz
Muskelverspannungen

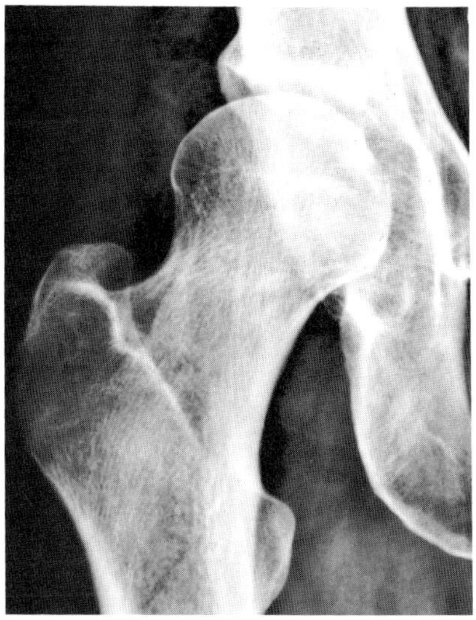

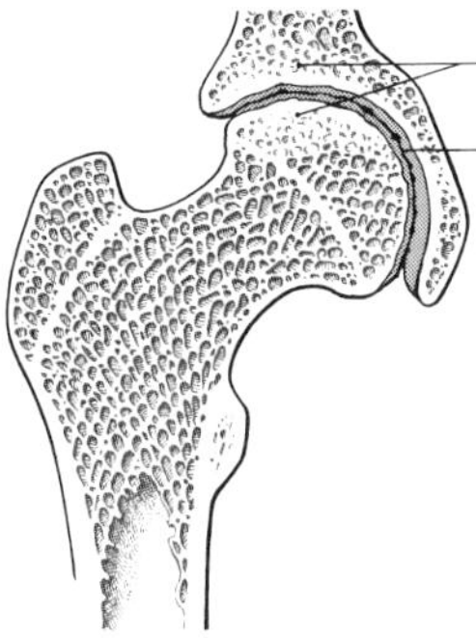

b

Stadium II

subchondrale Sklerose

Knorpelusurierung

Klinik:
Bewegungsschmerz
Kontrakturen

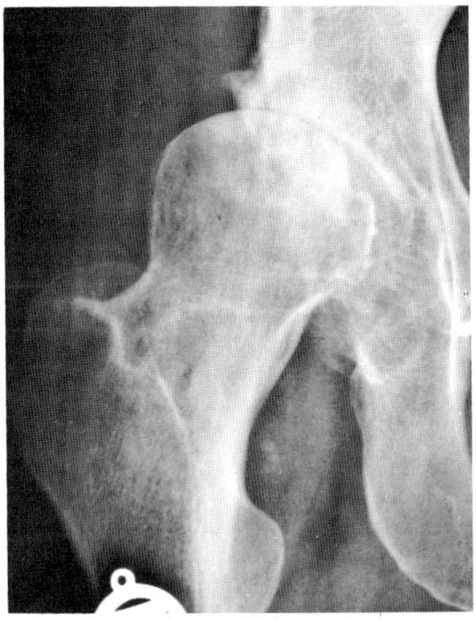

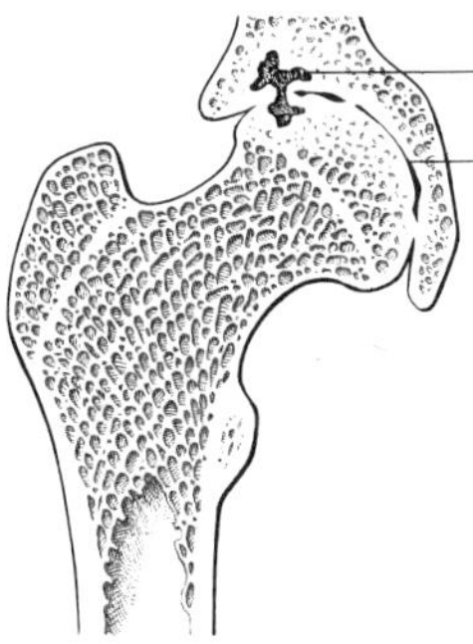

c

Stadium III

Zystenbildung

Knorpelaufbrauch,
Knochenanschliff

Klinik:
Ruheschmerz
zunehmende Gelenkeinsteifung

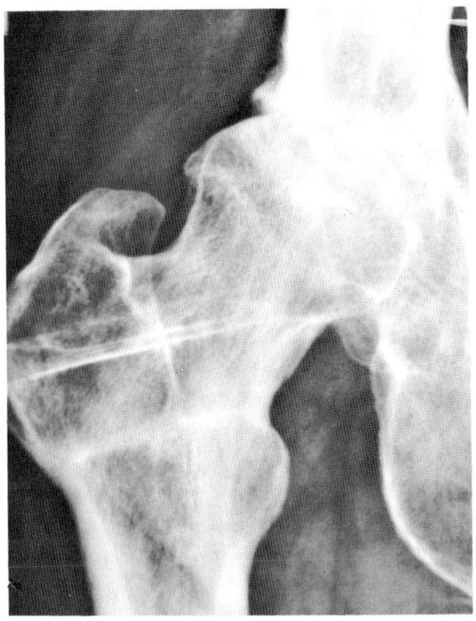

Tab. 20: Differentialdiagnose und Pathogenese der Hauptsymptome Schmerz, Schwellung und Bewegungseinschränkung bei der Arthrosis deformans und aktivierten Arthrose

<table>
<tr><th colspan="6">Arthrosis deformans</th></tr>
<tr><th colspan="4">Schmerz</th><th colspan="2">Bewegungseinschränkung</th></tr>
<tr><td colspan="2">vom Gelenkraum</td><td colspan="2">periartikulär</td><td>intraartikulär</td><td>extraartikulär</td></tr>
<tr><td>Kapsel
▼
Entzündung</td><td>Knochen
▼
Ischämie venöse Abfluß-störung</td><td>Bänder Sehnen
▼
Tendopathie</td><td>Muskel
▼
Hypertonus</td><td>Kapsel
▼
chronisch entzündlich</td><td>Muskulatur
▼
Hypertonus Ischämie</td></tr>
<tr><td colspan="4">Arthrose
Arthritis</td><td colspan="2">Periarthrose
Periarthritis</td></tr>
</table>

<table>
<tr><th colspan="6">Schwellung</th></tr>
<tr><th colspan="3">Erguß</th><th colspan="2">Kapselschwellung</th><th>chronisch deformierte Veränderung</th></tr>
<tr><td>blutig
▼
Trauma</td><td>serös
▼
Trauma, entzündlicher Reizzustand</td><td>fibrinös-eitrig
▼
bakterielle Infektion, rheumatoide Arthritis</td><td>derb
▼
Kapselnarbe</td><td>weich
▼
akut entzündlich</td><td>▼
Osteophyten, Fehlstellung</td></tr>
<tr><td colspan="2">Trauma, Arthrose, aktivierte Arthrose</td><td>(bakterielle, rheumatoide) Arthritis</td><td></td><td></td><td></td></tr>
</table>

Diagnose
Im Frühstadium ergibt sich die Diagnose aus Anamnese und Untersuchungsbefund, später aus den röntgenologischen Veränderungen. **Typisch ist beispielsweise der Anlaufschmerz nach längerem Sitzen und Liegen.** (Vergleiche erneut *Synopsis 75, S. 169).*
Die **Labordiagnostik** ist unauffällig. Das **Röntgenbild** ist immer nur im Zusammenhang mit der klinischen Untersuchung von Bedeutung.

Diagnose. Die Diagnose wird im Frühstadium aus der Anamnese und dem Untersuchungsbefund des Gelenkes gestellt. Typisch ist beispielsweise die Angabe eines Anlaufschmerzes nach längerem Sitzen und Liegen, der beim Gehen besser wird. Bei aktivierter Arthrose kann an den gut zugänglichen Gelenken eine **Ergußbildung** festgestellt werden. Im weiteren Verlauf zeigt das Röntgenbild typische Veränderungen, die sich in ihrer Ausgestaltung in Abhängigkeit von der Art der Arthrose unterscheiden können (vergleiche erneut *Synopsis 75, S. 169).*

Die **Labordiagnostik** weist bei der Arthrose keine richtungweisenden Veränderungen auf. Das **Röntgenbild** ist immer nur im Zusammenhang mit der klinischen Untersuchung von Bedeutung, da objektiver Befund und subjektive Beschwerden weit differieren können. Es dient zur Einschätzung der Prognose und ist vor allem bei der Indikation zu operativen Maßnahmen von Interesse.

Differentialdiagnostisch kann vor allem die Zuordnung der Schmerzzustände Probleme bereiten.

Differentialdiagnostisch sind bei den degenerativen Erkrankungen an der Wirbelsäule vor allem die Osteoporose und **Wirbelsäulenmetastasen** auszuschließen *(S. 224).* Bei Befall der peripheren Gelenke ist dagegen häufiger unklar, welches Gelenk für die häufig diffuse Schmerzsymptomatik verantwortlich ist. So wird unter Umständen über einen Beckenbeinschmerz geklagt, der sich sowohl auf degenerative Veränderungen der Wirbelsäule als auch des Hüft- oder Kniegelenkes beziehen kann.

Therapie
Die Prävention degenerativer Gelenkerkrankungen ist von beson-

Therapie. Die Prävention der degenerativen Gelenkerkrankungen spielt eine zunehmende Rolle. Bewegungsarmut und Adipositas sind zwei wesentliche Förderer degenerativer Gelenkerkrankungen und bei den vorbeugenden Maßnahmen zu berücksichtigen. Wichtig ist die frühe Erkennung von angeborenen oder erworbenen Formstörungen der Gelenke – **präarthrotische Deformitäten** –, die die Gelenkmechanik nachteilig beeinflussen. Beispiele sind Achsenfehlstellungen und Gelenkinkongruenzen. Sie stellen die einzige Gruppe der Arthrosen dar, die meistens durch operative Maßnahmen kausal angegangen werden können *(S. 75)*.

derer Bedeutung. **Präarthrotische Deformitäten** (z.B. Achsfehlstellungen oder Gelenkinkongruenzen) können als einzige Gruppe der Arthrosen kausal behandelt werden.

Im übrigen ist die **Behandlung** der degenerativen Gelenkerkrankungen **symptomatisch.** Sie orientiert sich an den Hauptsymptomen der Arthrose Schmerz, Schwellung, Bewegungseinschränkung. Hierfür ist eine exakte Bestimmung von Art und Ort der ablaufenden degenerativen Veränderungen erforderlich. Anschließend kann ein **Behandlungsprogramm** aufgestellt werden, das Ruhigstellung, physikalische und krankengymnastische Behandlung, orthetische Versorgung, nichtsteroidale und steroidale antiphlogistische Behandlung und unter Umständen auch operative Maßnahmen einschließt.

Im übrigen ist die **Behandlung** der Arthrosen **symptomatisch** und orientiert sich an den Hauptsymptomen Schmerz, Schwellung und Bewegungseinschränkung.

Im **Frühstadium der Erkrankung** lassen sich die Schmerzen durch eine physikalische und funktionelle Therapie angehen. Bei chronischen Schmerzzuständen sind Wärmebehandlungen, im Zustand der aktivierten Arthrose dagegen Kältebehandlungen angezeigt *(S. 68)*. Die reflektorischen Muskelverspannungen können sowohl durch Massagen als auch durch diadynamische und Interferenzströme behandelt werden. Bei **stärkeren Schmerzzuständen** ist eine analgetisch/antiphlogistische Behandlung sinnvoll. Wegen begleitender, entzündlicher Reaktionen werden in der Regel nichtsteroidale Antiphlogistika bevorzugt. Im Zustand einer sonst therapierefraktären, aktivierten Arthrose ist auch die intraartikuläre Injektion von Kortikosteroiden möglich *(S. 73)*. Die Effizienz einer intraartikulären Behandlung mit Chondroprotektiva ist umstritten. Bei ausgeprägten Muskelverspannungen, besonders an der Wirbelsäule, können vor allem Muskelrelaxanzien zur Anwendung kommen.

Im **Frühstadium** der Erkrankung kommen vor allem krankengymnastische und physikalische Maßnahmen in Frage. Bei **stärkeren Schmerzzuständen** ist eine analgetisch/antiphlogistische Behandlung sinnvoll.

Insbesondere bei den degenerativen Gelenkerkrankungen der unteren Extremität sind **orthetische Versorgungen** hilfreich. Schmerzhafte Arthrosen im Bereich der Fußwurzel können durch Einlagen entlastet werden. Orthopädische Schuhzurichtungen, wie z.B. die Sohlenrolle, können schmerzhafte Arthrosen im Bereich des Fußes und der Sprunggelenke entlasten. Der Pufferabsatz dient der Milderung axialer Stöße für arthrotische Prozesse im Bereich der gesamten unteren Extremität *(S. 59)*. Mit Knieführungsschienen lassen sich schmerzhafte Arthrosen am Kniegelenk stabilisieren. Einzelheiten der konservativen Therapie sind im Kapitel »Orthopädische Therapie« nachzulesen.

Insbesondere bei den degenerativen Gelenkerkrankungen der unteren Extremität sind auch **orthetische Versorgungen** hilfreich (Einlagen, Schuhzurichtungen, Pufferabsatz, Führungsschienen).

Die **operative Behandlung** der Arthrose umfaßt Eingriffe zur Verbesserung der Gelenkmechanik und solche zur Verbesserung der Gelenkbiologie *(Tab. 21)*. Die Indikation für Eingriffe zur **Verbesserung der Gelenkmechanik** ergibt sich aus der sorgfältigen Analyse der biomechanischen Störung des Gelenkes anhand des klinischen und röntgenologischen Befundes. Durch gelenknahe Osteotomien kann vielfach die Kongruenz des Gelenkes verbessert und damit die Gelenkbelastung auf Dauer gemindert werden (Umstellungsosteotomien, *Syn. 34, S. 77* u. *Abb. 36, S. 166*). Ein sinnvoller Ansatz für derartige Osteotomien ergibt sich jedoch auch dann, wenn sich das Gelenk in einer durch die Kontraktur entstandenen Zwangsstellung befindet und durch die Umstellung in eine mittlere Bewegungsebene eingestellt werden kann.

Die **operative Behandlung** der Arthrose umfaßt Eingriffe zur Verbesserung der Gelenkmechanik bzw. der Gelenkbiologie *(Tab. 21)*. Operative Maßnahmen zur **Verbesserung der Gelenkmechanik** setzen eine sorgfältige Analyse der biomechanischen Störung des Gelenkes voraus *(Abb. 36, S. 166)*.

Tab. 21: Operative Behandlung der Arthrosis deformans
Eingriffe zur Verbesserung der **Gelenkmechanik** – Besserung der Gelenkkongruenz – Minderung der Gelenkbelastung *(Syn. 72, S. 163)*
Eingriffe zur Verbesserung der **Gelenkbiologie** – Besserung der Gelenkdurchblutung (Knochenanbohrungen) – Besserung der Gelenktrophik (Synovialektomie) – Besserung der Gleitfähigkeit (Pridiebohrungen) – Reduzierung der Schmerzhaftigkeit (Denervierung)
Gelenkplastik **Gelenkversteifung** **Gelenkersatz**

Operative Maßnahmen zur **Verbesserung der Gelenkbiologie** werden eingesetzt, um die Gelenkdurchblutung zu bessern, den Fortgang enzymatischer Destruktionen durch Entfernung der Gelenkinnenhaut zu unterbrechen und die Schmerzhaftigkeit von Arthrosen zu beseitigen. Die Einzelheiten operativer Maßnahmen gehen aus *Tab. 21 (S. 171)* hervor.

Je nach Lokalisation der Arthrose sind verschiedene Verfahren zur **Verbesserung der Gelenkbiologie** beschrieben worden. Zur Besserung der Gelenkdurchblutung sind **Anbohrung** und **Reizosteotomien** möglich. Sie können zu einer prompten Schmerzbefreiung führen, da die intraossäre, venöse Hypertonie eine wesentliche Ursache der Schmerzhaftigkeit im Spätstadium der Arthrose ist. Durch eine Entfernung der Gelenkinnenhaut **(Synovialektomie)** kann bei stark entzündlichen aktivierten Arthrosen die Schmerzhaftigkeit der Veränderungen unterbrochen und einem Fortgang der durch die ständige enzymatische Destruktion bewirkten Knorpelzerstörung entgegengewirkt werden. Da beim Erwachsenen der Knorpel nicht mehr teilungsfähig ist, wird bei ausgeprägten Knorpeldefekten die Gelenkfläche aufgebohrt und die Bildung eines Ersatzgewebes aus Faserknorpel angeregt **(Pridie-Bohrung).** Die Schmerzhaftigkeit von Arthrosen kann an verschiedenen Gelenken (vor allem Hand- und Ellenbogengelenk) auch durch **Denervierungsoperationen** wirksam angegangen werden.

Gelenkplastiken (Interposition körpereigenen Gewebes) sind nur noch vereinzelt von Bedeutung.

Bei **Gelenkplastiken** wird durch verschiedene Operationstechniken körpereigenes Gewebe als Interpositum für destruierte Gelenkflächen verwendet. Von Bedeutung sind praktisch nur noch die Gelenkplastiken der Hüfte, bei denen durch Beckenosteotomien die Hüftpfanne vertieft werden kann (Chiari-Osteotomie, *S. 428)*.

Gelenkversteifende Maßnahmen sind vor allem im Bereich des Fußes, des Sprunggelenkes, der oberen Extremitätengelenke und der Wirbelsäule indiziert.

Gelenkversteifende Maßnahmen sind an Hüft- und Kniegelenk *(S. 77)* durch den Erfolg der Endoprothetik weitgehend in den Hintergrund getreten. Bei schmerzhaften Arthrosen im Bereich des Fußes, des Sprunggelenkes, der Hand-, des Ellenbogen- und Schultergelenkes und vor allem auch der Wirbelsäule sind sie jedoch nach wie vor von wesentlicher Bedeutung.

Der **Gelenkersatz** hat sich vor allem am Hüft- und Kniegelenk bewährt *(S. 81)*.

Der **Gelenkersatz** hat sich vor allem am Hüft- und Kniegelenk durchgesetzt *(S. 81)*. In der Regel wird die Indikation zum künstlichen Gelenkersatz oberhalb des 60. Lebensjahres und bei weit fortgeschrittenen Arthrosen gestellt, da die Haltbarkeit von Gelenkprothesen limitiert ist und mit einer Lockerung gerechnet werden muß.

4.4 Neurogene Gelenkerkrankungen

Charakteristikum neurogener Arthropathien sind die grotesken Destruktionen des Gelenkes, die in einer auffallenden Diskrepanz zum klinischen und Schmerzbefund stehen. Ursächlich führt die fehlende Innervation zu direkten trophischen Störungen und über den Ausfall der Tiefensensibilität zu multiplen Mikrotraumen. Prototyp dieser Gruppe von Gelenkerkrankungen ist die tabische Arthropathie *(Abb. 37)*. Sie treten auch bei Syringomyelie und diabetischer Neuropathie auf.

4.4 Neurogene Gelenkerkrankungen

Charakteristikum neurogener Arthropathien sind die grotesken Destruktionen des Gelenkes, die in einer auffallenden Diskrepanz zum klinischen und insbesondere Schmerzbefund stehen. Prototyp dieser Gruppe von Gelenkerkrankungen ist die tabische Arthropathie (metaluische Späterkrankung) *(Abb. 37)*. Neu-

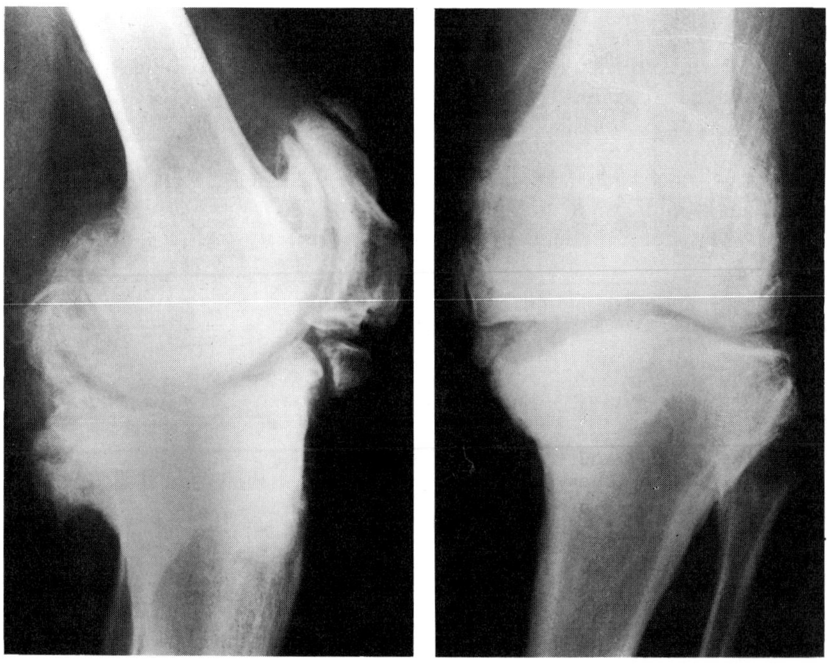

Abb. 37: Neurogene (tabische) Arthrose mit schwersten Deformierungen.

rogene Arthropathien treten jedoch auch bei der Syringomyelie und als Spätfolge der diabetischen Neuropathie auf. Ursächlich werden direkte trophische Schädigungen des Gelenkes durch Nervenausfall, aber auch durch die chronische Traumatisierung des Gelenkes infolge der fehlenden Tiefensensibilität angeschuldigt. Das Röntgenbild zeigt ausgeprägteste Deformierungen des Gelenkes mit zum Teil voluminösen osteophytären Wucherungen an den Gelenkrändern oder ausgeprägten Destruktionen durch fortschreitende Osteolyse (insbesondere bei der diabetischen Arthropathie, *S. 501)*. Die Therapie ist symptomatisch. Je nach Gelenkbefall sind orthetische Hilfsmittel oder versteifende Operationen angezeigt. Bei fehlender Tiefensensibilität ist von einem Gelenkersatz abzusehen.

4.5 Entzündlich-rheumatische Gelenkerkrankungen

4.5 Entzündlich-rheumatische Gelenkerkrankungen

◀ Begriffsdefinition

»Rheuma« ist ein verwirrender Sammelbegriff für zahlreiche Erkrankungen der Stütz- und Bewegungsorgane, die durch ihren fließenden Schmerzcharakter gekennzeichnet sind (griech. rhein=fließen). Hinter dem Begriff Rheuma verbergen sich etwa 100 Krankheiten mit unterschiedlicher Ursache und Pathogenese, mit verschiedener Lokalisation und Ausprägung der Erkrankung sowie mit differenter Prognose. Es lassen sich daher ca. 300 bis 400 rheumatologische Krankheitsbilder voneinander abgrenzen.

Klassifikation. Nach Art und Lokalisation der Erkrankung werden unterschieden:

- **Entzündlich-rheumatische Gelenkerkrankungen,** die bevorzugt mit Befall eines Gelenkes (monartikulär), weniger Gelenke (oligartikulär) oder zahlreicher Gelenke (polyartikulär) auftreten können.
- **Degenerativ-rheumatische Gelenkerkrankungen:** In dieser Gruppe werden die Arthrosen *(S. 166)* zusammengefaßt, die sowohl ätiologisch als auch pathogenetisch in keinem Zusammenhang mit den primär entzündlichen Erkrankungen entstehen.
- **Rheumatische Weichteilerkrankungen:** Diese Gruppe besteht aus verschiedenartigen entzündlichen und degenerativen Erkrankungen an Muskeln, Sehnen, Sehnenscheiden und Bändern, die im *Kapitel 5* abgehandelt werden *(S. 190)*.

Klassifikation
Nach Art und Lokalisation der Erkrankung werden unterschieden:
- **Entzündlich-rheumatische Gelenkerkrankungen** mit Befall eines Gelenkes (monartikulär), weniger Gelenke (oligartikulär), vieler Gelenke (polyartikulär)
- **Degenerativ-rheumatische Gelenkerkrankungen**
- **Rheumatische Weichteilerkrankungen**

Ätiologie und Pathogenese. Die Ätiologie entzündlich-rheumatischer Erkrankungen ist vielfach unbekannt. Bei einer großen Anzahl von Erkrankungen liegt eine genetische Disposition vor, die sich durch die Bindung an ein Antigen des HLA-Systems *(s. S. 176)* nachweisen läßt. Als Starter der rheumatischen HLA-B 27-assoziierten Arthritiden sind bakterielle Infektionen mit Yersinien, Campylobacter und Chlamydien erkannt worden. Weitere bakterielle Erreger und Viren sind Borrelieninfektionen als Ursache der Lyme-Arthritis, Coxsackie-B-Viren als Ursache von Polymyositiden und Parvo-Viren als Auslöser von Polyarthritiden. In Abhängigkeit vom Erregernachweis werden **postinfektiöse, reaktive** und **entzündliche rheumatische Erkrankungen im engeren Sinne** unterschieden *(Tab. 22)*. Der Zusammenhang zwischen verschiedenen Krankheitserregern und dem vorliegenden rheumatischen Krankheitsbild ist dennoch häufig nicht mit Sicherheit herzustellen, da eine bestimmte rheumatische Erkrankung durch eine Vielzahl verschiedener Erreger ausgelöst werden kann (Reiter-Syndrom durch Yersinien, Campylobakter, Salmonellen etc.) und andererseits ein Erreger zu verschiedensten rheumatischen Erkrankungen führt (Salmonellen-Erkrankung zu septischen Arthritiden, Osteomyelitiden, zu reaktiven Arthritiden und zum Reiter-Syndrom). Rheumatisch entzündliche Veränderungen können jedoch auch an anderen Organen auftreten (Herz, Lunge, Leber, Niere, Nerven, Muskel, Haut), denn diese Erkrankungen sind infolge der ablaufenden immunologischen Prozesse stets Allgemeinerkrankungen. Der Gelenkbefall bei entzündlich-rheumatischen Erkrankungen unterscheidet sich von dem degenerativer Krankheiten durch die ausgeprägte entzündliche Veränderung der Membrana synovialis.

Ätiologie und Pathogenese
Bei der Mehrzahl entzündlich-rheumatischer Erkrankungen liegt eine genetische Disposition vor, die sich durch die Bindung an das HLA-System nachweisen läßt *(s. S. 176)*. Gestartet wird die Erkrankung durch mikrobielle Erreger oder Substanzen, die zu einer immunologischen Antwort des Körpers führen, die sich dann bevorzugt an der Synovialmembran niederschlägt. In Abhängigkeit vom Erregernachweis werden **postinfektiöse, reaktive** und **entzündlich-rheumatische Erkrankungen im engeren Sinne** unterschieden *(Tab. 22)*. Manifestation dieser immunologischen Vorgänge an anderen Organen sind häufig. Bei entzündlich-rheumatischen Erkrankungen steht die ausgeprägte entzündliche Infiltration der Membrana synovialis im Vordergrund.

Tab. 22: Ätiologie entzündlich-rheumatischer Erkrankungen

Ätiologie	Erreger	Erreger am Ort der Entzündung	Erreger-Antigen	Beispiel
postinfektiös	+	(+)	+	Postmeningokokken-Arthritis, Hepatitis B, Röteln-Arthritis
reaktiv	+	–	–	rheumatisches Fieber, Chlamydien-Arthritis, Reiter-Syndrom
entzündlich	?	?	?	chronische Polyarthritis, systemischer Lupus erythematodes

Im **Frühzustand (Stadium 1)** führt die Veränderung zu rezidivierenden schmerzhaften Gelenkergußbildungen bei weitgehend unauffälligem Röntgenbild. Später wird der Knorpel von **Pannusgewebe** *(s. Abb. 135, S. 452)* überwachsen **(Stadium 2).** Die aggressiven Granulationen überdehnen die Kapsel, was zu Instabilitäten führt **(Schlottergelenk).** Der Knochen wird unterminiert **(Stadium 3)** und damit das gesamte Gelenk destruiert **(Stadium 4).**

Charakteristisch für entzündlich-destruierende Prozesse ist der Ruheschmerz.

Der Verlauf entzündlich rheumatischer Erkrankungen ist in *Synopsis 76* wiedergegeben.

Im **Frühzustand (Stadium 1)** führt diese entzündliche Veränderung zu rezidivierenden, schmerzhaften Gelenkergußbildungen. Das Röntgenbild ist zu diesem Zeitpunkt wenig richtungweisend. Mit zunehmenden Veränderungen kommt es dann zu einer typischen gelenknahen Osteoporose. Die entzündliche Membrana synovialis greift auf das Knorpelgewebe über, das durch die aufliegende Gewebsschicht **(Pannus,** *s. Abb. 135, S. 452)* infiltrativ durchwachsen wird **(Stadium 2)**. Die aggressiven Granulationen überdehnen die Kapsel, was zu Instabilitäten führt **(Schlottergelenk).** Im fortgeschrittenen Zustand wird auch der Knochen von den Gelenkrändern her unterminiert **(Stadium 3)** und damit die Zerstörung des gesamten Gelenkes **(Stadium 4)** eingeleitet.

Charakteristisch für chronisch-entzündliche Prozesse ist der Ruheschmerz.

Das Stadium 3 ist durch starke Funktionsbehinderungen gekennzeichnet. Im 4. Stadium verschwinden die entzündlichen Zeichen. Das Gelenk ist hochgradig deformiert, evtl. subluxiert und fibrös oder knöchern eingesteift. Dieses Stadium wird auch als ausgebranntes Stadium rheumatischer Gelenkerkrankungen bezeichnet. Der Verlauf entzündlich-rheumatischer Erkrankungen ist in *Synopsis 76* wiedergegeben.

Synopsis 76: Verlauf entzündlich-rheumatischer Erkrankungen

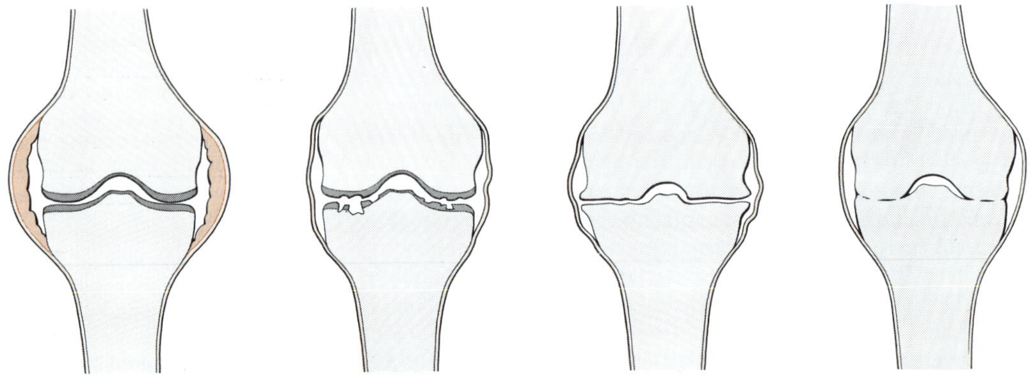

Stadium 1
Proliferative Phase
Entzündliche Proliferation der Synovalis, Tenosynovitis, Bursitis, bindegewebige Überwachsung der Gelenkflächen

Stadium 2
Destruktive Phase
Zerstörung von Knorpel und Knochen: Kapsel- und Bandüberdehnungen, Deformierungen

Stadium 3
Degenerative Phase,
Sekundär-Arthrose, Instabilität der Gelenke, Randwülste, Osteophyten

Stadium 4
Ausgebrannte Phase
Stillstand des Prozesses; keine entzündlichen Schübe mehr zu erwarten, Arthrose schreitet fort, Gelenkversteifung

4.5.1 Chronische Polyarthritis

Synonym. rheumatoide Arthritis, c.P.

Definition. Bei der chronischen Polyarthritis handelt es sich um eine systemische Erkrankung, die durch die Merkmale polyartikulärer Befall, symmetrische Verteilung und Chronizität gekennzeichnet ist.

Epidemiologie. Die Morbidität im mitteleuropäischen Raum beträgt 1%. Frauen sind etwa dreimal häufiger betroffen als Männer.

Klinik. Die Erkrankung entwickelt sich in den meisten Fällen langsam. Erster Manifestationsort sind die Hände, wo es zu **symmetrischen Schwellungen** an den Metakarpophalangeal- und Interphalangealgelenken (Fingergrund- und -mittelgelenke) kommt. Diese können für den Erkrankten zunächst unbemerkt bleiben, rufen für ihn jedoch eine typische **Morgensteifigkeit** hervor, die sich nach Gebrauch der Hände wieder zurückbildet. Bei der klinischen Untersuchung sind beim Faustschluß jedoch deutlich die verstrichenen Konturen der Interdigitalräume erkennbar. Darüber hinaus liegen häufig begleitend **Tendovaginitiden** im Bereich des Handgelenkes dorsal oder ventral vor. Diese können zu einem **Karpaltunnelsyndrom** führen. Auch die Füße sind im Frühstadium befallen. Hier kommt es zu charakteristischen Schmerzen unter den Metatarsalköpfchen.

Die Erkrankung kann jedoch insbesondere bei jüngeren Menschen auch akut beginnen. Dann manifestiert sie sich in den meisten Fällen als **Monarthritis im Bereich großer Gelenke.** Am häufigsten werden Kniegelenke, Ellenbogen- und Schultergelenke befallen. Der Befall der Wirbelsäule und insbesondere der Halswirbelsäule im kraniozervikalen Übergang wird häufig übersehen. **Zu achten ist auf die entzündliche Destruktion zwischen 1. und 2. Halswirbelkörper, die zu gefährlichen Instabilitäten führt.** Praktisch können alle Gelenke vom Krankheitsprozeß erfaßt werden. Der extraartikuläre Befall wird durch Tendovaginitiden mit Durchdringung der Sehnen durch entzündliches Gewebe und mit nachfolgenden Spontanrupturen, durch Bursitiden und Rheumaknoten erkennbar.

Die wichtigsten **in die Allgemeinerkrankung einbezogenen Organe sind** das Herz (Perikarditis), die Lunge (Pleuritis, interstitielle Fibrose), das Retikuloendothelial-System (Lymphknotenschwellung, Hepatosplenomegalie: Felty-Syndrom), Gefäße (Vaskulitis), Knochenmark (Anämie) und die Augen (Skleromalazie). Befallmuster und Klinik der chronischen Polyarthritis sind in *Synopsis 77* **dargestellt.**

Diagnose. Im fortgeschrittenen Stadium bereitet die Diagnose einer chronischen Polyarthritis keine Probleme. Im Frühstadium ergibt sie sich aus **Anamnese, Gelenkstatus, Labor-** und **Röntgenbefund.** Wichtig ist eine sorgfältige **Palpation der Gelenke** und Unterscheidung zwischen Gelenkerguß und Kapselschwellung *(Tab. 20, S. 170).* Die Palpation der Hand- und Fingergelenke ist im Frühstadium richtungweisend. Typisch für die chronische Polyarthritis sind **Spindelfinger** (Schwellung der Metakarpophalangealgelenke und der proximalen Interphalangealgelenke). Im weiteren Verlauf kommt es durch Kapsellockerung in den Metakarpophalangealgelenken zur **Ulnardeviation** sämtlicher Langfinger. Durch fortschreitende Destruktionen an Fingergelenken und Sehnen entsteht eine Vielzahl von typischen Deformitäten **(Schwanenhalsdeformität, Knopflochdeformität, »ninety-ninety-deformity«),** die im einzelnen im Handkapitel abgehandelt werden *(S. 389).*

Aus der Deformität und dem Befallmuster an der Hand ergeben sich bei der Differentialdiagnose entzündlich-rheumatischer Erkrankungen wichtige Informationen: bei der chronischen Polyarthritis sind vorwiegend die Metakarpophalangealgelenke mit symmetrischer Verteilung betroffen, bei der Arthritis psoriatica besteht eine asymmetrische Verteilung mit Strahlbefall (Wurstfinger, *S. 182).*

Labortests sind für die Diagnose der chronischen Polyarthritis nicht unbedingt ausschlaggebend, da die spezifischen Rheumatests in Frühstadien der Erkrankung (ein bis zwei Jahre) fehlen können und auch bei anderen Erkrankungen auftreten (chronische Infektionskrankheiten, Malaria, infektiöse Mononukleose).

4.5.1 Chronische Polyarthritis

◀ **Definition**

Epidemiologie
Die Morbidität beträgt etwa 1%.
♀ : ♂ (3 : 1)

Klinik
Erster Manifestationsort sind die Hände mit **symmetrischen Schwellungen** an den Metakarpophalangealgelenken, Fingermittel- und -grundgelenken. Typisch ist die **Morgensteifigkeit.** Begleitend können **Tendovaginitiden** im Bereich des Handgelenkes vorliegen, die ein **Karpaltunnelsyndrom** verursachen können.

Die chronische Polyarthritis kann jedoch auch akut als **Monarthritis im Bereich großer Gelenke** beginnen. Auch ein Befall der Wirbelsäule ist insbesondere im Zervikalbereich wegen gefährlicher Instabilitäten zu beachten. Der extraartikuläre Befall führt über die Tendovaginitiden zu Spontanrupturen der Sehnen, zu Bursitiden und Rheumaknoten.

Mögliche **Beteiligung innerer Organe** als Perikarditis, Pleuritis, Hepatosplenomegalie, Vaskulitis, Anämie und Skleromalazie der Augen zeugen vom Charakter der c.P. als Allgemeinerkrankung. Befallmuster und Klinik der chronischen Polyarthritis sind in *Synopsis 77* dargestellt.

Diagnose
Im Frühstadium ergibt sie sich aus **Anamnese, Gelenkstatus, Labor-** und **Röntgenbefund.** An der Hand kommt es zu zahlreichen Deformitäten **(Spindelfinger, Schwanenhalsdeformität, Knopflochdeformität, »ninety-ninety-deformity«),** die im einzelnen im Handkapitel abgehandelt werden. Durch Kapsellockerung in den Fingergrundgelenken kommt es zur Ulnardeviation der Finger.

Wichtig ist die Unterscheidung zwischen der symmetrischen Verteilung der Handveränderungen bei der chronischen Polyarthritis und im asymmetrischen Strahlbefall bei der Arthritis psoriatica *(S. 182).*

Laborchemisch ist der **Rheumafaktor** zunächst häufig negativ, später bei 80% positiv.

Synopsis 77: Befallmuster und Klinik der chronischen Polyarthritis:

Häufigster und erster Manifestationsort sind die Hände mit symmetrischen Schwellungen der Fingergrundgelenke. Die Knöchelkonturen sind verstrichen, die Kompression der Grundgelenkreihe erzeugt Schmerz **(Gänsslen-Zeichen).** Bei der chronischen Polyarthritis sind an der Hand bevorzugt Metakarpophalangeal- und proximale Interphalangealgelenke betroffen.
Für die Psoriasisarthritis ist der Strahlbefall typisch, bei der Polyarthrose sind proximale und distale Interphalangealgelenke verändert.

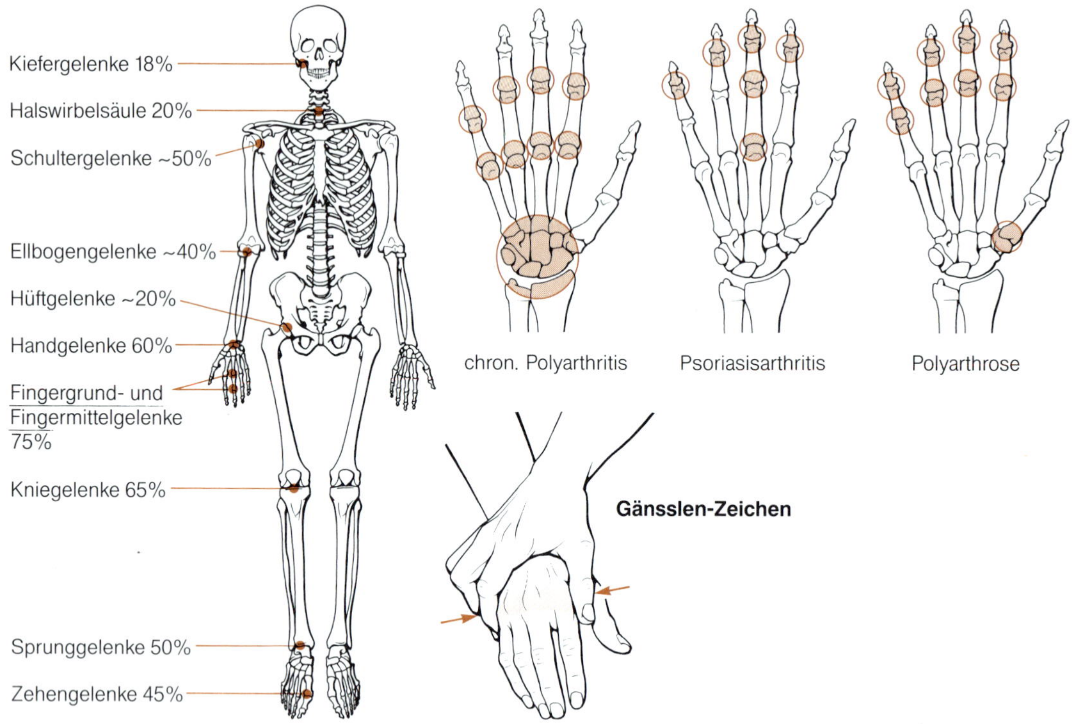

Merke ▶

> ***Merke.*** Die **Rheumafaktoren** sind Immunglobuline der IgM-Klasse, die gegen veränderte IgG-Immunglobuline gerichtet sind. Sie werden durch den Latex- bzw. Waaler-Rose-Test nachgewiesen und sind später bei 80% der Erkrankten positiv.

Zu den Rheumatests gehören:
- **antinukleäre Faktoren (ANF)** (vermehrt beim Lupus erythematodes disseminatus)
- **Antikörper gegen mikrobielle Antigene (AST)** (z.B. Antistreptolysintiter)
- **HLA-Antigen B 27** (nicht nur für Morbus Bechterew typisch, *Tab. 23).*

Fast immer besteht eine deutliche Anämie. Von besonderer Bedeutung ist die **Synoviaanalyse** *(Tab. 24, S. 178).*

Die röntgenologische Untersuchung zeigt typische Veränderungen, die in *Synopsis 78* enthalten sind.

Zu den Rheumatests gehören ferner:
- **antinukleäre Faktoren** (gegen Zellbestandteile gerichtete Antikörper; Nachweis durch Radioimmunoassays, vermehrt beim Lupus erythematodus disseminatus und anderen Kollagenosen).
- **Antikörper gegen mikrobielle Antigene** (Antistreptolysintiter zum Ausschluß eines akuten rheumatischen Fiebers durch Infektion mit betahämolysierenden Streptokokken; Antikörper gegen Yersinien)
- **HLA-Antigen B 27** (genetisch bedingte Disposition für HLA-B-27-assoziierte rheumatische Erkrankungen. Dieses Antigen ist typisch für die Bechterew-Erkrankung, häufig aber auch bei der Arthritis psoriatica und etwa 7% der Normalbevölkerung nachweisbar *(Tab. 23).*

Die Blutsenkungsreaktion ist parallel zur Entzündungsaktivität erhöht. Fast immer besteht eine deutliche Anämie. Von besonderer Bedeutung ist die **Synoviaanalyse,** die durch typische Veränderungen bei der Differentialdiagnose weiterhelfen kann *(Tab. 24, S. 178).*

Die röntgenologische Untersuchung zeigt im Frühstadium die gelenknahen Entkalkungen, später randständige Usuren und im fortgeschrittenen Stadium die Deformitäten der Gelenke mit Knorpelverlust *(Synopsis 78).*

Tab. 23: Häufigkeit von HLA-B 27 bei verschiedenen entzündlich-rheumatischen Erkrankungen

Spondylitis ankylosans (Morbus Bechterew)	80–95%
Morbus Reiter	80%
reaktive Arthritis (z.B. Yersinien, Shigellen)	80%
Arthritis psoriatica	30%
Arthritis psoriatica mit Iliosakralgelenkbeteiligung	70%
juvenile chronische Polyarthritis	25%
chronische Polyarthritis	10%
gesunde Bevölkerung	5–7%

Synopsis 78: Radiologie der chronischen Polyarthritis im Früh- (a) und Spätstadium (b)

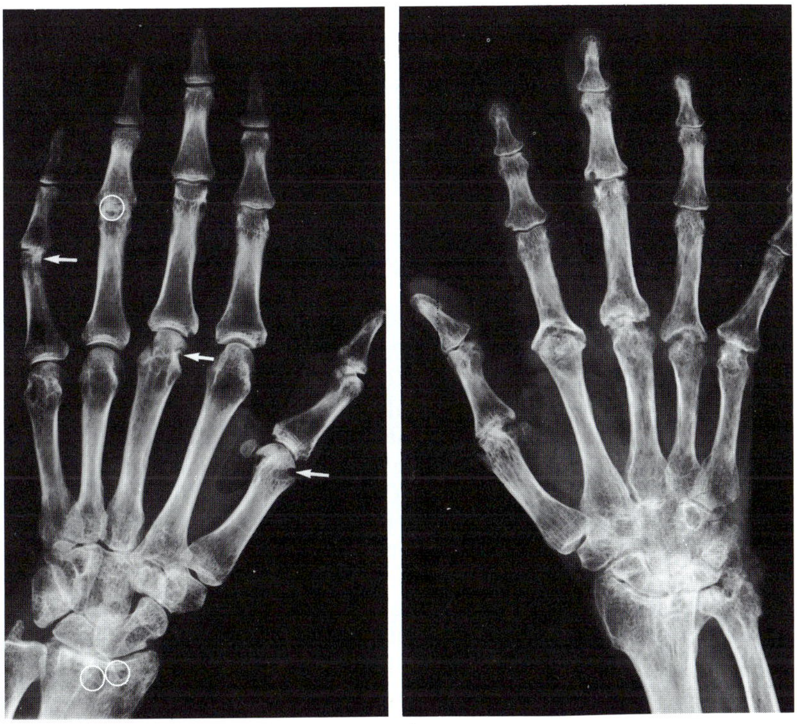

a

Frühstadium:
Erosionen: kleine marginale Konturdefekte an den Gelenkrändern (Pfeile)
Signalzysten: kugelige Osteolysen subchondral (Kreise)
Gelenkspaltverschmälerung

b

Spätstadium:
Destruktion der Gelenke
Mutilation: Verstümmelung der Gelenkkörper
Subluxation und Luxation

Therapie. Die Behandlung orientiert sich an der Aktivität der entzündlichen Veränderungen und am Stadium der Erkrankung. Ziel der Therapie ist im Frühstadium die Reduzierung des immunologisch kompetenten Gewebes, im Spätstadium auch die Behebung von Funktionsstörungen an den Gelenken und die Wiederherstellung der Leistungsfähigkeit des Patienten. Der entzündliche Prozeß wird im Frühstadium durch nichtsteroidale **Antiphlogistika** und erst bei einem Therapieversager mit **Kortikosteroiden** behandelt. Bei rasch progredientem Verlauf ist eine Therapie mit langzeitig wirkenden Medikamenten **(sogenannte Basistherapeutika)** erforderlich, die in den pathogenetischen Mechanismus rheumatischer Erkrankungen eingreifen. Hierfür stehen **Chloroquin, Goldpräparate, D-Penicillamin** und **Immunsuppressiva** zur Verfügung. Die medikamentöse Therapie der entzündlich-rheumatischen Erkrankungen ist reich an

Therapie
Die Behandlung orientiert sich an der Aktivität der entzündlichen Veränderungen und am Stadium der Erkrankung. Ziel ist die Reduzierung des immunologisch kompetenten Gewebes und die Behebung von Funktionsstörungen an den Gelenken. Medikamentös kommen im Frühstadium nichtsteroidale **Antiphlogistika,** evtl. **Kortikosteroide** und bei rasch progredientem Verlauf **sogenannte Basistherapeutika** in Frage *(Tab. 25, S. 179).*

Tab. 24: Differentialdiagnose der chronischen Polyarthritis (c.P.) durch Synoviaanalyse

	Farbe	Trübung	Viskosität	Zellzahl/mm³ ca.	Sonstiges
normal	bernstein-farben	keine	hoch	≈ 100	–
chronische Polyarthritis	gelb-braun-grau	trüb, flockig	niedrig	5000–50 000 (je nach Aktivität)	Ragozyten(Phagozyten) +++
Spondylarthritis	gelb	klar oder leicht trüb	gering erniedrigt	> 2000	Ragozyten (Phagozyten) +
Gicht	milchig	trüb	niedrig	10 000–20 000	überwiegend Leukozyten, Harnsäurekristalle
Pseudogicht	gelb bis milchig	trüb	niedrig	20 000	überwiegend Leukozyten, Kalziumpyrophosphatkristalle
eitrige Arthritis	gelb-braun-grün	flockig	rahmig, erniedrigt	> 50 000	fast ausschließlich Leukozyten, Bakterien
Tuberkulose	graugelb	trüb	niedrig	20 000 -50 000	Leukozyten, Lymphozyten Tuberkelbakterien
Trauma	blutig, blutig-tingiert	klar bis rot	je nach Blutanteil	> 2000	Erythrozyten

Krankengymnastische, physikalische und beschäftigungstherapeutische Maßnahmen ergänzen das therapeutische Konzept *(Tab. 26).*

Auch die **operative Behandlung** zielt durch Entfernung der Gelenkinnenhaut **(Synovialektomie)** darauf ab, das immunologisch kompetente Gewebe zu reduzieren. Bei Deformitäten kommen zahlreiche Wiederherstellungsoperationen, Umstellungsosteotomien und auch der Gelenkersatz in Frage. Bei rheumatischer Tendovaginits kann durch Entfernung der entzündeten Sehnenscheide **(Tenosynovialektomie)** einer Spontanruptur vorgebeugt werden.

Nebenwirkungen. Eine regelmäßige und sorgfältige Überwachung der Patienten ist daher unbedingt erforderlich *(Tab. 25).*

In Abhängigkeit von dem Ausmaß des Gelenkbefalles sind neben der medikamentösen Therapie umfassende **krankengymnastische, physikalische und beschäftigungstherapeutische Maßnahmen** erforderlich. Insbesondere bei Entzündungsschüben wird Kältebehandlung empfohlen. Die krankengymnastische Behandlung ist auf die Erhaltung der Gelenkbeweglichkeit und muskulären Kraft gerichtet. Mit beschäftigungstherapeutischen Maßnahmen soll - soweit möglich - die Selbständigkeit des Patienten garantiert werden *(Tab. 26).*

Bei einer trotz Basistherapie in entzündlichen Schüben verlaufenden Erkrankung zielt auch die **operative Behandlung** darauf ab, das immunologisch kompetente Gewebe zu reduzieren. Die operative Behandlung steht primär im Vordergrund, wenn es sich um monarthritische Verlaufsformen handelt. Durch **Synovialektomie** (Entfernung der Gelenkinnenhaut) wird an den verschiedensten Gelenken der entzündliche Schub der Erkrankung unterbrochen und eine zumindest vorübergehende Stabilisierung des Krankheitsverlaufes angestrebt. Erfolge sind vor allen Dingen von der Frühsynovialektomie, weniger von der Spätsynovialektomie zu erwarten, die vorwiegend die Schmerzhaftigkeit der Erkrankung beeinflussen kann. Der Gelenksynovialektomie vergleichbar ist die **Synoviorthese,** bei der ein radioaktives (Radiosynoviorthese) oder chemisches (chemische Synoviorthese) Pharmakon intraartikulär appliziert wird, um das entzündlich veränderte Synovialisgewebe zu reduzieren. Bei der **Tenosynovialektomie** wird das die Sehnen durchdringende entzündliche Gewebe entfernt und damit Spontanrupturen vorgebeugt. Bei fortgeschrittenen Deformitäten stehen zahlreiche operative Verfahren zur funktionellen Wiederherstellung an Hand-, Fuß- und großen Körpergelenken zur Verfügung. Bei ausgeprägtesten Deformierungen kommen an Hand und Fuß gelenkversteifende, an den großen Körpergelenken vor allen Dingen Gelenkersatzoperationen zum Einsatz.

Tab. 25: Sogenannte Basistherapeutika der chronischen Polyarthritis und ihre Komplikationen

Präparat	Nebenwirkungen
Chloroquin	• Magen-Darmstörungen • Hauterscheinungen • Retinaschäden • Neuromyopathie • Störungen der Hämatopoese
Gold-Präparate (parenteral oder orale Applikation)	• Haut- und Schleimhautschäden (Stomatitis) • Störungen der Hämatopoese (aplastische Anämie, Leukopenie, Thrombopenie) • Nieren- und Leberschäden • ZNS-Schäden (Neuritis)
D-Penicillamin	• gastrointestinale Beschwerden (Übelkeit) • Hautreaktionen • Arzneimittelfieber • Störungen der Hämatopoese • Nierenschäden • neurologische Störungen • Induktion eines LE-Syndroms
Immunsuppressiva	• Infektionsgefährdung • Knochenmarksschädigung • Gonadenschädigung • Schleimhautschaden • Leber- und Nierenschaden • Haarausfall

Tab. 26: Therapieschema bei chronischer Polyarthritis

Allgemeine Maßnahmen:
allgemeine Ruhe oder lokale Ruhigstellung befallener Gelenke im akuten Schub
Behandlung von Begleiterkrankungen (Anämie)
optimale Ernährung
psychische Führung

→

medikamentöse Basistherapie
(Chloroquin, Gold, D-Penicillamin, Immunsuppressiva)

medikamentöse Behandlung
mit nichtsteroidalen Antiphlogistika, Kortikosteroiden

operative Basistherapie
Synovialektomie

←

physikalische, krankengymnastische und beschäftigungstherapeutische Maßnahmen:
Lagerung der Gelenke
Kontrakturprophylaxe
Kryotherapie im akuten Schub
Bäder, Selbsthilfetraining
Hilfsmittelversorgung

↑

operative Therapie mit rekonstruktiven Zielen
Osteotomien
Arthrodesen
Gelenkersatz

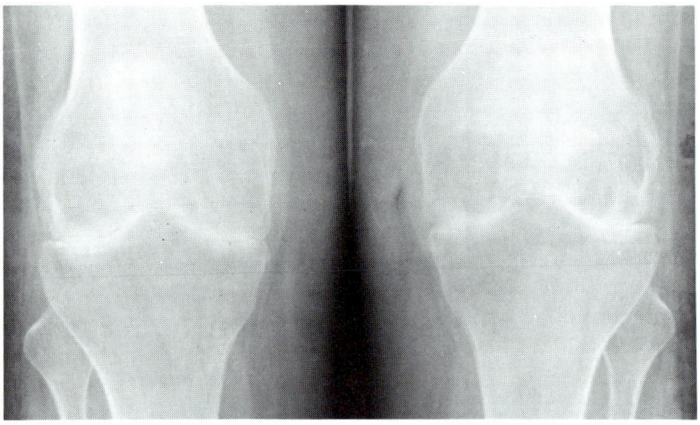

a

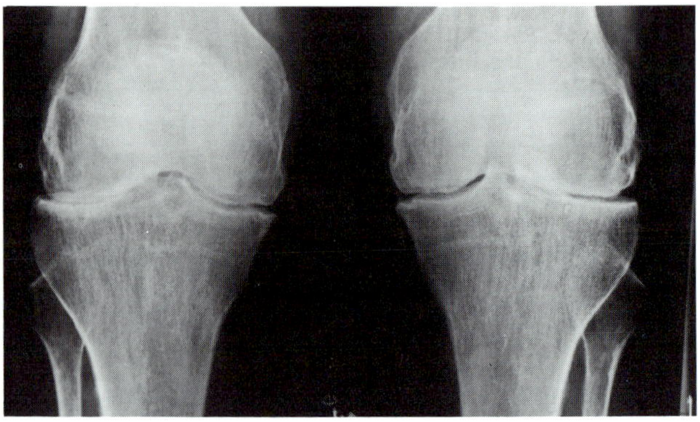

b

Abbildung 38a und b: Seropositive chronische Polyarthritis vor und nach Therapie. *Vergleiche klinisches Beispiel.*

Klinisches Beispiel ▶

Klinisches Beispiel. 32jährige Frau mit seit 5 Jahren rezidivierenden Schwellungen im Bereich der Hand- und Kniegelenke. Diagnose einer seropositiven chronischen Polyarthritis. Unter Therapie mit nichtsteroidalen Antiphlogistika und Kortikosteroiden keine Besserung der anhaltenden Knieschwellung. Therapie mit Basistherapeutika wurde nicht vertragen. Fortschreitende Destruktion im Bereich der Kniegelenke mit Gelenkspaltverschmälerung und beginnender Usurierung der Gelenkflächen *(Abb. 38a)*. Zu diesem Zeitpunkt ist die Patientin, Mutter zweier junger Kinder, nur noch kurze Strecken an zwei Unterarmstützen gehfähig. Synovialektomie beider Kniegelenke, die bereits als Spätsynovialektomie bezeichnet werden muß. Dennoch anhaltende Remission der Erkrankung und zufriedenstellende Erholung der Strukturen an beiden Kniegelenken mit nunmehr über 8 Jahre anhaltender Belastungsfähigkeit. Mit der Synovialektomie konnte der endoprothetische Ersatz beider Kniegelenke um wesentliche Jahre aufgeschoben werden.

4.5.2 Spondylarthritiden

4.5.2 Spondylarthritiden

Definition ▶

Definition. Entzündlich-rheumatische Erkrankungen von Wirbelsäule und Gelenken, deren wichtigste Vertreter die Spondylarthritis ankylopoetica und Arthritis psoriatica sind.

4.5.2.1 Spondylarthritis ankylopoetica

4.5.2.1 Spondylarthritis ankylopoetica

Synonyme. Morbus Bechterew, Spondylitis ankylosans.

Definition ▶

Definition. Entzündlich-rheumatische Erkrankung mit vorwiegendem Befall der Wirbelsäule und der Sakroiliakalgelenke (Spondylarthropathie). Im Spätstadium typische Verknöcherung der gesamten Wirbelsäule (Bambusstabform). In 95% der Fälle Assoziation zum HLA-B 27.

Epidemiologie
Männer sind zehnfach häufiger als Frauen betroffen.

Epidemiologie. Die Erkrankung tritt bei etwa 0,5 ‰ der Bevölkerung in mehr oder weniger starker Ausprägung auf. Männer sind 10fach häufiger betroffen als Frauen.

Ätiologie
Zusammenwirken von genetischer Disposition (HLA-System) und Realisationsfaktoren (mikrobielle Erreger).

Ätiologie. Das Zusammenwirken eines endogenen disponierenden Faktors (Assoziation zum HLA-B 27) und einer exogenen realisierenden Komponente (Erreger aus dem Urogenital- oder Gastrointestinaltrakt: Klebsiellen bzw. Chlamydien) ist wahrscheinlich.

Klinik
Der Verlauf der Erkrankung ist progredient chronisch. Frühsymptome sind Kreuzschmerzen und unklare

Klinik. Der Verlauf der Erkrankung ist progredient chronisch. Im Frühstadium wird häufig über nächtliche, nicht genau lokalisierbare Kreuzschmerzen, über Gesäßschmerzen, aber auch über unklare Schwellungszustände im Bereich peripherer Extremitätengelenke (vor allen Dingen am Kniegelenk) geklagt. Der oft als typisch angegebene Fersenschmerz tritt dagegen nur bei einem Fünftel der Patienten auf. 80% der Erkrankungen beginnen zwischen dem 15. und 35. Lebensjahr.

Gelenkschwellungen. 80% der Erkrankungen beginnen zwischen dem 15. und 35. Lebensjahr.

Das Hauptsymptom des Morbus Bechterew ist die Wirbelsäulenversteifung.

Das Hauptsymptom des Morbus Bechterew ist die Wirbelsäulenversteifung.

Sie beruht auf Verkalkungsprozessen an den Ligamenten der Wirbelsäule und in entzündlichen Vorgängen im Bereich der kleinen Wirbelgelenke. Die Erkrankung schreitet in der Regel von **kaudal nach kranial** fort. Die Halswirbelsäule wird erst spät ergriffen und bleibt lange Zeit beweglich. Die Wirbelsäule versteift in einer mehr oder weniger ausgeprägten Kyphose. Bei Maximalausprägung ist es dem Erkrankten dann nicht mehr möglich, geradeauszusehen *(S. 324)*. Das Röntgenbild zeigt die ausgeprägten paravertebralen Verkalkungen, die der Wirbelsäule das Aussehen eines **Bambusstabes** verleihen.

Der **Versteifungsprozeß** in mehr oder weniger ausgeprägter Kyphose schreitet von **kaudal nach kranial** fort. Im Spätzustand imponiert die Wirbelsäule als **Bambusstab** *(S. 324)*.

Die Sakroiliakalgelenke sind völlig durchbaut und nicht mehr abgrenzbar.

Bei Befall der Brustwirbelsäule können auch die Kostotransversalgelenke in die entzündlichen Veränderungen einbezogen werden, so daß es zur völligen Versteifung des knöchernen Thorax und dadurch zur Behinderung der Atmung kommt. Die Klinik des Morbus Bechterew geht aus *Synopsis 79* hervor.

Die Sakroiliakalgelenke sind völlig durchbaut und nicht mehr abgrenzbar.
Die Klinik des Morbus Bechterew geht aus *Synopsis 79* hervor.

Synopsis 79: Klinik und Radiologie des Morbus Bechterew: im Frühstadium Nebeneinander von osteolytischen und sklerosierenden Veränderungen an den Ileosakralgelenken (sogenanntes **»buntes Bild«** [oberes Bild, Pfeile]). Fortschreitende Verknöcherung der Ileosakralfugen (b), der Längsbänder und Intervertebralgelenke an der Wirbelsäule (c, d). Im Spätstadium völlige Verknöcherung der Wirbelsäule in großbogiger Kyphose **(Bambusstabform).**

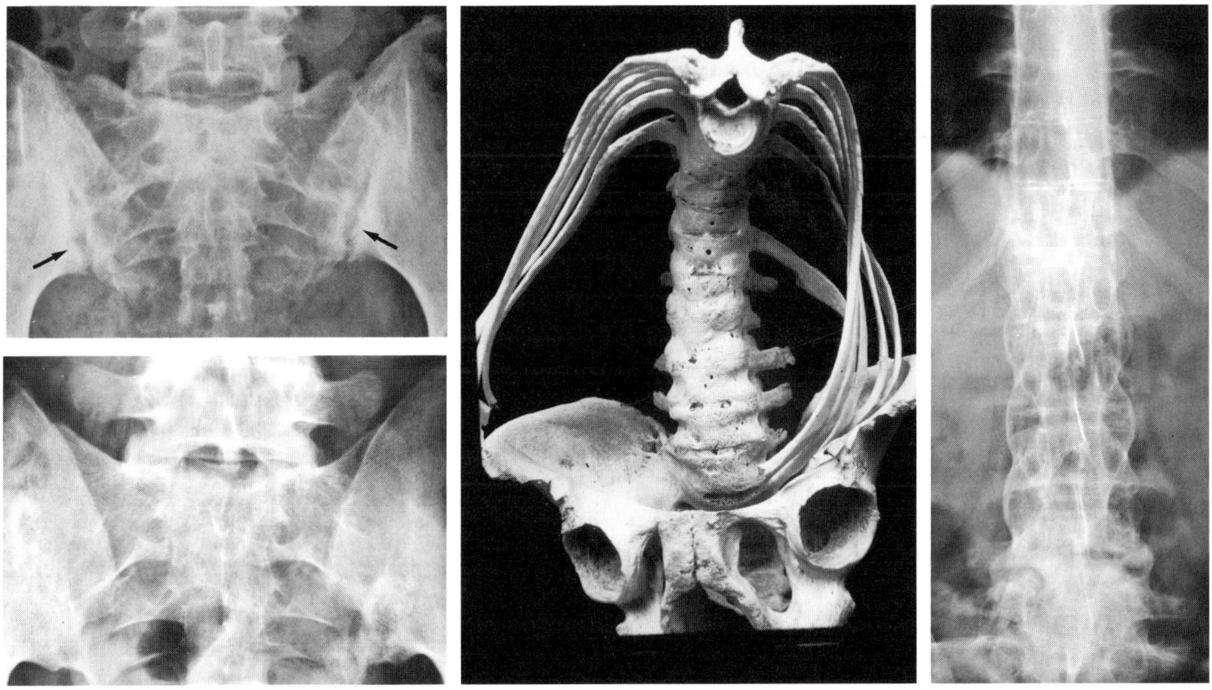

a (oben), **b** **c** **d**

Diagnose. Der ausgeprägte Befund der ankylosierenden Spondylitis ist unverwechselbar.

Diagnose
Der ausgeprägte Befund der ankylosierenden Spondylitis ist unverwechselbar.

Merke. Im Frühstadium ist jedoch jeder unklare Kreuzschmerz oder jede unklare Schwellung eines peripheren großen Extremitätengelenkes bei Männern im typischen Erkrankungsalter auf einen Morbus Bechterew verdächtig.

◀ **Merke**

Wesentliche Hinweise ergeben sich aus der Untersuchung des **HLA-B 27** *(Tab. 23, S. 177)*, der bei **95%** der Betroffenen **positiv** ist. Radiologisch sind die Frühveränderungen an den Iliosakralgelenken typisch. **Szintigraphische Mehranreicherungen** gehen den radiologischen Veränderungen voraus.

Anamnese und klinischer Untersuchungsbefund mit Einschränkung der Wirbelsäulen- und Thoraxbeweglichkeit können weiterhelfen. Wesentliche Hinweise sind aus der Untersuchung des **HLA-B 27** zu entnehmen, das **bei 95%** der Betroffenen **positiv** ist *(Tab. 23, S. 177)*. Für die Frühdiagnose kann in fraglichen Fällen auch die **Szintigraphie** eingesetzt werden, die bereits vor auftretenden röntgenologischen Veränderungen eine Mehranreicherung im Bereich der Iliosakralgelenke zeigt. Weitere Laboruntersuchungen bleiben wegen der schwachen Entzündungstendenz der ankylosierenden Spondylitis häufig unauffällig. Die BSG kann normal sein, eine begleitende Anämie kann fehlen.

Therapie
Die Schmerzhaftigkeit wird mit nichtsteroidalen **Antiphlogistika** angegangen. Der Versteifung der Wirbelsäule in ungünstiger Stellung wird durch intensives **krankengymnastisches und Selbstübungsprogramm** entgegengewirkt. Bei ausgeprägtesten Kyphosierungen können lordosierende Operationen erforderlich werden *(S. 325)*.

Therapie. Die Behandlung der ankylosierenden Spondylitis orientiert sich zunächst an der Schmerzhaftigkeit der Erkrankung, die in der Regel mit nichtsteroidalen **Antiphlogistika** wirksam angegangen werden kann.

Kortikosteroide sind wegen der durch sie ausgelösten Osteoporose kontraindiziert. Basismedikamente (im Sinne der Therapie bei c.P.) werden nur in seltenen Fällen benötigt. Die Behandlungsziele sind auf die möglichst lang dauernde Erhaltung der Wirbelsäulenbeweglichkeit und bei progredientem Verlauf auf die Einsteifung der Wirbelsäule in günstiger Stellung gerichtet. Hierfür ist ein regelmäßiges, auch selbsttätig vom Betroffenen durchgeführtes **krankengymnastisches Behandlungsprogramm** erforderlich. Bei konsequent durchgeführter Krankengymnastik können die Leistungsfähigkeit der Betroffenen lange Zeit erhalten und die Auswirkungen der Erkrankung (Thoraxversteifung) verringert werden. Bei ausgeprägtesten Kyphosierungen kann eine lordosierende Osteotomie der Wirbelsäule in Frage kommen, um dem Patienten einen aufrechten Stand und Gang und den Blick nach vorne zu ermöglichen *(S. 325)*.

4.5.2.2 Arthritis psoriatica

4.5.2.2 Arthritis psoriatica

Definition ▶

Definition. Vorwiegend die peripheren Gelenke betreffende Polyarthritis. Im Gegensatz zur chronischen Polyarthritis bleibt die Erkrankung meist ohne nachweisbare Rheumafaktoren (seronegativ). Das Befallsmuster ist vorwiegend asymmetrisch. In 20% sind Wirbelsäule und Sakroiliakalgelenke betroffen (Spondylarthropathie). In diesen Fällen besteht zumeist eine Assoziation zum HLA-B 27 *(Tab. 23, S. 177)*.

Klinik
Etwa 6% der Patienten mit Psoriasis vulgaris erkranken an einer Arthritis psoriatica. Typisch ist der **Strahlbefall** an den Händen mit Verdickung des gesamten Fingers **(Wurstfinger)** *(Syn. 77, S. 176)*.

Klinik. Etwa 6% der Patienten mit einer Psoriasis vulgaris erkranken an einer Arthritis psoriatica. Dabei besteht kein Zusammenhang zwischen der Expressivität der Haut- und Gelenkveränderungen. Die Psoriasis ist dementsprechend nicht immer deutlich erkennbar. Bei der klinischen Untersuchung muß nach Herden auch an der behaarten Kopfhaut gesucht oder gefragt werden. Im Frühbefund der Arthritis psoriatica ist der **Strahlbefall** an den Händen charakteristisch *(Synopsis 77, S. 176)*. Durch Schwellung auch des distalen Interphalangealgelenkes ist meist der gesamte Finger verdickt **(Wurstfinger).** Im Gegensatz zur chronischen Polyarthritis verläuft die Arthritis psoriatica in unregelmäßigen Schüben. Remissionen sind länger als bei der chronischen Polyarthritis. Die Gesamtprognose ist daher in der Regel günstiger.

Diagnose
Sie ergibt sich aus der Kombination von Psoriasis und typischem asymmetrischem Gelenkbefall.

Diagnose. Die Diagnose wird aus der Kombination von Psoriasis und typischem asymmetrischem Gelenkbefall gestellt. Allerdings ist auch das Nebeneinander einer Psoriasis und einer chronischen Polyarthritis beim gleichen Patienten möglich. Dies kann durch das typische symmetrische Befallsmuster der chronischen Polyarthritis abgegrenzt werden. Selten tritt das Befallsmuster der Arthritis psoriatica ohne begleitende Psoriasis auf.

Therapie
Wie bei chronischer Polyarthritis.

Therapie. Die Behandlung entspricht derjenigen bei chronischer Polyarthritis.

4.5.3 Postinfektiöse und reaktive Arthritiden

4.5.3.1 Reiter-Syndrom

Definition. In 80% HLA-B-27-assoziierte, reaktive Mono- bzw. Oligoarthritis mit begleitender, unspezifischer Urethritis und Konjunktivitis (Reiter-Trias).

Klinik. Die Erkrankung wird als reaktive Arthritis aufgefaßt. Ein Darminfekt (Shigellen), die Urethritis (Chlamydien) und Konjunktivitis gehen dem Gelenkbefall voraus. **Die Arthritis des Reiter-Syndroms ist asymmetrisch und oligoartikulär.** Die großen Extremitätengelenke sind bevorzugt befallen. Im Vordergrund stehen rezidivierende Ergußbildungen und - seltener - Kapselschwellungen. Das Allgemeinbefinden der Patienten ist deutlich beeinträchtigt. Fieber und Gewichtsabnahme sind häufig. Auf Zunge und Mundschleimhaut können schmerzlose Ulzerationen bestehen. Differentialdiagnostisch sind andere postinfektiöse Arthritiden nach Viruserkrankung (Hepatitis B, Arbovirus) oder bakteriellen Dysenterien zu bedenken (Salmonellen, Shigellen, Yersinia enterocolitica). Die Labordiagnostik und Synovialanalyse weisen auf akut entzündliches Geschehen hin. Das Röntgenbild zeigt erst bei chronischem Verlauf sekundärarthrotische Veränderungen.

Therapie. Vorwiegend mit nichtsteroidalen Antiphlogistika. Im übrigen wie bei chronischer Polyarthritis.

4.5.3.2 Rheumatisches Fieber

Synonyme. Akuter Gelenkrheumatismus, Rheumatismus verus.

Definition. Hyperallergische Reaktion des Organismus auf Streptokokkenantigene, die sich an den Gelenken, aber auch an Blutgefäßen (Vaskulitis), Niere (Glomerulonephritis), am Gehirn (Chorea) und Herz (Myokarditis) manifestiert.

Klinik. Die Erkrankung beginnt post- oder parainfektiös akut mit Fieberschüben. Die Allgemeinsymptome stehen im Vordergrund. Meistens sind Kinder betroffen. Sie machen einen schwerkranken Eindruck. Die Gelenke zeigen deutliche Entzündungszeichen mit Rötung, Überwärmung und Druckschmerzhaftigkeit. Gelenkergüsse stehen im Vordergrund. Kapselverdickungen fehlen.

Diagnose. Die starke Erhöhung der Blutsenkungsreaktion weist auf den abgelaufenen Infekt hin. Der Antistreptolysintiter ist abnorm erhöht. Die übrigen Befunde ergeben sich aus der Einschränkung von Herz- und Nierenfunktion.

Therapie. Die Therapie ist konservativ. Der Streptokokkeninfekt wird durch hochdosierte Penicillintherapie angegangen. Die entzündlichen Vorgänge werden vorwiegend mit nichtsteroidalen Antiphlogistika und die hyperergischen Reaktionen auch mit Kortikosteroiden behandelt. Die Fokussanierung (Tonsillektomie, Zahnextraktionen) ist umstritten, da zum Zeitpunkt der Sekundärerkrankung (z.B. Endokarditis, Arthritis) die Streptokokken häufig bereits eliminiert sind und das Toxin den Krankheitsverlauf bestimmt.

4.5.3 Postinfektiöse und reaktive Arthritiden

4.5.3.1 Reiter-Syndrom

◀ Definition

Klinik
Ein Darminfekt (Shigellen), die Urethritis (Chlamydien) und Konjunktivitis gehen der Gelenkerkrankung voraus, die deswegen als reaktive Arthritis aufgefaßt wird. **Meist ist der Gelenkbefall asymmetrisch und oligoartikulär.** Die großen Extremitätengelenke sind bevorzugt befallen. Differentialdiagnostisch sind andere postinfektiöse Arthritiden nach Viruserkrankung (Hepatitis, Arbovirus) oder bakterielle Dysenterien zu bedenken.

Therapie
Vorwiegend mit Antiphlogistika.

4.5.3.2 Rheumatisches Fieber

◀ Definition

Klinik
Die Erkrankung beginnt mit Fieberschüben post- oder parainfektiös und Allgemeinsymptomen. An den Gelenken bestehen Entzündungszeichen mit Rötung, Überwärmung, Schmerz und Gelenkergüssen.

Diagnose
Richtungweisend ist die starke Erhöhung der Blutsenkungsreaktion und des Antistreptolysintiters.

Therapie
Behandlung des Streptokokkeninfektes mit Penicillin, der entzündlichen Vorgänge mit nichtsteroidalen Antiphlogistika und der hyperergischen Reaktion mit Kortikosteroiden.

4.5.3.3 Andere postinfektiöse und reaktive Arthritiden

Postenteritische reaktive Arthritiden nach **Yersinien-, Salmonellen-, Shigellen-** und **Campylobacter-Infektion.**
Die **Borrelien-Arthritis** wird durch Zeckenstich übertragen.

Therapie durch Antibiotika.
Posturethritis reaktive Arthritiden nach **Chlamydien-Infektion.**

Reaktive Arthritis bei **AIDS-Patienten.**

4.5.3.3 Andere postinfektiöse und reaktive Arthritiden

Als **postenteritische reaktive Arthritiden** werden Gelenkerkrankungen bezeichnet, die nach akuten Enteritiden oder Enterokolitiden auftreten. Der häufigste Erreger ist Yersinia enterocolitica **(Yersinien-Arthritis).** Als weitere Erreger kommen Salmonellen, Shigellen und Campylobacter in Frage.

Die wichtigsten bakteriellen reaktiven Arthritiden sind die Brucellenarthritis und die **Borrelien-Arthritis (Lyme-Arthritis),** die durch Zeckenstich übertragen wird. Das erste Symptom der Lyme-Arthritis ist das Erythema migrans. Die Arthritis manifestiert sich unter Umständen erst Wochen bis Monate nach dem Zeckenstich. Für Brucellen- und Borrelien-Arthritis sind Antibiotika indiziert.

Der wichtigste Erreger **posturethritisch reaktiver Arthritiden** ist Chlamydia trachomatis. Ein Drittel der **Chlamydien-Arthritiden** entwickelt das Vollbild eines Reiter-Syndroms *(S. 183).*

Eine klassische reaktive Arthritis wird bei etwa der Hälfte der **AIDS-Patienten** vorwiegend mit oligartikulärem Befall der unteren Extremitäten beobachtet.

4.5.4 Juvenile chronische Arthritis

Definition ▶

4.5.4 Juvenile chronische Arthritis

Definition. In dieser Gruppe werden vier verschiedene Verlaufsformen entzündlich-rheumatischer Erkrankungen unterhalb des 16. Lebensjahres zusammengefaßt *(Synopsis 80).* Die typische Rheumaserologie *(S. 176)* ist nur bei etwa 10% der Kinder positiv. Antinukleäre Faktoren können immerhin bei 20 bis 30% nachgewiesen werden.

- **Systemische Form (Still-Syndrom, ca. 10%)**
  Mit Organbefall (Exanthem, Hepatosplenomegalie, Myokarditis) einhergehende Arthritis im Kleinkindesalter mit ungünstiger Prognose.

- **Systemische Form (Still-Syndrom; ca. 10%)**
  Typisch ist der Organbefall (Exantheme, Hepatosplenomegalie, Polyserositis, Myokarditis). Betroffen sind vorwiegend Kleinkinder. Im Frühstadium können Allgemeinsymptome und Fieber im Vordergrund stehen, der Gelenkbefall kann zunächst noch fehlen. Die Prognose ist ungünstig, die Mortalität beträgt 10 bis 20%.

- **Polyarthritische Form (40–50%)**
  Symmetrischer Gelenk-, kaum Organbefall

- **Polyarthritische Form (40–50%)**
  Diese Verlaufsform tritt während der gesamten Kindheit, meist mit symmetrischem Gelenkbefall an den oberen und unteren Extremitäten auf. Organe sind kaum betroffen. Die antinukleären Faktoren sind häufiger positiv.

- **Oligarthritische Form des Kleinkindesalters (25–30%)**
  Bei 50% chronische Iridozyklitis, die mit Defekt ausheilen kann. Überwiegend Befall der unteren Extremitätengelenke.

- **Oligarthritische Form des Kleinkindesalters (25–30%)**
  Bei dieser Verlaufsform häufige Kombination mit einer chronischen Iridozyklitis (50%), die frühzeitig ausgeschlossen werden muß. Es sind vorwiegend die unteren Extremitätengelenke befallen, die antinukleären Faktoren sind überwiegend positiv. Defektheilungen der Iritis beeinträchtigen die Prognose.

- **Oligarthritische Form des Schulalters (20–25%)**
  Assoziation zum HLA-B 27 *(Tab. 23, S. 177)* und Übergang in eine Spondylarthritis und seronegative Spondarthritiden möglich.

- **Oligarthritische Form des Schulalters (20–25%)**
  Oft wie Morbus Reiter beginnende Form mit Befall von Hüft- und Iliosakralgelenken (HLA-B 27 positiv, *Tab. 23, S. 177).* Ein Übergang in die Spondylarthritis und seronegative Spondarthritiden ist möglich. Bei 20% Iridozyklitis.

Therapie
Antiphlogistische Behandlung, vor allem mit Acetylsalicylsäure, sonst wie bei der chronischen Polyarthritis des Erwachsenen.

Therapie. Im Frühstadium immer Versuch der antiphlogistischen Behandlung mit nichtsteroidalen Antiphlogistika (in erster Linie Acetylsalicylsäure nach individueller Plasmaspiegelbestimmung). Im übrigen entsprechen die therapeutischen Richtlinien denen der chronischen Polyarthritis beim Erwachsenen.

Synopsis 80: Klinik und Radiologie der juvenilen chronischen Arthritiden.

Verlaufsformen
- systemische Form (Still-Syndrom; 10%)
- polyarthritische Form (40–50%)
- oligarthritische Form des Kleinkindesalters (25–30%)
- oligarthritische Form des Schulalters (20–25%)

Klinisch: Gelenkschwellung, Kontrakturen, Beinlängenzunahme (a), beim Still-Syndrom Organbefall (Hepatosplenomegalie, Myokarditis), bei der oligarthritischen Form Iridozyklitis (20–25%).

Radiologisch fällt die durch die anhaltende Durchblutungssteigerung (Entzündung!) bedingte Vergrößerung der Gelenkkörper mit begleitender Osteoporose auf (Kniegelenke eines 6jährigen Mädchens im Seitenvergleich; b und c).

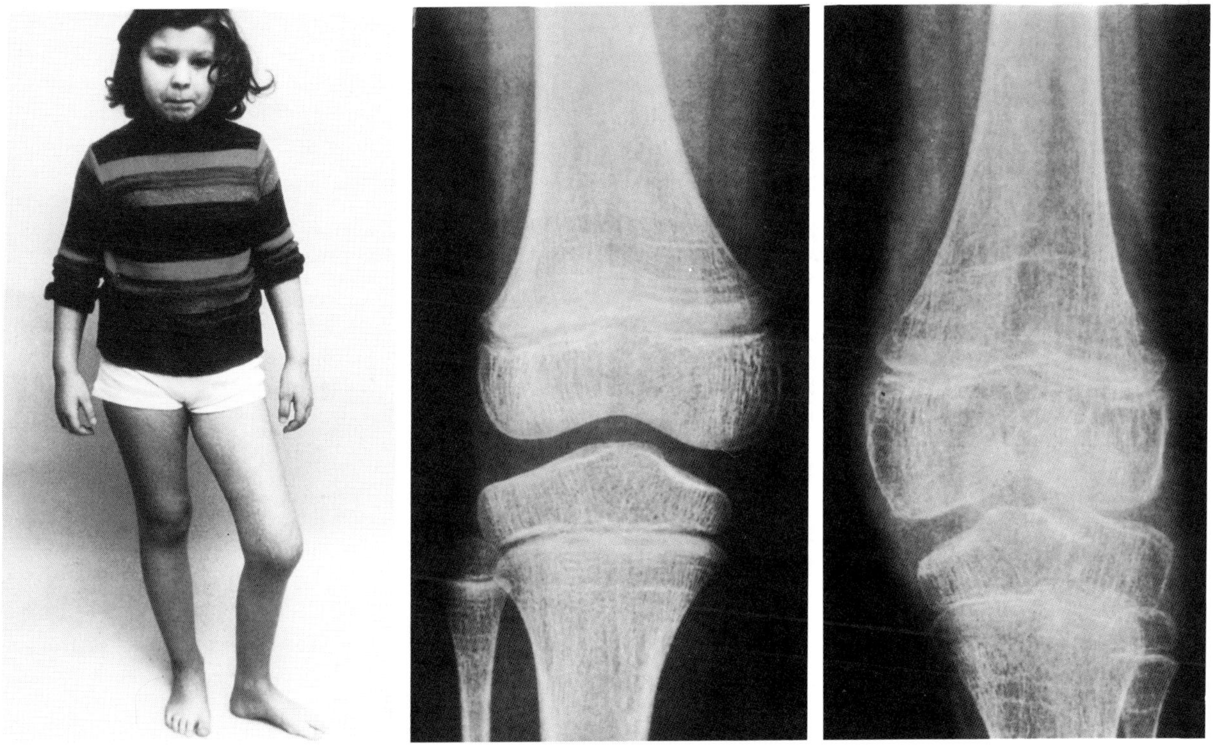

a b c

4.6 Metabolische Arthropathien

4.6.1 Gicht

Synonyme. Arthritis urica, Hyperurikämie.

Definition. Durch Ablagerung von Uratkristallen in Binde- und Stützgewebe bedingte Gelenkerkrankung mit wechselndem Verlauf.

Epidemiologie. In zivilisierten Ländern beträgt die Morbidität 0,1 bis 0,5%. Die Gicht tritt vorwiegend im mittleren Lebensalter auf und bevorzugt das männliche Geschlecht (95% Männer, 5% Frauen).

Ätiologie und Pathogenese. Die **primäre Gicht** ist die Folge eines genetischen Enzymdefektes im Purinstoffwechsel, der sowohl zur verminderten renalen Harnsäureausscheidung als auch zur vermehrten Synthese führt. Die **sekundäre Hyperurikämie** kann durch vermehrte Zufuhr (fleischreiche Nahrung, erhöhter Zelluntergang) oder durch verminderte Ausscheidung (gestörte Nierenfunktion) von Harnsäure entstehen *(Tab. 27).* Eine Erhöhung des Harnsäurespiegels im Plasma führt zu Ablagerung von Uratkristallen im Knorpel, in der Kapsel und im periartikulären Gewebe. Bevorzugt betroffen sind das Großzehengrundgelenk (Podagra, *Abb. 39),* Fingergelenke und das Ellenbogengelenk.

4.6 Metabolische Arthropathien

4.6.1. Gicht

◀ Definition

Epidemiologie
Die Morbidität beträgt zwischen 0,1 bis 0,5%. Männer sind bevorzugt betroffen.

Ätiologie und Pathogenese
Die primäre Gicht ist die Folge eines genetischen Enzymdefektes, die **sekundäre Hyperurikämie** kann durch vermehrte Zufuhr oder durch verminderte Ausscheidung von Harnsäure entstehen *(Tab. 27).* Es kommt zu Kristallablagerungen im Gewebe *(Abb. 39).*

Tab. 27: Mögliche Ursachen sekundärer Hyperurikämien

vermehrte Harnsäurebildung	verminderte renale Harnsäureausscheidung
1. Hämoblastosen - myeloische Leukämie - Polyzythämie - Osteomyelosklerose - chronisch hämolytische Anämie **2. Psoriasis** **3. vermehrte Zufuhr von Nahrungspurinen** (Fleisch, Innereien) **4. vermehrter Zelluntergang bei Zytostatikatherapie**	**1. chronische Nierenkrankheiten** **2. hoher Alkoholspiegel** **3. Azidosen** - Laktazidämie - Ketoazidose (Fasten, Diabetes mellitus) **4. Arzneimittel** - Saluretika - Pyrazinamid **5. Vergiftungen** - Blei, Beryllium

aus E. Buddecke: Pathobiochemie, 2. Auflage 1983, de Gruyter-Verlag, S. 39

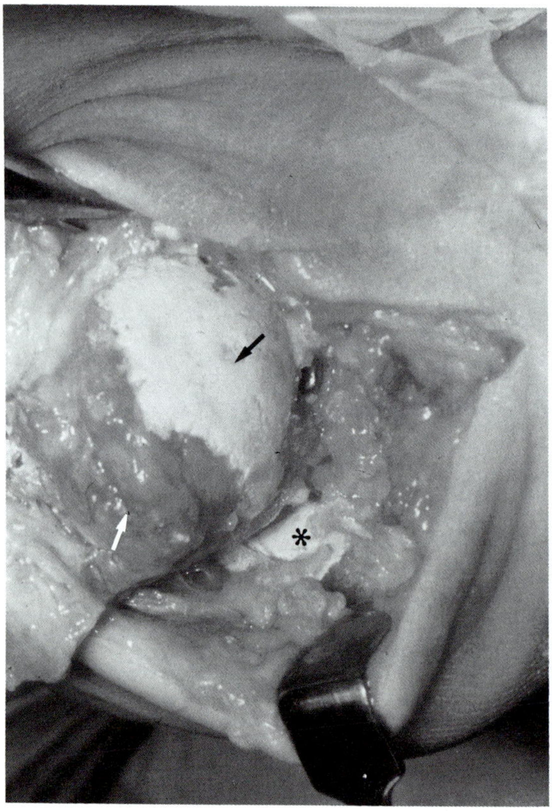

Abb. 39: Gicht des Großzehengrundgelenkes: Inkrustation von Harnsäurekristallen in der Gelenkfläche des Mittelfußköpfchens (oberer Pfeil) und der Sesambeine (Stern). Eine normale knorpelige Gelenkfläche ist nur noch in den Randbereichen des Mittelfußköpfchens erkennbar (unterer Pfeil).

Klinik. Der akute Gichtanfall betrifft fast immer das Großzehengrundgelenk **(Podagra).** Dieses zeigt alle Symptome der akuten Arthritis mit Rötung, Schwellung, Druckschmerzhaftigkeit. Bei chronischem Verlauf kommt es zur knotenartigen Ablagerung von Uratkristallen im Weichteilgewebe (Weichteiltophus), aber auch im gelenkflächennahen Knochen (Knochentophus).

Diagnose. Eine Gicht wird bei typischem Gelenkbefall und Hyperurikämie (Normwerte: Männer unter 6,5 mg%, Frauen unter 6 mg%) vermutet. Sie kann durch den Nachweis von **Harnsäurekristallen** bei der **Synoviaanalyse** bestätigt werden *(Tab. 24, S. 178).* Im Frühstadium bleibt das Röntgenbild unauffällig. Im Spätstadium sind Knochentophi charakteristisch. Wo sich im subchondralen Knochen Uratkristalle anhäufen, wird die Knochensubstanz abgebaut. Auf diese Weise entstehen sich langsam vergrößernde, rundliche Osteolysen **(Lochdefekte).**

Therapie. Der akute Gichtanfall wird mit nichtsteroidalen Antiphlogistika und/oder Kolchizin (Mitosehemmer) behandelt. Die Dauerbehandlung strebt eine Senkung des Harnsäurespiegels durch diätetische Maßnahmen, durch Verminderung der Harnsäurebildung (Xanthinoxidasehemmer: Allopurinol, Zyloric) oder vermehrte Harnsäureausscheidung (Urikosurika: Benzbromaron, Probenezid) an.

Klinik
Der akute Gichtanfall betrifft fast immer das Großzehengrundgelenk **(Podagra).** Dieses zeigt alle Symptome einer akuten Entzündung. Im Spätstadium Ablagerung von Kristallen (Tophi).

Diagnose
Sie wird gesichert durch den Nachweis von **Harnsäurekristallen** bei der **Synoviaanalyse** *(Tab. 24, S. 178).* Klinisch verdächtig sind ein typischer Gelenkbefall mit manifester Hyperurikämie. Das Röntgenbild ist im Frühstadium unauffällig, später finden sich Knochentophi **(Lochdefekte).**

Therapie
Bei Gichtanfall mit nichtsteroidalen Antiphlogistika und/oder Kolchizin Dauerbehandlung durch Xanthinoxidasehemmer (Verminderung der Harnsäurebildung) oder Urikosurika (Erhöhung der Ausscheidung).

4.6.2 Pseudogicht, Chondrokalzinose

Definition. Durch Kalziumpyrophosphatkristalle ausgelöste, akute Gelenkentzündung, die in ihrem Verlauf der Harnsäuregicht ähnelt.

◄ Definition

Klinik. Im Gegensatz zur Harnsäuregicht werden vorwiegend große Gelenke befallen. Die entzündlichen Schübe verlaufen weniger dramatisch als bei der Harnsäuregicht. Verwechslungen mit der aktivierten Arthrose sind daher möglich. Dies gilt vor allem dann, wenn das Röntgenbild keine Verkalkungen von Kapsel und Knorpel aufweist.

Diagnose. Die Erkrankung wird insbesondere bei negativem Röntgenbefund häufig übersehen. Sie kann aus dem Gelenkpunktat durch Synoviaanalyse mit Nachweis der typischen Kalziumpyrophosphatkristalle bestätigt werden. Eine Chondrokalzinose ist immer auf einen Hyperparathyreoidismus verdächtig *(S. 140).* Das Röntgenbild zeigt im typischen Fall Kalkinkrustationen des Knorpels an den betroffenen Gelenken *(Abb. 40).*

Therapie. Eine kausale Therapie ist nicht bekannt. Die Erkrankung wird nach den Richtlinien degenerativer Gelenkerkrankungen behandelt *(S. 170).*

Klinik
Betroffen sind vorwiegend große Gelenke. Im Frühstadium sind Verwechslungen mit der aktivierten Arthrose möglich.

Diagnose
Sie wird gesichert durch den Nachweis von Kalziumpyrophosphatkristallen bei der Synoviaanalyse. Im typischen Fall Kalkinkrustationen des Knorpels *(Abb. 40),* die immer auf einen Hyperparathyreoidismus verdächtig sind *(S. 140).*

Therapie
Symptomatisch nach den Richtlinien degenerativer Gelenkerkrankungen *(S. 170).*

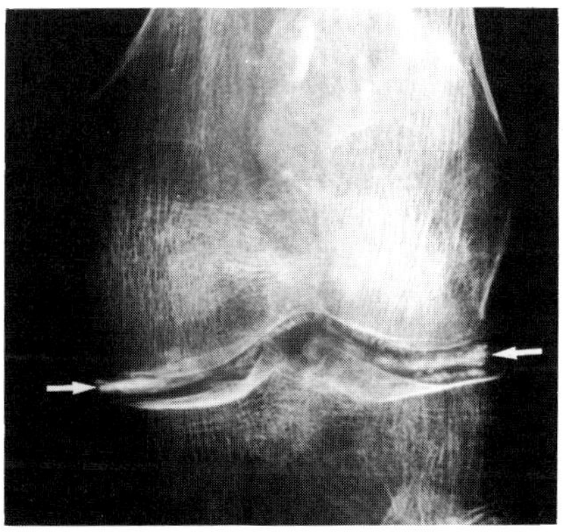

Abb. 40: Pseudogicht, Chrondrokalzinose: Einlagerung von Kalziumpyrophosphatkristallen in Menisken und Gelenkknorpel.

4.7 Hämophile Arthropathie

4.7 Hämophile Arthropathie

Definition ▶

> ***Definition.*** Deformierende Gelenkerkrankungen durch rezidivierende Einblutungen in die Gelenke.

Ätiologie und Pathogenese
X-chromosomal-rezessiv vererbbare Erkrankung mit einem Mangel der Gerinnungsfaktoren VIII **(Hämophilie A)** oder IX **(Hämophilie B).** Durch rezidivierende Einblutungen in die Gelenke (Hämarthros) kommt es zu ausgeprägten degenerativen Veränderungen mit bindegewebiger Überwachsung des Knorpels (Pannusbildung) und durch subchondrale Einblutungen auch zu ausgedehnten Zystenbildungen mit progredienter Deformität *(Abb. 41).*

Ätiologie und Pathogenese. Es handelt sich um eine X-chromosomal-rezessiv vererbbare Erkrankung mit einem Mangel der Gerinnungsfaktoren VIII **(Hämophilie A)** oder IX **(Hämophilie B)**. Die Prognose der Erkrankung hängt von der Restaktivität der Faktoren im Serum ab. Bei Konzentrationen unter 1% wird die Krankheit als schwer, bei 1–5% als mittelschwer und bei 5–15% als leicht bezeichnet. Die rezidivierenden Einblutungen in die Gelenke (Hämarthros) beeinträchtigen die Ernährung von Knorpel und Synovialisgewebe. Es kommt zu ausgeprägten degenerativen Veränderungen mit bindegewebiger Überwachsung des Knorpels (Pannusbildung) und infolge der subchondralen Einblutungen in das Knochengewebe auch zu ausgedehnten Zystenbildungen, die nach Einbruch zur chronischen deformierenden Gelenkerkrankung führen *(Abb. 41).*

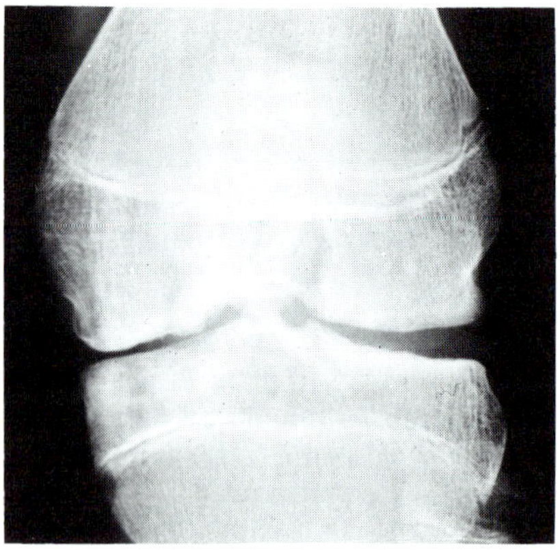

Abb. 41: Hämophile Arthropathie: röntgenologischer Befund des Kniegelenkes bei 15jährigem Jungen mit Hämophilie A und bereits deutlicher Gelenkspaltverschmälerung und Destruktion der subchondralen Gelenkfläche.

Klinik
Betroffen sind vor allem Knie-, Sprung-, Ellenbogen-, Hand- und Hüftgelenk. Die Entwicklung der Erkrankung hängt wesentlich von der Substitutionstherapie der Faktoren VIII bzw. IX ab. Bei fortgeschrittenen Veränderungen sind in Abhängigkeit vom Ausmaß der Gelenkdestruktion Umstellungsosteotomien, Arthrodesen oder Gelenkersatzoperationen notwendig.

Klinik. Betroffen sind vor allem das Kniegelenk, seltener Sprunggelenk, Ellenbogen-, Hand- und Hüftgelenk. Die Erkrankung beginnt bereits im frühen Kindesalter. Die klinischen Symptome sind abhängig von Lokalisation und Ausmaß der Einblutungen in das Gelenk oder in die Weichteilgewebe. Später stehen die Symptome der **chronischen deformierenden Gelenkerkrankung** mit stark schmerzhafter Bewegungseinschränkung, Achsenabweichung im Bereich der Gelenke bis zur völligen Belastungsunfähigkeit im Vordergrund. Die Entwicklung der Erkrankung hängt ganz wesentlich von der Substitutionstherapie der Faktoren VIII bzw. IX ab. Bei frischer Einblutung in das Gewebe ist eine Ruhigstellung und sofortige Behandlung mit Faktor-VIII- bzw. -IX-Konzentraten angezeigt. Daran schließt sich eine physikalische und krankengymnastische Behandlung zur Erhaltung der Gelenkbeweglichkeit an. Durch Viruskontamination der Faktorkonzentrate sind zahlreiche behandelte Patienten HIV-positiv. Bei fortgeschrittenen Veränderungen sind in Abhängigkeit von dem Ausmaß der Gelenkdestruktion achsenkorrigierende Operationen, Arthrodesen oder Gelenkersatzoperationen notwendig.

4.8 Gelenkchondromatose

Definition. Ursächlich nicht bekannte, gutartige metaplastische Umwandlung von synovialem Gewebe zu Knorpel, der als freier Gelenkkörper in den Gelenkraum abgestoßen wird.

Klinik. Einklemmungserscheinungen sind das Hauptsymptom der Erkrankung. Durch die zahlreichen, gelegentlich über 100 freien Gelenkkörper werden die Gelenkrezesse ausgefüllt. Betroffen sind vorwiegend das Knie-, Ellenbogen- und Schultergelenk.

Diagnose. Sie ergibt sich aus der Anamnese und dem klassischen Röntgenbild mit zahlreichen runden Gelenkkörpern *(Abb. 42* und *Abb. 108, S. 374).* Differentialdiagnostisch ist die Osteochondrosis dissecans zu bedenken, bei der meist nur ein freier Gelenkkörper vorliegt *(S. 125).* Solange die Chrondrome nur aus Knorpelgewebe bestehen, sind sie nur durch Arthrographie, Arthroskopie oder Kernspintomographie erkennbar.

Therapie. Bei Einklemmungserscheinungen wird eine Entfernung der freien Gelenkkörper, aber auch eine Entfernung der Gelenkinnenhaut (Synovialektomie) durchgeführt, um eine Nachproduktion der Gelenkkörper zu vermeiden.

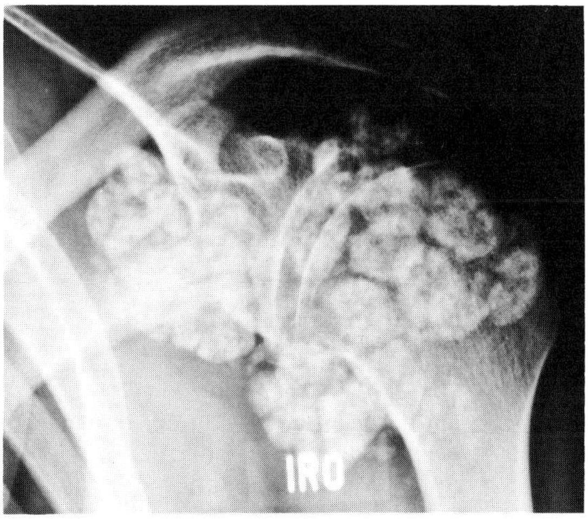

Abb. 42: Chondromatose des Schultergelenkes.

4.8 Gelenkchondromatose

◀ **Definition**

Klinik
Einklemmungserscheinungen durch die zahlreichen freien Gelenkkörper sind das Hauptsymptom der Erkrankung.

Diagnose
Sie ergibt sich aus Anamnese und klassischem Röntgenbild *(Abb. 42).* Differentialdiagnostisch ist die Osteochondrosis dissecans zu bedenken *(S. 125).* Chondrome aus Knorpelgewebe sind nur durch Arthrographie, Arthroskopie oder NMR nachzuweisen.

Therapie
Bei Einklemmungserscheinungen Entfernung der freien Gelenkkörper mit Synovialektomie.

5 Erkrankungen der Muskeln, Sehnen, Sehnenscheiden und Bänder

5 Erkrankungen der Muskeln, Sehnen, Sehnenscheiden, und Bänder

Zahlreiche Erkrankungen dieser Strukturen ergeben sich aus der mechanischen Beanspruchung.

Die Muskulatur als aktives Bewegungsorgan und die das Gelenk umkleidenden passiven Band- und Sehnenstrukturen sind Teile der Funktionseinheit Gelenk. Zahlreiche mechanisch bedingte Probleme der Stütz- und Bewegungsorgane ergeben sich nicht nur aus der anatomischen Nähe dieser Strukturen, sondern auch aus ihrer funktionellen Verknüpfung.

5.1 Funktionelle Anatomie und Physiologie von Muskeln, Sehnen und Bändern

5.1 Funktionelle Anatomie und Physiologie von Muskeln, Sehnen und Bändern

Die **Muskeln** bestehen aus Muskelbündeln und diese wiederum aus **Muskelfasern.** Die wesentlichen Bestandteile der Muskelfaser bzw. Muskelzelle sind die **Myofibrillen** mit kontraktilen Eiweißen **Aktin und Myosin.** Anatomie und Physiologie der Muskulatur sind zur Erinnerung in *Synopsis 81* dargestellt.

Jeder **Skelettmuskel** besteht aus einer Reihe von Muskelbündeln, und diese wiederum sind aus einer unterschiedlichen Zahl von **Muskelfasern** zusammengesetzt. Die Muskelfaser entspricht der Muskelzelle. Sie enthält Protoplasma, Kerne, Mitochondrien, Glykogen, ATP und verschiedene andere Zellelemente. Die wesentlichen Bestandteile der Muskelzelle sind die **Myofibrillen** mit den kontraktilen Eiweißen **Aktin und Myosin**. Die kleinste Einheit der Myofibrille ist das Sarkomer. Es besteht aus einem Streifen zwischen zwei Z-Linien, den unmittelbar anliegenden I-Banden (kontraktiles Aktin), A-Banden aus nebeneinanderliegendem Aktin und Myosin sowie H-Banden aus Myosin. Die Muskulatur kann sich isotonisch, isometrisch, auxotonisch und isokinetisch kontrahieren *(S. 63)*. Während einer isotonischen Kontraktion erzeugen die Myofibrillen Spannung und verkürzen sich. Die Aktinfilamente gleiten dann über die Myosinfilamente hinweg, so daß die H-Zone zunehmend schmaler wird. Der Prozeß beruht auf chemischen Bindungen zwischen Aktin und Myosin.

Die Kontraktion erfordert Energie aus dem ATP-Stoffwechsel, wobei Kalzium aus den Zellen freigesetzt wird. Bei einer Entspannung des Muskels kehren Aktin und Myosin in ihre Ruhestellung zurück. Der Muskel erreicht somit seine Ausgangslänge. Anatomie und Physiologie der Muskulatur sind zur Erinnerung in *Synopsis 81* dargestellt.

Nerv und Muskelfaser bilden eine motorische Einheit.
Es werden schnelle und langsame motorische Einheiten unterschieden. Die schnellen motorischen Einheiten sind größer, können mehr Kraft entwickeln und sind besser für den anaeroben Stoffwechsel geeignet.

Mehrere Muskelfasern werden gemeinsam von einem einzelnen Alpha-Moto-Neuron innerviert. **Nerv und Muskelfaser zusammen werden als motorische Einheit** bezeichnet. Aus physiologischer Sicht lassen sich schnelle und langsame motorische Einheiten bzw. Muskelfasern unterscheiden. Die schnelleren motorischen Einheiten sind größer, können mehr Kraft entwickeln und sind besser für den anaeroben Stoffwechsel geeignet. Die individuelle Verteilung der verschiedenen motorischen Einheiten ist offenbar genetisch bestimmt. Eine trainingsinduzierte Verschiebung des Verhältnisses zwischen langsamen und schnellen motorischen Einheiten ist nicht möglich. Training kann lediglich die Fähigkeiten der einzelnen motorischen Einheiten hinsichtlich Kraft und Ausdauer verbessern.

Eine Verbesserung der **Muskelkraft** läßt sich am besten durch ein isokinetisches Übungsprogramm erreichen, wenn die Muskulatur mit Maximalkraft über den gesamten Bewegungsumfang beübt wird.

Eine Verbesserung der **Muskelkraft** läßt sich am besten durch ein isokinetisches Übungsprogramm erreichen, wenn die Muskelgruppen mit Maximalkraft über den gesamten Bewegungsumfang beübt werden. Für das leistungsmäßige Training bestimmter Bewegungsmuster sind daher Trainingsprogramme erforderlich, die an speziellen Apparaturen durchgeführt werden können (z.B. Kraftmaschinen). Ein individuelles Trainingsprogramm beinhaltet, daß die größeren Muskelgruppen stets vor den kleineren trainiert werden.

Die Muskulatur bezieht ihre Energie aus dem ATP-Stoffwechsel und ist daher von der Sauerstoffzufuhr über das respiratorische und zirkulatorische System abhängig. Ein individuelles Ausdauer- oder Konditionstraining hat daher zahlreiche günstige metabolische Auswirkungen:
- **Erhöhung der kardialen Leistungsfähigkeit**
- **Abbau von Fettdepots**
- **Erhöhung der protektiven Fette im Blut.**

Die Muskulatur bezieht ihre **Energie** aus dem ATP-Stoffwechsel und ist daher von der Sauerstoffzufuhr über das respiratorische und zirkulatorische System abhängig. Durch ein kontinuierliches submaximales Training der Muskulatur kann der größte Trainingseffekt auf den Sauerstofftransport erzielt werden, während Hochleistungs- und Intervalltraining primär die strukturellen und biochemischen Eigenschaften des Muskels selbst beeinflussen. Ein individuelles Ausdauer- oder Konditionstraining hat zahlreiche günstige metabolische Auswirkungen. **Es erhöht die kardiale Leistungsfähigkeit, Fettdepots werden abgebaut, der Spiegel der protektiven Fette (»high dense lipoproteins«) wird gesteigert,** ohne den Plasmatriglyzerid- oder Cholesterinspiegel zu beeinflussen, der Nüchternblutzucker und die endogene Insulinausschüttung werden vermin-

Synopsis 81: Anatomie und Physiologie der Muskulatur

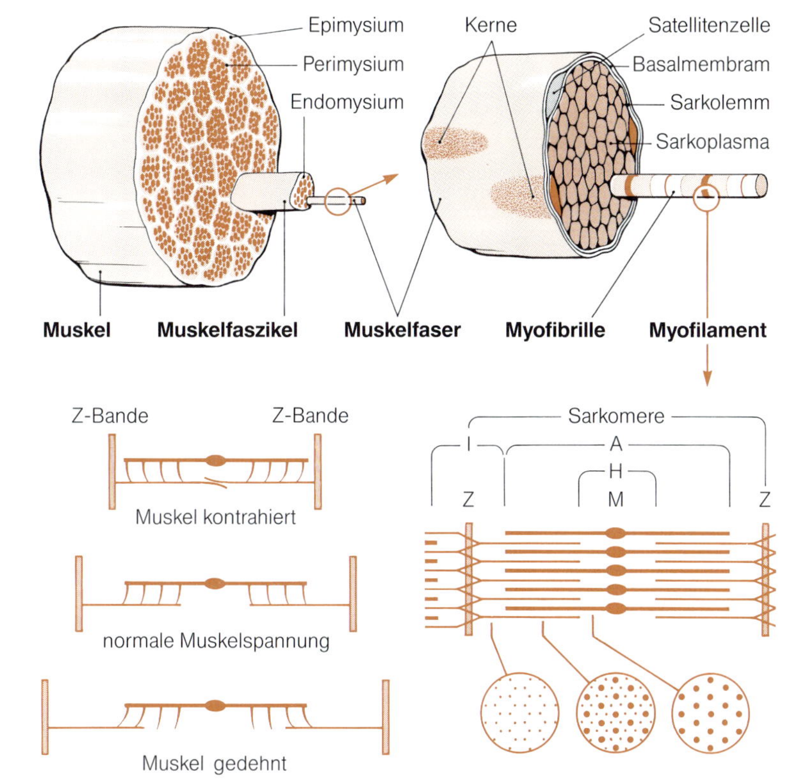

dert. Alle diese Effekte werden im Rahmen des Maximaltrainings von Leistungssportlern, des Konditionstrainings von Freizeitsportlern, aber auch bei der Rehabilitation von Erkrankung und Verletzungen sinnvoll eingesetzt.

Umgekehrt führt jede Inaktivität des Stütz- und Bewegungsapparates auch zu entsprechenden Auswirkungen an der Muskulatur und auf das gesamte Kreislaufsystem. Neben einer durch Inaktivität bedingten Atrophie kann diese jedoch auch durch eine Störung im Bereich der motorischen Einheit entstehen. In diesem Zusammenhang werden **myogene und neurogene Muskelatrophien** voneinander unterschieden *(Syn. 82)*. Ein Abbau der Muskulatur ist auch durch degenerative Veränderungen im Alter (Verfettung), Muskelnekrosen (Traumen), Ossifikation oder Entzündung möglich.

Umgekehrt führt jede Inaktivität des Stütz- und Bewegungsapparates zu einer Atrophie der Muskulatur. Störungen im Bereich der motorischen Einheiten werden als **myogene** und **neurogene Muskelatrophien** differenziert *(Syn. 82)*.

Sehnen, Bänder, Menisken und Bursen haben als sogenannte passive Elemente der Stütz- und Bewegungsorgane verschiedene Leistungen zu erfüllen und unterscheiden sich daher in ihrem differenzierten Aufbau. Sehnen, Faszien und Bänder werden vorwiegend auf Zug beansprucht. Typisch für die zugbelasteten Strukturen ist die Zusammensetzung aus straffen, parallel angeordneten Bindegewebsfasern und dazwischengelagerten spindelförmigen Zellen (Tendozyten). Die Bindegewebsfasern bestehen aus Kollagen, Proteoglykanen, Glykoprotein und Elastin. Die Zugfestigkeit wird von den kollagenen Fibrillen gewährleistet. Durch die elastischen Fasern wird die wellenförmige Anordnung der Sehnentexturen im Ruhezustand ermöglicht. Sie stellen somit ein dämpfendes Element für sämtliche Beanspruchungen dar. Bei Verlust der Elastizität besteht erhöhte Rupturgefahr.

Sehnen, Bänder, Menisken und Bursen sind passive Elemente der Stütz- und Bewegungsorgane. Für die zugbelasteten Strukturen ist die Zusammensetzung aus straffen, parallel angeordneten Bindegewebsfasern typisch. Diese Bindegewebsfasern bestehen aus Kollagen, Proteoglykanen, Glykoprotein und Elastin.

Synopsis 82: Die motorische Einheit bei myogener und neurogener Muskelatrophie (n. Mumenthaler): die Muskulatur setzt sich aus verschiedenen motorischen Einheiten zusammen (a). Bei einer myogenen Muskelatrophie werden regellos einzelne Muskelfasern verschiedener motorischer Einheiten betroffen (b). Bei einer neurogenen Muskelatrophie sind dagegen alle zu einer motorischen Einheit gehörenden Muskelfasern atrophisch (c).

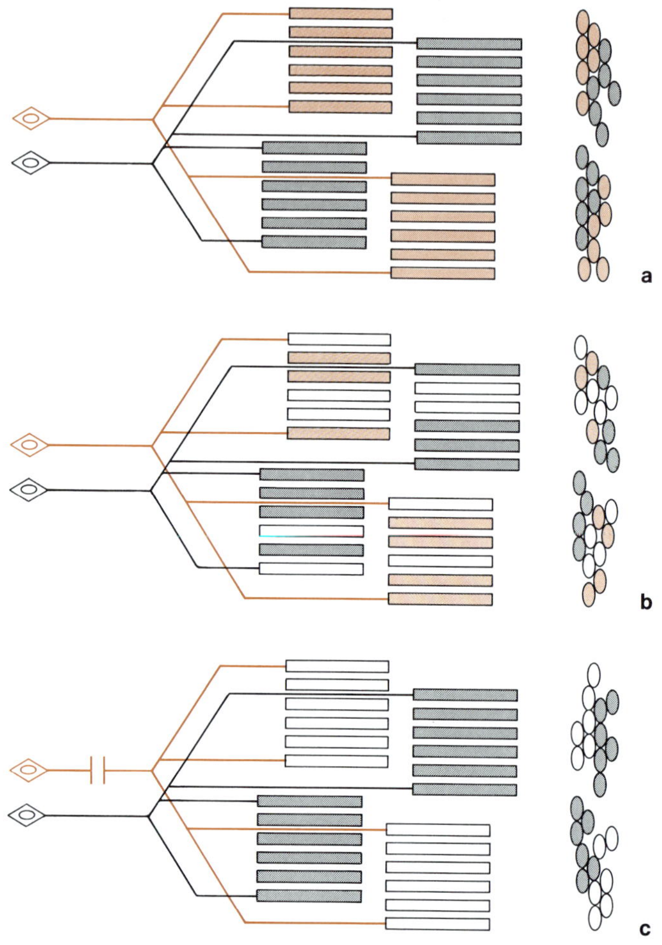

Die Sehne wird von einem lockeren Bindegewebe umscheidet **(Sehnenscheide),** die bei mechanischer Beanspruchung zu reaktiven Entzündungen neigt.

Die Sehne ist von einem lockeren Bindegewebe **(Sehnenscheide**, Peritendineum), das die Bewegungsexkursionen gegenüber der Umgebung gewährleistet, umscheidet. Starke mechanische Beanspruchungen dieser Region können zu reaktiven Entzündungen dieses Gleitlagers führen. Die Blutgefäßversorgung der Sehnen differiert stark. Regionen einer primär kritischen Vaskularisation (z.B. Rotatorenmanschette der Schulter, Achillessehne) sind erhöht spontanrupturgefährdet.

Die Verankerung der Sehne im Knochen ist besonders belastet. Anatomie und Physiologie der Sehne sind in *Synopsis 83* wiedergegeben.

Von besonderem Interesse ist die Verankerung der Sehne im Knochen (Sehneninsertion). Im unmittelbaren Übergangsbereich sind Knorpelzellen in das Sehnengewebe eingelagert, die unter Zugbeanspruchung zum Ausgleich der zwischen Knochen- und Sehnengewebe bestehenden Elastizitätsdifferenzen beitragen. Bei Degeneration dieser Knorpelzellen entstehen Insertionstendopathiene *(S. 200;* z.B. Tennisellenbogen *S. 375).* Anatomie und Physiologie der Sehne sind in *Synopsis 83* wiedergegeben.

Synopsis 83: Anatomie und Physiologie der Sehne und ihrer Übergänge

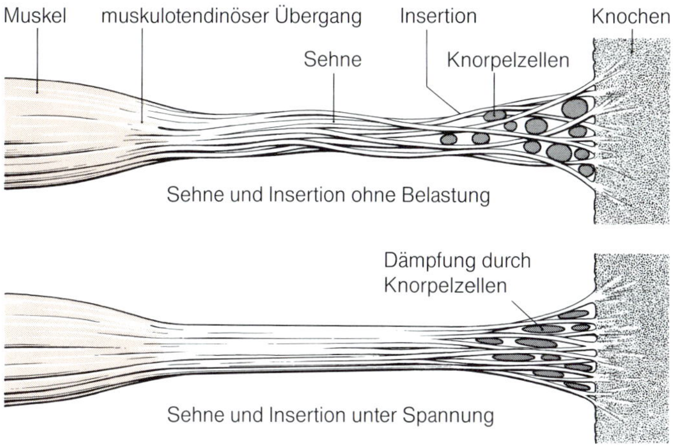

5.2 Muskelerkrankungen

5.2.1 Muskelanomalien

Entwicklungsstörungen der Muskulatur treten häufig zusammen mit Skelettfehlbildungen auf (z.B. Schulterblatthochstand, *S. 359*). Isolierte Muskelanomalien sind dagegen selten (z.B. Pektoralisaplasie, Poland-Syndrom, *S. 348*). Die funktionellen Störungen sind in der Regel gering, z.B. Aplasie des Musculus palmaris longus. Operative Maßnahmen zum funktionellen Ersatz stellen daher eine Ausnahme dar.

5.2 Muskelerkrankungen

5.2.1 Muskelanomalien

Sie treten häufig im Zusammenhang mit Skelettfehlbildungen auf. Die funktionellen Störungen sind in der Regel gering.

5.2.2 Muskelatrophie

Definition. Die Abnahme an Muskelmasse kann sowohl durch eine Verringerung der Muskelzellzahl als auch durch eine Verkleinerung der einzelnen Muskelzellen bedingt sein.

5.2.2 Muskelatrophie

◀ Definition

Ätiologie. Die Muskelatrophie ist lediglich ein Symptom am Erfolgsorgan der motorischen Einheit. Es kommen aus diesem Grund zahlreiche Erkrankungen für die Entstehung einer Muskelatrophie in Frage. Es werden **myogene** und **neurogene** Ursachen der Muskelatrophien voneinander abgegrenzt *(Syn. 82, S. 192)*. **Primäre Myopathien**, die ebenfalls mit dem pathologisch anatomischen Befund einer Muskelatrophie einhergehen, werden in einer eigenen Gruppe der Muskeldystrophien zusammengefaßt *(S. 198)*.

Ätiologie
Für die Muskelatrophie als Symptom am Erfolgsorgan der motorischen Einheit kommen *myogene* und *neurogene* Ursachen in Frage *(Syn. 82, S. 192)*. **Primäre Myopathien,** die ebenfalls mit Atrophien einhergehen, werden in der Gruppe der Muskeldystrophien zusammengefaßt *(S. 198)*.

Klinik. Aus prognostischer Sicht ist die Reversibilität der Muskelatrophie von besonderem Interesse. Die Inaktivitätsatrophie, z.B. durch Ruhigstellung im Gipsverband, ist vollständig reversibel. Muskelatrophien nach ischämischen Muskelnekrosen gehen dagegen mit bindegewebiger Induration der Muskulatur einher und sind nicht rückbildungsfähig. Bei neuraler Muskelatrophie durch Schädigung eines peripheren Nerven ist eine völlige Wiederherstellung möglich, sofern es lediglich zur Druckschädigung, nicht aber zur kompletten Durchtrennung der Nerven kam. Eine völlige Durchtrennung des Nerven führt zu einem irreversiblen Funktionsverlust, der nur durch mikrochirurgische Reanastomosierung und/oder Nerventransplantation gebessert werden kann.

Klinik
Die Muskelatrophie durch Inaktivität ist vollständig reversibel, im Gegensatz zu der Atrophie nach ischämischen Nekrosen. Neurale Muskelatrophien infolge völliger Durchtrennung eines Nerven sind ebenfalls nicht rückbildungsfähig.

Tab. 28: Bewertung der Muskelkraft bei schlaffen Lähmungen

Bewertungen		Funktion
5	normal	voller Bewegungsumfang gegen die Schwerkraft und mit voller Belastung
4	gut	voller Bewegungsumfang, gegen die Schwerkraft und gegen leichten Widerstand
3	schwach	voller Bewegungsumfang, gegen die Schwerkraft, aber ohne zusätzlichen Widerstand
2	schwach	aktive Bewegung nur, wenn die Schwerkraft aufgehoben ist. Gegen Widerstand keine wesentliche Bewegung.
1	Spur	fühlbare Muskelspannung ohne Bewegung im Gelenk
0	Null	keine Anzeichen von Kontraktilität

Diagnose
Bei jeder Muskelatrophie ist eine eingehende neurologische Untersuchung erforderlich. Die Prüfung der **Muskelkraft** geschieht nach einheitlichem Schema *(Tab. 28).*

Diagnose. Bei jeder Muskelatrophie muß eine neurologische Untersuchung durchgeführt werden, um Störungen der motorischen Bahnen und Zentren auszuschließen. Die einzelnen Muskeln werden auf ihren Tonus, ihre Stärke, das Ausmaß und die Geschwindigkeit ihrer Bewegung untersucht. Für die Prüfung der Muskelkraft bei Lähmungen wird ein internationales Schema verwendet *(Tab. 28).* Für die Differentialdiagnose myogener und neurogener Ursachen der Muskelatrophie kann das EMG eingesetzt werden *(S. 38).*

Therapie
Die Behandlung ist von der Prognose der Erkrankung abhängig. Bei Ruhigstellung (z.B. Gipsverband) einer Extremität kommt der Prävention durch krankengymnastische Maßnahmen große Bedeutung zu.

Therapie. Die Behandlung ist von der Prognose der Erkrankung abhängig. Bereits eine einfache Inaktivitätsatrophie entwickelt sich nach Ruhigstellung (z.B. Gipsverband) einer Extremität innerhalb weniger Tage. Die Rückbildung der Muskelatrophie dauert dagegen Wochen und Monate. Bei notwendiger Ruhigstellung einer Extremität sind daher stets begleitende krankengymnastische und physikalische Maßnahmen notwendig, um der Entwicklung einer Muskelatrophie vorzubeugen.

5.2.3 Muskelhärten

5.2.3 Muskelhärten

Synonyme. Myogelosen, Muskelhartspann.

Definition ▶

Definition. Bei oberflächlicher Lage meist gut tastbare Verhärtungen in der Muskulatur infolge eines reflektorisch ausgelösten Dauertonus.

Ätiologie und Pathogenese
Durch Dauerbeanspruchung der Muskulatur kann es zur lokalen Ischämie zunächst mit Stoffwechselstörungen, später eventuell sogar mit Atrophie von Muskelfibrillen kommen. Generalisiert auftretende Muskelhärten werden als psychosomatische Erkrankung beobachtet **(generalisierte Tendomyopathie, Fibromyalgie).**

Ätiologie und Pathogenese. Ursächlich kommen vor allen Dingen Dauerbeanspruchungen der Muskulatur mit den Folgen einer lokalen Ischämie und Stoffwechselstörung in Frage. Praktisch relevant sind monotone Bewegungsabläufe während der Arbeit. Aber auch bei Gelenkerkrankungen entsteht ein reflektorisch bedingter Dauertonus, der durch die Anhäufung von Laktat zunächst eine Muskelfaserschwellung auslöst, später bei anhaltender Ischämie auch eine **Atrophie von Muskelfibrillen** mit hyaliner und **wachsartiger Faserdegeneration und Vakatfettbildung.** Das generalisierte Auftreten von Muskelhärten wird als psychosomatische Erkrankung beobachtet **(generalisierte Tendomyopathie, Fibromyalgie).**

Klinik
Bei exponierter Lage sind die Härten in der Muskulatur gut tastbar. Es bestehen aktive Bewegungsschmerzen. Bei der Fibromyalgie bestehen meist diffuse Muskel- und Sehnenansatzschmerzen. Funktionelle Beschwerden (Kopfschmerzen) sind häufig.

Klinik. Bei exponierter Lage sind die Härten in der Muskulatur gut tastbar. Sie sind druckschmerzhaft und bei allen funktionellen Beanspruchungen bewegungsschmerzhaft. Bei der Fibromyalgie klagen die Patienten über diffuse Muskel- und Sehnenansatzschmerzen. Begleitend bestehen fast immer Kopfschmerzen und andere funktionelle Beschwerden sowie eine ausgeprägte Schlafstörung.

Therapie. Die Behandlung sollte bereits im Frühstadium einsetzen. Durch konsequente Wärmeanwendungen und Muskelmassagen können beginnende Muskelhärten in der Regel aufgelöst werden. Bei der Fibromyalgie steht die psychische Betreuung der Patienten im Vordergrund. Durchgreifende Besserungen sind häufig erst durch Sedativa und Antidepressiva möglich.

Therapie
Im Frühstadium durch konsequente Wärmeanwendungen und Muskelmassagen. Bei der Fibromyalgie durch psychosomatische Betreuung, Sedativa und Antidepressiva.

5.2.4 Muskelkontrakturen

Definition. Dauerhafte Verkürzung der Muskulatur mit den Folgen einer Bewegungseinschränkung des zugehörigen Gelenkes.

◀ **Definition**

Ätiologie und Pathogenese. Eine Muskelkontraktur entwickelt sich sowohl nach primären muskulären als auch nach primären neurogenen Erkrankungen, die entweder zu einer fibrösen Umwandlung der Muskulatur oder zum erhöhten Dauertonus führen *(Tab. 1, S. 25)*. Auch ein Gelenkschaden kann zu Muskelkontrakturen führen. Nach Traumen kann durch Weichteilläsionen und Einblutungen in die Muskellogen ein Kompartment-Syndrom entstehen *(S. 477)*, z.B. Tibialis-anterior-Syndrom. Unbehandelt kommt es zu einer Störung der Mikrozirkulation mit den Folgen einer ischämischen Muskelnekrose und nachfolgender Muskelfibrose. Diese geht jeweils mit ausgeprägten Kontrakturen einher (Volkmann-Kontraktur, *S. 377)*. Ein neurogen erhöhter Dauertonus der Muskulatur liegt bei der spastischen Form der infantilen Zerebralparese vor. Treten die ausgeprägten Muskelkontrakturen bereits frühzeitig im Kindesalter auf, können sie die Entwicklung der Gelenke erheblich stören und bis zur Gelenkluxation führen *(Abb. 65, S. 254)*.

Ätiologie und Pathogenese
Muskelkontrakturen sind nach muskulären, aber auch neurogenen Erkrankungen oder bei Gelenkschäden möglich *(Tab. 1, S. 25)*. Treten die Kontrakturen bereits frühzeitig im Kindesalter (z.B. bei infantiler Zerebralparese) auf, können sie die Entwicklung der Gelenke erheblich stören und bis zur Gelenkluxation führen *(Abb. 65, S. 254)*

5.2.5 Arthrogryposis multiplex congenita

Definition. Angeborene Gelenkkontrakturen, die in unterschiedlicher Ausprägung an den Extremitätengelenken und der Wirbelsäule vorliegen: Sie können im Verlauf des Wachstumes zu zahlreichen Deformitäten führen.

◀ **Definition**

Ätiologie und Pathogenese. Die Ursache ist im einzelnen unklar. Bei der **neuropathischen Form** der Arthrogrypose liegt offenbar eine primäre Störung an den Vorderhornzellen des Rückenmarks vor, während bei der **myopathischen** Form primäre metabolische Veränderungen an der Muskelzelle postuliert werden. Durch die fehlende Muskelaktivität kommt es bereits intrauterin zur mangelnden Gelenkentwicklung. Zum Zeitpunkt der Geburt fallen die kaum beweglichen, entweder in Beuge- oder Streckkontraktur stehenden Gelenke auf. Im Gegensatz zu schlaffen Lähmungen bei der Poliomyelitis oder Meningomyelozele korreliert die bestehende Gelenkkontraktur nicht mit dem Ausmaß der Muskelimbalance. Im weiteren Verlauf kommt es durch die anhaltende Wachstumsstörung zu ausgeprägten Deformitäten der Gliedmaßenabschnitte, Gelenke und der Wirbelsäule.

Ätiologie und Pathogenese
Bei der **neuropathischen Form** liegt eine primäre Störung an den Vorderhornzellen des Rückenmarks, bei der **myopathischen Form** eine Veränderung an der Muskelzelle selbst vor. Durch die fehlende Muskelaktivität im Uterus kommt es bereits pränatal zu ausgeprägten Kontrakturen der Gelenke, im weiteren Verlauf durch die anhaltende Wachstumsstörung zu ausgeprägten Deformitäten der Gliedmaßenabschnitte, Gelenke und der Wirbelsäule.

Klinik. Das klinische Bild ist typisch. Nebeneinander liegen **Muskelatrophien** und ausgeprägte **Kontrakturen** der Gelenke in Beugung oder Streckung vor. Als Hinweis auf die bereits pränatal bestehende Kontraktur ist **über den Gelenken keine Hautfältelung** entwickelt. Die Glieder wirken wie ausgestopft *(Abb. 43)*. Als kongenitale Deformitäten bestehen Klumpfüße, Hüftgelenksluxationen und verschiedene Fehlstellungen im Bereich des Handgelenkes und der Finger. Eine Skoliose entwickelt sich erst im Verlauf der ersten Lebensjahre. Die Diagnose wird anhand des klinischen Bildes gestellt. Das Röntgenbild zeigt die Deformitäten, aber keine charakteristischen Veränderungen.

Klinik
Das Nebeneinander von **Muskelatrophien** und **ausgeprägten Kontrakturen** der Gelenke ist typisch. Die Glieder wirken wie ausgestopft *(Abb. 43)*. Begleitend sind Klumpfüße, Hüftgelenksluxation und Handdeformitäten bereits kongenital häufig. Skoliosen entwickeln sich erst im Verlauf der ersten Lebensjahre.

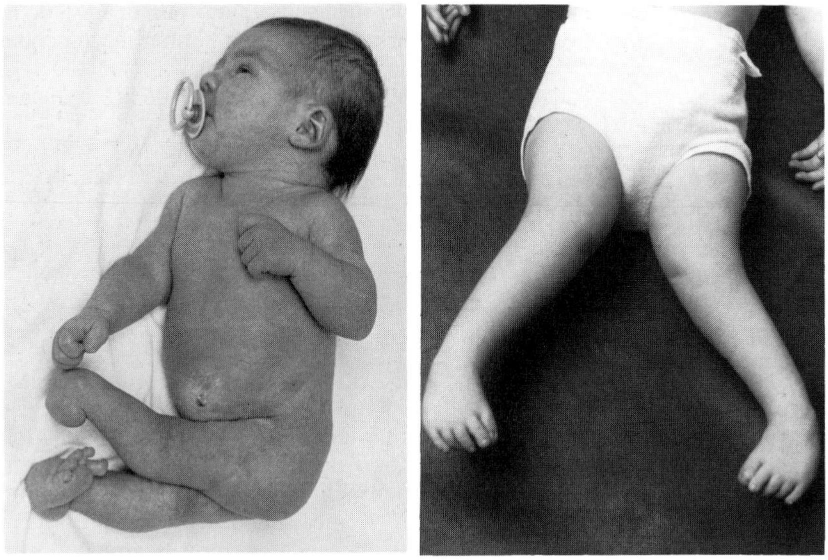

a b

Abb. 43a und b: Arthrogryposis multiplex congenita: bereits pränatal bestehen Kontrakturen, an den unteren Extremitäten häufig als Kniestreckkontrakturen und Klumpfüße. Wegen des fehlenden Anfaltungsmechanismus der Beine stellen sich die Kinder in der Regel als Steißlage (Beckenendlage) ein (a). Die fehlende Beweglichkeit führt zum Verlust der Hautfältelung über den Gelenken. Die Glieder wirken wie ausgestopft. Die *Abbildung 43b* zeigt die Kniestreckkontrakturen eines 18 Monate alten Jungen.

Therapie
Bei frühzeitiger Behandlung können die Kontrakturen durch Krankengymnastik oder auch operativ durch Arthrolysen gebessert werden.

Therapie. Die Behandlung soll so früh wie möglich beginnen. Nur dann ist eine ausreichende Funktionstüchtigkeit der Gelenke möglich. Mit Krankengymnastik auf neurophysiologischer Basis (nach dem Vojta-Konzept) können restliche Muskelaktivitäten stimuliert und Restbewegungen der Gelenke erhalten werden. Für die Funktionstüchtigkeit sind häufig frühzeitig Arthrolysen an Ellenbogengelenk und im Bereich des Fußes erforderlich, um die selbständige Versorgung und Steh- und Gehfähigkeit zu gewährleisten. Die Hüftgelenksluxation ist prognostisch ungünstig *(S. 89).*

5.2.6 Muskelverknöcherungen

5.2.6 Muskelverknöcherungen

Synonym. Myositis ossificans

Definition ▶

> ***Definition.*** Langsam fortschreitende Verknöcherung der quergestreiften Muskulatur, die eigenständig und meist generalisiert (Myositis ossificans progressiva) oder lokalisiert (Myositis ossificans circumscripta) auftreten kann.

Ätiologie und Pathogenese
Die Ursache der **Myositis ossificans progressiva** ist unbekannt. Bei der **Myositis ossificans circumscripta** kommen traumatische und neuropathische Ursachen in Frage.

Ätiologie und Pathogenese. Die **Myositis ossificans progressiva** stellt eine eigenständige Erkrankung dar, deren Ursache unbekannt ist. Bei der **Myositis ossificans circumscripta** kommen traumatische und neuropathische Ursachen für die Entwicklung der Muskelverknöcherung in Frage. Die traumatische Form wird nach einmaligem Trauma der Muskulatur mit Einblutung und nachfolgender Ossifikation (z.B. heterotope Ossifikation nach Hüftgelenkersatz), aber auch nach chronischen Dauerbeanspruchungen (Reiterknochen in der Adduktorenmuskulatur) beobachtet. Die neuropathische Myositis ossificans tritt nach Erkrankungen und Verletzungen des zentralen Nervensystems oder peripherer Nerven auf. Sie stellt ein großes Problem bei der Rehabilitation von Gelähmten dar *(S. 262).*

Klinik
Je nach Ausdehnung der Ossifikation kommt es zu funktionellen

Klinik. Bei der zirkumskripten Myositis werden je nach Ausdehnung der Ossifikation funktionelle Behinderungen an den Gelenken festgestellt. Vor allem bei neuropathischen Ossifikationen entwickeln sich massive, gelenküberbrückende

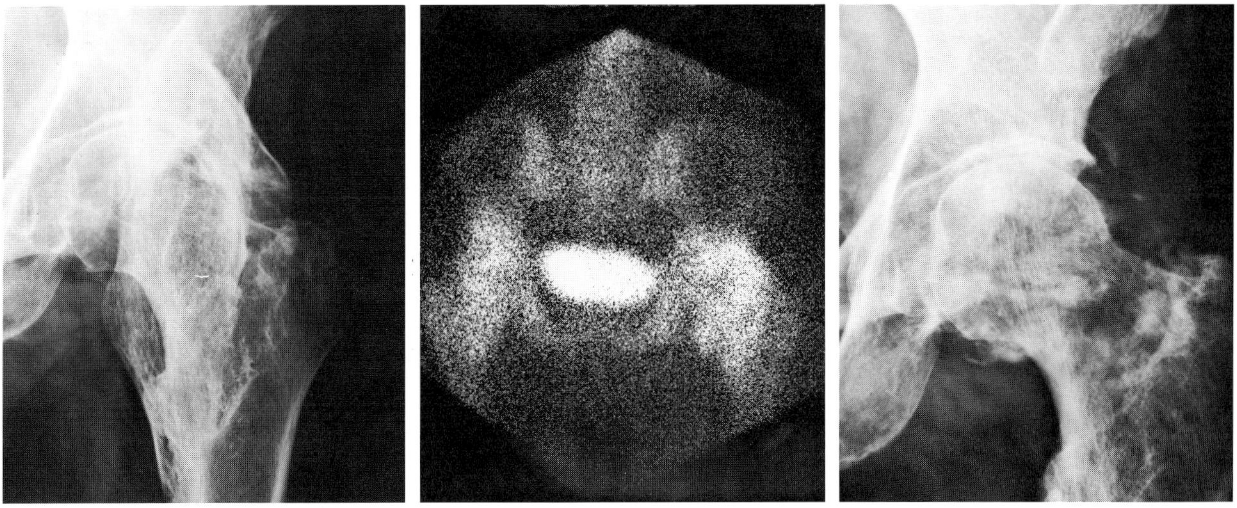

a b c

Abb. 44: Myositis ossificans circumscripta bei 40jährigem Querschnittgelähmten im Bereich beider Hüftgelenke. Präoperativer Befund mit völliger knöcherner Überbauung des Hüftgelenkes (a), zugehöriges Szintigramm (b) und postoperatives Röntgenbild nach Resektion der Ossifikationen (c).

Ossifikationen, die zur völligen Versteifung führen *(Abb. 44)*. Im Frühstadium und bei noch aktiver Ossifikation ist die alkalische Phosphatase stets erhöht. Das Szintigramm ist positiv. Die Prognose der Myositis ossificans progressiva ist ungünstig. Bei ausgeprägtem Befall der gesamten quergestreiften Muskulatur ist die Lebenserwartung erheblich eingeschränkt, da auch die Atemmuskulatur befallen ist.

Behinderungen der Gelenke oder zur völligen Versteifung *(Abb. 44)*. Die Lebenserwartung bei Myositis ossificans progressiva ist eingeschränkt.

Therapie. Eine kausale Therapie der Myositis ossificans progressiva ist nicht bekannt. Die zirkumskripte Form ist in der Phase ihrer Aktivität nur wenig zu beeinflussen. Eine Röntgenentzündungsbestrahlung wird empfohlen. Operative Maßnahmen zur Entfernung der Ossifikationen und mit dem Ziel einer Wiederherstellung der Gelenkfunktion sollen nur bei weitgehend inaktiver Ossifikation (normale alkalische Phosphatase, Szintigramm negativ) vorgenommen werden.

Therapie
Die progessive Form ist kaum zu beeinflussen. Bei der zirkumskripten Form sind eine Röntgenentzündungsbestrahlung, unter Umständen auch operative Maßnahmen erforderlich.

5.2.7 Muskelentzündungen

Synonym. Myositis.

5.2.7 Muskelentzündungen

Definition. Muskelentzündungen können bakteriell, sowohl spezifisch als auch unspezifisch (entzündlich-rheumatisch), viral und parasitär bedingt sein.

◀ **Definition**

Ätiologie. Am häufigsten ist die durch Inokulation bei Injektionen bedingte bakterielle Myositis mit der nachfolgenden Entwicklung eines Spritzenabszesses. Zahlreiche Viruserkrankungen gehen mit Muskelentzündungen einher (z.B. Myalgia epidemica, Bornholm-Krankheit) oder beginnend im Prodromal-Stadium mit ausgeprägten Myalgien (z.B. bei der Hepatitis).

Lymphozytäre Myositiden finden sich bei entzündlich-rheumatischen Grunderkrankungen (Lupus erythematodes, Sklerodermie, Dermatomyositis).

Häufig ist die im höheren Lebensalter auftretende entzündlich-rheumatische Erkrankung der Muskulatur als **Polymyalgia rheumatica.** Sie kann als Begleiterscheinung der Riesenzellarteritis zu schulter- und beckengürtelbetonten Schmerzen führen.

Ätiologie
Am häufigsten ist die bakterielle Myositis nach Injektion (Spritzenabszeß). Muskelentzündungen sind auch nach viralen Erkrankungen oder als lymphozytäre Myositiden bei entzündlich-rheumatischen Grunderkrankungen möglich.
Die entzündlich-rheumatische **Polymyalgia rheumatica** kann als Begleiterscheinung der Riesenzellarteritis zu schulter- und beckengürtelbetonten Schmerzen führen.

Klinik. Die akute Muskelinfektion geht immer mit schweren Allgemeinsymptomen einher. Bei viralen und chronischen Infektionen stehen die Schmerzen von seiten der Muskulatur im Vordergrund. Die Polymyalgia rheumatica geht

Klinik
Die akute Muskelinfektion geht mit schweren Allgemeinsymptomen ein

her. Bei chronischen Infektionen stehen die Muskelschmerzen im Vordergrund. Bei der Polymyalgia rheumatica finden sich neben Schulter- und Beckengürtelschmerzen hochgradig humorale Entzündungszeichen (BKS, CRP ++; Elektrophorese: γ-Globulin ++)

Therapie
Sie richtet sich nach der Grunderkrankung. Bei der Polymyalgia rheumatica helfen nur Kortikosteroide.

zusätzlich zu den erheblichen schulter- und beckengürtelbetonten Schmerzen mit einer starken Störung des Allgemeinbefindens einher. Ferner liegen hochgradige humorale Entzündungszeichen (Blutsenkung maximal erhöht, C-reaktives Protein erhöht, Elektrophorese mit γ-Globulin-Vermehrung) und bei längerem Bestehen eine Anämie vor. Die rheumaspezifischen Tests sind dagegen negativ.

Therapie. Die Behandlung richtet sich nach der Grunderkrankung. Spritzenabszesse sind zu spalten. Bei der Polymyalgia rheumatica ist einzig die Verabreichung von Kortikosteroiden erfolgversprechend.

5.2.8 Progressive Muskeldystrophie

Definition ▶

5.2.8 Progressive Muskeldystrophie

Definition. Genetisch bedingte Erkrankung der Skelettmuskulatur mit unterschiedlichem Befallsmuster und progredientem Verlauf.

Ätiologie
Es wird ein Membrandefekt der Muskelzellen angenommen.

Ätiologie. Eine nosologische Einheit der Erkrankung liegt nicht vor. Wahrscheinlich handelt es sich um Stoffwechselstörungen infolge von Membrandefekten der Muskelzellen.

Klinik
Sie wird vom Manifestationsalter, vom Befallsmuster und der Lebenserwartung bestimmt. Häufig sind die **Schultergürtelform** (juvenile Form) und die **Beckengürtelform** (infantile Form), bei der zwischen einem malignen und benignen Verlauf unterschieden wird.
Die **maligne Verlaufsform** (Duchenne) ist eine der häufigsten Erbkrankheiten des Kindesalters. Typisch sind das starke Hohlkreuz und die Gnomenwaden. Die Lebenserwartung der vor Abschluß der Pubertät gehunfähigen Kinder beträgt ca. 20 Jahre. Die **benigne Verlaufsform** nimmt einen langsameren Verlauf *(Tab. 29).*

Klinik. Sie wird im wesentlichen vom Manifestationsalter, dem Befallsmuster und der Lebenserwartung bestimmt.

Bei der **Schultergürtelform** (juvenile Form) der progressiven Muskeldystrophie beginnt die Erkrankung nach der Pubertät mit zunehmender Schwäche der Schultermuskeln. Unterarm- und Handmuskeln bleiben verschont. Becken-, Rücken- und Oberschenkelmuskeln werden erst spät befallen. Die Lebenserwartung ist normal.

Bei der **Beckengürtelform** (infantile Form) werden eine maligne und benigne Verlaufsform unterschieden. Die **maligne Verlaufsform** (Typ Duchenne) ist eine der häufigsten Erbkrankheiten (X-chromosomal-rezessiv; daher sind nur Jungen betroffen) des Kindesalters. Sie beginnt im Alter von 2 bis 4 Jahren mit einem Muskelschwund an Glutäen, Iliopsoas und Quadrizeps. Die Kinder haben zunächst Schwierigkeiten, sich aus der Hocke aufzurichten (positives Gowers-Zeichen). Später kommt es zur Ausbildung eines starken Hohlkreuzes mit starker Beckenkippung nach vorne. Typisch sind die **Gnomenwaden** (Pseudohypertrophie der Waden durch Einlagerung von Fettgewebe). Die Prognose ist ungünstig. Die Kinder werden bereits vor Abschluß der Pubertät gehunfähig. Die Lebenserwartung beträgt kaum 20 Jahre. Die **benigne Form** des Beckengürteltyps nimmt einen langsameren Verlauf. Sekundär wird häufig der Schultergürtel mit befallen. Über die verschiedenen Formen der Muskeldystrophie informiert *Tab. 29.*

Therapie
Die Therapie ist bisher symptomatisch.

Therapie. Eine ursächliche Behandlung steht bisher nicht zur Verfügung. Eine Substitutionstherapie mit Enzymen ist in Erprobung. Die Behandlung ist symptomatisch und orientiert sich an den vorliegenden Funktionsbehinderungen durch Kontrakturen und Muskelschwäche.

5.2.9 Myotonien

Definition ▶

5.2.9 Myotonien

Definition. Verkrampfungen von Muskeln, die im Anschluß an eine willkürlich induzierte Aktivität auftreten.

Ätiologie und Pathogenese
Anhaltende Depolarisation der Muskulatur unbekannter Ursache.

Ätiologie und Pathogenese. Der Starre der Muskulatur liegt eine anhaltende Membrandepolarisation zugrunde. Die eigentliche Ursache ist jedoch nicht bekannt.

Tab. 29: Differentialdiagnose der wichtigsten hereditären Muskeldystrophien und -atrophien (mod. nach Mumenthaler, Neurologie 8. Auflage 1986, Thieme Stuttgart)

Gruppe und Ursache	Name	Vererbung	Häufigkeit	Alter	klinische Besonderheiten	Prognose
Progressive Muskeldystrophien: (genetisch bedingter Enzymdefekt)	fazio-skapulohumerale Form (Typ I)	autosomal-dominant	4 auf 1 Million	2.–3. Jahrzehnt	Beginn im Gesicht und Schultergürtel, später evtl. Beckengürtel	langsam progredient, bleiben oft arbeitsfähig
	Rumpfgürtelform (Typ II)	autosomal-rezessiv	38 auf 1 Million	sehr variabel 1. und 2. (–4.) Jahrzehnt	Beginn im Becken- oder Schultergürtel, dann aszendierend bzw. deszendierend. Gelegentlich (sekundär) faziale Beteiligung. Evtl. Kontrakturen Selten auch Wadenhypertrophie (I)	Behinderung nach vielen Jahren nennenswert. Arbeitsfähigkeit eingeschränkt
	Duchenne-Form (Typ III)	geschlechtsgebunden rezessiv Nur Knaben befallen	279 Knaben auf 1 Million männliche Geburten	2.–6. Jahr	maligne Form: Beginn im Beckengürtel. Wadenhypertrophie. Aszendierend	rasch invalidisierend Tod vor dem 20. Jahr
				1.–2. Jahrzehnt	benigne Form: 5mal seltener als maligne. Viel langsamer aszendierend	bis 3. Jahrzehnt gehfähig. Tod im 4. oder 5. Jahrzehnt
spinale Muskelatrophie (chronisch-degenerativer Prozeß mit Befall der Vorderhornganglien)	infantile spinale Muskelatrophie (Werdnig-Hoffmann)	autosomal rezessiv	?	1. Jahr	schlaff-paretisch, Faszikulationen, Beginn vor Vertikalisierung	rasch progredient Tod oft vor dem 4. Lebensjahr
	Atrophia musculorum spinalis pseudomyopathica (Kugelberg-Welander)	unregelmäßig dominant	?	2.–10. Jahr	Beginn nach normaler Vertikalisierung, zunächst an unteren Extremitäten	langsam progredient
spastische Spinalparalyse (chronischer Pyramidenbahnbefall	familiäre spast. Spinalparalyse	familiär	?	1. Lebensjahrzehnt	progrediente Spastizität d. unteren Extremitäten	zum Teil invalidisierend
spinozerebellare Heredoataxie (deg. Prozeß der spinozerebellaren und kortikospinalen Bahnen)	Friedreich-Ataxie	familiär	♂ > ♀	1. Lebensjahrzehnt	Gehenlernen erschwert, Ungeschicklichkeit, Ataxie Artikulationschwierigkeiten	progredient invalidisierend
neurale Muskelatrophie (Degeneration von Muskel, peripherem Nerv und Vorderhornganglion)	peroneale Muskelatrophie (Charcot-Marie-Tooth)	dominant-autosomal	?	1. Jahrzehnt	Beginn an Unterschenkelmuskeln, später Hand- und Wirbelsäulenmuskulatur	langsam progredient geringe Behinderung

Klinik. Bei der **Myotonia congenita** (Thomsen) handelt es sich um eine dominant vererbliche Erkrankung, die in der frühen Jugend beginnt. Die Kinder fallen durch ihre Ungeschicklichkeit auf. Bei der Untersuchung entsteht auf direkten Druck eine typische Dellenbildung in der Muskulatur. Bei der **Dystrophia myotonica** (Kurschmann-Steinert) beginnt die Erkrankung zwischen dem 20. und 30. Lebensjahr an der Kaumuskulatur (Maskengesicht). Die **Amyotonia congenita** ist durch eine symmetrische Muskelschlaffheit der Beine gekennzeichnet. Die meist adipösen Kinder kommen erst etwa mit dem 6. Lebensjahr zur Aufrichtung.

Therapie. Eine kausale Behandlung steht nicht zur Verfügung. Symptomatisch kann eine Therapie mit membranstabilisierenden Pharmaka angezeigt sein (Phenytoin 300–600 mg/d).

Klinik

Kinder mit **Myotonia congenita** fallen in der Jugend durch Ungeschicklichkeit auf. Bei der Untersuchung entsteht auf direkten Druck eine typische Dellenbildung in der Muskulatur. Bei der **Amyotonia congenita** besteht eine symmetrische Muskelschlaffheit der Beine.
Die Kinder kommen erst etwa mit 6 Jahren zur Aufrichtung.

Therapie

Symptomatisch mit membranstabilisierenden Pharmaka.

5.3 Erkrankungen der Sehnen, Faszien, Bänder, Menisken und Bursen

5.3.1 Erkrankungen der Sehnen (Tendopathien)

5.3 Erkrankungen der Sehnen, Faszien, Bänder, Menisken und Bursen

5.3.1 Erkrankungen der Sehnen (Tendopathien)

Synonyme. Tendinose, Myotendinose, Tendomyose, Tendoperiostose, Enthesiopathie. Tendinitis, Enthesitis.

Definition ▶

Definition. Die Sehnenerkrankungen treten als primär nicht entzündliche (degenerative) Erkrankungen im Bereich der Sehnen selbst (Tendinose) oder im Bereich des Sehnenansatzes (Insertionstendinose) oder auch als primär entzündliche Erkrankungen (Tendinitis) auf.

Ätiologie und Pathogenese
Degenerative Tendopathien (Tendinosen) entwickeln sich an mechanisch überbeanspruchten und primär kritisch vaskularisierten Sehnen. Es kommt zu Nekrosen und Kalkinkrustationen *(Abb. 45)*. **Entzündliche Tendopathien** (Tendinitiden) entstehen bei rheumatischen Grundkrankheiten.

Ätiologie und Pathogenese. Bei den **degenerativen Veränderungen** handelt es sich um Strukturzerstörungen der kollagenen Fasern, Nekrosen mit sekundären Kalkinkrustationen und evtl. Rupturen *(Abb. 45)*. Die Tendinosen entwickeln sich vorwiegend an mechanisch überbeanspruchten Sehnen oder an Sehnen mit primär kritischer Vaskularisation. Aus klinischer Sicht werden diese primären Tendinosen von sekundären Tendinosen abgegrenzt, die sich erst als Folge einer zugrundeliegenden anderen Erkrankung einstellen (z.B. Tendinose als Ausdruck eines nozizeptiven Blockierungsreflexes, *S. 65)*. Primär **entzündliche Erkrankungen** (Tendinitiden) treten gemeinsam mit solchen der Gelenke auf, da die Reaktionsweise des tendosynovialen Gewebes der der synovialen Gelenke entspricht.

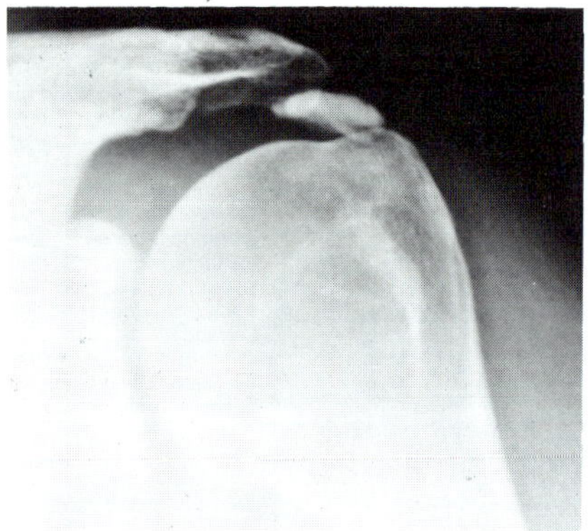

Abb. 45: Verkalkung der Supraspinatussehne nach degenerativer Rotatorenmanschettenruptur.

Klinik
Tendinosen sind allgemein an der oberen Extremität, bei Sportlern dagegen an der unteren Extremität gehäuft *(s. Syn. 84)*. Das Hauptsymptom ist der Schmerz:
- Druckschmerz,
- passiver Bewegungsschmerz und
- aktiver Bewegungsschmerz.

Klinik. Tendinosen finden sich in einem allgemeinen Krankengut überwiegend an der oberen Extremität, bei Sportlern dagegen bevorzugt in der Umgebung der Gelenke der unteren Extremität. Die Betroffenen geben einen Spontan- und Ruheschmerz an. Bei der klinischen Untersuchung können ein Druckschmerz, ein passiver Dehnungsschmerz und aktiver Bewegungsschmerz bei Anspannung der dazugehörigen Muskulatur festgestellt werden. Das Befallmuster von Tendinosen ist in *Synopsis 84* wiedergegeben.

Die Klinik der entzündlichen Sehnenerkrankungen entspricht derjenigen der degenerativen Tendopathien. Tendinitiden treten bei rheumatischen Grundkrankheiten, insbesondere bei der Spondylitis ankylosans (bevorzugt am Kalkaneus, Tuber ossis ischii, Trochanter und Patella), als disseminierte hyperostotische Form beim Morbus Forestier und bei den Kristallarthropathien auf.

Therapie
Im Frühstadium durch **mechanische Entlastung** der betroffenen Sehne. Später **Ultraschallbehandlung, Iontophorese** und **lokale Injektionen. Operative Revisionen** sind nur bei Therapieresistenz erforderlich. Begleitende **krankengymnastische** und **physikalische Maßnahmen** sind wichtig *(S. 64)*.

Therapie. Die Behandlung der Tendopathien erfolgt im Rahmen eines Programmes. Am Anfang jeder Maßnahme steht eine **mechanische Entlastung** der betroffenen Strukturen, die jedoch in Abhängigkeit von dem betroffenen Gelenk nicht immer konsequent möglich ist. Daher wird die Behandlung von Tendopathien immer wieder von Rückfällen begleitet und ist häufig sehr langwierig. Zur Auflockerung verquollenen Sehnengewebes kann gezielt eine **Ultraschallbehandlung,** zur Beseitigung von schmerzhaften Veränderungen die **Iontophorese** eingesetzt werden *(S. 71)*. Begleitend sind **medikamentöse** (analgetische, weniger antiphlogistische), krankengymnastische (Dehnung von Kontrakturen, Koordinationsübungen, *S. 64)* und andere **physikalische** (Massage, Elektrotherapie, *S. 70/71)* **Maßnahmen** angezeigt. Bei chronischen Verläufen ist die **Injektion von Lokalanästhetika** oder auch **Kortikosteroiden** möglich, die jedoch stets nur **an, nie jedoch in** die Sehne instilliert werden dürfen (Gefahr der Sehnennekrose). Operative Revisionen sind nur bei Therapieresistenz erforderlich (z.B. Epicondylitis humeri, *S. 375)*.

Synopsis 84: Befallmuster der Tendinosen in einem allgemeinen Krankengut (rote Kreise) und bei Sportlern (graue Kreise).

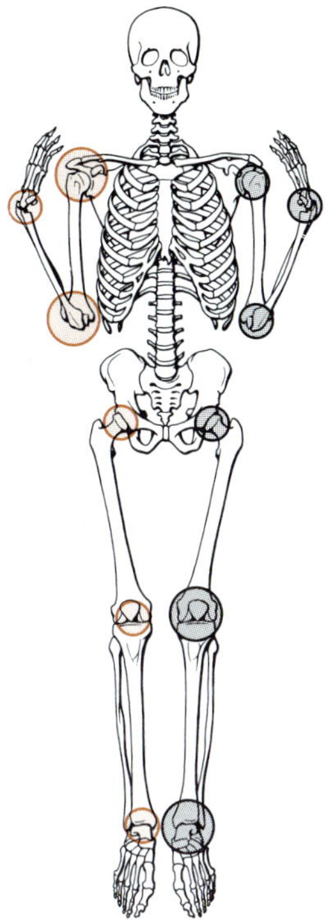

5.3.2 Sehnenscheidenentzündungen

Synonym. Tendovaginitis.

Definition. Meist durch mechanische Irritation und Überlastung entstandene, seltener bakteriell und entzündlich-rheumatisch bedingte Entzündung des Sehnengleitgewebes. Am häufigsten sind die Sehnenscheidenentzündungen in Handgelenksnähe bei stereotyper Fingerarbeit (Sekretärin).

Klinik. Sehnenscheidenentzündungen lassen sich auf dieselben Ursachen zurückführen wie die Tendopathien. Überwiegend kommen mechanische Überbelastungen in Frage, die zu einer ödematösen Schwellung des peritendinösen Gewebes und der Sehnenscheide führen. Durch Ausscheidung von Fibrin erklärt sich die bei jeder Bewegung tastbare Krepitation im Gleitgewebe **(Knarren, Hirschlederreiben).** Klinisch stehen die akute Schwellung nach einmaliger oder chronischer Überbeanspruchung sowie die Spontan- und Bewegungsschmerzen im Vordergrund. Die Therapie besteht wie bei den Tendopathien in einer Ruhigstellung der lädierten Strukturen mit der Aussicht auf eine Restitutio ad integrum.

Eine eigenständige Form der Sehnenscheidenentzündung stellt die Tendovaginitis stenosans dar (de Quervain, *S. 390).* Hierbei handelt es sich um eine lokalisierte Stenose der Sehnenscheide, durch die die strangulierte und verdickte Sehne nur schwer und mit einem Schnalzen hindurchläuft. Sie tritt überwiegend im Bereich des Abductor pollicis longus und des Extensor pollicis brevis sowie im Bereich der Fingerbeuger auf (schnellender Finger, *S. 390).* Die Therapie macht häufig eine operative Spaltung des Sehnenfaches erforderlich.

5.3.2 Sehnenscheidenentzündungen

◀ **Definition**

Klinik
Ursächlich sind mechanische Überbelastungen von Bedeutung. Durch Ausscheidung von Fibrin in die Sehnenscheide erklärt sich die tastbare Krepitation im Gleitgewebe **(Knarren, Hirschlederreiben).** Therapie durch Ruhigstellung.

Eine eigenständige Form ist die **Tendovaginitis stenosans** (de Quervain) mit lokalisierter Stenose der Sehnenscheide *(S. 390),* die häufig operiert werden muß.

5.3.3 Erkrankungen von Bändern und Muskelfaszien

Läsionen des Bandapparates sind meist traumatisch bedingt. An mechanisch stark beanspruchten Bandstrukturen können sich den Tendopathien vergleichbare degenerative Veränderungen entwickeln **(Ligamentosen).** Prädilektionsstellen finden sich entlang der Wirbelsäule und im Beckenbereich.

Veränderungen im Bereich der Muskelfaszien sind ebenfalls überwiegend durch Traumen oder chronische Überbeanspruchung bedingt. Eigenständige Erkrankungen sind die **Fibromatosen** (Morbus Dupuytren, *S. 384).*

5.3.3 Erkrankungen von Bändern und Muskelfaszien

Läsionen der ebenfalls aus straffem kollagenem Bindegewebe aufgebauten Bänder sind meist traumatisch bedingt. Ausgedehnte Bandrupturen können zu einer bleibenden Verlängerung des Bandes und damit zu einer Lockerung der Bandführung und chronischen Instabilität des betroffenen Gelenkes führen (Schlottergelenk). Derartige Instabilitäten sind eine häufige Ursache von posttraumatischen Arthrosen. Bei lang dauernder Ruhigstellung von Gelenken kann es zur Verkürzung von Bändern kommen, die eine Remobilisation des betroffenen Gelenkes erheblich erschweren und unter Umständen operative Maßnahmen erfordern. An mechanisch stark beanspruchten Bandinsertionen kann es zu degenerativen Veränderungen kommen **(Ligamentosen)**, die in Ätiologie und Klinik den Sehnenerkrankungen vergleichbar sind. Betroffen sind vor allem Bänder entlang der Wirbelsäule (z.B. Ligamentum interspinale) und im Bereich des Beckens (Ligamentum iliolumbale, Ligamentum iliosacrale, sacrotuberale).

Auch strukturelle Veränderungen im Bereich der Muskelfaszien finden sich überwiegend traumabedingt oder durch dauernde Überbeanspruchung. Bei Weichteilverletzungen kann es zum Einriß der Muskelfaszie mit bleibender Lückenbildung kommen. Es entsteht eine Muskelhernie mit resultierendem Kraftverlust der betroffenen Muskelgruppe und evtl. belastungsabhängigen Schmerzen. Als eigenständige Erkrankung der Faszien **(Fibromatose)** ist die Dupuytren-Kontraktur an der Hand *(S. 384)* und die adäquate Veränderung an der Plantaraponeurose bekannt.

5.3.4 Erkrankungen der Menisken

Der aus gefäßlosem Faserknorpel bestehende Meniskus zeigt bereits frühzeitig degenerative Veränderungen. Daraus ergeben sich die klinischen Symptome *(S. 457).*

5.3.4 Erkrankungen der Menisken

Zwischengelenkscheiben gibt es nicht nur am Kniegelenk, sondern auch am Akromioklavikulargelenk und den Wirbelgelenken. Die Menisken bestehen aus einem gefäßlosen Faserknorpel. Schädigungen des Meniskus entstehen durch Traumen, aber auch durch die schicksalsmäßige Degeneration. Fast jeder Meniskus bei einem über 40jährigen zeigt bereits geringgradige Zeichen der schleimigen Degeneration. Eine primäre Degeneration kann vorwiegend im Bereich des lateralen Kniemeniskus unter Bildung von prall elastischen, schleimgefüllten Zystenräumen (Meniskusganglion, *S. 446)* auftreten. Die Therapie ist abhängig von Art und Ausmaß der Läsion *(S. 457).*

5.3.5 Erkrankungen der Bursen

Schleimbeutel werden als Verschiebeschichten vor allem durch rezidivierende Traumen und chronische Beanspruchung der exponierten Region irritiert *(Syn. 85).* Bei Stoffwechsel- und entzündlich-rheumatischen Erkrankungen kommt es bevorzugt zu Bursitiden *(Syn. 85).*

5.3.5 Erkrankungen der Bursen

Die Schleimbeutel bestehen aus lockerem Bindegewebe und sind überall dort eingelagert, wo eine besondere Verschieblichkeit von Gewebeschichten gegeneinander gewährleistet sein muß. Klinisch imponieren vor allen Dingen die Entzündungen der über Knochenvorsprüngen liegenden Bursen, während die tieferen in den Gewebeschichten verborgenen Bursitiden der Diagnostik häufig entgehen (z.B. am Schultergelenk, am Hüftgelenk, *Syn. 85).* Ätiologisch kommen rezidivierende Traumen und chronische Beanspruchung der exponierten Regionen in Frage (Bursitis praepatellaris beim Plattenleger und der Putzfrau). Die Symptome ergeben sich aus den entzündlichen Veränderungen im Bereich der Bursa, die hoch akut, serös und purulent ablaufen können. Im Fall der Bursitis chronica steht die Schwellung mit Fibrinablagerung sowie die Flüssigkeitsansammlung in der Bursa im Vordergrund. Derartige Veränderungen finden sich oft auch bei Stoffwechselerkrankungen (Gicht, entzündlich-rheumatische Erkrankungen *[Syn. 85],* Kalzinose).

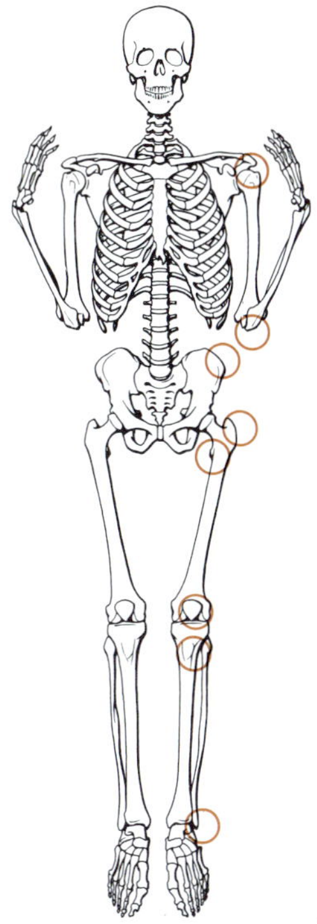

a

Synopsis 85: Klinik der Bursitiden

Ätiologie

- Mechanische Irritation durch chronischen Druck oder Überbeanspruchung, vor allem im Bereich von Prädilektionsstellen (a)
- Primär oder sekundär bakterielle Infektionen.
- Mitbeteiligung bei entzündlich-rheumatischen Erkrankungen (chronische Polyarthritis, Kollagenosen, seronegative Spondylarthritiden). Mitbefall bei Kristallarthropathien.

Klinik

Lokalisierter Schmerz, unter Umständen mit Ausstrahlung (insbes. bei tiefer gelegenen Bursitiden). Erkennbare Schwellung (b).
Bei zweifelhaftem palpatorischem Befund kann ein Erguß sonographisch gesichert werden *(S. 47)*. Bei chronischen Bursitiden im Rahmen entzündlich-rheumatischer Erkrankungen oft erhebliche Schwellung (Bursitis subdeltoidea (b) durch Einlagerung von »Reiskörnern« [Fibrinkonglomerate (c)])

Therapie

In Abhängigkeit von der Ätiologie (z.B. Antibiotika).
Ruhigstellung, im Akutstadium Kälte.
Bei chronischen Bursitiden unter Umständen Kortikosteroid-Infiltrationen. Bursektomie.

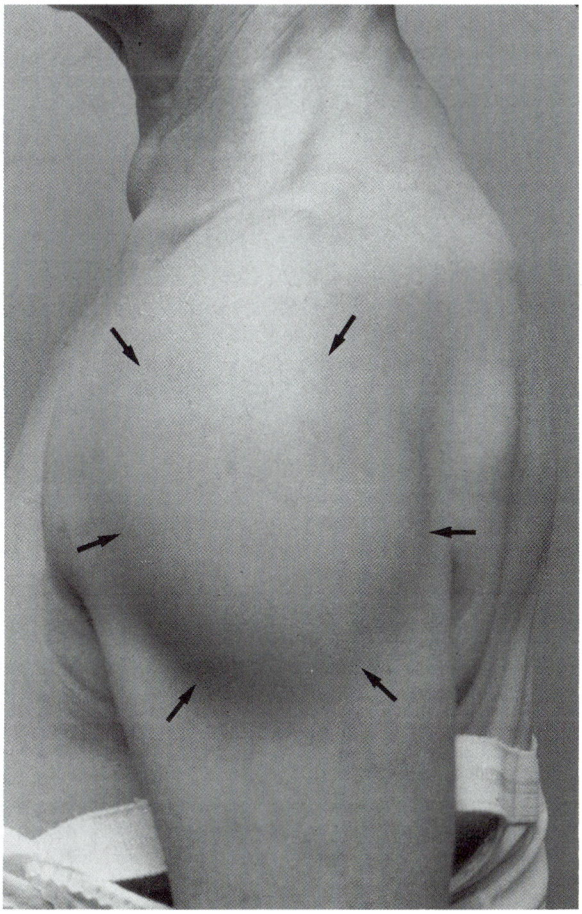

b

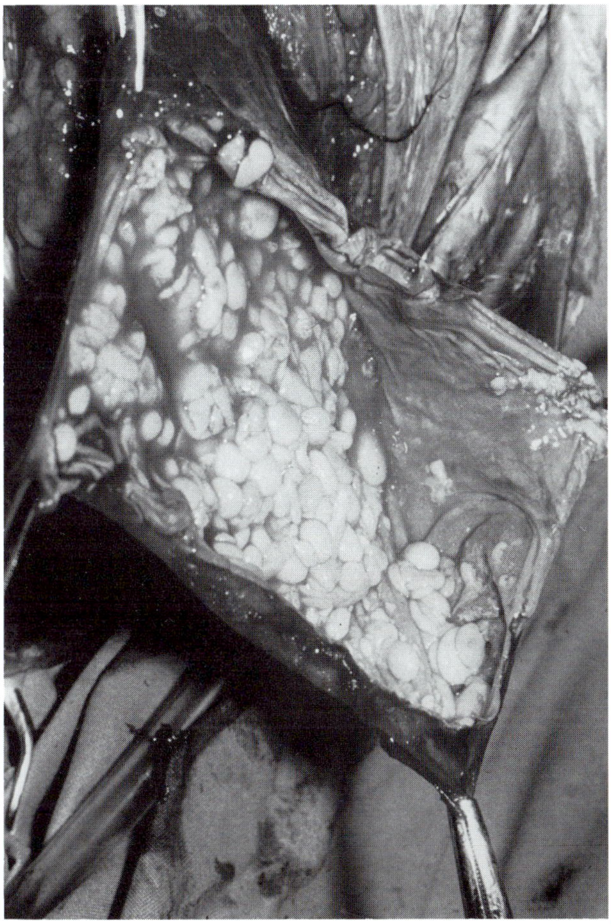

c

6 Tumoren

6.1 Epidemiologie und Klassifikation

Epidemiologie
Die primären Knochentumoren machen nur etwa 1% aller Tumoren aus.

Zwei Drittel der primären Knochentumoren treten während der präpubertären Wachstumsperiode auf, im Erwachsenenalter stehen dagegen die sekundären Tumoren (Metastasen) im Vordergrund.

Klassifikation
Knochen- und Weichteiltumoren lassen sich in **gutartige** (benigne) und **bösartige** (maligne) Tumoren unterteilen. **Primäre Knochentumoren** entstehen aus ortsständigem Gewebe, **sekundäre Knochentumoren** sind die Metastasen. **Semimaligne Tumoren** zeigen lokal alle Kriterien des Tumorwachstums, metastasieren jedoch nicht. Andere Skelettläsionen ohne echtes Geschwulstwachstum werden als **»tumorähnlich«** klassifiziert. Die Klassifikation der Knochentumoren geht aus *Tab. 30, S. 206* hervor.
Für die exakte Klassifikation eines Knochentumors sind Aussagen über dessen Dignität **(»grading«)** und lokale systemische Ausbreitung **(»staging«)** erforderlich.

Diagnose
Zahlreiche benigne und maligne Knochentumoren finden sich in Kniegelenknähe. Aus der Klinik ergeben sich allenfalls Verdachtsmomente.
Die **Analyse des Röntgenbildes** liefert Informationen über die Dignität und die Art des Tumors. Bei langsamem Tumorwachstum kommt es zur **Sklerosierung** des umgebenden Knochens, bei raschem Wachstum dagegen zur **Osteolyse.** Im Übergangsbereich zwischen Tumor und gesunder Kortikalis entwickelt sich ein typischer Periostsporn **(Codman-Sporn).** Weitere radiologische Kriterien der primären Knochentumoren sind in *Syn. 86* wiedergegeben.

6 Tumoren

6.1 Epidemiologie und Klassifikation

Epidemiologie. Tumoren der Stütz- und Bewegungsorgane sind selten. Neben den Weichteiltumoren machen die häufigeren primären Knochentumoren nur ca. 1% aller Tumoren aus. Daraus ergibt sich die besondere diagnostische und therapeutische Problematik. Obwohl der Betroffene oft frühzeitig Symptome bemerkt, werden diese häufig verkannt und die therapeutischen Maßnahmen verspätet eingeleitet.

> Zwei Drittel der primär aus Knochengewebe hervorgehenden Tumoren treten während der präpubertären Wachstumsperiode auf, im Erwachsenenalter stehen dagegen die sekundären Tumoren (Metastasen) im Vordergrund.

Klassifikation. Die muskuloskelettären Tumoren lassen sich in Knochen- und Weichteiltumoren unterscheiden. In beiden Gruppen sind **gutartige** (benigne) und **bösartige** (maligne) Tumoren vertreten. **Primäre Knochentumoren** entstehen aus den im Knochen ortsständigen Geweben und werden von den **sekundären** (metastatischen) Knochentumoren abgegrenzt. Daraus ergibt sich eine Einteilung der Knochentumoren, die aus *Tab. 30, S. 206* hervorgeht. Die Grenze zwischen benignen und malignen Knochentumoren ist dabei nicht immer scharf. Bei **semimalignen** Knochentumoren bestehen lokal alle Kriterien des Tumorwachstums; diese Tumoren metastasieren jedoch nicht (z.B. semimaligner Riesenzelltumor des Knochens, *S. 219)*. Bei einer Reihe von Skelettläsionen liegen klinisch und radiologisch alle Zeichen eines Knochentumors vor, ohne daß die Kriterien eines echten Geschwulstwachstums erfüllt werden **(tumorähnliche Knochenläsionen, »tumor like lesions«)**.

Die exakte Klassifikation eines Knochentumors ist von wesentlicher Bedeutung für die einzuschlagende Therapie. Bei jedem Tumorverdacht sind daher Informationen über die Art und insbesondere Dignität des Tumors **(»grading«)** und dessen lokale und systemische Ausbreitung **(»staging«)** erforderlich. Die Informationen sind nur durch eine Reihe von sinnvollen diagnostischen Maßnahmen, häufig unter Einschluß einer Probebiopsie, zu gewinnen.

Diagnose. Im Frühstadium des Tumorbefalls sind die Symptome wenig richtungweisend. Zahlreiche benigne und maligne Knochentumoren finden sich in Kniegelenksnähe. Aus der Altersverteilung und Symptomlokalisation ergeben sich Verdachtsmomente, denen durch ein Röntgenbild nachgegangen werden muß. Die Laborwerte bleiben in der Regel ohne auffälligen Befund.

Die **Analyse des Röntgenbildes** liefert Informationen über die Dignität und die Art des Tumors. Von besonderem Interesse sind die Grenzzonen des Tumorgewebes. Ein von einer deutlichen **Sklerosierungszone** umgebener Tumor wächst langsam, während die unscharfe Begrenzung des Tumorgewebes auf ein infiltratives Wachstum der angrenzenden Regionen hinweist. Bei einem extrem raschen Tumorwachstum kommt es zur ausgedehnten **Osteolyse** in den Randbezirken des Tumors mit dazwischen eingelagerten Knocheninseln **(Mottenfraß).** Für ein rasches malignes Wachstum spricht auch die Mineralisation im abgehobenen Periost. Durchbricht nämlich der Tumor die Kortikalis, so wird das Periost abgehoben und ossifiziert. Im Übergangsbereich zwischen Tumor und gesunder Kortikalis entwickelt sich ein typischer Periostsporn **(Codman-Sporn).** Bei mehrfacher Perforation des abgehobenen Periostes ergeben sich **zwiebelschalenartige Auflagerungen,** evtl. mit Verkalkungen an den in die Kortikalis einstrahlenden Sharpey-Fasern. Die radiologischen Kriterien der primären Knochentumoren sind in *Synopsis 86* wiedergegeben.

Synopsis 86: Morphologie und Radiologie von Knochentumoren: Periostreaktionen und feinstrukturelle Veränderungen der Spongiosa lassen Rückschlüsse auf die Dignität des Tumors zu.

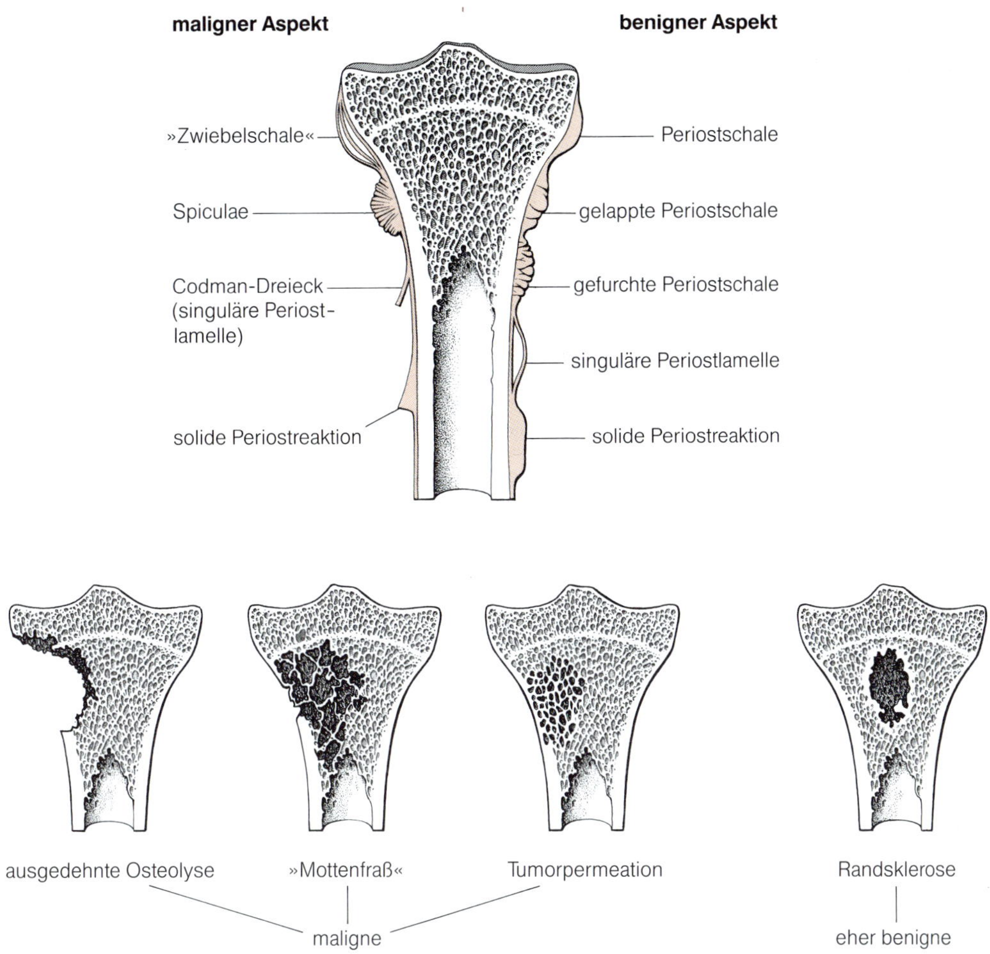

Eine wesentliche Zusatzinformation über die Art des Tumors ergibt sich aus dessen **Lokalisation.** Die Tumorentstehung steht nämlich in einem engen Zusammenhang mit der Gewebedifferenzierung. Dies erklärt die Häufung primärer Knochengeschwülste an den Orten des intensivsten Längenwachstums und ihre Entstehung vornehmlich während des präpubertären Wachstumsschubes. Da das intensivste Knochenwachstum in der Nähe der Epiphysenfuge stattfindet, finden sich hier bevorzugt die Osteosarkome. Das Fibrosarkom entwickelt sich aus dem intraossären Bindegewebe und ist deswegen bevorzugt in der metaphysennahen Diaphyse lokalisiert. Das Ewing-Sarkom wiederum geht aus dem Knochenmark hervor *(Syn. 87).*

Bei einigen Knochentumoren ist der radiologische Aspekt typisch (z.B. solitäre Knochenzyste, kartilaginäre Exostose). In diesen Fällen kann der Verlauf beobachtet werden. Ist die Diagnose aus dem Röntgenbild allein nicht zu stellen, sind weitere diagnostische Hilfsmittel erforderlich. Hierbei kommen insbesondere die Tomographie, Computertomographie, Szintigraphie und Angiographie in Frage. Bei allen unklaren Tumoren ist jedoch eine sorgfältig durchgeführte Biopsie unerläßlich.

Eine wesentliche Zusatzinformation ergibt sich aus der **Lokalisation** des Tumors, da dessen Entstehung in einem engen Zusammenhang mit der Gewebedifferenzierung steht. Die Beziehung der Tumoren zu Epi-, Meta- und Diaphyse geht aus *Synopsis 87* hervor.

Bei einigen Knochentumoren ist der radiologische Aspekt typisch (solitäre Knochenzysten, kartilaginäre Exostose). In diesen Fällen kann der Verlauf beobachtet werden. Bei unklarer Diagnose sind Zusatzuntersuchungen (Tomographie, CT, Szintigraphie bis zur Biopsie) notwendig.

Tab. 30: Klassifikation der primären Knochentumoren (n. Adler); die Tumoren sind der Häufigkeit nach geordnet

Herkunftsgewebe	gutartige Tumoren	bösartige Tumoren
Knorpelgewebe	Osteochondrom Enchondrom/Chondrom Chondroblastom Chondromyxoidfibrom	Chondrosarkom: primär, sekundär entdifferenziertes Chondrosarkom mesenchymales Chondrosarkom hellzelliges Chondrosarkom periostales Chondrosarkom extraskelettales Chondrosarkom
Knochengewebe	Osteom Osteoidosteom Osteoblastom	Osteosarkom: primär, sekundär teleangiektatisches Osteosarkom parosteales Osteosarkom Paget-Osteosarkom Strahlenosteosarkom
Bindegewebe	nichtossifizierendes Knochenfibrom Xanthofibrom Fibromyxom fibröser Kortikalisdefekt ossifizierendes Knochenfibrom osteofibröse Knochendysplasie fibröse Knochendysplasie desmoplastisches Knochenfibrom Kortikalisdesmoid benignes fibröses Histiozytom Osteoklastom (Grad I)	ossäres Fibrosarkom malignes fibröses Histiozytom Osteoklastom (Grad III)
Fettgewebe	ossäres Lipom	ossäres Liposarkom Osteoliposarkom
Knochenmark		medulläres Plasmozytom Ewing-Sarkom Retikulumzellsarkom/Knochenlymphom
Gefäße	Knochenhämangiom Hämangioperizytom ossäres Lymphangiom	ossäres Hämangiosarkom Hämangioperizytom ossäres Lymphangiosarkom Adamantinom der langen Röhrenknochen
Nervengewebe	Neurinom (Schwannom) Neurofibrom Ganglioneurom	
Muskelgewebe	Leiomyom	Leiomyosarkom
Chordagewebe		Chordom

Synopsis 87: Differentialtopik von Knochentumoren. Beachte die Beziehung zu Epi-, Meta- und Diaphyse.

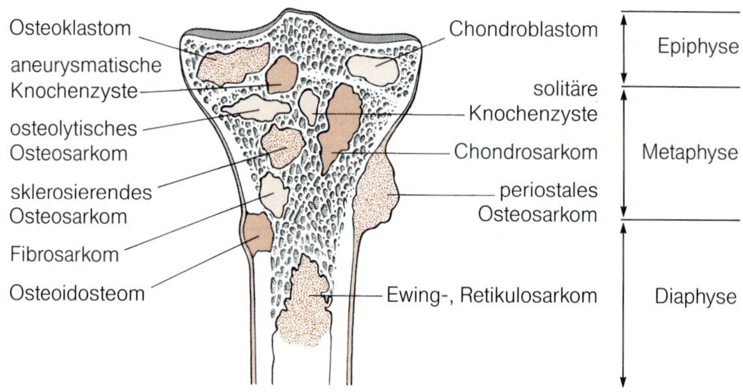

Therapie. Für die Therapie des Tumors ist die Dignität von wesentlicher Bedeutung. **Benigne Tumoren** erfordern in vielen Fällen keine Behandlung. Sofern trotz Benignität eine Behandlung erforderlich ist, orientiert sich diese an den durch das Tumorwachstum bedingten Auswirkungen am Knochen selbst (Spontanfraktur) oder an den Auswirkungen auf benachbarte Gewebe (Funktionseinschränkung von Gelenken, Nervenläsionen unter Druck).

Die Behandlung **maligner Tumoren** ist von deren Art sowie lokaler und systemischer Ausdehnung abhängig. Grundsätzlich kommen chirurgische Maßnahmen, Strahlentherapie und Chemotherapie einzeln oder in Kombination als Behandlungsschema in Frage. Die chirurgische Versorgung erfolgt nach den Prinzipien der onkologischen Radikalität als Resektion oder Amputation, wobei je nach Art des Tumors inner- oder außerhalb des vom Tumor betroffenen Gewebskompartments vorgegangen werden muß.

Therapie
Bei **benignen Tumoren** ist nur selten eine operative Behandlung erforderlich.

Für die Behandlung **maligner Tumoren** kommen chirurgische Maßnahmen, Strahlentherapie und Chemotherapie einzeln oder in Kombination als Behandlungsschema in Frage.

6.2 Benigne primäre Knochentumoren

Zu den benignen Knochentumoren zählen zahlreiche morphologisch äußerst differente Geschwülste, die sich nach ihrem Herkunftsgewebe zusammenfassen lassen *(Tab. 30, S. 206)*. Vom **Knorpel** ausgehende Tumoren sind das Osteochondrom, das Enchondrom, das Chondroblastom und das seltene Chondromyxoidfibrom. Osteoidosteom und Osteom sind die wichtigsten vom **Knochengewebe** herstammenden Geschwülste dieser Gruppe. Das Knochenfibrom geht vom **Bindegewebe**, das Hämangiom vom **Gefäßgewebe** aus.

6.2 Benigne primäre Knochentumoren
Zu den benignen Knochentumoren zählen zahlreiche, morphologisch äußerst differente Geschwülste *(vergleiche Tabelle 30, S. 206)*.

6.2.1 Osteochondrom

Synonym. Osteokartilaginäre Exostose.

6.2.1 Osteochondrom

> ***Definition.*** Metaphysennah wachsender, pilzförmiger Knochentumor mit aufliegender Knorpelkappe.

◄ **Definition**

Klinik. Die relativ häufigen Osteochondrome werden meist im 2. Lebensjahrzehnt entdeckt. Die solitären Osteochondrome betreffen in der Hälfte der Fälle die distale Femurmetaphyse sowie die proximale Metaphyse von Tibia und Humerus *(Syn. 88)*. Bei der Exostosenkrankheit (multiple kartilaginäre Exostosen) handelt es sich um eine vererbliche Sonderform der Erkrankung *(S. 102)*. Die Symptomatik wird meist von der Größe des Tumors bestimmt. Funktionsbehinderungen an den betroffenen Gelenken durch überschnappende Sehnen oder durch Schmerzzustände infolge einer heterotopen Bursabildung in den mechanisch belasteten Weichteilen sind häufig. Bei den solitären Osteochondromen ist äußerst selten mit einer malignen Entartung zu rechnen. Bei der Exostosenkrankheit soll das Risiko allerdings bei etwa 2% liegen. Eine Größenzunahme ist daher sorgfältig zu beobachten.

Klinik
Die solitären Osteochondrome sind bevorzugt in Kniegelenksnähe und am Oberarm lokalisiert *(Syn. 88)*. Je nach Tumorgröße ist mit Schmerzen oder Funktionsbehinderung naheliegender Gelenke zu rechnen. Maligne Entartung ist äußerst selten. Bei der vererblichen Exostosenkrankheit (multiple kartilaginäre Exostosen) kann es bis zu 2% zur malignen Entartung kommen.

Diagnose. Palpation und radiologische Untersuchung liefern meist einen typischen Befund. Im Röntgenbild ist die pilzartige Vorwölbung des Tumors zu erkennen *(Syn. 88)*. Dabei besteht eine außerordentliche morphologische Vielfalt. Die Tumoren können breitbasig aufsitzen oder schmal gestielt sein. Eine fragliche Malignität kann durch eine vermehrte Speicherung bei der Szintigraphie abgeklärt werden.

Diagnose
Die Palpation und der radiologische Befund mit pilzartigem Tumorwachstum sind typisch. Die Szintigraphie wird zur Abklärung der Dignität eingesetzt *(Syn. 88)*.

Therapie. Sie ergibt sich in der Regel aus den funktionellen Störungen durch die Tumorgröße. Bei Funktionsbehinderung erfolgt die Resektion des Tumors. Bei maligner Entartung ist die Resektion nach den Prinzipien der onkologischen Radikalität erforderlich.

Therapie
Abhängig von der Tumorgröße sind Resektionen erforderlich.

Synopsis 88: Osteochondrom: bevorzugte Lokalisation (a) sowie typischer radiologischer (c) und morphologischer (b) Befund einer pilzförmig wachsenden osteokartilaginären Exostose im Bereich der distalen Femurmetaphyse: primär benigner Tumor (maligne Entartung äußerst selten). Bei der Exostosenkrankheit mit multiplen Osteochondromen soll das Risiko einer malignen Entartung bei 2% liegen. Die Abbildungen zeigen ein pilzförmig wachsendes Osteochondrom im Röntgenbild (c) und intraoperativen Situs (b).

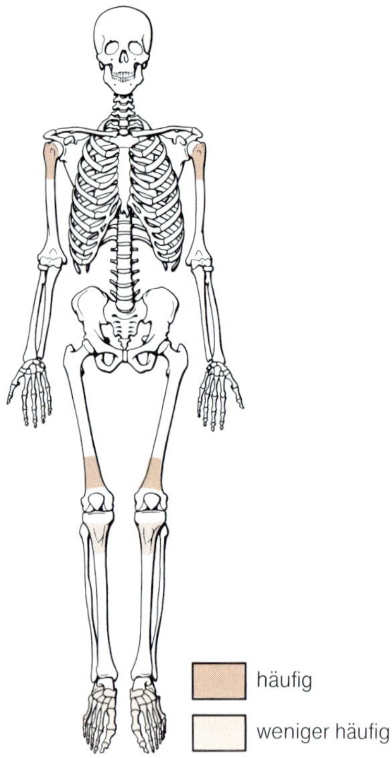

a

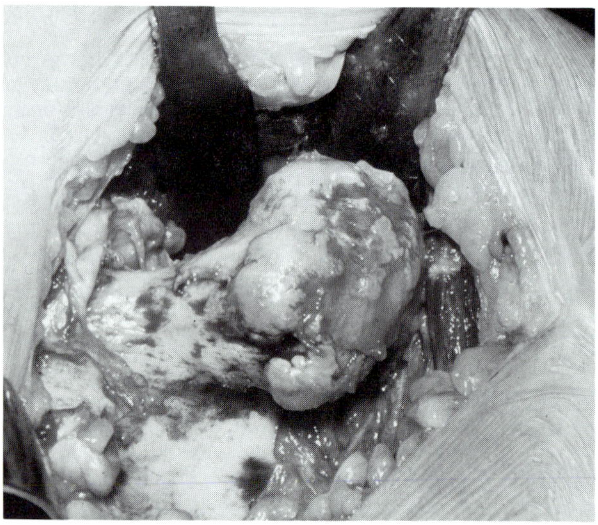

b

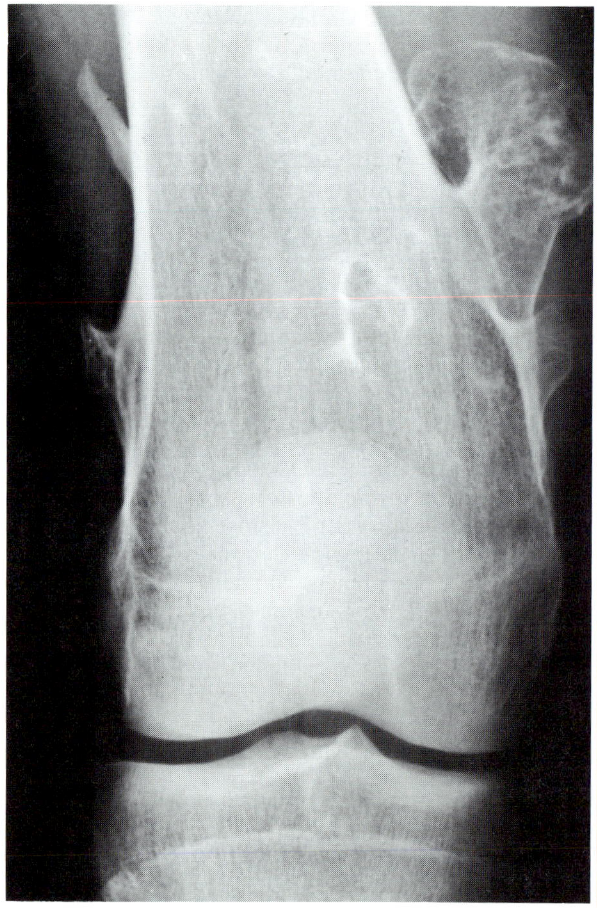

c

6.2.2 Enchondrom

6.2.2 Enchondrom

Definition. Im Markraum des Knochens liegender Tumor aus hyalinem Knorpelgewebe.

◀ Definition

Klinik. Enchondrome treten in jedem Lebensalter auf. Etwa die Hälfte der Tumoren liegt in den kurzen Röhrenknochen der Hände, seltener auch in den Füßen. Die Prognose dieser Tumoren ist gut. Die Enchondrome der langen Röhrenknochen sind dagegen als semimaligne anzusehen, diejenigen des Beckens entarten häufig (Chondrosarkom, *S. 213),* so daß primär eine äußerst sorgfältige chirurgische Entfernung angezeigt ist. Der verbreitete Befall des Knochens tritt als angeborene Entwicklungsstörung des Skeletts (Skelettdysplasie) bei der Enchondromatose auf *(S. 102).*

Das Röntgenbild zeigt den zentral in den Phalangen gelegenen Tumor mit blasiger Auftreibung des Knochens, evtl. mehrfach gekammert und mit scharfer Abgrenzung gegenüber den Knochenstrukturen *(Abb. 46).* Bei peripherer Lage des Enchondroms mit Usurierung der Kortikalis wird auch von einem periostalen Chondrom gesprochen, das zu Spontanfrakturen führen kann.

Klinik
Die meisten Enchondrome liegen in den Röhrenknochen der Hände. Enchondrome des Beckens sind potentiell maligne und sollen primär äußerst sorgfältig reseziert werden.

Das Röntgenbild zeigt eine blasige Auftreibung des Knochens *(Abb. 46).*

6.2.3 Chondroblastom

6.2.3 Chondroblastom

Synonym. Codman-Tumor.

Definition. Meist in der Epiphyse lokalisierter, aus Knorpelgewebe bestehender Knochentumor.

◀ Definition

Klinik. Chondroblastome treten vorwiegend bei Kindern und jugendlichen Erwachsenen auf. Der Tumor ist zu etwa 50% im Bereich des Kniegelenkes oder des proximalen Humerus lokalisiert. Anhaltende Schmerzen stehen im Vordergrund der Symptomatik.

Klinik
Tumor des Kindes- und Jugendalters mit Schmerzen.

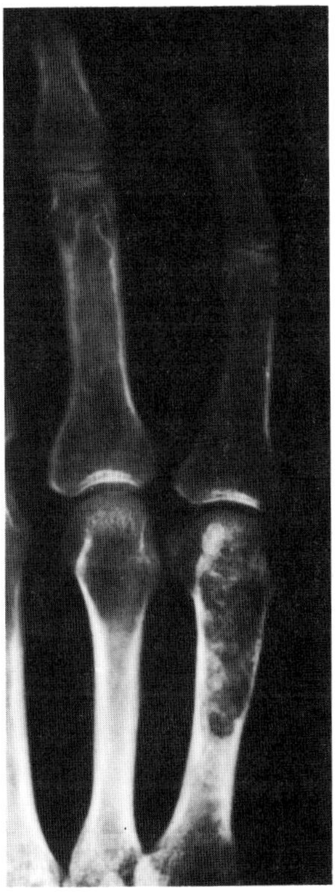

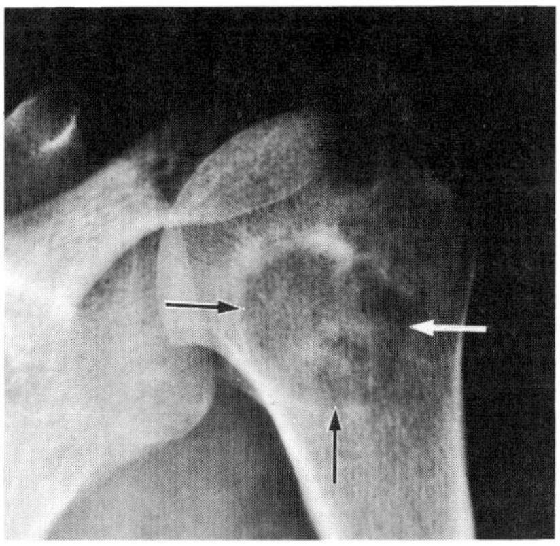

Abb. 47: Chondroblastom: zystischer Tumor mit typischer Lokalisation im proximalen Humerus, 50% der Chondroblastome sind im Bereich des Kniegelenkes oder des proximalen Humerus lokalisiert.

Abb. 46: Typische Lokalisation und charakteristischer radiologischer Befund eines **Enchondroms:** blasige Auftreibung des fünften Mittelhandknochens.

Neben dem Riesenzelltumor ist das Chondroblastom der einzige Tumor, welcher in der Epiphyse gelegen ist.

Neben dem Riesenzelltumor ist das Chondroblastom der einzige Tumor, welcher in der Epiphyse gelegen ist.

Das Röntgenbild zeigt eine Knochenzyste *(Abb. 47, S. 209).*

Die Prognose ist günstig.

Das Röntgenbild zeigt den Befund einer »Knochenzyste«. Die Osteolysezone wird von einer Randsklerose umgeben. Im Zentrum können sich unregelmäßige, trabekuläre Verdichtungen finden *(Abb. 47, S. 209).*

Die Prognose ist günstig. Der Tumor wächst in der Regel nur langsam. Allerdings kann durch die gelenkflächennahe Lage die Stabilität der Strukturen gefährdet sein und ein Einbruch in das Gelenk erfolgen.

Therapie
Kürettage und Spongiosaauffüllung.

Therapie. Eine ausgiebige Kürettage des Tumors und Spongiosaauffüllung ist ausreichend.

6.2.4 Osteoidosteom und Osteoblastom

6.2.4 Osteoidosteom und Osteoblastom

Definition ▶

Definition. Gutartige osteoblastische Tumoren mit röntgenologisch erkennbarer zentraler Aufhellungszone (Nidus). Das Osteoidosteom ist vorwiegend in der Kortikalis lokalisiert und erreicht eine Größe bis zu 2 cm. Das Osteoblastom tritt dagegen überwiegend im spongiösen Bereich auf und kann eine Größe von 2–10 cm erreichen.

Klinik
Das Osteoidosteom ist vorwiegend in Femur und Tibia, das Osteoblastom in der Wirbelsäule lokalisiert *(Abb. 48).* Typisch ist ein nächtlicher Schmerz, der sich auf Acetylsalicylsäure gut zurückbildet.

Klinik. Osteoidosteom und Osteoblastom werden meist bei Jugendlichen angetroffen. Das Osteoidosteom ist in etwa 50% in der Kortikalis von Femur und Tibia lokalisiert. Die Osteoblastome finden sich dagegen zu etwa 40% in der Wirbelsäule und hier wiederum meist in den Wirbelbogenstrukturen *(Abb. 48).*

Die Symptomatik wird von einem heftigen, meist nachts auftretenden Schmerz geprägt. Als typisch wird die Rückbildung des Schmerzes unter Acetylsalicylsäure beschrieben.

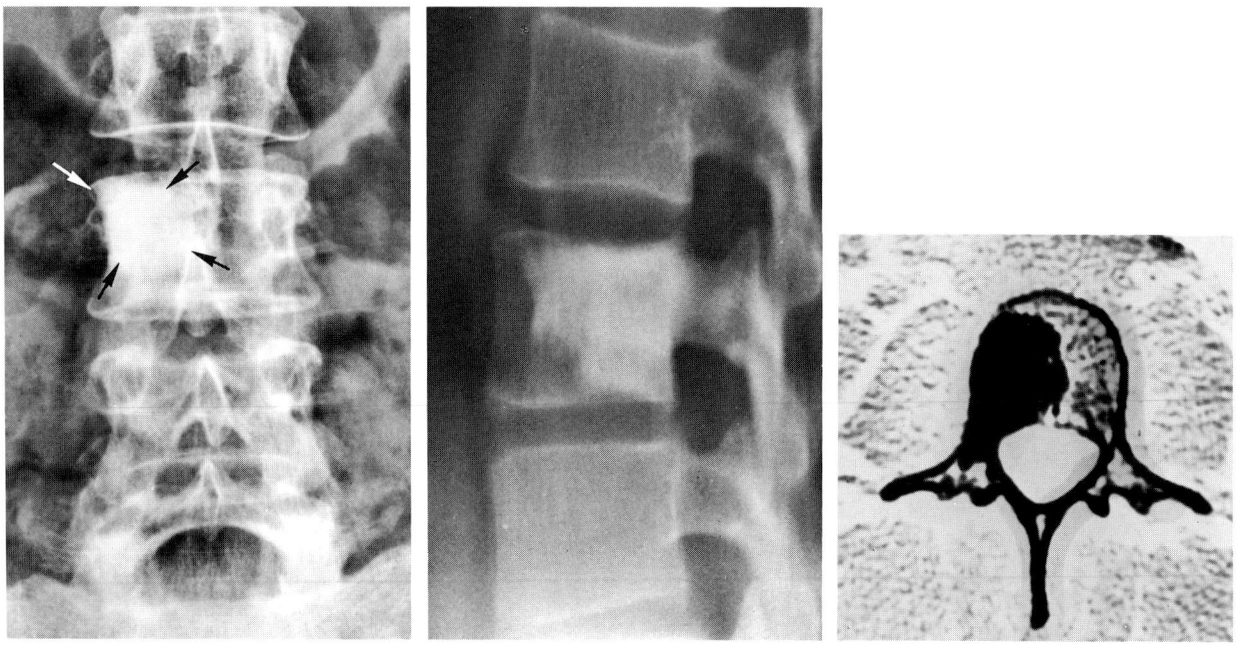

a b c

Abb. 48: Osteoblastom: osteoblastischer Tumor im spongiösen Knochen, meist in der Wirbelsäule lokalisiert. Hier als spongiöse Verdichtung des 3. Lendenwirbels in der a.p. Aufnahme (a), im seitlichen Tomogramm (b) und im Computertomogramm (c), das die Ausdehnung in die Bogenwurzel, aber keinen Befall der paravertrebralen Weichteile zeigt.

Das Röntgenbild zeigt beim Osteoidosteom eine Auftreibung der Kortikalis und eine etwa 1 bis 2 cm runde Sklerose, in deren Zentrum sich meist erst tomographisch ein rundlicher Aufhellungsherd **(Nidus)** darstellen läßt *(Abb. 49)*. Beim Osteoblastom fehlt die charakteristische Perifokalsklerose. Der Tumor imponiert als Knochenzyste, die von einer Randsklerose umgeben ist. Szintigraphisch findet sich bei beiden Tumoren immer eine erheblich vermehrte Speicherung. Differentialdiagnostisch sind Brodie-Abszeß *(S. 233)* und Osteomyelitis abzugrenzen.

Röntgenologisch imponiert das Osteoidosteom als Sklerosierungszone mit zentraler Aufhellung (**Nidus**, *Abb. 49)*, das Osteoblastom als Knochenzyste. Szintigraphisch findet sich bei beiden eine deutliche Mehrspeicherung. DD: Brodie-Abszeß *(S. 233)* und Osteomyelitis.

Therapie. Beim Osteoidosteom wird der Nidus entfernt, was zu einer prompten Beseitigung der Schmerzzustände führt. Bei schwer lokalisierbaren Tumoren kann das Osteoidosteom präoperativ radioaktiv markiert und intraoperativ mit einer Sonde aufgespürt werden. Beim Osteoblastom ist eine Kürettage und Spongiosaauffüllung angezeigt.

Therapie
Beim Osteoidosteom Entfernung des Nidus, beim Osteoblastom Kürettage und Spongiosaauffüllung.

Klinisches Beispiel. 13jähriger Junge mit seit einem Jahr zunehmenden Leistenschmerzen links, zunächst als überlastungsbedingt gedeutet. Röntgenuntersuchung des Hüftgelenkes mit ausgeprägter Sklerosierung im Bereich der kaudalen Schenkelhalskontur *(Abb. 49)*. Labor unauffällig, szintigraphisch deutliche Mehrspeicherung dieser Region. Im Computertomogramm Darstellung des zentralen Nidus. Diagnose: Osteoidosteom. Entfernung des Nidus brachte Beschwerdefreiheit.

◀ **Klinisches Beispiel**

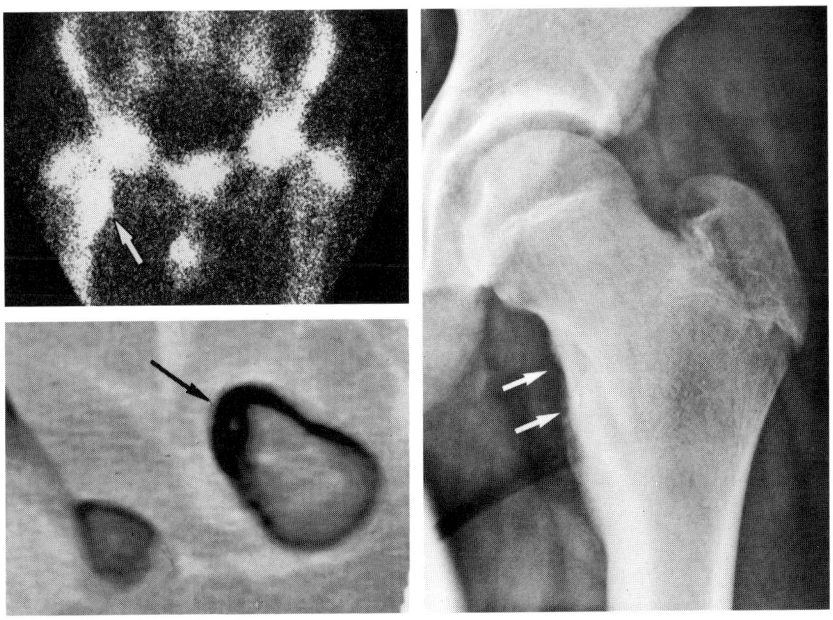

a (oben), **b** **c**

Abb. 49: Osteoidosteom mit typischen Befunden:
a Szintigraphie mit Mehrspeicherung
b Tomographisches Bild, das den Nidus zeigt
c a.p.-Röntgenaufnahme, die die Auftreibung der Kortikalis zeigt.

6.2.5 Osteom

Definition ▶

Klinik
Meist asymptomatischer Zufallsbefund.

Therapie
Ist nicht nötig.

6.2.5 Osteom

Definition. Seltener, vom Knochengewebe ausgehender Tumor.

Klinik. Osteome treten in jedem Lebensalter auf. Sie werden häufig nur zufällig entdeckt und rufen keine Symptome hervor. Im Gegensatz zu den sogenannten **Knocheninseln,** die als umschriebene sklerotische Verknöcherungsherde im Spongiosabereich sämtlicher Knochen auftreten und nicht größer werden, weist das Osteom ein langsames, expansives Wachstum auf.

Therapie. Ist nicht nötig.

6.2.6 Nichtossifizierendes Knochenfibrom – fibröser Kortikalisdefekt

Definition ▶

Klinik
Tumor des 2. Lebensjahrzehnts. Typisch ist eine Osteolyse mit schmaler Randsklerose. Die meisten Knochenfibrome werden zufällig bei einer Röntgenuntersuchung nach Trauma entdeckt. Schmerzen treten nur bei größeren Tumoren auf. Lokalisation und radiologischer Befund sind in *Synopsis 89* wiedergegeben.

6.2.6 Nichtossifizierendes Knochenfibrom – fibröser Kortikalisdefekt

Definition. Aus fibrösem Gewebe bestehender Knochentumor, der Ausdruck einer lokalen Wachstumsstörung ist und einen absolut gutartigen Verlauf hat.

Klinik. Diese Knochentumoren werden fast ausschließlich im zweiten Lebensjahrzehnt angetroffen. Sie sind zu drei Viertel in der distalen Femurmetaphyse und in den Metaphysen der Tibia lokalisiert. Bei größeren Tumoren bestehen häufig Belastungsschmerzen. Bei ungünstiger Lage kann es zu Spontanfrakturen kommen. Die Mehrzahl der nichtossifizierenden Knochenfibrome wird jedoch zufällig bei einer Röntgenuntersuchung, meist nach Traumen, entdeckt. Röntgenologisch findet sich beim nichtossifizierenden Knochenfibrom eine Osteolyse mit schmaler Randsklerose, die eine typische Traubenkonfiguration aufweisen kann. Beim fibrösen Kortikalisdefekt ist die Kortikalis eingebuchtet, die zentrale Spongiosa nicht befallen. Typische radiologische Befunde sind in *Synopsis 89* wiedergegeben.

Synopsis 89: Nichtossifizierendes Knochenfibrom: bevorzugte Lokalisation und typischer radiologischer Befund eines nichtossifizierenden Knochenfibroms sowie eines fibrösen Kortikalisdefektes.

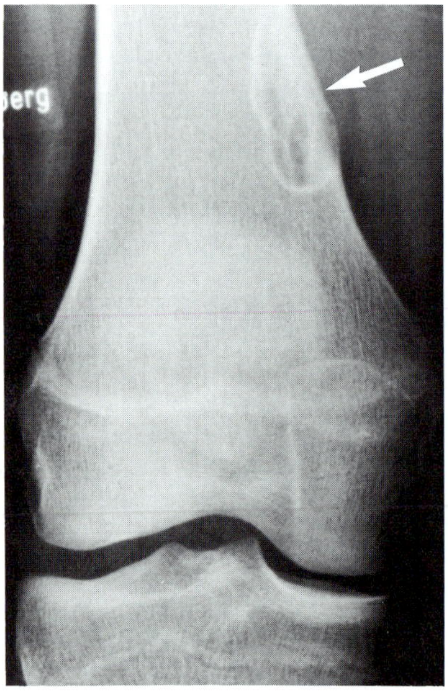

nichtossifizierendes Knochenfibrom

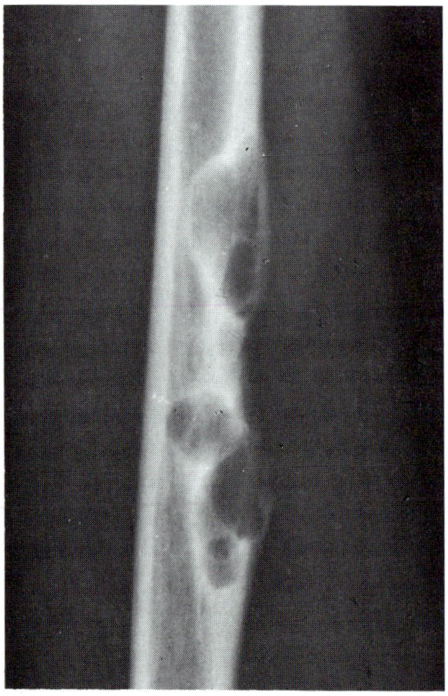

fibröser Kortikalisdefekt

Therapie. Eine Therapie ist bei kleineren Herden nicht erforderlich. Bei hälftig den Schaftdurchmesser umfassenden Tumoren besteht jedoch Frakturgefahr, so daß eine Kürettage und Spongiosaauffüllung angezeigt ist.

Therapie
Nur bei größeren Tumoren wegen Frakturgefahr erforderlich (Kürettage und Spongiosaauffüllung).

6.2.7 Ossifizierendes Knochenfibrom

6.2.7 Ossifizierendes Knochenfibrom

Definition. Fibröser Knochentumor mit Ausdifferenzierung von Knochenbälkchen.

◀ **Definition**

Klinik. Der Tumor ist bei Erwachsenen im Bereich des Unterkiefers lokalisiert, bei Kindern unter 10 Jahren befällt er vorwiegend die Tibia. Hier wird er auch als **osteofibröse Dysplasie (Campanacci)** bezeichnet. Das Röntgenbild zeigt an der Tibia eine aufgetriebene Kortikalis mit osteolytischen Herden, die von strähnigen trabekulären Verdichtungen durchzogen sind *(Abb. 50)*. Im Bereich der Tibia kommt es durch die Tumoren zur zunehmenden Ausweitung des Markraumes, schließlich zur Spontanfraktur und Entwicklung einer Unterschenkelpseudarthrose, die sich nur schwer behandeln läßt.

Klinik
Im Kindesalter als **osteofibröse Dysplasie (Campanacci)** in der Tibia lokalisiert, wo sich häufig eine Pseudarthrose entwickelt *(Abb. 50)*.

Therapie. Angezeigt ist eine relativ radikale chirurgische Entfernung des Tumors unter Mitnahme des Periostes. Bei Tibiapseudarthrosen ist die absolute Stabilisation des Tumors mit Defektauffüllung erforderlich. Das Krankheitsbild ist langwierig, die Therapieergebnisse sind bislang nicht befriedigend.

Therapie
Die radikale chirurgische Entfernung des Tumors ist erforderlich.

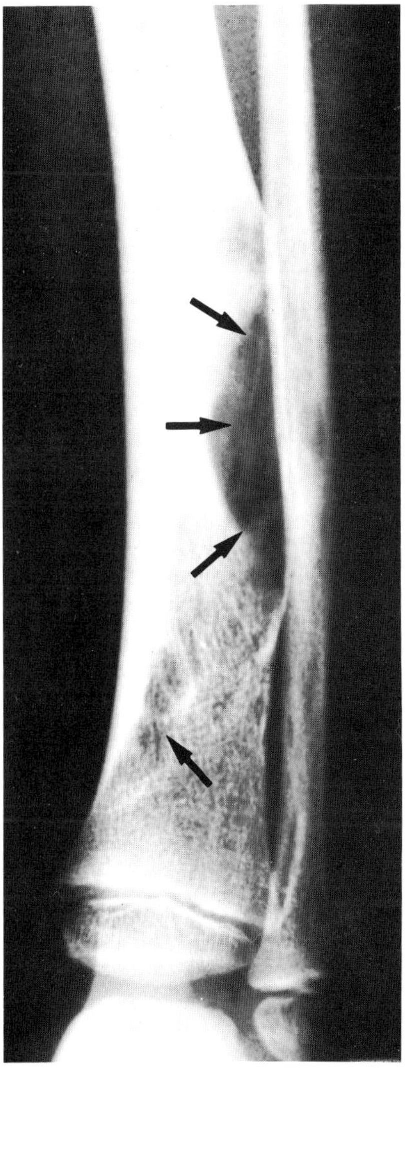

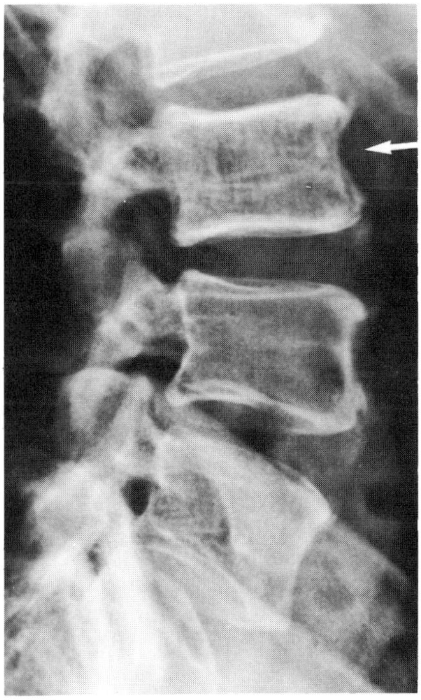

Abb. 51: Knochenhämangiom des 3. Lendenwirbels: typische Gitterstruktur der Spongiosa.

Abb. 50: Osteofibröse Dysplasie (Campanacci): fibröser Knochentumor der Tibia bei Kindern unter 10 Jahren. Im Bereich der osteolytischen Herde entsteht häufig eine Unterschenkelpseudarthrose, die sich nur schwer behandeln läßt.

6.2.8 Fibröse Knochendysplasie

6.2.8 Fibröse Knochendysplasie (S. 102)

Synonym. Morbus Jaffé-Lichtenstein (S. 102).

6.2.9 Knochenhämangiom

Definition ▶

Definition. Gutartige Neubildung der Blutgefäße im Knochen.

Klinik
Hauptlokalisation ist die Wirbelsäule, meist ohne Symptome.
Im Röntgenbild typische Gitterstruktur *(Abb. 51, S. 213).*

Klinik. Hämangiome treten in jedem Lebensalter auf. Hauptlokalisation ist die Wirbelsäule. Klinisch sind die Tumoren meist symptomlos. Beschwerden werden nur beim spontanen Zusammenbruch eines Wirbelkörpers geklagt.

Röntgenologisch sind die Hämangiome im Bereich der Wirbelsäule durch ihre **gitterartige Spongiosastruktur** charakterisiert *(Abb. 51, S. 213).*

Therapie
Nicht erforderlich.

Therapie. Eine Behandlung ist nicht erforderlich.

6.3 Maligne primäre Knochentumoren

Als häufigste maligne primäre Knochentumoren treten das Osteosarkom bei Jugendlichen, das Plasmozytom im 6. und 7. Lebensjahrzehnt auf.

Die häufigsten malignen primären Knochentumoren sind Osteosarkom und medulläres Plasmozytom. Während das Osteosarkom überwiegend bei Jugendlichen auftritt, hat das Plasmozytom seinen Erkrankungsgipfel im 6. und 7. Lebensjahrzehnt. Weniger häufig sind das Chondrosarkom (5. bis 7. Lebensdekade) und das Ewing-Sarkom (Kinder und Jugendliche).

6.3.1 Chondrosarkom

Definition ▶

Definition. Maligner, aus Knorpelgewebe bestehender Knochentumor, der sich aus ortsständigem Knorpelgewebe entwickelt (primäres Chondrosarkom) oder aus einer zunächst gutartigen Knochengeschwulst hervorgehen kann (sekundäres Chondrosarkom).

Klinik
Erkrankungsgipfel zwischen dem 5. und 7. Lebensjahrzehnt. Drei Viertel der Chondrosarkome sind im Bereich des Beckenringes und des Schultergürtels lokalisiert. Die Symptome ergeben sich aus der Schwellung und sind lange Zeit blande.
Röntgenologisch ist die Kalkinkrustation **(Kalkspritzer)** typisch *(Syn. 90).*

Klinik. Der Erkrankungsgipfel liegt zwischen dem 5. und 7. Lebensjahrzehnt. Etwa drei Viertel aller Chondrosarkome entwickeln sich im Bereich des Beckenringes mit koxalem Femurende und im Bereich des Schultergürtels mit proximalem Humerus. Die lange Zeit blande Symptomatik ergibt sich aus der Schwellung wegen des relativ langsamen Tumorwachstums ohne auffällige Knochendestruktion. Spontanfrakturen sind daher selten. Der Tumor ist häufig bereits bei der Erstbefundung relativ groß.

Das **Röntgenbild** kann alle Zeichen eines malignen Tumorwachstums zeigen (mottenfraßähnliche Osteolyse, Durchbrechung der Kortikalis, Codman-Dreieck, Spiculae). Bei langsamem Wachstum besteht häufig eine gut erkennbare Tumorgrenze, zentrale Tumornekrosen fallen durch die Kalkinkrustation **(Kalkspritzer)** auf. Die typischen Symptome des Chondrosarkoms sind in *Synopsis 90* dargestellt.

Therapie
Radikale chirurgische Entfernung des Tumors.

Therapie. Als relativ langsam wachsender Tumor ist das Chondrosarkom gegenüber Strahlen- und Chemotherapie unempfindlich. Die Behandlung besteht daher in der radikalen chirurgischen Entfernung des Tumors.

Synopsis 90: Chondrosarkom: bevorzugte Lokalisation und radiologischer Aspekt bei Befall der Beckenschaufel im a.p.-Strahlengang und Computertomogramm: Osteolyse, traubenförmiges Tumorwachstum, Tumornekrosen mit Kalkspritzern.

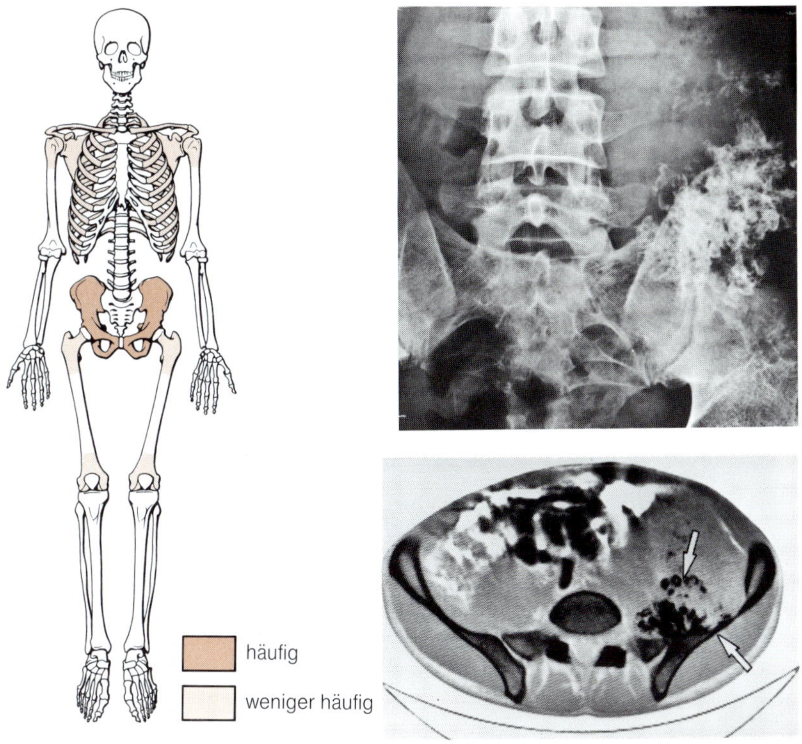

6.3.2 Osteosarkom

Definition. Häufigster primär maligner, osteoblastischer Knochentumor mit frühzeitiger Metastasierung. Histologisch besteht der Tumor aus polymorphen knochenbildenden Zellen.

◀ **Definition**

Klinik. Betroffen sind überwiegend **männliche Jugendliche** und junge Erwachsene. **Hauptlokalisation sind die Metaphysen.** 60% der Tumoren liegen kniegelenksnah (distale Femurmetaphyse, proximale Tibiametaphyse). Die Symptomatik ist insbesondere im Frühstadium wenig richtungweisend. Im weiteren Verlauf finden sich **Schmerz** und **Schwellung.** Wegen der allgemeinen Seltenheit von Knochentumoren wird daher das Osteosarkom immer wieder verkannt (*Abb. 3, S. 24* u. *Synopsis 91).*

Im **Röntgenbild** stellen sich der Tumor und gelegentlich deutlicher die reaktiven Veränderungen (Periostabhebung, Zwiebelschalen, Codman-Sporn, Spiculae) dar. Die Computertomographie ist für die Bestimmung der Ausdehnung des Tumors und die Früherkennung von **Lungenmetastasen** von wesentlicher Bedeutung. Im **Knochenszintigramm** finden sich Mehranreicherungen.

Klinik
Histologisch: Polymorphe knochenbildende Zellen. Betroffen sind überwiegend männliche Jugendliche. Hauptlokalisation sind die **Metaphysen** und hier vor allem **kniegelenksnah** *(Syn. 91)*. Hauptsymptome sind **Schmerz** und **Schwellung.** **Röntgenologisch** finden sich alle Zeichen des malignen Tumorwachstums (Periostabhebung, Zwiebelschalen, Codman-Sporn, Spiculae). Knochenszintigramm positiv.

Therapie. Um die bei chirurgischer Entfernung des Tumors zu erwartende Mikrometastasierung zu vermeiden, wird eine Chemotherapie dem operativen Eingriff vorgeschaltet. Im Anschluß an die radikale Resektion des Tumors wird je nach Therapieerfolg abermals eine Chemotherapieserie angesetzt. Durch dieses Therapieschema ist zur Zeit eine Fünfjahresüberlebensrate von 50 bis 70% erreichbar.

Therapie
Radikale Resektion des Tumors mit vorangeschalteter und nachfolgender Chemotherapie. Hierdurch werden Fünfjahresüberlebensraten von 50–70% erreichbar.

Synopsis 91: Osteosarkom: bevorzugte Lokalisation und typischer radiologischer Befund mit randloser Osteolyse (Pfeile) und malignen Periostveränderungen (Sternchen) *(vergleiche Synopsis 86, S. 205)*

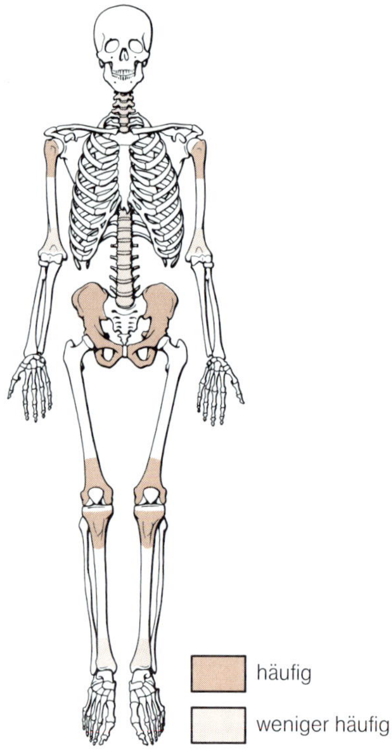

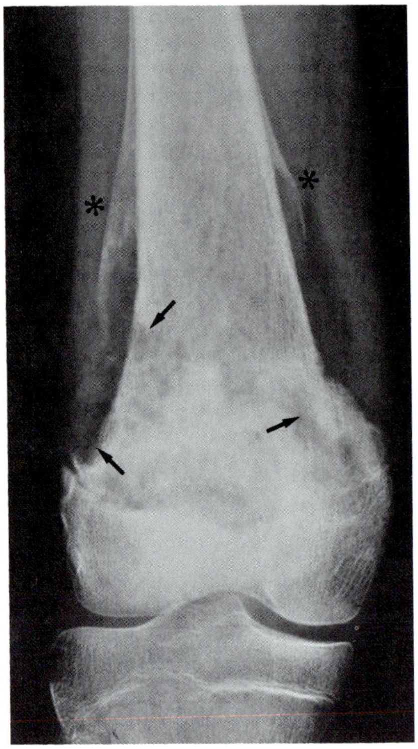

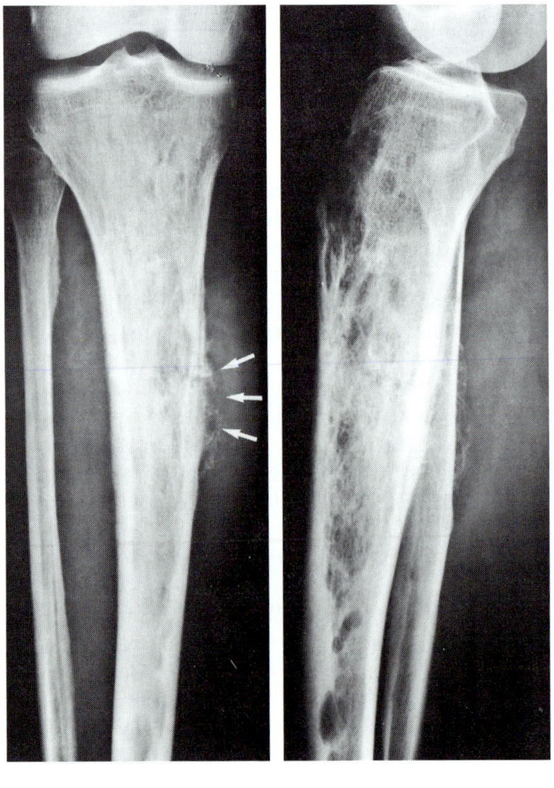

Abb. 52: Ewing-Sarkom: hauptsächliche Lokalisation ist die Diaphyse von Femur und Tibia. Röntgenologisch hier typische mottenfraßähnliche Strukturauflösung, Permeation der Kortikalis, Spiculae und Codman-Sporn (Pfeil) bei einem 23jährigen Mann. Typisch ist das Ewing-Sarkom jedoch für das Kindes- und Jugendlichenalter.

6.3.3 Ewing-Sarkom

Definition. Hoch maligne Knochengeschwulst des Kindes- und Jugendlichenalters. Der Tumor nimmt seinen Ausgang von undifferenzierten Mesenchymzellen des Knochenmarks.

Klinik. Betroffen sind fast nur Kinder und Jugendliche bis zum 15. Lebensjahr. Der Tumor ist hauptsächlich metadiaphysär in den langen Röhrenknochen von Femur und Tibia, aber auch im Becken lokalisiert. Die Symptomatik wird von Entzündungszeichen beherrscht. Lokale Schwellung, Überwärmung, Schmerzen, Fieber, Blutsenkungserhöhung und Leukozytose lassen differentialdiagnostisch an eine Osteomyelitis denken.

Auch im **Röntgenbild** ist eine Osteomyelitis im Frühstadium nicht mit Sicherheit auszuschließen. Spezifische pathomorphologische Röntgenveränderungen gibt es nicht, so daß in unklaren Fällen eine Biopsie erforderlich ist. Bei raschem Tumorwachstum steht die Destruktion des Knochens (insbesondere der **Kortikalis)** mit mottenfraßähnlicher Strukturauflösung im Vordergrund *(Abb. 52, S. 216).*

Therapie. Der Therapieplan sieht eine präoperative chemotherapeutische Vorbehandlung, anschließend eine radikale chirurgische Entfernung des Tumors mit Nachbestrahlung und anschließend eine abermalige chemotherapeutische Behandlung vor. Die fünf Jahre rezidivfreie Überlebenswahrscheinlichkeit beträgt 50%.

Merke. Im Gegensatz zum Osteosarkom besitzt das Ewing-Sarkom eine hohe Strahlensensibilität.

6.3.3 Ewing-Sarkom

◀ Definition

Klinik
Der fast nur bei Kindern bis zum 15. Lebensjahr auftretende Tumor wird wegen seiner Entzündungszeichen häufig mit einer Osteomyelitis verwechselt. Bevorzugte Lokalisation metadiaphysär in den **langen Röhrenknochen** von Femur und Tibia. Auch im **Röntgenbild** ist eine Osteomyelitis häufig nicht auszuschließen *(Abb. 52, S. 216).* Dann ist eine Biopsie erforderlich. Rasches Tumorwachstum führt zur Knochendestruktion mit sogenannten Mottenfraßnekrosen insbesondere der Kortikalis.

Therapie
Radikale chirurgische Entfernung mit begleitender Chemotherapie und Bestrahlung. Fünfjahresüberlebensrate 50%.

◀ Merke

6.3.4 Medulläres Plasmozytom

Synonyme. Plasmazellmyelom, Morbus Kahler, multiples Myelom.

Definition. Maligne Entartung der Plasmazellen des Knochenmarkes mit den Folgen lokalisierter, multipler Knochendestruktionen und einer Störung der Eiweißsynthese im Sinne einer monoklonalen Überproduktion.

Klinik. Betroffen sind vorwiegend ältere Erwachsene im 6. und 7. Lebensjahrzehnt. Der Tumor tritt hauptsächlich im Bereich der Wirbelkörper und des Beckens auf. Im Vordergrund stehen Knochenschmerzen, die eine Abgrenzung zur Osteoporose erforderlich machen *(S. 143).* Beim spontanen Zusammenbruch von Wirbelkörpern kann es zu neurologischen Ausfällen kommen. Als Allgemeinsymptome bestehen eine normochrome Anämie und eine Niereninsuffizienz.

Serologisch ist die erhöhte Blutsenkungsreaktion > 100 mm n.W. in der 1. Stunde und der Nachweis von Paraproteinen in der Elektrophorese charakteristisch. Meist handelt es sich um IgG-Plasmozytome (52%). In der Niere werden die pathologischen Eiweißkörper ausgeschieden (Bence-Jones-Protein). Die alkalische Phosphatase ist nur in 10–20% erhöht. Regelmäßig findet sich eine Hyperkalzämie, die extreme Werte erreichen kann.

Das **Röntgenbild** zeigt im Bereich der langen Röhrenknochen **Osteolysen** ohne auffällige Randsklerose. Im Bereich des Schädels führt dieser Befund zu typischen Stanzdefekten (Lochschädel, **Schrotschußschädel).** An den Wirbelkörpern fallen verwaschene Spongiosastrukturen, evtl. mit Spontanfraktur und Einbruch der Deckplatten auf. Die Differentialdiagnose zur Osteoporose und anderen Knochentumoren bereitet immer wieder Schwierigkeiten, da das Plasmozytom auch in der Szintigraphie häufig negativ ist. Für die Diagnosesicherung sind klinische und röntgenologische Untersuchung, Immunelektrophorese von Serum und Urin sowie in Zweifelsfällen die Knochenmarkspunktion richtungweisend.

6.3.4 Medulläres Plasmozytom

◀ Definition

Klinik
Der bei älteren Erwachsenen auftretende Tumor ist vorwiegend im Bereich der Wirbelsäule und des Beckens lokalisiert. Differentialdiagnostisch ist die Osteoporose *(S. 143)* auszuschließen. Nachweis von Paraproteinen (Bence-Jones-Protein) im Urin. BKS 100 mm n.W. in 1. h.

Im **Röntgenbild** fallen **Osteolysen** ohne Randsklerose auf (am Schädel mit typischen Stanzdefekten, **Schrotschußschädel).** Bei diffusem Befall kann im Bereich der Wirbelsäule die Abgrenzung zur Osteoporose schwierig sein.

Therapie
Kombination von Strahlen- und Chemotherapie, bei Frakturen operative Versorgung.

Therapie. Die Behandlung der Grunderkrankung erfolgt durch eine Kombination von Strahlen- und Chemotherapie. Frakturgefährdete Regionen sollten orthetisch entlastet oder auch mit speziellen Osteosyntheseverfahren stabilisiert werden.

Klinisches Beispiel ▶

Klinisches Beispiel. 61jährige Frau mit geringer Beschwerdesymptomatik im Bereich der unteren Brustwirbelsäule. Plötzlich auftretende Querschnittlähmung. Stationäre Aufnahme mit inkompletter Paraplegie unterhalb Th 11. Bei der radiologischen Untersuchung fällt das »fehlende Auge« (Kortikalisdestruktion) der Bogenwurzel bei Th 11 auf *(Abb. 53a).* Im Tomogramm (b) ausgeprägte Osteolyse dieser Region. Laborchemisch Paraproteinämie. Diagnose: Wirbelkörperzusammenbruch eines medullären Plasmozytoms mit Stenosierung des Spinalkanals und Kompression des Rückenmarks. Sofortige Laminektomie an der Wirbelsäule zur Entlastung des Rückenmarkes, Stabilisierung mit Fixateur interne und Spondylodese (c). Völlige Erholung der Querschnittlähmung. Bei späteren Röntgenkontrollen typischer Befund des Lochschädels *(Abb. 53d).* Zwei Jahre später trotz medikamentöser Behandlung Beschwerden im Bereich des linken Oberschenkels. Radiologisch Osteolyse ohne Randsklerose (e). Jetzt prophylaktisch Verbundosteosynthese. Die Patientin ist weiterhin in ihrer Mobilität nicht beeinträchtigt.

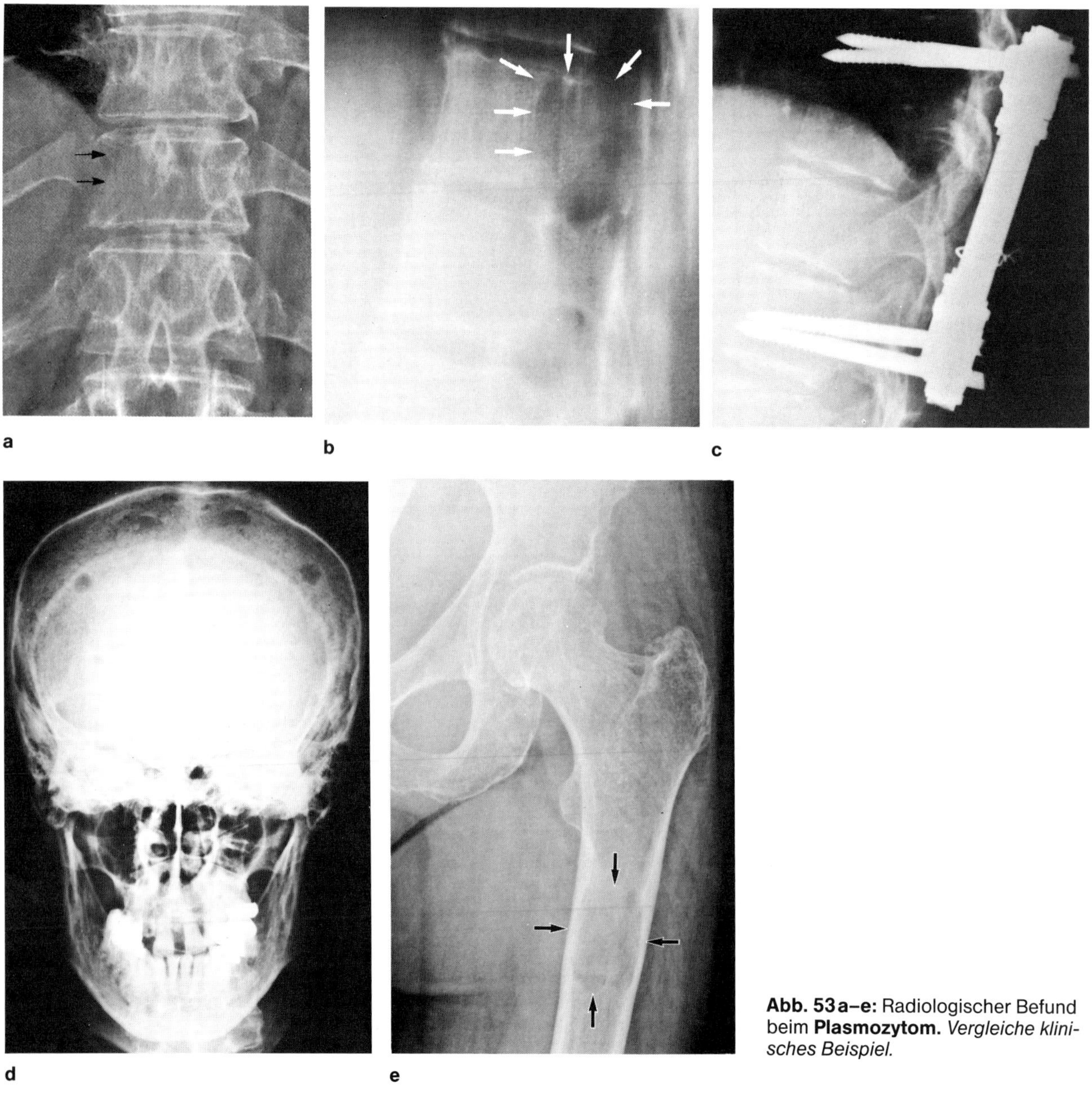

a b c d e

Abb. 53a–e: Radiologischer Befund beim **Plasmozytom.** *Vergleiche klinisches Beispiel.*

6.4 Semimaligne Tumoren Riesenzelltumor des Knochens

Synonym. Osteoklastom

Definition. Mit zahlreichen Riesenzellen durchsetzter Knochentumor wechselnder Dignität (benignes, semimalignes, malignes Osteoklastom).

Klinik. Osteoklastome treten erst ab der 3. Lebensdekade auf. Sie sind neben dem Chondroblastom als einzige Tumoren in der Epiphyse lokalisiert und hier wiederum zu mehr als 50% in der Nähe des Kniegelenkes. Wegen des langsamen Tumorwachstums kommt es häufig zu Spontanfrakturen.

Im **Röntgenbild** ist eine zentrale, in der Epiphyse gelegene Osteolyse ohne auffällige Randsklerose erkennbar. Die Kortikalis wird von innen usuriert, der Knochen kann blasig aufgetrieben werden *(Abb. 54).* Bei unklaren Befunden (Metastasen?) ist eine Biopsie angezeigt. Die solitäre Knochenzyste läßt sich meist röntgenologisch abgrenzen, da sie die Epiphysenfuge nicht überschreitet.

Therapie. Riesenzelltumoren reagieren kaum auf Chemo- und Strahlentherapie. Das Problem der chirurgischen Behandlung ist die ausgesprochen große Rezidivgefahr (über 50% in 5 Jahren). Ziel ist daher die vollständige Entfernung des Tumors unter Berücksichtigung der Gelenkfunktion.

6.4 Semimaligne Tumoren Riesenzelltumor des Knochens

◀ Definition

Klinik
Neben dem Chondroblastom der einzige in der Epiphyse lokalisierte Tumor. In 50% in der Nähe des Kniegelenkes. Spontanfrakturen sind häufig.
Im **Röntgenbild** ist eine Osteolyse ohne auffällige Randsklerose erkennbar *(Abb. 54).* DD Metastase, solitäre Knochenzyste, ggf. Biopsie.

Therapie
Vollständige Entfernung des Tumors. Die Rezidivgefahr ist groß.

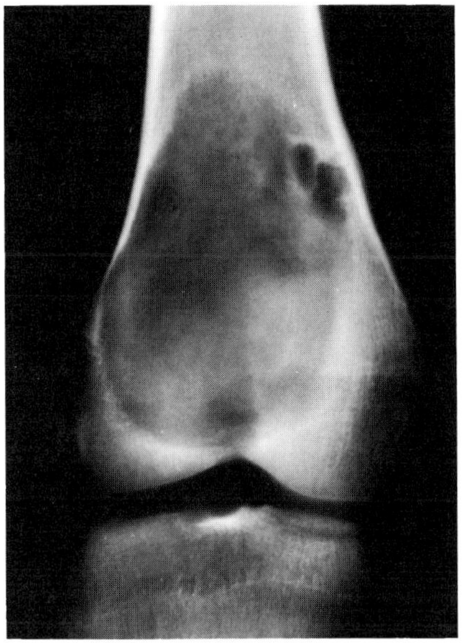

Abb. 54: Riesenzelltumor: er ist neben dem Chondroblastom der einzige in der Epiphyse lokalisierte Tumor. Bevorzugte Lage in der Nähe des Kniegelenkes mit Osteolyse ohne auffällige Randsklerose.

6.5 Tumorähnliche Knochenläsionen

Synonym. »Tumor like lesions«.

Definition. Bei diesen Skelettläsionen liegen klinisch und radiologisch alle Zeichen eines Knochentumors vor, ohne daß die Kriterien eines echten Geschwulstwachstums (infiltratives und destruktives Wachstum, Metastasierung) erfüllt werden.

Zu den tumorähnlichen Knochenläsionen im engeren Sinne gehören die umschrieben wachsenden, nicht bösartigen Gewebewucherungen (Zysten, Ganglien etc.). Im weiteren Sinne werden jedoch auch systemisch auftretende Knochenveränderungen dazu gerechnet (Skelettdysplasien: z.B. Neurofibromatose, fibröse Dysplasie).

6.5 Tumorähnliche Knochenläsionen

◀ Definition

6.5.1 Solitäre Knochenzyste

Definition ▶

Klinik
Bevorzugt sind proximaler Humerus und Femur von Kindern und Jugendlichen betroffen. Symptome treten erst bei Frakturen auf.
Das **Röntgenbild** zeigt eine große Zyste mit Verdünnung der Kortikalis *(Abb. 55)*.

Therapie
Kürettage und Spongiosaauffüllung, eventuell intrazystale Kortikosteroidinjektionen oder Druckentlastung der Zyste. Trotz großer Rezidivquote ist die Prognose gut.

Klinisches Beispiel ▶

6.5.1 Solitäre Knochenzyste

Definition. Einkammerige, von seröser Flüssigkeit gefüllte, expansiv wachsende Zyste.

Klinik. Die solitäre jugendliche Knochenzyste tritt meist zwischen dem 8. und 15. Lebensjahr auf. Bevorzugt sind der proximale Humerus und der proximale Femur. Die Entwicklung der Zyste geht ohne Symptome einher. Beschwerden treten erst im Zusammenhang mit dem spontanen Einbruch der Zyste auf.

Das **Röntgenbild** zeigt eine kolbige Auftreibung der Metaphyse mit großer Osteolyse und Verdünnung der Kortikalis. Das umgebende spongiöse Gewebe weist eine zarte Randsklerose auf *(Abb. 55)*.

Therapie. Wegen der Frakturgefährdung gehört die solitäre Knochenzyste zu den häufigsten behandlungsbedürftigen Tumorerkrankungen. Die Therapie kann durch Kürettage und Spongiosaauffüllung, aber auch durch intrazystale mehrmalige Kortikosteroidinjektionen oder Druckentlastung der Zyste (Lochschrauben) erfolgen. Die Rezidivrate liegt bei alledem zwischen 10 und 40%, so daß Reoperationen erforderlich sind. Die Prognose ist jedoch gut.

Klinisches Beispiel. 11jähriger Junge mit pathologischer proximaler Oberarmfraktur beim Schulsport. Röntgenologisch einkammrige Zyste *(Abb. 55a)*. Operative Versorgung durch Kürettage und Spongiosaauffüllung. Ein Jahr postoperativ ausgedehntes Rezidiv *(Abb. 55b)*. Erneute Operation, jetzt mit Resektion des nicht tragfähigen Knochenzylinders, homologem Knochenspan und Spongiosaanlagerung *(Abb. 55c)*. Völlige Konsolidierung des proximalen Oberarms *(Abb. 55d)*.

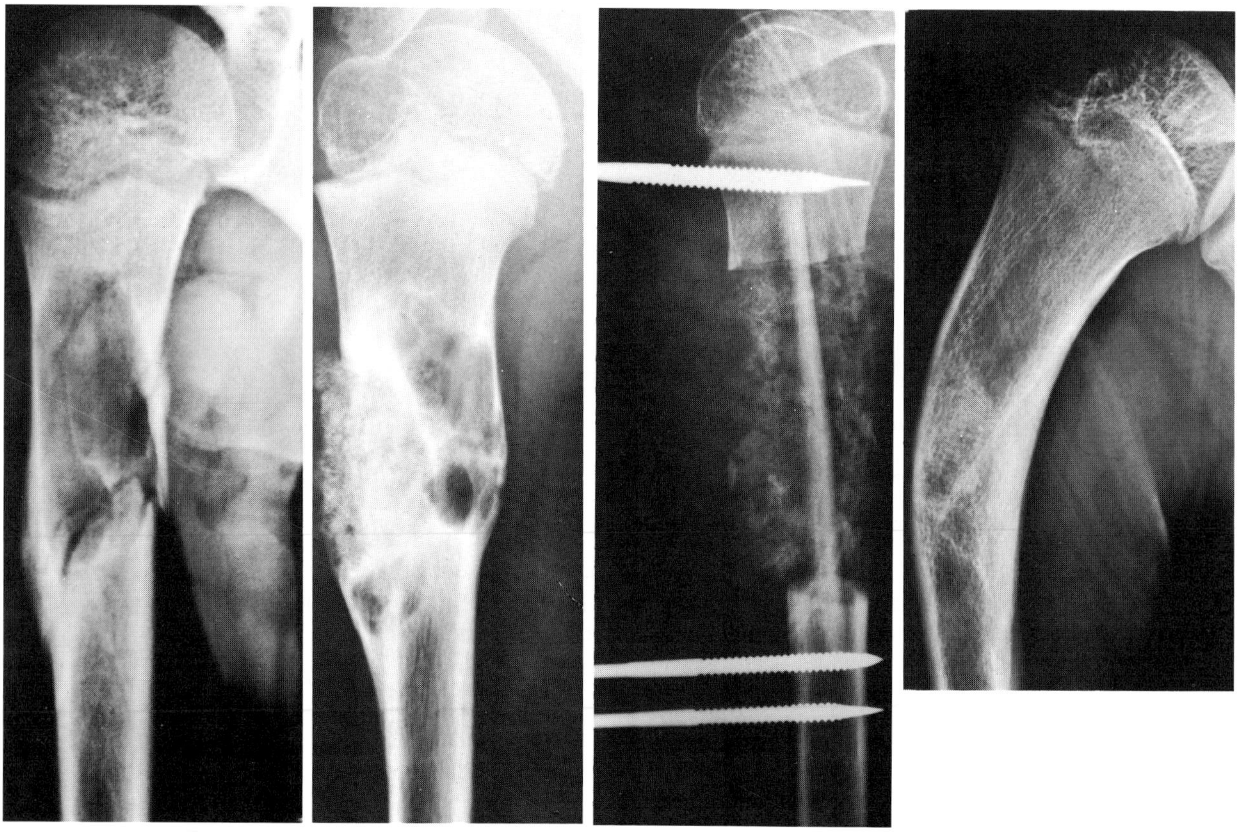

a b c d

Abb. 55a–d: *Das klinische Beispiel:* **solitäre Knochenzyste** mit Komplikationen.

6.5.2 Aneurysmatische Knochenzyste

Definition. Zur blasigen Auftreibung von Knochenbereichen (aneurysmaartig) führender Knochentumor.

Klinik. Diese tumorähnliche Erkrankung tritt vorwiegend im 2. Lebensjahrzehnt auf. Betroffen sind überwiegend die Metaphysen der langen Röhrenknochen und die Wirbelsäule. Die Symptomatik ist durch Schmerzen gekennzeichnet, in einem Teil der Fälle treten Spontanfrakturen auf.

Im **Röntgenbild** ist die blasige Auftreibung der befallenen Knochenstrukturen charakteristisch *(Abb. 56)*. An der Wirbelsäule können mehrere Wirbelkörper befallen sein.

Therapie. Sie besteht in der Kürettage des Tumors, die allerdings im Bereich der Wirbelsäule auf Schwierigkeiten stößt. Die Rezidivrate ist daher hoch. Mit kryochirurgischen (kältechirurgischen) Maßnahmen kann die Rezidivrate gesenkt werden.

6.5.2 Aneuyrsmatische Knochenzyste

◀ **Definition**

Klinik
Vorwiegend im Bereich der Metaphysen der langen Röhrenknochen und der Wirbelsäule lokalisiert. Hauptsymptom sind Schmerz und Spontanfraktur.
Im **Röntgenbild** fällt die blasige Auftreibung der Knochenstrukturen auf *(Abb. 56)*.

Therapie
Kürettage des Tumors. Die Rezidivrate ist hoch.

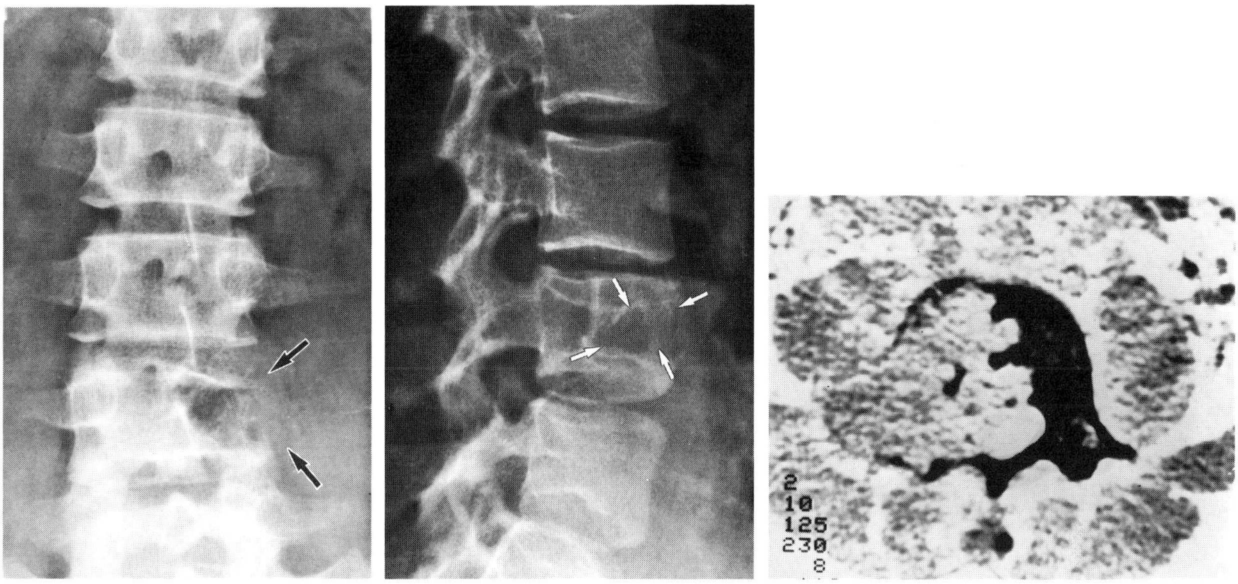

a b c

Abb. 56: Aneurysmatische Knochenzyste: 14jähriges Mädchen zunächst mit Kreuzschmerzen, dann auch mit Instabilität des Kniegelenkes wegen Quadrizepsschwäche (L 4-Syndrom). Röntgenologisch in der a.p.-Aufnahme fehlendes Auge der Bogenwurzel L 4 (links, a), in der Seitansicht blasige Auftreibung des 4. Lendenwirbels nach ventral (b), die sich besonders im Computertomogramm erkennen läßt (c).

6.5.3 Intraossäres Ganglion

Definition ▶

Klinik
Subchondrale Zyste größerer Gelenke. Belastungabhängige Schmerzen sind typisch.
Im Röntgenbild häufig subchondrale Zyste mit Verbindung zum Gelenkraum *(Abb. 57)*.

Therapie
Selten ist die operative Ausräumung erforderlich, um die Stabilität des Gelenkes zu erhalten.

6.5.3 Intraossäres Ganglion

Definition. Unmittelbar unterhalb der Gelenkfläche liegender, zystenartiger Hohlraum, der häufig mit dem Gelenk kommuniziert.

Klinik. Betroffen ist das Erwachsenenalter. Intraossäre Ganglien finden sich im subchondralen Bereich vorwiegend größerer Gelenke. Die Symptomatik ist durch einen belastungsabhängigen Schmerz gekennzeichnet.

Im Röntgenbild ist eine subchondrale Zyste mit umgebender Randsklerose erkennbar. Gelegentlich findet sich eine Verbindung mit dem Gelenkbinnenraum *(Abb. 57)*. Die Zyste ist bei typischer Lage von einer arthrotischen Zyste abzugrenzen.

Therapie. Besteht Gefahr für die Integrität und Stabilität der Gelenkfläche, ist unter Umständen die operative Ausräumung und Spongiosaauffüllung angezeigt.

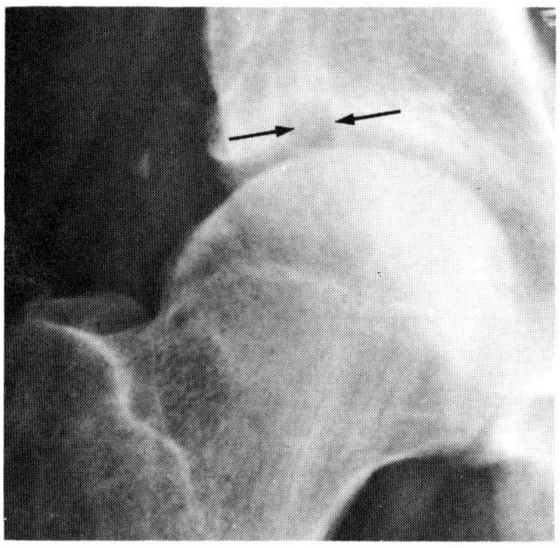

Abb. 57: Intraossäres Ganglion der Hüftpfanne: 27jähriger Patient mit anhaltenden Belastungsschmerzen des Hüftgelenkes. Völlige Rückbildung der Beschwerden nach Ausräumung und Spongiosaauffüllung.

6.5.4 Pigmentierte villonoduläre Synovialitis

Definition ▶

Klinik
Am häufigsten an Knie- und Hüftgelenk mit Symptomen einer rezidivierenden Gelenkschwellung auftretend. Außerdem Schmerzen und Bewegungseinschränkung.
Im **Röntgenbild** Verschmälerung des Gelenkspaltes und mulitple Osteolysen *(Abb. 58)* in Gelenknähe.

Therapie
Vollständige Synovialektomie des Gelenkes und Kürettage der Höhlen.

6.5.4 Pigmentierte villonoduläre Synovialitis

Synonym. Benignes Synovialom.

Definition. Gutartige Proliferation des Synoviaepithels unter Bildung von braungefärbten Zotten, aber mit lokaler Erosion der Gelenkkörper.

Klinik. Die Erkrankung tritt im mittleren Lebensalter auf. Am häufigsten sind Knie- und Hüftgelenk befallen. Die Symptomatik entspricht derjenigen einer rezidivierenden Synovialitis des Gelenkes mit Schmerzen, Schwellung und Bewegungseinschränkung. Am Kniegelenk ist Ergußbildung tastbar.

Das **Röntgenbild** zeigt eine Verschmälerung des Gelenkspaltes und die multiplen runden Osteolysen im gelenknahen Bereich *(Abb. 58)*. Mit einer Arthrographie können die typischen Zottenbildungen der Gelenkinnenhaut dargestellt werden.

Therapie. Die Behandlung besteht in einer vollständigen Synovialektomie des Gelenkes und Kürettage der Höhlen. Bei bereits eingetretener Destruktion der Gelenkflächenareale ist unter Umständen begleitend eine Umstellungsosteotomie erforderlich.

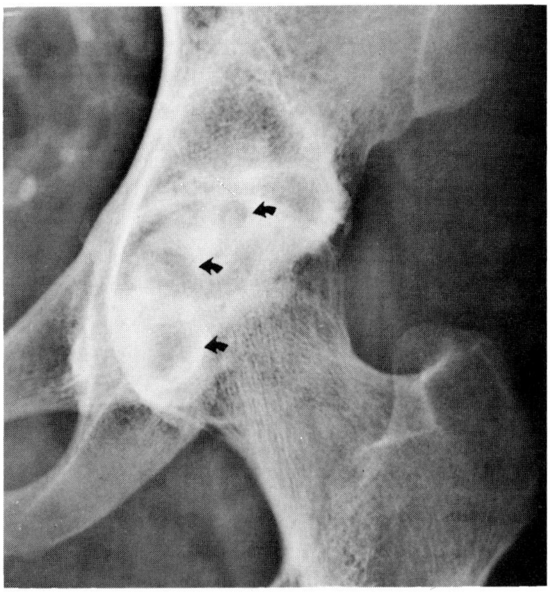

Abb. 58: Pigmentierte, villonoduläre Synovialitis: radiologisch Gelenkspaltverschmälerung und multiple runde Osteolysen im gelenknahen Bereich.

6.5.5 Andere tumorähnliche Knochenläsionen

Neurofibromatose *(S. 104).*
Fibröse Dysplasie *(S. 102).*

6.5.5 Andere tumorähnliche Knochenläsionen
Neurofibromatose *(S. 104)*
Fibröse Dysplasie *(S. 102)*

6.6 Maligne Weichteiltumoren Synovialsarkom

6.6 Maligne Weichteiltumoren

Synonym. Malignes Synovialom.

Definition. Maligne Geschwulst unklarer Histogenese, die im Weichteilgewebe in der Nachbarschaft von Gelenken auftritt; sehr selten.

◀ **Definition**

Klinik. Die Symptomatik ist uncharakteristisch. Die Patienten klagen über Schmerzen oder über eine langsam sich vergrößernde tumoröse Auftreibung in der Nähe eines Gelenkes. Betroffen ist vorwiegend die Altersgruppe zwischen 20 und 40 Jahren. Synovialsarkome sind sehr aggressive, hoch maligne Tumoren. Sie rezidivieren in kürzester Zeit und setzen früh hämatogene Metastasen. Das **Röntgenbild** ist uncharakteristisch, da primär das Weichteilgewebe befallen ist.

Klinik
Aggressiver, hoch maligner Tumor mit früher hämatogener Metastasierung. Lokale Schmerzen und tumoröse Auftreibung in Gelenknähe. Uncharakteristisches **Röntgenbild,** da primär das Weichteilgewebe befallen ist.

Therapie. Die Behandlung besteht in der operativen Entfernung weit im Gesunden. Die Prognose ist ungünstig.

Therapie
Radikale chirurgische Entfernung.

6.7 Maligne, sekundäre Knochentumoren (Metastasen)

6.7 Maligne sekundäre Knochentumoren (Metastasen)

Definition. Absiedlung von Tochtergeschwülsten eines Primärtumors im Knochen.

◀ **Definition**

Ätiologie und Pathogenese
Skelettmetastasen entstehen fast immer auf hämatogenem Wege aus Bronchien-, Nieren-, Prostata-, Schilddrüsen-, Mamma-, Uterus-, Magen- und Hauttumoren *(Syn. 92)*.

Knochenmetastasen können osteoblastisch, osteoklastisch oder als Mischform in Erscheinung treten.

Klinik
Skelettmetastasen machen 16% aller Tumoren aus.

Hauptlokalisation ist die Wirbelsäule mit über 60%.

Aus dem Röntgenbild *(Syn. 92 b, c)* ist die Art der Metastasen zu erkennen **(osteoblastisch, osteoklastisch).** Bei uncharakteristischen klinischen Symptomen ist vor allem die Osteoporose differentialdiagnostisch abzugrenzen.

Diagnose
Wegen ihrer großen Sensitivität wird die Szintigraphie bei der Metastasensuche eingesetzt.

Bei positivem Szintigraphiebefund muß eine Röntgenuntersuchung angeschlossen werden, um die verbleibende Tragfähigkeit des Knochens zu beurteilen.

Therapie
Sie ist abhängig vom Primärtumor, dessen allgemeiner metastatischer Verbreitung sowie von der Lokalisation und der lokalen Ausdehnung der Metastase. Am häufigsten eingesetzt wird die **Strahlentherapie** sowohl bei diffusem als auch lokalisiertem Befall. Bei solitären Metastasen kann eine **chirurgische Behandlung** und **Stabilisierung** des betroffenen Skelettabschnittes indiziert sein.

Ätiologie und Pathogenese. Die Ansiedlung von Skelettmetastasen entsteht fast immer auf hämatogenem Wege. Die lymphogene Ausbreitung spielt keine wesentliche Rolle. Bei der intrakanalikulären Metastasierung kommt es zur diskontinuierlichen, intramedullären Ansiedlung von Metastasen (skip-Metastasen). Die häufigsten metastasierenden Organtumoren entstehen in Bronchien, Nieren, Prostata, Schilddrüse, Mamma, Uterus, Magen und Haut. Die Ausbreitung von Metastasen und ihre radiologische Erscheinungsform ist in *Synopsis 92* wiedergegeben.

> Knochenmetastasen können osteoblastisch, osteoklastisch oder als Mischform in Erscheinung treten.

Bei osteoblastischen Metastasen überwiegt die Neubildung den Abbau (z.B. Prostatakarzinom, Schilddrüsenkarzinom). Osteoklastische Metastasen entstehen beim schnellen Wachstum des Tumors, das bei intramedullärer Druckerhöhung zu einer Steigerung der Osteoklastentätigkeit führt (hypernephroides Nierenkarzinom). Mischformen sind häufig (Bronchialkarzinom, Mammakarzinom).

Klinik. Während die primären Knochentumoren nur einen Anteil von etwa 1% unter allen Tumoren haben, machen die klinisch relevanten Skelettmetastasen etwa 16% aus.

> Hauptlokalisation der Metastasen ist mit über 60% die Wirbelsäule.

Das Röntgenbild gibt die Form der Metastasierung **(osteoblastisch, osteoklastisch)** wieder *(Syn. 92 b, c)*. Die osteolytischen Metastasen sind typischerweise unscharf begrenzt ohne jegliche Randsklerose. Die Kortikalis ist bei fortgeschrittenem Befund durchbrochen. Spontanfrakturen sind häufig. Die Symptomatik der Skelettmetastasen ist uncharakteristisch. Sie beginnt mit ziehenden Schmerzen. Im Bereich der Wirbelsäule sind diese kaum von den Beschwerden bei einer Osteoporose abzugrenzen.

Diagnose. Die Diagnose und Abgrenzung von Skelettmetastasen, insbesondere im Bereich der Wirbelsäule, gehört zu einem besonders schwierigen Kapitel der orthopädischen Diagnostik. Laborchemisch ist die alkalische Phosphatase parallel der osteoklastären Destruktion erhöht, das Serum-Kalzium ist normal bis leicht erhöht *(Tab. 17, S. 147)*. Wegen ihrer großen Sensitivität ist die Szintigraphie für die Suche nach Skelettmetastasen besonders geeignet *(S. 48)*.

> Bei positivem Szintigraphiebefund muß eine Röntgenuntersuchung angeschlossen werden, um die Differentialdiagnose abzuschließen und die verbleibende Tragfähigkeit der knöchernen Strukturen beurteilen zu können.

Therapie. Sie ist abhängig vom Primärtumor und dessen allgemeiner metastatischer Verbreitung sowie von der Lokalisation und der lokalen Ausdehnung der Metastase. Bei zahlreichen Metastasen an der Wirbelsäule kann durch **Strahlentherapie** eine Rückbildung der Metastase und trag- und belastungsfähige Rekalzifikation des Wirbelkörpers erreicht werden. Dies gilt insbesondere für das ossär metastasierende Mammakarzinom, das unter Strahlentherapie an der Wirbelsäule bei 70% und an anderen Skelettregionen bei 60% der Patienten tragfähige Remineralisationen zeigt. Bei solitären Metastasen in jungen Lebensjahren sowie bei Spontanfrakturen ist unter Umständen eine **chirurgische Behandlung** und **Stabilisierung** des betroffenen Skelettabschnitts mit Verbundosteosynthese angezeigt.

Synopsis 92 a–c: Knochenmetastasen: bevorzugt in den Knochen metastasierende Organtumoren (a) und radiologischer Aspekt einer osteoblastischen (b) bzw. osteoklastischen (c) Metastase im Lendenwirbel.

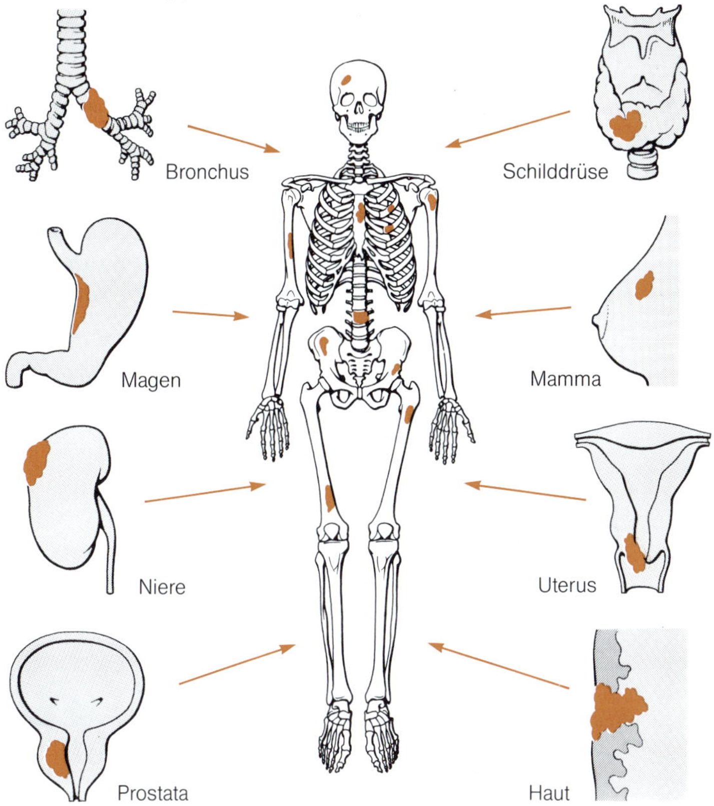

a

Beim Mann stammen 60% der Knochenmetastasen aus einem Prostata- und 25% aus einem Lungenkarzinom. Bei der Frau sind 70% auf ein Mammakarzinom und 30% auf Nieren-, Uterus- und Schilddrüsenmalignome zurückzuführen.

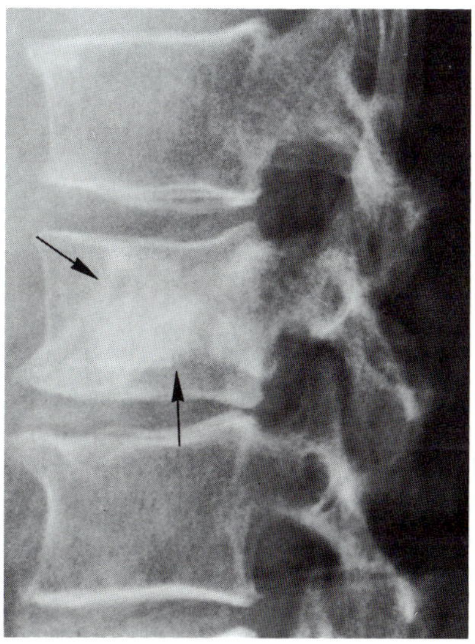

b
osteoblastische Metastase

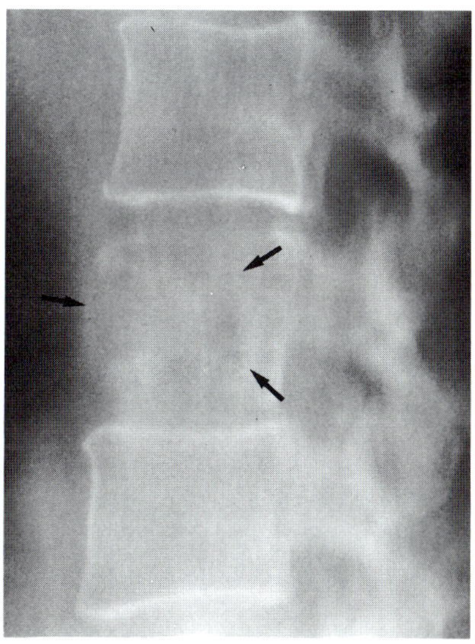

c
osteoklastische Metastase

7 Infektionen von Knochen und Gelenken

Definition ▶

7 Infektionen von Knochen und Gelenken

Definition. Die primär im Markraum lokalisierten Knocheninfektionen sind eine Allgemeinerkrankung mit Organmanifestation und werden als hämatogene Osteomyelitis bezeichnet. Davon werden die lokalen Knochenentzündungen nach Traumen und Operationen gelegentlich auch als Osteitis abgegrenzt. Die Infektion eines Gelenkes ist die Arthritis.

Die entzündlichen Knochen- und Gelenkerkrankungen sind wegen ihrer großen Therapieresistenz und Rezidivgefahr (selbst nach Jahren!) gefürchtet.

Die entzündlichen Knochen- und Gelenkerkrankungen sind wegen ihrer großen Therapieresistenz und Rezidivgefahr besonders gefürchtet. Eine chronische Osteomyelitis kann auch nach jahrelangem, beschwerdefreiem Intervall wieder aufflackern. Man spricht deswegen nie von einer Ausheilung, sondern nur von einer ruhenden Osteomyelitis.

7.1 Ätiologie und Pathogenese

7.1 Ätiologie und Pathogenese

Ätiologie
Die Pathogenese des Infektes hängt von der Virulenz des Erregers und von der Infektabwehr des betroffenen Individuums ab.

Als Erreger der verschiedensten unspezifischen Osteomyelitiden tritt in bis zu 90% Staphylococcus aureus auf.

Spezifische Osteomyelitiden sind Tuberkulose, Typhus, Lues und Pilzinfektionen. In Abhängigkeit von der Eintrittspforte des Erregers und dem Ausbreitungsweg unterscheidet man zwischen einer hämatogenen bzw. **endogenen Osteomyelitis** und einer posttraumatischen bzw. **exogenen Osteomyelitis** *(Tab. 31).*

Ätiologie. Entzündliche Knochen- und Gelenkerkrankungen sind ursächlich immer auf verschiedenartige Erreger - meistens Bakterien - zurückzuführen. Die Pathogenese des Infektes hängt allerdings nicht nur von der Virulenz des Erregers, sondern auch von der Infektabwehr des betroffenen Individuums ab.

Als Erreger der verschiedensten unspezifischen Osteomyelitiden tritt in bis zu 90% Staphylococcus aureus auf.

Bei **spezifischen Osteomyelitiden** kann aufgrund typischer histologischer Veränderungen auf den Erreger geschlossen werden (Tuberkulose, Typhus, Lues, Pilze). In Abhängigkeit von der Eintrittspforte des Erregers und dem Ausbreitungsweg unterscheidet man zwischen einer hämatogenen bzw. **endogenen Osteomyelitis** und einer posttraumatischen bzw. **exogenen Osteomyelitis** (Osteitis; *Tab. 31).* Durch den Einsatz von Antibiotika ist die Anzahl hämatogener Infekte rückläufig. Die Häufigkeit der exogenen Infekte steigt dagegen mit der Unfall- und Operationshäufigkeit an.

<table>
<tr><th colspan="4">Tab. 31: Klassifikation der Osteomyelitiden</th></tr>
<tr><th colspan="3">unspezifische Osteomyelitiden</th><th>spezifische Osteomyelitiden</th></tr>
<tr><td colspan="2">akute Formen</td><td>primär chronische Formen</td><td rowspan="4">• Mycobacterium tuberculosis
• Salmonella typhi
• Treponema pallidum
• Mykosen</td></tr>
<tr><td>endogene hämatogene Osteomyelitis</td><td>exogene (posttraumatische) Osteomyelitis (Osteitis) (S. 234)</td><td>• Brodie-Abszeß (S. 233)
• plasmazelluläre Osteomyelitis (S. 233)
• sklerosierende Osteomyelitis Garré</td></tr>
<tr><td colspan="2">sekundär chronische Formen</td><td></td></tr>
</table>

Pathogenese
Nach hämatogener Aussaat von Bakterien kommt es zur Bildung von Markabszessen mit zonalem Aufbau. Die sich daraus ergebenden Verlaufsformen des Infektes sind in *Syn. 93* wiedergegeben.

Pathogenese. Bei hämatogener Aussaat von Bakterien rufen diese zunächst eine leukozytäre Entzündung im Markraum mit Bildung kleiner Abszesse hervor. Diese Markabszesse besitzen einen zonalen Aufbau, der die Auseinandersetzung zwischen Virulenz der Erreger und Infektabwehr des betroffenen Individuums widerspiegelt. So kann bei gleichem Erregertyp die Verlaufsform des Infektes von der hoch akuten, lebensbedrohlichen bis zur chronischen, klinisch fast irrelevanten Erkrankung schwanken *(Syn. 93).*

Synopsis 93: Pathogenese der hämatogenen Osteomyelitis: die primäre hämatogene Aussaat der Keime führt zu Markraumabszessen, die sich entsprechend der Abwehrlage des Organismus ausweiten oder lokal begrenzt bleiben. Damit sind alle Vorgänge von der septischen Osteomyelitis bis zur primär chronischen Verlaufsform möglich.

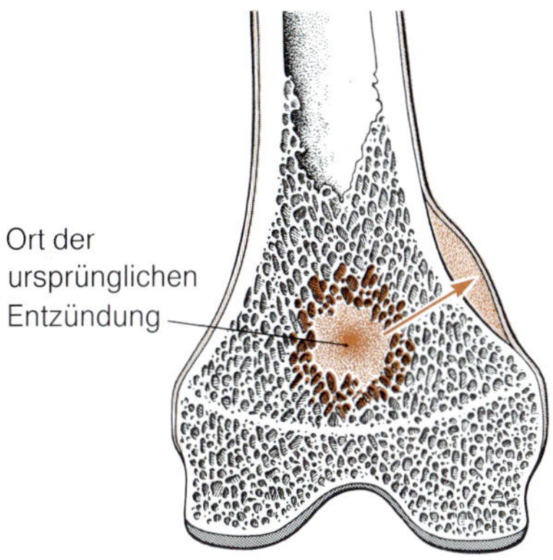

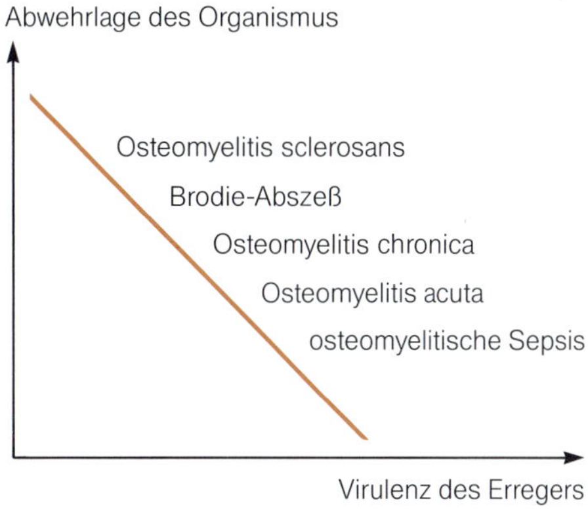

Der **Verlauf der Osteomyelitis** ist wegen der unterschiedlichen Vaskularisationsmuster des Knochens vom Lebensalter abhängig *(Syn. 94)*. Bei Säuglingen verlaufen die terminalen Blutgefäße durch die knorpelige Epiphysenfuge. Die Bakterien können daher von der Metaphyse über die Epiphyse in das Gelenk eindringen und zum eitrigen Gelenkerguß **(Pyarthros)** führen. Die Eiterherde im Knochenmark sind besonders groß. Bei Penetration durch die Kortikalis kommt es zur Periostabhebung und **periostalen Knochenneubildung** über dem entstehenden Abszeß. Bei Kindern stellt dagegen die avaskuläre Epiphysenfuge eine nicht überwindbare Grenze dar. Der Infekt bleibt daher auf den metaphysären Bereich beschränkt. Ein Einbruch in das Gelenk ist nur dort möglich, wo die Kapsel den metaphysären Bereich einbezieht (z.B. Hüftgelenk, *Abb. 59)*. Bei Thrombosierung von Venen und Arterien entstehen häufig ausgeprägte Knocheninfarkte. Durch Aktivierung der Osteoklasten wird der lebende vom toten Knochen getrennt. Der Knocheninfarkt bleibt dann im Zentrum des Entzündungsherdes als **Sequester** zurück. Durch reaktive Knochenneubildung in dieser Region kann der Sequester von einer Randsklerose **(Totenlade)** umgeben sein.

Der **Verlauf der Osteomyelitis** ist wegen der unterschiedlichen Vaskularisationsmuster des Knochens auch vom Lebensalter abhängig *(s. Syn. 94)*. Während sich bei Säuglingen und Erwachsenen der Infekt bis zum Gelenk und in dieses hinein ausdehnen kann **(Pyarthros,** *Abb. 59)*, bleibt bei Kindern der Infekt wegen der avaskulären Epiphysenfuge auf den metaphysären Bereich beschränkt. Durch Knocheninfarzierung entstehen **Sequester** mit Randsklerose **(Totenlade).**

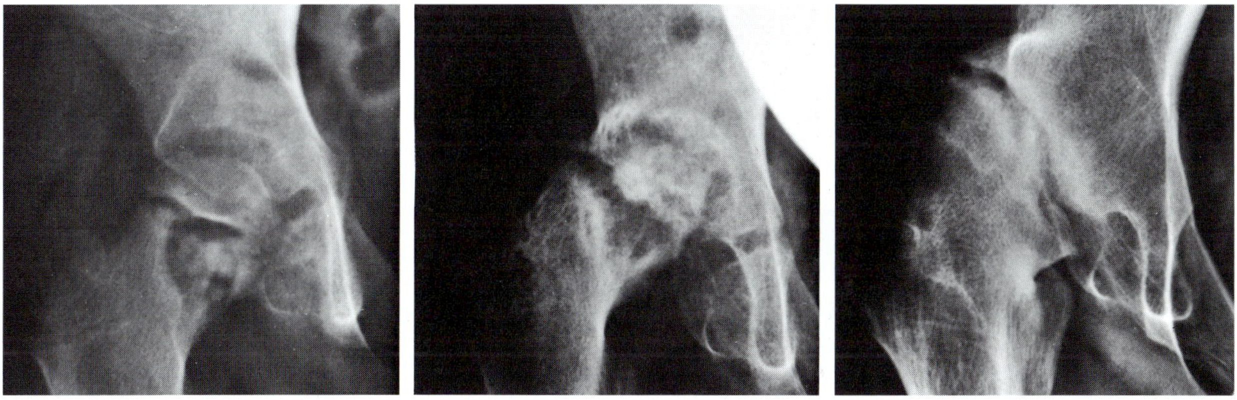

a b c

Abb. 59: Osteomyelitis im Kindesalter: primäre Ansiedlung der Bakterien in der Metaphyse bei 6jährigem Mädchen (a). Der Befund wurde zunächst als Perthes-Erkrankung mißdeutet, deren Veränderungen aber in der Epiphyse lokalisiert sind. Die avaskuläre Epiphysenfuge stellt eine unüberwindliche Barriere dar, der Infekt bricht jedoch in das Hüftgelenk ein (b). Es handelt sich um eine tuberkulöse Osteomyelitis mit nachfolgend völliger Versteifung des Hüftgelenkes im Alter von 13 Jahren (c).

Synopsis 94: Verlauf der Osteomyelitis: bei Säuglingen und Erwachsenen sind Meta- und Epiphyse vaskulär verbunden → eine Ausbreitung des Infektes in das Gelenk ist möglich. Bei Kindern stellt die Wachstumsfuge eine Barriere dar, die Ausbreitung erfolgt vorwiegend nach subperiostal (subperiostaler Abszeß) und zum Markraum (Markphlegmone, a) → ein Einbruch in das Gelenk ist nur dort möglich, wo die Gelenkkapsel bis zur Metaphyse reicht (z.B. Hüftgelenk). Im weiteren Verlauf kommt es zu lokalen Durchblutungsstörungen mit Knochennekrose (Sequester), umgebender Randsklerose (Totenlade) und Eiterentleerung nach außen (Fistelbildung, b). Sequester sind häufig erst im Tomogramm erkennbar (vergleiche c, Osteomyelitis der distalen Tibia mit Sequesterbildung [Pfeil]).

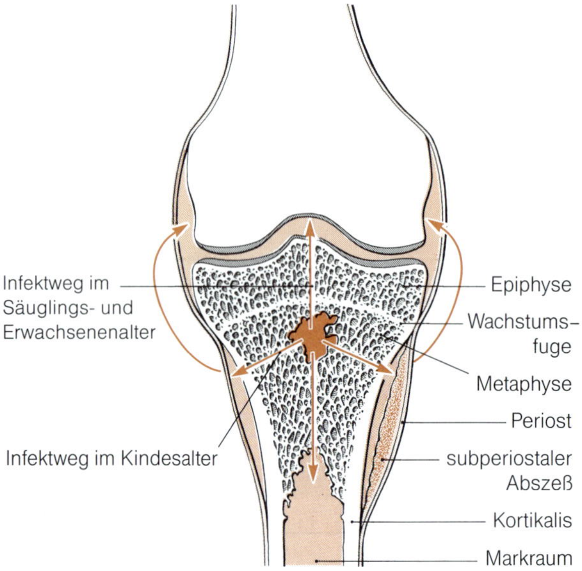

a

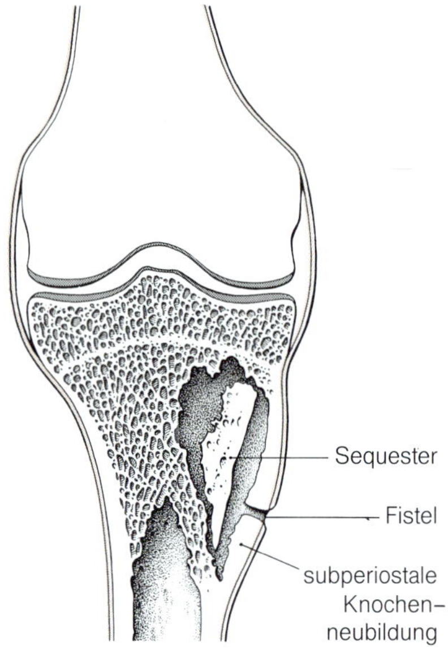

b

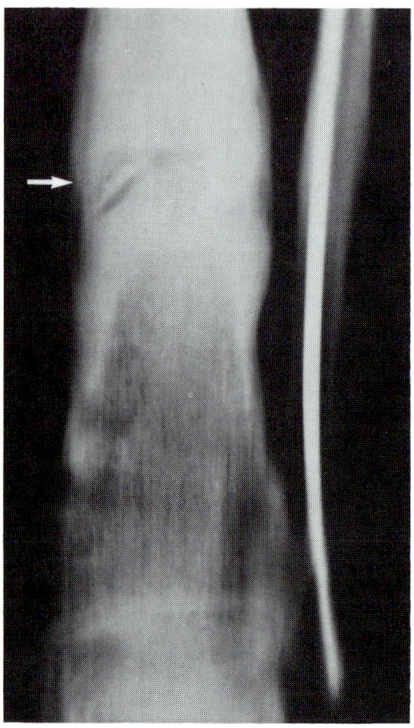

c

Im Erwachsenenalter fehlt die schützende Grenze der Epiphysenfuge. Der Infekt kann sich daher bis zum Gelenk und in dieses hinein (Pyarthros) ausdehnen. Da das Periost beim Erwachsenen dicht am Knochen anhaftet, durchbrechen die Eiterherde meistens die knöcherne Umgebung und breiten sich in die Peripherie aus. Hier kommt es zur Abszeßbildung und Entleerung des Eiters nach außen mit den Folgen einer **Fistelbildung.**

Im Erwachsenenalter breiten sich die Infekte oft in die Peripherie aus. Bei Abszeßbildung und Entleerung des Eiters nach außen verbleibt eine **Fistel.**

Da in dem starren Kompartment Knochen weder eine Abstoßung der Sequester und Spontanheilung der infizierten Höhle noch eine effiziente Antibiotikabehandlung möglich ist, flackern die Infekte als chronische Osteomyelitis immer wieder auf. Dies erklärt die **Therapieresistenz** und **Rezidivgefahr** der entzündlichen Knochen- und Gelenkerkrankungen und ist zugleich Grund dafür, daß **die meisten Osteomyelitiden nur chirurgisch angegangen werden können.**

Die infizierten Knochenhöhlen heilen schlecht und sind auch durch Antibiotika nur schwer zu erreichen. Dies erklärt die **Therapieresistenz, Rezidivgefahr** und **Notwendigkeit chirurgischer Maßnahmen** bei der chronischen Osteomyelitis.

Mikrobiologie. Das Erregerspektrum ist wesentlich von der Art der Infektion abhängig. Streptokokken spielen praktisch nur noch bei der hämatogenen Osteomyelitis im Säuglings- und Kindesalter eine Rolle. Im übrigen dominiert **Staphylococcus aureus.** Staphylococcus aureus ist auch der häufigste Erreger bei postoperativen Infektionen ohne Antibiotikaprophylaxe. Bei Antibiotikaprophylaxe wiederum ist Staphylococcus epidermidis häufiger vertreten. Mit unkritischem Einsatz von Antibiotika gewinnen auch Anaerobier-Infektionen an Bedeutung. Normalerweise besteht eine Symbiose zwischen aeroben und anaeroben Mikroorganismen, die das Wachstum der Anaerobier beschränkt. Durch den Einsatz von Antibiotika werden die Aerobier abgetötet, so daß die Anaerobier die Oberhand gewinnen können (Peptococcus, Bacteroides).

Mikrobiologie
Staphylococcus aureus ist der häufigste Erreger auch bei postoperativen Infektionen. Streptokokken sind nur noch bei der hämatogenen Osteomyelitis im Säuglings- und Kindesalter von Bedeutung.

Der zunehmende Einsatz von Antibiotika hat dazu geführt, daß verschiedene Mikroorganismen Resistenzen gegen Antibiotika entwickelt haben.

Durch den zunehmenden Einsatz von Antibiotika haben die Bakterien Resistenzen entwickelt.

Bei jeder entzündlichen Knochen- und Gelenkerkrankung sollte daher der Erreger vor Beginn der Antibiotikatherapie isoliert und gegen die gebräuchlichen Antibiotika getestet werden (Antibiogramm).

Vor Therapiebeginn sollte daher der Erreger isoliert werden, um eine gezielte Antibiotikatherapie zu ermöglichen.

Antibiotika. Die Indikation für eine Antibiotikabehandlung ergibt sich bei

- der Prävention eines postoperativen Infektes (Antbiotikaprophylaxe),
- der Behandlung einer beginnenden Infektion,
- der Behandlung einer apparenten Infektion.

Die Indikation für **Antibiotika** besteht bei
- der Prävention eines postoperativen Infektes (Antibiotikaprophylaxe),
- der Behandlung eines beginnenden Infektes,
- der Behandlung einer apparenten Infektion.

Die **Knochengängigkeit** der verschiedensten Antibiotika korreliert mit deren Serumspiegel. Die Empfindlichkeit der Erreger, allergische Diathese des Patienten, die spezifischen Nebenwirkungen des Antibiotikums und dessen Kosten sind die wichtigsten Parameter für die Selektion. Antibiotika können intravenös systemisch, aber auch lokal mit Trägersubstanzen in relativ höherer Konzentration (Antibiotika an Knochenzement, Fibrin oder Kollagen gebunden) verabreicht werden. Der Antibiotikazusatz zu Spülsaugdrainagen ist umstritten, da diese einen überwiegend mechanisch reinigenden Effekt durch die Spülflüssigkeit besitzen. Nebenwirkungen werden bei fast allen Antibiotika festgestellt. Im Vordergrund stehen nephrotoxische, ototoxische und hämatotoxische Auswirkungen *(Tab. 32).*

Die **Knochengängigkeit** der verschiedensten Antibiotika korreliert mit deren Serumspiegel. Antibiotika können intravenös systemisch oder auch lokal mit Trägersubstanzen (Antibiotika an Knochenzement, Fibrin oder Kollagen gebunden) verabreicht werden. Nebenwirkungen müssen bedacht werden *(Tab. 32).*

Bei großen Operationen (Becken- und Hüfteingriffe, Zweit- und Rezidiv-Operationen) und Patienten mit Risikofaktoren (z.B. Diabetes mellitus) hat sich die **prophylaktische Gabe von Antibiotika** kurz vor und nach der Operation als sinnvoll herausgestellt. Dabei wird das Antibiotikum unmittelbar vor der Operation bis zum 2. oder 3. Tag postoperativ in therapeutischer Dosierung verabreicht. Hierdurch wird verhindert, daß sich aus einer möglichen Kontamination, die intraoperativ geschieht, eine Infektion entwickelt.

Bei großen Operationen (Becken- und Hüfteingriffe, Zweit- und Rezidiv-Operationen) und Patienten mit Risikofaktoren (z.B. Diabetes mellitus) hat sich die **prophylaktische Gabe von Antibiotika** kurz vor und nach der Operation als sinnvoll herausgestellt.

Tab. 32: Nebenwirkungen von Antibiotika

nephrotoxisch Gentamicin Tobramycin Amikacin Vancomycin Cephaloridin Tetrazyklin Methicillin Amphotericin B Polymyxin	**ototoxisch** Streptomycin Gentamicin Tobramycin Amikacin Minozyklin Neomycin Vancomycin Erythromycin
hepatotoxisch Oxacillin Erythromycin Tetrazyklin Isoniazid	**hämolytische Anämie** Penicilline Cephalosporine Sulfonamide
hämatotoxisch Chloramphenicol Flucytosin	**Gerinnungsstörung** Carbenicillin Moxalactam

7.2 Akute hämatogene Säuglingsosteomyelitis

7.2 Akute hämatogene Säuglingsosteomyelitis

Definition ▶

Definition. Eitrige Infektion des Knochenmarks, vorwiegend im metaphysären Bereich, die infolge der Gefäßdurchdringung der Epiphysenfuge auch in die Epiphyse selbst und von dort aus in das Gelenk einbrechen kann.

Klinik
Meist nach einer Allgemeininfektion, betroffen ist vor allem die Femurmetaphyse. Häufigste Erreger sind Streptokokken, Pneumokokken. Erregernachweis durch Blutkultur oder Direktpunktion der Region. Der Verlauf ist akut mit hohem Fieber, Allgemeinsymptomen und entzündlichen Blutparametern.

Im Frühstadium ist das **Röntgenbild** unauffällig. Später zeigt sich eine Periostabhebung **(Periostitis ossificans)** *(Abb. 60)*.

Klinik. Anamnestisch lassen sich häufig Allgemeininfektionen (z.B. Nabelschnurinfektion) als Vorerkrankung nachweisen. Bei den Erregern handelt es sich überwiegend um Streptokokken, Pneumokokken und Staphylokokken. Betroffen ist vor allem die Femurmetaphyse. Der Verlauf ist akut mit hohem Fieber, Allgemeinsymptomen und entzündlichen Parametern in der Blutserologie. Das Röntgenbild kann im Frühstadium im Stich lassen, da sich radiologische Veränderungen erst 3 Wochen nach Infektion finden. Szintigramm und Leukozytenszintigramm können bereits nach einer Woche eine Mehranreicherung zeigen. Der Erregernachweis gelingt aus der Blutkultur oder durch Direktpunktion der befallenen Region.

Das spätere **Röntgenbild** zeigt die Auftreibung der Metaphyse unter Umständen unter Einbeziehung der Epiphyse. Die Abhebung des Periostes mit Verkalkung imponiert als **Periostitis ossificans** *(Abb. 60)*.

Merke ▶

Merke. Primärer Manifestationsort der hämatogenen Säuglingsosteomyelitis ist vorzugsweise die Metaphyse.

Therapie
Parenterale Gabe von Penicillinen und Ruhigstellung der betroffenen Region. Bei Destruktion der Wachstumsfuge kann eine erhebliche Wachstumsstörung verbleiben. **Bei frühzeitiger Behandlung ist die Prognose gut.**

Therapie. Sie erfolgt vorzugsweise durch parenterale Gabe von Penicillinen und durch Ruhigstellung der betroffenen Region. Bei Einbruch des Prozesses in ein Gelenk ist die Spülung des Gelenkes durch Punktion oder durch Anlage einer Spül-Saug-Drainage erforderlich. **Bei frühzeitiger Behandlung ist die Prognose gut.** Ist jedoch der Prozeß fortgeschritten und hat zu Destruktionen der Wachstumsfuge geführt, kann eine erhebliche Wachstumsstörung verbleiben, die regelmäßige Kontrollen und unter Umständen sekundär rekonstruktive Maßnahmen bis zum Wachstumsabschluß erforderlich macht *(Abb. 27, S. 117)*.

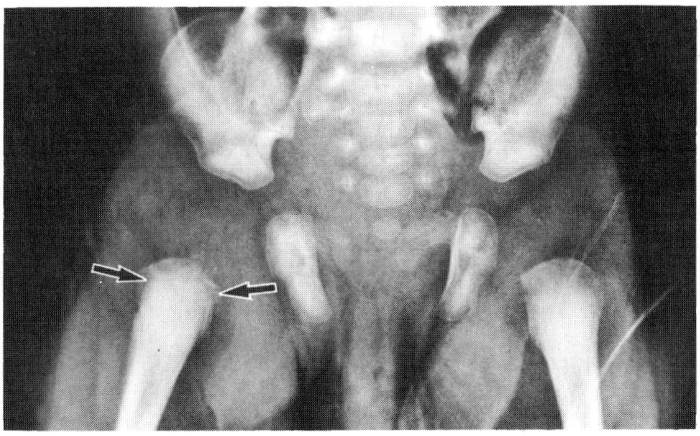

a

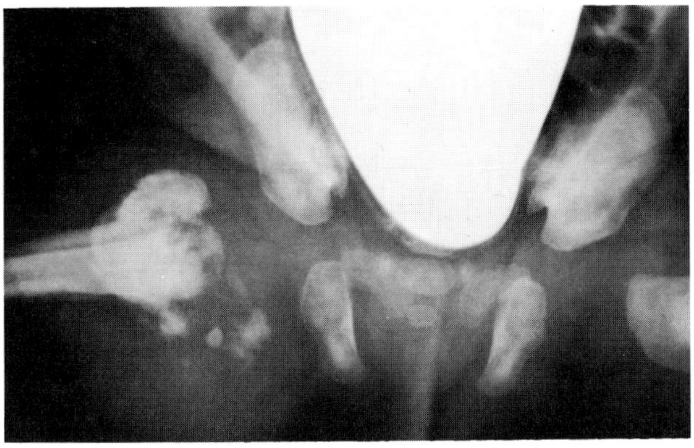

b

Abb. 60a und b: Akute hämatogene Säuglingsosteomyelitis: nach postpartaler Sepsis Entwicklung eines Pyarthros des rechten Hüftgelenkes. Erste radiologische Veränderungen mit metaphysären Auflockerungen im Alter von 2 Wochen (a). Im Alter von 5 Wochen Auftreibung der Metaphyse mit Abhebung des Periostes: Periostitis ossificans (b).

7.3 Akute hämatogene Osteomyelitis im Kindesalter

7.3 Akute hämatogene Osteomyelitis im Kindesalter

◀ **Definition**

Definition. Eitrige Knochenmarksentzündung, die sich wegen der Epiphysenfugenbarriere nach dem 2. Lebensjahr vorwiegend im meta- und diaphysären Bereich ausbreitet. Bei Jungen häufiger als bei Mädchen.

Klinik
Bevorzugt sind Tibia und Femur betroffen. Es handelt sich um eine schwere Allgemeinerkrankung mit Fieber und Schüttelfrösten. Lokal imponieren Rötung, Schwellung und Druckschmerzen. Röntgenologisch sind periostale Ossifikationen typisch *(Abb. 61)*. Differentialdiagnostisch muß an das Ewing-Sarkom gedacht werden *(S. 217)*.

Klinik. Diese Osteomyelitis tritt am häufigsten im 8. Lebensjahr nach Allgemeininfektionen auf und ist in den meisten Fällen in der Tibia und im Femur lokalisiert. Wie bei der Osteomyelitis im Säuglingsalter handelt es sich um eine schwere Allgemeinerkrankung mit Fieber und Schüttelfrösten. Lokal imponieren Rötung, Schwellung und Druckschmerzen. Im Röntgenbild kann der gesamte Röhrenknochen befallen sein. Die Destruktionen reichen bis an die Epiphysenfugen heran. Liegen die betroffenen Metaphysen intraartikulär (Hüfte, Knie, Schulter), ist auch ein unmittelbarer Einbruch des Infektes in das Gelenk möglich. Die Kortikalis ist unter Umständen usuriert. Dann finden sich aufgelagert periostale Ossifikationen *(Abb. 61)*. Kortikalissequester sind häufig. Klinisches und röntgenologisches Bild können mit einem Ewing-Sarkom verwechselt werden. Eine sorgfältige differentialdiagnostische Abklärung ist daher erforderlich *(S. 217)*.

Therapie
Im Frühstadium der Erkrankung konservativ, bei Markphlegmonen und subperiostalen Abszessen chirurgische Intervention.

Therapie. Im Frühstadium der Erkrankung ist die Kombination von gezielter Antibiotikatherapie und Ruhigstellung des betroffenen Skelettabschnittes angezeigt. Bei vorliegenden Markphlegmonen und subperiostalen Abszessen kann eine chirurgische Intervention angezeigt sein. Der Übergang in eine chronische Osteomyelitis ist selten. Die Prognose hängt wesentlich von den eingetretenen Schäden an der Wachstumsfuge ab. Diese können zu bleibenden schweren Deformitäten und Verkürzungen einer Extremität führen.

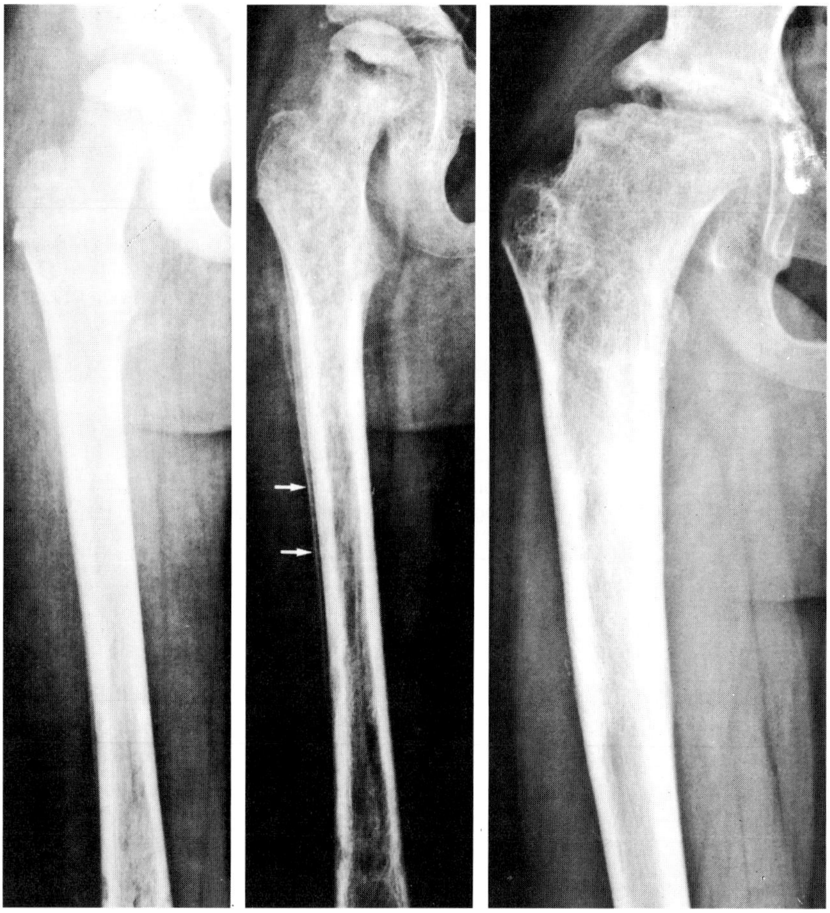

a b c

Abb. 61a–c: Röntgenologische Darstellung einer **akuten hämatogenen Osteomyelitis im Kindesalter.** Bild a zeigt den Frühzustand. Bei erneuter Kontrolle (b) periostale Abhebungen und Ossifikationen. Bei weiterem Fortschreiten Bildung einer Hüftkopfnekrose (c). *Vergleiche auch klinisches Beispiel.*

Klinisches Beispiel ▶

Klinisches Beispiel. 6jähriges Mädchen, das zwei Wochen an einer eitrigen Angina mit den Zeichen einer schweren Allgemeinerkrankung litt. Jetzt wegen Fieber, Schüttelfrost, starker Anstieg der Blutsenkungsreaktion stationäre Einweisung. Wegen starker Schmerzen im rechten Oberschenkel ohne auffällige Rötung oder Schwellung zunächst Verdacht eines Ewing-Sarkomes *(Abb. 61b).* Ausbreitung des morphologischen Befundes im Bereich des gesamten Femurschaftes. Chirurgische Intervention, bei der sich aus dem Markraum übelriechender Eiter entleert. Ausheilung des Befundes mit Defekt an Hüft- und Kniegelenk (vergleiche erneut *Abb. 61c).*

7.4. Hämatogene Osteomyelitis des Erwachsenen

7.4 Hämatogene Osteomyelitis des Erwachsenen

◀ Definition

Definition. Akute eitrige Knochenmarksentzündung, die sich nach Allgemeininfektionen mit Bakteriämie entwickelt und in Gelenke und Weichteile ausbreiten kann. Bei Männern häufiger als bei Frauen.

Klinik. Neben den langen Röhrenknochen ist vor allem die Wirbelsäule befallen (hämatogene Spondylitis). Die Symptomatik wird von der Schmerzhaftigkeit und der Funktionseinschränkung der betroffenen Skelettabschnitte geprägt. Bei gelenknaher Lokalisation kann ein begleitender Gelenkerguß (sympathischer Gelenkerguß) nachgewiesen werden. Die Allgemeinsymptome sind in der Regel nur gering ausgeprägt. Das Röntgenbild zeigt im Frühbefund eine fleckige Aufhellung, später periostale Reaktionen und unter Umständen Knochensequester mit Totenlade *(Syn. 94, S. 228)*

Klinik
Neben den langen Röhrenknochen ist vor allem die Wirbelsäule befallen. Die Schmerzhaftigkeit und Funktionseinschränkung stehen im Vordergrund. Die Allgemeinsymptome sind nur gering ausgeprägt. Röntgenologisch sind Sequesterbildungen häufig nachweisbar *(Syn. 94, S. 228)*

Therapie. Gezielte Antibiotikabehandlung und Ruhigstellung der betroffenen Region. Frühzeitige Herdausräumung und Spül-Saug-Drainage. Bei verspäteter Behandlung neigt die Erkrankung zu häufigen Rezidiven und geht in eine chronische Osteomyelitis über.

Therapie
Antibiotika, Ruhigstellung, chirurgische Ausräumung. Bei verspäteter Behandlung Übergang in chronische Osteomyelitis.

7.5 Chronische Osteomyelitis

7.5 Chronische Osteomyelitis

◀ Definition

Definition. Chronische Infektion des Knochens mit der Neigung zur Therapieresistenz und Rezidivgefahr.

Ätiologie. Chronische Osteomyelitiden können als sekundäre Verlaufsform endogenen oder exogenen Ursprungs sein. Jede akute hämatogene Osteomyelitis kann in eine sekundär chronische Form übergehen. Bei günstiger Infektabwehr des Individuums kann auch eine primär hämatogene Aussaat zur primär chronischen Verlaufsform einer **endogenen Infektion** führen *(Tab. 31, S. 226,* z.B. Brodie-Abszeß, plasmazelluläre und sklerosierende Osteomyelitis). Sekundär chronische Osteomyelitiden (Osteitiden) **exogenen** Ursprungs entstehen nach Traumen und Operationen.

Ätiologie
Chronische Osteomyelitiden können **endogenen** oder **exogenen** Ursprungs sein. Jede akute hämatogene Osteomyelitis kann in eine sekundär chronische Form übergehen. Primär chronische Verlaufsformen sind möglich (z.B. Brodie-Abszeß, plasmazelluläre Osteomyelitis).

Pathogenese. Bleibt eine hämatogene Osteomyelitis über lange Zeit bestehen, kommt es zu erheblichen Knochenumbauprozessen. Der Knochen wird dann größtenteils sklerotisch verdichtet. Im Bereich der Röhrenknochen entwickelt sich eine ausgeprägte Verdickung der Kortikalis mit dazwischenliegenden nekrotischen Arealen. Der Markraum wird zunehmend fibrosiert. Die Osteomyelitis kann in diesem Bereich immer wieder aufflackern (chronisch rezidivierende Osteomyelitis).

Pathogenese
Bei chronischem Verlauf kommt es zu erheblichen Umbauprozessen mit sklerotischer Verdichtung des Knochens.

7.5.1 Primär chronische Osteomyelitiden

7.5.1 Primär chronische Osteomyelitiden

Bei den primär chronischen Formen stehen die Knochenverdichtungen und Sklerosierungen im Vordergrund. Beim **Brodie-Abszeß** handelt es sich um eine meist runde Abszeßhöhle, die von einem breiten sklerotischen Randsaum umgeben ist und nicht zu einer chronischen Fistelung führt. Sie ist vorwiegend am distalen Femur und am Tibiakopf lokalisiert *(Syn. 95)*. Differentialdiagnostisch ist der Brodie-Abszeß gegenüber Knochentumoren abzugrenzen.

Bei der **plasmazellulären Osteomyelitis** handelt es sich ebenfalls um eine sklerosierende Knochenentzündung mit einer zentralen Kavernenbildung, die fast ausschließlich Plasmazellen enthält. **Bakterien lassen sich nicht nachweisen.** Dies gilt auch für die **sklerosierende Osteomyelitis Garré.** Sie ist ebenfalls durch die primär osteosklerotischen Veränderungen charakterisiert. Die Abgrenzung, insbesondere zu Ermüdungsfrakturen und zum Osteoidosteom *(S. 210)* kann auf Schwierigkeiten stoßen, so daß eine Biopsie erforderlich wird. *Synopsis 95* zeigt die radiologischen Kriterien der primär chronischen Osteomyelitiden.

Beim **Brodie-Abszeß** handelt es sich um eine runde Abszeßhöhle mit ausgeprägter Sklerosierung, meist im distalen Femur und im Tibiakopf, die gegenüber Knochentumoren abzugrenzen ist *(Syn. 95)*.

Primär chronische Verlaufsformen sind auch die **plasmazelluläre Osteomyelitis und die sklerosierende Osteomyelitis Garré, bei denen ein Erregernachweis nicht gelingt.** *Synopsis 95* zeigt die radiologischen Kriterien der primär chronischen Osteomyelitiden.

Synopsis 95: Radiologie der primär chronischen Osteomyelitiden: der Brodie-Abszeß ist eine runde, meist in Kniegelenksnähe lokalisierte Abszeßhöhle (a), bei der plasmazellulären Osteomyelitis handelt es sich um eine sklerosierende Knochenentzündung (hier spindelförmige Auftreibung des Schlüsselbeines, b).

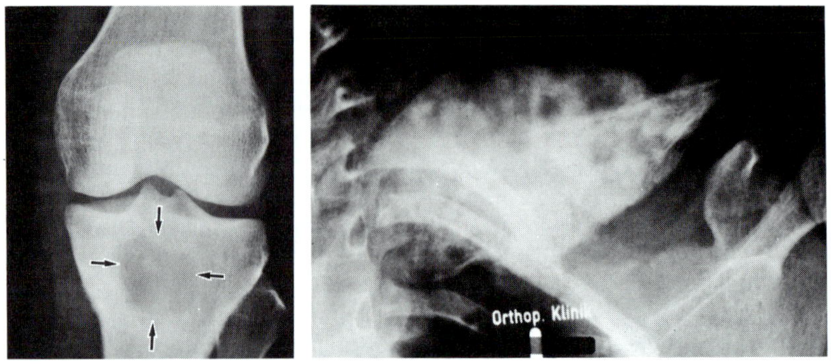

a Brodie-Abszeß **b plasmazelluläre Osteomyelitis**

Klinik
Schmerzen und Verdickung des Knochenabschnittes stehen im Vordergrund.

Klinik. Die primär chronischen Osteomyelitiden imponieren klinisch durch die Schmerzhaftigkeit und die zunehmende Auftreibung des befallenen Knochenabschnittes. Bis auf eine leichte Überwärmung der betroffenen Region sind entzündliche Veränderungen nicht nachzuweisen.

Therapie
Bei anhaltenden Schmerzen Ausräumung der Sklerosezonen.

Therapie. Bei anhaltender Schmerzhaftigkeit ist die Ausräumung der gesamten sklerosierten Knochenanteile und gegebenenfalls eine Spongiosaauffüllung angezeigt.

7.5.2 Posttraumatische Osteomyelitis – sekundär chronische Verlaufsform

Ätiologie
Die Ausbreitung des Infektes nach Traumen hängt von der Anzahl und Virulenz der Keime, aber auch von lokalen Bedingungen ab:
- vom Weichteilschaden
- von Störungen der Knochenbruchheilung
- von eingebrachten Fremdmaterialien

Klinik
Der Verlauf ist wechselnd. Nach langdauernden inaktiven Phasen kommt es immer wieder zu Rezidiven mit akuten Entzündungszeichen bis hin zur Sepsis.

Das Röntgenbild zeigt die typischen sklerosierenden Veränderungen *(Syn. 94, S. 228).*

Therapie

Nur die radikale chirurgische Ausräumung des infizierten und nekrotischen Gewebes besitzt Aussicht auf Erfolg *(Syn. 96).*

7.5.2 Posttraumatische Osteomyelitis – sekundär chronische Verlaufsform

Ätiologie. Bei der exogenen (posttraumatischen, postoperativen) Knocheninfektion handelt es sich primär um eine lokale Entzündung (Osteitis). Die Ausbreitung des Infektes hängt von der Anzahl und Virulenz der Keime, von der Resistenz des Individuums und von wichtigen lokalen Bedingungen ab:
- vom Weichteilschaden durch das Trauma und/oder die Operation, insbesondere von Vaskularisationsstörungen des Knochens,
- von Störungen der Knochenbruchheilung,
- von eingebrachten Fremdmaterialien.

Klinik. Der Verlauf einer sekundär chronischen Osteomyelitis kann äußerst wechselhaft sein. Nach langdauernden Phasen der Inaktivität kann ein osteomyelitischer Prozeß plötzlich wieder aufflackern und alle Zeichen einer akuten Entzündung bis zu septischen Krankheitsbildern aufweisen. Nach Rückgang der akuten Entzündungszeichen wird das Bild von chronisch sezernierenden Fisteln geprägt.

Das Röntgenbild zeigt die typischen sklerosierenden Veränderungen der chronischen Osteomyelitis, unter Umständen mit Sequesterbildung *(Syn. 94, S. 228).*

Therapie. Die schlechte Vaskularisation des sklerotischen Knochens und der Nekroseregionen läßt eine ausreichende Wirkstoffkonzentration von Antibiotika nicht zu.

> Bei der exogenen chronischen Osteomyelitis besitzt daher nur die radikale chirurgische Ausräumung des infizierten und nekrotischen Gewebes Aussicht auf Erfolg *(Syn. 96).*

Synopsis 96: Richtlinien der Osteomyelitisbehandlung

1. Herderöffnung, Debridement, **S**equestrotomie
2. **S**pül-Saug-Drainage (a)
3. Antibiotika lokal, eventuell systemisch
4. Operative **S**tabilisierung instabiler Knochenabschnitte mit äußerem Spanner (Fixateur externe, b) und **S**pongiosaplastik

4-S-Regel

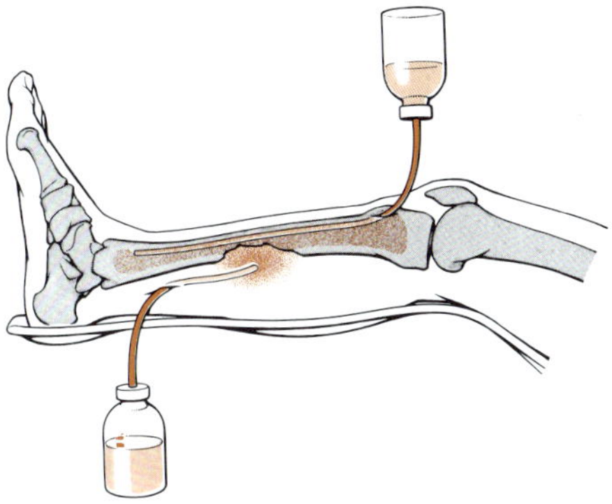

a

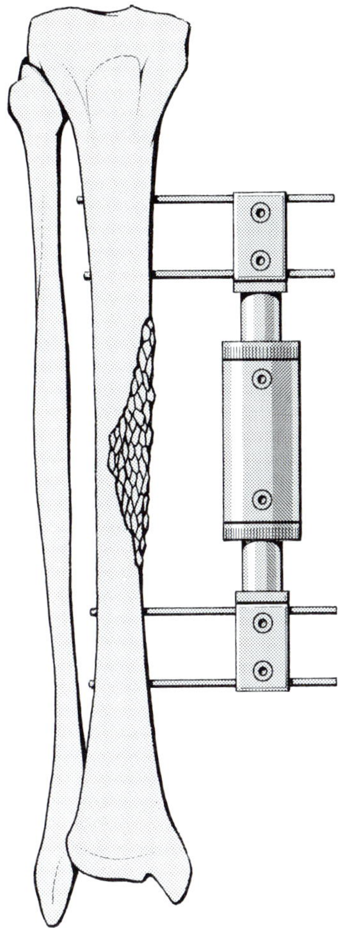

b

Durch eine Fistelfüllung mit Kontrastmittel ist die Weichteilbeteiligung besser darstellbar. Bei Vitalfärbung mit Methylen-Blau können Nekrosezonen in ihrer Ausdehnung besser abgegrenzt werden.

Die radikale Entfernung des devitalisierten Gewebes hat bei der exogenen Osteomyelitis in jedem Fall Vorrang (Herderöffnung, Debridement, Sequesterotomie). Kann der verbleibende Weichteildefekt nicht gedeckt werden, ist unter Umständen eine offene Behandlung erforderlich. Knochendefekte müssen mit autologer Spongiosa aufgefüllt werden. Verbleibende Wundhöhlen werden entweder mit Antibiotikaträgern (Knochenzement oder Fibrin mit Antibiotikazusatz) aufgefüllt oder mit einer Spül-Saug-Drainage mechanisch gereinigt. Bei infizierten Frakturen und Pseudarthrosen spielt die Instabilität eine wesentliche Rolle bei der Unterhaltung des Infektgeschehens. Der instabile Knochenabschnitt muß daher zunächst stabilisiert und anschließend die Infektion nach den Richtlinien der Osteomyelitisbehandlung zur Ausheilung gebracht werden *(Abb. 62, S. 236)*. Einliegendes Fremdmaterial unterhält den chronischen Infekt und muß daher entfernt werden.

Knochendefekte müssen mit autologer Spongiosa aufgefüllt werden, verbleibende Wundhöhlen werden mit Antibiotikaträgern aufgefüllt oder mit einer Spül-Saug-Drainage mechanisch gereinigt.

Die Osteosynthese wird in infizierten Regionen ausschließlich mit äußeren Spannern (Fixateur externe) durchgeführt.

Die Osteosynthese in infizierten Regionen wird ausschließlich mit äußeren Spannern (Fixateur externe) durchgeführt *(Abb. 62)*.

Trotz radikaler chirurgischer Maßnahmen gehört die chronische posttraumatische Osteomyelitis zur gefürchteten Komplikation eines Traumas und operativer Maßnahmen. Bei etwa **6%** der Patienten ist wegen der schwerwiegenden Spätfolgen die **Amputation** der betroffenen Extremität nicht zu umgehen. In vielen Fällen verbleiben Achsenfehler, Verkürzungen, Gelenkversteifungen oder ausgeprägte trophische Störungen mit Bewegungseinschränkung, die die Bela-

Trotz radikaler chirurgischer Maßnahmen ist bei etwa **6%** der Patienten wegen der schwerwiegenden Spätfolgen die **Amputation** der betroffenen Extremität nicht zu umgehen. Daher kommt der Prävention eine wesentliche Bedeutung zu.

Durch organisatorische und operationstechnische Verbesserungen (auch perioperative Antibiotikaprophylaxe) läßt sich die Infektquote bei der Versorgung geschlossener Frakturen oder Osteosynthesen auf etwa 1%, für offene Verletzungen auf etwa 5–10% senken.

stungsfähigkeit der Extremität erheblich einschränken. Aus diesem Grund kommt der Prävention posttraumatischer und postoperativer Knocheninfektionen eine wesentliche Bedeutung zu (Antibiotikaprophylaxe). Dazu gehören organisatorische und operationstechnische Anstrengungen. Bei alledem läßt sich die Infektquote bei der Behandlung geschlossener Frakturen oder Osteosynthesen auf etwa 1%, die Infektquote für offene Verletzungen auf etwa 5 bis 10% senken.

Klinisches Beispiel ▶

Klinisches Beispiel. 21jähriger Mann. Motorradunfall mit Polytrauma; Kompressionsfrakturen des vierten und fünften BWK, Rippenserienfraktur mit Lungenkontusion, Schädel-Hirn-Trauma und drittgradig offene Unterschenkelfraktur. Am Unterschenkel Wundverschluß und Anlegen eines Fixateur externe. Bereits nach 8 Tagen zweite operative Versorgung wegen tiefer nekrotischer Wundinfektion des Unterschenkels durch myoplastische Deckung der Tibia mit dem medialen Gastroknemiuskopf. Auch eine dritte Versorgung mit Debridement und Entfernung eines Knochensequesters verhindert nicht die Entstehung einer posttraumatischen Osteomyelitis der Tibia *(Abb. 62a).*
Vier Monate nach dem Unfall ergiebige Ausmuldung der Tibia im Bereich der infizierten medialen Kortikalis und autologer Spongiosaplastik im Fibrin-Antibiotikum-Verbund, die zur Beruhigung der Osteomyelitis führt. Wegen Pseudarthrose bei sperrender Fibula als fünfte Operation hohe Fibulaosteotomie. Anschließend erneutes Aufbrechen der Infektion im proximalen Tibiabereich mit Fistelbildung *(Abb. 62b).* Sechste Operation wegen Infektpseudarthrose durch Resektion der Tibiapseudarthrose sowie der proximalen Fibula. Ein weiteres Jahr später Konsolidierung der Pseudarthrose und Beruhigung des Infektes. Zwei Jahre nach dem Unfall erstmals belastungsstabile Verhältnisse *(Abb. 62c).*

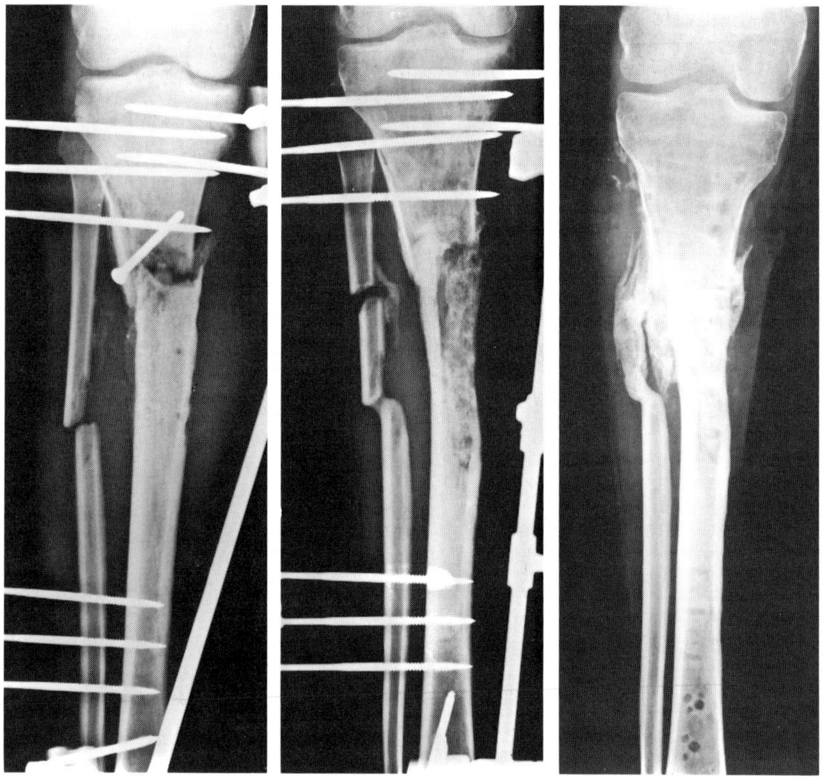

a b c

Abb. 62a–c: *Klinisches Beispiel:* **posttraumatische Osteomyelitis.**
Merke: Die Osteosynthese in der infizierten Region wurde über einen Fixateur externe erreicht.

7.6 Tuberkulöse Osteomyelitis

7.6 Tuberkulöse Osteomyelitis

Definition ▶

Definition. Häufigste spezifische Knochenentzündung. Erreger ist das Mycobacterium tuberculosis.

Synopsis 97: Verlauf der tuberkulösen Spondylitis: Aus der Spondylitis anterior mit paravertebraler Abszeßbildung (a, b) kann sich eine ausgeprägte Knickbildung (Gibbus) mit neurologischen Symptomen entwickeln (d). Eine typische Komplikation sind Senkungsabszesse (c).

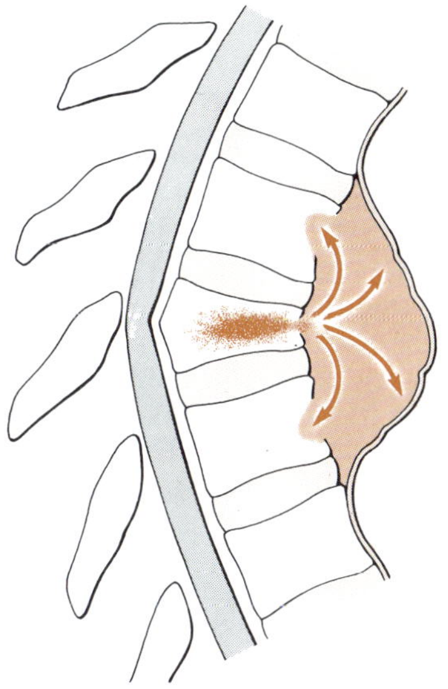

a

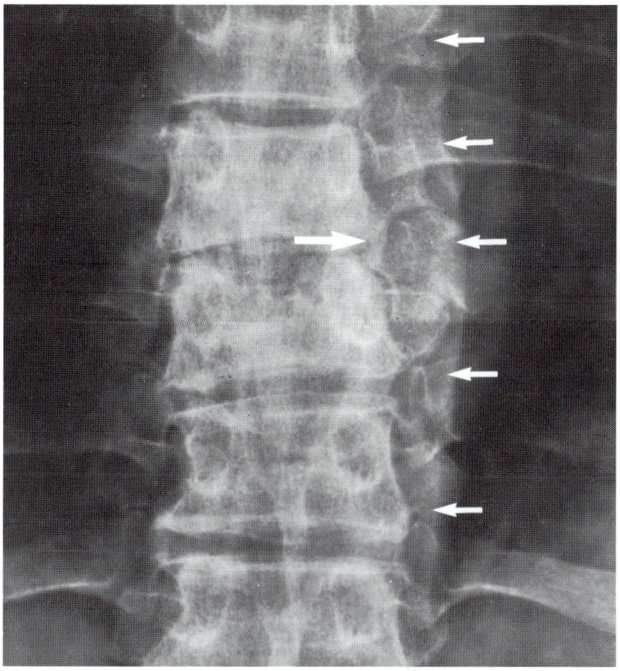

b

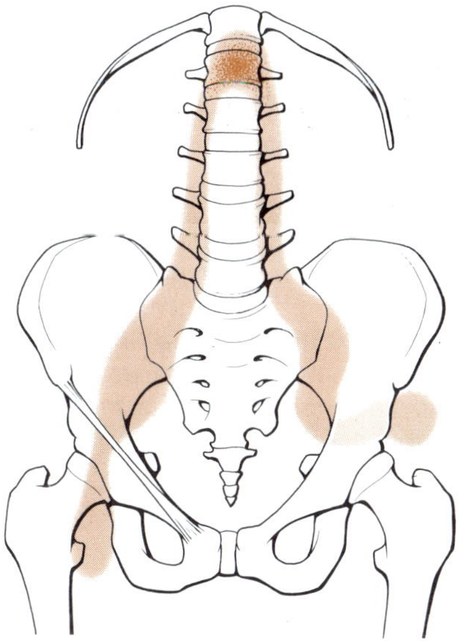

c

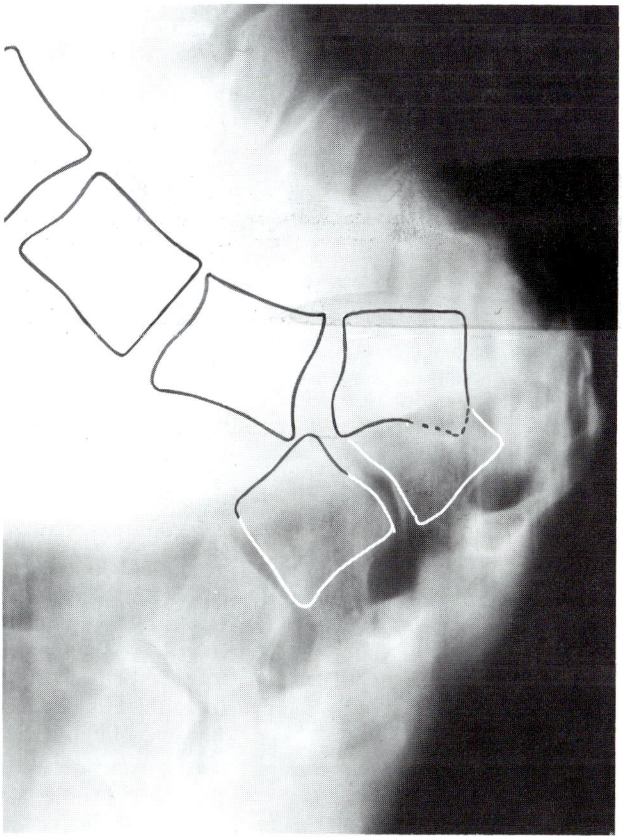

d

Ätiologie und Pathogenese
Die Knochentuberkulose entsteht immer auf hämatogenem Wege, am häufigsten in der Wirbelsäule.

Ätiologie und Pathogenese. Die Knochentuberkulose entsteht immer auf hämatogenem Wege. Die Manifestationszeit beträgt Jahre bis Jahrzehnte nach der Primärinfektion. Die Wirbelsäule ist mit 40% am häufigsten befallen (spezifische : unspezifische Spondylitis = 1 : 10), gefolgt von Hüft- und Kniegelenk. Es werden eine exsudative (käsige) Form und eine produktive Form unterschieden, bei der das Granulationsgewebe quantitativ im Vordergrund steht.

Klinik
Die Spondylitis tuberculosa kann durch Sinterung der **Wirbelkörper** zur Abknickung der Wirbelsäule **(Gibbus),** begleitenden **Querschnittlähmung** und zu **Senkungsabszessen** führen *(Syn. 97).*

Bei der Lokalisation in den Phalangen Jugendlicher kommt es zum Befund der **Spina ventosa.** Röntgenologische Veränderungen, Anamnese und ein positiver Mendel-Mantoux-Test liefern Hinweise. Beweisend ist nur der Erregernachweis.

Klinik. Die Spondylitis tuberculosa betrifft besonders die untere Brust- und obere Lenden**wirbelsäule.** Röntgenologisch sind die Bandscheiben, die Verschmälerung der Zwischenwirbelscheiben und die spindelige Auftreibung der paravertebralen Weichteile charakteristisch *(Syn. 97).* Der Verlauf kann durch Sinterung der Wirbelkörper mit winkelförmiger Abknickung der Wirbelsäule **(Gibbus)** und begleitender **Querschnittlähmung** sowie durch **Senkungsabszesse** kompliziert werden.

Bei der Lokalisation der Tuberkulose in den Phalangen Jugendlicher kommt es zur spindelförmigen Auftreibung **(Spina ventosa).**

Die **Diagnose** kann lediglich aus den röntgenologischen Veränderungen und der Anamnese vermutet, aber erst durch den Nachweis der Erreger aus dem Krankheitsherd gesichert werden. Der Mendel-Mantoux-Test mit Tuberkulin kann durch Reizschwellenbestimmung zusätzliche Hinweise liefern. An der Wirbelsäule ist unter Umständen die diagnostische Punktion oder Probevertebrotomie indiziert, um die Diagnose zu sichern.

Therapie
Tuberkulostatische Behandlung und **Ruhigstellung.**
Bei drohenden Komplikationen *(Syn. 97)* unter Umständen auch operative Maßnahmen (Ausräumung und Versteifung).

Therapie. Die Behandlung beruht auf den Pfeilern der **tuberkulostatischen Behandlung** und der **Ruhigstellung.** In der Regel kann damit eine Ausheilung des floriden Prozesses erreicht werden, wenn auch Funktionsverluste der betroffenen Skelettabschnitte eingegangen werden müssen. Bei Abszedierung oder drohenden Fehlstellungen, insbesondere im Bereich der Wirbelsäule mit der Gefahr der Paraplegie *(Syn. 97),* ist die operative Ausräumung und Versteifung (Arthrodese bzw. Spondylodese) angezeigt.

7.7 Eitrige Arthritis

7.7 Eitrige Arthritis

Definition ▶

Definition. Eitrige Gelenkentzündung, die sowohl endogen im Rahmen einer hämatogenen Osteomyelitis, als auch exogen durch Inokulation von Erregern ausgelöst werden kann.

Ätiologie und Pathogenese
Die eitrige Arthritis ist vor allen Dingen nach offener Gelenkverletzung, Injektion, Punktion und Operation häufig. Zunächst kommt es zum eitrigen Gelenkerguß **(Empyem, Pyarthros),** evtl. zur **Kapselphlegmone,** später zur **Panarthritis** und Destruktion des Gelenkes. *Synopsis 98* beschreibt die Pathogenese der eitrigen Arthritis und deren Endzustand.

Ätiologie und Pathogenese. Die fortgeleitete Gelenkinfektion bei endogener Osteomyelitis ist im Vergleich zu der exogenen nach offener Gelenkverletzung, Injektion, Punktion und Operation selten. In der Anamnese unklarer Gelenkinfektionen ist daher immer nach entsprechenden Angaben über Injektionen oder Punktionen zu forschen. Bleibt die Entzündung zunächst auf die Synovialis beschränkt, kommt es zum eitrigen Gelenkerguß **(Empyem, Pyarthros).** Die destruktiven Veränderungen sind in diesem Stadium noch gering. Bei foudroyantem Verlauf wird das gesamte paraartikuläre Gewebe **(Kapselphlegmone)** in den Prozeß einbezogen. Die **Panarthritis** führt innerhalb kürzester Zeit zur ausgeprägten Zerstörung der Gelenkflächen. Die Destruktion der Gelenkflächen und die Schrumpfung des Gewebes enden in einer fibrösen Steife oder knöchernen Ankylose des Gelenkes. *Synopsis 98* beschreibt die Pathogenese der eitrigen Arthritis und deren Endzustand.

Klinik
Die klassischen Entzündungszeichen stehen im Vordergrund. Knie- und Hüftgelenk sind am häufigsten betroffen.

Klinik. Die Symptomatik wird von den klassischen Entzündungszeichen Rötung, Schwellung, Überwärmung und Funktionseinschränkung geprägt. Knie- und Hüftgelenk sind am häufigsten befallen. Die Diagnose muß aus dem klinischen Befund vermutet werden.

Beweisend ist das Gelenkpunktat, das bei jedem Verdacht sofort durchgeführt werden muß.

Beweisend ist die bakteriologische Untersuchung des Gelenkpunktates, die bei jedem Verdacht sofort durchgeführt werden muß.

Das Röntgenbild ist im Frühstadium der Erkrankung unauffällig.

Synopsis 98: Pathogenese und Verlauf der eitrigen Arthritis: durch den Eiterungsprozeß kommt es frühzeitig zur Knorpeldestruktion (knöcherne Ankylose) und/oder Gewebeschrumpfung (fibröse Ankylose). Eine Restitutio ad integrum ist nur selten bei frühzeitiger operativer Therapie (Synovialektomie, Spül-Saug-Drainage) möglich.

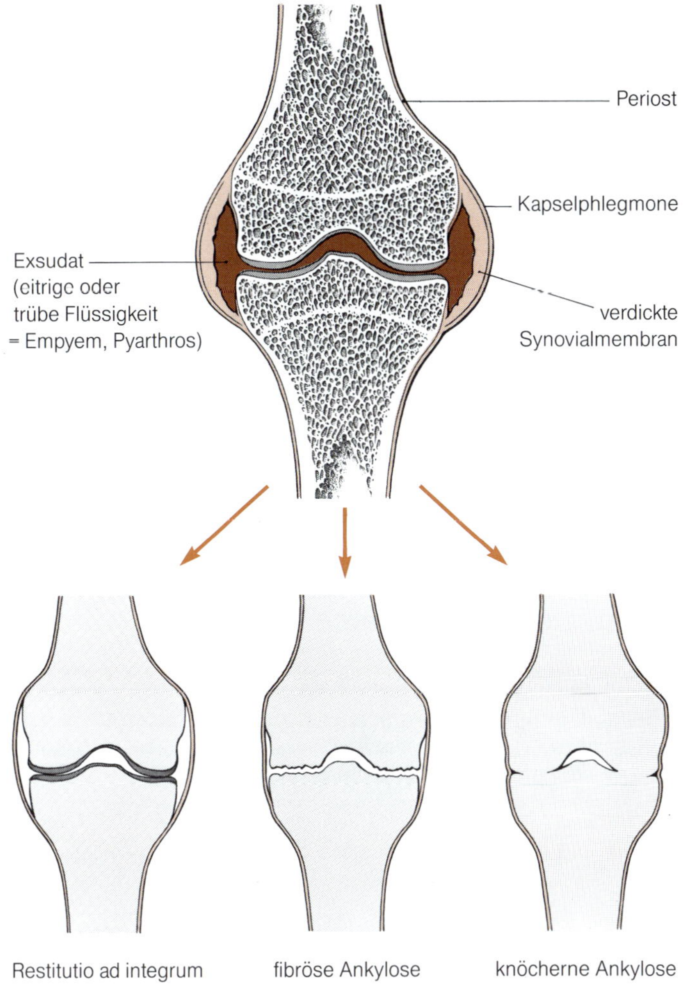

Therapie. Durch konsequente chirurgische Ausräumung des Infektes kann im Frühstadium eine Ausheilung mit ausreichendem funktionellem Ergebnis erreicht werden. Dabei muß die infizierte Synovialis völlig entfernt werden **(Synovialektomie)**. Anschließend wird eine **Spül-Saug-Drainage** eingelegt und eine frühfunktionelle Behandlung auf einer motorischen Bewegungsschiene durchgeführt *(Abb. 9, S. 63)*. Bei fortgeschrittenen Destruktionen kommt nur noch die operative Versteifung des Gelenkes in Funktionsstellung oder der nach Ausheilung des Infektes durchgeführte Gelenkersatz in Frage.

Therapie
Im Frühstadium Synovialektomie, Spül-Saug-Drainage und Lagerung auf motorischer Bewegungsschiene *(Abb. 9, S. 63)*. Bei fortgeschrittener Destruktion sind häufig nur noch Arthrodese oder Gelenkersatz möglich.

Klinisches Beispiel. 47jähriger Patient mit Ruptur des Knieinnenbandes, vorderen Kreuzbandes und Abriß des Innenmeniskus (sogenannte »unhappy triad«) beim Skifahren *(Abb. 63a)*. Verspätete Erstversorgung. 4 Tage postoperativ Schwellung des Kniegelenkes, Fieber, BKS-Erhöhung. Diagnostische Kniegelenkspunktion ergibt Staphylococcus aureus. Sofortige Revision mit Synovialektomie und Spül-Saug-Drainage. Sofortmobilisierung auf motorischer Bewegungsschiene. Dennoch Ausheilung mit Defekt: 2 Monate postoperativ Gelenkspaltverschmälerung medial, Entrundung der Gelenkflächen, subchondrale Entkalkung (b), nach 3 Monaten Varusgonarthrose (c), Kniebeugung bis 60 Grad. Die Möglichkeit dieser ernsthaften Komplikation der postoperativen Gelenkinfektion muß in jedem Fall in die präoperative Aufklärung des Patienten einbezogen werden *(S. 76)*.

◄ **Klinisches Beispiel**

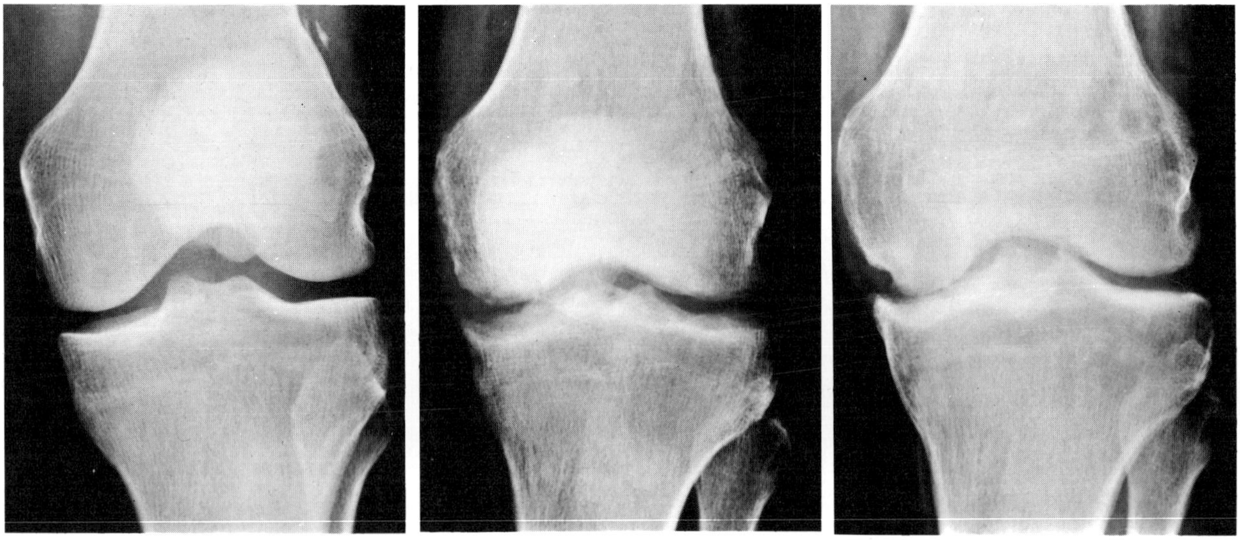

a b c

Abb. 63a–c: *Klinisches Beispiel:* **postoperatives Kniegelenkempyem.**

7.8 Der infizierte Gelenkersatz

7.8 Der infizierte Gelenkersatz

Definition ▶

> ***Definition.*** Unmittelbar postoperativ (Frühinfekt) oder auch Jahre nach der Implantation (Spätinfekt) eines künstlichen Gelenkes auftretende Entzündung in Weichteilen und Knochen.

Ätiologie
Der **Frühinfekt** ist in erster Linie auf bakterielle Kontamination während der Operation zurückzuführen, der **Spätinfekt** steht im Zusammenhang mit der Lockerung des Gelenkersatzes sowie Verschleißprozessen an den implantierten Materialien.

Ätiologie. Der **Frühinfekt** ist in erster Linie auf bakterielle Kontamination während der Operation zurückzuführen. Reinraumtechnik in den Operationssälen und perioperative Antibiotikaprophylaxe können die Infektquote nach künstlichem Gelenkersatz deutlich senken. Die Antibiotikaprophylaxe wird nicht nur systemisch, sondern auch lokal durchgeführt, indem Antibiotika dem Knochenzement beigemischt werden. Die wesentlichen Ursachen für **Spätinfekte** stellen die Lockerung des Gelenkersatzes sowie Verschleißprozesse an den implantierten Materialien dar. Abriebprodukte der implantierten Kunststoffe und Metalle werden von der umgebenden Kapsel in Form einer granulomatösen Wucherung resorbiert und organisiert. Die lokalen Abwehrmechanismen werden hierdurch gestört, die Region wird gegenüber einer hämatogenen Infektion empfänglich.

Klinik
Der infizierte Gelenkersatz kann in einer chronischen Osteomyelitis enden. Die Frühdiagnose ist daher wichtig.

Klinik. Der infizierte Gelenkersatz ist kein lokales Problem. Er kann in einer chronischen Osteomyelitis enden und sich dauernd auf die Belastungsfähigkeit einer Extremität auswirken. Wichtig ist daher die **frühzeitige Diagnose**, um durch eine frühestmögliche Behandlung das künstliche Gelenk erhalten zu können. Dies gilt ganz besonders für den **Frühinfekt**. Dieser geht meist von einem infizierten Hämatom aus.

Rötung, Schwellung und anhaltendes Fieber sind immer auf einen **Frühinfekt** verdächtig.

Rötung, Schwellung und anhaltendes Fieber nach der Operation sind immer auf einen **Frühinfekt** verdächtig. Der Verlauf der Blutsenkungsreaktion zeigt nicht – wie sonst üblich – die nach 1 Woche deutlich rückläufige Tendenz, sondern stagniert auf hohen Werten.

Bei **Spätinfekten** ist die Abgrenzung zu aseptischen Lockerungen der Implantate schwierig.

Die **Spätinfekte** sind schwer von den aseptischen Lockerungen der Implantate abzugrenzen. Die Patienten klagen zunächst über einen ziehenden, belastungsabhängigen Schmerz in der Gelenkregion. Bei der Bewegungsprüfung findet sich ein passiver Bewegungsschmerz, vorwiegend bei rotatorischen Bewegungen, ein Traktions- und ein Stauchungsschmerz.

Das **Röntgenbild** ist beim Frühinfekt praktisch immer unauffällig. Beim Spätinfekt sind zwar meist Sklerosierungen und evtl. auch Osteolysen um das Implantat festzustellen, die jedoch eine Abgrenzung zur aseptischen Lockerung nicht erlauben. Richtungweisend ist häufiger die Szintigraphie und evtl. Leukozytenszintigraphie *(Synopsis 99).*

Das Röntgenbild ist beim Frühinfekt praktisch immer unauffällig, zur Erkennung des Spätinfektes kann die Szintigraphie eingesetzt werden.

Therapie. Beim Frühinfekt wird das infizierte Hämatom sofort ausgeräumt und eine gezielte antibiotische Behandlung eingeleitet. Nur dann besteht eine Möglichkeit, das künstliche Gelenk zu erhalten.

> Beim Spätinfekt ist bei früher Erkennung des Eiterungsprozesses eine radikale Entfernung des Implantates, des Knochenzementes und von Gewebenekrosen erforderlich, um in gleicher Sitzung oder kurze Zeit nach der Operation eine Reimplantation einer Endoprothese durchzuführen.

Therapie
Bei Frühinfekt frühzeitige Ausräumung des Hämatoms und gezielte antibiotische Behandlung.
Beim Spätinfekt Entfernung des Implantates, des Knochenzementes und von Gewebenekrosen, um anschließend eine Reimplantation der Endoprothese durchführen zu können.

Bei ausgedehntem Infekt ist jedoch die ersatzlose Entfernung der Prothese und sämtlicher Fremdmaterialien anzustreben, um eventuell in zweiter Sitzung nach ca. sechs Wochen die Reimplantation des Gelenkes vornehmen zu können. Das ersatzlos entfernte Kniegelenk muß während dieser Zeit durch einen Apparat geschient werden. Am Hüftgelenk kann in der Zwischenzeit oder auf Dauer auch ohne Schienenführung eine ausreichende Belastungsfähigkeit erreicht werden (Hüftgelenk nach Resektion von Kopf und Schenkelhals = **Girdlestone-Hüfte**), indem sich der proximale Femur am Becken abstützt. Diese Hüften sind jedoch instabil (Trendelenburg positiv) und weisen eine deutliche Beinverkürzung auf (5–8 cm).

Am Hüftgelenk kann auch ohne die Implantation eine ausreichende Belastungsfähigkeit erreicht werden (Hüftgelenk nach Resektion von Kopf und Schenkelhals = **Girdlestone-Hüfte).**

Synopsis 99: Klinische und radiologische Kriterien des infizierten Gelenkersatzes

Klinik
Frühinfekt:
Rötung, Schwellung,
Fieber, BKS-Verlauf,
Hämatom (?)

Spätinfekt:
Belastungs- und
Provokationsschmerz

Radiologie

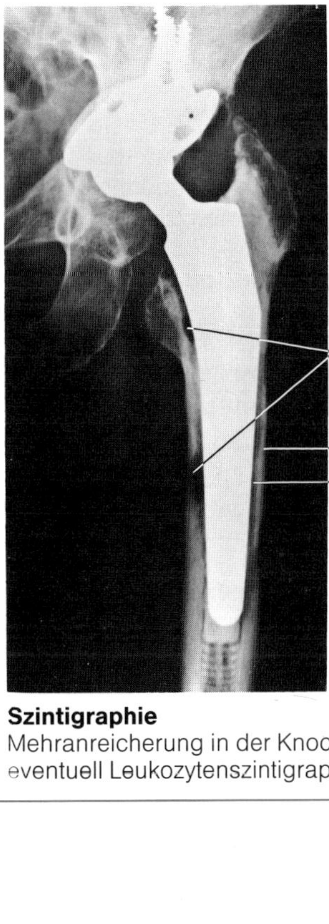

Szintigraphie
Mehranreicherung in der Knochenszintigraphie,
eventuell Leukozytenszintigraphie,

8 Neurogene Erkrankungen

8.1 Haltung und Bewegung des Menschen

Der Mensch ist zweibeinig und ständig den Kräften der Gravitation ausgesetzt. Die Erhaltung des Körpergleichgewichtes erfordert ein kompliziertes Zusammenspiel verschiedener Regulationsmechanismen.

Obwohl die Motorik vom willkürlichen Nervensystem kontrolliert wird, ist sie nur zu einem kleinen Teil der Willkür unterworfen. Der Stand und Gang des Menschen benötigen daher differenzierte, zerebrale **Bewegungsprogramme.**

Unter den statischen Reflexen sind die **Stehreflexe** für die Haltung des Körpers in Ruhe, die **Stellreflexe** für die Aufrechterhaltung der Gleichgewichtslage erforderlich. **Bewegungsreflexe** dienen der stetigen Kontrolle von Bewegungsabläufen.

Diese Reflexe sind empfindliche Indikatoren für die Koordination des zentralen Nervensystems. Die motorische Entwicklung des Säuglings bis zum freien Gehen beinhaltet verschiedene **Meilensteine der motorischen Entwicklung.** Eine tabellarische Übersicht befindet sich auf *S. 250, Syn. 104).*

Die Qualität der neuromuskulären Kontrolle des Stütz- und Bewegungsapparates ist individuell sehr unterschiedlich.

Die Abgrenzung von Haltungs- und Bewegungsstörungen stößt daher immer wieder auf Schwierigkeiten.

Haltung
Haltung ist eine Handlungsbereitschaft und Ausgangsstellung für aktive Bewegungen. Gehalten wird der Körper von zahlreichen Haltemuskeln mit tonischer Dauerkontraktion. Beim stabilen Stand fällt das Lot aus dem Körperschwerpunkt zwischen beide Füße. Die Verlagerung des Körperschwerpunktes erfordert gegenregulatorische Mechanismen. Die Regulations

8 Neurogene Erkrankungen

8.1 Haltung und Bewegung des Menschen

Der Mensch ist zweibeinig und ständig den Kräften der Gravitation ausgesetzt. Grundbedingung für den aufrechten Stand und Gang ist daher die Erhaltung des Körpergleichgewichtes. Dies erfordert ein kompliziertes Zusammenspiel verschiedener Regulationsmechanismen. Dabei arbeiten als Sinnesorgane das Auge, das Labyrinth und die Körpersensibilität zusammen. Sie regulieren die Muskelaktivität in jeder Körperstellung **(Stützmotorik)** und bei allen Bewegungen **(Zielmotorik).**

Obwohl die Motorik vom willkürlichen Nervensystem kontrolliert wird, ist sie nur zu einem kleinen Teil der Willkür unterworfen. Der Wille kann zwar eine Bewegung induzieren, die Ausführung der Bewegung entzieht sich aber der willkürlichen Beeinflussung. Der Stand und Gang des Menschen benötigen daher differenzierte, zerebrale **Bewegungsprogramme** und spinale Reflexkontrollen. Für das Verständnis der motorischen Leistungsfähigkeit sind die Reflexeigenschaften zwischen dem Verhalten des Körpers in Ruhe und Bewegung zu unterscheiden. Reflexe, die die Körperstellung im Liegen, Sitzen oder Stehen beeinflussen, werden als **statische Reflexe** bezeichnet. Es handelt sich um Dauerreflexe mit tonischen Eigenschaften, die von den Rezeptoren des Gleichgewichtsorganes, den Propriozeptoren, der Muskulatur, der Haut und von der visuellen Wahrnehmung gesteuert werden.

Die **Stehreflexe** sind dabei für die Haltung des Körpers in der Ruhe verantwortlich, während es die **Stellreflexe** dem Körper ermöglichen, aus den verschiedensten Stellungen in die Gleichgewichtslage zurückzukehren. Wenn zum Beispiel im Stand ein Arm nach vorne bewegt wird, führt dies zu einer Verlagerung des Körperschwerpunktes, die ausgeglichen werden muß. Aus diesem Grund müssen verschiedene Muskeln schon vor der eigentlichen Handlung aktiviert werden. **Bewegungsreflexe** haben dagegen ein phasisches Verhalten. Sie dienen der stetigen Kontrolle von Bewegungsabläufen.

Im Rahmen der entwicklungskinesiologischen Diagnostik wird die altersabhängige Ausgestaltung der einzelnen Reflexe und Lagereaktionen untersucht (tabellarische Übersicht auf *S. 250).* Sie sind empfindliche Indikatoren für die Koordination innerhalb des zentralen Nervensystems. Normalerweise kommt ein Kind vor Beendigung des 1. Lebensjahres zum Stehen und fängt zwischen dem 12. bis 15. Monat an, frei zu laufen. Diese Vertikalisierungsperiode gilt ebenso wie das Umdrehen des Säuglings vom Rücken (ab 4. Monat) auf den Bauch und die Aufrichtung zum freien Sitzen (ab 6. Monat) als **Meilenstein der motorischen Entwicklung** *(Syn. 104, S. 250).*

Selbst bei regelrecht abgelaufener motorischer Entwicklung ist die Qualität der neuromuskulären Kontrolle des Stütz- und Bewegungsapparates starken individuellen Schwankungen unterworfen. Dies äußert sich in den verschiedenen Formen der Körperhaltung und der Bewegungskoordination. Wegen der individuellen Schwankungsbreite sind die Leistungsanforderungen an Statik und Dynamik schwer zu definieren.

> Die Abgrenzung von Haltungsstörungen oder -schwächen bzw. von Bewegungsstörungen stößt daher immer wieder auf Schwierigkeiten.

Haltung. Haltung ist eine Handlungsbereitschaft und Ausgangsstellung für aktive Bewegungen. Die rein mechanische Stabilisierung der Gelenke und des Bandapparates trägt nur zum kleinen Teil zur aufrechten Haltung bei. Gehalten wird der Körper in erster Linie von zahlreichen Haltemuskeln, die eine tonische Dauerkontraktion aufweisen. Beim stabilen ausbalancierten Stand auf beiden Beinen fällt das Lot aus dem Körperschwerpunkt in die Mitte der Standfläche zwischen beiden Füßen. Jede Verlagerung des Lotes aus der Mitte erfordert gegenregulatorische Mechanismen und zusätzliche Muskelaktivität. Je weiter das Lot von den Gelenkdrehpunkten entfernt ist, desto größer wird auch die notwendige Muskelkraft. So werden zum Beispiel bei Vorneigung des Oberkörpers die Beuger, bei Zurückneigung die Strecker bds. stärker aktiviert. Die Verlagerung des Körperschwerpunktes geht unter Umständen mit einer stärkeren Beanspruchung der Gelenke einher. Dies ist z.B. für den Einbeinstand am Hüft- oder Kniegelenk berechenbar *(S. 164)*. Die Regulationsmechanismen der menschlichen Haltung im bipedalen Stand sind in *Synopsis 100* dargestellt.

Der menschliche Gang. Der normale Gang ist eine Mischung von Haltungsmustern **(Stützmotorik)** und Muskelaktivitäten, die die Vorwärtsbewegung mit einem minimalen Energieaufwand anstreben **(Zielmotorik).** Ein Gangablauf kann in verschiedene Gangphasen zerlegt werden. Die Analyse des Gangablaufes ist von wesentlicher Bedeutung für die Erkennung und die Therapie von neurogenen und Gelenkerkrankungen. Als rein subjektive Methode steht die visuelle Analyse zur Verfügung. Mit optischen Systemen ist eine Aufzeichnung und objektivierbare Analyse, evtl. begleitend durch elektromyographische Untersuchungen möglich. Diese Untersuchungen werden bislang vornehmlich zu wissenschaftlichen Zwecken durchgeführt.

mechanismen der menschlichen Haltung im bipedalen Stand sind in *Synopsis 100* dargestellt.

Der menschliche Gang
Der normale Gang ist eine Mischung von Haltungsmustern **(Stützmotorik)** und Muskelaktivitäten, die die Vorwärtsbewegung mit einem minimalen Energieaufwand anstreben **(Zielmotorik).** Der Gangablauf läßt sich in verschiedene Phasen zerlegen.

Synopsis 100: Regulation der menschlichen Haltung im bipedalen Stand: beim ausbalancierten Stand fällt das Lot des Körperschwerpunktes zwischen beide Füße. Jede Verlagerung des Schwerpunktes erfordert Gegenregulationen durch die Aktivierung spezieller Muskelketten.

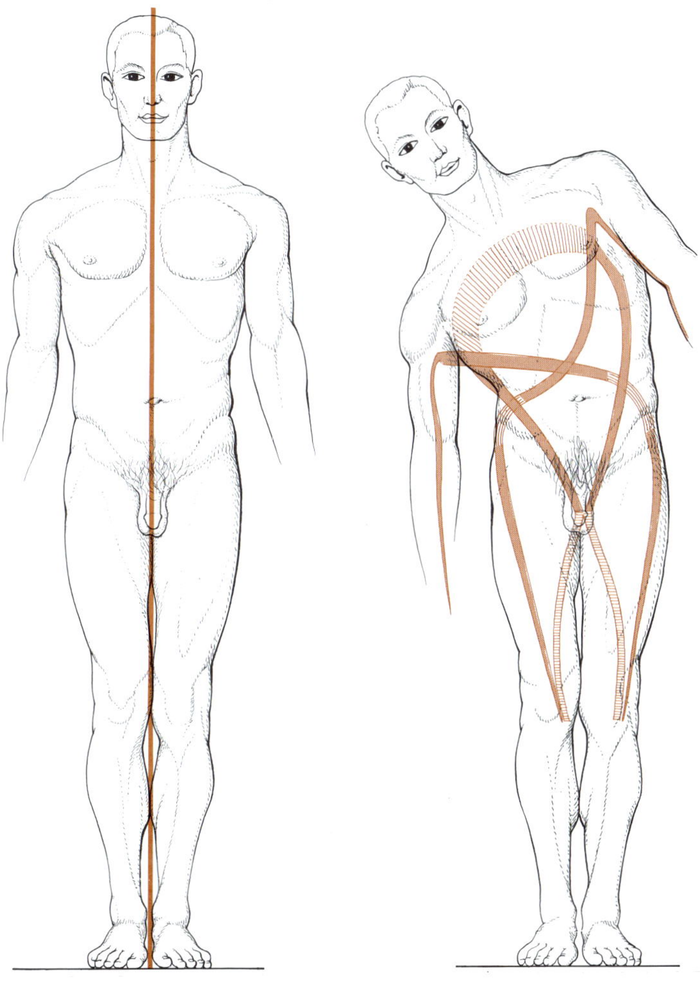

Entwicklung des aufrechten Ganges
Als **»physiologische Frühgeburt«** erreicht der Mensch im ersten Lebensjahr das motorische Entwicklungsstadium des Zweibeinstandes. Die vollständige Aufrichtung findet jedoch erst beim älteren Schulkind statt. *(Syn. 101).*

Entwicklung des aufrechten Ganges. Die Aufrichtung des Menschen ist entwicklungsgeschichtlich ein nur kurze Zeit zurückliegendes Ereignis. Sie wird im Rahmen der ontogenetischen Entwicklung des einzelnen Individuums abermals durchlaufen. Als **»physiologische Frühgeburt«** erreicht der Mensch bereits im ersten Lebensjahr das wichtige motorische Entwicklungsstadium der Aufrichtung in den Zweibeinstand. Die vollständige Vertikalisierung ist zu diesem Zeitpunkt jedoch noch nicht abgeschlossen. Die vollständige Streckung des Rumpfes entwickelt sich erst beim älteren Schulkind *(Synopsis 101).* Das Skelett

Synopsis 101: Entwicklung von Gang und Lauf bei Kindern und Jugendlichen: das rasche Laufen ist erst nach dem 3.–4. Lebensjahr möglich. Die Flugphase (ohne Bodenberührung) sowie die vollständige Streckung von Rumpf und unteren Extremitäten (Hyperextension der Hüftgelenke) entwickeln sich erst beim Jugendlichen.

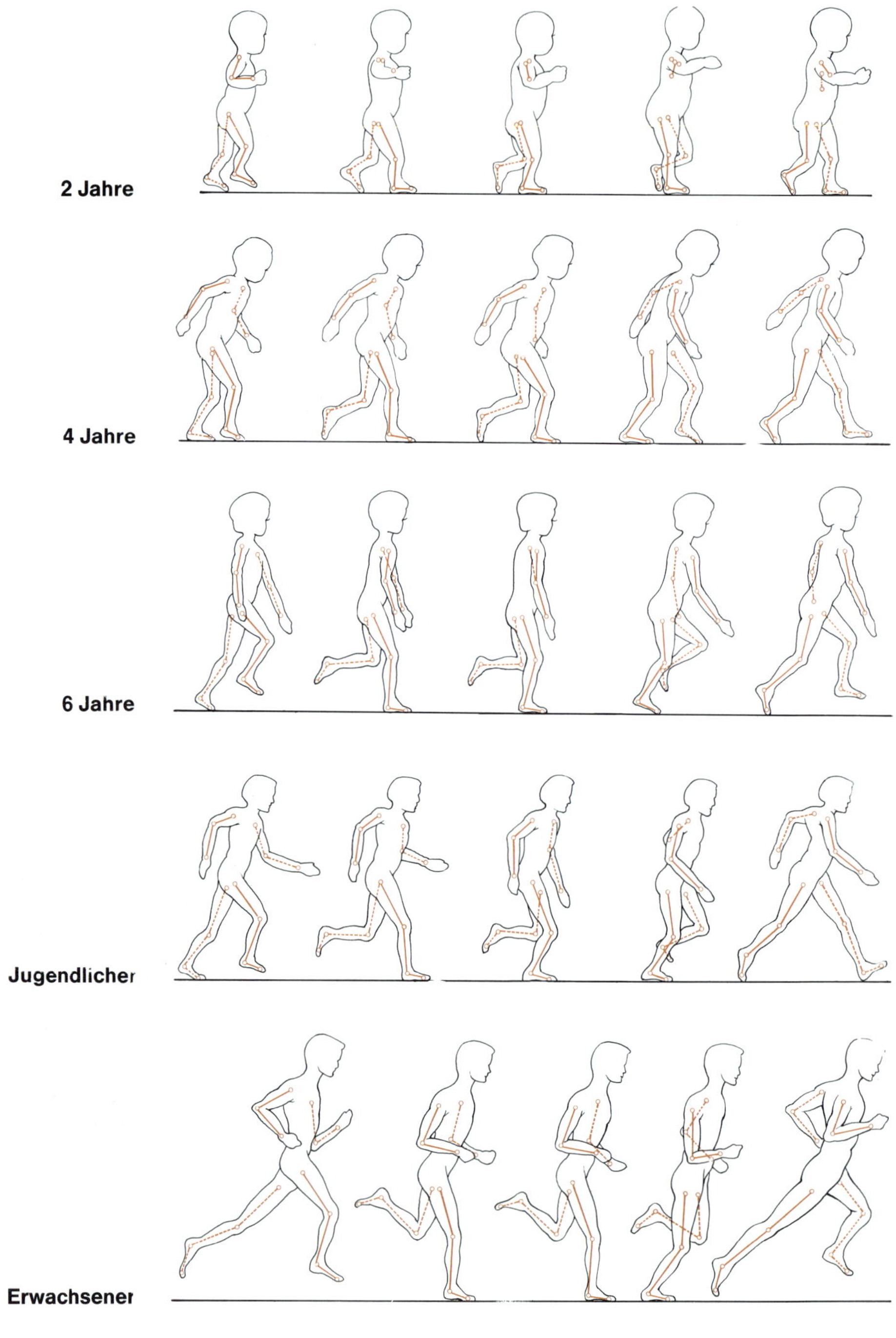

unterliegt während dieser Zeit umfangreichen Wandlungen, die von der Auseinandersetzung endogener Kräfte mit der Gravitation wesentlich beeinflußt werden. Da während des gesamten Wachstumsalters das Skelett formbar ist, werden sich Störungen der neuromotorischen Steuerung auch als Formabweichungen des Stütz- und Bewegungsapparates zu erkennen geben. So führt z.B. der Ausfall der hüftumspannenden Muskulatur bei Poliomyelitis oder kongenitaler Querschnittslähmung zum typischen Befund der Lähmungshüfte *(S. 265)* oder das Überwiegen der Hüftanspreizmuskulatur bei der spastischen Form der Zerebralparese zur Coxa valga et antetorta mit Subluxation oder Luxation *(S. 253)*.

8.2 Klassifikation und Diagnose neurogener Erkrankungen

Das Hauptsymptom der neurogenen Erkrankungen ist die **Lähmung (Plegie).** Als Lähmung wird eine Beeinträchtigung der Muskelfunktion verstanden, die entweder **vollständig (Paralyse)** oder **unvollständig (Parese)** sein kann. Je nach Lokalisation der Erkrankung im zentralen und peripheren Nervensystem lassen sich verschiedene Lähmungsbilder unterscheiden *(Syn. 102):*

Bei einer **Störung des ersten Neurons** (Pyramidenbahn zwischen Pyramidenzelle im Gehirn und Vorderhornzelle im Rückenmark) entsteht eine zentrale Lähmung. Symptome der reinen Pyramidenbahnverletzung sind: Schlaffe Lähmung von Muskelgruppen und nicht von einzelnen Muskeln. Fehlen von Degenerationszeichen am peripheren Nerven, Streckerantwort bei Bestreichen der Fußsohle (positives Babinski-Phänomen). Bei dem meist vorhandenen Mitbefall extrapyramidaler Fasern handelt es sich um eine spastische Lähmung, die mit einer Erhöhung der Muskelspannung einhergeht. Die Sehnenreflexe sind gesteigert, es lassen sich pathologische Reflexe auslösen. Muskelatrophien treten nicht ein.

Bei einer **Störung des zweiten Neurons** (Vorderhornzelle bis zur Muskulatur) entsteht eine periphere Lähmung. Diese Lähmung ist schlaff. Die Eigenreflexe sind abgeschwächt oder erloschen. Die Muskulatur ist atrophisch.

Nach der **Ausdehnung der Lähmung** werden unterschieden:

- Monoplegie: Lähmung einer Extremität.
- Hemiplegie: Totale Halbseitenlähmung.
- Diplegie oder Paraplegie: Lähmung beider Beine.
- Tetraplegie: Lähmung aller vier Extremitäten.

Das **sensible System** läßt sich in ein peripheres Neuron von der Peripherie bis zum Thalamus und ein zentrales Neuron vom Thalamus bis zur Hirnrinde gliedern. Bei einer Läsion des peripheren sensiblen Neurons kommt es zur Anästhesie, bei einer solchen im zentralen Neuron zu einer Beeinträchtigung des stereognostischen Erkennungsvermögens **(Stereoagnosie** und **taktile Apraxie).** Bei einer völligen Unterbrechung eines peripheren Nerven entsteht eine motorische Störung, eine Analgesie, Anästhesie und eine Beeinträchtigung der Schweißsekretion.

Bei der Diagnose von neurogenen Erkrankungen ist die Lokalisation der Störung vorrangig. Hierfür ist eine eingehende orthopädische und neurologische Untersuchung unter Einschluß der aktiven und passiven Bewegungsprüfung, der Muskelkraft *(Tab. 28, S. 194)* und der vegetativen Funktionen erforderlich.

Unter Umständen sind neurologische Zusatzuntersuchungen (Elektrodiagnostik), Liquoruntersuchung, spezielle Untersuchungen der Sinnesorgane (radiologische Verfahren) notwendig.

8.2 Klassifikation und Diagnose neurogener Erkrankungen

Das Hauptsymptom der neurogenen Erkrankungen ist die **Lähmung (Plegie),** die **vollständig (Paralyse)** oder **unvollständig (Parese)** sein kann *(Syn. 102).*

Bei einer **Störung des ersten Neurons** entsteht eine zentrale Lähmung. Ist isoliert die Pyramidenbahn betroffen, handelt es sich um eine schlaffe Lähmung von Muskelgruppen, bei dem meist vorhandenen Mitbefall extrapyramidaler Fasern um eine spastische Lähmung mit Erhöhung der Muskelspannung.

Bei einer **Störung des zweiten Neurons** entsteht eine periphere schlaffe Lähmung. Die Muskulatur ist atrophisch.
Nach der **Ausdehnung der Lähmung** werden unterschieden:

- Monoplegie
- Hemiplegie
- Diplegie oder Paraplegie
- Tetraplegie.

Bei einer Läsion des peripheren **sensiblen Neurons** kommt es zur Anästhesie, bei einer Störung im zentralen Neuron zu einer Beeinträchtigung des stereognostischen Erkennungsvermögens.

Bei der **Diagnose** von neurogenen Erkrankungen ist die Lokalisation der Störung vorrangig. Hierfür ist eine eingehende orthopädische und neurologische Untersuchung unter Einschluß der aktiven und passiven Bewegungsprüfung, der Muskelkraft *(Tab. 28, S. 194)* und der vegetativen Funktionen erforderlich. Apparative Untersuchungen ergänzen den Befund.

Synopsis 102: Klassifikation der Lähmungen: eine Läsion des zentralen Neurons führt in der Regel zu einer spastischen Lähmung (Ausnahme: eine isolierte Schädigung der motorischen Hirnrinde kann auch zu einer schlaffen Lähmung führen); die Läsion des peripheren Neurons ist immer mit einer schlaffen Lähmung verbunden.

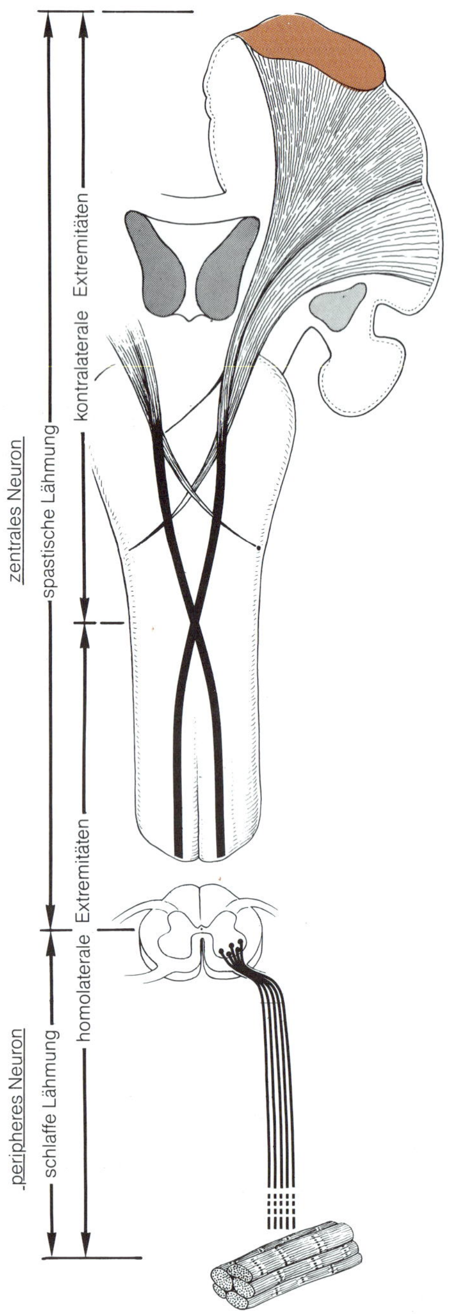

Läsion	Hauptsächliche Krankheitsbilder	
extrazerebral	Kompression	zentrale Lähmung
Hemisphärenzentren weit auseinanderliegend (isolierte Lähmung häufig)	Enzephalomalazie Blutung Tumor	zentrale Lähmung
Capsula interna Engpaß: kleine Läsion führt zu ausgedehnter Lähmung	Blutung Malazie Tumor (selten)	zentrale Lähmung
Pons Hirnstamm Medulla oblongata	Enzephalomalazie Blutung	zentrale Lähmung
Rückenmark	Querschnittsläsion (un)systematisierte Rückenmarksleiden multiple Sklerose spastische Spinalparalyse Syringomyelie myatrophische Lateralsklerose	zentrale Lähmung
Vorderhornzellen	Spinale progressive Muskeldystrophie Poliomyelitis	periphere Lähmung
Radix	radikuläre Lähmung Plexuslähmung	periphere Lähmung
Nerv	isolierte Verletzung (z.B. Druck) Polyneuritis neurale progressive Muskeldystrophie	periphere Lähmung
Synapse	Myasthenie	periphere Lähmung
Muskel	myopathische progressive Muskeldystrophie paroxysmale Lähmung	periphere Lähmung

8.3 Infantile Zerebralparese

8.3 Infantile Zerebralparese

Synonyme. Zerebrale Bewegungsstörung, Morbus Little, spastische Lähmung, zerebrale Kinderlähmung.

> ***Definition.*** Die infantile Zerebralparese ist das Ergebnis eines Schadens an dem sich entwickelnden Gehirn, der eine bleibende, aber zugleich wechselhafte Bewegungs- und Haltungsstörung hervorruft.

◀ **Definition**

Epidemiologie. Die Erkrankung tritt bei etwa ein bis fünf Kindern auf 1000 Neugeborene auf. Die der infantilen Zerebralparese nahestehende motorische Retardierung ist etwa zehnmal häufiger. Die Fortschritte der Neonatologie führen einerseits zu einer Verringerung der Erkrankungshäufigkeit, andererseits auch wieder zu einem Anstieg, da Kinder, die früher gestorben wären, nun mit einer Zerebralparese überleben.

Epidemiologie
Die Erkrankung tritt bei etwa ein bis fünf Kindern auf 1000 Neugeborene auf.

Ätiologie. Bei etwa der Hälfte der Kinder läßt sich eine Ursache für das Krankheitsbild ausfindig machen:

- **pränatale Ursachen:** Infektion der Mutter und des Fetus (Toxoplasmose, Röteln, Zytomegalie, Herpes, Syphilis), Sauerstoffmangelzustände, Blutgruppenunverträglichkeit, insbesondere im Rh-System, Medikamenteneinnahme und Alkoholabusus der Mutter.
- **perinatale Ursachen:** Hierzu gehören alle Risikogeburten, vor allem die Frühgeburt als hauptsächliche Ursache der spastischen Diparese. Alle anderen Ursachen der Anoxie (Lageanomalien, Zangen- oder Saugglockenentbindungen, Nabelschnurumschlingung) führen in der Regel zu einem ausgedehnten Hirnschaden und einem generalisierten Befallsmuster des Kindes.
- **postnatale Ursachen:** Entzündliche Erkrankungen der Hirnhäute und des Gehirns (Meningitis, Enzephalitis), Schädelhirnverletzungen.

Etwa 40% der infantilen Zerebralparesen sind potentiell vermeidbar. Dies gilt insbesondere für die aus Frühgeburten entstehenden Erkrankungen. Der Prävention kommt daher eine große Bedeutung zu.

Ätiologie
Bei der Hälfte der Kinder sind die Ursachen bekannt:

- **pränatale Ursachen** (Röteln, Sauerstoffmangel).
- **perinatale Ursachen** (Risikogeburten, insbesondere Frühgeburt).
- **postnatale Ursachen** (Meningitis, Schädel-Hirn-Trauma).

Etwa 40% der infantilen Zerebralparesen sind potentiell vermeidbar. Dies gilt insbesondere für die frühgeburtlich bedingten.

Pathogenese und Klassifikation. Unterschiedliche Ursachen der infantilen Zerebralparese führen zu einer Störung der sonst gesetzmäßig ablaufenden Reifungsprozesse des zentralen Nervensystems. Die Motorik des Neugeborenen wird im wesentlichen von der Funktion des Hirnstammes bestimmt, die im weiteren Verlauf von dem Einfluß höherer kortikaler Zentren abgelöst wird.

Nach der **Ausdehnung der spastischen Lähmung werden unterschieden** *(Syn. 103):*

- **Hemiparese:** Halbseitenlähmung (z.B. re. Arm und re. Bein). Die Lähmung wird in der Regel erst spät erkannt. Das Kind richtet sich zur gewöhnlichen Zeit auf. Erst dann werden das Hinken und die Ungeschicklichkeit einer Hand bemerkt. Eine rechtsseitige Hemiparese kann mit einer Sprachstörung einhergehen. Kinder mit Hemiparesen kommen praktisch immer zum Laufen.
- **Diparese:** Stärkerer Befall an den Beinen als an den Armen. Die Meilensteine der motorischen Entwicklung werden immer verzögert durchlaufen. Die meisten diparetischen Kinder kommen jedoch etwa um das 7. Lebensjahr zur Aufrichtung. Schielen ist häufig. Die Intelligenz ist in der Regel normal.
- **Tetraparese:** Generalisierte Lähmung. Beine, Arme, Hirnnerven und die Intelligenz sind betroffen. Die Kinder fallen zunächst durch ihre ausgeprägte Hypotonie (»floppy child«, *Abb. 64)* und durch Trinkschwierigkeiten auf. Die Meilensteine der motorischen Entwicklung werden erheblich verzögert durchlaufen. Die soziale Kontaktaufnahme ist mehr oder weniger stark eingeschränkt. Im weiteren Verlauf kommt es zur ausgeprägten, therapeutisch nur schwer angehbaren Spastizität der Muskulatur. Die Prognose ist insgesamt ungünstig. Die besonders schwer betroffenen Kinder erreichen weder Sitz- noch Stehfähigkeit. **Gehfähigkeit ist nur bei etwa jedem 10. Kind möglich.**
- **Paraparese:** Beteiligung beider Beine, normale Arme. Dieses Muster ist immer auf andere Schäden (geburtstraumatische Lähmung) verdächtig.

Pathogenese und Klassifikation
Durch die verschiedensten Ursachen der infantilen Zerebralparese wird der sonst gesetzmäßig ablaufende Reifungsprozeß des zentralen Nervensystems gestört.
Nach der **Ausdehnung der spastischen Lähmungen** werden unterschieden *(Syn. 103):*

- **Hemiparese:** Halbseitenlähmung, die häufig erst erkannt wird, wenn sich das Kind aufrichtet (Hinken, Ungeschicklichkeit).
- **Diparese:** Es sind vorwiegend die Beine betroffen, so daß die Kinder verspätet zur Aufrichtung kommen.
- **Tetraparese:** Generalisierte Lähmung mit erheblich verzögerter motorischer und geistiger Entwicklung. Die Kinder fallen zunächst durch ihre ausgeprägte Hypotonie (»floppy child«, *Abb. 64)* und durch Trinkschwierigkeiten auf. Die Prognose ist insgesamt ungünstig. **Nur jedes 10. Kind erlangt die Gehfähigkeit.**
- **Paraparese:** Beteiligung beider Beine bei normalen Armen.

Synopsis 103: Klassifikation der spastischen infantilen Zerebralparese nach der Ausdehnung der Lähmung:
Hemiparese: Halbseitenlähmung (hier Spitzfuß links, geringer Befall linker Arm)
Diparese: stärkerer Befall an den Beinen als den Armen (hier Spitzfuß beidseits, Kniebeugekontraktur links)
Tetraparese: generalisierte Lähmung (hier nur unterstützte Stehfähigkeit bei ausgeprägtem Streckspasmus)

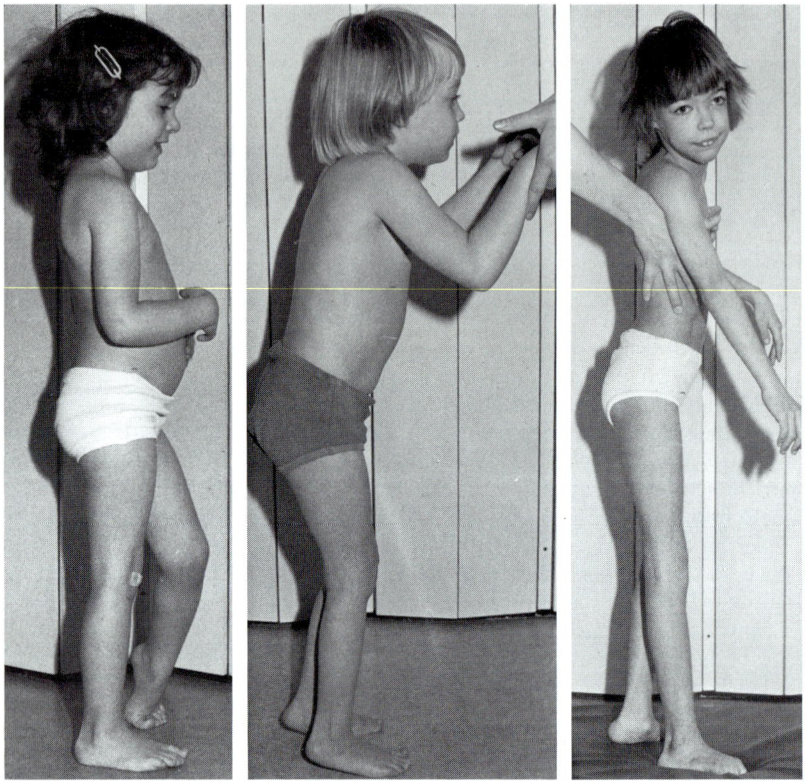

Hemiparese **Diparese** **Tetraparese**

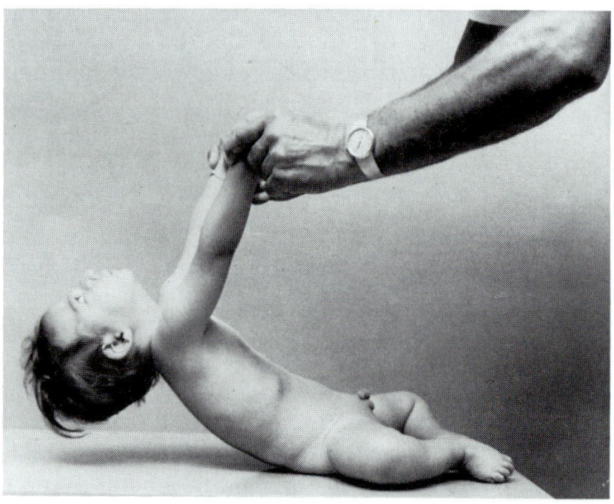

Abb. 64: Generalisierte Hypotonie bei 12 Monate altem Jungen mit perinataler Asphyxie (»floppy child«). Beim Traktionsversuch keine Kopf- und Rumpfkontrolle. Vorstadium der spastischen Tetraparese.

Nach der **Erscheinungsform der motorischen Störung** werden hypotone und hypertone Formen der motorischen Störung unterschieden. Bei der infantilen Zerebralparese stellen die hypotonen Störungen in der Regel ein Durchgangsstadium dar.

Die **hypertonen Bewegungsstörungen** gliedern sich in:

- **spastische Lähmungen (75%):** Der Bewegungsablauf ist wegen Kokontraktion von Agonisten und Antagonisten verlangsamt oder eingeschränkt. Wegen des fehlenden Muskelwachstums resultiert eine Vielzahl von unterschiedlichen Kontrakturen und Fehlstellungen an den betroffenen Gelenken.
- **Athetosen (10%):** Unwillkürliche, langsame, verkrampfte Bewegungsmuster, die unter Aufregung exazerbieren. Eine erhebliche Anspannung der Muskulatur beim Durchbewegen der Gelenke ist üblich. Kontrakturen sind dagegen selten. Chirurgische Maßnahmen sind wegen der Komplexität des Bewegungsmusters wenig erfolgreich und in der Regel nicht indiziert. Diese Form des Bewegungsmusters ist typisch für die Folgen des Kernikterus (Rhesusinkompatibilität).
- **Ataxien (15%):** Koordinations- und Gleichgewichtsstörung infolge einer Schädigung des Kleinhirns.

Aus ätiologischer Sicht ist die **posttraumatische Zerebralparese** von der eigentlichen infantilen Zerebralparese abzugrenzen. Das klinische Bild der traumatisch bedingten Zerebralparese kann vor allem innerhalb der ersten 2 Jahre nach dem Trauma äußerst stark wechseln. Prognostische Aussagen und eventuell anstehende chirurgische Maßnahmen sind daher nicht vor dem 2. Jahr nach dem Trauma sinnvoll.

Klinik. Die Symptomatik ist von dem Lähmungsmuster und der Schwere der Schädigung abhängig. Sie kann von einer leichten Ungeschicklichkeit bei Hemiparese bis zur schwersten spastischen Tetraparese reichen, die bereits die Lagerungsfähigkeit des Betroffenen erschwert und jeden Kontakt unmöglich macht. Begleitend liegen bei vielen Kindern Empfindungsstörungen der Oberflächen- und Tiefensensibilität **(sensorische Störungen)**, Störungen der Weiterbearbeitung von Sinneswahrnehmungen **(Perzeptionsstörungen), Verhaltens- und Intelligenzstörungen** vor. Intelligenzdefekte treten bei etwa 50% der Kinder auf. **Die Kinder sind daher fast immer mehrfachbehindert,** was im Rahmen des Rehabilitationsprogramms berücksichtigt werden muß.

Diagnose. Von wesentlicher Bedeutung für die Behandlung ist die **Frühdiagnose.** Schwer geschädigte Kinder fallen bereits zum Zeitpunkt der Geburt auf. Bei geringergradigen Schädigungen werden die Mütter häufig durch Gedeih- und Trinkstörungen oder Bewegungsarmut aufmerksam. Richtungweisend ist die **neurokinesiologische Untersuchung** mittels **Reflexstatus und Lagereaktionen.** Ziel der Untersuchung ist eine quantitative und qualitative Bestimmung der motorischen Entwicklung. Mit der **qualitativen Diagnostik** wird die Art der Entwicklungsstörung beurteilt. Sie kann harmonisch oder dysharmonisch sein. **Harmonische Retardierungen** liegen vor, wenn alle Funktionen gleichmäßig hinter dem Kalenderalter zurück sind. Eine **dysharmonische Entwicklung** ist durch die Persistenz der Reflexe aus der Neugeborenenzeit und den ersten drei Entwicklungsmonaten charakterisiert.

Bei der **quantitativen Einschätzung** der Entwicklungsstörung wird das Ausmaß des Entwicklungsrückstandes in Monaten oder die Anzahl pathologischer Lagereaktionen bei dysharmonischen Entwicklungsstörungen angegeben. *Syn. 104* beschreibt die Untersuchung der Lagereaktion und deren klinische Relevanz. Bei der Untersuchung der Lagereaktionen wird die Steuerung der Körperhaltung provoziert und damit das reaktive Verhalten bereits in der Neugeborenenzeit überprüfbar, während die Untersuchung der Primitivreflexe erst im zweiten oder dritten Trimenon nach der Geburt aussagekräftig ist. Durch Spiegelung an den Meilensteinen der motorischen Entwicklung kann eine grob orientierende Auskunft über den Entwicklungsstand eines Säuglings und Kleinkindes gewonnen werden *(Syn. 105, S. 253):*

Nach der **Erscheinungsform der motorischen Störungen** werden hypotone und hypertone Formen unterschieden. Die **hypertonen Bewegungsstörungen** gliedern sich in:

- **spastische Lähmungen (75%):** Gestörter Bewegungsablauf durch Kokontraktion von Agonisten und Antagonisten.
- **Athetosen (10%):** Unwillkürliche, langsame verkrampfte Bewegungsmuster.
- **Ataxien (15%):** Koordinations- und Gleichgewichtsstörungen infolge einer Kleinhirnschädigung.

Wegen der unterschiedlichen Prognose ist die **posttraumatische Zerebralparese** von der infantilen Zerebralparese abzugrenzen.

Klinik

Sie kann von einer leichten Ungeschicklichkeit bei Hemiparese bis zur völligen Geh-, Steh- und Lagerungsunfähigkeit des Betroffenen reichen. Begleitend liegen häufig Empfindungsstörungen **(sensorische Störungen),** Störungen der Sinneswahrnehmung **(Perzeptionsstörungen) und Intelligenzdefekte** vor. **Die Kinder sind daher fast immer mehrfachbehindert.**

Diagnose

Von wesentlicher Bedeutung ist die **Frühdiagnose.** Richtungweisend ist **die neurokinesiologische Untersuchung.** Mit der **qualitativen Diagnostik** wird die Art der Entwicklungsstörung, mit der **quantitativen Beurteilung** das Ausmaß des Entwicklungsrückstandes in Monaten angegeben. *Synopsis 104* beschreibt die Untersuchung der Lagereaktionen und deren klinische Relevanz.

Durch Spiegelung an den Meilensteinen der motorischen Entwicklung kann eine grob orientierende Auskunft über den Entwicklungszustand eines Säuglings und Kleinkindes gewonnen werden *(Synopsis 105, S. 253):*

● **Bitte zunächst den Textteil von Synopsis 104 auf S. 252 lesen** ●

Synopsis 104: Lagereaktionen für die kinesiologische Diagnostik (Nach V. Vojta: Die zerebralen Bewegungsstörungen im Säuglingsalter. Frühdiagnose und Frühtherapie)

	1. Trimenon			2. Trimenon			3. Trimenon			4. Trimenon		
	1. Monat	2. Monat	3. Monat	4. Monat	5. Monat	6. Monat	7. Monat	8. Monat	9. Monat	10. Monat	11. Monat	12. Monat
	◄1. Beugestadium►		◄— 1. Streckstadium —►		◄— 2. Beugestadium —►				◄— 2. Streckstadium —►			
Traktionsreaktion	1. Phase (0–6 Wochen)		2a. Phase 7. Wo–3. Mo.		2b. Phase (4.–6. Monat)		3. Phase (7.–8. Monat)			4. Phase (9./10.–12. Monat)		
	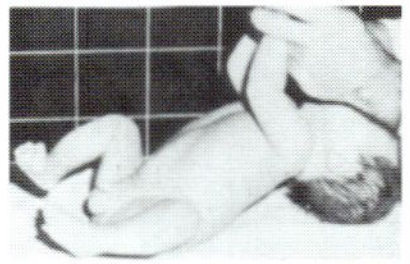		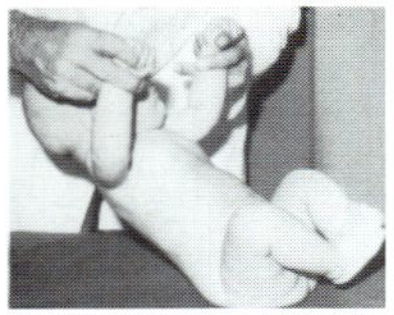		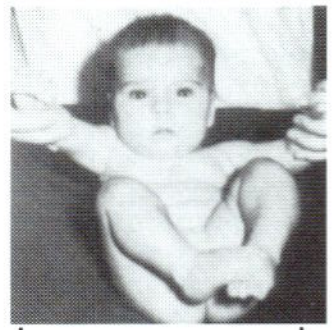		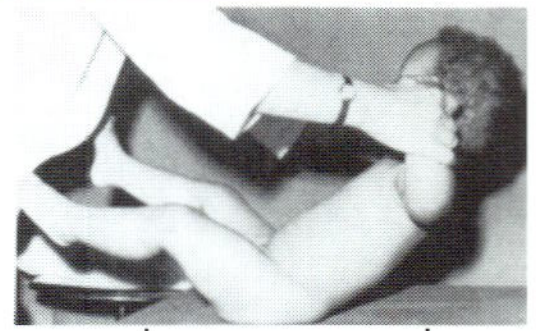			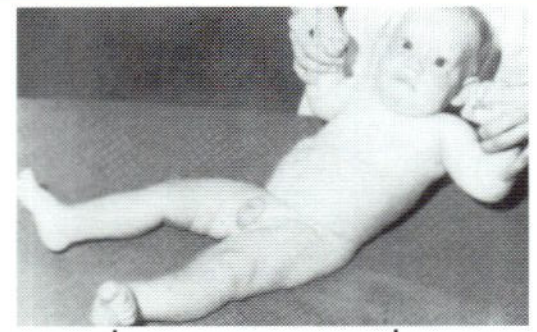		
Landau-Reaktion	1. Phase (0–6 Wo.)		2. Phase 7. Wo.-3. Mo.		3. Phase – mit 6 Monaten vollendet							
	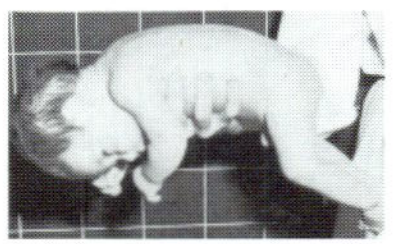		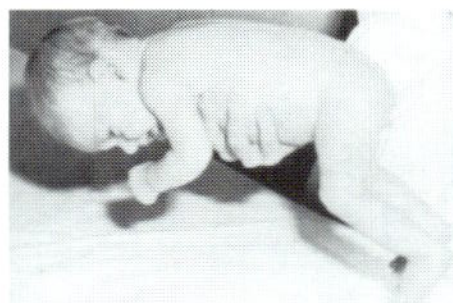				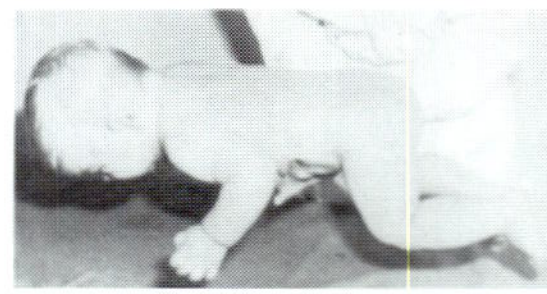					
Axillare Hängereaktion	1a. Phase – 0–3 Monate			1b. Phase – 4.–7. Monat				2. Phase – Ab 8. Monat				
	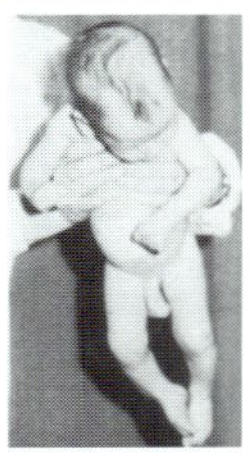			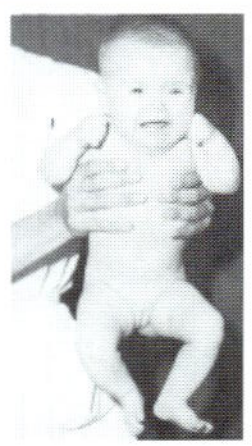				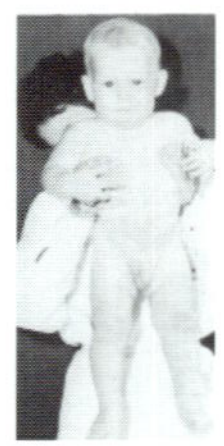				

Fortsetzung Synopsis 104

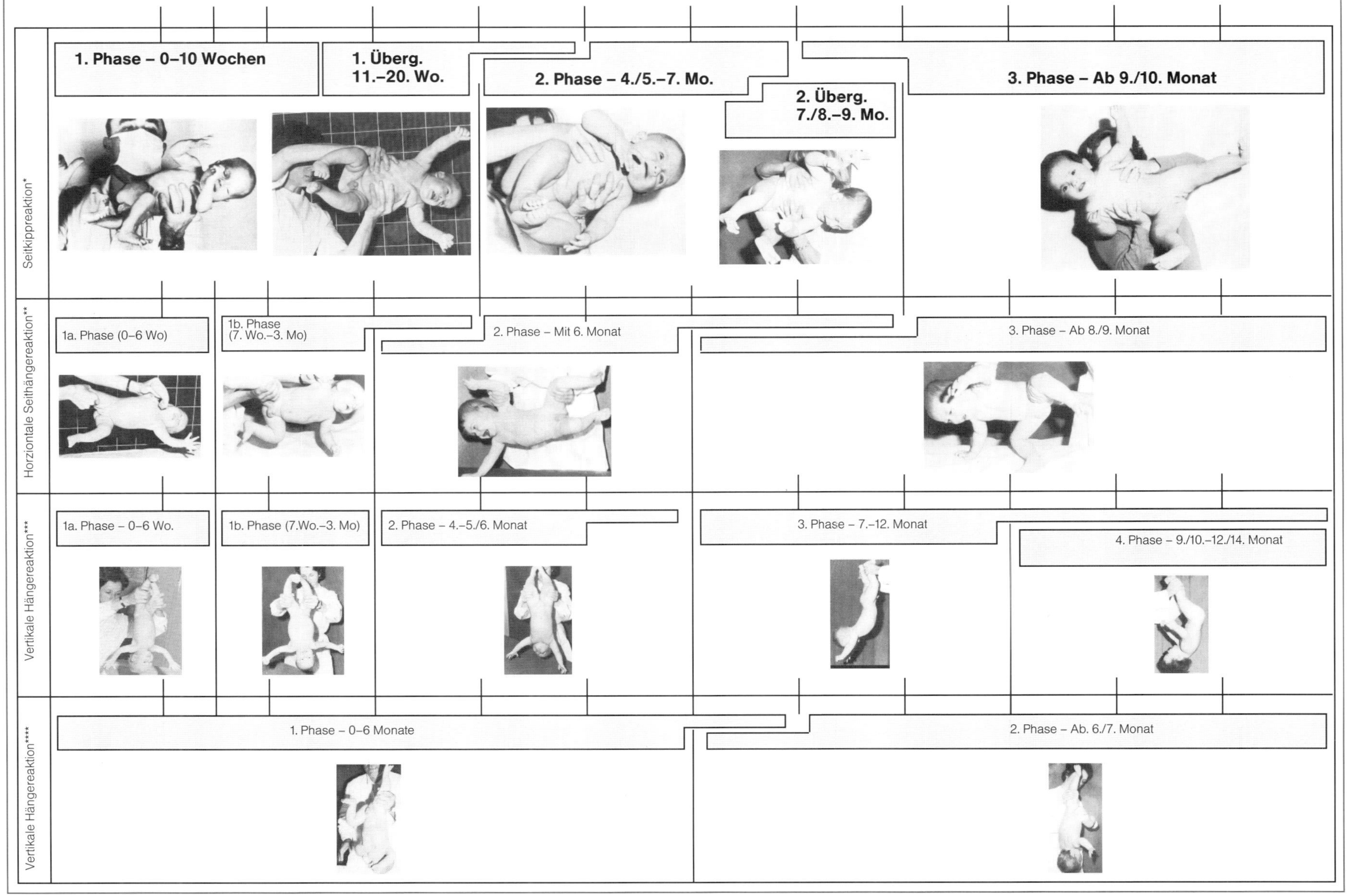

* nach Vojta, ** nach Collis, *** nach Peiper und Isbert, **** nach Collis

Fortsetzung Synopsis 104:

Prüfung der Lagereflexe beim Säugling

Reaktion	Auslösung
Seitkippreaktion nach Vojta	Rasches Seitwärtskippen des Kindes aus vertikaler in horizontale Seitenlage; Kind wird am Rumpf gehalten, Rücken zum Untersucher
Traktionsreaktion	Kind wird aus Rückenlage an den Unterarmen langsam zum Sitzen hochgezogen; die Bewegungsantwort an Kopf und Beinen ist zu beachten
Vertikale Hängereaktion n. Peiper u. Isbert	Aus Rückenlage (Kopf in Mittelstellung, Hände geöffnet) wird das Kind an den Knien gefaßt und plötzlich (mit dem Kopf nach unten) in die Vertikale gebracht
Vertikale Hängereaktion n. Collis	Aus Rückenlage wird das Kind an einem Knie gehalten und plötzlich (mit dem Kopf nach unten) in die Vertikale gebracht
Horizontale Seithängereaktion n. Collis	Kind wird am Oberarm und am gleichseitigen Oberschenkel in der horizontalen Seitenlage frei gehalten; die (provozierte) Bewegungsantwort an den freien Extremitäten wird beachtet
Landau-Reaktion	Kind wird unter dem Bauch auf der flachen Hand streng in der horizontalen Lage gehalten
Axilläre Hängereaktion	Kind wird am Rumpf gehalten, Kopf nach oben, Rücken zum Untersucher

Graduierung der zentralen Koordinationsstörungen

leichteste	bis 3 abnorme Lagereaktionen	Beobachtung
leichte	4 bis 5 abnorme Lagereaktionen	
mittelschwere	6 bis 7 abnorme Lagereaktionen	Krankengymnastik auf neurophysiologischer Basis
schwere	7 abnorme Lagereaktionen und gleichzeitige schwere Tonusstörung	

- Kopfkontrolle (Anheben des Köpfchens aus der Bauchlage): um den 3. Lebensmonat.
- freies Sitzen: um den 6. Lebensmonat.
- Krabbeln: um den 8. Lebensmonat.
- freies Gehen: 12. bis 15. Lebensmonat.

Im 2. Lebensjahr wird die spastische bzw. athetotische oder gemischte Form der Zerebralparese offensichtlich. Bei leichteren Lähmungszuständen (Hemiparesen, Diparesen) fällt die mangelnde Kontrolle und Koordination der Körperbewegung auf. Es fehlt der harmonische und flüssige Bewegungsablauf. Bei spastischen Lähmungen wird das mangelnde Wachstum der Muskulatur, die Tonussteigerung an den betroffenen Muskelgruppen immer deutlicher. Im typischen Fall führt sie zu einem Bewegungsmuster mit Spitzfuß, Knie- und Hüftbeugekontraktur, Innenrotation des Beines, Hyperlordose, bei Hemiparesen auch Skoliose, an der oberen Extremität zur Innenrotation des Armes, Pronation des Unterarmes, eingeschlagenem Daumen und flektierten Fingern *(Syn. 103, S. 248)*. Infolge des Hypertonus der Adduktoren kommt es zum **Scherengang.**

Die **Kontrakturen** sind das Hauptproblem der spastischen infantilen Zerebralparese. Sie verunmöglichen die Vertikalisierung, wo sie auf Grund des motorischen Befundes noch möglich wäre. Sie führen aber auch zu Wachstumsstörungen und schmerzhaften Gelenkveränderungen, die bei frühzeitiger Behandlung vermieden werden können. Wachstumsstörungen treten an allen Gelenken auf, die durch den spastischen Muskeltonus in ihrer Beweglichkeit erheblich eingeschränkt sind.

- Kopfkontrolle (Anheben des Köpfchens aus der Bauchlage): um den 3. Lebensmonat.
- freies Sitzen: um den 6. Monat.
- Krabbeln: um den 8. Monat.
- freies Gehen: 12. bis 15. Monat

Im 2. Lebensjahr werden die infantilen Zerebralparesen offensichtlich. Bei leichteren Lähmungszuständen fällt die mangelnde Koordination, bei ausgeprägten Befunden ein typisches Bewegungsmuster auf, das aus *Synopsis 103* zu erkennen ist. Infolge des Hypertonus der Adduktoren kommt es zum Scherengang

Die **Kontrakturen** sind das Hauptproblem der spastischen infantilen Zerebralparese. Sie führen zu Wachstumsstörungen und schmerzhaften Gelenkveränderungen *(Abb. 65)*.

Synopsis 105: Normale motorische Entwicklung während des ersten Lebensjahres (aus Bernbeck/Sinios)

		4. Wo. 5. Wo. 6. Wo.	4. Mo. 5. Mo. 6. Mo.	9. Mo. 10. Mo. 11. Mo 12. Mo	
Kopfkontrolle	Rückenlage	zur Seite liegend dabei oft ATNR	median median liegend noch ATNR – heben selten ATNR		asymmetr. ton. Nackenreflex stets fakultativ
	Bauchlage	zur Seite liegend – heben bis 45°	heben bis 90°		ab. 5.–6. Woche beim Heben aktive Kopfwendung mit Blickfixierung
	Bauchlage schwebend	fällt horizontal	über Rückenniveau gehalten		Bauchlage schwebend = ventral Suspension
	zum Sitzen gezogen	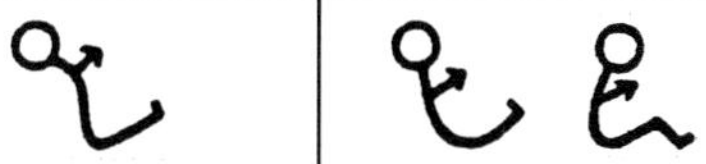			4.–6. Woche: Kopf kommt beim Hochziehen zeitweise mit, fällt dann wieder zurück
Rumpfkontrolle	Sitzen				4.–6. Woche: gleichmäßige Rückenrundung ab 4. Mon.: Rückenstreckung, nur Rundung unterhalb L 3. ab 6. Mon.: Abstützen mit zunehmend gestreckten Armen und offenen Händen
	Vierfüßler				4. Woche: Knie noch oft unter Bauch, 5.–6. Woche: zunehmend Beinstreckung 4.–6. Woche: Hände beim Abstützen zunehmend geöffnet, Arme zunehmend gestreckt
	Stehen (unter Achseln gehalten)	Stütz-reaktion Atasie Astasie	trägt Körpergewicht 		Stützreaktion: Bei Bodenberührung reflektorische Kontraktion der Beuge- und Streckmuskulatur des Beines. Astasie: Stehunfähigkeit, Abasie: Unfähigkeit Basis zu finden. 6.–8. Mo.: Tanzen und Wippen beim Anstellen der Beine.
Hand	Greifen	Faust offen	palmares Greifen 2händig – 1händig	Scherengriff Pinzettengriff läßt Griff wieder los	4.–6. Wo.: Handhaltung halb geöffnet. Palmares Greifen: ohne Daumenopposition, Gegenstände werden von der ulnaren Seite her ergriffen. Scherengriff: Grundglied des Daumes wird benutzt. Pinzettengriff: Griff zw. Daumen u. Fingerkuppen
Lokomotion	Rollen		vom Bauch auf Rücken	vom Rücken auf Bauch	
	Kriechen		I	II	Kriechen I: Rumpf am Boden Kriechen II: im Vierfüßlerstand
	Aufsitzen			mit leichter Hilfe – selbständig	
	Aufstehen			mit Hilfe – frei	
	Gehen			mit Hilfe – frei	freies Gehen kann mit 12 Mon. beginnen

Am **Hüftgelenk** ist die durch den erhöhten Adduktorentonus bedingte **Coxa valga et antetorta** mit den Folgen einer Subluxation oder sogar Luxation typisch **(spastische Hüftgelenksluxation,** *Abb. 65).* **Am Kniegelenk** kommt es zum Hochstand der Kniescheibe **(Patella alta), an den Füßen** meist zur **Knick-Plattfußstellung,** und an der Wirbelsäule kann sich eine hochgradige **Skoliose** entwickeln.

Differentialdiagnostisch sind die leichtgradigen spastischen Zerebralparesen von anderen neuromuskulären oder primär muskulären Erkrankungen abzugrenzen (Friedreich-Ataxie, spinale Muskelatrophie, Diastematomyelie). Anamnese, typisches Befallsmuster, EMG, EEG und evozierte Potentiale geben richtungweisende Informationen.

Am **Hüftgelenk** kommt es zur Subluxation oder Luxation. **Am Kniegelenk** entsteht ein Hochstand der Kniescheibe **(Patella alta). Am Fuß** kommt es zu **Knick-Plattfüßen** und an der Wirbelsäule zur **Skoliose. Differentialdiagnostisch** sind primär muskuläre Erkrankungen abzugrenzen (Friedreich-Ataxie, spinale Muskelatrophie, Diastematomyelie).

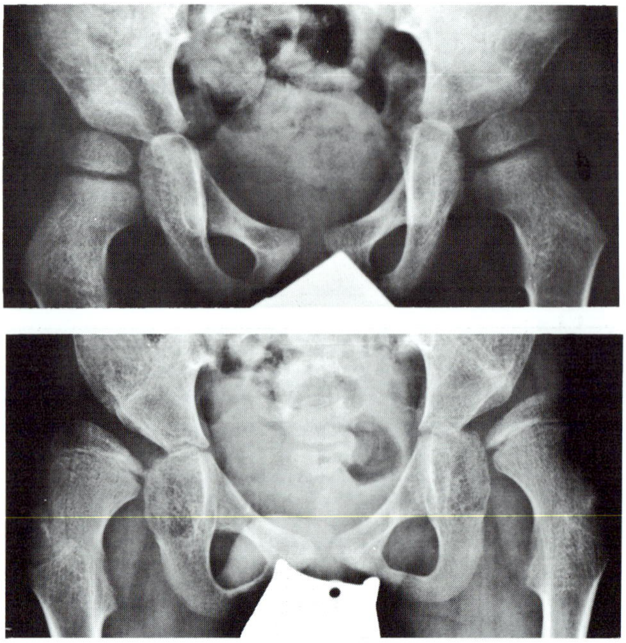

Abb. 65: Entwicklung einer spastischen Hüftgelenksluxation: bei 4jährigem Jungen mit spastischer Tetraparese noch regelrechte Hüftgelenke. Im Alter von 8 Jahren ausgeprägte Subluxation beider Hüftgelenke mit erheblichen Schmerzen. Dieser Verlauf zeigt, welche Wachstumsstörungen des Skeletts sich durch Muskelimbalance entwickeln können.

Therapie
Die Behandlung orientiert sich am Alter des Kindes und an der Schwere der Läsion. Je früher die Diagnose gestellt wird, um so eher kann eine **krankengymnastische Behandlung** eingeleitet werden. Die krankengymnastischen Maßnahmen sind vor allem während der ersten sechs Lebensjahre sinnvoll, da das Gehirn zu diesem Zeitpunkt noch eine erhebliche Plastizität besitzt. Eine später durchgeführte Krankengymnastik ist in ihrer Wirkung umstritten.

Mit der **Methode nach Bobath** sollen pathologische Verhaltensmuster gehemmt und normale gebahnt werden.

Bei der **Methode nach Vojta** werden Mechanismen der reflektorischen Fortbewegung (Reflexlokomotion) provoziert und damit Ersatzmuster für die Aufrichtungsfähigkeit geschaffen.
Auch andere Behandlungsmethoden basieren an neurophysiologischen Konzepten (Kabat, Feldenkrais).

Therapie. Die Behandlung orientiert sich am Alter des Kindes und an der Schwere der Läsion. Das Alter ist vor allem für den Erfolg krankengymnastischer Maßnahmen von wesentlicher Bedeutung. Je früher die Diagnose gestellt wird, um so eher und gezielter kann eine **krankengymnastische Behandlung** eingeleitet werden. Die gedanklichen Ansätze für die Krankengymnastik gehen davon aus, daß die zentrale Läsion der infantilen Zerebralparese zunächst nur einen primären neuronalen Ausfall verursacht, der erst später auch zu einer sekundären Degeneration der an die zerstörten Neurone angeschlossenen neuronalen Kreise führt. Das zum Zeitpunkt der Geburt noch nicht völlig ausgereifte kindliche Gehirn besitzt insbesondere während der ersten sechs Lebensjahre noch eine erhebliche Plastizität. Die krankengymnastischen Konzepte basieren daher darauf, daß durch frühzeitig eingeleitete Behandlung die einmal gesetzte Blockierung durchbrochen und durch neue Bewegungsmuster mit einer geordneten Ersatzmotorik ausgeführt werden kann. Bei älteren Kindern dagegen ist die Wirksamkeit krankengymnastischer Behandlungsmethoden umstritten. Hier dient die Physiotherapie im wesentlichen der Erhaltung der vorhandenen Leistungsfähigkeit.

Bei der **entwicklungsneurologischen Behandlung nach Bobath** sollen pathologische Verhaltensmuster gehemmt (inhibiert) und normale Bewegungsmuster gebahnt (fazilitiert) werden. Mit bestimmten Techniken lassen sich die Stellreflexe und Gleichgewichtsreaktionen der Kinder trainieren.

Die **entwicklungskinesiologische Methode nach Vojta** geht davon aus, daß Mechanismen der Fortbewegung reflektorisch bereits im Neugeborenenalter vorhanden sind. Diese automatische Steuerung der Körperlage findet in einer höheren Ebene des ZNS statt als die der Stellreflexe. Durch Behandlungstechniken lassen sich die Mechanismen der reflektorischen Fortbewegung (Reflexlokomotion) provozieren und damit Ersatzmuster für die Aufrichtungsfähigkeit (posturale Reaktionsfähigkeit) schaffen. Es existieren zahlreiche weitere Behandlungsmethoden, deren gemeinsames Konzept die Krankengymnastik auf neurophysiologischer Basis ist (Kabat, Feldenkrais).

Die Schwere der Läsion bestimmt den therapeutischen Einsatz. Während bei Hemiparesen und Diparesen die Aktivitäten des täglichen Lebens, die Mobilität und die Steh- und Gehfähigkeit als Behandlungsziel im Vordergrund stehen, ist bei Tetraparesen mit mentalen Retardierungen die Kommunikationsfähigkeit vorrangiges Ziel. Bei allen schweren Läsionen ist daher die Aufstellung eines umfassenden **Rehabilitationsprogrammes** von besonderer Bedeutung *(Syn. 106)*. Dies muß neben der krankengymnastischen Behandlung Maßnahmen der Beschäftigungstherapie, der Logopädie (Behandlung von Sprachstörungen, Eßtherapie), Versorgung mit Hilfsmitteln und Maßnahmen der Sozialfürsorge beinhalten. Die Beschäftigungstherapie setzt sich vor allem mit der schwer gestörten Sensomotorik an den Händen auseinander, die die Perzeption der Betroffenen (das »Begreifen«) erheblich erschwert. Dazu kommen Maßnahmen der Selbsthilfe, des Eß- und Schreibtrainings. Die intellektuelle Leistungsfähigkeit des Kindes spielt ebenso wie das Kind-Eltern-Verhältnis für sämtliche Planungen im Rahmen der Rehabilitation eine große Rolle.

Die Schwere der Läsion bestimmt den therapeutischen Einsatz im Rahmen eines **Rehabilitationsprogrammes,** das in *Synopsis 106* zusammengefaßt ist. Behandlungsziel bei Hemi- und Diparese sind die Mobilität und die Steh- und Gehfähigkeit, bei Tetraparesen zunächst die Kommunikationsfähigkeit.

Zahlreiche Maßnahmen sind auf die Behandlung von Kontrakturen und die durch sie bewirkten Deformitäten abgestimmt. Vor allem bei Deformitäten im Bereich der unteren Extremitäten kommen orthopädische Hilfsmittel in Frage, um eine verbesserte Steh- und Gehfähigkeit zu erreichen. Beim Knick-Senkfuß kann z.B. zunächst eine Einlagenversorgung, später aber auch eine Schuhversorgung mit Knöchelstütze oder eine Innenschuhversorgung erforderlich werden *(S. 57 u. 58)*. Spezielle Schienenkonstruktionen für die Hand können die Aktivitäten im täglichen Leben erheblich erleichtern. Das bei ausgeprägten Lähmungszuständen fast immer erschwerte Sitzen, Stehen und Gehen kann durch Verordnung von Spezialstühlen, Anpassung von Sitzschalen, Verordnung von Steh- und Liegebrettern sowie durch angepaßte Gehhilfen vereinfacht werden. Zur Prophylaxe von Kontrakturen werden Lagerungsschienen für die Nacht verordnet.

Zahlreiche Maßnahmen sind auf die Behandlung von Kontrakturen und die durch sie bewirkten Deformitäten abgestimmt. Hierfür stehen verschiedene orthopädische Hilfsmittel zur Verfügung *(S. 57 u. 58)*.

Auch die **operative Behandlung** zielt darauf ab, die Kontrakturen und sekundären, oft schmerzhaften Deformitäten zu vermeiden. Hierfür stehen verschiedene Techniken zur Verfügung *(Tab. 33)*.

- **Sehnenverlängerungen** und **Muskeleinkerbungen** (Tenotomie, Myotomie): Das Ziel ist die Kontrakturbeseitigung, ohne die Spannung der Muskulatur voll zu verlieren.
- **Nervendurchtrennungen** (Neurotomie): Irreversible Eingriffe zur Behandlung schwerster spastischer Kontrakturen, vor allem bei Gehunfähigen. Sie wandeln eine spastische in eine schlaffe Lähmung um.

Auch die **operative Behandlung** zielt auf die Beseitigung von Kontrakturen ab *(Tab. 33)*.

- **Sehnenverlängerungen und Muskeleinkerbungen** (Tenotomie, Myotomie).
- **Nervendurchtrennungen** (Neurotomie)

Synopsis 106: Ziele und Maßnahmen der konservativen Behandlung der infantilen Zerebralparese

Verbesserung der neuromotorischen Funktionen	krankengymnastische Beschäftigungstherapie
Verbesserung der Kommunikationsfähigkeit	Beschäftigungstherapie Logopädie Sozialfürsorge
Behandlung von Kontrakturen	Krankengymnastik Schuhversorgung Orthesen

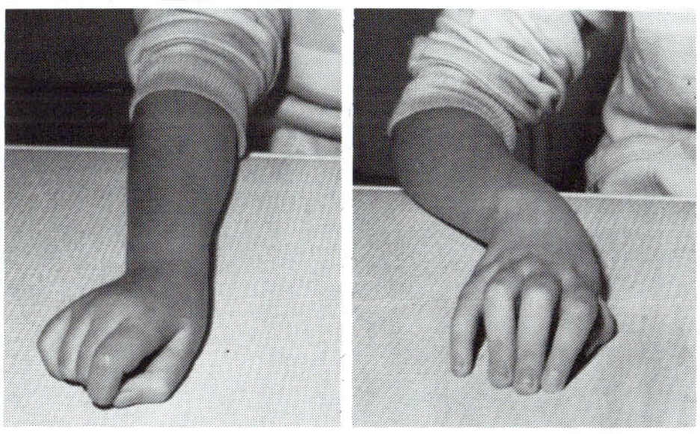

Beispiel für krankengymnastische Therapie: Spontanhaltung der Hand vor und nach Lockerung

- **Knochenumstellungen** (Osteotomien, *S. 76)*
- **Gelenkversteifungen** (Arthrodesen, *S. 481)*

Die Wahl des richtigen Operationszeitpunktes ist von großer Bedeutung, um mit dem kleinsten Eingriff den größtmöglichen Gewinn zu erzielen.

- **Knochenumstellungen** (Osteotomien, *S. 76):* Sie sind häufig erforderlich, wenn bereits Deformitäten eingetreten sind und die Möglichkeiten der frühzeitigen Tenotomien verpaßt wurden oder ihr Effekt nicht ausreichend war.
- **Gelenkversteifungen** (Arthrodesen): Bleibende Korrekturen vor allen Dingen im Bereich instabiler Gelenke, insbesondere am Rückfuß *(S. 481).*

Operative Maßnahmen müssen im Rahmen des Rehabilitationsprogrammes sorgfältig geplant werden. Die Wahl des richtigen Zeitpunktes ist von großer Bedeutung, um mit dem kleinsten Eingriff den größtmöglichen Gewinn zu erzielen. Andererseits sind sogenannte kleinere Eingriffe dort nicht indiziert, wo sie die funktionelle Leistungsfähigkeit nicht grundlegend beeinflussen und daher nur als kosmetische Korrektur anzusehen sind.

Tab. 33: Ziele und Maßnahmen der operativen Behandlung bei infantiler Zerebralparese

Ziele	Maßnahmen
● Korrektur von Kontrakturen und Deformitäten ● Prävention von Sekundärschäden infolge falscher, ungenügender oder fehlender Bewegungserfahrung sowie Verhinderung einer sekundären spastisch-paralytischen Hüftluxation ● Regulierung des gestörten bzw. erhöhten Muskeltonus ● Reduzierung abnormer und/oder assoziierter Bewegungen ● Vemehrung und Verbesserung normaler sensomotorischer Erfahrungen ● Verbesserung der Grob- und Feinmotorik ● Stimulierung der gesamten körperlichen und damit indirekt auch der geistigen und seelischen Mobilität und Aktivität ● größtmögliche Normalisierung des äußeren Erscheinungsbildes	● Sehnenverlängerungen (Tenotomie) ● Muskeleinkerbung (Myotomie) ● Nervendurchtrennung (Neurotomie) ● Knochenumstellung (Osteotomie) ● Gelenkversteifung (Arthrodese)

Klinisches Beispiel ▶

Klinisches Beispiel. 9jähriger Junge mit infantiler Zerebralparese vom Typ einer linksbetonten Tetraparese. Frühgeburt in der 29. Schwangerschaftswoche, Geburtsgewicht 1300 g. Postpartal Atemnotsyndrom und septische Arthritis des rechten Kniegelenkes. $4\frac{1}{2}$ Monate Krankenhausaufenthalt. Bereits zu diesem Zeitpunkt Beginn mit Krankengymnastik auf neurophysiologischer Basis. Erstes Drehen mit 15 Monaten, mit 2 Jahren erstes Hochziehen an Gegenständen. Bei Erstvorstellung unterstützter Stand am Rollator möglich *(Abb. 66a, b),* Laufen dagegen unmöglich. Vor allem die Aufsicht von hinten zeigt den linksbetonten Spitzfuß beidseits, die Knie- und Hüftbeugekontrakturen und die hierdurch bedingte Asymmetrie des Rumpfes mit Linksüberhang *(Abb. 66b).* Beseitigung der strukturellen Spitzfußkontrakturen durch Achillotenotomie beidseits, was auch zur Verbesserung der funktionellen Knie- und Hüftbeugekontrakturen führt. Bereits 6 Monate nach der Operation ist der 10jährige Junge an Vierpunktestützen erstmals gehfähig *(Abb. 66c),* die Rumpfaufrichtung hat sich wesentlich gebessert *(Abb. 64d),* die Fersen berühren den Boden *(Abb. 66c,d).*

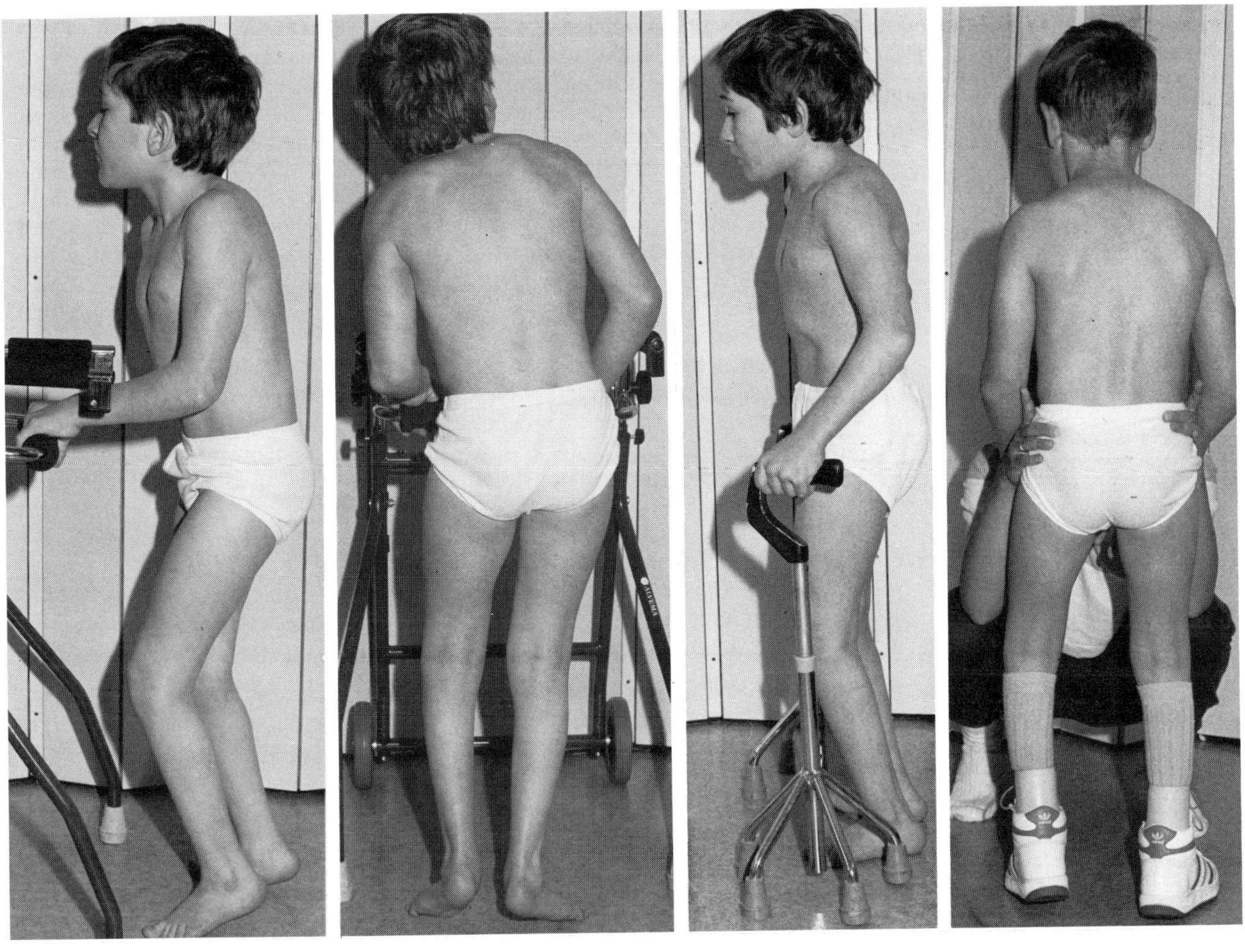

a b c d

Abb. 66a–d: Klinisches Beispiel: **spastische Tetraplegie** vor und nach Achillessehnenverlängerung

8.4 Angeborene Querschnittslähmung (Myelodysplasie)

> ***Definition.*** Fehlbildung des Rückenmarks, die sich aus einem mangelnden Verschluß des Neuralrohres mit breit offenen Wirbelbögen (Spina bifida aperta) ergibt und bei begleitender Ausstülpung des Duralsackes bzw. des Rückenmarkes (Meningozele bzw. Myelomeningozele) mit einer Querschnittslähmung (Paraplegie) einhergeht.

Ätiologie und Klassifikation. Die eigentliche Ursache der Verschlußstörung oder Ruptur des Neuralrohres ist unbekannt. Die Defekte des Neuralrohres werden unter den Begriffen **Myelodysplasie** und **spinale Dysraphie** (Verschlußstörung) zusammengefaßt. Sie sind immer mit Fehlbildungen der Wirbelsäule kombiniert. Bei geringster Ausprägung liegt lediglich eine Spaltbildung des Wirbelbogens **(Spina bifida occulta)** mit asymptomatischen Veränderungen im Spinalkanal (intraspinales Lipom) vor. Bei der **Meningozele** handelt es sich um eine Ausstülpung der Rückenmarkshäute, unter Umständen mit geringen

8.4 Angeborene Querschnittslähmung (Myelodysplasie)

◀ **Definition**

Ätiologie und Klassifikation
Die eigentliche Ursache der Verschlußstörung des Neuralrohres ist unbekannt. Die verschiedenen Formen der **Myelodysplasie** bzw. **spinalen Dysraphie** sind in *Synopsis 107* wiedergegeben.

Bei der **Rachischisis** liegt die Wirbelsäule frei, eine eigentliche Zele ist nicht mehr vorhanden. Durch Störungen der Liquorzirkulation tritt begleitend immer ein **Hydrocephalus internus** eventuell mit Einschränkung der intellektuellen Leistungsfähigkeit auf.

neurologischen Ausfällen *(siehe Synopsis 107)*. Das Rückenmark selbst ist nicht beeinträchtigt. Bei der weitaus häufigeren **Meningomyelozele** ist dagegen das Rückenmark selbst immer mit verändert. Entsprechend finden sich periphere neurologische Defekte. Bei der **Rachischisis** liegt eine breite Spaltbildung der Wirbelsäule mit freiliegender Wirbelsäulenmuskulatur und Rückenmarksanteilen vor, eine eigentliche Zele besteht nicht mehr. Die Veränderungen können an allen Stellen der Wirbelsäule, bevorzugt jedoch im thorakalen und lumbalen Bereich, auftreten. Durch Störungen der Liquorzirkulation tritt begleitend immer ein **Hydrocephalus internus** auf. Bei Kindern mit Hydrozephalus ist die intellektuelle Leistungsfähigkeit in der Regel deutlich eingeschränkt. Die verschiedenen Formen der Myelodysplasie sind in *Synopsis 107* wiedergegeben.

Pathogenese

Die Folgen der Fehlbildung lassen sich durch die Auswirkungen der Querschnittslähmung an dem sich noch entwickelnden Organismus erklären. Begleitend liegt fast immer eine **Blasen- und Mastdarmlähmung** vor. Der Hydrozephalus ist frühzeitig durch Shunt-Operation zu entlasten.

Pathogenese. Unbehandelt sterben fast alle Kinder mit offener Zele infolge einer aufsteigenden Entzündung der Rückenmarkshäute innerhalb der ersten Lebenstage. Bei frühzeitigem Verschluß der Meningomyelozele können fast alle Kinder überleben. Damit kommen alle Auswirkungen der Querschnittslähmung an dem sich noch entwickelnden Organismus zur Geltung. Bei lumbalen Lähmungen handelt es sich in der Regel um sensible und schlaffe motorische Plegien im Bereich der unteren Extremitäten. Begleitend liegen fast immer **Blasen- und Mastdarmlähmungen** vor, die eine regelmäßige urologische Betreuung erfordern. Unter Umständen können operative Maßnahmen zur Verbesserung des Harnabflusses angezeigt sein. Der Hydrozephalus ist bereits frühzeitig durch Shunt-Operationen zu entlasten.

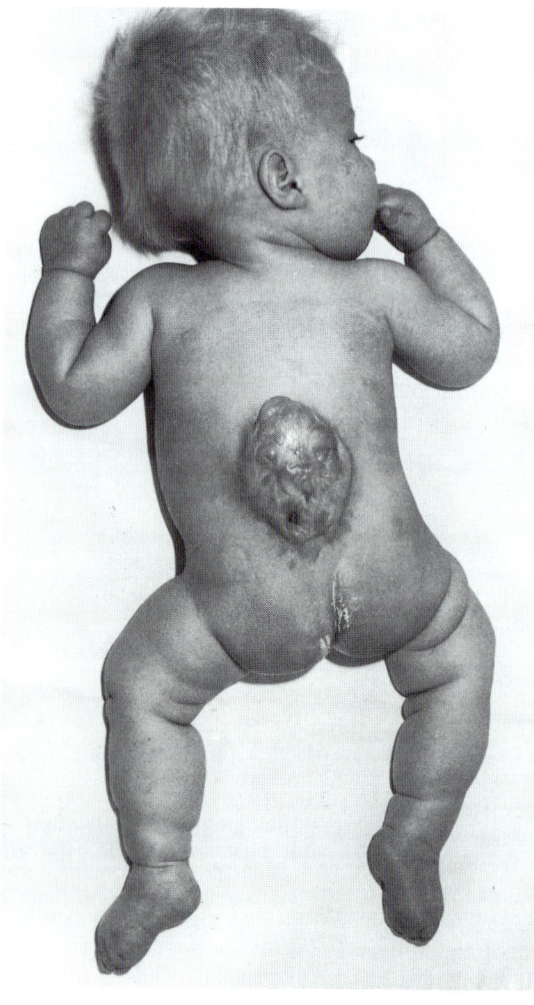

Synopsis 107: Klinisches Bild und Klassifikation der Myelodysplasien: Defekte des Neuralrohres (Myelodysplasien) treten angeboren bevorzugt im Lumbal- und Thorakalbereich auf. Sie sind immer mit Fehlbildungen der Wirbelsäule kombiniert (spinale Dysraphien). Für das klinische Bild entscheidend sind die Veränderungen an Duralsack und Rückenmark, die zur angeborenen Querschnittlähmung führen:

- Meningozele: Ausstülpung der Rückenmarkshäute, unter Umständen mit geringen neurologischen Ausfällen
- Myelomeningozele: Rückenmark in der Zele, immer ausgeprägte neurologische Defekte.

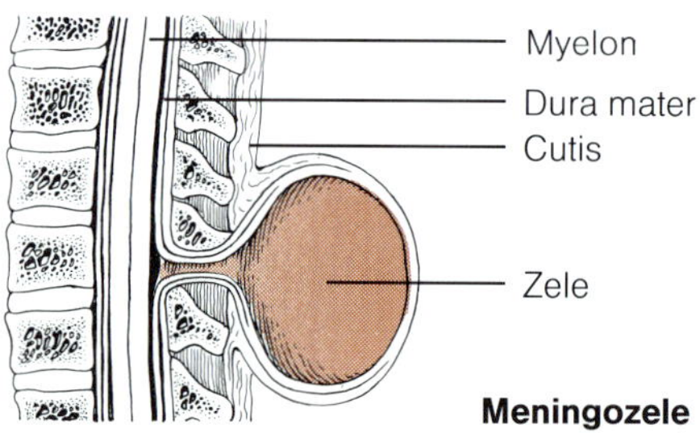

Meningozele

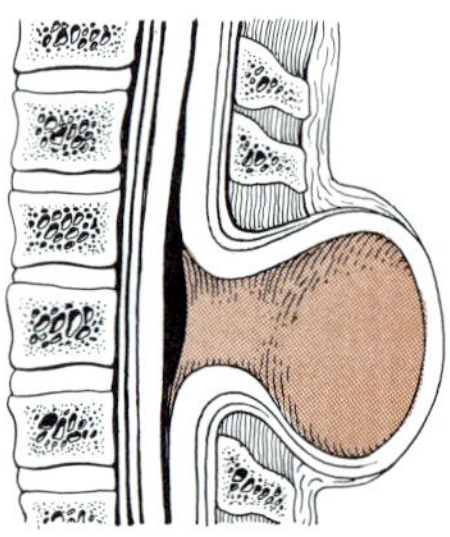

Myelomeningozele

Synopsis 108: Beziehung zwischen Lähmungshöhe, Restbewegung, resultierender Deformität und Gehfähigkeit
Merke jedoch: Das Rückenmarkssegment L 1 liegt auf Höhe des 10. B-Wirbels.

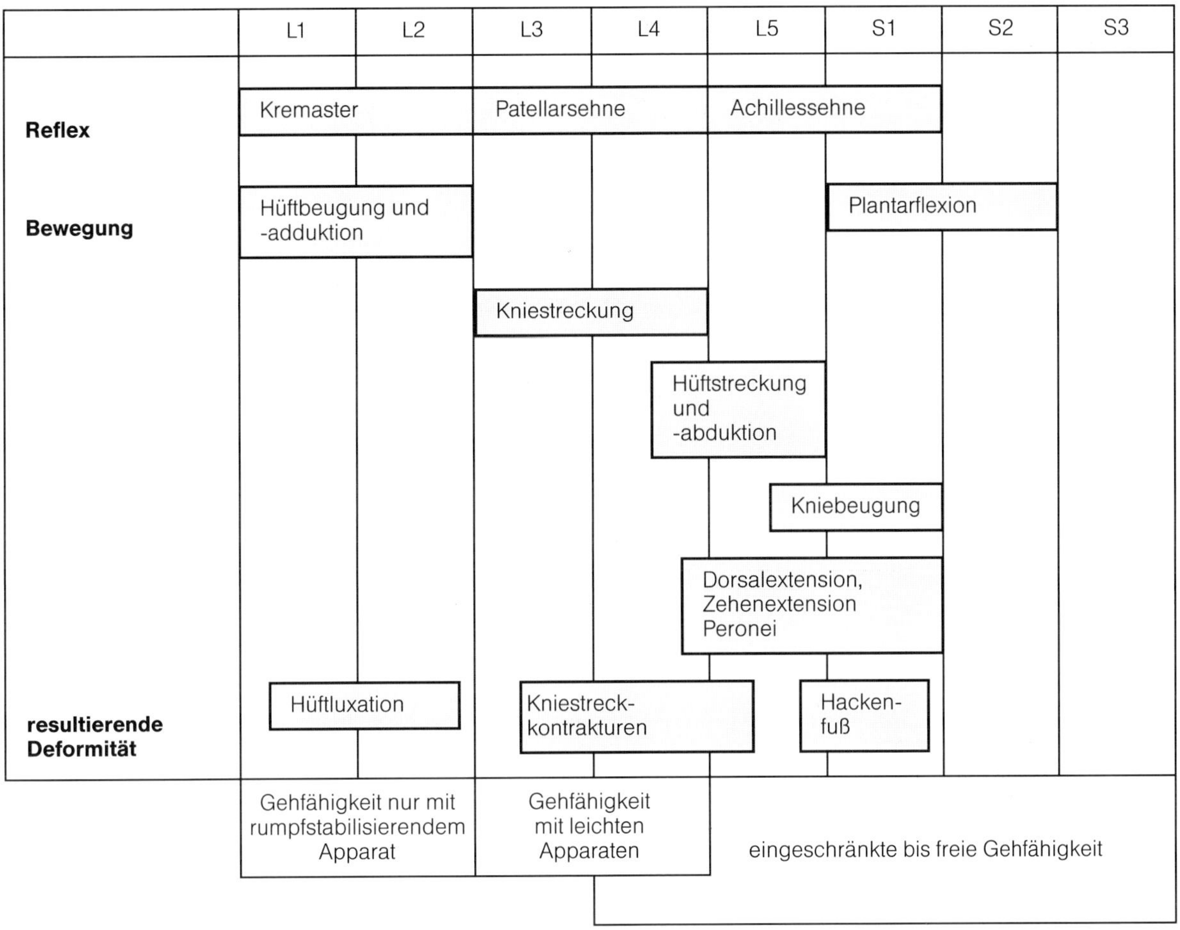

Synopsis 109: Behandlungsmaßnahmen bei Myelodysplasie – im Mittelpunkt steht das Kind. Fortbewegung ist sogar bei hohen Lähmungen ohne jegliche Innervation der Beine im reziproken Gehapparat möglich.

Neurochirurg

Meningozele

Myelomeningozele

Hydrozephalus

Urologe

Inkontinenz
Retention
Pyelonephritis
Niereninsuffizienz

Kinderchirurg

anorektale Inkontinenz

Orthopäde

Skoliose
Lordose
Kyphose
Hüftluxation
Kontrakturen
Fußdeformitäten
Ulzera

Neurologe
Pädiater

Sozialarbeiter

Logopäde

Psychologe

Beschäftigungstherapeut

Krankengymnast

Orthopädiemechaniker

Orthesen

Während des Wachstums kommt es zu vielerlei Auswirkungen der Lähmung auf das Skelettwachstum und umgekehrt. So ist durch Verwachsungen des Rükkenmarks im lumbalen Bereich der sonst ablaufende Aszensus des lumbalen Rückenmarks behindert, was wiederum zu progredienten Lähmungen führt (**»tethered-cord-Syndrom«**). Zunehmende neurologische Ausfälle sind auch möglich, wenn das Rückenmark von einem zentral im Spinalkanal verlaufenden Knochensporn zweigeteilt wird **(Diastematomyelie).**

Während des Wachstums kann es narbenbedingt zu einer Störung des Aszensus des lumbalen Rückenmarks mit progredienten Lähmungen kommen (**»tethered-cord-Syndrom«).** Dies ist auch durch einen im Spinalkanal liegenden Knochensporn möglich **(Diastematomyelie).**

Prognostisch sind die langfristigen Auswirkungen der Lähmung auf den Stütz- und Bewegungsapparat und die gesamte funktionelle Leistungsfähigkeit von Interesse. Die Gehfähigkeit von Kindern mit Meningomyelozele korreliert mit der Höhe ihrer neurologischen Läsion. Bei Lähmungen im Spinalsegment L 2 aufwärts ist die Gehfähigkeit in aller Regel nicht zu erreichen. Bei Lähmungen zwischen L 2 und L 4 besteht eingeschränkte Gehfähigkeit, die zusätzlich von Faktoren wie Adipositas, Kontrakturen und Auswirkungen des Hydrozephalus beeinflußt wird.

Bei Lähmungen im Spinalsegment L2 aufwärts ist Gehfähigkeit in der Regel nicht zu erreichen.

Bei Lähmungen unterhalb L 4 kann langfristig mit Gehfähigkeit gerechnet werden *(Syn. 108).*

Bei Lähmungen unterhalb L4 in der Regel uneingeschränkte Gehfähigkeit *(Syn. 108).*

Im Krankheitsverlauf spielen **lähmungsbedingte Komplikationen** eine große Rolle. Wegen der Sensibilitätsstörungen kommt es häufig zu **Druckstellen.** Infolge der mangelnden funktionellen Beanspruchung entwickelt sich immer eine ausgeprägte Osteoporose, vor allem in den unteren Extremitäten, die Ursache für **Spontanfrakturen** sein kann. Diese können wegen der Sensibilitätsstörungen völlig unbemerkt ablaufen. Da die Lähmung bereits frühzeitig auf das im Wachstum befindliche Skelett einwirkt, entstehen zahlreiche Wachstumsstörungen an der Wirbelsäule und den unteren Extremitäten. Bei ausgeprägter Muskelimbalance kommt es zu Subluxationen und Luxationen der Gelenke, die unter Belastung zunehmen. Die sekundär erworbenen Deformitäten können die Steh- und Gehfähigkeit erheblich beeinträchtigen, selbst wenn diese auf Grund des neurologischen Befundes möglich wäre.

Für den Verlauf spielen **lähmungsbedingte Komplikationen** eine große Rolle. Dazu gehören **Druckstellen** und Osteoporose mit **Spontanfrakturen** an den unteren Extremitäten. Da die Lähmung auf das im Wachstum befindliche Skelett einwirkt, entstehen zahlreiche Wachstumsstörungen an der Wirbelsäule und den unteren Extremitäten.

Klinik. Sie wird von den peripheren neurologischen Ausfällen, den Auswirkungen des Hydrozephalus auf die Neurologie und intellektuelle Leistungsfähigkeit, sowie von den Deformitäten und Kontrakturen bestimmt. In Abhängigkeit von der Lähmungshöhe kommt es an den Füßen zur Klumpfuß- oder Hackenfußstellung. An den Kniegelenken überwiegen die Beugekontrakturen. Die Hüftgelenke zeigen alle Grade von der Pfannendysplasie bis zur kompletten, hochstehenden Luxation. An der Wirbelsäule entwickeln sich fast regelmäßig Skoliosen, Lordosen und Kyphosen.

Klinik
Orthopädischerseits stehen die Deformitäten und Kontrakturen an den unteren Extremitäten im Vordergrund. In Abhängigkeit von der Lähmungshöhe kommt es an den Füßen zur Klump- oder Hackenfußstellung. Am Kniegelenk überwiegen Beugekontrakturen. An der Wirbelsäule entwickeln sich Skoliosen und Kyphosen.

Therapie. Die Behandlung des Kindes mit Meningomyelozele erfordert eine multidisziplinäre Zusammenarbeit von Pädiatern, Neurochirurgen, Orthopäden, Urologen, Psychologen und anderen. Orthopädischerseits steht die Vertikalisierungsmöglichkeit der Kinder im Vordergrund. Bei Lähmungen in Höhe von L 4 und L 5 kann unter Umständen mit einfachen Orthesen Steh- und Gehfähigkeit erreicht werden. Bei höher gelegenen Lähmungen sind aufwendige Apparatekonstruktionen erforderlich. So können sich die Kinder sogar bei hohen lumbalen und tiefen thorakalen Lähmungen mit einem rumpfstabilisierenden Apparat eingeschränkt fortbewegen, indem durch Verlagerung des Rumpfgewichtes über Baudenzüge ein Vortrieb der sonst völlig gelähmten Beine im Wechsel möglich ist (sogenannter reziproker Gehapparat, *siehe Synopsis 109).* Allein um die Apparatefähigkeit zu gewährleisten, sind in der Regel mehrere Operationen an Füßen, Knie- und Hüftgelenken und eventuell an der Wirbelsäule notwendig. Störend für die Apparatefähigkeit sind vor allem seitenungleiche Deformitäten und Kontrakturen. Die Behandlungsmaßnahmen bei der Myelomeningozele sind in *Synopsis 109* wiedergegeben.

Therapie
Eine multidisziplinäre Zusammenarbeit von Pädiatern, Neurochirurgen, Orthopäden, Urologen, Psychologen und anderen ist unabdingbar. Orthopädischerseits steht die Vertikalisierungsmöglichkeit der Kinder im Vordergrund. Die Behandlungsmaßnahmen sind in *Synopsis 109* zusammengefaßt. Mitunter sind mehrere Operationen notwendig, um die Apparatefähigkeit zu erreichen.

8.5 Erworbene Querschnittslähmung

Definition ▶

Ätiologie und Klassifikation
Ursächlich kommen Traumen, raumfordernde spinale Prozesse, entzündliche Erkrankungen sowie vaskuläre Myelopathien in Frage.

Die Lähmungen können komplett oder inkomplett ausgeprägt sein. In Abhängigkeit von der Höhe der Läsion werden **Paraplegien** und **Tetraplegien** unterschieden. Sonderformen stellen das **Brown-Séquard-Syndrom** und **Spinalis-anterior-Syndrom** dar. Die Klassifikation erworbener Querschnittslähmungen ist in *Synopsis 110* wiedergegeben.

Pathogenese
Am wichtigsten ist die sorgfältige **neurologische Untersuchung.** Bei akuter Querschnittslähmung kommt es akut zu einem tagelang andauernden **spinalen Schock.** Bei Verletzungen des Myelons (1. Neuron) geht die zu Beginn schlaffe Lähmung in eine spastische Lähmung über, die die Fortbewegung in Apparaten erschwert. Komplikationen treten in Form **rezidivierender Druckulzera, sekundärer Osteomyelitiden, urologischer Infektionen und paraartikulärer Ossifikationen** auf.

8.5 Erworbene Querschnittslähmung

Definition. Zentrale Lähmung infolge einer Läsion des Rückenmarks.

Ätiologie und Klassifikation. Ursächlich kommen Traumen, raumfordernde spinale Prozesse, entzündliche Erkrankungen der Rückenmarkshäute und des Myelons sowie vaskuläre Myelopathien in Frage. Im Vordergrund stehen die traumatischen Schäden des Rückenmarks, die von einer einfachen Commotio spinalis über die Kontusion und Kompression bis zur völligen Rükkenmarkszerreißung reichen können.

Die Lähmungen können komplett (vollständiger Verlust von motorischen, sensorischen und vegetativen Funktionen) oder inkomplett ausgeprägt sein. In Abhängigkeit von der Höhe der Läsion werden **Paraplegien** (komplette Lähmung der Beine) oder **Tetraplegien** (Lähmung beider Beine und Arme infolge Halsmarkläsion) voneinander unterschieden. Sonderformen stellen das **Brown-Séquard-Syndrom** (Halbseitenquerschnittsyndrom: homolaterale Parese mit Störung der Tiefensensibilität und des Berührungsempfindens bei kontralateralem Ausfall der Schmerz- und Temperaturempfindung; dissoziierte Empfindungsstörung) und das **Spinalis-anterior-Syndrom** (Durchblutungsstörungen der Arteria spinalis anterior mit Störung der Schmerz- und Temperaturempfindung sowie der motorischen Funktionen, Berührungsempfindung und Tiefensensibilität dagegen intakt) dar. Die Klassifikation erworbener Querschnittslähmungen ist in *Synopsis 110* wiedergegeben.

Pathogenese. In Abhängigkeit von der Ursache entwickelt sich die Querschnittslähmung langsam oder akut. Bei traumatischen Lähmungen kommt es primär zu einem tagelang andauernden **spinalen Schock** mit kompletter Querschnittslähmung und begleitenden Regulationsstörungen der vegetativen Funktionen. Dazu gehören die Blasen- und Mastdarmlähmung mit paralytischem Ileus, ein Ausfall der Gefäß- und Kreislaufregulation sowie Störungen der Atmung und Temperaturregulation. Bei Verletzungen des Myelons (erstes Neuron) geht die zu Beginn schlaffe Lähmung in eine spastische Lähmung über. Lediglich bei tiefen lumbalen Läsionen bleibt eine schlaffe Lähmung bestehen, da hier bereits die peripheren Nervenwurzeln betroffen sind. Die Spastizität ist für die eventuell mögliche Fortbewegung in Apparaten äußerst hinderlich. Sie ist auch verantwortlich für die Entwicklung von Gelenkkontrakturen, die die Apparatefähigkeit zusätzlich beeinträchtigen. Störungen der Sensibilität führen immer wieder zu **Druckstellen** über prominenten Knochenvorsprüngen mit der Gefahr einer **sekundären Osteomyelitis.** Diese sind zusammen mit den **urologischen Infektionen** das größte Problem der Querschnittsgelähmten. Aus der Blasenlähmung entwickelt sich bei Läsionen oberhalb S 2 eine Reflexblase, deren Entleerung trainiert werden muß. Unter Umständen ist die regelmäßige Katheterisierung angezeigt. Bei tieferen Lähmungen entsteht die sogenannte »autonome Blase«, deren unvollständige Entleerung durch manuelles Ausdrücken unterstützt werden muß. Bei etwa 30% der Querschnittsgelähmten treten ausgedehnte **paraartikuläre Ossifikationen** auf (Myositis ossificans, *S. 196),* die bis zur völligen Versteifung von Gelenken führen können.

Synopsis 110: Klassifikation erworbener Querschnittslähmungen

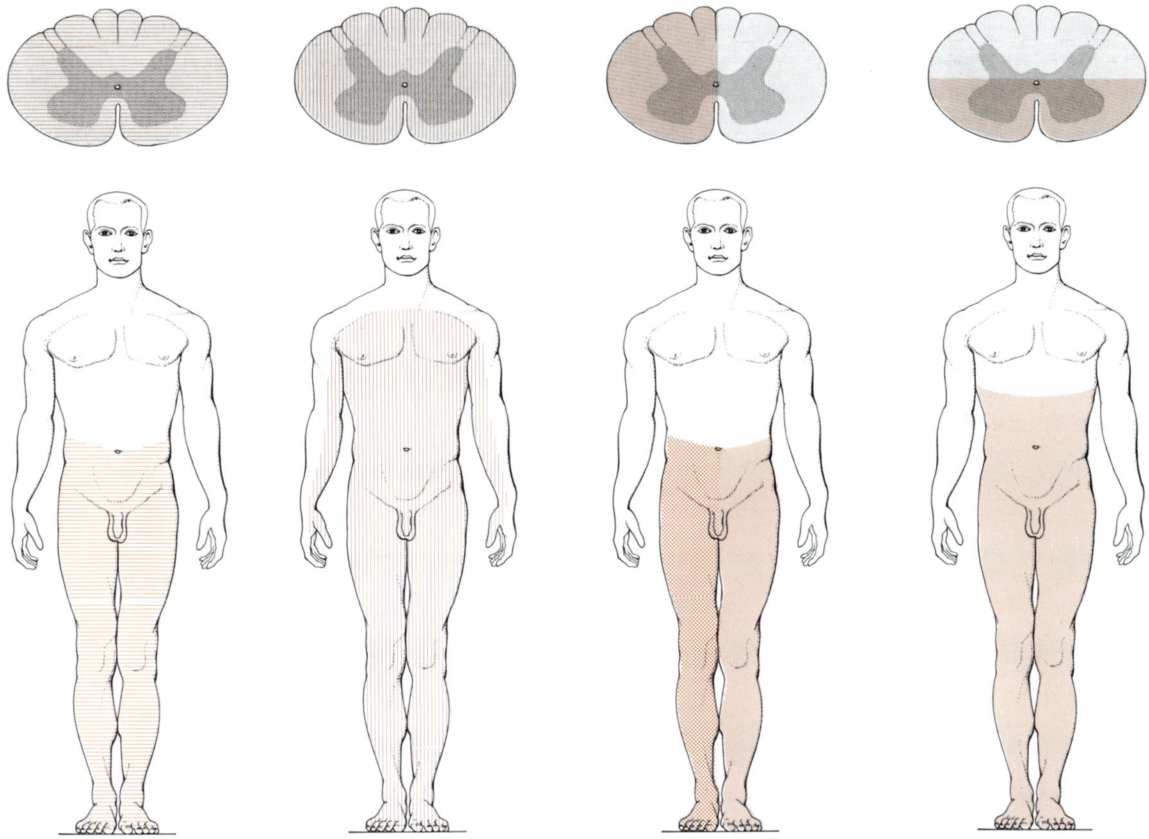

Paraplegie
Komplette Lähmung der Beine, eventuell des Rumpfes

Tetraplegie
Komplette Lähmung von Armen und Beinen

Brown-Séquard-Syndrom
Homolaterale Plegie mit Störung der Tiefensensibilität und des Berührungsempfindens. Kontralateraler Ausfall von Schmerz- und Temperaturempfindung.

Spinalis-anterior-Syndrom
Störung der Schmerz- und Temperaturempfindung sowie der motorischen Funktionen

Diagnose. Die Diagnose einer Querschnittslähmung setzt eine sorgfältige **neurologische Untersuchung** voraus.

Die Höhe der Querschnittsläsion wird auf das letzte noch normal innervierte Segment bezogen (z.B. Lähmung unter L 2).

Nur wenn der neurologische Status primär sorgfältig erhoben wurde, kann eine Progredienz des Lähmungsbefundes festgestellt und damit auch eine Notwendigkeit für operative Eingriffe abgeleitet werden.

Zur Vervollständigung der Diagnose ist eine röntgenologische Untersuchung der Wirbelsäule und eventuell des Spinalkanals durch Computertomographie, Kernspintomographie und Myelographie erforderlich.

Diagnose
Am wichtigsten ist die sorgfältige **neurologische Untersuchung. Die Höhe der Querschnittsläsion wird auf das letzte noch normal innervierte Segment bezogen (z.B. Lähmung unter L2).**

Röntgenologisch muß die Diagnose unter Umständen durch Computertomographie, Kernspintomographie oder Myelographie ergänzt werden.

Synopsis 111: Innervations- und Funktionsschema bei klinisch kompletter Querschnittslähmung

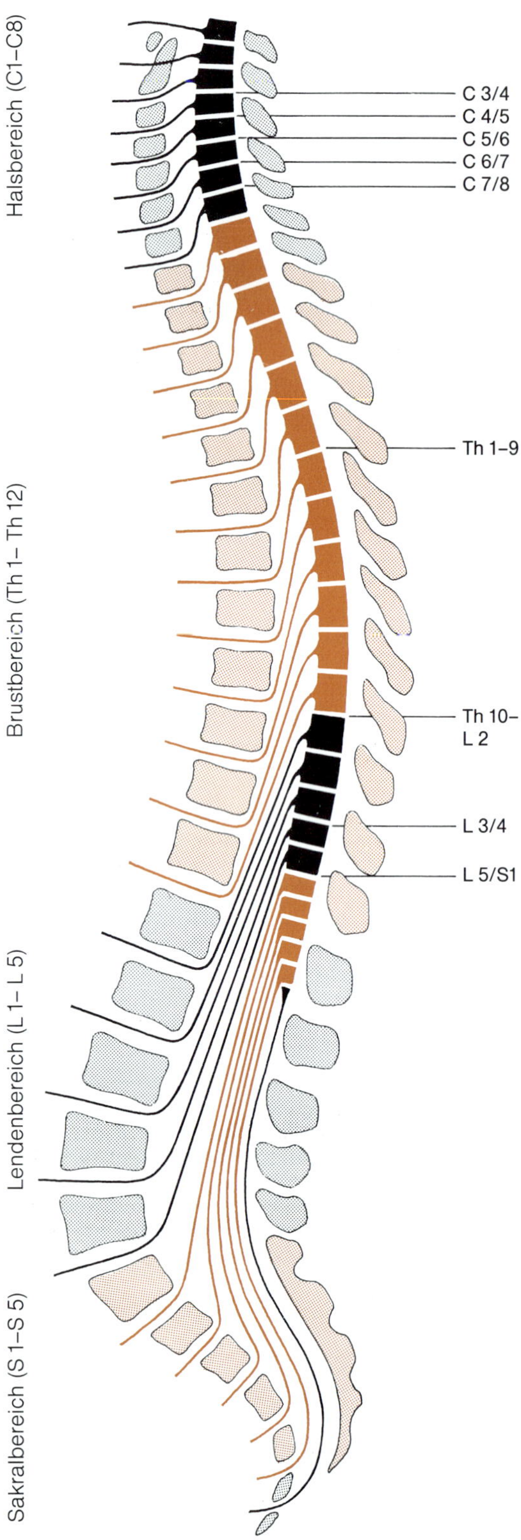

Läsionshöhe (Kennmuskeln)	**Funktionelle Fähigkeiten** a) Körperpflege b) Handfunktion c) Fortbewegungsmöglichkeit	**Hilfsmittel**
C 3/4 (Diaphragma)	a) vollständig pflegeabhängig c) Elektrorollstuhl	– mech. Rollstuhl (RST) – Elektro-Rollstuhl – Lifter – Pflegebett mit Stehvorrichtung – Atemtherapiegerät
C 4/5 (M. biceps brachii)	a) vorwiegend pflegeabhängig b) Essen, Schreiben mit spez. Hilfsmitteln bedingt möglich c) mech. RST auf ebenem Boden für kurze Strecken, geschickter Umgang mit dem Elektrorollstuhl	– mech. u. E-Rollstuhl (Handsteuerung) – Lifter – Pflegebett, s.o. – Hilfen für die bedingte Handfunktion – evtl. Atemtherapiegerät
C 5/6 (M. ext. carp. rad.)	a) teilweise pflegeunabhängig b) bei gut ausgebildeter »aktiver« Funktionshand Essen u. Schreiben möglich c) mech. RST auf ebenen Strecken möglich, evtl. Bedienung eines adaptierten Pkws	– mech. (evtl. Elektro-) RST – ggf. Lifter – Pflegebett, s.o. – Hilfen für die Handfunktion – adaptierter Pkw
C 6/7 (M. triceps brachii)	a) teilweise selbständig b) gute »Funktionshand« c) mech. RST, auch in unebenem Gelände, adaptierter Pkw	– mech. RST – Funktionshilfen, s.o. – Pflegebett, s. o. ggf. mech. Stehgerät – adaptierter Pkw
C 7/8 (Mm dig. flex. Mm. dig. ext. M. lat. dors).	a) selbständig b) bedingte Fingerteilfunktion c) gute RST-Fertigkeiten adaptierter Pkw	– mech. RST – mech. Stehgerät, evtl. Aufrichte-RST – adaptierter Pkw
Th 1–9 (Mm. intercostales Mm. abdominalis) (teilweise)	c) gute RST-Fertigkeit	– mech. RST – mech. Stehgerät, evtl. Aufrichte-RST – adaptierter Pkw
Th 10–L 2 (Rumpfmuskeln, Hüftbeuger)	c) rollstuhlabhängig	– mech. RST – Stützapparate für das Steh- bzw. Gehtraining – Barren, Unterarmstützen – adaptierter Pkw
L 3/4 (M. quadriceps M. tib. ant. M. semitendinosus M. semimembranosus)	c) rollstuhlabhängig für längere Strecken, bedingt gehfähig	– Stützapparate ohne Kniesperre – evtl. Fußhebehilfen – Unterarmstützen – mech. RST
L 5/S 1 (M. triceps surae (M. flexores dig.)	c) gehfähig	– ggf. Gehstöcke – ggf. RST für Sportzwecke

Merke: Bei kompletter Querschnittslähmung besteht grundsätzlich Blasen- und Mastdarmlähmung

Therapie. Die Behandlung ist abhängig von der Grunderkrankung. Bei raumfordernden spinalen Prozessen kann eine operative Entlastung und Stabilisierung der Wirbelsäule in Frage kommen. Bei **traumatischen Rückenmarksschäden** orientiert sich die Behandlung zunächst an dem Verlauf der neurologischen Symptomatik und nicht an der röntgenologisch erkennbaren Wirbelsäulenverletzung.

> Es handelt sich um Rückenmarksschäden mit begleitender Wirbelsäulenverletzung und nicht um Wirbelsäulenverletzungen mit begleitender neurologischer Läsion!

Aus neurologischer Sicht besteht eine Operationsindikation (Dekompression des Rückenmarks) nur bei einer Verschlechterung einer primär inkompletten Lähmung. Operative Maßnahmen zur Stabilisierung der Wirbelsäule sind ungeachtet des neurologischen Defektes angezeigt, wenn hierdurch der Rehabilitationsprozeß begünstigt und beschleunigt werden kann. Neben den Maßnahmen der medizinischen Rehabilitation sind solche zur sozialen Wiedereingliederung des Patienten frühzeitig einzuleiten. Dabei sind die funktionellen Fähigkeiten bzw. die für die optimale Rehabilitation erforderlichen Hilfsmittel ganz wesentlich von der Lähmungshöhe abhängig *(Synopsis 111)*.

> Für den Paraplegiker besteht heute keine wesentliche Einschränkung der Lebenserwartung. Er ist für eine Vielzahl von Berufen einsatzfähig.

Dies gilt mit Einschränkung auch für tetraplegische Patienten.

8.6 Poliomyelitis

Synonyme. Poliomyelitis anterior acuta, spinale Kinderlähmung, Heine-Medin-Erkrankung.

> ***Definition.*** Durch das Poliomyelitisvirus erfolgt eine Destruktion der Vorderhornzellen des Rückenmarks mit der Folge unregelmäßig verteilter schlaffer Lähmungen.

Ätiologie. Viruserkrankung, die früher häufig epidemisch auftrat und vorwiegend Kinder und Jugendliche betraf. Nach Durchführung der Schutzimpfung ist die Erkrankung in den Industrienationen selten geworden.

Pathogenese. Durch die Nekrose von Vorderhornzellen werden Muskelpartien dauernd denerviert. Durch das begleitende Ödem kommt es primär zu ausgedehnteren Lähmungen, die sich sekundär wieder zurückbilden können. Für die Prognose ist vor allem die Beteiligung der Atemmuskulatur von entscheidender Bedeutung. Im Verlauf lassen sich **vier Stadien** abgrenzen. Das **Prodromalstadium** ist lediglich durch Fieber gekennzeichnet. Die Inkubationszeit dauert 6–8 Tage, anschließend kommt es zum **Paralysestadium** mit meist asymmetrischer Verteilung der Lähmungen. Das **Reparationsstadium** mit der Möglichkeit zur Rückbildung von Lähmungen kann bis zu 2 Jahren betragen. Im **Spätstadium** stehen Kontrakturen und Deformitäten im Vordergrund.

Therapie
Die Behandlung ist abhängig von der Grunderkrankung. Bei **traumatischen Rückenmarksschäden** orientiert sich die Behandlung an dem Verlauf der neurologischen Symptomatik.

Es handelt sich um Rückenmarksschäden mit begleitender Wirbelsäulenverletzung und nicht um Wirbelsäulenverletzung mit begleitender neurologischer Läsion!

Eine Operationsindikation besteht nur bei einer Verschlechterung einer primär inkompletten Lähmung und gegebenenfalls zur Förderung der Rehabilitation. Für den Langzeitverlauf sind zahlreiche Maßnahmen der medizinischen Rehabilitation erforderlich. Die Lähmungshöhe bestimmt die funktionellen Fähigkeiten *(siehe Synopsis 111)*.

Für den Paraplegiker besteht heute keine wesentliche Einschränkung der Lebenserwartung. Er ist für eine Vielzahl von Berufen einsatzfähig.

8.6 Poliomyelitis

◀ Definition

Ätiologie
Durch Schutzimpfung in den Industrienationen selten gewordene Viruserkrankung.

Pathogenese
Durch die Nekrose von Vorderhornzellen kommt es zu ausgeprägten motorischen Lähmungen. Im Verlauf lassen sich vier Stadien abgrenzen: **Prodromalstadium, Paralysestadium, Reparationsstadium, Spätstadium** mit orthopädischen Komplikationen.

Tab. 34: Pathogenese der orthopädischen Komplikationen bei Poliomyelitis anterior: im Rahmen eines Circulus vitiosus kommt es zur progredienten Deformität

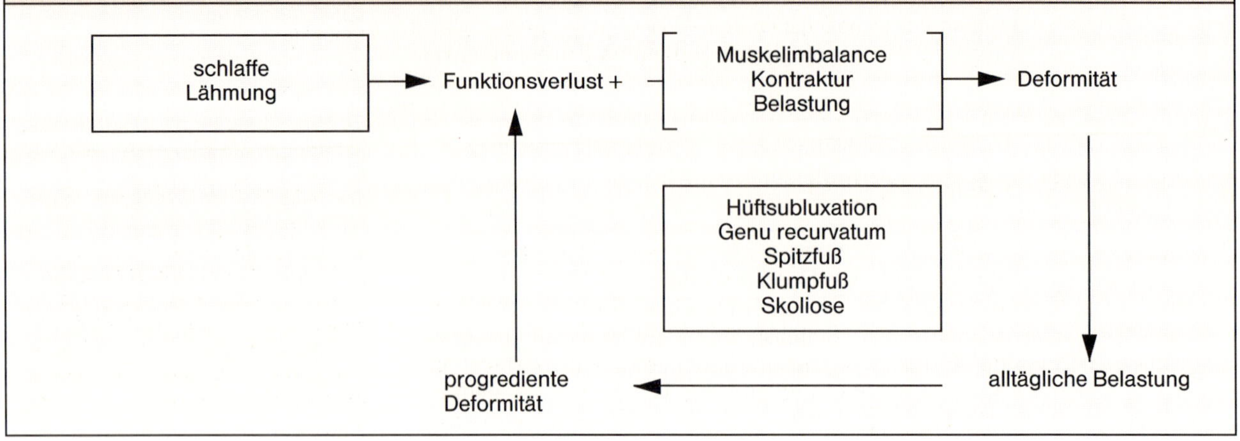

Klinik
Im Frühstadium ist ein buntes klinisches Lähmungsbild typisch. Später kommt es lähmungsbedingt zu Verkürzungen der Extremitäten und Fehlstellungen im Bereich der Gelenke *(Tab. 34)*.
Häufig findet sich ein **Genu recurvatum.**

Klinik. Während des ablaufenden Infektes wird die Klinik von den auftretenden Lähmungen beherrscht. Durch den unregelmäßigen Befall der Vorderhornzellen resultiert ein äußerst buntes klinisches Bild. Da sich die Lähmung meist am noch wachsenden Skelett auswirkt, können gleichermaßen wie bei der angeborenen Querschnittslähmung ausgeprägte Verkürzungen der Extremitäten und Fehlstellung in den Gelenken mit den Folgen der Subluxation oder Luxation resultieren *(Tab. 34)*. Häufig findet sich ein **Genu recurvatum.**

Diagnose
Im Frühstadium ist der Virusnachweis direkt oder serologisch möglich.

Diagnose. Im Frühstadium kann das Virus aus Rachen, Stuhl und Liquor direkt oder auch im Blut serologisch indirekt nachgewiesen werden. Das Spätstadium ist durch die **unregelmäßige Verteilung** ausschließlich motorischer Lähmungen leicht abzugrenzen.

Therapie
Die **Prävention** durch Impfung hat besonderes Gewicht. Auffrischimpfungen sind 10 Jahre nach Erstimpfung sinnvoll. Bei Erkrankung zielen im **Frühstadium** alle Maßnahmen darauf ab, Gelenkkontrakturen zu vermeiden.
Im Spätstadium sind kombiniert physiotherapeutische, orthopädietechnische und operative Maßnahmen erforderlich (Arthrodesen, Muskelersatzoperationen), um die Folgezustände der Lähmungen zu reduzieren.

Therapie. Eine kausale Therapie gibt es nicht. Die **Prävention** durch Impfung hat daher besonderes Gewicht. Auffrischimpfungen sind sinnvoll, wenn die letzte Impfung mehr als 10 Jahre zurückliegt. Im **Frühstadium** zielen alle Maßnahmen darauf ab, Gelenkkontrakturen zu vermeiden. Dies geschieht durch korrekte Lagerung der Extremitäten in Funktionsstellung. Durch tägliches Durchbewegen der Gelenke wird Verkürzungen der Muskulatur und den sonst begleitenden trophischen Störungen vorgebeugt.

Im **Spätstadium** sind kombiniert physiotherapeutische, orthopädietechnische und operative Maßnahmen erforderlich, um die Folgezustände der Lähmungen zu reduzieren. Bei ausgeprägten Lähmungen an den unteren Extremitäten ist in der Regel Geh- und Stehfähigkeit nur mit Orthesen möglich. Um die Apparatefähigkeit zu erreichen, sind unter Umständen operative Eingriffe zur Behebung von Kontrakturen und Deformitäten notwendig.

Bei geeigneter Ausgangslage kann durch operative Maßnahmen allein die funktionelle Leistungsfähigkeit der betroffenen Gelenke und Gliedmaßenabschnitte gebessert werden. So kann z.B. bei einer Lähmung der Oberschenkelstreckmuskulatur (Musculus quadriceps femoris) das Kniegelenk in Rekurvationsstellung stabilisiert werden. Sofern diese Rekurvationsfähigkeit nicht vorliegt, kann sie durch kniegelenksnahe rekurvierende Umstellungsosteotomien angestrebt werden. Bei isolierten Muskelausfällen an oberen und unteren Extremitäten sind darüber hinaus zahlreiche Muskelersatzoperationen möglich, um die funktionelle Leistungsfähigkeit zu verbessern.

8.7 Arthrogryposis multiplex congenita *(S. 195)*

8.7 Arthrogryposis multiplex congenita *(S. 195)*

8.8 Periphere Nervenläsionen
(siehe in den einzelnen Kapiteln der speziellen Orthopädie)

8.8 Periphere Nervenläsionen

(siehe in den einzelnen Kapiteln der speziellen Orthopädie)

9 Amputation und Prothetik

9 Amputation und Prothetik

Definition. Amputationen sind Abtrennungen einer Gliedmaße im knöchernen Bereich. Exartikulationen sind Abtrennungen in Höhe der Gelenklinie.

◀ Definition

9.1 Allgemeine Probleme

9.1 Allgemeine Probleme

Amputationen sind in der Regel erforderlich, wenn ein schwerwiegender Krankheitsherd oder ein funktionell wertloser Gliedmaßenteil entfernt werden soll. Mit der Amputation entsteht zugleich die Aufgabe einer bestmöglichen orthopädietechnischen Versorgung. Der Erfolg der funktionellen Rehabilitation des Amputierten hängt vom Vermögen des Chirurgen ab, einen optimal belastungsfähigen Stumpf zu schaffen. Allgemein sollte die Amputation in der niedrigsten Höhe durchgeführt werden, die sich mit der Gewebebeschaffenheit und dem zugrundeliegenden Krankheitsprozeß vereinbaren läßt. Insbesondere Knie- und Ellenbogengelenk sind Schlüsselgelenke für die prothetische Versorgung, da bei höherer Amputation die prothetische Versorgung aufwendiger wird und weniger Funktionen bietet.

Der Erfolg der funktionellen Rehabilitation von Amputierten hängt von einem optimal belastungsfähigen Stumpf ab. Die Amputation sollte allgemein in der niedrigsten Höhe durchgeführt werden. Knie- und Ellenbogengelenk sind Schlüsselgelenke für die prothetische Versorgung, da bei höherer Amputation die prothetische Versorgung aufwendiger wird und weniger Funktionen bietet.

Die **Amputationstechnik** zielt stets darauf ab, das knöcherne Stumpfende durch Muskulatur plastisch-chirurgisch zu decken (Myoplastik), um die Endbelastungsfähigkeit des Stumpfes und die funktionelle Leistungsfähigkeit des erhaltenen Gliedmaßenabschnittes zu verbessern.

Das knöcherne Stumpfende sollte stets durch Muskulatur gedeckt sein (Myoplastik).

Jede Amputation stellt nicht nur einen Eingriff in die körperliche, sondern auch in die psychische Integrität des Betroffenen dar. Psychologische Probleme sind daher insbesondere bei Kindern und Jugendlichen von großer Bedeutung und müssen im Rehabilitationsteam gelöst werden.

Jede Amputation stellt einen Eingriff in die psychische Integrität des Betroffenen dar, was im Rehabilitationsteam zu berücksichtigen ist.

9.2 Amputation und Prothetik bei Kindern

9.2 Amputation und Prothetik bei Kindern

Die Hauptgründe für Amputationen bei Kindern sind kongenitale Gliedmaßendefekte, Traumen und Tumoren.

Bei **Gliedmaßendefekten** der unteren Extremität beginnt die prothetische Versorgung in der Regel mit dem üblichen Vertikalisierungsalter (12–15 Monate), bei Defekten der oberen Extremität mit dem Sitzalter (6 Monate) der Kinder. Um eine optimale prothetische Versorgung zu gewährleisten, können Nachamputationen an der primär dysmelen Extremität notwendig werden.

Die Hauptgründe für Amputationen bei Kindern sind kongenitale Gliedmaßendefekte, Traumen, Tumoren. Bei **Gliedmaßendefekten** der unteren Extremität beginnt die prothetische Versorgung mit dem Vertikalisierungsalter (12–15 Monate), bei Defekten der oberen Extremität mit dem Sitzalter (6 Monate) der Kinder.

Merke. An der oberen Extremität ist hierbei zu bedenken, daß selbst von kleinen Fingerbürzeln aus wichtige Funktionen für die Steuerung einer durch Fremdkraft angetriebenen Prothese übernommen werden können.

◀ Merke

Bei **traumatischen Amputationen** sollte jeder Versuch unternommen werden, die distale Epiphyse zu erhalten, um die Beeinträchtigung des Längenwachstums zu begrenzen. Ein Problem der Amputation im Kindesalter stellt das **überschießende Wachstum der knöchernen Stumpfenden** dar, das unter Zuspitzung der Stumpfspitze bis zur Perforation des Weichteilmantels führen kann. Die Transplantation von osteochondralen Stumpfkappen vermag diese Gefahr zu verringern. Bei Amputationen nach Traumen und wegen Tumoren im Kindesalter sollte eine prothetische **Sofortversorgung** durchgeführt werden. Dabei wird noch in Narkose des Kindes im unmittelbaren Anschluß an die Amputation ein belastbarer Gipsverband angelegt. Die Sofortversorgung aktiviert die Wundheilung und minimiert zugleich auch die psychologischen Konsequenzen der Amputation. Die Prinzipien der Amputation und Prothetik im Kindesalter sind in *Synopsis 112* dargestellt.

Bei **traumatischen Amputationen** ist die Erhaltung distaler Epiphysen wichtig. Durch **überschießendes Wachstum** nach Amputation kann es zur Perforation der Stumpfspitze kommen. Durch die **Sofortversorgung** lassen sich die psychischen Auswirkungen minimieren. Die Prinzipien der Amputation und Prothetik im Kindesalter sind in *Synopsis 112* dargestellt.

Synopsis 112: Prinzipien der Amputation und Prothetik im Kindesalter

Amputation

bei Amputationen (hier nach Tumorresektion) Stumpfkappenplastik durch Verpflanzung einer Epiphyse (distale Tibiaepiphyse bei Amputation im mittleren Femurdrittel) (→ Längenwachstum)

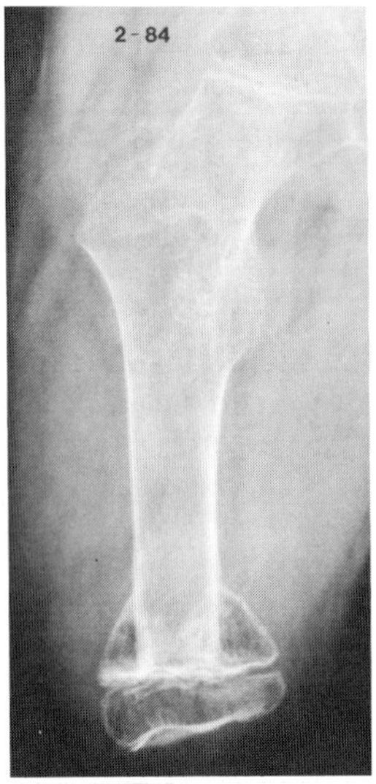

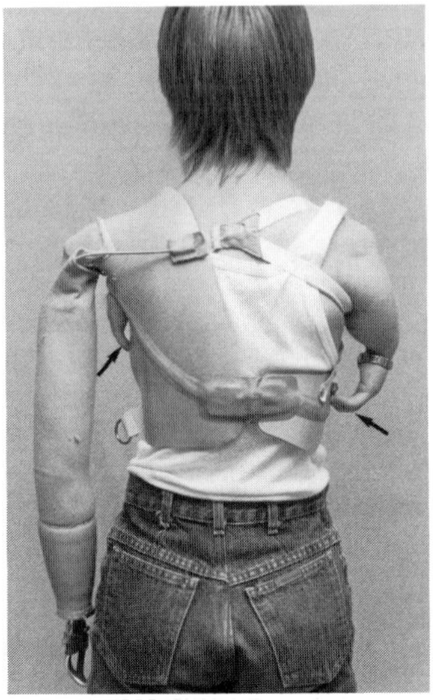

bei Gliedmaßendefekten Erhaltung von funktionsfähigen Fingern (Pfeile) zur Steuerung der Prothesen.

Sofortversorgung

sofort nach Amputation wird ein Gipsverband angelegt, der die Wundheilung aktiviert und psychologische Auswirkungen der Amputation dämpft.

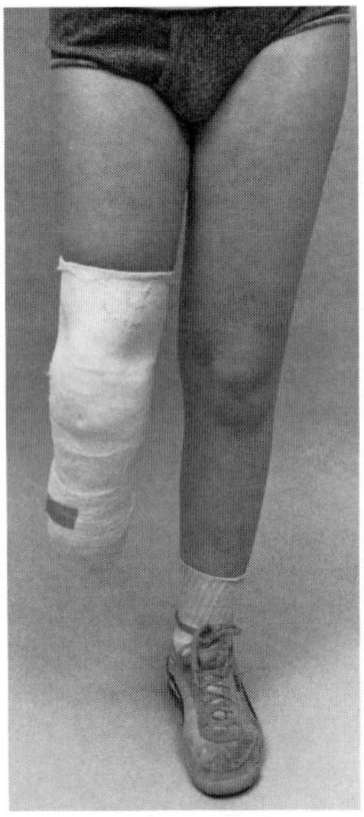

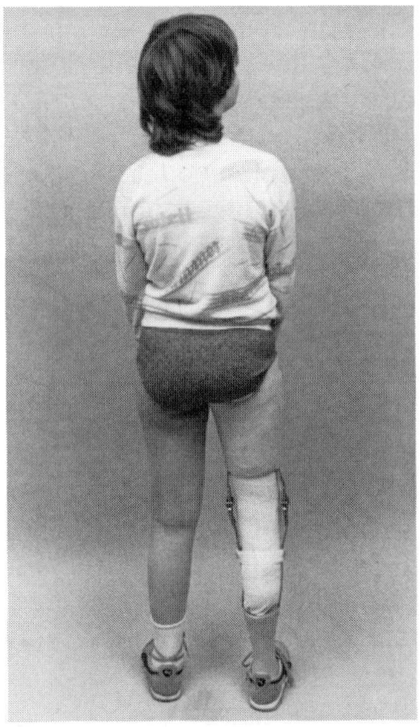

Interimsprothese

der Gipsverband kann mit entsprechenden Zurichtungen zur vorläufigen Prothesenversorgung (Interimsprothese) erweitert werden.

Prothetische Versorgung

Obere Extremität: wenn möglich, ist die Versorgung mit einer Patschhand zu Beginn des Greifalters (6.–12. Lebensmonat) indiziert. Weiterversorgung in Abhängigkeit von der Stumpflänge.

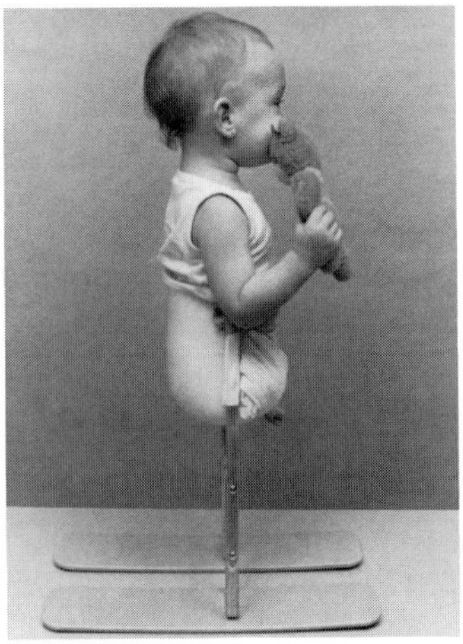

Untere Extremität: Versorgung mit Stehprothesen im 2. Lebensjahr, um die Vertikalisierung der Kinder zu ermöglichen. Weiterversorgung in Abhängigkeit von der Stumpflänge und Gesamtentwicklung des Kindes.

Fortsetzung der Synopsis ▶

Fortsetzung Synopsis 112:

Wachstumsproblematik:

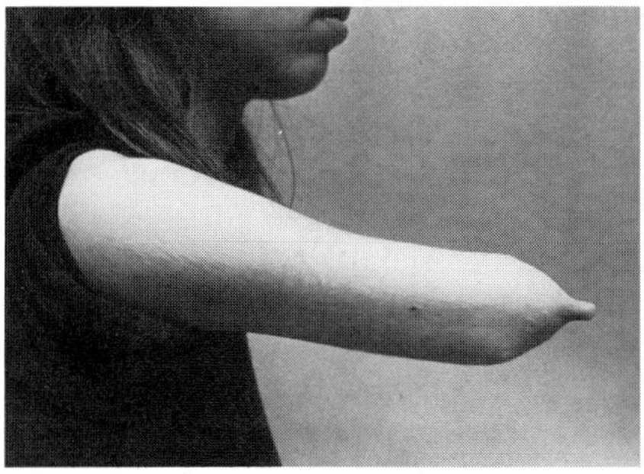

Stumpfdurchspießung durch überschießendes Wachstum der knöchernen Stumpfenden

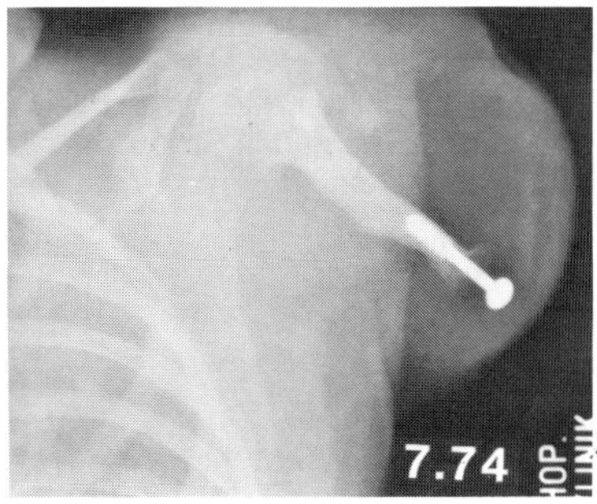

Stumpfkappenplastik (Transplantation von Beckenkammapophyse) zur Stumpfspitzenabrundung mit dem Ziel der Endbelastungsfähigkeit.

9.3 Amputation und Prothetik im Erwachsenenalter

Die häufigste Ursache von Amputationen bei Erwachsenen ist in den zivilisierten Ländern die **arterielle Verschlußkrankheit,** gefolgt von den traumatischen Amputationen. Bei vaskulären Erkrankungen sind der maximale Erhalt der Stumpflänge, die frühe prothetische Versorgung und die frühe Einleitung eines Rehabilitationsprogrammes Garanten für den Behandlungserfolg.

Bei **schwerst-traumatisierten Extremitäten** ist die Indikationsstellung zur Amputation rechtzeitig zu stellen. Frustrane Versuche der Extremitätenerhaltung sind gefährlich. Sie können durch Intoxikation bei Gangrän lebensgefährlich sein oder die Rehabilitation um Jahre verzögern.

9.3 Amputation und Prothetik im Erwachsenenalter
Häufigste Ursache von Amputationen bei Erwachsenen ist die **arterielle Verschlußkrankheit,** gefolgt von den **traumatischen Amputationen.**

Amputation und Prothetik an der oberen Extremität. Amputationen im Armbereich führen zu größeren funktionellen und psychologischen Störungen als solche der unteren Extremität. Die prothetische Versorgung ist schwieriger, da die Anforderungen an die Mobilität der oberen Extremität durch die Prothetik nicht in gleicher Weise gelöst werden können, wie die an die Stabilität bei Amputationen der unteren Extremität. Die prothetische Versorgung an der oberen Extremität wird daher um so häufiger nicht angenommen, je ausgedehnter der Gliedmaßenverlust ist. Einseitig Schulterexartikulierte lehnen in der Regel eine Prothesenversorgung ab.

Amputation und Prothetik an der oberen Extremität
Die prothetische Versorgung an der oberen Extremität ist schwieriger, da die Anforderungen an die Mobilität durch die Prothetik nicht vollends gelöst werden können.

Prothesen für die obere Extremität sollen vor allem die Greiffunktion der Hand ersetzen, ohne jedoch die hierfür wichtige Rückkoppelung über die **Sensibilität** zu besitzen. Bei **konventionellen Armprothesen** kann eine gewisse sensorische Rückkoppelung durch die kraftübertragenden Teile der Prothese erreicht werden. Bei **aktiven Greifarmen** wird z.B. die Kraft von einer Bandage über einen Kabelzug auf den Handteil übertragen. Bei **Fremdkraftprothesen** mit elektrischem Antrieb besteht diese Möglichkeit nicht. Derartige Prothesen zeichnen sich durch eine günstigere Kosmetik, aber schlechtere Funktion aus. Für kosmetische Bedürfnisse stehen auch **Schmuckhände** oder **Schmuckarme** zur Verfügung, die keine großen Anforderungen an die funktionelle Leistungsfähigkeit stellen.

Prothesen für die obere Extremität sollen die Greiffunktion der Hand ersetzen, ohne daß sie jedoch die hierfür wichtige **Sensibilität** besitzen. Es stehen **Armprothesen, aktive Greifarme** und **Fremdkraftprothesen** sowie **Schmuckhände und Schmuckarme** zur Verfügung.

Bei **Schulterexartikulation** ist bisher eine funktionell günstige prothetische Versorgung nicht möglich, unentbehrlich ist sie dennoch bei bds. Schulterexartikulierten (z.B. Explosionsverletzungen), um ein ausreichendes funktionelles Resultat zu erreichen. Bei **Oberarmamputationen** besteht das Problem der rotationsstabilen Prothese. Unter Umständen sind operative Maßnahmen erforderlich (operative Abwinkelung des distalen Stumpfendes bei langen Oberarmstümpfen), um die Befestigung der Prothese zu vereinfachen. Aktive Greifarme werden bevorzugt.

Bei **Schulterexartikulation** ist eine funktionell günstige prothetische Versorgung nicht möglich.
Bei **Oberarmamputationen** besteht das Problem der Rotationsstabilität der Prothese, da der Prothesenschaft nur schwierig an dem zylindrischen Oberarmquerschnitt stabilisiert werden kann.

Unterarmamputationen sind für die myoelektrische Prothesenversorgung besonders geeignet. Bei Handamputationen kommen am ehesten operativ rekonstruktive Maßnahmen in Frage. Die Prinzipien der Amputation und Prothetik an der oberen Extremität sind in *Synopsis 113* zusammengefaßt.

Die **Unterarmamputation** ist dagegen für die myoelektrische Prothesenversorgung besonders geeignet. Dies gilt ganz besonders für distale Amputationen, wenn die Unterarmdrehbewegungsfähigkeit erhalten ist. Eine wertvolle Alternative zur Versorgung langer Unterarmstümpfe ist die Technik nach Krukenberg. Hierbei werden Radius und Ulna mit einem Weichteilmantel scherenartig voneinander separiert und gewähren eine Greiffunktion bei erhaltener Sensibilität zwischen den Branchen.

Bei Amputationen im **Handbereich** sind prothetische Versorgungen nicht möglich. Hier kommen am ehesten operative rekonstruktive Maßnahmen zum Aufbau der Hand als Beihand oder auch zur Verbesserung der Greiffähigkeit durch Zehentransplantation in Frage. Die Prinzipien der Amputation und Prothetik an der oberen Extremität sind in *Synopsis 113* dargestellt.

Amputation und Prothetik an der unteren Extremität

Bei **Amputation der unteren Körperhälfte (Hemikorporektomie), der unteren Extremität mit Beckenhälfte (Hemipelvektomie)** oder bei **Hüftexartikulation** und höheren Amputationen sind Spezialprothesen erforderlich.

Die **Krafteinleitung** in die Prothese erfolgt jedoch nicht über den Stumpf sondern über das Tuber ischiadicum. Bei **Oberschenkelamputationen** ist die myoplastische Versorgung von besonderer Bedeutung, um die Stumpfstellung kontrollieren zu können *(Syn. 114, S. 272)*.

Knieexartikulationen und **Unterschenkelamputationen** können endbelastungsfähig werden. Dann ist die Krafteinleitung in die Prothese über das Tuber ischiadicum nicht erforderlich. Für Endbelastungsfähigkeit im **Sprunggelenk- und Fußbereich** stehen verschiedene Operationstechniken zur Verfügung, die gemeinsam mit den prothetischen Versorgungsmöglichkeiten in *Synopsis 115 (S. 273)* enthalten sind.

Amputation und Prothetik an der unteren Extremität. Die Indikation zur Amputation der unteren Körperhälfte **(Hemikorporektomie)** oder einer unteren Extremität mit Beckenhälfte **(Hemipelvektomie)** wird praktisch nur im Rahmen der Tumorchirurgie gestellt. Gehfähigkeit mit einer Prothese kann nur bei jüngeren Patienten erreicht werden. Hierbei ist eine Einbettung des Rumpfes in einem hochgezogenen Kunststoffkorb erforderlich. Dies gilt auch für **Hüftexartikulationen**. Die Krafteinleitung für eine derartige Prothese erfolgt über das Tuber ischiadicum (Tubersitz). Durch einen leichtgewichtigen Rohrskelettaufbau erreicht die Prothese eine große Akzeptanz.

Bei **Oberschenkelamputationen** ist die myoplastische Versorgung von besonderer Bedeutung, um die Stumpfstellung durch die Quadrizeps- und ischiokrurale Muskulatur kontrollieren zu können. Die vollständige Endbelastung eines Oberschenkelstumpfes ist jedoch meist nicht möglich. Insofern muß in der Regel die **Krafteinleitung** in die Prothese über das Tuber ischiadicum erfolgen *(Syn. 114, S. 272)*.

Knieexartikulationen und Unterschenkelamputationen können dagegen endbelastungsfähig werden. Ein Tuberaufsitz ist dann nicht erforderlich. Die Krafteinleitung wird von Prothesenschäften übernommen, die einen Vollkontakt mit dem Stumpf gewährleisten. Bei **Amputationen im Sprunggelenk und im Fußbereich** wird ebenfalls die Endbelastungsfähigkeit angestrebt. Die Exartikulation in Sprunggelenkshöhe geschieht in der Technik nach **Syme** *(Syn. 114)*. Kann das äußerst belastungsfähige Fersenpolster und Fersenbein erhalten werden, bietet sich die Technik nach **Pirogoff**, modifiziert nach **Marquardt** an. Bei der Amputation nach **Chopart** im Talonavikular- und Kalkaneokuboidgelenk muß unbedingt eine tenomyoplastische Technik vorgenommen werden, um die sonst sich entwickelnde Spitzfußkontraktur zu vermeiden. Bei Amputationen im Mittelfuß- und Vorfußbereich sind nur noch Schuhanpassungen erforderlich *(Syn. 115, S. 273)*.

Komplikationen

Das größte Problem der Amputierten ist der Stumpfschmerz, der als **Neuromschmerz** auftreten kann. Neurome werden chirurgisch angegangen, der **Phantomschmerz** kann mit Elektrostimulation behandelt werden. **Kontrakturen** erschweren die Prothesenversorgung und müssen krankengymnastisch behandelt werden. **Trophische Störungen** des Stumpfes sind durch veränderte Stumpfbettung, andere Materialien und eine sorgfältige Stumpfhygiene zu beseitigen.

Komplikationen. Bei Amputationen wegen arterieller Verschlußkrankheit stehen häufig Probleme der **Wundheilung** im Vordergrund. Durch sorgfältige, eventuell auch offene Wundbehandlung kann auch hinsichtlich der Stumpfform ein günstiges Resultat erreicht werden. Das größte Problem der Amputierten ist der **Stumpfschmerz**. Dieser kann als lokalisierter, durch ein Neurom bedingter Schmerz und als Phantomschmerz (Schmerzempfindung im amputierten Teil des Beines) in Erscheinung treten. Die **Neuromschmerzen** lassen sich durch spezielle chirurgische Techniken bei der Versorgung der Nervenenden günstig beeinflussen. Der **Phantomschmerz** ist dagegen häufig therapierefraktär. Eine Behandlung mit Elektrostimulation (z.B. transkutaner elektrischer Nervenstimulator, TENS) kann günstig sein. **Kontrakturen** der Gelenke durch Narben oder einseitigen Muskelzug können die Prothesenversorgung erheblich erschweren und müssen bereits in der Frühphase durch krankengymnastische Behandlung angegangen werden. **Trophische Störungen** mit der Neigung zu Ödemen, Ulzera und Allergien sind häufig durch veränderte Stumpfbettung, Verwendung hautfreundlicher Materialien (Leder statt Kunststoff) und eine sorgfältige **Stumpfhygiene** zu beseitigen.

Synopsis 113: Prinzipien der Amputation und Prothetik an der oberen Extremität

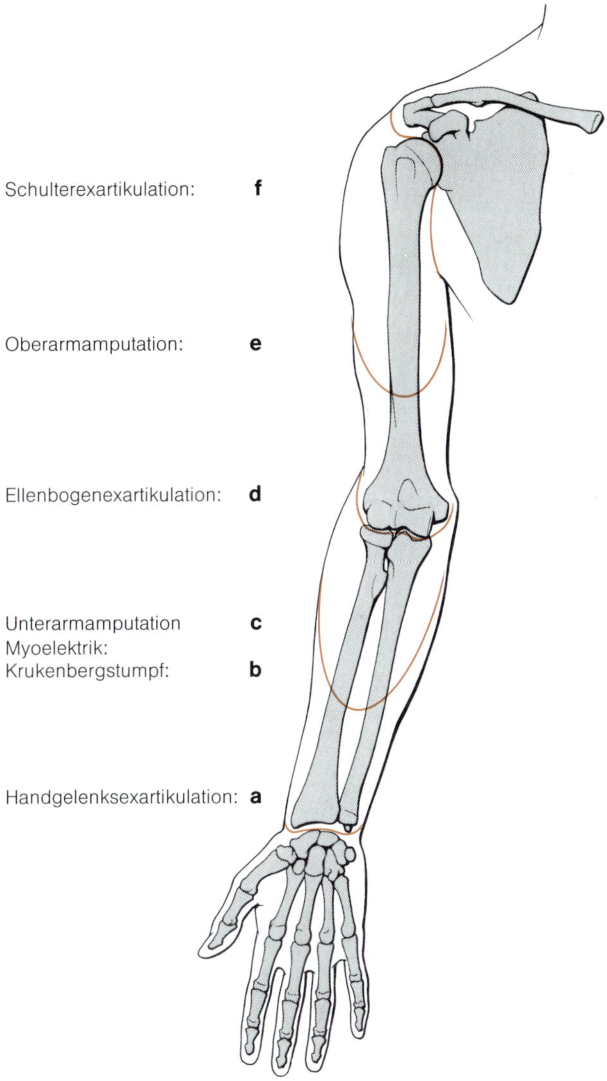

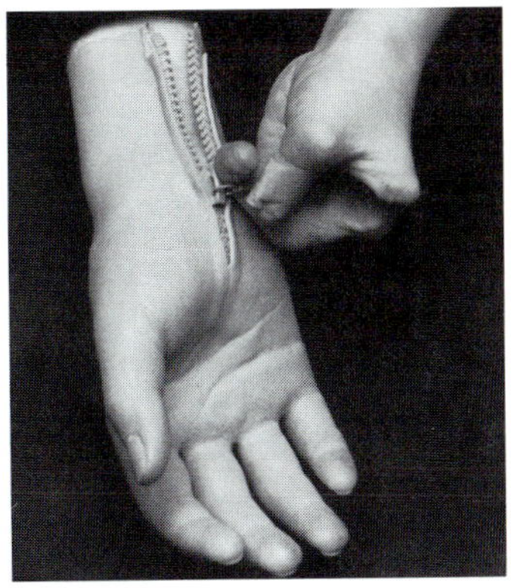

Handgelenksexartikulation (a):
Schmuckhand

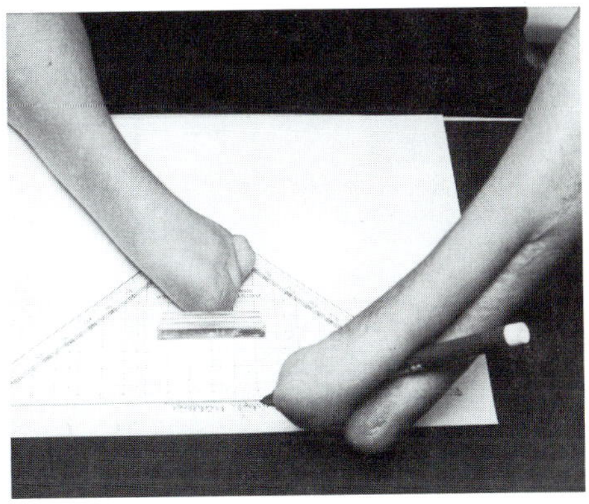

Krukenbergplastik (b):
scherenartige Separation von Radius und Ulna mit Erhalt der Sensibilität

Amputationshöhen

Unterarmamputation: (b) myoelektrische Prothese
Oberarmamputation (e): Oberarmprothese mit Schulterkappe und aktivem Greifarm

Schulterexartikulation (f)

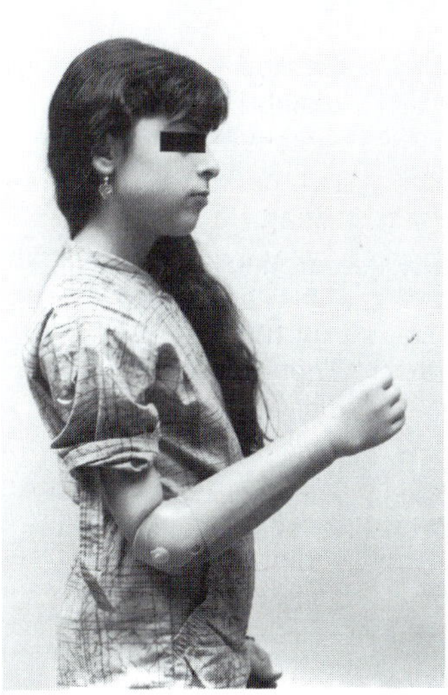

b

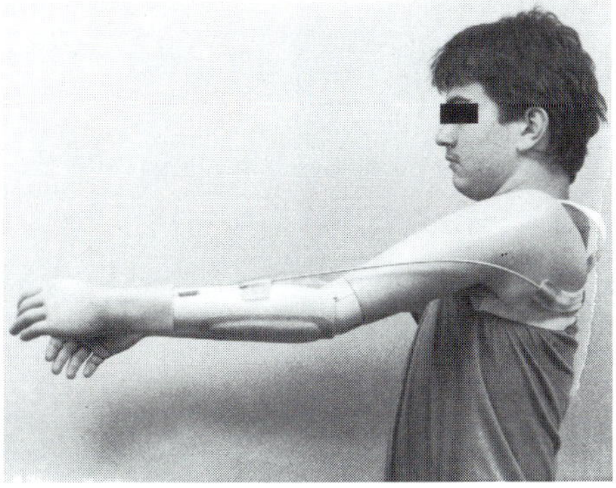

e

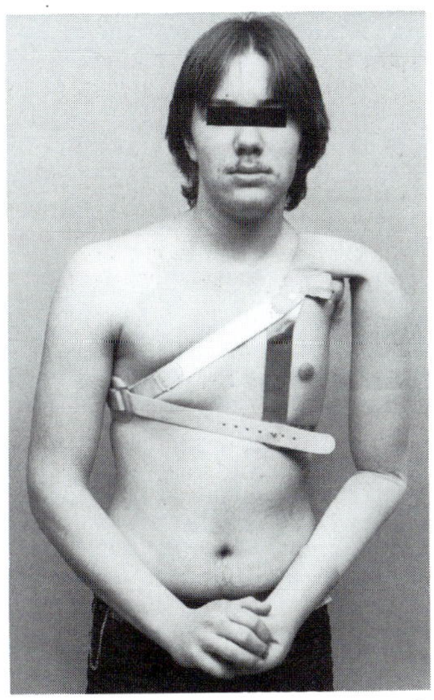

f

Synopsis 114: Amputation und Prothetik an der unteren Extremität – Hüftgelenksexartikulation und Oberschenkelstümpfe

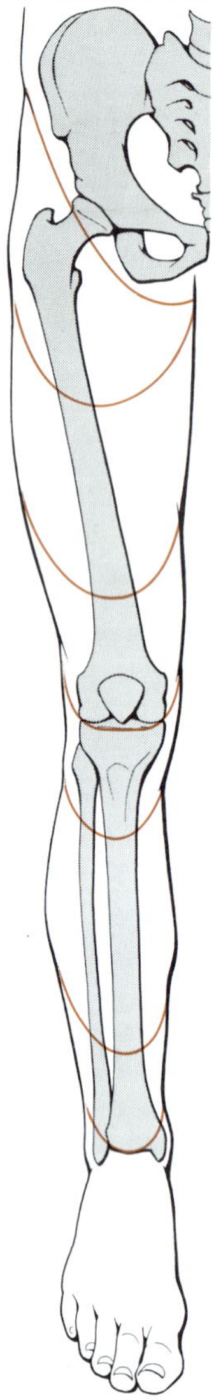

Amputationshöhen

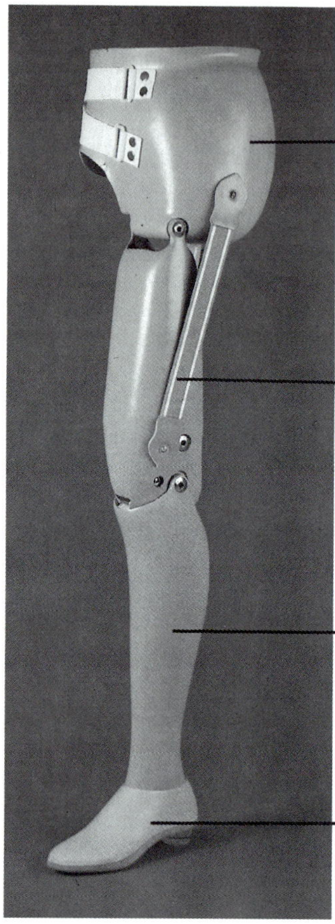

prothetische Versorgung bei Hüftgelenksexartikulation

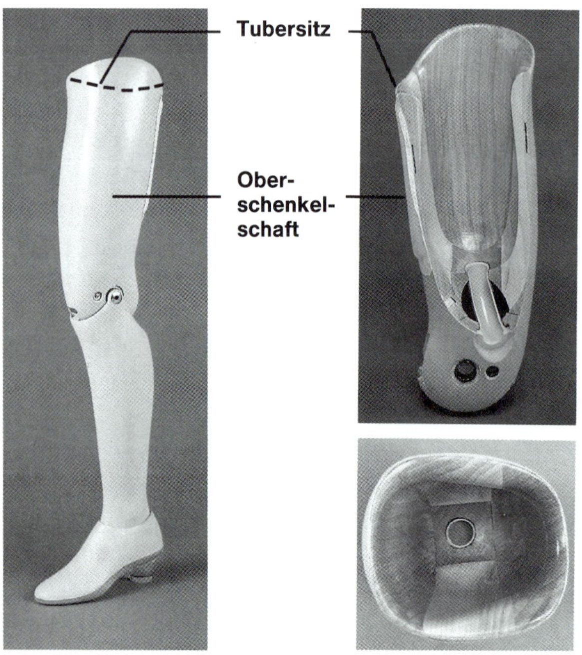

Oberschenkelamputation:
Wichtig ist die gute Weichteildeckung des Stumpfes sowie die Fixation der großen Muskelgruppen (Myoplastik), um die aktive Führung des Stumpfes zu gewährleisten und Kontrakturen zu vermeiden.

Prothetische Versorgung:
Wesentlich für die Qualität der Prothese ist die Stumpfbettung. Bei Oberschenkelamputationen ist das Stumpfende nur gering belastbar und daher eine Abstützung des Sitzbeinhöckers am Tubersitz sowie der Stumpfmuskulatur an der Innenwand des Prothesenschaftes erforderlich.

Synopsis 115: Amputation und Prothetik bei Knieexartikulation, Unterschenkel- und Fußstümpfen.

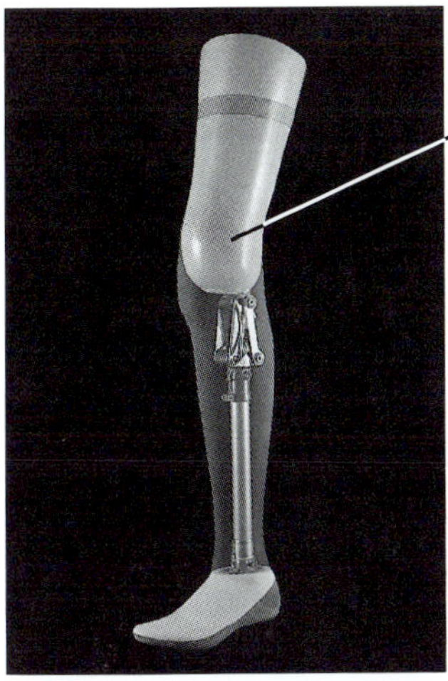

Kniegelenksexartikulation
Das Stumpfende ist in der Regel gut belastbar, so daß eine Tuberabstützung nicht erforderlich ist. Die Konturen der Femurkondylen müssen besonders berücksichtigt werden (Kondylen»bettung«)

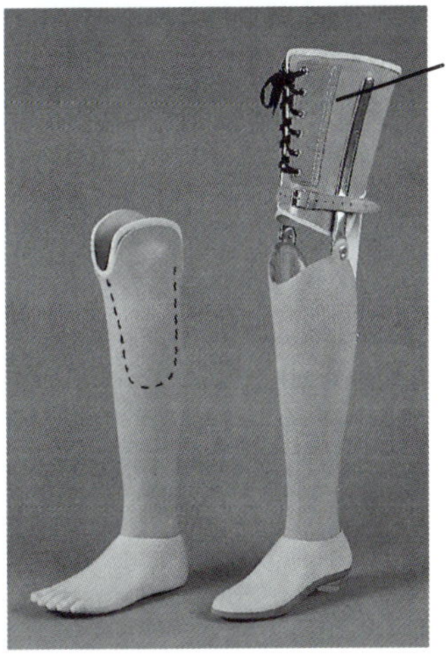

Unterschenkelamputation
Bei guter Stumpfbeschaffenheit ist eine »Kontaktbettung« in einer Kurzprothese (links) möglich. Bei schlechten Stümpfen ist die Prothese mit Oberschenkelhülse, eventuell sogar mit Tubersitz, angezeigt (rechts)

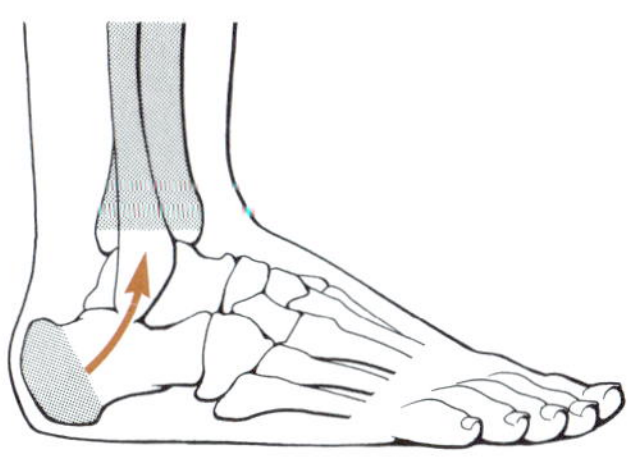
Pirogoff

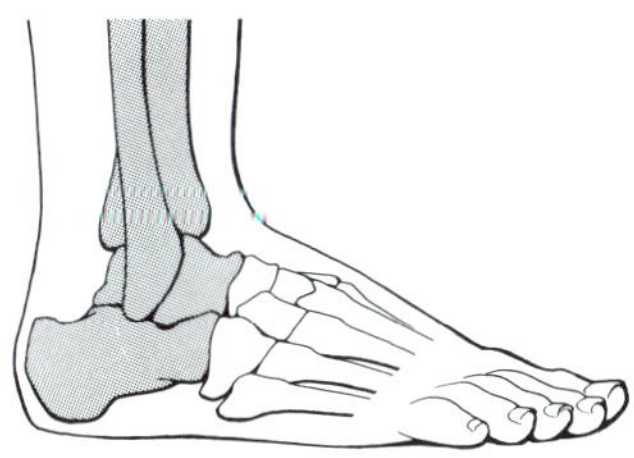
Chopart

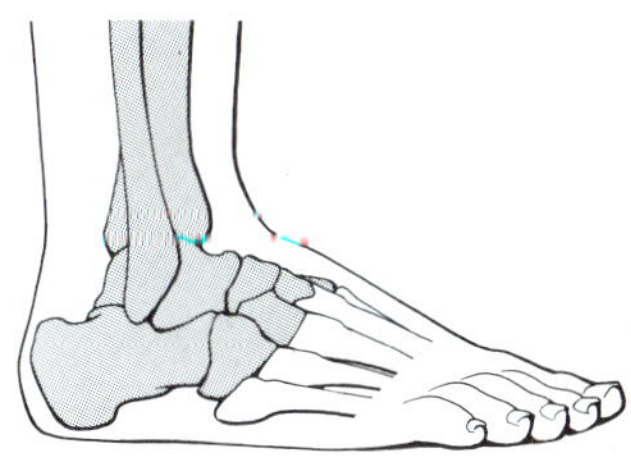
Lisfranc

Fußamputation: Bei der Pirogoff-Amputation wird das Fersenbein mit dem belastungsfähigen Fersenpolster unter die distale Tibia gestellt; Chopart- bzw. Lisfranc-Amputation erfolgen in der jeweiligen Gelenklinie. Ziel der Amputation ist ein endbelastungsfähiger Stumpf, der mit einer Kurzprothese versorgt wird.

10 Traumatologie der Stütz- und Bewegungsorgane

Begriffe wie Kontusion, Distorsion und Luxation geben im engeren Sinne stets nur den Unfallhergang wieder, sagen jedoch nichts über die Unfallfolgen aus. Die Prognose einer Verletzung ist jedoch von der Art und dem Ausmaß des vorliegenden Schadens abhängig. Die Beschreibung der Verletzungsfolgen hat daher nach pathologischen Gesichtspunkten zu erfolgen.

10 Traumatologie der Stütz- und Bewegungsorgane

Verkehrs-, Arbeits-, häusliche und in zunehmendem Umfang auch Sportunfälle sind Ursache zahlreicher Verletzungen der Stütz- und Bewegungsorgane. Am häufigsten sind die oberflächlichen Weichteilverletzungen durch Prellung (Kontusion), Quetschung (Kompression) oder auch durch Schnittverletzungen. Dabei kann sich hinter scheinbar banalen Verletzungen oft ein ausgedehnter Befund verbergen. Dies gilt insbesondere für Verletzungen an der Hand.

Häufig unterschätzt werden auch die Verstauchungen der Gelenke (Distorsion), da trotz ausgedehnter Zerreißung von Gewebestrukturen die Funktion des Gelenkes nur wenig beeinträchtigt sein kann. Offensichtlich dagegen ist die Symptomatik bei Verschiebungen der Gelenkflächen gegeneinander (Subluxationen, Luxationen), die immer von einem ausgedehnten Kapselbandschaden begleitet werden. Ebenso deutlich ist in der Regel die Symptomatik von Frakturen.

Es ist zu bedenken, daß Begriffe wie Kontusion, Distorsion und Luxation stets nur den Unfallhergang wiedergeben, jedoch nichts über die Unfallfolgen aussagen.

Die Prognosen einer Verletzung und damit auch deren Behandlungswürdigkeit im Detail ergibt sich jedoch aus der Art und dem Ausmaß des vorliegenden Schadens. Die Beschreibung der Verletzungsfolgen hat daher immer nach pathologisch-anatomischen Gesichtspunkten zu erfolgen.

10.1 Gelenkverletzungen

Definition ▶

10.1 Gelenkverletzungen

Definition. Unter Gelenkverletzungen werden alle Folgen von Kontusionen, Distorsionen und Luxationen zusammengefaßt, die zu Schäden am Kapselbandapparat, an knorpeligen Strukturen und den knöchernen Gelenkflächen führen.

Ätiologie
Gelenkverletzungen entstehen in der Regel als Folge indirekter Gewalteinwirkung. Die einwirkenden Kräfte können sich an den knöchernen, ligamentären und muskulären Strukturen auswirken, die die Stabilität des Gelenkes garantieren.

Ätiologie. Läsionen der Gelenkstrukturen entstehen in der Regel als Folge indirekter Verletzungen. Hiervon sind inbesondere Gelenke mit langem Hebelarm betroffen (z.B. Kniegelenk), an denen sich Gewalteinwirkungen durch Abknickung oder Stauchung besonders leicht entfalten können. Die Stabilität der Gelenke wird durch eine knöcherne, ligamentäre und muskuläre Führung garantiert. Je nachdem, welche Führung im Vordergrund steht, werden sich die indirekt einwirkenden Kräfte vorwiegend am Kapselbandapparat oder den knöchernen Strukturen auswirken. Je bedeutender die Band- und Muskelführung eines Gelenkes ist, um so leichter kommt es auch zu Verletzungen dieser Strukturen bis zur Luxation (z.B. Schultergelenk). Bei knöchern geführten Gelenken stehen dagegen die Bandausrisse und Gelenkflächenfrakturen im Vordergrund (z.B. Sprunggelenk).

Pathogenese und Klassifikation
Verletzungen des Kapselbandes entstehen durch plötzliche Überdehnung der Strukturen. Es wird zwischen
- **Zerrung**
- **Dehnung** und
- **Ruptur** der Strukturen unterschieden

Merke ▶

Pathogenese und Klassifikation. **Verletzungen am Kapselbandapparat** eines Gelenkes entstehen durch plötzliche Überdehnung der Strukturen.

Dabei kann es zur:
- **Zerrung** der Bänder (elastische Verformung),
- **Dehnung** (plastische Verformung) und
- **vollständigen Ruptur** kommen.

Merke. Die das Gelenk stabilisierenden Bänder sind mehr oder weniger mit der Gelenkkapsel verwoben. Bänder und Kapsel reißen daher häufig zusammen ein, so daß von einer Kapselbandverletzung gesprochen wird. Da die mikroskopischen Veränderungen der Bandruptur klinisch nicht zu erkennen sind, wird klinisch zwischen Bandverletzungen mit erhaltener Stabilität und bzw. mit Stabilitätsverlust unterschieden.

Bei **kompletten Bandzerreißungen** mit vollständigem Stabilitätsverlust hat während des Unfallmechanismus eine erhebliche Verschiebung oder Verkantung der Gelenkflächen gegeneinander bestanden. Es muß daher immer an begleitende Läsionen im Gelenkinnenraum, insbesondere an den knorpeligen Gelenkflächen gedacht werden.

Bei plötzlicher und gewaltsamer Verschiebung der Gelenkflächen sind Abscherungen von Teilen des knorpeligen Belages unter Umständen auch mit anhaftendem spongiösem Fragment häufig **(osteochondrale** oder **sogenannte »Flake«-Frakturen,** *Abb. 67)*. Bandrupturen können in der Mitte eines Bandes oder aber auch an dessen Bandinsertion lokalisiert sein. Bei kräftigen Bändern kann es zum Ausriß selbst größerer Knochenfragmente kommen, bevor das Band selbst reißt (sogenannte **ligamentäre Frakturen**, z.B. **Abrißfrakturen** an Innen- oder Außenknöchelspitze des oberen Sprunggelenkes).

Schnappt das Gelenk nach der plötzlich einwirkenden dislozierenden Kraft nicht mehr in die Ausgangsstellung zurück, so verbleibt eine partielle **(Subluxation)** oder auch komplette Verschiebung der Gelenkflächen gegeneinander **(Luxation)**. Bei derartigen Verletzungen liegen immer ausgedehnte Kapselbandrupturen und meist auch Verletzungen an der knorpeligen Gelenkfläche vor.

Isolierte **Knorpelverletzungen** treten nach Prellungen oder nach plötzlichen gewaltsamen Überschreitungen des physiologischen Bewegungsspielraumes auf. Dabei kommt es durch den Anschlagmechanismus des Gelenkes zu lokalisierten Knorpelnekrosen oder Knorpelzerreißungen *(Syn. 116)*, unter Umständen auch mit einer federnden Eindellung der knöchernen Gelenkfläche (Tennisballphänomen).

Die **Prognose von Kapselbandverletzungen** hängt in erster Linie vom Ausmaß der Verletzung, von der Versorgung und dem Alter des Betroffenen ab. Frische Kapselbandverletzungen haben eine gute Heilungstendenz, bei älteren Bandschäden ist dagegen eine Rekonstruktion unter physiologischen Bedingungen kaum mehr möglich. Die Bänder sind wichtige Organe der Propriozeption, die weder durch Kunststoffbänder noch durch körpereigene Plastiken wiederhergestellt werden kann.

Bei **kompletten Bandzerreißungen** mit vollständigem Stabilitätsverlust hat während des Unfallmechanismus eine erhebliche Verschiebung der Gelenkflächen gegeneinander bestanden. Es muß daher immer an begleitende Läsionen im Gelenkinnenraum gedacht werden. Abscherungen von Gelenkflächen **(osteochondrale** bzw. **»Flake«-Frakturen)** werden häufig übersehen *(Abb. 67)*. Bei kräftigen Bändern kann es zum Ausriß von Knochenfragmenten kommen, bevor das Band selbst reißt **(ligamentäre Frakturen, z.B. Abrißfrakturen** der Außenknöchelspitze).

Bei partieller Verschiebung der Gelenkflächen gegeneinander besteht eine **Subluxation,** bei kompletter Dislokation eine **Luxation.**

Isolierte **Knorpelverletzungen** entstehen vor allem bei endgradigem Bewegungsanschlag des Gelenkes mit Knorpelnekrosen und Knorpelzerreißungen *(Syn. 116)*.

Die **Prognose von Kapselbandverletzungen** hängt vom Ausmaß der Verletzung, von der Versorgung und dem Alter des Betroffenen ab.

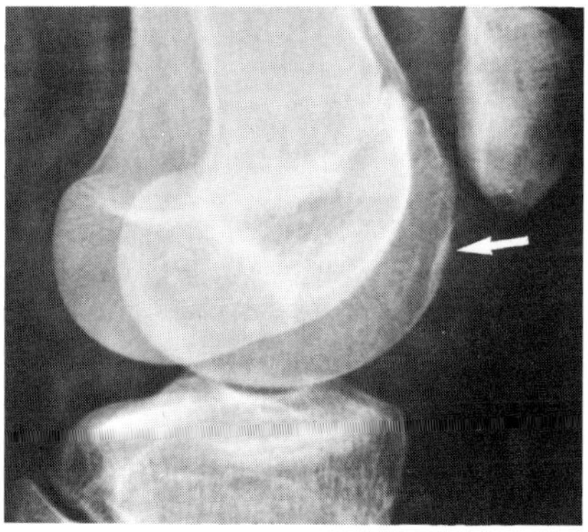

a

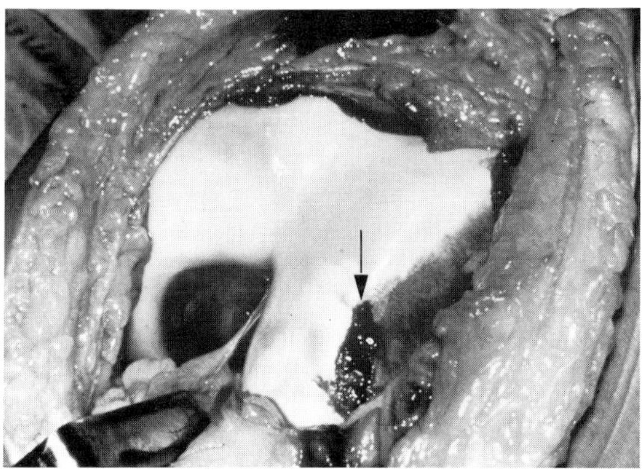

Abb. 67: Osteochondrale (»Flake«-)Fraktur der lateralen Femurkondyle bei 13jährigem Mädchen: Diskreter röntgenologischer Befund (a) mit gerade erkennbarer Knochenlamelle (Pfeil) bei vergleichsweise ausgedehntem Gelenkflächenschaden (b).

◀ b

Synopsis 116: Knorpelkontusion mit ausgedehnter subchondraler Einblutung an der medialen Femurkondyle (a). Derartige Verletzungen entstehen durch Überstreckung des Kniegelenkes mit Eindellung der Gelenkfläche (»Tennisballphänomen«, b)

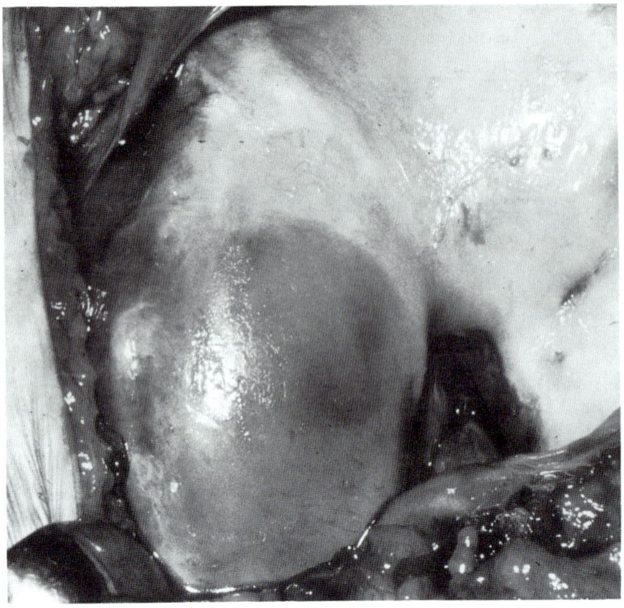

a

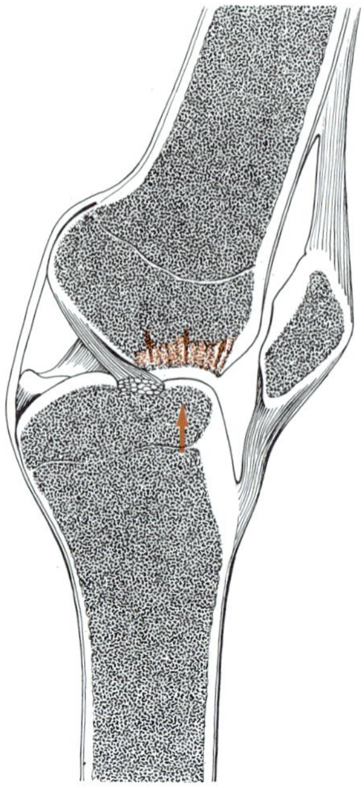

b

Synopsis 117: Klassifikation von Gelenkverletzungen.

Gelenkflächenverletzungen
Knorpel:
- Prellung
- Quetschung
- Zerreißung
- Abscherung (1)

Knorpel-Knochen:
- Fraktur
- Impression (2)
- Abscherung (Flake-Fraktur)

Verletzungen der Binnenstrukturen
- Meniskus (3)

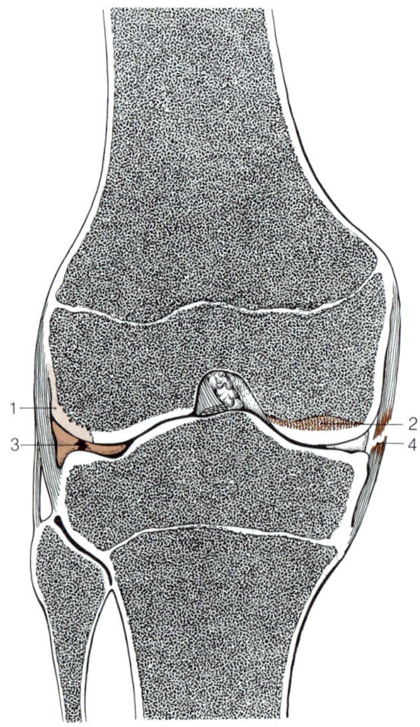

Kapselbandverletzungen
- Zerrung
- Dehnung
- Ruptur (4)

↓

- Subluxation
- Luxation

Die meisten Gelenkverletzungen entstehen durch indirekte Krafteinwirkung, insbesondere an Gelenken mit langem Hebelarm (z.B. Kniegelenk!)

Bei ausgedehnter Kapselbandverletzung und inkonsequenter Behandlung besteht die Gefahr der verbleibenden Instabilität des Gelenkes mit der Neigung zu immer wieder auftretenden Mikrotraumatisierungen (Schlottergelenke) oder zu posttraumatisch rezidivierenden Luxationen (z.B. Schultergelenk). Bei verbleibender Subluxationsstellung können frühzeitig erheblich degenerative Gelenkveränderungen entstehen. Bei exakter Diagnose und rechtzeitiger Behandlung kann daher die Prognose bei Gelenkverletzungen deutlich günstiger gestaltet werden. Die Pathogenese und Klassifikation von Gelenkverletzungen ist in *Synopsis 117* dargestellt.

Klinik. Sie ist abhängig von dem betroffenen Gelenk und dem Ausmaß der Verletzung. Bei schwereren Verletzungen liegt Gebrauchs- oder Belastungsunfähigkeit des Gelenkes vor. Das Gelenk ist in Abhängigkeit von der Kapselbandläsion und einer eventuell begleitenden Ergußbildung deutlich geschwollen. Selbst bei ausgedehnten Kapselbandzerreißungen kann jedoch eine Schwellung völlig fehlen. **Bei erstmaligen Subluxationen oder Luxationen imponiert die federnde Fixation des Gelenkes.** Jeder Versuch der Bewegung ist schmerzhaft, bei Luxationen liegt eine Fehlstellung des Gelenkes vor. Gewohnheitsmäßige Verrenkungen lassen sich dagegen vom Patienten häufig selbst reponieren. Dieser kann dann nur noch auf das stattgehabte Ereignis hinweisen, ohne daß bei der klinischen Untersuchung ein auffälliger Befund zu erheben wäre (z.B. Schultergelenk, *S. 360).*

Diagnose. Voraussetzung für eine exakte Diagnose ist eine umfassende Erhebung der **Anamnese** und genaue **klinische Untersuchung.** Die Patienten berichten meist selbst, daß etwas an ihrem Gelenk gerissen sei. Die klinische Untersuchung muß die funktionellen Gegebenheiten der einzelnen Gelenke berücksichtigen. In vielen Fällen kann durch die **manuelle Untersuchung** bereits differenziert werden, ob eine Bandverletzung mit Stabilitätsverlust vorliegt. Die Untersuchungsmethoden der einzelnen Gelenke sind im Teil I und im Teil III Spezielle Orthopädie abgehandelt. Bei unklarer Diagnose oder schmerzbedingter Anspannung des Patienten wird die Untersuchung eventuell in Narkose wiederholt. Besteht eine Ergußbildung des Gelenkes, wird durch die Punktion von Blut (Hämarthros) die Frische einer Verletzung bestätigt. Da sich Verletzungen der Weichteilstrukturen des Gelenkes im konventionellen Röntgenbild nicht darstellen, wird bei Kapselbandrupturen zusätzlich eine sogenannte **gehaltene Aufnahme** angefertigt, um die Aufklappbarkeit des Gelenkes nachzuweisen *(Tab. 35).*

Bei ausgedehnter Verletzung besteht die Gefahr der verbleibenden Instabilität des Gelenkes mit der Neigung zu rezidivierenden Mikrotraumatisierungen (Schlottergelenk) oder zu posttraumatisch rezidivierenden Luxationen, z.B. Schultergelenk. Die Pathogenese und Klassifikation von Gelenkverletzungen ist in *Synopsis 117* dargestellt.

Klinik
Bei schwereren Verletzungen liegt Gebrauchs- oder Belastungsunfähigkeit des Gelenkes vor. In Abhängigkeit von der Kapselbandläsion und einer begleitenden Ergußbildung ist das Gelenk deutlich geschwollen. **Aber:** auch bei einer ausgedehnten Kapselbandzerreißung kann eine Schwellung völlig fehlen!
Bei erstmaliger Luxation imponiert die federnde Fixation des Gelenkes.

Diagnose
Durch **Anamnese, klinische** und vor allem **manuelle Untersuchung** kann häufig bereits die Diagnose gestellt werden. Unter Umständen sind ergänzende röntgenologische Untersuchungen mit **gehaltenen Aufnahmen,** Arthrographie und Tomographie sowie die **Arthroskopie** erforderlich. Das Untersuchungsschema geht aus *Tab. 35* hervor. Die Untersuchungsmethoden der einzelnen Gelenke sind im Teil I und im Teil III Spezielle Orthopädie abgehandelt.

Tab. 35: Untersuchungsschema bei Gelenkverletzungen

Anamnese
- Art der Gewalteinwirkung (direkt oder indirekt?)
- Krachen, Schnappen oder Reißen während des Unfalls?
- Schwellung sofort (Hämarthros) oder später (→ seröser Reizerguß)

klinische Untersuchung
- wird das verletzte Gelenk belastet?
- Palpation (Erguß, Kapselschwellung, schmerzhafte Strukturen)
- funktionelle Untersuchung (aktive und passive Beweglichkeit, Bewegungsschmerzen, Bandapparat)

Röntgenuntersuchung
- immer in 2 Ebenen
- gegebenenfalls Spezialaufnahmen (gehaltene Aufnahmen, Arthrographie, Tomographie)

Punktion
- seröser Erguß, Hämarthros?

Arthroskopie
- Pathomorphologie

Therapie
Je bedeutsamer die ligamentäre Führung eines Gelenkes für dessen Gesamtstabilität ist, um so wichtiger ist die Heilung einer **Kapselbandverletzung** ohne Defekt. Bei gravierenden Läsionen sind operative Rekonstruktionen erforderlich.

Sowohl bei konservativer als auch bei operativer Behandlung ist eine Entlastung oder Ruhigstellung der Bandstrukturen für etwa 6 Wochen bis zur Ausheilung erforderlich.

Völlige Wiederherstellung und Belastungsfähigkeit frühestens nach einem halben Jahr.

Knorpelverletzungen können lediglich vor Wachstumsabschluß ohne Defekt ausheilen, im Erwachsenenalter ist lediglich die Auffüllung durch ein Ersatzgewebe (Faserknorpel) möglich.

Bei **erstmaligen Luxationen** ist die sofortige Reposition erforderlich. Danach Ruhigstellung für mindestens 1–3 Wochen.

Bei **gewohnheitsmäßigen Verrenkungen** entscheiden der pathologisch-anatomische Befund und die Klinik über das Vorgehen *(S. 360)*.

Therapie. Die Behandlung von **Kapselbandverletzungen** ist abhängig von dem betroffenen Gelenk, der Ausdehnung der Verletzung und dem Alter des Patienten. Je bedeutsamer die ligamentäre Führung eines Gelenkes für dessen Gesamtstabilität ist, um so wichtiger ist die Heilung der Verletzung ohne Defekt. Bei Verletzungen geringeren Ausmaßes kann dies auf konservativem Wege erreicht werden. Bei gravierenden Läsionen sind operative Rekonstruktionen erforderlich.

Sowohl bei konservativer als auch bei operativer Behandlung ist eine Entlastung oder Ruhigstellung der Bandstrukturen für etwa 6 Wochen bis zur Ausheilung erforderlich.

Die völlige Wiederherstellung und Belastungsfähigkeit komplett rupturierter Bänder tritt jedoch frühestens $^1/_2$ bis 1 Jahr nach dem Unfallereignis ein.

Die Behandlung von **Knorpelverletzungen** ist besonders problematisch. Eine Restitution knorpeliger Verletzungen ist lediglich vor Wachstumsabschluß möglich *(S. 159)*. Bei Verletzungen im Erwachsenenalter können Knorpeldefekte lediglich durch ein Ersatzgewebe aus Faserknorpeln aufgefüllt werden, dessen Bildung bei ausgedehnten bis auf den Knochen reichenden Läsionen durch Aufbohrung der subchondralen Gelenkfläche gefördert werden kann (Pridie-Bohrung).

Bei **erstmaligen Luxationen** ist die sofortige Reposition dringend erforderlich. Bei stabilitätsgefährdeten Gelenken sind auch operative Maßnahmen zur Rekonstruktion lädierter Bandstrukturen erforderlich. In jedem Fall ist bei erstmaliger Luxation eine Ruhigstellung des Gelenkes für mindestens 1 bis 3 Wochen notwendig, um die Entstehung einer posttraumatisch-rezidivierenden Luxation zu vermeiden.

Bei **gewohnheitsmäßigen Verrenkungen** entscheiden der pathologisch-anatomische Befund, die funktionelle Störung und die subjektiven Beschwerden des Patienten über das Vorgehen. Insbesondere bei posttraumatisch rezidivierender Luxation des Schultergelenkes sind vielfach stabilisierende Operationen nicht zu umgehen *(S. 360)*.

10.2 Frakturen

Definition ▶

10.2 Frakturen

Definition. Vollständige Kontinuitätsunterbrechung des Knochens. Eine Spaltbildung ohne vollständige Trennung wird als Fissur bezeichnet.

Ätiologie und Klassifikation
Die Einteilung von Frakturen wird nach verschiedenen Gesichtspunkten durchgeführt, die aus *Synopsis 118* hervorgehen.

Im Kindesalter ist die Beziehung der Fraktur zu den Wachstumszonen von Bedeutung. Die sich daraus ergebende unterschiedliche Prognose wird bei den Einteilungen von Salter und Aitken berücksichtigt *(S. 116)*.

Ätiologie und Klassifikation. Die Einteilung von Frakturen wird nach verschiedenen Gesichtspunkten durchgeführt, die aus *Synopsis 118* hervorgehen. Dabei werden die Ätiologie der Fraktur, der Entstehungsmechanismus, der Grad der Kontinuitätstrennung, der Verlauf der Frakturlinien und die Anzahl der Bruchstücke berücksichtigt. Der Entstehungsmechanismus ist ein wichtiges Kriterium für die Beurteilung einer Fraktur, da sich aus ihm Hinweise auf begleitende Verletzungen und weitere Frakturen ergeben können.

Frakturen im Kindesalter sind sowohl hinsichtlich der Entstehungsmechanismen als auch der Frakturformen und vor allem der einzuschlagenden Therapie von denen des Erwachsenenalters abzugrenzen. Von besonderer Bedeutung ist die Beziehung der Frakturen zu den Wachstumszonen. Überkreuzt die Fraktur das Stratum germinativum der Epiphysenfuge, können Kallusbrücken mit erheblichen Auswirkungen auf das Wachstum entstehen. Die unterschiedliche Prognose wird bei den Einteilungen von Salter und Aitken berücksichtigt *(S. 116)*.

Klinik und Diagnose
Sichere klinische **Symptome** einer Fraktur sind
- Deformität,
- Krepitation und
- abnorme Beweglichkeit.

Klinik und Diagnose. **Sichere** klinische **Symptome** einer Fraktur sind
- Deformität,
- Krepitation und
- abnorme Beweglichkeit.

Synopsis 118: Klassifikation der Frakturen.

A nach der **Ätiologie: direkte Frakturen** Bruch am Ort der Gewalteinwirkung
indirekte Frakturen: Bruch fern der Gewalteinwirkung

B nach dem Grad der **Kontinuitätstrennung:**

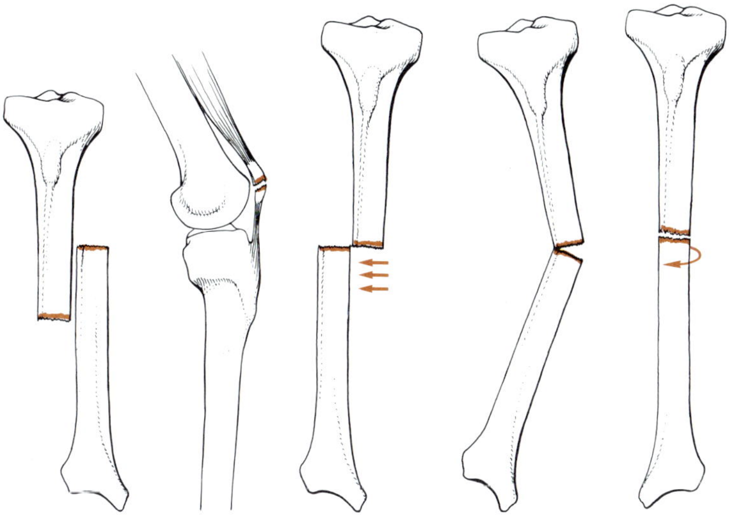

vollständige Frakturen mit
1 Dislocatio ad longitudinem cum abbreviatione
2 Dislocatio ad longitudinem cum distractione
3 Dislocatio ad latus
4 Dislocatio ad axim
5 Dislocatio ad peripheriam

unvollständige Frakturen
- Grünholzfrakturen: Bruch bei intaktem Periostmantel (bei Kindern)
- Fissuren: Knochenriß ohne vollständige Trennung
- Infraktionen: Knickfrakturen von Röhrenknochen
- Impressionen: Eindellungen platter Knochen (z.B. Schädel)
- Kompressionen: Stauchungsbrüche im spongiösen Bereich
- Wulstbrüche: Stauchungsbrüche der Metaphyse von Röhrenknochen

C nach dem **Verlauf der Frakturlinien:**

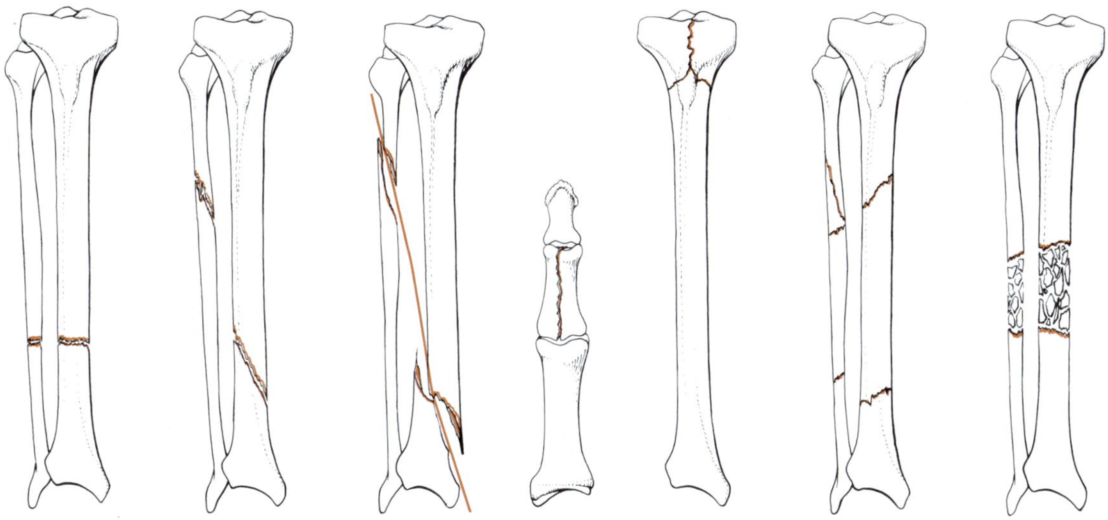

Fortsetzung Synopsis 118: Klassifikation der Frakturen

D nach dem **Entstehungsmechanismus**

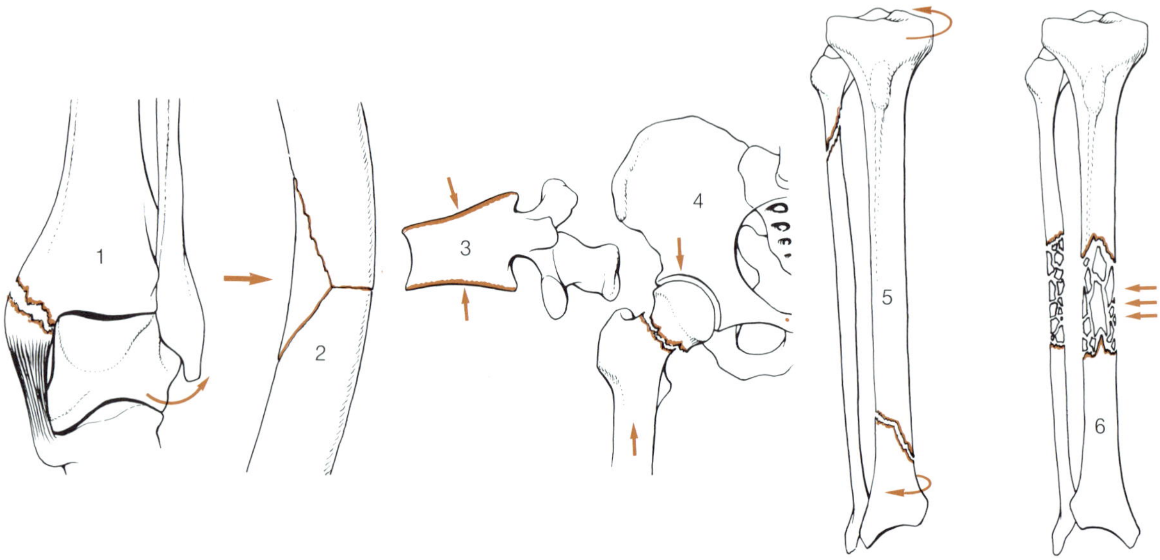

1 Rißfrakturen: Fragmentabriß unter Zugspannung an Sehnen und Bändern
2 Biegungsfrakturen: Querfraktur mit Aussprengung eines Biegungskeiles an der Seite der Gewalteinwirkung
3 Stauchungsfrakturen: axiale Kompression insbesondere im spongiösen Bereich
4 Scherfrakturen: Frakturen durch Abscherung (z.B. Schenkelhalsfraktur)
5 Drehfrakturen: Frakturen durch Torsion der Knochenenden gegeneinander
6 Trümmerfrakturen: Frakturen als Folge großer direkter Gewalteinwirkung

Als **relative Symptome** können
- Schmerz,
- Hämatom und
- Funktionsstörung der betroffenen Gliedmaße oder des Gelenkes gelten. **Beweisend** ist die Röntgenuntersuchung in **zwei Ebenen.**

Als **relative Symptome** können
- Schmerz,
- Hämatom und
- Funktionsstörung der betroffenen Gliedmaße oder des Gelenkes gelten.

Beweisend ist die Röntgenuntersuchung, die immer in **zwei Ebenen** durchgeführt werden muß. Vor allem bei Frakturen im Kindesalter sind auch Vergleichsaufnahmen der gesunden Körperseite für die Beurteilung der Wachstumsregionen erforderlich. Unter Umständen sind spezielle radiologische Techniken angezeigt (Tomographie, Arthrographie).

Bei Frakturen ist immer nach begleitenden Läsionen der benachbarten Weichteile *(Syn. 21, S. 56)* **zu suchen. So muß stets ein genauer angiologischer und neurologischer Status erhoben werden.**

Bei Frakturen ist immer nach begleitenden Läsionen der benachbarten Weichteile zu suchen. So muß stets ein genauer angiologischer und neurologischer Status erhoben werden, um drohende Komplikationen frühzeitig erkennen zu können (Kompartment-Syndrom, *S. 477),* druckbedingte Nervenläsionen *(Syn. 21, S. 56).*

Knochen- und Frakturheilung
Es lassen sich vier Arten der Knochenheilung unterscheiden:

- primäre Kallusbildung
- Brückenkallusbildung
- Markkallusbildung
- primär kortikale Heilung.

Die Knochenheilung nach Knochendurchtrennung bzw. Frakturheilung verlaufen nach gleichen Prinzipien.

Die Phasen der Fraktur- und Knochenheilung sind in *Synopsis 119* wiedergegeben.

Knochen- und Frakturheilung. Die Knochenheilung ist ein komplexer Vorgang, der von verschiedenen Faktoren abhängig ist. Es werden vier Arten der Knochenheilung unterschieden:
- primäre Kallusbildung
- Brückenkallusbildung
- Markkallusbildung
- primär kortikale Heilung.

Die Knochenheilung nach Knochendurchtrennung (Osteotomie) bzw. die Frakturheilung verlaufen grundsätzlich nach gleichen Prinzipien. Unterschiede im Heilungsverlauf und für die Art der Knochenheilung ergeben sich aus der Stellung sowie der Stabilität der Knochenfragmente und aus dem begleitenden Weichteilschaden.

Die Fraktur- und Knochenheilung läuft gesetzmäßig in verschiedenen Stadien ab, die in *Synopsis 119* wiedergegeben sind.

Synopsis 119: Sekundäre Frakturheilung: bei der Brücken- und Markkallusbildung wird nach Abräumung des Frakturhämatoms (Initialphase) zunächst ein bindegewebiger Kallus gebildet. Dessen Mineralisation führt zur Bildung von Faserknochen, der erst sekundär zum lamellären Knochen (definitiver Knochenkallus) umgebaut wird.

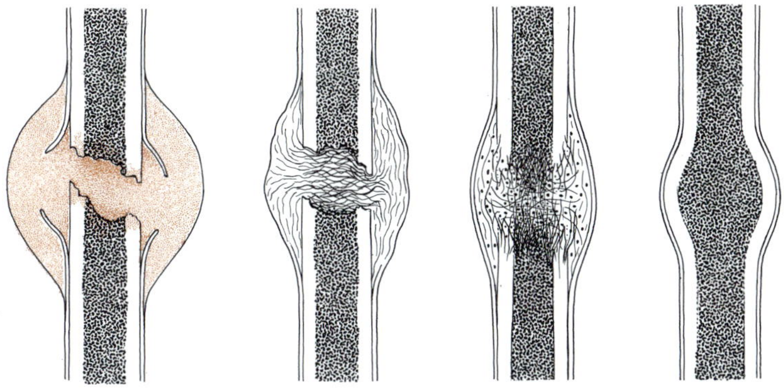

Frakturhämatom **Bindegewebskallus** **Kallusmineralisation** **definitiver Knochenkallus**

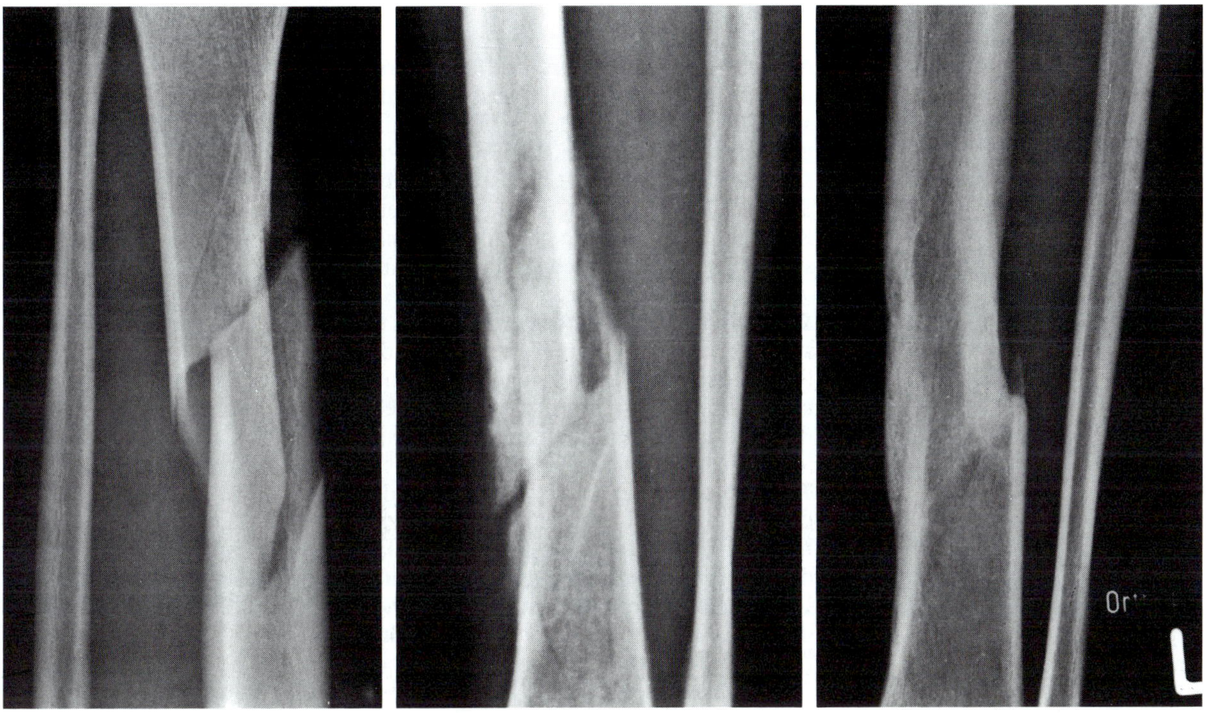

a frische Fraktur **b Kallusmineralisation** **c definitiver Knochenkallus**

Initialphase. Das bei jeder Knochendurchtrennung entstehende Frakturhämatom wird durch eine lokalisierte Entzündung abgeräumt. Dieser Prozeß beginnt nach 8 Stunden. Seine Dauer ist von der Ausprägung des Frakturhämatoms abhängig.

Initialphase
Das Frakturhämatom wird abgeräumt.

Kallusbildung. Bei nicht rigide miteinander fixierten Knochenenden entsteht während der ersten 2 Wochen nach der Knochendurchtrennung ein fibrösknorpeliges Knochengewebe zwischen den Knochenenden (Bindegewebskallus).

Zu einer **primären Kallusbildung** zwischen den Fragmentenden mit dem Ziel einer direkten Vereinigung kommt es, wenn die Knochenenden einen guten großflächigen Kontakt aufweisen. Liegt dagegen eine größere Distanz oder auch

Kallusbildung
Während der ersten zwei Wochen nach der Knochendurchtrennung entsteht ein fibrös knorpeliges Knochengewebe (Bindegewebskallus). Bei breitflächigem Kontakt der Knochen kommt es zur

primären Kallusbildung, bei größerer Distanz oder vorliegendem Interponat überwiegt die Heilung durch einen **Brückenkallus** (periostaler Knochenkallus) aus den Zellen des umgebenden Gewebes. Besteht eine Restbeweglichkeit der Fragmente, kann es zur **überschießenden Kallusbildung** kommen.

Die Heilung durch **Markkallus** führt über die Bildung fibröser Strukturen zur Vereinigung der Knochenenden. Eine **primäre Knochenheilung** tritt nur bei optimaler Adaptation und mechanisch stabiler Verbindung der Knochenenden (z.B. Osteosynthese) auf. Bei besonders rigider Verbindung wird die Brückenkallusbildung unterdrückt und die Heilungszeit verlängert.

ein Interponat zwischen den Fragmenten vor, kommt die primäre Kallusbildung zum Erliegen und kann nicht wieder reaktiviert werden. Unter diesen Umständen überwiegt die Heilung durch einen **Brückenkallus**, der aus den Zellen des umgebenden Gewebes (periostaler Knochenkallus) gebildet wird. Das Ausmaß der Brückenkallusbildung ist vorwiegend abhängig von der Vitalität und damit der Vaskularisation der den Knochen umgebenden Strukturen. Besteht eine Restbeweglichkeit der Fragmente gegeneinander, so kann es zur **überschießenden Kallusbildung** kommen.

Bei der Heilung durch **Markkallus** bilden sich fibröse Strukturen zwischen den Fragmentenden, während knorpelige Formationen in den Hintergrund treten. Es handelt sich dabei um langsam fortschreitende Veränderungen, die über mehrere Monate anhalten und zur Überbrückung größerer Defekte zwischen den Knochenenden beitragen können. Die **primäre Knochenheilung** tritt nur dann auf, wenn die Knochenenden optimal adaptiert und mechanisch stabil miteinander verankert sind (nach Osteosynthesen). Bei einer extrem rigiden Vereinigung der Knochenenden (z.B. Osteosynthesen) wird die Brückenkallusbildung stark unterdrückt. Die Fraktur heilt dann hauptsächlich durch die Markkallusbildung (Kallusgewebe aus den Bindegewebszellen des Knochenmarks) und primäre Knochenheilung. Diese Arten der Knochenheilung laufen nach den zeitlichen Gesetzen des normalen Knochenumbaues ab und können daher die Heilungszeit extrem verlängern, insbesondere wenn Nekrosezonen an den Fragmentenden vorliegen.

Kallusmineralisation
Bis zur 6. Woche kommt es zur Einlagerung von Kalziumkristallen in das Kallusgewebe, so daß eine feste mechanische Verbindung existiert.

Kallusmineralisation. Bei vorwiegender primärer Kallus- und Brückenkallusbildung kommt es nach Ausbildung der fibrös knorpligen Verbindung zwischen den Fragmentenden zur Einlagerung von Kalziumkristallen. Dieser Vorgang ähnelt dem der enchondralen Knochenbildung in der Wachstumsplatte *(S. 110)*. Es resultiert zunächst ein noch nicht nach mechanischen Gesetzen durchstrukturierter Faserknochen, der etwa 6 Wochen nach der Fraktur oder Knochendurchtrennung eine feste mechanische Verbindung, aber axiale Belastungsfähigkeit erst nach 2 Monaten garantiert.

Definitive Knochenkallusbildung
Unter mechanischer Belastung erreicht der Faserknochen einen höheren Differenzierungsgrad. Die Knochenarchitektur richtet sich nach der mechanischen Belastung aus.

Definitive Knochenkallusbildung. Mit zunehmender mechanischer Belastung erreicht der Faserknochen einen höheren Differenzierungsgrad. Mit Ausbildung von lamellärem Knochen entstehen die an der mechanischen Beanspruchung der vormaligen Fraktur oder Osteotomieregion orientierten spongiösen und kompakten Knochenstrukturen.

Therapie
Frakturen werden durch Einrichtung des Bruches **(Reposition),** die Stabilisierung der Fraktur **(Retention) und eine aktive Bewegungstherapie** behandelt.
Eine millimetergenaue **Reposition** der Bruchstücke ist bei Brüchen ohne Gelenkbeteiligung nicht erforderlich, solange die Achsenverhältnisse der Extremität wiederhergestellt sind. Bei älteren Patienten kann das Ziel einer frühen Mobilisation vor dem einer exakten Reposition stehen.

Therapie. Das Ziel der Frakturbehandlung ist es, die Kontinuität des Knochens und damit die betroffene Skelettregion ohne Funktionsstörungen wieder herzustellen. Dies geschieht durch die Einrichtung des Bruches **(Reposition),** die Stabilisierung der Fraktur (**Retention)** und eine **aktive Bewegungstherapie**. Die Therapieziele können auf konservativem oder operativem Weg erreicht werden. Die Notwendigkeit zur **Reposition** hängt von der Frakturlokalisation, vom Ausmaß der Fehlstellung und vom Alter des Patienten ab. Selbst bei ausgeprägten Dislokationen ist bei der Mehrzahl geschlossener Frakturen ohne Gelenkbeteiligung eine millimetergenaue Reposition nicht erforderlich, da geringe und mäßiggradige Verschiebungen der Bruchstücke zur Seite (ad latus) durch die Brückenkallusbildung ausgeglichen werden.

Die **Achsenstellung** eines Gliedmaßenabschnittes sollte jedoch in jedem Fall anatomisch wiederhergestellt werden. An der Wirbelsäule können beim jüngeren Menschen geringe Achsenfehler toleriert werden *(S. 343)*, beim älteren, vital bedrohten Patienten sind auch größere Fehlstellungen zu akzeptieren, um eine Frühmobilisation zu ermöglichen.

Die **Retention** erfolgt im Gipsverband oder durch Osteosynthese.

Die **Retention der Fraktur** erfolgt dann in der Regel mit der klassischen Behandlung im Gipsverband. Bei nicht ausreichend reponierbaren Frakturen, Gelenkfrakturen sowie offenen Frakturen erfolgt in der Regel primär die operative Stabilisierung mittels verschiedener Osteosyntheseverfahren.

Die **aktive Bewegungstherapie** ist in der Nachbehandlungsphase von wesentlicher Bedeutung, um Muskelatrophien, Inaktivitätsosteoporosen sowie Durchblutungsstörungen (z.B. Sudeck-Syndrom, *S. 286)* zu vermeiden.

Die **aktive Bewegungstherapie** ist in der Nachbehandlungsphase von wesentlicher Bedeutung, um Muskelatrophie, Inaktivitätsosteoporose, Einsteifung der Gelenke sowie Durchblutungsstörungen (z.B. Sudeck-Syndrom, *S. 286)* zu vermeiden.

Konservative Behandlung. Die Reposition muß bei vollkommener Schmerzausschaltung und unter Schonung des Gewebes durchgeführt werden. Sie kann manuell oder unter Zuhilfenahme spezieller Vorrichtungen (Traktionsapparate) erfolgen. Bestimmte Frakturen (z.B. Unterschenkelbruch, suprakondyläre Humerusfraktur) können bis zur Ausheilung im Zugverband belassen werden. Bei Retention im Gipsverband ist auf Druckschäden an Haut und Nerven sowie auf Störungen der Blutzirkulation zu achten *(S. 56)*. Die Dauer der Immobilisation ist im wesentlichen vom Alter (kürzer bei Kindern, länger im fortgeschrittenen Alter) und der Frakturlokalisation (länger an belasteten Skelettregionen und bei Frakturen mit primär kritischer Durchblutung: z.B. Schenkelhalsfraktur, Navikularefraktur der Hand) abhängig *(Synopsis 120)*.

Konservative Behandlung
Die Reposition muß bei vollkommener Schmerzausschaltung und Schonung des Gewebes durchgeführt werden. Die Dauer der notwendigen Immobilisation ist im wesentlichen vom Alter und der Frakturlokalisation abhängig *(Syn. 120)*.

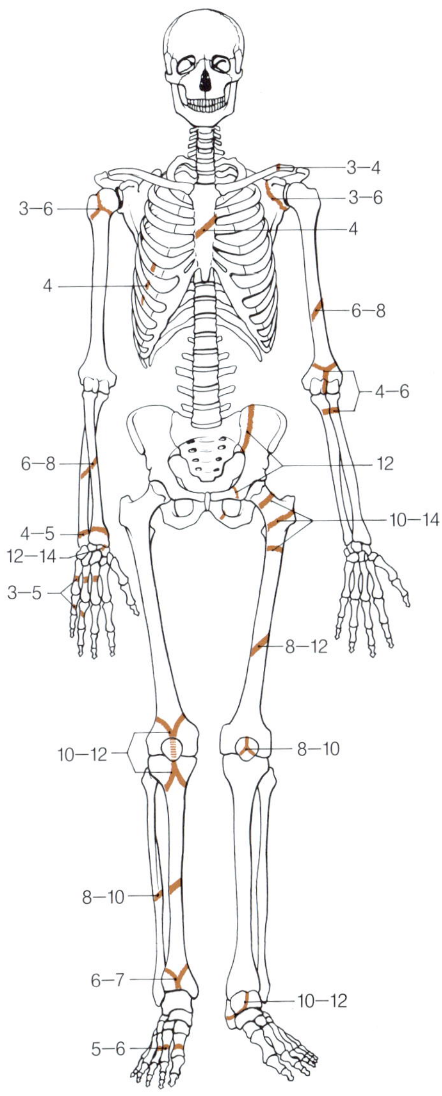

Synopsis 120: Durchschnittliche Heilungsdauer von Frakturen in Wochen: Die Dauer der Immobilisation ist im wesentlichen vom Alter des Verletzten (kürzer bei Kindern, länger im fortgeschrittenen Alter) und von der Frakturlokalisation (länger an belasteten Gliedmaßenabschnitten und solchen mit kritischer Durchblutung: Schenkelhalsfraktur, Navikularefraktur der Hand) abhängig.

Merke: Nach der Immobilisation ist eine aktive Bewegungstherapie notwendig um einer Muskelatrophie, Inaktivitätsosteoporose, Gelenkversteifung und Durchblutungsstörungen entgegenzuwirken.

Bei Frakturen im spongiösen Bereich und bei älteren Menschen kann eine primär funktionelle Behandlung der Fraktur ohne Retention in Frage kommen (z.B. Wirbelkörperfrakturen, eingekeilte Schenkelhalsfrakturen, subkapitale Humerusfrakturen, *S. 436*).

Bei bestimmten Frakturen und bei älteren Menschen kann eine primär funktionelle Behandlung der Fraktur ohne Retention in Frage kommen. Dies gilt z.B. bei Frakturen im spongiösen Bereich, die durch die Einkeilung der Knochenbälkchen eine primäre Übungsstabilität besitzen (Wirbelkörperfrakturen, bestimmte Fersenbeinbrüche, subkapitale Humerusfrakturen, eingekeilte Schenkelhalsfrakturen, *S. 436*). Im hohen Lebensalter und bei zahlreichen Operationsrisiken kann bei sonst repositions- und operationsbedürftigen Frakturen ebenfalls mit einer frühfunktionellen Behandlung ein ausreichendes Resultat erzielt werden (z.B. Olekranonfraktur, distale Radiusfraktur).

Operative Behandlung
Mit der operativen Behandlung wird frühzeitig Übungsstabilität oder Belastungsstabilität angestrebt, um den negativen Folgen der sonst notwendigen Immobilisation vorzubeugen. Verschiedene Osteosyntheseverfahren sind in *Tabelle 36* aufgezählt.

Operative Behandlung. Mit der operativen Behandlung wird gleichermaßen wie bei der konservativen Behandlung die Reposition und Retention der Fraktur in exakter Stellung angestrebt. Darüber hinaus wird frühzeitig Übungsstabilität oder sogar Belastungsstabilität erreicht und damit den negativen Folgen der sonst notwendigen Immobilisation vorgebeugt. Für die Stabilisierung der Fraktur stehen verschiedene Osteosyntheseverfahren zur Verfügung, die in *Tabelle 36* aufgezählt sind.

Tab. 36: Operative Behandlung von Frakturen

interne Fixation:	Platten Schrauben Nägel Kirschnerdrähte Drahtcerclagen Fixateur interne
externe Fixation:	Kirschnerdrähte Fixateur externe

Komplikationen

- Immobilisationsschaden und Sudeck-Erkrankung *(S. 286)*,
- Pseudarthrose *(S. 284)*
- chronische Osteomyelitis *(S. 234)*
- posttraumatische Deformität *(S. 167)*.

Komplikationen. Wesentliche Komplikationen in der Frakturbehandlung sind:

- der Immobilisationsschaden einschließlich der Sudeck-Erkrankung *(S. 286)*,
- die Pseudarthrose *(S. 284)*,
- die chronische Osteomyelitis *(S. 234)* und
- die posttraumatische Deformität *(S. 167)*.

10.3 Pseudarthrosen

10.3 Pseudarthrosen

Definition ▶

Definition. Als Pseudarthrose (Falsch-, Scheingelenk) bezeichnet man eine länger als 6 Monate fehlende knöcherne Vereinigung zweier Frakturenden meist auf dem Boden einer mangelnden Ruhigstellung während der Heilungsphase. Bei der klinischen Symptomatik der vorwiegend an der unteren Extremität lokalisierten Heilungsverzögerung stehen Schmerzen, Schwellung und Belastungsunfähigkeit im Vordergrund.

Ätiologie
Als wesentliche **mechanische** Ursache für die lokale Instabilität ist die mangelhafte Ruhigstellung bekannt.

Ätiologie. Für die Entstehung eines Falschgelenkes kommen sowohl **mechanische als auch biologische Faktoren** in Frage. Die wesentliche mechanische Ursache ist die lokale Instabilität durch mangelhafte Ruhigstellung der Fraktur und fortlaufende **Scherung und Stauchung** im Frakturbereich.

Merke ▶

Merke. Druckkräfte allein führen noch nicht zur Pseudarthrosenbildung.

Als wichtigster **biologischer** Faktor gilt die Durchblutungsstörung im Bereich der Knochenfragmentenden. Weitere Faktoren sind Infektionen und Sequesterbildung *S. 228)*.

Die wichtigsten biologischen Faktoren sind Durchblutungsstörungen im Bereich der Knochenfragmentenden mit völliger Devitalisierung einzelner Bruchstücke, Durchblutungsstörungen der angrenzenden Weichteilgewebe, Infektion mit Sequesterbildung *(S. 228)* und allgemeine Faktoren, die die Vitalität des Gewebes herabsetzen (Alter des Patienten, medikamentöse Dauerbehandlung, Röntgenbestrahlung).

Vorkommen. Pseudarthrosen treten aus mechanischen Gründen an der unteren Extremität häufiger als an der oberen und wegen der Paarigkeit der Knochen (die vorzeitige Heilung eines Knochens, z.B. der Fibula, führt zur Sperrwirkung und damit Heilungsverzögerung am zweiten, z.B. der Tibia) an den distalen Extremitätenabschnitten häufiger als an den proximalen auf.

Klassifizierung. Die ursächlichen Faktoren der Pseudarthroseentstehung spiegeln sich auch im morphologischen Befund des Falschgelenkes wider. Bei vorherrschender Instabilität kommt es zur besonders voluminösen periostalen Kallusbildung an beiden Frakturenden, ohne daß eine knöcherne Heilung eintritt. Das Gewebe ist gut vaskularisiert, die Frakturenden können im Bereich der Pseudarthrose elefantenfußähnlich verbreitert sein. Bei avaskulären Fragmenten ist dagegen eine Gewebereaktion im Frakturbereich nicht möglich. Die Pseudarthrose bleibt ohne Kallusbildung und zeigt atrophe Fragmentenden. Aus therapeutischer Sicht werden dementsprechend biologisch reaktionsfähige Pseudarthrosen **(hypertrophische Pseudarthrosen)** und biologisch reaktionsunfähige Pseudarthrosen **(atrophische Pseudarthrosen, Defektpseudarthrosen, avitale Pseudarthrosen)** voneinander unterschieden. Diese müssen ferner in infizierte und nichtinfizierte Pseudarthrosen unterteilt werden. *Synopsis 121* gibt die Klassifikation von Pseudarthrosen wieder.

Vorkommen
Pseudarthrosen treten an der unteren Extremität häufiger auf als an der oberen (mechanische Gründe, Sperrwirkung eines geheilten Knochens bei paarigen Knochenabschnitten).

Klassifizierung
Die ursächlichen Faktoren der Pseudarthroseentstehung spiegeln sich auf dem morphologischen Befund des Falschgelenkes wider. Dementsprechend werden biologisch reaktionsfähige Pseudarthrosen **(hypertrophische Pseudarthrosen)** und reaktionsunfähige Pseudarthrosen **(atrophische Pseudarthrosen)** voneinander unterschieden *(Syn. 121)*.

Synopsis 121: Klassifikation der Pseudarthrosen

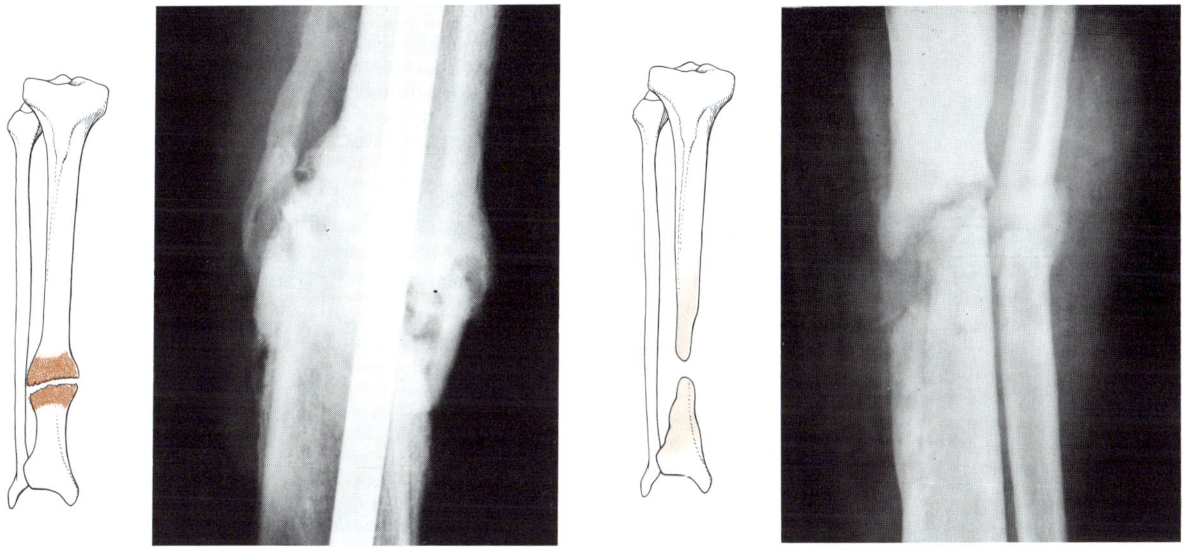

Hypertrophische Pseudarthrosen:
gute Kallusbildung an den Frakturenden (zum Teil elefantenfußartig) → gute Vaskularisation.
Ursache: vorwiegend Instabilität im Frakturbereich (siehe Lockerungssaum um den Nagel herum!)

Atrophische Pseudarthrosen:
keine Kallusbildung an den Frakturenden (Fragmente zugespitzt) → schlechte Vaskularisation.
Ursache: vorwiegend Weichteilschaden und/oder Fragmentnekrosen

Klinik und Diagnose. Bei voller Ausprägung eines Falschgelenkes ist die pathologische Beweglichkeit eines Skelettabschnittes das führende Symptom. Bei straffen Pseudarthrosen ist jedoch eine pathologische Beweglichkeit nicht nachzuweisen. Die klinische Symptomatik wird dann von Schmerzen, Schwellung und Belastungsunfähigkeit bestimmt. In diesen Fällen ist das Röntgenbild entscheidend, das entsprechend der Klassifizierung eine Einteilung in hypertrophische, atrophische und Defektpseudarthrosen erlaubt. Unter Umständen ist aus der **Röntgen-Übersichtsaufnahme** keine gesicherte Aussage über den knöchernen Durchbau zu treffen. Dann sind **Schichtaufnahmen** erforderlich, um den Stand der Knochenheilung zu dokumentieren *(S. 44)*. Mit der **Szintigraphie** kann die Vitalität der knöchernen Strukturen dokumentiert werden.

Klinik und Diagnose
Bei voller Ausprägung ist die pathologische Beweglichkeit des Skelettabschnittes das führende Symptom. Bei straffen Pseudarthrosen stehen jedoch Schmerzen, Schwellung und Belastungsunfähigkeit im Vordergrund. Entscheidend ist das **Röntgenübersichtsbild,** das unter Umständen durch **Schichtaufnahmen** und **Szintigramm** ergänzt werden muß.

Therapie
Bei **hypertrophen Pseudarthrosen** ist die Stabilisierung des Skelettabschnittes vorrangig. Bei **atrophischen Pseudarthrosen** muß auch die Wiederherstellung der Vaskularisation im Bereich der Fragmentenden angestrebt werden. Dies gelingt durch autologe Knochentransplantation.

Therapie. Die ursächlichen Faktoren der Pseudarthroseentstehung und die Morphologie des Falschgelenkes bestimmen das therapeutische Vorgehen. **Hypertrophe Pseudarthrosen** entstehen auf dem Boden einer mechanischen Instabilität. Vorranging ist daher die Stabilisierung des Skelettabschnittes, die nach Resektion der Pseudarthrose durch verschiedene Osteosyntheseverfahren erreicht werden kann (Plattenosteosynthese, Fixateur externe). Bei **atrophischen Pseudarthrosen** geht es nicht nur um die Stabilisierung des Knochenabschnittes, sondern auch um die Wiederherstellung der Vaskularisation im Bereich der Fragmentenden. Aus diesem Grund ist eine autologe Knochentransplantation in das vorbereitete Transplantatbett notwendig. Defektpseudarthrosen benötigen zur Überbrückung einen durch Osteosynthese fixierten kortikospongiösen Span.

Neuerdings sind auch Verschiebungen der Fragmentenden zueinander mit speziellen Fixationssystemen (z.B. Ilisarov-Apparat) möglich. Bei infizierten Pseudarthrosen wird die Stabilität der Fragmente in erster Linie durch einen Fixateur externe erreicht. Dabei muß das infizierte Gewebe radikal entfernt und in gleicher Sitzung oder später eine Spongiosaplastik durchgeführt werden. Unter diesen Umständen ist eine Ausheilung auch von Infekt-, Defektpseudarthrosen ohne Verkürzung des Gliedmaßenabschnittes möglich.

10.4 Morbus Sudeck

10.4 Morbus Sudeck

Synonyme. Sudeck-Dystrophie, Algodystrophie.

Definition ▶

Definition. Dystrophie und Atrophie von Weichteilen und Knochen, die ausgehend von einem entzündlichen Stadium mit schmerzhafter Funktionsbehinderung oft zu einem Endstadium mit völliger Einsteifung der Gelenke führen.

Ätiologie
Auslösend sind Traumen, Infektionen, Nervenschädigungen und primär vegetative Störungen. Eine psychosomatische Überlagerung ist von wesentlicher Bedeutung. Die Schwere der Primärläsion steht in keinem Zusammenhang mit der Ausprägung der Veränderungen.

Ätiologie. Multifaktorielle Ursache. Im Vordergrund stehen Störungen der vegetativen Innervation am betroffenen Skelettabschnitt. Endokrine Fehlsteuerungen und psychosomatische Störungen sind von wesentlicher Bedeutung. Auslösend für ein Sudeck-Syndrom kommen Traumen, einschließlich Operationen, Infektionen, Nervenschädigungen und primär vegetative Störungen, in Frage. Die Schwere der Primärläsion steht in keinem Zusammenhang mit der Ausprägung sekundärer Veränderungen.

Pathogenese und Klinik
Der chronische Verlauf läßt sich in drei Stadien gliedern:

Pathogenese und Klinik. Die Erkrankung hat einen **chronischen Verlauf** und ist äußerst langwierig. Sie läßt sich in drei Stadien gliedern:

Stadium der Entzündung
Livide Verfärbung der Haut mit Ödem und schmerzhafter Funktionsbehinderung. Es liegt **kein** Gelenkerguß vor.

Stadium der Entzündung: Steigerung der Stoffwechselvorgänge in Weichteilen und Knochen. Klinisch liegt eine livide Verfärbung der Haut mit teigigem Ödem und schmerzhafter Funktionsbehinderung der Gelenke vor. Es liegt **kein** Gelenkerguß vor.

Stadium der Dystrophie
Atrophie des Gewebes, ausgeprägte Bewegungseinschränkungen.

Stadium der Dystrophie: Die Schwellung bildet sich zurück, es kommt zur Atrophie der Gewebe. Entkalkung der betroffenen Knochenpartien. Fibröse Verklebung der Gelenke. Klinisch liegt eine Atrophie der betroffenen Extremität mit trophischen Hautstörungen vor. An den Gelenken bestehen ausgeprägte Bewegungseinschränkungen. Röntgenologisch ist eine fleckige oder diffuse Knochenatrophie nachzuweisen.

Stadium der Atrophie
Generalisierte Atrophie der Haut, Subkutis und Muskulatur und des Skeletts. Einsteifung der Gelenke. Im weiteren Verlauf spontane Rückbildung oder Persistenz der trophischen Veränderungen. Die Stadien des Morbus Sudeck sind in *Synopsis 122* zusammengefaßt.
Die **transitorische Osteoporose** tritt als schmerzhafte Dystrophie vor allem am Hüftgelenk ohne Hautveränderungen auf.

Stadium der Atrophie: Endstadium mit generalisierter Atrophie der Haut, Subkutis, Muskulatur sowie des Skeletts. Klinisch besteht eine erhebliche Bewegungseinschränkung oder Einsteifung der Gelenke. Röntgenologisch liegt eine diffuse Knochenatrophie mit bleistiftartiger Umrandung der Strukturen vor. Im weiteren Verlauf kann es zur spontanen Rückbildung aller trophischen Veränderungen oder Persistenz der Atrophie an Weichteilen und Knochen kommen. Die Stadien des Morbus Sudeck sind in *Synopsis 122* dargestellt.

Eine Variante der Algodystrophie ist die schmerzhafte, **transitorische Osteoporose,** die in der Umgebung großer Gelenke (vor allem Hüftgelenk) auftritt. Bei diskreter Entkalkung bestehen keine Hautveränderungen.

Synopsis 122: Klinik des Morbus Sudeck

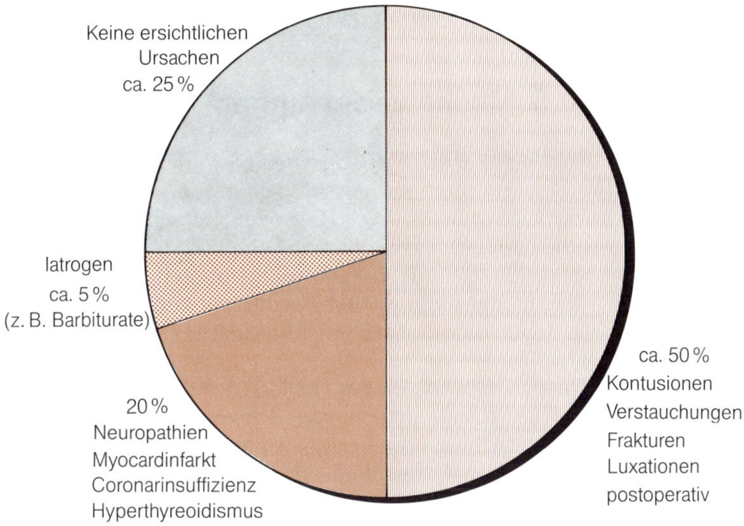

Ursachen

Röntgenbefund im Stadium der Atrophie

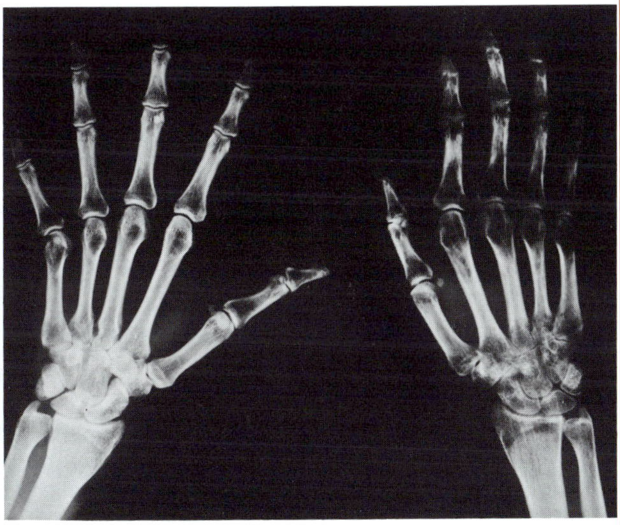

klinischer Befund im Stadium der Atrophie

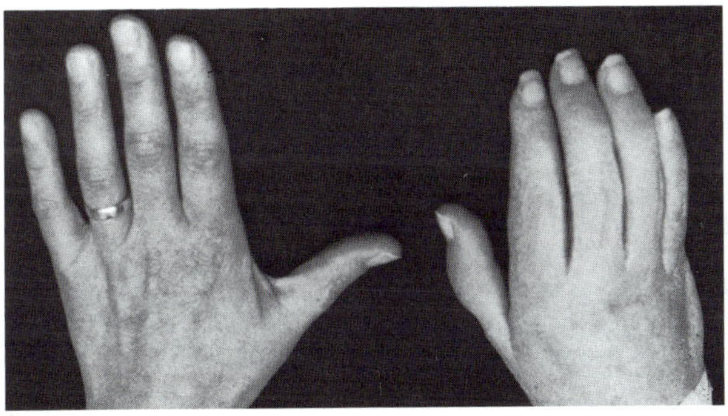

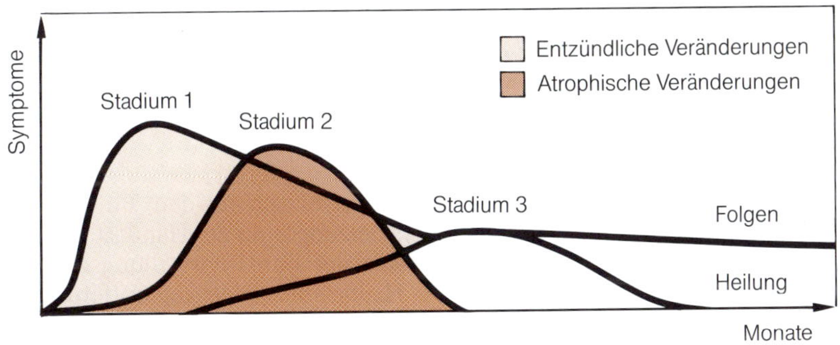

klinischer Verlauf

Stadium 1: Entzündung
starke Gelenkschmerzen, teigiges Ödem, szintigraphisch starke Anreicherung
Stadium 2: Dystrophie (nach einigen Wochen): allmähliche Rückbildung von Schmerz und Ödem. Störungen der Trophik. Fleckige Knochenatrophie
Stadium 3: Atrophie (nach einigen Monaten mit 1–2 jähriger Dauer): spontane Rückbildung aller trophischen Veränderungen oder Persistenz der Atrophie von Haut, Subkutis und Muskulatur mit Einsteifung der Gelenke und diffuser Knochenatrophie.

Therapie
In Abhängigkeit von den Stadien: Stadium I: Ruhigstellung, Analgesie Stadium II: physikalische Maßnahmen. Stadium III: intensive Krankengymnastik

Therapie. Im Stadium I Ruhigstellung, analgetische, antiphlogistische und durchblutungsfördernde Medikamente (evtl. Kalzitonin). Im Stadium II beginnende physikalische und krankengymnastische Maßnahmen, ohne die Schmerzgrenze je zu überschreiten. Im Stadium III intensive aktive und passive Mobilisation, evtl. durch Quengelung (langsame Aufdehnung).

10.5 Muskelverletzungen

10.5 Muskelverletzungen

Ätiologie und Pathogenese
Es werden direkte und indirekte Muskelverletzungen unterschieden. Als Komplikation kann eine Verknöcherung der Muskulatur (Myositis ossificans, *S. 196)* entstehen.

Ätiologie und Pathogenese. Verletzungen der Muskulatur sind durch direkte Traumen mit geschlossener oder offener Zerreißung und Quetschung, aber auch indirekt als Zerrung oder Rißbildung möglich. Jede Muskeldurchtrennung heilt unter Hinterlassung einer bindegewebigen Narbe. Bei ausgedehnten Muskelquetschungen kann es zur breiten Dehiszenz der Muskulatur mit entsprechender funktioneller Beeinträchtigung, aber auch zu Verknöcherungen in der hämatomdurchsetzten Muskulatur (Myositis ossificans, *S. 196)* kommen.

Klinik und Diagnose
Die Diagnose ergibt sich aus der palpatorischen (Muskeldellen, lokale umgebende Schwellung, Druckschmerz) und funktionellen (Funktionsminderung oder -verlust bei aktiver Bewegung, passive Beweglichkeit dagegen weitgehend erhalten) Untersuchung. Spontane Muskelrupturen sind bei Sportlern häufig.

Klinik und Diagnose. Die Diagnose ergibt sich aus der palpatorischen (Muskeldelle, lokale umgebende Schwellung, Druckschmerz) und funktionellen (Funktionsminderung oder -verlust bei aktiver Bewegung, passive Beweglichkeit dagegen weitgehend erhalten) Untersuchung. Spontane Muskelrupturen entstehen bei Sportlern meist bei kalter Muskulatur. Betroffen sind bei Läufern in erster Linie der Musculus gastrocnemius und der Musculus quadriceps femoris, bei Fußballern die Adduktorenmuskulatur und der Musculus biceps femoris.

Therapie
Bei frischen Verletzungen sofortige Kühlung und anschließende elastische Bandagierung. Bei älteren Verletzungen mit breiter Dehiszenz kann eine operative Revision indiziert sein.

Therapie. Bei frischen Verletzungen ist die sofortige Kühlung zur Begrenzung des Hämatomes und anschließende elastische Bandagierung angezeigt. Unter Umständen kann eine Ruhigstellung und antiphlogistische, analgetische Behandlung in Frage kommen. Bei vollständiger Ruptur eines Muskels ist eine Ruhigstellung von 3 Wochen und bei Sportlern eine Trainingskarenz von 6 Wochen angezeigt. Bei älteren Verletzungen mit aktiver Bewegungseinschränkung durch breite Dehiszenz und begleitende Faszienruptur kann eine operative Revision indiziert sein. Störende Verknöcherungen der Muskulatur (z.B. Reiterknochen, *S. 196)* müssen entfernt werden. Bei ausgedehnten Muskelnekrosen durch ischämische Kontraktur (Volkmann-Kontraktur, *S. 377)* können Ablösungen der Muskelansätze zur Verbesserung der Beweglichkeit in Frage kommen.

10.6 Sehnenverletzungen

10.6 Sehnenverletzungen

Ätiologie und Pathogenese
Neben den direkten Verletzungen spielen die spontanen Rupturen als Folge degenerativer Veränderungen eine bedeutende Rolle.

Bei Sehnendurchtrennungen kommt es zu Vaskularisationsstörungen in den Sehnenenden, die zu Vernarbungen führen können.

Ätiologie und Pathogenese. Durchtrennungen von Sehnen entstehen auf direktem Wege durch Schnitt-, Fräs- oder ähnliche Verletzungen, auf indirektem Wege durch maximale Muskelkontraktionen mit den Folgen einer Zerreißung. Rupturen des Sehnengewebes treten in der Regel als Folge einer bereits eingetretenen Degeneration auf *(S. 200).*

Bei jeder Sehnendurchtrennung kommt es zur Vaskularisationsstörung in den Sehnenenden. Die resultierenden Sehnennekrosen müssen reorganisiert werden, was wiederum zu Verwachsungen mit der Sehnenscheide führt. Diese Verwachsungen sind auch bei der operativen Versorgung von Sehnenrupturen zu erwarten. Ziel der Behandlung ist daher die Vereinigung der Sehnenstümpfe mit belastungsfähiger Sehnennarbe, aber ohne auffällige Verwachsungen im Sehnengleitgewebe.

Klinik und Diagnose
Die Symptomatik ergibt sich aus dem Funktionsverlust der Sehne.

Klinik und Diagnose. Die Symptomatik ergibt sich aus dem Funktionsverlust der Sehne. Insbesondere bei Schnittverletzungen an der Hand ist zu bedenken, daß die Sehnendurchtrennung infolge der Funktionsstellung der Hand durchaus mehrere Zentimeter von der Hautschnittverletzung entfernt liegen kann.

Therapie
Eine **konservative Behandlung** von Sehnenverletzungen kommt nur bei

Therapie. Eine **konservative Behandlung** von Sehnenverletzungen kommt praktisch nur bei chronisch degenerativen Prozessen oder Rupturen (z.B. degenerative Rotatorenmanschettenruptur, *S. 369)* ohne auffällige Funktionsbehin-

Synopsis 123: Behandlung von Sehnenverletzungen: die konservative Behandlung ist nur bei chronisch degenerativen Sehnenerkrankungen oder Rupturen ohne auffällige Funktionsbehinderung angezeigt (a). Nach operativer Behandlung ist eine frühfunktionelle Therapie zur Vermeidung von Sehnenverklebungen erforderlich (b).

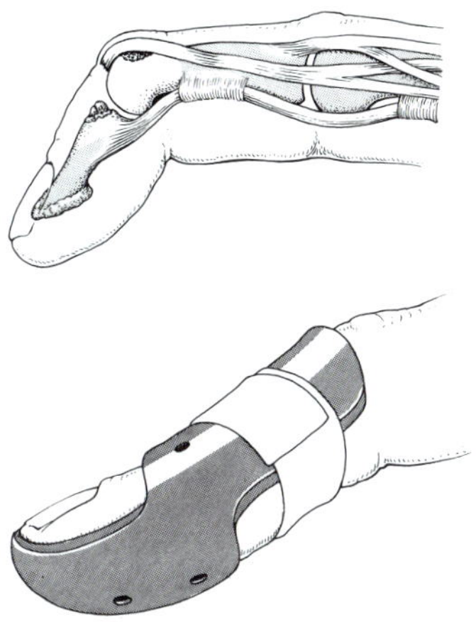

a

konservative Behandlung des Strecksehnenabrisses am Fingerendglied mit Stack-Schiene

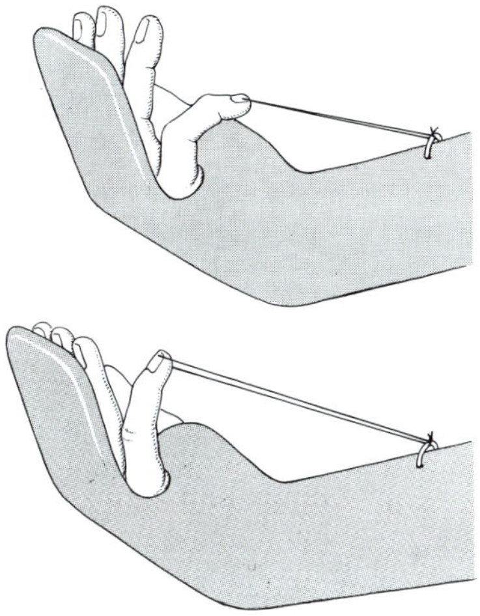

b

operative Behandlung von Beugesehnendurchtrennung. Funktionelle Nachbehandlung nach Kleinert

derung in Frage (geschlossener Strecksehnenabriß am Fingergelenk, *Synopsis 123)*.

Alle traumatischen Sehnendurchtrennungen stellen eine Indikation für die **operative Behandlung** dar. Dabei werden die Sehnenenden bei Verschmutzung angefrischt und durch verschiedene Nahttechniken miteinander vereinigt. Postoperativ ist eine Ruhigstellung für 3 bis 6 Wochen erforderlich. Soweit möglich, werden funktionelle Gipsverbände angelegt, die insbesondere an der Hand eine frühzeitige Mobilisation der Sehne ohne Spannung erlauben, um Verklebungen mit dem Sehnengleitgewebe zu vermeiden *(Synopsis 123)*.

chronisch degenerativen Prozessen oder Ruptur ohne auffällige Funktionsbehinderung in Frage.
Die traumatischen Sehnendurchtrennungen werden **operativ** behandelt *(Syn. 123)* und nach 3–6wöchiger Ruhigstellung frühzeitig mobilisiert.

Teil C Spezielle Orthopädie

1 Wirbelsäule

Erkrankungen der Wirbelsäule haben ihren Ursprung entweder in einer Wachstumsstörung (Fehlbildung; Skoliose; Kyphose) oder einer Destruktion ihrer Form und/oder einer Funktionsstörung (Degeneration; Tumor; Entzündung). Zum Verständnis der Wirbelsäulenpathologie ist deshalb Kenntnis der Entwicklung, Anatomie und Funktion grundlegende Voraussetzung.

Teil C Spezielle Orthopädie

1 Wirbelsäule

Erkrankungen der Wirbelsäule haben ihren Ursprung entweder in einer Wachstumsstörung oder einer Destruktion ihrer Form und/oder einer Funktionsstörung.

1.1 Praktische Anatomie

Entwicklung der Wirbelsäule

Die embryonale und fetale Entwicklung der Wirbelsäule läßt sich in vier Stadien untergliedern *(Tab. 37)*. In allen Stadien können Störungen der Wirbelsäulenentwicklung auftreten. Die meisten Fehlbildungen entstehen aber während der **Mesenchym-Phase,** die bis zum 3. Monat beendet ist. Entscheidend für die Differenzierung der Wirbelsäulenentwicklung ist die aus dem Mesoderm gebildete **Chorda dorsalis** (embryonale Rückensaite).

1.1 Praktische Anatomie

Entwicklung der Wirbelsäule

Die Entwicklung der Wirbelsäule läßt sich in vier Stadien untergliedern *(Tab. 37)*. Die meisten Fehlbildungen entstehen während der Mesenchymphase, die bis zum dritten Monat beendet ist.

Tab. 37: Stadien der Embryonalentwicklung

Primitivleiste	ab 15. Tag
Mesenchymphase	ab 20. Tag
Knorpelphase	ab 40. Tag
Knochenphase	ab 60. Tag

Unterschiedliche Noxen können deren Entwicklung beeinflussen, woraus die meisten kongenitalen Wirbelsäulenfehlbildungen resultieren. Parallel zur Chorda dorsalis entwickelt sich aus dem **Ektoderm** das **Neuralrohr,** die Vorstufe des zentralen Nervensystems. Bis zum 3. Embryonalmonat füllt das Rückenmark den Wirbelkanal in ganzer Länge aus. Durch schnelleres Wachstum der Wirbelsäule kommt es dann zur allmählichen Aszension des Rückenmarkes, so daß bei Geburt das Rückenmark etwa in Höhe des 2. Lendenwirbels endet *(Abb. 68)*. Wird diese Aszension behindert, wie es häufig bei Störungen des Neuralrohrschlusses beobachtet wird (Spina bifida aperta, S. 257), kommt es zur Anspannung des Rückenmarkes (Tethered-Cord-Syndrom). Dies kann zu neurologischen Ausfallserscheinungen führen.

Parallel zur Chorda dorsalis entwickelt sich aus dem Ektoderm das Neuralrohr, die Vorstufe des zentralen Nervensystems.

Die mesenchymalen Wirbel werden zunächst knorpelig, dann, von Ossifikationszentren ausgehend, knöchern umgewandelt. Das weitere Wachstum der Wirbel erfolgt durch **enchondrale** und **periostale Ossifikation.** Die neurozentralen Bogenepiphysen (Wachstumszone im ventralen Anteil des Wirbelbogens) verknöchern nach dem 6. Lebensjahr, so daß bereits zu diesem Zeitpunkt die definitive Größe des Rückenmarkkanales erreicht ist. Der dorsale Bogenschluß findet zunächst im kranialen Bereich der Wirbelsäule statt. Lumbosakral erfolgt er erst im Kindes- und Jugendalter und bleibt zum Teil physiologischerweise aus (Spina bifida occulta, *S. 305)*.

Die mesenchymalen Wirbel werden zunächst knorpelig, dann, von Ossifikationszentren ausgehend, knöchern umgewandelt.

Anatomie und Funktion

Anatomie und Funktion

Die Wirbelsäule muß zugleich größtmögliche Stabilität und Mobilität gewähren. Nicht nur bei einem Gewichtheber, sondern auch im Alltag ist insbesondere die Lendenwirbelsäule enormen Belastungen ausgesetzt. Andererseits besteht bei den sogenannten Schlangenmenschen (Kontorsionisten) eine extreme Flexibilität der Wirbelsäule. Diesen entgegengesetzten Anforderungen kann das Achsenorgan nur durch eine Gliederung in stabile (Wirbelkörper) und halbelastische Elemente (Bandscheibe) nachkommen. Dabei muß gleichzeitig die Schutzfunktion für das Rückenmark berücksichtigt werden.

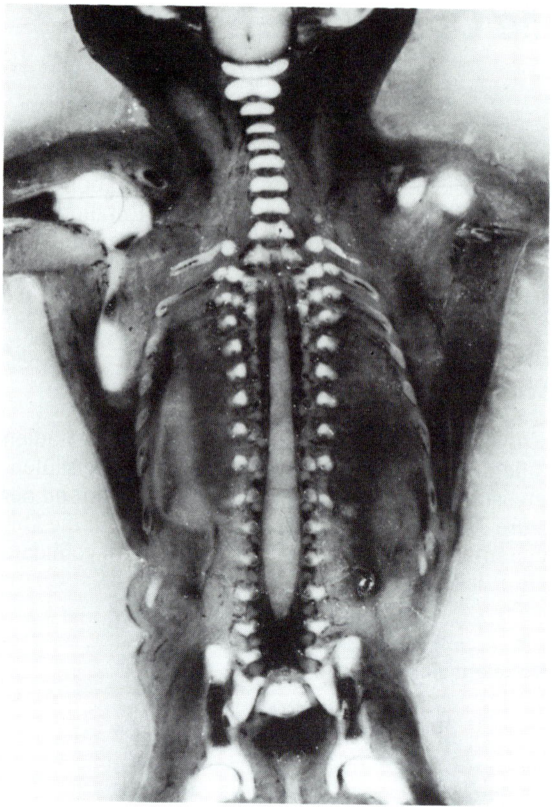

Abb. 68: Frontalschnitt eines Fetus im 6. Monat. Beachte das Rückenmarkende zwischen dem 3. und 4. Lendenwirbel, bedingt durch die bereits erfolgte Aszension.

Die Wirbelsäule ist in vier Abschnitte gegliedert *(Syn. 124)*. Die Übergangsregionen sind Prädilektionsstellen von Erkrankungen. Dort sind Formvarianten (Übergangswirbel) häufig. So wird eine Fusionierung des 5. Lendenwirbels mit dem Kreuzbein als **Sakralisation** von L 5 und eine sechsgliedrige Lendenwirbelsäule als **Lumbalisation** von S 1 bezeichnet.

Die Wirbelsäule läßt sich in vier Abschnitte gliedern *(Syn. 124)*. Die Übergangsregionen sind Prädilektionsstellen von Erkrankungen; dort sind Formvarianten der Wirbel (Übergangswirbel) häufig. So wird eine Fusionierung des 5. Lendenwirbels mit dem Kreuzbein als **Sakralisation von L 5** und eine 6gliedrige Lendenwirbelsäule als **Lumbalisation von S 1** bezeichnet. Aus statischen Gründen sind die kaudalen Wirbel kräftiger ausgebildet. Physiologischerweise besteht im Bereich der Hals- und Lendenwirbelsäule eine Lordose, im Bereich der Brustwirbelsäule eine Kyphose. Eine Aufhebung dieser Wirbelsäulenform, aber auch eine Verstärkung der physiologischen Krümmung, ist von großer pathogenetischer Bedeutung *(S. 319)*.

Die **Wirbelkörper** bilden mit den zwischengeschalteten Bandscheiben den **ventralen Pfeiler** der Wirbelsäule. Sie bestehen aus einer kräftigen Kortikalis, die die stark vaskularisierte Spongiosa umhüllt. Die Symptomatik von krankhaften Veränderungen der Wirbelkörper wird sowohl vom Stabilitätsverlust als auch von der Beeinträchtigung neuraler Strukturen bestimmt.

Die **Zwischenwirbelräume** mit den Bandscheiben sind beim Jugendlichen in die kräftigen Faserstrukturen des **Anulus fibrosus** und den zentralen **Nucleus pulposus** gegliedert. Biomechanisch zeigt die Bandscheibe ein prallelastisches Verhalten und hat zwischen den Wirbelkörpern eine Pufferfunktion. Sie erlaubt limitierte Bewegungen in alle Richtungen *(Syn. 125, S. 294)*. Beim Gesunden ist die Bandscheibe nicht vaskularisiert. Die Ernährung erfolgt durch Diffusion. Unter Belastung der Wirbelsäule überwiegt der Flüssigkeitsabstrom aus der Bandscheibe, so daß die Wirbelsäulenlänge und damit die Körpergröße über Tag um bis zu 2 cm abnimmt. Wegen der langen Transitstrecke für die Diffusion ist die Trophik der Bandscheibe kritisch. Im Alter ist eine Degeneration des Bandscheibengewebes daher physiologisch.

An der Ventralseite der Wirbelkörper verläuft das vordere, auf der Dorsalseite das hintere **Längsband.** Dieses ist in der Medianlinie am stärksten ausgebildet und verstärkt in diesem Bereich den Anulus fibrosus.

Synopsis 124:
Die Wirbelsäule ist in vier Abschnitte gegliedert. Insbesondere die **Übergangsregionen** sind Prädilektionsstellen für Wirbelsäulenerkrankungen.
Merke. Der Terminus Übergangswirbel bezeichnet die atypische Ausbildung eines Wirbels im Übergangsbereich zwischen zwei Wirbelsäulenabschnitten.

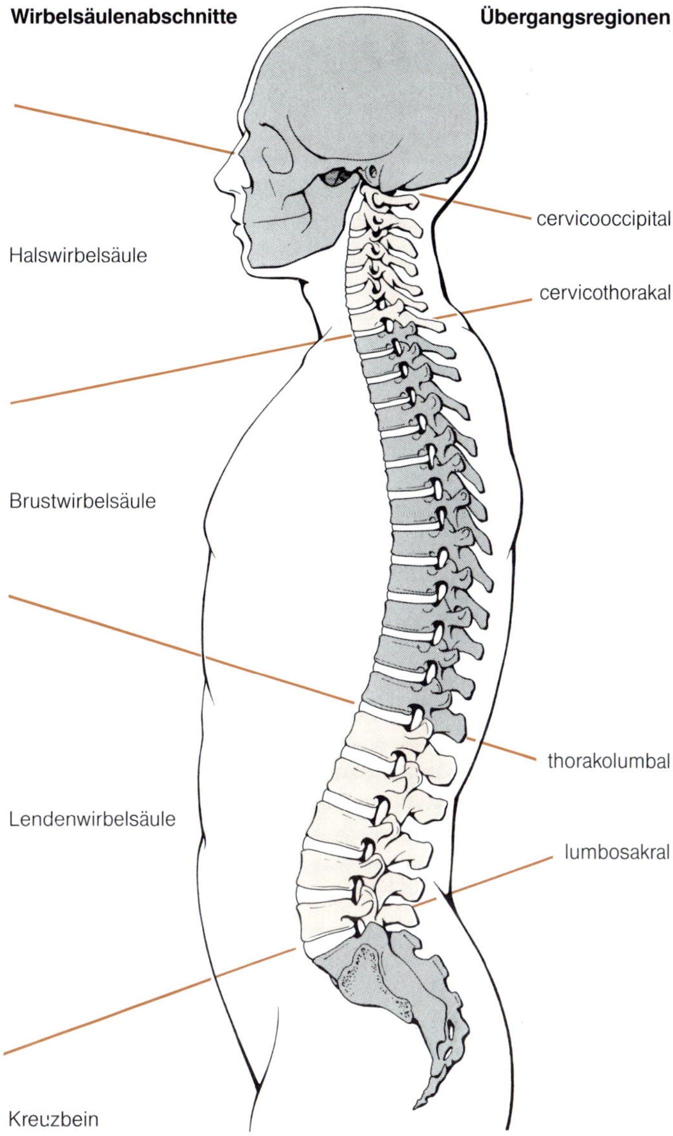

Bei einem Bandscheibenvorfall (Diskusprolaps) kommt es eher zum mediolateralen als zum medialen Austritt von Bandscheibengewebe in den Rükkenmarkskanal.

Bei einem Bandscheibenvorfall (Diskusprolaps) kommt es eher zum mediolateralen als zum medialen Austritt von Bandscheibengewebe in den Rückenmarkskanal.

Die Wirbel sind **dorsal** durch die **kleinen Wirbelgelenke** verbunden, die jeweils paarig angelegt sind. Durch die unterschiedliche Stellung der kleinen Wirbelgelenke in den verschiedenen Wirbelsäulenabschnitten resultieren unterschiedliche Bewegungsausmaße der benachbarten Wirbelkörper. Zwischen dem Atlas, der als einziger Wirbel keinen Körper besitzt, und dem Hinterhaupt ist die größte Vor- und Rückneigung der Wirbelsäule möglich. Zwischen Atlas und Axis bestehen die größten Rotationsbewegungen. Die Gelenkflächen **(Facetten)** der distalen Halswirbelsäule und der Brustwirbelsäule sind dachziegelartig aus-

Synopsis 125: Mobilität des Zwischenwirbelraumes: Der Aufbau des Zwischenwirbelraumes ermöglicht eine Mobilität der Wirbelkörper zueinander in allen Bewegungsrichtungen. Die Mobilität wird durch die Anordnung der ligamentären Strukturen des Anulus fibrosus und durch die dorsalen Wirbelsäulenstrukturen begrenzt.

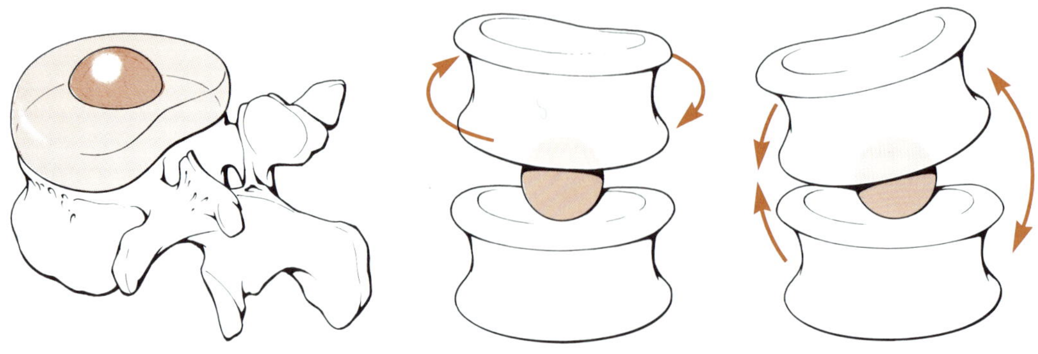

gerichtet. Wenngleich der rotatorische Bewegungsumfang hierdurch begünstigt wird, ist im Thorakalbereich die Beweglichkeit durch die zirkuläre Brustkorbverspannung (Rippen und Brustbein) insgesamt behindert. Die Facetten im lumbalen Bereich sind überwiegend sagittal ausgerichtet, d.h., die Möglichkeiten der Rotationsbewegungen sind hierdurch erheblich eingeschränkt.

Funktionelle Anatomie

Zwei Wirbel mit der dazugehörigen Bandscheibe und den in den Zwischenwirbellöchern austretenden Nervenwurzeln werden als Bewegungssegment bezeichnet *(Syn. 126, S. 295).*

Funktionelle Anatomie

Zwei Wirbel mit der dazugehörigen Bandscheibe und den in den Zwischenwirbellöchern austretenden Nervenwurzeln werden als **Bewegungssegment** bezeichnet (vgl. *Synopsis 126, S. 295).* Die Wirbelsäule ist in der Regel aus insgesamt 25 Bewegungssegmenten aufgebaut. Die größte Mobilität des Rückens besteht im Bereich der kranialen Halswirbelsäule und im Bereich der kaudalen Lendenwirbelsäule. Obgleich die Mobilität der einzelnen Bewegungssegmente nur wenige Grade beträgt, ergibt die Summation eine ausgeprägte Rumpfmobilität. Siehe hierzu *Synopsis 127.* Kontorsionisten (Schlangenmenschen) trainieren von Kindheit an die Mobilität ihrer Wirbelsäule in die Extension (Kautschuk-Artisten) oder in die Flexion (Klischnigg-Akrobaten, benannt nach dem Artisten E.Klischnigg, 19. Jahrh.). Kontorsionisten können in der Kombination der Flexion und Extension den Bewegungsumfang von über 360 Grad erreichen. Die physiologischen Bewegungsausmaße der Wirbelsäule sind in *Synopsis 127* dargestellt.

Muskulatur des Rumpfes

Die Rumpfmuskulatur ist die kräftigste Muskulatur des Menschen. Auch die Bauchmuskulatur ist bedeutsam für die Wirbelsäule und für die Beckenaufrichtung *(Syn. 128, S. 297).*

Muskulatur des Rumpfes

Die Rumpfmuskulatur ist die kräftigste Muskulatur des Menschen. Sie ist vielfach untergliedert. Im Bereich der Hals- und Lendenwirbelsäule sind Muskelgruppen ventral der Wirbelsäule angeordnet, dorsal zieht über den gesamten Verlauf die kräftige Rückenstreckmuskulatur, die zum Teil intersegmental, zum Teil als lange Rückenmuskulatur angelegt ist. Ansatzpunkte dieser Muskulatur sind die Dornfortsätze, die Wirbelbögen und die Querfortsätze. Auch die Bauchmuskulatur ist von großer Bedeutung für die Verspannung des Rumpfes, insbesondere zur Beckenaufrichtung *(Syn. 128, S. 297).*

Synopsis 126: Bewegungssegment nach Junghans:
Zwei aneinander grenzende Wirbel mit der dazugehörigen Bandscheibe und dem durch das Foramen intervertebrale austretenden Spinalnerven werden als Bewegungssegment bezeichnet.

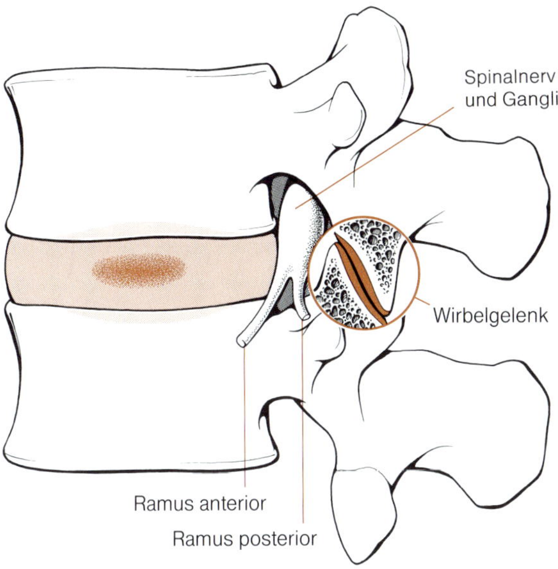

Beachte die Aufteilung des Spinalnervens distal des Spinalganglions in den die dorsalen Wirbelsäulenstrukturen versorgenden Ramus posterior und den Ramus anterior, der als Interkostal- oder Extremitätennerv sich fortsetzt.

Neuroanatomie

Das Rückenmark ist Teil des zentralen Nervensystems. Die erste Nervenwurzel tritt zwischen Hinterhaupt und erstem Halswirbel aus. Zwischen dem 7. Halswirbel und dem 1. Brustwirbel verläßt die 8. zervikale Nervenwurzel durch das Foramen intervertebrale den Rückenmarkskanal. **Das Rückenmark endet beim Erwachsenen in Höhe des 1.-2. Lendenwirbels.** Distal davon ziehen in der Cauda equina die lumbalen und sakralen Nervenwurzeln zu den entsprechenden Foramina intervertebralia. Affektionen im Bereich der Foramina verursachen eine radikuläre Symptomatik mit segmentalen Sensibilitätsausfällen, Paresen und Reflexausfällen der Muskelgruppen, die von der entsprechenden Wurzel versorgt werden. Eine zentrale Kompression der Cauda führt zur Cauda-Symptomatik *(S. 334)*, eine Kompression im Bereich des Rückenmarks dagegen zum Ausfall der langen Leitungsbahnen.

Neuroanatomie

Das Rückenmark endet beim Erwachsenen in Höhe des 1. bis 2. Lendenwirbels. Distal davon ziehen in der Cauda equina die Nervenwurzeln zu den Foramina intervertebralia.

Synopsis 127: Gesamtmobilität der Wirbelsäule:
Obgleich der thorakale Abschnitt der Wirbelsäule die meisten Bewegungssegmente aufweist, ist bedingt durch den Brustkorb die Gesamtbeweglichkeit dort am geringsten. In der statisch am wenigsten belasteten Halswirbelsäule besteht die größte Mobilität, insbesondere in den kranialen Segmenten.

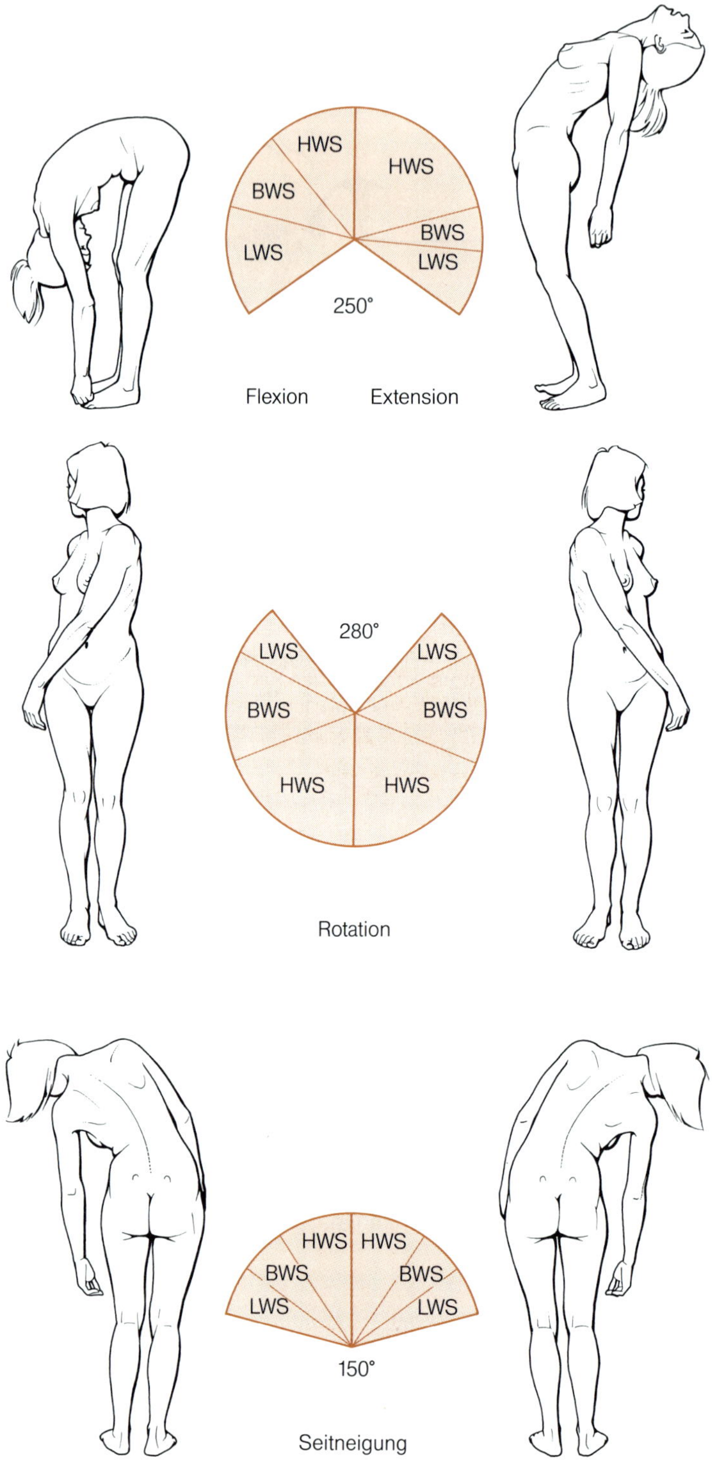

Synopsis 128:
Die gerade und schräge **Bauchmuskulatur** sowie der Musculus iliopsoas bewirken die **Beckenaufrichtung.** Die Lordose der Lendenwirbelsäule wird durch Anspannen der Bauchmuskulatur vermindert, durch den Musculus iliopsoas hingegen verstärkt.

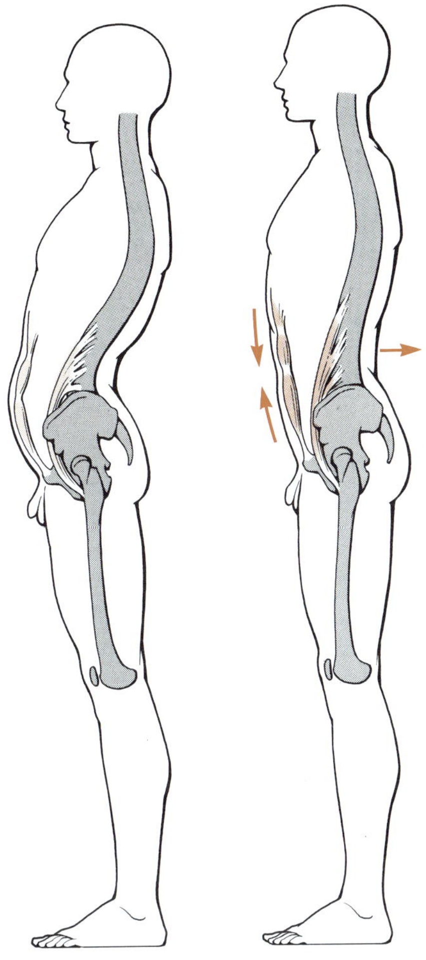

1.2 Untersuchung der Wirbelsäule

Die Inspektion des Rückens sollte grundsätzlich am entkleideten Patienten erfolgen. Dies ermöglicht die Beurteilung der Symmetrie der Rumpfkonturen sowie der Harmonie bei Bewegungen des Rumpfes. Die Gestalt des Menschen ergibt sich aus seiner Wirbelsäulenform. Am Rücken ist es wichtig, die Stellung des Beckens mit zu beurteilen. Beinverkürzungen sollten durch entsprechende Brettchenunterlage ausgeglichen werden, damit die Basis der Wirbelsäule für die Untersuchung horizontalisiert wird *(S. 127)*. Geachtet wird auf die Stellung der Dornfortsätze, der Schultern, der Taille (wichtige Kriterien zur Beurteilung der Rückensymmetrie) sowie auf Thoraxdeformitäten. Beurteilungsgrundlage ist die Symmetrie. Die Beweglichkeit der Wirbelsäule kann global oder durch entsprechende manuelle Untersuchungstechniken segmental überprüft werden. Hervorzuheben als klinische und gutachterliche Parameter sind der Finger-Boden-Abstand bei Vorneigung sowie das **Schober-Zeichen** im Bereich der Lendenwirbelsäule und das **Ott-Zeichen** im Bereich der Brustwirbelsäule (siehe orthopädische Diagnostik, *Seite 36)*. Bei akuten Prozessen kann die Mobilitätsuntersuchung nur sehr vorsichtig durchgeführt werden. Die schmerzreflektorisch eingeschränkte Beweglichkeit läßt hierbei Rückschlüsse auf die Lokalisation der betroffenen Wirbelsäulenstrukturen zu.

1.2 Untersuchung der Wirbelsäule

Die Gestalt des Menschen ergibt sich aus seiner Wirbelsäulenform. Bei der Untersuchung des entkleideten Patienten sollten Beinverkürzungen durch Brettchenunterlage ausgeglichen werden, um eine **Geradstellung des Beckens** zu erreichen. Geachtet wird auf die Dornfortsätze, das Schulterrelief, die Taille sowie auf Thoraxdeformitäten. Die Beurteilungsgrundlage ist die Symmetrie. Die Mobilität wird global oder durch manuelle Untersuchungstechniken auch segmental überprüft. Gutachterlich wichtig ist der Finger-Boden-Abstand, das **Schober-Zeichen** und das **Ott-Zeichen** (orthop. Diagnostik, *S. 36)*. Bei akuten Prozessen ist die Mobilität der betroffenen Bewegungssegmente herabgesetzt.

Merke ▶

Merke. Zur Wirbelsäulenuntersuchung gehört aus differentialdiagnostischen Gründen eine klinische Untersuchung der Hüftgelenke sowie die Beobachtung des Patienten beim Gehen.

Eine strangartige Tonussteigerung der Muskulatur wird als Hartspann, Knötchen im Verband der Muskulatur als Myogelosen bezeichnet.

Der Zustand des Subkutangewebes sowie der Muskulatur lassen sich palpatorisch erfassen. Eine strangartige Tonussteigerung der Muskulatur wird als Hartspann, Knötchen im Verband der Muskulatur als Myogelosen bezeichnet. Letztere lassen sich auch durch Dehnung in Narkose nicht lösen.

Neurologische Untersuchung
An den Extremitäten werden Sensibilitätsdefizite, der Reflexstatus sowie die Muskelinnervation überprüft. Die für die Etagendiagnostik richtungweisenden Veränderungen

Neurologische Untersuchung. Die neurologische Untersuchung erfolgt an den Extremitäten anhand von Prüfungen der Sensibilität, des Reflexstatus und der Muskelinnervation. In Abhängigkeit von der betroffenen Nervenwurzel ergibt sich hierbei eine unterschiedliche Symptomatologie. Die für die Etagendiagnostik richtungweisenden Veränderungen sind in *Synopsis 129* dargestellt.

Synopsis 129: Neurologische Etagendiagnostik an der Hals- und Lendenwirbelsäule:
Entsprechend des motorischen und sensiblen Anteils der Nervenwurzeln resultiert bei Schädigungen jeweils ein charakteristisches Muster. Siehe auch Kennmuskeln Seite 37, Tabelle 2.

Nervenwurzel	Reflexabschwächung	Sensibilitätsdefizit	Parese
C 5	Bizepssehne	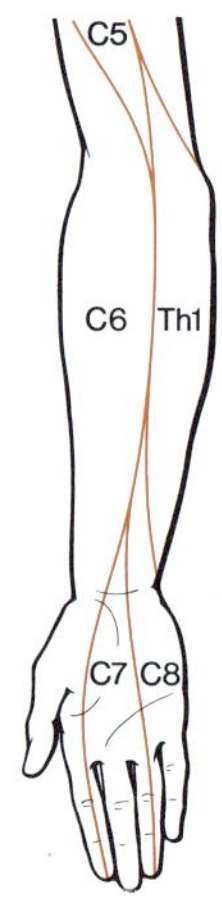	Ellenbogenbeuger
C 6	Radiusperiost		Bizeps/Handstrecker
C 7	Trizepssehne		Trizeps/Handbeuger
C 8	Trömnerzeichen ≙ Fingerbeugereflex		Fingerbeuger/-strecker
L 4	Patellarsehne	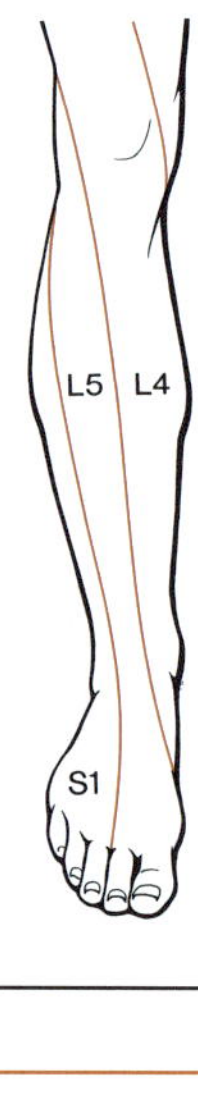	Quadrizeps/Tibialis anterior
L 5	Tibialis-posterior-Sehne		Fußheber/Großzehenstrecker
S 1	Achillessehne		Fußsenker/Glutaeus maximus

Synopsis 130:
Bei der **Lasègue-Prüfung (a)** wird das im Kniegelenk gestreckte Bein passiv angehoben. Hierdurch kommt es zur Dehnung des Nervus ischiadicus. Die Lasègue-Prüfung dient zur Quantifizierung der Ischialgie und ist das wichtigste diagnostische Kriterium beim Diskusprolaps. (Werden erst bei 70 Grad Beugung im Hüftgelenk Schmerzen geklagt kann dies auch durch eine Verkürzung der Beugemuskulatur bedingt sein.) Die zusätzliche Dorsalextension im oberen Sprunggelenk **(Bragard-Zeichen, b)** führt zur Schmerzverstärkung.

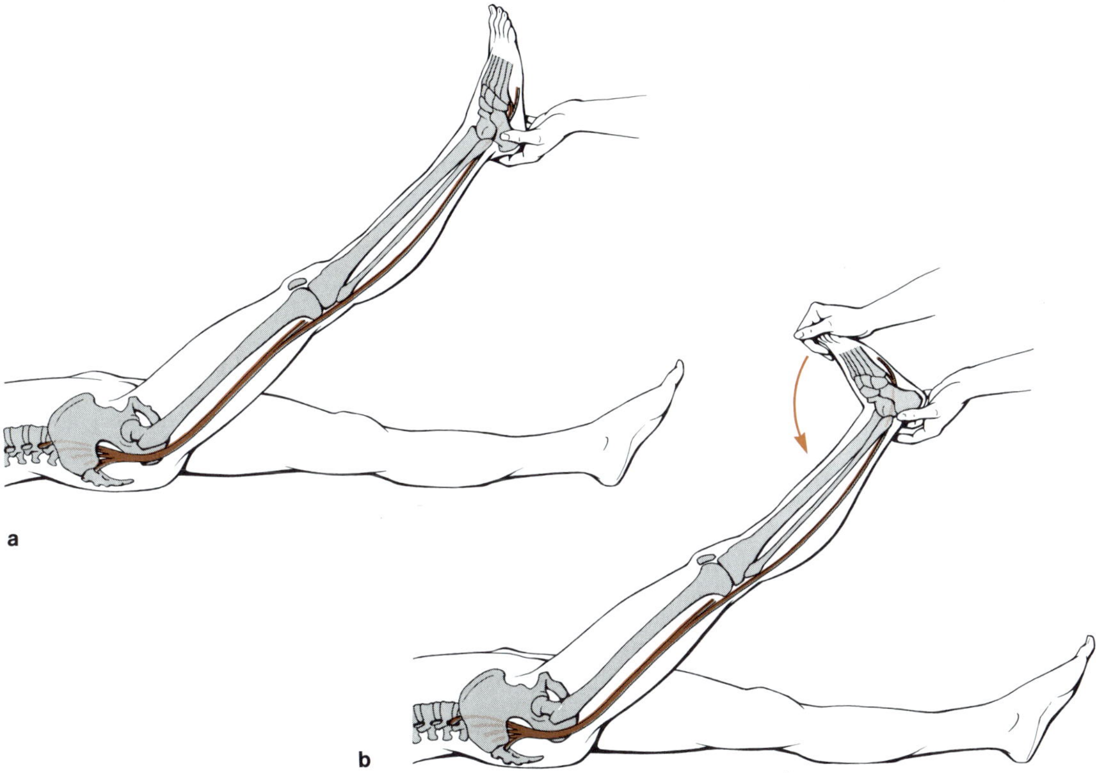

Im Bereich der unteren Extremität kann durch die Prüfung des **Lasègue-Zeichens** eine Irritation der lumbalen Nervenwurzeln erkannt werden. Dieses Zeichen ist gut quantifizierbar und eignet sich daher besonders auch für die Verlaufsbeurteilung. Hierbei wird am liegenden Patienten das im Knie gestreckte Bein passiv in der Hüfte gebeugt. Wird in dieser Stellung zusätzlich der Fuß dorsalextendiert **(Bragard-Zeichen)** kommt es bei der **Ischialgie** zur Schmerzverstärkung (vermehrte Dehnung des Nervus ischiadicus, *Syn. 130)*. Zur weiteren neurologischen Differenzierung dient die **elektromyographische Untersuchung.** Mit ihr gelingt es, die Innervation der Muskulatur zu analysieren *(S. 38)*. Ziel der elektromyographischen Untersuchung ist es, frische von alten Nervenwurzelläsionen zu unterscheiden und periphere Neuropathien (z.B. diabetische Polyneuropathie) von Muskelerkrankungen (z.B. progressive Muskeldystrophien) abzugrenzen.

sind in *Synopsis 129* dargestellt.
Das Lasègue-Zeichen (passive Hüftbeugung bei gestrecktem Kniegelenk) erlaubt eine Quantifizierung der Ischialgie. Als **Bragard-Zeichen** wird die zusätzliche Dorsalextension des Fußes bezeichnet *(Synopsis 130)*. Weiterführende neurologische Diagnostik durch die **elektromyographische Untersuchung.** Hierbei werden frische und alte Nervenwurzelläsionen sowie periphere Neuropathien und Muskelerkrankungen differenziert.

Merke die Grundregel. Eine periphere Neuropathie zeigt eine pathologische Nervenleitgeschwindigkeit. Eine Muskelerkrankung zeigt hingegen eine normale Leitgeschwindigkeit, da der Nerv gesund ist.

◀ **Merke die Grundregel**

Radiologische Untersuchung
Wenn Wirbelsäulenbeschwerden über 1 Woche andauern, ist die radiologische Abklärung indiziert, welche durch die Darstellung der betroffenen Wirbelsäulenregion **in zwei Ebenen** erfolgt. Statische Veränderungen werden anhand von **Standaufnahmen** beurteilt. Zum Teil sind hierzu **Wirbelsäulenganzaufnahmen** notwendig. Beinlängenunterschiede werden vorher durch Brettchenunterlage, wie bei der klinischen Untersuchung, ausgeglichen. Bei der Halswirbelsäule werden mit 45 Grad Schrägaufnahme die **Foramina intervertebralia** dargestellt. In gleicher Technik lassen sich die Interartikularportionen (Zwischengelenkstücke, *S. 306)* im Bereich der Lendenwirbelsäule beurteilen.
Die **Funktionsaufnahmen** demonstrieren die Mobilität der Wirbelsäule. Sie werden insbesondere bei (post-)traumatischen Zuständen sowie bei degenerativen Instabilitäten angewandt.

Schichtuntersuchungen werden zur Beurteilung der Knochenbinnenstruktur durchgeführt. Bei der **Myelographie** werden durch Applikation eines jodhaltigen Kontrastmittels intradurale Einengungen des Duralsackes und der abgehenden Nervenwurzel sichtbar.

Das **Computertomogramm** hat in der Standarddiagnostik des Diskusprolapses die Myelographie ersetzt. Die **Kernspintomographie** wird insbesondere für die Differenzierung intraduraler Veränderungen herangezogen.

Die **Szintigraphie** ist hilfreich in der Lokalisation und Differentialdiagnostik destruierender Prozesse.

Andere diagnostische Verfahren
Die BKS ist die wichtigste Laboruntersuchung (bei Entzündungen beschleunigt, bei Degenerationen nicht). In Abhängigkeit von der Fragestellung sind weitere differenzierte Laboruntersuchungen notwendig. Mit Hilfe von geschlossenen **Wirbelpunktionen** können mit einer Wahrscheinlichkeit von 50–80% unklare Wirbelsäulenveränderungen abgeklärt werden. Selten ist die **Probevertebrotomie** (offene Probeentnahme) notwendig.

Radiologische Untersuchung. 75% der Schmerzsyndrome an der Wirbelsäule bilden sich innerhalb von 1 Woche spontan zurück. Wenn eine Beschwerdesymptomatik an der Wirbelsäule länger als 1 Woche anhält, ist die radiologische Untersuchung indiziert. Abhängig von der Fragestellung kommen unterschiedliche Einstelltechniken zur Anwendung. In der Routinediagnostik wird die Wirbelsäulenregion in zwei Ebenen dargestellt. Veränderungen der Wirbelsäulenstatik werden anhand von **Standaufnahmen** beurteilt. Oft ist die Abbildung der gesamten Wirbelsäule **(Wirbelsäulenganzaufnahme)** sinnvoll. Beinlängenunterschiede sollten vorher durch Brettchenunterlage ausgeglichen werden. Zur Verringerung der Strahlenbelastung der Mammae werden bevorzugt Aufnahmen im posterior-anterioren Strahlengang (Röntgenkassette ventral anliegend) durchgeführt.

Zur Darstellung der **Foramina intervertebralia,** den Austrittsorten der Nervenwurzeln aus dem Rückenmarkskanal, werden Schrägaufnahmen im Bereich der Halswirbelsäule mit einem um 45 Grad gekippten Zentralstrahl angefertigt. Im Bereich der lumbalen Wirbelsäule werden die Interartikularportionen (Zwischengelenkstücke *S. 306)* mit der gleichen Röntgeneinstellung beurteilt.

Funktionsaufnahmen kommen insbesondere im Bereich der Hals- und Lendenwirbelsäule zur Anwendung. Mit Hilfe dieser Aufnahmen in maximaler Vor- und Rückneigung kann die Mobilität der Wirbelsäule röntgenologisch überprüft werden. Insbesondere bei (post-)traumatischen Zuständen (Zerreißung von Kapselbandstrukturen) und degenerativen Instabilitäten sowie in der Begutachtung werden Funktionsaufnahmen benötigt, um Änderungen der segmentalen Beweglichkeit näher zu beschreiben.

Schichtuntersuchungen (Tomographien im anterior-posterioren und seitlichen Strahlengang) können insbesondere zur Beurteilung der Knochenbinnenstruktur angewandt werden *(S. 341).* Bei der **Myelographie** wird ein jodhaltiges Kontrastmittel im Bereich der lumbalen Wirbelsäule intradural instilliert. Sie ermöglicht die Beurteilung von Einengungen des Duralsackes und der abgehenden Nervenwurzeln. Vorteilhaft bei der Myelographie ist die Darstellung mehrerer Bewegungssegmente in einem Untersuchungsgang und die Möglichkeit der Funktionsuntersuchung *(S. 337).*

Die **Computertomographie** hat heute in der Standarddiagnostik des Diskusprolapses die Myelographie als nichtinvasives Verfahren ersetzt *(S. 331).* Die **Kernspintomographie** ist insbesondere für die Darstellung von intraduralen Veränderungen geeignet *(S. 301).* Auch die mit anderen Verfahren nur schwierig darzustellenden Veränderungen des Halsmarkes sind kernspintomographisch differenzierbar.

Die **Szintigraphie** ist in der Lokalisation und Differentialdiagnostik von destruierenden Prozessen unentbehrlich (Entzündungen; Tumorlokalisationen, insbesondere bei der Metastasensuche, *S. 342).* Sie kann durch Mehranreicherung Läsionen anzeigen, die sich anderen Verfahren noch entziehen.

Andere diagnostische Verfahren. Die wichtigste Laboruntersuchung ist die Bestimmung der BKS. Während bei entzündlichen und tumorösen Erkrankungen eine BKS-Beschleunigung in der Regel besteht, zeigen degenerative Erkrankungen diese nicht. Bei der Differentialdiagnose von entzündlichen und neoplastischen Veränderungen sind weitere differenzierte Laboruntersuchungen angezeigt (s. orthopädische Diagnostik). Kann durch die oben genannten diagnostischen Verfahren keine definitive Diagnosestellung herbeigeführt werden, besteht die Möglichkeit der **Wirbelpunktion.** Diese kann im Regelfall als geschlossene Punktion durchgeführt werden. Ihre Aussagefähigkeit beträgt ca. 50–80%. Insbesondere bei der Differentialdiagnostik von entzündlichen und tumorösen Veränderungen ist diese Untersuchung von Bedeutung. Neben der histologischen Aufarbeitung des gewonnenen Materials kann dieses auch bakteriologisch untersucht werden. Nur in seltenen Fällen ist eine **Probevertebrotomie** (offene Probeentnahme) notwendig.

1.3 Wirbelsäulenfehlbildungen

Die kongenitalen Wirbelsäulenveränderungen werden differenziert in **Dysrhaphien** (fehlender Schluß der Wirbelanlage dorsal, seltener auch ventral, von rhaphe=griech. die Naht), **Segmentationsstörungen** (komplett oder inkomplett; ventral oder dorsal) sowie **Formationsstörungen.** Da diese Veränderungen in unterschiedlichen Bereichen der Wirbelsäule und vielfach sogar miteinander kombiniert auftreten, ist die Anzahl der zu beobachtenden Varianten groß. Von klinischer Bedeutung ist, ob die Wirbelsäulenfehlbildung mit einer Fehlbildung des Zentralnervensystems einhergeht und ob sie eine statische Deformität der Wirbelsäule verursacht und sich diese durch das weitere Wachstum verschlimmert.

1.3 Wirbelsäulenfehlbildungen

Die kongenitalen Wirbelsäulenveränderungen werden differenziert in Dysrhaphien, Segmentationsstörungen sowie Formationsstörungen. Wichtig für die klinische Bedeutung kongenitaler Wirbelsäulenveränderungen sind begleitende Fehlbildungen des zentralen Nervensystems sowie das Ausmaß der statischen Deformität und deren weitere Progression während des Wachstums.

1.3.1 Basiläre Impression

Definition. Verschiebung der Halswirbelsäule nach kranial, so daß die Densspitze in Höhe des Foramen magnum oder kranial davon lokalisiert ist.

Ätiologie. Die **primäre basiläre Impression** ist eine **zervikookzipitale Fehlbildung.** Bei neoplastischen und entzündlich destruktiven Prozessen (z.B. chronische Polyarthritis) kann die Zerstörung der Hinterhauptsgelenke zur **Kranialisation der Halswirbelsäule** führen **(sekundäre basiläre Impression).**

Klinik und Diagnose. Schwindel- und Nackenkopfschmerzen charakterisieren diese Erkrankung. Die Mobilität der Halswirbelsäule ist meist eingeschränkt, wenn nicht eine kompensatorische Überbeweglichkeit der mittleren und unteren Halswirbelsäulensegmente besteht.

Röntgenologisch sind auf Grund der Überlagerung der Knochenstrukturen in diesem Bereich die Standardaufnahmen schwierig zu beurteilen. **Tomographien,** insbesondere im seitlichen Strahlengang, verbessern die Abbildung. In optimaler Weise ist die **Kernspintomographie** geeignet, diese Veränderungen darzustellen.

Differentialdiagnostisch kann eine Schädigung des kaudalen Hirnstamms auch durch eine **Arnold-Chiari-Fehlbildung** hervorgerufen sein. Hierbei sind Teile des Inhaltes der hinteren Schädelgrube in den zervikalen Spinalkanal verlagert. Bei den meisten Kindern mit dieser Mißbildung liegt gleichzeitig ein Hydrocephalus internus vor.

Therapie. Die Therapie ist abhängig von der klinischen Symptomatik. Bei intermittierenden Beschwerden kann durch eine Halsorthese äußerlich stabilisiert werden, ansonsten ist die operative Therapie angezeigt. Mögliche Operationsverfahren sind die Erweiterung des Foramen magnum, die Spondylodese C 0 bis C 2 (Hinterhaupt bis zum 2. Halswirbel), evtl. kombiniert mit einer Abtragung der Dens-Spitze vom vorderen Zugang aus.

Klinisches Beispiel. Eine 70jährige Patientin leidet seit 12 Jahren an einer primär chronischen Polyarthritis. Der endoprothetische Ersatz beider Hüft- und Kniegelenke war wegen einer vollständigen Gelenkdestruktion bereits durchgeführt worden. Seit einem halben Jahr klagt sie über heftigste Nackenschmerzen. Vor der stationären Aufnahme kommt es in der Straßenbahn zum plötzlichen Bewußtseinsverlust für mehrere Minuten. Zunächst wurde die Patientin in einer internen Klinik durchuntersucht. Eine medikamentöse Therapie wegen Herzrhythmusstörungen wurde eingeleitet, weitere Synkopen traten auf. Bei der Untersuchung war die Beweglichkeit der oberen Halswirbelsäule vollständig aufgehoben. Das Röntgenseitbild zeigt die Kranialisation der Halswirbelsäule sowie einen deutlich vermehrten Abstand zwischen vorderem Atlasbogen und Dens (Hinweis für entzündliche Destruktion des Ligamentum transversum).
In der zur Verdeutlichung nachgezeichneten *(Abb. 69)* Kernspintomographie zeigt sich, daß die Dens-Spitze auf dem Niveau des Foramen magnum liegt. Die Medulla oblongata wird durch den nach kranial und dorsal verschobenen Dens hochgradig eingeengt.

Diagnose: Sekundäre basiläre Impression mit atlantoaxialer Instabilität bei chronischer Polyarthritis.

1.3.1 Basiläre Impression

◀ **Definition**

Ätiologie
Die **primäre basiläre Impression** ist eine **zervikookzipitale Fehlbildung.** Die **sekundäre basiläre Impression** entsteht durch Zerstörung der Hinterhauptsgelenke.

Klinik und Diagnose
Schwindel und Nackenkopfschmerz bei eingeschränkter Mobilität der kranialen Halswirbelsäule sind charakteristisch. In optimaler Weise stellt die Kernspintomographie die basiläre Impression dar.

Differentialdiagnostisch kann bei Kindern mit Hydrocephalus internus eine kaudale Verlagerung des Kleinhirns vorliegen **(Arnold-Chiari-Fehlbildung).**

Therapie
Entsprechend der klinischen Symptomatik ergibt sich die Indikationsstellung zur Erweiterung des Foramen magnum, zur Spondylodese C 0 bis C 2, eventuell kombiniert mit einer Abtragung der Dens-Spitze vom ventralen Zugang.

◀ **Klinisches Beispiel**

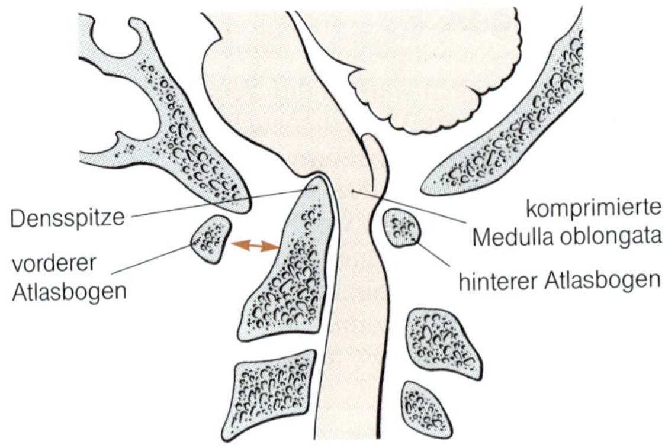

Abb. 69: Sekundäre basiläre Impression bei gleichzeitiger atlanto-axialer Instabilität bei chronischer Polyarthritis. Beachte den Denshochstand sowie die vergrößerte Distanz zwischen Dens und vorderem Atlasbogen.

1.3.2 Klippel-Feil-Syndrom

Definition ▶

Klinik
Der verkürzte Hals ist bewegungseingeschränkt. Wichtig ist die Differentialdiagnose zum muskulären Schiefhals.

1.3.2 Klippel-Feil-Syndrom

Definition. Dysostose *(S. 106)* mit klinisch auffälligem Kurzhals, bedingt durch Blockbildung mehrerer Halswirbel. Die Fehlbildung kann sich bis in die obere Brustwirbelsäule fortsetzen und ist oftmals mit anderen Fehlbildungen kombiniert (z.B. Diastematomyelie).

Klinik. Im Vordergrund steht die Bewegungseinschränkung des verkürzten Halses. Diese Fehlbildung kann mit einem muskulären Schiefhals verwechselt werden, weshalb zur Differentialdiagnose des muskulären Schiefhalses die Röntgenuntersuchung der Halswirbelsäule erfolgen sollte.

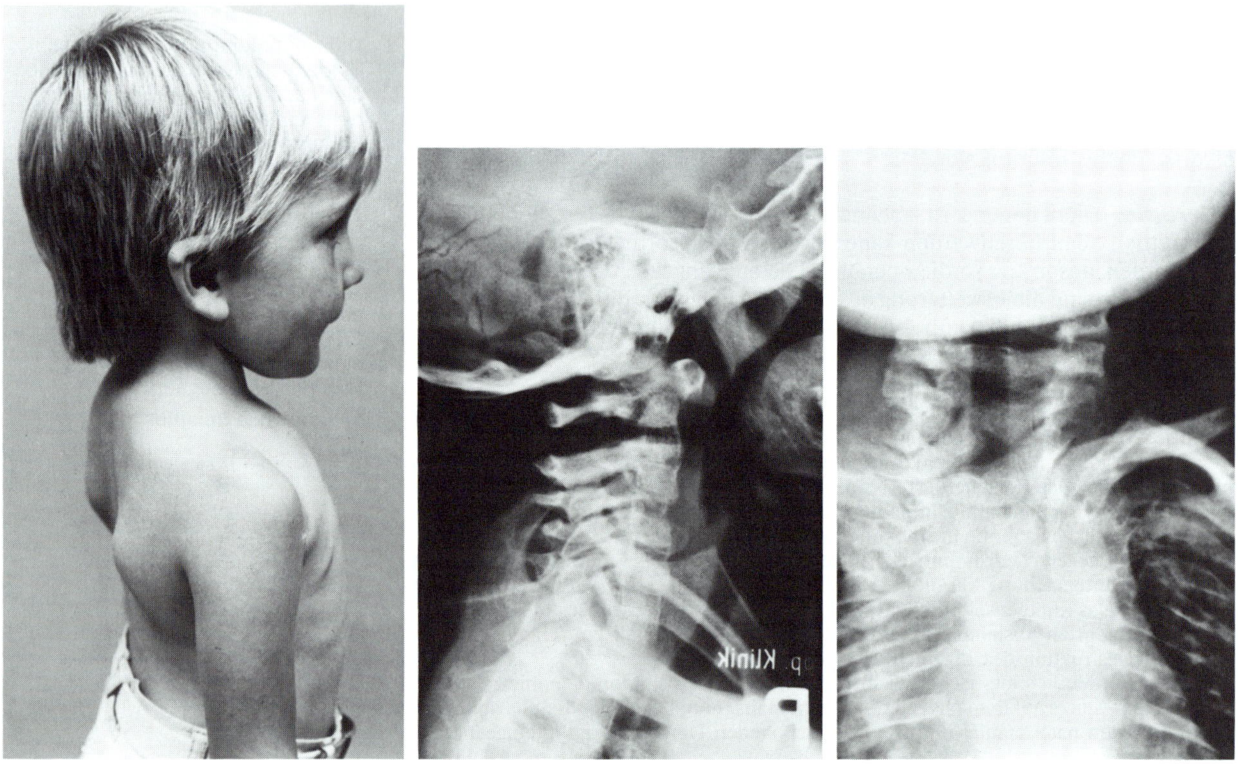

Abb. 70: Klippel-Feil-Syndrom bei einem 6jährigen Jungen. Fusion mehrerer Halswirbel und komplexe Fehlbildung im Bereich der kranialen Brustwirbelsäule. Die Beweglichkeit der Halswirbelsäule ist zur Hälfte eingeschränkt, Kurzhals. Ansonsten besteht ein klinisch unauffälliger Befund.

Diagnose. Das Klippel-Feil-Syndrom ist in der Regel schon aus dem Erscheinungsbild zu erkennen. Das Ausmaß der knöchernen Fehlbildung zeigen die Röntgenaufnahmen der Halswirbelsäule. Neben der Blockwirbelbildung bestehen oft weitere Fehlbildungen *(Abb. 70)*. Bei begleitenden Kyphosen und Skoliosen kann es schwierig sein, die Fehlbildung röntgenologisch in ihrer Komplexität darzustellen.

Diagnose
Das Klippel-Feil-Syndrom ist bereits am Erscheinungsbild zu erkennen. Neben Blockwirbelbildungen bestehen oft weitere Fehlbildungen *(Abb. 70)*.

Therapie. Eine ursächliche Therapiemöglichkeit besteht nicht. Die Behandlung orientiert sich am Ausmaß der Skoliose bzw. Kyphose und die dadurch bedingten Störungen der Wirbelsäulenstatik (s. Abschnitte Skoliose/Kyphose).

Therapie
Eine ursächliche Therapiemöglichkeit besteht nicht. Die Behandlung orientiert sich an statischen Veränderungen.

1.3.3 Os odontoideum

1.3.3 Os odontoideum

Definition. Isolierter Knochenkern proximal des Axiskörpers.

◀ Definition

Klinik. Diese Störung der Ossifikation in der Dens-Anlage ist meist ohne klinische Bedeutung. Sie ist bedingt durch die ausbleibende Verschmelzung der von mehreren Ossifikationszentren ausgehenden Dens-Anlage.

Wichtig ist diese Störung in der **Differentialdiagnostik** der lebensbedrohlichen **Dens-Fraktur** und **Dens-Pseudarthrose.** Im Gegensatz zu diesen Erkrankungen stellt sich das Os odontoideum röntgenologisch abgerundet dar. Vergleiche *Synopsis 131.*

Klinik
Diese Ossifikationsstörung der Dens-Anlage ist ohne klinische Bedeutung. Sie ist wichtig für die radiologische **Differenzierung** zur **Dens-Fraktur** bzw. **Dens-Pseudarthrose** *(Syn. 131)*.

Synopsis 131: Os odontoideum.
Zwischen dem Dens und dem 2. Halswirbelkörper ist eine Verknöcherung ausgeblieben.

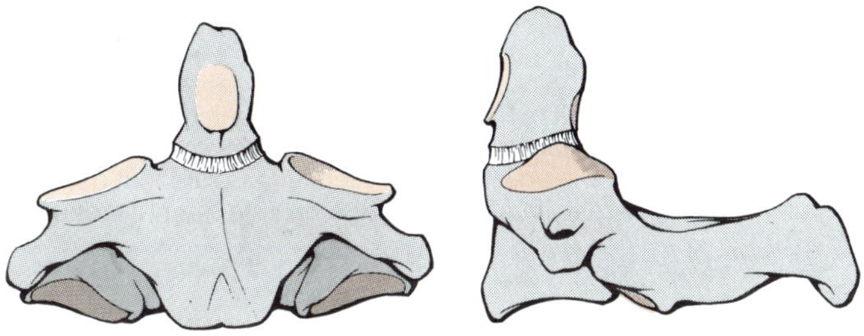

1.3.4 Segmentationsstörungen

1.3.4 Segmentationsstörungen

Definition. Fehlende Trennung der Wirbelanlage im ventralen oder dorsalen Bereich der Wirbelsäule.

◀ Definition

Klinik. Segmentationsstörungen können im gesamten Bereich der Wirbelsäule auftreten. Der entsprechende Wirbelsäulenabschnitt ist unbeweglich. Die angrenzenden Segmente entwickeln eine kompensatorische, im Erwachsenenalter teils schmerzhafte Hypermobilität. Dementsprechend ist vor allem ein mehrsegmentaler Befall klinisch bedeutsam. Isolierte ventrale Segmentationsstörungen können durch das weitere Wachstum dorsaler Strukturen eine Kyphose, Segmentationsstörungen der dorsalen Strukturen eine Lordose des entsprechenden Wirbelsäulenabschnittes verursachen. Unilaterale Segmentationsstörungen sind prognostisch sehr ungünstig, da sie zu progredienten, gegenseitig konvexen Skoliosen führen.

Klinik
Das betroffene Wirbelsäulensegment ist unbeweglich. Dadurch entsteht eine zum Teil schmerzhafte Hypermobilität der angrenzenden Wirbelsäulenabschnitte. Ventrale Segmentationsstörungen können eine Kyphose, dorsale Segmentationsstörungen eine Lordose im Wachstum bewirken. Bei unilateralen Segmentationsstörungen entstehen oft schwere Skoliosen.

Klinisches Beispiel ▶

Klinisches Beispiel. 5jähriges Mädchen mit einer komplexen Wirbelsäulenfehlbildung. Die distal-thorakalen und lumbalen Wirbelbögen fehlen (Spina bifida aperta). Der 8. bis 12. Brustwirbel sind dorsal/unilateral fusioniert (»unsegmented bar«, *Abb. 71).* Trotz dieser hochgradigen knöchernen Wirbelsäulenveränderungen hat das Mädchen nur eine geringe neurologische Ausfallssymptomatik, so daß mit einer Innenschuhversorgung ein weitgehend unauffälliges Gangbild besteht.Die Korsettversorgung konnte die Progredienz der Skoliose nicht aufhalten, so daß nach vorausgehender Traktionsbehandlung eine dorsale Spondylodese durchgeführt wurde.

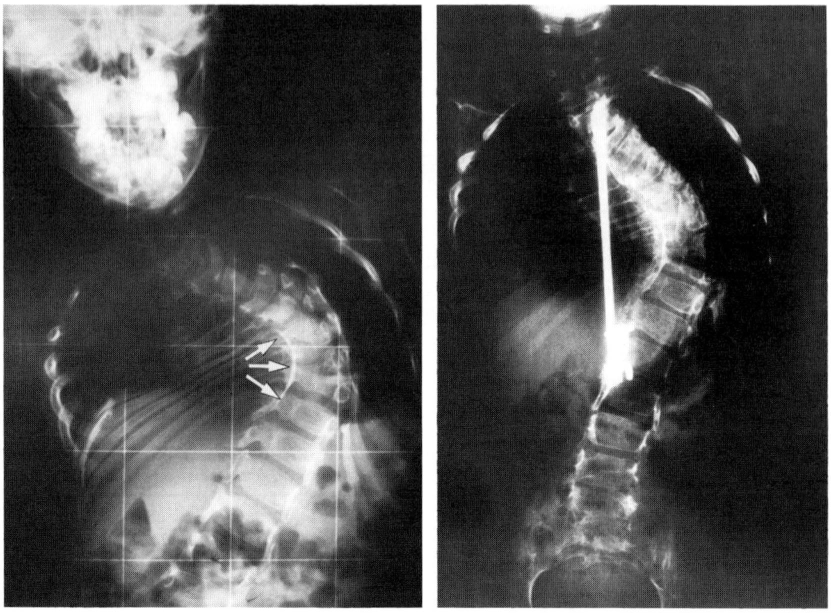

a b

Abb. 71: 5jähriges Mädchen mit rechtsseitigem Unsegmented bar im Bereich der unteren Brustwirbelsäule bei gleichzeitiger Spina bifida aperta der unteren Brust- und Lendenwirbelsäule **(a).** Die unilaterale Verblockung verursacht das hochgradige Fehlwachstum, weshalb bereits im Alter von 5 Jahren eine Spondylodese durchgeführt wurde **(b).**

1.3.5 Hypoplasie und Aplasie der Wirbelstrukturen

Definition ▶

Klinik
Bedeutsam sind alle Veränderungen, die die Wirbelsäulenstatik beeinträchtigen. Am häufigsten werden Halbwirbel beobachtet *(Syn. 141, S. 327).* Bei komplexen Fehlbildungen ist oft eine Kompensation vorhanden.
Zum Teil können auch ganze Wirbelsäulenabschnitte nicht angelegt sein, wie z.B. beim kaudalen Regressionssyndrom.

1.3.6 Dysrhaphie
(Synonym. Spina bifida aperta) siehe *Seite 257* und *Synopsis 132.*

1.3.5 Hypoplasie und Aplasie der Wirbelstrukturen

Definition. Unterentwicklung oder Fehlen einzelner Strukturen der Wirbelsäule. Die Deformität wird nach der Lokalisation und dem Ausmaß der minderentwickelten oder fehlenden Strukturen benannt.

Klinik. Bedeutsam sind alle Hypoplasien oder Aplasien, die zu Veränderungen der Wirbelsäulenstatik führen. Am häufigsten werden Halbwirbel beobachtet *(Syn. 141, S. 327).* Bei komplexen Fehlbildungen ist oft eine gegenseitige Kompensation des Fehlwachstums vorhanden. Im Extremfall können auch ganze Wirbelsäulenabschnitte nicht angelegt sein, wie z.B. beim kaudalen Regressionssyndrom. Hierbei ist die Klinik durch die begleitende angeborene Querschnittslähmung bestimmt. Kompliziert wird die Behandlung bei diesen Patienten durch die begleitenden hochgradigen Knie-und Hüftbeugekontrakturen, die die notwendige Apparateversorgung erschweren.

1.3.6 Dysrhaphie

Synonym: Spina bifida aperta *(siehe Seite 257* und *Synopsis 132).*

Synopsis 132: Spaltbildungen im Bereich der Wirbelsäule:
1 Bogenwurzel
2 Interartikularportion (Spondylolyse)
3 Lamina
4 Dornfortsatz (Spina bifida)

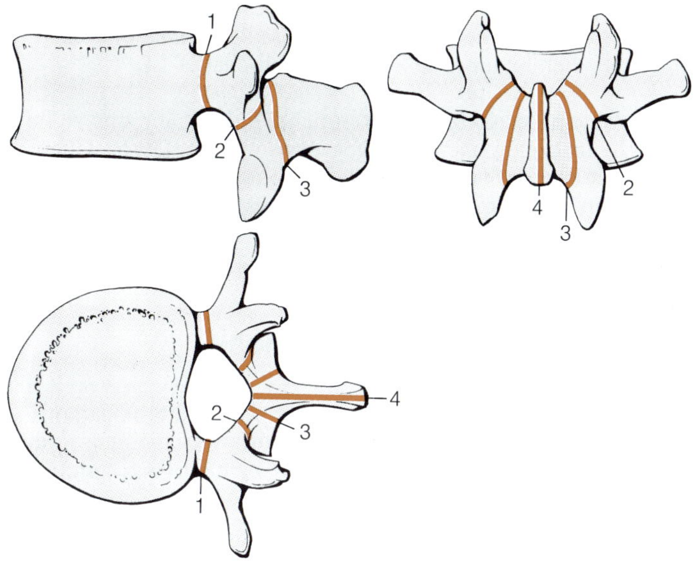

1.3.7 Spina bifida occulta

Definition. Ausbleibender knöcherner Bogenschluß, meist lumbosakral bei knorpelig geschlossenem Rückenmarkkanal.

Ätiologie. Durch enchondrales Wachstum erfolgt die Ossifikation der knorpelig präformierten Wirbelbögen. Der Bogenschluß beginnt im kranialen Bereich der Wirbelsäule und setzt sich nach kaudal fort. Bei Geburt besteht noch physiologischerweise lumbosakral eine Spina bifida occulta. Die Inzidenz dieses Röntgenbefundes nimmt während der Kindheit ab. Im Erwachsenenalter besteht im Bereich des Bogens von L 5 noch bei 7% und bei S 1 in 18% eine Spina bifida occulta.

Klinik. Im Gegensatz zur Spina bifida aperta, die ätiologisch eine frühembryonale Erkrankung mit ausgeprägter klinischer Symptomatik *(siehe Seite 257)* darstellt, scheint die ausbleibende Verknöcherung der lumbosakralen Wirbelbögen ohne klinische Bedeutung zu sein.

1.3.7 Spina bifida occulta

◀ **Definition**

Ätiologie
Der knöcherne Bogenschluß erfolgt durch enchondrale Ossifikation der knorpelig präformierten Wirbelbögen. Lumbosakral erfolgt der Bogenschluß erst während des postnatalen Wachstums.

Klinik
Im Gegensatz zur Spina bifida aperta scheint der Spina bifida occulta keine klinische Bedeutung zuzukommen.

1.3.8 Diastematomyelie

Definition. Aufteilung des Rückenmarkkanales durch ein bindegewebiges Septum oder einen knöchernen Sporn.

Ätiologie. Die Diastematomyelie wird selten isoliert beobachtet. Meist bestehen begleitende Wirbelsäulendeformitäten.

1.3.8 Diastematomyelie

◀ **Definition**

Ätiologie
Die Diastematomyelie ist meist vergesellschaftet mit anderen Wirbelveränderungen.

Klinik und Diagnose
Progrediente neurologische Ausfallserscheinungen im Bereich der unteren Extremitäten sind verdächtig auf das Vorliegen einer Diastematomyelie. Der Rumpf ist deformiert. Am Rücken kann eine lokalisiert vermehrte Behaarung bestehen. Die **Myelographie** zeigt die Aufteilung des Rückenmarks. **Computertomographisch** und **kernspintomographisch** ist eine genaue anatomische Darstellung der Diastematomyelie möglich.

Therapie
Wegen der Gefahr der zunehmenden Lähmung sollte die Diastematomyelie operativ angegangen werden, insbesondere vor Korrektur einer begleitenden Fehlbildungsskoliose.

1.4 Spondylolyse/ Spondylolisthesis

Definition ▶

Ätiologie
Die Unterbrechung des Zwischengelenkstückes (Spondylolyse) entsteht postnatal. Bei Wachstumsabschluß weisen 6% der Bevölkerung eine Spondylolyse, meist beidseitig, bevorzugt im Bogen L 5, auf. Die Spondylolyse ist eine Ermüdungsfraktur des Wirbelbogens. Reklinierende Übungen verursachen die Spondylolyse, weswegen bei entsprechenden Sportarten die Spondylolyserate um ein Mehrfaches erhöht ist.

Pathogenese
Das spondylolytische Segment weist eine **erhöhte Mobilität** auf, was eine **Änderung des Segmentwachstumes bewirkt** *(Syn. 133).* Hierdurch entsteht sekundär die Spondylolisthesis. Im Erwachsenenalter kann durch degenerative Prozesse des Zwischenwirbelraumes ebenfalls eine Verschiebung der Wirbelkörper zueinander entstehen **(Pseudospondylolisthesis).** Eine Verschiebung des kranialen Wirbelkörpers wird hierbei als **Retrolisthesis** bezeichnet.

Klinik
Da die Entstehung der Spondylolyse/Spondylolisthesis **meist asymptomatisch** verläuft, erfolgt die Diagnosestellung meist als röntgenologischer Zufallsbefund. Bei höhergradigen Spondylolisthesen ist die Verschiebung des Rumpfes sichtbar (Sprungschanzenphänomen, Nervenwurzelirritationen führen zur Hüftlendenstrecksteife, *Abb. 72).*

Klinik und Diagnose. Progrediente neurologische Ausfallserscheinungen im Bereich der unteren Extremitäten, Beinverkürzungen sowie Rumpfdeformitäten und Klumpfüße sind verdächtig auf das Vorliegen einer Diastematomyelie. Am Rücken kann eine lokalisiert vermehrte Behaarung **(Hypertrichosis)** bestehen. Röntgenologisch ist die Diastematomyelie in der Nativaufnahme nur schwierig erkennbar. Die **Myelographie** zeigt die Aufteilung des Rückenmarks. Mit Hilfe der **Computertomographie** und insbesondere der **Kernspintomographie** wird diese klinisch bedeutsame Wirbelsäulenfehlbildung dargestellt, die meist mit einer Fehlbildungsskoliose vergesellschaftet ist.

Therapie. Wegen der Gefahr einer zunehmenden Lähmung sollte die Diastematomyelie frühzeitig operativ angegangen werden. Oft bestehen bereits in früher Kindheit ausgeprägte Fußdeformitäten mit hoher Rezidivneigung auch unter adäquater Therapie. Insbesondere ist dies vor der operativen Korrektur von Fehlbildungsskoliosen wichtig, da ansonsten ein hohes Risiko der intraoperativen Rückenmarksschädigung besteht.

1.4 Spondylolyse/Spondylolisthesis

Definition. Spondylolyse: Unterbrechung der Interartikularportion (vgl. *Synopsis 132, S. 305).* Spondylolisthesis: Ventralverschiebung und Verkippung des kranialen Wirbels im erkrankten Segment (sogenanntes Wirbelgleiten; siehe *Synopsis 134, S. 308).*

Ätiologie. Die Unterbrechung des Zwischengelenkstückes (Spondylolyse) wird niemals bei Geburt beobachtet. Bei Wachstumsabschluß haben ca. 6% der Bevölkerung eine Spondylolyse, die zu 80% im Bogen des 5. Lendenwirbels, zu 15% im Bogen des 4. Lendenwirbels lokalisiert ist. Die Entstehung der Spondylolyse ist selten schmerzhaft. Meist tritt sie **doppelseitig** auf. Szintigraphisch ist hierbei eine Mehrspeicherung im Sinne einer Ermüdungsfraktur sichtbar.

Bei Kindern, die Sportarten mit zyklischen, reklinierenden Übungen durchführen (Turnerinnen; Trampolinspringer; Speerwerfer; Delphinschwimmer) ist die Rate der Spondylolyse mehrfach erhöht. Kontorsionisten, die von Kindheit an die Reklination üben, haben die seltenen gleichzeitigen Spondylolysen mehrerer Lendenwirbel.

Pathogenese. Nach eingetretener Spondylolyse ist die Mobilität des entsprechenden Wirbelsäulensegmentes erhöht. Auf Grund der dadurch **geänderten Biomechanik** erfolgt ein **asymmetrisches Wachstum** der Grund- und Deckplatten des Bewegungssegmentes, wie in *Synopsis 133* dargestellt. **Je jünger das Kind beim Eintreten der Spondylolyse ist, desto größer ist dementsprechend die Gefahr der Entwicklung einer hochgradigen Spondylolisthesis.** Im Erwachsenenalter kann durch degenerative Prozesse die Spondylolisthesis noch geringgradig zunehmen. Auch bei intakter Interartikularportion kann es beim älteren Menschen durch ausgeprägte degenerative Veränderungen der Bandscheibe und der kleinen Wirbelgelenke zu geringgradigeren Verschiebungen der Wirbelkörper zueinander kommen **(Pseudospondylolisthesis).** Eine Verschiebung des kranialen Wirbelkörpers nach dorsal wird als **Retrolisthesis** bezeichnet.

Klinik. Die Entstehung der Spondylolyse verläuft **meist asymptomatisch** oder mit leichten uncharakteristischen, lumbalgiformen Beschwerden, so daß die Spondylolyse und die Spondylolisthesis bei Kindern oft erst als röntgenologischer Zufallsbefund festgestellt wird. Bei den seltenen höhergradigen Spondylolisthesen ist die Verschiebung des Rumpfes sichtbar **(Sprungschanzenphänomen, Hohlkreuzbildung).** Vereinzelt treten dann auch Irritationen der Nervenwurzel L 5, meist bds., auf. Bei der Prüfung des Lasègue-Zeichens heben die Kinder schmerzreflektorisch den gesamten Rumpf mit an **(Hüftlendenstrecksteife,** *Abb. 72).* Im Erwachsenenalter kommt der Spondylolyse und der Spondylolisthesis auf Grund der Hypermobilität des betroffenen Bewegungssegmentes eine **kreuzschmerzverursachende** Bedeutung zu.

Synopsis 133: Pathogenese der Spondylolisthesis:
Durch die eingetretene Spondylolyse verändert sich die lumbosakrale Biomechanik.

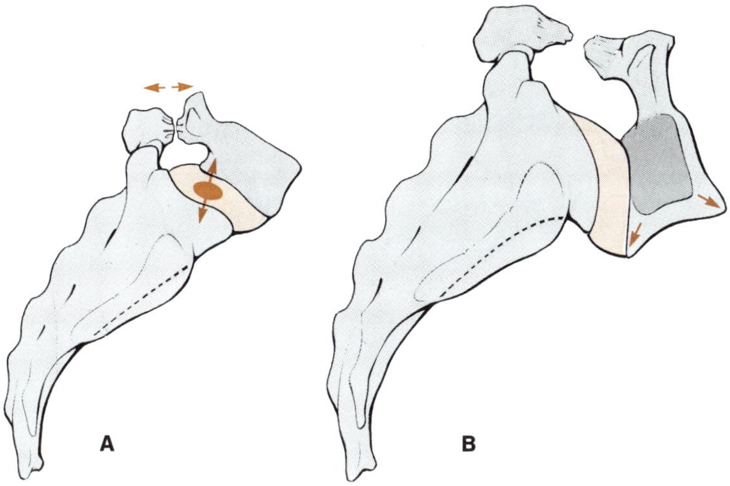

Das Wachstum im dorsalen Bereich der Grundplatte des 5. Lendenwirbels und des Sakralplateaus bleibt zurück, so daß L 5 trapezförmig und die Sakrumoberfläche S-förmig imponiert **A.**

Dies bewirkt eine allmähliche ventrokaudale Verschiebung/Verkippung des 5. Lendenwirbelkörpers mit Zunahme der Diastase in der Interartikularportion. Durch die zunehmende Belastung der ventralen Sakrumoberfläche wird diese abgerundet (Kuppelform). Beachte die in die Abbildung **B** eingezeichnete Ausgangsform des 5. Lendenwirbelkörpers und dessen asymmetrischen Zuwachs.

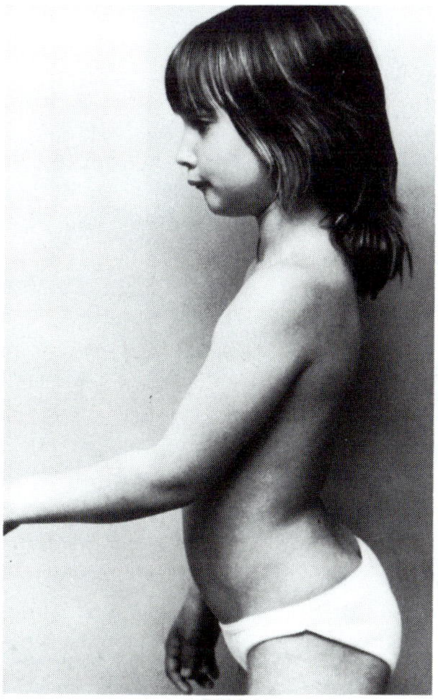

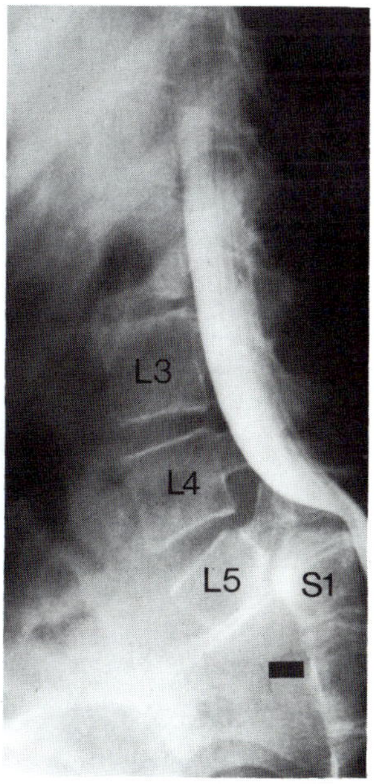

Abb. 72: Klinik der Spondylolisthesis:
Die Ventralverschiebung und Kippung der Wirbelsäule und die verstärkte Lordose kranial des spondylolisthetischen Segmentes bewirken die **Sprungschanzenform** lumbosakral.

Die **Myelographie** zeigt die Einengung des Duralsackes, der über die Hinter-/Oberkante des Sakrums gespannt ist. Bei der hierdurch verursachten **Hüftlendenstrecksteife** kommt es beim Anheben der Beine zur reflektorischen Beibehaltung der Hüftgelenksstreckung.

Synopsis 134: Röntgen der Spondylolisthesis:

a Die Ventralverschiebung wird nach Meyerding quantifiziert. Die Einstufung erfolgt anhand der Stellung der Wirbelkörperhinterkante in Relation zum in vier Abschnitten eingeteilten Sakralplateau.

c Im 45-Grad-Schrägbild imponiert die Spondylolyse als »Halsband der Hundefigur«, die sich durch die Projektion der Gelenkfortsätze, der Pedikel und des Dornfortsatzes ergibt.

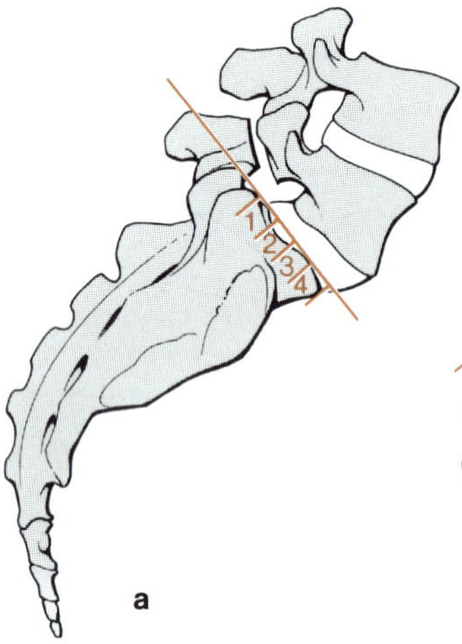

a

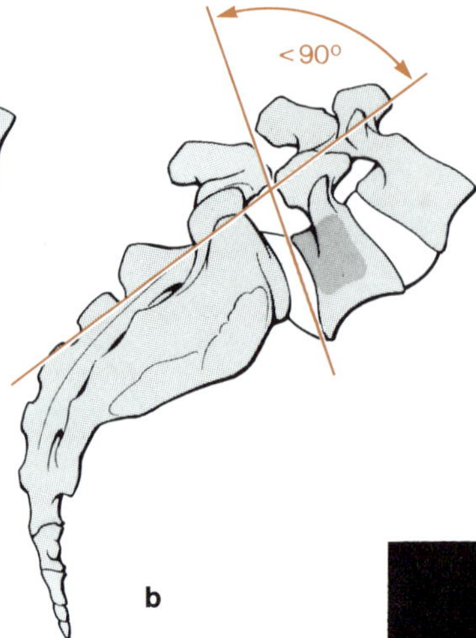

b

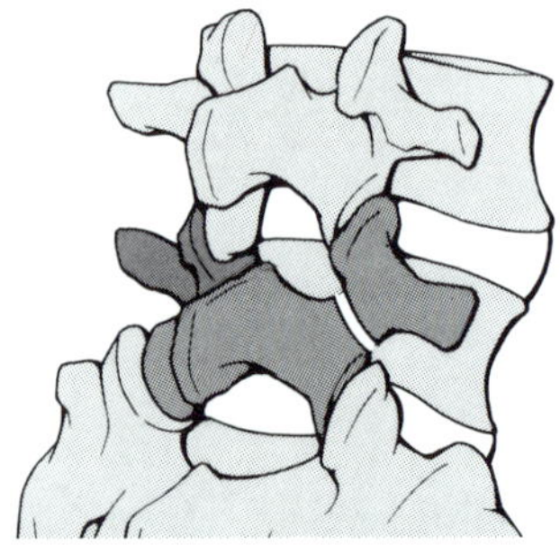

c

b Die Verkippung im Segment wird durch den Winkel zwischen der Tangente zur Sakrumrückfläche und der Tangente zum Unterrand des 5. Lendenwirbels gebildet. Werte unter 90 Grad bedeuten eine pathologische Kyphosierung.

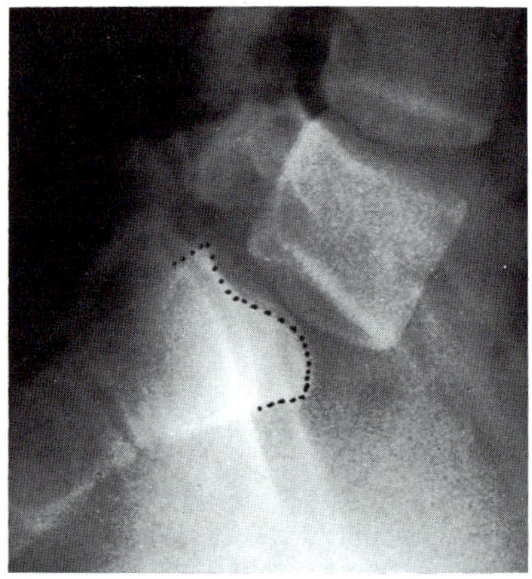

d

d Bei beginnender Spondylolisthesis ist das Sakralplateau S-förmig

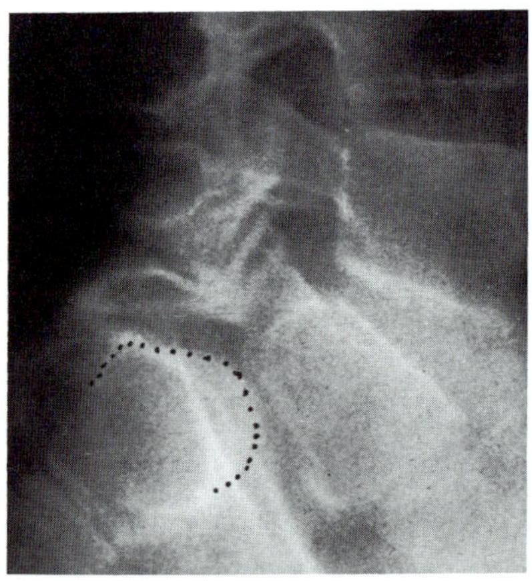

e

e Bei fortgeschrittener Spondylolisthesis ist das Sakralplateau kuppelförmig ausgestaltet.

Diagnose. Die **Spondylolyse** wird am besten im **45-Grad-Schrägbild** dargestellt. Neben der **Kontinuitätsunterbrechung** kann die Interartikularportion eine **Elongation** aufweisen, auch insbesondere bei höhergradigen Spondylolisthesen.

Das Ausmaß der Spondylolisthesis wird im Seitbild nach Meyerding quantifiziert. Hierbei wird das Sakralplateau in vier Segmente eingeteilt. Entsprechend der Stellung der Hinterkante des 5. Lendenwirbels erfolgt die Klassifikation. Ist der 5. Lendenwirbel vor dem Sakrum lokalisiert, wird dies als **Spondyloptose** bezeichnet. Bei der Spondyloptose ist im a.p. Röntgenbild der **»umgekehrte Napoleonshut«** durch Überprojektion des 5. Lendenwirbels und des Sakrums sichtbar. Von großer Bedeutung ist auch die qualitative Beschreibung der Form des spondylolisthetischen Segmentes *(Syn. 134)*. Die gehäuft bei der kindlichen Spondylolisthesis zu beobachtende lumbosakrale Spina bifida wird als **Verknöcherungsverzögerung** des Wirbelbogens auf Grund der **Instabilität** nach eingetretener Spondylolyse aufgefaßt.

Diagnose
Die **Spondylolyse** wird im **45-Grad-Schrägbild** dargestellt. Insbesondere bei höhergradigen Spondylolisthesen kann eine Elongation des Zwischengelenkstückes bestehen. Das Ausmaß der Spondylolisthesis wird nach Meyerding quantifiziert *(Syn. 134)*. Ist der 5. Lendenwirbel vor dem Sakrum lokalisiert, wird dies als **Spondyloptose** bezeichnet. Bei der Spondyloptose ist im a.p. Röntgenbild der »umgekehrte Napoleonshut« durch Überprojektion des 5. Lendenwirbels und des Sakrums sichtbar.

Therapie. In der Trainingsberatung muß auf die hohe Inzidenz der Spondylolyse und Spondylolisthesis bei Kindern, die rezidivierend lordosierende Übungen (Handstand, Überschlag) ausführen, hingewiesen werden. Frisch aufgetretene Spondylolysen (Speicherung im Knochenszintigramm) können durch Ruhigstellung im Gipsverband oder Korsett zur Ausheilung gebracht werden. Bei eingetretener Spondylolyse sollten die vorgenannten Sportarten nicht weitergeführt werden. Ein generelles Sportverbot ist allerdings nicht indiziert. **Die Progression der Spondylolisthesis läßt sich durch konservative Therapieverfahren nicht wesentlich beeinflussen.** Deshalb müssen insbesondere während der Phase des schnellen Wirbelsäulenwachstums bei diesen Kindern regelmäßige klinische und röntgenologische Kontrollen durchgeführt werden. Siehe *Tab. 38.*

Therapie
In der Trainingsberatung muß auf die hohe Inzidenz dieser Erkrankung bei rezidivierenden, lordosierenden Übungen hingewiesen werden. Frische Ermüdungszonen der Interartikularportion können durch Ruhigstellung des Rumpfes ausgeheilt werden. Bei eingetretener Spondylolisthesis läßt sich **die Progression während des Wachstums durch konservative Mittel nicht wesentlich beeinflussen** *(Tab. 38)*.

Tab. 38: Prognostische Faktoren der Spondylolisthesis im Wachstumsalter

günstige Faktoren	schlechte Faktoren
Wachstumsabschluß unverändertes Sakralplateau Lordose im spondylolisthetischen Segment geringe Ventraldislokation (Meyerding I)	jüngere Kinder kuppelförmiges Sakralplateau Kyphose im spondylolisthetischen Segment (Meyerding II–IV) nachweisbare Progression

Operative Therapie. **Bei Kindern** mit höhergradigen Spondylolisthesen (Kuppelform des Sakrums) wird eine Reposition des Wirbels mit gleichzeitiger Stabilisierung angestrebt, um eine weitere Progression zu verhindern. **Bei Erwachsenen** steht die Stabilisierung des hypermobilen Segmentes im Vordergrund, wobei hierbei die Indikation zur Operation durch die Beschwerdesymptomatik gegeben ist. Ventrale und dorsale Operationsverfahren werden hierzu, zum Teil kombiniert, angewandt.

Operative Therapie
Bei Kindern mit höhergradigen Spondylolisthesen (Kuppelform des Sakrums) wird eine Reposition mit gleichzeitiger Stabilisierung angestrebt. **Beim Erwachsenen** ist die schmerzhafte Instabilität maßgebend für die Operationsindikation.

Klinisches Beispiel. 18jährige Patientin, Abbruch einer Kochlehre wegen chronischer Lumbalgie. Stabilisation der lumbosakralen Spondylolisthesis mit Fixateur interne und dorsolateraler Spondylodese (Knochenanlagerung zwischen Querfortsätzen des 5. Lendenwirbels und Sakrum), hierdurch knöcherne Blockbildung zwischen 5. Lendenwirbel und Kreuzbein. Siehe hierzu *Abb. 73.* Nach knöcherner Ausheilung und Metallentfernung ist die Patientin beschwerdefrei. 5 Monate nach Therapiebeginn kann sie ihre Lehre wieder aufnehmen.

◀ **Klinisches Beispiel**

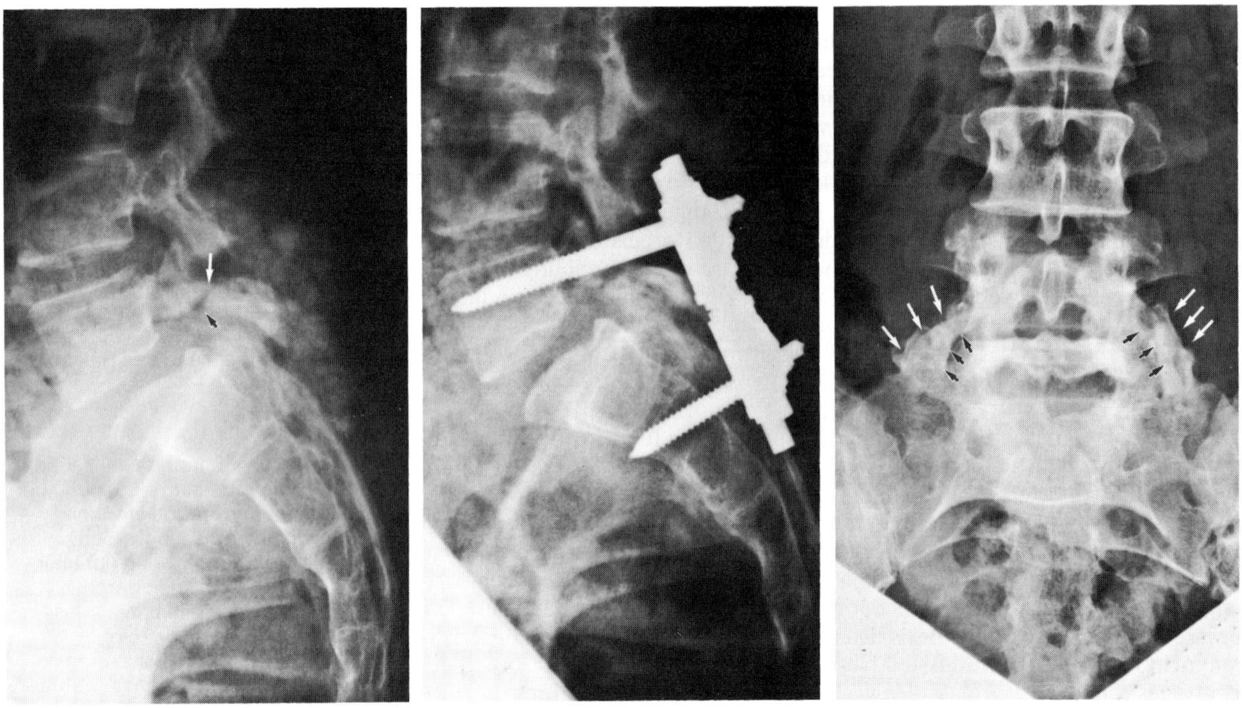

a b c

Abb. 73
a Spondylolisthese L 5/S 1 bei 18jähriger Patientin. Die Spondylolyse ist im Seitbild erkennbar (Pfeile)
b temporäre, transpedikuläre Stabilisierung mit einem Fixateur interne und dorsolaterale Spondylodese.
c Darstellung der Fusionsmasse nach Metallentfernung.

1.5 Skoliose

Definition. Wachstumsdeformität der Wirbelsäule mit fixierter Seitausbiegung, Torsion der Wirbel und Rotation des Achsorgans. Siehe *Abb. 74.*

Die Skoliose ist wohl das am längsten bekannte orthopädische Leiden. Die zunehmende Verunstaltung des Körpers hat die Menschen zu allen Zeiten stark beeindruckt und zu intensiven Bemühungen um die Aufklärung und Behandlung dieser Erkrankung geführt. Dennoch wurden bis heute viele Probleme, die die Skoliose bietet, noch nicht befriedigend gelöst.

Epidemiologie. Die Angaben über die Erkrankungshäufigkeit schwanken in der Weltliteratur zwischen 0,13% und 13,6%. Diese äußerst unterschiedlichen Angaben über die Inzidenz der Skoliose sind im wesentlichen auf Definitionsschwierigkeiten zurückzuführen, d.h. auf die Frage, ab welchen Winkeln eine Seitverbiegung der Wirbelsäule als Skoliose aufgefaßt wird.

Ätiologie. Die ätiologische Klassifikation der Skoliose ist in *Tabelle 39* zusammengefaßt. Etwa 85% der Skoliosen sind idiopathischen Ursprungs, d.h., die ursächliche Störung ist hierbei nicht bekannt. Mädchen sind vierfach häufiger betroffen als Jungen. Je nach Erkrankungsbeginn werden die **idiopathischen Skoliosen** eingeteilt in:
- infantile Skoliosen (bis 4 Jahre),
- juvenile Skoliosen (bis 10 Jahre) und
- adoleszente Skoliosen.

Pathogenese. Die Skoliose stellt eine Wachstumsdeformität dar, d.h., zu Zeiten starken Wirbelsäulenwachstums, insbesondere in der Pubertät, besteht die stärkste Progression. Hierbei wachsen die Wirbelkörper in der Konkavität lang-

1.5 Skoliose

Definition ▶

Epidemiologie
Die Erkrankungshäufigkeit schwankt zwischen 0,13 und 13,6%. Die unterschiedlichen Angaben sind auch auf Definitionsschwierigkeiten zurückzuführen.
Ätiologie
Ätiologische Klassifikation siehe *Tabelle 39.* Etwa 85% der Skoliosen sind idiopathischen Ursprungs. Mädchen sind vierfach häufiger betroffen als Jungen. Nach Erkrankungsbeginn werden die idiopathischen Skoliosen eingeteilt in
- infantile (bis 4 Jahre),
- juvenile (bis 10 Jahre) und
- adoleszente Skoliosen.

Pathogenese
Die Skoliose ist eine Wachstumsdeformität.

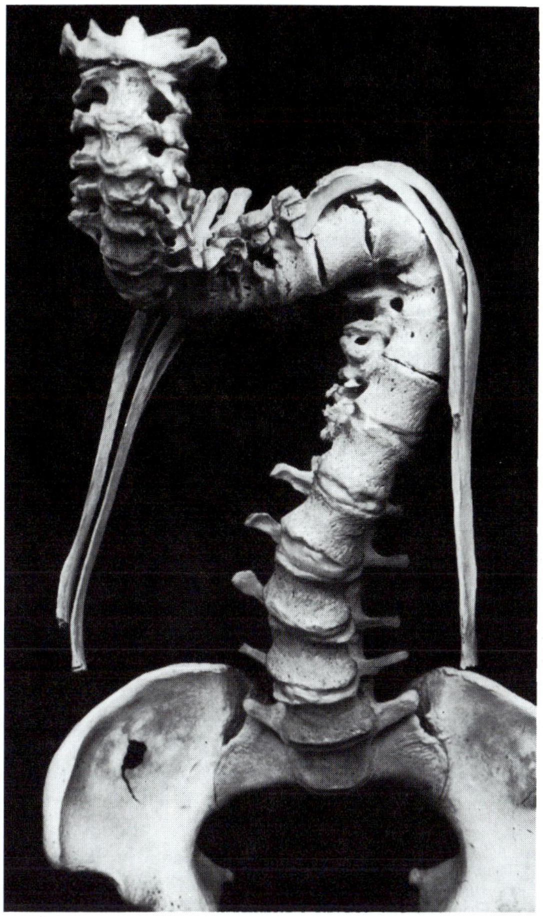

Abb. 74: Skelett einer Patientin, die an einer hochgradigen **idiopathischen Skoliose** erkrankt war. Beachte die auf der Wirbelsäule aufliegenden Rippen. Die proximale Halswirbelsäule steht parallel zum Sakrum, somit besteht eine Gesamtaufrichtung des Rumpfes trotz der extremen Deformität.

Tab. 39: Klassifikation der Skoliose

- **idiopathisch (infantile/juvenile/ adoleszente Form)**
- **neuropathisch** (Zerebralparese, Friedreichsche Ataxie, Syringomyelie, Charcot-Marie-Tooth, Poliomyelitis, spinale Muskelatrophie, Myelomeningozele)
- **myopathisch** (Arthrogrypose, Muskelatrophie, Muskeldystrophie, angeborene Hypotonie)
- **kongenital** (Mißbildungsskoliosen, Diastematomyelie, Myelomeningozele), fehlende dorsale Wirbelsäulenstrukturen. Neurofibromatose.)
- **mesenchymal** (Marfan-Syndrom, Ehlers-Danlos-Syndrom, Narbenbildung)
- **Systemerkrankungen** (Achondroplasie, spondyloepiphysäre Dysplasie, Mukopolysaccharidose u.a.)
- **metabolisch** (Rachitis, juvenile Osteoporose, Osteogenesis imperfecta)
- **radiogen** (Strahlentherapie im Kindesalter)
- **posttraumatisch**
- **neoplastisch**
- **inflammatorisch**
- **statisch** (Beinlängendifferenz u.a.)
- **hysterisch**

Synopsis 135: Rumpfdeformität bei der Skoliose

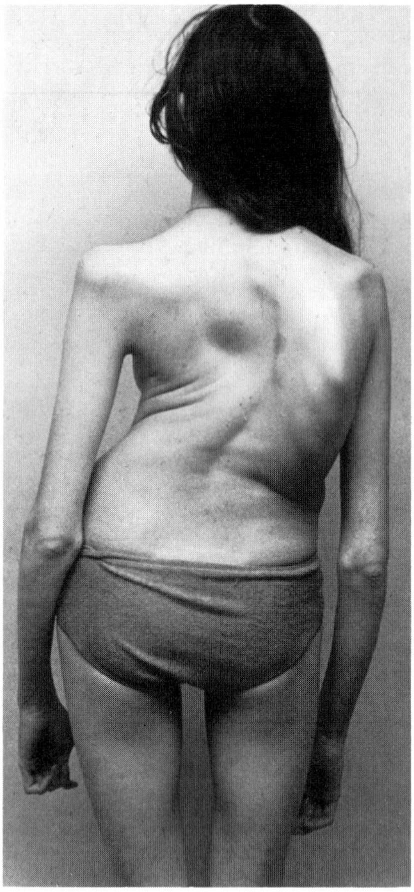

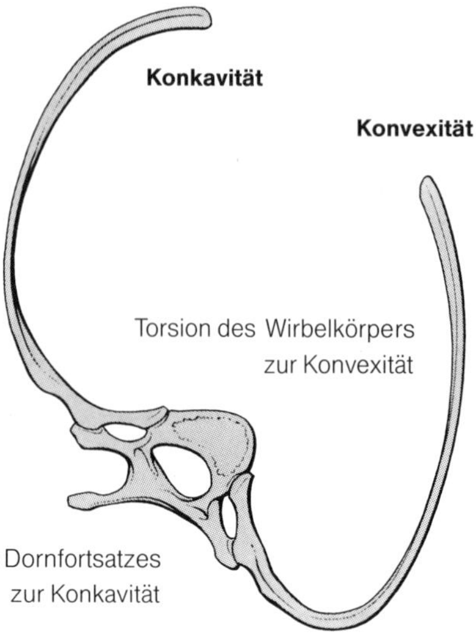

Die Rotation der Wirbelsäule und die Torsion der Wirbel verursacht die Verunstaltung des Rumpfes. Beachte den unterschiedlichen **Schulterstand;** den gebogenen Verlauf der **Dornfortsätze;** den **Rippenbuckel;** die unterschiedlichen **Taillendreiecke** sowie den **Lendenwulst.**

Hierbei wachsen die Wirbelkörper in der Konkavität langsamer als in der Konvexität. Durch dieses Fehlwachstum einzelner oder mehrerer Wirbel kommt es zur Verdrehung und Lordosierung des Achsorganes *(Syn. 135).* Neuropathische und myopathische Skoliosen zeigen eine ausgeprägte Progressionstendenz bereits im frühen Lebensalter.

samer als in der Konvexität. Durch dieses Fehlwachstum einzelner oder mehrerer Wirbel kommt es immer zur Rotation der Wirbelsäule und Torsion der Wirbel, verbunden mit einer Lordosierung der betroffenen Wirbelsäulenregion *(Syn. 135).* Da ventral die Torsion/Rotation ausgeprägter ist als dorsal, täuscht das Rückenrelief eine geringere Krümmung der Wirbelkörper vor als dies tatsächlich der Fall ist. Durch die starke Verdrehung kann, obgleich eine Lordosierung der erkrankten Wirbelsäulensegmente vorliegt, klinisch bei hochgradigen Deformitäten eine Kyphose imponieren. Insbesondere bei Skoliosen mit neuropathischer oder myopathischer Genese besteht eine ausgeprägte Progressionstendenz, so daß oft bereits junge Kinder eine hochgradige Wirbelsäulendeformität entwickeln.

Klinik

Die meisten Skoliosen werden im Alter von 10–12 Jahren zufällig entdeckt; bei der Säuglingsskoliose besteht oft die vermehrte Adduktionsstellung einer Hüfte sowie ein Schiefhals, das sogenannte **Schräglagesyndrom.**

Die Säuglingsskoliose ist durch eine C-förmige Wirbelsäulenverkrümmung gekennzeichnet.

Die Fehlstatik der Skoliose führt zur sekundären, oft schmerzhaften degenerativen Veränderung mit zunehmendem Alter. Zum Teil kön-

Klinik. Die meisten Skoliosen werden erstmalig im Alter von 10–12 Jahren diagnostiziert. Auf Grund der Schmerzlosigkeit dieser Veränderungen im Kindesalter wird diese meist zufällig im Schwimmbad, beim Sportunterricht oder durch die Eltern entdeckt.

Bei der **Säuglingsskoliose** fällt die schiefe Lage des Säuglings auf, die nicht voll ausgleichbar ist. Sie ist bedingt durch eine C-förmige Verkrümmung der Brust- und Lendenwirbelsäule. Begleitend dazu werden häufig eine vermehrte Adduktionsstellung eines Hüftgelenkes sowie ein Schiefhals beobachtet **(Schräglagesyndrom).** Rippensynostosen sind wichtige Begleitfehlbildungen bei kongenitaler Skoliose.

Die durch die Skoliose bedingte Fehlstatik der Wirbelsäule begünstigt deren Degeneration, so daß mit zunehmendem Alter vermehrt Schmerzen auftreten. Insbesondere sekundäre Gefügestörungen (**»Drehgleiten«**) können zum Teil invalidisierende Beschwerden hervorrufen. Die Deformierung und Verkürzung des Rumpfes führt zu einer Einschränkung der kardiopulmonalen Leistungsfähigkeit sowie im Extremfall zur Minderung der Magen-Darm- und Nierenfunktion. Insbesondere bei neuropathisch bedingten Skoliosen mit »totalem Kollaps« der Wirbelsäule kann die Einschränkung der kardiopulmonalen Leistungsfähigkeit lebenslimitierend werden durch die zunehmende Rechtsherzbelastung und die Gefahr der Dekompensation der pulmonalen Funktion, z.B. bei grippalen Infekten.

nen ausgeprägte Beschwerden entstehen. Die pulmonale Leistungsfähigkeit sowie im Extremfall die Magen-Darm- und Nierenfunktion werden eingeschränkt. Insbesondere bei hochgradigen Skoliosen kann durch die zunehmende Rechtsherzbelastung die Erkrankung lebenslimitierend werden.

Diagnose. Entscheidend für die Diagnostik der Skoliose ist die klinische Untersuchung am entkleideten Patienten. Auffällig ist dabei vor allem die rotations- und torsionsbedingte Verschiebung des Rumpfes. Der Verlauf der Dornfortsätze zeigt die Seitverbiegung, wobei **80% der idiopathischen Skoliosen thorakal rechtskonvex verlaufen.** Die Prominenz der Rippen wird als **Rippenbuckel** bezeichnet. Dieser entsteht durch die anatomische Verbindung der Rippen mit der Wirbelsäule über die kostovertebralen und kostotransversalen Gelenke. Die Wirbeltorsion (Wuchsdeformität des Einzelwirbels) und Rotation der Wirbelsäule erzeugt diese auffälligste Veränderung der Skoliose, die sich bei der Vornüberneigung verstärkt. Der Rippenbuckel täuscht eine Kyphose vor, obgleich die überwiegende Anzahl der Skoliosen lordotisch aufgebaut ist. Deshalb wird als Screening-Methode der **Vorbeugetest** *(Abb. 75)* angewandt. Bereits beginnende Skoliosen sind hierbei anhand der Niveaudifferenz durch Beurteilung der Rückensymmetrie diagnostizierbar.

Diagnose
Am entkleideten Patienten zeigt der Verlauf der Dornfortsätze die Seitverbiegung an. **Bei idiopathischen Skoliosen ist die Krümmung zu 80% thorakal rechtskonvex lokalisiert.** Bei Vornüberneigung verstärkt sich die Rückendeformität, deshalb wird als Screening-Methode der sogenannte **Vorbeugetest** *(Abb. 75)* angewandt. Maßgebend ist hierbei die Niveaudifferenz bei der Beurteilung der Rückenasymmetrie.

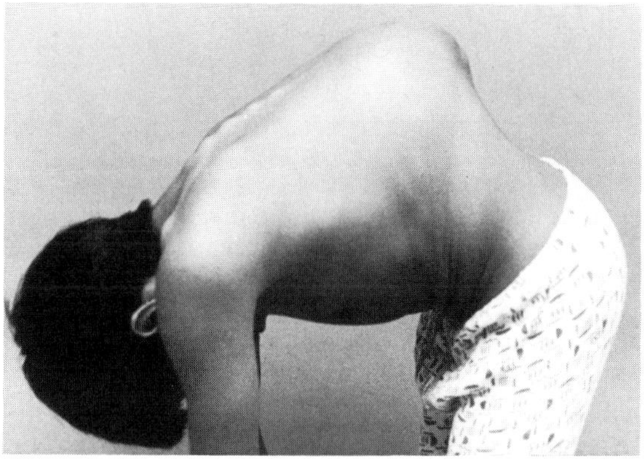

Abb. 75: Beim **Vorbeugetest** werden Niveauunterschiede im Bereich des Rückens deutlich. Bei dem hier abgebildeten Jungen besteht eine thorakolumbale Skoliose von 90 Grad.

Das Lot vom Hinterhaupt zeigt, ob, bezogen auf die Rima ani, eine prognostisch ungünstige Seitabweichung besteht. Das Niveau beider **Schultern** ist bei hochthorakalen und zervikalen Skoliosen mit verändert. Bei lumbalen und dorsolumbalen Skoliosen sind die **Taillendreiecke** unterschiedlich. Bei Lumbalskoliosen besteht ein **Lendenwulst.** Zu den verschiedenen Formen der Skoliose siehe *Synopsis 136.* Die Rigidität, d.h. die Korrigierbarkeit der Skoliose, kann mittels der Links- und Rechtsseitneigung und durch Traktion am Kopf beurteilt werden.

Die **röntgenologische Beurteilung** erfordert großformatige, die gesamte Brust- und Lendenwirbelsäule im Stehen abbildende Röntgenaufnahmen. Wegen der hierbei um 90% reduzierbaren Strahlendosis der Mammae sind **Röntgenaufnahmen im posterior-anterioren Strahlengang** in der Routinediagnostik angezeigt. Beinlängendifferenzen werden vorher durch entsprechende Brettchenunterlagen ausgeglichen. Siehe *Synopsis 137, S. 315.*

Am Röntgenbild lassen sich Form und Ausmaß der Skoliose beurteilen. Die **Scheitelwirbel** liegen im Zentrum der Krümmung. Die **Neutralwirbel** sind diejenigen Wirbel, an denen die Krümmung einen Richtungswechsel hat. Der größere Krümmungsradius wird als Konvexität, der kleinere als Konkavität der Skoliose bezeichnet. Die Winkelmessung erfolgt nach dem Cobb-Verfahren. Der Winkel der Krümmung wird am Schnittpunkt der Senkrechten zu den Deck- und Grundplatten der Neutralwirbel ermittelt.

Die **Rotation** der Wirbel ist meßtechnisch schwieriger zu erfassen. Hierzu wird das Verfahren nach Nash und Moe oder die hieraus entwickelten genaueren Verfahren nach Drerup oder Perdriolle angewandt *(Syn. 137, S. 315).* Die Pro-

Das Lot vom Hinterhaupt zeigt, bezogen auf die Rima ani, eine Seitabweichung des Rumpfes. Die **Taillendreiecke** sind unterschiedlich ausgebildet. Bei Lumbalskoliose besteht ein **Lendenwulst.** Zu den verschiedenen Formen der Skoliose siehe *Synopsis 136.* Die Rigidität kann mittels Seitneigung sowie Traktion am Kopf beurteilt werden.
Die **röntgenologische Beurteilung** erfordert großformatige Aufnahme der Wirbelsäule im Stehen. Zur Strahlenreduktion der Mammae wird hierbei ein **posterior-anteriorer Strahlengang** bevorzugt. Beinlängendifferenzen werden vorher durch Brettchenunterlage ausgeglichen *(Syn. 137, S. 315).*
Der **Scheitelwirbel** liegt im Zentrum der Krümmung. Die **Neutralwirbel** markieren den Richtungswechsel der Skoliose. Der Winkel der Krümmung wird am Schnittpunkt der Senkrechten zu den Abschlußplatten der Neutralwirbel ermittelt *(Syn. 137, S. 315).* Die **Rotation** wird mit-

Synopsis 136: Formen der Skoliose.
Beachte die unterschiedliche Veränderung des Rumpfreliefs (Rippenbuckel; Lendenwulst). Die Scheitelwirbel sind zur Verdeutlichung rot markiert

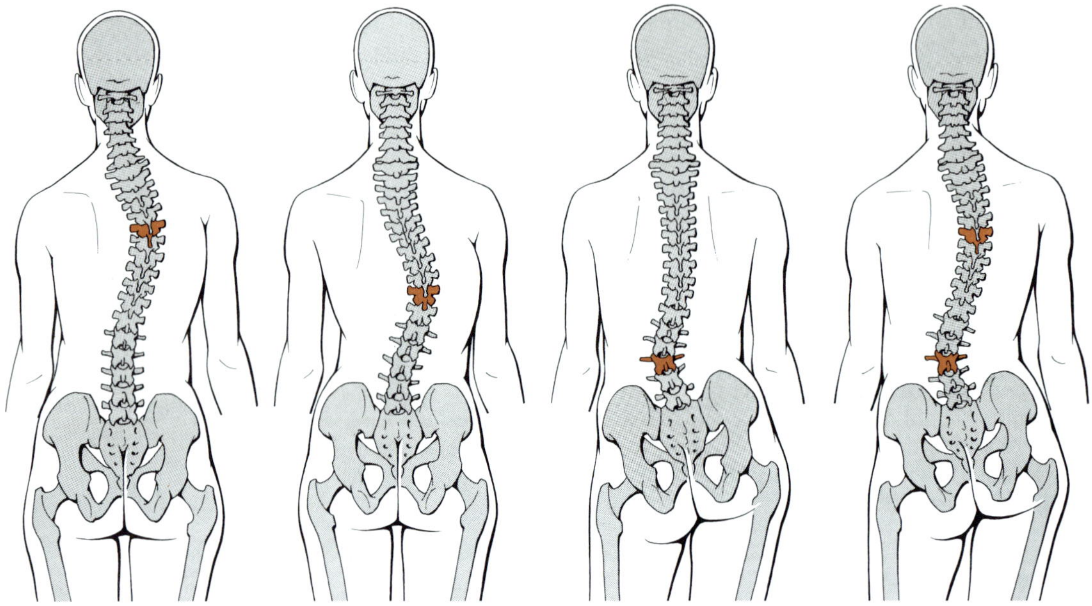

tels Normogramm nach Drerup oder Perdriolle bestimmt. Hierbei ist die Projektion der Pedikel in Relation zum Wirbelkörper maßgebend.
Die Skelettreife wird anhand der Ossifikation der Beckenapophyse bestimmt *(Syn. 137)*. **Traktionsaufnahmen** dokumentieren die Korrigierbarkeit der Skoliose durch Längszug, **Bending-Aufnahmen** die Korrigierbarkeit durch Umkrümmung.

Differentialdiagnose
Die idiopathische Skoliose ist eine Ausschlußdiagnose. Café-au-lait-Flecken weisen auf eine **Neurofibromatose,** eine Hypertrichosis auf eine **Fehlbildungsskoliose** hin. Ein **Marfan-Syndrom** ist durch den asthenischen Habitus *(S. 109)* gekennzeichnet. **Neurogen bedingte Skoliosen** werden durch die Lähmungserscheinung diagnostiziert. Schmerzen sind Hinweis auf Wirbelsäulenseitausbiegungen, die durch die Reizung zentral nervöser Strukturen entstanden sind.
Therapie
Maßgebend für die Therapie ist die Ätiologie der Skoliose, das Alter des Patienten sowie das Ausmaß der Deformität. Bei Beginn der Skoliose (bis 20 Grad) werden krankengymnastische Behandlungen durchgeführt. Zwischen 20 und 50 Grad erfolgt die zusätzliche Korsettbehandlung.

jektion der Pedikel (Bogenwurzeln des Wirbels, die sich im p.a.-Bild ovalär darstellen) wird in Relation zum Wirbelkörper gesetzt. Die prognostisch wichtige Beurteilung der **Skelettreife** erfolgt anhand der Ossifikation der Beckenkammapophyse, dem sogenannten **Risser-Zeichen.** Bei hochgradigen Verkrümmungen ist durch die erhebliche Torsion der Wirbelsäule die Deformität in den Standardaufnahmen nur schwierig gänzlich zu erfassen, weshalb hier eine Aufnahme im sogenannten **Plan d'élection** durchgeführt wird. Die Ebene der Röntgenuntersuchung wird hierbei parallel zur Konkavität der Skoliose gelegt. Die **Traktionsaufnahmen** dokumentieren die Korrigierbarkeit der Skoliose unter Zug. **Bending-Aufnahmen** (in Links- und Rechtsseitneigung) zeigen die Korrigierbarkeit der Skoliose durch Umkrümmung.

Differentialdiagnose. **Die Diagnose einer idiopathischen Skoliose ergibt sich als Ausschlußdiagnose.**

Wie aus der *Tabelle 39 (S. 311)* ersichtlich ist, gibt es viele, wenngleich seltene Skoliosen anderer Ursachen. Bei der Inspektion der Haut muß insbesondere auf Café-au-lait-Flecken **(Neurofibromatosis)**, sowie auf eine zirkumskripte Hypertrichosis (Hinweis für eine **Fehlbildungsskoliose**) geachtet werden. Ein **Marfan-Syndrom** ist durch den Hochwuchs mit asthenischem Habitus erkennbar *(S. 109)*. **Neurogen bedingte Skoliosen** werden durch die Lähmungserscheinungen diagnostiziert. Schmerzen sind hinweisend auf Skoliosen, die durch lang andauernde Reizungen zentralnervöser Strukturen mit entsprechender Zwangshaltung entstanden sind. Hierbei muß vordringlich nach einem Bandscheibenvorfall, einem Tumor oder einer Entzündung geforscht werden.

Therapie. Maßgebend für die Therapie sind die **Ätiologie** der Skoliose (unterschiedliche Progressionstendenz), das Alter des Patienten (noch verbleibendes Wirbelsäulenwachstum) sowie das **Ausmaß** der Deformität. Das Behandlungskonzept ist dreistufig. Bei beginnender Skoliose (bis ca. 20 Grad nach Cobb) werden krankengymnastische Behandlungen durchgeführt. Skoliosen zwischen ca. 20 und 50 Grad werden unter Fortführung der Krankengymnastik zusätzlich mit einem Korsett behandelt. Besteht eine Krümmung von über 50 Grad nach Cobb, ist in der Regel die operative Therapie angezeigt. Dieser Stufenplan der Behandlung demonstriert die Notwendigkeit der Frühdiagnose der Skoliose, da

Synopsis 137: Radiologie der Skoliose:
a Die Messung der **Seitausbiegung** erfolgt nach Cobb. Hierbei werden zunächst die Neutralwirbel, d.h. die Wirbel, bei denen die Konvexität zur Konkavität umschlägt, aufgesucht. Die Parallelen zu den Wirbelkörperabschlußplatten der Neutralwirbel bilden in ihrem Schnittpunkt den Winkel der Wirbelsäulenseitausbiegung.
b Die **Rotationsmessung** erfolgt anhand der Stellung der inneren Pedikelbegrenzung in Relation zum Wirbelkörperrand mit Hilfe eines Normogramms (nach Drerup) oder wie in dem hier gezeigten Beispiel von 15° nach Perdriolle.

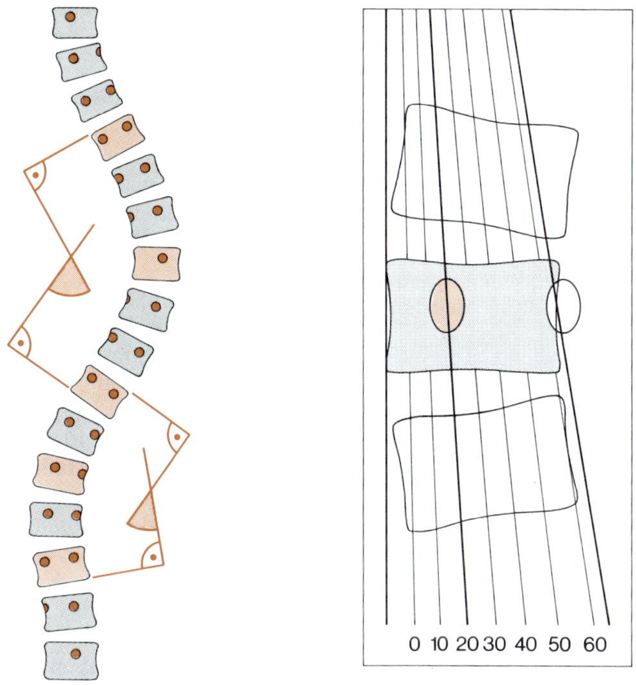

a b

c Die **Skelettreife** wird anhand der Entwicklung der Darmbeinkammapophyse (Risser-Zeichen) beurteilt.
Stadium 0
Apophyse noch nicht sichtbar.
Stadium I
Beginn der lateralseitigen Ossifikation
Stadium II
über hälftige Zirkumferenz des Beckenkammes.
Stadium III
beginnende Verschmelzung der Apophyse.
Stadium IV
hälftige Verschmelzung mit dem Os ilium
Stadium V
vollständige Verschmelzung mit dem Os ilium.
Dementsprechend wird im Stadium 0 und Stadium V ein identischer Röntgenbefund erhoben.

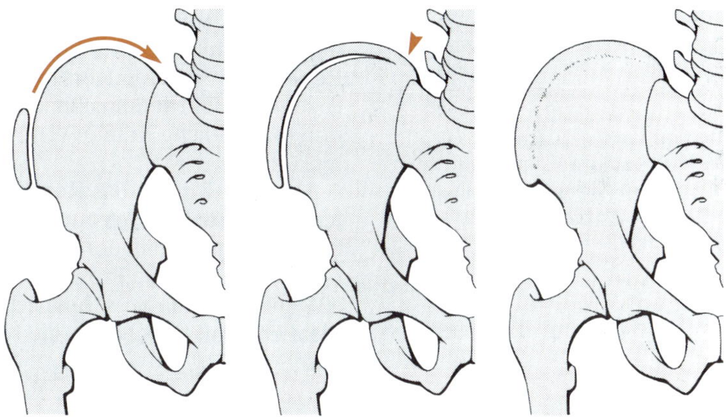

Risser I Risser III Risser V

c

zu Beginn der Wachstumsdeformität mit weniger invasiven Methoden therapiert werden kann.

Bei der Therapie der Skoliose kommen unterschiedliche krankengymnastische Methoden zur Anwendung. **Aktiv redressierende Verfahren** streben die Korrektur der Skoliose durch Zug, durch Schub, durch Entlastung oder einen gezielten Angriff auf die Torsion/Rotation an. Mit **mobilisierenden Techniken** wird die Rigidität der Skoliose verringert. In den letzten Jahren werden neurophysiologische Verfahren bevorzugt angewandt (Vojta-Therapie).

Die **Säuglingsskoliosen** weisen die günstigste Prognose auf. Oft ist die Ausheilung durch alleinige Bauchlagerung und krankengymnastische Behandlung möglich. Auch bei juvenilen Skoliosen können mit neurophysiologischer Gym-

Skoliosen über 50 Grad werden operativ therapiert.

Krankengymnastisch werden aktiv redressierende Verfahren, mobilisierende Techniken sowie bevorzugt neurophysiologische Verfahren angewandt.

Säuglingsskoliosen haben die günstigste Prognose. Oft ist die Ausheilung durch alleinige Bauchlagerung

möglich. Während der Behandlung von idiopathischen Skoliosen ist eine klinische Kontrolle alle 3 Monate angezeigt. Insbesondere während des präpubertären Wachstumsschubes sind auch regelmäßige Röntgenkontrollen erforderlich, die in der Regel halbjährig durchgeführt werden.
Bei der **Elektrostimulationsbehandlung** wird versucht, durch externe oder interne Elektroden die konvexseitige Muskulatur zu stimulieren. Die Effizienz dieser Methode ist umstritten.
Die **Korsettbehandlung** ist ein eingreifendes Verfahren. Da hiermit eine Wuchslenkung erreicht werden soll, ist das tägliche und nächtliche Tragen erforderlich. **Aktiv-** und **Passivkorsette** sowie in **Modultechnik** oder **individuell** gefertigte Korsette werden unterschieden.

nastik Besserungen erzielt werden, die alleinige krankengymnastische Therapie ist aber auf geringergradige Skoliosen beschränkt. Während dieser krankengymnastischen Behandlung ist eine klinische Kontrolle alle 3 Monate angezeigt. Insbesondere während des präpubertären Wachstumsschubes sind auch regelmäßige Röntgenkontrollen erforderlich (in der Regel halbjährig), um Krümmungsverschlechterungen frühzeitig erkennen zu können.

Bei der **Elektrostimulationsbehandlung** werden Elektroden auf die Haut aufgebracht oder implantiert, um durch Stimulation der konvexseitigen Muskulatur eine Wuchslenkung zu erzielen. Die Indikationsbreite dieses Verfahrens entspricht der krankengymnastischen Therapie. Die Effizienz dieser Methode ist umstritten.

Die **Korsettbehandlung** ist eine eingreifende, wenngleich oftmals unumgängliche Therapieform. Da es sich bei der Skoliose um eine Wachstumsdeformität handelt, ist ein konsequentes Tragen des Korsettes von ausschlaggebender Bedeutung. So wird angestrebt, daß das Korsett an 23 Stunden des Tages getragen wird, d.h. nur zur Körperpflege wird die Behandlung unterbrochen. Hierbei wird zwischen **Aktiv-** und **Passiv-Korsetten** unterschieden. Korsette können aus vorgefertigten Teilen **(Modultechnik)** oder **individuell** nach Abdruck gefertigt werden. Das bekannteste **»Aktivkorsett«** ist das **Milwaukee**-Korsett. Dieses besteht aus einem Beckenkorb, von dem am Rücken zwei und vorne ein Metallstab kopfwärts geführt werden, zu einer Mahnpelotte. Durch diese Mahnpelotte unter dem Kinn wird das Kind gehalten, eine aufrechte Haltung in diesem Korsett einzunehmen (aktive Korrektur).

Das bekannteste **Passiv-Korsett,** das in Modultechnik gefertigt wird, ist das 1977 eingeführte sogenannte **Boston-Korsett.** Das Becken und die lumbale Wirbelsäule werden mit diesem sehr eng anliegenden Korsett fixiert. Durch Pelotten wird ein Druck in korrigierende Richtung auf die Wirbelsäule ausgeübt. Das **Cheneau-Korsett** ist in analoger Weise, aber den Thorax einschließend, aufgebaut und kommt bei thorakalen Krümmungen zur Anwendung.

Bei **thermoplastischen Korsetten** wird in Traktion der Wirbelsäule ein Gipsabdruck angefertigt und durch Ausguß ein Modell erzeugt. Durch Abtragen und Aufbringen von Material werden am Modell Korrekturen vorgenommen. Auf dieses Gipsmodell wird thermoplastischer Kunststoff anmodelliert. Dies ist der Rohling des späteren Korsetts. Der Vorteil der aufwendigeren Maßanfertigung gegenüber der Modultechnik ist die verbesserte Korrekturfähigkeit durch Traktion und seitliche Kraftanwendung sowie die individuell bessere Anpassungsfähigkeit.

Die Korsettversorgung beeinflußt das weitere Wirbelsäulenwachstum und bremst die Progression der Skoliose.

Mittels der durch das Korsett vorgegebenen Korrekturstellung wird das weitere Wirbelsäulenwachstum beeinflußt. Entsprechend der Entlastung der Deck- und Grundplatten in der Konkavität der Skoliose wird ein relatives Mehrwachstum erzielt, d.h. die Progression einer Skoliose wird hierdurch verringert oder aufgehoben. Eine Besserung gegenüber dem Ausgangsbefund wird in der Regel nicht erreicht. Dies betont die Notwendigkeit der Frühbehandlung bei der Skoliose.

Merksatz ▶

Merksatz. Die Korsettbehandlung verhindert oder verzögert die Progression der Skoliose. Eine Besserung des Ausgangsbefundes wird in der Regel nicht erreicht.

Operative Therapie
Präoperativ werden Traktionsverfahren eingesetzt, um eine möglichst sichere und gute Korrigierbarkeit der Skoliose zu ermöglichen. Bei der Halo-Schwerkraft-Traktion wird die Wirbelsäule über einen am Schädel angebrachten **Metallring gezogen** *(Syn. 138, S. 317).*
Durch ventrale und dorsale Eingriffe erfolgt die Korrektur und Stabilisation von Skoliosen. Bei jeder Skolioseoperation ist die Durchführung einer **Spondylodese** (Versteifung von Wirbelsäulensegmenten) not

Operative Therapie. Präoperativ werden Traktionsverfahren eingesetzt, um eine möglichst sichere und gute Korrigierbarkeit der Skoliose intraoperativ zu ermöglichen. Die effektivste Art der Vorbehandlung ist die Halo-Schwerkraft-Traktion. Über einen am Schädel angebrachten Metallring wird die Wirbelsäule über drei bis vier Wochen unter Zug gesetzt, um die Weichteile zu lockern *(Syn. 138).*

Ventrale und dorsale Eingriffe werden in der **Skoliosechirurgie** zum Teil isoliert, zum Teil kombiniert eingesetzt. Die intraoperative Korrektur wurde früher durch Gipsverbände gehalten, heute erfolgt die Korrektur und Stabilisierung durch **Metallimplantate.**

Obligater Bestandteil jeder Skolioseoperation ist die Durchführung einer Spondylodese (Versteifung bestimmter Wirbelsäulensegmente), d.h. durch das Schaffen einer Knochenwunde mit Anlagerung von Knochenmaterial wird ein

Synopsis 138: Halo-Schwerkrafttraktion.
Die Gewichtssteigerung wird solange fortgeführt, bis der Patient im Rollstuhl »schwebt«.

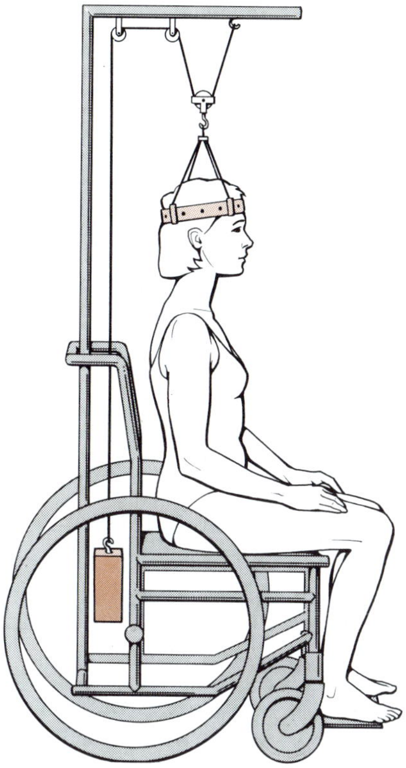

fester knöcherner Durchbau des instrumentierten Wirbelsäulenabschnittes erzielt. Erst dieser knöcherne Durchbau erlaubt die langfristige volle Belastungsfähigkeit. Dies bedingt, daß bei allen Skolioseoperationen eine Bewegungsminderung der Wirbelsäule resultiert. Entsprechend dem physiologischen Bewegungsausmaß werden vom Patienten Fusionen im Bereich der Brust- und oberen Lendenwirbelsäule nur wenig einschränkend bezüglich seiner Beweglichkeit empfunden.

Problematischer sind **Spondylodesen,** die die untere Lendenwirbelsäule oder die Lumbosakralregion einschließen. In diesen Fällen muß die Hüftgelenksbeweglichkeit in alle Überlegungen mit einbezogen werden, um zu überprüfen, ob dort ein kompensatorischer Ausgleich der Minderbeweglichkeit der Wirbelsäule möglich ist.

Bei der **Spondylodese nach Harrington** wird die Ausgradung der Wirbelsäule durch Distraktion erzielt, die zu neurologischen Komplikationen (1–2%) führen kann. Bis zum knöchernen Durchbau 9 bis 12 Monate postoperativ muß bei diesem Verfahren durch einen Rumpfgips oder ein Korsett zusätzlich extern stabilisiert werden. Mittlerweile werden zum Teil Modifikationen dieses Verfahrens sowie neuere Entwicklungen angewandt, um durch Verankerung an mehreren Punkten der Wirbelsäule mittels zusätzlicher Haken und Querstabilisierungen zweier verwendeter Stäbe eine segmentale Korrektur und damit auch eine primäre bessere Stabilität zu erzielen.

Bei den **ventralen Verfahren** wird die Wirbelsäule im lumbalen Bereich retroperitoneal und/oder durch Thorakotomie meist unter temporärer Ablösung des Zwerchfells von der Konvexität her dargestellt. Die Bandscheiben werden exzidiert und die Abschlußplatten der Wirbelkörper angefrischt. Die Korrektur erfolgt verkürzend, indem die Wirbelkörper unter gleichzeitiger Derotation von der Konvexität her über eingebrachte Schrauben, die mit einem Stab oder Kabel verbunden sind, aufeinander zu geschraubt werden. Zum Teil wird auch auf die Instrumentation verzichtet. Die Stabilisation erfolgt dann zeitversetzt durch eine dorsale segmental korrigierende Instrumentation.

wendig. Nur durch den knöchernen Durchbau kann die definitive Korrektur der Skoliose gehalten werden. Fusionen im Bereich der Brust- und oberen Lendenwirbelsäule werden von den Patienten nur wenig einschränkend empfunden.

Problematisch ist die Fusion im Bereich der unteren Lendenwirbelsäule.

Bei der **Spondylodese nach Harrington** wird die Korrektur über die Distraktion erreicht. Bis zum knöchernen Durchbau der Spondylodese muß 9–12 Monate durch Rumpfgips oder Korsett zusätzlich extern stabilisiert werden. Neuere Verfahren haben eine höhere primäre Stabilität durch Verwendung von zwei Stäben, die an mehreren Stellen verankert werden.
Bei den **ventralen Verfahren** erfolgt die Korrektur durch Exzision der Bandscheibe mit Anfrischung der Wirbelkörperabschlußplatten und Kompression der Wirbelkörper aufeinander.

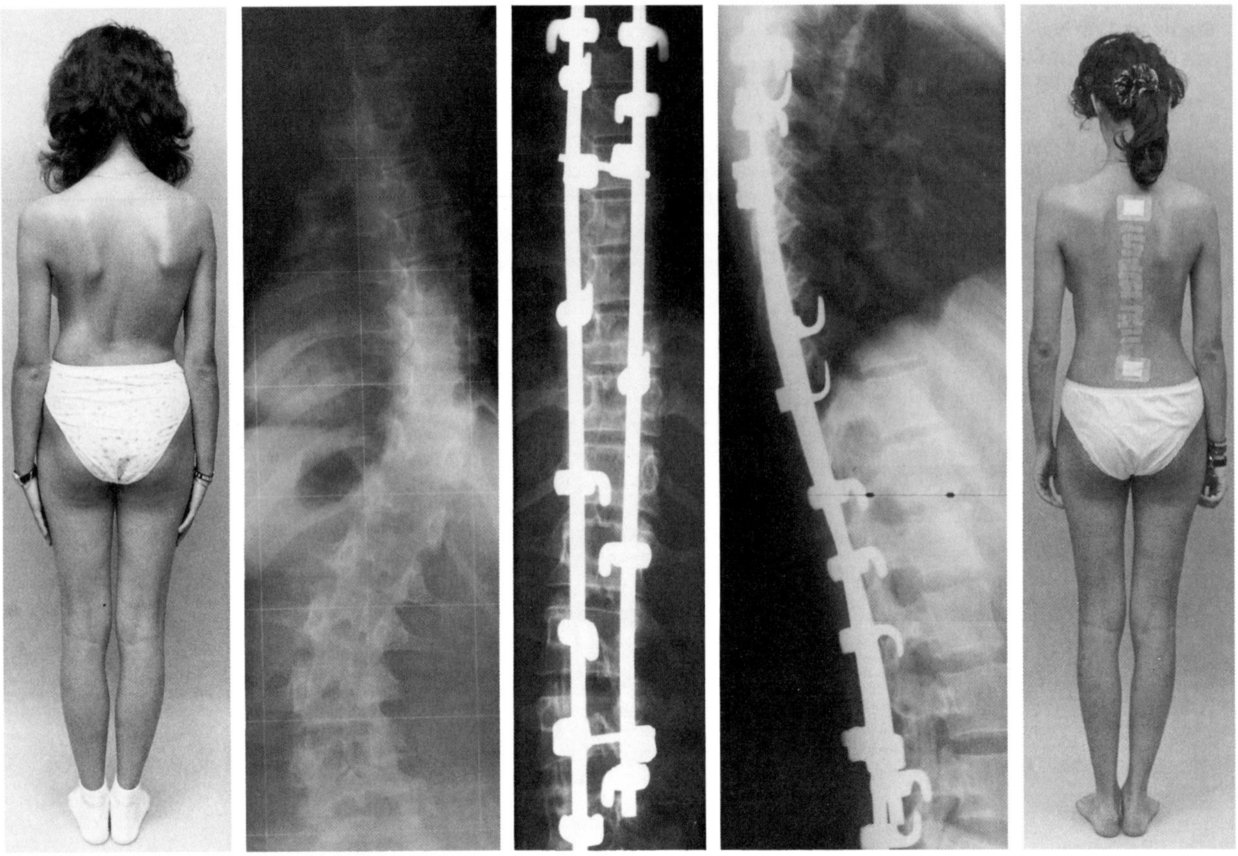

a b c d e

Abb. 76 Thorakal rechtskonvexe Skoliose
a Klinische Deformität
b a.p. Röntgenbild präoperativ
c a.p. Röntgenbild nach Reposition und Stabilisation mit dem Spine fix Wirbelsäuleninstrumentationssystem
d Seitliches Röntgenbild postoperativ. Beachte die vielfache Verankerung mittels Haken an den Laminae, Pedikeln und Querfortsätzen sowie die Konturierung mit physiologischer Kyphose thorakal und Lordose lumbal.
e Klinischer Befund postoperativ

Klinisches Beispiel ▶

Klinisches Beispiel. 16jähriges griechisches Mädchen mit typischer rechtskonvexer Thorakalskoliose *(Abb. 76a)*. Nach Wachstumsabschluß bestanden keine Möglichkeiten mehr zur konservativ-korrigierenden Therapie (Korsett). Bei dem Ausmaß der Deformität (b) des Rückens bestand eine relative Indikation zur operativen Korrektur. Dreidimensional korrigierende Stabilisation ohne Vorbehandlung mit dem »Spine fix« Wirbelsäuleninstrumentationssystem (c). Beachte die im Seitbild (d) sichtbare Wiederherstellung des normalen Wirbelsäulenreliefs (thorakale Kyphose – lumbale Lordose) bei vorbestehendem typischem Flachrücken bei Skoliose. Die klinische Abbildung (e) wenige Tage nach der Operation mit noch liegenden Klammerpflastern zur Sicherung der Intrakutannaht zeigt die fast vollständige Korrektur der Deformität mit diesem primär belastungsstabilen System. Beachte auch die mit der Korrektur einhergehende Rumpfverlängerung.

1.6 Kyphose

Definition. Dorsal konvexe Form der Wirbelsäule. Im Gegensatz zur a.p.-Ansicht des Rumpfes, bei der jede Seitverbiegung pathologisch ist, ist die Abgrenzung pathologischer Wirbelsäulenformen in der Seitansicht schwierig. Bis zu einem Ausmaß von ca. 40 Grad (n. Cobb, *Synopsis 137, S. 315)* ist eine Kyphose im Brustwirbelsäulenbereich physiologisch. Stärkere Kyphosen, aber auch eine ausgeprägte Verringerung der Lordose im Bereich der Hals- oder Lendenwirbelsäule, sind in der Regel klinisch relevant.

Ätiologie und Klassifikation. Der aufrechte Stand und Gang ist eine aktive Leistung der Muskulatur gegen die einwirkende Schwerkraft. Die Aufrichtung der Wirbelsäule und damit deren Eigenform wird von bestimmten Muskelgruppen gehalten (Stützmotorik, *S. 294)*. Haltung ist demnach eine Leistung der Muskulatur, die die Anpassung an wechselnde mechanische Anforderungen ermöglicht. Kraftminderungen der Muskulatur (z.B. generalisierte Hypotonie, infantile Zerebralparese, *S. 248)* werden sich daher zunächst auf die Wirbelsäulenhaltung, auf Dauer aber auch auf die Wirbelsäulenform auswirken. Die unterschiedlichen Haltungsformen sind in *Synopsis 139* wiedergegeben.

Eine langbogige Verstärkung der Brustkyphose wird als **arkuäre Kyphose** bezeichnet. Arkuäre Kyphosen entstehen durch ein geschädigtes Wirbelsäulenwachstum (Morbus Scheuermann) sowie durch systemische Erkrankungen (Morbus Bechterew; Altersosteoporose; Osteomalazie). Im Gegensatz dazu liegt bei **angulären Kyphosen** ein pathologisches Geschehen in einem kurzen Wirbelsäulenabschnitt vor (Fehlbildungen; Tumoren; Entzündungen), so daß klinisch und röntgenologisch eine knickförmige Krümmung imponiert. Die anguläre Kyphose wird auch als **Gibbus** bezeichnet. Früher galt der Gibbus als typische Folge einer abgelaufenen Spondylitis tuberculosa.

1.6 Kyphose

◀ **Definition**

Ätiologie und Klassifikation
Die Aufrichtung der Wirbelsäule wird von bestimmten Muskelgruppen erzielt (Stützmotorik, *S. 294)*. Die Haltung ist demnach eine aktive Leistung der Muskulatur. Kraftminderungen der Muskulatur (z.B. generalisierte Hypotonie, infantile Zerebralparese, *S. 248)* beeinflussen zunächst die Wirbelsäulenhaltung, auf Dauer aber auch die Wirbelsäulenform. *Siehe Synopsis 139.*
Arkuäre Kyphosen entstehen durch ein geschädigtes Wirbelsäulenwachstum (z.B. Morbus Scheuermann). Im Gegensatz dazu entstehen **anguläre Kyphosen** bei pathologischen Geschehnissen in einem kurzen Wirbelsäulenabschnitt (z.B. Fehlbildung, Tumor, Entzündung). Anguläre Kyphosen imponieren klinisch als Gibbus (früher typische Folge einer Spondylitis tuberculosa).

Synopsis 139: Haltungstypen
a physiologisch
b thorakale Hyperkyphose (Rundrücken)
c lumbale Hyperlordose (Hohlkreuz)
d Kypho-Lordose (Hohlrundrücken)
e Totalkyphose
f Flachrücken

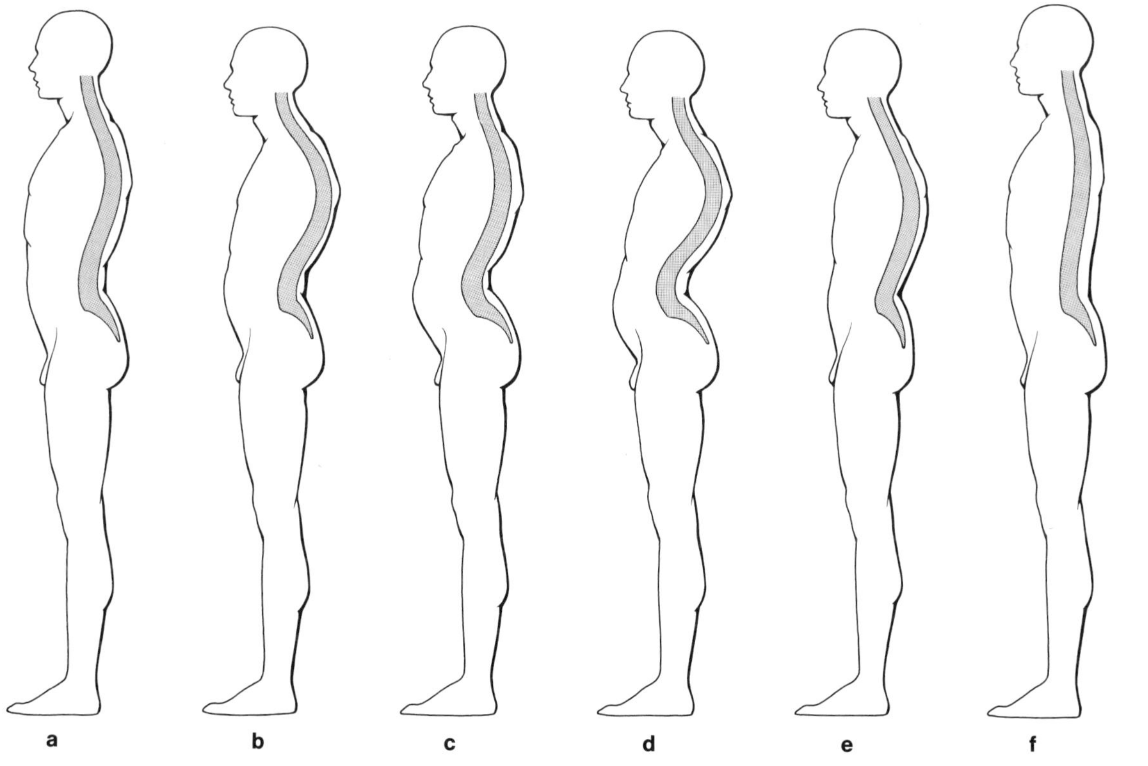

Diagnose
Anhand des **Haltungstestes** nach Matthias kann eine **Haltungsgesundheit** von einer **Haltungsschwäche** und einem **Haltungsverfall** differenziert werden.

Hochgradige Kyphosen, insbesondere beim Morbus Bechterew, können den aufrechten Gang des Menschen behindern.

Diagnose. Um die aktive Korrigierbarkeit der Wirbelsäule, insbesondere bei Kindern, zu quantifizieren, wird der **Haltungstest** nach Matthias angewandt. Dabei wird der Proband aufgefordert, in aufgerichteter Stellung die Arme vorzuheben. Kann der Patient über 30 sec. diese Position halten, wird dies als **»Haltungsgesundheit«** bezeichnet. Eine **Haltungsschwäche** liegt vor, wenn diese aufgerichtete Position weniger als 30 sec. gehalten werden kann. Der **Haltungsverfall** ist dadurch gekennzeichnet, daß diese Stellung überhaupt nicht eingenommen werden kann.

Hochgradige Kyphosen **(Morbus Bechterew)** können den aufrechten Gang des Menschen behindern, kompensatorisch erfolgt eine Beugung in den Hüft- und Kniegelenken, wobei sich der Patient mit den Händen an den Oberschenkeln abstützt.

1.6.1 Morbus Scheuermann

Definition ▶

1.6.1 Morbus Scheuermann

Synonym. Juvenile Kyphose; posturale Kyphose; Adoleszenten-Kyphose.

Definition. Wachstumsbedingte vermehrte Kyphose der Brustwirbelsäule oder vermehrte Kyphosierung im thorakolumbalen Übergang oder lumbal **(lumbaler Scheuermann)** mit Wachstumsstörungen an den Deck- und Grundplatten der Wirbelkörper mit den Folgen einer Bandscheibenverschmälerung, Keilwirbel- und Rundrückenbildung.

Epidemiologie
Die Scheuermann-Erkrankung ist die **häufigste Wirbelsäulenaffektion.** Der Übergang von der physiologischen Kyphose zur Scheuermann-Kyphose ist fließend. Beginn der Erkrankung mit 10–13 Jahren. Jungen sind häufiger betroffen.
Ätiologie
Endogene Faktoren sind bedeutsam. Anders als bei Skoliosen ist aber **auch** die **konstitutionelle Haltung** maßgebend für die Entstehung dieser Erkrankung. Unter der schlaffen Haltung entsteht eine vermehrte Belastung der knorpeligen Wirbelkörperabschlußplatten mit daraus resultierendem keilförmigem Fehlwachstum. **Kollagene Stoffwechselstörungen** sowie starke mechanische Beanspruchung sind ebenfalls ätiologisch bedeutsam.

Epidemiologie. Die Scheuermann-Erkrankung ist die **häufigste Wirbelsäulenaffektion.** Die Häufigkeitsangaben (bis 30%) schwanken auf Grund der Schwierigkeit, die pathologische von der physiologischen **Kyphose** abzutrennen. Jungen sind gegenüber Mädchen häufiger betroffen. Beginn der Erkrankung in der Regel zwischen dem 11. und 13. Lebensjahr.

Ätiologie. **Endogene Faktoren** sind für die Manifestation dieser Erkrankung wichtig. Interessant ist die Tatsache, daß, anders als bei Skoliosen, auch die **konstitutionelle Haltung** maßgebend für die Entstehung eines Morbus Scheuermann ist. Die schlaffe Haltung von Kindern mit herabhängenden Schultern, verkürztem Musculus pectoralis, Vermehrung der Brustkyphose und Verstärkung der Lendenlordose hat zweifellos Einfluß auf die Entstehung eines Rundrückens. Die knorpeligen Wirbelkörperabschlußplatten geraten bei der schlaffen Haltung unter eine vermehrte Druckbelastung. Bei entsprechender Disposition resultiert hierdurch ein keilförmiges Fehlwachstum. Sowohl **kollagene Stoffwechselstörungen** als Ausdruck einer verminderten Belastbarkeit, als auch stärkste **mechanische Beanspruchung** bei Leistungssportlern (Turner, Trampolinspringer) können ursächlich für einen Morbus Scheuermann sein.

Pathogenese
Allmählich kommt es zum keilförmigen Fehlwachstum der Wirbelkörper. **Bandscheibenmaterial bricht durch die Wirbelkörperabschlußplatten sowie durch den Randleistenanulus durch (Schmorl-Knötchen).**
Beim ausgeprägten Morbus Scheuermann sind die **Zwischenwirbelräume erniedrigt,** und die Wirbelkörper zeigen ein **vermehrtes Breiten- und Tiefenwachstum.** Die **Kyphose** der Brustwirbelsäule **ist verstärkt** bzw. die Lendenlordose abgeflacht bei lumbalem Befall. Bereits im 3. Lebensjahrzehnt kann die Beweglichkeit der betroffenen Wirbelsäulensegmente erheblich eingeschränkt sein *(Abb. 77).*

Pathogenese. Die Krankheit beginnt mit lokalisierten Wachstumsstörungen an den knorpeligen Deck- und Grundplatten. Ventral bleibt das Wachstum allmählich zurück, so daß sich die Wirbelkörper **keilförmig** entwickeln. Zusätzlich kommt es zum **Einbruch von Bandscheibenmaterial in die Wirbelkörperabschlußplatten sowie in den Randleisten-Anulus (Schmorl-Knötchen).** Durch die Verschiebungen des Bandscheibengewebes wird der Zwischenwirbelraum erniedrigt. Bedingt durch die vermehrte ventrale Belastung der Wirbelsäule kommt es **zur Breiten- und Tiefenzunahme der Wirbelkörper.** Erfolgt das Wachstum der Keilwirbel etwas asymmetrisch, entsteht eine meist geringgradige Skoliose ohne wesentliche Rotation **(Scheuermann-Skoliose).** In Abhängigkeit von der Ausdehnung der Veränderung an Brust- oder Lendenwirbelsäule resultiert eine Keilwirbelbildung, die im Bereich der Brustwirbelsäule zu verstärkter Kyphose, im Bereich der Lendenwirbelsäule zur Abnahme der Lordose führt. Bei typischem Thorakalbefall entsteht ein **Rundrücken,** im Bereich der Lendenwirbelsäule entsteht eine kompensatorisch vermehrte Lordose mit Höhenzunahme der Wirbelkörper **(tonnenförmige Wirbelkörper).** Bei Wachstumsabschluß liegen deformierte Wirbelkörper und verschmälerte Bandscheiben vor. Bei stärkerem Befall kann die Degeneration der Bandscheiben bereits im 2. und 3. Lebensjahrzehnt zu einer völligen Einsteifung der befallenen Wir-

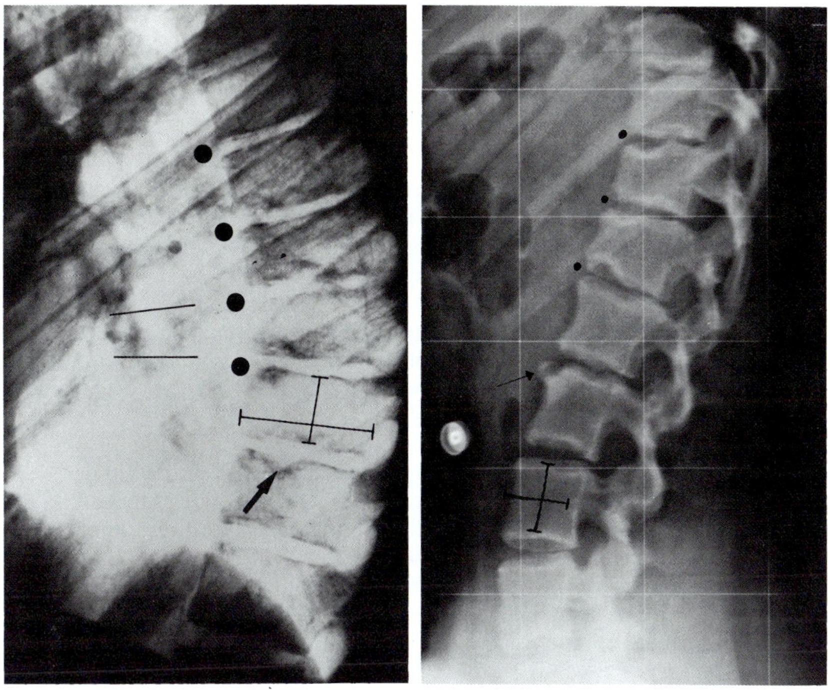

a b

Abb. 77: Röntgenmorphologie des Morbus Scheuermann. Charakteristische Zeichen:
a thorakaler Typ: beachte die Bandscheibenverschmälerung ●, Schmorl-Knötchen → (Pfeil), Keilform der Wirbelkörper ⚌, Verlängerung der Wirbelkörpertiefe (= Vergrößerung des Längsdurchmessers) ╪
b thorakolumbaler Scheuermann: beachte die Randleistenabscherung → und Höhenverminderung der Bandscheiben, ● Ausdehnung der thorakalen Kyphose bis LWK 2. Tonnenform der Wirbelkörper L 3 bis L 5.

belsegmente führen, die eine kompensatorische Überbeweglichkeit in anderen, nicht direkt betroffenen Wirbelsäulenabschnitten erfordert *(Abb. 77).*

Klinik. Die Symptomatik der Scheuermann-Erkrankung wird bestimmt durch die Floridität der Veränderungen, durch die resultierende Deformität und die biomechanischen Auswirkungen an der gesamten Wirbelsäule. Bei floriden Wirbelkörperveränderungen können auch **im Kindes- und Jugendalter** Schmerzen an der Wirbelsäule auftreten. Meist aber haben die Patienten während des Krankheitsverlaufs keine oder nur wenig Beschwerden.

Im **Kindes- und Jugendalter** ist daher das führende Symptom die Deformität. Ausgeprägte Kyphosen der Brustwirbelsäule imponieren als **Hohlrundrücken,** bei lumbaler Manifestation besteht eine Entlordosierung der Lendenwirbelsäule, was als **Flachrücken** imponiert. Obgleich der Morbus Scheuermann eine arkuäre Kyphose hervorruft, können im Einzelfall, insbesondere im thorakolumbalen Übergang, auch kurzbogige, dann meist hochgradig rigide Kyphosen beobachtet werden.

Auch im **Erwachsenenalter** ist die Deformität das hauptsächliche Spätsymptom. Daneben kommt es in Abhängigkeit von dem Ausmaß der Deformität zu begleitenden biomechanischen Störungen der gesamten Wirbelsäule, die zu schmerzhaften sekundären Wirbelsäulenveränderungen führen. Überlastungsbeschwerden im Bereich der Muskulatur, der Bänder und Gelenke, insbesondere aber im Bereich der kompensatorischen Hyperlordose der Hals- und Lendenwirbelsäule, sind charakteristisch für die Spätfolgen dieser Erkrankung.

Klinik
Die Symptomatik der Scheuermann-Erkrankung wird bestimmt durch die Floridität der Veränderungen, durch die resultierende Deformität und die biomechanischen Auswirkungen am Achsorgan. Der thorakale Scheuermann imponiert als **Hohlrundrücken.** Bei lumbaler Manifestation entsteht ein **Flachrücken.** Seltener werden, insbesondere im thorakolumbalen Übergang, kurzbogige, dann meist sehr rigide Kyphosen beobachtet.

Im Erwachsenenalter besteht die Deformität fort. Schmerzen bestehen meist in einer kompensatorischen Hyperlordose der Hals- und insbesondere der Lendenwirbelsäule.

Merke ▶

> ***Merke.*** Der Morbus Scheuermann ist zwar eine Erkrankung der thorakalen oder thorakolumbalen Wirbelsäule, verursacht aber (als Spätfolge) ausgeprägte lumbosakrale Beschwerden.

Diagnose
Die Scheuermann-Erkrankung ergibt sich aus dem klinischen und radiologischen Befund. Charakteristisch sind Wachstumsstörungen an den Deck- und Grundplatten der Wirbelkörper mit keilförmiger Deformierung. Bei klinischem Rundrükken ohne röntgenologische Veränderungen liegt noch eine thorakale juvenile Kyphose vor.

Die Quantifizierung der Kyphose erfolgt nach Cobb im seitlichen Röntgenbild. Im a.p.-Bild sind oft geringgradige, kurzbogige Skoliosen ohne Torsion (Scheuermann-Skoliose) nachweisbar.

Diagnose. Die Jugendlichen werden von ihren Eltern meist wegen ihrer schlechten Haltung vorgestellt. Vor Wachstumsabschluß sind Schmerzen die Ausnahme und treten dann im betroffenen Wirbelsäulenbereich auf. Beim Erwachsenen dagegen sind **lumbosakrale Beschwerden** typisch. Die Diagnose »Scheuermann-Erkrankung« ergibt sich aus den charakteristischen **Wachstumsstörungen an den Deck-und Grundplatten der Wirbelkörper.** Bei klinisch nachweisbarem Rundrücken, aber ohne röntgenologisch erkennbare Veränderungen, muß die Diagnose **»thorakal-juvenile Kyphose«** lauten. Diese ist meist noch muskulär aufrichtbar (Haltungsschwäche).

Das Ausmaß und der Verlauf von **Kyphose** und Lordose werden in der seitlichen Wirbelsäulenstandaufnahme in der Technik nach Cobb vermessen. In der a.p.-Aufnahme kann darüber hinaus eine geringgradige Skoliose, meist ohne Torsion **(Scheuermann-Skoliose)** nachweisbar sein. Zu Beginn der Erkrankung ist die röntgenologische Symptomatik meist blande. Im Verlauf der Erkrankung werden die vorbeschriebenen statischen Deformitäten sowie die aufgezeigten morphologischen Veränderungen im ventralen Wirbelsäulenpfeiler sichtbar.

Therapie
Haltungsturnen sowie Sport begünstigen das physiologische Wirbelsäulenwachstum.
Durch Training der aufrichtenden Rumpfmuskulatur kann das Wirbelsäulenwachstum beeinflußt werden. Auch psychische Faktoren sind für die Haltung des Kindes maßgebend und müssen therapeutisch mit berücksichtigt werden. Bei schweren Kyphosen erfolgt die **Korsettversorgung.** Hierbei wird bei thorakalen Kyphosen durch Lordosierung im Lumbalbereich eine thorakale Aufrichtung erzielt.
Kyphosen bedürfen seltener als Skoliosen der operativen Therapie. Während des Wachstums wird eine dorsal komprimierende Instrumentation durchgeführt, nach Wachstumsabschluß muß zuvor eine Ausräumung der Bandscheiben mit Spongiosaanlagerung durchgeführt werden, um die Korrektur zu ermöglichen und langfristig zu halten.

Therapie. Das **Haltungsturnen** sowie sportliche Betätigungen, die eine Haltungsverbesserung des Heranwachsenden bewirken, begünstigen das physiologische Wirbelsäulenwachstum. Die Gestaltung von Sitzmöbeln sollte eine aufrechte Haltung des Kindes unterstützen. Krankengymnastisch kann durch entsprechendes Training der Bauch- und Rückenstreckmuskulatur beim Heranwachsenden die Haltung und damit auch das weitere Wirbelsäulenwachstum beeinflußt werden. Auch psychische Faktoren sind für die Haltung des Kindes maßgebend und müssen deshalb im Therapiekonzept berücksichtigt werden. Bei schweren Kyphosen (über 50 Grad nach Cobb) werden im Wachstumsalter zur Korrektur **Korsettversorgungen** durchgeführt. Im Aktivkorsett wird eine Aufrichtung durch Mahnpelotten erreicht. In Passiv-Korsetten wird die Lendenwirbelsäule entlordosiert und damit die Brustwirbelsäule aufgerichtet.

Kyphosen bedürfen weitaus seltener als Skoliosen der operativen Therapie. Insbesondere schwere dorsolumbale Kyphosen stellen jedoch eine Operationsindikation dar. Bei noch ausreichendem Restwachstum der Wirbelsäule genügt eine dorsal aufrichtende Instrumentation. Nach Wachstumsabschluß ist zunächst ein ventraler Eingriff mit Herausnahme der Bandscheiben und Anfrischen der Deck- und Grundplatten sowie Spongiosaanlagerung indiziert. Zeitversetzt wird dann die dorsal korrigierende Instrumentation durchgeführt. Durch dieses Vorgehen lassen sich langfristig gute Korrekturen erzielen.

◀ **Klinisches Beispiel**

Klinisches Beispiel. Nicole wurde als 16jähriges Mädchen mit hochgradiger arkuärer, thorakaler und thorakolumbaler Kyphose (83 Grad nach Cobb) erstmalig vorgestellt *(Abb. 78)*. Das Mädchen war wegen dieser Rückendeformität psychisch stark beeinträchtigt, mied das Schwimmbad und hatte eine Befreiung vom Sportunterricht durchgesetzt! Nach ventraler Osteodiskektomie (Herausnahme der Bandscheiben, Anfrischen der Wirbelkörperabschlußplatten und Spongiosaanlagerung) und zweiwöchiger Halo-Traktion im Liegen erfolgte die dorsal korrigierende Operation mit einer Doppelstabmontage. Die vormals beklagten lumbosakralen Beschwerden des Mädchens verschwanden. Durch die Korrektur der Deformität kam es auch zur psychischen Veränderung des Mädchens, das nun eine »lebensbejahende Haltung« hat.

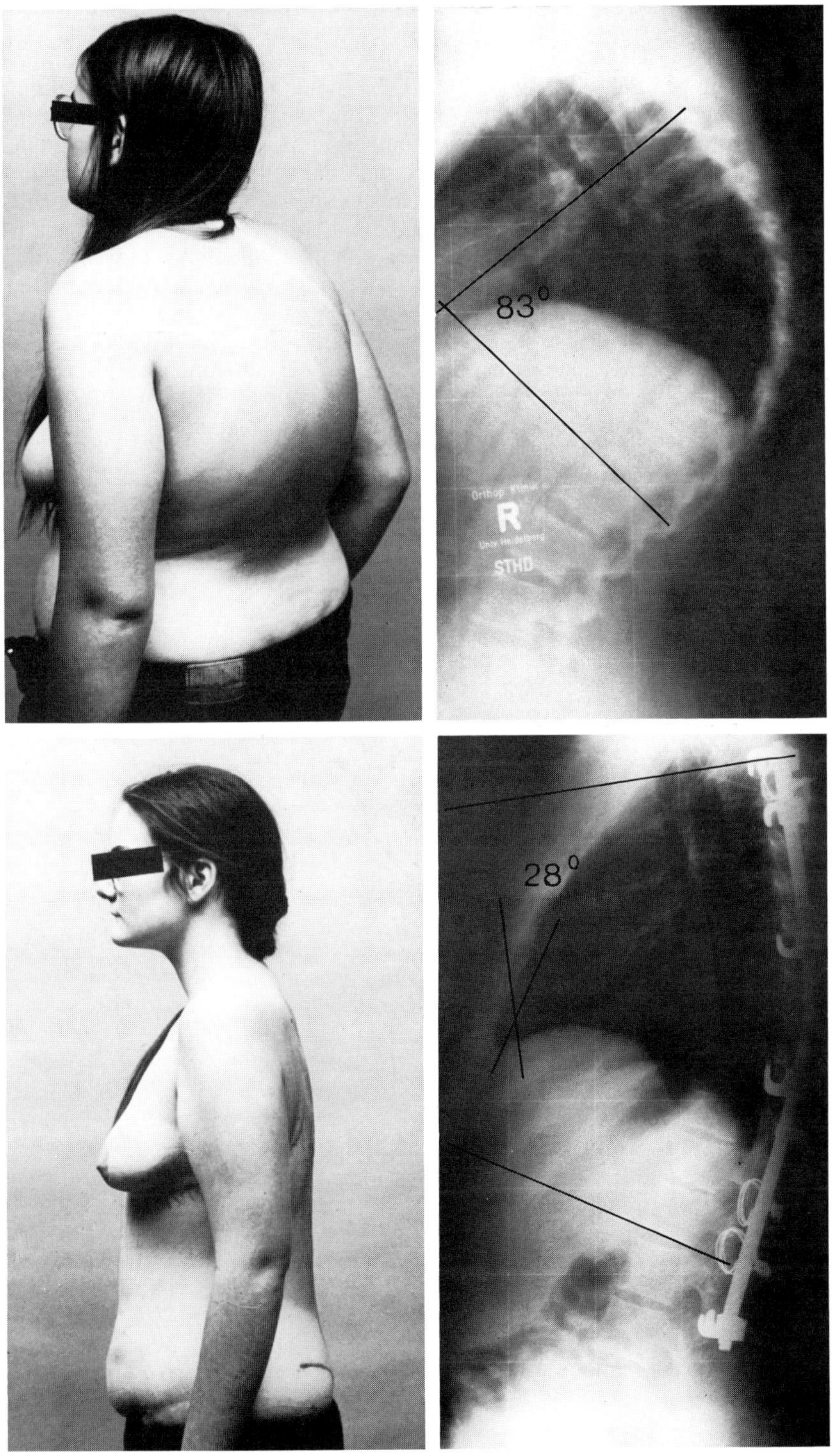

Abb. 78
a und **b:** Hochgradig rigide Thorakalkyphose von 83 Grad. Klinische ausgeprägte Buckelbildung.

a **b**

c und **d:** Korrektur durch ventrale Osteodiskektomie und dorsale CD-Spondylodese mit sublaminären Cerclagen. Normale Rumpfform postoperativ.

c **d**

1.6.2 Morbus Bechterew

Definition ▶

Klinik
Die Bechterew-Erkrankung manifestiert sich im Bereich der Iliosakralgelenke und der Wirbelsäule. Der schmerzhaften entzündlichen Phase (nächtliche Kreuzschmerzen) folgt die Einsteifung der Iliosakralgelenke und der Wirbelsäule, zum Teil in erheblicher kyphotischer Fehlstellung mit begleitender Seitabweichung *(Syn. 140)*. In der Initialphase ist der röntgenologische Befund der Wirbelsäule unauffällig. Dann kommt es zur Syndesmophytenbildung (Wirbelkörperspangen, *Syn. 148, S. 339)*. Im Endstadium zeigt die Wirbelsäule eine **bambusstabförmige** Konfiguration, oft in **kyphotischer Fehlstellung (Totalrundrücken).** Eine Thoraxstarre wird immer, eine Hüftgelenksbeteiligung fakultativ beobachtet.

1.6.2 Morbus Bechterew

Synonyme. Spondylarthritis ankylopoetica; Spondylarthritis ankylosans.

Definition. Entzündlich-rheumatische Erkrankung mit bevorzugter Manifestation im Bereich der Wirbelsäule (zur Epidemiologie, Ätiologie, Diagnose und Therapie *S. 180)*. Wegen der speziellen Problematik der Kyphose bei Morbus Bechterew wird diese hier gesondert abgehandelt.

Klinik. Die Bechterew-Erkrankung manifestiert sich an den Iliosakralgelenken sowie den kleinen Wirbelgelenken. Die Erkrankung verläuft schubweise, wobei in den ersten Jahren aufgrund der Entzündung die Schmerzsymptomatik vorrangig ist (insbesondere nächtliche Kreuzschmerzen). Später kommt es dann zur Versteifung der Iliosakralgelenke (Ankylose) sowie der Wirbelsäule, oftmals in kyphotischer Fehlstellung *(Syn. 140)*. Da die Seitmobilität der Wirbelsäule vollständig aufgehoben ist, verursacht eine oft begleitende Skoliose von wenigen Grad auf Grund der fehlenden Kompensationsmöglichkeit des Rumpfes eine ausgeprägte Abweichung der Wirbelsäule aus dem Lot. Schwere Deformierungen bei gleichzeitiger Wirbelsäulenversteifung können zur Atmungsbehinderung führen. Nachdem im Anfangsstadium der Erkrankung das Röntgenbild unauffällig ist, finden sich im Bereich der Wirbelsäule dann zunächst sogenannte **Syndesmophyten** (Wirbelkörperspangen, *Syn. 148, S. 339)*. Im Endstadium entsteht eine **bambusstabförmige** Konfiguration der gesamten Wirbelsäule, oft in **kyphotischer Fehlstellung** (sogenannter **Totalrundrücken**). Die Mitbeteiligung der Rippenwirbelgelenke bedingt die zunehmende Thoraxstarre mit Abnahme der Atemexkursion. Der fakultative Mitbefall der Hüftgelenke bedingt eine ausgeprägte Mobilitätseinbuße für den Patienten.

Synopsis 140: Totalkyphose des Morbus Bechterew (a)
Operative Aufrichtung der in Fehlstellung versteiften Wirbelsäule durch Osteotomie im zervikothorakalen Übergang **(b)** oder durch lumbale Mehretagen-Osteotomie **(c).**

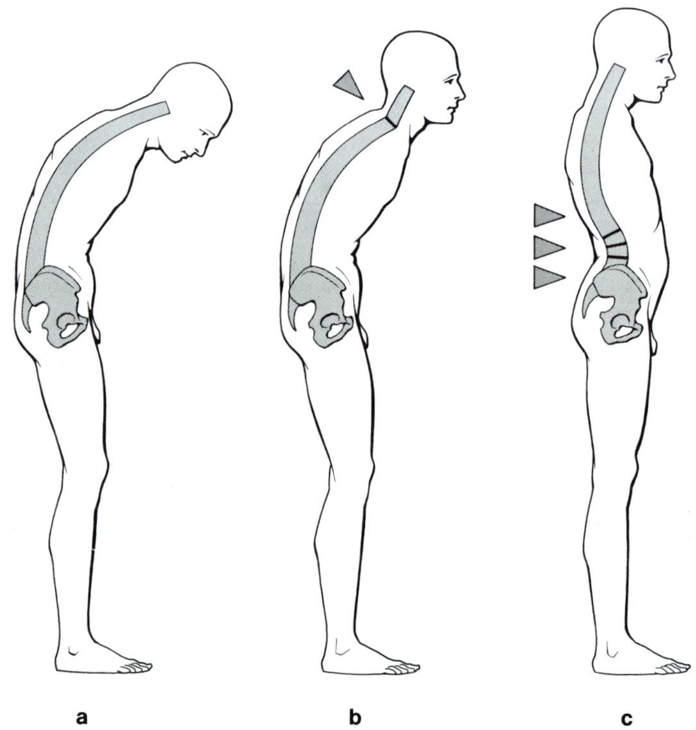

Therapie. Neben der medikamentösen Therapie *(S. 182)* sind vorbeugende intensive physiotherapeutische Maßnahmen notwendig. Eine Versteifung kann durch diese Maßnahmen nicht aufgehalten werden, wohl aber die Einsteifung in ausgeprägter kyphotischer Fehlstellung. Wegen der erheblichen Problematik sind wiederkehrende kurmäßige, krankengymnastische Behandlungen neben der häuslichen Krankengymnastik, angezeigt. Alle Sportarten mit starker Belastung der Wirbelsäule sind wegen der erhöhten Frakturgefährdung (mit hohem neurologischem Risiko!) kontraindiziert.

Bei **Einsteifung** der Wirbelsäule in hochgradiger Fehlstellung ist die Aufrichtungsosteotomie angezeigt. Um das Risiko einer neurologischen Schädigung zu mindern, wird diese im Bereich der Lendelwirbelsäule als Mehretagenosteotomie durchgeführt. Im zervikothorakalen Übergang erfolgt die Aufrichtungsosteotomie deshalb in Lokalanästhesie *(Syn. 140)*. Dies erlaubt eine kontinuierliche Überwachung der Rückenmarksfunktion während der Korrektur.

Therapie
Neben der medikamentösen Therapie wird versucht durch physiotherapeutische Maßnahmen der Kyphosierung entgegenzuwirken, so daß die Einsteifung nicht in einer Fehlstellung erfolgt. Wegen der hohen Frakturgefährdung der Wirbelsäule sind alle wirbelsäulenbelastenden Sportarten untersagt.
Bei **Einsteifung** in hochgradiger Fehlstellung bleibt die Möglichkeit einer Aufrichtungsosteotomie, entweder im zervikothorakalen Übergang oder als Mehretagenosteotomie im Bereich der lumbalen Wirbelsäule *(Syn. 140)*.

◀ **Klinisches Beispiel**

Klinisches Beispiel. Der jetzt 43jährige Patient litt seit dem 18. Lebensjahr an rezidivierenden lumbalgiformen Beschwerden. Im Alter von 15 Jahren wurde die Diagnose eines Morbus Bechterew gestellt. Die Wirbelsäule ist in einer Totalkyphose eingesteift. Dem Patienten war es deshalb nicht mehr möglich, beim Gehen nach vorne zu blicken. Dies schränkte den Kontakt mit der Umwelt erheblich ein. Auch das Autofahren war ihm nicht mehr möglich. *Abbildung 79* zeigt das klinische Bild. Die Korrektur erfolgte durch eine lumbale Mehretagenosteotomie (dorsal lordosierende Spondylodese). Mit transpedikulärer dorsaler Instrumentation wurde die Wirbelsäule stabilisiert. Postoperativ ist es dem Patienten nun wieder möglich, beim Gehen geradeaus zu blicken.

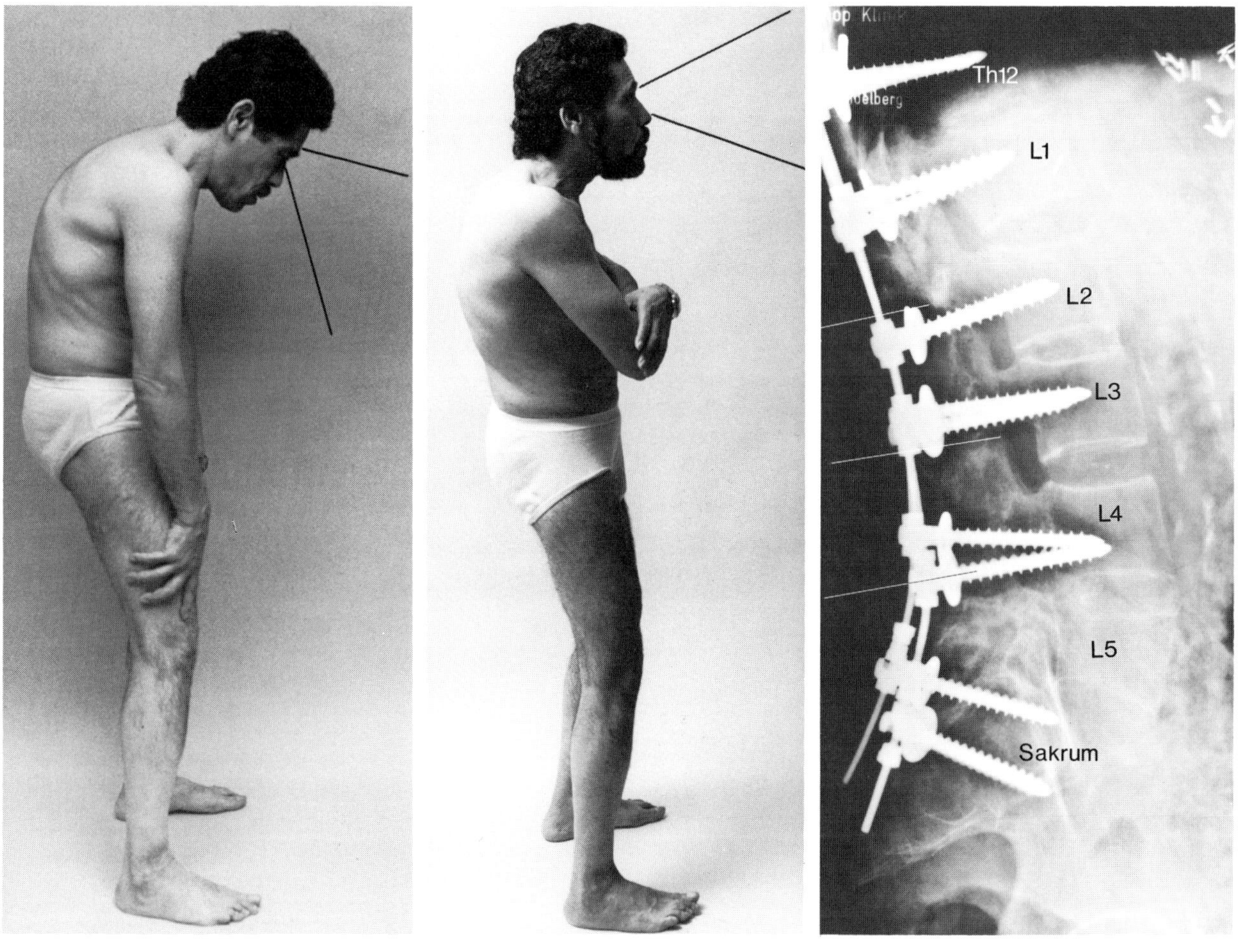

a b c

Abb. 79: Zustand vor **(a)** und nach **(b)** lumbaler Mehretagenosteotomie **(c)** bei einem 43jährigen Patienten mit Morbus Bechterew. Beachte die Änderung des Blickfeldes.

1.6.3 Manifestation der Osteoporose und Osteomalazie im Bereich der Wirbelsäule

Pathogenese
Durch Infraktion oder Fließverformung im Bereich der Wirbelkörperabschlußplatten werden diese **keilförmig** oder bei zentraler Impression **fischwirbelartig** umgestaltet *(Syn. 141, S. 327)*.

Klinik
Der osteoporotische Rundrücken (Altersrundrücken) hat seine Hauptlokalisation im oberen Thorakalbereich. Neben der Hüftbeugekontraktur ist dies die Hauptursache für die Gestaltänderung des älteren Menschen *(Syn. 142, S. 328)*

Therapie
Die Osteoporose an der Wirbelsäule wird durch physikalische und krankengymnastische Maßnahmen therapiert. Die Versorgung mit einem halbelastischen Mieder ist bei ausgeprägten Beschwerden angezeigt.

1.6.3 Manifestation der Osteoporose und Osteomalazie im Bereich der Wirbelsäule

Definition und Ätiologie *(S. 143)*.

Pathogenese. Durch die Minderung der statischen Belastbarkeit der Wirbelkörper kommt es zur Infraktion oder Fließverformung im Bereich der Deck- und Grundplatten. Erfolgen diese in Wirbelkörpermitte, entstehen sogenannte **Fischwirbel** (vergleiche *Abb. 80)*. Erfolgen diese mehr ventral, werden die Wirbel **keilförmig** umgestaltet unter Zunahme der Kyphose *(Syn. 141, S. 327)*.

Klinik. Im Gegensatz zum Morbus Scheuermann, der meist im Bereich der mittleren und unteren Brustwirbelsäule und oberen Lendenwirbelsäule sich manifestiert, hat der osteoporotische Rundrücken (Altersrundrücken) seine Hauptlokalisation im oberen Thorakalbereich. Neben der gleichzeitig bestehenden Hüftbeugekontraktur des älteren Menschen ist dies die Hauptursache für die Abnahme der Körpergröße und die Gestaltänderung. Siehe *Syn. 142, S. 328.*

Therapie. Die Auswirkungen der Osteoporose an der Wirbelsäule werden im Rahmen eines physikalischen und krankengymnastischen Behandlungsprogrammes angegangen. Bei Schmerzhaftigkeit kann die Wirbelsäule durch ein halbelastisches Mieder unterstützt werden. Zur medikamentösen Therapie der Osteoporose *(S. 148)* und Osteomalazie s. *S. 151.* Nur bei der sehr seltenen juvenilen Osteoporose kann die pathologische Kyphose durch Wachstum nach Ausheilung der Grunderkrankung zurückgehen.

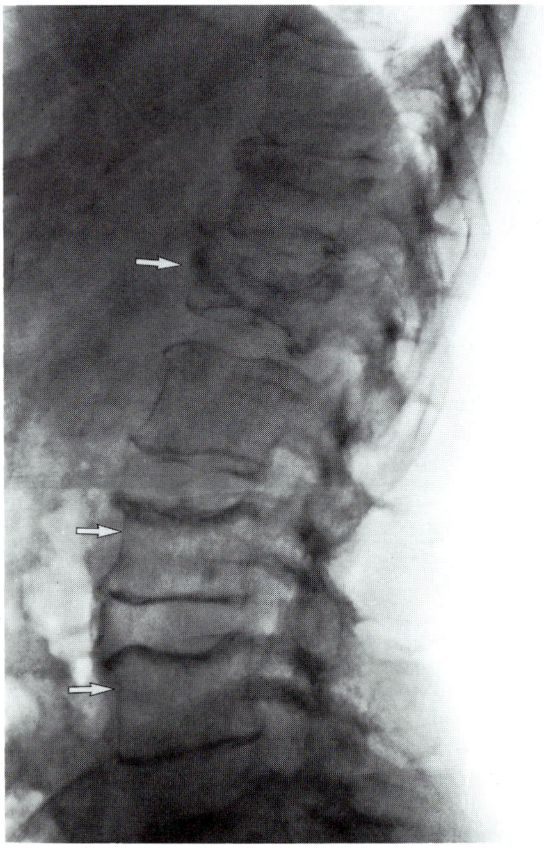

Abb. 80: Wirbelsäulenveränderungen bei Osteoporose: Beachte die Kompressionsfraktur des 1. Lendenwirbels, die Deckplatteneinbrüche im Bereich des 3. Lendenwirbels sowie die betonte Zeichnung der Deck- und Grundplatten, insbesondere bei LWK 4. Durch die Demineralisation stellt sich die Wirbelsäule vermehrt strahlentransparent dar. Die betonte Darstellung der Wirbelkörperabschlußplatten entsteht durch die vermehrte Rarifizierung der Wirbelkörperspongiosa.

Synopsis 141: Differentialdiagnose ventraler Wirbelsäulenveränderungen.
Die Differenzierung von Wirbelsäulenerkrankungen erfordert neben den klinischen und röntgenologischen Parametern zum Teil umfangreiche weitere Untersuchungsmaßnahmen. Dennoch sind im Röntgenbild vielfach die ventralen Wirbelsäulenveränderungen bereits richtungsweisend

Röntgenbefund – **Erkrankung**

Keilwirbel

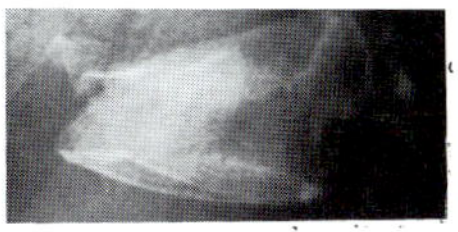

- Trauma;
- M. Scheuermann;
- Osteoporose;
- Osteomalazie;
- Tumor

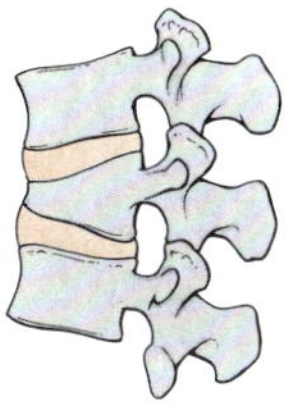

Halbwirbel

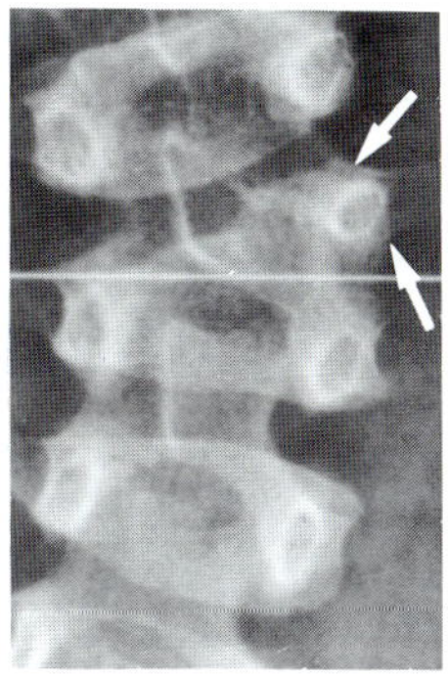

- kongenital, z.B. bei Klippel-Feil-Syndrom

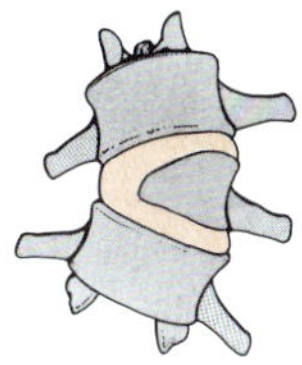

Fischwirbel

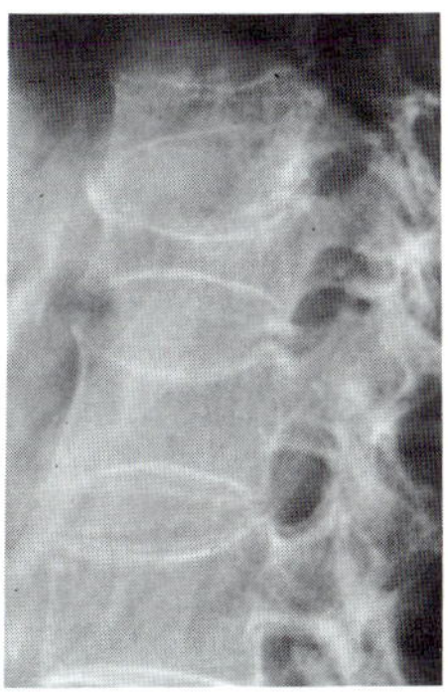

- Osteoporose
- Osteomalazie

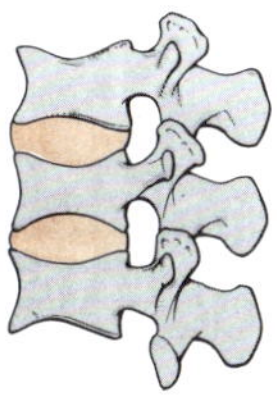

Wirbelkörperspangen

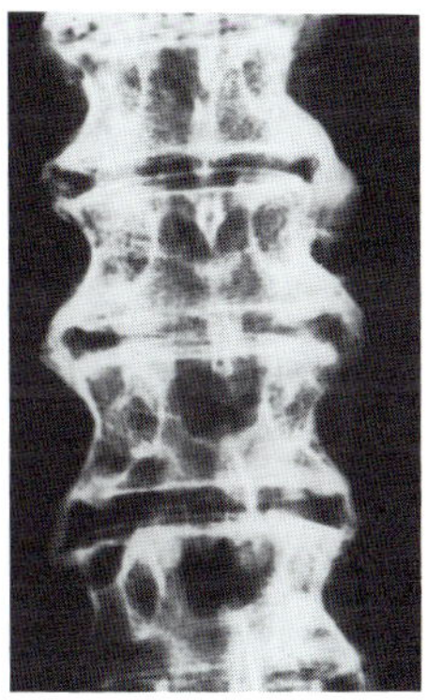

- Degeneration;
- M. Bechterew;
- M. Forestier

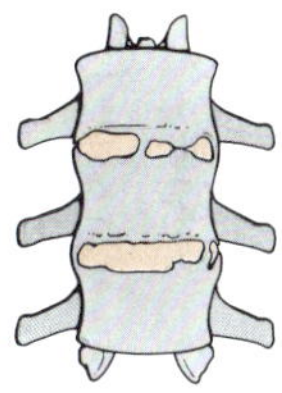

Blockwirbel

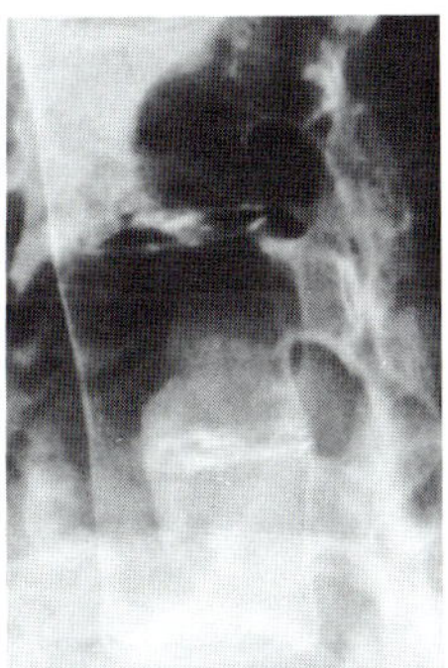

- kongenital;
- M. Bechterew; (»Bambusstab«),
- Zustand nach ausgeheilter Spondylodiszitis

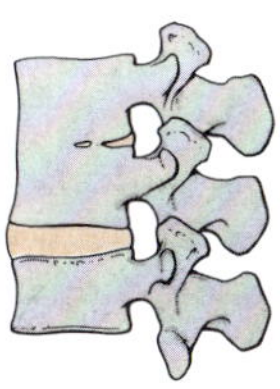

Bandscheibenerniedrigung

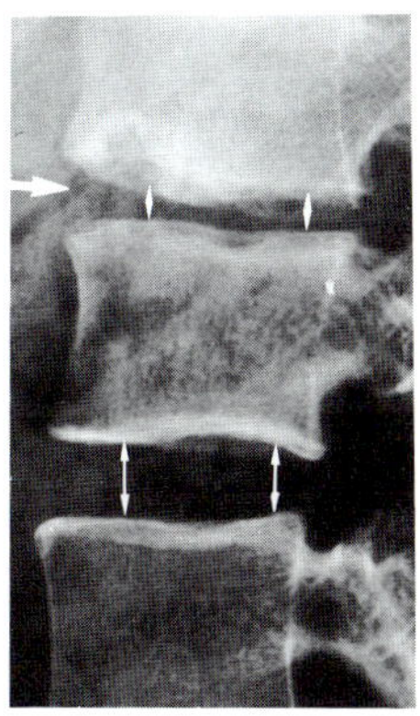

- Spondylodiszitis;
- Degeneration;
- schwerer M. Scheuermann

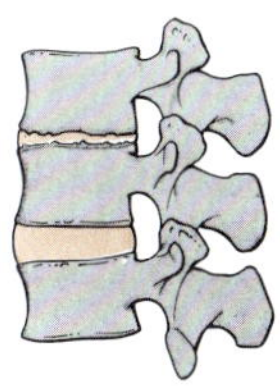

Synopsis 142: Altersrundrücken:
Beachte die Hauptlokalisation der vermehrten Kyphose im kranialen Bereich der Brustwirbelsäule. Mitbestimmend für das Erscheinungsbild ist die Hüftbeugekontraktur, die sekundär zur Entlordosierung der Lendenwirbelsäule führt.

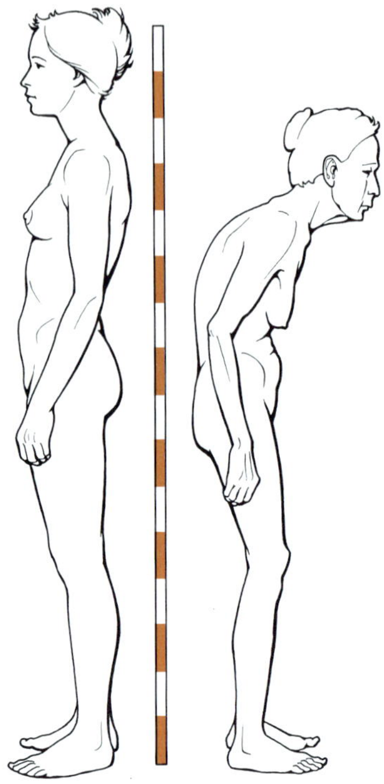

1.7 Degenerative Wirbelsäulenerkrankungen

Definition ▶

Epidemiologie
Eine Degeneration der Wirbelsäulenstrukturen ist physiologisch. Jeder 10. Patient in der allgemeinärztlichen, jeder 2. in der orthopädischen Praxis wird wegen degenerativer Wirbelsäulenbeschwerden vorstellig. Bei der vorzeitigen Berentung sind sie die wichtigste Erkrankungsgruppe.

Ätiologie und Pathogenese
Die Reduktion des Wassergehaltes der Bandscheibe führt zur Rißbildung *(Syn. 143)*. Dies wird als **Chondrose** bezeichnet und entspricht der radiologischen Höhenminderung des Zwischenwirbelraumes. Die Chondrose bewirkt die **Instabilität** des Bewegungssegmentes.

1.7 Degenerative Wirbelsäulenerkrankungen

Definition. Degenerative Veränderungen an Bandscheiben und Wirbelkörper, Wirbelgelenken, Muskulatur und Bändern. Alle am Aufbau der Wirbelsäule beteiligten Strukturen durchlaufen während des Lebens einen physiologischen Verschleißprozeß.

Epidemiologie. Degenerative Veränderungen im Bereich der Wirbelsäule entstehen altersüblich und müssen keinen Krankheitswert besitzen. Dennoch ist der Rückenschmerz eines der am häufigsten beklagten Symptome mit großer sozialmedizinischer Bedeutung. Jeder 10. Patient in der allgemeinärztlichen und jeder 2. Patient in einer orthopädischen Praxis ist wegen degenerativer Wirbelsäulenbeschwerden vorstellig. Wirbelsäulenleiden sind die wichtigsten Erkrankungen, die zur vorzeitigen Berentung führen.

Ätiologie und Pathogenese. Der Discus intervertebralis des Jugendlichen besteht aus dem **Nucleus pulposus** *(Syn. 143)*, der von den Faserstrukturen des Anulus fibrosus umgeben wird. Während des Lebens kommt es zur Reduktion des Wassergehaltes, bedingt durch die Abnahme des Wasserbindungsvermögens im Nucleus pulposus. Im Bereich des Anulus fibrosus entstehen Risse. Dies wird als **Chondrose** (Synonym: Chondrosis intervertebralis) bezeichnet, die radiologisch als Höhenminderung des Zwischenwirbelraumes imponiert. Die Chondrose führt zur **Instabilität** (pathologisch vermehrte Beweglichkeit) des Bewegungssegmentes.

Synopsis 143: Alterung der Bandscheibe

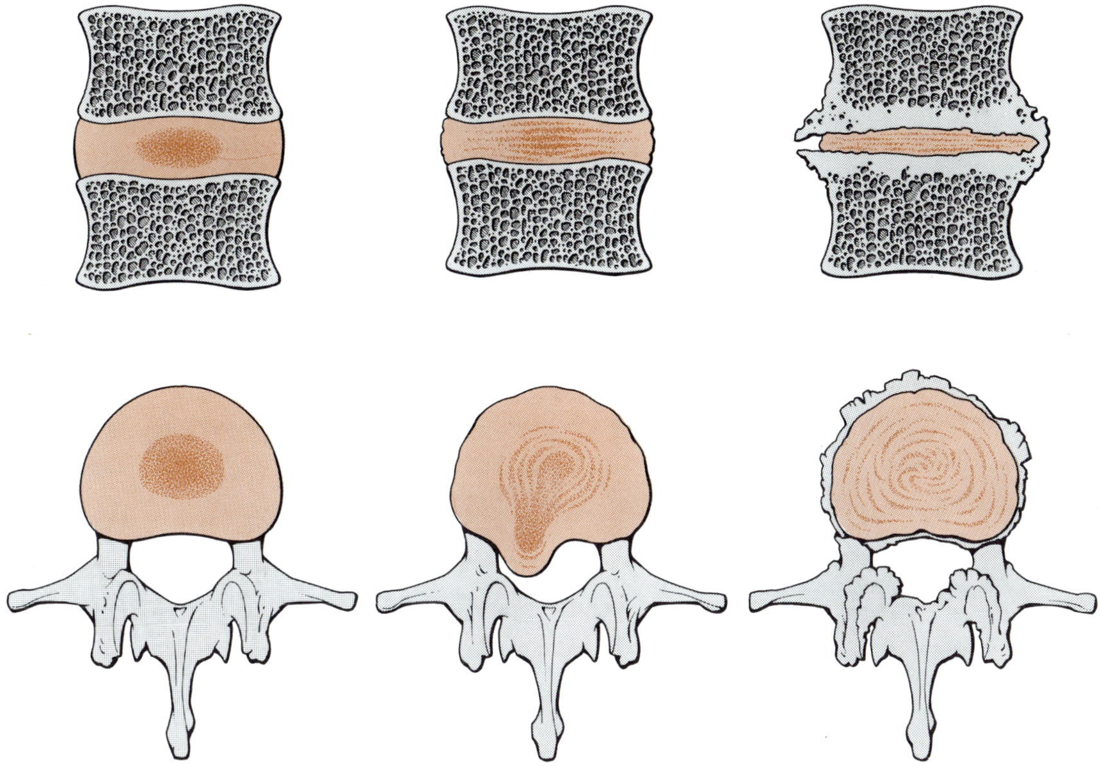

a jugendliche Bandscheibe: Klare Gliederung zwischen Nucleus pulposus und Anulus fibrosus

b mittleres Lebensalter: Rißbildung der Bandscheibe; zunehmende Instabilität; Gefahr von Verschiebungen des Diskus (Diskusprolaps)

c Altersbandscheibe: Höhenabnahme mit reaktiver Knochenumbildung und Ausbildung von Spondylophyten. Bewegungsabnahme des Zwischenwirbelraumes.

Merke. Die Degeneration des Discus intervertebralis (Höhenminderung der Zwischenwirbelscheibe) führt zu einer Lockerung des entsprechenden Bewegungssegmentes mit konsekutiver Instabilität.

Durch die Rißbildung des Anulus fibrosus kann Bandscheibengewebe aus dem Intervertebralraum austreten **(Diskusprolaps).** Im weiteren Verlauf der Degeneration kommt es durch die Höhenabnahme der Bandscheibe und die dadurch reduzierte biomechanische Pufferfunktion zu vermehrter Belastung der Wirbelkörperabschlußplatten. Es entsteht eine Sklerosierung mit röntgenologisch vermehrter Strahlendichte **(Osteochondrose,** *Abb. 81).* Wie bei Arthrosen an peripheren Gelenken entstehen Randzacken (Spondylophyten) an den Wirbelkörpern (Spondylose). **Klinisch bedingt die nun wieder eintretende Abnahme der Beweglichkeit eine »wohltuende« Versteifung der Wirbelsäule.** Im dorsalen Teil des Bewegungssegmentes kommt es durch die Gefügelockerung zur Inkongruenz der Wirbelgelenke. Dies kann zu **»Blockierungen«** mit plötzlich einschießender lokaler Beschwerdesymptomatik führen. Die zunehmende Inkongruenz der Gelenkflächen ist ursächlich für deren Degeneration **(Spondylarthrose).** Die produktiven Veränderungen dieser Arthrose **(Osteophyten)** engen zunehmend den Spinalkanal und die Foramina intervertebralia ein, durch die die Nervenwurzeln den Wirbelkanal verlassen. Dies führt zum Krankheitsbild der **degenerativen Spinalkanalstenose.** Die zunehmende Bewegungseinschränkung der Wirbelsäule kann auch hier zur Beruhigung der Beschwerdesymptomatik führen. Dies erklärt die oftmals langfristig gute Prognose von Wirbelsäulenbeschwerden.

◀ **Merke**

Bandscheibengewebe kann aus dem Intervertebralraum austreten **(Diskusprolaps).** Die vermehrte Belastung der Wirbelkörperabschnittplatten führt zu deren Sklerosierung, dem radiologischen Bild der **Osteochondrose** *(Abb. 81).* Entsprechend der Arthrose an peripheren Gelenken entsteht eine Randzackenbildung der Wirbelkörper (Spondylose). **Klinisch bedingt die Abnahme der Beweglichkeit eine »wohltuende« Versteifung der Wirbelsäule.**
Die Gefügelockerung führt zur Inkongruenz der Wirbelgelenke. Deren Verschleiß führt über Osteophytenbildung zur zunehmenden Einengung des Spinalkanales und der Foramina intervertebralia. Dies führt zum Krankheitsbild der **degenerativen Spinalkanalstenose.**

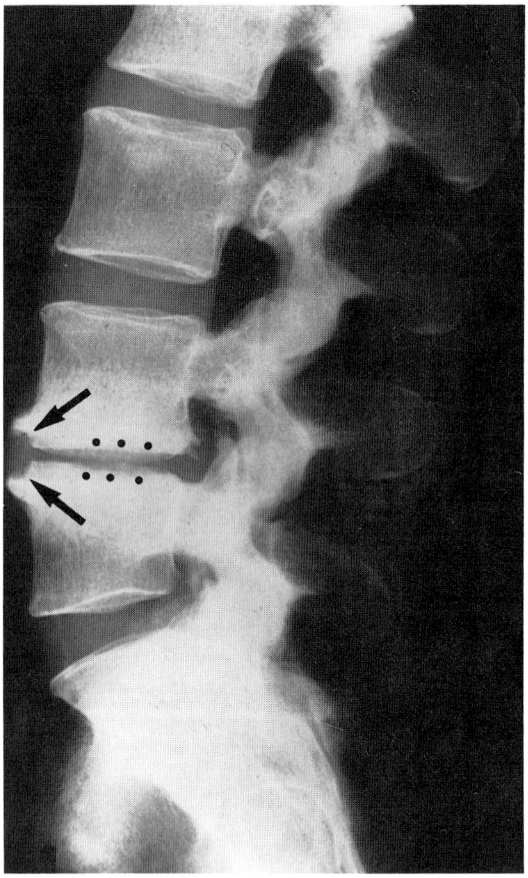

a

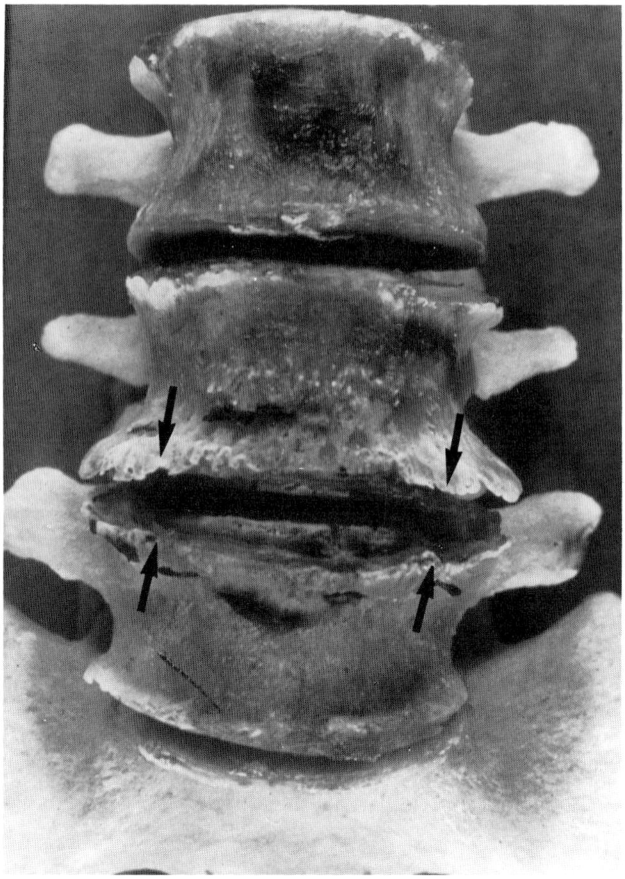

b

Abb. 81: Röntgenologische Darstellung einer ausgeprägten **Osteochondrose** (subchondrale Sklerosierung der Wirbelkörperdeckplatten mit Verschmälerung des Zwischenwirbelraumes) und **Spondylose** (Knochenneubildungen am Wirbelkörperrand im Sinne einer Abstützreaktion, entsprechend der Osteophytenbildung bei der Arthrose der Extremitätengelenke) im Segment L 4/5. Im entsprechenden morphologischen Präparat ist in der Vorderansicht die ausgeprägte zirkuläre Spondylose sichtbar.

Diagnose
Die Röntgenuntersuchung bei degenerativen Wirbelsäulenerkrankungen stellt eine Momentaufnahme dar und sagt nichts über den aktuellen Krankheitswert aus.

Merke ▶

Diagnose. Die Röntgenuntersuchung bei degenerativen Wirbelsäulenerkrankungen stellt lediglich eine Momentaufnahme dar. Die hierbei ersichtlichen pathologischen Veränderungen haben ihren Ursprung oftmals viele Jahre vorher und müssen keinen aktuellen Krankheitswert darstellen.

Merke. Die klinische Symptomatik ist bestimmend in der aktuellen Diagnose von degenerativen Wirbelsäulenerkrankungen.

1.7.1 Degeneration im Bereich der Halswirbelsäule
Durch die engen anatomischen Beziehungen der Arteria vertebralis sowie des vegetativen Nervensystemes zur Halswirbelsäule können degenerative Veränderungen auch vaskuläre und vegetative Symptome verursachen *(Syn. 144, S. 331)*.

1.7.1 Degeneration im Bereich der Halswirbelsäule

Die Arteria vertebralis entspringt aus der Arteria subclavia und zieht, begleitet von sympathischen Nervenfasern, ab dem 6. Halswirbel durch die Foramina transversalia nach kranial zur Schädelbasis *(Syn. 144, S. 331 u. 150, S. 352)*. Auch die aus den Foramina intervertebralia austretenden Nervenwurzeln sind von vegetativen Fasern begleitet. Somit können degenerative Veränderungen im Bereich der Halswirbelsäule auch vaskuläre und vegetative Symptome verursachen.

Synopsis 144: Neuroanatomie der Halswirbelsäule.
Beachte: je nach Lokalisation einer Diskushernie wird die abgehende Nervenwurzel oder das Myelon komprimiert. Bei dem hier gezeigten Fall ist rechtsseitig sowohl das Myelon als auch die Nervenwurzel durch den Diskusprolaps eingeengt.

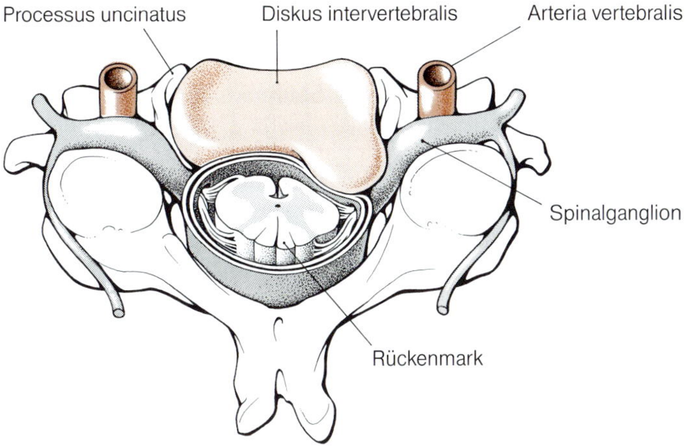

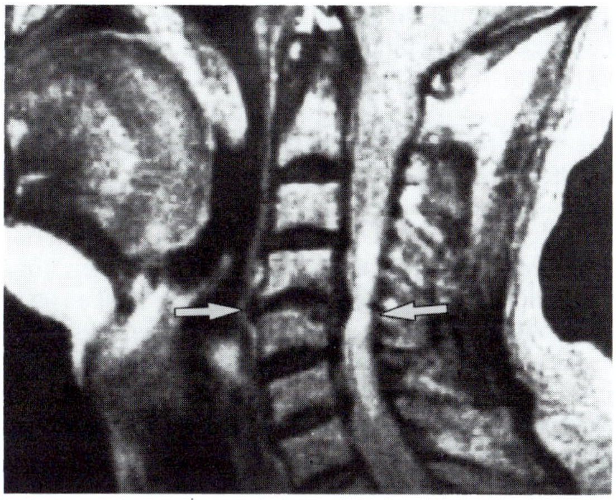

Abb. 82: Kernspintomographische Darstellung eines Diskusprolapses im Segment C 4/5. Beachte die Echogenitätsänderung im Rückenmarksbereich, welche auf eine Myelopathie hinweist.

Klinik. Die Bewegungen im Bereich der Halswirbelsäule sind eingeschränkt. **Blockierungen** können einen akuten Schiefhals verursachen. Vegetative Alterationen führen zu Schwindel, Sehstörungen und Übelkeit. Die Patienten klagen über Nacken- und Kopfschmerzen. Die Nackenmuskulatur ist verspannt. Die Schmerzen strahlen fakultativ in Schulter und Arm aus. Sowohl Hypo- als auch Hyperästhesien werden geklagt. Bei längeren Erkrankungen kann eine Muskelatrophie eintreten.

Ein **Diskusprolaps** verursacht über die Kompression der austretenden Nervenwurzeln eine Brachialgie oder durch Kompression des Rückenmarks eine Myelopathie *(Abb. 82)*. Produktive arthrotische Veränderungen der kleinen Wirbelgelenke und, als anatomische Besonderheit der Halswirbelsäule, der Wirbelkörperkanten (Processus uncinati; Unkovertebralarthrose) führen zur Symptomatologie der Spinalkanalstenose *(S. 336)*.

Klinik
Blockierungen und vegetative Alterationen. Diese führen zu Schwindel, Sehstörungen und Übelkeit. Nacken- und Kopfschmerzen sind charakteristisch. Außerdem ausstrahlende Beschwerden in die Schulter und den Arm.
Ein **Diskusprolaps** kann die austretende Nervenwurzel (Brachialgie) oder das Myelon (Myelopathie, *Abb. 82)* komprimieren.

Diagnose. Richtungweisend sind die Schmerzen und die neurologische Ausfallssymptomatik. Die **klinische Untersuchung** zeigt die Bewegungseinschränkung, wobei insbesondere segmentale Untersuchungstechniken zur Differenzierung beitragen. Die **Röntgenaufnahme** der Halswirbelsäule in zwei Ebenen wird zur besseren Darstellung der kaudalen Halswirbelsäule mit herabgezogenen Schultern durchgeführt. Die Foramina intervertebralia werden mit Hilfe von 45-Grad-**Schrägaufnahmen** dargestellt. Funktionsaufnahmen lassen segmentale Instabilitäten und Bewegungseinschränkungen erkennen. Bei neurolo-

Diagnose
Durch segmentale Untersuchungstechniken kann die Bewegungseinschränkung differenziert werden. Richtungweisend sind die Schmerzen und die neurologische Ausfallssymptomatik. Zur Darstellung der Foramina intervertebralia werden Schrägaufnahmen (45 Grad) durch-

geführt. Funktionsaufnahmen zeigen segmentale Instabilitäten und Bewegungseinschränkung.

Differentialdiagnose
Basiläre Impression *S. 301*, Klippel-Feil-Syndrom *S. 302*, Skalenus-Syndrom *S. 355*.

Konservative Therapie
Im **akuten Stadium** erfolgt die Ruhigstellung mit einer Halskrawatte. Vorsichtige Traktionsverfahren, Analgetika und Antiphlogistika sowie muskuläre Relaxanzien werden eingesetzt.
Im **chronischen Stadium** Therapie durch Massagen, stabilisierende Krankengymnastik, Fango und Traktionsbehandlung. Daneben werden Akupunktur und Neuraltherapie angewandt. Blockierungen werden manuell gelöst.
Bei therapieresistenten Beschwerden einer Diskushernie erfolgt die Diskotomie.

1.7.2 Degeneration im Bereich der Brustwirbelsäule
Schmerzen entstehen durch Blokkierungen der kleinen Wirbelgelenke und der Kostotransversalgelenke. Neuralgien der Zwischenrippennerven **(Interkostalneuralgie)** sind hiervon abzugrenzen.

Klinik
Gürtelförmige Schmerzen mit lokaler Druckempfindlichkeit. Differentialdiagnostisch müssen Pneumothorax, Herzinfarkt, Lungenaffektionen, Koliken der Hohlorgane sowie entzündliche und tumoröse Veränderungen bedacht werden.

Therapie
Gabe von potenten Analgetika und Antiphlogistika. Injektionstherapie mit Lokalanästhetika sowie manualtherapeutische Behandlungen.

1.7.3 Degeneration im Bereich der Lendenwirbelsäule
70% der Wirbelsäulenbeschwerden sind lumbal lokalisiert. Sie treten meist im mittleren Lebensalter auf.

Klinik
Chronische und akute Beschwerden werden differenziert. Die Affektionen im ventralen Bereich der Wirbelsäule führen zu nicht genau lokalisierbaren Schmerzen, Reizungen der dorsalen Strukturen, vermehrt zu punktuellen Beschwerden. Die Mus-

gischer Ausfallssymptomatik ist die computer- oder kernspintomographische Untersuchung indiziert zur Diagnose/Ausschluß eines zervikalen Bandscheibenvorfalls.

Differentialdiagnose. Basiläre Impression *(S. 301)*, Klippel-Feil-Syndrom *(S. 302)*, Skalenus-Syndrom *(S. 355)*.

Konservative Therapie. Im **akuten Stadium** der Symptomatik erfolgt die temporäre Ruhigstellung mit einer Halskrawatte. Diese bewirkt auch eine wohltuende Wärmeapplikation. Des weiteren werden vorsichtige Traktionsverfahren, Analgetika, Antiphlogistika und muskuläre Relaxanzien eingesetzt.

Im **chronischen Stadium** erfolgt die physikalische Behandlung mittels Massagen, stabilisierender Krankengymnastik, Fango und Fortführung der Traktionsbehandlung. Daneben wird eine Vielzahl unterschiedlicher Verfahren bei dieser sehr häufigen Erkrankung eingesetzt. Mit der Neuraltherapie und Akupunktur wird versucht, mittels Reflexmechanismen eine Beschwerdeminderung zu erreichen. Blockierungen können mit manualtherapeutischen Techniken gelöst werden. Bei Verdacht auf eine neurologische Beteiligung ist dieses Verfahren aber kontraindiziert, wegen der Gefahr der Befundverschlechterung.

Die **Indikation zur operativen Therapie** ist bei therapieresistenten Beschwerden einer Diskushernie gegeben. Vom ventralen Zugang wird die Bandscheibe ausgeräumt und fakultativ eine interkorporelle Spondylodese durchgeführt. Die Erweiterung der Foramina intervertebralia bei der Spondyl- und Unkovertebralarthrose vom anterolateralen Zugang aus, hat eine begrenzte Indikation, insbesondere bei den meist ubiquitären Veränderungen.

1.7.2 Degeneration im Bereich der Brustwirbelsäule

Auf Grund der geringen Beweglichkeit des Brustkorbes sind Schmerzen an der Brustwirbelsäule selten. Diskushernien sind eine Rarität. Die Schmerzen können verursacht werden durch Blockierungen der kleinen Wirbelgelenke sowie der Kostotransversalgelenke. Abzugrenzen hiervon sind Neuralgien der Zwischenrippennerven **(Interkostalneuralgie).** Neben der lang andauernden, zum Teil anfallsartigen Beschwerdesymptomatik besteht hierbei eine Hyper- oder Dysästhesie im Ausbreitungsgebiet des Nervens.

Klinik. Oft besteht eine ausgeprägte lokale Druckempfindlichkeit. Die Schmerzen strahlen entlang der Rippen aus. Insbesondere bei akuten Beschwerden müssen differentialdiagnostisch ein Pneumothorax, ein Herzinfarkt, Lungenaffektionen sowie Koliken der Hohlorgane bedacht werden. Auch entzündliche und tumoröse Veränderungen können ähnliche Beschwerden verursachen.

Therapie. Im akuten Stadium sind meist potente Analgetika notwendig. Außerdem werden Antiphlogistika verabreicht, insbesondere aber eine Injektionstherapie mit Lokalanästhetika durchgeführt. Im subakuten Stadium können Blockierungen manualtherapeutisch angegangen werden.

1.7.3 Degeneration im Bereich der Lendenwirbelsäule

70% der Beschwerden im Bereich der Wirbelsäule treten im lumbalen Bereich auf. Entsprechend des phasenweisen Verlaufs der Bandscheibendegeneration werden die meisten Beschwerden im mittleren Lebensalter geklagt.

Klinik. Die Schmerzcharakteristik ist wechselnd. Neben chronischen Beschwerden treten insbesondere nach Belastung, aber auch bei Gelegenheitsursachen plötzlich einschießende stärkere Beschwerden auf. Entsprechend der differenten Innervation der Wirbelsäulenstrukturen werden bei ventralen Affektionen in der Tiefe nicht genau lokalisierbare, bei Reizung von dorsalen Strukturen mehr punktuelle Beschwerden geklagt. Die Muskulatur über dem betroffenen Wirbelsegment ist durch die schmerzreflektorische Ruhigstellung ver-

Tab. 40: Praktisches diagnostisches Vorgehen bei Schmerzen der Lendenwirbelsäule. Die Prozentangaben demonstrieren bezogen auf alle Kreuzschmerzpatienten die Notwendigkeit der unterschiedlichen Untersuchung

Indikation	Häufigkeit	Vorgehen
Kreuzschmerz	100%	**Anamnese** ● Schmerzdauer ● Schmerzqualität ● Schmerzlokalisation ● Schmerzverstärkung ● tumoröse oder entzündliche Vorerkrankungen **Untersuchung** ● allgemein ● segmental ● Becken/Hüftgelenk ● Neurologischer Status der unteren Extremität
persistierender Kreuzschmerz	25%	● Röntgenuntersuchung der Lendenwirbelsäule in zwei Ebenen ● BKS
persistierende Nervenwurzel-Kompression	5%	● elektromyographische Untersuchung ● Computertomographie ● (Myelographie; Kernspintomographie; Diskographie)
Verdacht auf Tumor oder Spondylodiszitis	1%	**zusätzlich:** ● Szintigraphie ● Serologie ● Tinetest ● Tomographie ● (Punktion)

spannt. Bei Erkrankungen der Wirbelgelenke bestehen schmerzreflektorisch ausstrahlende Beschwerden bis in die Kniegelenksregion hinein **(pseudoradikuläre Schmerzen).** Bei chronischem Lumbalsyndrom bestehen auch psychovegetative Veränderungen. Die Symptomatologie wird zusätzlich durch die sozialmedizinische Bedeutung dieser Erkrankung beeinträchtigt (Rentenbegehren).

kulatur ist reflektorisch verspannt. Die Beschwerden können bis in die Kniegelenksregion (pseudoradikuläre Schmerzen) ausstrahlen. Psychovegetative Veränderungen sowie die sozialmedizinische Bedeutung (Rentenbegehren) sind mitbestimmend für die Symptomatologie des Lumbalsyndroms.

Therapie. Im akuten Stadium wird das Lumbalsyndrom durch **Bettruhe** therapiert. Durch Lagerung der Unterschenkel auf einer oder zwei zusätzlichen Matratzen **(Stufenbettlagerung)** sind Knie- und Hüftgelenke gebeugt, was über die Beckenaufrichtung eine meist wohltuende Kyphosierung der Lendenwirbelsäule bewirkt *(Syn. 145).* Medikamentös wird mit **Analgetika, Antiphlogistika** und **Muskelrelaxanzien** therapiert. Im subakuten Stadium kann durch **Wärme und Massage** die reflexbedingte Muskelverspannung angegangen werden. Durch **Krankengymnastik** wird zum einen die Rücken- und Bauchmuskulatur gekräftigt, zur besseren muskulären Führung des Rückens, zum anderen vermittelt sie dem Patienten entlastende Verhaltensweisen im täglichen Leben **(Rückenschule).** Veränderungen an **Sitz- und Liegemöbeln** sowie die Umgestaltung des **Arbeitsplatzes** sind von großer Bedeutung in der Therapie des chronischen Lumbalsyndromes. **Lenden-Kreuz-Stütz-Bandagen** wirken über die Einschränkung der Mobilität sowie durch die Stärkung der Bauchpresse schmerzlindernd und stabilisierend.

Therapie
Im akuten Stadium Entlastung der Wirbelsäule durch Bettruhe, insbesondere Stufenbettlagerung zur wohltuenden Kyphosierung der Lendenwirbelsäule *(Syn. 145).* Gabe von Analgetika, Antiphlogistika und Muskelrelaxanzien. Im subakuten Stadium Beginn der physikalischen Therapie. Langfristige krankengymnastische Behandlung, insbesondere im Sinne einer Rückenschule. Lendenkreuz-Stütz-Bandagen wirken stabilisierend und schmerzlindernd.

Operative Therapie. Beim Lumbalsyndrom ist die Indikation zur versteifenden Wirbelsäulenoperation kritisch zu stellen. Sie ist nur indiziert, wenn sich die Beschwerden eindeutig auf die damit therapierbare Instabilität beziehen lassen. Bei Rentenbegehren kann die Operation nicht das adäquate therapeutische Mittel darstellen.

Operative Therapie
Die Indikation zur versteifenden Wirbelsäulenoperation ist kritisch zu stellen. Die Beschwerden müssen sich eindeutig auf eine therapierbare Instabilität beziehen lassen.

Synopsis 145: Konservative Therapie des Lumbalsyndroms

Therapie der Akutphase	Therapie bei chronischen Beschwerden
- Stufenbettlagerung - steroidale/nichtsteroidale Antiphlogistika - Analgetika - Myotonolytika - Traktion - Isometrie - Kälte oder milde Wärme	- Krankengymnastik - Massagen - Miederversorgung - Gewichtsreduktion - Verhaltenstraining - Nichtsteroidale Antiphlogistika - Elektrotherapie - Chirotherapie - Akupunktur - Yoga - Balneotherapie - Wärme

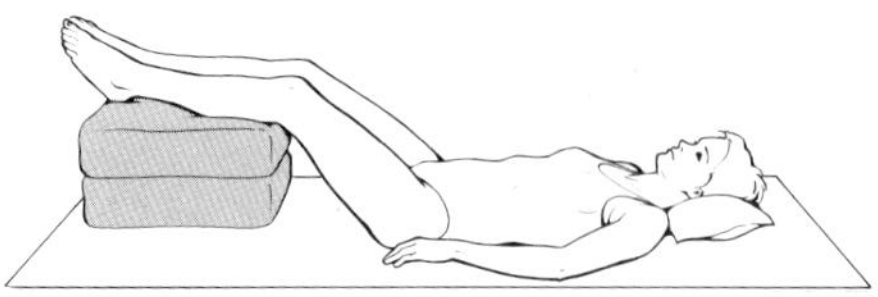

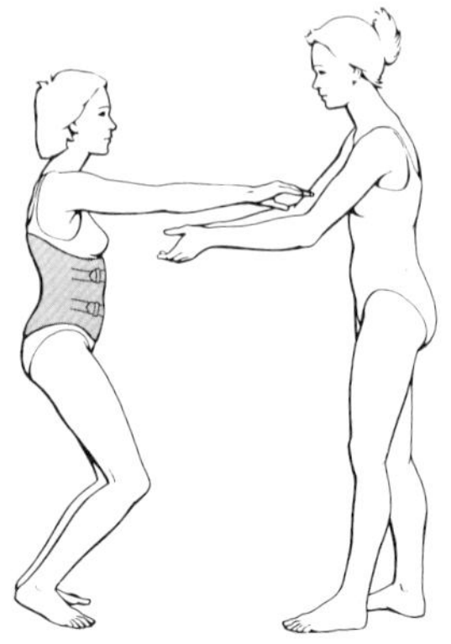

1.7.4 Diskushernie

1.7.4 Diskushernie

Definition ▶

Definition. Verlagerung von Bandscheibengewebe nach dorsal häufig mit neurologischer Kompressionssymptomatik. Teile des Bandscheibengewebes können sich herausgelöst haben (Sequester) und das hintere Längsband perforieren (Herniation, seltener intraspinaler Prolaps) oder ausschließlich das Längsband vorwölben (Protrusion).

Ätiologie
Über 90% aller lumbalen Diskushernien finden sich im Segment L 4/5 und L 5/S 1. Beim häufigen mediolateralen Vorfall wird die abgehende Nervenwurzel, beim medialen Bandscheibenvorfall die Cauda equina komprimiert.

Klinik
Bei der beginnenden Diskushernie bestehen lumbalgiforme Beschwerden. Die Nervenwurzelkompression führt zur **Ischialgie.** Die **Sensibilität** ist im betroffenen Dermatom herabgesetzt. Es kommt zur **Reflexabschwächung** und Lähmung der von den Nervenwurzeln versorgten Muskulatur *(Syn. 129, S. 298).* Erhöhung des intraduralen Druckes führt zur Beschwerdezunahme.

Ätiologie. Über 90% aller lumbalen Diskushernien sind in den Segmenten L 4/5 und L5/S1 lokalisiert. Sie führen häufig zu einer peripheren neurologischen Symptomatik. Bei den häufigeren mediolateralen Vorfällen kann die abgehende Nervenwurzel (radikuläre Symptomatik), beim selteneren medialen Bandscheibenvorfall die Cauda equina (Kaudasymptomatik) komprimiert werden.

Klinik. Bei der beginnenden Diskushernie stehen Symptome der degenerativen Bandscheibenerkrankung, meist als **Lumbalgie** *(S. 332),* im Vordergrund. Bei Druck von Bandscheibengewebe auf die Nervenwurzeln kommt es zur **Ischialgie.** Die Schmerzen werden als scharf und stechend empfunden und ziehen über das Kniegelenk hinaus nach peripher. Neben der Ischialgie imponiert die Störung der **Sensibilität** im betroffenen Dermatom sowie die **Lähmung** der von den Nervenwurzeln versorgten Muskulatur und die **Reflexabschwächung** bzw. der Reflexausfall *(Synopsis 129, S. 298).* Die Patienten nehmen die für sie am wenigsten schmerzhafte Position ein, die sogenannte **Schonhaltung** *(Abb. 83).* Erhöhung des intraduralen Druckes durch Husten, Niesen oder Pressen führt zur Beschwerdeverstärkung.

Bei der Kaudakompression besteht eine Blasen-Mastdarm-Lähmung sowie, entsprechend der Innervation der Sakralwurzeln, eine Reithosenanästhesie, was eine sofortige operative Revision *(S. 336)* **notwendig macht.**

Bei der selteneren Kaudakompression resultiert ein unwillkürlicher Stuhl- und Harnabgang sowie entsprechend der Innervation der Sakralwurzeln eine Reithosenanästhesie. Dies stellt eine orthopädische Notfallindikation mit der Notwendigkeit einer sofortigen operativen Revision dar *(S. 336).*

Diagnose
Das Ausmaß der Ischialgie wird mit einer **Lasègue-Prüfung** *(Syn. 130, S. 299)* quantifiziert. Der **Hackengang** ist bei Lähmung der Fußheber (L 5), der **Zehengang** bei Lähmung

Diagnose. Das Ausmaß der Ischialgie wird mit der **Lasègue-Prüfung** *(Syn. 130, S. 299)* quantifiziert. Der **Hackengang** ist bei Lähmung der Fußheber (L 5-Symptomatik), der **Zehengang** bei Lähmung der Fußsenker (S 1-Symptomatik) behindert. Beginnende Paresen empfindet der Patient als Gangunsicherheit. Bei höher gelegenen Bandscheibenvorfällen (L2–L4) ist die Instabilität des Kniegelenkes oft übersehenes erstes Symptom. Der Dehnungsschmerz des betroffenen

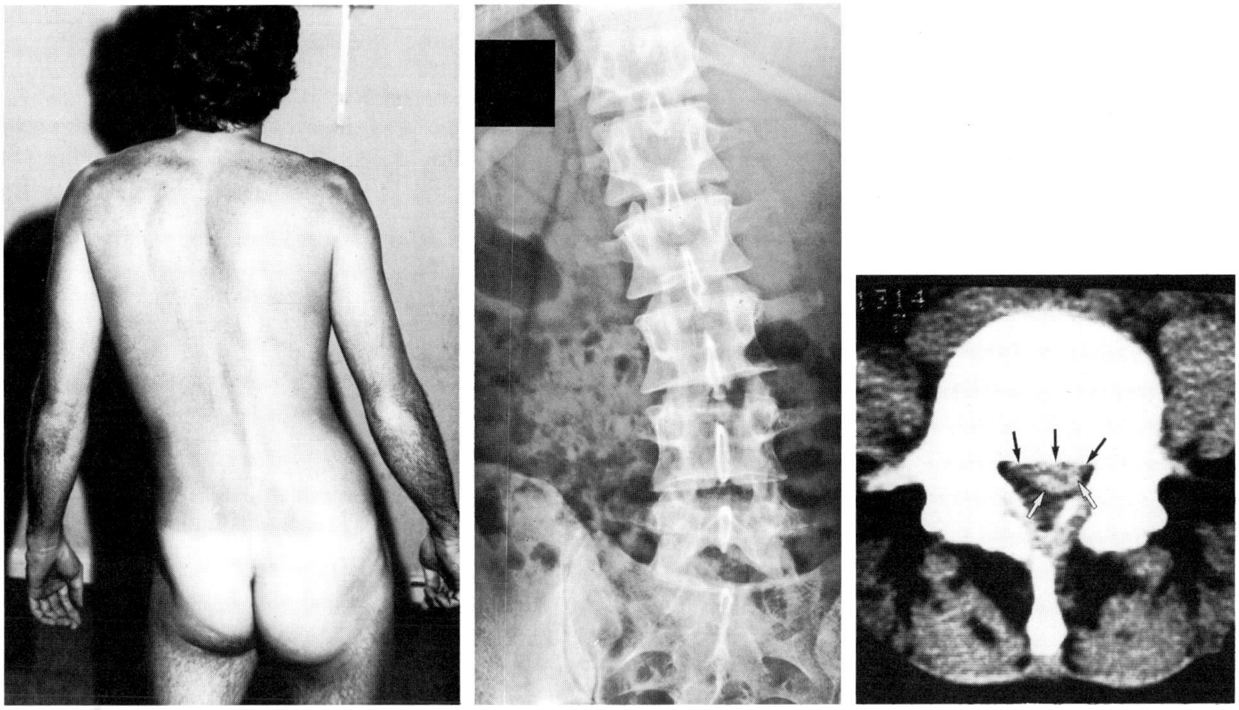

a b c

Abb. 83: 27jähriger Patient mit **Diskusprolaps L 4/5.** Durch die Schonhaltung **(a)** steht der Patient ausgeprägt aus dem Lot. Beachte die fehlende Rotation (DD: Skoliose) bei dieser Schonhaltung **(b).** Computertomographische Darstellung eines Diskusprolapses, der den Spinalkanal mediolateral einengt **(c)**

Nervus femoralis läßt sich mit dem umgekehrten Lasègue-Zeichen (Überstrekkung des Hüftgelenkes) nachweisen. Die Prüfung der Sensibilität erfolgt im Seitvergleich.

Die Diskushernie ist in ihrer Lokalisation und ihrem Ausmaß mit dem **Computertomogramm** darstellbar, wobei fakultativ die Differenzierung zwischen Protrusion (Vorwölbung des Anulus) und Sequester möglich wird. Auch mit der **Myelographie** (intradurale Applikationen von wasserlöslichem Kontrastmittel), der **Kernspintomographie** und der **Diskographie** (intradiskale Kontrastmittelapplikation) können Diskushernien zur Darstellung gebracht werden.

der Fußsenker (S 1) richtungweisend. Wurzelkompressionen im mittleren Lumbalbereich führen zur Abschwächung der Quadrizepsmuskulatur und somit zur Instabilität des Kniegelenkes.
Die Diskushernie wird bevorzugt im **Computertomogramm** dargestellt.

Differentialdiagnostisch müssen Affektionen im Iliosakralgelenk (z.B. Morbus Bechterew) sowie Blockierungen der lumbalen Wirbelgelenke bedacht werden, die eine pseudoradikuläre Beschwerdesymptomatik verursachen können. Die Beschwerden sind zumeist mehr an der Oberschenkelaußenseite lokalisiert und ziehen nicht über das Kniegelenk hinaus. Irritationen des Nervus ischiadicus und des Nervus femoralis können auch durch tumoröse oder durch entzündliche Veränderungen verursacht werden, insbesondere bei Affektionen im Bereich des kleinen Beckens. Hierbei ist die klinische Symptomatik meist nicht auf eine Nervenwurzel beschränkt. Abzugrenzen sind auch Polyneuropathien, z.B. bei Diabetes mellitus oder Alkoholkrankheit.

Mit der Röntgenuntersuchung können entzündliche und tumoröse Veränderungen ausgeschlossen sowie die Statik der Wirbelsäule beurteilt werden.

Differentialdiagnostisch müssen Affektionen am Iliosakralgelenk sowie Blockierungen der kleinen Wirbelgelenke mit entsprechender pseudoradikulärer Beschwerdesymptomatik ausgeschlossen werden. Die Beinnerven können auch durch tumoröse oder entzündliche Veränderungen irritiert werden. Abzugrenzen sind auch Polyneuropathien, z. B. beim Diabetes mellitus oder Alkoholkrankheit.
Mit der Röntgenuntersuchung können destruierende Veränderungen ausgeschlossen sowie die Statik der Wirbelsäule beurteilt werden.

Konservative Therapie. Im **akuten Stadium,** insbesondere bei heftiger Ischialgie ist der Einsatz von Kortikosteroiden als Stoßtherapie angezeigt. Neben der analgetischen Wirkung besteht hierbei ein direkter Effekt auf die begleitende Entzündung der gereizten Nervenwurzeln. Deshalb werden zum Teil im Rahmen der physikalischen Behandlung Kälteanwendungen als schmerzlindernd empfunden. Beim chronischen Verlauf entspricht die konservative Behandlung derjenigen des Lumbalsyndroms *(S. 333).*

Konservative Therapie
Im akuten Stadium Gabe von Kortikosteroiden als Stoßtherapie. Kälteanwendungen. Ansonsten entspricht die Therapie derjenigen des Lumbalsyndroms *(S. 333).*

Chemonukleolyse
Durch Einbringen von proteolytischen Enzymen werden Teile der Bandscheibe aufgelöst. Nachteilig ist die Gefahr allergischer Reaktionen sowie die Möglichkeit der Beschwerdezunahme im Einzelfall. Im Langzeitverlauf kommt es immer zur Bandscheibenverschmälerung.

Chemonukleolyse. Durch Einbringen von proteolytischen Enzymen (z.B. Chymopapain) werden Teile der Bandscheibe aufgelöst. 50 bis 70% der Patienten sprechen auf diese Behandlung, die vornehmlich bei der Bandscheibenprotrusion zur Anwendung kommt, positiv an. Nachteilig ist die Gefahr der allergischen Reaktion sowie im Einzelfall die Möglichkeit der Beschwerdezunahme, in seltenen Fällen der bleibenden Lähmung. Durch die chemolytische Auflösung der Bandscheibe kommt es bei diesem Verfahren im Langzeitverlauf zu einer Verschmälerung des Zwischenwirbelraumes. Aus den vorgenannten Gründen hat dieses Verfahren in den letzten Jahren an Bedeutung verloren.

Operative Therapie
Beim Kaudasyndrom, bei Lähmungen sowie bei therapieresistenten chronischen Ischialgien erfolgt die operative Therapie. Hierbei werden Bandscheibensequester entfernt sowie lockeres Bandscheibenmaterial nach Inzision des Längsbandes exstirpiert. Auch knöcherne Stenosen können hierbei dekomprimiert werden. Die Diskotomie kann auch mikrochirurgisch oder perkutan über eine Extraktionssonde durchgeführt werden. Fortbestehende Beschwerden postoperativ werden als Postdiskektomiesyndrom bezeichnet.

Operative Therapie. Sie ist indiziert beim Kaudasyndrom, bei Lähmungen sowie bei therapieresistenten chronischen Ischialgien. Hierbei wird das Ligamentum flavum in dem entsprechenden Segment reseziert (Fenestrotomie), evtl. Sequester entfernt sowie durch die Inzision im Bereich des hinteren Längsbandes dahinterliegendes Bandscheibenmaterial entfernt. Lose Bandscheibenanteile werden ausgeräumt, um ein Rezidiv zu vermeiden. Der Vorteil bei der Bandscheibenoperation ist die Möglichkeit auch knöcherne Stenosen zu dekomprimieren (Teilentfernung des Wirbelbogens oder der Wirbelgelenke).

Die Diskotomie kann auch mikrochirurgisch oder perkutan in Lokalanästhesie durchgeführt werden. Beim perkutanen Verfahren wird das Bandscheibenmaterial zerkleinert und über eine Sonde extrahiert. Die operative Therapie hat eine Erfolgsquote von ca. 80%. Vereinzelt entstehen durch Vernarbungen und verstärkte Instabilität nach der Operation fortbestehende, zum Teil vermehrte chronische Beschwerden, das sogenannte **Postdiskektomiesyndrom.**

1.7.5 Degenerative Spinalkanalstenose

Definition ▶

1.7.5 Degenerative Spinalkanalstenose

Definition. Durch arthrotische Veränderungen der kleinen Wirbelgelenke, Spondylophyten und Hypertrophie des Ligamentum flavum hervorgerufene Enge des Rückenmarkkanales.

Ätiologie
Analog zu den Extremitätengelenken können Wirbelgelenke arthrotisch sich verändern (Spondylarthrose). Die produktiven Veränderungen führen zur Einengung des Spinalkanales und der Foramina intervertebralia. Auch dorsale Spondylophyten der Wirbelkörper sowie Verdickungen der Ligamente tragen hierzu bei.

Ätiologie. Analog zu den Extremitätengelenken können sich die Wirbelgelenke arthrotisch verändern (Spondylarthrose). Asymmetrien der Gelenke und die Bandscheibendegeneration sind ursächliche Faktoren. Insbesondere die spondylophytären Anbauten der Wirbelgelenke können zur teilweise hochgradigen Verengung des Spinalkanales und der Foramina intervertebralia führen. Auch die Spondylophyten der Wirbelkörper selbst sowie die Hypertrophie der Ligamente, insbesondere des Ligamentum flavum, tragen zur weiteren Verengung des Kanales bei. Entscheidend ist auch die vorbestehende, anlagenbedingte Größe des Spinalkanales.

Klinik
Neben dem Kreuzschmerz bestehen plötzlich einschießende Beschwerden zum Teil in beide Beine. Die Patienten versuchen durch Flexion den Wirbelkanal und die Foramina intervertebralia zu erweitern. Längeres Gehen führt zu Schmerzen, Sensibilitätsstörungen und Lähmungen **(Claudicatio spinalis).**

Klinik. Neben dem Kreuzschmerz werden von den Patienten oftmals plötzliche, zum Teil in beide Beine einschießende, stechende Beschwerden geklagt. Die Patienten versuchen durch Flexion der Wirbelsäule den Rückenmarkskanal und die Foramina intervertebralia zu erweitern. Dementsprechend gehen die Patienten nach vorne geneigt. Das Sitzen in flektierter Haltung wird gegenüber dem Liegen bevorzugt. Die Beschwerden können im akuten Stadium so ausgeprägt sein, daß die Patienten es vorziehen, in sitzender Stellung zu schlafen. Die Gehstrecke kann durch die Spinalkanalstenose limitiert sein. Beim längeren Gehen kommt es zu Schmerzen, Sensibilitätsstörungen und Lähmungen **(Claudicatio spinalis).**

Diagnose
Myelographisch kann die zumeist auf mehrere Wirbelsäulenetagen sich ausdehnende Stenose dargestellt werden *(Syn. 146).* Die Funktionsmyelographie zeigt die Enge in Abhängigkeit von der Position der Wirbelsäule.

Diagnose. Die **Röntgenaufnahme** der Lendenwirbelsäule zeigt das Ausmaß der degenerativen Veränderungen im ventralen Wirbelsäulenbereich. Die Arthrose der kleinen Wirbelgelenke ist in der Nativaufnahme nur begrenzt darstellbar. **Myelographisch** läßt sich die Einengung dieser meist auf mehrere Wirbelsäulenetagen sich ausdehnenden Stenose des Rückenmarkkanales darstellen *(Synopsis 146).* Funktionsaufnahmen zeigen die Zunahme der Enge bei Extension der Wirbelsäule. Durch diese Möglichkeit der funktionellen Darstellung des Rückenmarkkanales sowie der Möglichkeit, mehrere Wirbelsäulenetagen

Synopsis 146: Degenerative Spinalkanalstenose.
Sanduhrförmige Einengung des Duralsackes bei Extension der Wirbelsäule, dargestellt in der Funktionsmyelographie

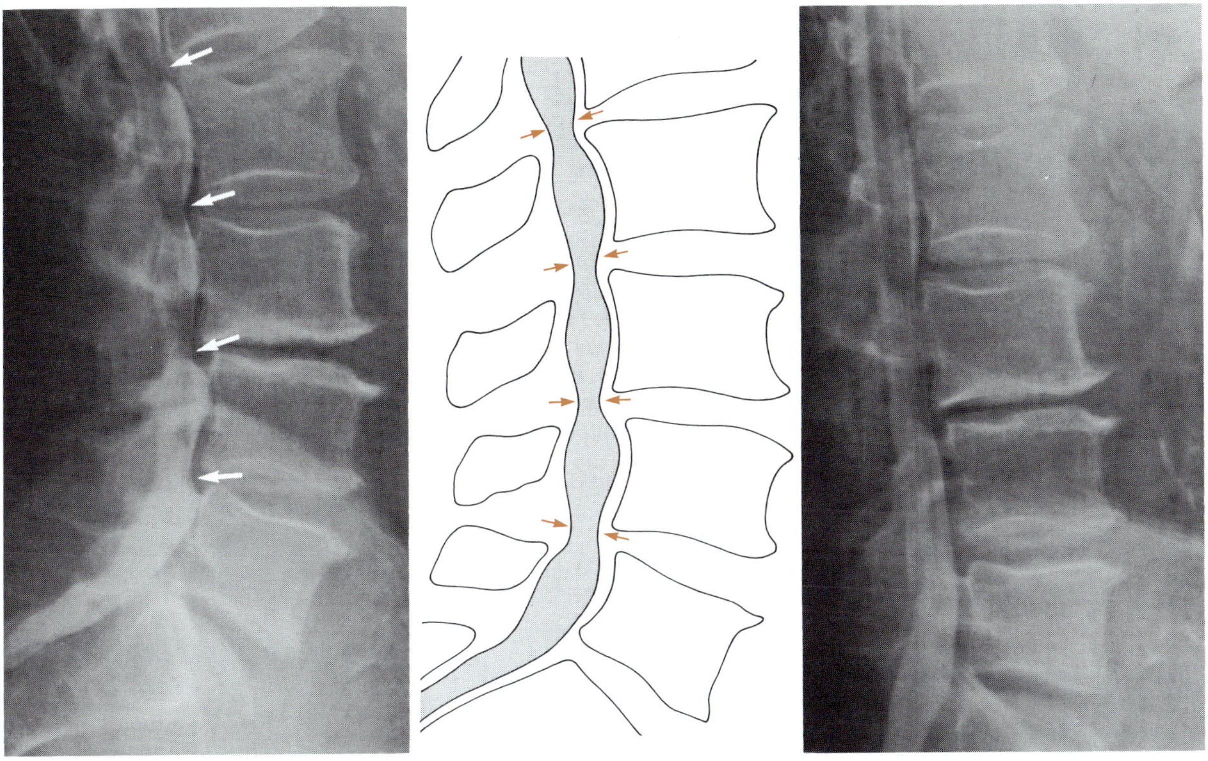

a Extension b Flexion

gleichzeitig zu beurteilen, ist die Myelographie bei der degenerativen Spinalkanalstenose der Computertomographie überlegen.

Therapie. Im akuten Stadium der Erkrankung ist die kyphotische Lagerung des Patienten (Stufenbett) zur Entlastung des Rückenmarkkanales angezeigt. Zusätzlich werden steroidale und nichtsteroidale Antiphlogistika appliziert. Stabilisierende krankengymnastische Übungen sind im chronischen Stadium von großer Bedeutung. Die operative Entlastung (Teilentfernung der Wirbelbögen und Wirbelgelenke) wird bei therapierefraktären Beschwerden durchgeführt. Damit läßt sich oft ein erfreulicher Behandlungserfolg erzielen. Bei den überwiegend älteren Patienten werden nur selten zusätzliche stabilisierende Verfahren (Spondylodesen) durchgeführt.

Therapie
Im akuten Stadium kyphosierende Lagerung sowie Gabe von Antiphlogistika. Im chronischen Stadium krankengymnastische Behandlung. Bei Therapieresistenz operative Entlastung. Selten sind zusätzliche stabilisierende Verfahren (Spondylodesen) notwendig.

1.7.6 Morbus Baastrup

1.7.6 Morbus Baastrup

Definition. Schmerzsyndrom im Bereich der Lendenwirbelsäule durch die sich berührenden Dornfortsätze.

◀ Definition

Ätiologie. Bei groß ausgebildeten Dornfortsätzen (dies erklärt die Häufung dieser Erkrankung bei schwer körperlich arbeitenden Männern) und Hyperlordose der unteren Lendenwirbelsäule kann es zur Berührung der Dornfortsätze kommen. Auch durch degenerative Veränderungen im ventralen Wirbelsäulenpfeiler (Osteochondrose) mit Höhenminderung der Bewegungssegmente kann dieses Syndrom entstehen.

Ätiologie
Bei hyperlordotischer Einstellung der unteren Lendenwirbelsäule, kräftig ausgebildeten Dornfortsätzen und Osteochondrose im ventralen Wirbelsäulenpfeiler kommt es zum gegenseitigen Berühren der Dornfortsätze.

Klinik
Die Dornfortsätze sind druck- und klopfempfindlich. Eine Lordosierung wirkt schmerzverstärkend.

Diagnose
An den Berührungsstellen der Dornfortsätze sind die angrenzenden Knochenabschnitte sklerosiert *(Syn. 147)*. Die Wirbelsäule ist lordotisch eingestellt. Oft sind begleitende weitere degenerative Veränderungen sichtbar.

Therapie
Entlordosierende Krankengymnastik, symptomatische Therapie durch Wärmeapplikation sowie Infiltrationstherapie. Ausnahmsweise ist die keilförmige Verkleinerung der Dornfortsätze angezeigt.

Klinik. Der Morbus Baastrup ist eine der Ursachen für das chronische Lumbalsyndrom. Die Dornfortsätze sind hierbei druck- und klopfempfindlich. Die Extension (Vermehrung der Lordose) der Wirbelsäule wirkt schmerzverstärkend.

Diagnose. Im Röntgenbild ist die gegenseitige Berührung **(kissing-spine)** der Dornfortsätze sichtbar *(Syn. 147)*. Die angrenzenden Knochenabschnitte sind sklerosiert. Oftmals sind osteophytäre Anbauten sowie Verkalkungen im Ansatzbereich der paravertebralen Muskulatur vorhanden. Außerdem sind die Hyperlordose sowie die degenerativen Veränderungen im ventralen Wirbelsäulenpfeiler erkennbar.

Therapie. Die krankengymnastische Behandlung strebt eine Entlordosierung im Bereich der Lendenwirbelsäule an. Die Wärmeapplikation (Fango; Elektrotherapie) wirkt symptomatisch. Bei akuten Beschwerden kann mit interspinalen Infiltrationen (Lokalanästhetika u. Kortikosteroide) eine erhebliche Beschwerdelinderung erzielt werden. Die keilförmige Verkleinerung der Dornfortsätze wird nur ausnahmsweise bei chronischen therapierefraktären, interspinösen Beschwerden angewandt. Sie stellt keine ursächliche Therapieform, insbesondere bezüglich der mitbestehenden degenerativen Veränderungen des ventralen Wirbelsäulenbereiches, dar.

Synopsis 147: Morbus Baastrup:
Durch die Hyperlordose und die Höhenminderung im Zwischenwirbelraum kommt es zum Impingement der Dornfortsätze. Dies verursacht Beschwerden, die sich bei Extension verstärken.

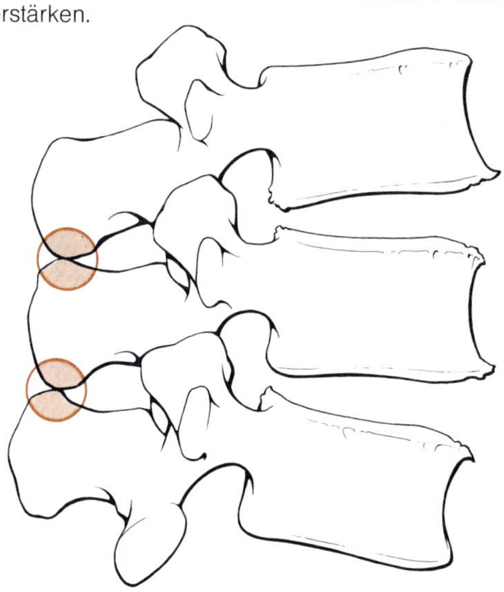

1.7.7 Morbus Forestier

1.7.7 Morbus Forestier

Synonym. Hyperostosis ankylosans vertebralis senilis, Spondylosis hyperostotica.

Definition ▶

Definition. Spondylosis deformans der Lendenwirbelsäule beim älteren Menschen. Die hypertrophe Spangenbildung *(Abb. 84)* zwischen den Wirbelkörpern wird insbesondere bei Stoffwechselerkrankungen beobachtet, z.B. bei Diabetes mellitus.

Klinik
Der Morbus Forestier ist im wesentlichen eine röntgenologische Diagnose. Die Wirbelkörperspangen sind generalisiert hypertroph und abgerundet. Zur Differentialdiagnose *siehe Synopsis 148.*

Klinik. Beim Morbus Forestier besteht nur selten eine ausgeprägte klinische Symptomatik. Im wesentlichen ist dies eine röntgenologische Diagnose. Im Gegensatz zur Spondylose (abstützende, spitzwinkelige Randzackenbildung bei der Osteochondrose des Bewegungssegmentes) imponieren die Wirbelkörperspangen bei Morbus Forestier generalisiert, hypertroph und abgerundet *(Syn. 148)*. Zumeist keine Therapie erforderlich.

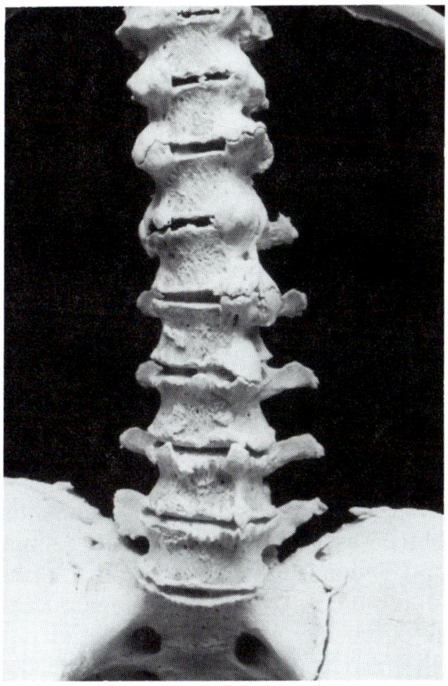

Abb. 84: Morbus Forestier der Lendenwirbelsäule nach langjährigem Diabetes mellitus.

Synopsis 148: Differentialdiagnose der Wirbelkörperspangenbildung:
a Spondylophyten: Kontrastreiche, kräftige Strukturen entsprechen den Osteophyten an den Extremitätengelenken *(siehe Abb. 81, Seite 330)*
b Syndesmophyten: Diese zarten Verkalkungen (Morbus Bechterew) sind nur wenig prominent *(siehe Syn. 141, Seite 327)*.
c Hyperostosen: Ausgedehnte produktive Strukturen, die sich oftmals bis zur Wirbelkörpermitte fortsetzen (Morbus Forestier).

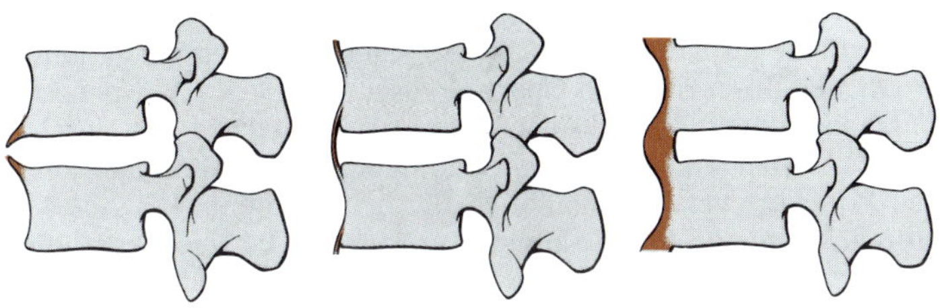

1.8 Entzündliche Erkrankungen

1.8.1 Spondylitis, Spondylodiszitis

Definition. Spezifische oder unspezifische Entzündung der Wirbelkörper (Spondylitis) und der Bandscheiben. Meist manifestiert sich die Erkrankung in einem Bewegungssegment, d.h., eine Bandscheibe mit angrenzenden Wirbelkörperabschlußplatten (Spondylodiszitis) ist entzündlich verändert.

Ätiologie. Bei der spezifischen Spondylitis erfolgt die Infektion hämatogen. Die Latenzzeit zwischen Primäraffektion und der Manifestation der Spondylitis tuberculosa kann mehrere Jahre betragen. Die Wirbelsäule stellt die häufigste Lokalisation der Skelettuberkulose dar *(S. 237)*. Die unspezifische Spondylitis kann durch alle Eitererreger verursacht sein, am häufigsten wird Staphylococcus aureus nachgewiesen. Meist ist der Verlauf bei der unspezifischen Spondylitis schneller als bei der Spondylitis tuberculosa, wobei die klinische Differentialdiagnose oft schwierig ist.

1.8 Entzündliche Erkrankungen

1.8.1 Spondylitis, Spondylodiszitis

◀ **Definition**

Ätiologie
Die Wirbelsäule stellt die häufigste Lokalisation der Skelettuberkulose *(S. 237)* dar. Die Infektion erfolgt hämatogen. Die unspezifische Spondylitis wird am häufigsten durch Staphylococcus aureus verursacht. Der Verlauf der Erkrankung ist hierbei meist schneller als bei der spezifischen Spondylitis.

Pathogenese
Die Entzündung beginnt in den Abschlußplatten der Wirbelkörper, ausnahmsweise ist nur der vordere Teil des Wirbelkörpers betroffen **(Spondylitis anterior).** Die thorakale Abszeßbildung hebt die Pleura parietalis ab. Im lumbalen Bereich kann ein Senkungsabszeß *(S. 238)* entstehen.

Klinik
Allgemeinsymptome bestehen meist Wochen vor Diagnosestellung. Der betroffene Wirbelsäulenabschnitt wird bewegungs- und berührungsempfindlich. Durch die Destruktion der Wirbelkörper kommt es zur Gibbusbildung.
Vor der antibiotischen Ära wurde die Spondylitis anhand der **Pott-Trias (Gibbus, Abszeß, Lähmung)** diagnostiziert. Lähmungen sind heute selten geworden. Hierbei wird differenziert zwischen der Lähmung, bedingt durch die Abszeßbildung, und der sich sekundär entwickelnden Lähmung durch die zunehmende Kyphose.

Diagnose
Eine **Bandscheibenerniedrigung mit osteolytischen Veränderungen** der angrenzenden Wirbel ist richtungweisend für die Diagnosestellung einer Spondylodiszitis *(Abb. 85).* Computertomographisch wird das lokale Ausmaß der Wirbeldestruktion dargestellt. Die Entzündungsparameter sind meist deutlich erhöht. Der Tuberkulintest sowie alle serologischen Methoden zur Erkennung des Primärerregers sind ebenso wie Blutkulturen, Urin- und Magensaftuntersuchungen differentialdiagnostisch hilfreich. Bereits im Frühstadium ist die Erkrankung im Knochenszintigramm lokalisierbar. Die Punktion des Zwischenwirbelraumes erbringt bis zu 80% die Diagnosestellung, wenn dies vor einer antibiotischen Therapie erfolgt.

Therapie
Zunächst Immobilisation der Wirbelsäule, begleitend zur medikamentösen Therapie. Hierdurch wird ein Zusammenbruch des ventralen Wirbelsäulenpfeilers zu vermeiden versucht.
Große Abszesse werden operativ drainiert. Kyphotische Fehlstellungen können durch ventrale Spananlagerung abgestützt werden.

Pathogenese. Die Entzündung beginnt in den Abschlußplatten der Wirbelkörper und setzt sich von dort auf die Bandscheibe fort. Eine bakterielle Spondylitis erfaßt häufig zwei benachbarte Wirbel entsprechend der gemeinsamen arteriellen Blutversorgung. Ausnahmsweise kann nur der vordere Teil des Wirbelkörpers betroffen sein **(Spondylitis anterior).** Im thorakalen Bereich wird durch die Abszeßbildung die Pleura parietalis abgehoben, im lumbalen Bereich kann sich der Abszeß entlang des Musculus psoas bis in den Oberschenkel hinein fortsetzen (**Senkungsabszeß,** S. 238).

Klinik. Appetitlosigkeit, Müdigkeit sowie Nachtschweiß und Fieber bestehen oft bereits Wochen vor Diagnosestellung. Im betroffenen Wirbelsäulenabschnitt werden lokalisierte Beschwerden und eine Klopfempfindlichkeit über den entsprechenden Dornfortsätzen angegeben. Beim tuberkulösen Senkungsabszeß kann eine Schwellung im Oberschenkelbereich imponieren. Durch die Destruktion der Wirbelkörper kommt es zur keilförmigen Deformierung und somit zur Ausbildung eines Gibbus.

Vor der röntgenologischen und antibiotischen Ära wurde die Spondylitis anhand der **Pott-Trias** diagnostiziert **(Gibbus, Abszeß, Lähmung).** Heute gelingt es meist, durch rechtzeitige Diagnostik und Therapie eine Lähmung zu verhindern. Unterschieden wird zwischen der durch die Entzündung bedingten Lähmung (Kompression des Rückenmarkes durch die Abszeßbildung) und der sekundär, insbesondere bei Kindern, sich entwickelnden Lähmung durch die Verstärkung der Kyphose. Diese kann auch nach Abheilung der Infektion im weiteren Wachstum, bedingt durch die Schädigung der Wachstumszone der Wirbel, zunehmen.

Diagnose. Eine **Bandscheibenerniedrigung** mit **osteolytischen Veränderungen** der angrenzenden Wirbelkörper ist richtungweisend für die Diagnose der **Spondylodiszitis** *(Abb. 85).* Die Abszeßbildung kann als Verbreiterung des Paravertebralschattens diagnostiziert werden. Substanzdefekte der Wirbelkörper werden tomographisch dargestellt. Mit Hilfe der **Computertomographie** kann das lokale Ausmaß der Wirbeldestruktion sowie die Abszeßbildung exakt dargestellt werden. Die **Entzündungsparameter** (BKS; CRP) sind meist deutlich erhöht, insbesondere bei der unspezifischen Spondylodiszitis. Bei ca. 20% bleiben diese Labordaten aber unauffällig, weshalb keine Ausschlußdiagnostik durchgeführt werden kann. Der **Tuberkulintest** sowie alle serologischen Methoden zur Erkennung des Primärerregers sind hilfreich für die Differentialdiagnose, ebenso **Blutkulturen, Urin- und Magensaftuntersuchungen.** Die **Knochenszintigraphie** ist geeignet, die Erkrankung bereits im Frühstadium zu diagnostizieren und zu lokalisieren.

Die Wirbelpunktion bzw. die Punktion des Intervertebralraumes oder des Abszesses ist die aussagekräftigste differentialdiagnostische Untersuchungsmöglichkeit. Die Treffsicherheit beträgt 50 bis 80%, wenn dies vor einer antibiotischen Therapie erfolgt. Das gewonnene Material wird auf Nährböden und im Tierversuch ausgetestet sowie histologisch aufgearbeitet.

Therapie. Die Wirbelsäule wird zunächst durch Bettruhe, Gipsliegeschalen und dann im Gipskorsett immobilisiert. Langfristig werden nach Austestung Tuberkulostatika oder Antibiotika appliziert. Die Ruhigstellung der Wirbelsäule bewirkt einen Rückgang der Entzündung. Zum anderen wird durch die Entlastung des ventralen Wirbelsäulenpfeilers dessen Zusammenbruch verhindert.

Große Abszesse werden operativ drainiert. Die Behandlung insbesondere der Spondylitis tuberculosa ist langwierig. Verbleibende kyphotische Fehlstellungen der Wirbelsäule können durch ventrale Spananlagerungen stabilisiert werden.

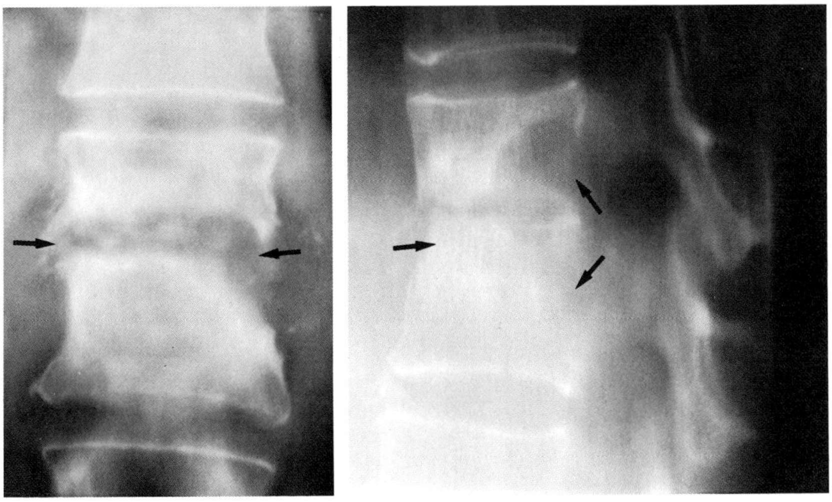

Abb. 85 a/b: Fortgeschrittene Spondylodiszitis des Zwischenwirbelraumes Th 12/LWK 1
Beachte die Bandscheibenerniedrigung mit osteolytischen Veränderungen der angrenzenden Wirbel. Im seitlichen Tomogramm ist die ausgedehnte Zerstörung, insbesondere im hinteren Bereich der Wirbelkörper, sichtbar. Beginnende Entwicklung einer angulären Kyphose (»Gibbus«).

Klinisches Beispiel. 38jähriger Mann, der als 7jähriges Kind an einer tuberkulösen Spondylitis erkrankte, die damals durch eine mehrjährige konservative Therapie behandelt wurde. Im Alter von 35 Jahren beginnende Lähmung der unteren Extremitäten. Diese ist durch die degenerativ bedingte Zunahme der Wirbelsäulendeformität erklärbar. Durch eine Abstützung mit Tibia- und Rippenspan im ventralen Bereich der Wirbelsäule kann ein vollständiger Rückgang der neurologischen Symptomatik erzielt werden.

◀ **Klinisches Beispiel**

1.9 Tumoröse Veränderungen der Wirbelsäule

Primäre Knochentumoren *(S. 204)* können, wenngleich seltener, sich auch im Bereich der Wirbelsäule manifestieren. Auf Grund der besonderen anatomischen Lage kann beispielsweise eine kartilaginäre Exostose, die an den Extremitäten im Regelfall asymptomatisch verläuft, im Spinalkanal eine Querschnittslähmung verursachen. Viel häufiger als die primären Knochentumoren werden im Bereich der Wirbelsäule Metastasen oft multilokulär beobachtet *(S. 224)*.

1.9 Tumoröse Veränderungen der Wirbelsäule
Primäre Knochentumoren werden auch im Bereich der Wirbelsäule beobachtet, wenngleich Metastasen *(S. 224)* viel häufiger sind. Neoplasien können das Rückenmark komprimieren.

1.9.1 Vertebra plana

Synonym. Morbus Calvé.

1.9.1 Vertebra plana

Definition. Auffällige Knochenverdichtung eines hochgradig zusammengesunkenen, abgeplatteten Wirbelkörpers bei unauffälligen angrenzenden Bandscheiben. Diese seltene Erkrankung des Kindesalters wurde den aseptischen Knochennekrosen zugerechnet. Die Eigenständigkeit des Erkrankungsbildes wird bezweifelt. Zum Teil wird der Zusammenbruch des Wirbelkörpers auf ein eosinophiles Granulom zurückgeführt.

◀ **Definition**

Klinik und Diagnose. Die Vertebra plana ist eine radiologische Diagnose *(Abb. 86)*. Klinisch besteht eine leichte Gibbusbildung, Schmerzen werden fakultativ beobachtet. Die Veränderungen im Röntgenbild sind auf den Wirbelkörper selbst beschränkt. Wirbelbogen und Wurzelpartien sind von dem Prozeß nicht betroffen. Differentialdiagnostisch sind neben dem eosinophilen Granulom andere retikuläre Speichererkrankungen (Histiozytose X) sowie andere seltene, tumoröse Erkrankungen (Lymphome) im Kindesalter zu bedenken. Die Diagnose einer Vertebra plana kann nur dann gestellt werden, wenn andere Tumoren oder tumorähnliche Erkrankungen ausgeschlossen sind.

Klinik und Diagnose
Die Vertebra plana ist eine radiologische Diagnose *(Abb. 86)*. Es findet sich eine isolierte starke Höhenminderung des Wirbelkörpers. Differentialdiagnostisch müssen zur aseptischen Wirbelkörpernekrose retikuläre Speichererkrankungen, seltener tumoröse Erkrankungen des Kindesalters, bedacht werden.

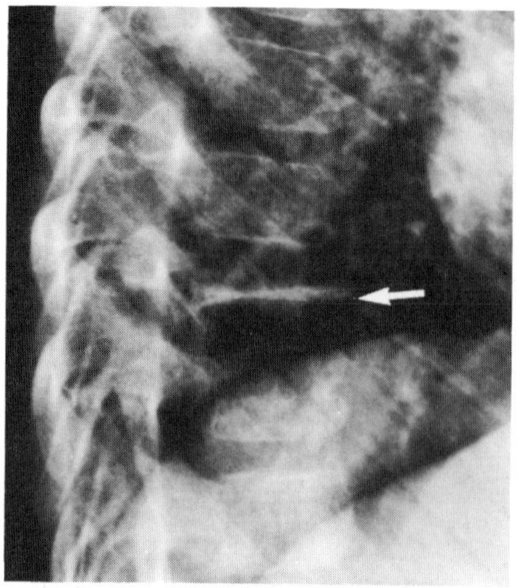

Abb. 86: Morbus Calvé: Beachte die fast strichförmige Darstellung des Wirbelkörpers Th 9.

Merke ▶

Merke. Die Diagnose Vertebra plana ist eine Ausschlußdiagnose.

Therapie
Die Therapie richtet sich nach der Deformität und ist abhängig von der Grunderkrankung.

Therapie. Die Therapie muß die Grunderkrankung und die eingetretene Deformität berücksichtigen. Eine Spontanheilung durch allmähliche Wiederaufrichtung der zusammengesinterten Wirbelkörper ist möglich.

1.9.2 Primäre Tumoren und Metastasen der Wirbelsäule

1.9.2 Primäre Tumoren und Metastasen der Wirbelsäule

Definition ▶

Definition. Alle Knochentumoren *(S. 204)* können, wenngleich selten, die Wirbelsäule betreffen. Metastasen können osteoklastisch (z.B. Mamma-Karzinom; Nephroblastom) oder osteoblastisch (z.B. Prostatakarzinom) beschaffen sein.

Klinik
Schmerzen sowie die statische Deformität der Wirbelsäule treten oft erst bei ausgeprägter Destruktion ein. Abhängig von der Lokalisation entsteht eine radikuläre Ausfallssymptomatik oder eine Querschnittslähmung.

Klinik. Über Schmerzen wird oft erst bei ausgeprägtem Befall geklagt. Die Destruktion verursacht eine Gibbusbildung, oft kombiniert mit einer kurzbogigen Wirbelsäulenseitausbiegung. Fakultativ besteht eine radikuläre Ausfallssymptomatik oder eine Querschnittslähmung.

Diagnose
Mit Tomogramm, Computertomogramm und Kernspintomogramm läßt sich die Wirbelkörperdestruktion darstellen. Meist entsteht eine kurzbogige (anguläre) Kyphose. Das Knochenszintigramm ist entscheidend zum Beweis oder Ausschluß eines multilokulären Befalles.

Diagnose. Das Ausmaß der Wirbelkörperdestruktion wird im konventionellen Röntgenbild, dem Tomogramm, Computertomogramm oder Kernspintomogramm dargestellt. Die Wirbel kollabieren meist keilförmig mit entsprechender kurzbogiger (angulärer) Kyphosierung. Im a.p.-Bild ist bei Mitbefall der Bogenwurzel das Erlöschen des Wirbelauges *(Abb. 87)* ein richtungweisendes Zeichen. Inbesondere bei den häufig multilokulär auftretenden Metastasen ist die Knochenszintigraphie von großer Bedeutung, da sie bereits frühzeitig einen Umbauprozeß im Knochen aufzeigt. Die über einen langen Zeitraum erhaltene Höhe des Zwischenwirbelraums bei Tumoren ist das wichtigste differentialdiagnostische Kriterium gegenüber entzündlichen Veränderungen.

Therapie
Bei benignen Tumoren werden Resektionsverfahren mit gleichzeitiger Stabilisation angestrebt. Bei malignen Tumoren wird die Behandlung in Abhängigkeit von der Grundkrankheit modifiziert. Hierbei kommt der Strahlentherapie besondere Bedeutung zu. Bei statischer Gefährdung ist die Immobilisation im Gipsbett oder die Korsettversorgung notwendig. Bei Gefahr oder Beginn einer neurologischen Schädigung wird von dorsal das Myelon dekomprimiert mit gleichzeitiger Stabilisierung der Wirbelsäule.

Therapie. Bei den seltenen benignen Tumoren werden Resektionsverfahren mit gleichzeitiger Stabilisation durchgeführt, um eine neurologische Schädigung zu verhindern. Bei malignen Tumoren steht die Behandlung der Grundkrankheit im Vordergrund. Strahlensensible Metastasen (Mammakarzinom) werden bestrahlt. Hierbei kann eine Rekalzifizierung erzielt werden. Bei statischer Gefährdung ist die Immobilisation im Gipsbett oder die Korsettversorgung notwendig. Radikale Operationsverfahren bei malignen Erkrankungen sind wegen der speziellen Anatomie der Wirbelsäule nur selten kurativ durchführbar. Die operative Therapie hat zum Ziel, die Belastungsstabilität der Wirbelsäule zu erhalten und neurologische Schädigungen abzuwenden.Von dorsal wird das Myelon dekomprimiert bei gleichzeitiger Stabilisierung. Durch diesen Palliativeingriff kann im Einzelfall dem Patienten eine Lähmung oder fortwährende Immobilisierung erspart werden.

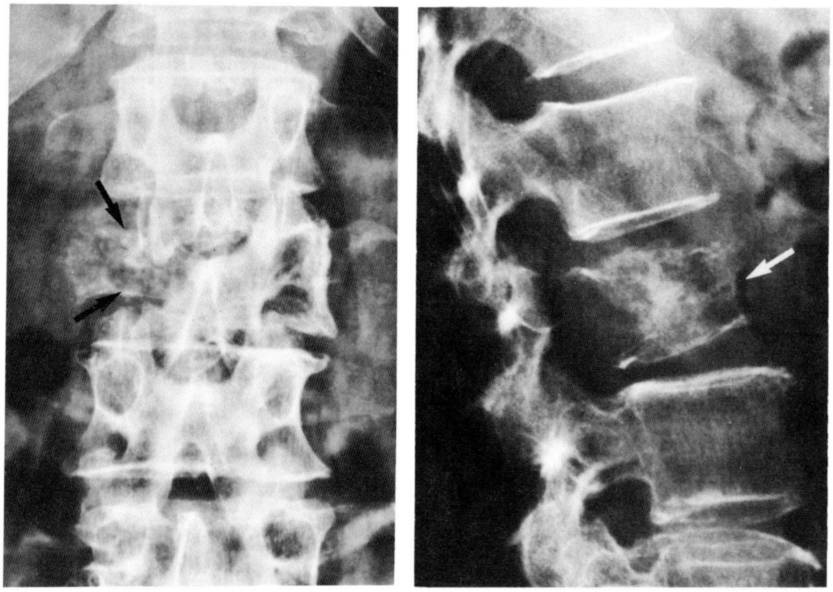

Abb. 87: Osteolytische Destruktion des 2. LWK. Beachte das rechtsseitig erloschene Wirbelauge. (Wirbelauge: kreisförmige Projektion des Wirbelbogens im a.p.-Röntgenbild) und die kleinfleckig osteolytische Destruktion des angrenzenden Querfortsatzes. Bei dieser 52jährigen Frau bestanden 6 Jahre nach Ablatio mammae seit 3 Monaten Rückenbeschwerden. Diagnose: Mammakarzinom-Metastase.

1.10 Wirbelsäulenverletzungen

Die Wirbelsäule ist aus 25 Wirbeln, 96 gelenkigen Verbindungen sowie vielfältigen kapsulären, ligamentären und muskulären Strukturen aufgebaut. Dementsprechend reicht das Spektrum der Verletzungen von der Überdehnung der Rückenmuskulatur des Tennisspielers bis zur kompletten Zerreißung des Achsorgans beim Flugzeugabsturz. Maßgebend für die therapeutische und gutachterliche Einschätzung der Wirbelsäulenverletzung ist die Deformität und das Ausmaß der verbliebenen Stabilität, sowie die begleitende neurologische Symptomatik.

Klinik. Hinweisend für Wirbelsäulenverletzungen sind Prellmarken und Hautabschürfungen über der Wirbelsäule, eine Fehlstellung des Rumpfes, lokale Schmerzangaben, neurologische Ausfälle sowie abdominelle Verletzungen. Speziell beim polytraumatisierten, bewußtlosen Patienten sollte immer eine Wirbelsäulenverletzung ausgeschlossen werden.

Diagnose. Klinisch verdächtige Wirbelsäulenabschnitte werden in zwei Ebenen röntgenologisch dargestellt. Vorsichtig durchgeführte Funktionsaufnahmen sind inbesondere bei Verdacht auf ligamentäre Verletzungen indiziert, da diese der normalen Röntgendiagnostik entgehen können. Das Computertomogramm und die Kernspintomographie verbessern die topographische Diagnostik und erlauben die Beurteilung des Spinalkanales.

1.10.1 Frakturen der Brust- und Lendenwirbelsäule

Ätiologie. Bei Verkehrsunfällen, insbesondere bei Stürzen von Motorradfahrern, aber auch bei Fall aus großen Höhen (suizidaler Fenstersprung), entstehen meist im thorakolumbalen Übergang lokalisierte Wirbelfrakturen. Siehe hierzu *Abbildung 88.* Auch bei sportlichen Betätigungen besteht das Risiko der Verletzungen, z.B. beim Reitsport, Trampolinspringen und Skifahren.

1.10 Wirbelsäulenverletzungen

Entsprechend der komplexen Anatomie der Wirbelsäule ist das Spektrum der möglichen Verletzungen des Achsorganes groß. Maßgebend für die Einschätzung dieser Verletzung ist die Deformität, die verbliebene Stabilität sowie die Rückenmarksverletzung.

Klinik
Hinweisend für Wirbelsäulenverletzungen sind Prellmarken an der Haut, eine Fehlstellung des Rumpfes, lokale Schmerzangaben, eine neurologische Ausfallssymptomatik sowie abdominelle Verletzungen.

Diagnose
Vorrangig ist die radiologische Darstellung in zwei Ebenen. Die Funktionsaufnahmen zeigen ligamentäre Verletzungen. Die Computer- und Kernspintomographie verbessern die topographische Diagnostik.

1.10.1 Frakturen der Brust- und Lendenwirbelsäule

Ätiologie
Meist durch Sturzverletzungen kommt es bevorzugt im thorakolumbalen Übergang zu Wirbelfrakturen *(Abb. 88).* Zum Teil auch als Sportverletzungen.

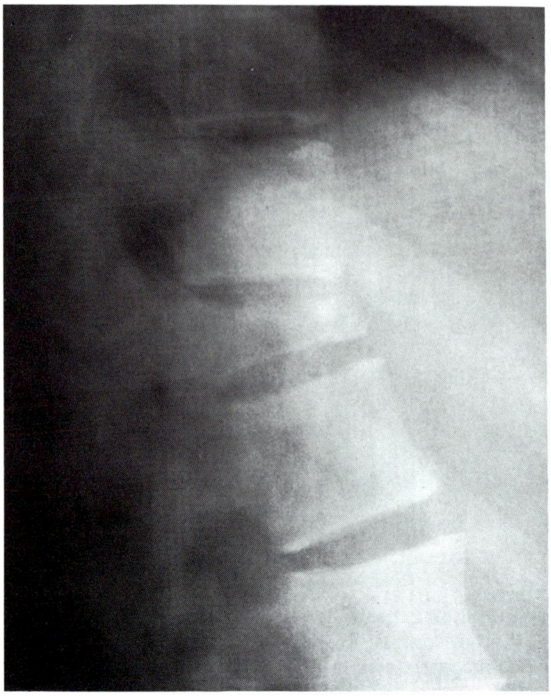

Abb. 88: Kompressionsfraktur des zwölften Brustwirbelkörpers nach suizidalem Fenstersprung bei einem 19jährigen Mädchen.

Diagnose und Therapie
Verletzungen des vorderen, mittleren und hinteren Wirbelsäulenabschnittes werden unterschieden *(Syn. 149)*.

Diagnose und Therapie. Die für die Therapie notwendige Klassifikation der Verletzungen erfolgt im Nativröntgenbild und Computertomogramm. Dabei werden Verletzungen des vorderen, mittleren und hinteren Wirbelsäulenabschnittes unterschieden *(Syn. 149)*.

Synopsis 149: Säulenmodell der Wirbelsäule.
Dreigliederung der Wirbelsäule zur Beurteilung der (post-)traumatischen Wirbelsäulenstabilität. Bei Verletzung nur eines Wirbelsäulenabschnittes wird die Wirbelsäulenverletzung als stabil angesehen.

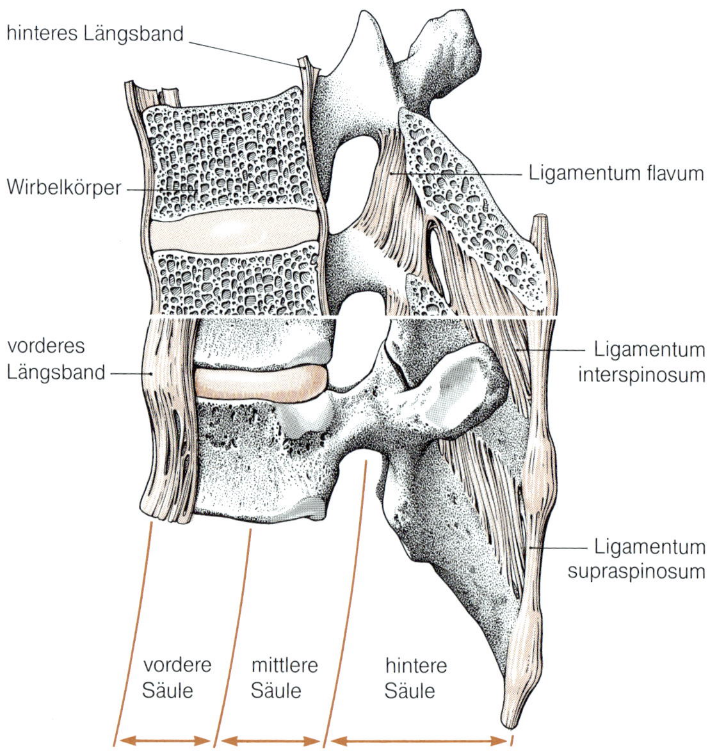

Die häufigen **Kompressionsbrüche** (Keilwirbel) können nach zwei Methoden konservativ behandelt werden. Nach Böhler wird die Fraktur unter **Traktion und Lordosierung reponiert** und dann mit mindestens 3monatiger Gipsruhigstellung zur Ausheilung gebracht. Nach Magnus erfolgt die Therapie **funktionell,** d.h., nach kurzer Bettruhe erfolgt die gipsfreie Mobilisierung des Patienten unter krankengymnastischer Anleitung. Die Böhler-Methode wird vornehmlich bei starker Keilwirbelbildung, vermehrter Instabilität und beim jüngeren Patienten angewandt. Die funktionelle Behandlung ist vorwiegend bei älteren Patienten, insbesondere bei osteoporotischen Wirbelsäulen, indiziert, da die Tragfähigkeit eines frakturierten, zusammengesinterten Wirbels größer ist als die eines normalen. Bei Stabilitätsverlust der Wirbelsäule, bei einer Rückenmarksverletzung sowie bei Luxationsfrakturen ist die operative Therapie erforderlich. Die alleinige Dekompression ist bei Wirbelsäulenverletzungen kontraindiziert, da hierdurch die Stabilität weiter verschlechtert wird.

In Abhängigkeit von der Art der Verletzung **(Kompressions-, Distraktions- oder Translationsverletzung)** und dem Ausmaß der Instabilität werden unterschiedliche Verfahren zur Stabilisation verwandt. Bevorzugt werden hierbei Instrumentierungen, die lediglich den betroffenen Wirbelsäulenabschnitt kurzstreckig überbrücken und eine möglichst große primäre Stabilität aufweisen.

Die Behandlung der Kompressionsbrüche kann auf zwei Methoden erfolgen. Nach Böhler wird die Fraktur unter Traktion und Lordosierung reponiert und durch 3monatige Gipsruhigstellung zur Ausheilung gebracht. Nach Magnus wird funktionell therapiert. Die Böhler-Methode wird vornehmlich bei starker Keilwirbelbildung und erhaltener Stabilität beim jüngeren Patienten angewandt. Bei Stabilitätsverlust der Wirbelsäule und bei einer Rückenmarksverletzung ist die operative Therapie erforderlich. Hierbei wird neben der Dekompression die gleichzeitige Stabilisierung angestrebt. Die Art der Instrumentation ist abhängig von der Art der Verletzung. Bevorzugt werden hierbei kurzstreckige Verfahren mit möglichst großer primärer Stabilität angewandt.

1.10.2 Verletzungen im Bereich der Halswirbelsäule

Ätiologie. Bei Anprallverletzungen des Schädels kann es zu Frakturen oder **diskoligamentären Zerreißungen** (Ruptur durch die Bandscheibe, Wirbelgelenke und Ligamente) im Bereich der Halswirbelsäule kommen. Häufig entsteht diese Verletzung als Badeunfall beim Kopfsprung in seichtes Wasser und führt zur hohen Querschnittlähmung. **Schleuderverletzungen** der Halswirbelsäule, welche bei rasch aufeinander folgenden, gegenläufigen Bewegungen entstehen, treten vorwiegend bei Auffahrkollisionen auf (Peitschenschlag).

Klinik. Bei schweren Schleuderverletzungen der Halswirbelsäule tritt unmittelbar nach dem Trauma, bei leichteren aber auch erst an dem darauffolgenden Tag, eine zunehmende Bewegungseinschränkung im Bereich der Halswirbelsäule auf. Außerdem bestehen meist bilaterale, ausstrahlende Beschwerden im Bereich der Schultern und Arme sowie vegetative Symptome wie Kopfschmerz, Übelkeit, Schwitzen, Zittern und Schluckbeschwerden.

Diagnose und Therapie. In den Standardröntgenaufnahmen der Halswirbelsäule sind außer bei Frakturen und Luxationen keine oder nur geringe Weichteilveränderungen sichtbar. Vorsichtig durchgeführte **Funktionsaufnahmen** (Extension/Flexion) zeigen die segmental aufgehobene Beweglichkeit oder bei der diskoligamentären Zerreißung ein abnormes Bewegungsausmaß. Letzteres stellt eine Indikation zur operativen Versorgung dar. Hierbei wird vorteilhaft die zerrissene Bandscheibe entfernt, die angrenzenden Wirbelkörperabschlußplatten angefrischt und eine Verblockung des Bewegungssegmentes unter Interposition eines Knochenspanes durchgeführt *(Abb. 89).* Die **Schleuderverletzung** der Halswirbelsäule ist als Distorsion ohne knöcherne oder diskoligamentäre Beteiligung eine Domäne der konservativen Therapie. Hierbei stehen die Immobilisation (Halskrawatte) und Wärmeapplikation bei Behandlungsbeginn im Vordergrund. Im akuten Stadium bewirken manipulative Behandlung sowie kräftige Massagen eine Beschwerdezunahme.

1.10.2 Verletzungen im Bereich der Halswirbelsäule

Ätiologie
Bei Anprallverletzungen des Schädels kommt es häufig zu Frakturen und/oder diskoligamentären Zerreißungen der Halswirbelsäule. Schleuderverletzungen der Halswirbelsäule treten insbesondere bei Auffahrkollisionen auf.

Klinik
Kennzeichnend für die Schleuderverletzung ist die nachfolgend sich entwickelnde Bewegungseinschränkung der Halswirbelsäule mit ausstrahlenden Beschwerden im Bereich der Schultern und Arme und vegetativer Symptomatik.

Diagnose und Therapie
Die Standardröntgenaufnahmen sind meist unauffällig. Die Funktionsaufnahmen zeigen die segmental aufgehobene Beweglichkeit oder die diskoligamentären Zerreißungen. Diskoligamentäre Zerreißungen werden vorteilhaft operativ stabilisiert *(Abb. 89).* Die Schleuderverletzung der Halswirbelsäule ist eine Domäne der konservativen Therapie. Hierbei stehen Immobilisation und Wärmeapplikation im Vordergrund. Im akuten Stadium kann eine manipulative Behandlung eine Beschwerdezunahme verursachen.

1.10.3 Schipperkrankheit

Definition. Ermüdungsfraktur der Dornfortsätze, meist des 7. Halswirbels, (Vertebra prominens) bedingt durch ungewohnte schwere Arbeit.

Ätiologie. Bei schwerer körperlicher Arbeit unter Einsatz der oberen Extremitäten (z.B. Schippen oder Schaufeln bei Erdarbeiten) kommt es zur abnormen

1.10.3 Schipperkrankheit

◀ Definition

Ätiologie
Bei schwerer körperlicher Arbeit

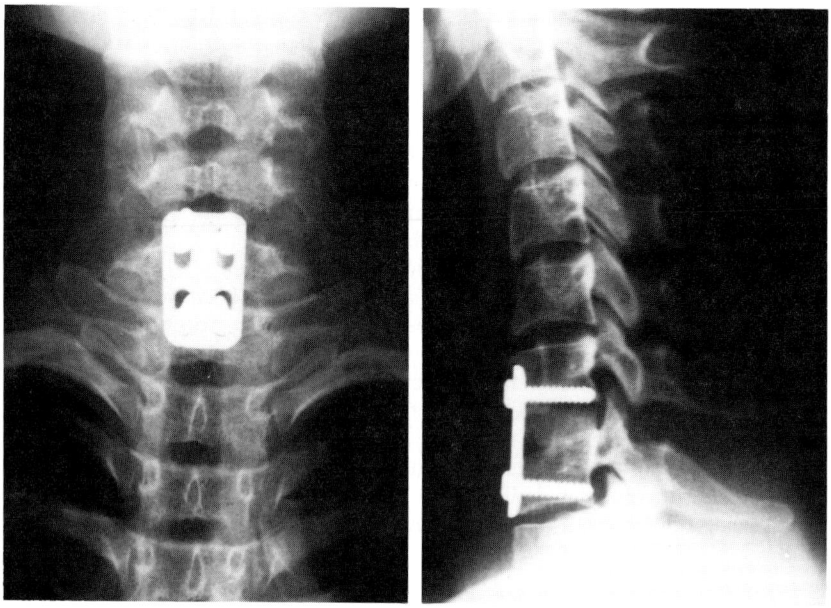

Abb. 89: Ventrale interkorporelle Spondylodese C 5/6 und Fixation mit Caspar-Platte bei diskoligamentärer Zerreißung in diesem Segment. Präoperativ bestand aufgrund der Zerreißung der Bandscheibe und der ligamentären, insbesondere dorsalen, Strukturen eine $\frac{2}{3}$-Verschiebung der kranialen Wirbelsäule nach ventral.

kommt es zur abnormen Belastung an der Vertebra prominens (C 7), da diese einen Hauptbelastungspunkt bei der Fixation im Schultergürtel beim Heben und Tragen schwerer Lasten darstellt.

Diagnose und Therapie
Im Bereich des dorsalen Anteiles des Dornfortsatzes ist eine Ermüdungszone sichtbar, die meist nach kaudal gerichtet ist. Eine spezifische Therapiemöglichkeit besteht nicht.

Belastung an der Vertebra prominens, da beim Heben und Tragen der Schultergürtel über muskuläre und ligamentäre Verbindungen an den Dornfortsätzen der unteren Halswirbelsäule, insbesondere an der Vertebra prominens, stabilisiert wird.

Diagnose und Therapie. Im Seitbild des zervikothorakalen Überganges ist die Ermüdungszone im Bereich des dorsalen Anteiles des Dornfortsatzes sichtbar, zum Teil ist das Ende nach kaudal gerichtet. Die Erkrankung kann mit Schulter-Nackenschmerzen einhergehen. Eine spezifische Therapiemöglichkeit besteht nicht.

1.11 Begutachtung

Patienten führen ein Bandscheibenleiden oft auf ein Verhebetrauma zurück. In der deutschen Rechtsprechung wird ein Verhebetrauma meist nur als Gelegenheitsursache bei degenerativ vorgeschädigten Bandscheiben angesehen und nicht als unfallbedingt anerkannt. Folgezustände nach Verletzungen werden nach der funktionellen und statischen Beeinträchtigung beurteilt. Bei der Begutachtung von Schleuderverletzungen sind Funktionsaufnahmen, insbesondere am Unfalltag, von großer Bedeutung.

1.11 Begutachtung

Ein Bandscheibenschaden wird vom Patienten häufig auf ein erlittenes Trauma (»Verhebetrauma«) zurückgeführt. Wenn auch traumatisch bedingte Bandscheibenschäden existieren und in anderen Ländern anerkannt werden (disc injury – amerikanische Rechtsprechung), so geht man im deutschen Versicherungswesen davon aus, daß ein Trauma nur eine bereits durch Degeneration vorgeschädigte Bandscheibe (Gelegenheitsursache) lädieren kann. Der Bandscheibenschaden wird daher nur ausnahmsweise als unfallbedingt anerkannt. Anerkennungsfähig sind jedoch vorübergehende Verschlimmerungen eines vorbestehenden Schadens. Die Anamnese und das Vorerkrankungsregister (Krankschreibungen; Krankenhausaufenthalte) sind in diesem Zusammenhang von besonderer Bedeutung. Folgezustände nach Verletzungen werden nach funktionellen und statischen Beeinträchtigungen beurteilt. Bei der Begutachtung von Schleuderverletzungen der Halswirbelsäule sind Funktionsaufnahmen am Unfalltag von großer Wichtigkeit, da hierdurch das Ausmaß der reflektorischen Bewegungseinschränkung quantifizierbar wird.

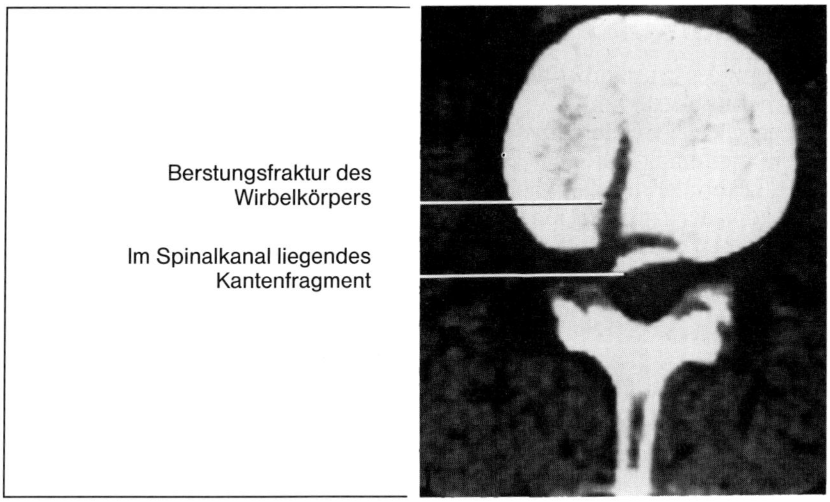

Abb. 90: Computertomographie bei Wirbelsäulenverletzungen: erst durch die horizontale Schichtung im Computertomogramm gelingt es häufig, Fragmente im Spinalkanal zu erkennen, die für die neurologische Symptomatik verantwortlich sein können.

◀ Klinisches Beispiel

Klinisches Beispiel. 43jähriger Schlosser mit konservativ behandeltem Berstungsbruch des zweiten Lendenwirbelkörpers, der 2 Jahre nach der Verletzung zur Begutachtung vorgestellt wird. Initial bestand eine Blasenentleerungsstörung; motorische oder sensible Ausfälle waren nicht eingetreten. Unter der konservativen Behandlung, d.h. initiale 3wöchige reklinierende Lagerung und anschließendem Rumpfgips für 3 Monate, heilte die Wirbelkörperfraktur ohne Fehlstellung aus. Die Blasenentleerungsstörung bildete sich spontan innerhalb von 2 Wochen zurück.

Obgleich anfänglich im Computertomogramm ein freies Fragment im Wirbelkanal nachweisbar war *(Abb. 90)* und somit die Indikation zur Operation (Stabilisierung und Dekompression) gegeben gewesen wäre, heilte in diesem Fall die Verletzung ohne wesentliche Folgeschäden auch durch die konservative Therapie aus.

Eine Kontrolluntersuchung zeigte, daß das Fragment im Spinalkanal 2 Jahre nach dem Trauma nicht mehr nachweisbar war, sondern in der Zwischenzeit resorbiert wurde. Da eine Mitverletzung der angrenzenden Zwischenwirbelräume nicht bestand und die knöcherne Verletzung ohne Fehlstellung ausheilte, ist gutachterlich, obgleich primär eine schwere Verletzung vorlag, der bleibende Schaden als gering anzusehen.

In der berufsgenossenschaftlichen Begutachtung wurde deshalb eine Minderung der Erwerbsfähigkeit (MdE) von 10 v.H. im Sinne der Dauerrentenfeststellung angenommen.

2 Brustkorb

Knöchern bestimmend für die Thoraxform sind die Rippen und das Brustbein. Deformitäten der Brustwirbelsäule führen ebenfalls zur Veränderung der ventralen Thoraxapertur.

2 Brustkorb

Die Form des Brustkorbes wird durch das Skelett und die Weichteile bestimmt. Knöchern sind die Form der Rippen sowie das Brustbein maßgebend. Da die Rippen gelenkig mit den Brustwirbeln verbunden sind, führen alle Thorakalskoliosen, die immer mit einer Torsion der Wirbel einhergehen, gleichzeitig zu einer Deformierung des knöchernen Brustkorbes. Deshalb gehört zu jeder Inspektion der Thoraxregion gleichzeitig die kritische Beurteilung der Brustwirbelsäule. Herzvitien können durch einen konstanten Herzspitzenstoß während des Wachstums ebenfalls eine Deformierung der über dem Herz liegenden Rippen bedingen.

2.1 Pektoralisaplasie

2.1 Pektoralisaplasie

Definition ▶

Definition. Einseitig fehlende (Aplasie) oder partielle Anlage (Hypoplasie) des Musculus pectoralis.

Klinik
Hypoplasien oder Aplasien des Musculus pectoralis sind funktionell unbedeutend, bedingen aber eine erhebliche kosmetische Auffälligkeit *(Abb. 91).* In Kombination mit der Aplasie oder Hypoplasie der Mamille und unilateraler Brachydaktylie liegt ein **Poland-Syndrom** vor.

Klinik. Die Pektoralisaplasie stellt die auffälligste Veränderung der Weichteile dar. Sie kann vergesellschaftet sein mit einer Aplasie der Mamille und einer unilateralen Brachydaktylie **(Poland-Syndrom).**

Die Pektoralisaplasie bedingt keine nennenswerte funktionelle Einschränkung. Eine ausgeprägte kosmetische Beeinträchtigung, insbesondere bei Mädchen, kann lediglich bei der Hypoplasie durch Auftrainieren der Restmuskulatur angegangen werden *(Abb. 91).* Ansonsten bleiben nach Wachstumsabschluß nur operative Möglichkeiten im Sinne einer Augmentationsplastik, z.B. mit Silikonprothese.

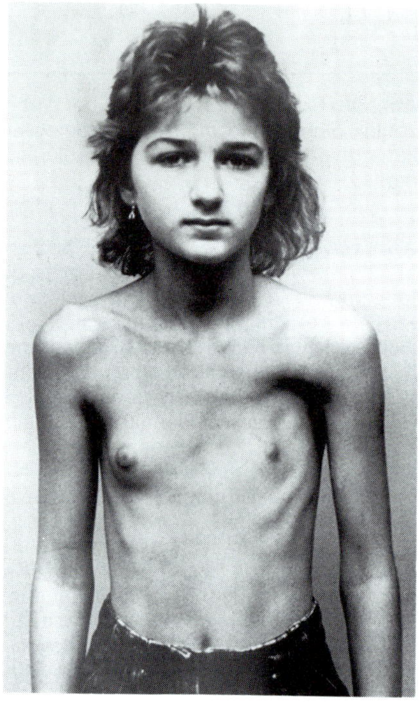

Abb. 91: Linksseitige **Pektoralisaplasie** bei 12jährigem Mädchen. Keine funktionelle, aber eine erhebliche kosmetische Beeinträchtigung.

2.2 Trichterbrust

2.2 Trichterbrust

Synonym. Pectus infundibiliforme; Pectus excavatum; Funnel Chest; Thorax en entonoir.

Definition ▶

Definition. Trichterförmige Einziehung der vorderen Thoraxwand mit tiefstem Punkt am medialen kaudalen Anteil des Sternums.

Epidemiologie
Die Trichterbrust ist die häufigste Thoraxdeformität, Knaben sind 3fach häufiger betroffen.

Epidemiologie. Die Trichterbrust ist eine endogene Fehlbildung. Vereinzelt werden dominante Erbgänge beobachtet. Das männliche Geschlecht ist 3fach häufiger betroffen. Mit einer Inzidenz von 0,1% ist sie die häufigste Thoraxdeformität.

Pathogenese
Die Deformität entwickelt sich während des Wachstums.

Pathogenese. Die Deformität ist selten bereits bei Geburt erkennbar, die Entwicklung erfolgt während der ersten Lebensjahre. Zum Teil werden die Kinder aber erstmalig während oder nach der Pubertät dem Arzt vorgestellt. Im Einzelfall ist die Progression des Leidens schwierig voraussehbar.

Klinik. Die Veränderung ist augenfällig. Der Trichter kann symmetrisch und asymmetrisch angelegt sein *(Abb. 92)*. Die Ausprägung ist individuell unterschiedlich. Körperliche Beschwerden werden bei der Trichterbrust wenig geklagt oder sind uncharakteristischer Natur. Präkardiale Beschwerden sind bei fast immer unbeeinträchtigter Herz-Kreislauf-Funktion psychosomatisch bedingt. Der Verlauf kann am besten anhand einer Fotodokumentation beurteilt werden.

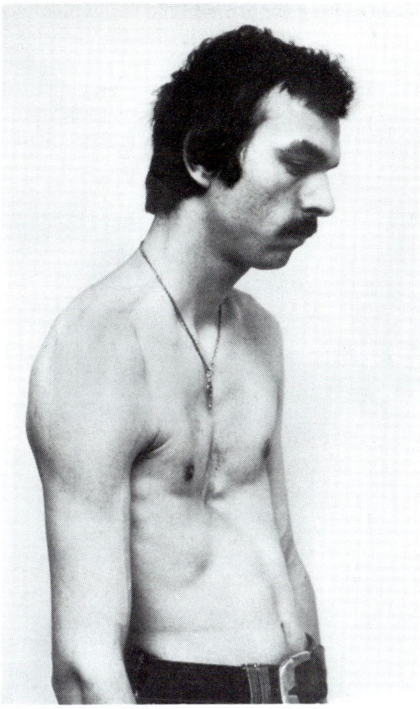

Abb. 92: Ausgeprägte symmetrische **Trichterbrust**

Diagnostik. Neben der klinischen Beurteilung und Fotodokumentation ist immer eine Röntgenuntersuchung des Thorax in zwei Ebenen notwendig. Zur besseren Darstellung des Trichters im seitlichen Strahlengang wird ein Bleistreifen dem Trichter anmodelliert *(Abb. 93)*. Hierbei läßt sich der Abstand zwischen dem Trichter und der Wirbelsäule und somit der verbleibende Raum für die Thoraxorgane abschätzen. Bei hochgradigen Trichterbrüsten kann die kardiopulmonale Funktion beeinträchtigt sein, weshalb diese mitabgeklärt werden muß (Lungenfunktion, Ruhe- und Belastungs-EKG). Die Trichterbrust ist oft kombiniert mit Wirbelsäulendeformitäten (Kyphosen; Skoliosen)

Klinik
Die Einziehung der vorderen Brustwand ist symmetrisch oder asymmetrisch und kann sämtliche Schweregrade annehmen *(Abb. 92)*. Im Vordergrund steht die psychische Beeinträchtigung.

Diagnostik
Eine Röntgenuntersuchung des Thorax in zwei Ebenen ist angezeigt. Im seitlichen Röntgenbild wird an der Vorderwand des Trichters ein Bleistreifen anmodelliert, um die Trichtertiefe besser beurteilen zu können *(Abb. 93)*. Bei ausgeprägten Trichterbrüsten ist eine kardiopulmonale Abklärung angezeigt.
Häufig werden bei der Trichterbrust auch Wirbelsäulendeformitäten beobachtet.

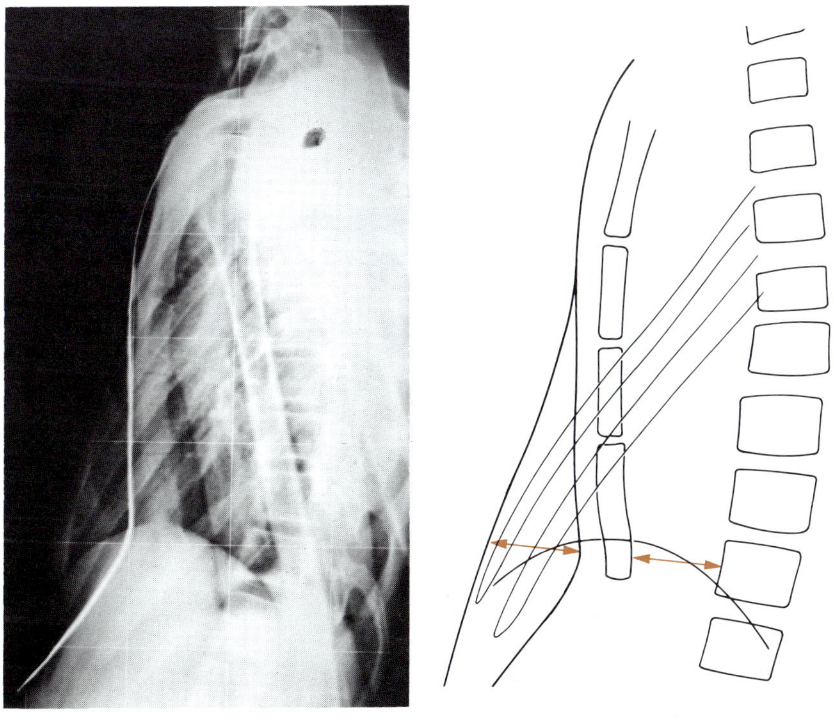

Abb. 93: Röntgenologische Darstellung einer Trichterbrust im Seitbild. Zur besseren Darstellung ist ein Bleistreifen dem Trichter anmodelliert. Die Tiefe des Trichters sowie der Abstand zwischen Sternumrückseite und Wirbelsäule sind markiert.

Klinisches Beispiel ▶

Klinisches Beispiel. Die *Abbildung 94* zeigt ein 12jähriges Mädchen mit symmetrischer, stark ausgeprägter, tief lokalisierter Trichterbrust. Das Mädchen selbst und auch ihre Eltern drängten schon seit einigen Jahren wegen der psychischen Belastung durch Hänseleien im Sportunterricht auf eine operative Behandlung. Da bezüglich der Rezidivgefahr ein Mindestalter von 12 Jahren vor dem Eingriff erreicht werden sollte, erfolgte die operative Aufrichtung des Trichters nicht früher.

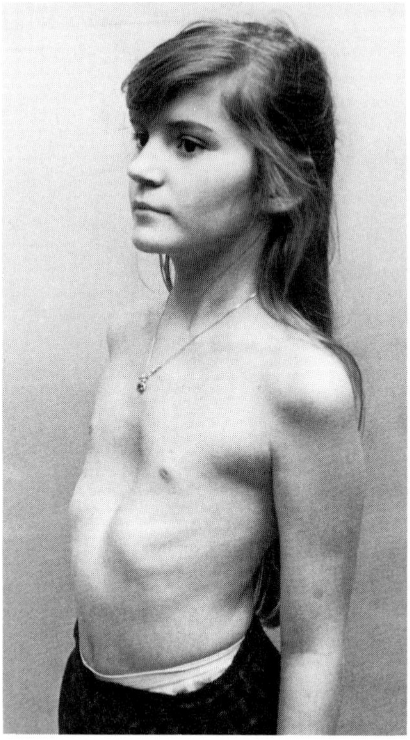

Abb. 94a

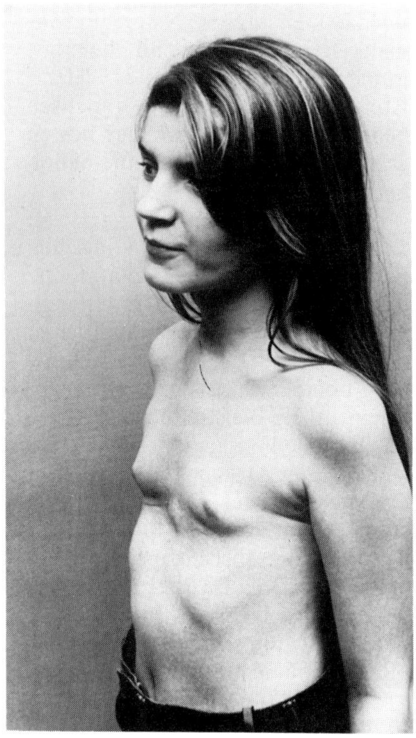

Abb. 94b

Abb. 94a: 12jähriges Mädchen mit ausgeprägter symmetrischer Trichterbrust. Operative Aufrichtung des Trichters durch Osteotomie des Sternums und Durchtrennung der Rippenknorpel. Anheben des Trichters nach der Osteotomie und Stabilisierung des Ergebnisses durch Hegemann-Platte.
Abb. 94b: Klinisches Bild ½ Jahr nach Trichterbrustoperation.
Beachte **Abb. 94c** und **d**.

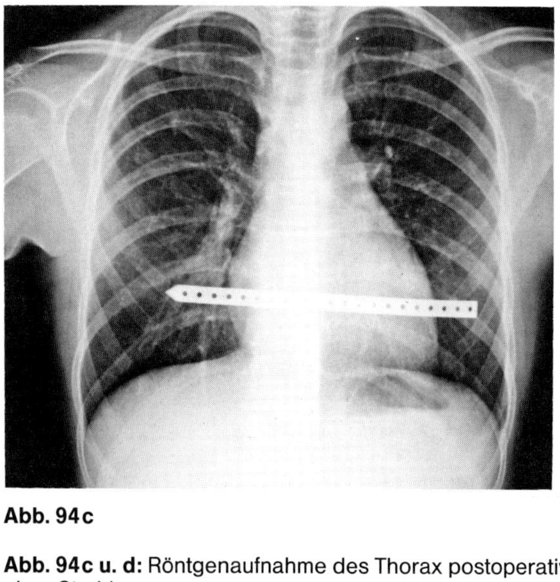

Abb. 94c

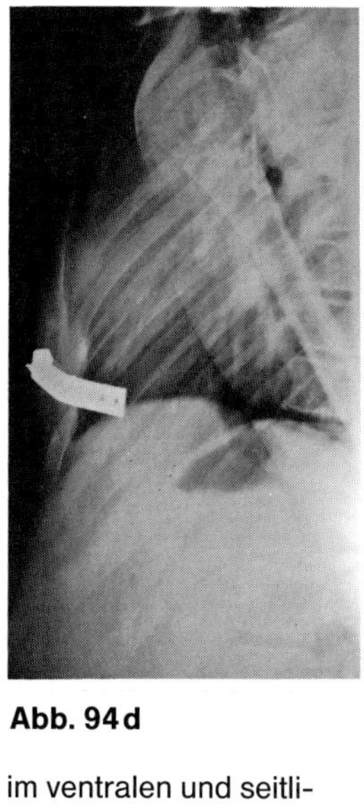

Abb. 94d

Abb. 94c u. d: Röntgenaufnahme des Thorax postoperativ im ventralen und seitlichen Strahlengang.

Konservative Therapie. Insbesondere bei Kleinkindern soll eine konsequente Atemgymnastik durchgeführt werden. Ausdauersportarten und Spielen von Blasinstrumenten werden empfohlen. Die Möglichkeiten der konservativen Therapie sind begrenzt und nach dem Wachstumsabschluß ohne Effizienz.

Operative Therapie. Das optimale Operationsalter ist 12 bis 14 Jahre. In diesem Alter ist die Korrektur noch relativ gut durchführbar und die Gefahr postoperativer Rezidive gering. Die Korrektur erfolgt durch Osteotomie der Rippen und des Sternums. Verschiedene Operationsvarianten werden hierzu empfohlen, zum Teil mit einer Umkehrplastik des Brustbeines. Das Korrekturergebnis wird z.T. durch unterschiedliche Verfahren der internen Fixation stabilisiert. Die Indikation zur operativen Therapie ist meist relativ, da nur selten eine kardiopulmonale Beeinträchtigung durch die Deformität vorliegt. Bei der Operation kann es durch die Verletzung der Pleura zur Ausbildung eines Pneumothorax und zu Wundheilungsstörungen kommen. Wegen dieser Komplikationsmöglichkeit muß der Eingriff, der wegen der Kosmetik erwünscht wird, mit dem Patienten und seinen Eltern ausgiebig abgewogen werden.

Konservative Therapie
Die Möglichkeiten der konservativen Therapie sind begrenzt. Empfohlen werden Atem- und Haltungsgymnastik sowie Ausdauersportarten.

Operative Therapie
Wegen der Rezidivgefahr ist das optimale Operationsalter zwischen 12 und 14 Jahren. Die OP-Indikation ist auf Grund der kosmetischen Beeinträchtigung meist relativ. Die Indikationsstellung muß wegen der Komplikationsmöglichkeiten (Pneumothorax; Wundinfekt) mit dem Patienten und seinen Eltern abgewogen werden.

2.3 Kielbrust

(Synonym. Hühnerbrust, Pectus carinatum, Chicken breast)

2.3 Kielbrust

Definition. Bei der Kielbrust ist das Brustbein mit den angrenzenden Rippen in seinem kaudalen Anteil spitzwinklig prominent.

◀ **Definition**

Ätiologie. Auch die Kielbrust ist endogen bedingt. Sie ist ca. 10fach seltener als die Trichterbrust. Die Deformität ist nur selten hochgradig.

Klinik und Diagnostik. Die Deformität ist auffällig. Der Brustkorb sollte in zwei Ebenen geröntgt werden. Die Verlaufskontrolle erfolgt am besten anhand einer Fotodokumentation *(Abb. 95).*

Therapie. Während des Wachstums kann durch die Anlage einer Pelotte, die über einen langen Zeitraum kontinuierlich getragen werden muß, im Sinne einer Wuchslenkung der Deformität entgegengewirkt werden. Eine operative Therapie ist selten angezeigt, da die kosmetische Beeinträchtigung meist nur geringgradig ist.
Einfache Abtragungen des prominenten Sternums haben sich wegen der Rezidivneigung nicht bewährt. Zur operativen Korrektur der Kielbrust müssen der Trichterbrustoperation analoge Verfahren angewandt werden.

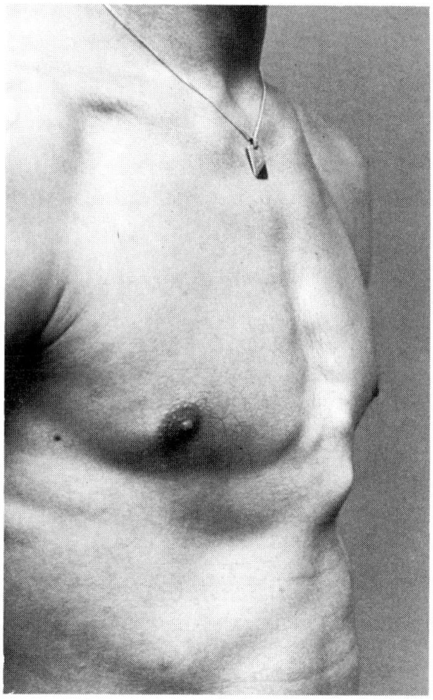

Abb. 95: Kielbrust

Ätiologie
Die Kielbrust ist eine endogene Fehlbildung.

Klinik
Die Diagnose wird klinisch und radiologisch gestellt. Siehe hierzu *Abbildung 95.*

Therapie
Die konservative Therapie erfolgt als Wuchslenkung durch Druck auf die prominente Thoraxdeformität. Die operative Therapie ist selten angezeigt. Der Trichterbrusttherapie analoge Verfahren werden hierzu angewandt.

3 Hals

3.1 Praktische Anatomie

3 Hals

3.1 Praktische Anatomie

In keiner anderen Körperregion bestehen so enge Zusammenhänge zwischen muskulären, knöchernen, nervalen und vaskulären Strukturen wie im Bereich des Halses. Dies erklärt, warum beispielsweise Alterationen des Plexus brachialis oft zusammen mit einer Kompression der Gefäßversorgung des Armes auftreten. Die zum Verständnis der orthopädisch relevanten Erkrankungen zugrundeliegenden anatomischen Beziehungen sind in *Synopsis 150* dargestellt.

Synopsis 150: Anatomie des Halses.
Beachte insbesondere die räumliche Nähe der Muskelgruppe der Skaleni, des Armplexus, der Rippen, der Klavikel und der Blutgefäße. Dies erklärt, daß ätiologisch unterschiedliche Prozesse durch Kompression des Plexus brachialis die gleiche klinische Symptomatik hervorrufen.

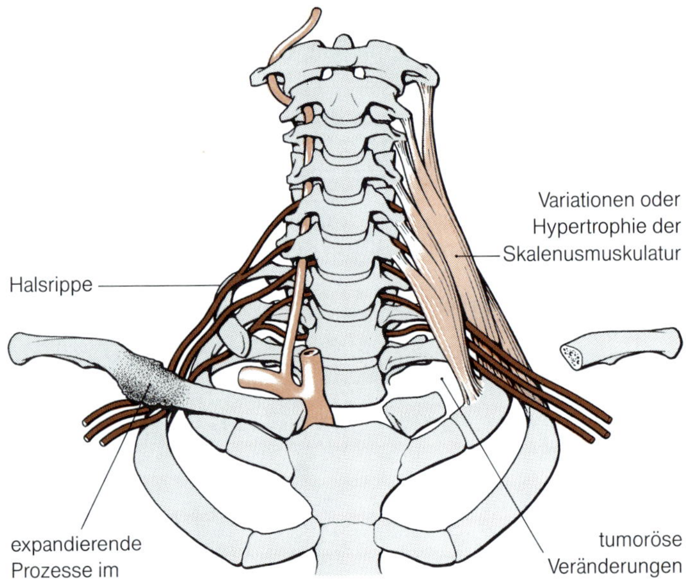

3.2 Muskulärer Schiefhals

3.2 Muskulärer Schiefhals

Synonym. Torticollis muscularis.

Definition ▶

Definition. Fixierte, durch einseitige Verkürzung des Musculus sternocleidomastoideus hervorgerufene Zwangshaltung des Kopfes mit Neigung zur erkrankten und Rotation zur Gegenseite *(Abb. 96).*

Ätiologie
Die irreversible narbige Verkürzung des Musculus sternocleidomastoideus entsteht in den ersten Lebenstagen. Hierbei sind intrauterine Zwangslagen, ein geburtstraumatisches Hämatom sowie eine asymmetrische Reflexentwicklung ätiologisch bedeutsam.

Ätiologie. Die Verkürzung des Musculus sternocleidomastoideus entsteht meist in den ersten Lebenstagen, zum Teil auch als Ausdruck einer intrauterinen Zwangslage. Das komprimierte Muskelgewebe wird fibrös umgebaut. Es entsteht eine irreversible narbige Verkürzung des Muskels. Gelegentlich läßt sich ein geburtstraumatisches Hämatom des Musculus sternocleidomastoideus nachweisen. Die Schiefstellung von Hals und Kopf kann postnatal auch durch einseitige Lagerung und asymmetrische Reflexentwicklung entstehen (Schräglagedeformität).

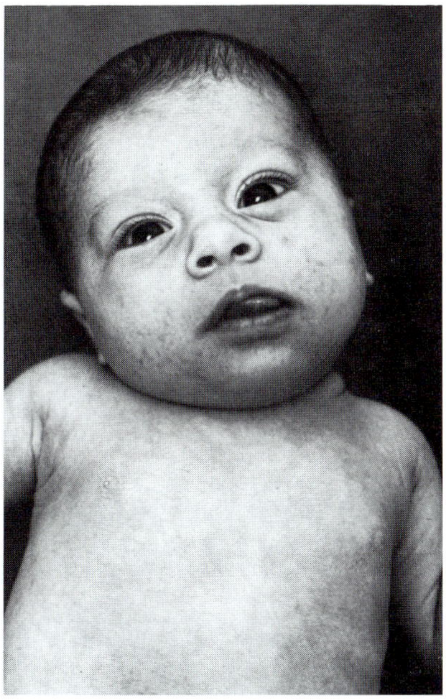

Abb. 96: Muskulärer Schiefhals rechts. Beachte die beginnende Asymmetrie des Gesichtsschädels bei dem 3 Monate alten Säugling.

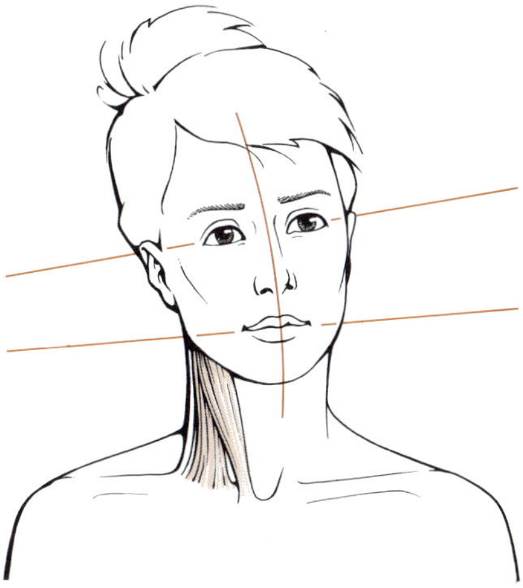

Abb. 97: Junge Frau mit untherapiertem Schiefhals. Beachte die Schädelasymmetrie (»Gesichtsskoliose«) mit Neigung des Kopfes zur erkrankten Seite und Drehung des Kopfes zur Gegenseite.

Pathogenese. Durch die stetige Schiefhaltung des Kopfes kommt es sekundär zum Schiefwachstum der Halswirbelsäule (Halswirbelsäulenskoliose) und des Gesichtsschädels (Gesichtsskoliose). Dies ist ein eindrucksvolles Beispiel dafür, daß eine muskuläre Imbalance ein knöchernes Fehlwachstum verursacht *(Abb. 97)*.

Pathogenese
Die muskulär bedingte Schiefhaltung des Kopfes führt zum Schiefwachstum des Gesichtsschädels und der Halswirbelsäule *(Abb. 97)*.

Klinik. Bereits beim Säugling imponiert die Kopfneigung zur erkrankten und die Kopfrotation zur kontralateralen Seite. Der Muskelstrang wirkt verkürzt und verdickt, zum Teil ist der sternale, zum Teil der klavikuläre Anteil stärker betroffen. Die Beweglichkeit der Halswirbelsäule ist entsprechend der Schiefhaltung eingeschränkt.

Klinik
Neigung des Kopfes zur erkrankten und Rotation zur Gegenseite. Der Muskelstrang imponiert verkürzt und strangartig. Die Halswirbelsäulenbeweglichkeit ist eingeschränkt.

Diagnose. Das klinische Bild ist in der Regel unverwechselbar. Dennoch müssen Fehlbildungen der Halswirbelsäule (Klippel-Feil-Syndrom), **okuläre** (Schielen) und **otogene** (Einohrschwerhörigkeit) Ursachen der Kopfschiefhaltung ausgeschlossen werden. Beim älteren Kind und Erwachsenen können plötzliche Schiefstellungen des Kopfes auch durch andere Ursachen bedingt sein, z.B. nach **Distorsionsverletzungen** oder **Blockierungen** im Bereich der Halswirbelsäule, des weiteren bei **entzündlichen Prozessen** (Torticollis infectiosus) oder **rheumatischen Affektionen** (Torticollis rheumaticus) der Halsregion. Einseitige Spasmen der Halsmuskulatur bei der **Zerebralparese** führen ebenso wie der schlecht therapierbare **hysterische Schiefhals** (Torticollis hystericus; Syn. Torticollis mentalis) zur entsprechenden asymmetrischen Kopfhaltung. Hierbei besteht, im Gegensatz zum muskulären Schiefhals, meist eine gleichsinnige Rotationsfehlstellung.

Diagnose
Die Diagnosestellung erfolgt klinisch. Beim Säugling müssen ossäre, okuläre und otogene Ursachen differentialdiagnostisch ausgeschlossen werden. Schiefstellungen des Kopfes können auch entzündlich, rheumatisch, tumorös, spastisch oder hysterisch bedingt sein.

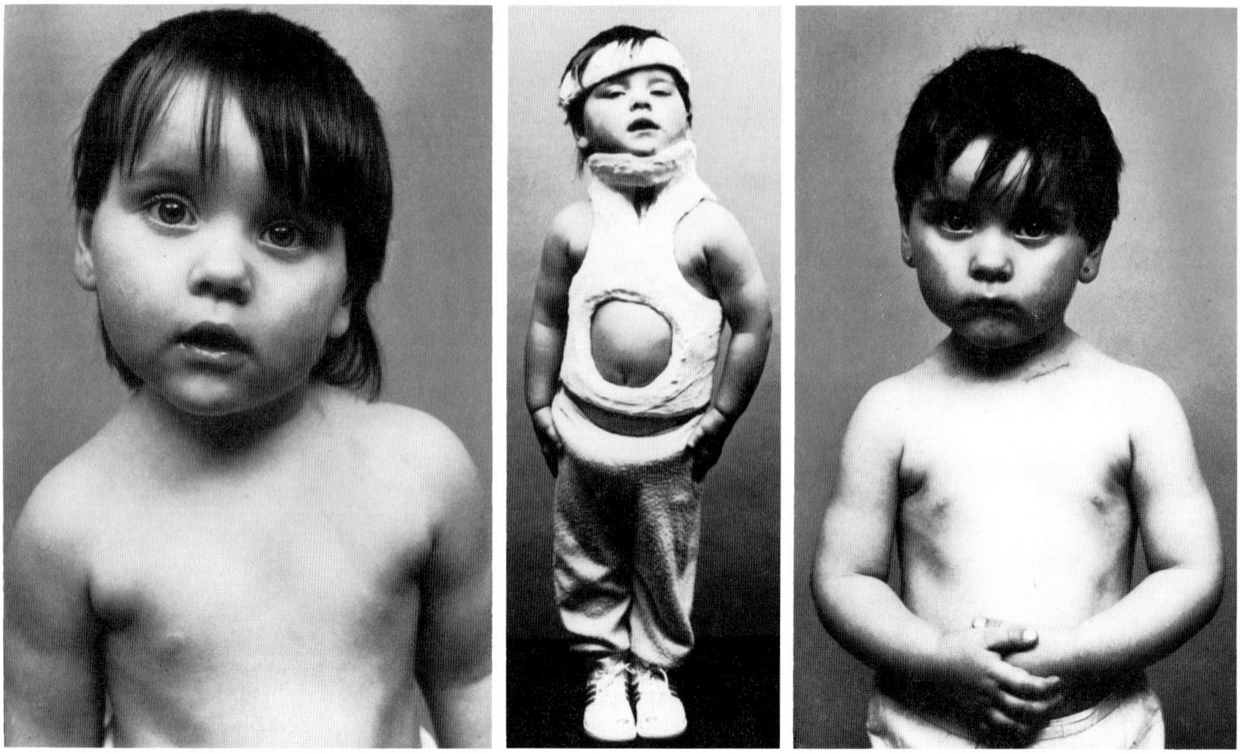

a b c

Abb. 98: Linksseitiger **muskulärer Schiefhals** bei einem 2jährigen Mädchen **(a)**. Biterminale Tenotomie des linksseitigen Musculus sternocleidomastoideus. Postoperativ 6wöchige Umgewöhnung im Diademgips **(b)**. Befund ½ Jahr nach Abschluß der Therapie. Freie Beweglichkeit im Bereich der Halswirbelsäule **(c)**. Die Gesichtsskoliose ist noch erkennbar.

Therapie
Gegensinnige **Lagerung** des Säuglings. Stärkere Kontrakturen werden **krankengymnastisch** (Vojta-Therapie) beim Säugling angegangen. Bei Therapieresistenz **Tenotomie** des Muskels. Postoperativ Umgewöhnung des Kindes im korrigierenden Diadem-Gips.

Therapie. Bei Schräglagedeformitäten genügt unter Umständen bereits die gegensinnige **Lagerung** des Säuglings, um die Schiefstellung zu beseitigen. Bei ausgeprägten Kontrakturen kann mit frühzeitig einsetzender **krankengymnastischer Behandlung** (bevorzugt Vojta-Therapie) der Schiefhals fast immer beseitigt werden. Bei Therapieresistenz ist spätestens am Ende des 1. Lebensjahres die biterminale offene **Tenotomie** des Musculus sternocleidomastoideus indiziert. Eine 4- bis 6wöchige postoperative Ruhigstellung im Diademgips in Korrekturstellung führt zur Umgewöhnung des Kindes, so daß dieses nicht in seiner Gewohnheitshaltung verbleibt.

Klinisches Beispiel ▶

Klinisches Beispiel. Zuweisung eines 2jährigen Mädchens mit muskulärem Schiefhals. Das Kind zeigt eine Kopfneigung zur erkrankten und Rotation zur gesunden Seite sowie eine ausgeprägte Gesichtsskoliose *(Abb. 98)*. Nach biterminaler Tenotomie des linksseitigen Musculus sternocleidomastoideus erfolgte die Nachbehandlung durch korrigierenden Diademgips für 6 Wochen. Das abschließende Bild zeigt das Mädchen ein halbes Jahr nach Abschluß der Behandlung.

3.3 Armplexusläsion

3.3 Armplexusläsion

Definition ▶

Definition. Schädigung des Plexus brachialis, der von den Nervenwurzeln C 4 bis Th 1 gebildet wird.

Ätiologie
Traumatische (Motorradfahrer) sowie geburtstraumatische Läsionen sind ursächlich für die meisten Plexusschädigungen.

Ätiologie. Selten verursachen entzündliche und tumoröse Affektionen eine Plexusschädigung. Über 50% aller Plexusverletzungen betreffen Motorradfahrer. Bei der geburtstraumatischen Plexuslähmung wird zwischen der häufigeren oberen (C 5/6, Typ **Duchenne-Erb**) und der selteneren unteren (C 7/Th 1, **Typ Klumpke**) Form differenziert.

Klinik. Die Ausfallserscheinungen sind vom Ort und Ausmaß der Läsion abhängig. Bei der häufigeren **oberen Armplexuslähmung** kommt es durch den Ausfall der schulterführenden Muskulatur zum schlaffen Herabhängen des Armes sowie zur Schädigung der Beuger und Supinatoren am Unterarm. Bei der **unteren Plexuslähmung** sind die Streckmuskeln des Ober- und Unterarmes, die Fingerbeuger und die Handbinnenmuskulatur betroffen, des weiteren besteht eine Horner-Trias.

Die **geburtstraumatische Plexusläsion,** insbesondere die obere, hat eine relativ günstige Prognose. Bei der geburtstraumatischen unteren oder totalen Plexusläsion ist die spontane Remissionsrate schlechter. Bei Unfällen ist die Prognose abhängig davon, ob die Nervenwurzeln komplett ausgerissen oder lediglich überdehnt sind.

Klinik
Die **obere Armplexusläsion** bedingt den Ausfall der schulterführenden Muskulatur sowie der Beuger und Supinatoren am Unterarm. Die **untere Plexuslähmung** bedingt die Lähmung der Streckmuskulatur des Armes, der Fingerbeuger und der Handbinnenmuskulatur und eine Horner-Trias. Die **geburtstraumatische Plexusläsion** hat die beste Prognose. Bei Unfällen werden Überdehnungen und Ausrisse der Nervenwurzeln differenziert.

Therapie. Bei der geburtstraumatischen Plexusläsion wird durch Krankengymnastik auf neurophysiologischer Basis (Vojta-Therapie) die Tendenz zur Spontanreinnervation verstärkt. Die früher propagierte Lagerung des Armes in Außenrotation/Abduktion wurde verlassen, da zum einen hierbei der Plexus gedehnt wird, zum anderen die Gefahr der Entwicklung einer Schulterluxation entsteht. Wechselseitige Lagerung des Armes. Die häufig nach geburtstraumatischen Plexusläsionen zurückbleibenden Supinationskontrakturen des Unterarmes können durch Verlängerung und Umlagerung des Bizepssehnenansatzes um den Radius gebessert werden (Operation nach *Zancolli).*

Bei nachgewiesenem komplettem Wurzelausriß ist die neurochirurgische Rekonstruktion angezeigt. Allgemein wird ein bis zwei Jahre nach dem Trauma oder den operativen Maßnahmen mit keiner weiteren nervösen Regenerationsmöglichkeit mehr gerechnet.

Die Spättherapie der traumatischen Plexusläsion ist vom Ausmaß der Schädigung abhängig. Bei Ausfall der schulterführenden Muskulatur (C 4/C 5) ist die Schulterarthrodese indiziert, da durch die Versteifung des Glenohumeralgelenkes bei erhaltener muskulärer Führung des Schultergürtels eine Funktionsverbesserung erreicht wird. Bei Mitbeteiligung der Nervenwurzel C 6 wird die Beugefähigkeit im Ellenbogen durch die Proximalisierung der Muskelansätze des Epicondylus radialis verstärkt (Steindler-Plastik). Bei der totalen Plexusläsion mit komplettem Verlust der Handfunktion und Sensibilität ist die Amputation kranialwärts der Sensibilitätsgrenze mit anschließender prothetischer Versorgung indiziert, da der Patient von seinem eigenen (gefühllosen) Arm behindert wird.

Therapie
Bei geburtstraumatischen Schädigungen Vojta-Therapie, wechselseitige Lagerung des Armes. Verbleibende Supinationskontrakturen werden sehnenplastisch therapiert.

Bei komplettem Wurzelausriß ist die neurochirurgische Rekonstruktion angezeigt. Nach 1 bis 2 Jahren wird mit keiner nervösen Regeneration mehr gerechnet.
Die Spättherapie der traumatischen Plexusläsion ist vom Ausmaß der Schädigung abhängig. Bei Ausfall der schulterführenden Muskulatur erfolgt die Arthrodese im Glenohumeralgelenk.
Die Beugefähigkeit im Ellenbogen kann durch Proximalisierung der Muskelansätze am Epicondylus radialis verbessert werden. Bei Verlust der Handfunktion und Sensibilität ist die Amputation proximal der Sensibilitätsgrenze indiziert.

3.4 Armplexus- und Gefäßstrangkompression

3.4 Armplexus- und Gefäßstrangkompression

> ***Definition.*** Durch muskuläre, skelettäre oder vaskuläre Varianten oder durch tumoröse Veränderungen hervorgerufene Kompression des Gefäßnervenstranges.

◀ **Definition**

Ätiologie. Eine relative Hypertrophie oder anatomische Variante der Skalenusmuskelgruppe kann eine Irritation des Plexus verursachen. Diese kann auch durch Halsrippen oder im engen Zwischenraum zwischen Klavikula und Rippen, insbesondere bei in Fehlstellung mit ausgeprägter Kallusbildung verheilten Klavikulafrakturen auftreten. Auch tumoröse Veränderungen (Pancoast-Tumor) können den Armplexus irritieren. Vergleiche *Abbildung 99.*

Ätiologie
Varianten der Skalenusmuskelgruppe, Halsrippen, in Fehlstellung verheilte Klavikulafrakturen sowie tumoröse Veränderungen können eine Irritation des Armplexus bedingen *(Abb. 99)*

Pathogenese. Vielfach ist trotz vorhandener anatomischer Varianten eine Kompensation zu beobachten. Halsrippen sind nur selten für eine Alteration des Plexus brachialis verantwortlich. Die Beschwerden werden fast immer erst im Erwachsenenalter geklagt.

Pathogenese
Obgleich die Veränderungen oftmals anlagebedingt sind, werden Beschwerden fast ausschließlich im Erwachsenenalter geklagt.

Klinik. Die Symptomatik ist wechselnd. Geklagt wird über Parästhesien in den Armen, Brachialgien sowie über Sensibilitätsdefizite, seltener über motorische Ausfälle. Provoziert werden die Beschwerden insbesondere durch das Tragen von Lasten mit herabhängendem Arm.

Klinik
Parästhesien und Sensibilitätsdefizite, seltener motorische Ausfälle, kennzeichnen dieses Syndrom. Die Symptomatik ist wechselnd.

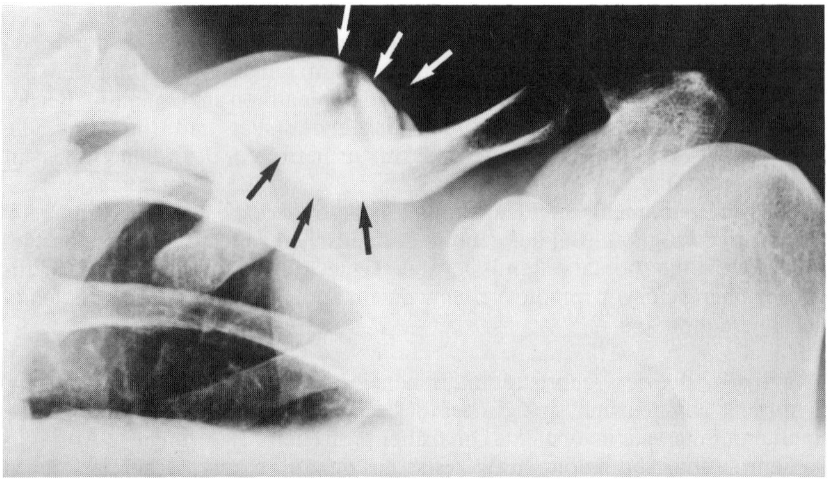

Abb. 99: In Fehlstellung und mit hypertropher Kallusbildung (siehe Pfeile) verheilte Klavikulafraktur. Hierdurch **Kompression des Armplexus.**

Diagnose und Therapie
Durch Pulsabschwächung und Arteriographie wird eine begleitende Kompression der Arteria subclavia diagnostiziert. Mit somatosensorisch evozierten Potentialen *(S. 38)* kann unter funktionellen Bedingungen die Nervenleitung gemessen werden. Bei nachgewiesener Stenosierung werden dekomprimierende Eingriffe durchgeführt.

Diagnose und Therapie. Da die durch die gleiche anatomische Lücke gehende Arteria subclavia komprimiert wird, kann eine entsprechende Pulsabschwächung diagnostisch verwertet werden. Bildgebende Verfahren sind in der Diagnostik der meist funktionellen Geschehnisse von begrenzter Aussagefähigkeit. Angiographisch kann eine Kompression der Arteria subclavia verifiziert werden. Mit somatosensorisch evozierten Potentialen *(S. 38)* wird unter funktionellen Bedingungen die Nervenleitung gemessen. Dekomprimierende Eingriffe sind indiziert, wenn sich das Beschwerdebild eindeutig auf die Stenosierung beziehen läßt. Hierbei wird in Abhängigkeit der anatomischen Situation die räumliche Enge des Armplexus behoben.

4 Schulter

4.1 Praktische Anatomie

Die Schulter setzt sich funktionell aus vier Gelenken zusammen: der Artikulation des Humeruskopfes mit der Skapula **(Glenohumeralgelenk),** dem **Akromioklavikulargelenk,** dem **Sternoklavikulargelenk** sowie der Verschiebeschicht zwischen Skapula und hinterer Thoraxwand. Störungen jedes Abschnittes können ursächlich für Beschwerden und Krankheitszustände sein. Der **Plexus brachialis** und der **Nervus axillaris** stehen in enger Beziehung zu den knöchernen Strukturen. Das Glenohumeralgelenk weist einen besonders großen Bewegungsumfang auf. Der Humeruskopf artikuliert mit der flachen und kleinen Gelenkpfanne, so daß der Weichteilführung im Bereich der Schulter eine große Bedeutung zukommt. Aus anatomischen und funktionellen Gründen sind daher degenerative Veränderungen an den schulterumfassenden Weichteilen wesentlich häufiger als an den Gelenken. Zur Anatomie der Rotatorenmanschette, deren Erkrankungen am häufigsten Schulterbeschwerden verursachen, siehe *Synopsis 151.*

4 Schulter

4.1 Praktische Anatomie

4.2 Untersuchung der Schulter

Jeder Gelenkabschnitt der Schulter wird isoliert untersucht. Wichtig ist die Beurteilung der passiven und aktiven Beweglichkeit im Glenohumeralgelenk. Ventral unter dem korakoakromialen Band läßt sich die Gelenkkapsel und die Rotatorenmanschette palpieren. Durch Rotationsbewegungen am herabhängenden Arm kann der Humeruskopf größtenteils **palpatorisch** erfaßt werden **(Tuberculum majus, Sulcus intertubercularis, Tuberculum minus)**. Die Funktion der Bizepssehne kann durch Beugung des Ellenbogens gegen Widerstand überprüft werden. Wichtig ist auch die Schmerzangabe bei aktiven und passiven Positionierungen des Schultergelenkes (s. Impingement-Syndrom). Die Bewegungsprüfung gilt gleichermaßen als Schmerzprovokation. Das Sternoklavikulargelenk sowie das Akromioklavikulargelenk sind palpatorisch auf Grund der oberflächennahen Lage gut beurteilbar. Die Relativbewegung der Skapula wird im Seitenvergleich beurteilt. Wichtig ist auch die Stabilitätsuntersuchung der Schulter, d.h. der kapsulären und muskulären Führung des Gelenkes, insbesondere bei der rezidivierenden Schulterluxation. Bei Extremstellungen des Humeruskopfes gibt der Patient bei dieser Untersuchung das Ausmaß der Instabilität an.

Röntgenologisch wird das Schultergelenk in der a.p.-Projektion, in der Mittelstellung, sowie abhängig von der Fragestellung in Außen- und Innenrotation untersucht. Die transthorakale Aufnahme und die axiale Aufnahme werden zur Beurteilung der zweiten Ebene des Schultergelenkes herangezogen. Arthrographisch lassen sich Verklebungen der Schultergelenkskapsel, insbesondere des Rezessus, nachweisen. Stellt sich bei der Arthrographie die Bursa subacromialis dar, ist dies Hinweis für eine Rotatorenmanschettenruptur.

Sonographisch können alle Weichteilstrukturen der Schulter auch unter dynamischen Bedingungen dargestellt werden *(Abb. 100, S. 359)*. Dies ist von großer Bedeutung, da die meisten Erkrankungen der Schulter im Bereich der Weichteile lokalisiert sind.

4.2 Untersuchung der Schulter

An jedem Gelenkabschnitt wird die aktive und passive Beweglichkeit untersucht. Durch Rotationsbewegungen können von ventral die unterschiedlichen Strukturen am Humeruskopf palpiert werden. Die Bewegungsprüfung gilt gleichermaßen als Schmerzprovokation. Mit Hilfe der Stabilitätsuntersuchung läßt sich die kapsuläre und muskuläre Führung des Gelenkes beurteilen. Hierbei ist auch die subjektive Instabilitätsangabe wichtig.

Röntgenologisch wird das Schultergelenk in der a.p.-Projektion, sowie fakultativ in Außen- und Innenrotation dargestellt. Transthorakale und axiale Aufnahmen dienen zur Beurteilung der zweiten Ebene. Arthrographisch können Verklebungen der Gelenkkapsel sowie Rißbildungen der Rotatorenmanschette nachgewiesen werden.
Sonographisch werden alle Weichteilstrukturen der Schulter nichtinvasiv, ggf. auch dynamisch, beurteilt *(Abb. 100, S. 359)*.

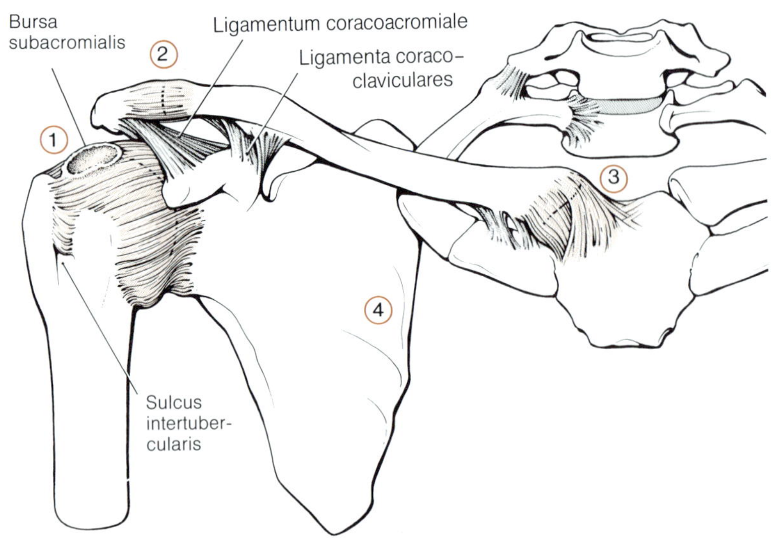

Synopsis 151: Anatomie des Schultergürtels und der Schulter:
Der Schultergürtel wird gebildet von Humerus, Skapula, Klavikula, Sternum und Costae. Mobilität besteht im Glenohumeralgelenk (1), Akromioklavikulargelenk (2), Sternoklavikulargelenk (3) sowie zwischen Skapula und hinterer Thoraxwand (4). Die Rotatorenmanschette zieht unter dem Ligamentum coracoacromiale zum Tuberculum majus des Humeruskopfes. Im Sulcus intertubercularis zieht die im Bereich des Schulterdaches ansetzende lange Bizepssehne nach distal.

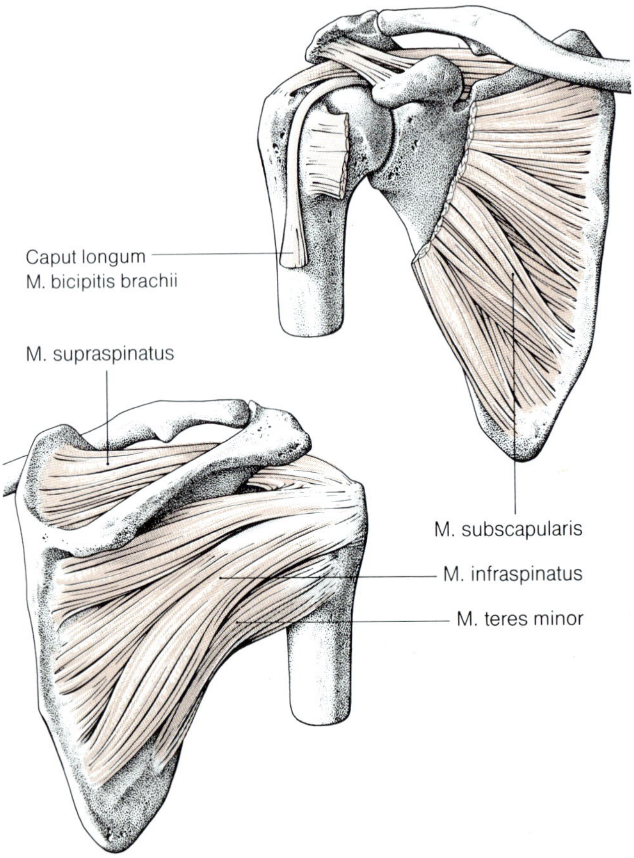

Anatomische Eigenheiten des Schultergelenkes, die das Auftreten von Störungen begünstigen, sind:

- die relative Enge des subakromialen Gleitraumes (M. supraspinatus)
- die Vereinigung der rotatorisch wirkenden Muskeln (M. subscapularis; M. supraspinatus; M. infraspinatus; M. teres minor) zur sogenannten Rotatorenmanschette am Humeruskopf
- der maximale Bewegungsumfang (in Kombination mit Akromioklavikular- und Skapulo-Thorakalgelenk)
- der intraartikuläre Verlauf der langen Bizepssehne.
- Die geringe knöcherne Führung des Glenohumeralgelenkes

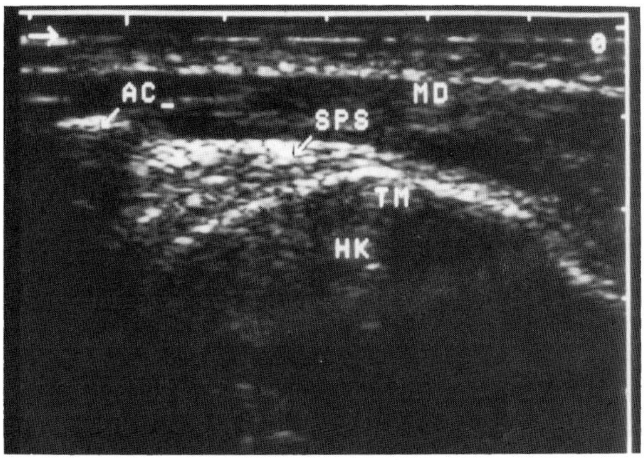

Abb. 100: Darstellung der **Schulterstrukturen im Ultraschall.**
AC = Akromion
HK = Humeruskopf
TM = Tuberculum majus
MD = Musculus deltoideus
SPS = Supraspinatus-Sehne

4.3 Formabweichungen und Fehlbildungen

4.3.1 Sprengel-Deformität

Definition. Angeborener, meist einseitiger Hochstand des Schulterblattes *(Abb. 101).*

Klinik. Bei dieser erblichen Erkrankung besteht ein Hochstand der Schulter (Dysostose, *S. 106)* meist mit Verwachsungen des deformierten Schulterblattes im oberen Thoraxbereich. Die funktionelle Beeinträchtigung ist gering. Begleitende Fehlbildungen der Rippen und Wirbelsäule sind häufig.

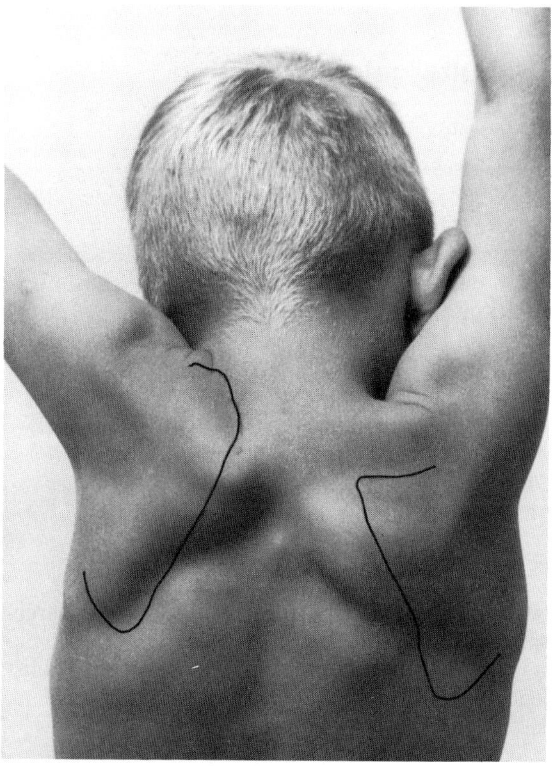

Abb. 101: Linksseitige **Sprengeldeformität** bei einem 6jährigen Buben.

4.3 Formabweichungen und Fehlbildungen

4.3.1 Sprengel-Deformität

◀ **Definition**

Klinik
Diese erbliche Erkrankung ist durch den Schulterblatthochstand mit Verwachsungen am Thorax charakterisiert. Die funktionelle Beeinträchtigung ist gering.

Therapie
Bei ausgeprägter, kosmetischer Beeinträchtigung wird das Schulterblatt gelöst und kaudal refixiert.

Therapie. Bei ausgeprägter, kosmetisch störender Deformität ist die Lösung des Schulterblattes von den Rippen möglich. Es wird dann kaudal erneut an den Rippen fixiert sowie durch Muskelplastiken gefesselt.

4.3.2 Angeborene Klavikulapseudarthrose

4.3.2 Angeborene Klavikulapseudarthrose

Definition ▶

Definition. Bei Geburt bestehende Falschgelenksbildung der Klavikula.

Ätiologie und Klinik
Die angeborene Klavikulapseudarthrose imponiert als hypertropher Tumor in Klavikulamitte *(Abb. 102).*

Ätiologie und Klinik. Diese kongenitale Pseudarthrose ist abzugrenzen von der sehr seltenen Heilungsstörung nach geburtstraumatischer Klavikulafraktur. Klinisch imponiert die Pseudarthrose durch die Hypertrophie als Tumor in Klavikulamitte *(Abb. 102).*

Therapie
Resektion der Pseudarthrose unter gleichzeitiger Auffüllung des Defektes mit einem Knochenspan und Plattenosteosynthese.

Therapie. Die Behandlung richtet sich nach dem Ausmaß der Deformität und den Beschwerden. Die Pseudarthrose wird reseziert und der Defekt bei gleichzeitiger Plattenosteosynthese mit einem Knochenspan überbrückt.

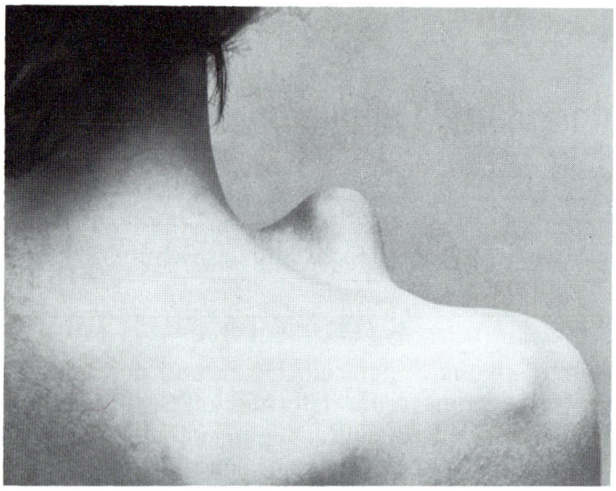

Abb. 102: Rechtsseitige angeborene **Klavikulapseudarthrose.** Es bestehen keine Beschwerden, aber eine deutliche Beeinträchtigung der Kosmetik.

4.4 Rezidivierende Schultergelenksluxation

4.4 Rezidivierende Schultergelenksluxation

Zur traumatischen Schultergelenksluxation vergleiche *Kapitel 4.8.1.*

Definition und Ätiologie ▶

Definition und Ätiologie. Die wiederholt auftretenden Luxationen des Schultergelenkes werden in drei Gruppen unterteilt:
- Die **habituelle Luxation** beginnt ohne vorausgehendes Trauma im Kindesalter. Bereits bei Geburt kann eine Schultergelenksluxation bestehen. Zugrunde liegt meist eine konstitutionelle Dysplasie des Schultergelenkes.
- Bei der **willkürlichen** Schultergelenksluxation kann der Patient seine Schulter selbständig luxieren oder subluxieren.
- Die **posttraumatisch rezidivierende habituelle Luxation** entsteht nach einer traumatischen Schultergelenksluxation, vor allem wenn:
  - das Schultergelenk zu kurz ruhiggestellt wurde
  - das Initialtrauma zum Abriß des Labrum glenoidale geführt hat
  - das Initialtrauma zur Impressionsfraktur des Humeruskopfes geführt hat
  - das Initialtrauma den N. axillaris geschädigt hat.

Klinik
Patienten mit rezidivierenden Schultergelenksluxationen werden durch das Instabilitätsgefühl und Schmerzen beeinträchtigt. Berufliche und sportliche Aktivitäten werden hierdurch limitiert.

Klinik. Der Patient klagt über ein Instabilitätsgefühl im Bereich des Schultergelenkes, das berufliche und sportliche Aktivitäten limitieren kann. Meist entwickeln sich zunehmende chronische Beschwerden. Außenrotations-/Abduktionsbewegungen werden vermieden. Unter Umständen luxiert das Schultergelenk bereits bei geringsten Anlässen (beim Haarekämmen, im Schlaf).

Diagnose. Die willkürliche Schultergelenksluxation läßt sich inspektorisch und palpatorisch erfassen. Bei der posttraumatisch rezidivierenden Schultergelenksluxation liegen röntgenologisch Impressionen im Bereich des Humeruskopfes **(Hill-Sachs-Delle,** *vgl. Abb. 103)* und im Bereich des unteren Pfannenrandes **(Bankart-Läsion)** vor. Sie entstehen bei der Erstluxation des Humeruskopfes nach ventral-kaudal und sind die Ursache für Rezidivluxationen. Ihre computertomographische Darstellung hat daher Einfluß auf die differenzierte Therapie. Zu den Komplikationen und Spätfolgen einer Schulterluxation gehören:

- Abrißfraktur des Tuberculum majus
- Lähmung des M. deltoideus durch Läsion des N. axillaris
- Immobilisationsschaden (Adduktionskontraktur) durch unsachgemäße Ruhigstellung
- Arthrose des Schultergelenkes

Therapie der rezidivierenden Schultergelenksluxation. (Zur Therapie der traumatischen Schultergelenksluxation vgl. *Kap. 4.8.1).* Ausgeprägte subjektive Beschwerden wegen rezidivierender Luxationen sowie das Unsicherheitsgefühl sind ausschlaggebend für die Indikationsstellung zur Operation. Hierbei werden unterschiedliche Operationsmethoden angewandt. Bei isolierten Weichteileingriffen wird die vordere Gelenkkapsel gedoppelt, sowie der Musculus subscapularis in seinem Ansatz lateralisiert. Bei der Operation nach Max Lange wird zusätzlich ein Knochenspan im vorderen Pfannenrand extraartikulär eingebolzt (Korrektur der Bankart-Läsion). Bei ausgeprägter Hill-Sachs-Läsion und guter Außenrotationsfähigkeit der Schulter ist eine subkapitale

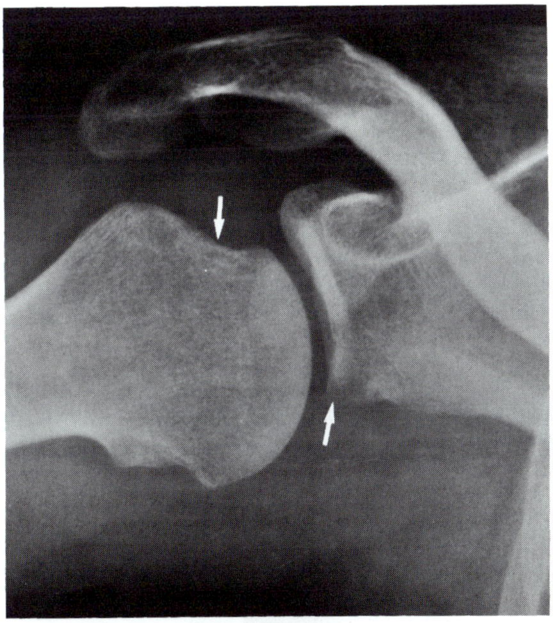

a

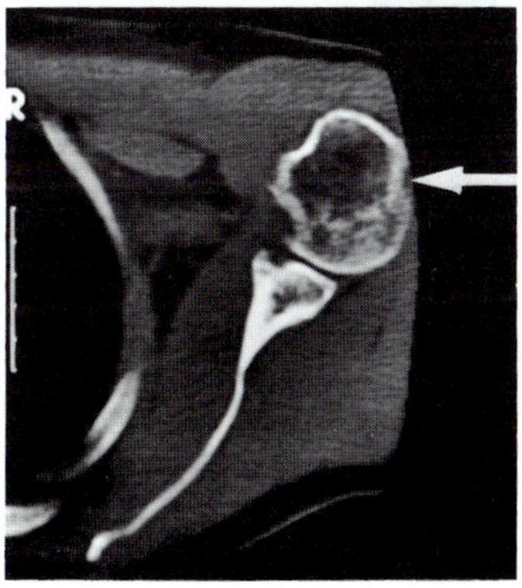

b

◀ **Abb. 103: Bankart-Läsion** (Schultergelenkspfanne) und **Hill-Sachs-Delle** (Humeruskopf) als Folge einer Schultergelenksluxation, jeweils dargestellt im konventionellen Röntgenbild **(a)** und in der axialen Computertomographie **(b).**

Diagnose
Die willkürliche Schultergelenksluxation läßt sich inspektorisch und palpatorisch erfassen. Bei der posttraumatischen Form kommt es zur Impression im Bereich des Humeruskopfes **(Hill-Sachs-Delle)** und des unteren Pfannenrandes **(Bankart-Läsion).** Zu den Komplikationen und Spätfolgen einer Schulterluxation gehören:

- Abrißfraktur des Tuberculum majus
- Lähmung des M. deltoideus durch Läsion des N. axilliaris
- Immobilisationsschaden (Adduktionskontraktur) durch unzweckmäßige Ruhigstellung
- Arthrose des Schultergelenkes

Therapie
Die operative Indikationsstellung ist abhängig von den Beschwerden und dem Unsicherheitsgefühl. Hierzu werden unterschiedliche Operationsmethoden angewandt (Doppelung der vorderen Gelenkskapsel, Lateralisierung des Ansatzes des Musculus subscapularis, extraartikuläre Knochenspanbolzung am

vorderen Pfannenrand oder subkapitale Rotationsosteotomie).

Die gesamte **Rehabilitation** nach diesen Eingriffen dauert ca. drei Monate. Bei der willkürlichen Schultergelenksluxation kommt es auch postoperativ gehäuft zu erneuten Luxationsereignissen.

Rotationsosteotomie mit Innendrehung des Humeruskopfes von 30 Grad (Operation nach *Weber)* vorteilhaft. Hierdurch wird das Einhaken des Humeruskopfes bei Abduktion/Außenrotation am vorderen-unteren Pfannenrand vermieden.

Die gesamte **Rehabilitation** bei schulterstabilisierenden Eingriffen dauert ca. 3 Monate. Bei posttraumatisch rezidivierenden und habituellen Schulterluxationen sind die Operationsergebnisse weitaus besser als bei der willkürlichen Schultergelenksluxation, wo es auch postoperativ gehäuft zu erneuten Luxationsereignissen kommt. Bei den seltenen dorsalen Schultergelenksluxationen kommen entsprechende Verfahren im dorsalen Bereich der Schulter zur Anwendung.

4.5 Degenerative Erkrankungen

4.5.1 Omarthrose

Definition ▶

Ätiologie
Nach Luxationsfrakturen und entzündlichen Veränderungen (Empyem) entwickeln sich sekundäre Verschleißprozesse des Glenohumeralgelenkes.

Klinik und Diagnose
Die Gelenkbeweglichkeit ist eingeschränkt. Der Gelenkspalt ist verschmälert *(Abb. 104)*. Es besteht ein Humerushochstand.

Therapie
Im Vordergrund stehen konservative Therapiemaßnahmen. Der endoprothetische Gelenkersatz, die Arthrodese und Resektionsarthroplastiken werden nur selten angewandt.

4.5 Degenerative Erkrankungen

4.5.1 Omarthrose

Definition. Verschleiß des Glenohumeralgelenkes.

Ätiologie. Primäre Arthrosen des Schultergelenkes selbst sind selten, da die Beanspruchung überwiegend die gelenkumfassenden Weichteilstrukturen betrifft. Nach Luxationsfrakturen und entzündlichen Veränderungen können sich jedoch erhebliche sekundäre Verschleißprozesse des Gelenkes entwickeln.

Klinik und Diagnose. Die aktive und passive Beweglichkeit des Gelenkes ist meist stark eingeschränkt. **Radiologisch** ist neben einer Gelenkspaltverschmälerung und osteophytären Anbauten *(Abb. 104)* ein Humeruskopfhochstand sichtbar.

Therapie. Durch die oberflächennahe Lage des Gelenkes ist eine symptomatische, lokale Arthrosetherapie gut anwendbar. Die Indikation zum endopothetischen Gelenkersatz sowie zu den alternativen Methoden der Arthrodese und Resektionsarthroplastik ist nur selten gegeben.

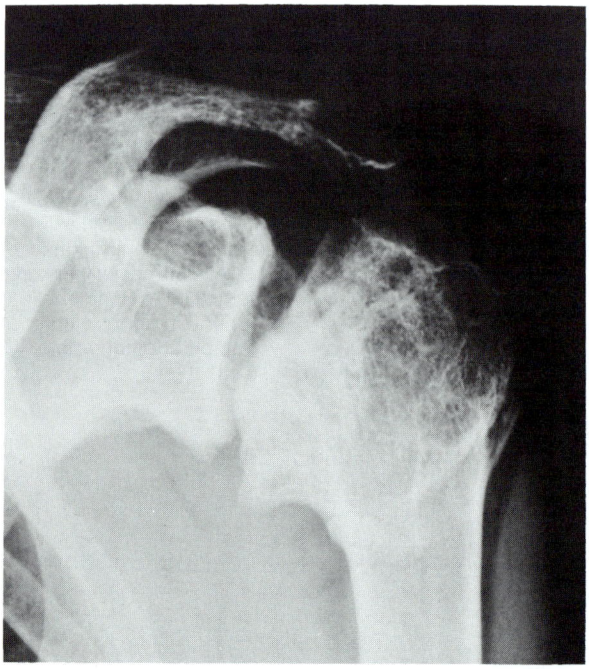

Abb. 104: Ausgeprägte **Omarthrose** 10 Jahre nach intraartikulärer Trümmerfraktur des Humeruskopfes.

4.5.2 Arthrose des Akromioklavikulargelenkes

Definition. Verschleiß des Schultereckgelenkes.

Ätiologie. Das Schultereckgelenk ist großen mechanischen Scherbeanspruchungen ausgesetzt, weswegen röntgenologisch häufig degenerative Veränderungen des Gelenkes imponieren. Auch posttraumatisch kann eine Arthrose des Schultereckgelenkes, z.B. nach Zerreißung der Gelenkkapsel (Schultereckgelenksprengung), entstehen.

Klinik und Therapie. Zwischen röntgenologischem Befund und klinischer Beschwerdesymptomatik besteht speziell auch am Schultereckgelenk oft eine erhebliche Diskrepanz. Die Beschwerden werden punktuell angegeben. Probatorisch und therapeutisch kann eine Injektion mit einem Lokalanästhetikum in das Gelenk vorgenommen werden. Eine operative Therapie (Resektions-/Interpositionsarthroplastik) ist nur selten angezeigt, da diese eine vermehrte Instabilität hervorruft.

4.5.2 Arthrose des Akromioklavikulargelenkes

◀ **Definition**

Ätiologie
Auf Grund der starken mechanischen Beanspruchung des Schultereckgelenkes sind dort oft röntgenologische Arthrosezeichen erkennbar.

Klinik und Therapie
Zwischen röntgenologischem und klinischem Befund steht oft eine ausgeprägte Diskrepanz. Die Beschwerden sind punktuell. Diagnostisch und therapeutisch wird eine Injektion in das Gelenk durchgeführt.

4.5.3 Impingement-Syndrom

Definition. Schmerzhafte Enge des subakromialen Raumes bei mittlerer Abduktion im Glenohumeralgelenk.

Ätiologie. Die Sehne des Musculus supraspinatus zieht unter dem Akromion und dem korakoakromialen Band hindurch zum Humeruskopf. Degenerative oder entzündliche Veränderungen dieser in enger anatomischer Beziehung zueinander stehenden Strukturen (»Subakromialgelenk«) führen bei aktiver Abduktion (ca. 60 bis 120 Grad) zu Beschwerden in der ventrolateralen Schulterregion.

Klinik. Im Vordergrund stehen die Beschwerden bei der aktiven Seitführung des Armes, insbesondere gegen Widerstand im mittleren Abduktionsbereich **(schmerzhafter Bogen).** Die passive und aktive Beweglichkeit muß nicht eingeschränkt sein. Bei Abduktion über 120 Grad wird der subakromiale Raum durch Tiefertreten des Humeruskopfes wieder erweitert. Neben dem Abduktionsschmerz bestehen oft chronische Beschwerden bei Belastung, aber auch in Ruhe.

Diagnose. In der Röntgenaufnahme ist fakultativ ein Hochstand des Humeruskopfes nachweisbar. Mit der Arthrographie und/oder Sonographie kann ein begleitender Riß der Rotatorenmanschette erkannt werden.

Das Impingement-Syndrom ist eine funktionell klinische Diagnose.

Probatorisch kann durch lokale Injektion mittels eines Lokalanästhetikums die Diagnose bestätigt werden.

Therapie. Bei akuten Beschwerden werden Kältetherapie, Injektionsbehandlungen sowie Lagerung in leichter Abduktion angewandt. Im chronischen Stadium erfolgt die Applikation von Wärme und Elektrotherapie, Querfriktion sowie die mobilisierende krankengymnastische Beübung. Bei Therapieresistenz besteht die Möglichkeit, den subakromialen Raum durch Resektion des Ligamentum coracoacromiale zu erweitern. Hierbei wird der Unterrand des Akromions mit entfernt (Akromioplastik). Dieser Eingriff wird vorteilhaft endoskopisch durchgeführt.

4.5.3 Impingement-Syndrom

◀ **Definition**

Ätiologie
Die Sehne des Musculus supraspinatus zieht unter dem Akromion und dem korakoakromialen Band zum Humeruskopf. Entzündliche und degenerative Veränderungen führen zur Einengung dieser vorbestehenden anatomischen Enge.

Klinik
Die aktive Seitführung des Armes ist zwischen 60 und 120 Grad schmerzhaft. Eine Bewegungseinschränkung ist nicht obligat. Bei Abduktion über 120 Grad bestehen keine Beschwerden.

Diagnose
Röntgenologisch besteht fakultativ ein Humeruskopfhochstand. Oft ist in der Arthrographie oder Sonographie eine begleitende Rotatorenmanschettenruptur sichtbar.
Das Impingement-Syndrom ist eine funktionell klinische Diagnose.

Therapie
Physikalische Behandlung und Lagerung des Armes in leichter Abduktion. Bei Therapieresistenz kann der subakromiale Raum durch die Resektion des Ligamentum coracoacromiale einschließlich dem Unterrand des Akromions erweitert werden.

4.5.4 Bizepssehnensyndrom

Definition ▶

Ätiologie
Die lange Bizepssehne verläuft im engen **Sulcus intertubercularis.** Entzündliche und degenerative Veränderungen führen zu schmerzhaften Reizzuständen. Bei Sportlern sowie im höheren Alter werden **Spontanrupturen** beobachtet.

Klinik
Die Symptomatik wird bei aktiver Betätigung der Bizepsmuskulatur verstärkt. Bei Rupturen tritt der Muskelbauch am distalen Oberarm deutlich hervor *(Syn. 152).*

Therapie
Die Tendopathie wird konservativ therapiert. Bei Beschwerdepersistenz besteht die Möglichkeit der Transposition des Ansatzes der langen Bizepssehne zum Korakoid, ein Verfahren, das in Ausnahmefällen auch bei der Ruptur angewandt wird. Distale Rupturen werden rekonstruiert.

4.5.4 Bizepssehnensyndrom

Definition. Sammelbegriff für die schmerzhaften degenerativen Erkrankungen der langen Bizepssehne.

Ätiologie. Die lange Bizepssehne verläuft im **Sulcus intertubercularis** in enger anatomischer Beziehung zur Rotatorenmanschette. Sie ist häufig degenerativen Veränderungen unterworfen. Durch die relative Enge dieses Kanals kommt es bei Entzündungen und bei degenerativen Veränderungen zu schmerzhaften Reizzuständen. Analog zur mechanisch stark beanspruchten Achillessehne kann es bei Sportlern und im höheren Alter zur Spontanruptur dieser Sehne auf Grund der degenerativen Vorschädigung kommen.

Klinik. Die Bizepssehne ist im Sulcus bicipitis gut palpabel. Durch Gegenspannen der Bizepsmuskulatur läßt sich die Schmerzsymptomatik verstärken. Die Ruptur der langen Bizepssehne tritt meistens bei maximaler Anspannung des Musculus biceps auf, wobei ein jäher Schmerz verspürt wird. Der Muskelbauch tritt dann am distalen Oberarm deutlich hervor *(Syn. 152).*

Therapie. Die Tendopathie der langen Bizepssehne wird konservativ behandelt. Steroidinjektionen sollen nicht in die Sehne vorgenommen werden. Bei Beschwerdepersistenz oder Ruptur kann diese zum Korakoid am Ansatz der kurzen Bizepssehne transponiert werden. Meist ist eine operative Behandlung der Ruptur der langen Bizepssehne aber nicht nötig, da der Funktionsausfall durch die spontane Verwachsung des Sehnenstumpfes mit der Umgebung und die nicht geschädigte kurze Bizepssehne gering ist. Bei der selteneren Ruptur der distalen Bizepssehne ist die operative Rekonstruktion angezeigt.

Synopsis 152: Riß der langen Bizepssehne.
Beachte die Prominenz am distalen Oberarm durch den geschlupften Muskelbauch.

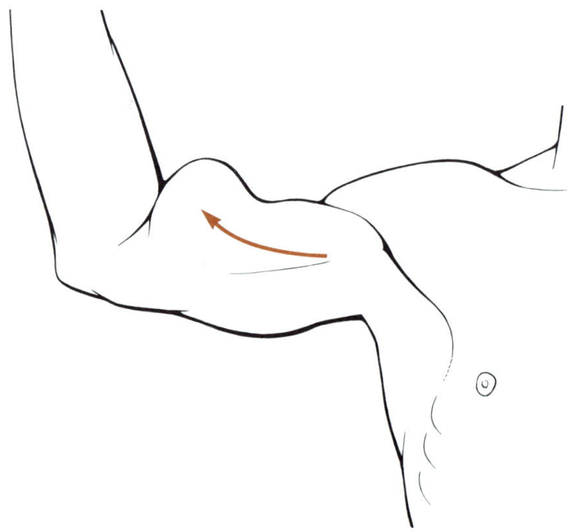

4.5.5 Periarthrosis humeroscapularis adhesiva (P.H.S.)

Definition ▶

4.5.5 Periarthrosis humeroscapularis adhesiva (P.H.S.)

Synonym. Frozen shoulder, Periarthritis ankylosans, schmerzhafte Schultersteife, Schulterfibrose, chronische Bursitis subacromialis.

Definition. Schmerzhafte aktive und passive Bewegungseinschränkung im Glenohumeralgelenk mit Fibrosierung der Gelenkkapsel sowie fibrösen Verklebungen im subakromialen Raum. Diese häufige Erkrankung tritt meist einseitig auf.

Ätiologie. Steht bei der Degeneration im Bereich des Schultergelenkes die **Bewegungseinschränkung** im Vordergrund, wird von der Periarthrosis humeroscapularis (P.H.S.) gesprochen. Dieser Zustand ist oft mit chronischen Schmerzen verbunden. Pathologisch-anatomisch findet sich häufig auch eine **Insertionstendopathie** der Sehne des M. supraspinatus. Die P.H.S. kann nach längerfristiger Ruhigstellung der Schulter in Adduktion, nach stumpfen Traumen oder auch nach Entzündungen als sekundäre Schultersteife auftreten. Vielfach läßt sich keine Ursache eruieren.

Ätiologie
Die Periarthrosis humeroscapularis (P.H.S.) ist durch die ausgeprägte **Bewegungseinschränkung** gekennzeichnet. Oft bestehen chronische Beschwerden. Pathologisch-anatomisch findet sich häufig auch eine **Insertionstendopathie** der Sehne des M. supraspinatus.

Diagnose. Die Röntgenuntersuchung ist meist unauffällig. Die Arthrographie und Sonographie zeigen eine Verklebung des unteren Rezessus sowie fakultativ eine begleitende Rotatorenmanschettenruptur. Ausschlaggebend für die Diagnostik ist die **klinische Bewegungsprüfung.**

Diagnose
Arthrographisch und sonographisch können Kapselverklebungen sowie fakultativ eine Rotatorenmanschettenruptur nachgewiesen werden. Die P.H.S. wird durch Bewegungsprüfung klinisch diagnostiziert.

Therapie. Ziel der Behandlung ist die schmerzfreie Mobilisierung des Schultergelenkes. Bei akuten Schmerzen ist deshalb die Schmerzlinderung indiziert. Die Mobilisierung der Schulter erfolgt durch Krankengymnastik. Hierbei kommen insbesondere Techniken der manuellen Medizin zur Anwendung (Traktionsbehandlung). Unterstützt werden diese Maßnahmen durch abduktorische Lagerung des Armes. Bei Therapieresistenz ist die Narkosemobilisation angezeigt. Die Behandlung ist oft langwierig.

Therapie
Bei akuten Schmerzen Analgetikagabe, vorsichtige Mobilisierung der Schulter durch Krankengymnastik. Abduktorische Lagerung. Bei Therapieresistenz Narkosemobilisation.

Klinisches Beispiel. 41jähriger Mann stürzt vom Fahrrad. Zunächst erfolgt die 3wöchige Ruhigstellung im Desaultverband in Adduktionsstellung der Schulter. Ein halbes Jahr nach dem Trauma ist die aktive und passive Abduktionsfähigkeit im Glenohumeralgelenk fast vollständig aufgehoben. Die Abspreizung von ca. 30 Grad wird lediglich durch die Beweglichkeit im Schultergürtel erreicht. Eine 6wöchige krankengymnastische Therapie bringt nur eine geringe Verbesserung der Mobilität. Die Arthrographie zeigt die totale Verklebung der Gelenkkapsel. Direkt nach der Narkosemobilisation besteht eine passive Abduktionsfähigkeit von 70 Grad, welche durch Lagerung in einer Thoraxarmabduktionsschiene erhalten wird. Durch zusätzliche krankengymnastische Maßnahmen gelingt es, in den darauffolgenden vier Monaten eine freie Gelenkbeweglichkeit wiederherzustellen.

◀ **Klinisches Beispiel**

4.5.6 Periarthrosis calcarea

4.5.6 Periarthrosis calcarea

Synonym. Periarthrosis humeroscapularis calcificans.

> ***Definition.*** Schmerzen im Schultergelenk mit röntgenologisch nachweisbaren Kalkdepots in der Rotatorenmanschette.

◀ **Definition**

Ätiologie. Frauen in der Menopause werden von dieser Erkrankung am häufigsten betroffen. Die Kalkdepots sind meist in Nähe des Ansatzes der Rotatorenmanschette am Tuberculum majus sichtbar. Diese **Kalkablagerungen** werden allerdings auch bei Schultergelenken ohne klinische Symptomatik in fast gleicher Häufigkeit gefunden.

Ätiologie
Häufigste Manifestation bei Frauen in der Menopause. Insbesondere am Tuberculum majus werden **Kalkablagerungen** beobachtet. Klinischer und röntgenologischer Befund können Diskrepanzen zeigen.

Klinik. Zum Teil leiden die Patienten unter unerträglichen Beschwerden. Erklärt wird dieser Zustand durch den Einbruch der Kalkdepots in die Bursa subacromialis. Schmerzen sowie hochgradige punktuelle Berührungsempfindlichkeit sind die führenden Symptome. Es besteht eine Schonhaltung des erkrankten Armes.

Klinik
Zum Teil bestehen ausgeprägte Beschwerden bei Einbruch der Kalkdepots in die Bursa subacromialis bis hin zur hochgradigen Berührungsempfindlichkeit.

Therapie. Im akuten Stadium Ruhigstellung durch Briefträgerkissen oder Thoraxarmabduktionsschiene. Lokale Injektionsbehandlung unter Einsatz von Steroiden. Durch Punktion der Bursa subacromialis mit Aspiration des entzündlichen Reizergusses und Instillation von Lokalanästhetika lassen sich gute Behandlungsergebnisse erzielen. Die röntgenologisch besser als sonographisch nachweisbaren Kalkdepots können auch spontan wieder abgebaut werden. Die Indikation zur operativen Entfernung der Depots ist lediglich bei länger andauernden, therapieresistenten Beschwerden gegeben.

Therapie
Im akuten Stadium Instillation von Lokalanästhetika sowie abduktorische Lagerung. Hierbei lassen sich zum Teil gute Behandlungserfolge erzielen. Bei Therapieresistenz operative Entfernung der Verkalkungen.

4.6 Entzündliche Erkrankungen

4.6.1 Omarthritis

Definition ▶

Ätiologie
Rheumatische Erkrankungen sowie bakterielle Infektionen, insbesondere nach unsachgemäßer Injektionstechnik, sind ursächlich für eine Omarthritis.

Klinik und Therapie
Beim Schultergelenksempyem besteht eine ausgeprägte allgemeine Beschwerdesymptomatik. Die Therapie ist chirurgisch bei gleichzeitiger parenteraler Antibiotikagabe. Bei rheumatischen Omarthritiden wird konservativ therapiert, nur selten ist die Indikation zum endoprothetischen Gelenkersatz gegeben.

4.7 Neurogene Erkrankungen

4.7.1 Scapula alata

Definition ▶

Ätiologie
Der **N. thoracicus longus** ist in seinem Verlauf entlang der Thoraxwand vulnerabel (unsachgemäßer Gipsverband; Rucksack). Kongenitale Deformitäten und Exostosen des Schulterblattes sind differentialdiagnostisch bedeutsam.

4.6 Entzündliche Erkrankungen

4.6.1 Omarthritis

Definition. Entzündliche Erkrankung des Glenohumeralgelenkes.

Ätiologie. Von Bedeutung sind die Infektarthritis und die rheumatische Arthritis des Schultergelenkes. Infektionen entstehen am häufigsten iatrogen durch unsachgemäße Punktion und Injektion in das Schultergelenk. Das Glenohumeralgelenk wird meist erst nach Befall anderer Gelenke von der rheumatischen Erkrankung betroffen, so daß differentialdiagnostisch in der Regel keine Probleme auftreten.

Klinik und Therapie. Beim Gelenkempyem besteht eine ausgeprägte lokale und allgemeine Symptomatologie. Die Therapie ist operativ (operative Gelenkeröffnung; Spül-Saug-Drainagen. Anschließend abduktorische Lagerung und passive krankengymnastische Beübung zur Vermeidung einer Kapselfibrose sowie parenterale Antibiotikagabe). Bei der rheumatischen Omarthritis werden neben der allgemein rheumatischen Behandlung *(S. 173)* im Bereich der Schulter vor allem physikalische und krankengymnastische Maßnahmen angewandt. Bei ausgeprägter Gelenkdestruktion kann ein endoprothetischer Ersatz des Glenohumeralgelenkes notwendig werden.

4.7 Neurogene Erkrankungen

4.7.1 Scapula alata

Definition. Abstehendes Schulterblatt, bedingt durch die Parese des Nervus thoracicus longus (Musculus serratus anterior). Vergleiche *Abb. 105.*

Ätiologie. Der **Nervus thoracicus longus** wird in seinem Verlauf an der Thoraxwand durch Kompression leicht traumatisiert. Dies kann durch einen unsachgemäßen Gipsverband, häufiger nach längerem Tragen eines Rucksackes (Rucksacklähmung) bedingt sein. Abzugrenzen hiervon sind kongenitale Deformitäten der Skapula (Sprengel-Deformität, *S. 359)* sowie Exostosen des Schulterblattes.

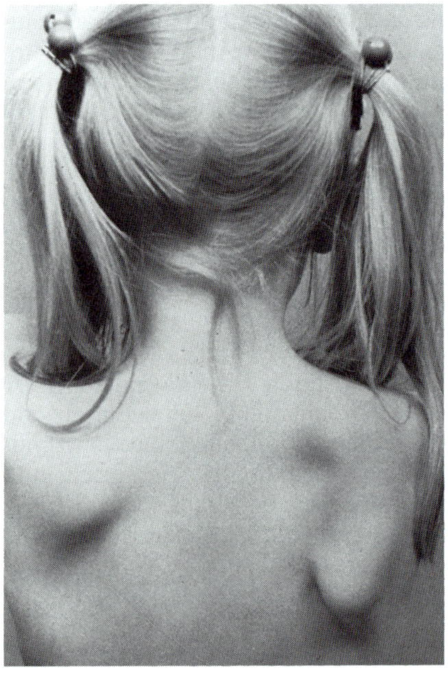

Abb. 105: Scapula alata rechts. Am deutlichsten ist die Deformität bei nach vorne gestemmten Armen sichtbar.

Klinik. Insbesondere beim Abstemmen mit nach vorne gerichtetem Arm kommt es zum Abstehen des Schulterblattes. Differentialdiagnostisch muß eine Parese des Nervus accessorius (Musculus trapezius) bedacht werden. Im Gegensatz zur Serratuslähmung ist hierbei die Scapula lateralisiert. Bei druckbedingter Lähmung besteht eine gute Prognose bezüglich der Spontanremission.

Klinik
Die Erkrankung ist im wesentlichen kosmetisch bedeutsam bei guter Tendenz zur Spontanremission. Im Gegensatz zur Serratuslähmung ist bei Trapeziuslähmung das Schulterblatt lateralisiert.

4.8 Verletzungen und Verletzungsfolgen

4.8.1 Traumatische Schultergelenksluxation

Zu den rezidivierenden Schultergelenksluxationen vergleiche Kap. 4.4.

Definition. Verrenkung des Glenohumeralgelenkes.

Ätiologie. Die Schulter ist das am häufigsten luxierende Gelenk des Menschen. Die Luxation kann durch direkte oder häufiger durch indirekte Gewalteinwirkung entstehen. Die häufigere vordere Luxation erfolgt durch eine Abduktions-/Außenrotationsbewegung des Armes.

Klinik. Der Patient hält bei diesem sehr schmerzhaften Ereignis seinen Arm adduziert. Das Schulterrelief ist durch die leere Pfanne bestimmt mit entsprechendem Palpationsbefund. Begleitende Nervenverletzungen (in ca. 10% die des Nervus axillaris) müssen beachtet werden.

Diagnose. Die Röntgenuntersuchung dokumentiert die Luxationsstellung *(Abb. 106)*. Zusätzlich können Läsionen des vorderen Pfannenrandes **(Bankart-Läsion)** sowie Oberarmkopfimpressionen **(Hill-Sachs-Läsion)** dargestellt werden *(Abb. 103)*.

Therapie. Die Reposition kann nach unterschiedlichen Methoden erfolgen. In der Technik nach Arlt *(Syn. 153)* sitzt der Patient auf einem Stuhl, über dessen erhöhte und gepolsterte Lehne der Arm hängt, der vom Arzt bei gebeugtem Ellbogen umfaßt wird. Durch Längstraktion erfolgt die Reposition. Dieses ist das schonendste Verfahren; eventuell unterstützt durch leichten Druck auf das Akromion sowie Analgetikagabe gelingt hierbei fast immer die Reposition auch ohne Narkose. In der Technik nach Hippokrates liegt der Patient in Rückenlage. Die Reposition erfolgt durch Längszug am Arm, wobei der von kaudal in die Axilla gestemmte Fuß als Widerlager dient. Dieses Verfahren ist meist nur in Narkose anwendbar. Bei der ersten Luxation sollte beim jüngeren Menschen

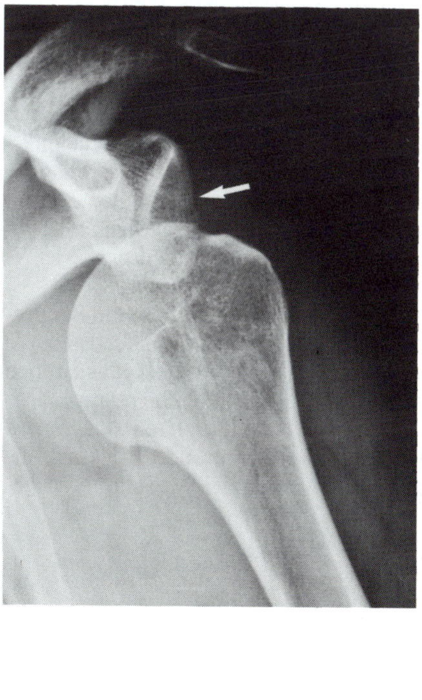

Abb. 106: Schulterluxation. Beachte die leere Gelenkpfanne und den tiefstehenden Humeruskopf.

4.8 Verletzungen und Verletzungsfolgen

4.8.1 Traumatische Schultergelenksluxation

◀ **Definition**

Ätiologie
Die Schulter ist das am häufigsten luxierende Gelenk des Menschen. Hierbei sind direkte und indirekte Traumatisierungen bedeutsam.

Klinik
Der Patient hält den Arm schmerzhaft adduziert. Die leere Gelenkpfanne ist palpabel. Begleitende Verletzungen des Nervus axillaris (10%) müssen beachtet werden.

Diagnose
Die Röntgenuntersuchung dokumentiert die Luxation *(Abb. 106)*. Bankart- und Hill-Sachs-Läsionen können bestehen.

Therapie
Die Reposition erfolgt nach unterschiedlichen Methoden. Am schonendsten ist die Technik nach Arlt *(Syn. 153)*, bei der es im Regelfall gelingt, die Schulter ohne Narkose zu reponieren. Bei der Methode nach Hippokrates erfolgt die Reposition nach Längszug am Arm, wobei der von kaudal in die Axilla gestemmte Fuß als Widerlager dient. Beim jüngeren Menschen sollte nach der Erstluxation für 3 bis 6 Wochen im Thoraxarmabduktionsgips ruhiggestellt werden.

Synopsis 153: Reposition der Schulterluxation

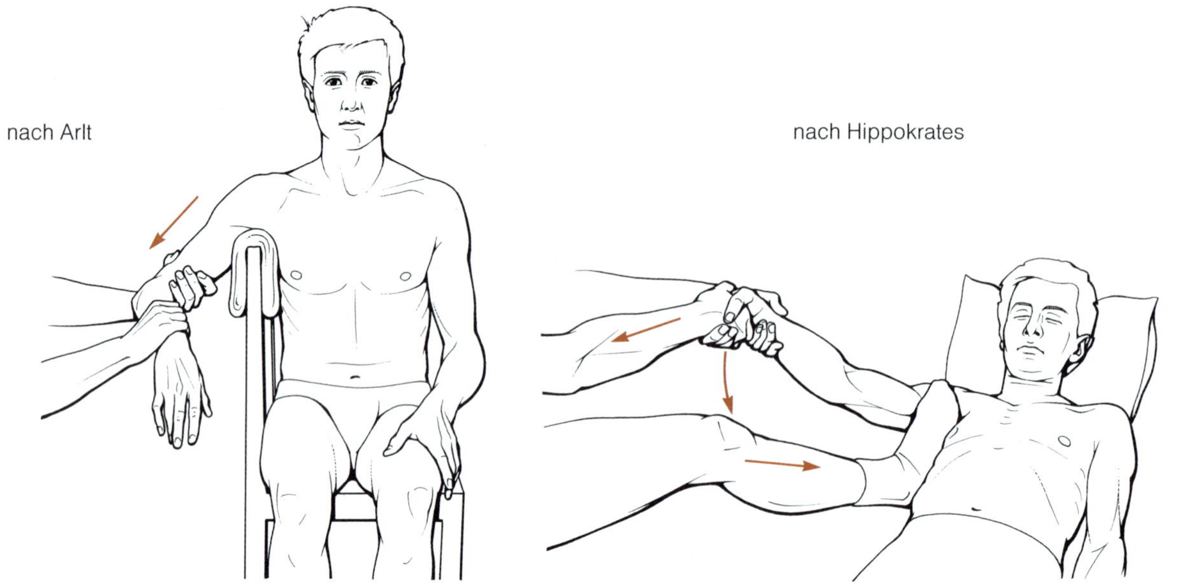

konsequent für 3-6 Wochen im Desault-Verband oder Thorax-Arm-Abduktionsgips ruhiggestellt werden, um eine Vernarbung der zerrissenen Kapselstrukturen zu erreichen. Ausgeprägte Läsionen am Pfannenrand (Bankart-Läsion) können arthroskopisch rekonstruiert werden. Zur Therapie bei rezidivierenden Schultergelenksluxationen siehe *Kapitel 4.4.*

4.8.2 Schultereckgelenkssprengung

Definition ▶

Ätiologie
Sturz auf die Schulter oder auf den ausgestreckten Arm.

Klinik
Hautabschürfungen und das **Klaviertastenphänomen** sind richtungweisend. Die Palpation ist schmerzhaft. Die Einteilung erfolgt nach Tossy *(Syn. 154).*

Therapie
Bei der Luxation des Schultereckgelenkes wird eine Bandrekonstruktion durchgeführt. Leichtere Verletzungen werden durch entsprechende Bandagezügelungen therapiert. Rucksackverbände (Klavikulafraktur) werden nicht angewandt.

4.8.2 Schultereckgelenkssprengung

Definition. Zerreißung der akromioklavikulären Kapselbandstrukturen.

Ätiologie. Beim Sturz auf die Schulter oder auf den ausgestreckten Arm kommt es häufig zur Luxation des Akromioklavikulargelenkes. Hierbei werden auch die korakoklavikulären Bandverbindungen zerrissen.

Klinik. Neben Hautabschürfungen und dem Hämatom imponiert das sogenannte **Klaviertastenphänomen,** bedingt durch den Hochstand des lateralen Klavikulaendes. Die Palpation ist erheblich schmerzhaft. Die Schultereckgelenkssprengung wird nach Tossy eingeteilt *(Syn. 154).* Maßgebend ist die sogenannte belastete Panoramaaufnahme des Schultergürtels. Hierbei trägt der Patient jeweils 10 kg an den ausgestreckten Armen. Der Hochstand des lateralen Klavikulaendes in Relation zum Akromion wird im Seitvergleich deutlich.

Therapie. Bei kompletter Luxation des Schultereckgelenkes wird eine Bandrekonstruktion durchgeführt, die durch eine 6wöchige transartikuläre osteosynthetische Fixierung gesichert wird. Eine Verletzung nach Tossy II (das laterale Klavikulaende überragt nicht vollständig das Akromion) stellt eine relative Operationsindikation dar. Leichtere Verletzungen werden durch entsprechende Bandagezügelung ruhiggestellt (Tape-Verband). Redressierende Rucksackverbände, die bei Klavikulafrakturen angezeigt sind, werden bei der Schultereckgelenkssprengung nicht angewandt.

Synopsis 154: Bei Schultereckgelenksverletzungen imponiert die lateralseitig hochstehende Klavikula, welche durch Druck von kranial in Repositionsstellung gebracht werden kann (Klaviertastenphänomen). Die Einteilung erfolgt nach Tossy. Prellungen und Distorsionen (Tossy I) werden von Zerreißungen der akromioklavikulären Bandverbindungen (Tossy II) differenziert. Bei vollständiger Luxation des Gelenkes sind auch die korakoklavikulären Bänder komplett zerrissen (Tossy III). Die Klassifikation erfolgt anhand einer Panoramaaufnahme des Schultergürtels, bei der der Patient beidseits ca. 10 kg schwere Gewichte hält.
Die komplette Luxation wird durch Bandnaht mit 6wöchiger temporärer Zuggurtungsosteosynthese behandelt.

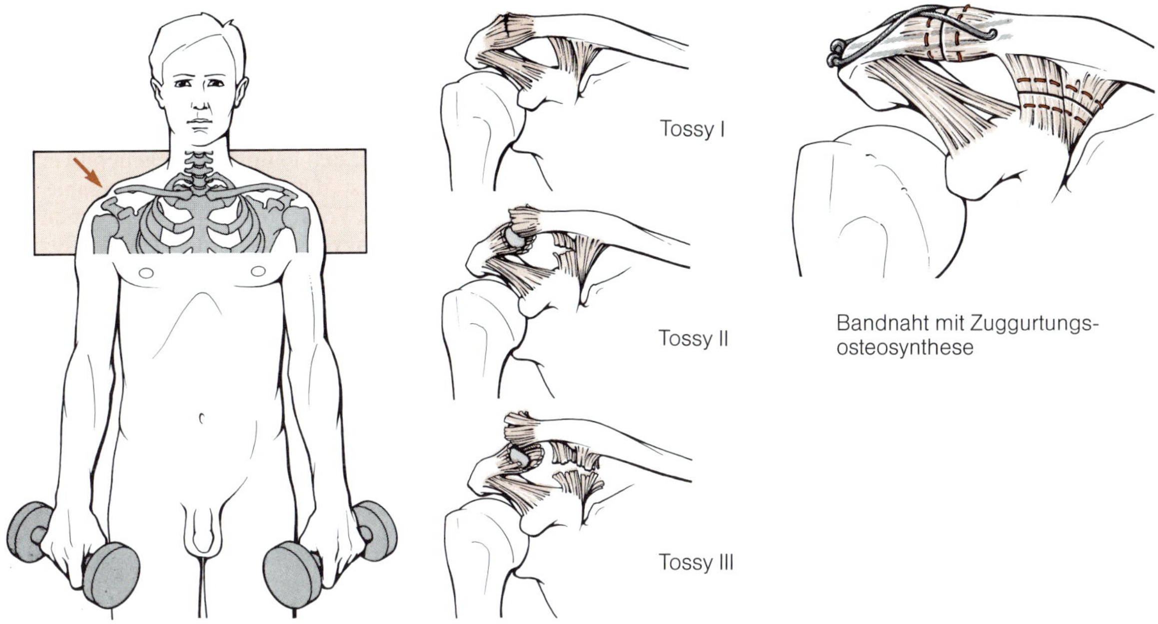

4.8.3 Rotatorenmanschettenruptur

4.8.3 Rotatorenmanschettenruptur

Definition. Riß der den Humeruskopf überdachenden Rotatorenmanschette, die aus den Sehnen der Muskeln Supra- und Infraspinatus sowie Subskapularis und Teres minor gebildet ist *(Syn. 151, S. 358).*

◀ **Definition**

Ätiologie. Eine traumatische Ruptur ist selten, meistens bestehen ausgeprägte degenerative Vorschäden. Das Ausmaß der Ruptur kann von kleinen Einrissen in den oberflächlichen Schichten bis zum kompletten Aufbrauch der Rotatorenmanschette reichen **(Humeruskopfglatze).** Die Rotatorenmanschettenruptur ist sehr häufig und wird bei Sektion älterer Menschen bei ca. einem Drittel nachgewiesen.

Ätiologie
Die Rotatorenmanschettenruptur entsteht meist durch degenerative Vorschädigungen. Das Ausmaß der Ruptur ist unterschiedlich und kann bis zum kompletten Aufbrauch reichen **(Humeruskopfglatze).**

Klinik. Der akute Riß der Rotatorenmanschette entsteht meist bei Sturz auf den ausgestreckten Arm mit nachfolgenden zunächst starken, dann abnehmenden Beschwerden.

Ist die Sehne des Musculus supraspinatus betroffen, liegt eine sogenannte Pseudoparalyse des Armes mit vollständiger Aufhebung der aktiven Abduktionsfähigkeit vor, da dieser Muskel die Starterfunktion für die Seitführung des Armes hat.

Klinik
Ist die Sehne des Musculus supraspinatus betroffen, liegt eine sogenannte Pseudoparalyse des Armes mit Aufhebung der aktiven Abduktionsfähigkeit vor.

Bei dem sich über lange Zeit entwickelnden allmählichen Verschleiß der Rotatorenmanschette ist die klinische Symptomatik blande, die Schmerzen stehen im Vordergrund. Durch Adaptationsmechanismen ist selten eine Pseudoparalyse nachweisbar. Oft besteht eine Bewegungseinschränkung des Schultergelenkes, zum Teil sind sekundär arthrotische Veränderungen sichtbar.

Bei der häufigeren degenerativen Ruptur bestehen meist chronische Beschwerden und eine Bewegungseinschränkung des Gelenkes.

Diagnose
Röntgenologisch ist fakultativ ein Humeruskopfhochstand nachweisbar. Durch Arthrographie oder Sonographie kann die Ruptur nachgewiesen werden.

Diagnose. Der Hochstand des Humeruskopfes in der **Röntgenaufnahme** ist hinweisend auf einen ausgeprägten Verschleiß der Rotatorenmanschette **(Humeruskopfglatze)**. Im Gegensatz zur selteneren Omarthrose ist der Gelenkspalt nicht verschmälert. Bei Ruptur der Rotatorenmanschette kommuniziert bei der Arthrographie des Schultergelenkes die Bursa subacromialis mit dem Gelenk. Mit der **Sonographie** lassen sich Ausmaß und Lokalisation der Ruptur auf nichtinvasive Weise beurteilen.

Therapie
Die klinische Symptomatik bestimmt das therapeutische Vorgehen. Bei der frischen Läsion des jüngeren Menschen ist die **operative Rekonstruktion** angezeigt. Bei den häufigeren degenerativen Rupturen wird durch **Lagerung, Krankengymnastik,** Elektro-, Wärme- und Kältetherapie sowie durch lokale Infiltration therapiert. Beim Impingement-Syndrom *(S. 363)* Resektion des Ligamentum coracoacromiale.

Therapie. Die klinische Symptomatik und insbesondere der Funktionsausfall sind ausschlaggebend für die Differentialtherapie. Bei frischen Läsionen mit ausgeprägter Klinik ist beim jungen Menschen die **operative Rekonstruktion** der Rotatorenmanschette angezeigt. Auch Patienten die Über-Kopf-Arbeiten ausführen, werden eher operativ versorgt. Bei den häufigeren degenerativen Rotatorenmanschettenrupturen steht zunächst die **konservative Therapie** durch Lagerung auf einer Abduktionsschiene im Vordergrund. Die begleitende Bewegungseinschränkung wird durch **Krankengymnastik** und **Lagerung** therapiert. Die Schmerzpunkte werden angespritzt, lokal können Elektro-, Wärme- sowie im Akutstadium Kältetherapie appliziert werden. Bei therapieresistentem erheblichem Funktionsausfall kann die sekundäre Rekonstruktion der Manschette erwogen werden. Die durch den Humeruskopfhochstand bedingte Enge des subakromialen Raumes wird analog zum Impingement-Syndrom *(S. 363)* operativ behandelt.

4.9 Begutachtung

Die Rotatorenmanschettenruptur und die Ruptur der langen Bizepssehne entstehen fast ausschließlich durch eine degenerative Vorschädigung. Das **Unfallereignis** wird deshalb nur als **Teil-** oder **Gelegenheitsursache** aufgefaßt. Posttraumatisch rezidivierende Schultergelenksluxationen sind hingegen ursächlich auf die traumatische Erstluxation zurückzuführen. Schürzen- und Nackengriff sind gutachterliche Anhaltspunkte.

4.9 Begutachtung

Rotatorenmanschettenrupturen sowie Rupturen der langen Bizepssehne sind fast ausnahmslos nur bei degenerativer Vorschädigung zu beobachten. Dementsprechend wird ein **Unfallereignis** meist nur als **Teilursache** oder **Gelegenheitsursache** aufgefaßt. Bei einer operativen Rekonstruktion ist zur Beantwortung dieser Fragestellung eine histologische Entnahme hilfreich. Posttraumatisch rezidivierende Schultergelenkluxationen sind hingegen ursächlich auf die traumatische Erstluxation zurückzuführen. Maßgebend für die Beurteilung der Beeinträchtigung der Schultererkrankung ist die Funktionseinschränkung. Wichtige klinische Anhaltspunkte sind der Schürzengriff (Innenrotation und Adduktion von etwa 30 Grad) und der Nackengriff (Außenrotation und Abduktion von ca. 100 Grad).

5 Oberarm und Ellenbogen

5.1 Praktische Anatomie

Ulna und Humerus kommunizieren scharniergelenkartig. Das Radiusköpfchen wird vom Capitulum radiale humeri sowie vom Ligamentum anulare geführt *(Syn. 155).* Dementsprechend können Luxationen zwischen Ulna und Humerus (Ellenbogenluxation) sowie die Luxation des Radiusköpfchens auftreten. Die im Kindesalter häufigen Verletzungen im Bereich des Ellenbogens erfordern die exakte Kenntnis der Lokalisation und des zeitlichen Erscheinens der unterschiedlichen Ossifikationszentren im Bereich des Ellenbogengelenkes. Seitenvergleichende Röntgenaufnahmen sind hierbei bedeutsam. Bei suprakondylären Frakturen besteht die Gefahr arterieller Zirkulationsstörungen (s. Volkmann-Kontraktur). Subkapitale Frakturen werden häufig beim älteren Menschen beobachtet.

5.2 Formabweichungen und Fehlentwicklungen

5.2.1 Cubitus varus et valgus

◀ **Definition**

> ***Definition.*** Bei nach vorn gerichteter Ellenbeuge und gestrecktem Ellenbogen besteht physiologisch im Ober- und Unterarm eine Valgität, bei Männern bis 10 Grad, bei Frauen bis 20 Grad. Darüber hinausgehende Abweichungen im Valgussinne werden als Cubitus valgus, Abweichungen im Varussinne als Cubitus varus bezeichnet *(Abb. 107, S. 373).*

Ätiologie
Achsabweichungen des Ellenbogengelenkes entstehen traumatisch oder nach kongenitaler Luxation des Radiusköpfchens.

Ätiologie. Eine pathologische Achsabweichung im Ellbogengelenk ist nur selten angeboren. Zumeist tritt die Fehlstellung posttraumatisch auf, bedingt durch Frakturen der Kondylen sowie des Epicondylus ulnaris (Varusdeformität), oder nach kongenitaler Luxation des Radiusköpfchens (Cubitus valgus).

Synopsis 155: Anatomie des Ellenbogengelenkes

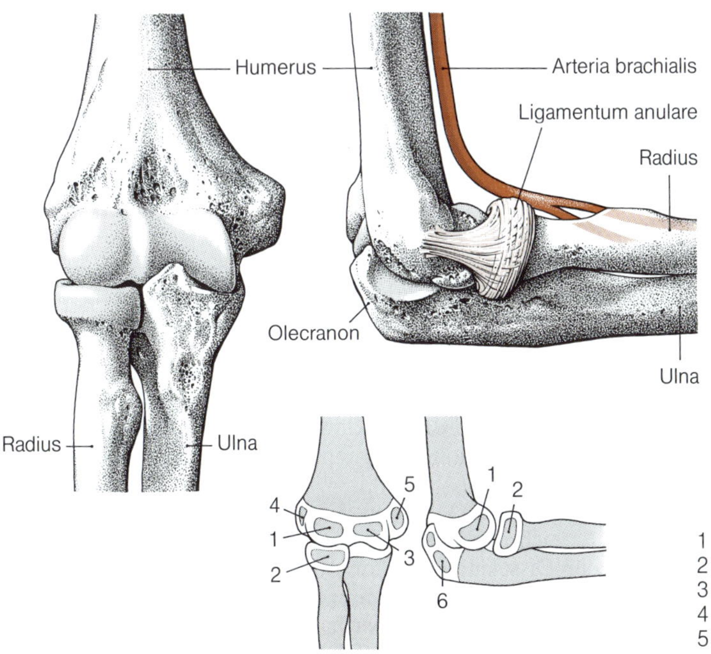

Die Knochenkerne des Ellenbogengelenkes treten zu unterschiedlichen Zeitspannen auf:

Capitulum humeri	½–3 Jahre
Epicondylus medialis	2½–8 Jahre
Caput radii	3–8½ Jahre
Epicondylus lateralis	4–8½ Jahre
Trochlea humeri	7–12 Jahre
Olekranon	7–12 Jahre

1 Capitulum humeri
2 Caput radii
3 Trochlea humeri
4 Epicondylus lateralis
5 Epicondylus medialis
6 Olekranon

Klinik
Varusfehlstellungen sind kosmetisch störend. Meist besteht eine deutliche Bewegungseinschränkung. Beim Cubitus valgus kann der Nervus ulnaris geschädigt werden. Die Röntgenuntersuchung zeigt Ursache und Ausmaß der Achsdeviation.

Therapie
Weichteilbedingte Kontrakturen werden krankengymnastisch behandelt. Durch suprakondyläre Umstellungsosteotomie erfolgt die Achskorrektur. Beugeseitige Verlagerung des Nervus ulnaris bei Schädigung desselben.

Klinik. Insbesondere die Varusfehlstellung ist kosmetisch störend. Neben der Fehlstellung besteht oft auch eine Bewegungseinschränkung des Ellenbogengelenkes. Insbesonders beim posttraumatischen Cubitus valgus kann, zum Teil auch noch Jahre nach dem Unfallereignis, eine Schädigung des Nervus ulnaris eintreten. Im Röntgenbild ist die genaue Achsdeviation verifizierbar. Zusätzlich kann die Ursache der Achsdeformität (Epiphysenschädigung-Radiusköpfchenluxation) erkannt werden.

Therapie. Die begleitende, weichteilbedingte Bewegungseinschränkung wird krankengymnastisch therapiert. Bei funktionell behindernden Fehlstellungen erfolgt die Korrektur durch suprakondyläre Umstellungsosteotomie. Besteht die Wachstumsstörung bereits seit dem frühen Kindesalter, kann die Notwendigkeit zu wiederholten Korrekturen gegeben sein. Im Einzelfall kann alternativ eine korrigierende Verlängerung durchgeführt werden. Bei Schädigungen des Nervus ulnaris ist eine Neurolyse mit beugeseitiger Verlagerung des Nerven indiziert.

5.2.2 Kongenitale Radiusköpfchenluxation

Definition ▶

Ätiologie
Die Ursache dieser ein- oder doppelseitig auftretenden Deformität ist nicht bekannt.

Klinik
Es besteht ein Cubitus valgus mit Bewegungseinschränkung. Die kongenitale Radiusköpfchenluxation ist häufig mit anderen Fehlbildungen kombiniert.

Therapie
In den ersten Lebensjahren operative Rekonstruktion, später bleibt die Möglichkeit der Radiusköpfchenresektion oder bei ausgeprägter Cubitus-valgus-Stellung die Korrekturmöglichkeit durch suprakondyläre Osteotomie.

Klinisches Beispiel ▶

5.2.2 Kongenitale Radiusköpfchenluxation

Definition. Angeborene Verrenkung des Speichenköpfchens.

Ätiologie. Die Deformität ist selten und kann ein- oder doppelseitig auftreten. Die Ursache der Wachstumsstörung des Ellenbogengelenkes ist nicht bekannt.

Klinik. Die angeborene Radiusköpfchenluxation imponiert durch die Deformierung des Ellenbogens mit Cubitus valgus und der begleitenden Bewegungseinschränkung. Häufig findet sich eine Kombination mit anderen Fehlbildungen.

Therapie. Bei Diagnosestellung in den ersten Lebensjahren ist die operative Rekonstruktion mit Ligamentum-anulare-Plastik möglich. Im späteren Lebensalter ist dieses Vorgehen nicht erfolgversprechend, weshalb nach Wachstumsabschluß bei Einschränkung der Umwendbeweglichkeit des Unterarmes nur die Möglichkeit der Radiusköpfchenresektion verbleibt. Bei ausgeprägter Cubitus-valgus-Stellung wird die korrigierende suprakondyläre Umstellung durchgeführt.

Klinisches Beispiel. Bernd F., heute 14 Jahre alt. Im Alter von 6 Jahren wurde eine Valgusstellung im Bereich des rechten Ellenbogens erstmalig auffällig *(Abb. 107)*. Die Röntgenuntersuchung zeigte die kongenitale Radiusköpfchenluxation rechtsseitig. Im Alter von 14 Jahren wurde die Indikation zur Radiusköpfchenresektion gestellt wegen erheblicher Einschränkung der Unterarmdrehbeweglichkeit. Da die Cubitus-valgus-Stellung den Patienten wenig stört, war keine Indikation zur suprakondylären Umstellungsosteotomie gegeben. Trotz dieser Deformität ist der Junge ein guter Tennisspieler.

5.2.3 Morbus Panner

Definition ▶

Ätiologie und Pathogenese
Der Morbus Panner wird vornehmlich bei Knaben im Alter von 6 bis 10 Jahren beobachtet und durchläuft die für diese Krankheitsgruppe typischen Stadien *(S. 118, S. 120)*.

Diagnose und Therapie
Die Kinder klagen über unklare Beschwerden im Ellenbogenbereich. Blockierungen werden nur selten angegeben. Die Diagnosestellung erfolgt radiologisch. Bei günstiger Prognose erfolgt eine symptomatische Therapie.

5.2.3 Morbus Panner

Definition. Avaskuläre Nekrose des Capitulum humeri.

Ätiologie und Pathogenese. Der Morbus Panner ist die häufigste avaskuläre Knochennekrose im Bereich des Ellenbogens. Er tritt bevorzugt bei Knaben im Alter von 6 bis 10 Jahren auf und verläuft in den für diese Krankheitsgruppe typischen Stadien (Kondensation, Fragmentation, Reparation, *S. 118, S. 120)*.

Diagnose und Therapie. Von den Kindern werden uncharakteristische Beschwerden im Bereich des Ellenbogens angegeben. Zum Teil besteht eine Schwellneigung. Zur Dissekatlösung kommt es nur selten, weshalb Einklemmungssymptome nur ausnahmsweise beobachtet werden. Die Diagnosestellung erfolgt radiologisch. Der Morbus Panner hat eine günstige Prognose, weshalb lediglich eine symptomatische Therapie (Vermeidung von ellenbogengelenkbelastenden Sportarten) sowie bei Beschwerden eine lokale Therapie mit Salbenverbänden oder eine kurzzeitige Ruhigstellung indiziert ist.

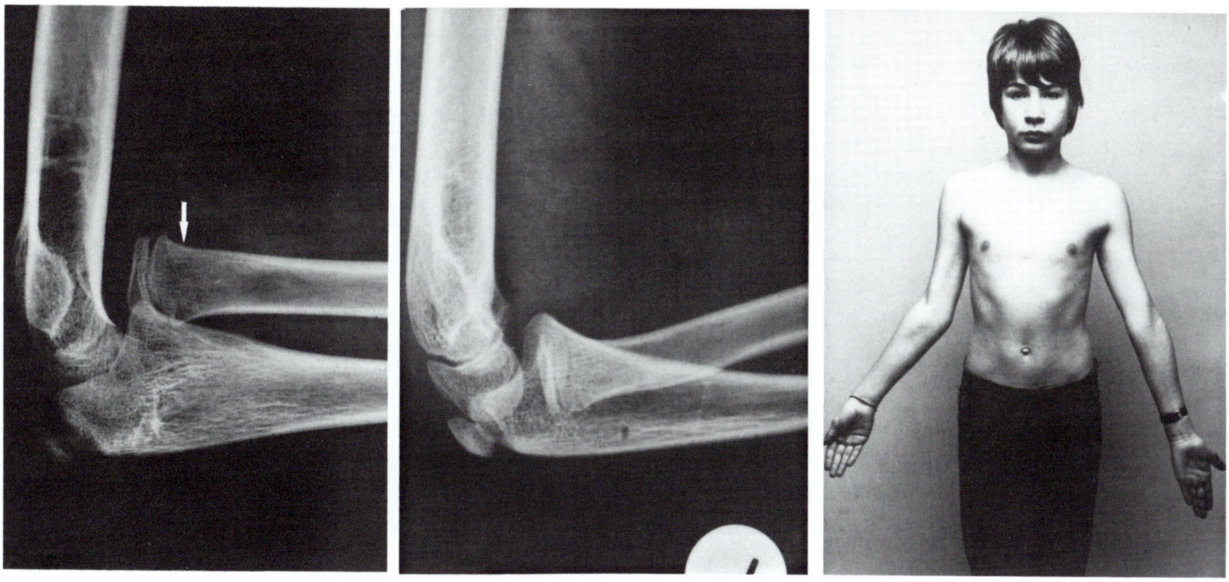

Abb. 107: Kongenitale Luxation des Radiusköpfchens
Die beugeseitige Dislokation des proximalen Radius rechts ist im Seitenvergleich demonstriert. Beachte die Valgusfehlstellung, die besonders bei gestrecktem Ellenbogengelenk imponiert.

5.3 Degenerative Erkrankungen

5.3.1 Arthrose des Ellenbogengelenkes

Definition. Gelenkverschleiß des Ellenbogens mit schmerzhafter Bewegungseinschränkung.

5.3 Degenerative Erkrankungen

5.3.1 Arthrose des Ellenbogengelenkes

◀ Definition

Ätiologie. Bei Achsenfehlstellungen sowie nach in Fehlstellung verheilten intraartikulären Frakturen, nach entzündlichen Erkrankungen, bei Chondromatosen sowie selten nach avaskulären Nekrosen, kann eine Degeneration des Ellenbogengelenkes eintreten.

Ätiologie
Sie entsteht sekundär nach Entzündungen, Chrondromatosen, intraartikulären Frakturen und Achsfehlstellungen oder avaskulären Nekrosen.

Klinik. Meist besteht eine Beuge-/Pronationsfehlstellung. Die Einschränkung der Beweglichkeit führt zum partiellen Funktionsverlust des Gelenkes. Des weiteren bestehen Schmerzen und eine Instabilität. Durch seine gelenknahe Lage kann der Nervus ulnaris irritiert werden *(Syn. 163, S. 392).*

Klinik
Es besteht eine Beugepronationskontraktur, Schmerzen und Instabilität. Fakultativ kann eine Irritation des Nervus ulnaris bestehen *(Syn. 163, S. 392).*

Therapie. In der konservativen Therapie stehen physikalische Maßnahmen, die krankengymnastische Mobilisierung sowie die lokale Injektionstherapie im Vordergrund. Bei erheblicher Funktionsbehinderung kann eine operative Arthrolyse notwendig werden. Eine weitere Möglichkeit, die Beweglichkeit im Ellenbogengelenk zu verbessern, stellen die Resektions-/Interpositionsarthroplastiken dar. Hierbei werden sperrende, meist knöcherne Strukturen entfernt und Weichteilgewebe als Verschiebeschicht interponiert. Der endoprothetische Gelenkersatz ist wegen der Lockerungsproblematik bislang am Ellenbogengelenk nur selten indiziert.

Therapie
Konservative Arthrosetherapie durch physikalische Maßnahmen, Krankengymnastik und Injektionen. Operativ besteht die Möglichkeit der Gelenkarthrolyse sowie der Resektions-/Interpositionsarthroplastik.

5.3.2 Chondromatose des Ellenbogengelenkes

Definition. Multiple, zum Teil ossifizierte intraartikuläre Knorpelneubildungen.

5.3.2 Chondromatose des Ellenbogengelenkes

◀ Definition

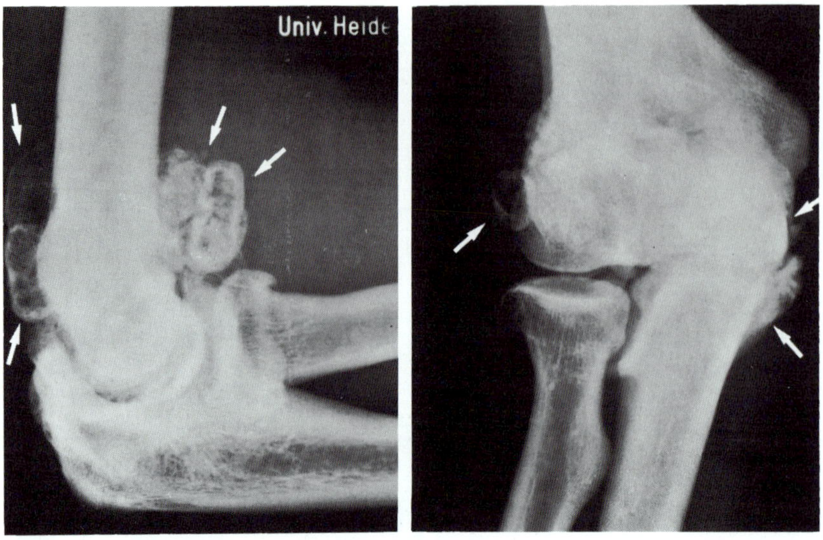

Abb. 108: Judoellenbogen:
Freie Gelenkkörper sowie ubiquitäre degenerative Gelenkveränderungen.

Ätiologie
Die Knorpelneubildungen entstehen durch Metaplasie von Synovialiszotten. Nach rezidivierenden Traumatisierungen entstehen ähnliche Veränderungen **(Judoellenbogen** Abb. 108).

Ätiologie. Die freien Gelenkkörper entstehen aus metaplastisch umgewandelten Synovialiszotten *(S. 189).* Ähnliche Veränderungen werden gehäuft nach rezidivierenden Traumatisierungen des Ellenbogengelenks beobachtet **(Judoellenbogen,** *Abb. 108).*

Klinik
Gelenkblockierungen, Bewegungseinschränkung und Synovialitis sind diagnostisch richtungweisend. Ossifizierte Chondrome sind radiologisch nachweisbar.

Klinik. Rezidivierende Gelenkblockierungen sowie Beweglichkeitseinschränkung und Verdickung des Gelenkes sind diagnostisch richtungweisend. Durch die teilweise Ossifikation der Chondrome sind diese im Röntgenbild sichtbar.

Therapie
Die Chondrome werden operativ entfernt. Zusätzlich erfolgt eine Resektion der Gelenkinnenhaut (Rezidivprophylaxe!).

Therapie. Eine operative Entfernung der Chondrome ist bei Blockierungserscheinung sowie zunehmender Einschränkung der Beweglichkeit im Ellenbogengelenk indiziert. Hierbei wird die Gelenkinnenhaut ebenfalls reseziert (Synovialektomie), um die Rezidivhäufigkeit zu senken.

5.4 Entzündliche Erkrankungen

5.4.1 Bursitis olecrani

5.4 Entzündliche Erkrankungen

5.4.1 Bursitis olecrani

Synonym. Student-elbow.

Definition ▶

> ***Definition.*** Entzündung des Schleimbeutels über dem prominenten Olekranon.

Ätiologie
Offene Verletzungen sowie mechanische Dauerbelastungen verursachen eine Bursitis olecrani.

Ätiologie. Akute eitrige Bursitiden werden nach offenen Verletzungen beobachtet. Die chronische Bursitis entsteht durch mechanische Dauerbelastung (Schreibtischarbeit).

Klinik
Entzündliche Weichteilveränderungen über dem Olekranon.

Klinik. Schmerzhafte, bei eitriger Entzündung fluktuierende Schwellung über dem Olekranon mit ausgeprägter Berührungsempfindlichkeit.

Therapie
Bursektomie bei eitrigen Bursitiden. Chronische Bursitiden können konservativ und operativ therapiert werden.

Therapie. Bei eitrigen Bursitiden ist die septische Bursektomie angezeigt. Die chronische Bursitis kann konservativ (Entlastung, Schonung, Ruhigstellung, Salbenapplikation, Injektionstherapie) oder operativ (Bursektomie) therapiert werden.

5.4.2 Epikondylitiden

Synonym. Tennisellenbogen, Epicondylopathia humeri radialis oder ulnaris.

Definition. Schmerzsyndrom im Bereich des Ursprungs der Hand- und Fingermuskulatur an den Epikondylen des Humerus *(Syn. 156)*. Die Epicondylopathia humeri radialis ist die häufigste Myotendinose der Unterarmstreckmuskulatur.

Ätiologie. Durch chronische mechanische Überbeanspruchung (Tennisspieler, Handarbeiter) kommt es zur schmerzhaften Degeneration im Ansatzbereich der Muskulatur an den Epikondylen. Hierbei ist die Streckmuskulatur weitaus häufiger betroffen. Der entsprechende Epikondylus ist **druck- und berührungsempfindlich. Widerstandsteste** der am Epikondylus ansetzenden Muskulatur führen zur **Schmerzauslösung.** Die **Röntgenuntersuchung ist unauffällig.** Bei der weniger häufigen Epicondylitis ulnaris humeri kann das Tragen von Gegenständen schmerzhaft eingeschränkt sein.

Synopsis 156: Epicondylitis radialis humeri.
Überlastungen der Streckmuskulatur der Finger und des Handgelenkes führen zu Schmerzen im Bereich ihres Ursprungs am Epicondylus radialis humeri.

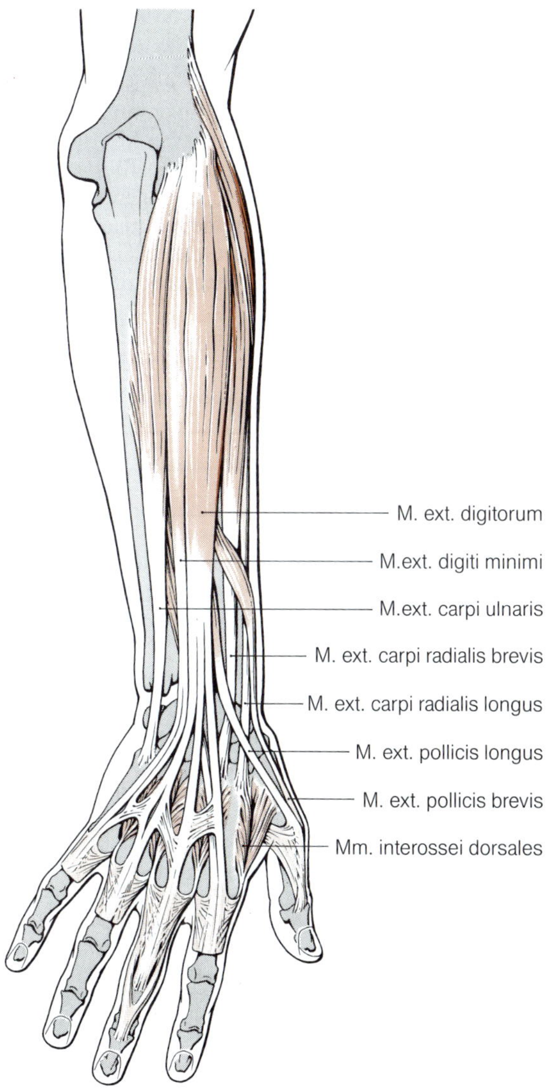

5.4.2 Epikondylitiden

◀ **Definition**

Ätiologie
Durch chronisch mechanische Belastung entsteht eine Tendinose, meist der Streckmuskulatur, an den Epikondylen mit **lokaler Druckschmerzhaftigkeit.** Die **Röntgenuntersuchung** ist **unauffällig. Widerstandsteste** der Muskulatur führen zur **Schmerzauslösung.**

Therapie
Schonung, Injektionstherapie, Ultraschall, Iontophorese, Kälteapplikation und Quermassagen der Muskulatur. Trainings- und technische Beratung beim Sportler. Bei Therapieresistenz operative Ablösung der Muskulatur am Epikondylus mit gleichzeitiger Denervierung.

Therapie. Grundlegend ist die meist **mehrwöchige Schonung** bis hin zur Gipsruhigstellung. Durch Infiltrationen mit Lokalanästhetika und Kortikosteroiden lassen sich zum Teil auch kurzfristig Behandlungserfolge erzielen. Des weiteren wird mit Elektrotherapie, insbesondere Ultraschall und Iontophorese, Kälteapplikation, Quermassagen der Muskulatur dieses Schmerzsyndrom therapiert. Bei Sportlern ist eine Trainingsberatung und Überprüfung des Sportgerätes bzw. der angewandten Technik notwendig. Führen die genannten konservativen Maßnahmen nicht zu einer ausreichenden Beschwerdeminderung, ist die operative Ablösung der Muskulatur am Epikondylus (Operation nach Hohmann), evtl. mit gleichzeitiger Denervierung (Operation nach Wilhelm), angezeigt.

5.5 Verletzungen und Verletzungsfolgen
5.5.1 Ellenbogenluxation

5.5 Verletzungen und Verletzungsfolgen

5.5.1 Ellenbogenluxation

Definition ▶

Definition. Verrenkung des Humeroulnargelenkes.

Ätiologie und Klinik
Die seltene angeborene Ellenbogengelenksluxation imponiert durch die Fehlstellung. Bei der traumatischen Luxation besteht eine ausgeprägte Schmerzsymptomatik.

Ätiologie und Klinik. Die Luxation im Ellenbogengelenk ist selten angeboren und tritt erstmals meistens bei adäquatem Trauma auf. Während die angeborene Ellenbogenluxation lediglich durch die Fehlstellung imponiert, ist die traumatische Ellenbogenluxation erheblich schmerzhaft. Beim Trauma kann die periphere Durchblutung gestört sein.

Therapie
Reposition in Narkose und 1- bis 3wöchige Ruhigstellung im Oberarmgipsverband. Rekonstruktion der Gelenkfläche bei größeren Frakturen des Processus coronoideus.

Therapie. Oftmals ist die Reposition nur unter Anästhesie möglich. Obgleich die posttraumatisch rezidivierende Ellenbogenluxation weitaus seltener ist als im Bereich des Schultergelenkes, sollte bei jüngeren Menschen eine 1- bis 3wöchige Gipsfixation in der Repositionsstellung durchgeführt werden, um das Entstehen eines Rezidivs zu verhindern. Bei der Ellenbogengelenksluxation kommt es häufig zur Fraktur des Processus coronoideus ulnae, die operativ versorgt werden soll, wenn mehr als ein Fünftel der Gelenkfläche betroffen ist, ansonsten genügt die Gipsruhigstellung in Beugestellung des Gelenkes.

5.5.2 Pronatio dolorosa

5.5.2 Pronatio dolorosa

Synonym. Pronation doloreuse, Morbus Chassaignac, Nurse elbow.

Definition ▶

Definition. Subluxation des Radiusköpfchens beim Kleinkind durch Zug am ausgestreckten pronierten Arm.

Klinik
Nach abruptem Zug am Arm des Kindes wird der Arm nicht mehr bewegt und proniert gehalten.

Klinik. Der betroffene Arm wird vom Kind nicht bewegt und in Pronationsstellung gehalten. Vorausgegangen ist häufig der abrupte Zug am Arm des Kindes nach oben, z.B. bei einer gefährlichen Situation im Straßenverkehr.

Therapie
Reposition der Subluxation durch Supination und Streckung im Ellenbogengelenk. Danach setzen die Kinder spontan den Arm wieder zum Spielen ein.

Therapie. Die Behandlung der Subluxation erfolgt durch gleichzeitige schnelle Supination und Streckung im Ellenbogengelenk. Hierzu kann zusätzlich ein Druck auf das Radiusköpfchen ausgeübt werden. Eine Gipsruhigstellung ist in der Regel nicht erforderlich. Nach der Reposition setzen die Kinder spontan wieder den betroffenen Arm zum Spielen ein.

Klinisches Beispiel ▶

Klinisches Beispiel. Beim Einkaufen in der Stadt wollte die dreijährige Claudia bei Rot der Ampel über die Straße springen. Sie wurde von der Mutter, die sie an der Hand führte, brüsk zurückgezogen. Sofort weinte das Mädchen und hielt den betroffenen Arm vorsichtig mit der linken Hand an ihren Körper. Nachdem das Kind abgelenkt wurde, gelang es ohne Mühe, durch gleichzeitige Supination und Streckung des Ellenbogengelenkes unter Palpation des Radiusköpfchens die Subluxation zu beseitigen. Wenige Sekunden danach setzte Claudia auch ihren vorher geschonten Arm wieder ein und drängte nach Hause.

5.5.3 Ellenbogengelenksfrakturen

Ätiologie. Insbesondere bei Kindern sind Frakturen im Bereich des Ellenbogens häufig. Meist entstehen diese durch indirekte Gewalteinwirkungen, z.B. beim Sturz auf den gestreckten Arm. Unterschieden werden die in *Synopsis 157* dargestellten unterschiedlichen Frakturformen.

Diagnose und Therapie. Klinisch imponiert die Fraktur durch Fehlstellung, Schwellung und schmerzhafte Bewegungseinschränkung. Zu achten ist immer auf Begleitverletzungen, insbesondere auf Schädigungen des Nervus ulnaris sowie bei suprakondylären Frakturen auf Durchblutungsstörungen (Prüfung der Arteria radialis). Insbesondere bei kindlichen Ellenbogenfrakturen sind Röntgenaufnahmen im Seitenvergleich wichtig, um Verletzungen und Verschiebungen der Epiphysenkerne beurteilen zu können.

Die Behandlung der Ellenbogengelenksfrakturen ist von deren Lokalisation, Dislokationsgrad und vom Alter des Patienten abhängig. Dislozierte Frakturen der Gelenkfläche werden operativ, ellenbogengelenknahe Frakturen des Kindes überwiegend konservativ behandelt.

5.5.3 Ellenbogengelenksfrakturen

Ätiologie
Ellenbogengelenksfrakturen entstehen durch indirekte Gewalteinwirkung. Die Frakturformen sind in *Synopsis 157* dargestellt.

Diagnose und Therapie
Fehlstellung, Schwellung und schmerzhafte Bewegungseinschränkung kennzeichnen die Verletzung. Beachtet werden müssen begleitende Nervenverletzungen und Durchblutungsstörungen. Vergleichende Röntgenaufnahmen sind in der Diagnostik hilfreich.
Gelenkfrakturen werden operativ behandelt. Ellenbogengelenknahe Frakturen werden überwiegend konservativ therapiert.

5.5.4 Volkmann-Kontraktur

> ***Definition.*** Ischämisch bedingte Kontraktur der Armmuskulatur, insbesondere auch iatrogen bei inadäquater oder verzögerter Versorgung von suprakondylären Humerusfrakturen.

Ätiologie und Pathogenese. Bei den häufigen suprakondylären Humerusfrakturen des Kindes kann es durch ausgeprägte **Fragmentdislokationen** bei inadäquater Reposition oder zu eng angelegtem, nicht gespaltenem Gipsverband zur arteriellen Ischämie und Nervenkompression im Frakturbereich kommen. Es resultieren nekrotische Veränderungen der Muskulatur, vor allem der Hand- und Fingerbeuger. Diese wandeln sich narbig um und führen zur erheblichen Bewegungseinschränkung und Beugestellung der Hand- und Fingergelenke.

Klinik. Die beugeseitige Unterarmmuskulatur ist verschmächtigt, einzelne Muskeln sind als derbe Stränge tastbar. Im Bereich der Hand- und Fingergelenke bestehen ausgeprägte Beugekontrakturen *(Syn. 158)*.

5.5.4 Volkmann-Kontraktur

◀ **Definition**

Ätiologie und Pathogenese
Durch **Fragmentdislokation** bei suprakondylären Humerusfrakturen kommt es zur arteriellen Ischämie und Nervenkompression im Frakturbereich mit nachfolgend nekrotischen Veränderungen der Muskulatur, der Hand- und Fingerbeuger.

Klinik
Verschmächtigung der beugeseitigen Unterarmmuskulatur sowie ausgeprägte Beugefehlstellung der Hand- und Fingergelenke *(Syn. 158)*.

Synopsis 157: Typische Frakturen des Ellenbogens

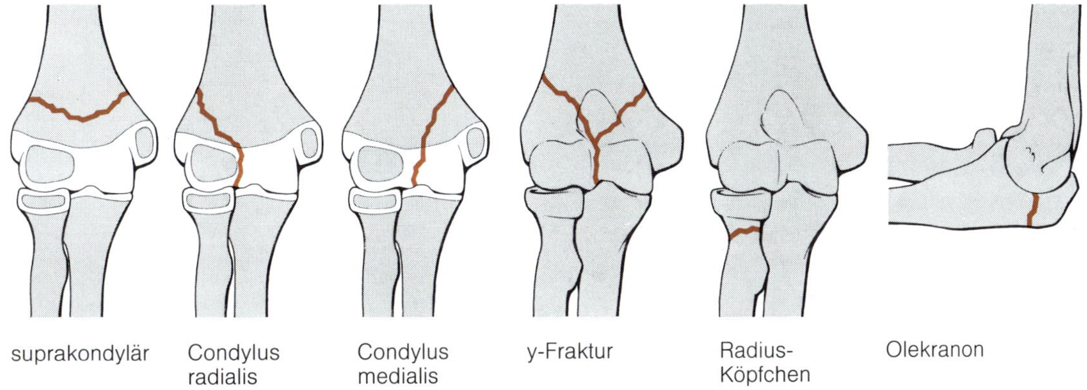

Synopsis 158: Volkmann-Kontraktur:
Beachte die Kompressionsgefahr der Blutgefäße und Nerven speziell bei suprakondylären Frakturen.

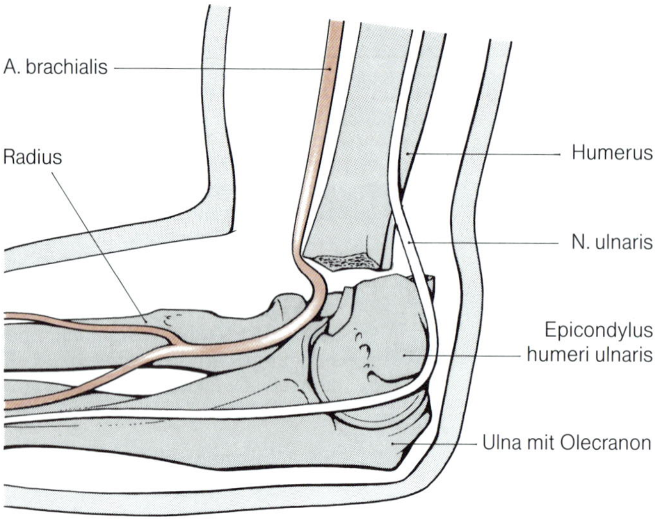

Charakteristisches klinisches Bild einer Volkmann-Kontraktur. Zur Funktionsverbesserung wurden bereits Hand- und Fingergelenksbeuger verlängert.

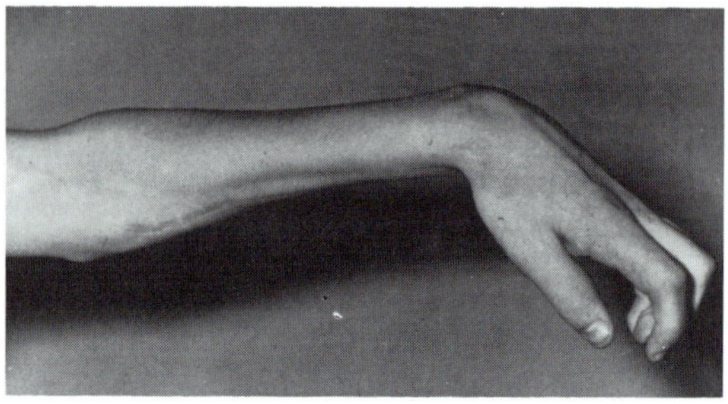

Therapie
Schnellstmögliche anatomische Reposition von Frakturen unter **Vermeidung von strangulierenden Verbänden.** Funktionsverbessernde konservative und operative Therapie.

Therapie. Zur Prophylaxe der Volkmann-Kontraktur soll die Fraktur schnellstmöglich anatomisch reponiert werden. **Strangulierende** Verbände sind zu vermeiden. Bei eingetretener Kontraktur ist durch konservative (Krankengymnastik; Quengelung) und operative Maßnahmen (Arthrolysen, Sehnentranspositionen; Arthrodesen) keine Restitutio ad integrum, sondern lediglich eine Funktionsverbesserung möglich.

5.6 Begutachtung

Bewegungseinschränkungen, Instabilitäten und Achsabweichungen sowie Schmerzhaftigkeit sind die entscheidenden Parameter bei der Begutachtung. Auch kosmetische Aspekte (Cubitus varus!) sind bedeutsam. Chronische Schädigungen des Nervus ulnaris können auch Jahre nach Ellenbogenfrakturen (Valgusfehlstellung!) auftreten.

5.6 Begutachtung

Bei Beurteilung von Ellenbogenverletzungen und deren Folgen sind für die gutachterliche Einschätzung Bewegungseinschränkungen, die Instabilität, Achsabweichungen und die Schmerzhaftigkeit entscheidend. Wichtig ist die Frage, ob der Patient durch die Bewegungseinschränkung die Hand noch zum Mund führen kann. Kosmetische Aspekte, insbesondere der Cubitus varus, sind ebenfalls bedeutsam. Auch Jahre nach einer in Valgusfehlstellung verheilten Ellenbogenfraktur kann sich eine chronische Schädigung des Nervus ulnaris manifestieren.

6 Unterarm und Hand

6.1 Praktische Anatomie

Die Drehbewegungen des Unterarmes (Pronation/Supination) werden durch die gelenkige Verbindung zwischen Ulna und Radius im proximalen und distalen Radioulnargelenk ermöglicht *(Syn. 159)*. Bei Pronation kommt es zur Überkreuzung der beiden Unterarmknochen. Bei knöcherner Überbrückung von Elle und Speiche **(radioulnäre Synostose)** ist diese Drehbeweglichkeit aufgehoben. Die Radioulnargelenke werden durch kräftige Kapselbandstrukturen gesichert. Ist diese Führung nicht gewährleistet **(federnde Elle; Caput-ulnae-Syndrom)**, können schmerzhafte Funktionseinschränkungen entstehen. Das Wachstum von Elle und Speiche ist aufeinander abgestimmt. Die Minderentwicklung eines Unterarmknochens führt zur Klumphandstellung *(S. 93)* oder zur Radiusköpfchenluxation *(S. 372)*. Ein geringes Minderwachstum der Elle (Minusvariante) prädisponiert durch die vermehrte Druckbelastung zur **Lunatummalazie** *(S. 385)*.

Entsprechend der differenzierten Funktion und der komplexen Anatomie im Bereich der Hand gibt es eine Vielzahl von Erkrankungen dieser Region. Knöcherne Erkrankungen können einzelne Knochen, z.B. im Handwurzelbereich das Navikulare oder Lunatum, betreffen oder, wie bei der rheumatischen Hand, multilokuläre Knochenveränderungen hervorrufen. Auch die degenerativen Gelenkerkrankungen können mono- oder polyartikulär auftreten. Die Symptomatik von Sehnenerkrankungen (Ruptur/Verklebungen) und Sehnenscheidenläsionen (Entzündung/Stenosen) ist von Ausmaß und Art der betroffenen Struktur abhängig. Auch die Palmaraponeurose selbst kann das Substrat einer Erkrankung sein **(Morbus Dupuytren)**.

Synopsis 159a: Anatomie des Unterarmes und der Hand:
Beachte das proximale und distale Radioulnargelenk, in dem die Drehbewegung des Unterarmes stattfindet.

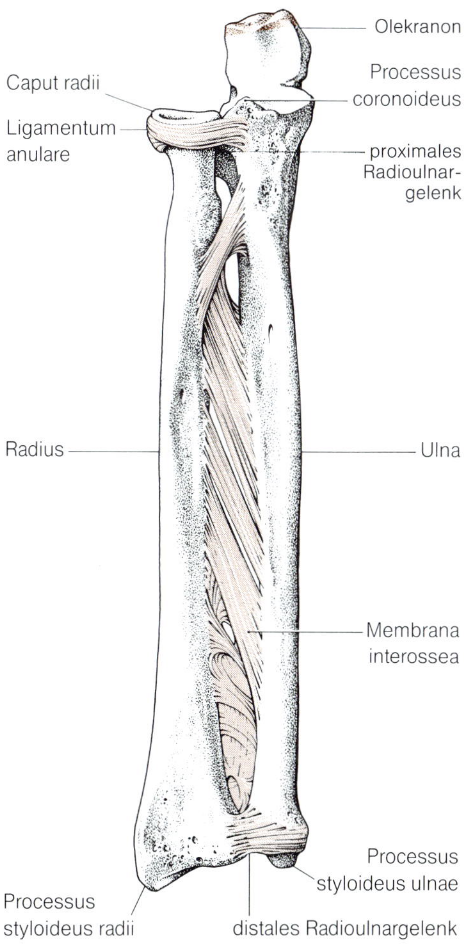

Synopsis 159b: Anatomie des Unterarmes und der Hand:
Die Beugesehnen der Hand ziehen zusammen mit dem N. medianus unter dem Retinaculum flexorum hindurch. Beachte den Verlauf der oberflächigen und tiefen Beugesehnen zueinander.

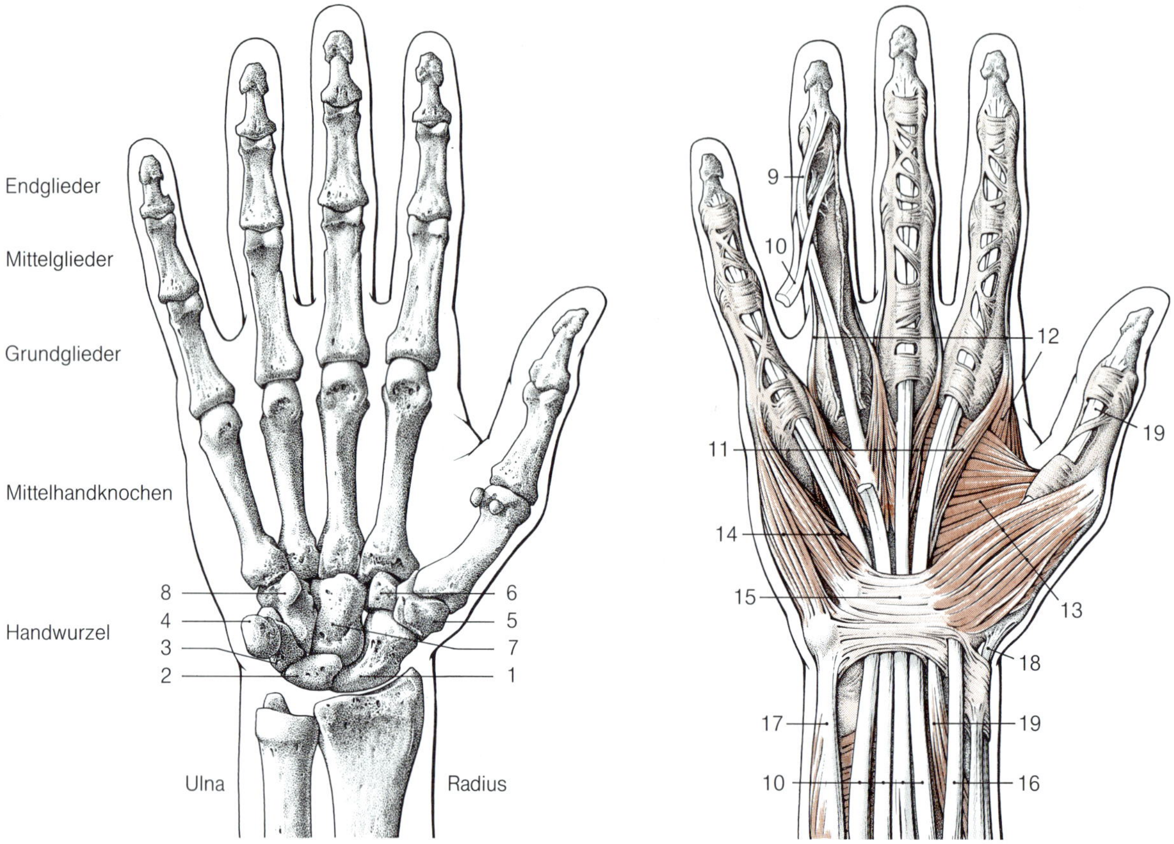

1	Os scaphoideum (naviculare)	9	Sehne des M. flexor digitorum profundus	15	Retinaculum flexorum
2	Os lunatum	10	Sehne des M. flexor digitorum superficialis	16	M. flexor carpi radialis
3	Os triquetrum	11	Mm. lumbricales	17	M. flexor carpi ulnaris
4	Os pisiforme	12	Mm. interossei	18	M. abductor pollicis longus
5	Os trapezium	13	Thenar (M. adductor pollicis, M. flexor pollicis brevis, M. abductor pollicis brevis)	19	M. flexor pollicis longus
6	Os trapezoideum				
7	Os capitatum	14	Hypothenar (R. abductor digiti minimi, M. flexor digiti minimi brevis, M. opponens digiti minimi)		
8	Os hamatum				

6.2 Formabweichungen und Fehlentwicklungen
6.2.1 Radioulnäre Synostose

Definition ▶

Klinik
Kompensatorische Mehrbeweglichkeit der Handgelenke, deshalb oft geringe klinische Symptomatik, wenn keine ungünstige Rotationsstellung vorliegt.
Therapie
Eine ungünstige Rotationsstellung kann durch eine Drehosteotomie im Bereich der Synostose korrigiert werden.

6.2 Formabweichungen und Fehlentwicklungen

6.2.1 Radioulnäre Synostose

Definition. Angeborene Verknöcherung zwischen Radius und Ulna, meist im proximalen Drittel des Unterarmes *(Abb. 109)*. Die Erkrankung kann familiär auftreten (familiäre radioulnäre Synostose).

Klinik. Durch kompensatorische Mehrbeweglichkeit in den Handgelenken wird diese häufige Dysostose zum Teil erst im Schulalter erkannt, wenn nicht eine Verknöcherung in funktionell ungünstiger Rotationsstellung vorliegt. Die Erkrankung kann ein- oder doppelseitig bestehen.

Therapie. Die operative Trennung der Synostose ist wegen häufiger Rezidive, bedingt durch die begleitende Fehlanlage der Muskulatur, im Gegensatz zu posttraumatischen Verknöcherungen der Membrana interossea nicht angezeigt. Eine ungünstige Rotationsstellung des Unterarmes kann durch eine Drehosteotomie im Bereich der Synostose korrigiert werden, um eine funktionell bessere Positionierung der Hände zu erreichen.

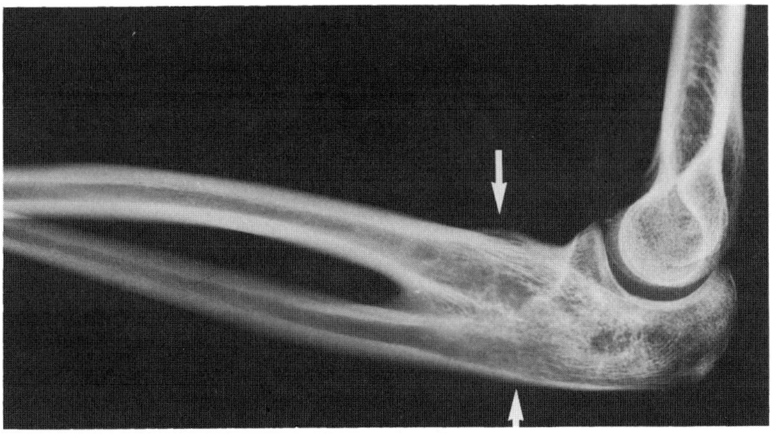

Abb. 109: Radioulnäre Synostose an typischer Lokalisation im proximalen Unterarmbereich.

Klinisches Beispiel. Bei dem 8jährigen Jungen war im Kindergarten erstmals eine Funktionsstörung zunächst nur der linksseitigen Hand aufgefallen. Es besteht eine radioulnäre Synostose bds. Rechtsseitig besteht, bei Hypermobilität des Handgelenkes, eine Einschränkung der Pro- und Supinationsfähigkeit von 30 Grad. Linksseitig steht der Unterarm in ungünstiger Supinationskontraktur *(Abb. 110)*. Zur Verbesserung der Pronation wurde daher linksseitig eine Derotationsosteotomie im Bereich der Synostose durchgeführt. Jetzt kann der Junge die Hand in der günstigeren Mittelstellung einsetzen.

◀ Klinisches Beispiel

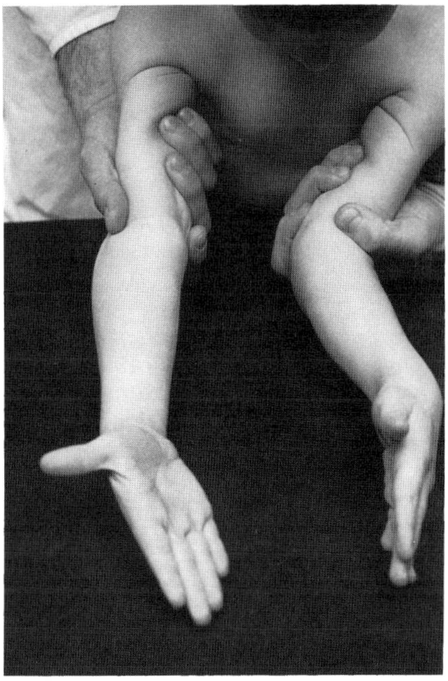

Abb. 110: Ausgeprägte Einschränkung der Supination links bei radioulnärer Synostose bds.

6.2.2 Madelung-Deformität

6.2.2 Madelung-Deformität

Definition. Speichen- und hohlhandwärts gerichtete Abweichung der Hand (Bajonettstellung, radiale Klumphand) durch erbliche Wachstumsstörung der distalen Radiusepiphyse.

◀ Definition

Ätiologie. Diese genetisch fixierte Erkrankung kann ein-, meist aber doppelseitig auftreten und manifestiert sich während des Schulalters.

Ätiologie
Diese genetisch fixierte Erkrankung tritt meist doppelseitig auf mit Manifestation im Schulalter.

Klinik. Durch die Verkürzung und Fehlstellung des Radius kommt es zur speichenseitigen Verschiebung der Hand. In ausgeprägten Fällen kann eine radiale Klumphandstellung entstehen *(Abb. 111)*. Die Erkrankung ist bis zum Wachstumsabschluß progredient. Die Deformität bewirkt eine Minderbeweglichkeit des Handgelenkes. Die Erkrankung stellt eine präarthrotische Deformität dar.

Klinik
Die Hand ist speichenseitig verschoben bis hin zur radialen Klumphandstellung *(Abb. 111)*. Das Handgelenk ist minderbeweglich. Oft besteht eine frühzeitige Arthrose des Handgelenkes.

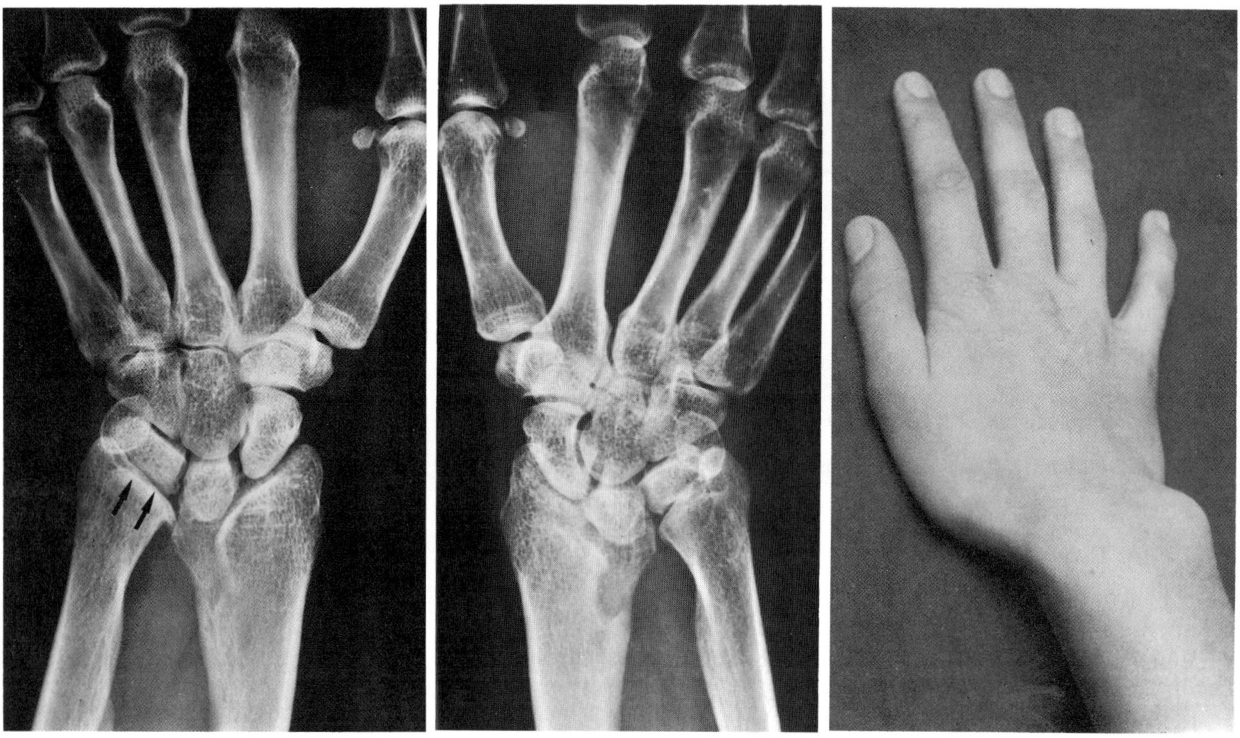

Abb. 111: Bilaterale **Madelung-Deformität** bei einer 45jährigen Patientin. Beachte beginnende degenerative Veränderungen, insbesondere im linksseitigen Karpoulnargelenk.

Therapie
Operative Korrektur der Fehlstellung zum Wachstumsende, gegebenenfalls Ellenköpfchenresektion. Handgelenksarthrodese bei fortgeschrittener Arthrose.

Therapie. Gegen Wachstumsende kann durch Osteotomie des Radius mit gleichzeitiger Verkürzung der Ulna oder durch eine korrigierende Verlängerung des distalen Radius versucht werden, die Deformität zu korrigieren. Des weiteren besteht die Möglichkeit, das distale Ellenköpfchen zu resezieren. Bei ausgeprägten sekundär degenerativen Veränderungen ist die Handgelenksarthrodese indiziert. Konservative Therapiemöglichkeiten bestehen nicht.

6.2.3 Federnde Elle

6.2.3 Federnde Elle

Definition ▶

Definition. Verschieblichkeit der Elle im distalen Radioulnargelenk ohne Fehlstellung der Hand.

Ätiologie
Die Erkrankung kann durch eine konstitutionelle Bandlaxität bedingt sein. Traumen oder Entzündungen (s. Caput-ulnae-Syndrom) sind ebenfalls ursächlich bedeutsam.

Ätiologie. Eine Bandlaxität im Bereich des distalen Radioulnargelenkes kann konstitutionell bedingt sein. Bevorzugt wird dies bei Mädchen in der Adoleszenz beobachtet. Eine Lockerung des Bandapparates ist auch nach Traumen oder Entzündungen (chronische Polyarthritis siehe Caput-ulnae-Syndrom, *S. 389*) möglich.

Klinik
Im Gegensatz zur konstitutionellen Form werden nach Verletzungen häufig Instabilitäten und Reizzustände beobachtet.

Klinik. Bei der konstitutionellen Form bestehen oft keine Beschwerden. Nach Verletzungen treten dagegen häufiger instabilitätsbedingte Reizzustände im distalen Radioulnargelenk auf. Bei der klinischen Untersuchung findet sich eine handgelenksnahe, vermehrte dorsoventrale Verschieblichkeit von Elle und Speiche.

Therapie
Zügelnde Tape-Verbände oder Handgelenksledermanschetten. Bei Traumen primäre, temporäre Transfixation der Unterarmknochen.

Therapie. Bei der konstitutionellen Form erfolgt eine symptomatische Therapie durch zügelnde Tape-Verbände oder eine Handgelenksledermanschette. Bei der traumatischen Form ist die primäre Transfixation von Elle und Speiche mit 6wöchiger Ruhigstellung im Oberarmgips angezeigt. Bei posttraumatischen Instabilitäten kann eine Bandplastik oder alternativ die Ellenköpfchenresektion vorgenommen werden.

6.2.4 Kamptodaktylie

Definition. Sammelbegriff für Beugekontrakturen der Mittelgelenke der Langfinger *(Syn. 160)*.

Ätiologie. Spätzustände nach Verletzungen oder Entzündungen sowie neuromuskuläre Störungen können eine Kamptodaktylie verursachen. Häufig ist die Erkrankung aber genetisch determiniert. Oft findet sich ein beidseitiger Befall mit Manifestation im Bereich beider Kleinfinger. Zum Teil werden Fehlinsertionen der Handbinnenmuskulatur (Lumbrikalis) gefunden.

Therapie. Auf Grund der kompensatorisch bestehenden Hyperextensionsfähigkeit im Grundglied ist diese Deformität meist wenig funktionsstörend. Operative Verfahren (volare Kapsulotomie; endoprothetischer Gelenkersatz; Umstellungsosteotomien und Arthrodesen) werden deshalb nur zurückhaltend indiziert.

6.2.4 Kamptodaktylie

◀ Definition

Ätiologie
Bei genetischer Determination meist beidseitiger Befall beider Kleinfinger. Die Kamptodaktylie kann auch als Spätzustand nach Verletzungen, Entzündungen oder bei neuromuskulären Störungen auftreten.

Therapie
Bei geringer Funktionseinschränkung sind operative Therapieverfahren (volare Kapsulotomie; endoprothetischer Gelenkersatz; Umstellungsosteotomien und Arthrodesen) selten indiziert.

6.2.5 Klinodaktylie

Definition. Schiefstellung der Finger meist nach radialwärts *(Syn. 160)*. Am häufigsten ist das Mittelglied des 4. oder 5. Fingers betroffen.

Ätiologie. Die Fehlstellung ist meist kongenital angelegt. Oft besteht eine begleitende Verkürzung der Finger (Brachydaktylie).

Klinik und Therapie. Abhängig vom Ausmaß dieser Deformität, bei der meist keine Bewegungseinschränkungen der Fingergelenke vorliegen, ist die Korrektur meist zum Zeitpunkt der Adoleszenz angezeigt. Durch Osteotomie am Ort der Fehlstellung wird die Deformität ausgeglichen.

6.2.5 Klinodaktylie

◀ Definition

Ätiologie
Kongenitale Fehlstellung, meist mit begleitender Verkürzung der Finger.

Klinik und Therapie
Eine Bewegungseinschränkung besteht nicht. Korrigierende Osteotomie am Ort der Fehlstellung in der Adoleszenz.

Synopsis 160: Kamptodaktylie (a) und **Klinodaktylie (b)**

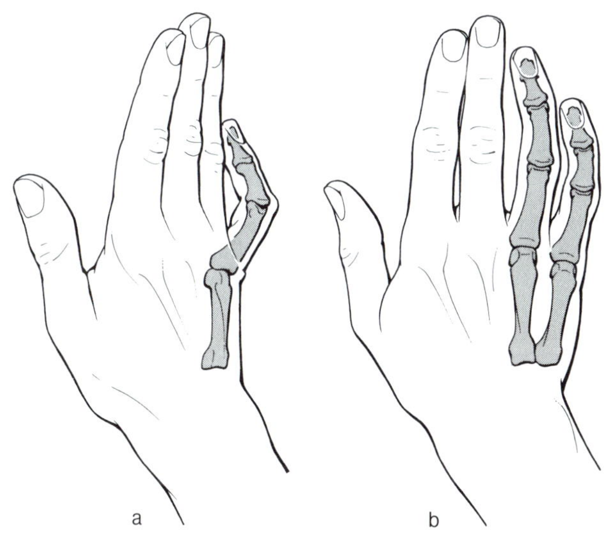

6.2.6 Handgelenksganglion

Definition ▶

Klinik und Therapie
Handgelenksganglien sind meist streckseitig lokalisiert und imponieren als prallelastische Tumoren. Durch Zerdrücken des Ganglions, Punktion und Instillation von Kortikosteroiden kann dieses therapiert werden. Die operative Exstirpation ist die Methode der Wahl.

6.2.7 Morbus Dupuytren

Definition ▶

Ätiologie
Die Ursache des Morbus Dupuytren ist unbekannt. Meist werden Männer nach dem 40. Lebensjahr befallen.

Klinik
Die Palmaraponeurose zeigt eine hypertrophe, schmerzlose Schrumpfung. Diese führt zur fixierten Beugestellung der betroffenen Finger *(Abb. 112)*. Bevorzugt ist der 4. und 5. Strahl betroffen. *Zur Stadieneinteilung siehe Tabelle 41.*

6.2.6 Handgelenksganglion

Synonym. Überbein.

Definition. Von Sehnenscheiden oder Gelenkkapseln ausgehende Gallertzyste auf dem Boden einer *mukoiden Degeneration.*

Klinik und Therapie. Handgelenksganglien werden meist dorsoradial, seltener palmar, beobachtet. Sie imponieren als runde prallelastische Tumoren, die von einer gallertigen Masse gefüllt sind. Die älteste Methode der Behandlung besteht in der Zerdrückung des Ganglions (erfolgte mancherorts durch Draufschlagen mit der Bibel), was aber nur bei frischen Ganglien möglich ist und dann häufig zu Rezidiven führt, da die hypertrophe Kapsel in situ verbleibt. Beim ersten Auftreten eines Ganglions kann versucht werden, dieses durch Punktion und Instillation von Kortikosteroiden zu therapieren. Ansonsten ist die operative Exstirpation die Methode der Wahl.

6.2.7 Morbus Dupuytren

Definition. Idiopathische Proliferation der Palmaraponeurose (Hohlhandfaszie) mit Schrumpfung und hierdurch bedingter Beugekontraktur der Finger.

Ätiologie. Trotz umfangreicher Forschungen über die Ursache dieser Erkrankung des Bindegewebes der Palmaraponeurose ist die Ätiologie bislang nicht geklärt worden. Auch die Koinzidenz mit anderen häufigen Erkrankungen ist lediglich zufällig. Dieses häufige Leiden befällt bevorzugt Männer nach dem 40. Lebensjahr.

Klinik. Die Palmaraponeurose verändert sich allmählich im Sinne einer hypertrophen, schmerzlosen Schrumpfung. Durch die tastbare Strangbildung kommt es zur zunehmenden, fixierten Beugestellung der betroffenen Finger *(Abb. 112)*. Die Klassifikation der Erkrankung richtet sich deshalb nach dem Ausmaß der Beugekontraktur *(Tab. 41)*, die eine zunehmende Funktionsbehinderung der Hand bedingt. Bevorzugt werden der 4. und 5. Strahl betroffen. Das entsprechende Krankheitsbild am Fuß wird als Morbus Lederhose, dasjenige am Penis als Induratio penis plastica bezeichnet.

Tab. 41: Stadieneinteilung des M. Dupuytren
0 = Keine Krankheitszeichen
N = Knoten oder Strang in der Hohlhand ohne Beugekontraktur
1 = Summe des Streckdefizites zwischen 0 und 45 Grad
2 = Summe des Streckdefizites zwischen 45 und 90 Grad
3 = Summe des Streckdefizites zwischen 90 und 135 Grad
4 = Summe des Streckdefizites über 135 Grad
Jeder Finger wird getrennt beurteilt.

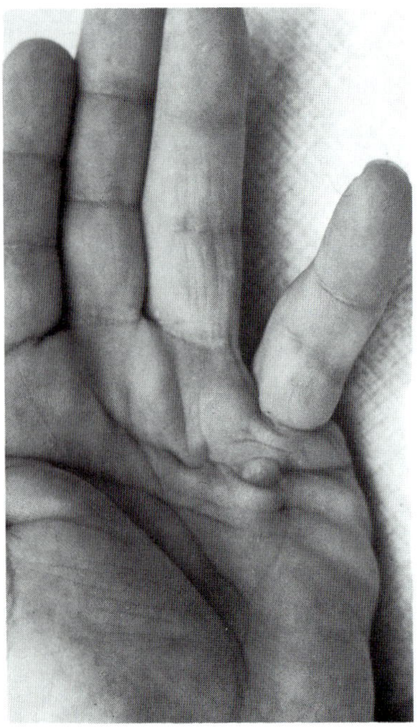

Abb. 112: Morbus Dupuytren, typischer Befall des 4. und 5. Strahles.

Therapie. Die konservative Therapie ist ohne Bedeutung. Die operative Behandlung besteht in der Resektion der befallenen Palmaraponeurose. Bei hochgradigen Beugekontrakturen mit komplettem Einschlagen der Finger in die Hohlhand kann unter Umständen die Amputation der betroffenen Finger notwendig werden.

Therapie
Die Behandlung besteht in der Resektion der befallenen Palmaraponeurose. In fortgeschrittenen Fällen kann die Amputation der betroffenen Finger notwendig werden.

6.3 Degenerative Erkrankungen

6.3.1 Lunatummalazie

Synonym. Morbus Kienböck.

> ***Definition.*** Aseptische Nekrose des Mondbeins.

◄ **Definition**

Ätiologie. Diese bei ca. 1% der männlichen Bevölkerung auftretende Erkrankung wird gehäuft bei Preßluftarbeitern gefunden. Pathogenetisch bedeutsam ist die Tatsache, daß bei maximal dorsalextendiertem Handgelenk die Blutzufuhr zum Os lunatum weitgehend aufgehoben ist und der Handwurzelknochen durch die chronische Mikrotraumatisierung malazisch wird. Auch bei einer relativen Verkürzung der distalen Ulna (Minusvariante) wird die Lunatumnekrose vermehrt beobachtet.

Ätiologie
Bei maximal dorsal extendiertem Handgelenk ist die Blutzufuhr zum Lunatum reduziert. Auch Mikrotraumen sind ätiologisch bedeutsam. Deshalb wird diese Erkrankung gehäuft bei Preßluftarbeitern gefunden. Eine Minusvariante der Elle hat eine prädisponierende Bedeutung.

Klinik und Diagnose. Kennzeichnend für die vor allem bei Erwachsenen zu findende Erkrankung sind uncharakteristische Beschwerden über der Streckseite des Handgelenkes sowie eine Minderung der Kraft, Abnahme der Beweglichkeit, gelegentlich auch eine Handgelenksschwellung. Die Stadieneinteilung der Lunatummalazie orientiert sich am radiologischen Befund *(Tab. 42).*

Klinik und Diagnose
Schmerzen über der Streckseite des Handgelenkes, Kraftminderung, Mobilitätsdefizit sowie Schwellungen sind charakteristisch. Die Stadieneinteilung orientiert sich am radiologischen Befund *(Tab. 42)*

Therapie. Die konservative Therapie beschränkt sich auf die Vermeidung weiterer Mikrotraumatisierungen. Eine Ruhigstellung ist wegen der langen Therapienotwendigkeit (Monate bis Jahre) problematisch und kann nur durch eine Schienenversorgung erfolgen. Im Stadium I und II nach Decoulx ist bei der Minusvariante die Ulnaverlängerung bzw. die Verkürzungsosteotomie des Radius indiziert. Eine weitere Therapiemöglichkeit ist die Pisiformeplastik. Hierbei wird das Os pisiforme gefäßgestielt in das ausgehöhlte Mondbein verpflanzt. Im Stadium III kann mit einer Resektionsarthroplastik oder seltener durch alloplastischen Ersatz (meist durch ein Silikon-Interponat) therapiert werden. Im Stadium IV besteht die Möglichkeit der Denervierung. Bleibt diese ohne Erfolg, ist die Arthrodese im Handgelenk indiziert.

Therapie
Vermeidung weiterer Mikrotraumatisierungen. Bei Beginn der Erkrankung Speichenverkürzung durch Osteotomie. Resektionsarthroplastiken mit plastischem Ersatz sind die Therapie der Wahl im Stadium III. Im Endzustand verbleibt die Denervierung bzw. Handgelenksarthrodese.

Klinisches Beispiel. 22jähriger Patient, der seit 4 Jahren im Straßenbau tätig ist. Seit 6 Monaten uncharakteristische Beschwerden im Bereich des rechtsseitigen Handgelenkes mit intermittierend auftretenden Schwellungen (Gelenkerguß!). Röntgenologisch besteht eine Lunatummalazie Stadium I mit leichter Minusvariante der Elle *(Abb. 113).* Nach Verkürzungsosteotomie des Radius und dreimonatiger Schonung der Hand ist der Patient beschwerdefrei. Die vormals sichtbare röntgenologische Verdichtung im Bereich des Lunatum ist in Rückbildung begriffen. Der Mann konnte seinen Beruf weiter ausüben mit Ausnahme von Preßluftarbeiten.

◄ **Klinisches Beispiel**

Tab. 42: Stadieneinteilung der Lunatummalazie
1 = Verdichtung des Lunatums
2 = Aufhellungszonen ergeben Mosaikmuster
3 = scholliger Zerfall und Zusammenbruch
4 = Arthrose der Handwurzel

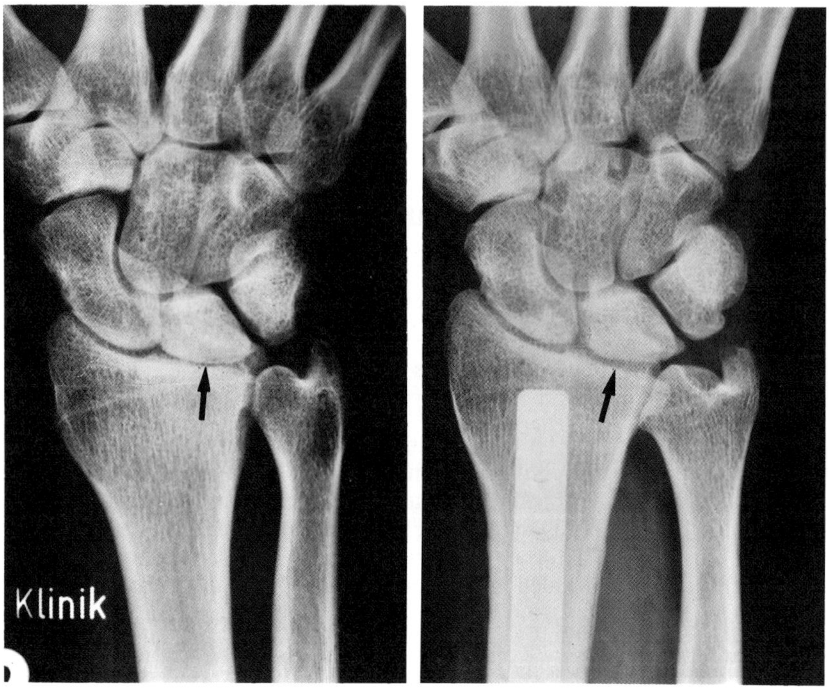

a b

Abb. 113: Lunatummalazie Stadium I **(a)**. Befund 3 Monate nach Verkürzungsosteotomie des Radius **(b)**. Beachte die Gelenkspalterweiterung zwischen Radius und Lunatum postoperativ.

6.3.2 Rhizarthrose

6.3.2 Rhizarthrose

Definition ▶

> ***Definition.*** Arthrose im Daumensattelgelenk.

Ätiologie
Frauen nach der Menopause werden am häufigsten, meist doppelseitig betroffen.

Ätiologie. Die häufige (10% der Gesamtbevölkerung) Arthrose des Daumensattelgelenkes kommt im Rahmen der Polyarthrose, aber auch isoliert vor, wobei fast immer ein doppelseitiger Befall vorliegt. Frauen nach der Menopause sind am häufigsten von dieser Erkrankung betroffen.

Klinik und Diagnose
Lokalisierte Beschwerdesymptomatik. Röntgenologisch imponiert die Gelenkspaltverschmälerung mit subchondraler Sklerosierung und gelenknaher Zystenbildung.

Klinik und Diagnose. Im Bereich des Daumensattelgelenkes bestehen ausgeprägte Bewegungsschmerzen, zum Teil auch nächtliche Schmerzen. Bei fortschreitender Erkrankung imponiert die Bewegungseinschränkung. Röntgenologisch zeigt sich eine Gelenkspaltverschmälerung sowie eine subchondrale Sklerosierung des Knochens mit gelenknaher Zystenbildung.

Therapie
Ruhigstellung in einer Manschette, lokale Infiltration sowie beim älteren Menschen Röntgenreizbestrahlung. Es kommen gelenkerhaltende Operationsverfahren (Synovialektomie, Denervierung) zur Anwendung. Die Resektionsinterpositionsarthroplastik ist ein bewährtes Therapieverfahren *(siehe Abb. 114b)*.

Therapie. Als konservative Therapiemöglichkeiten stehen die Ruhigstellung in einer Manschette sowie lokale Infiltrationen und bei älteren Menschen die Röntgenreizbestrahlung zur Verfügung. Bei jüngeren Patienten wird die Synovialektomie und Denervierung des Gelenkes durchgeführt. Ansonsten wird die Resektionsinterpositionsarthroplastik *(siehe Abb. 114b)* angewandt. Hierbei wird das Trapezium reseziert und ein abgespaltener Streifen der Sehne des Musculus flexor carpi radialis aufgerollt und interponiert. Zur Entlastung des Interponats und zur Vermeidung einer Adduktionsstellung wird das Metakarpale I mit dem Metakarpale II temporär mit Kirschnerdrähten transfixiert, bis die interponierte Sehne ein belastbares Narbengewebe gebildet hat.

6.3.3 Heberden-Arthrose

Definition. Arthrose der Fingerendgelenke.

Ätiologie. Diese sehr häufige Erkrankung wird meist bei Frauen nach der Menopause beobachtet. Es liegt eine genetische Disposition vor.

Klinik und Therapie. Durch die Arthrose kommt es zur Beugekontraktur in den Fingerendgelenken. Bedingt durch die arthrotischen Anbauten sind die Endgelenke verdickt. Konservative Therapiemaßnahmen sind beschränkt (Röntgenreizbestrahlung). Bei ausgeprägter Beschwerdesymptomatik ist die Endgelenksarthrodese indiziert.

Klinisches Beispiel. 62jährige verwitwete Patientin, die seit 4 Jahren über zunehmende Beschwerden im Bereich der Endgelenke des 2. und 3. Fingers sowie im Bereich des Daumensattelgelenkes klagt *(Abb. 114)*. Wegen der Schmerz- und Berührungsempfindlichkeit ist es ihr mit der rechten Hand nur schwer möglich ihren Haushalt weiterzuführen. Manuelles und Maschinenschreiben sind mittlerweile unmöglich, so daß sie die stundenweise Mitarbeit in einem Schreibbüro nicht mehr fortführen kann. Die Behandlung erfolgt durch Arthrodese der Fingerendgelenke II und III, im Bereich des Daumensattelgelenkes wird das Os trapezium reseziert und Teile der abgespaltenen Sehne des Musculus flexor carpi radialis interponiert sowie das Metakarpale I sechs Wochen zum Metakarpale II transfixiert. Drei Monate nach dieser operativen Behandlung konnte die Frau wieder an einer elektrischen Schreibmaschine arbeiten.

6.3.3 Heberden-Arthrose

◀ Definiton

Ätiologie
Dieser Erkrankung liegt eine genetische Disposition zugrunde.

Klinik und Therapie
In den Fingerendgelenken besteht eine Verdickung und Beugekontraktur. Bei ausgeprägter Beschwerdesymptomatik ist die Endgelenksarthrodese indiziert.

◀ Klinisches Beispiel

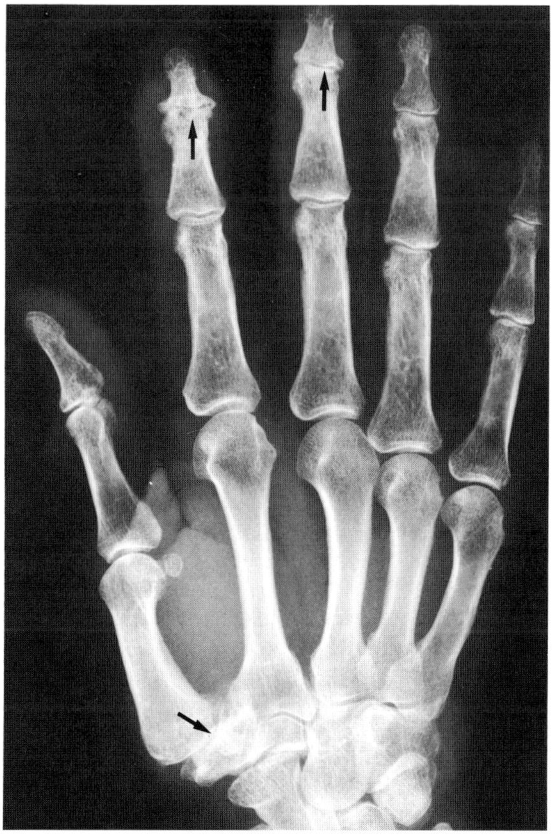

Abb. 114a: Rhizarthrose und Heberden-Arthrose des 2. und 3. Fingers.

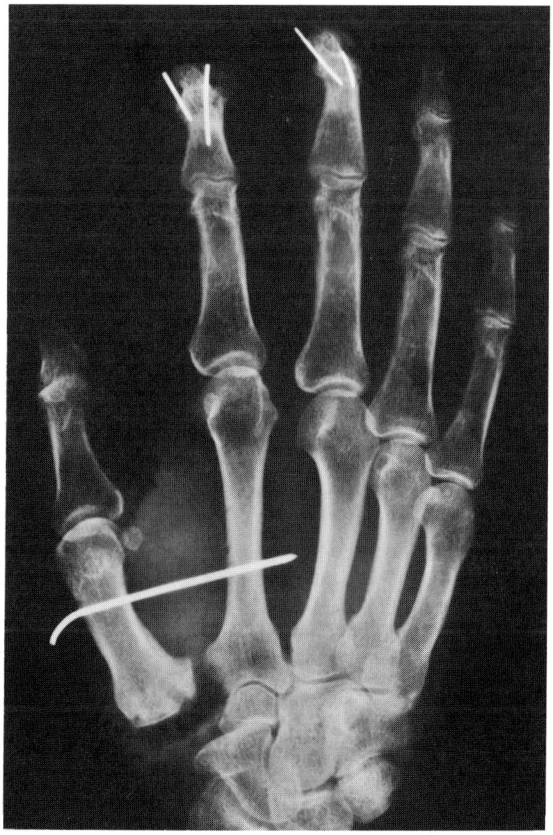

Abb. 114b: Resektionsinterpositionsarthroplastik des Daumens. Endgelenksarthrodese 2. und 3. Finger.

6.3.4 Bouchard-Arthrose

Definition ▶

Klinik
Die Bouchard-Arthrose manifestiert sich gleichzeitig an mehreren Fingermittelgelenken. Durch Synovektomie und Denervation kann eine Beschwerdelinderung erreicht werden. Ansonsten verbleibt die Möglichkeit der Arthrodese.

6.3.4 Bouchard-Arthrose

Definition. Arthrose der Fingermittelgelenke.

Klinik. Die Bouchard-Arthrose ist seltener als die Heberden-Arthrose. Meist sind mehrere Fingermittelgelenke gleichzeitig betroffen. Im Gegensatz zur Heberden-Arthrose kann operativ versucht werden, mittels einer Synovektomie und Denervation eine Beschwerdelinderung zu erzielen. Bei Beschwerdepersistenz ist auch hier die Arthrodese angezeigt.

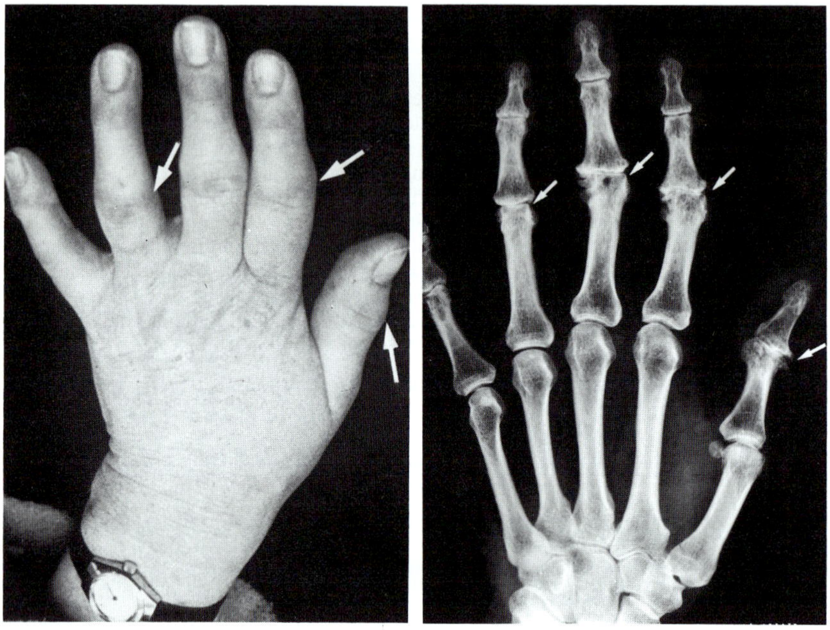

a b

Abb: 115 a/b: Bouchard-Arthrose: Beachte die Verdickung im Bereich der Fingermittelgelenke (a) durch die osteophytären Anbauten (b).

6.3.5 Handgelenksarthrose

Definition ▶

Ätiologie
Nach Fehlheilungen von Erkrankungen der Handwurzel sowie posttraumatisch und nach entzündlichen Erkrankungen kann eine Arthrose des Handgelenkes resultieren.

Klinik und Diagnose
Meist ist zunächst das Radiokarpalgelenk betroffen. Schmerzen und Funktionseinschränkung sind charakteristisch. Zum Teil lassen sich osteophytäre Anbauten tasten.

Therapie
Durch eine Handgelenksledermanschette erfolgt die Ruhigstellung des Gelenkes. Bei ausgeprägten Arthrosen Panarthrodese des Handgelenkes. Vorausgehend kann eine Denervierung versucht werden.

6.3.5 Handgelenksarthrose

Definition. Verschleiß des Handgelenkes, meist posttraumatisch nach Brüchen der Speichengelenkfläche oder des Kahnbeins.

Ätiologie. Bei Handwurzelerkrankungen (z.B. Navikularpseudarthrose *S. 397,* Lunatummalazie), aber auch nach in Fehlstellung verheilten Frakturen oder nach entzündlichen Erkrankungen kann es zu ausgeprägten degenerativen Veränderungen des Handgelenkes kommen.

Klinik und Diagnose. Primär ist das Radiokarpalgelenk, sekundär sind auch die Handwurzelgelenke betroffen. Die Patienten klagen über eine zum Teil schmerzbedingte Funktionsbeeinträchtigung der betroffenen Hand mit meist deutlich reduzierter Beweglichkeit. Osteophytäre Anbauten sind tastbar. Der Handrücken ist angeschwollen.

Therapie. Als konservative Maßnahme wird eine Handgelenksmanschette verordnet. Bei ausgeprägt schmerzhaften Arthrosen mit Wackelsteife des Gelenkes wird eine Panarthrodese unter Einschluß des Radiokarpalgelenkes in 10 bis 20 Grad Dorsalextension durchgeführt. Durch die postoperativ erzielbare Schmerzfreiheit hat die Handgelenksarthrodese einen funktionsverbessernden Effekt. Im Einzelfall kann alternativ zur Arthrodese vorausgehend eine Denervierung versucht werden.

6.4 Entzündliche Erkrankungen

6.4.1 Die rheumatische Hand

Definition. Sammelbegriff für vielfältige Veränderungen der Hand auf Grund rheumatisch destruktiver Prozesse *(S. 173)*.

Ätiologie und Klinik. Ein Frühsymptom der chronischen Polyarthritis ist die Morgensteifigkeit der Hände. Auch im weiteren Verlauf der chronischen Polyarthritis ist die Hand fast immer wesentlich mitbetroffen *(S. 174)*. Von der chronisch destruktiven Entzündung der Synovialis mit Gelenkergüssen werden mit Ausnahme der Fingerendgelenke alle Gelenke der Finger und Handwurzel betroffen. **Bevorzugt sind jedoch die Fingermittel- und Fingergrundgelenke** symmetrisch **befallen.** Der Händedruck ist durch die hierbei induzierte Kompression der Fingergrundgelenke schmerzhaft. Oft entsteht eine vollständige Destruktion dieser Gelenke *(Synopsis 161)*. Außer den Gelenken sind auch die Weichteilstrukturen der Hand mitbefallen. Dies bedingt die typischen Veränderungen der rheumatischen Hand.

Synopsis 161: Rheumatische Hand.
Beachte die Verdickung der Gelenkkapsel, die Schwanenhalsdeformität der Langfinger, die 90/90-Deformität des Daumens sowie die Ulnardeviation der Langfinger.

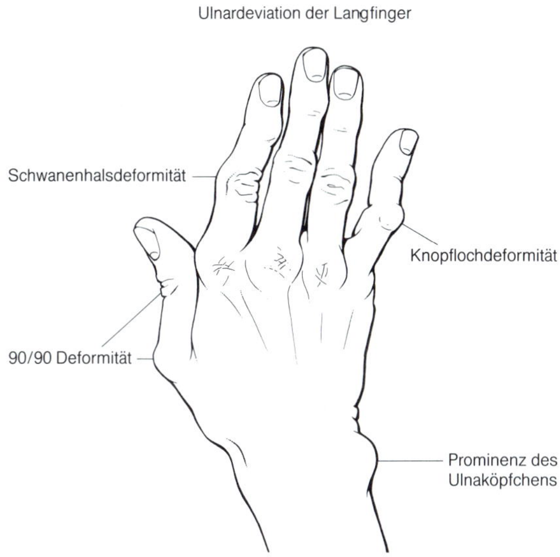

● **Ulnardeviation der Finger:** Durch die ulnarseitige Beugesehnenführung der Finger kommt es bei Destruktion der Grundgelenke zur Ulnardeviation der Langfinger bei Faustschluß.

● **Knopflochdeformität:** Durch die Zerstörung der Streckaponeurose gleitet der Streckapparat nach lateral ab. Es entsteht eine Deformität mit Überstreckung des distalen und Beugestellung des proximalen Interphalangealgelenkes (auch eine traumatische Durchtrennung der Streckaponeurose führt zur Knopflochdeformität).

● **Schwanenhalsdeformität:** Durch Schädigung der Beugesehnen kommt es zu einem Überwiegen der Musculi interossei. Dies bewirkt eine Beugestellung im Grund- und Endgelenk bei überstrecktem Mittelgelenk. Am Daumen entsteht durch den gleichen Pathomechanismus eine 90-Grad-Beugung des Grundgelenkes und 90-Grad-Überstreckung im Endgelenk (90/90-Deformität).

6.4 Entzündliche Erkrankungen

6.4.1 Die rheumatische Hand

◀ **Definition**

Ätiologie und Klinik
Mit Ausnahme der Fingerendgelenke werden bei der chronischen Polyarthritis alle Gelenke der Hand befallen. **Bevorzugt sind jedoch die Fingermittel- und Fingergrundgelenke symmetrisch befallen.** Die Entzündung führt zur Gelenkdestruktion. Zusammen mit den Weichteilveränderungen bedingt dies die typischen Veränderungen der rheumatischen Hand *(Syn. 161)*.

● **Ulnardeviation der Finger**
Bei Beugung entsteht eine Ulnardeviation der Langfinger.

● **Knopflochdeformität**
Das Abgleiten der Streckaponeurose bedingt eine Überstreckung im distalen bei Beugestellung des proximalen Interphalangealgelenkes.

● **Schwanenhalsdeformität**
Das Überwiegen der Musculi interossei bedingt eine Beugestellung im Grund- und Endgelenk bei Überstreckung im Mittelgelenk.

• Caput-ulnae-Syndrom
Zerstörung des distalen Radioulnargelenkes mit streckseitiger Prominenz der Elle.

• Spontane Sehnenruptur
Die Tendovaginits führt zur enzymatisch bedingten Sehnenruptur.

Therapie
Orthesen wirken Fehlstellungen entgegen. Physikalische Maßnahmen dienen der Funktionsverbesserung und Schmerzlinderung. Medikamentöse Therapie *S. 177*. Operativ werden Früh- und Spätsynovektomien sowie Resektionen der entzündeten Sehnenscheiden durchgeführt. In Abhängigkeit des Funktionsverlustes erfolgen plastisch-rekonstruktive Eingriffe sowie die Gelenkstabilisierung durch Arthrodese.

6.4.2 Styloiditis radii

Definition ▶

Ätiologie und Klinik
Am distalen Radiusende besteht eine chronische Beschwerdesymptomatik bedingt durch eine mechanische Überbelastung, die sich unter Radialabduktion verstärkt.

Therapie
Falls eine lokale Infiltrationstherapie ohne Erfolg bleibt, ist die Denervierung mit Abtragung der Spitze des Griffelfortsatzes angezeigt.

6.4.3 Tendovaginitis stenosans de Quervain

Definition ▶

Klinik
Die Bewegungsschmerzen des Daumens verstärken sich beim Halten und Greifen. Häufig ist ein Reiben palpabel.

Therapie
Konservativ wird mit Ruhigstellung und Lokalanästhetika therapiert. Bei Therapieresistenz Spaltung des Sehnenfaches.

6.4.4 Tendovaginitis stenosans

Definition ▶

• Caput-ulnae-Syndrom: Durch die Zerstörung des distalen Radioulnargelenkes tritt die Elle streckseitig hervor. Die Instabilität hinterläßt eine ausgedehnte Funktionsstörung des Handgelenkes.

• Spontane Sehnenruptur: Durch entzündlich-destruktive Veränderungen kommt es bei der Tendovaginitis zu Sehnenrupturen. Die Symptomatik ist vom Funktionsverlust der betroffenen Sehne abhängig.

Therapie. Durch Orthesen wird Fehlstellungen entgegengewirkt. Physikalische Maßnahmen werden zur Funktionsverbesserung und Schmerzlinderung eingesetzt. Bezüglich der medikamentösen Therapie im Schub und Intervall *s. S. 177.*

Die operativen Behandlungsmöglichkeiten sind vielfältig. Auch an der Hand wird zwischen einer Früh- und Spätsynovektomie unterschieden. Um Sehnenrupturen vorzubeugen, werden die entzündlichen Sehnenscheiden reseziert. Bei Sehnenrupturen sowie der Schwanenhals- und Knopflochdeformität erfolgen rekonstruktive Eingriffe. Bei Spätzuständen kommen Resektionsinterpositionsarthroplastiken sowie Arthrodesen zur Stabilisierung zur Anwendung.

6.4.2 Styloiditis radii

Definition. Reizzustand am Griffelfortsatz des Radius.

Ätiologie und Klinik. Chronisch mechanische Belastungen führen zur lokalen Druckschmerzhaftigkeit über dem distalen, radialisseitigen Radiusende. Eine Schmerzverstärkung wird bei der radialen Abduktion der Hand beobachtet. Meist besteht eine chronische Beschwerdesymptomatik. Differentialdiagnostisch müssen Erkrankungen des Navikulare (Tabatieredruckschmerz) und des Lunatum bedacht werden.

Therapie. Eine Infiltrationstherapie mit Lokalanästhetika, ggf. mit Kortikosteroidzusatz, kann differentialdiagnostisch und therapeutisch eingesetzt werden. Bei Beschwerdepersistenz ist die Denervierung mit Abtragung der Spitze des Griffelfortsatzes angezeigt.

6.4.3 Tendovaginitis stenosans de Quervain

Definition. Durch chronische Traumatisierung hervorgerufene Einschnürung der gemeinsamen Sehnenscheide des kurzen Daumenstreckers und langen Daumenabspreizers *(Syn. 162).*

Klinik. Die Beschwerden entstehen allmählich. Bei Bewegungen des Daumens strahlen die Schmerzen bis zum Processus styloideus radii aus. Sie werden beim festen Halten und Greifen verstärkt. Häufig ist ein Reiben palpabel (Tendovaginitis crepitans). Frauen nach der Menopause sind gehäuft betroffen.

Therapie. Bei Beginn der Erkrankung erfolgt die Ruhigstellung auf einer Gipsschiene oder die Injektionstherapie mit Lokalanästhetika. Bei Therapieresistenz ist die Spaltung des gesamten Sehnenfaches angezeigt.

6.4.4 Tendovaginitis stenosans

Synonym. Schnellender Finger.

Definition. Einschnürende Veränderung der Sehnenscheide der Fingerbeuger über dem Grundgelenk. Diese Stenose des Ringbandes behindert die Mobilität der Beugesehne.

Synopsis 162: Tendovaginitis stenosans de Quervain:
Beachte die Verengung der gemeinsamen Sehnenscheide des Musculus extensor pollicis brevis und des M. abductor pollicis longus.

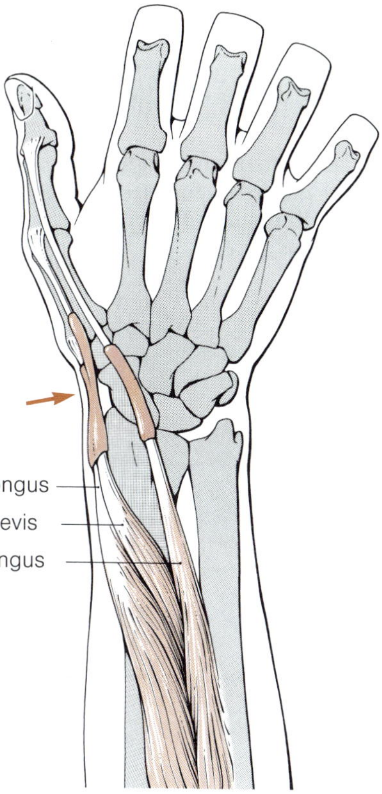

Ätiologie und Klinik. Diese Erkrankung kann in jedem Lebensalter auftreten. Typisch ist eine schnellende Bewegung beim Strecken der Finger. In fortgeschrittenen Fällen kann die Streckfähigkeit der Finger deutlich eingeschränkt sein. Differentialdiagnostisch muß insbesondere bei Kindern eine Aplasie der Strecksehne bedacht werden. Über dem Grundgelenk kann oft eine Verdickung der Sehne getastet werden.

Ätiologie und Klinik
Charakteristisch ist die schnellende Bewegung beim Strecken der Finger. Über dem Grundgelenk kann eine Verdickung der Sehne (Sehnenknötchen) getastet werden. Diese Erkrankung kann in jedem Lebensalter auftreten.

Therapie. Konservative Maßnahmen sind nicht erfolgversprechend. Operativ wird die Beugesehnenscheide in Längsrichtung gespalten (Ringbandspaltung) und deren Ränder reseziert.

Therapie
Die relative Enge der Beugesehnenscheide im Bereich des Ringbandes wird durch Spaltung in Längsrichtung aufgehoben.

6.4.5 Tendovaginitis

Synonym. Paratenositis crepitans.

6.4.5 Tendovaginitis

Definition. Entzündung der Sehnenscheide.

◀ **Definition**

Ätiologie und Klinik. Insbesondere bei monotoner mechanischer Beanspruchung (z.B. Maschinenschreiben) kann es zu akuten und auch chronischen Entzündungen der Sehnenscheiden am Unterarm sowie der Hand kommen. Hauptsymptom ist der Schmerz. Die funktionelle Beanspruchung unterhält das Leiden. Die Diagnose ergibt sich aus der Anamnese (Überbeanspruchung) und der Prüfung der schmerzhaft eingeschränkten Dehnfähigkeit.

Ätiologie und Klinik
Durch monotone Belastung der Muskulatur entstehen chronisch-entzündliche Veränderungen im Bereich der Sehnenscheiden, wobei die Fortführung der Tätigkeit das Leiden unterhält.

Therapie. Im Akutzustand Ruhigstellung auf einer Unterarmgipsschiene. Bei chronischem Verlauf Schonung und physikalische Maßnahmen (Wärmeapplikation, Quermassage).

Therapie
Konservative Therapie durch Schonung, Ruhigstellung und physikalische Maßnahmen.

6.5 Neurogene Erkrankungen

An anatomischen Prädilektionsstellen kann es zu Schädigungen der Armnerven kommen, wobei die Symptomatik sich aus dem Funktionsverlust ergibt.

6.5.1 Schädigungen des Nervus ulnaris

Das Innervationsgebiet und das Lähmungsbild des Nervus ulnaris (Krallenhand) sind in *Synopsis 163* dargestellt.

6.5 Neurogene Erkrankungen

Wegen ihrer zum Teil exponierten Lage sind Schädigungen des Nervus radialis, des Nervus medianus und des Nervus ulnaris relativ häufig. Die klinische Symptomatik ergibt sich aus dem betroffenen Versorgungsgebiet der Nerven.

6.5.1 Schädigungen des Nervus ulnaris

Der Ausfall der Handbinnenmuskulatur führt zur Streckstellung in den Fingergrundgelenken und Flexionsstellung in den Interphalangealgelenken. Es entsteht das Bild einer **Krallenhand** *(Syn. 163).*

Synopsis 163: Verlauf und Lähmungsbild des N. ulnaris

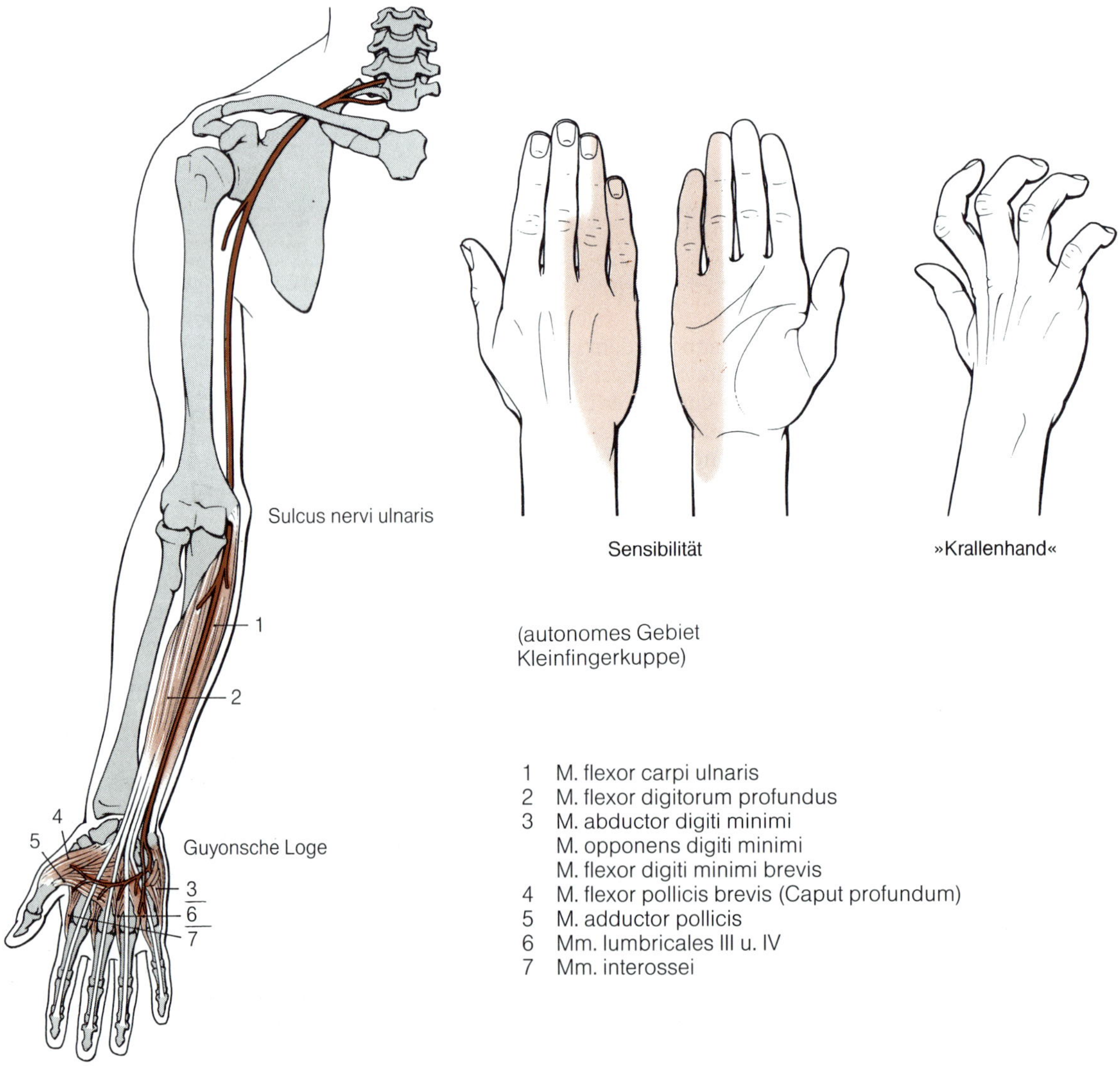

1 M. flexor carpi ulnaris
2 M. flexor digitorum profundus
3 M. abductor digiti minimi
M. opponens digiti minimi
M. flexor digiti minimi brevis
4 M. flexor pollicis brevis (Caput profundum)
5 M. adductor pollicis
6 Mm. lumbricales III u. IV
7 Mm. interossei

Sulcus-ulnaris-Syndrom

Definition. Druckschädigung des Nervus ulnaris im Sulcus ulnaris des Epicondylus ulnaris humeri.

Ätiologie und Klinik. Der Nervus ulnaris ist in der knöchernen Rinne des Sulcus ulnaris fixiert. Frakturen können daher zur Sofortlähmung durch direkte Schädigung, aber auch zur Spätlähmung durch Kallusbildung, Fehlstellung (Cubitus valgus) und Instabilität des Gelenkes führen. Chronische Druckschäden durch das Aufstützen des Ellenbogens sind selten. Der Ort der Schädigung kann durch die Messung der Nervenleitgeschwindigkeit eingegrenzt werden.

Therapie. Bei neurologischen Ausfällen ist die Verlagerung des Nervens in die Ellenbogenbeuge indiziert.

Sulcus-ulnaris-Syndrom

◄ **Definition**

Ätiologie und Klinik
Am Sulcus ulnaris können Frakturen, aber auch Kallusbildungen sowie ein zunehmender Cubitus valgus eine Schädigung des Nervus ulnaris hervorrufen.

Therapie
Operative Verlagerung des Nervens in die Ellenbeuge.

Radfahrerlähmung

Definition. Schädigung des Nervus ulnaris in der Loge de Guyon (Canalis nervi ulnaris am Handgelenk) oder distal davon.

Ätiologie und Klinik. Die Loge de Guyon ist ein anatomischer Engpaß für den Nervus ulnaris im Handgelenksbereich. Durch maximale Dorsalextension des Handgelenkes oder nach Handgelenksfrakturen kann es zur Kompression des Nervs in diesem Engpaß kommen. Meist sind die sensiblen Anteile hierbei nicht betroffen. Therapeutisch ist die operative Neurolyse angezeigt.

Radfahrerlähmung

◄ **Definition**

Ätiologie und Klinik
Durch maximale Dorsalextension des Handgelenks oder nach Handgelenksfrakturen wird meist der motorische Anteil des Nervus ulnaris geschädigt. Bei Therapieresistenz ist die operative Neurolyse angezeigt.

6.5.2 Affektionen des Nervus medianus

Beim Lähmungsbild des Nervus medianus wird zwischen Läsionen am Oberarm und in der Pronator-teres-Loge sowie dem häufigen Karpaltunnelsyndrom unterschieden. Bei Läsionen im Oberarmbereich imponiert die **Schwurhand** *(Syn. 164),* d.h. der Faustschluß der drei radialseitigen Finger ist nicht möglich, und der Daumen verliert seine Oppositionsfähigkeit. Sensibilitätsstörungen bestehen im Bereich der Finger I bis III sowie radialseitig am 4. Finger. Bei Läsionen im Oberarmbereich kommt es zusätzlich zum Ausfall der Beugemuskulatur des Unterarmes.

6.5.2 Affektionen des Nervus medianus
Das Innervationsgebiet sowie die Ausfallssymptomatik des Nervus medianus ist in *Synopsis 164* dargestellt.

Karpaltunnelsyndrom

Synonym. Brachialgia paraesthetica nocturna.

Definition. Schädigung des Nervus medianus im Karpaltunnel.

Ätiologie. Das Karpaltunnelsyndrom stellt die häufigste Nervenläsion der oberen Extremität dar. Der Karpaltunnel wird gebildet von den Handwurzelknochen und dem darübergespannten Retinaculum flexorum. In diesem Tunnel verlaufen die Fingerbeuger und der Nervus medianus.

Verletzungen mit Fehlstellungen im Bereich der Handwurzel, rheumatische Erkrankungen der Sehnenscheiden (z.B. Synovitis der Beugesehnen bei der chronischen Polyarthritis) und alle anderen raumfordernden Prozesse des Karpaltunnels können eine Kompression des Nervus medianus verursachen. Häufig ist die Ätiologie nicht klar. Frauen in der Postmenopause werden am häufigsten betroffen, die rechte Hand ist häufiger als die linke befallen. Bei etwa der Hälfte der Patienten liegt ein doppelseitiger Befund vor.

Karpaltunnelsyndrom

◄ **Definition**

Ätiologie
Das Karpaltunnelsyndrom stellt die häufigste Nervenläsion der oberen Extremität dar. Verletzungen der Handwurzel, rheumatische Erkrankungen, z.B. chronische Tenosynovitis der Beugesehnen bei c.P. und andere raumfordernde Prozesse können die Kompression verursachen. Häufig ist die Ätiologie unklar. Bevorzugt werden Frauen in der Postmenopause betroffen, wobei bei etwa der Hälfte ein doppelseitiger Befall vorliegt.

Synopsis 164: Verlauf und Lähmungsbild des N. medianus.

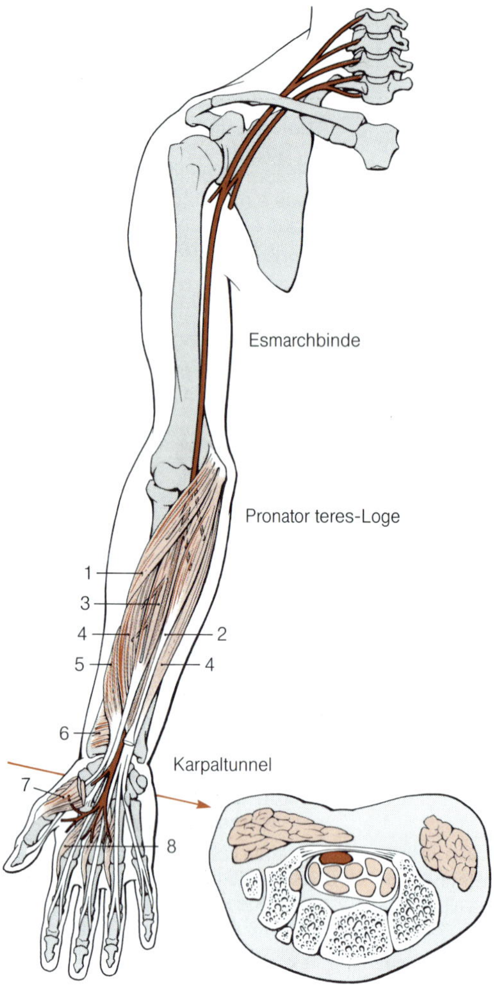

1 M. pronator teres
2 M. palmaris longus
3 M. flexor carpi radialis
4 M. flexor digitorum superficialis
5 M. flexor pollicis longus
6 M. pronator quadratus
7 M. opponens pollicis
M. abductor pollicis brevis
M. flexor pollicis brevis (Caput superficiale)
8 Mm. lumbricales I, II, III

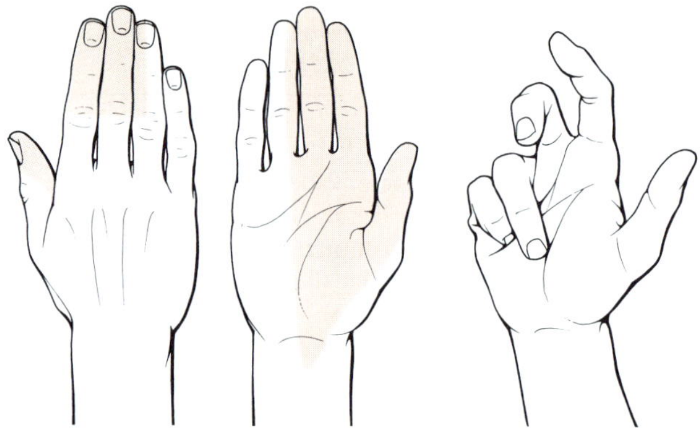

Sensibilität »Schwurhand«

(autonomes Gebiet Zeigefingerkuppe)
wichtigster Nerv für die Schutz-Sensibilität!

Querschnitt durch Karpaltunnel

Klinik
Nächtliche Dysästhesien im Bereich der drei Mittelfinger. Der Karpaltunnel selbst ist klopfschmerzhaft *(Syn. 165)* bei Extension im Handwurzelbereich (Tinel-Zeichen).

Klinik. Die Patienten klagen über das Einschlafen der Hand sowie über nächtliche, oft kribbelnde Beschwerden im Bereich der drei mittleren Finger. Anfangs stehen also sensible Störungen im Vordergrund. Der Daumenballen atrophiert, es besteht eine Klopfschmerzhaftigkeit des Karpaltunnels **(Tinel-Zeichen** *Syn. 165),* insbesondere bei Extensionsstellung im Handwurzelbereich. Eine Beschwerdelinderung durch Schütteln und Flexion im Handgelenk wird angegeben.

Diagnose
Entscheidend für die Diagnose des Karpaltunnelsyndroms ist die elektromyographische Untersuchung.

Diagnose. Die Röntgenuntersuchung ist in der Regel wenig aufschlußreich. Mit der Ultraschalluntersuchung kann auch der Verlauf der Beugesehnen, die in enger anatomischer Nachbarschaft des Nerven verlaufen, dynamisch beurteilt werden. Entscheidend ist die Messung der Nervenleitgeschwindigkeit, mit der die Funktionsstörung des Nervus medianus quantifiziert werden kann.

Therapie
Ein konservativer Therapieversuch durch lokale Kortikosteroidinjektion kann versucht werden. Die Therapie der Wahl ist die operative Spaltung des Retinaculum flexorum.
Selten kommt es zur Schädigung

Therapie. Konservativ können lokale Injektionen mit geringen Dosen von Kortikosteroiden versucht werden. Operativ wird das Retinaculum flexorum gespalten. Dies wird auch prophylaktisch bei schweren Handverletzungen durchgeführt, um bei Schwellung der Handgelenksweichteile eine Schädigung des Nervus medianus zu vermeiden.

Selten besteht eine Schädigung des Nervus medianus im Oberarmbereich, z.B. durch eine Esmarch-Binde (Operationen an der Hand in Blutleere) oder im

Synopsis 165: Tinel-Zeichen beim Karpaltunnelsyndrom

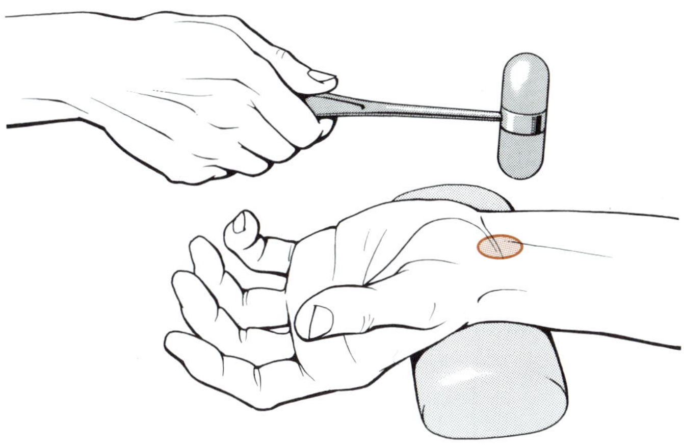

Dorsalextension im Handgelenk bei gestrecktem Ellenbogen.

Bereich der Pronator-teres-Loge. Bei dieser auch als **Pronator-teres-Syndrom** bezeichneten Erkrankung wird der Nerv an der Eintrittsstelle unter dem Musculus pronator teres gereizt, insbesondere bei Tätigkeiten in andauernder Streckstellung des Ellenbogengelenkes. Hierdurch werden vornehmlich Schmerzen und ein Sensibilitätsdefizit verursacht.

des Nervus medianus am Oberarm oder im Bereich der **Pronator-teres-Loge,** d.h. an der Eintrittsstelle unter dem Musculus pronator teres, insbesondere bei andauernder Streckstellung des Ellbogengelenkes.

6.5.3 Schädigungen des Nervus radialis

Typisch für die Radialisläsion ist die sogenannte **Fallhand** *(Syn. 166),* da der Nervus radialis motorisch die gesamte Streckmuskulatur der Hand innerviert. Zusätzlich besteht ein Sensibilitätsdefizit radialseitig über dem Handrücken.

6.5.3 Schädigungen des Nervus radialis

Das Innervationsgebiet sowie die klinische Ausfallssymptomatik (Fallhand) sind in *Synopsis 166* dargestellt.

Ätiologie. Bei Benützung von Achselstützen, insbesondere bei älteren Patienten mit herabgesetzter Schmerzempfindung, ist eine Schädigung des Nervus radialis in der Achselhöhle möglich. Im Oberarmbereich kreuzt der Nervus radialis schraubenförmig den Humerus etwa in Oberarmmitte und liegt in diesem Bereich direkt dem Periost auf. Frakturen, aber auch unsachgemäße Lagerung bei Operationen oder die sogenannte Parkbank-Läsion (meist doppelseitige Radialisparese nach Parkbanknächtigung im intoxikierten Zustand) können eine Radialisläsion verursachen. Im proximalen Bereich des Unterarms tritt der muskuläre Ast des Nervus radialis (Nervus radialis profundus) durch den Musculus supinator hindurch. Bei Hyperextensionstraumen oder nach kräftiger Supination bei gleichzeitiger Dorsalflexion und radialer Abwinkelung gegen Widerstand werden Läsionen des motorischen Astes beobachtet.

Ätiologie

Bei herabgesetzter Schmerzempfindung kann es zu Schädigungen des Nervus radialis in der Achselhöhle und im Oberarmbereich kommen. Im Unterarmbereich tritt der muskuläre Ast des Nervus radialis (Ramus profundus) durch den Musculus supinatus hindurch. Bei kräftiger Supination und Dorsalflektion können ebenfalls Schädigungen des Nervus radialis beobachtet werden.

Therapie. Die Therapie ist von der Lokalisation und Ursache der Läsion abhängig. Bei Läsionen im Oberarmbereich sind Nervenersatzplastiken indiziert.

Therapie

Bei Läsionen im Oberarmbereich werden Nervenersatzplastiken durchgeführt.

Therapeutische Maßnahmen bei persistierenden peripheren Nervenläsionen des Armes. Bei Verletzungen wird die mikrochirurgische Rekonstruktion zum Teil mit Interponat (Nervus suralis) angestrebt. Bei ausbleibender Regeneration der Nervenfunktion sind funktionsverbessernde Eingriffe in Abhängigkeit von der durch die Lähmung bedingten speziellen anatomischen und funktionellen Situation möglich. Hierbei werden intakte Muskeln als »Ersatzmotoren« auf die Sehnen der gelähmten Muskeln transferiert (z.B. Umwandlung eines Streckmuskels in einen Beuger). Arthrodesen kompensieren die fehlende muskuläre Stabilisierung der Gelenke.

Therapeutische Maßnahmen bei persistierenden peripheren Nervenläsionen des Armes

Primär wird die mikrochirurgische Rekonstruktion zum Teil mit Interponat (Nervus suralis) angestrebt. Bei bleibendem Ausfall kann durch Muskeltransfer oder bei fehlender muskulärer Stabilisierung der Gelenke durch Arthrodesen der Funktionsausfall verringert werden.

Synopsis 166: Verlauf und Lähmungsbild beim N. radialis.

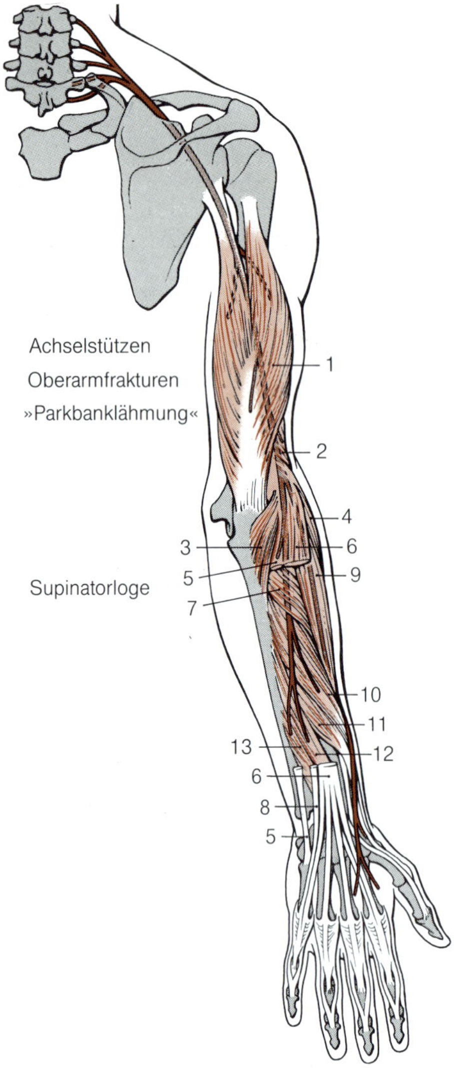

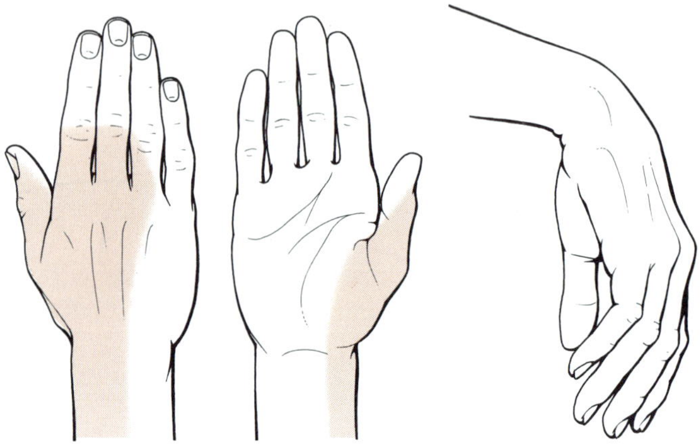

1 M. triceps
2 M. brachioradialis
3 M. anconaeus
4 M. extensor carpi radialis longus
5 M. extensor carpi ulnaris
6 M. extensor digitorum communis
7 M. supinator
8 M. extensor digiti minimi
9 M. extensor carpi radialis brevis
10 M. abductor pollicis longus
11 M. extensor pollicis brevis
12 M. extensor pollicis longus
13 M. extensor indicis

6.6 Verletzungen und Verletzungsfolgen

6.6.1 Unterarmfrakturen

Ätiologie und Klassifikation. Schaftbrüche des Unterarmes können durch direkte oder indirekte Gewalteinwirkungen entstehen. Hierbei kann es zur isolierten Fraktur eines Unterarmknochens oder zur kompletten Unterarmfraktur kommen. Die isolierte Ulnafraktur entsteht meist als sogenannte Parierfraktur bei direkter Traumatisierung der Elle. Der isolierte Bruch eines Unterarmknochens kann mit der Luxation des anderen einhergehen. Bei der sogenannten Monteggia-Fraktur besteht eine Fraktur der Ulna mit gleichzeitiger Radiusköpfchenluxation. Bei der Galeazzi-Fraktur geht eine Radiusschaftfraktur mit der Luxation der distalen Ulna einher.

6.6 Verletzungen und Verletzungsfolgen

6.6.1 Unterarmfrakturen

Ätiologie und Klassifikation
Direkte (Parierfraktur der Elle) und indirekte Gewalteinwirkung sind ursächlich für Unterarmschaftbrüche. Der Bruch eines Unterarmknochens kann mit der Luxation des anderen einhergehen.

Monteggia-Fraktur:
Ulnafraktur mit Radiusköpfchenluxation.

Galeazzi-Fraktur:
Radiusschaftfraktur mit Luxation der distalen Ulna.

Monteggia-Fraktur
Ulnafraktur mit Radiusköpfchenluxation.

Galeazzi-Fraktur
Radiusfraktur mit Luxation der distalen Ulna

Diagnose und Therapie. Bei Verdacht auf eine Unterarmschaftfraktur sollte die röntgenologische Darstellung in zwei Ebenen erfolgen und die angrenzenden Gelenke einschließen. Nur so können Kombinationsverletzungen (s. oben) richtig diagnostiziert werden. Die Parierfraktur weist die beste Heilungstendenz auf, so daß nur eine kurzfristige Ruhigstellung erfolgen muß. Instabile Brüche (komplette Unterarmschaftfrakturen) sowie Kombinationsverletzungen (Monteggia-/Galeazzi-Fraktur) werden operativ stabilisiert, da die geschlossene Reposition dieser Verletzungen wenig aussichtsreich ist. Bei konservativer Therapie ist zur Aufhebung der Unterarmdrehbeweglichkeit die Versorgung mit einem Oberarmgips erforderlich.

Diagnose und Therapie
Kombinationsverletzungen werden durch Einschluß der angrenzenden Gelenke radiologisch diagnostiziert. Bei der Parierfraktur besteht eine gute Heilungstendenz. Instabile Brüche sowie Kombinationsverletzungen werden operativ stabilisiert. Zur Aufhebung der Unterarmdrehbeweglichkeit ist die Versorgung mit Oberarmgips notwendig.

6.6.2 Radiusfraktur loco typico

6.6.2 Radiusfraktur loco typico

Ätiologie und Klassifikation. Der distale Radiusbruch ist die häufigste Fraktur überhaupt. Sie entsteht meist beim Sturz auf die dorsalextendierte (Colles-Fraktur) oder seltener palmarflektierte Hand (Smith-Fraktur, *Syn. 167).*

Diagnose. Klinisch imponiert die meist bajonettförmige Fehlstellung des Handgelenkes. Undislozierte Frakturen zeigen lediglich eine Schwellung und Druckschmerzhaftigkeit. Die Diagnose erfolgt anhand des Röntgenbildes in zwei Ebenen. Somit können auch begleitende Frakturen der Ulna oder Abrißfrakturen des Processus styloideus ulnae diagnostiziert werden. Unterschieden werden extra- und intraartikuläre Frakturen sowie Trümmerfrakturen.

Die häufigste Komplikation der **distalen Radiusfraktur** ist die Sudeck-Dystrophie *(Syn. 122, S. 287).* Einschnürende Gipsverbände sind hierbei bedeutsam.

Ätiologie und Klassifkation
Beim Sturz auf die dorsalextendierte Hand entsteht die häufigere Colles-Fraktur, bei palmarflektierter Hand die seltenere Smith-Fraktur *(Syn. 167).*
Diagnose
Die dislozierte Colles-Fraktur zeigt die bajonettförmige Fehlstellung des Handgelenkes. Oft liegen eine begleitende Ulnafraktur und Abrißfrakturen des Processus styloideus ulnae vor.
Die häufigste Komplikation der distalen Radiusfraktur ist die Sudeck-Dystrophie *(Syn. 122, S. 287).*

Therapie. Die Therapie besteht in der Reposition der Fraktur durch Längszug unter dorsalem Druck (Colles-Fraktur) auf das distale Radiusfragment. Angestrebt wird hierbei die anatomische Reposition, d.h. die Wiederherstellung der ursprünglichen Radiuslänge sowie Radiusgelenkwinkel. Bei intraartikulären Frakturen mit großen Gelenkfragmenten werden diese perkutan oder offen osteosynthetisch stabilisiert. Bei Trümmerfrakturen ist die Versorgung mit einem Fixateur externe (Überspannung von Radiusmitte zum Metakarpale II) angezeigt, um die ursprüngliche Radiuslänge wiederherzustellen.

Therapie
Die Therapie besteht in der Reposition und Gipsruhigstellung. Bei intraartikulären Frakturen mit großen Gelenkfragmenten wird osteosynthetisch stabilisiert. Bei Trümmerfrakturen Versorgung mit einem Fixateur externe.

6.6.3 Navikularefraktur/Navikularepseudarthrose

6.6.3 Navikularefraktur Navikularepseudarthrose

Definition. Bruch/Falschgelenksbildung des Kahnbeines.

◀ **Definition**

Ätiologie und Klassifikation. Während beim älteren Menschen der Sturz auf das ausgestreckte Handgelenk meist eine distale Radiusfraktur verursacht, kommt es beim jüngeren Menschen oft zur Navikularefraktur. Hierbei werden **Querbrüche** sowie horizontale und vertikale **Schrägbrüche** unterschieden. Je weiter proximal der Frakturspalt gelegen ist, desto größer ist die Gefahr der späteren Nekrose des proximalen Fragmentes, auf Grund der kritischen Blutversorgung dieses Knochenabschnittes. Bei primär nicht diagnostizierten Navikularefrakturen sowie nach inadäquater Therapie kommt es zur Entstehung der **Navikularepseudarthrose.**

Ätiologie und Klassifikation
Indirekte Traumen sind insbesondere beim jüngeren Menschen ursächlich für die Navikularefraktur. Je proximaler der Frakturspalt gelegen ist, desto größer ist die Gefahr der späteren Nekrose des proximalen Fragments. **Navikularepseudarthrosen** entstehen durch Verkennung der Diagnose sowie durch inadäquate Therapie.

Synopsis 167: Radiusfraktur loco typico.

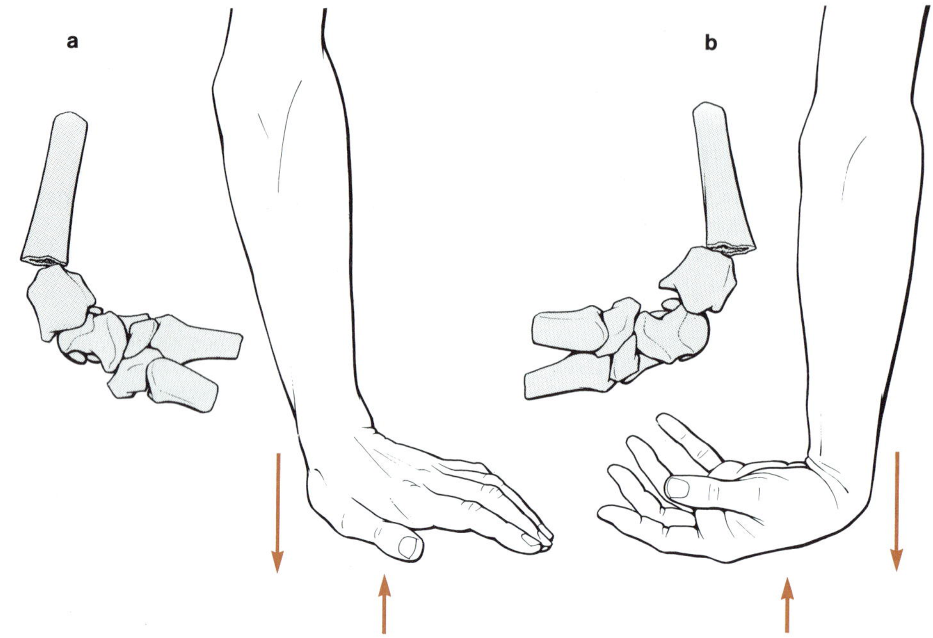

Der Sturz auf die dorsalextendierte Hand verursacht die häufigere Colles-Fraktur **(a),** bei flexiertem Handgelenk entsteht die Smith-Fraktur **(b).**

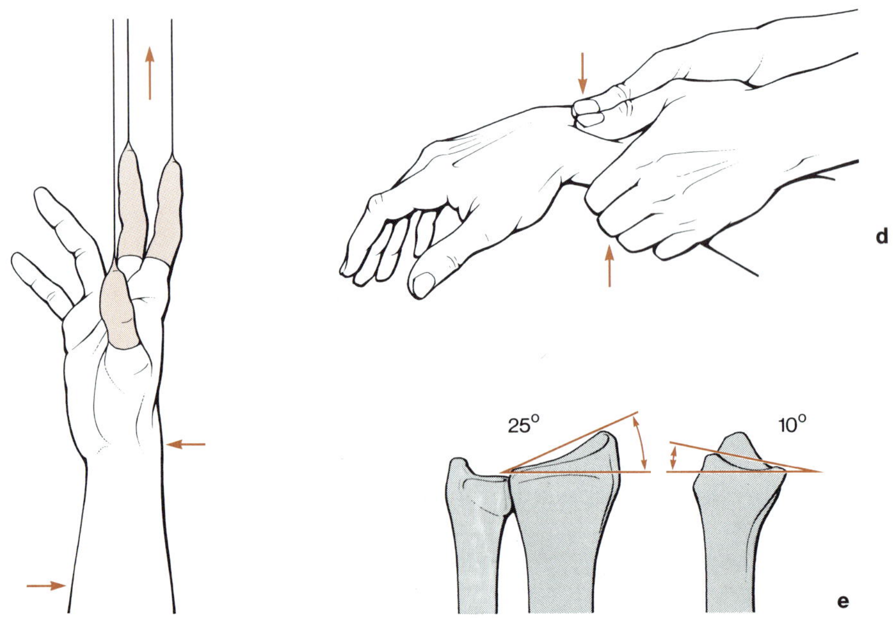

Die Reposition erfolgt durch Längszug mittels »Mädchenfänger« **(c)** sowie manuellen Druck in Repositionsrichtung Hierbei ist auf eine analoge Gipsverbandanordnung zu achten (Delle streckseitig über Radiusbasis und leichte Flexionsstellung des Handgelenkes bei der Collesfraktur, um ein Abrutschen der Fraktur zu verhüten **(d).**

Angestrebt wird die anatomische Reposition, d.h. die Gelenkfläche des distalen Radius steigt radialseitig um 25 Grad und streckseitig um 10 Grad an (Radiusgelenkwinkel, **(e).**

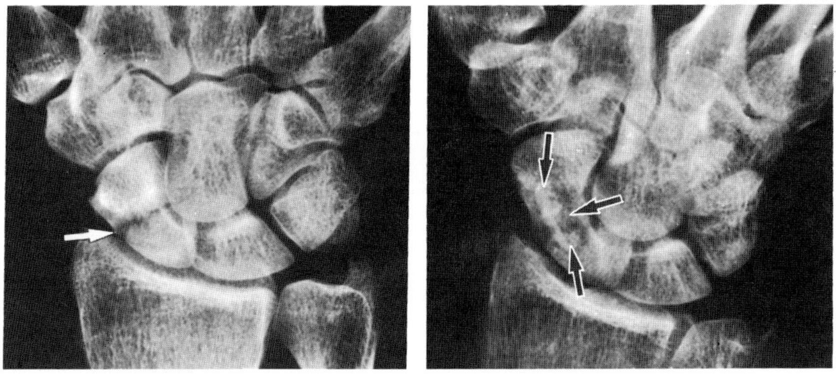

Abb. 116: Navikularepseudarthrose. Therapie durch Matti-Russe-Plastik. Beachte den eingefalzten kortikospongiösen Span.

Diagnose und Therapie. Navikularefrakturen werden relativ häufig übersehen, da selten eine wesentliche Dislokation besteht. Bei Verdacht sollte deshalb eine Röntgenuntersuchung in **vier Ebenen** des Handgelenkes erfolgen. Ist auch hiermit keine definitive Klärung zu erzielen, sollte nach initialer Ruhigstellung 10 Tage später erneut radiologisch kontrolliert werden.

Die **Behandlung der Navikularefraktur** erfolgt durch eine 6wöchige Ruhigstellung im Oberarmgips mit Einschluß des Daumengrundgelenkes und anschließender 6wöchiger Ruhigstellung im Unterarmgips.

Navikularepseudarthrosen (chronische Handgelenksbeschwerden!) sowie schräg vertikale und klaffende Frakturen werden in der Technik nach Matti-Russe versorgt. Hierbei wird vom ventralen Zugang her das Navikulare dargestellt, das pseudarthrotische Gewebe entfernt sowie durch Einfalzen eines kortikospongiösen Spanes mit zusätzlicher Spongiosaplastik das Navikulare stabilisiert *(Abb. 116)*. Um die lange postoperative Ruhigstellung von drei Monaten zu verkürzen kann der Pseudarthrosenspalt zusätzlich verschraubt werden.

Diagnose und Therapie
Die röntgenologische Untersuchung des Handgelenkes in **vier Ebenen** erleichtert die Diagnosestellung bei der nur selten dislozierten Fraktur. Gegebenenfalls kann zeitversetzt (10 Tage) eine zweite Untersuchung erfolgen. Die Versorgung der Navikularefraktur erfolgt durch Ruhigstellung im Navikularegips (6 Wochen Oberarm-, 6 Wochen Unterarmgips).
Navikularepseudarthrosen sowie vertikale und klaffende Frakturen werden in der Technik nach Matti-Russe versorgt *(Abb. 116)*.

6.6.4 Perilunäre Luxation

> ***Definition.*** Verrenkung des Mondbeins.

Ätiologie und Klassifikation. Lunatumluxationen und perilunäre Luxationsfrakturen sind seltene Verletzungen. Hierbei luxiert das Lunatum häufiger nach palmar, seltener nach dorsal, zum Teil mit Begleitverletzungen.

Diagnose und Therapie. Die primäre Diagnosestellung ist wichtig, da durch Längszug und volaren Druck die Lunatumluxation konservativ oft reponibel ist. Klinisch imponiert beugeseitig im Handwurzelbereich das luxierte prominente Lunatum. Begleitend kann eine Kompression des Nervus medianus vorliegen. Während die frische perilunäre Luxation meist konservativ mit guter Prognose behandelt werden kann, ist bei der veralteten Lunatumluxation nur die operative Einrichtung mit deutlich schlechterer Prognose möglich.

Klinisches Beispiel. 28jähriger Freizeitsportler mit »Distorsionsverletzung« im Bereich des linksseitigen Handgelenkes beim Handballspielen. Bei der initialen Untersuchung wurde die perilunäre Luxation verkannt. Die Diagnosestellung erfolgte mit einem Verzug von 3 Monaten *(Syn. 168)*. Zum Zeitpunkt der Diagnosestellung imponierte die Schwellung im Handwurzelbereich, sowie diffuse uncharakteristische Beschwerden wurden geklagt. Die operative Wiedereinpassung des Lunatums war zu diesem Zeitpunkt nicht mehr möglich, weshalb vom palmaren Zugang her das Lunatum entfernt und eine Silikon-Interposition als Lunatumersatz durchgeführt wurde. Auf Grund von Restbeschwerden im Handgelenk hat der Patient mit dem Handballspielen aufgehört und betreibt jetzt Schwimmen und Fußball.

6.6.4 Perilunäre Luxation

◀ **Definition**

Ätiologie und Klassifikation
Bei Lunatumluxationen oder perilunären Luxationsfrakturen luxiert das Lunatum meist nach palmar.

Diagnose und Therapie
Klinisch imponiert beugeseitig das luxierte prominente Lunatum, das fakultativ den Nervus medianus komprimiert. Die knöcherne Lunatumluxation läßt sich akut meist konservativ reponieren. Später ist nur die operative Einrichtung mit deutlich schlechterer Prognose möglich.

◀ **Klinisches Beispiel**

Synopsis 168: Perilunäre Luxation.
Beachte im seitlichen Röntgenbild das um 90 Grad verkippte und beugeseitig liegende Lunatum, das im Handgelenk, insbesondere bei Dorsalextension, prominent erscheint.

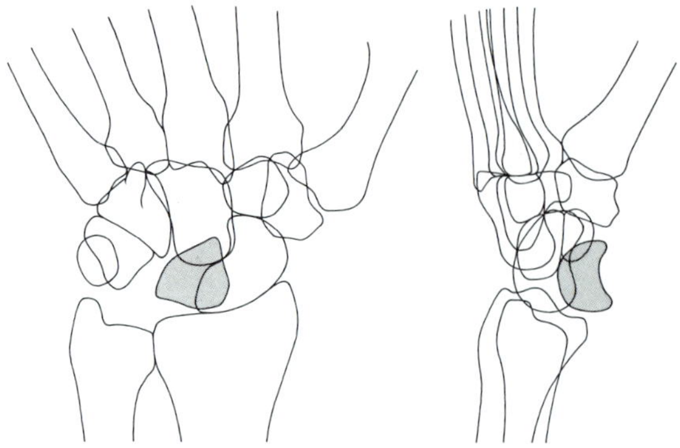

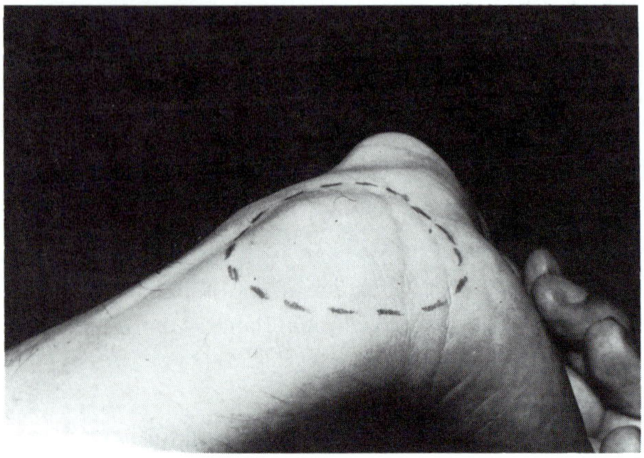

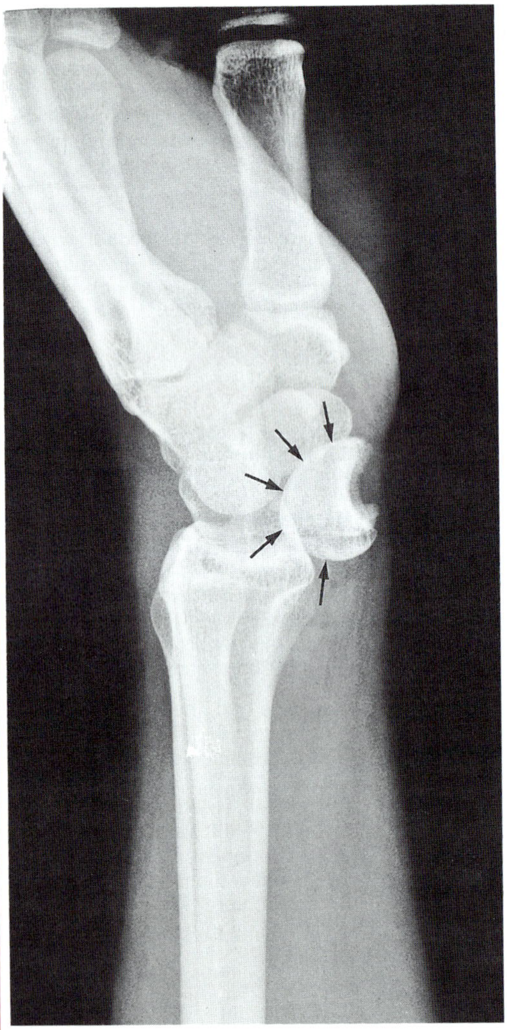

6.6.5 Bennett-Fraktur

Definition. Intraartikulärer Schrägbruch der Basis des Metakarpale I *(Syn. 169).*

Ätiologie und Therapie. Axiale Stauchungen des adduzierten Daumens führen zu dieser Verletzung. Hierbei verbleibt meist ein kleineres mediovolares Fragment am Ort, während sich das Hauptfragment nach dorsal und proximal verschiebt.

Von der Bennett-Fraktur wird die sogenannte **Rolando-Fraktur** (Y- oder T-Bruch) der Basis des Metakarpale I abgegrenzt. Ist das mediovolare Fragment genügend groß, erfolgt die Verschraubung mittels einer Kleinfragmentschraube. Ansonsten erfolgt die Transfixation in Abduktions- und Oppositionsstellung des Daumens zwischen dem Metakarpale I und II durch Kirschnerdrähte.

6.6.6 Mittelhandfrakturen

Siehe Synopsis 169.

Ätiologie und Therapie. Mittelhandfrakturen entstehen zum einen durch direkte Gewalteinwirkung, zum anderen als Stauchungs- oder Biegungsfrakturen bei Sturz auf die Hand. Die konservative Therapie erfolgt durch Ruhigstellung mit einer volaren Gipsschiene, wobei, um Rotationsfehlstellungen (insbesonders am Kleinfinger) zu vermeiden, die benachbarten Finger eingeschlossen werden. Während des Abhärtens des Gipses erfolgt durch palmaren Druck auf das eingesunkene Köpfchen des Metakarpale unter gleichzeitiger Flexion im Metakarpophalangealgelenk (70 Grad) die Reposition der Fraktur. Offene Brüche und stark dislozierte Gelenkbrüche werden operativ versorgt.

Synopsis 169: Häufige Frakturen der Handwurzel und der Mittelhand.

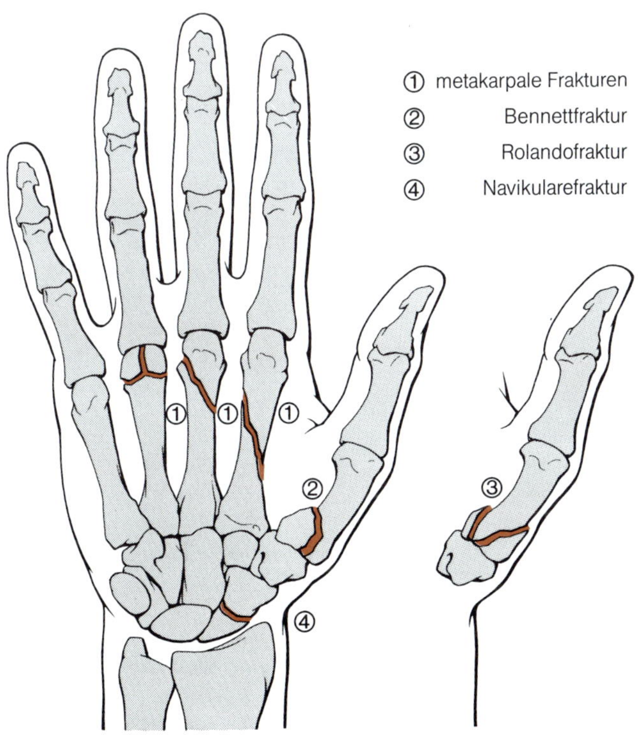

6.6.5 Bennett-Fraktur

◄ **Definition**

Ätiologie und Therapie
Bei axialen Stauchungen des adduzierten Daumens frakturiert die Basis des Metakarpale I intraartikulär, wobei ein kleines mediovolares Fragment am Ort bleibt.
Die Rolando-Fraktur (Y- oder T-Bruch) wird abgegrenzt. Die Therapie erfolgt osteosynthetisch. Bei kleinen Fragmenten Transfixation des Metakarpale I zum Metakarpale II.

6.6.6 Mittelhandfrakturen
Siehe Synopsis 169

Ätiologie und Therapie
Direkte und indirekte Gewalteinwirkung können Mittelhandfrakturen verursachen. Die konservative Therapie erfolgt durch Ruhigstellung in einer volaren Gipsschiene unter Einschluß benachbarter Finger. Hierbei wird das abgesunkene Metakarpalköpfchen mit palmarem Druck reponiert.

Synopsis 170: Grobgriff und Spitzgriff

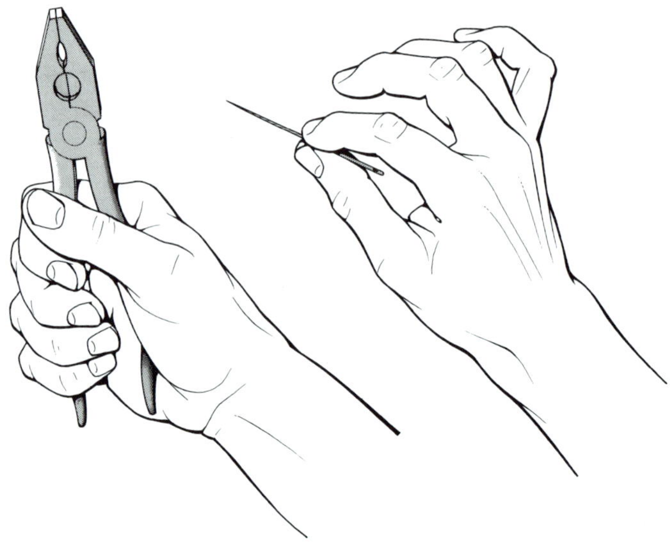

6.7 Begutachtung

Maßgebend im Bereich der Hand ist der Funktionsverlust. Unterschieden werden hierbei die Störungen der Feinmotorik sowie der groben Kraft (Spitz- und Grobgriff, *Syn. 170)*. Dementsprechend wird der Verlust des Daumens und des Zeigefingers am höchsten bewertet. Bei der privaten Unfallversicherung erfolgt die Einstufung anhand der Gliedertaxe *(S. 86)*.

6.7 Begutachtung

Entscheidend für die Begutachtung ist der Funktionsverlust der Hand. Hierzu wird auf die Störung der Feinmotorik sowie der groben Kraft geachtet. Wichtig ist die Beurteilung des Spitz- und Grobgriffes. Der Spitzgriff zwischen Daumen und Langfinger ist für die Handfunktion von elementarer Bedeutung und wird gutachterlich entsprechend berücksichtigt *(Syn. 170)*. Dementsprechend wird der Verlust des Daumens und des Zeigefingers mit einer höheren Minderung der Erwerbsfähigkeit beurteilt als der Verlust der Langfinger III-IV. Funktionsverluste an der dominanten Hand werden höher bewertet. Bei der privaten Unfallversicherung erfolgt die Einstufung in Bruchteilen des sogenannten Arm- oder Fingerwertes (Gliedertaxe, *S. 86)*.

7 Becken

7.1 Praktische Anatomie

Das Becken ist ringförmig aufgebaut *(Syn. 171)*. Dorsal artikuliert das Kreuzbein über die beiden Iliosakralgelenke mit den Darmbeinen. In den Iliosakralgelenken besteht nur eine geringfügige Beweglichkeit. Dennoch ist dieses Gelenk von großer klinischer Wichtigkeit, da sich dort viele degenerative und entzündliche Erkrankungen manifestieren. Stabilisiert wird dieses Gelenk durch kräftige Bandverbindungen. Auch die untere Lendenwirbelsäule ist ligamentär mit dem Becken verbunden **(Ligamentum iliolumbale)**. Diese stark beanspruchten Bänder zeigen oftmals Insertionstendinosen.

Beim Kind kommunizieren Darm-, Sitz- und Schambein in der knorpeligen Y-Fuge der Hüftgelenkspfanne, von der aus das Tiefenwachstum der Pfanne erfolgt. Beim Erwachsenen ist diese Wachstumsfuge verschlossen. Klinisch bedeutsam ist die persistierende Synchondrose zwischen Sitz- und Schambein *(S. 404)*. Beim Sitzen wird das **Tuber ischiadicum** des Sitzbeines belastet, an dem auch bei prothetischen und orthetischen Versorgungen die Abstützung erfolgt. Ventral ist der Beckenring in der Symphyse geschlossen. Während der Schwangerschaft kommt es hormonell bedingt zur Lockerung der Bandstrukturen des Beckens, um den Geburtskanal zu erweitern. Hierbei besteht auch die Gefahr der Symphysensprengung *(S. 408)*, die auch traumatisch erfolgen kann.

7 Becken

7.1 Praktische Anatomie

7.2 Untersuchung

Wegen der Weichteildeckung des Beckens ist die direkte inspektorische und palpatorische Untersuchung eingeschränkt möglich. Bei palpatorisch schmerzhaften Bandansätzen kann die Applikation von Lokalanästhetika diagnostisch angewandt werden. Auch die Stellung der Symphyse läßt sich palpatorisch beurteilen. Symphysensprengungen werden mit Hilfe des Ultraschalls oder radiologisch quantifiziert.

7.2 Untersuchung

Schmerzhafte Bandansätze sind lokal druckdolent und können durch Lokalanästhetika lokal infiltriert werden. Die Stellung der Symphyse sowie der Iliosakralgelenke läßt sich palpatorisch erfassen.

Synopsis 171: Praktische Anatomie des Beckens.
Rechtsseitig sind die wichtigsten Bandstrukturen im Bereich des Beckens dargestellt. Linksseitig die knöchernen Elemente. Beim Kind ist das Darmbein mit dem Sitz- und Schambein, die kaudal medial in der Synchondrosis ischiopubica miteinander kommunizieren, in der Y-Fuge knorpelig verbunden.

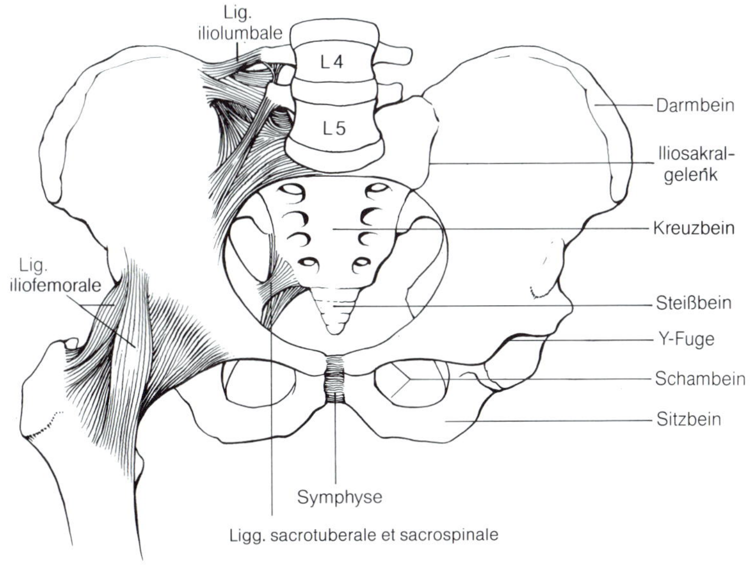

Synopsis 172: Mennellzeichen
Beim seitwärts liegenden Patienten, mit kontralateral maximal angebeugtem Hüft- und Kniegelenk zur Fixierung des Beckens, wird vom Untersucher das oben liegende Hüftgelenk überstreckt. Das provoziert das Iliosakralgelenk

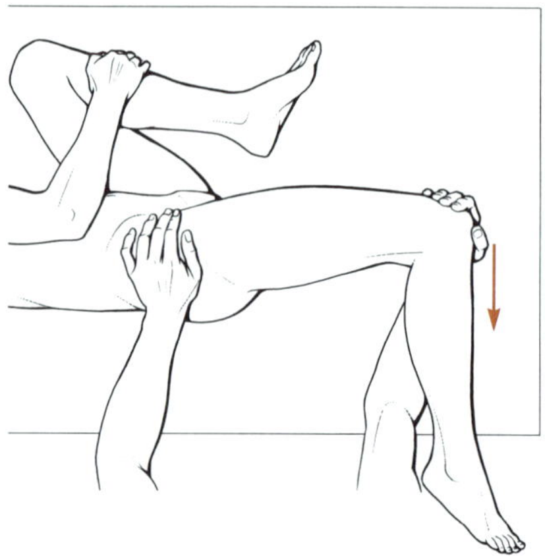

Mennell-Zeichen und Hebetest weisen auf ein erkranktes Iliosakralgelenk hin *(Syn. 172)*.

Die **Computertomographie** erlaubt die dreidimensionale Beurteilung von Knochen- und Weichteilverletzungen.

Bei der klinischen Untersuchung läßt sich mit dem **Mennell-Zeichen** *(Syn. 172)* ein Schmerz aus den Strukturen des Iliosakralgelenkes nachweisen. Beim **Hebetest** wird das Ilium in Bauchlage angehoben und unter Fixierung des Sakrums das Iliosakralgelenk palpiert. In der Traumatologie kommt der **Computertomographie** neben der **konventionellen** Röntgenaufnahme eine große Bedeutung zu, da sie eine dreidimensionale Beurteilung von Verletzungen des Beckenringes erlaubt. Im Computertomogramm können auch begleitende Weichteilverletzungen erkannt werden (retroperitoneales Hämatom, Verletzungen des Urogenitaltraktes).

Lendenwirbelsäule und Hüftgelenke müssen beim Becken aus differentialdiagnostischen Gründen mit untersucht werden.

Die Untersuchung der Lendenwirbelsäule und der Hüftgelenke muß aus differentialdiagnostischen Erwägungen in die Untersuchung des Beckens einbezogen werden.

7.3 Formabweichungen und Fehlentwicklungen

Die unterschiedliche Einpassung des Kreuzbeines in das Becken prädisponiert zu unterschiedlichen Erkrankungen *(Syn. 173)*. Die Beckenform wird während des Wachstums ausgestaltet, auch Lähmungen der hüftumfassenden Muskulatur können das Beckenwachstum beeinflussen.

7.3 Formabweichungen und Fehlentwicklungen

Die Einpassung des Kreuzbeines in das Becken ist von großer Bedeutung, da sich hieraus eine Prädisposition für unterschiedliche Erkrankungen ergibt *(Syn. 173)*. Die Ausgestaltung der Beckenform erfolgt während des Wachstums. Extreme Beckenstellungen werden deshalb insbesondere auch bei asymmetrischen Lähmungen der beckenumfassenden Muskulatur beobachtet. Die unterschiedliche Form des Beckens wird auch zur Differentialdiagnostik bei der Vielzahl der Dysostosen herangezogen.

7.3.1 Synchondrosis ischiopubica

7.3.1 Synchondrosis ischiopubica

Synonym. Morbus van Neck.

Definition ▶

Definition. Osteochondrose an der knorpeligen Verbindung zwischen Sitz- und Schambein bei ausbleibender knöcherner Fusion.

Ätiologie
Überbelastungen der knorpeligen Sitz-Schambeinfuge oder allgemeine Skelettretardierung.

Ätiologie. Es kommen sowohl Überbelastungen des knorpelig geschlossenen Beckenringes (z.B. einseitige Hüftversteifung) als auch allgemeine Retardierungen der Skelettentwicklung in Frage. Die Erkrankung wird im Schulalter beobachtet.

Synopsis 173: Die **Einpassung des Kreuzbeines in den Beckenring** disponiert zu unterschiedlichen Erkrankungen. Beim steilgestellten Sakrum **(a)** wird der ventrale Wirbelsäulenabschnitt vermehrt belastet (Disposition zu Bandscheibenerkrankungen, z.B. Diskushernie).
Bei horizontaler Sakrumstellung (Sacrum acutum) **(c)** der dorsale Abschnitt (Disposition zu Erkrankungen der Wirbelgelenke und der Interartikularportionen, z.B. Spondylarthrose oder Spondylolyse).
Die physiologische Beckeninklination ist in **(b)** wiedergegeben

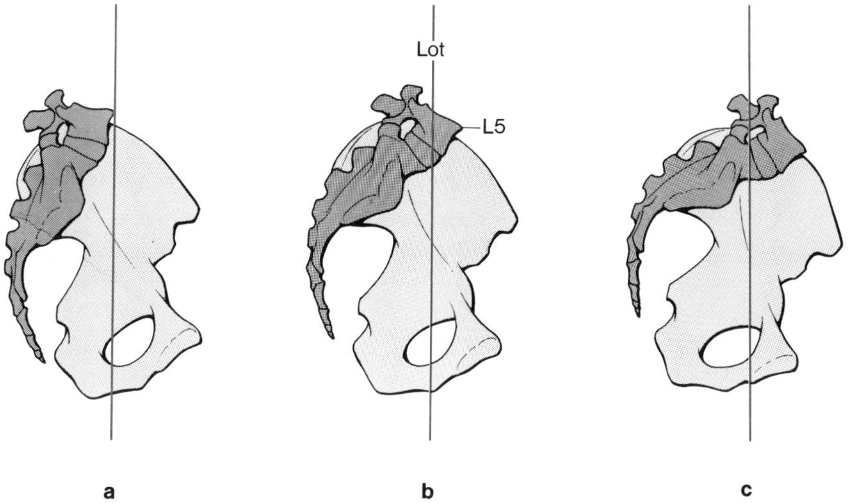

Klinik und Diagnose. Das häufigste Symptom ist ein in der Leistenbeuge angegebener Spontan- und Belastungsschmerz, der nicht selten als **Ausdruck einer Hüftdysplasie fehlinterpretiert wird.**

Radiologisch gibt es keinen charakteristischen Befund. Auftreibungen, osteolytische Umbauzonen und unregelmäßige Mineralisation sind möglich. Die Erkrankung ist meist doppelseitig.

Klinik und Diagnose
Häufig ist ein Leistenschmerz, der als Zeichen einer Hüftdysplasie fehlgedeutet werden kann. **Radiologisch** sind Auftreibungen oder unregelmäßige Mineralisationen möglich.

Therapie. Die Prognose ist gut. Eine Behandlung ist nur bei stärkeren Schmerzen durch vorübergehende (Teil-)Entlastung erforderlich.

Therapie
Die Prognose ist gut, eine Behandlung nur selten erforderlich.

7.4 Degenerative Erkrankungen

Die Arthrose des Iliosakralgelenkes ist von klinisch untergeordneter Bedeutung. Viel häufiger sind Insertionstendinosen im Bereich der Bandansätze, insbesondere des **Ligamentum iliolumbale** und **Ligamentum sacrotuberale** *(Syn. 171, S. 403)*. Durch die Überbeanspruchung dieser Bänder kann es im Rahmen der Degeneration zu Kalkeinlagerungen kommen, die röntgenologisch nachweisbar sind. Schonung, physikalische Maßnahmen sowie Infiltration mit Lokalanästhetika und Kortison sind bewährte Therapiemaßnahmen.

7.4 Degenerative Erkrankungen
Die kräftigen Bandverbindungen zwischen unterer Lendenwirbelsäule und Becken *(Syn. 171, S. 403)* werden mechanisch stark beansprucht, was Insertionstendinosen hervorrufen kann.

7.4.1 Blockierung des Iliosakralgelenks

Definition. Funktionelle Störung der Mobilität des Kreuz-Darmbein-Gelenkes.

7.4.1 Blockierung des Iliosakralgelenkes

◀ **Definition**

Ätiologie. Meist bei Rotationsbewegungen kommt es zu plötzlichen Beschwerden in der Kreuz-Darmbein-Region. Ursächlich hierfür ist eine Blockierung dieses Gelenkes durch Verkantung der Gelenkflächen.

Ätiologie
Rotationsbewegungen verursachen eine schmerzhafte Blockierung des Iliosakralgelenkes.

Klinik. Im akuten Stadium strahlen die Beschwerden entlang der Oberschenkelhinterseite bis in die Kniegelenksregion aus **(pseudoradikuläre Beschwerdesymptomatik).** Den pseudoradikulären Beschwerden liegt im Gegensatz zu den

Klinik
Lokale Beschwerden, aber auch ausstrahlende Schmerzen bis in die

Kniegelenksregion sind für diese funktionelle Erkrankung charakteristisch. Die Störung kann ursächlich sein für angrenzende Insertionstendinosen.

Therapie
Manipulationstechniken sowie physikalische Maßnahmen kommen zur Anwendung.

radikulären Beschwerden keine Irritation der aus dem Wirbelkanal austretenden Nervenwurzel zugrunde. Bei einer Gefügestörung können chronische Beschwerden mit sekundärer Überlastungsreaktion der angrenzenden Bandstrukturen entstehen.

Therapie. Durch Manipulationstechniken kann eine Deblockierung erreicht werden. Mit physikalischen Maßnahmen (Wärmeapplikation) und Infiltrationstherapie wird symptomatisch behandelt.

7.5 Entzündliche Erkrankungen

7.5.1 Sacroileitis condensans

Definition ▶

Klinik
Die Sacroileitis condensans stellt einen Röntgenbefund dar. Differentialdiagnostisch müssen entzündliche Sakroileitiden bedacht werden. Einseitige Sakroileitiden sind meist bakteriell, doppelseitige rheumatisch entzündlich bedingt.

7.5 Entzündliche Erkrankungen

7.5.1 Sacroileitis condensans

Synonym. Hyperostosis triangularis ilei, Ileitis condensans, Ostitis condensans.

Definition. Durch mechanische Überlastung bedingte dreieckige Sklerosierungszone im kaudalen Bereich des dem Iliosakralgelenk angrenzenden Teils des Os ilium.

Klinik. Die Sacroileitis condensans ist im wesentlichen ein Röntgenbefund ohne klinische Bedeutung. Er wird gehäuft bei Frauen im mittleren Lebensalter beobachtet (nach Beckenringlockerung). Wichtig ist dieser Befund bei der Differentialdiagnose der entzündlichen Sakroileitiden. Einseitige Sakroileitiden sind meist bakteriell entzündlicher Genese. Der doppelseitige Befall ist typisch für rheumatisch-entzündliche Erkrankungen, insbesondere für den Morbus Bechterew. Typisch für die entzündliche Sakroileitis ist die unregelmäßige Zeichnung des Gelenkes mit Usuren und Sklerosierungszonen sowie zystischen Veränderungen.

7.5.2 Kokzygodynie

Definition ▶

Ätiologie
Unterschiedliche Noxen können eine Kokzygodynie hervorrufen.

Klinik
Frauen erkranken häufiger. Zum Teil kann eine ausgeprägte lokale Beschwerdesymptomatik bestehen.

Therapie
Vermeiden von mechanischer Belastung, Stuhlregulierung, lokale Infiltration. Selten ist eine **Steißbeinresektion** indiziert.

7.5.2 Kokzygodynie

Definition. Sammelbegriff für Schmerzen in der Steißbeinregion.

Ätiologie. Traumen, Diskushernien oder starke mechanische Belastungen können ursächlich für eine Kokzygodynie sein. Oft läßt sich keine Ursache finden. Psychogene Faktoren sind mit bedeutsam.

Klinik. Von der Erkrankung werden gehäuft Frauen betroffen. Die lokale Beschwerdesymptomatik kann so ausgeprägt sein, daß das Sitzen unmöglich wird. Die klinische Untersuchung zeigt die lokale Druckdolenz am Übergang zwischen Steiß- und Kreuzbein. Die Röntgenuntersuchung ist unauffällig.

Therapie. Im akuten Stadium Vermeiden des Sitzens, Benutzen von weichen Sitzkissen. Stuhlregulierung bei begleitender Obstipation. Des weiteren kann versucht werden, durch lokale Infiltration eine Beschwerdelinderung zu erreichen. Die Prognose der Erkrankung ist günstig. **Steißbeinresektionen** sind deshalb nur ausnahmsweise indiziert.

Synopsis 174: Einteilung von Beckenverletzungen.

Gruppe I
einseitige Sitzschambeinfraktur oder Beckenschaufelbruch

Gruppe II
ventrale und dorsale Unterbrechung des Beckenrings durch Fraktur oder Zerreißung von Iliosakralgelenk oder Symphyse

Gruppe III
dislozierte doppelseitige Sitzschambeinfraktur

Gruppe IV
Fraktur der Hüftgelenkspfanne

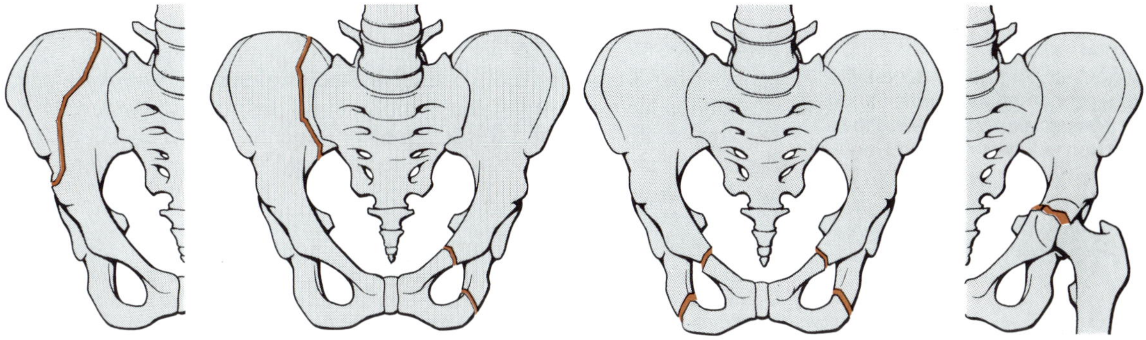

Gruppe I Gruppe II Gruppe III Gruppe IV

7.6 Verletzungen

Das Spektrum der Verletzungen des Beckens ist vielfältig. Entscheidend sind hierbei der Stabilitätsverlust des Beckenringes, die Zerstörung von Gelenkstrukturen sowie begleitende Verletzungen der inneren Organe. Dementsprechend werden die Verletzungen in vier Gruppen eingeteilt *(Syn. 174).*

Klinik. In Abhängigkeit von der Schwere des Traumas sowie von Begleitverletzungen (Schädel-Hirn-Trauma) wird die klinische Symptomatik von Schmerz, Fehlstellung oder Schock des Patienten bestimmt. Wichtig ist die Differenzierung begleitender Gefäß-, Nerven- (Femoralis; Ischiadicus) oder urologischer Verletzungen. Zur orientierenden röntgenologischen Aufklärung dient die Beckenübersichtsaufnahme. Bei Verletzungen der Gruppe II bis IV ist die computertomographische Abklärung angezeigt.

Therapie. Verletzungen der **Gruppe I** werden funktionell behandelt. Wegen der Gefahr thromboembolischer Komplikationen ist hier, wie bei allen Beckenfrakturen, neben der medikamentösen Thromboseprophylaxe die frühzeitige Mobilisierung des Patienten indiziert. Lediglich Frakturen der **Gruppe II** werden mit einem Trochantergurt stabilisiert. Bei ausgeprägten Dislokationen kommen Traktionsverfahren am Femur sowie operative Stabilisierungen zur Anwendung. Die Behandlung der Frakturen der **Gruppe III** ist meist durch die begleitenden urologischen Verletzungen bestimmt. Bei Azetabulumfrakturen **(Gruppe IV)** ist die anatomische Rekonstruktion angezeigt. Bei der zentralen Hüftgelenksluxation werden Traktionsverfahren angewandt. Bei der hinteren und vorderen traumatischen Hüftgelenksluxation ist wegen der Gefahr der Hüftkopfnekrose die sofortige Einrichtung in Narkose notwendig.

7.6 Verletzungen

Die Schwere einer Beckenverletzung ist abhängig vom Stabilitätsverlust, von Zerstörung der Gelenkstrukturen sowie begleitender Verletzungen innerer Organe *(Syn. 174).*

Klinik
Schmerzen, Fehlstellungen, Schock sowie begleitende innere Verletzungen bestimmen die Symptomatik der Beckenverletzungen. Die Nativröntgenaufnahme sowie bei ausgeprägten Verletzungen die Computertomographie werden zur Abklärung eingesetzt.

Therapie
Wegen der Gefahr thromboembolischer Komplikationen erfolgt die medikamentöse Thromboseprophylaxe. Patienten mit Verletzungen der **Gruppe I** werden funktionell behandelt. Frakturen der **Gruppe II** werden konservativ stabilisiert. Bei Verletzungen der **Gruppe III** ist die Versorgung urologischer Begleitverletzungen bestimmend für die Therapie. Luxationen und Azetabulumfrakturen **(Gruppe IV)** des Hüftgelenkes sind wegen der Gefahr der Hüftkopfnekrose unverzüglich zu versorgen.

7.6.1 Postpartale Symphysendehiszenz

Definition ▶

Klinik
Das Krankheitsbild ist charakterisiert durch die Bewegungs- und Belastungsschmerzen sowie der klinisch und röntgenologisch sichtbaren Dehiszens der Symphyse.

Therapie
Im Gegensatz zur traumatischen Symphysensprengung können auch große postpartale Symphysendehiszensen konservativ therapiert werden.

Klinisches Beispiel ▶

7.6.1 Postpartale Symphysendehiszenz

Definition. Sprengung der Symphyse während der Geburt, begünstigt durch die hormonell induzierte Bandlockerung des Beckenringes zum Schwangerschaftsende.

Klinik. Nach der Entbindung bestehen starke Bewegungs- und Belastungsschmerzen im Bereich der Symphyse. Klinisch und röntgenologisch ist die Dehiszens der Symphyse sichtbar.

Therapie. Während bei der traumatischen Symphysensprengung bei Dehiszensen über 3 cm bereits die operative Stabilisierung der Symphyse angezeigt ist, können bei der postpartalen Symphysensprengung auch größere Dehiszensen konservativ therapiert werden in einer Rauchfuß-Schwebe. Hierzu liegt das Becken auf einem Band, das die beiden Beckenhälften komprimiert. Dies kann auch durch einen straffen Trochantergurt erreicht werden.

Klinisches Beispiel. Eine 28jährige Patientin erlitt im Rahmen der Geburt ihres ersten Kindes eine Symphysensprengung *(Abb. 117)*. Die Röntgenuntersuchung zeigt eine Dehiszens des Beckens von 6 cm. Die Therapie erfolgte mit einem nach Maß angefertigten Trochantergurt. Unter straffem Anlegen des Gurtes konnte die Symphysensprengung allmählich korrigiert werden.

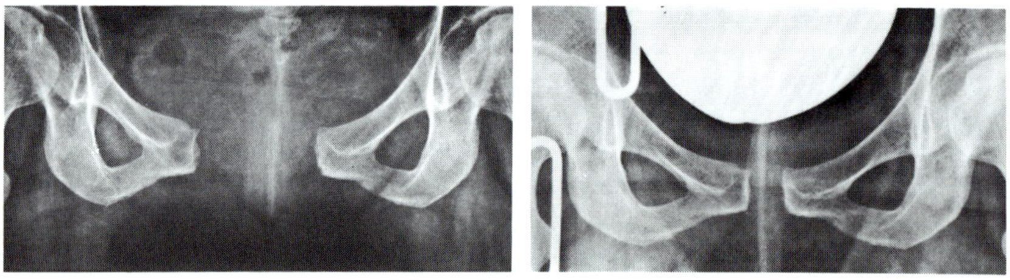

a b

Abb. 117: Postpartale Symphysendehiszenz
a postpartale Dehiszenz von 6 cm
b 3 Wochen nach Anlage eines Trochantergurtes ist die Symphyse wieder weitgehend angenähert.

7.7 Begutachtung

Gutachterlich entscheidend sind der verbleibende Stabilitätsverlust des Beckens, die Hüftgelenksfunktion sowie die urologischen Spätschäden.

7.7 Begutachtung

Entscheidend für die Begutachtung von Erkrankungen und Verletzungen der Beckenregion sind die Stabilität des Beckenringes und die Hüftgelenksfunktion sowie insbesondere auch die urologischen Spätschäden. Dementsprechend ist die Bewertung von Traumafolgen different. Verletzungen der Gruppe I werden bis maximal 10%, Verletzungen der Gruppe IV nach dem Ausmaß der verbliebenen Gelenkschädigung zwischen 0 und 40% bewertet.

8 Hüftgelenk und Oberschenkel

8 Hüftgelenk und Oberschenkel

8.1 Praktische Anatomie

8.1 Praktische Anatomie

Für das Verständnis von Erkrankungen des kindlichen Hüftgelenkes ist die Kenntnis von Aufbau und Funktion von grundlegender Bedeutung. Die Anatomie des Gelenkes ist in *Synopsis 175* dargestellt. Bedeutsam sind die knorpeligen Wachstumszonen der Hüftgelenkspfanne und des proximalen Femurs, da sie durch unterschiedliche Läsionen zerstört werden, was Wachstumsstörungen bedingt. Das Wachstum des Gelenkes ist zum einen genetisch vorgegeben, zum anderen auch von biomechanischen Faktoren abhängig. So führen partielle Lähmungen der hüftumfassenden Muskulatur (Lähmungshüfte) oder der vermehrte Tonus einzelner Muskelgruppen (Zerebralparese) zu Wachstumsänderungen des Gelenkes bis hin zur kompletten Hüftgelenksluxation *(S. 410)*. Auch die dreidimensionale Ausrichtung des Schenkelhalses wird hierdurch beeinflußt. Bei einer Hüftgelenksluxation besteht deshalb häufig eine vermehrte Valgität und Antetorsion *(Syn. 184, S. 418)* des Schenkelhalses.

Synopsis 175: Hüftgelenk des Neugeborenen in der Frontalebene: Für die Diagnose von Erkrankungen der Neugeborenenhüfte ist die Abbildung in der Frontalebene (Röntgen/Ultraschall) bedeutsam. Die entsprechenden Strukturen sind im Vergleich zum anatomischen Präparat bei einer gesunden rechtsseitigen Neugeborenenhüfte dargestellt.

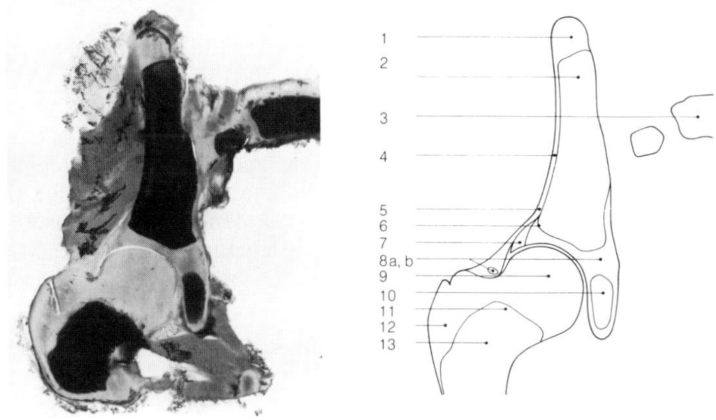

anatomisches Bild mit Schemazeichnung

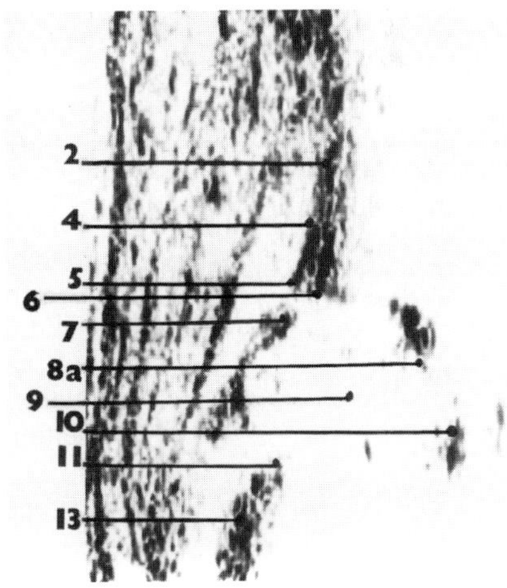

Ultraschallbild

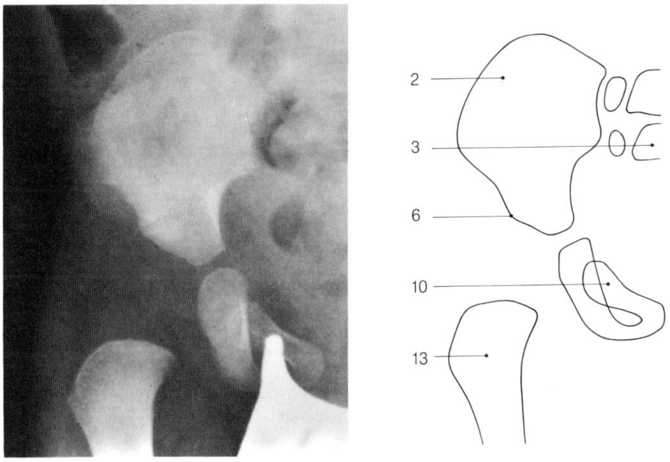

Röntgenbild mit Schemazeichnung

1 knorpelige Beckenkammapophyse
2 Os ilium
3 Os sacrum
4 Periost
5 Perichondrium
6 knöcherner Pfannenerker
7 Labrum acetabulare
8a knorpelige Y-Fuge
8b Anschnitt der Arteria circumflexa
9 knorpeliger Hüftkopf
10 Sitzbein
11 proximale Femurmetaphyse
12 großer Trochanter
13 verknöchertes Femur

Von besonderer Bedeutung ist auch die Vaskularisation des Hüftkopfes. Bei der kindlichen Hüftkopfnekrose (Morbus Perthes) und bei der idiopathischen Hüftkopfnekrose des Erwachsenen sind Störungen der Hüftkopfdurchblutung pathogenetisch wichtig *(S. 118, Syn. 50 u. S. 119, S. 155).*

8.2 Hüftgelenksdysplasie/ Hüftgelenksluxation

Definition ▶

8.2 Hüftgelenksdysplasie/Hüftgelenksluxation

Definition. Hüftgelenksdysplasie: Störung der Verknöcherung am Pfannenerker. Hüftgelenksluxation: Dezentrierung des Hüftkopfes aus der Hüftgelenkspfanne.

Ätiologie
Dysplasie und Luxation des Hüftgelenkes sind eine morphologische Entität. Die Häufigkeit der Hüftgelenksdysplasie beträgt 2–4 %, die Rate der Hüftgelenksluxation 0,4–0,7 %. Bei dieser Erkrankung sind endogene und exogene Faktoren wichtig. Mädchen sind 7fach häufiger betroffen. Hüftluxationen werden auch bei Grunderkrankungen (z.B. Zerebralparesen, Säuglingskoxitis) beobachtet.

Ätiologie. Dysplasie und Luxation des Hüftgelenkes sind eine morphologische Entität. Sie werden in der französischen Sprache deshalb gemeinsam als **»maladie luxante de la hanche«** und im englischen Sprachraum als **»congenital dislocation of the hip«** bezeichnet.

Die Hüftgelenksdysplasie stellt eine der häufigsten Skelettaffektionen dar, die auf der ganzen Welt mit unterschiedlicher Inzidenz auftritt. Für Deutschland wird eine Rate der Hüftgelenksdysplasie von 2-4% und eine Rate der Hüftgelenksluxation von 0,4- 0,7% angenommen. Mädchen haben eine 7x höhere Inzidenz als Jungen.

Ätiologisch sind endogene und exogene Faktoren von Bedeutung. Die Hüftgelenksdysplasie/-luxation kann auch durch unterschiedliche Grunderkrankungen bedingt sein. Hervorzuheben sind hierbei neuromuskuläre Erkrankungen, Myelomeningozelen *(S. 257),* wie z.B. bei Zerebralparese *(S. 247),* der Arthrogryposis multiplex congenita *(S. 195)* und der Säuglingskoxitis *(S. 431).*

Pathogenese
Die Instabilität der Neugeborenen-Hüfte führt zur Ossifikationsverzögerung am Pfannenerker. Durch die mangelnde knöcherne Führung kommt es zur zunehmenden Hüftgelenksluxation *(Syn. 176).*

Pathogenese. Beim Neugeborenen sind vielfach die Hüftgelenke noch nicht stabil, d.h. bei der klinischen Untersuchung (siehe dort) luxierbar oder subluxierbar. Dies wird auf **hormonale Faktoren** (Elastizität der Gelenkkapsel) sowie auf eine Kapselüberdehnung (z.B. intrauterine **Steißlage** des Kindes) und auf genetische Faktoren zurückgeführt. Auf Grund der mechanischen Instabilität kommt es zur Verknöcherungsverzögerung am Pfannenerker (Dysplasie), die sekundär durch die mangelnde Formgebung des Pfannendaches zur Luxation führt *(Syn. 176).* Klinische und sonographische Reihenuntersuchungen beim Neugeborenen zeigen, daß eine Hüftgelenksluxation bereits bei Geburt sehr selten ist.

Synopsis 176: Morphologie der Hüftgelenksluxation.
Bei der Hüftgelenksluxation besteht immer eine Abflachung des knöchernen Pfannenerkers. Der nach kranial/dorsal aus der Ursprungspfanne austretende Hüftkopf ist von der Hüftgelenkskapsel überzogen. Die Ursprungspfanne wird durch Fettgewebe und das elongierte Ligamentum capitis femoris ausgefüllt.

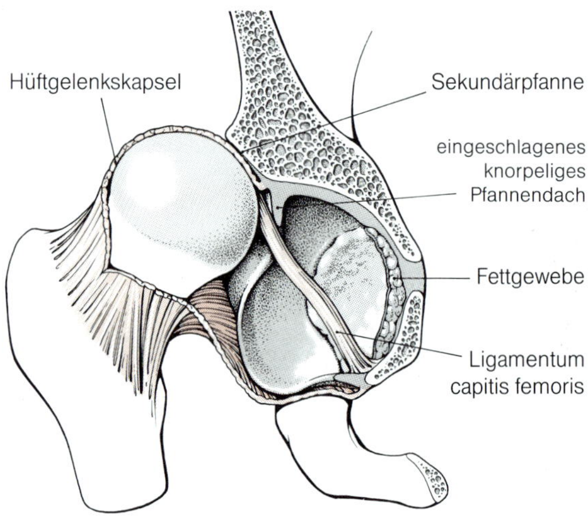

Bei geringgradigen **Ossifikationsdefiziten** im Bereich des Pfannendaches kann eine Dezentrierung des Hüftkopfes ausbleiben. Während des gesamten weiteren Wachstums besteht die Möglichkeit, daß diese »Dysplasie« durch nachholende Ossifikation ausheilt oder daß es zu einer Verschlechterung der Dysplasie kommt. Besonders während der Pubertät, in der das Hüftgelenk physiologischerweise einen ausgeprägten Wachstumsschub hat, kann der Pfannenerker nochmals erheblich im Wachstum zurückbleiben und so eine ausgeprägte Fehlform des Gelenkes entstehen. Eine Dezentrierung des Hüftkopfes ist nur bei einem erheblichen Wachstumsdefizit der Pfanne möglich.

Bei beginnender **Dezentrierung** kommt es zu einer stark erhöhten Belastung im Bereich des Pfannenerkers, so daß dieser im Wachstum zurückbleibt und die Möglichkeit der spontanen Normalisierung nicht mehr gegeben ist. Beim weiteren Fortgang der Luxation tritt der Hüftkopf nach kranial/dorsal aus der Gelenkpfanne heraus, die sekundär von Fettgewebe ausgefüllt wird. Hat der Hüftkopf die Pfanne verlassen, schnürt die kräftige Sehne des Musculus iliopsoas die Hüftgelenkskapsel ein, was bei fortgeschrittener Luxation die Reposition des Hüftkopfes in die Ursprungspfanne erschwert. Das Höhertreten des Hüftkopfes führt bei einseitiger Hüftgelenksluxation zu erheblicher Beinverkürzung. Bei zweiseitiger Luxation kommt es in den ersten Lebensjahren zur ausgeprägten Hüftbeugekontraktur, da die Hüftgelenkstrecker (Glutäalmuskulatur) durch Kranialisation ihres Ansatzes am Trochanter major insuffizient werden. Die zunehmende Hüftbeugekontraktur führt zur Beckenverkippung und sekundär zur Ausbildung einer kompensatorischen Hyperlordose der Lendenwirbelsäule *(Abb. 118)*. Vielfach haben die Patienten dann aufgrund ihrer unphysiologischen Lordose im Erwachsenenalter von der Wirbelsäule ausgehende Beschwerden.

Bei geringgradigen Ossifikationsdefiziten kann eine Dezentrierung des Hüftkopfes ausbleiben (isolierte Dysplasie). Während des gesamten Wachstums kann sich eine Dysplasie verschlimmern, aber auch spontan bessern.

Bei Höhertreten des Hüftkopfes kommt es zur Kapseleinschnürung durch die kräftige Sehne des Musculus iliopsoas. Es kommt zur relativen Beinverkürzung und zur zunehmenden Hüftbeugekontraktur, die insbesondere bei beidseitiger Erkrankung ausgeprägt ist. Hierdurch kommt es zur Beckenverkippung und sekundären Hyperlordose der Lendenwirbelsäule *(Abb. 118)*.

Synopsis 177: Instabilitätsuntersuchung des rechten Hüftgelenkes.
Beide Knie- und Hüftgelenke werden 90 Grad gebeugt. Die Stellung des linken Beinchens wird nicht verändert. Der Untersucher umfaßt das Kniegelenk so, daß sein Mittelfinger auf dem Trochanter major liegt. In Adduktionsstellung wird ein Dorsalschub ausgeübt. Danach wird die Hüfte abgespreizt und über den Trochanter nach ventral gehebelt. Bei subluxierenden Hüften ist ein Schnappen palpabel (Ortolanizeichen). Die Untersuchung des linken Hüftgelenkes erfolgt in analoger Weise.
Merke. Die Instabilitätsuntersuchung ist die wichtigste Hüftgelenksuntersuchung beim Säugling.

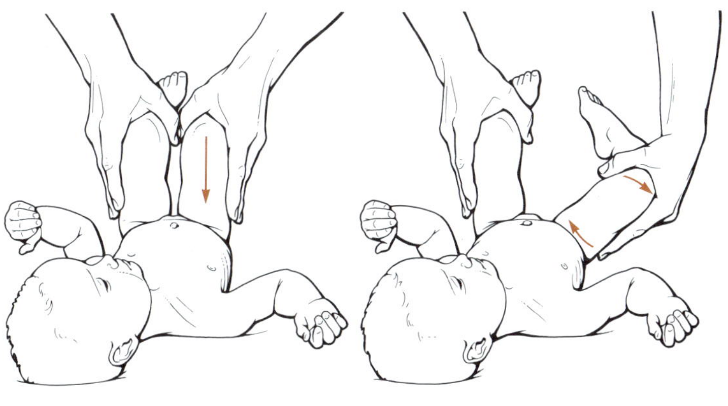

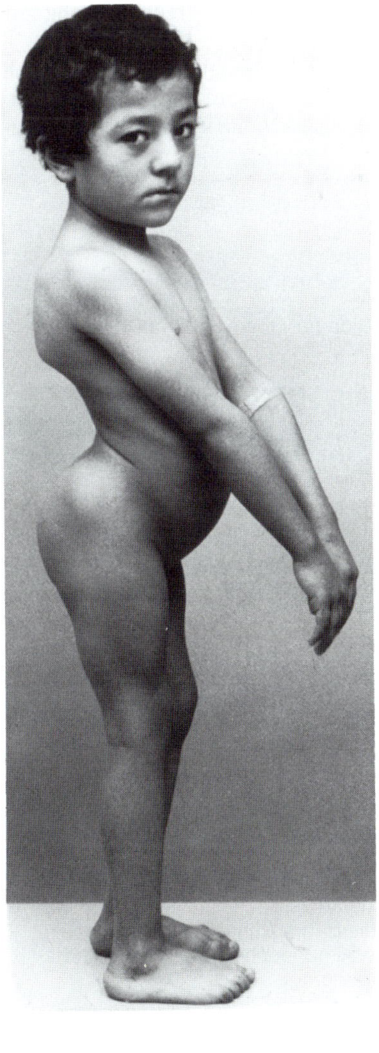

Abb. 118: 6jähriger Junge mit beidseitig hochstehender Hüftgelenksluxation. Beachte die Verkippung des Beckens nach ventral und die sich daraus sekundär entwickelnde Hyperlordose der Lendenwirbelsäule (Hüftbeugekontraktur!).

Klinik
Die Stabilitätsuntersuchung des Hüftgelenkes nach Ortolani *(Syn. 177, S. 411)* **ist die wichtigste klinische Methode beim Neugeborenen.** Im Verlauf der ersten Lebenswoche entwickeln erkrankte Hüftgelenke als Schutzreflex eine **Abduktionshemmung,** welche das zweitwichtigste klinische Zeichen darstellt. Weitere klinische Zeichen sind die **Faltenasymmetrie** des Gesäßes und der Oberschenkel sowie die Beinverkürzung. Nach Laufbeginn imponiert das **watschelnde Gangbild** *(Syn. 4).*

Klinik. Beim Neugeborenen ist die **Stabilitätsuntersuchung des Hüftgelenkes** von ausschlaggebender Bedeutung. Diese wird in der Technik nach Ortolani durchgeführt *(Syn. 177, S. 411).* Stabile Hüftgelenke sind hierbei palpatorisch unauffällig, eine geringgradige **Instabilität** imponiert als Klicken. Ein Schnappen des Hüftgelenkes (Subluxierbarkeit) ist als positives **Ortolani-Zeichen,** ein vollständiges Aus- und Einrenken des Hüftgelenkes als **Barlow-Zeichen** definiert. Bei dezentrierten Hüftgelenken entwickelt sich im Verlauf der ersten Lebenswochen (beginnende Dezentrierung des Hüftkopfes) reflektorisch eine vermehrte Anspannung der Adduktoren. Dies imponiert klinisch als **Abduktionsbehinderung** des Hüftgelenkes, dem zweitwichtigsten klinischen Zeichen. Den Eltern fällt diese **Abspreizbehinderung** oftmals auf Grund der Seitenungleichheit beim Wickeln auf. Bei der einseitigen Hüftgelenksluxation entsteht durch die Verkürzung des Oberschenkels eine **Faltenasymmetrie.** Sehr häufig wird aber auch eine Faltenasymmetrie bei hüftgelenksgesunden Kindern beobachtet. Bei beidseitigen Hüftgelenkserkrankungen kann sie fehlen, was den Wert dieses klinischen Zeichens ebenfalls begrenzt. Oft wird spontan das erkrankte Beinchen von dem Kind weniger bewegt. Bei Laufbeginn imponiert das **watschelnde Gangbild,** bedingt durch die Insuffizienz der Glutäalmuskulatur bei luxiertem Hüftgelenk (positives Trendelenburg-Zeichen *Syn. 4, S. 26).*

Bildgebende Diagnostik
Die **Screening-Methode** zur Untersuchung der Säuglingshüfte ist die **Ultraschalluntersuchung.** Hierbei wird die unterschiedliche Echogenität der anatomischen Strukturen des Hüftgelenkes ausgenutzt *(Syn. 178).*

Bildgebende Diagnostik. **Als Standardmethode hat sich die Ultraschalluntersuchung der Säuglingshüfte etabliert.**

Dieses Verfahren ist bereits im Neugeborenenalter einsetzbar. Bei der Ultraschalluntersuchung wird die unterschiedliche Echogenität der anatomischen Strukturen der Säuglingshüfte ausgenutzt. Die Beurteilung orientiert sich vor allem an der Erker-Diagnostik, d.h. dem knöchernen und knorpeligen Pfannendach. Die Untersuchung erfolgt in Seitlage des Kindes, wobei die Ultraschallsonde (5–7,5 mHz- Realtime-Linear-Scan) in Längsrichtung rechtwinkelig zur Haut über dem Hüftgelenk aufgesetzt wird *(Syn. 178).*

Röntgenologisch kann das Hüftgelenk erst nach dem 3. Lebensmonat (zunehmende Ossifikation)

Röntgenologisch kann eine sichere Beurteilung der Säuglingshüfte erst nach dem 3. Lebensmonat durchgeführt werden, da erst zu diesem Zeitpunkt die Ossifikation des Gelenkes für die Diagnosestellung ausreichend ist. Bei der Röntgen-

Synopsis 178: Ultraschalldiagnostik der Säuglingshüfte
Die Ultraschalluntersuchung ist die wichtigste Screening-Methode der Säuglingshüfte *(vgl. Syn. 175).*

In Abbildung a ist ein gesundes Hüftgelenk eines 4 Monate alten Kindes abgebildet.

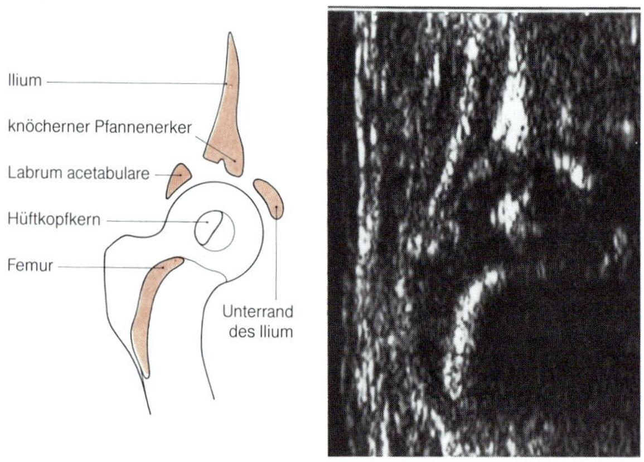

a

Der knöcherne Erker ist eckig. Dahinter kommt es zum Schallschatten. Das knorpelige Pfannendach ist kurz übergreifend angelegt. Der Hüftkopfkern bereits nachweisbar. Der Hüftkopf ist komplett überdacht.

Abb. b: Hüftgelenksluxation bei einem 3 Monate alten Kind.

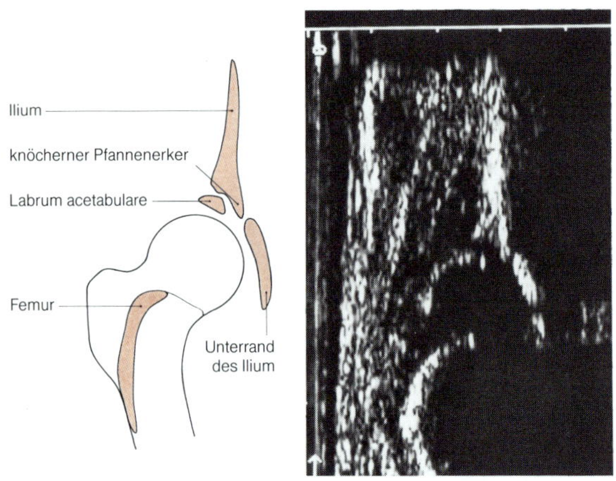

b

Der knöcherne Pfannenerker ist flach, das knorpelige Pfannendach, dessen laterale Begrenzung das Labrum acetabulare markiert, überdeckt nur noch partiell den Hüftkopf und ist nach kranial abgedrängt.

Synopsis 179: Röntgendiagnostik der Säuglingshüfte.
Qualitative **(a)** und quantitative **(b)** Parameter werden radiologisch beurteilt. Das Beispiel **(c)** zeigt eine Luxation des rechten bei normalem linksseitigen Gelenk bei einem 10 Monate alten Mädchen.

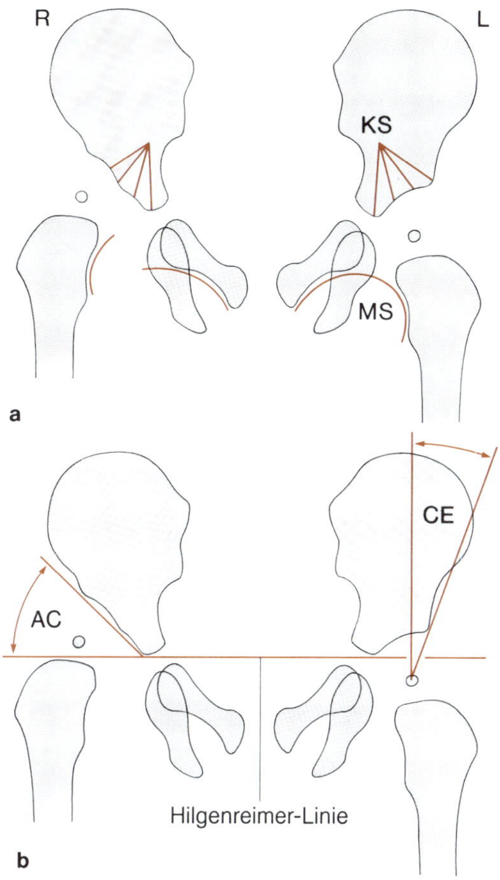

a) Die Menard-Shenton-Linie (MS) verläuft bei einem gesunden Hüftgelenk gleichmäßig bogenförmig vom Schambeinunterrand zur Medialseite des Femurs. Ossifikationsstörungen der Pfanne werden in Keilsegmenten (KS) angegeben.

b) Der Acetabulumwinkel (AC) wird aus der Verbindung beider Y-Fugen (Hilgenreimer-Linie) und der Tangente zur Hüftgelenkspfanne gebildet. (Normwerte: Neugeborenes 29°; 1. Jahr 23°; 4 Jahre 15°; 15 Jahre unter 10°).
Der Centrum-Eckwinkel (CE) ist definiert durch das Lot durch das Zentrum des Hüftkopfkernes und der Tangenten von dort an den Pfannenerker (Normwerte 4. bis 13. Jahr über 20°, danach über 25°).

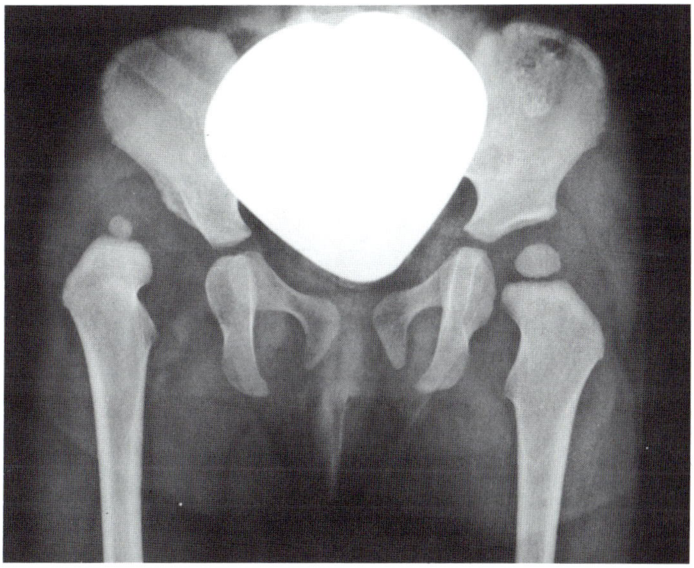

untersuchung werden immer beide Hüftgelenke gemeinsam abgebildet. Bei der **qualitativen Diagnostik** *(Syn. 179)* werden Ossifikationsstörungen der Hüftgelenkspfanne beurteilt (Abrundung, Doppelkonturierung, Unregelmäßigkeit der Ossifikationsgrenze des Pfannenerkers). Die qualitative Diagnostik hat den Vorteil, daß lagerungsbedingte Fehler (Beckenverkippung; Beckentorsion; Ab/Anspreizstellung der Hüftgelenke), wie sie bei der Lagerung des Säuglings häufig vorkommen, nicht das Beurteilungsergebnis beeinflussen. Für die quantitative Beurteilung der Säuglingshüfte wurde eine Vielzahl von Hilfsmitteln zur winkelmäßigen Erfassung der Pfannendysplasie und der Dezentrierung des Hüftkopfes angegeben. Am wichtigsten sind hierbei die in *Synopsis 179* angegebenen Hilfslinien und Winkel.

sicher beurteilt werden. Hierbei werden ebenso wie bei der Ultraschalluntersuchung qualitative und quantitative Untersuchungsparameter ausgewertet *(Syn. 179)*.

Die **Arthrographie** wird lediglich in Einzelfällen zur Beurteilung von Repositionshindernissen in der Tiefe der Pfanne bei der Behandlung der Hüftgelenksluxation durchgeführt.

Die **Arthrographie** wird lediglich zur Beurteilung von Repositionshindernissen bei der Behandlung der Hüftgelenksluxation durchgeführt.

Therapie. Die Therapie ist abhängig vom klinischen und morphologischen Befund sowie vom Alter des Kindes. Sie gliedert sich in verschiedene Phasen. Beim Neugeborenen besteht im Regelfall noch keine komplette Hüftgelenksluxation und keine Abspreizbehinderung, so daß eine Vorbehandlung entfällt. Die Behandlung der Dysplasie (Ossifikationsdefizit am Pfannenerker) ist auf Grund des schnellen Wachstums in den ersten Lebenswochen um so kürzer, je früher mit der Therapie begonnen wird *(Syn. 180)*. Die konservative Therapie dauert etwa doppelt so lang wie das Alter bei Behandlungsbeginn. Deshalb kann in den ersten Lebensmonaten die Behandlung ausschließlich konservativ durchgeführt werden, da noch genügend Zeit bis zum Laufbeginn des Kindes verbleibt. Die

Therapie
Die Therapie ist abhängig vom klinischen und morphologischen Befund sowie vom Alter des Kindes *(Syn. 180)*. Die Behandlung gliedert sich in die Vorbehandlung, die Reposition, die Retention sowie in die Behandlung der Restdysplasie. Die wichtigste **Komplikation** ist die Hüftkopfnekrose, an der die unterschiedlichen Behandlungsmethoden gemessen werden *(Syn. 181)*.

Synopsis 180: Dauer der Hüftgelenksbehandlung
in Abhängigkeit vom Behandlungsbeginn.

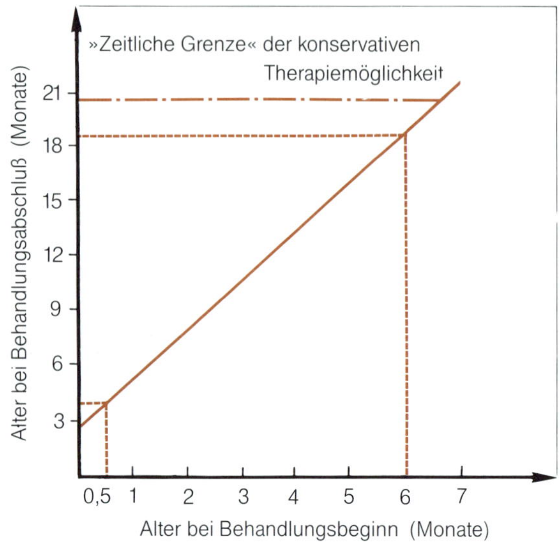

Synopsis 181: Behandlung der Hüftgelenksluxation

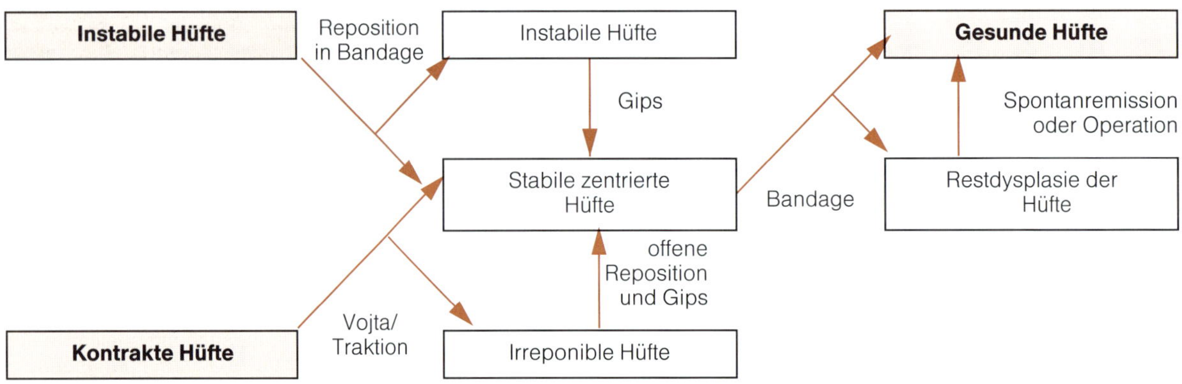

Die Vorbehandlung hat zum Ziel, die schonende Reposition zu ermöglichen. Hierzu werden die Vojta-Therapie sowie Traktionsverfahren, vor allen Dingen bei älteren Kindern, eingesetzt.

wichtigste **Komplikation** bei der Behandlung ist die Hüftkopfnekrose (partielles oder totales Absterben der Hüftkopfepiphyse). Brüske Repositionsmanöver und Fixationen des Gelenkes in nicht zentrierter Stellung (Druckschädigung) oder Extrempositionen (Durchblutung) müssen vermieden werden.

Viele Behandlungsmethoden wurden zugunsten weniger komplikationsträchtiger Verfahren wieder verlassen *(Synopsis 181)*.

Bei der Therapie der Hüftgelenksluxation wird die **Vorbehandlungsphase,** die **Reposition** und **Retention** und die Behandlung der **Restdysplasie** unterschieden.

Die **Vorbehandlung** hat zum Ziel, die schonende Reposition zu ermöglichen. Hierbei kommen zwei Verfahren zur Anwendung. Durch Gymnastik auf neurophysiologischer Basis **(Vojta-Therapie),** die für 1 bis 2 Wochen intensiv angewandt wird, kann der erhöhte Adduktorentonus (Abspreizbehinderung) durchbrochen werden. Während der Gymnastik kommt es zum Teil bereits zur spontanen Reposition. Alternativ kann durch Traktion an den Beinchen **(Overhead-Traktion)** eine Vordehnung der hüftumspannenden Weichteile durchgeführt werden. Dieses Verfahren wird vornehmlich auch bei den veralteten Hüftgelenksluxationen (Alter des Kindes bei Behandlungsbeginn über 1 Jahr) präoperativ eingesetzt.

Reposition. In den ersten Lebensmonaten ist es oft möglich, durch Beugung und Abspreizung (s. Untersuchungstechnik nach Ortolani) das Hüftgelenk mühelos zu reponieren. Gelingt das nicht, ist eine Untersuchung in Narkose und eventuell Arthrographie erforderlich. Die seltene **offene Reposition** kommt nur bei Versagen der vorgenannten Methoden, insbesondere bei älteren Kindern oder neuromuskulär bedingten Luxationen, zur Anwendung. Hierbei wird die Kapsel des Gelenkes eröffnet. Intrakapsulär werden die Ursprungspfanne dargestellt und die Repositionshindernisse (elongiertes Ligamentum capitis femoris; Fettgewebe in der Ursprungspfanne; Kapseleinschnürung durch die Psoassehne) entfernt. Die Kapsel wird anschließend gerafft. Bei starker Reluxationsneigung erfolgt die temporäre Sicherung der Reposition durch einen zentral liegenden, transartikulären Kirschnerdraht, wobei zur Vermeidung von Verklebung dann das Hüftgelenk aus einer Beckenbeinfußgipsschale heraus in der Achse des Kirschnerdrahtes bewegt wird.

Reposition
Die Reposition erfolgt durch Beugung und Abspreizung des Gelenkes insbesondere beim jüngeren Kind. Ansonsten ist die Untersuchung in Narkose mit Arthrographie erforderlich. Selten besteht die Notwendigkeit der **offenen Reposition** bei der normalen Hüftgelenksluxation. Bei neuromuskulär bedingten Hüftgelenksluxationen ist allerdings oft eine offene Reposition notwendig.

Retentionsphase. Voraussetzung für die Ausheilung (Nachverknöcherung) der Pfannendysplasie nach erfolgter Reposition ist die zentrierte Stellung des Hüftgelenkes. Zu den unterschiedlichen Methoden *siehe Tab. 43 u. Syn. 182).*

● **Spreizhose:** In den ersten Lebenswochen wird mit der Spreizhose das Hüftgelenk in Beugung und Abduktion gehalten. Wichtig ist hierbei die klinische Prüfung, ob in der Spreizhose das Hüftgelenk zentriert steht. Die Spreizhose wird in verschiedenen Konfektionsgrößen geliefert und dem Kind angepaßt. Beim schnellen Wachstum während der ersten Lebenswochen muß diese regelmäßig gewechselt werden.

● **Die Bandagenbehandlung** stellt ein funktionelles Verfahren dar. Durch die Zügelung werden die Beinchen in Beugung, Abspreizung sowie Innenrotation gehalten. Dabei ist es dem Kind möglich, Strampelbewegungen durchzuführen, so daß es zu keiner fixierten Belastung des Hüftkopfes (Gefahr der Hüftkopfnekrose!) kommt. Am häufigsten wird hierbei die Pavlik-Bandage angewandt,

Retentionsphase
Voraussetzung für die Ausheilung der Pfannendysplasie ist die zentrierte Stellung des Hüftgelenkes. Zu den Methoden *siehe Tab. 43* und *Synopsis 182*.
In den ersten Lebenswochen wird dies durch eine **Spreizhose** erreicht. Bei Therapiebeginn im Neugeborenenalter lassen sich auch hochgradig kranke Hüftgelenke hiermit austherapieren.

Die **Bandagenbehandlung** stellt ein funktionelles Verfahren dar, bei dem das Hüftgelenk in der »sicheren Zone« gehalten wird *(Syn. 183)*. Ist die maximale Abspreizfähigkeit stark eingeschränkt, wird hierzu oft

Synopsis 182: Retentionsverfahren bei der Behandlung der Hüftgelenksluxation.

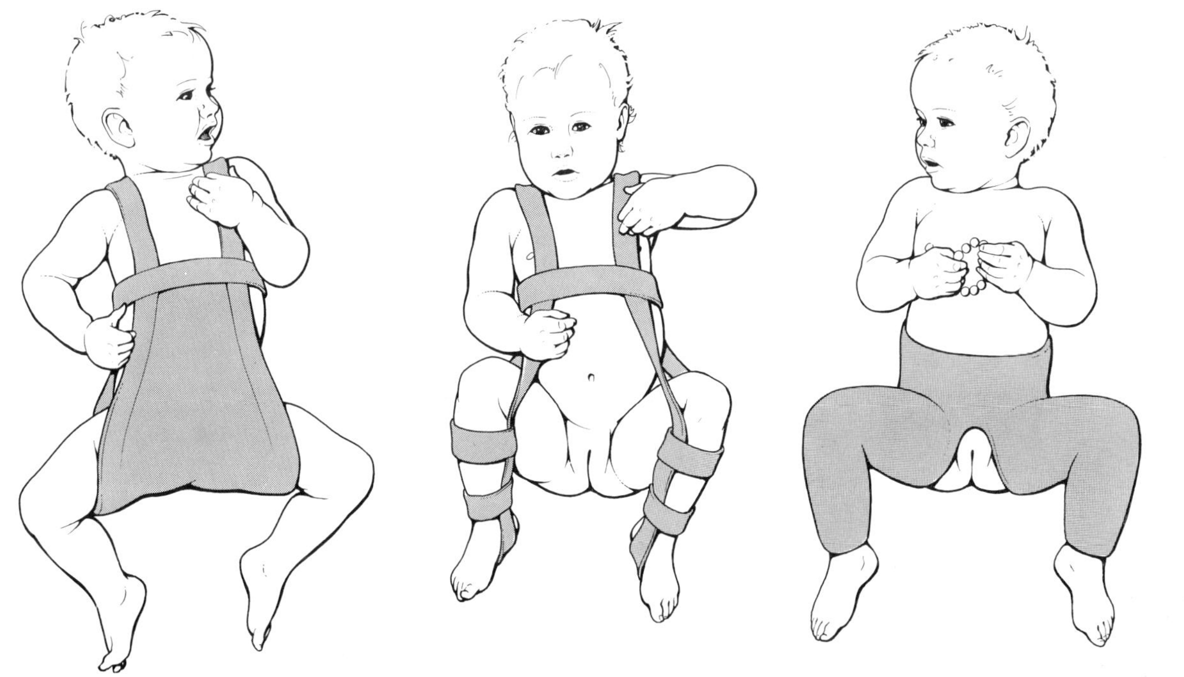

a
Spreizhose
Indikation: in den ersten Lebensmonaten

b
Pavlik-Bandage
Indikation: ab der 6. Lebenswoche

c
Gips
Indikation: instabiles Hüftgelenk.

Tab. 43: Behandlungsmethoden der Pfannendysplasie

konservativ	operativ
• Spreizhose • Bandage • Gipsverband	• Beckenosteotomie nach Salter • Pfannendachplastik • Triple-Osteotomie • Beckenosteotomie nach Chiari • Femurosteotomie

zusätzlich eine Einkerbung der Adduktorenmuskulatur vorgenommen. Bei hochgradig instabilen Hüftgelenken erfolgt die Retention im Gipsverband.

zumeist nach der 6. Lebenswoche bis maximal zum Abschluß des 2. Lebensjahres. Bei der Einstellung der Bandage wird darauf geachtet, daß sich das Hüftgelenk in der »sicheren Zone« befindet. Diese ist in Abhängigkeit vom Grad der Abspreizfähigkeit und dem Grad der Instabilität unterschiedlich *(Syn. 183)*. Bei starker Abspreizbehinderung ist die sichere Zone klein. Bei der Reposition kann sie durch eine Einkerbung der Adduktorenmuskulatur am Schambein vergrößert werden. Ist das Hüftgelenk mit der Bandage nicht zu stabilisieren, erfolgt zunächst die Behandlung im Gipsverband. Hierbei werden die Hüftgelenke in Abduktions-Beugestellung gehalten. Bei extremer und unphysiologischer Stellung des Hüftgelenkes kann eine avaskuläre Nekrose des Hüftkopfes entstehen, die auf eine gestörte Durchblutung oder lokale Druckschädigung des Kopfes am Pfannenrand zurückzuführen ist.

Die Indikationsstellung zur Behandlung der Hüftgelenksdysplasie hat kritisch zu erfolgen, da nach Sammelstatistiken mit einer Nekroserate nach Spreizhosenbehandlung von 2% zu rechnen ist.
Ziel der Retentionsbehandlung ist die Zentrierung des Hüftkopfes.

In Sammelstatistiken wird die Nekroserate nach Spreizhosenbehandlung mit 2% angegeben. Dies zwingt zur kritischen Indikationsstellung bei der Behandlung der Hüftgelenksdysplasie. Für die **Retentionsbehandlung** der Hüftgelenksluxation stehen zahlreiche andere Bandagen, Schienen und Apparate zur Verfügung, **deren gemeinsames Ziel die Zentrierung des Hüftkopfes ist.**

Synopsis 183: Sichere Zone bei der Retentionsbehandlung.
Die sichere Zone liegt zwischen der submaximalen Hüftgelenksabduktion (Gefahr der Hüftkopfnekrose!) und der Adduktionsstellung, bei der eine Reluxation eintritt. In Abhängigkeit der Abduktionsfähigkeit und der Instabilität des Hüftgelenks ist diese unterschiedlich breit. Die Retentionsbehandlung wird hierbei immer mit gebeugten Hüftgelenken durchgeführt.

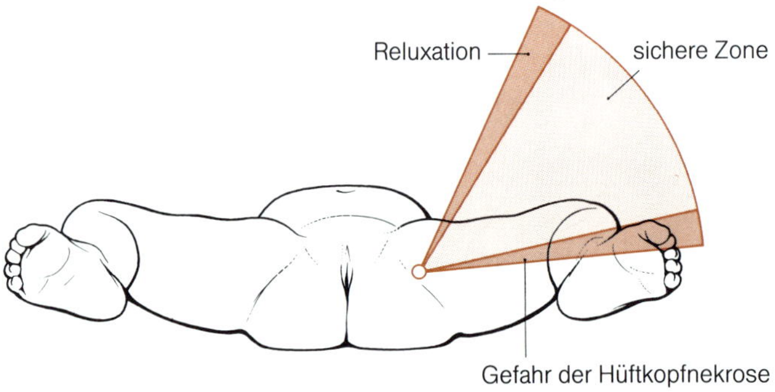

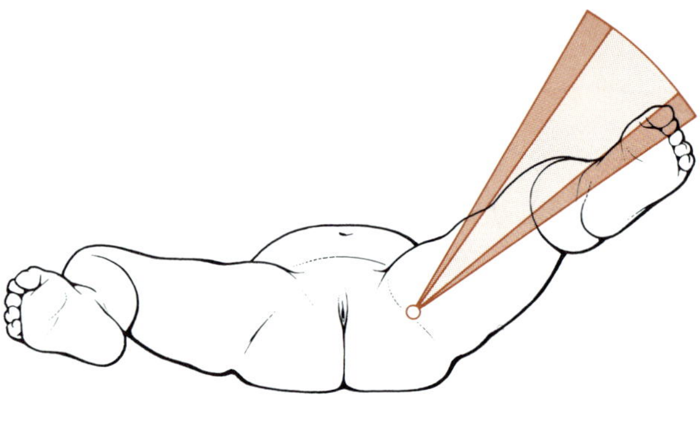

● **Operative Behandlung.** Bei frühzeitigem Einsatz sämtlicher konservativer Maßnahmen ist bei fast allen Kindern eine Ausheilung der Hüftgelenksdysplasie/-luxation möglich. Bei verbleibendem Ossifikationsdefizit sowie bei den meisten durch Grundkrankheiten bedingten Hüftgelenkserkrankungen muß operativ therapiert werden. Ziel der Behandlung ist die Normalisierung der biomechanischen Verhältnisse des Hüftgelenkes und somit die Ausheilung einer präarthrotischen Deformität *(S. 161)*. Während des Wachstums werden Eingriffe, die die Wachstumszone des Hüftgelenkes (Pfannenerker, Epiphysenfuge des proximalen Femurs) nicht tangieren, angewandt. Es stehen pfannenverbessernde Maßnahmen und Osteotomien am proximalen Oberschenkel, zum Teil kombiniert, zur Verfügung.

Operative Behandlung
Die operative Behandlung wird insbesondere bei verspätet begonnener Therapie zur Behandlung der Restdysplasie eingesetzt. Hierzu werden unterschiedliche Verfahren angewandt.

● **Beckenosteotomie nach Salter**: Dieses Verfahren ist die **Standardmethode** in den ersten Lebensjahren. Das Ilium wird oberhalb des Hüftgelenkes osteotomiert. Über die Symphyse wird die Hüftgelenkspfanne nach außen und vorn über den Hüftkopf gestülpt *(siehe Syn. 53, S. 123)*. Die Korrektur wird durch einen Knochenkeil gehalten und durch Kirschnerdrähte fixiert.

● Beckenosteotomie nach Salter
Dieses Verfahren ist die Standardmethode in den ersten Lebensjahren. Die Hüftpfanne wird durch Osteotomie des Ilium über den Hüftkopf gestülpt *(Syn. 53, S. 123)*.

● **Pfannendachplastik:** Bei dieser Technik wird das Becken nicht osteotomiert, sondern oberhalb des Pfannenerkers ein Knochenspan eingefalzt und damit das Pfannendach nach unten außen umgebogen.

● Pfannendachplastik
Oberhalb des Pfannenerkers wird ein Knochenspan eingefalzt und damit das Pfannendach nach unten umgebogen.

● **Triple-Osteotomie:** Bei älteren Kindern und Erwachsenen ist auf Grund der abnehmenden Elastizität der Symphyse die Beckenosteotomie nach Salter nicht mehr durchführbar. Um die Hüftgelenkspfanne in gleicher Weise verschieben zu können, muß neben dem Darmbein auch das Sitz- und Schambein durchtrennt werden.

● Triple-Osteotomie
Durch Osteotomie des Sitz-, Scham- und Darmbeines wird beim Jugendlichen und Erwachsenen die Pfanne über den Hüftkopf gestülpt.

● **Beckenosteotomie nach Chiari:** Mit den vorgenannten Maßnahmen läßt sich eine Überdachung des Femurs mit dem Knorpel der Gelenkpfanne erreichen. Ist diese jedoch extrem kurz ausgebildet, bleibt im Adoleszenten- und Erwachsenenalter die Möglichkeit der Chiari-Beckenosteotomie. Dabei wird am Ansatz der Gelenkkapsel eine nach medial ansteigende Osteotomie des Beckens durchgeführt und das Hüftgelenk dann in Relation zum proximalen Darmbein medialisiert. Unter dem Os ilium bildet sich in dem interponierten Kapselgewebe dann Faserknorpel aus.

● Beckenosteotomie nach Chiari
Die bessere Überdachung des Hüftkopfes wird durch eine Osteotomie des Beckens direkt über dem Hüftkopf und Medialisierung desselben erreicht.

● **Femurosteotomie:** Bei der kindlichen Hüftgelenksluxation besteht oftmals eine verstärkte Antetorsion (Vorwärtsdrehung des Schenkelhalses) und Steilstellung (Valgität) des proximalen Femur. Diese wird durch eine derotierende, varisierende Osteotomie intertrochanter korrigiert.

● Femurosteotomie
Durch intertrochantere Umstellungen wird die Position des Hüftkopfes zur Hüftgelenkspfanne verbessert.

> ***Merke.*** Die Prognose der Hüftgelenksdysplasie respektive Luxation ist im wesentlichen vom Beginn der Therapie bestimmt. Je später die Therapie einsetzt, desto aufwendiger wird sie, und die Chancen der anatomischen Heilung nehmen ab. Der Untersuchung des Kindes in den ersten Lebenswochen kommt daher eine besondere Bedeutung zu.

◀ Merke

8.3 Schenkelhalsanomalien

Definition ▶

Die Stellung des Schenkelhalses ändert sich während des Wachstums *(Syn. 185)*.

Diagnose
In der röntgenologischen a.p.-Projektion des Hüftgelenkes ist der projizierte CCD-Winkel sichtbar. Durch die physiologischerweise bestehende Antetorsion ist dieser größer als der reelle *(Syn. 186, S. 420)*. Nur durch Innendrehung des Hüftgelenkes (Ausgleich der Antetorsion) projiziert sich dann der reelle CCD-Winkel in der a.p.-Projektion. Da der exakte Antetorsionswinkel nicht bekannt ist, erfolgt die Berechnung des reellen CCD-Winkels anhand der röntgenologischen Darstellung des Hüftgelenkes in zwei Ebenen mit nachfolgender Umrechnung der hierbei gemessenen Parameter.

8.3 Schenkelhalsanomalien

Definition. Zwischen Hüftkopf und Trochanteren lokalisierte Achsfehlstellung des Oberschenkels *(Syn. 184)*.

Die physiologische Stellung des Schenkelhalses ändert sich während des Wachstums *(Syn. 185)*. Die Steilstellung des Schenkelhalses wird als Coxa valga, die Abflachung des Schenkelhalses als Coxa vara bezeichnet. Ist die Schenkelhalsebene vermehrt nach ventral gerichtet, wird dies als Coxa antetorta, bei dorsaler Ausrichtung als Coxa retrotorta bezeichnet.

Diagnose. Röntgenologisch wird in der a.p.– Projektion beider Hüftgelenke der projizierte Centrum-Collum-Diaphysenwinkel (CCD) erkennbar. Dieser ist definiert als Schnittpunkt der Geraden durch den Schenkelhals und die Oberschenkelachse. Durch die physiologischerweise bestehende Antetorsion (ca. 12 Grad) ist der projizierte CCD-Winkel größer als der reelle *(Syn. 186, S. 420)*. Nur durch Innendrehung der Hüftgelenke (Ausgleich der Antetorsion des Schenkelhalses) läßt sich der reelle CCD-Winkel in der a.p.-Projektion darstellen *(Syn. 186, S. 420)*. Da aber die exakte Antetorsion im Einzelfall nicht bekannt ist, muß für die Bestimmung des reellen CCD-Winkels das Hüftgelenk in zwei Ebenen geröntgt werden. Neben der Standardröntgenaufnahme (Hüftgelenke in Extension, beide Kniescheiben nach vorne) wird mit Hilfe einer Haltevorrichtung eine zweite Aufnahme in 90 Grad Flexion und 20 Grad Abduktion der Hüftgelenke durchgeführt (Rippstein-II-Aufnahme). Dieses Röntgenbild zeigt den projizierten Antetorsionswinkel. Anhand einer Umrechnungstabelle kann mit einer Fehlerquote von unter 5% der reelle CCD-Winkel und der reelle Antetorsionswinkel ermittelt werden. Oftmals liegen kombinierte Fehlstellungen des Schenkelhalses vor, z.B. Coxa valga et antetorta.

Synopsis 184: Schenkelhalsanomalien.
a Schenkelhalsanomalien in der Frontalebene: Coxa vara, Norm, Coxa valga.
b Schenkelhalsanomalien in der Axialebene: Retrotorsion, Norm, Antetorsion.

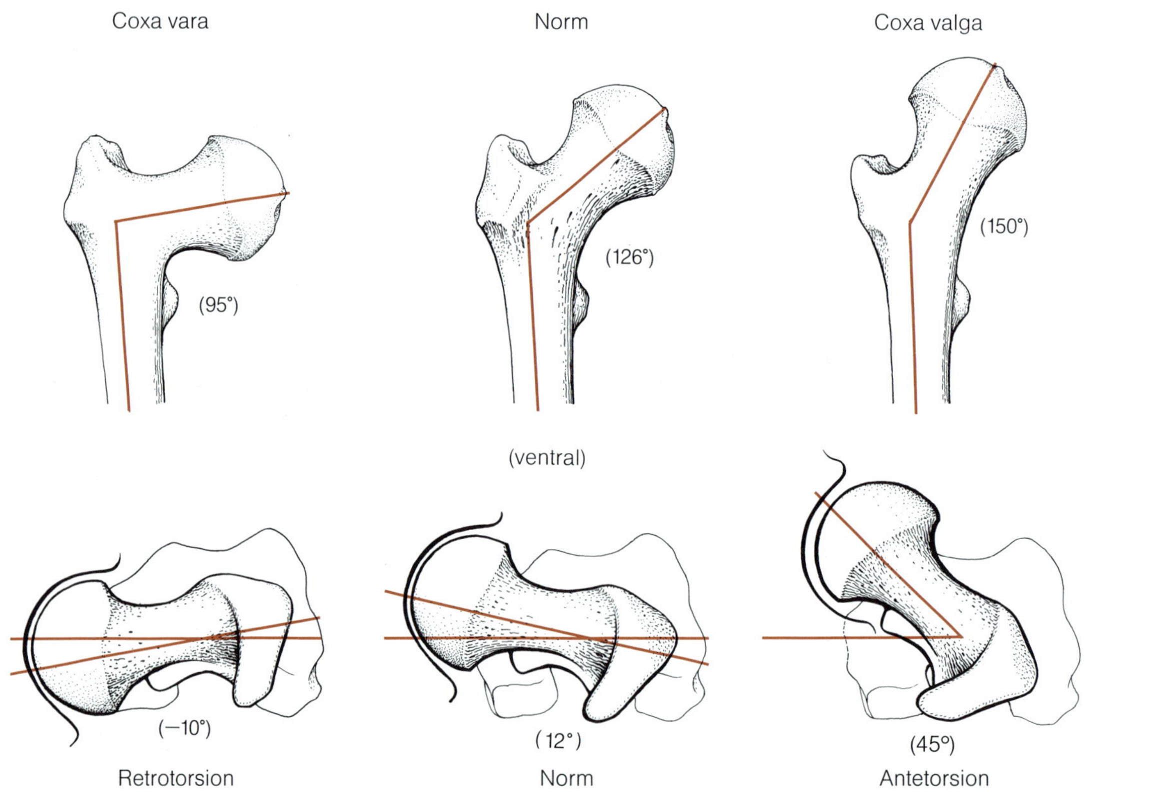

Synopsis 185: Entwicklung des Schenkelhalses.
Die Coxa valga des Neugeborenen (150 Grad) entwickelt sich während des Wachstums zurück. Im Greisenalter kommt es durch die zunehmende Osteoporose dann zur weiteren Varisierung des Schenkelhalses.

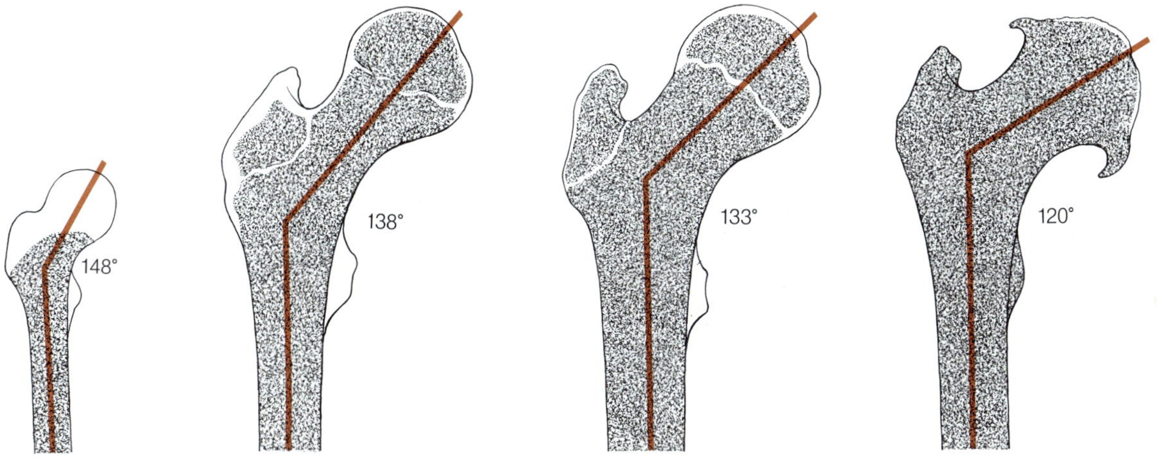

8.3.1 Coxa vara

Definition. Reeller CCD-Winkel unter 120 Grad.

Ätiologie. Angeborene Fehlbildung, ein- oder doppelseitig, zum Teil kombiniert mit Fehlbildungen der entsprechenden Extremität (angeborene Coxa vara). Stoffwechselerkrankungen, die den Knochen erweichen, z.B. Rachitis *(S. 137),* Osteomalazie *(S. 149),* Achondroplasie. Diese führen zur zunehmenden Varisierung des Schenkelhalses. Eine Coxa vara kann auch durch in Fehlstellung verheilte Schenkelhalsfrakturen, proximale Femurosteotomien, Epiphysenlösungen oder M. Perthes entstehen.

Pathogenese. Die angeborene Coxa vara verschlimmert sich oft im Laufe des weiteren Wachstums. Der Schenkelhals kann **hirtenstabförmig** deformieren. Auf Grund der abnormen biomechanischen Beanspruchung (Scherkräfte!) besteht die Gefahr der Entwicklung einer Schenkelhalspseudarthrose (Falschgelenkbildung). Bei dysmelen Fehlbildungen können angeborene Schenkelhalspseudarthrosen bestehen.

Klinik. Durch den Trochanterhochstand (in Relation zum Hüftkopfzentrum) besteht eine Insuffizienz der hüftabduktorischen Muskulatur (positives Trendelenburg-Zeichen). Dies führt zum Watschelgang, d.h. zum Absinken der kontralateralen Beckenhälfte bei Belastung der varischen Hüfte *(S. 26).* Bei Schenkelhalspseudarthrosen ist die Belastungsfähigkeit des Beines erheblich reduziert oder aufgehoben.

Therapie. Orthopädietechnisch kann durch Orthesen mit Aufsitz am Sitzbein der Schenkelhals entlastet werden. Durch eine valgisierende Osteotomie können die Coxa vara und auch Schenkelhalspseudarthrosen kausal angegangen werden *(Abb. 119, S. 421).* Bei isoliertem Hochstand des Trochanter major (hervorgerufen durch vorzeitigen Schluß der Kopfepiphyse mit Schenkelhalsverkürzung) wird eine Trochanterversetzung nach distal durchgeführt.

Hierdurch läßt sich die Insuffizienz der Hüftabduktoren beheben.

8.3.1 Coxa vara

◀ **Definition**

Ätiologie
Die Coxa vara kann durch eine angeborene Fehlbildung, knochenerweichende Erkrankung sowie nach in Fehlstellung verheilten Schenkelhalsfrakturen, Epiphysenlösungen oder M. Perthes entstehen.

Pathogenese
Biomechanische Faktoren (Scherkräfte!) bedingen die Verschlimmerung der Coxa vara. Es besteht die Gefahr der Entwicklung einer Schenkelhalspseudarthrose.

Klinik
Die Coxa vara führt durch den veränderten Ansatz der hüftabduktorischen Muskulatur zum Watschelgang *(S. 26).* Bei Schenkelhalspseudarthrose ist die Belastungsstabilität der Extremität aufgehoben.

Therapie
Orthesen mit Aufsitz am Tuber des Sitzbeines entlasten den Schenkelhals. Eine Valgisationsosteotomie korrigiert die Deformität. Bei isoliertem Hochstand des Trochanter major wird eine Trochanterversetzung nach distal durchgeführt.
Siehe auch Abb. 119, S. 421.

Synopsis 186: Projektion des Schenkelhalses:
In Abhängigkeit von der Rotationsstellung des Femurs wird in der a.p.-Ansicht des Röntgenbildes ein unterschiedlicher CCD-Winkel (Centrum-Collum) projiziert. Bei Außendrehung wird die physiologische Antetorsion (ca. 15 Grad) verstärkt, so daß der projizierte CCD-Winkel zunimmt. Durch Innenrotation wird die Antetorsion ausgeglichen, so daß der projizierte CCD-Winkel sich dem anatomischen CCD-Winkel angleicht.

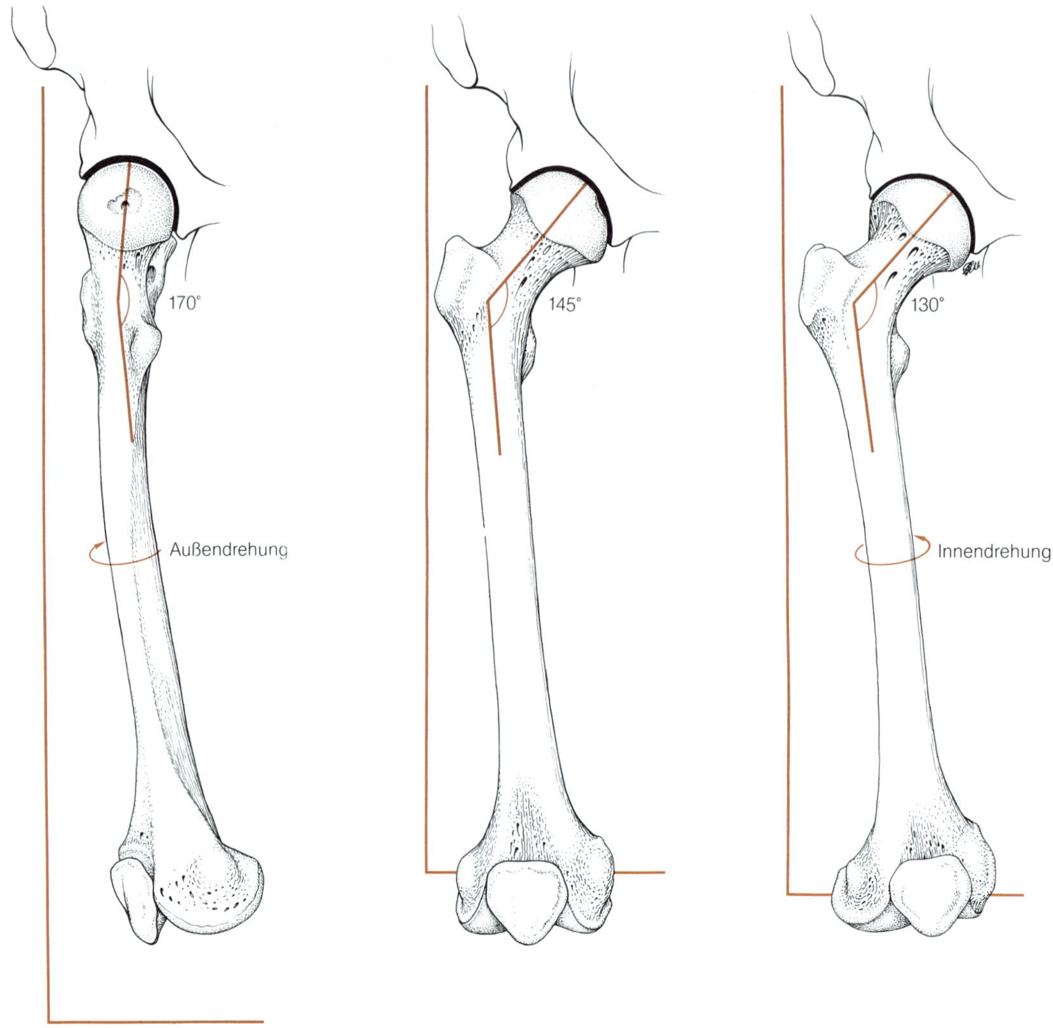

8.3.2 Coxa valga

Definition ▶

Ätiologie
Am häufigsten wird die Coxa valga bei der Hüftluxation sowie bei Kindern mit Zerebralparese beobachtet.

8.3.2 Coxa valga

Definition. CCD-Winkel über der altersentsprechenden Norm (Neugeborenes über 150 Grad, 8jähriger über 140 Grad, Erwachsener über 130 Grad.)

Ätiologie. Die Coxa valga besteht selten als alleiniges Krankheitsbild. Sie entwickelt sich als Teildeformität der Hüftdysplasie *(S. 410)* oder bei Kindern mit Zerebralparese, wo es auf Grund des Muskelungleichgewichtes der hüftumfassenden Muskulatur zum Fehlwachstum des Schenkelhalses kommt. Auch bei langer Fixierung des Hüftgelenkes in Abspreizung, z.B. durch lang andauernde konservative Behandlung der Hüftgelenksdysplasie mit unflexiblen Abspreizschienen, kann eine vermehrte Steilstellung des Schenkelhalses entstehen. Schädigungen des lateralen Anteiles der proximalen Femurepiphyse können ebenfalls zur Coxa valga führen.

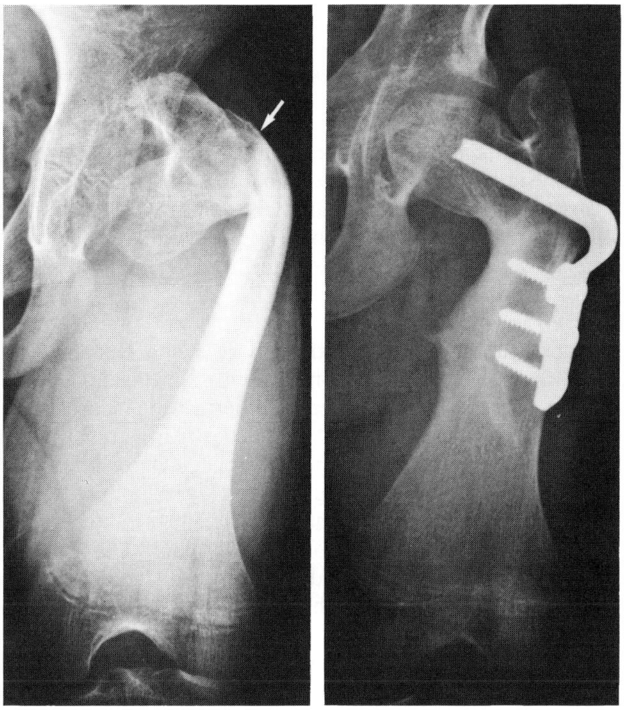

Abb. 119: 10jähriges dysmeles Kind mit ausgeprägter Coxa vara und beginnenden Umbauzonen des Schenkelhalses (beginnende Pseudarthrose, Pfeil). Mittels Valgisationsosteotomie Ausheilung der Ermüdungszone. Durch die bessere Belastungsfähigkeit des Knochens kommt es zur Dicken- und Längenzunahme des Femur.

Klinik. Die isolierte Coxa valga ist lediglich ein röntgenmorphologischer Befund ohne klinische Relevanz. **Sie ist keine präarthrotische Deformität.**

Therapie. Während des Wachstums besteht die Tendenz zur spontanen Normalisierung der Coxa valga. In seltenen Fällen ist bei der ausgeprägten Coxa valga mit begleitenden Deformitäten der Hüftpfanne bei Wachstumsabschluß die Variationsosteotomie angezeigt.

Klinik
Die isolierte Coxa valga stellt lediglich einen röntgenmorphologischen Befund dar.

Therapie
Die Coxa valga normalisiert sich meist während des Wachstums. Ansonsten Korrekturosteotomie bei Wachstumsende.

8.3.3 Coxa antetorta, Coxa retrotorta

Definition. Vor- bzw. Rückwärtstorsion des Schenkelhalses.

Ätiologie. Außenrotationskontrakturen des kindlichen Hüftgelenkes (z.B. bei neuromuskulären Erkrankungen) gehen mit einer Coxa retrotorta einher. Häufiger ist die Vermehrung der Antetorsion, z.B. bei der Hüftgelenksluxation oder nach langer Fixierung des Hüftgelenkes in Innenrotationstellung.

Klinik. Die Rotationsfehlstellungen des Schenkelhalses stellen meist eine begleitende Deformität dar. Während des Wachstums bestehen keine Beschwerden. Typisch für die Coxa antetorta ist ein vermehrt innenrotiertes Gangbild, da die Patienten in dieser Stellung ihre Hüftgelenke optimal zentrieren. Bei der Untersuchung ist die Innenrotationsfähigkeit vermehrt, die Außenrotationsfähigkeit vermindert.

Therapie. Eine konservative Behandlung ist praktisch nicht möglich. Wegen der ausgeprägten Normalisierungstendenz im Wachstumsalter sollte bei der Coxa antetorta nur dann operativ vorgegangen werden, wenn eine erhebliche Gangstörung (z.B. Kniestolpern bei Coxa antetorta) oder eine begleitende Hüftpfannendysplasie besteht.

8.3.3 Coxa antetorta, Coxa retrotorta

◀ **Definition**

Ätiologie
Rotationskontrakturen des Hüftgelenkes sowie Fixierung desselben in Rotationsstellung führen zur Deformität, die auch bei der Hüftgelenksluxation beobachtet wird.

Klinik
Eine Coxa antetorta führt zu vermehrt innenrotiertem Gangbild, da in dieser Stellung die Hüftgelenke optimal zentriert sind. Die Innenrotation ist bei der Untersuchung vermehrt.

Therapie
Während des Wachstumsalters spontane Normalisierungstendenz, deshalb nur in Ausnahmefällen derotierende Osteotomie (begleitende Pfannendysplasie) angezeigt.

8.4 Epiphyseolysis capitis femoris

Definition ▶

Ätiologie
Hormonelle Faktoren sind bedeutsam. Das männliche Geschlecht ist bevorzugt betroffen (3:1), zumeist zwischen dem 9. Lebensjahr und Wachstumsabschluß. Zu 50% besteht die Erkrankung doppelseitig.

Pathogenese
Bei der seltenen **akuten Form** kommt es zur Lösung im Bereich der Epiphysenfuge. Bei der häufigeren **Lenta-Form** ist die Epiphysenfuge aufgelockert. Hierbei verbleibt die Epiphyse im Azetabulum des Schenkelhalses dorsokaudal.

Klinik und Diagnose
Der Knieschmerz ist charakteristisch für diese Hüftgelenkserkrankung. Das Bein steht in Außenrotation

8.4 Epiphyseolysis capitis femoris

Definition. Dislokation der proximalen Femurepiphyse.

Ätiologie. Die Epiphysenlösung ist **nur selten traumatisch** bedingt (doppelseitige Erkrankung ca. 50%!). **Sie tritt meist zwischen dem 9. Lebensjahr bis zum Wachstumsabschluß, vorwiegend bei Knaben (männlich : weiblich / 3 : 1) auf. Die Kinder sind meist deutlich übergewichtig** (Dystrophia adiposogenitalis) oder von eunuchoidem Hochwuchs, was auf die Bedeutung hormoneller Faktoren hinweist.

Pathogenese. Bei einer **Epiphyseolysis capitis femoris acuta** besteht eine komplette Lösung der Epiphysenfuge. Hierbei kommt es zur Störung der Gefäßversorgung des Hüftkopfes *(S. 119)*. Dementsprechend beträgt die Nekroserate des Femurkopfes bei der Akuta-Form bis zu 80%. Bei der häufigeren **Lenta-Form** ist die Epiphysenfuge aufgelockert. Im ventral-kranialen Bereich kommt es zur allmählichen Verbreiterung der Wachstumsfuge. Die Epiphyse selbst bleibt in der Hüftgelenkspfanne fixiert, der Schenkelhals »gleitet« in kranioventraler Richtung, so daß die Femurepiphyse dorsokaudal verbleibt. Die Epiphyseolysis capitis femoris lenta kann in jedem Stadium zum Stillstand kommen (Verknöcherung der Wachstumsfuge), aber auch zusätzlich akut dislozieren.

Klinik und Diagnose. Viele Jugendliche klagen über Beschwerden im Kniegelenk und Schmerzen an der Oberschenkelvorderseite, so daß oft mehrere Wochen und Monate vergehen können, bis die Diagnose gestellt wird. Das Bein wird in **Außenrotation** gehalten *(Syn. 187)*. Es besteht eine leichte Beinverkür-

Synopsis 187: Klinische Symptomatik bei der Epiphyseolysis capitis femoris.

Bei der Epihyseolysis capitis femoris bestehen meist Kniebeschwerden, Schmerzausstrahlung an der Oberschenkelvorderseite, das Bein ist verkürzt und wird spontan in Außenrotation gehalten **(a)**.

Bei gebeugtem Hüftgelenk zeigt sie die Aufhebung der Innenrotationsfähigkeit, d.h., bei der Prüfung der Innenrotation verbleibt das Bein in Außenrotationsstellung (positives **Drehmann-Zeichen, c)**.

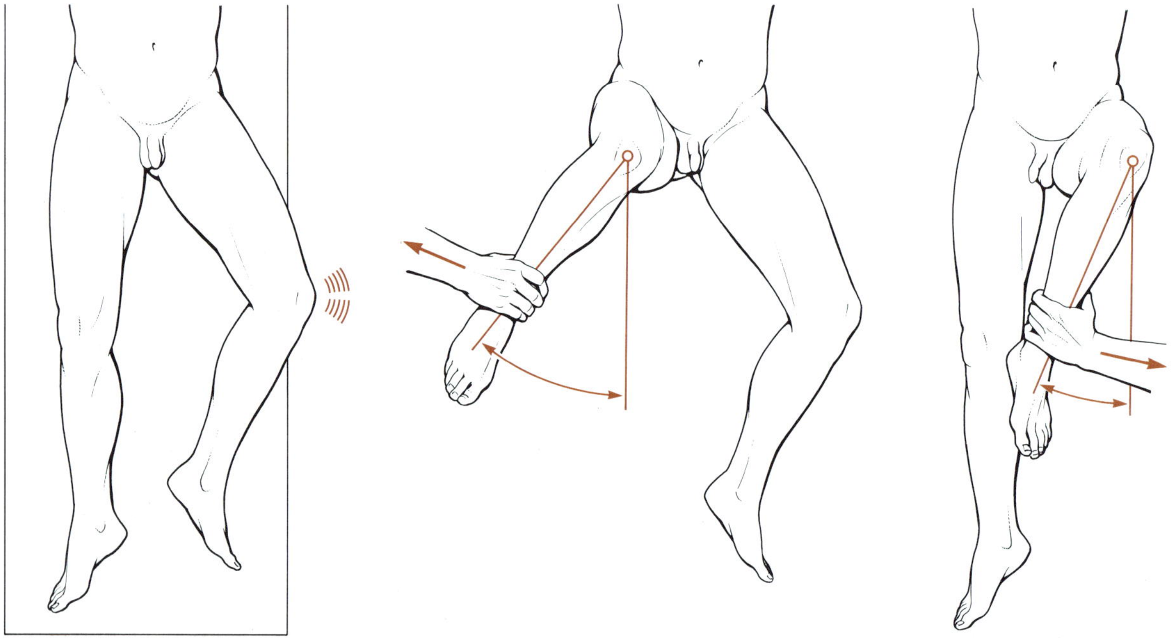

a

b Gesunde Hüfte
Innenrotation 40 Grad

c Epiphyseolysis
Innenrotation – 20 Grad

zung sowie ein Hüfthinken. Bei der klinischen Untersuchung ist bei gebeugtem Hüftgelenk die Innenrotation ausgeprägt eingeschränkt, zum Teil weicht das Hüftgelenk sogar in die Außenrotation aus (positives **Drehmann-Zeichen).** Die akute Epiphyseolysis gleicht im klinischen Befund einer Schenkelhalsfraktur. Entscheidend für die Diagnostik ist die Röntgenuntersuchung.

Bei der beginnenden Epiphysenlösung **(Epiphyseolysis capitis femoris imminens)** ist **röntgenologisch** nur die aufgelockerte Epiphysenfuge sowie die Stufe an der proximalen Konvexität des Hüftkopfes am Übergang zum Schenkelhals erkennbar. Bei Zunahme der Epiphyseolyse erscheint die Epiphyse im a.p.-Bild verkleinert und abgeflacht.

Entscheidend für die Diagnose einer Epiphyseolysis capitis femoris ist die **orthograde Aufnahme des Schenkelhalses in der Technik nach Lauenstein (Flexion der Hüfte 70 Grad; Abduktion 50 Grad).** Diese Einstellung zeigt die Dorsalposition der Epiphyse *(Syn. 188).*

(positives **Drehmann-Zeichen),** ist verkürzt und minderbelastungsfähig (Schmerzen!) Die akute Epiphyseolysis gleicht im klinischen Befund einer Schenkelhalsfraktur.

Röntgenologisch ist in der a.p.-Ansicht die Epiphysenfuge aufgelockert. Bei beginnendem Gleitvorgang ist die proximale Konvexität am Übergang der Epiphyse zum Schenkelhals aufgehoben *(Synopsis 188).*
Richtungweisend ist die **orthograde Aufnahme des Schenkelhalses nach Lauenstein.** Diese zeigt die Dorsalposition der Epiphyse.

Synopsis 188 a–c: Epiphyseolysis capitis femoris bds. und operative Korrektur.
Synopsis 188 a: Die a.p.-Ansicht zeigt rechtsseitig lediglich eine Verbreiterung der Epiphysenfuge. Linksseitig ist die Epiphyse verkleinert, die subkapitale Konvexität aufgehoben. Die axialen Aufnahmen zeigen eine Epiphyseolysis capitis femoris rechtsseitig von 12, linksseitig von 52 Grad.

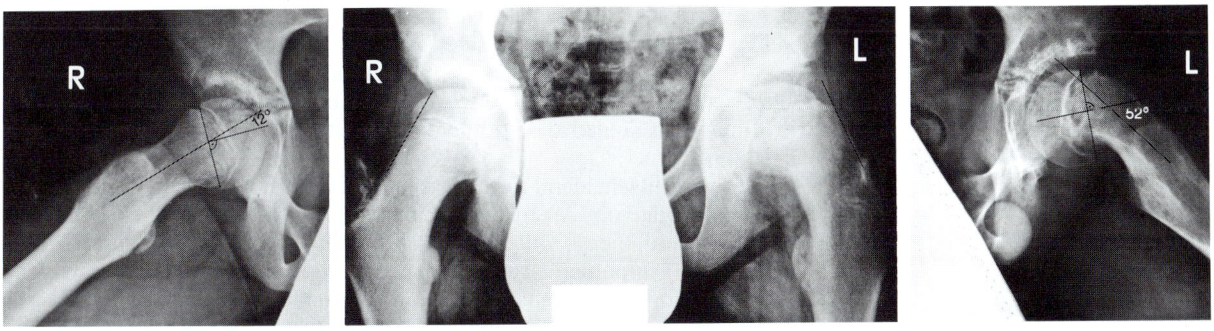

Synopsis 188 b: Korrektur linksseitig durch flektierende und valgisierende Osteotomie (nach Imhäuser) unter gleichzeitiger Verschraubung der Kopfepiphyse. Rechtsseitige Kirschnerdrahtspickung.

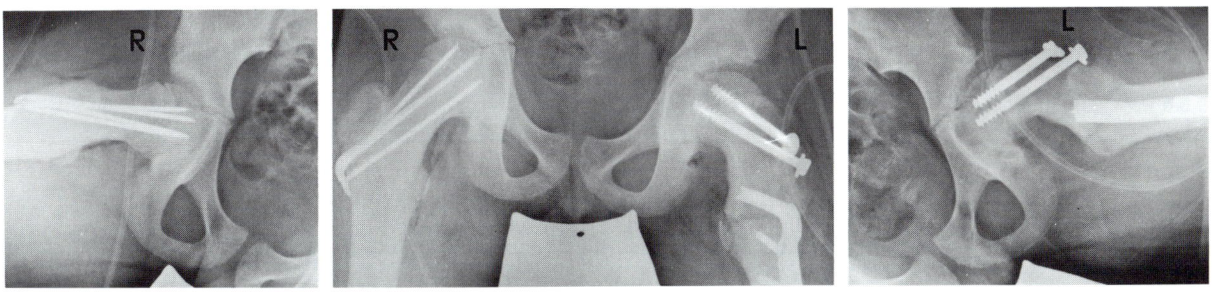

Synopsis 188 c: Schema der Operation nach Imhäuser: Durch die Entnahme eines Keiles mit beugelateralseitiger Basis und Innenrotation wird der Hüftkopf reponiert. Diese Intertrochantere Korrektur wird gegenüber derjenigen im Schenkelhalsbereich (Ort der eigentlichen Fehlstellung) bevorzugt, da die Gefahr der Hüftkopfnekrose hierbei geringer ist. Fixation der Osteotomie mit Winkelplatte. Die Verschraubung der Kopfepiphyse verhindert das weitere Abgleiten derselben.

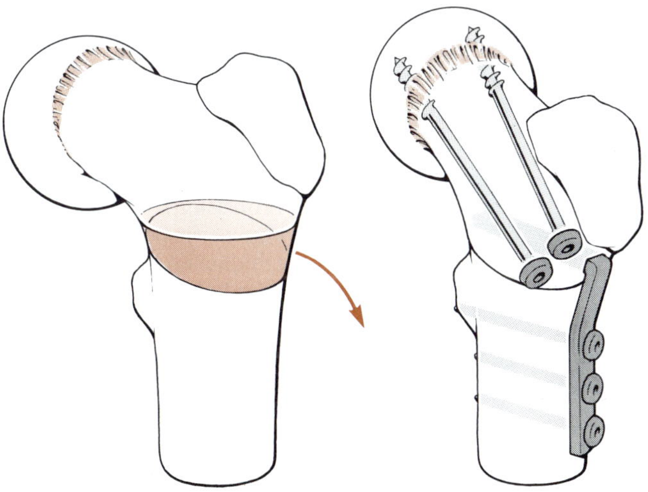

Klinisches Beispiel ▶

Klinisches Beispiel. 14jähriger, stark übergewichtiger Junge. Seit 4 Monaten Beschwerden im Bereich des linksseitigen Kniegelenkes. Die Röntgenuntersuchung des Kniegelenkes vor 3 Monaten war unauffällig. Es bestand eine deutliche Außenrotationsstellung des linken Beines mit Beinverkürzung und positivem **Drehmannschem Zeichen** sowie ein schmerzhinkendes Gangbild. Im a.p.-Röntgenbild zum Zeitpunkt der Diagnosestellung *(Syn. 188)* fällt linksseitig eine Verkleinerung der Kopfepiphyse (b), sowie eine Abflachung der kranialen Konvexität der Epiphysenfuge auf. Im axialen Bild zeigt sich ein »Abrutsch« der linken Epiphyse nach dorsokaudal von 52 Grad, rechtsseitig von 12 Grad. Die linksseitige Epiphyse wurde verschraubt unter gleichzeitiger subtrochanterer, valgisierender (20 Grad) und flektierender (40 Grad) und innenrotierender Osteotomie. Die nur im axialen Bild sichtbare Epiphyseolysis capitis femoris rechtsseitig wurde mit Kirschnerdrähten fixiert.

Therapie
Bei der akuten Hüftkopflösung ist die notfallmäßige Reposition mit **Hämatomentlastung** angezeigt. Bei der Lenta-Form unter 30 Grad erfolgt die **Kirschnerdrahtspickung.** Bei darüber hinausgehenden Fehlstellungen wird neben der Fixation der Epiphyse eine **korrigierende Osteotomie** nach Imhäuser (valgisierend/flektierend/derotierend) durchgeführt.

Therapie. Bei der akuten Hüftkopflösung ist die notfallmäßige Reposition und **Fixation** der Epiphyse unter gleichzeitiger **Hämatomentlastung** erforderlich. Bei der Lenta-Form ist die operative Therapie abhängig vom Ausmaß der Dislokation. Bis 30 Grad wird die Epiphyse durch Drahtstifte stabilisiert. Darüber hinausgehende Fehlstellungen werden auf Grund der damit einhergehenden präarthrotischen Deformität durch gleichzeitige **Korrekturosteotomie** behandelt. Die sub- oder intertrochanter durchgeführte, valgisierende und flektierende Osteotomie (nach Imhäuser) korrigiert zwar im Gegensatz zur Osteotomie des Schenkelhalses distal des Dislokationsortes, hat aber ein deutlich geringeres Risiko einer fatalen sekundären Hüftkopfnekrose. Um ein weiteres Abgleiten der Epiphyse zu verhindern, wird auch bei einer Korrekturosteotomie die Fuge osteosynthetisch stabilisiert. Wegen der häufigen beidseitigen Erkrankung wird unter Umständen die kontralaterale Seite prophylaktisch fixiert.

Prognose
Entscheidend ist die frühe Therapie. Unabhängig vom Ausmaß der Epiphyseolyse kann eine Chondrolyse mit schlechter Prognose bei dieser Erkrankung auftreten (Morbus Waldenström).

Prognose. Entscheidend für die Prognose ist die frühe Diagnose und Therapie. Unabhängig vom Ausmaß der Epiphyseolysis tritt in seltenen Fällen eine **Chondrolyse** auf, die als röntgenologische Gelenkspaltverschmälerung **(Morbus Waldenström)** imponiert. Auch bei langdauernder Entlastung haben Gelenke mit einem Morbus Waldenström eine relativ schlechte Prognose. Der **Morbus Waldenström** bei der Epiphyseolysis darf nicht mit der **Waldenström-Krankheit** (Makroglobulinämie) verwechselt werden.

8.5 Formabweichungen und Fehlentwicklungen
8.5.1 Protrusio acetabuli

8.5 Formabweichungen und Fehlentwicklungen

8.5.1 Protrusio acetabuli

Definition ▶

Definition. Vermehrte Tiefe der Hüftgelenkspfanne, bedingt durch unterschiedliche Faktoren. Der Übergang von der Norm zum Krankhaften ist hierbei fließend. *Vergleiche Abbildung 120.*

Ätiologie
Die primäre Protrusion ist endogen bedingt. Sekundäre Protrusionen entstehen bei Knochenerweichungen oder entzündlichen Erkrankungen sowie posttraumatisch.

Ätiologie. Die Pfannenprotrusion ist das Gegenstück der Pfannendysplasie. Die Hüftgelenkspfanne wird durch das Wachstum des Darm-, Sitz- und Schambeines ausgestaltet. Durch endogene Faktoren kann die Pfannentiefe zunehmen (primäre Protrusion). Bei Knochenerweichung, insbesondere aber bei entzündlichen Erkrankungen (chronische Polyarthritis) sowie posttraumatisch (zentrale Hüftgelenksluxation mit Fraktur des Pfannenbodens) kann eine sekundäre Pfannenprotrusion entstehen.

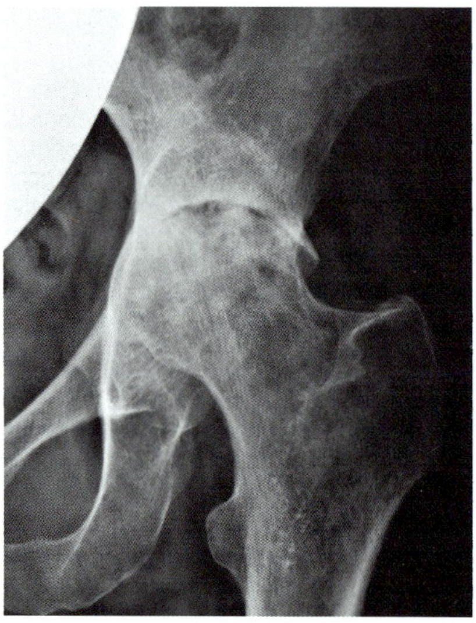

Abb. 120: Sekundäre Pfannenprotrusion bei rheumatisch bedingter Koxarthrose.

Klinik. Durch die tiefe Einstellung des Hüftkopfes ist die Beweglichkeit des Gelenkes in allen Bewegungsrichtungen deutlich eingeschränkt. Die Protrusio acetabuli stellt eine präarthrotische Deformität dar.

Therapie. Bei der primären Protrusio acetabuli kann durch eine Valgisierungsosteotomie während des Wachstums eine Verringerung der Deformität bewirkt werden. Durch diese Maßnahme läßt sich auch die Abspreizfähigkeit der Hüftgelenke bei dieser meist beidseitigen Erkrankung verbessern.

Klinik
Die Pfannenprotrusion ist gekennzeichnet durch die eingeschränkte Hüftgelenksbeweglichkeit.

Therapie
Bei der primären Protrusio acetabuli ist die Valgisationsosteotomie während des Wachstums angezeigt, die auch eine Verbesserung der Abspreizfähigkeit des Hüftgelenkes erbringt.

8.5.2 Coxa saltans (schnellende Hüfte)

8.5.2 Coxa saltans

Definition. Schmerzhaftes Springen der Fascia lata (Tractus iliotibialis) über dem Trochanter major.

◀ **Definition**

Klinik. Beim Gehen kommt es zum Schnappen der Fascia lata über den prominenten Trochanter major. Dieses Phänomen kann vom Patienten meist auch willkürlich herbeigeführt werden. Betroffen sind hauptsächlich junge Frauen. Durch Schnappen der Faszie kommt es zur Reizung des Bindegewebes. Es bildet sich eine schmerzhafte Bursitis trochanterica aus.

Klinik
Die Fascia lata schnappt beim Gehen über den prominenten Trochanter major. Dieses schmerzhafte Phänomen wird vorwiegend bei jungen Frauen beobachtet.

Therapie. Injektionstherapie der Bursitis. Bei Therapieresistenz kann die Coxa saltans durch Verlängerung der Fascia lata oder Fixation der Faszie am Trochanter operativ behandelt werden.

Therapie
Injektionsbehandlung. Bei Therapieresistenz Verlängerung der Fascia lata oder Fixation derselben am Trochanter.

8.5.3 Morbus Perthes

8.5.3 Morbus Perthes

Definition. Osteonekrose des kindlichen Hüftkopfes *(S. 118)*.

◀ **Definition**

8.5.4 Hüftkopfnekrose des Erwachsenen *(S. 155)*

8.5.4 Hüftkopfnekrose des Erwachsenen *(S. 155)*

8.6 Degenerative Erkrankungen

8.6 Degenerative Erkrankungen

8.6.1 Koxarthrose

8.6.1 Koxarthrose

Definition. Hüftgelenksabnutzung. Unterschiedliche mechanische und biologische Faktoren können zum Verschleiß des Hüftgelenkes führen.

◀ **Definition**

Ätiologie. Durch die verbesserte Lebenserwartung nimmt die Anzahl der an Koxarthrose erkrankten Patienten stetig zu. Im Alter von 65–74 Jahren leiden bereits ca. 2% der Bevölkerung an mittelschweren oder schweren Koxarthrosen. Unterschieden werden primäre und sekundäre Koxarthrosen *(S. 167)*. Bei der **primären Form** ist die Ursache im Einzelfall nicht bekannt. Sowohl mechanische als auch biologische Faktoren im Sinne von Alterungsprozessen des Bindegewebes sind hierbei bedeutsam. **Sekundäre Arthrosen** entwickeln sich bei nicht vollständig ausgeheilten Hüftgelenkserkrankungen. Neben Gelenkfrakturen können alle in den vorausgehenden Seiten beschriebenen Hüftgelenkserkrankungen bei Defektheilung im Sinne einer präarthrotischen Deformität ursächlich für die Entwicklung des Hüftgelenksverschleißes sein *(Tab. 44)*.

Ätiologie
Durch die zunehmende Lebenserwartung nimmt die Zahl der Koxarthrosepatienten zu. Unterschieden werden primäre und sekundäre Koxarthrosen. Mechanische und biologische Faktoren sind hierbei bedeutsam. **Sekundäre Arthrosen** entwickeln sich aus nicht vollständig ausgeheilten Hüftgelenkserkrankungen *(siehe Tabelle 44)*.

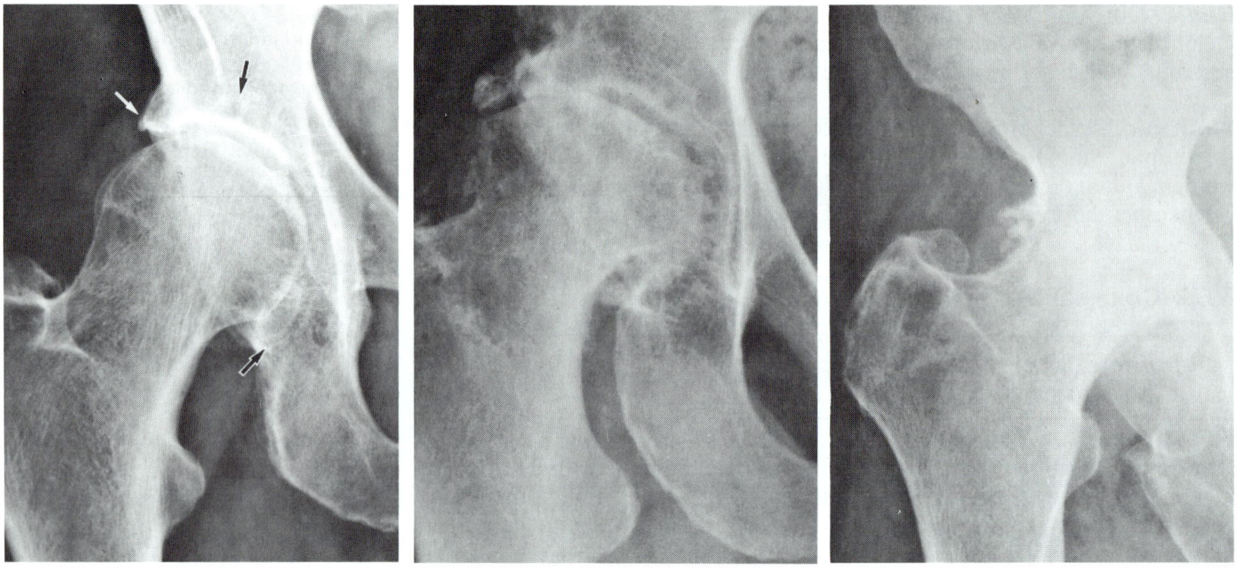

a b c

Abb. 121: Unterschiedliche **Stadien der Koxarthrose.**
a beginnende Koxarthrose mit Gelenkspaltverschmälerung und osteophytären Anbauten am Pfannenrand. Beginnende Geröllzystenbildung im Pfannendachbereich.
b fortgeschrittene Koxarthrose mit fast vollständiger Aufhebung des Gelenkspaltes und erheblichen osteophytären Anbauten. Die Kongruenz des Hüftkopfes ist aufgehoben, erhebliche subchondrale Sklerosezonen sind sichtbar.
c destruierende Koxarthrose: durch Abrieb ist der Hüftkopf weitestgehend abgebaut. Der Gelenkspalt ist nicht mehr sichtbar. Erhebliche osteophytäre Anbauten der Gelenkspfanne sowie im kaudalen Rest des Hüftkopfes.

Klinik
Die Erkrankung ist gekennzeichnet durch die Schmerzsymptomatik. Hierbei werden ein Einlaufschmerz, ein Belastungschmerz sowie der später auftretende Ruheschmerz unterschieden.

Klinik. Die Erkrankung ist durch eine zunehmende Schmerzsymptomatik gekennzeichnet. Unterschieden werden der Einlaufschmerz, die Schmerzen nach längerer Belastung sowie die später auftretenden Ruhebeschwerden. Im Verlauf der Erkrankung wechseln sich schmerzarme Phasen und solche mit vermehrten Beschwerden ab (aktivierte Koxarthrose).

Tab. 44: Ursachen der Koxarthrose
I primäre Form durch Alterung des Gewebes **II sekundäre Formen** gestörte Biomechanik nach: • Hüftdysplasie • Epiphyseolysis capitis femoris • Morbus Perthes • idiopathische Hüftkopfnekrose • Gelenkfrakturen gestörte Gelenkbiologie durch: • Infekt • rheumatische Erkrankungen • Chondrokalzinose *(S. 187)*

Diagnose
Kontrakturen führen zur Bewegungseinschränkung. Hierbei sind die Ab-/Adduktion und Rotation stärker eingeschränkt, so daß eine Scharniergelenkbeweglichkeit verbleibt *(Tab. 45)*.

Diagnose. Ein wichtiges Symptom der Koxarthrose ist die **zunehmende Bewegungseinschränkung.** Allmählich entwickeln sich **Kontrakturen,** insbesondere der Beuge- und Adduktionsmuskulatur. Hierdurch kommt es zur Beckenkippung nach vorn, die Lendenwirbelsäule wird lordotisch eingestellt. Wenn dort gleichzeitig degenerative Veränderungen bestehen, kann die Hauptbeschwerdesymptomatik der Koxarthrose im Bereich der Lendenwirbelsäule lokalisiert sein. Die Rotationsbewegungen sowie die An- und Abspreizung sind stärker eingeschränkt als die Hüftbeugung und -streckung, so daß eine Scharniergelenksbeweglichkeit entsteht. Die ventrale Gelenkkapsel ist bei der **aktivierten Koxarthrose** (Gelenkerguß) druckschmerzhaft (Palpation in Leistenmitte) *(Tab. 45)*.

Röntgenologisch kann oft auf die ursächliche Erkrankung zurückgeschlossen werden. Es imponieren die Gelenkspaltverschmälerung, die gelenknahe Osteosklerose, die Geröllzysten sowie osteophytäre Anbauten *(Abb. 121)*.

Röntgenologisch sollten beide Hüften zum Vergleich dargestellt werden. Bei wenig fortgeschrittener Hüftgelenksdestruktion kann oft auf die ursächliche Erkrankung geschlossen werden. Im Röntgenbild imponieren die Gelenkspaltverschmälerung, die gelenknahe reaktive Osteosklerose, Geröllzysten, osteophytäre Anbauten sowohl im Bereich der Hüftgelenkspfanne als auch im Bereich des Hüftkopfes. Bei schwerster Koxarthrose kann es zur kompletten Destruktion des Hüftkopfes kommen (vergleiche erneut *Abb. 121)*.

Tab. 45: Untersuchungsschema bei der Koxarthrose	
Fragen nach: früheren Hüftgelenkserkrankungen Einlaufschmerz Belastungsschema Ruheschmerz Bewegungseinschränkung (könnten Sie die Schnürsenkel binden?) Gehstrecke (Gehstock?)	**Untersuchung der:** Beugung/Streckung Abduktion/Adduktion Innenrotation/Außenrotation Kapseldruckschmerzhaftigkeit Trochanterklopfschmerzhaftigkeit Lendenwirbelsäule! gleichseitiges Kniegelenk!
Röntgenuntersuchung: beider Hüftgelenke a.p. evtl. zusätzlich axiale Aufnahme* evtl. der Lendenwirbelsäule* evtl. des gleichseitigen Kniegelenkes*	
* in Abhängigkeit von der Anamnese und dem klinischen Befund. Diese können auch weitere Untersuchungen (Labor) bedingen.	

Therapie. Ein auf der kontralateralen Seite getragener **Handstock** vermindert die Belastung des Gelenkes und erhöht die Gangsicherheit. Ein **Pufferabsatz** dämpft die Belastung des Gelenkes beim Gehen auf hartem Untergrund. **Krankengymnastik, balneologische Anwendungen,** aber auch **selbständige Übungen** wie Fahrradfahren und Schwimmen bewirken eine Verbesserung der Gelenkbeweglichkeit.

Nichtsteroidale Antiphlogistika bringen oftmals Erleichterung, sind aber in der Langzeittherapie wegen ihrer Nebenwirkungen (insbesondere gastrointestinal) nur beschränkt einsatzfähig. Bei aktivierten Koxarthrosen können **intraartikuläre Kortisoninjektionen** Besserung bringen. Diese werden insbesondere bei nicht operablen Patienten gehäuft angewandt. Insgesamt ist der Einsatz der medikamentösen Therapie bei der Koxarthrose beschränkt *(Tab. 46).*

Gelenkerhaltende operative Eingriffe sind abhängig vom Alter, der Ursache der Koxarthrose und dem morphologischen Befund indiziert. Der **endoprothetische Gelenkersatz** wird vornehmlich bei älteren Patienten und fortgeschrittenen Koxarthrosen angewandt. Von diesen generellen Regeln gibt es Ausnahmen. So kann bei vollständiger Gelenkdestruktion und insbesondere doppelseitiger Erkrankung auch bei jüngeren Patienten der endoprothetische Ersatz angezeigt sein.

Gelenkerhaltende Eingriffe sind indiziert, wenn die gestörte Mechanik des Hüftgelenkes dauerhaft gebessert werden kann. Intertrochantere Osteotomien, wie sie auch zur Korrektur präarthrotischer Deformitäten angewandt werden, sind auch bei beginnenden Arthrosen mit mechanischer Ursache indiziert. Vornehmlich werden hierbei Varisations- und Valgisationsosteotomien, aber auch

Therapie
Minderung der Belastung durch Handstock und Pufferabsatz. Besserung der Beweglichkeit durch Krankengymnastik, balneologische Anwendungen sowie selbständige Übungen.
Die medikamentöse Therapie ist bei der Koxarthrose beschränkt. Zur Anwendung kommen nichtsteroidale Antiphlogistika sowie insbesondere bei nicht operablen Patienten die intraartikuläre Kortisongabe *(Tab. 46).*
Gelenkerhaltende operative Eingriffe werden bevorzugt bei jüngeren Patienten mit mechanisch bedingter Koxarthrose angewandt.
Der **Gelenkersatz** kommt vornehmlich bei älteren Patienten mit fortgeschrittenen Arthrosen zur Anwendung.
Durch **gelenkerhaltende Eingriffe** wird versucht, die gestörte Mechanik zu bessern. Hierzu werden intertrochantere Osteotomie und Beckenosteotomien *(Syn. 189)* angewandt.

Tab. 46: Differentialtherapie bei der Koxarthrose
Die Entscheidung zur konservativen, operativen, gelenkerhaltenden oder endoprothetischen Therapie ist abhängig von mehreren Faktoren, die nachfolgend aufgelistet sind:

konservativ	gelenkerhaltend	Endoprothetik
Inoperabilität (z.B. Herzinsuffizienz)	Alter unter 60 Jahre	Alter über 60 Jahre
beginnende Arthrose ohne gestörte Biomechanik	korrigierbare Gelenkmechanik	totale Gelenkdestruktion
Koxarthrose des jüngeren Menschen (< 50) ohne gelenkerhaltende Operationsmöglichkeit	korrigierbare Gelenkfunktion (z.B. Umstellungsoperationen bei Gelenkkontrakturen, um eine Beanspruchung in der günstigeren Mittelstellung zu erreichen.)	primäre Koxarthrose
Ablehnen einer Operation		rheumatisch bedingte Koxarthrose
		Chondrokalzinose
		beidseitiger Befall

Der Vorteil der gelenkerhaltenden Eingriffe ist die Vermeidung der Gefahren der Endoprothetik, wenngleich die Prognose dieser Verfahren im Einzelfall nicht immer sicher abzuschätzen ist. Dreidimensionale diagnostische Verfahren erleichtern die Indikationsstellung *(Abb. 122)*.

Umstellungen in der Flexions-, Extensions- und Anterekurvationsrichtung angewandt, wenn sich dadurch eine bessere Gelenkkongruenz ergibt. Auch bei ausgedehnten Kontrakturen kann durch die Umstellungsosteotomie eine Beanspruchung in der funktionell besseren Mittelstellung des Gelenkes erzielt werden *(Syn. 189)*.

Beckenosteotomien (Chiari- bzw. Triple-Osteotomie) werden auch in der Therapie der beginnenden Dysplasiekoxarthrose angewandt. Die differenzierte Indikation dieser Eingriffe erfordert eine große klinische Erfahrung. Hilfestellung geben An- und Abspreizaufnahmen des Hüftgelenkes sowie die differenzierte klinische Untersuchung. Der Vorteil der gelenkerhaltenden Eingriffe besteht darin, daß die Gefahren der Endoprothetik vermieden werden und insbesondere, bezogen auf das Gesamtlebensalter der Patienten, spätere eventuelle endoprothetische Therapiemöglichkeiten erhalten bleiben. Allerdings ist die Prognose dieser Verfahren im Einzelfall nicht immer abzuschätzen, wenngleich heute die präoperative Diagnostik mittels dreidimensionaler bildgebender Verfahren eine differenzierte Indikationsstellung ermöglicht *(Abb. 122)*.

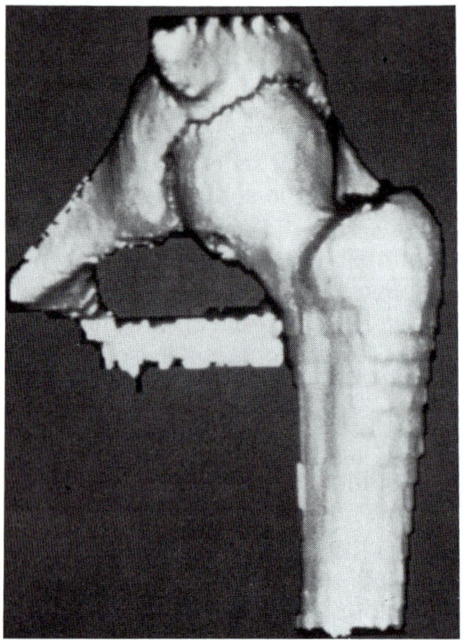

Abb 122: Dreidimensionale Darstellung des linken Hüftgelenkes. Computertomographische oder kernspintomographische Untersuchungen erlauben mittels spezieller Software die räumliche Gelenkdarstellung. Dies verbessert die präoperative Planung für mehrdimensionale Umstellungsosteotomien, da die postoperative Gelenkkongruenz besser beurteilt werden kann.

Synopsis 189: Gelenkzentrierende Umstellung bei der Koxarthrose:
Durch Umstellungsoperation am proximalen Femur wird eine optimale Gelenkzentrierung bei mittlerer Positionierung (Stand des Patienten) des Gelenkes erreicht. Hierbei werden Umstellungen in verschiedenen Ebenen vorgenommen.

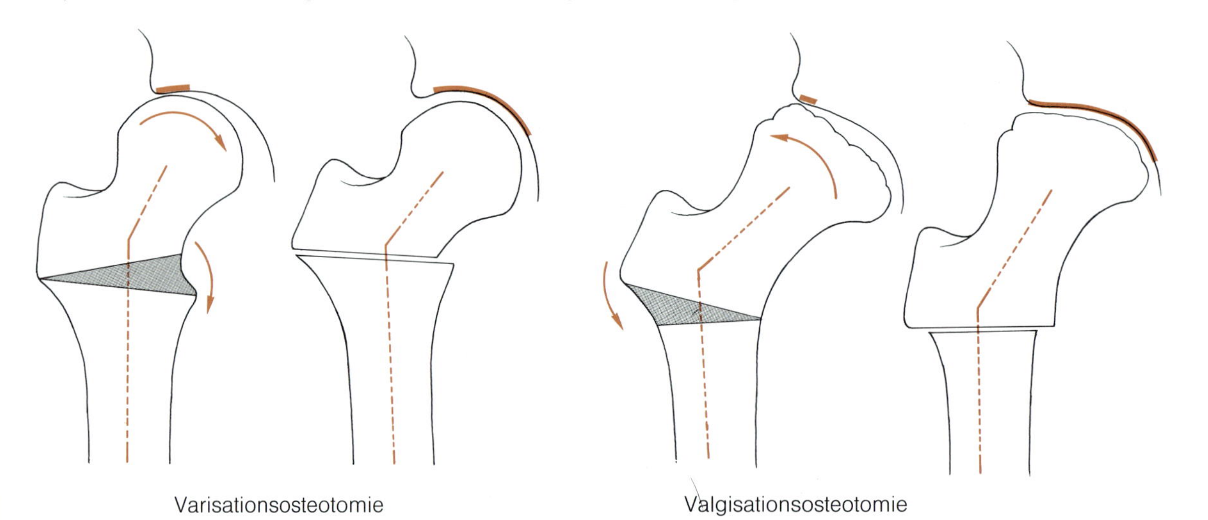

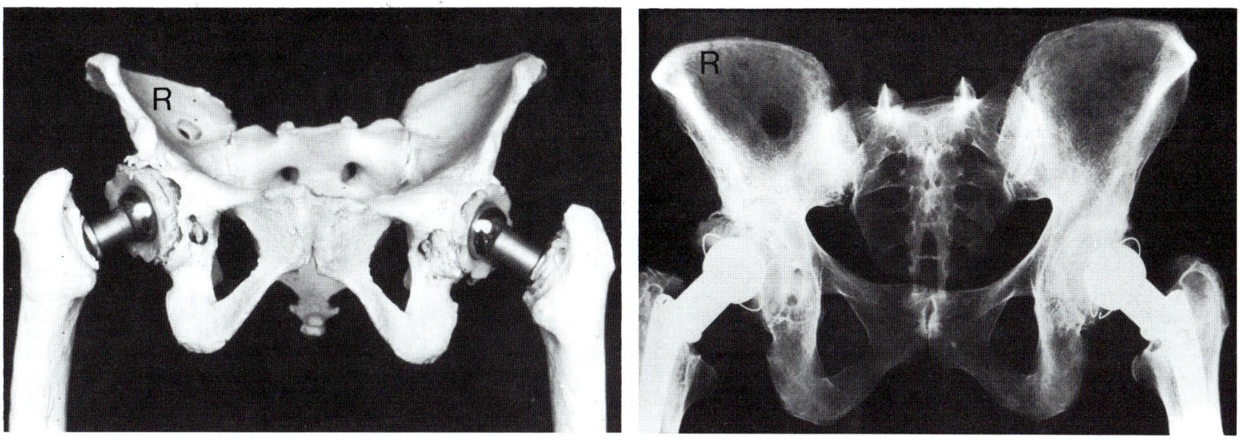

Abb. 123: Klinische und röntgenologische Abbildung einer beidseitigen Hüfttotalendoprothesen-Implantation. Rechtsseitig besteht eine Lockerung der Hüftgelenkspfanne.

Gelenkersatzoperation. Bei endoprothetischem Ersatz des Hüftgelenkes werden beide Gelenkpartner ersetzt *(Abb. 123).* Einzelheiten zu Gelenkersatzoperationen sind den Kapiteln 3.4.4 und 4.3 zu entnehmen. Wenngleich beim erfolgreichen Hüftgelenksersatz eine weitgehend normale Funktion erreicht wird, sollten Extrembelastungen (z.B. Alpin-Ski) wegen des dadurch möglichen vorzeitigen Verschleißes vermieden werden.

Gelenkersatzoperation
Siehe hierzu *Kapitel 3.4.4* und *4.3* und *Abb. 123.*

Gelenkversteifung. Bei jungen Patienten ist die Gelenkversteifung (Arthrodese) wegen ihrer guten Belastungsstabilität eine wichtige operative Alternative. Auf lange Sicht ist jedoch mit einer Überbeanspruchung der Lendenwirbelsäule und des gleichseitigen Kniegelenkes zu rechnen.

Gelenkversteifung
Bei jungen Patienten ist die Arthrodese wegen ihrer hohen Belastungsstabilität eine wichtige operative Alternative.

Klinisches Beispiel. 22jährige Patientin. Im Alter von 11 Jahren erlitt die Patientin durch einen Verkehrsunfall eine Trümmerfraktur des rechtsseitigen Hüftgelenkes. Im Alter von 20 Jahren war das Gelenk hochgradig schmerzhaft. Es bestand eine Beuge-(50 Grad), Adduktions- (15 Grad)Kontraktur des Gelenkes. Wegen der beschränkten Haltbarkeit von Endoprothesen erfolgte die Indikationsstellung zur Arthrodese des deformierten Gelenkes. Durch die Arthrodese *(Abb. 124)* ist das rechte Bein schmerzfrei voll belastungsfähig. 5 Monate nach der Operation hat die Patientin ihren Beruf als Verkäuferin wieder aufgenommen.

◀ **Klinisches Beispiel**

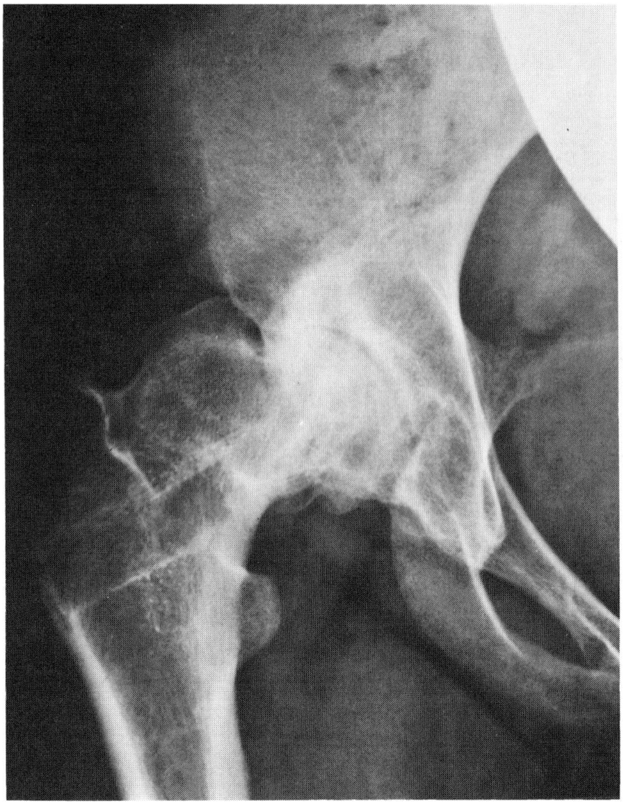

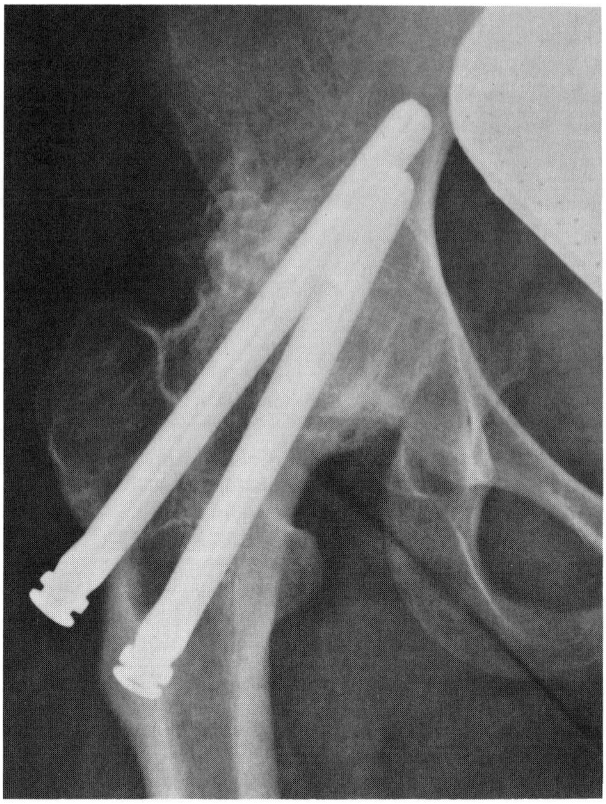

Abb. 124 a Destruktionskoxarthrose nach intraartikulärer Fraktur

b Hüftgelenksarthrodese mit zwei Dreilamellennägeln. Bei der Operation wurde der Restknorpel entfernt und die Adduktionsbeugekontraktur korrigiert.

8.7 Periarthrosis coxae

Definition ▶

Ätiologie
Chronische Überbelastung und Stoffwechselerkrankungen führen zur Degeneration im Ansatz- und Ursprungsbereich der Hüftgelenksmuskulatur.

Klinik
Die Hauptbeschwerden sind am Trochanter major lokalisiert. Daneben besteht eine diffuse Beschwerdesymptomatik. Eine lokalisierte **Bursitis trochanterica** muß abgegrenzt werden.

Diagnose
Fakultativ sind radiologisch diffuse Verkalkungen im Insertionsbereich der Muskulatur nachweisbar *(Abb. 125).*

Therapie
Symptomatische Maßnahmen. Röntgenreizbestrahlung beim älteren Menschen.

8.7 Periarthrosis coxae

Definition. Schmerzhafte Verspannung der hüftumfassenden Muskulatur mit degenerativen Veränderungen im Ansatzbereich der Muskulatur *(S. 200).*

Ätiologie. Chronische Überbelastung und Stoffwechselerkrankungen (z.B. Diabetes mellitus) führen zur Degeneration im Bereich des Ansatzes und Ursprunges der Muskulatur. Auch Mikrotraumen können diese Veränderungen hervorrufen.

Klinik. Am häufigsten befallen ist die Region am Trochanter major. Dort bestehen diffuse und belastungsabhängige Beschwerden. Im Gegensatz zur Hüftgelenksaffektion besteht kein Leistenschmerz. Eine **Bursitis trochanterica** (schmerzhafter Schleimbeutel) über der knöchernen Prominenz des Trochanter major ist durch die dann dort bestehende ausgeprägte, aber lokale Druckdolenz abgrenzbar. Die Bursitis trochanterica wird durch lokale Kortisonapplikation therapiert.

Diagnose. Im Insertionsbereich der Muskulatur sind fakultativ diffuse Verkalkungen nachweisbar *(Abb. 125).* Die radiologische Untersuchung ist zur Differenzierung der Periarthrosis coxae von der Koxarthrose wichtig.

Therapie. Wärmeapplikation, lokale Injektionsbehandlung, Elektrotherapie. Bei Beschwerdepersistenz ist beim älteren Menschen die Möglichkeit der lokalen Röntgenreizbestrahlung (Gesamtdosis maximal 5 Gray) gegeben.

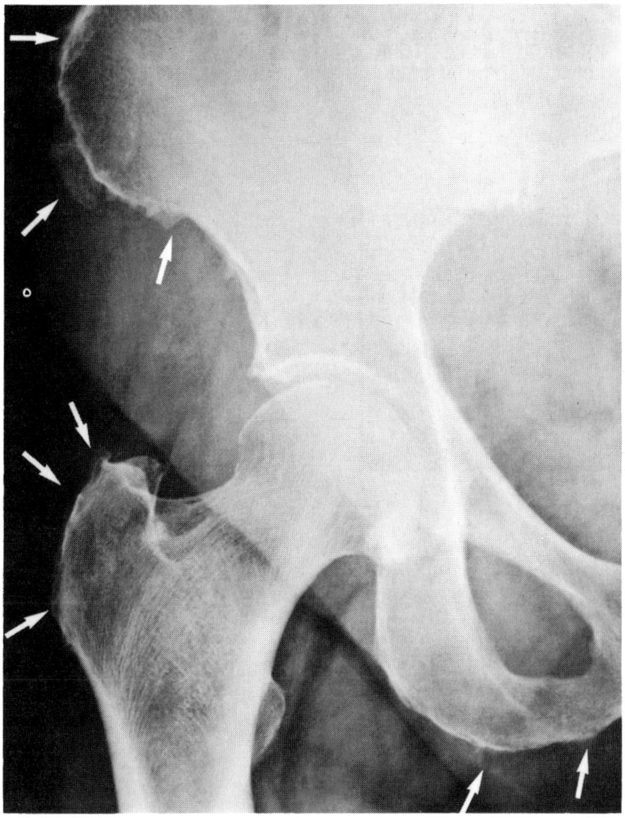

Abb. 125: Periarthrosis coxae. Beachte die unruhige Strukturierung im Bereich des Beckenkammes und im Bereich des Trochanter major mit diffusen Kalkablagerungen.

8.8 Entzündliche Erkrankungen

8.8.1 Koxitis

Definition. Entzündliche Hüftgelenkserkrankung. Die Differenzierung zwischen bakteriellen und rheumatischen Koxitiden ist aus therapeutischen und prognostischen Gesichtspunkten wichtig.

Das Hüftgelenk kann von verschiedenen entzündlichen Erkrankungen betroffen sein. Auf Grund der tiefen anatomischen Lage manifestieren sich Entzündungen lediglich durch Schmerzen und Funktionseinschränkungen des Gelenkes sowie insbesondere bei Kindern durch die Allgemeinerkrankung. Schmerzreflektorisch wird das Bein in der Hüfte flektiert, außenrotiert und abduziert.

8.8.2 Infektiöse Koxitis

Definition. Hüftgelenksentzündung, verursacht durch spezifische oder unspezifische Erreger.

Klinik. Akute infektiöse Koxitiden sind extrem schmerzhaft. Das Bein wird in Beugeadduktionsstellung gehalten. Gefürchtet ist die Säuglingskoxitis (vergleiche Säuglingsosteomyelitis, *s. S. 230).* Sie wird zum Teil verkannt, da sie oft im Rahmen eines septischen Geschehens mit hämatogener Aussaat auftritt. Tuberkulöse Koxitiden verlaufen chronisch und führen in der Regel zur totalen Gelenkversteifung.

8.8 Entzündliche Erkrankungen

8.8.1 Koxitis

◀ **Definition**

Auf Grund der tiefen anatomischen Lage manifestieren sich die unterschiedlichen entzündlichen Erkrankungen des Hüftgelenkes nur durch Schmerzen und die Funktionseinschränkung des Gelenkes sowie bei Kindern durch die Allgemeinerkrankung.

8.8.2 Infektiöse Koxitis

◀ **Definition**

Klinik
Akute Koxitiden sind extrem schmerzhaft. Bei der Säuglingskoxitis besteht oft eine hoch fieberhafte Allgemeinerkrankung (Sepsis). Spezifische Koxitiden verlaufen chronisch.

Synopsis 190: Sonographische Darstellung eines Hüftgelenkergusses.
Das Sonogramm des rechten Hüftgelenkes zeigt die Hüftgelenkskapsel direkt dem proximalen Femur aufliegend.
Im Bereich des linksseitigen Hüftgelenkes ist die Gelenkkapsel stark abgehoben durch eine intraartikuläre Flüssigkeitsansammlung.

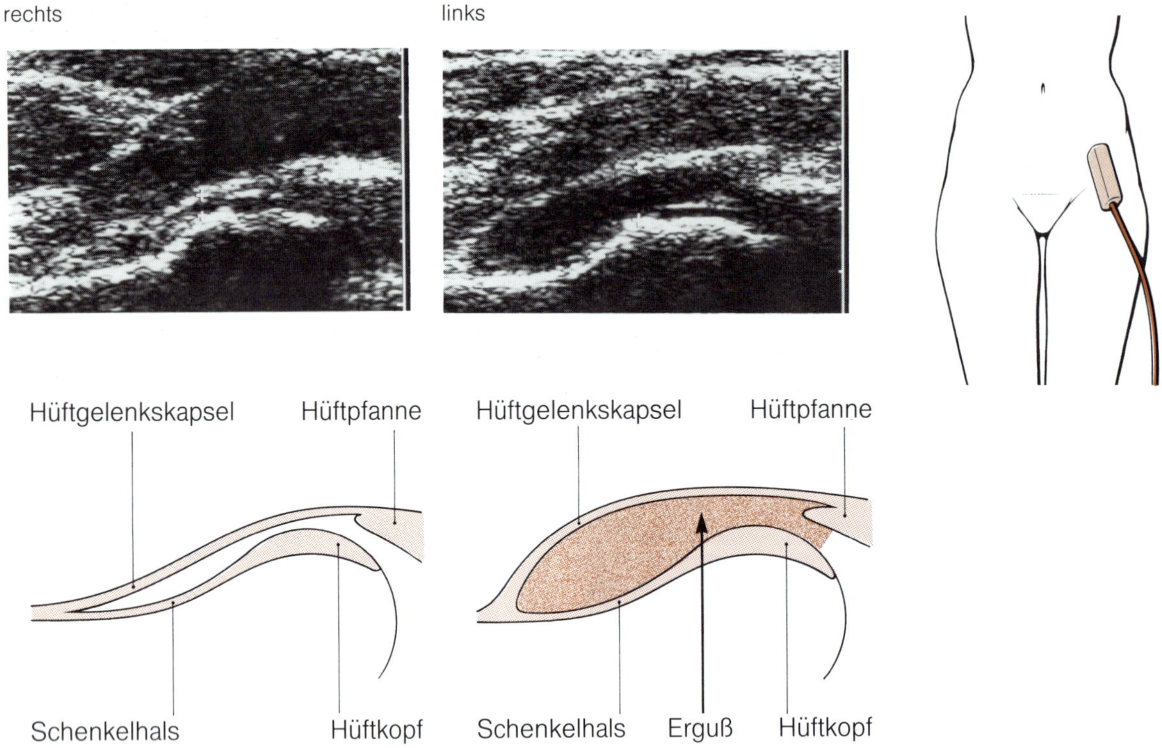

Diagnose
Im Akutstadium ist das Röntgenbild unauffällig. Mit der **Ultraschalluntersuchung** läßt sich eine Flüssigkeitsansammlung im Gelenk nachweisen *(Syn. 190)*. Später kommt es zu Knorpelzerstörungen mit Gelenkspaltverschmälerung und gelenknaher Osteoporose. Das **Knochenszintigramm** zeigt eine ausgeprägte Mehrspeicherung. Entscheidend ist die **Hüftgelenkspunktion** mit Erreger- und Resistenzbestimmung.

Diagnose. Im Akutstadium kann das Röntgenbild unauffällig sein oder bei massivem **Pyarthros** eine Verbreiterung des Gelenkspaltes zeigen. Mit der **Ultraschalluntersuchung** läßt sich das Ausmaß der Flüssigkeitsansammlung im Gelenk durch die Abhebung der Gelenkkapsel quantifizieren *(Syn. 190)*. Später kommt es dann durch die Knorpelzerstörung zur Gelenkspaltverschmälerung sowie zur gelenknahen Osteoporose mit kleinzystischen Veränderungen. **Knochenszintigraphisch** findet sich eine ausgeprägte Mehrspeicherung bei allen Koxitiden. Entscheidend für die frühe Diagnose und Differentialdiagnose ist die **Hüftgelenkspunktion,** insbesondere bei der Säuglingskoxitis, die fulminant bis zur irreversiblen Zerstörung des Gelenkes verlaufen kann. Aus dem Punktat kann eine Erreger- und Resistenzbestimmung vorgenommen werden. Die serologischen Entzündungsparameter sind ausgeprägt erhöht.

Therapie
Akut eitrige Entzündungen werden operativ entlastet mit Einlage einer Spül-Saug-Drainage und parenteraler Antibiotikagabe.

Therapie. Akut eitrige Entzündungen werden operativ entlastet, gespült und mit einer Spül-Saug-Drainage versehen. Parenterale Antibiotikaverabreichung entsprechend der Resistenzbestimmung. Das Gelenk wird durch Traktion entlastet und zur Vermeidung von Verklebungen intermittierend passiv durchbewegt.

8.8.3 Rheumatische Koxitis

8.8.3 Rheumatische Koxitis

Definition ▶

Definition. Hüftgelenksentzündungen bei entzündlich-rheumatischen Erkrankungen.

Klinik und Diagnose
Die Symptomatik entspricht der

Klinik und Diagnose. Die Symptomatik ist nicht von der einer aktivierten Koxarthrose zu unterscheiden. In diagnostisch unklaren Fällen kann das

Gelenkpunktat (Fibrinnachweis, positive Rheumafaktoren) und eine Synovia-analyse differentialdiagnostisch weiterhelfen.

Therapie. Neben der Allgemeintherapie der entzündlich-rheumatischen Erkrankungen *(S. 173)* kann durch Aspiration des Gelenkergusses eine deutliche Beschwerdeminderung erreicht werden. Durch entsprechende Lagerung und Krankengymnastik werden Gelenkkontrakturen vermieden. Im Frühstadium kann eine Synovialektomie schmerzlindernd sein. Bei fortgeschrittener Destruktion des Hüftgelenkes kommt nur der Gelenkersatz in Frage.

einer aktivierten Koxarthrose. Die Diagnosesicherung erfolgt durch den klinischen Gesamtbefund.

Therapie
Rheumatische Allgemeintherapie. Die Aspiration des Gelenkergusses wirkt schmerzlindernd. Im Frühstadium kann eine Synovialektomie durchgeführt werden. Später ist der Gelenkersatz angezeigt.

8.8.4 Coxitis fugax

8.8.4 Coxitis fugax

Definition. Flüchtige abakterielle Koxitis.

◀ **Definition**

Ätiologie. Als Reaktion auf Infektionskrankheiten, zum Teil zeitversetzt (2–3 Wochen später), kann diese Hüftgelenksentzündung auftreten. Die Erkrankung wird bei Kindern **meist im Alter zwischen 4 und 8 Jahren** beobachtet. Die Beschwerden sind wechselhaft. Sie treten insbesondere bei körperlicher Belastung auf und werden im Hüft- und Kniegelenksbereich angegeben.

Ätiologie
Zeitversetzt nach Infektionskrankheiten tritt diese aseptische Hüftgelenksentzündung vornehmlich bei Kindern zwischen **4 und 8 Jahren auf.**

Diagnose. Die Röntgenuntersuchung zeigt unauffällige Verhältnisse. Im Ultraschall kann fakultativ ein Gelenkerguß nachgewiesen werden. Die Entzündungsparameter sind mittelgradig positiv. Im Gegensatz zur Perthes-Erkrankung *(S. 118)* findet sich keine Retardierung des Knochenalters.

Diagnose
Die Röntgenuntersuchung ist unauffällig. Fakultativ besteht ein Gelenkerguß. Die Entzündungsparameter sind mittelgradig positiv.

Therapie. Das Hüftgelenk kann durch Punktion entlastet werden. Dies ist auch von differentialdiagnostischer Wichtigkeit (bakterielle Koxitis). Nach 6 Wochen bis 3 Monaten ist eine erneute klinische und radiologische Kontrolle indiziert zur Differentialdiagnose eines beginnenden Morbus Perthes *(S. 118).*

Therapie
Bei starken Schmerzen Entlastung durch Punktion, was auch diagnostisch verwertet werden kann. Spätere Kontrolle zum Ausschluß eines beginnenden Morbus Perthes *(S. 118).*

8.9 Neurogene Erkrankungen

8.9 Neurogene Erkrankungen

8.9.1 Affektionen des Nervus obturatorius

8.9.1 Affektionen des Nervus obturatorius

Ätiologie. Der Nervus obturatorius wird gebildet aus Teilen der Nervenwurzeln L 2 bis L 4. Er tritt aus dem Foramen obturatorium des kleinen Beckens aus und versorgt die Adduktorengruppe sowie die Haut an der Innenseite des Kniegelenkes. Kapselreizungen des Hüftgelenkes sowie Prozesse im kleinen Becken können eine Obturatoriusirritation auslösen.

Ätiologie
Der Nervus obturatorius wird gebildet aus den Nervenwurzeln L2 bis L4. Er versorgt die Adduktorengruppe des Hüftgelenkes, die Hüftgelenkskapsel sowie die Innenseite des Kniegelenkes.

Klinik. Die Patienten geben Schmerzen an der Innenseite des Kniegelenkes an. Vor allem bei **kindlichen Hüftgelenkserkrankungen** werden Schmerzen dieser Region häufig verkannt.

Klinik
Vor allem bei kindlichen Hüftgelenkserkrankungen erklärt dies die Schmerzprojektion am Kniegelenk.

8.9.2 Affektionen des Nervus femoralis und Nervus cutaneus femoris lateralis

8.9.2 Affektionen des Nervus femoralis und Nervus cutaneus femoris lateralis

Der Nervus femoralis setzt sich aus Teilen der Nervenwurzeln L 2 bis L 4 zusammen. Motorisch versorgt er die Oberschenkelstreckmuskulatur, sensibel die Oberschenkelvorderseite sowie über den Nervus saphenus die Unterschenkelinnenseite *(Syn. 191).* Der Nervus cutaneus femoris lateralis innerviert die Oberschenkelaußenseite. Der Nervus femoralis und der Nervus cutaneus femoris lateralis sind zwei getrennte Nerven, werden jedoch wegen ihrer benachbarten Lage oft durch gleiche Mechanismen geschädigt.

Der Nervus femoralis setzt sich aus den Teilen der Nervenwurzeln L2 bis L4 zusammen. Er versorgt die Oberschenkelstreckmuskulatur sowie sensibel die Oberschenkelvorder- und Unterschenkelinnenseite *(Syn. 191).* Der Nervus cutaneus femoralis lateralis innerviert die Oberschenkelaußenseite.

Ätiologie. Raumfordernde Prozesse des kleinen Beckens sowie indirekte Verletzungen am Durchtritt durch das Leistenband verursachen die meisten Femoralisläsionen. Der Nervus cutaneus femoris lateralis wird häufig bei Hüftbeugekontrakturen bei Hüftstreckung schmerzhaft überdehnt **(Meralgia paraesthe-**

Ätiologie
Raumfordernde Prozesse des kleinen Beckens sowie Verletzungen am Leistenband führen zur Femoralis-

Synopsis 191: Verlauf des Nervus femoralis und des Nervus cutaneus femoris lateralis.

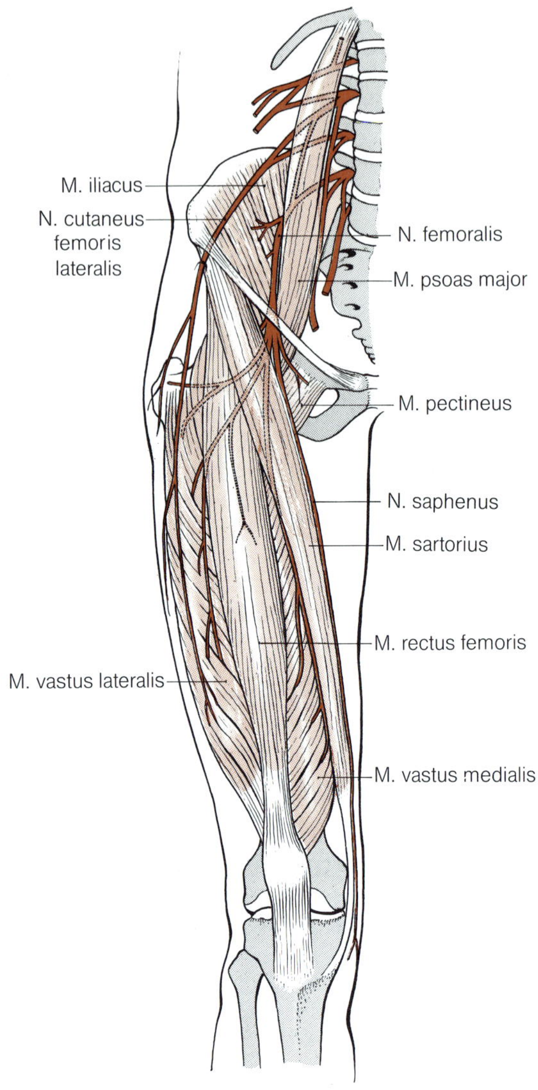

schädigung. Der Nervus cutaneus femoris lateralis wird häufig bei Hüftbeugekontrakturen überdehnt.

Klinik
Lähmungen des Nervus femoralis führen zum Verlust der Streckfähigkeit des Kniegelenkes und zum Sensibilitätsdefizit. Bei der **Meralgia paraesthetica** bestehen Schmerzen und Parästhesien an der Außenseite des Oberschenkels.
Affektionen des Nervus saphenus führen zum Sensibilitätsdefizit an der Unterschenkelinnenseite.

tica). Der Nervus saphenus ist an der Durchtrittsstelle durch die Fascia cruris gefährdet.

Klinik. Lähmungen des Nervus femoralis führen zum Verlust der Streckfähigkeit im Kniegelenk mit Ausfall des Patellarsehnenreflexes und Gefühlsstörungen an der Oberschenkelvorderseite.

Die **Meralgia paraesthetica** ist gekennzeichnet durch brennende Schmerzen und Parästhesien an der Außenseite des Oberschenkels mit begleitenden Sensibilitätsausfällen.

Affektionen des Nervus saphenus führen zum Sensibilitätsdefizit an der Unterschenkelinnenseite. Die Diagnose der verschiedenen Lähmungen wird klinisch und elektromyographisch gestellt. Bei Ausfall der Oberschenkelstreckmuskulatur erfolgt die Stabilisierung des Kniegelenkes durch Orthesen. Bei der Meralgia paraesthetica wird mit der therapeutischen Lokalanästhesie behandelt.

8.9.3 Affektionen des Nervus ischiadicus

Der Nervus ischiadicus wird von den Nervenwurzeln L 4 bis S 3 gebildet. Er verläuft an der Dorsalseite des Oberschenkels und teilt sich dort in den Nervus tibialis und den Nervus peronaeus (Nervus fibularis) auf. Im Oberschenkelbereich versorgt er die Beugemuskulatur des Knieglenkes und die Außendreher des Hüftgelenkes.

Ätiologie. Der mächtigste Nerv des Körpers ist durch die gute Weichteildekkung gegenüber Verletzungen geschützt. Bei Affektionen des Beckens kann der Nervus ischiadicus beim Durchtritt durch den Musculus piriformis beschädigt werden. Des weiteren werden Schädigungen bei Intoxikation sowie nach Oberschenkelfrakturen (Schußverletzungen!) beobachtet. Auch fehlerhaft applizierte, intramuskuläre Spritzen gefährden den Nervus ischiadicus.

8.9.3 Affektionen des Nervus ischiadicus

Der Nervus ischiadicus wird von den Nervenwurzeln L4 bis S3 gebildet. Er teilt sich an der Dorsalseite des Oberschenkels in den Nervus tibialis und Nervus peronaeus auf.

Ätiologie

Der Nervus ischiadicus wird durch Intoxikation, Oberschenkelfrakturen sowie am Durchtritt durch den Musculus piriformis geschädigt.

8.9.4 Affektionen des Nervus tibialis

Der Nervus tibialis versorgt die beugeseitige Muskulatur des Unterschenkels und die plantare Fußmuskulatur, sensibel den dorsalen Unterschenkel sowie die Ferse und Fußsohle.

Ätiologie. Direkte Verletzungen des Nervus tibialis sind wegen seiner geschützten Lage selten. Im distalen Anteil des Nerven hinter dem Innenknöchel im sogenannten Tarsaltunnel, gebildet durch das Retinaculum musculorum flexorum, kann es infolge Frakturen, Distorsionen oder entzündlicher Veränderungen zur Druckschädigung des Nerven kommen **(Tarsaltunnelsyndrom).**

8.9.4 Affektionen des Nervus tibialis

Der Nervus tibialis versorgt die Beugemuskulatur des Unterschenkels und Fußes sowie sensibel den dorsalen Unterschenkel, die Ferse und Fußsohle.

Ätiologie

Direkte Verletzungen sind selten. Im Tarsaltunnel kann es infolge von Frakturen, Distorsionen oder entzündlicher Veränderungen zur Druckschädigung kommen.

8.9.5 Affektionen des Nervus peronaeus (Nervus fibularis)

Knapp distal vom Fibulaköpfchen teilt sich der Nerv in den Nervus peronaeus profundus (Fuß- und Zehenheber) und den Nervus peronaeus superficialis (Peronealmuskulatur). Sensibel versorgt der Nervus peronaeus superficialis die Vorder- und Außenseite des Unterschenkels und Fußes.

Ätiologie. Unsachgemäße Lagerung, Gipsverbände *(S. 56),* Fibulaosteotomien sowie varische Umstellungen sind die häufigste Ursache von Peronaeuslähmungen. Frakturen im Bereich des Unterschenkels sowie ödematöse Schwellungen der Muskulatur können zur indirekten Druckschädigung des Nervus profundus führen (Tibialis-anterior-Syndrom, *S. 477).*

Klinik. Der Ausfall des Nervus peronaeus führt zum Hängefuß *(S. 486).*

8.9.5 Affektionen des Nervus peronaeus

Knapp distal des Fibulaköpfchens zieht der Nervus peronaeus um die Fibula herum und teilt sich in seine beiden Äste.

Ätiologie

Unsachgemäße Lagerungen, Gipsverbände sowie Fibulaosteotomien und varische Umstellungen führen zur häufigen Schädigung dieses Nervs.

Klinik

Beim Ausfall des Nervus peronaeus entsteht ein Hängefuß.

8.10 Verletzungen und Verletzungsfolgen
8.10.1 Schenkelhalsfraktur

Definition ▶

Ätiologie
Die Schenkelhalsfraktur wird am häufigsten beim älteren Menschen (Osteoporose!) beobachtet, kann aber in jeder Altersstufe auftreten. *Zur Einteilung siehe Synopsis 192.*

Klinik
Die dislozierte Schenkelhalsfraktur führt zur Verkürzung und Außenrotationsstellung des Beines.

Therapie
Abduktionsbrüche werden konservativ behandelt. Dislozierte Schenkelhalsfrakturen werden beim älteren Menschen endoprothetisch versorgt. Ansonsten gelenkerhaltende Osteosynthese. Die Prognose der Verletzung wird durch die Gefahr der Hüftkopfnekrose bestimmt *(Syn. 192).*

Klinisches Beispiel ▶

8.10 Verletzungen und Verletzungsfolgen

8.10.1 Schenkelhalsfraktur

Definition. Bruch des Oberschenkels zwischen Hüftkopf und den Trochanteren.

Ätiologie. Die Schenkelhalsfraktur wird in allen Altersgruppen, gehäuft aber beim älteren Menschen (Osteoporose!) beobachtet. Die Einteilung der Schenkelhalsfrakturen erfolgt nach der Lokalisation, dem Unfallmechanismus sowie dem Verlauf des Bruchspaltes *(Syn. 192).*

Klinik. Bei der dislozierten Schenkelhalsfraktur besteht eine Verkürzung des Beines mit Außenrotationsstellung. Die Belastungsfähigkeit der Extremität ist aufgehoben.

Synopsis 192: Einteilung der Schenkelhalsfrakturen.
Bei Pauwels I (bis 30 Grad) besteht eine gute Stabilität. Bei Typ III (70 Grad und mehr) kommt es auf Grund der Scherkräfte immer zur Dislokation der Fraktur.

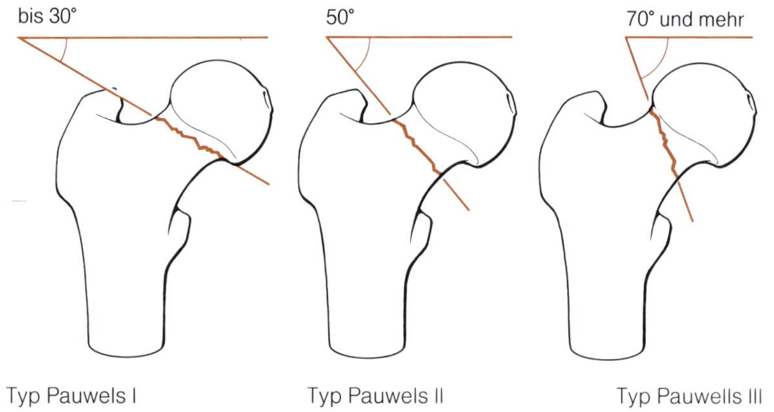

Therapie. Das Alter des Patienten ist entscheidend für die Differentialtherapie. Die selteneren Abduktionsbrüche (Typ Pauwels I) können in jedem Lebensalter konservativ behandelt werden. Die dislozierte Schenkelhalsfraktur beim älteren Menschen wird endoprothetisch versorgt, um eine rasche Mobilisierung zu ermöglichen. Ansonsten erfolgt die osteosynthetische Versorgung mit Winkelplatten und Schrauben, bei Kindern mit Spickdrähten. Durch simultane Valgisation kann beim Frakturtyp Pauwells III eine Verringerung der Scherkräfte im Frakturspalt erzielt werden *(siehe Syn. 192).* Die Prognose der Verletzung wird durch die Gefahr der Hüftkopfnekrose bestimmt, weshalb gelenkerhaltende Eingriffe als Notfallmaßnahme (Gefäßversorgung!) durchgeführt werden sollten.

Klinisches Beispiel. 40jährige Frau, die auf eisglatter Fahrbahn als Fußgängerin auf die linke Körperseite stürzte und sich hierbei eine Schenkelhalsfraktur Typ Pauwells III zuzog. Wegen der Frakturform und dem Alter der Patientin wurde am Unfalltag die Reposition und Stabilisation unter gleichzeitiger Valgisation des koxalen Femurendes durchgeführt. Durch dieses Vorgehen wurde die Gefahr der Entwicklung einer Hüftkopfnekrose oder Schenkelhalspseudarthrose verringert *(Synopsis 193).*

8.10.2 Schenkelhalspseudarthrose

Definition. Angeborene oder erworbene Falschgelenksbildung im Schenkelhalsbereich.

Ätiologie. Schenkelhalspseudarthrosen können angeboren sein oder sich bei einer progredienten Coxa vara entwickeln *(S. 415)*. Viele Schenkelhalspseudarthrosen entstehen nach Schenkelhalsfrakturen. Hierbei ist die Bruchform von großer Bedeutung. Je vertikaler die Bruchlinie ist, desto größeren Scherkräften ist die Fraktur während der Heilung ausgesetzt (Typ Pauwels III, *Syn. 192)*.

Klinik und Therapie. Die betroffene Extremität ist nicht belastungsfähig. Durch zunehmende Varisierung besteht eine Beinverkürzung. Durch Orthesen kann die Pseudarthrose entlastet werden. Die Therapie der Wahl beim jüngeren Menschen ist die Valgisationsosteotomie. Durch die damit veränderte Biomechanik wird eine Kompression der Pseudarthrose erzielt. Im höheren Alter erfolgt die endoprothetische Versorgung des Hüftgelenks.

8.10.2 Schenkelhalspseudarthrose

◀ **Definition**

Ätiologie
Schenkelhalspseudarthrosen können angeboren sein und sich sekundär aus einer Coxa vara oder nach einer Schenkelhalsfraktur entwickeln.

Klinik und Therapie
Belastungsunfähigkeit, Beinverkürzung und Varisierung kennzeichnen diese Erkrankung. Die Therapie der Wahl ist die Valgisationsosteotomie, ansonsten entlastende Orthese.

8.11 Begutachtung

Nach hüftgelenksnahen Frakturen (Schenkelhalsfrakturen, zentrale traumatische Hüftgelenksluxation) sowie nach lang dauernder Steroidtherapie können sich noch nach Monaten oder Jahren Hüftkopfnekrosen ausbilden, die als Folgezustand anzuerkennen sind. Bei allen gelenkbeteiligenden Frakturen besteht ein hohes Risiko der Entwicklung einer sekundären Koxarthrose. Beim Hüftgelenk wird die Minderung der Erwerbsfähigkeit entsprechend der Bewegungseinschränkung und Belastungsfähigkeit beurteilt.

8.11 Begutachtung

Hüftkopfnekrosen können nach Frakturen und Luxationen sowie langdauernder Steroidtherapie entstehen. Bei allen gelenkbeteiligten Frakturen besteht ein großes Risiko der Entwicklung einer sekundären Koxarthrose. Beim Hüftgelenk erfolgt die Begutachtung entsprechend der Bewegungseinschränkung.

Synopsis 193: Operative Versorgung einer medialen Schenkelhalsfraktur beim jüngeren Menschen

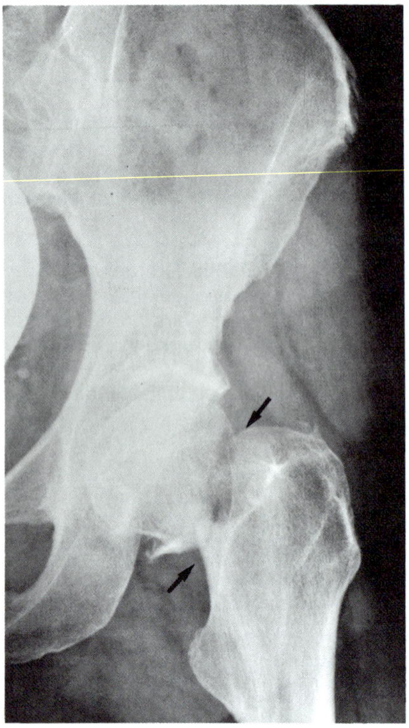

a

Unfallbild
Schenkelhalsfraktur Typ Pauwells III

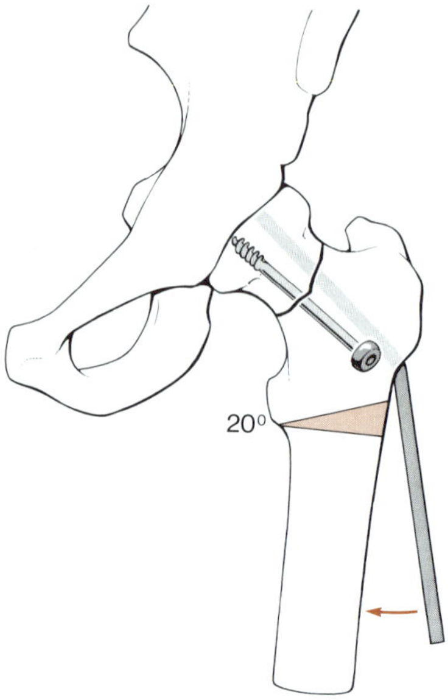

b

b und c Technik der operativen Versorgung mit gleichzeitiger Valgisation

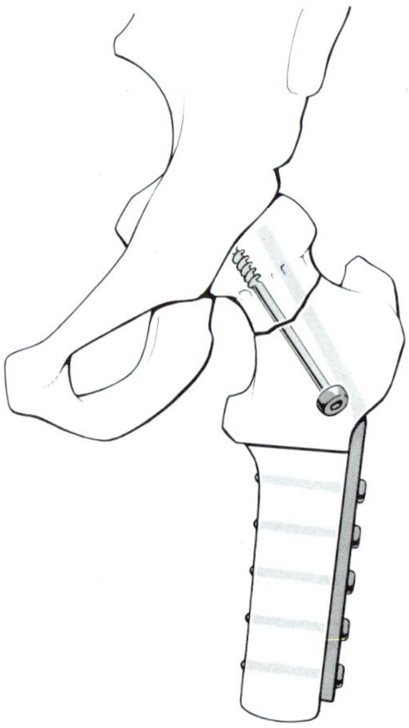

c

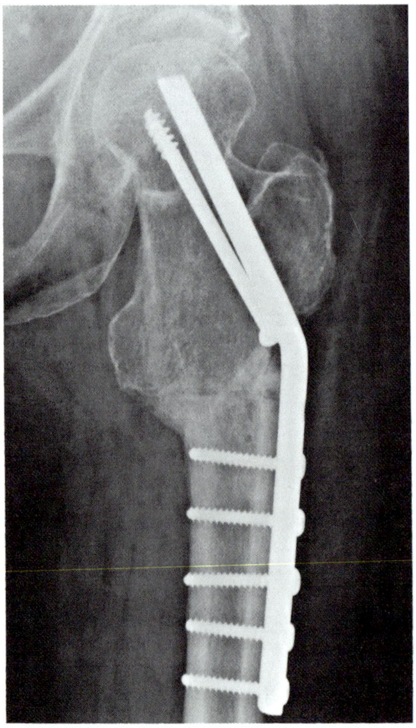

d

Ausheilungsergebnis

9 Knie

9.1 Praktische Anatomie

9 Knie

9.1 Praktische Anatomie

Das Kniegelenk besteht aus verschiedenen Gelenkanteilen **(laterales** und **mediales Gelenkkompartiment** sowie **Femoropatellargelenk,** vgl. *Syn. 194).* Aus biomechanischen Gründen kann jedes dieser drei Gelenkkompartimente isoliert erkranken. Die Kniegelenksbeweglichkeit ist komplex. So entspricht die Bewegung zwischen Femur und Tibia einem Roll-Gleitprinzip. Wegen der geringen knöchernen Führung sind aktive (Muskulatur) und passive Stabilisatoren von großer Bedeutung. Während in Streckstellung durch die dorsale Kapsel die Seitbewegung blockiert ist, ist diese bei Beugung geringgradig möglich, weshalb die Prüfung der Seitenbandstabilität sowohl in Streckstellung (dorsale Kapsel!) als auch in leichter Beugestellung erfolgt.

Durch die ungleichmäßige Ausbildung der Gelenkflächen des Femurs kommt es bei Streckung zu einer gleichzeitigen Rotation des Unterschenkels von ca. 10 Grad nach außen **(Schlußrotation).** Die streckseitige Oberschenkelmuskulatur (M. quadriceps) inseriert am proximalen Patellapol. Der Zug dieser Muskulatur wird dann über das Ligamentum patellae zur Tuberositas tibiae weitergeleitet. Das femoropatellare Gleitlager ist insbesondere bei Beugung des Knies extremen Belastungen ausgesetzt, weshalb hier häufig Überlastungsreaktionen beobachtet werden **(parapatellares Schmerzsyndrom; Chondromalazie).**

Das Knie ist das größte Gelenk des Menschen. Durch seine oberflächliche Lage können Reizerscheinungen der Gelenkinnenhaut **(Synovialitis)** leicht diagnostiziert werden. Eine Ergußbildung *(Syn. 195)* bedingt eine Aufhebung der Gelenkkontur mit Abhebung der Patella von ihrem Gleitlager (Phänomen der tanzenden Patella bei der Palpation).

Synopsis 194: Anatomie des rechten Kniegelenkes

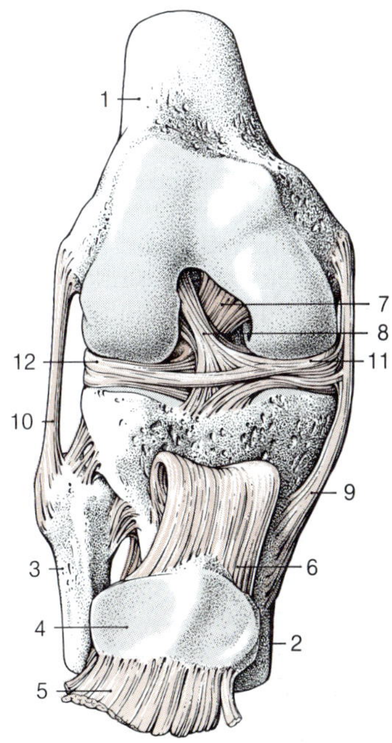

Ansicht von ventral

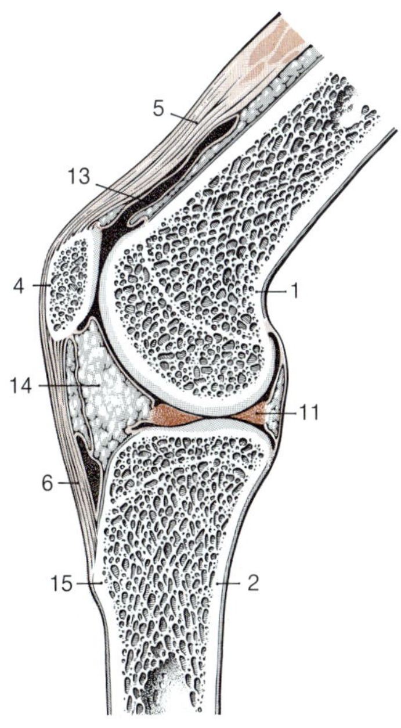

Sagittalschnitt

ventral

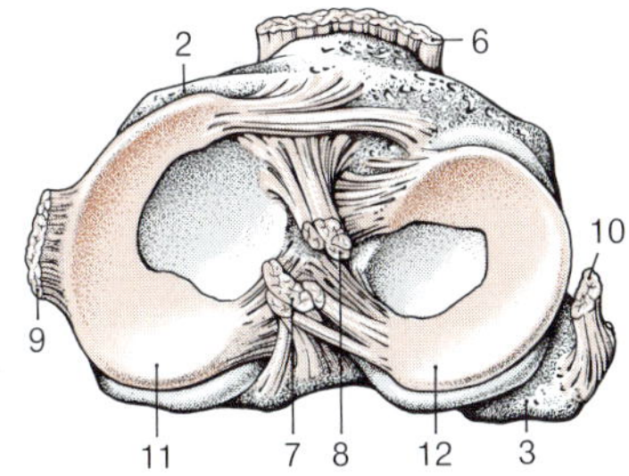

dorsal

1 Femur
2 Tibia
3 Fibula
4 Patella
5 Quadrizepssehne
6 Ligamentum patellae
7 hinteres Kreuzband
8 vorderes Kreuzband
9 Innenband
10 Außenband
11 Innenmeniskus
12 Außenmeniskus
13 suprapatellarer Rezessus
14 Hoffa'scher Fettkörper
15 Tuberositas tibiae

Synopsis 195: Differenzierung Kniegelenkserguß und Kapselschwellung: Beim Kniegelenkserguß ist die verstrichene Gelenkkontur durch die intraartikuläre Flüssigkeitsansammlung, bei der Kapselschwellung durch die Hypertrophie, insbesondere der Synovialis bedingt. Vorgetäuschte Schwellungen entstehen durch Tumoren oder z.B. Meniskusganglien. Die intraartikuläre Ergußbildung kann durch das Phänomen der tanzenden Patella diagnostiziert werden. Hierbei wird der durch die Ergußbildung vorgewölbte obere Rezessus komprimiert bei gestrecktem Kniegelenk. Dies führt zur zusätzlichen Ventralisierung der Patella. Bei Palpation derselben entsteht das »Tanzen« in ventrodorsaler Richtung.

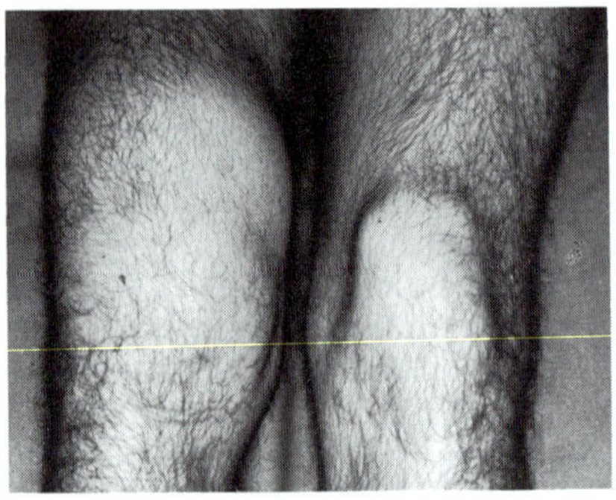

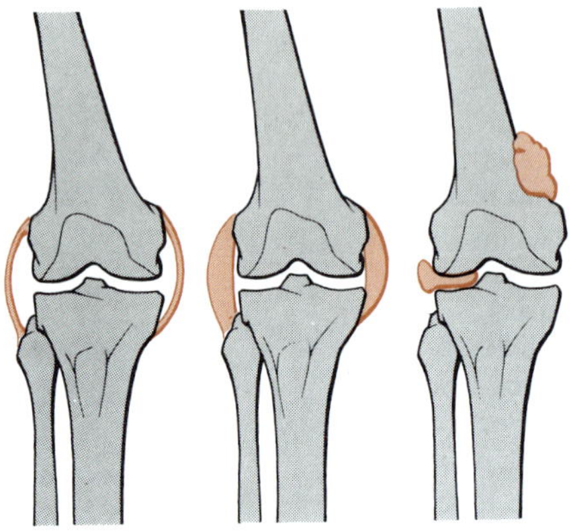

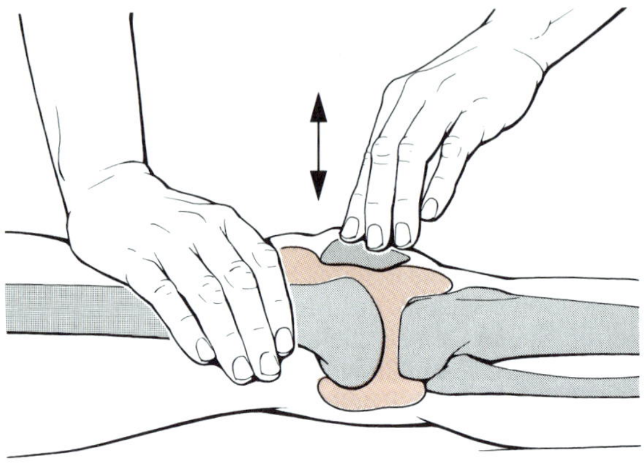

Die komplizierte Anatomie des Kniegelenkes, insbesondere seiner Weichteilstrukturen erklärt die vielschichtige Symptomatik von Erkrankungen und Verletzungen dieses Gelenkes. **Verklebungen der Gelenkkapsel,** insbesondere auch des großen suprapatellaren Rezessus (Verschiebeschicht zwischen Rektussehne und distalem Femur), führen zu Bewegungseinschränkungen des Gelenkes bis zur **fibrösen Ankylose. Meniskusaffektionen** können eine akute **Gelenkblockierung** und/oder eine reaktive synoviale Reizsymptomatik (seröser Gelenkerguß) auslösen. **Bandaffektionen** bedingen eine **Instabilität** des Gelenkes mit Gangunsicherheit, Subluxationsphänomenen und zunehmendem Gelenkverschleiß. **Knöcherne Affektionen** verändern die Statik und führen über die gestörte Biomechanik ebenfalls zur Gelenkdegeneration. Bei rheumatischen Erkrankungen (chronische Polyarthritis) besteht eine chronische Synovialitis mit rezidivierenden Gelenkergüssen. Die hierbei freigesetzten chondrolytischen Enzyme schädigen den Gelenkknorpel.

9.2 Fehlbildungen

9.2.1 Angeborene Kniegelenksluxation

Definition ▶

Ätiologie
Die Deformität kann ein- oder doppelseitig auftreten. Bei einseitiger Luxation kann eine intrauterine Lageanomalie ursächlich sein.

9.2. Fehlbildungen

9.2.1 Angeborene Kniegelenksluxation

Definition. Angeborene Verrenkung des Unterschenkels im Kniegelenk nach vorne.

Ätiologie. Die seltene angeborene Kniegelenksluxation kann ein- und doppelseitig auftreten. Bei der doppelseitigen Kniegelenksluxation bestehen oftmals weitere Fehlbildungen. Bei der einseitigen Luxation kann auch eine intrauterine Lageanomalie Ursache dieser Deformität sein.

Synopsis 196: Angeborene Kniegelenksluxation.
Beachte die Überstreckung des Kniegelenks und Dislokation der Tibia nach ventral.

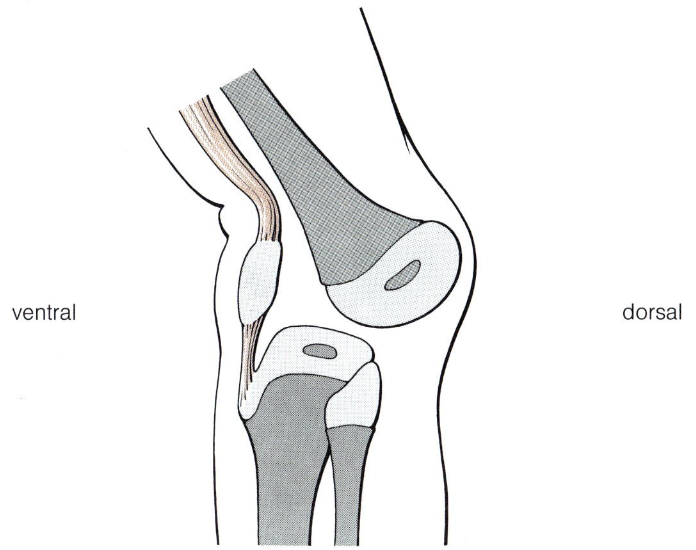

Klinik. Das Kniegelenk steht in Überstreckstellung *(Syn. 196)*. Der Schienbeinkopf liegt der Vorderfläche der Femurkondylen an. Die Beugefähigkeit des Kniegelenkes ist aufgehoben.

Klinik
Das Kniegelenk steht in Überstreckkontraktur *(Syn. 196)*. Die Tibia ist nach ventral verschoben.

Therapie. In der Neugeborenenzeit gelingt es meist, das Kniegelenk durch redressierende Gipsbehandlung (Beugestellung) zu reponieren. Bei verspäteter Diagnosestellung werden Traktionsverfahren sowie die offene Reposition und Verlängerung der Weichteilstrukturen erforderlich.

Therapie
Beim Neugeborenen redressierende (Beugestellung) Gipsanlage. Zum späteren Zeitpunkt offene Einrichtung.

9.3 Formabweichungen und Fehlentwicklung

9.3.1 Genu valgum, Genu varum

9.3 Formabweichungen und Fehlentwicklung
9.3.1 Genu valgum, Genu varum

Definition. Abweichung der frontalen Kniegelenksachse in die X-(Valgus-) oder O-(Varus-)Beinstellung *(Abb. 126)*.

◀ **Definition**

Ätiologie. Aus statischen Gründen soll das Lot vom Hüftgelenksmittelpunkt durch die Mitte des Kniegelenkes bis zur Mitte des oberen Sprunggelenkes führen. Klinisch wird dies überprüft, indem von der Mitte des Leistenbandes als Referenzpunkt für das Hüftkopfzentrum das Lot gefällt wird (Mikulicz-Linie, *Syn. 74, S. 165)*.

Im Wachstumsalter sind die Beinachsen äußerst variabel und machen eine typische Entwicklung durch (umwegige Beinachsenentwicklung). Der Säugling hat ein Genu varum, das sich in den ersten Lebensjahren zum Genu valgum wandelt. Mädchen weisen gegenüber Jungen eine vermehrte X-Beinstellung auf. Das Längenwachstum der Beine erfolgt überwiegend aus den kniegelenksnahen Wachstumsfugen, bei deren unilateraler Schädigung es zur progredienten Fehlstellung im Kniegelenk kommt. Häufig entsteht ein Genu valgum/varum beim älteren Menschen durch Verschleiß des lateralen respektive medialen Gelenkkompartiments *(S. 453)*.

Ätiologie
Beim Kind besteht eine umwendige Beinachsentwicklung. Das Säuglings-O-Bein wandelt sich zum Genu valgum, das bei Mädchen ausgeprägter ist als bei Jungen. Die Beinachsen sind zum Teil genetisch bestimmt. Insbesondere bei Störung des epiphysären Wachstums am Kniegelenk können ausgeprägte Fehlstellungen resultieren.

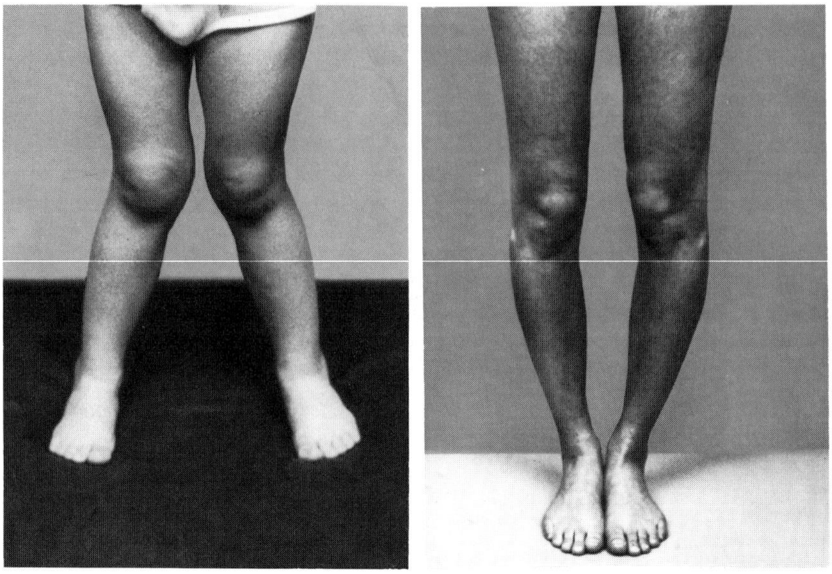

a Genu valgum b Genu varum

Abb. 126: Beim Genu valgum/varum erfolgt die klinische Quantifizierung durch die Messung des Abstandes der Innenknöchel bzw. medialen Femurkondylen.

Klinik und Diagnose
Die Beinachse wird im Stand beurteil. Der **Innenknöchelabstand** bzw. die Distanz zwischen den **medialen Femurkondylen** sind die klinischen Meßparameter. Die röntgenologische Beurteilung erfolgt mittels großformatiger Standaufnahmen.

Klinik und Diagnose. Die Beinachse wird beim stehenden Patienten mit nach vorn zeigenden Kniescheiben beurteilt. Die Abweichung wird durch Messung des **Innenknöchelabstandes** (Genu valgum) oder des Abstandes der **medialen Femurkondylen** (Genu varum) quantifiziert. Die röntgenologische Beurteilung erfolgt anhand von großformatigen Beinachsenaufnahmen im belasteten Zustand (Einbeinstandaufnahmen). Diese werden insbesondere bei der präoperativen Planung von Beinachsenkorrekturen benötigt. Beim Genu valgum besteht die Gefahr der Patellaluxation. Beim Genu varum entsteht zum Teil eine zunehmende Instabilität des Kniegelenks.

Therapie
Bei stoffwechselbedingten Fehlstellungen wird nach Therapie der Grunderkrankung oft eine spontane Korrektur beobachtet. Durch korrigierende Oberschenkelnachtlagerungsschalen können Beinachsendeformitäten korrigiert oder deren Progression während des Wachstums verhütet werden.

Therapie. Die physiologische O- und X-Beinstellung während des Wachstums bedarf keiner Korrektur. Stoffwechselbedingte Fehlstellungen (z.B. renale Osteopathien, »rachitische Säbelscheidentibia«) zeigen nach Therapie der Grunderkrankung oft eine spontane Korrektur *(S. 137)*. Orthopädietechnisch besteht die Möglichkeit, durch korrigierende Oberschenkelnachtlagerungsschalen das Beinwachstum zu lenken und eine Zunahme der Deformitäten zu verhüten. Bei Kindern mit Extremitätenfehlbildungen können auch durch entsprechende Gestaltung von Orthoprothesen *(S. 59, S. 267)* Beinachsendeformitäten korrigiert oder eine Progression verhütet werden. Mit den konservativen Maßnahmen sind **Achskorrekturen** in der Frontalebene des Kniegelenkes während des Wachstums allerdings nur bedingt, nach Wachstumsabschluß nicht mehr zu erzielen.

Hochgradige Fehlstellungen werden durch **Osteotomien** korrigiert. Bei Schädigung der kniegelenksnahen Epiphysen besteht während des Wachstums zum Teil die Notwendigkeit zu mehrfachen Korrekturen. **Die Indikation bei der idiopathischen Beinachsdeformität ist abhängig vom Ausmaß der präarthrotischen Deformität.** Insbesondere bei Epiphysenschädigung werden auch verlängernde Achskorrekturen durchgeführt *(Abb. 31, S. 130)*.

Die **operative Korrektur** ist bei hochgradigen Fehlstellungen indiziert. Bei einseitigem Epiphysenfugenverschluß sind während des Wachstums zum Teil mehrmalige Korrekturen notwendig. Beim idiopathischen Genu valgum oder varum ist die Operationsindikation mit Zurückhaltung zu stellen *(Abb. 10, S. 75)*. **Maßgebend ist das Ausmaß der Fehlstellung als präarthrotische Deformität!**

Die Achskorrektur erfolgt durch Osteotomie. Je nach Hauptlokalisation der Fehlstellung wird hierbei im Tibiakopfbereich oder suprakondylär osteotomiert. Bei den durch Epiphysenschädigung hervorgerufenen Achsdeformitäten kann eine verlängernde Korrektur durchgeführt werden *(Abb. 31, S. 130)*, um die begleitende Beinverkürzung auszugleichen.

9.3.2 Genu recurvatum

Definition. Überstreckbarkeit des Kniegelenkes *(Abb. 127)*.

Ätiologie. Die proximale Tibiaepiphysenfuge verläuft bogenförmig ventrokaudal zur Tuberositas tibiae. Schädigungen der Wachstumsfuge im ventralen Bereich führen durch das relativ vermehrte dorsale Wachstum zur zunehmenden Verkippung des Tibiaplateaus und Überstreckung des Kniegelenkes. Ein Genu recurvatum entsteht auch bei andauernder Überstreckung des Kniegelenkes durch einen unphysiologischen Gelenkablauf, so z.B. bei kontraktem und nicht ausgeglichenem Spitzfuß sowie bei Lähmungen der Oberschenkel-Streckmuskulatur (Poliomyelitis).

Klinik. Die Überstreckung bedingt eine zum Teil ausgeprägte Stand- und Gangunsicherheit.

Therapie. Bei Fehlstellungen durch Störung des Epiphysenwachstums ist eine Korrekturosteotomie angezeigt. Bei lähmungsbedingten Fehlstellungen erfolgt die Versorgung im Oberschenkelapparat mit Extensionsperre. Im Einzelfall ist die Rekurvationsfähigkeit für den Patienten zur Stabilisierung des Beines wünschenswert, so daß hierbei eine konservative oder operative Therapie kontraindiziert ist (Poliomyelitis).

9.3.2 Genu recurvatum

◀ **Definition**

Ätiologie
Schädigungen des ventralen Anteils der proximalen Tibiaepiphyse verursachen eine Genu recurvatum. Dies kann auch durch Lähmung der Oberschenkelstreckmuskulatur sowie beim nicht ausgeglichenen Spitzfuß entstehen.

Klinik
Die Überstreckung bedingt eine ausgeprägte Gangunsicherheit.

Therapie
Korrektur durch umstellende Osteotomie. Orthopädietechnisch kann mit einer Extensionssperre die Überstreckung verhindert werden. Zum Teil ist diese auch notwendig zur Stabilisation bei Lähmungen der Oberschenkelstreckmuskulatur.

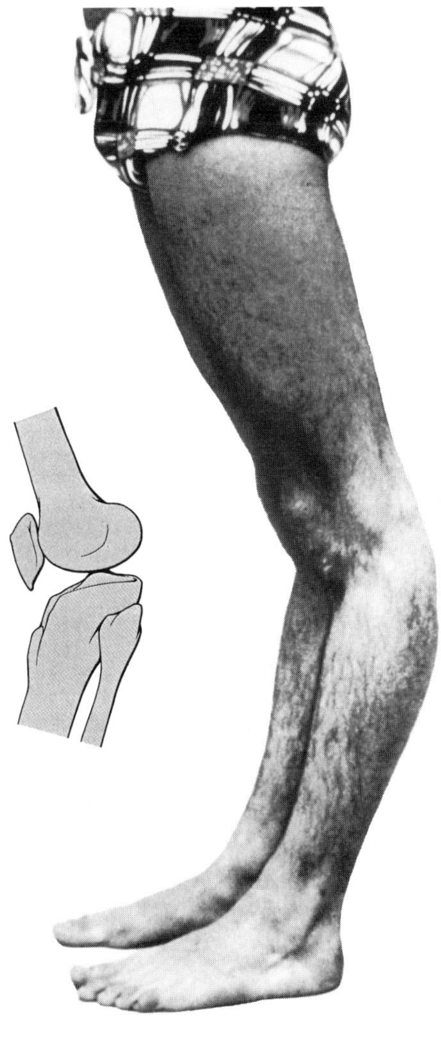

Abb. 127: Genu recurvatum. Physiologischerweise fällt das Tibiaplateau ca. 4 Grad nach dorsal ab. Beim Genu recurvatum ist das Tibiaplateau nach ventral geneigt.

9.3.3 Patella partita

Definition ▶

Ätiologie und Klinik
Ausbleibende Verschmelzung der von mehreren Ossifikationszentren ausgehenden Verknöcherung der Patella führt zur Partita-Form *(Syn. 197)*, wobei meist der obere äußere Quadrant (Patella bipartita) betroffen ist.

9.3.3 Patella partita

Definition. Anlagebedingte, geteilte Patella.

Ätiologie und Klinik. Die Patella kann von mehreren Knochenkernen ossifizieren. Bleibt deren Verschmelzung aus, entsteht die Partita-Form der Patella *(Syn. 197)*. Bei über 90% ist der obere äußere Quadrant (Patella bipartita) betroffen. Die Patella partita stellt meist einen röntgenologischen Zufallsbefund dar. Differentialdiagnostisch ist die Kniescheibenfraktur zu bedenken, die im Gegensatz zur Patella partita scharfkantige Frakturränder aufweist.

Synopsis 197: Patella bipartita

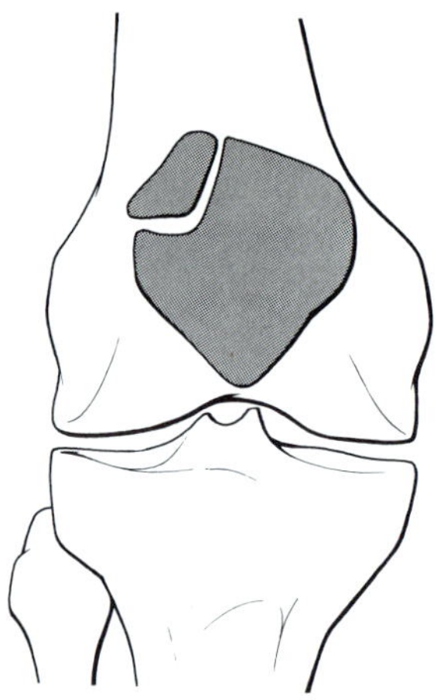

9.3.4 Patella alta

Definition ▶

Ätiologie
Der Hochstand der Patella kann durch muskuläre Imbalancen, durch die habituelle Patellaluxation oder traumatisch bedingt sein.

Klinik
Die Untersuchung erfolgt seitenvergleichend. Die Ruptur des Ligamentum patellae ist palpabel, bei abgeschwächter aktiver Kniestreckung.

Therapie
Bei der traumatischen Patella alta wird das Ligamentum patellae rekonstruiert. Ansonsten besteht keine Therapienotwendigkeit.

9.3.4 Patella alta

Definition. Hochstand der Patella.

Ätiologie. Der Hochstand der Patella ist wachstumsbedingt bei muskulären Imbalanzen (infantile Zerebralparese, habituelle Patellaluxation) und traumatisch (Ruptur des Ligamentum patellae) möglich.

Klinik. Der einseitige Patellahochstand imponiert bei der seitenvergleichenden Untersuchung. Die Ruptur im Bereich des Ligamentum patellae ist palpabel. Die röntgenologische Beurteilung der Patella alta wird vergleichend am in 30 Grad gebeugten Kniegelenk vorgenommen.

Therapie. Bei der traumatischen Patella alta wird das Ligamentum patellae rekonstruiert. Die Entlastung der Naht erfolgt temporär durch einen Zuggurtungsdraht zwischen Patella und Tuberositas tibiae. Bei den wachstumsbedingten Formen der Patella alta ist eine operative Korrektur in der Regel nicht angezeigt.

9.3.5 Rezidivierende Patellaluxation

Definition. Rezidivierende Verrenkung der Kniescheibe nach lateral.

Ätiologie. Unterschieden werden die **angeborene, habituelle und posttraumatisch rezidivierende Patellaluxation** sowie seltene Formen.

Bei der angeborenen Patellaluxation ist die Patella meist nur hypoplastisch ausgebildet. Der gesamte Kniestreckapparat ist nach lateral verlagert. Es besteht gleichzeitig ein erhebliches Genu valgum, das sich durch den asymmetrischen Zug des Kniestreckapparates während des Wachstums noch verstärkt. Die aktive und passive Streckfähigkeit des Kniegelenkes ist bei der angeborenen Kniescheibenluxation eingeschränkt. Im Gegensatz zur angeborenen Patellaluxation verbleibt bei der habituellen Form die Kniescheibe in Streckstellung des Gelenkes im **femoropatellaren Gleitlager.** Mit zunehmender Beugung erfolgt dann die spontane (habituelle), sich leicht wiederholende Luxation *(Abb. 128).* Auch hier erfolgt die Ausgestaltung der Patella sowie der Femurkondylen durch die Verlaufsrichtung des Kniestreckapparates während des Wachstums. Durch die vermehrte laterale Belastung wird die Patella und die korrespondierende laterale Femurkondyle zunehmend dysplastisch (d.h. unterentwickelt), und es kommt zunehmend zum Genu valgum.

Echte traumatische Patellaluxationen ohne vorbestehende Dysplasie sind selten. Nach ungenügender Therapie der traumatischen Patellaluxation können posttraumatisch rezidivierende Luxationen auftreten.

Klinik und Diagnose. Da die Patella physiologischerweise erst im Alter von 4 Jahren ossifiziert, ist die angeborene Patellaluxation zunächst eine klinische Diagnose, die sich aus dem Palpationsbefund, der eingeschränkten Streckfähigkeit des Oberschenkels bei gleichzeitiger Valgusstellung des Kniegelenkes ergibt. Bei der habituellen Patellaluxation läßt sich die Kniescheibe leicht aus dem Gleitlager nach lateral herausdrücken. Durch das Überwiegen der Kniebeuger kann eine Kniebeugekontraktur entstehen.

Bei der posttraumatisch rezidivierenden Luxation kommen die Patienten oft zu Fall. Falls sich die Patella nicht spontan reponiert, ist dieses durch Streckung des Knies mit gleichzeitiger Verschiebung der Patella nach medial möglich.

Röntgenologisch wird das Femoropatellargelenk tangential bei 30, 60 und 90 Grad Kniebeugung dargestellt. Hiermit können auch Subluxationen bei verschiedenen Kniebeugestellungen erkannt werden *(Abb. 129).* Mit Hilfe der **Ultraschalluntersuchung** lassen sich bereits in den ersten Lebensjahren die Lokalisation und Größe der zu diesem Zeitpunkt noch rein knorpeligen Patella beurteilen.

9.3.5 Rezidivierende Patellaluxation

◀ **Definition**

Ätiologie
Differenziert werden die **angeborene, habituelle und die posttraumatisch rezidivierende Patellaluxation.**
Bei der angeborenen Patellaluxation ist die Patella hypoplastisch, der Kniestreckapparat nach lateral verlagert bei erheblichem Genu valgum. Bei der habituellen Form verbleibt die Kniescheibe nur in Streckstellung im **femoropatellaren Gleitlager** *(Abb. 128).* Hierdurch entsteht ebenfalls eine hochgradige Dysplasie der Gelenkpartner.

Traumatische Patellaluxationen ohne vorbestehende Dysplasie sind selten. Bei inadäquater Therapie treten posttraumatisch rezidivierende Luxationen auf.

Klinik und Diagnose
Die angeborene Patellaluxation wird durch den Palpationsbefund, die eingeschränkte Streckfähigkeit des Oberschenkels und die gleichzeitige Valgusstellung des Kniegelenkes diagnostiziert. Bei der habituellen Form ist die Lateralisation der Patella bei Beugung richtungweisend. Bei der posttraumatischen rezidivierenden Luxation besteht eine Fallneigung der Patienten. Zum Teil reponiert sich die Patella spontan.
Röntgenologisch wird das Femoropatellargelenk durch Tangentialaufnahmen dargestellt *(Abb. 129).* Mit Hilfe des Ultraschalls lassen sich Größe und Lokalisation der Patella bereits in den ersten Lebensjahren bestimmen.

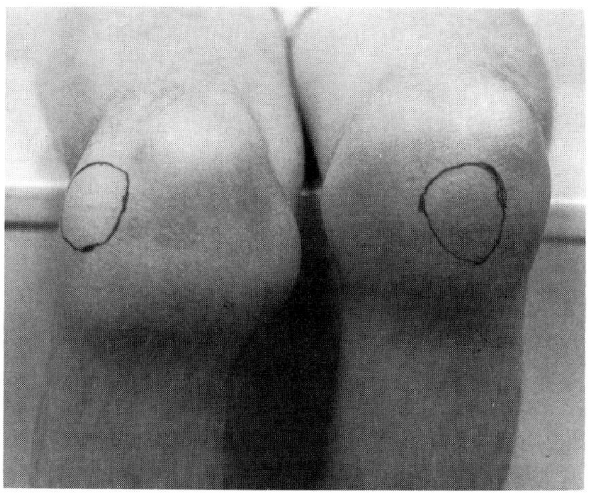

Abb. 128: Habituelle Patellaluxation rechtsseitig. In Beugestellung disloziert bei diesem 7jährigen Kind der gesamte Kniestreckapparat mit der Patella nach lateral, in Streckstellung steht die Patella an physiologischer Stelle. Untherapiert bleibt die laterale Kondyle und die Patella im Wachstum zurück (»Dysplasie«).

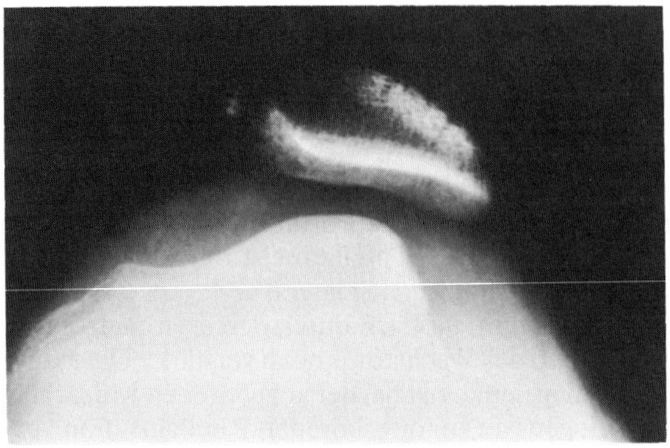

Abb. 129: Patella-défilé-Aufnahme bei einer 16jährigen Patientin. In 60-Grad-Beugestellung subluxiert die Patella nach lateral.

Therapie
Bei Kindern werden weichteilzügelnde Operationen durchgeführt, um die Patella in Repositionsstellung zu halten als Voraussetzung für Entwicklungen des physiologischen femoropatellaren Gleitlagers. Im Erwachsenenalter erfolgt zusätzlich die Versetzung der Tuberositas tibiae nach medial.

Therapie. Bei rezidivierenden Patellaluxationen ist die bleibende Reposition das Behandlungsziel. Bei Kindern ist dies die Voraussetzung für die Entwicklung eines funktionsfähigen femoropatellaren Gleitlagers und damit für die Erlangung der kompletten Streckfähigkeit im Kniegelenk. Deshalb werden bereits früh **weichteilzügelnde Operationen** (Durchtrennung des lateralseitigen Streckapparates und Raffung des medialseitigen) durchgeführt. Bei ausgeprägtem Genu valgum ist die knöcherne **Achskorrektur** angezeigt. Im Erwachsenenalter wird zusätzlich eine **Versetzung der Tuberositas tibiae** nach medial durchgeführt, um der Luxationstendenz nach lateral entgegenzuwirken. Dies ist während des Wachstums nicht möglich, da dies zur Verödung der proximalen Tibiaepiphyse im ventralen Anteil und damit zum Genu recurvatum führt.

9.3.6 Scheibenmeniskus

Definition ▶

Ätiologie
Durch Regression des zunächst scheibenförmigen Meniskus des Neugeborenen entsteht die typische randständige Form desselben. Bleibt diese Regression aus, kommt es im Schulalter zur klinischen Symptomatik.

Klinik
Einklemmungserscheinungen und eine Streckhemmung sind charakteristisch für einen Scheibenmeniskus. Der Gelenkspalt kann radiologisch erweitert sein. Die Diagnosesicherung erfolgt durch die Arthroskopie.

9.3.6 Scheibenmeniskus

Definition. Persistierende Scheibenform meist des lateralen Meniskus.

Ätiologie. Zwischen Tibiaplateau und Femurkondylen sind die Menisken als Puffer angeordnet. Beim Neugeborenen sind diese noch scheibenförmig angelegt. Durch Regression kommt es zur halbmondförmigen, randständigen Form der Menisken im Erwachsenenalter. Verbleibt die embryonale Scheibenform des Meniskus, führt dies während des Wachstums, meist zu Beginn des Schulalters, zur klinischen Symptomatik. Während in Mitteleuropa diese Erkrankung nur selten zu beobachten ist, stellt sie in Japan eine der häufigsten Erkrankungen des Außenmeniskus dar.

Klinik. Kennzeichnend für die meist einseitige Erkrankung sind Einklemmungserscheinungen, eine Streckhemmung und eine reaktive Synovialitis des Gelenkes.

Im Röntgenbild kann der laterale Gelenkspalt erweitert dargestellt sein. Die Diagnosesicherung erfolgt durch die Arthroskopie.

Therapeutisch wird eine partielle Meniskusresektion durchgeführt.

9.3.7 Meniskusganglion

Definition ▶

Ätiologie
Meniskusaffektionen sind ursächlich für die Entstehung eines Meniskusganglions, das meist den Außenmeniskus betrifft.

9.3.7 Meniskusganglion

Definition. Vom Meniskus ausgehendes Überbein.

Ätiologie. Meniskusaffektionen, z.B. bei Kniegelenksdistorsionen, werden als ursächlich für dieses von der Basis des Meniskus ausgehende Ganglion angesehen. Meist ist der Außenmeniskus betroffen.

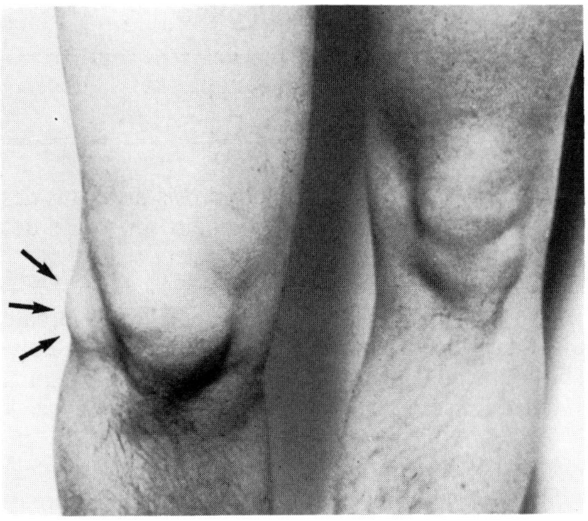

Abb. 130: Rechtsseitiges Außenmeniskusganglion: Vorwölbung in Höhe des äußeren Kniegelenkspaltes.

Klinik und Diagnose. Im Bereich des lateralen Gelenkspaltes ist eine deutliche Vorwölbung palpabel *(Abb. 130)*. Provokationstests des Außenmeniskus *(Syn. 199, S. 459)* sind positiv. Meist besteht zusätzlich eine intraartikuläre vom Meniskus ausgehende Symptomatik, die arthroskopisch abgeklärt werden sollte.

Klinik
Die Symptomatik entspricht einer Außenmeniskusaffektion *(Syn. 199, S. 459)*. Der laterale Kniegelenkspalt ist prominent *(Abb. 130)*.

Therapie. Das Ganglion muß vollständig entfernt werden, um ein Rezidiv zu vermeiden. Bei großen Ganglien ist zum Teil die Resektion des Meniskus erforderlich.

Therapie
Resektion des Ganglions meist mit gleichzeitiger Resektion des Meniskus.

9.3.8 Baker-Zyste

9.3.8 Baker-Zyste

Definition. Kniegelenkszyste, die von der dorsalen Gelenkkapsel ausgeht.

◀ **Definition**

Ätiologie. Erkrankungen, die mit einem chronischen Gelenkerguß einhergehen, können zur Ausstülpung der hinteren Gelenkkapsel und somit zur Zystenbildung im Bereich der Kniekehle (Baker-Zyste) führen. Durch mechanische Reizung können auch Ganglien an den Sehnenscheiden der in der Kniekehle inserierenden Muskulatur entstehen.

Ätiologie
Durch Kniebinnenerkrankungen mit Gelenkerguß wird die hintere Gelenkkapsel ausgestülpt. Ganglien entstehen an Sehnenscheiden der Muskulatur der Kniekehle.

Klinik. In der Kniekehle ist ein prallelastischer Tumor palpabel. Insbesondere bei rheumatischen Erkrankungen kann dieser monströse Ausmaße annehmen und sich entlang der Verschiebeschichten in den Unterschenkel hinein fortsetzen.

Klinik
Die Baker-Zyste, wie auch Kniegelenksganglien, imponieren als prallelastischer Tumor in der Kniekehle.

Diagnose. Da eine Kniegelenkszyste oft die Folge einer Kniebinnenerkrankung darstellt, ist die genaue intraartikuläre Abklärung durch **arthroskopische Diagnostik** indiziert. Die Fragestellung, ob die Kniegelenkszyste mit dem Binnenraum kommuniziert, kann durch die Arthrographie des Gelenkes abgeklärt werden, bei der gleichzeitig die Größe der Zystenbildung sichtbar ist. Sonographisch lassen sich die Lokalisation und Größe einer Kniegelenkszyste darstellen (echoarm mit nachfolgender Schallverstärkung) und fakultativ gegen solide Tumoren abgrenzen.

Diagnose
Vorrangig ist die diagnostische Abklärung des Kniegelenkes. Arthrographisch wird die Zyste mit der Verbindung zum Gelenkraum dargestellt. Ganglien und Zysten imponieren sonographisch als echoarm mit nachfolgender Schallverstärkung.

Therapie. Bei Kniebinnenerkrankungen kommt es nach Sanierung oftmals zur spontanen Rückbildung der Kniegelenkszyste. Nimmt der Tumor an Größe zu und führt zur funktionellen Beeinträchtigung, sollte die Zyste operativ entfernt werden. Hierbei wird diese bis zur Verbindungsstelle (Stiel) der hinteren Gelenkkapsel dargestellt und nach Ligatur in diesem Bereich vollständig entfernt, um Rezidive zu vermeiden.

Therapie
Baker-Zysten können nach Sanierung des Gelenkbinnenraumes ausheilen. Ansonsten werden störende Zysten und Ganglien operativ exstirpiert.

9.3.9 Osteochondrosis dissecans des Kniegelenkes

Definition ▶

Ätiologie
Die Ätiologie ist unklar. Bevorzugt erkranken Jungen bei Wachstumsabschluß.

Klinik und Diagnose
Belastungsabhängige unklare Beschwerden im Kniegelenk sind charakteristisch. Fakultativ bestehen ein Erguß oder Gelenkblockierungen (bei Dissekatlösung, *Syn. 54, S. 126)*.
Röntgenologische Darstellung in der Tunnel-Aufnahme nach Frik.

Therapie
Im Frühstadium kann durch Entlastung oder Ruhigstellung therapiert werden. Abhängig von der röntgenologischen Demarkierung und der klinischen Symptomatik wird eine **Umkehrplastik,** bei Lösung des Dissekates eine Refixation bzw. die Entfernung durchgeführt.

9.3.9 Osteochondrosis dissecans des Kniegelenkes

Definition. Aseptische Osteonekrose des lateralen Anteiles der medialen Femurkondyle *(Abb. 131)*.

Ätiologie. Die Ursache ist unklar *(S. 118)*. Die Osteochondrosis dissecans des Kniegelenkes ist die häufigste Osteochondrose. Sie tritt meist am Ende des Wachstumsalters, bevorzugt bei männlichen Patienten, auf.

Klinik und Diagnose. Es werden uncharakteristische, nicht lokalisierbare Kniegelenksbeschwerden unterschiedlicher Intensität, insbesondere nach Belastung, angegeben. Zum Teil besteht eine Gangunsicherheit und Schwellneigung (Ergußbildung). Bei eingetretener Dissekatlösung kann es zur Gelenkblockierung kommen *(Syn. 54, S. 126)*.

Röntgenologisch *(Abb. 131)* zeigt sich ein meist demarkierter Knochendefekt im Bereich des lateralen Anteiles der medialen Femurkondyle, ggf. ist ein freies Dissekat im Gelenkbinnenraum sichtbar. Die Osteochondrosis dissecans wird am besten in der Tunnelaufnahme nach Frik (45 Grad Kniebeugung, Zentralstrahl rechtwinkelig zum Unterschenkel) dargestellt.

Therapie. Das Frühstadium der Erkrankung kann bei Jugendlichen durch Entlastung oder vorübergehende Ruhigstellung (in einer Oberschenkelgipshülse unter Aussparung des Fußes) bevorzugt in Beugestellung ausgeheilt werden. Bei zunehmender Demarkierung oder klinischer Symptomatik wird eine **Umkehrplastik** durchgeführt. Hierbei wird von extraartikulär ein Knochenzylinder mit der Sklerosezone vom umgebenden Knochen abgetrennt, herausgenommen und umgekehrt wieder eingesetzt. Danach ist für 3 Monate die Entlastung des Gelenkes notwendig. Bei Lösung des Dissekats ist dessen Reimplantation oder arthroskopische Entfernung angezeigt.

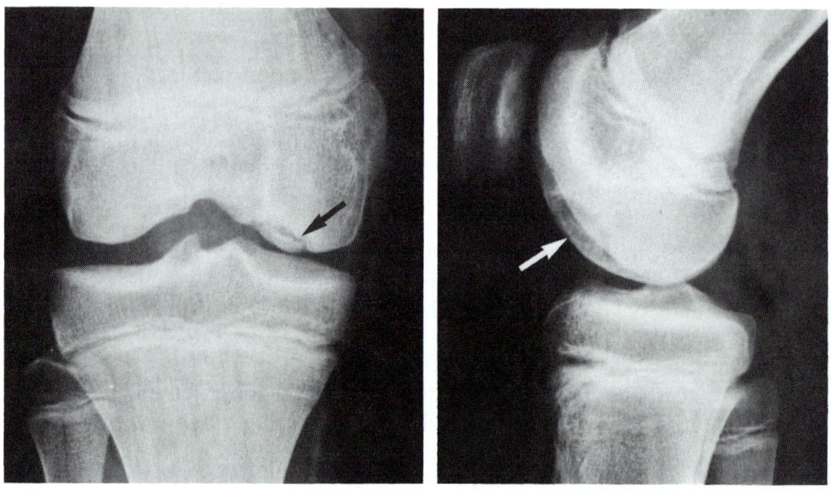

Abb. 131: Osteochondrosis dissecans an typischer Lokalisation bei einem 12jährigen Jungen. Beachte die abgrenzende Sklerosezone an der Kondyle.

9.3.10 Morbus Sinding-Larsen

Definition ▶

Klinik und Diagnose
Die Erkrankung ist charakterisiert durch lokale Beschwerden am unteren Patellapol. Röntgenologisch werden dort Strukturunregelmäßigkeiten beobachtet.

9.3.10 Morbus Sinding-Larsen

Definition. Osteochondrose des unteren Patellapoles.

Klinik und Diagnose. Schmerzen im Bereich des unteren Patellapols, insbesondere nach Belastung, sind für die Diagnose richtungweisend. Bevorzugt werden Jungen um das 10. Lebensjahr betroffen. Meist bestehen keine inspektorischen Auffälligkeiten. Im Seitbild der Patella finden sich Strukturunregelmäßigkeiten im unteren Polbereich. Eine Dissekatlösung tritt hierbei nicht ein.

Therapie. Die Behandlung richtet sich nach der Beschwerdesymptomatik. Bei geringeren Beschwerden ist eine Sportpause, ansonsten die kurzfristige Ruhigstellung in Streckstellung des Kniegelenkes indiziert.

Therapie
Die Behandlung erfolgt entsprechend der Beschwerdesymptomatik durch Sportpause oder Ruhigstellung des Gelenkes.

9.3.11 Morbus Osgood-Schlatter

Synonym. Osteochondrosis deformans juvenilis der Tuberositas tibiae.

9.3.11 Morbus Osgood-Schlatter

Definition. Bei der Schlatter-Erkrankung liegt eine Osteochondrose der knorpeligen Tuberositas tibiae vor, die zu einer Ossifikationsverzögerung eventuell mit den Folgen einer Prominenz der Tuberositas oder auch Auslösung von freien Knochenpartikeln führen kann.

◀ Definition

Ätiologie. Die Ursache der Erkrankung kann in dem Ungleichgewicht zwischen Belastung und Belastbarkeit des Knorpelgewebes gesehen werden. Die Erkrankung wird daher sowohl während des präpubertären Wachstumsschubes als auch bei Kindern mit leistungsmäßiger Beanspruchung der Kniegelenke gehäuft angetroffen.

Ätiologie
Die Erkrankung ist Folge eines Ungleichgewichtes zwischen Belastung und Belastbarkeit der knorpeligen Tibiaapophysenfuge.

Pathogenese. Die mechanische Überlastung der Apophyse führt zu Störungen der Ossifikation. Bei der zurückbleibenden Ossifikationsfront kommt es wiederum zur stärkeren Belastung an der Stelle, wo die Sehnenfasern des Ligamentum patellae in das Knorpelgewebe der Apophyse einstrahlen. Bei Verdikkung der Apophyse kann nach erfolgter Ossifikation auch eine Prominenz der Tuberositas tibiae zurückbleiben. Wenn kleinere Areale der Apophyse durch osteochondronekrotische Vorgänge aus dem Gewebeverbund herausgelöst werden, können schließlich freie Ossikel (Knöchelchen) unter dem Ligamentum patellae entstehen *(Abb. 132)*.

Pathogenese
Die mechanische Überlastung der Apophyse führt zur Ossifikationsstörung mit Prominenz der Tuberositas oder Auslösung von freien Ossikeln *(Abb. 132)*.

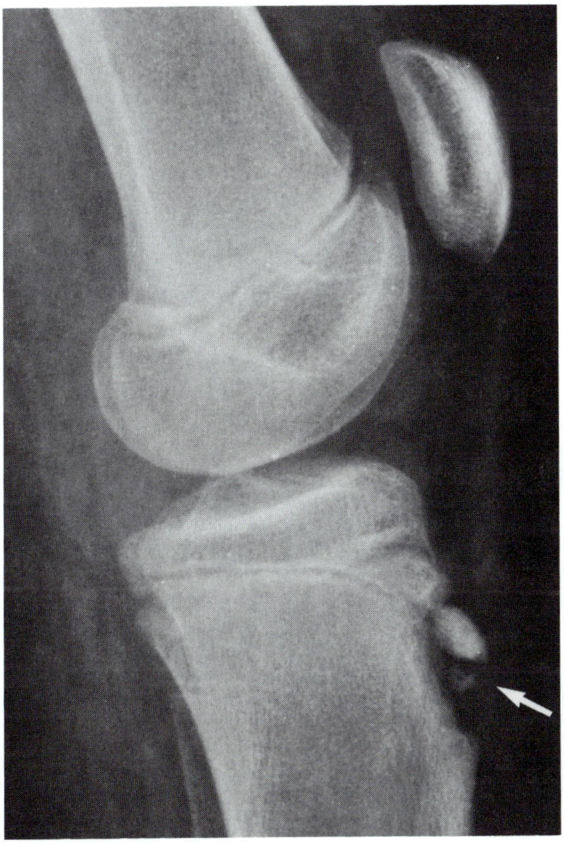

Abb. 132: Morbus Schlatter. Beachte die Fragmentation und Abhebung der Tuberositas tibiae.

Klinik und Diagnose
Belastungsabhängige Schmerzen an der Schienbeinrauhigkeit. Klinisch imponiert der lokale Druckschmerz. Richtungweisend ist das Röntgenbild.

Klinik und Diagnose. Die Erkrankung fällt im Frühstadium durch die belastungsabhängigen Schmerzen an der Schienbeinrauhigkeit auf. Klinisch imponiert der lokale Druckschmerz. Erst bei fortgeschrittenen Veränderungen kommt es auch zur Prominenz im Bereich der Tuberositas. Richtungweisend ist der Röntgenbefund, der die Strukturauflockerungen im Bereich der Tuberositas wiedergibt.

Therapie
In der Regel ist eine relative **Entlastung** des befallenen Kniegelenkes ausreichend. Operative Maßnahmen kommen nur nach Wachstumsabschluß in Frage.

Therapie. Die Behandlung besteht in der Regel in einer relativen **Entlastung** des befallenen Kniegelenkes. Im Frühstadium kann dies bei Kindern lediglich Schulsportbefreiung, bei fortgeschrittenen Veränderungen jedoch auch die Ruhigstellung im Gipstutor oder völlige Entlastung an zwei Unterarmstützen bedeuten, bis Schmerzfreiheit erreicht ist. Operative Maßnahmen im Sinne der Entfernung von freien Ossikeln kommen praktisch nur nach Wachstumsabschluß in Frage. Aufbohrungen der Apophyse sind obsolet.

9.3.12 Morbus Ahlbaeck

9.3.12 Morbus Ahlbaeck

Definition ▶

Definition. Ausgedehnte aseptische Osteonekrose des medialen Femurkondylus im höheren Alter *(vergl. auch S. 153).*

Ätiologie und Pathogenese
Die Ursache der meist einseitigen Erkrankung ist unbekannt. Auf Grund der Größe des Prozesses kommt es zur Sinterung des nekrotischen Bereiches *(Abb. 133).* Dies führt zur oft schnell progredienten Deformierung der Gelenkfläche.

Ätiologie und Pathogenese. Die Ursache dieser Erkrankung ist unbekannt. Die Erkrankung tritt meist einseitig auf. Während es bei der Osteochondrosis dissecans des Jugendlichen im weiteren Verlauf zur Demarkierung des osteochondronekrotischen Bereiches und Abstoßung in den Gelenkraum kommt, tritt jedoch bei der Osteonekrose der Femurkondyle im Erwachsenenalter wegen der großen Ausdehnung des Prozesses nur eine Sinterung des nekrotischen Bereiches mit Deformierung der Gelenkfläche ein *(vgl. Abb. 133).* Dies führt zur **Varusfehlstellung** im Kniegelenk. Die Erkrankung ist oft schnell progredient.

Klinik und Diagnose
Schmerzen mit zunehmender Bewegungseinschränkung im Bereich des Kniegelenkes sind charakteristisch. Röntgenologisch besteht eine Sklerosierung im osteochondrotischen Bereich, später dann die Gelenkdeformierung.

Klinik und Diagnose. Anfänglich wird über diffuse, meist rasch zunehmende Schmerzen im Bereich des betroffenen Kniegelenkes geklagt. Im weiteren Verlauf kommt es zur zunehmenden Bewegungseinschränkung und varischen Fehlstellung. Die Diagnosestellung erfolgt radiologisch. Im Frühstadium besteht eine Sklerosierung im osteochondrotischen Bereich. Später erfolgt dann der Einbruch dieses Bezirkes mit Verformung der Gelenkfläche.

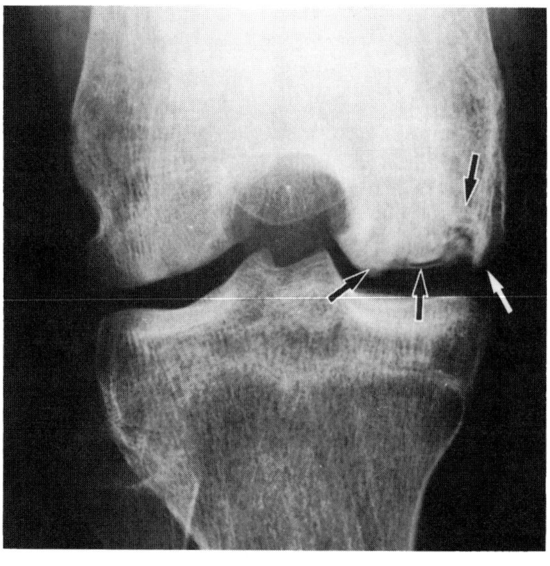

Abb. 133: Morbus Ahlbaeck. Die mediale Femurkondyle zeigt ausgeprägte Usurierungen. Bei dieser 62jährigen Patientin kam es binnen 6 Wochen zum völligen Zusammenbruch der Kondyle.

Therapie. Die besten Ergebnisse sind auch im Frühstadium nur durch entlastende kniegelenksnahe valgisierende Umstellungsosteotomien mit gleichzeitigem Aufbohren des osteonekrotischen Bereiches zu erzielen. Beim älteren Patienten und fortgeschrittenem Prozeß ist bei der schlechten Prognose dieser Erkrankung der frühzeitige Gelenkersatz indiziert.

Therapie
Im Frühstadium Entlastung des Bezirkes durch Valgisationsosteotomie. Ansonsten endoprothetischer Gelenkersatz.

9.4 Degenerative Erkrankungen

9.4.1 Parapatellares Schmerzsyndrom

Synonym. Chondropathia patellae.

> ***Definition.*** Schmerzsyndrom im Bereich der Kniescheibe, meist von den ligamentären Strukturen und der synovialen Insertion ausgehend. Der Begriff Chondropathia patellae ist irreführend, da der nicht innervierte Knorpel keine Schmerzen verursachen kann und die Knorpelerweichung wiederum als Chondromalazie bezeichnet wird.

◀ **Definition**

Ätiologie und Pathogenese. Die häufigste Ursache des parapatellaren Schmerzsyndroms sind mechanische Überbelastungen der an der Patella inserierenden Strukturen. Dabei handelt es sich um die im Bereich des oberen Poles einstrahlende **Quadrizepssehne, die lateralen Retinacula** und die am **distalen Pol ansetzende Patellarsehne** (Patellaspitzensyndrom). Für die mechanische Überlastung dieser Strukturen spricht die Häufigkeit der Beschwerden bei Sportlern *(Syn. 84, S. 201)* und bei Personen, die vorwiegend in Kniebeugung arbeiten. Häufig werden derartige Kniegelenksbeschwerden während des pubertären Wachstumsschubes angegeben, ohne daß hierfür eine definitive Erklärung vorliegt. Muskelimbalancen sollen bei der Entstehung der Beschwerden eine Rolle spielen.

Ätiologie und Pathogenese
Mechanische Überbelastung führt zur Reizung der an der Patella inserierenden Strukturen. Diese Überbelastung erklärt die Häufung der Beschwerden bei Sportlern *(Syn. 84, S. 201)* und bei in Kniebeugung arbeitenden Personen. Besonders während des pubertären Wachstumsschubes wird diese Erkrankung beobachtet.

Klinik. Beim Treppensteigen und beim Bergabgehen treten vermehrt Beschwerden auf. Zum Teil bestehen auch **Ruheschmerzen,** insbesondere nach langer **Kniebeugung** (Kino!). Die Schmerzen werden im ventralen Bereich des Kniegelenkes lokalisiert. Ein Patelladruck oder -verschiebeschmerz wird angegeben. Auch durch die Anspannung der Quadrizepsmuskulatur kann die Schmerzsymptomatik ausgelöst werden. Palpatorisch findet sich ein Druckschmerz an der Peripherie der Kniescheibe. Differentialdiagnostisch müssen Synovialitiden der Kniegelenke sowie die Chondromalacia patellae (s. unten) abgegrenzt werden. Der Röntgenbefund ist nicht richtungweisend.

Klinik
Belastungsabhängige Schmerzen im ventralen Bereich des Kniegelenkes, insbesondere nach **Kniebeugung.** Palpatorisch findet sich ein Druckschmerz an der Peripherie der Kniescheibe, der auch durch Anspannung der Quadrizepsmuskulatur ausgelöst werden kann.

Therapie. Entlastung durch Schonung und bei akuten Schmerzzuständen kurzfristige Ruhigstellung. Infiltration mit Lokalanästhetikum, was auch zur Diagnosesicherung durchgeführt wird. Eine Indikation für die Injektion von Chondroprotektiva besteht bei dieser Erkrankung nicht. Operative Maßnahmen sind beim isolierten parapatellaren Schmerzsyndrom nicht indiziert.

Therapie
Entlastung, Ruhigstellung sowie Infiltrationstherapie. Weitergehende Maßnahmen sind nicht indiziert.

9.4.2 Chondromalacia patellae

> ***Definition.*** Erweichung des Patellaknorpels.

◀ **Definition**

Ätiologie und Pathogenese. Im einzelnen unbekannt. Diskutiert werden eine Überbeanspruchung des retropatellaren Knorpels, insbesondere bei **Dysplasie** des patellofemoralen Gelenkes mit Lateralisationstendenz der Patella (laterales Hyperkompressionssyndrom, *Abb. 134).* Die Chondromalacia patellae führt oft zur Femoropatellararthrose.

Die klinische Symptomatik entsteht durch die Freisetzung enzymatischer Substanzen, die eine entzündliche Reaktion der Synovialis verursachen. Obwohl die morphologischen Veränderungen an der Patella im Alter zahlenmäßig zunehmen, ist die Erkrankung vorwiegend im mittleren Lebensalter klinisch relevant.

Ätiologie und Pathogenese
Im einzelnen unbekannt. Überlastungen des retropatellaren Knorpels, insbesondere bei Lateralisationstendenz der Patella *(Abb. 134)* werden diskutiert.
Die Chondromalacia patellae führt oft zur Femoropatellararthrosen.

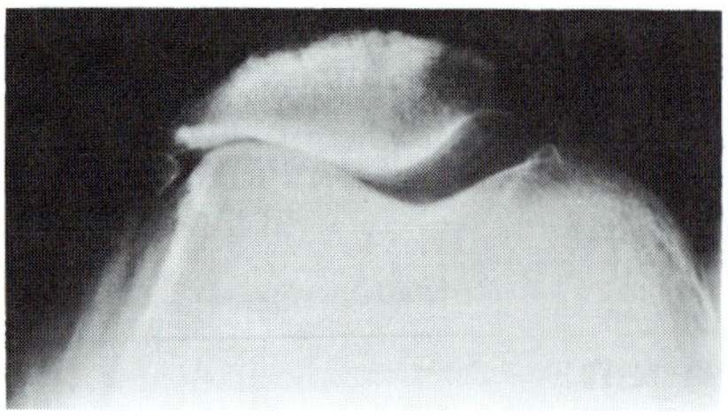

Abb. 134: Laterales Hyperkompressionssyndrom der Patella. Beachte die vermehrte subchondrale Sklerosierung sowie die osteophytären Ausziehungen im lateralen Bereich der Patella.

Klinik
Die klinische Symptomatik ist durch die Synovialitis geprägt, die im mittleren Lebensalter klinisch relevant wird.

Klinik. Hauptsymptome sind Schmerzen unter der Kniescheibe und die Krepitation der Patella bei passiver Bewegung. Durch die begleitende **Synovialitis** ist der obere Rezessus verdickt. Die Gelenkkontur ist verstrichen, zum Teil ist ein Gelenkerguß nachweisbar.

Diagnose
Patellaverschiebeschmerz (Zohlenzeichen). Fakultativ kann radiologisch eine Dysplasie des femoropatellaren Gleitlagers mit Lateralisationstendenz der Patella nachweisbar sein, sowie sekundäre degenerative Veränderungen. Im Frühstadium der Erkrankung erfolgt die Diagnosestellung arthroskopisch, was auch differentialdiagnostisch bedeutsam ist.

Diagnose. Beim Verschieben der Patella unter gleichzeitigem Andrücken werden zum Teil heftige Beschwerden angegeben (Zohlenzeichen). Das Röntgenbild kann völlig normal sein. Eine Dysplasie des femoropatellaren Gleitlagers sowie eine Lateralisationstendenz der Patella kann mit Tangentialaufnahmen dargestellt werden. Mit dieser Aufnahmetechnik sind auch sekundär arthrotische Veränderungen darstellbar. In der Regel wird die Diagnose heute mit der Arthroskopie gestellt, zumal bei gravierenden Befunden in gleicher Sitzung arthroskopisch operiert werden kann.

Differentialdiagnostisch sind vor allem Meniskusschäden sowie die Plica mediopatellaris (s.u.) auszuschließen.

Therapie
Schonung und Antiphlogistikagabe bei Synovialitis sind im Frühstadium angezeigt. Chrondroprotektive Substanzen sind umstritten. Durch eine laterale Retinakulumspaltung kann eine laterale Überkompression gemindert werden. Des weiteren besteht die Möglichkeit der retropatellaren Knorpelglättung.

Therapie. Im Frühstadium ist lediglich die **Schonung** angezeigt. Bei begleitender Synovialitis sind Antiphlogistika sowie lokale physikalische Behandlungsmaßnahmen indiziert. Die systemische oder intraartikuläre Applikation chondroprotektiver Substanzen ist umstritten. Bei lateraler Kompression der Patella ist eine laterale Retinakulumspaltung zu erwägen (Durchtrennung des lateral neben der Patella herlaufenden Reservekniestreckapparates). Eine ursächliche operative Behandlung der Chondromalazie ist nicht möglich. Bei fortgeschrittener Chondromalazie kann eine Knorpelglättung durchgeführt werden **(shaving).** Bei ausgeprägter Sekundärarthrose des Femoropatellargelenkes bleibt die Möglichkeit der Patellektomie (Kniescheibenentfernung). Der endoprothetische isolierte Gelenkersatz des femoropatellaren Gleitlagers ist nicht erfolgversprechend. Beim totalen Gelenkersatz hingegen wird die Patella mit ersetzt.

Klinisches Beispiel ▶

Klinisches Beispiel. 17jähriger Patient mit seit Monaten immer wieder auftretenden Schwellungen und erheblicher Beschwerdesymptomatik im Bereich des Kniegelenkes. Die röntgenologische Untersuchung ist unauffällig. Klinisch besteht eine ausgeprägte Synovialitis. Arthroskopisch wird eine retropatellare Chondromalazie mit Knorpelulkus und hypertropher Knorpelzotte nachgewiesen. In der *Abbildung 135* ist die begleitende ausgeprägte Synovialitis mit Gefäßeinsprossung an der seitlichen Begrenzung des Knorpels der Femurkondyle sichtbar. Glättung des Knorpelulkus sowie Abtragen der hypertrophen Knorpelzotte. Bei Nachkontrollen zeigt der Patient einen unauffälligen Kniegelenksbefund.

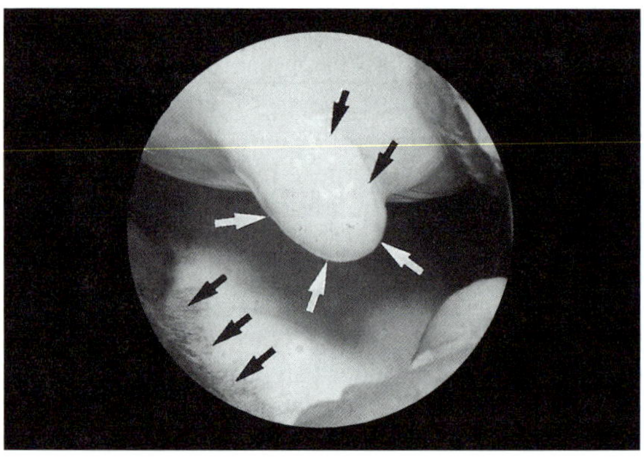

Abb. 135: Chondromalazie der Patella mit hypertropher Knorpelzotte und reaktiver Synovialitis. Beachte die (entzündliche) Gefäßeinsprossung am Rand der knorpeligen Femurkondyle.

9.4.3 Plica mediopatellaris

Definition. Synoviale Falte, die medial der Patella verläuft und durch Reibung an der Femurkondyle zu chondromalazischen Veränderungen führen kann.

Klinik und Therapie. Die Plica mediopatellaris ist bei ca. 50% der Bevölkerung vorhanden. Nur bei Hypertrophie derselben mit entsprechender Schmerzsymptomatik kommt ihr eine klinische Bedeutung zu. Sie kann arthroskopisch diagnostiziert und durchtrennt werden.

9.4.4 Gonarthrose

Definition. Kniegelenksverschleiß. Die Gonarthrose ist eine der häufigsten degenerativen orthopädischen Erkrankungen. Im Rentenalter sind ca. 5% der Bevölkerung betroffen. Die Degeneration kann isoliert oder bevorzugt das mediale oder laterale Kompartiment sowie das Femoropatellargelenk betreffen.

Ätiologie. Die allgemeinen Ursachen der Arthrose sind in Kapitel 4.3 *(S. 166)* aufgeführt. Für die Entstehung der Gonarthrose sind Achsfehler von großer Bedeutung. Ausgeprägte Beinachsenfehlstellung (X-/O-Bein) führen durch die einseitige Belastung des Kniegelenkes zum **unilateralen Gelenkverschleiß der Varus-/Valgusgonarthrose** *(Abb. 136)*. Nach Meniskusresektion werden in der Langzeitkontrolle immer degenerative Veränderungen wenngleich unterschiedlichen Ausmaßes festgestellt. Chronische Knieinstabilitäten zum Beispiel nach vorderem Kreuzbandriß fördern die Gelenkabnutzung. Auch beim Blutergelenk *(S. 188)*, beim Morbus Ahlbaeck oder bei Fehlheilung einer Osteochondrosis dissecans kann eine Arthrose des Kniegelenkes entstehen. Bei den vorgenannten Erkrankungen sind mechanische Faktoren ursächlich bedeutsam, während bei entzündlichen Veränderungen (chronische Polyarthritiden, *S. 173)* die Entstehung der sekundären Gonarthrose biologisch bedingt ist. Hierbei verursachen lysosomale Enzyme eine Destruktion des Gelenkknorpels.

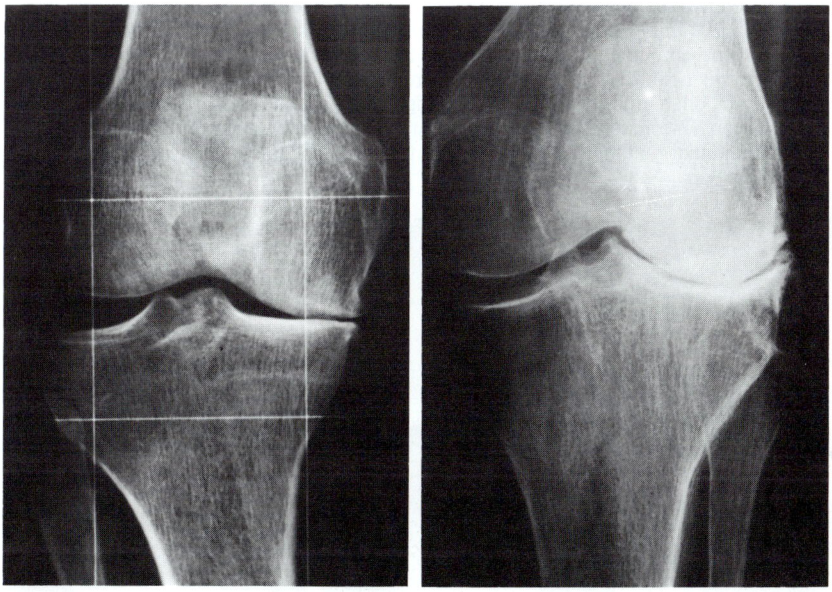

Abb. 136: Varus- (a) und Valgusgonarthrose (b). Beachte die weitgehend auf ein Gelenkkompartiment beschränkten degenerativen Veränderungen sowie die begleitende Achsabweichung.

9.4.3 Plica mediopatellaris

◀ **Definition**

Klinik und Therapie
Bei Hypertrophie der Plica bestehen medialseitige Kniegelenksbeschwerden. Arthroskopische Diagnostik und Therapie.

9.4.4 Gonarthrose

◀ **Definition**

Ätiologie
Achsdeformitäten in der Frontalebene führen zum **unilateralen Gelenkverschleiß** (Varus-/Valgusgonarthrose, *Abb. 136*. Auch nach Meniskektomie, chronischer Knieinstabilität, bei Morbus Ahlbaeck sowie beim Blutergelenk oder nach Osteochondrosis dissecans entstehen Arthrosen des Kniegelenkes.

Klinik
Bewegungs-, später auch Ruheschmerz. **Osteophytäre Anbauten** sind palpabel. Die Beweglichkeit des Gelenkes ist eingeschränkt. In Achsaufnahmen ist die Fehlstatik sichtbar. Die Zielaufnahmen zeigen die lokale degenerative Veränderung.

Klinik. Zunächst besteht ein Bewegungsschmerz des Kniegelenkes, später dann auch ein Ruheschmerz. **Osteophytäre Anbauten** können palpiert werden. Die Gelenksbeweglichkeit ist eingeschränkt. Insbesondere bei unilateraler Arthrose imponiert die Achsfehlstellung.

Achsaufnahmen dienen zur Beurteilung der Kniegelenksstatik. Zielaufnahmen des Gelenkes in zwei Ebenen demonstrieren das Ausmaß der Degeneration in den Kniegelenkskompartimenten (Gelenkspaltverschmälerung, Geröllzysten; subchondrale Sklerosierung; osteophytäre Anbauten).

Therapie
Zur Besserung der Kniegelenksbeweglichkeit **Krankengymnastik** sowie selbständige Übungen. Bei aktivierter Gonarthrose kann mit Kryotherapie/Elektrotherapie *(S. 68)* sowie **Antiphlogistika** behandelt werden. Ein Handstock und Pufferabsatz sowie die unilaterale Sohlenerhöhung bei Achsfehlstellungen wirken **mechanisch entlastend.**

Therapie. Durch die oberflächennahe Lage des Gelenkes sind konservative Therapiemaßnahmen einfacher anwendbar als bei der Koxarthrose. Die **physikalische Behandlung** zielt auf eine Verbesserung der Kniegelenksbeweglichkeit (Krankengymnastik; Radfahren; Schwimmen, Balneotherapie) sowie auf die Entzündungshemmung bei der aktivierten Gonarthrose, (Kryotherapie; Elektrotherapie, *S. 68*). Eine **mechanische Entlastung** des Gelenkes erfolgt durch einen gegenseitig getragenen Handstock, einen Pufferabsatz sowie eine einseitige Sohlenerhöhung (lateralseitig bei der Varus-, medialseitig bei der Valgusgonarthrose).

Medikamentös wird die aktivierte Gonarthrose mit Antiphlogistika (oral, intramuskulär, intraartikulär) therapiert. Die Lokalbehandlung erfolgt mit Salbenverbänden sowie im nicht aktivierten Stadium durch Wärmeapplikation (Elektrotherapie; Fango etc.).

Operativ wird bei unilateralem Gelenkverschleiß durch kniegelenksnahe Osteotomien das erkrankte Kompartiment entlastet *(Abb. 138)*.

In der **operativen Therapie** der Gonarthrose kommen unterschiedliche Verfahren zur Anwendung. Bei statisch bedingtem unilateralem Gelenkverschleiß kann über eine varisierende oder valgisierende Tibiakopfumstellungsosteotomie das erkrankte Kompartiment entlastet werden. Dies stellt eine Maßnahme mit meist lang anhaltendem Erfolg auch beim älteren Menschen dar *(vgl. Abb. 138)*.

Bei ausgeprägten Arthrosen kann mit einer **Gelenktoilette** die Mechanik verbessert werden. In den letzten Jahren hat der endoprothetische Gelenkersatz insbesondere als Oberflächengelenkersatz große Bedeutung erlangt.

Bei ausgeprägten Arthrosen mit mechanisch störenden osteophytären Randwülsten ist die **Gelenktoilette** mit Entfernung von Osteophyten eine operative Alternative zum allfälligen Gelenkersatz. Bei der endoprothetischen Behandlung wird ein Oberflächengelenkersatz gegenüber Schaftprothesen wegen der besseren Langzeitergebnisse bevorzugt. Scharnierprothesen werden nur bei hochgradigen Achsfehlstellungen, die nicht mehr durch Oberflächenersatzprothesen versorgbar sind, angewandt.

Klinisches Beispiel ▶

Klinisches Beispiel. 69jähriger Mann mit seit ca. 5 Jahren zunehmenden Beschwerden im Bereich beider Kniegelenke, rechts etwas ausgeprägter als links. Die Gehstrecke war auf ca. 200 m begrenzt mit erheblicher Beschwerdesymptomatik. Wegen des ausgeprägten Ruheschmerzes traten Schlafstörungen auf. Die zunehmende Einnahme von Antiphlogistika führte zu erheblichen gastrointestinalen Nebenwirkungen mit Ausbildung von Duodenalulzera. Der Oberflächengelenkersatz beider Kniegelenke erfolgte im Abstand von 4 Monaten *(Abb. 137)*. Mit einer Stockstütze wurde der Patient daraufhin uneingeschränkt gehfähig. Eine weitere Antiphlogistikaeinnahme ist nicht notwendig.

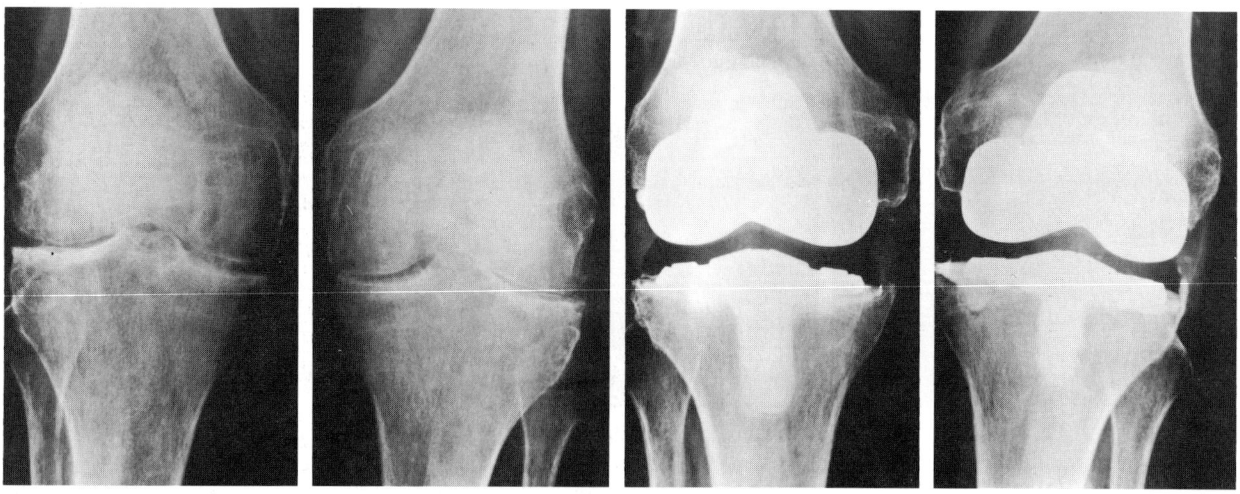

Abb. 137: Panarthrose beider Kniegelenke bei einem 69jährigen Mann vor und nach endoprothetischem, beidseitigem Kniegelenksersatz (Oberflächengelenkersatz).

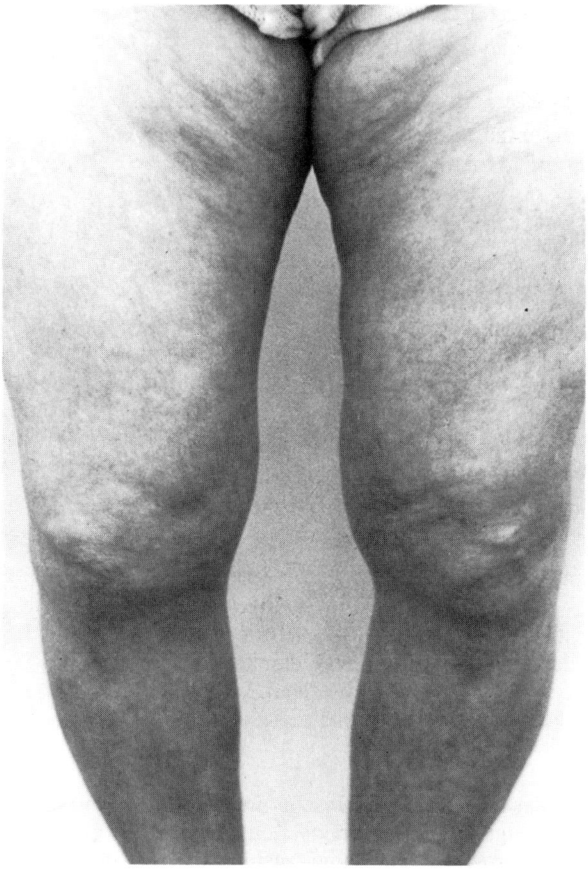

a

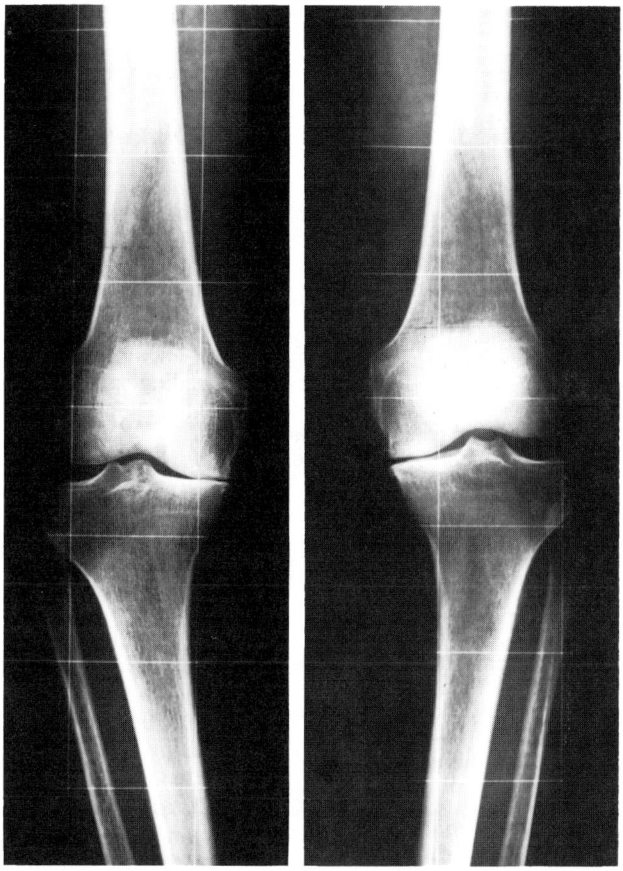

b

Abb. 138: Varusgonarthrose bei einer 63jährigen Patientin. Klinische (a) und röntgenologische (b) Darstellung der Deformität. (c) Radiologischer Aspekt 2 Jahre postoperativ nach beidseitiger Tibiakopfosteotomie. Beachte die veränderte Beinachse und die Erweiterung des medialseitigen Gelenkspaltes. Präoperativ war die Gehstrecke auf 100 m begrenzt (Ruheschmerzen). Postoperativ fast schmerzfreies unbegrenztes Gehvermögen.

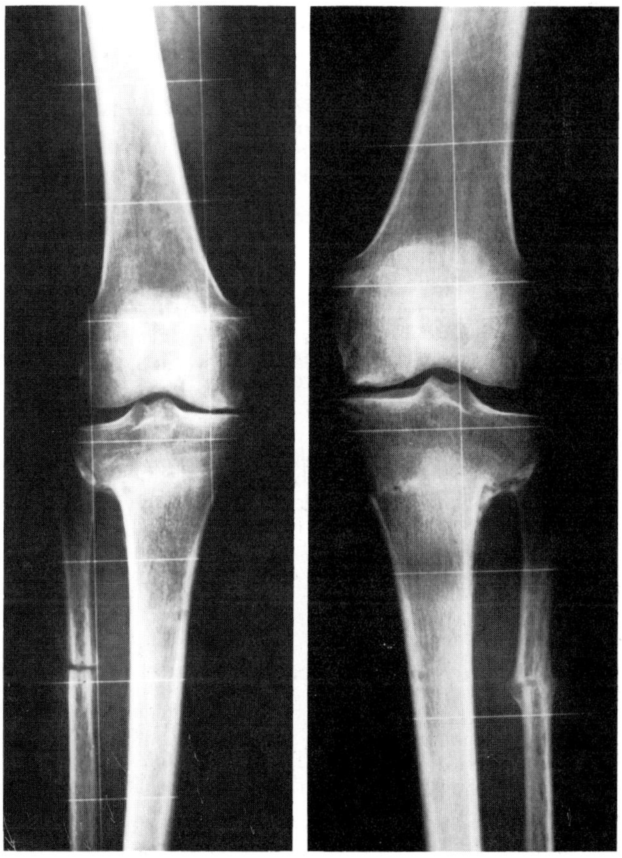

c

9.5 Entzündliche Erkrankungen

9.5.1 Gonitis

Definition ▶

Ätiologie
Die Gonitis kann
- bakteriell
- entzündlich-rheumatisch
- systemisch
- parainfektiös
- oder reaktiv (aktivierte Gonarthrose, *S. 166*) bedingt sein. Auch bei kniegelenksnahen Prozessen kann eine **sympathische Gonitis** entstehen (Tumoren; Verletzungen).

Bakterielle Gonitis

Klinik
Durch die oberflächennahe Lage des Gelenkes sind alle Entzündungszeichen nachweisbar. Die Gelenkkontur ist verstrichen, oft besteht eine ausgeprägte Allgemeinerkrankung.
Diagnose
BKS und das CRP sind stark erhöht. Das Blutbild zeigt eine Leukozytose mit Linksverschiebung. Die entscheidende **Kniegelenkspunktion** zeigt ein trübes, zum Teil übelriechendes Punktat mit erhöhter Zellzahl und erniedrigter Glukose. Die **Synoviaanalyse** ist differentialdiagnostisch bedeutsam. Auch spezifische Infektionskrankheiten können eine Gonitis verursachen. Unbehandelte Gonitiden können eine Ankylose bedingen.

Therapie
Schnelle Diagnosestellung und **schneller Therapiebeginn** sind entscheidend. Beim akuten Pyarthros wird mit **Gelenkeröffnung** und Gelenkspülung, Synovektomie sowie der Einlage von **Spül-Saug-Drainage** und parenteraler Antibiotikagabe therapiert. Die Nachbehandlung erfolgt auf einer elektrischen Bewegungsschiene *(S. 62 und Abb. 9, S. 63)*.

9.5 Entzündliche Erkrankungen

9.5.1 Gonitis

Definition. Kniegelenksentzündung.

Ätiologie. Die Gonitis kann
- bakteriell *(S. 237f.)*,
- entzündlich-rheumatisch *(S. 173)*,
- durch systemische Erkrankungen (z.B.Kollagenosen),
- parainfektiös oder auch
- reaktiv bei Arthrose

bedingt sein (aktivierte Arthrose, *S. 166*). Durch die große synoviale Fläche des Kniegelenkes (oberer Rezessus) kommt es vielfach zum **sympathischen Erguß,** wenn krankhafte Prozesse in der näheren Umgebung des Kniegelenkes lokalisiert sind (Tumoren; Verletzungen etc.).

Bakterielle Gonitis

Synonym. Kniegelenksempyem

Klinik. Die Symptome der Entzündung (Rubor-Tumor-Calor-Dolor-Functio laesa) sind bei der oberflächennahen Lage des Gelenkes in klassischer Weise nachweisbar. Durch die Schwellung der Synovialis und den Kniegelenkserguß sind die Gelenkkonturen verstrichen. Oft besteht eine ausgeprägte Allgemeinreaktion des Patienten.

Diagnose. Die BKS und das CRP als unspezifische Entzündungszeichen sind stark erhöht. Das Blutbild zeigt eine ausgeprägte Leukozytose mit Linksverschiebung. Blutkulturen werden insbesondere bei ansteigendem Fieber durchgeführt. **Entscheidend ist die Gelenkpunktion,** die frühzeitig durchgeführt werden muß. Das Gelenkpunktat ist trübe und evtl. übelriechend. Die Zellzahl im Punktat ist erhöht. Die Glukose ist im Vergleich zum Serum durch den bakteriellen Metabolismus erniedrigt. Die **Synoviaanalyse** *(s. S. 178)* ist bei der Differentialdiagnose zu rheumatischen Erkrankungen wichtig. Insbesondere postoperativ ist die Unterscheidung zwischen Hämarthros (blutbedingte Gelenkschwellung) und Pyarthros (infektbedingte Gelenkschwellung) zum Teil schwierig, weshalb alle verfügbaren klinischen und Laborparameter zur Differenzierung herangezogen werden sollten. Auch spezifische Infektionskrankheiten können eine Gonitis verursachen. Unbehandelte Gonitiden können zur Gelenkversteifung (Ankylose) führen.

Therapie. Entscheidend für die Prognose des Gelenkes ist ein **schneller Therapiebeginn.** Vor Gabe von Antibiotika sollte immer die Punktion durchgeführt werden, um eine exakte Erregerbestimmung zu ermöglichen. Im akuten Krankheitsgeschehen ist die **Gelenkeröffnung** mit Gelenkspülung, Synovektomie sowie mit der Einlage von **Spül-Saug-Drainagen** indiziert. Wegen der Gefahr der postoperativen Verklebung mit Gelenkeinsteifung ist die Nachbehandlung auf einer elektrischen Bewegungsschiene (Continuous-passive-motion) vorteilhaft *(S. 62* und *Abb. 9, S. 63)*.

9.5.2 Bursitis praepatellaris

Definition. Entzündung der der Kniescheibe aufgelagerten Bursa.

Ätiologie. Durch mechanische Überlastung oder nach Verletzungen kommt es zur Reizung der Bursa praepatellaris. Häufig betroffen sind hiervon Personen mit knienden Berufen (Plattenleger).

Klinik und Therapie. Präpatellar findet sich bei der infektiösen Bursitis eine zum Teil ausgeprägte Schwellung. Im Bereich des Kniegelenkes (oberer Rezessus) finden sich keine Besonderheiten.

Präventiv ist bei entsprechender beruflicher Exposition eine Polsterung der Kniegelenke notwendig. Bei Beschwerdepersistenz, insbesondere aber bei eitrigen Bursitiden ist die operative Entfernung der Bursa notwendig. Im Einzelfall kann eine chronische Bursitis zur Berufsunfähigkeit führen.

9.5.2 Bursitis praepatellaris

◀ **Definition**

Ätiologie
Durch mechanische Überbelastung (Plattenleger!) oder nach Verletzungen kommt es zur Bursitis praepatellaris.

Klinik und Therapie
Entzündungssymptomatik präpatellar bei klinisch unauffälligem Kniebinnenraum.
Prophylaktisches Tragen von Kniepolstern bei knienden Berufen. Bei Beschwerdepersistenz Bursektomie.

9.6 Verletzungen und Verletzungsfolgen

9.6.1 Traumatische Patellaluxation

Definition. Unfallbedingte Verrenkung der Kniescheibe.

Ätiologie. Auch bei der traumatischen Patellaluxation sind meist prädisponierende Faktoren (Patelladysplasie) nachweisbar. Durch direkte oder indirekte Gewalteinwirkung kommt es zur Zerreißung des medialseitigen Reservestreckapparats, seltener zum knöchernen Ausriß mit Luxation der Patella nach lateral.

Klinik. Bei heftigen Schmerzen wird das Knie spontan in Beugung gehalten. Durch die Zerreißung der Strukturen kommt es zum Hämarthros.

Therapie. Die Reposition durch passives Strecken des Gelenkes und manueller Druck der Patella nach medial kann oft bereits am Unfallort durchgeführt werden. Besteht röntgenologisch kein knöcherner Ausriß, wird für drei Wochen mit einem Gipstutor therapiert. Ansonsten operative Refixation des ausgerissenen Reservestreckapparates. Bei Verdacht auf eine zusätzliche Knorpelläsion sollte die arthroskopische Abklärung erfolgen.

9.6 Verletzungen und Verletzungsfolgen

9.6.1 Traumatische Patellaluxation

◀ **Definition**

Ätiologie
Die traumatische Patellaluxation kann durch direkte oder indirekte Gewalteinwirkung erfolgen. Oft ist eine Patelladysplasie nachweisbar.

Klinik
Spontane Beugestellung des Kniegelenkes mit Hämarthros.

Therapie
Die Reposition erfolgt durch passive Gelenkstreckung und Verschiebung der Patella nach medial. Nachfolgende Ruhigstellung im Gipstutor. Knöcherne Ausrisse werden operativ fixiert.

9.6.2 Meniskusriß

Definition. Kontinuitätstrennung des Meniskus.

Ätiologie. Meist bedingt durch Scherkräfte (Rotation im Kniegelenk bei fixiertem Unterschenkel) kommt es zum Riß eines Meniskus, wobei der größere Innenmeniskus häufiger betroffen ist, da dieser fest mit dem Innenband verwachsen ist. Hierbei können unterschiedliche Rißformen entstehen *(Syn. 198).*

9.6.2 Meniskusriß

◀ **Definition**

Ätiologie
Durch Scherkräfte kommt es zum Meniskusriß, häufiger im medialen Kniegelenkkompartiment *(Syn. 198)*, durch die Verwachsung vom Seitenband mit dem Meniskus.

Synopsis 198: Meniskusrißformen

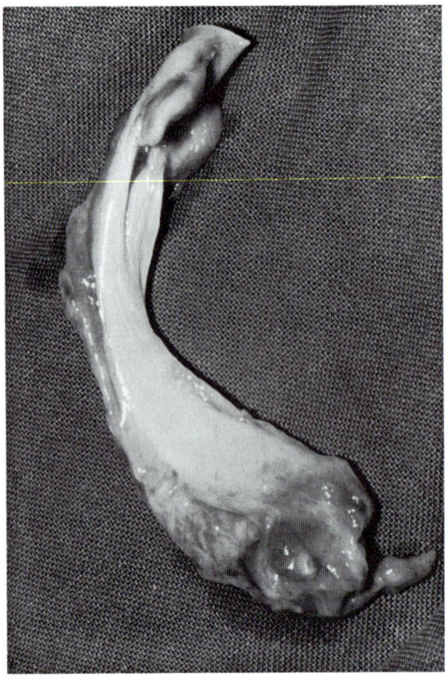

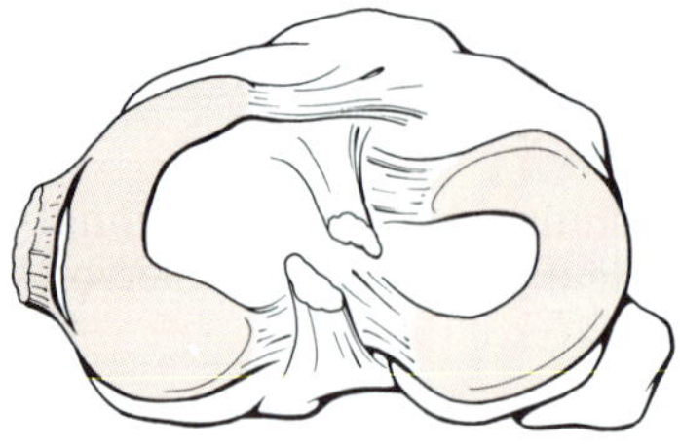

Abriß der Meniskusbasis

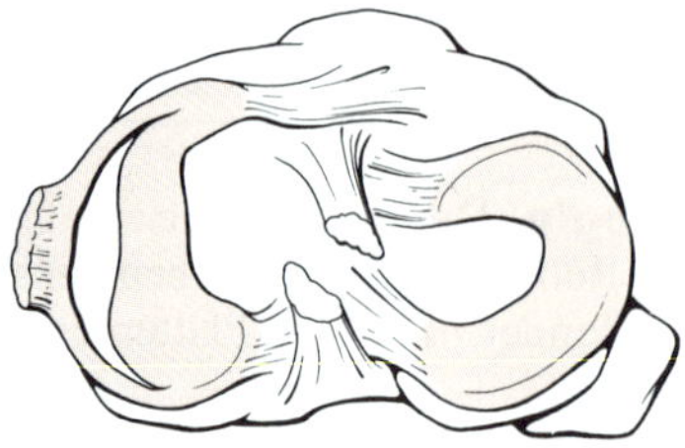

Korbhenkelriß
(Längsriß mit streifenförmiger Ablösung)

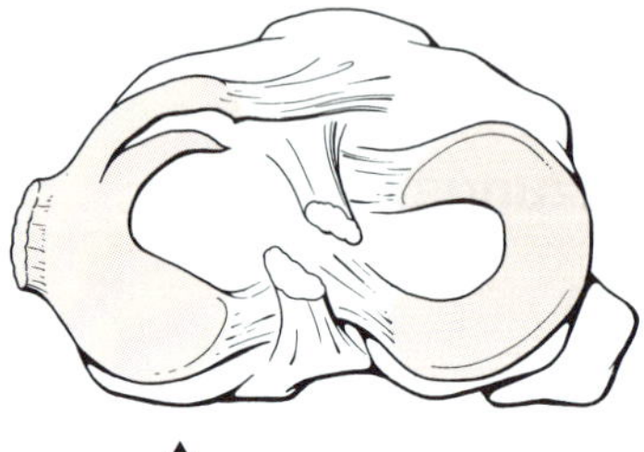

◀ ▲ Lappenriß

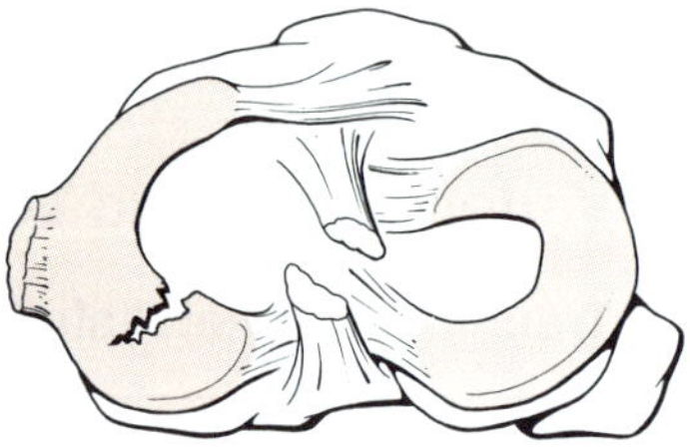

Querriß Meniskushinterhorn

Klinik
Einschießende Schmerzen und Gelenkblockierungen sind typisch. Nachfolgend wird ein seröser Reizerguß, bei Riß der Meniskusbasis ein Hämarthros beobachtet.

Klinik. Einschießende Schmerzen bei der Verletzung und die Blockierung des Gelenkes sind typisch für einen Meniskusriß. Am nächsten Tag ist meist ein seröser Reizerguß, bei Rupturen der durchbluteten Meniskusbasis auch ein Hämarthros unmittelbar nach der Verletzung nachweisbar. Es besteht ein deutlicher Belastungsschmerz. Meist besteht eine federnde Streckhemmung. Der entsprechende Gelenkspalt ist druckschmerzhaft. Im unbehandelten Verlauf kommt es bereits innerhalb weniger Tage zur Quadrizepsatrophie.

Diagnose
Die in *Synopsis 199* aufgezeigten Provokationsuntersuchungen werden diagnostisch verwandt. Dabei kann zwischen Vorder- und Hinterhornläsion differenziert werden. Bei chronischen Meniskusläsionen ist die Oberschenkelmuskulatur umfangsvermindert. Hierbei zeigt die röntgenologische Untersuchung osteophytäre Anbauten am meist häufiger betroffenen inneren Kniegelenkspalt **(Rauber-Zeichen).** Die Arthroskopie ist das bevorzugte diagnostische Verfahren, da hier gleichzeitig auch die Bandstrukturen, die Synovialis und der Gelenkknorpel beurteilbar sind.

Diagnose. Bei frischen und veralteten Meniskusläsionen sind Provokationsuntersuchungen unter Kompression des jeweiligen Gelenkspaltes positiv. Dabei kann zwischen Vorderhorn- und Hinterhornläsion differenziert werden. Die unterschiedlichen Meniskuszeichen sind beispielhaft für den Innenmeniskus *(Syn. 199)* dargestellt. Am Außenmeniskus werden die gleichen Provokationsteste in gegensätzlicher Richtung angewandt. Der entsprechende Kniegelenkspalt ist druckschmerzhaft. Zum Teil ist eine Vorwölbung palpabel. Bei chronischen Meniskusläsionen findet sich häufig eine Umfangsverminderung der Oberschenkelmuskulatur im Seitvergleich. Die Röntgenuntersuchung ist bei frischen Läsionen unauffällig, bei chronischen Meniskusverletzungen (degenerative Meniskopathie) finden sich reaktive knöcherne Veränderungen. Kleine osteophytäre Anbauten am häufiger betroffenen inneren Gelenkspalt werden als **Rauber-Zeichen** bezeichnet. Diese beginnende Arthrose wird fast immer auch bei Langzeitkontrollen nach erfolgter Meniskektomie beobachtet. Die Kontrastmitteluntersuchung zur Darstellung eines Meniskusrisses hat an Bedeutung verloren. Der Vorteil der Arthroskopie besteht in der Beurteilbarkeit sowohl der Menisken als auch der Bandstrukturen, der Synovialis und des Gelenkknorpels, und deren gleichzeitigen operativen Sanierung.

Therapie
Die totale Meniskusresektion erfolgt nur bei ausgedehnten Verletzungen. Basisnahe Risse werden beim jüngeren Menschen genäht. Ansonsten erfolgt die partielle Abtragung, insbesondere beim häufigeren Korbhenkelriß.

Therapie. Da die totale Meniskektomie beim jüngeren Menschen zur späteren Arthrose des betroffenen Gelenkkompartimentes führt (fehlender Puffer zwischen den Gelenkpartnern), wird sie nur bei ausgedehnten Verletzungen des Meniskus durchgeführt. Bei basisnahen Rissen erfolgt beim jüngeren Menschen die Naht des Meniskus, ansonsten bei basisferner Rißform (nicht vaskularisierter Teil des Meniskus) die partielle Abtragung. Dies gilt insbesondere für den häufigen Korbhenkelriß. Unbehandelt kann ein geschädigter Meniskus eine chronische Synovialitis verursachen.

Synopsis 199: Meniskuszeichen, dargestellt für die Prüfung des Innenmeniskus. Die Schmerzprovokation bei Meniskusaffektionen erfolgt durch Kompression des Gelenkspaltes (Böhler; Payr; Steinmann-II: Hinterhorn des Meniskus) oder durch Ausübung von Scherkräften (Steinmann I)

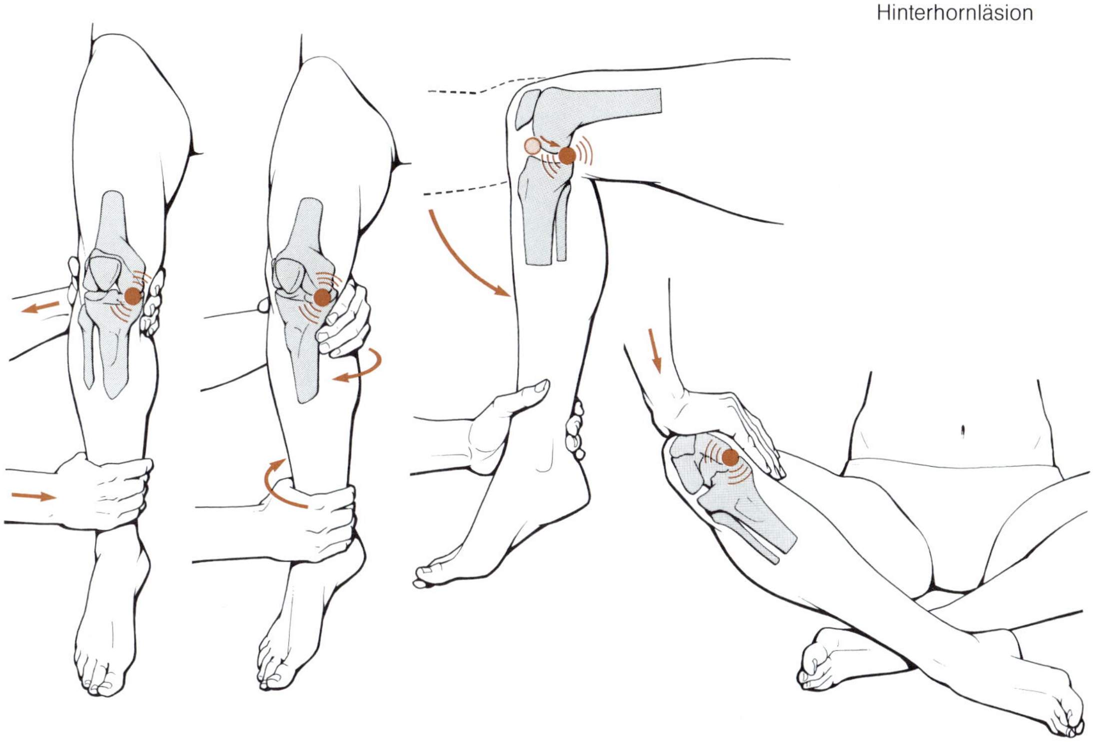

9.6.3 Bandverletzungen

Definition. Riß der Seiten- oder Kreuzbänder am Kniegelenk.

Ätiologie. Bandverletzungen des Kniegelenkes treten typischerweise durch Rotation im Gelenk bei feststehendem Unterschenkel auf. Oft bestehen komplexe Verletzungen. Am häufigsten ist die Kombination der Ruptur des Innenbandes, des vorderen Kreuzbandes und Riß des Innenmeniskus **(Unhappy triad)** (vergleiche hierzu *Synopsis 200)*. Unterschieden wird die frische Kapselbandverletzung von der chronischen Kapselbandläsion. Seltener werden isolierte Rupturen des vorderen Kreuzbandes oder eines Seitenbandes beobachtet.

Klinik. Bei der frischen Bandläsion imponiert das begleitende Hämarthros. Häufig ist das Kniegelenk auf Grund der Schmerzhaftigkeit nur in Narkose definitiv zu beurteilen. Dabei werden die in *Synopsis 201* dargestellten klinischen Stabilitätsuntersuchungen angewandt, die auch bei der chronischen Kapselbandinstabilität zur Differenzierung herangezogen werden. Besteht auch bei Streckstellung des Kniegelenkes eine Instabilität, spricht dies für eine Mitverletzung der ansonsten in dieser Stellung stabilisierend wirkenden, kräftigen dorsalen Kniegelenkskapselstrukturen. Bei chronischen Kniebandverletzungen imponiert die **Umfangsverminderung** der Oberschenkelmuskulatur. Die Patien-

9.6.3 Bandverletzungen

◀ **Definition**

Ätiologie
Bandverletzungen entstehen durch indirekte Traumen, oft als komplexe Verletzungen (z.B. **Unhappy triad,** *vgl. Syn. 200)*. Differenziert wird die frische Verletzung von der chronischen Kapselbandläsion.

Klinik
Kennzeichnend für die frische Bandläsion ist das begleitende Hämarthros. Die in *Synopsis 201* dargestellten Verfahren werden zur Differenzierung herangezogen. Auch bei chronischen Bandverletzungen imponiert die **Umfangsminderung** der Oberschenkelmuskulatur. Es besteht eine **Gangunsicherheit,** ins-

Synopsis 200: Unhappy-triad-Verletzung:
Innenmeniskus und Innenbandriß und Ruptur des vorderen Kreuzbandes.

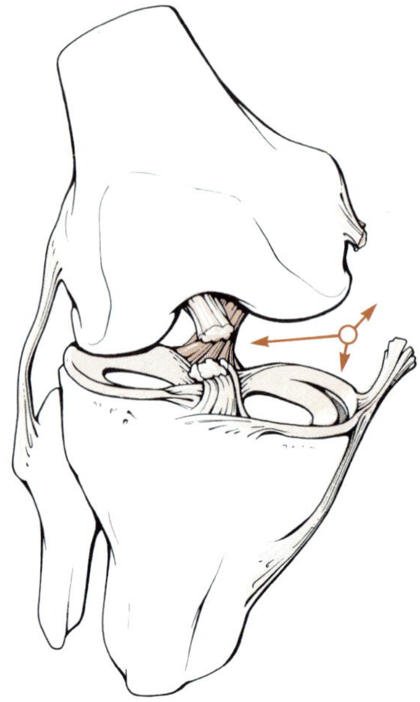

Synopsis 201: Bandteste am Kniegelenk.
Bei Bandtesten wird eine vermehrte Beweglichkeit bedingt durch eine Bandverletzung oder Bandschwäche untersucht. Dies ist nur möglich bei entspannter Muskulatur des Patienten.

Die Seitenbanduntersuchung wird bei leichter Knieflexion durchgeführt, um die stabilisierende Wirkung der dorsalen Gelenkkapsel auszuschalten.

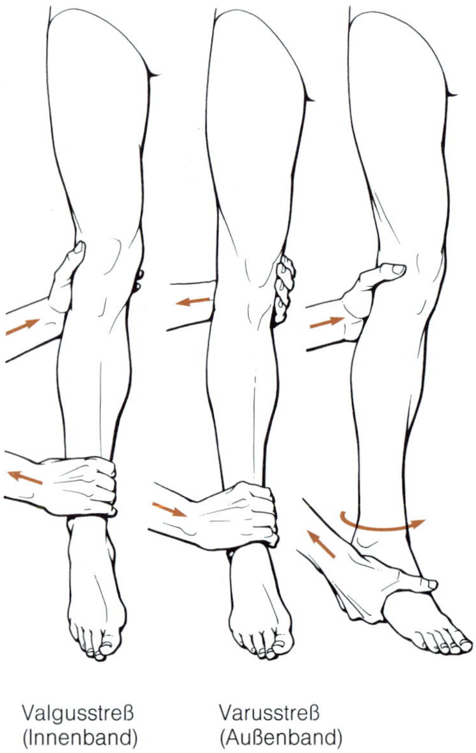

◀ Pivotshift:
Gelenkschnappen (»Shiften«) beim passiven Test, hier Anbeugen des in Innenrotation/Abduktion gehaltenen Unterschenkels (vorderes Kreuzband)

Valgusstreß (Innenband)

Varusstreß (Außenband)

Lachmantest (Umfassen des Kniegelenkes; dorsoventrale Verschiebung in leichter Flexionsstellung)

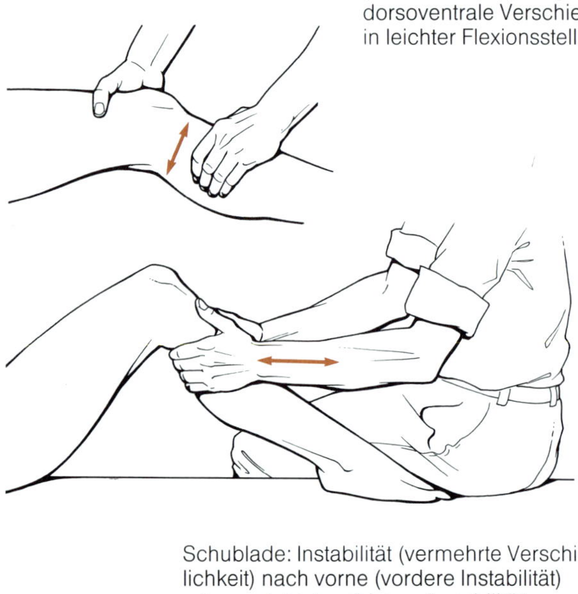

Schublade: Instabilität (vermehrte Verschieblichkeit) nach vorne (vordere Instabilität) oder nach hinten (hintere Instabilität)

ten geben **Gangunsicherheit** an, insbesondere beim Gehen auf unebenem Untergrund. Es bestehen rezidivierende **Gelenkergüsse** und flüchtige Einklemmungserscheinungen. Sekundär kann es zur Meniskusdegeneration oder Meniskusruptur, insbesondere des Innenmeniskushinterhornes, kommen.

besondere auf unebenem Untergrund. Sekundär kann es hierbei zur Meniskusdegeneration oder zum Meniskusriß kommen.

Diagnostik. **Bei frischen Distorsionstraumen des Kniegelenkes mit Gelenkerguß ist die Punktion angezeigt.** Bei isolierten Meniskusverletzungen besteht oft nur ein seröser Erguß. Ein Hämarthros ist hinweisend auf die Zerreißung von Kapselbandstrukturen oder einen basisnahen Meniskusriß (vaskularisierter Teil des Meniskus). Sind dem Hämarthros **Fettaugen** aufgelagert, besteht der Verdacht auf eine knöcherne Verletzung (Fettmark) oder Quetschverletzung des Hoffaschen Fettkörpers. Bei der akuten Verletzung dient die Röntgenuntersuchung im wesentlichen zum **Frakturausschluß.** Bei chronischen Kniebandverletzungen zeigt sie die sekundäre Degeneration des Gelenkes sowie fakultativ den sogenannten **Stida-Pelegrini-Schatten,** eine Verkalkung im femoralen Ansatzbereich des Innenbandes nach stattgehabter alter Läsion.

Diagnostik
Bei frischen Distorsionstraumen ist eine Gelenkpunktion angezeigt. Ein Hämarthros ist hinweisend auf die Zerreißung von Kapselbandstrukturen oder einen basisnahen Meniskusriß. Die röntgenologische Untersuchung zeigt bei chronischen Verletzungen die sekundäre Gelenkdegeneration sowie den Stida-Pelegrini-Schatten.

Therapie. Bei den isolierten Verletzungen des Innen- oder Außenbandes ist die sechswöchige Ruhigstellung im Gipsverband indiziert. Ansonsten wird bei frischen Verletzungen die operative Kapselbandrekonstruktion angestrebt. Bei chronischen Kapselbandverletzungen (Schlotterknie) kann bei mäßiggradigen Instabilitäten eine verbesserte Knieführung durch ein gezieltes Krafttraining der Oberschenkelstreckmuskulatur, insbesondere des Vastus medialis (innenseitiger Anteil der Oberschenkelstreckmuskulatur) erreicht werden. Bei Wettkampfbelastungen kann durch eine Orthese das Gelenk äußerlich stabilisiert werden. Nur bei Kniegelenken, die sich muskulär nicht stabilisieren lassen, sind Kapselbandplastiken angezeigt, insbesonders beim jüngeren aktiven Patienten.

Therapie
Isolierte Kollateralbandverletzungen werden im Gipstutor ruhiggestellt. Ansonsten wird bei frischen Verletzungen die operative Rekonstruktion angestrebt. Mäßiggradige chronische Instabilitäten werden durch Krafttraining stabilisiert. Ansonsten sind Kapselbandplastiken angezeigt.

9.6.4 Knöcherne Verletzungen

9.6.4 Knöcherne Verletzungen

Definition. Gelenkbeteiligende Frakturen am Knie.

◀ **Definition**

Ätiologie. Intraartikuläre Frakturen des Kniegelenkes sind seltener als Kniebandverletzungen. Meist sind sie Folgen von Abknickverletzungen *(Syn. 202).* Am Schienbeinkopf wird zwischen Impressions-, Depressions-, Spalt- und Trümmerbrüchen unterschieden. Bei den Frakturen der Femurkondylen handelt es sich um einseitige Kondylenabbrüche oder y-förmige Frakturen. Die Frakturen der Patella sind bei indirekter Gewalteinwirkung glatt und querverlaufend, bei direkter Traumatisierung längsverlaufend oder sternförmig.

Ätiologie
Frakturen des Kniegelenkes entstehen oft durch direkte Traumatisierung *(Syn. 202).* Bei Frakturen der Patella weist eine querverlaufende Fraktur auf eine indirekte Gewalteinwirkung hin.

Klinik und Therapie. Das führende Symptom ist der Schmerz. Geringe Eindellungen der Gelenkfläche werden nicht selten lange Zeit als Prellung verkannt. Erst bei Eröffnung des Markraumes kommt es zum blutigen Gelenkerguß (Hämarthros). Art und Ausmaß der Fraktur sind häufig auf den Röntgenübersichtsaufnahmen nur unvollständig zu erkennen, so daß vor allem bei Schienbeinkopffrakturen Tomographien angezeigt sind. Voraussetzung für die Wiedererlangung der normalen Kniegelenksfunktion ist die anatomische Rekonstruktion der Gelenkfläche mit verschiedenen Osteosyntheseverfahren *(S. 284).*

Klinik und Therapie
Geringe Eindellungen der Gelenkfläche werden zum Teil zunächst verkannt. Bei Verdacht sind deshalb insbesondere im Schienbeinkopfbereich Tomographien angezeigt. Therapeutisch wird die anatomische Rekonstruktion der Gelenkfläche angestrebt.

Synopsis 202: Entstehung der Tibiakopffrakturen:
Zum Teil entsteht beim gleichen Unfallmechanismus eine isolierte Impression der Gelenkfläche der lateralseitigen Tibia. Hier ist eine Abscherverletzung des lateralen Tibiaplateaus dargestellt (Depressions-Spaltbruch).

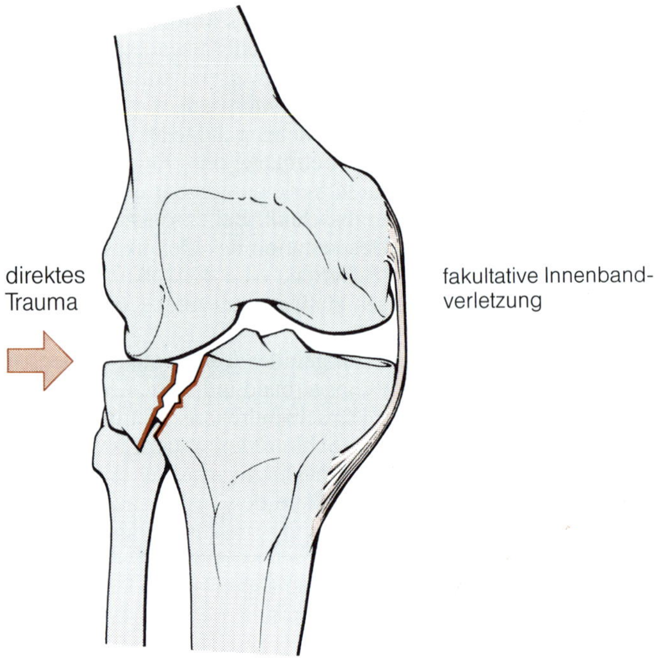

9.7 Begutachtung

Instabilitäten werden höher eingeschätzt als die völlige Versteifung des Gelenkes in günstiger Position. Insbesondere ein Streckdefizit, aber auch hochgradige Beugeeinschränkungen wirken sich funktionell ungünstig aus. Als Berufskrankheit werden chronische Meniskusschäden nur bei Bergarbeitern mit mindestens 3jähriger Tätigkeit unter Tage anerkannt.

9.7 Begutachtung

Für die gutachterliche Bewertung von Kniegelenkserkrankungen und -verletzungen ist vor allem die Standfestigkeit von Bedeutung. Instabilitäten, insbesondere mit Belastungsschmerzen (schmerzhafte Wackelsteife) werden daher höher eingeschätzt als die völlige Versteifung des Gelenkes in günstiger Position. Bewegungseinschränkungen wirken sich vor allem dann ungünstig aus, wenn die völlige Streckung des Gelenkes oder die 90-Grad-Beugung nicht erreicht werden.

Bei der Beurteilung von Meniskusschäden entsteht immer wieder die Frage, ob diese unfallbedingt oder durch altersübliche Degeneration bedingt sind. In diesem Zusammenhang spielt der genaue Unfallhergang eine große Rolle (Verdrehung des Kniegelenkes bei festgestelltem Unterschenkel). Als Berufskrankheit werden Meniskusschäden lediglich bei Bergarbeitern mit mindestens 3jähriger Tätigkeit unter Tage anerkannt.

10 Unterschenkel und oberes Sprunggelenk

10.1 Praktische Anatomie

Tibia und Fibula sind durch die **Membrana interossea** miteinander verbunden *(Syn. 203)*. In Höhe des oberen Sprunggelenkes besteht eine kräftige ventrale und dorsale Bandverbindung **(Syndesmose).** Der Innen- und Außenknöchel bilden eine Gabel, in der der Talus im Sinne eines Scharniergelenkes geführt wird (Dorsalextension/Plantarflexion) Bei Frakturen ist die exakte Rekonstruktion der knöchernen Gabel sowie gegebenenfalls die Rekonstruktion der Syndesmose erforderlich, da bereits eine Dislokation von mehr als 2 mm (Gabelsprengung) eine Arthrose des oberen Sprunggelenkes verursachen kann. Auf der Medialseite ist die Tibia lediglich vom Periost überzogen. Bei stumpfen Verletzungen kommt es deshalb zur direkten Reizung der schmerzempfindlichen Knochenhaut, und die Frakturgefährdung durch direkte Traumen ist groß. Aus diesem Grund werden bei bestimmten Kontaktsportarten (z.B. Fußball) Unterschenkelschützer getragen. Bei Unterschenkelfrakturen besteht wegen des geringen Weichteilmantels eine ausgeprägte Infektgefährdung. Der Nervus

10 Unterschenkel und oberes Sprunggelenk

10.1 Praktische Anatomie

Synopsis 203: Praktische Anatomie des Unterschenkels und oberen Sprunggelenkes.

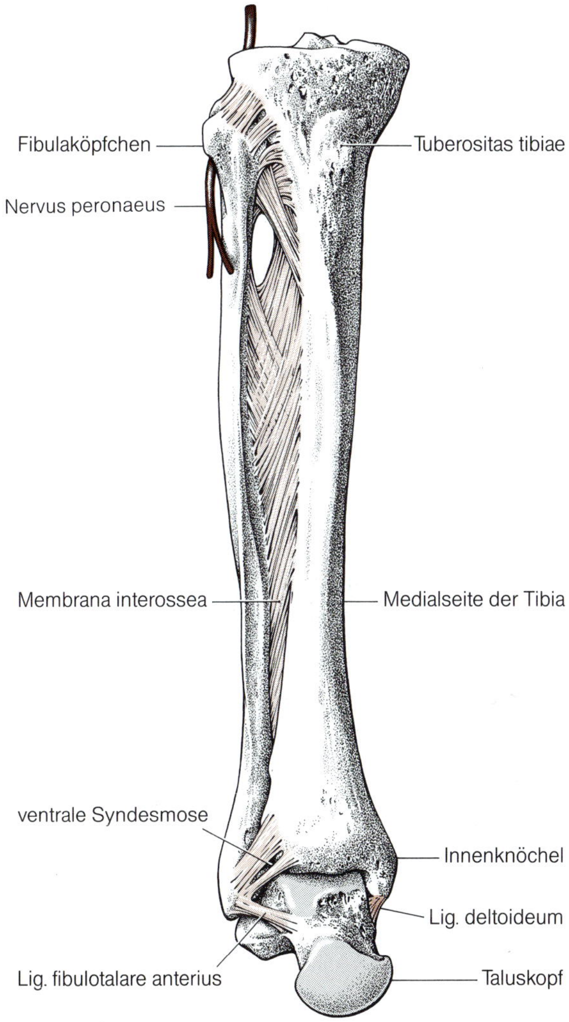

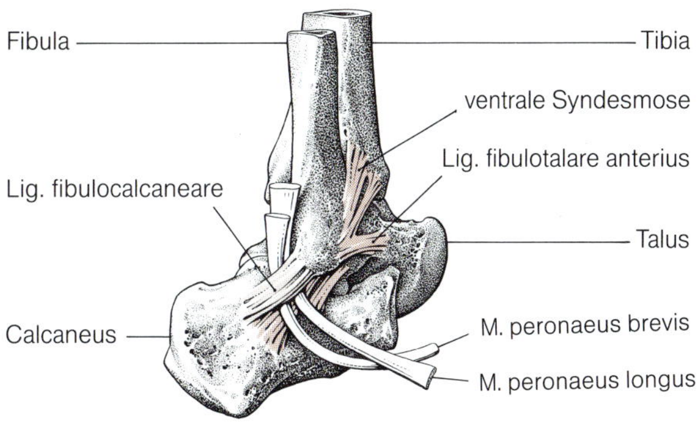

peronaeus zieht in der Kniekehle entlang des Musculus biceps zum Fibulaköpfchen und überkreuzt von dorsokranial nach ventralkaudal die proximale Fibula. An dieser Stelle ist er exponiert gegenüber stumpfen und offenen Verletzungen *(S. 463).*

10.2 Formabweichungen und Fehlentwicklungen

10.2.1 Kongenitale Unterschenkelpseudarthrose

Definition ▶

10.2 Formabweichungen und Fehlentwicklungen

10.2.1 Kongenitale Unterschenkelpseudarthrose

Definition. Eine bei Geburt bereits bestehende oder sich im Verlauf der ersten Lebensjahre auf Grund eines Crus varum et antecurvatum entwikkelnde Falschgelenksbildung der Tibia und Fibula *(Abb. 139).*

Ätiologie
Der Erkrankung liegt eine knöcherne Minderanlage zugrunde.

Klinik
Bei Geburt besteht ein Crus varum et antecurvatum oder bereits eine Pseudarthrose mit entsprechender Wackelbeweglichkeit mit Verkürzung des Unterschenkels bei dieser einseitigen Erkrankung.

Ätiologie. Knöcherne Minderanlage. Ein pathogenetischer Zusammenhang mit dem Morbus Recklinghausen und der fibrösen Dysplasie wird diskutiert *(S. 102, S. 104).*

Klinik. Bei Geburt fällt eine Verkrümmung des Unterschenkels meist am Übergang zum distalen Drittel in die Antekurvations- und Varusstellung auf. Ist eine pathologische Beweglichkeit feststellbar, handelt es sich um eine angeborene Unterschenkelpseudarthrose, ansonsten besteht ein Crus varum et antecurvatum congenitum, das unter Belastung in die »angeborene« Unterschenkelpseudarthrose übergehen kann. Bei geringerer Ausprägung kann es allerdings auch zur spontanen Korrektur dieser Unterschenkelfehlstellung kommen. Gleichzeitig besteht immer eine Verkürzung des entsprechenden Unterschenkels. Die Erkrankung tritt einseitig auf.

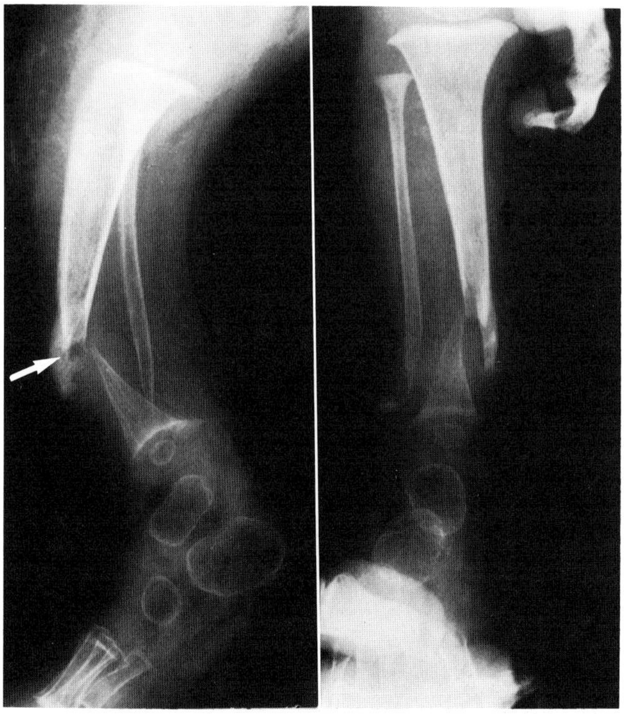

Abb. 139: Kongenitale Unterschenkelpseudarthrose bei einem 8 Monate alten Säugling. Beachte die spitz auslaufenden Knochenenden der Pseudarthrose am Übergang zum distalen Drittel des Unterschenkels sowie die zystische Veränderung im proximalen Tibiafragment (Pfeil) pseudarthrosennah.

Diagnose. Röntgenologische Knochenveränderungen bestehen meist am Übergang zum distalen Drittel des Unterschenkels. Beim Crus varum et antecurvatum congenitum findet sich neben der Achsabweichung eine Sklerosierung des Knochens mit Verjüngung im Bereich der Deformität. Eine gleichzeitig bestehende Zystenbildung ist prognostisch ungünstig. Bei der Pseudarthrose ist der Pseudarthrosenspalt sichtbar. Zum Teil finden sich ebenfalls erhebliche zystische Veränderungen auch der angrenzenden Knochenabschnitte *(Abb. 139).* Bei länger bestehenden Pseudarthrosen besteht eine Atrophie des Knochens.

Diagnose
Röntgenologisch sind die Hauptveränderungen am Übergang zum distalen Drittel der Tibia und/oder der Fibula sichtbar. Kennzeichnend sind die Fehlstellung, die Zystenbildung und Sklerose. Bei manifester Pseudarthrose bestehen zum Teil spitz auslaufende Knochenenden *(Abb. 139, S. 464).*

Therapie. Beim Crus varum et antecurvatum congenitum werden redressierende Gipsverbände angelegt. Bei Frakturgefährdung ist ein entlastender Apparat angezeigt. Die operative Therapie der angeborenen Unterschenkelpseudarthrose ist schwierig, da eine schlechte Heilungstendenz besteht. In den ersten Lebensjahren sind die Heilungsaussichten noch schlechter. Bei der Operation wird eine optimale Stabilisierung durch interne oder externe Osteosynthese mit überbrückender autologer Spongiosa- und Spanplastik angestrebt. Zur Anwendung kommen auch Interpositionsplastiken der gefäßgestielten kontralateralen Fibula oder eine Umkehrplastik der Tibia. Bei der externen Osteosynthese mit einem Ringfixateur (Iliasarov-System) wird eine kontinuierliche Fragmentverschiebung nach Resektion der Pseudarthrose im Sinne einer inneren Beinverlängerung durchgeführt. Wichtig ist hierbei die Entfernung des zystisch veränderten Knochens. In Einzelfällen ist eine Amputation notwendig.

Therapie
Versuch der Redression mit Gipsverbänden. Bei Frakturgefährdung Behandlung mit entlastendem Apparat. Die operative Therapie der angeborenen Unterschenkelpseudarthrose ist schwierig. Eine Vielzahl unterschiedlicher Verfahren kommt hierbei zur Anwendung. In Einzelfällen ist eine Amputation notwendig.

10.2.2 Morbus Blount

10.2.2 Morbus Blount

> ***Definition.*** Bei der Blount-Erkrankung handelt es sich um eine Osteochondronekrose der proximalen, medialen Tibiametaphyse, die durch die resultierende Wachstumsstörung zum O-Bein führt *(Abb. 140).*

◀ **Definition**

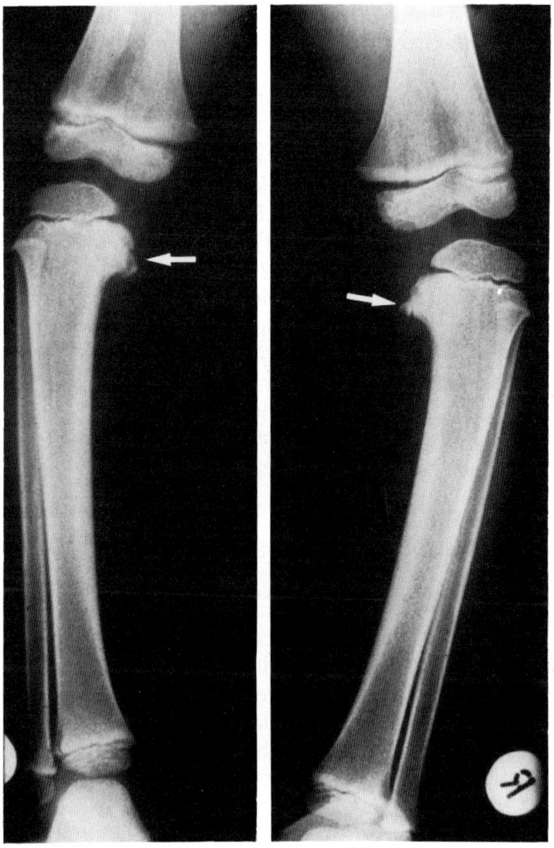

Abb. 140: Crus varum, Ausziehung der medialen Tibiametaphyse beidseits mit Strukturunregelmäßigkeiten. Diagnose: Morbus Blount.

Ätiologie
Lokale Vaskularisationsstörungen werden vermutet.

Pathogenese
Der Morbus Blount ist eine Wachstumsdeformität, die im Bereich der proximalen/medialen Tibiametaphyse und/oder Epiphyse lokalisiert ist. Durch die Wachsstumsstörung kommt es zur O-Bildung.

Diagnose und Therapie
Die Diagnosestellung erfolgt röntgenologisch. Die O-Bein-Deformität wird durch Korrekturosteotomie behandelt.

10.2.3 Achsdeformitäten des Unterschenkels *(Syn. 204)*

Ätiologie
Unterschiedliche angeborene und erworbene Erkrankungen können Achsdeformitäten des Unterschenkels hervorrufen:
- Stoffwechselstörungen
- longitudinale Gliedmaßendefekte
- Skelettdysplasien
- Epiphysenerkrankungen
- Tumoren und Tumor-like-lesion
- Lähmungen.

Klinik
Entsprechend der unterschiedlichen Ätiologie der Achsdeformitäten können diese an unterschiedlicher Stelle des Unterschenkels zum Teil mehrdimensional lokalisiert sein.

Therapie
Metabolisch bedingte Achsdeformitäten werden durch Therapie der Grundkrankheit behandelt. Bei Kindern ist eine Wuchslenkung mit Oberschenkelnachtlagerungsschalen möglich. Durch Korrekturosteotomien werden insbesondere progressive Fehlstellungen therapiert.

10.2.4 Rotationsfehler am Unterschenkel

Ätiologie
Durch die intrauterine Lage besteht postpartal oftmals eine Asymmetrie des Kindes fort. Hierbei kann es zur Innenrotation des einen und zur Außenrotation des anderen Beinchens kommen. Bei konsequenter Bauchlage kommt es dann durch Wachstumsdruck zu Fußdeformitäten und Rotationsfehlern.

Ätiologie. Die Ursache der Erkrankung ist unbekannt. Es werden lokale Vaskularisationsstörungen vermutet.

Pathogenese. Im Bereich der medialen proximalen Tibiametaphyse kommt es zum Wachstumsdefizit. Es resultiert eine O-Bein-Deformität (Crus varum). Bei Mitbefall der medialen Tibiaepiphysenfuge kann es zum vorzeitigen Fugenverschluß mit den Folgen einer ausgeprägten Verbiegung im O-Sinne kommen.

Diagnose und Therapie. Die Diagnose ergibt sich aus dem typischen röntgenmorphologischen Befund. Die Behandlung ist von dem Ausmaß des Crus varum abhängig. Unter Umständen sind wiederholte Schienbeinkorrekturosteotomien zum Ausgleich der O-Bein-Deformität erforderlich.

10.2.3 Achsdeformitäten des Unterschenkels *(Syn. 204)*

Ätiologie. Unterschiedliche angeborene und erworbene Erkrankungen können Achsdeformitäten des Unterschenkels hervorrufen.
- **Stoffwechselerkrankungen:** Durch Erweichung des Knochens kommt es zur allmählichen Verbiegung (z.B. Rachitis).
- **longitudinale Gliedmaßendefekte:** Die Tibia- oder Fibulahypo-/-aplasien sind immer mit Achsdeformitäten vergesellschaftet.
- **Skelettdysplasien:** In dieser Erkrankungsgruppe bestehen zum Teil hochgradige Varusfehlstellungen (z.B. Achondroplasie)
- **Epiphysenwachstumsstörungen:** Nach Traumen, Infekten oder Bestrahlung kommt es zu Verkürzungen und Fehlstellungen.
- **Tumoren und tumorähnliche Erkrankungen:** Die Zerstörung der Knochentextur führt zur Deformierung.
- **Lähmungen**

Klinik. Die Achsdeformität kann gleichmäßig über den ganzen Unterschenkel oder kurzbogig im proximalen oder distalen Anteil lokalisiert sein. Zum Teil liegt eine »mehrdimensionale« Deformität vor, zum Beispiel eine Tibia vara antecurvata. Die vier wesentlichen Fehlstellungen sind jeweils mit einem Beispiel in *Synopsis 204* dargestellt. Das Crus varum belastet die **medialen** Kniegelenksanteile verstärkt.

Therapie. Bei metabolischer Ursache steht zunächst die Behandlung der Grundkrankheit im Vordergrund. So kann eine durch Rachitis bedingte Verbiegung des Unterschenkels nach erfolgreicher medikamentöser Substitution genauso wie eine in Fehlstellung verheilte diaphysäre Fraktur während des weiteren Wachstums ausgraden. Bei Kindern ist eine Wuchslenkung mit Oberschenkelnachtlagerungsschalen möglich. Korrekturosteotomien werden insbesondere bei einem Schaden der Epiphysenfugen durchgeführt, der im weiteren Wachstum immer zur Verschlechterung des Achsfehlers führt. Hierbei werden bei den unterschiedlichen Ursachen der Deformitäten, der unterschiedlichen Heilungstendenz und der speziellen anatomischen Situation am Unterschenkel verschiedene Operationstechniken und Fixationsmethoden eingesetzt. So ist es mit modernen Behandlungsmethoden möglich, sowohl die Achsdeformität als auch die Beinlängendifferenz gleichzeitig zu korrigieren *(S. 127)*.

10.2.4 Rotationsfehler am Unterschenkel

Ätiologie. Durch die intrauterine Lage kann postpartal eine Asymmetrie des Kindes fortbestehen. Diese kann durch einseitige Lagerung des Säuglings unterhalten werden oder neu entstehen (Schräglagedeformität). Neben anderen Auswirkungen (Hüftgelenksinstabilität; Schiefhals; Skoliose) ist hierbei ein Beinchen nach innen, das andere nach außen rotiert. Schlafen diese Kinder konsequent in Bauchlage, können durch den asymmetrischen Wachstumsdruck auf das noch weitgehend knorpelig angelegte Fußskelett Fußdeformitäten und Rotationsfehler der Unterschenkel entstehen.

Synopsis 204: Achsdeformitäten des Unterschenkels:
Schematische Darstellung der Achsdeformitäten mit jeweils einem charakteristischen röntgenologischen Beispiel.

schematische Darstellungen

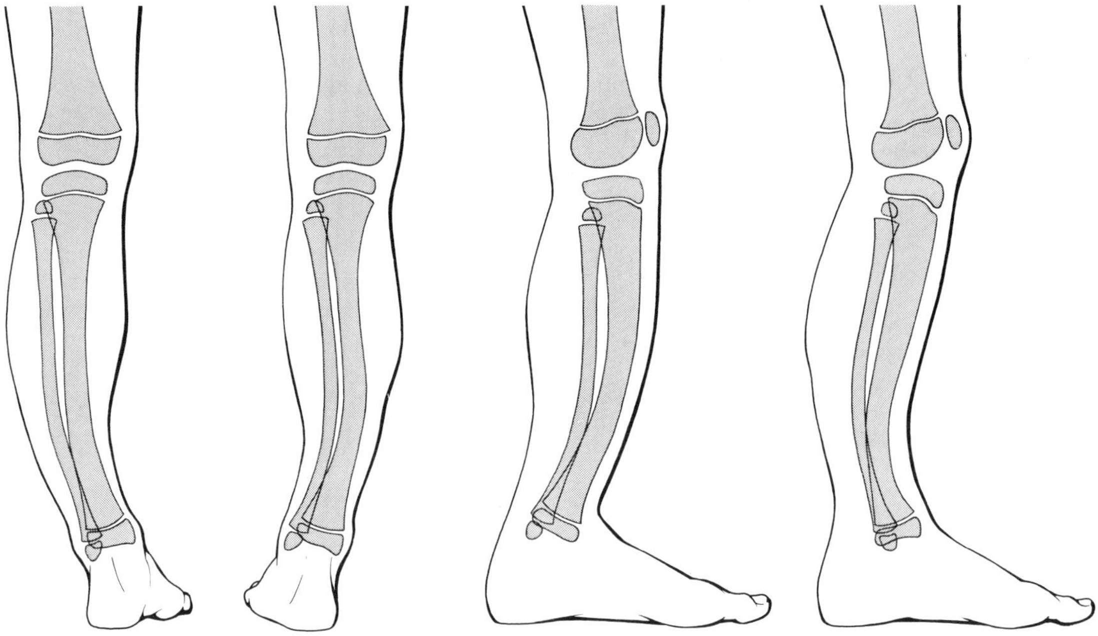

Crus varum | Crus valgum | Crus antecurvatum | Crus recurvatum

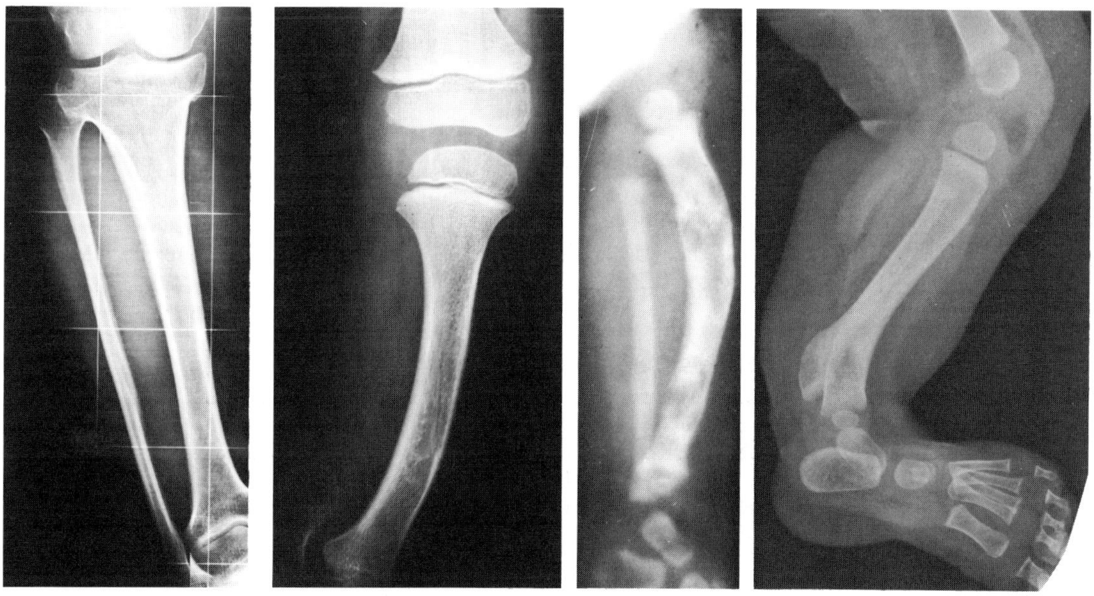

Grunderkrankungen:
Achondroplasie | Fibuladefekt | fibröse Dysplasie | kongenitale Fehlbildung

Auch bei gesunden Neugeborenen kann durch konsequente Bauchlagerung ein Innendrehfehler des Unterschenkels mit Medialabweichung der Metatarsalia entstehen.

Neugeborene nehmen physiologischerweise in der Bauchlage meist eine Innenrotationsstellung beider Unterschenkel mit Auflage der Beinchen auf den Fußaußenrand ein. Besteht diese einseitige Belastung bei konsequenter Bauchlage fort, kommt es im Wachstum zur Verdrehung des Unterschenkels und der Malleolengabel nach innen und zur Medialabweichung der Metatarsalia.

Klinik und Diagnose
Bei Laufbeginn besteht eine Gangunsicherheit. Differentialdiagnostisch muß eine Rotationsfehlstellung des Schenkelhalses bedacht werden, weshalb die Rotation des Unterschenkels unter Ausschluß der Rotationsmöglichkeit des Hüftgelenkes untersucht werden sollte.

Therapie
Krankengymnastik, Unterschenkelschaumstoffringe, Oberschenkelnachtlagerungsschalen, selten Derotationsosteotomien.

Klinik und Diagnose. Bei Laufbeginn werden die Füßchen in Rotationsfehlstellung aufgesetzt, die mit einer Gangunsicherheit (Fußstolpern) einhergehen kann. Differentialdiagnostisch ist auch an eine vermehrte Antetorsions- oder Retrotorsionsstellung der Schenkelhälse zu denken. Deshalb sollte der Unterschenkel und Fuß beim sitzenden Kind am herabhängenden Bein oder in Bauchlage bei 90 Grad Kniebeugung beurteilt werden (Ausschluß unphysiologischer Rotationsmöglichkeiten des Hüftgelenkes).

Therapie. Vermeidung von einseitiger Lagerung des Neugeborenen und Säuglings. Beim Schräglagesyndrom soll früh mit einer Krankengymnastik auf neurophysiologischer Basis zur Korrektur dieser Deformität begonnen werden. Die asymmetrische Auflage des Fußes kann durch Unterschenkelschaumstoffringe ausgeglichen werden. Ausgeprägte Rotationsfehler werden mit Oberschenkelnachtlagerungsschalen therapiert. Supramalleoläre Derotationsosteotomien sind nur ausnahmsweise notwendig.

10.2.5 Fibularis-Sehnenluxation

10.2.5 Fibularis-Sehnenluxation (Peronaeus-Sehnenluxation)

Definition ▶

Definition. Subluxation oder Luxation der Fibularissehne am Außenknöchel nach ventral.

Ätiologie
Die Fibularis-Sehnenluxation entsteht meist habituell, seltener posttraumatisch.

Ätiologie. Die Peronaeus-longus- und Peronaeus-brevis-Sehnen verlaufen hinter dem Außenknöchel und werden dort vom Retinaculum superius gehalten. Eine rezidivierende Peronealsehnenluxation entsteht meist habituell, seltener durch Trauma.

Klinik
Die Subluxation oder Luxation der Peronealsehnen führt zu Schmerzen und Gangunsicherheit.

Therapie
Operative Rekonstruktion des Retinaculum superior oder knöcherne Führung der Sehnen durch Verschiebespan.

Klinik. Die meisten Patienten können willkürlich eine Subluxation oder Luxation der Peronealsehnen auslösen, die zu Schmerzen oder Gangunsicherheit führt.

Therapie. Die Sehnen werden hinter dem Außenknöchel durch Rekonstruktion des Retinakulum fixiert. Durch einen nach dorsal gerichteten Verschiebespan im Außenknöchel kann eine knöcherne Führung der Peronealsehnen erreicht werden.

10.2.6 Osteochondrosis dissecans des Talus

10.2.6 Osteochondrosis dissecans des Talus

Definition ▶

Definition. Aseptische Knochennekrose des Talus *(Abb. 141).*

Klinik
Die **mediale Taluskante** ist häufiger betroffen als die lateralseitige. Die Erkrankung kann einen röntgenologischen Zufallsbefund darstellen, aber auch mit ausgeprägten Beschwerden verbunden sein.

Therapie
3monatige Entlastung, bei Beschwerdepersistenz ist eine Spongiosaplastik angezeigt.

Klinik. Die **mediale Taluskante** ist häufiger betroffen als die laterale, zum Teil wird ein beidseitiger Befall beobachtet. Die Erkrankung ist nicht auf das Wachstumsalter beschränkt. Eine Dissekatlösung tritt nur selten auf. Zum Teil bestehen ausgeprägte Beschwerden, die Veränderung kann aber auch ein röntgenologischer Zufallsbefund sein. Zur exakten Darstellung der Osteonekrose sind oftmals Röntgenschichtuntersuchungen notwendig.

Therapie. Durch eine längere Entlastung (3 Monate) kann es zur Ausheilung der Osteonekrose kommen. Bei Beschwerdepersistenz ist die operative Ausräumung mit Spongiosaplastik indiziert.

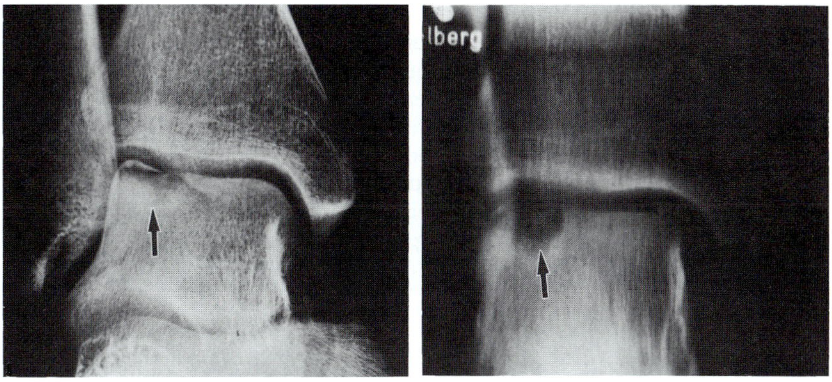

a b

Abb. 141: Osteochondrosis dissecans der lateralen Taluskante. Im Nativbild ist die umgebende Sklerosezone sowie die bandförmige Aufhellung an der Taluskante sichtbar (a). Die Tomographie zeigt die exakte Ausdehnung der Osteochondrosis dissecans (b).

10.3 Degenerative Erkrankungen

10.3.1 Arthrose des Talokruralgelenkes

Definition. Verschleiß des oberen Sprunggelenkes, fast immer nach vorausgehender Erkrankung (sekundäre Arthrose). Siehe *Abb. 142.*

Ätiologie. Am häufigsten entsteht diese Arthrose nach in Fehlstellung verheilten Luxationsfrakturen des oberen Sprunggelenkes.

Klinik. Die Bewegungseinschränkung behindert das Abrollen im Rückfußbereich. Oft besteht eine begleitende Fehlstellung.

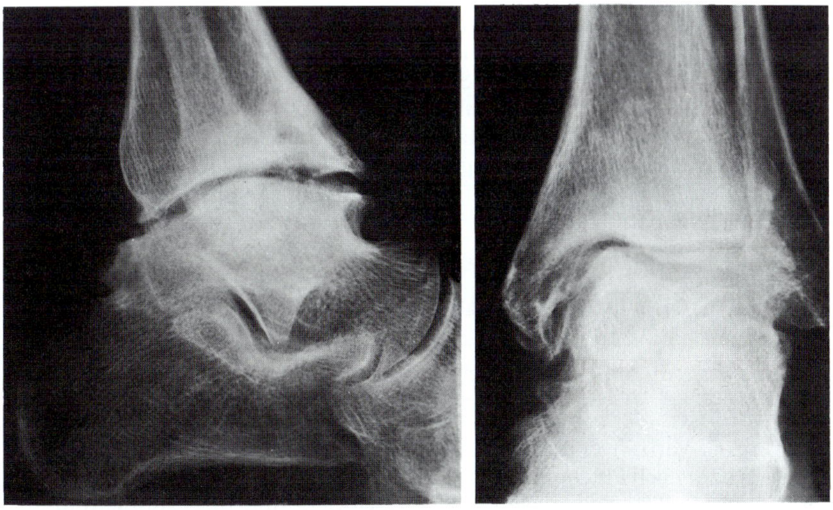

Abb. 142: Ausgeprägte **Arthrose des oberen Sprunggelenkes** mit massiven osteophytären Anbauten bei einem 30jährigen Mann 3 Jahre nach in Fehlstellung verheilter Sprunggelenksfraktur. Bei schmerzhafter Wackelbeweglichkeit wurde die Indikation zur Arthrodese des oberen Sprunggelenkes gestellt.

10.3 Degenerative Erkrankungen

10.3.1 Arthrose des Talokruralgelenkes

◀ Definition

Ätiologie
Diese Arthrose entsteht nach in Fehlstellung verheilten Sprunggelenksfrakturen.

Klinik
Das Abrollen des Rückfußes ist schmerzhaft eingeschränkt.

Therapie
Die konservative Behandlung besteht in einer Schuhabrollung oder einem Arthrodesenstiefel, die operative Therapie in der Arthrodese des oberen Sprunggelenkes. Ein endoprothetischer Ersatz erscheint bislang nicht erfolgversprechend.

Therapie. Orthopädietechnisch besteht die Möglichkeit, durch eine mittlere Sohlenrolle oder einen Arthrodesenstiefel eine Schmerzlinderung und Funktionsverbesserung zu erzielen *(S. 58).* Operativ kommt beim jüngeren Menschen eine Arthrodese des oberen Sprunggelenkes in Frage, die bei Männern in Neutralnullstellung, bei Frauen in 12-Grad-Spitzfußstellung durchgeführt wird wegen der unterschiedlichen Schuhmode. Die Funktion des oberen Sprunggelenkes kann durch Hypermobilität des unteren Sprunggelenkes und der Mittelfußgelenke teilweise übernommen werden. Ein endoprothetischer Ersatz im oberen Sprunggelenk erscheint bislang nicht erfolgversprechend.

10.3.2 Achillodynie

Definition ▶

Definition. Schmerzen im distalen Anteil der Achillessehne.

Ätiologie
Zahlreiche entzündliche Erkrankungen können sich im Bereich der Achillessehne manifestieren. Die Mehrzahl der Beschwerden wird durch degenerative Veränderungen hervorgerufen.

Ätiologie. Zahlreiche entzündliche Erkrankungen können sich unter Beteiligung des Paratendineum an der Achillessehne manifestieren. Stoffwechselstörungen (Gicht; Hypercholesterinämie; Hypertriglyceridämie) führen durch Fett- oder Kristallablagerungen zu entzündlichen Reizzuständen. Die Mehrzahl der Beschwerden wird durch degenerative Veränderungen im Sinne einer chronischen Überlastungsreaktion hervorgerufen.

Klinik
Reflektorisch wird der Fuß in Spitzfußstellung gehalten. Zum Teil besteht Gehunfähigkeit. Die Achillessehne erscheint im distalen Anteil verdickt, differentialdiagnostisch müssen weitere Erkrankungen bedacht werden *(Syn. 205).*

Klinik. Bei akuter Reizung im Bereich der Achillessehne und des umgebenden Gleitgewebes (Paratendinitis) bestehen erhebliche Beschwerden, die bis zur Gehunfähigkeit führen können. Das obere Sprunggelenk wird reflektorisch in Spitzfußstellung gehalten. Bei chronischen Veränderungen treten rezidivierende Beschwerden auf. Die Achillessehne ist im distalen Anteil verdickt, die Verschieblichkeit des Gleitgewebes reduziert. Differentialdiagnostisch müssen Knochenerkrankungen, Erkrankungen des oberen und unteren Sprunggelenkes, die Haglund-Exostose *(S. 504),* die Apophysitis calcanei (aseptische Nekrose der Kalkaneusapophyse *S. 504),* bedacht werden. Die röntgenologische und die Ultraschalluntersuchung werden zur Differenzierung durchgeführt *(Syn. 205).*

Therapie
Im akuten Stadium ist die Ruhigstellung (Gipsverband, Tape-Verband) sowie die Analgetika-Gabe indiziert. Steroid-Injektionen in die Sehnen sind strikt kontraindiziert. Im chronischen Stadium Absatzerhöhung, Elektrotherapie und Salbenverbände.

Therapie. Im akuten Stadium Gipsruhigstellung, Gabe von Analgetika und Antiphlogistika sowie Injektion von Lokalanästhetika. Kortikosteroidinjektionen in die Sehne sind wegen der Gefahr der Sehnenruptur (lokal applizierte Kortikosteroide verursachen Nekrosen des Sehnengewebes) kontraindiziert. Des weiteren besteht die Möglichkeit der Ruhigstellung im Tape-Verband in Spitzfußstellung. Im chronischen Stadium Absatzerhöhung, Iontophorese und Salbenverbände. Bei Sportlern muß bei akuten Beschwerden das Training ausgesetzt werden. Im chronischen Stadium ist die Trainingsreduktion mit allmählicher erneuter Steigerung angezeigt. In Einzelfällen ist die Exzision des peritendinösen Gewebes unter gleichzeitiger Ausräumung von nekrotischen Bezirken der Achillessehne indiziert.

10.4 Venöse Beinleiden (Varicosis cruris)

Definition ▶

Definition. Ektatische Erweiterung der subkutanen Venen *(Abb. 143).*

Ätiologie
Varizen sind endogen bedingt. Übergewicht, Bewegungsarmut, stehende Tätigkeiten und Schwangerschaften verstärken die Manifestation dieser Erkrankung.

Ätiologie. Varizen entstehen durch endogene Ursachen, nach Schwangerschaften oder nach Phlebothrombosen. Verstärkt wird die Varizenbildung durch eine stehende Tätigkeit sowie durch Übergewicht und Bewegungsarmut.

Klinik
Unterschieden werden die **Stammvarikosis,** die **retikuläre Varikosis** sowie die **Besenreiservarikosis.** Die Erkrankung verursacht ein Schweregefühl der Beine sowie chronische trophische Veränderungen.

Klinik. Unterschieden werden die **Stammvarikose** (große Venenstämme), insbesondere der Vena saphena magna und parva sowie die **retikuläre Varikose** (netzförmiges Venengeflecht) und die **Besenreiservarikose** (kapilläre Teleangiektasien). Neben der kosmetischen Beeinträchtigung besteht insbesondere im Unterschenkelbereich oftmals ein Schweregefühl der Beine. Bei Maximalausprägung der Erkrankungen entstehen Pigmentstörungen der Haut (Hämosiderineinlagerung) und das Ulcus cruris (siehe unten).

Synopsis 205: Die **Differentialdiagnose des Fersenschmerzes** schließt viele Erkrankungen ein. Neben dem Lokalbefund sind deshalb eine umfassende klinische Untersuchung, die Anamnese und Labordaten für die Abklärung dieses Symptoms notwendig. In der Abbildung sind entsprechend der Lokalisation unterschiedliche Schmerzursachen aufgezeigt (siehe hierzu auch das Kapitel Fuß).

1 Arthritis des oberen oder unteren Sprunggelenkes
2 Knochenerkrankungen (z.B. Osteoporose)
3 Fersensporn
4 Apophysitis calcanei oder Insertionstendinose der Achillessehne
5 Haglund-Exostose
6 Achillodynie
7 Paratendinitis

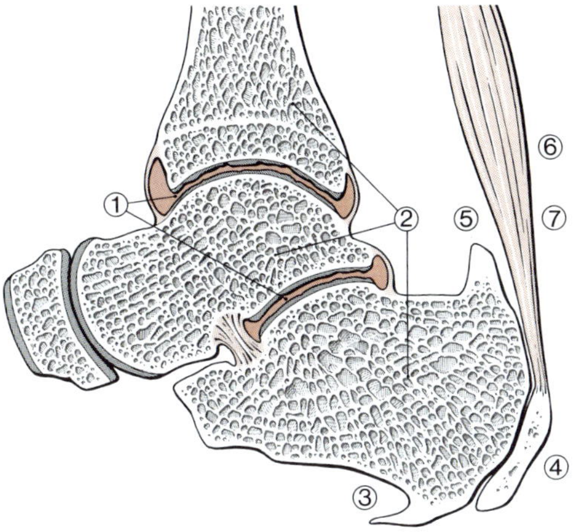

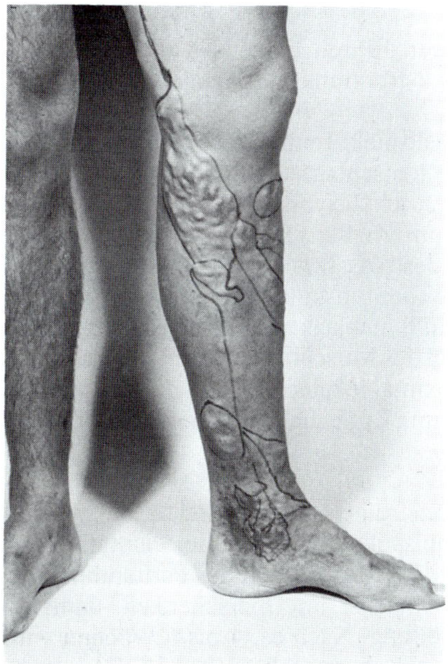

Abb. 143: Stamm- und retikuläre Varikosis des linken Beines. Beachte die Pigmentveränderung im Bereich des Innenknöchels (Hämosiderinablagerung bei beginnender trophischer Störung).

Diagnose. Die Prüfung der Durchgängigkeit des tiefen Venensystems und der Venae perforantes erfolgt durch den sogenannten **Perthes-Test.** Hierbei wird eine Staubinde am Oberschenkel angelegt, die die oberflächlichen Venen verschließt. Bei intaktem tiefen Venensystem führt das Umhergehen zur Entleerung der vorher prall gefüllten Krampfadern (»Muskelpumpe«). Die ist Voraussetzung für die operative Therapie. Röntgenologisch wird die Durchgängigkeit des tiefen Venensystems phlebographisch überprüft.

Diagnose
Die für die Therapie notwendige Überprüfung der Durchgängigkeit des tieferen Venensystems erfolgt klinisch **(Perthes-Test)** und phlebographisch.

Therapie
Der aktive Rückfluß kann durch die Muskelpumpe verstärkt werden. Kompressionsstrümpfe komprimieren die Venen. Kleinere Venen werden sklerosiert. Die Stamm- und retikuläre Varikose wird operativ exstirpiert.

Therapie. Durch eine Steigerung der aktiven Muskelpumpe kann der venöse Rückfluß verbessert werden. Kompressionsverbände wirken einer Ektasie der Venen entgegen. Dieses wird auch durch die Verordnung eines Kompressionsstrumpfes (bei beginnendem Ödem; Kompressionsklasse II) bewirkt. Kleinere Venen werden sklerosiert. Die Stammvarikose wird durch ein Venenstripping therapiert. Retikuläre Varizen können lokal exstirpiert werden. Hierbei ist es notwendig, die Venae perforantes (Verbindungen des tiefen und oberflächlichen Venensystems im Unterschenkelbereich) zur Rezidivprophylaxe und zur Vermeidung eines Ulcus cruris zu ligieren.

Ulcus cruris

Ulcus cruris

Definition ▶

Definition. Ulzeration der Haut, bedingt durch Stauung bei insuffizienten Venae perforantes.

Klinik
Das Ulcus cruris ist gekennzeichnet durch Ödeme, Pigmentstörungen, die Ulzeration und bakterielle Superinfektion.

Klinik. Ausgedehnte Ödeme, Pigmentstörung der umgebenden Haut sowie Ulzeration und bakterielle Superinfektion kennzeichnen das klinische Erscheinungsbild des Ulcus cruris.

Therapie
Förderung des venösen Rückflusses, lokale Wundreinigung sowie die Entlastung durch Schaumstoffverbände und Kompressionsstrümpfe sind die Grundprinzipien der Ulcus-cruris-Therapie.

Therapie. Prophylaktisch und therapeutisch ist eine Förderung des venösen Rückflusses durch Betätigung der Muskelpumpe angezeigt. Lokale Wundreinigung, Vermeidung von Applikation unterschiedlicher Salben wegen der Gefahr der zusätzlichen Allergisierung sowie die Entlastung durch Schaumstoffverbände und Kompressionsstrümpfe sind die Grundprinzipien der oft langwierigen Therapie des Ulcus cruris.

10.5 Verletzungen und Verletzungsfolgen

10.5.1 Achillessehnenruptur

10.5 Verletzungen und Verletzungsfolgen

10.5.1 Achillessehnenruptur

Ätiologie
Die Achillessehnenruptur entsteht bei degenerativer Vorschädigung.

Ätiologie. Indirekte Gewalteinwirkungen führen bei meist vorbestehender degenerativer Schädigung zur Kontinuitätstrennung der Achillessehne.

Klinik
Die Ruptur erfolgt mit einem peitschenschlagartigen Geräusch. Die aktive Plantarflexion ist aufgehoben (positiver **Thompsen-Test,** *Syn. 206).* Restflexion durch die tiefe Beugemuskulatur ist möglich. Beim Riß des Musculus gastrocnemius ist der Schmerzbefund mehr proximal im Bereich des Muskelbauchs.

Klinik. Bei maximaler Belastung (Fußballspiel; Tennis; Skilaufen) kommt es zur Sehnenruptur gelegentlich mit peitschenschlagartigem Geräusch. Danach ist die aktive Plantarflexion aufgehoben. Durch die vorhandene tiefe Beugemuskulatur ist allenfalls noch eine Restflexion erhalten. Bei der Untersuchung ist eine Delle wenige Zentimeter oberhalb des Ansatzes der Achillessehne palpabel. Bei manueller Kompression der Wadenmuskulatur bleibt eine Plantarflexion des Fußes bei der Untersuchung in Bauchlage aus **(Thompsen-Test,** *Syn. 206).* Differentialdiagnostisch muß ein Riß des Musculus gastrocnemius bedacht werden, dessen Schmerzbefund eher proximal lokalisiert ist. In der Muskulatur ist eine Delle palpabel, die Muskelverletzung kann auch im Ultraschallbild differenziert werden.

Therapie
Die Achillessehne wird operativ rekonstruiert *(S. 78).* Bei ausgeprägter degenerativer Schädigung sind sehnenplastische Maßnahmen indiziert. Die Nachbehandlung erfolgt im Gipsverband.

Therapie. Die Sehne wird operativ rekonstruiert *(S. 78),* wobei bei ausgedehnter degenerativer Vorschädigung Sehnenplastiken meist mit der Plantarissehne angewandt werden. Wichtig ist die exakte Rekonstruktion des Peritendineums. Postoperativ erfolgt die Ruhigstellung zunächst im Oberschenkel-, dann im Unterschenkelgipsverband in Spitzfußstellung. Nach ca. 4 bis 6 Wochen wird dann zur plantigraden Position übergegangen. Zur vorübergehenden Entlastung der Sehne sollte eine Absatzerhöhung durchgeführt werden.

Synopsis 206: Thompson-Test:
Bei gerissener Achillessehne führt eine Kompression der Wade zu keiner Plantarflexion des Fußes.

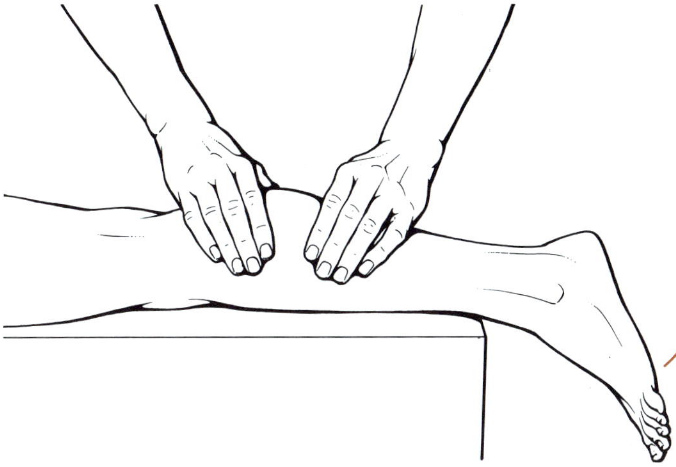

10.5.2 Außenbandruptur

10.5.2 Außenbandruptur

Definition. Laterale Kapselbandruptur des Sprunggelenkes, d.h. der Ligamenta fibulotalare anterius *(Syn. 203, S. 463)* und posterius sowie fibulocalcaneare und der lateralseitigen Gelenkkapsel.

◀ Definition

Ätiologie. Distorsionen im oberen Sprunggelenk sind sehr häufige Verletzungen. Isolierte Bandrisse haben nur lateral klinisch Bedeutung. Diese entstehen durch varisches Umknicken des Rückfußes. Die laterale Kapselbandruptur im oberen Sprunggelenk wird bei allen Laufsportarten beobachtet.

Ätiologie
Distorsionsverletzungen sind häufig. Die Außenbandruptur entsteht durch varisches Umknicken des Rückfußes.

Klinik. Das Sprunggelenk ist vor und unter dem Außenknöchel geschwollen. Es besteht ein Druckschmerz über den gerissenen Bandansätzen. Die Gehfähigkeit ist stark eingeschränkt oder aufgehoben.

Klinik
Schwellung und Druckschmerzhaftigkeit vor und unterhalb des Außenknöchels mit eingeschränkter Gehfähigkeit.

Diagnose. Neben der Hämatombildung und Druckschmerzhaftigkeit ist die laterale Aufklappbarkeit des Gelenkes richtungweisend. Röntgenologisch erfolgt der Frakturausschluß. Durch gehaltene Aufnahmen in Supinationsstellung läßt sich die Aufklappbarkeit dokumentieren. Bei frischen Rupturen kommt es zum Kontrastmittelaustritt bei der Arthrographie.

Diagnose
Nach röntgenologischem Frakturausschluß wird die fehlende Bandstabilisierung durch gehaltene Aufnahmen (Aufklappbarkeit) dokumentiert.

Therapie. Die Akutbehandlung erfolgt durch Hochlagerung, Bandagierung und Kälteapplikation. Die fibulare Kapselbandruptur kann konservativ oder operativ behandelt werden. Vergleichende Studien zeigen vergleichbare Langzeitergebnisse bei kürzerer Rehabilitationszeit in der konservativen Behandlungsgruppe. Bei der konservativen Therapie wird mit Zinkleimverbänden, Tape- oder Gipsverbänden die Pronationsstellung des Rückfußes gehalten. Bei der operativen Therapie wird eine Naht der gerissenen Bandstrukturen durchgeführt, meist als Akutversorgung. Fast ausnahmslos wird die Sportfähigkeit wiedererlangt.

Therapie
Die fibulare Kapselbandruptur kann konservativ und operativ mit vergleichbarem Ergebnis behandelt werden. Die Sportfähigkeit wird meist wieder erlangt.

Klinisches Beispiel ▶

Klinisches Beispiel. 27jähriger Tennisspieler mit Supinationstrauma des linken oberen Sprunggelenkes. Ausgeprägte Schwellung im Bereich der Außenknöchelregion mit klinischer und röntgenologisch deutlicher lateraler Aufklappbarkeit im oberen Sprunggelenk sowie fibularseitigem Kontrastmittelaustritt bei Arthrographie des Sprunggelenkes *(Abb. 144).* Die Behandlung erfolgte durch Zinkleimverband (2 Wochen) und Tape-Verband (2 Wochen). Die Sportfähigkeit wurde nach 6 Wochen wiedererlangt.

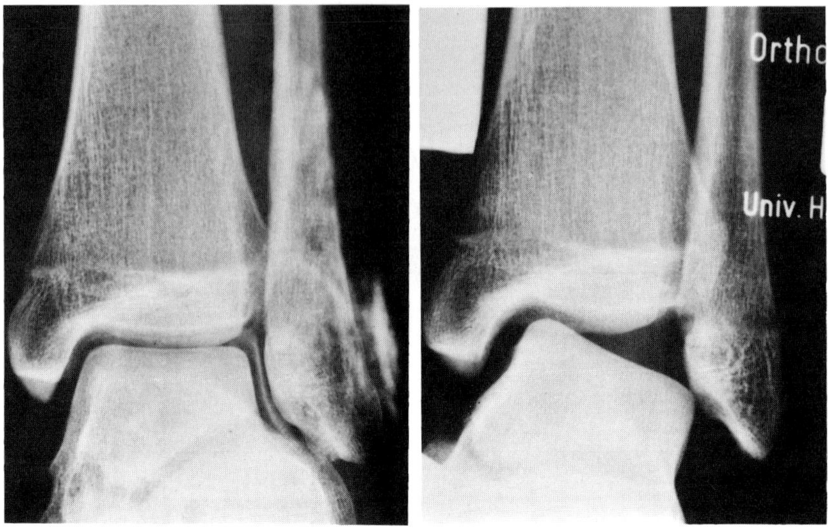

a b

Abb. 144: Arthrographie des oberen Sprunggelenkes bei fibularer Kapselbandruptur. Beachte den Kontrastmittelaustritt am Außenknöchel (a).
Gehaltene Aufnahme des oberen Sprunggelenkes: Beachte die Kippung des Talus in der Knöchelgabel (b).

10.5.3 Außenbandinstabilität des oberen Sprunggelenkes

10.5.3 Außenbandinstabilität des oberen Sprunggelenkes

Definition ▶

Definition. Chronische Außenbandinsuffizienz des oberen Sprunggelenkes.

Klinik
Bei der seltenen chronischen Instabilität des oberen Sprunggelenkes besteht eine Gangunsicherheit mit Schmerzen im Gelenk.

Therapie
Auftrainieren der Peronealmuskulatur, Stützverbände. Bei Beschwerdepersistenz ist die operative Stabilisierung mit Bandplastiken angezeigt.

Klinik. In seltenen Fällen kommt es zur chronischen Instabilität nach unzureichender Therapie einer Außenbandruptur. Im Vordergrund steht die Gangunsicherheit. Durch Kapselreizung kann das Gelenk anschwellen. Die Synovialitis kann die Ursache der chronischen Beschwerden sein.

Therapie. Durch Auftrainieren der Peronealmuskulatur wird die aktive Stabilisierung des Gelenkes verbessert. Tape- oder Stützverbände können längerfristig, insbesondere aber auch als Schutz vor extremen sportlichen Beanspruchungen verwandt werden. Operativ kann durch Bandersatzplastiken eine passive Stabilisierung des Gelenkes erzielt werden.

10.5.4 Sprunggelenksfrakturen

Definition. Knöcherne oder kombiniert knöchern-ligamentäre Verletzungen im oberen Sprunggelenk.

Ätiologie: Direkte (Anpralltraumen), häufiger aber indirekte Gewalteinwirkungen sind ursächlich bedeutsam. Stauchungsbrüche, die oft zur Zertrümmerung der Gelenkfläche der distalen Tibia führen, entstehen beim Sturz aus großer Höhe oder durch Vordringen der Bodengruppe des Fahrzeugs bei Frontalkollisionen. **Am häufigsten sind Luxationsfrakturen.** Diese entstehen durch Torsions- und Biegekräfte. In Abhängigkeit der Bewegungsrichtung und der vorausgehenden Fußstellung entstehen hierbei unterschiedliche Bruchformen.

Klinik. Die oft verbleibende Luxationsstellung ist ein eindeutiges Frakturzeichen. Schmerzen und Schwellungen sind immer vorhanden, fakultativ kann eine Durchspießung oder insbesondere bei verbleibender Luxationsstellung ein innerer Dekubitus (Hautnekrose durch Druck des Knochens auf die Haut) entstehen.

Diagnose. Das Nativröntgenbild erlaubt eine Klassifizierung der Verletzung *(siehe Synopsis 207).*

Gegenüber sich an den Unfallmechanismus orientierenden Einteilungen hat die einfache **Klassifikation der Luxationsfraktur von Weber,** die anhand der Lokalisation der Fibulafraktur erfolgt, den Vorteil, auch Rückschlüsse auf die therapeutisch wichtige Syndesmosenruptur (Bandverbindung zwischen der distalen Tibia und der Fibula, *siehe Synopsis 203, S. 463)* zu geben. Bei Frakturen unterhalb der Syndesmose (Typ A) ist dieselbe nie, bei Frakturen oberhalb (Typ C) immer und in Höhe der Syndesmose (B) fakultativ verletzt. Die proximale Fibulafraktur mit Läsion am Innenknöchel (Abrißfraktur oder Bandzerreißung) wird als Maisonneuve-Fraktur bezeichnet. Die Maisonneuve-Fraktur, die eine Kombination aus einer hohen Fibulaschaftfraktur und einer Fraktur des Innenknöchels darstellt, kann leicht übersehen werden. Bei entspechendem Verdacht sollte deshalb der gesamte Unterschenkel geröntgt werden, (z.B. bei Schmerzen im proximalen Unterschenkel oder Sprengung der Sprunggelenksgabel ohne sichtbare [distale] Fibulafraktur).

Neben der isolierten Fraktur des Außenknöchels kann der Innenknöchel mit gebrochen sein (Bimalleolarfraktur) sowie eine Abtrennung eines vorderen und hinteren Kantenfragments der Tibia (**Volkmann-Dreieck:** Trimalleolarfraktur) vorliegen.

Stauchungsbrüche (Pilon-tibial-Fraktur) sind durch die Zertrümmerung der Gelenkfläche der distalen Tibia gekennzeichnet. Häufig ist diese mit einer Talusverletzung kombiniert.

10.5.4 Sprunggelenksfrakturen

◀ **Definition**

Ätiologie
Direkte, häufiger aber indirekte Gewalteinwirkungen führen zu Luxations-, seltener zu Stauchungsbrüchen im Bereich des oberen Sprunggelenkes.

Klinik
Durch die oberflächige Lage sind alle Frakturzeichen nachweisbar. Fakultativ bestehen Durchspießung oder ein innerer Dekubitus.

Diagnose
Die Klassifikation erfolgt anhand des Nativ-Röntgenbildes *(s. Syn. 207).* Die Einteilung erfolgt nach der Höhe der Fibulafraktur (Weber Typ A, B und C). Eine Sonderform stellt die hohe Fibulafraktur mit Läsion am Innenknöchel dar (Maisonneuve-Fraktur). Neben dem Außenknöchel kann auch der Innenknöchel (Bimalleolarfraktur) sowie ein hinteres oder vorderes Kantenfragment der Tibia (Trimalleolarfraktur) mit frakturiert sein. Stauchungsbrüche der distalen Tibia werden als Pilon-tibial-Fraktur bezeichnet.

Synopsis 207: Einteilung der Sprunggelenksfrakturen

Die Klassifikation der Luxationsfrakturen (nach Weber) richtet sich nach der Höhe der Fibulafraktur (Weber Typ A/B/C) unabhängig von der Art der medialseitigen Verletzung (Innenbandruptur oder Innenknöchelbruch). Differenziert hiervon wird der Stauchungsbruch (Pilon-tibial-Fraktur). Die Maisonneuve-Fraktur stellt eine Sonderform der Luxationsfrakturen dar.

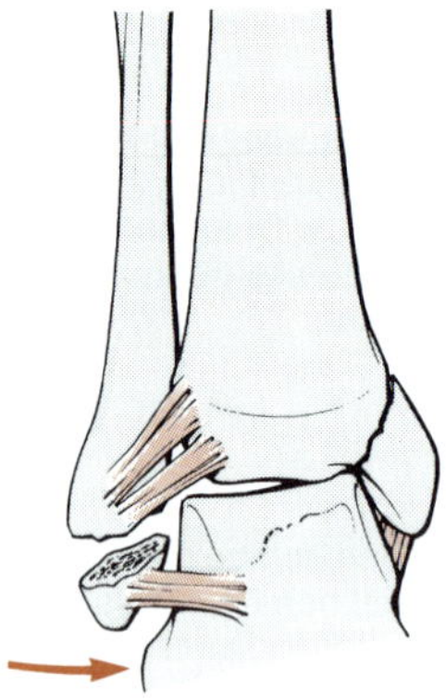

A-Fraktur

Fraktur der Fibula distal der Syndesmose **(Typ A)**

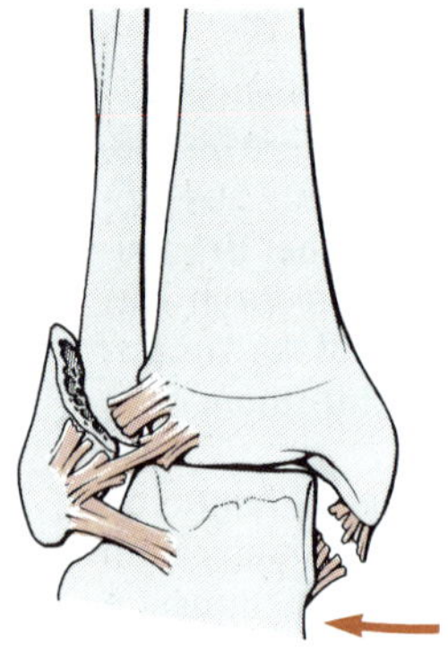

B-Fraktur

Fraktur der Fibula in Höhe der Syndesmose **(Typ B)**

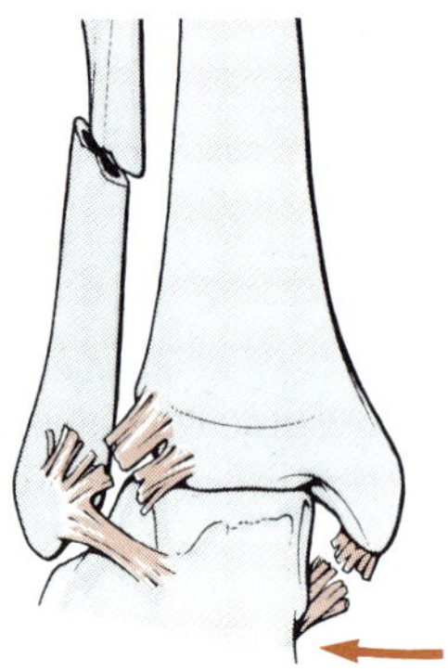

C-Fraktur

Fraktur der Fibula proximal der Syndesmose **(Typ C)**

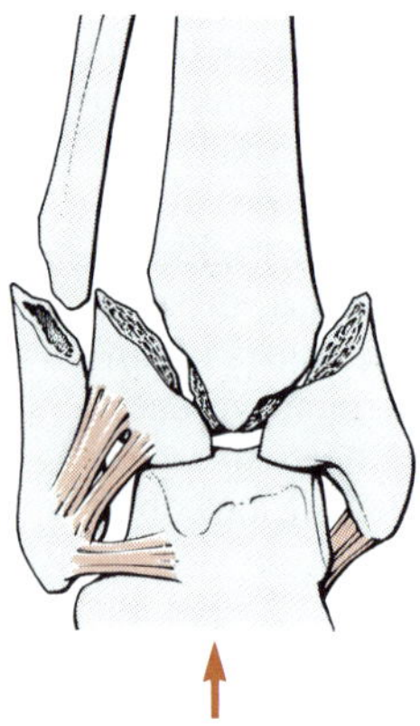

»Pilon tibia«-Fraktur

Stauchungsfraktur (Pilon tibial)

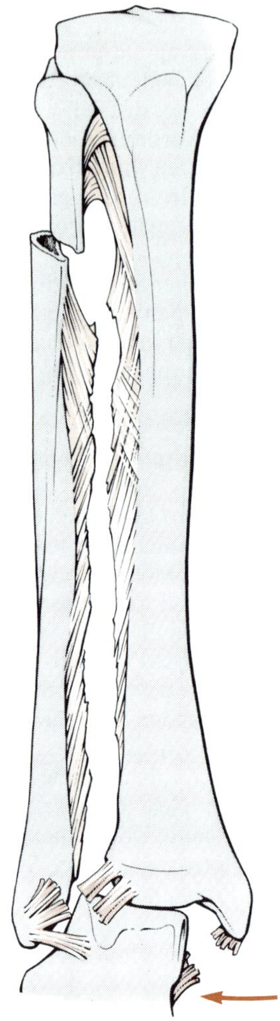

Maisonneuve-Fraktur (Kombination der hohen Fibulafraktur mit Verletzung am Innenknöchel

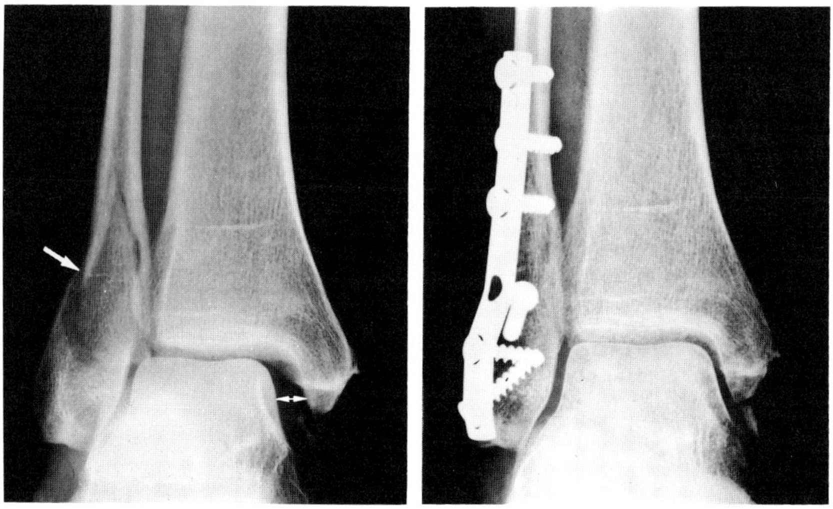

Abb. 145: Außenknöchelbruch in Höhe der Syndesmose. Beachte die schräg verlaufende Bruchlinie mit Verkippung der distalen Fibula. Die Verschiebung des Talus nach lateral mit Vergrößerung des medialseitigen Gelenkspaltes ist Hinweis auf eine Innenbandruptur.
Versorgung mit Zugschraube und Neutralisationsplatte.

Therapie. Zum frühestmöglichen Zeitpunkt sollte eine Reposition der Luxationsstellung vorgenommen werden, um Zirkulationsstörungen sowie einen inneren Dekubitus zu verhüten. Kann die Reposition nicht gehalten werden und ist eine sofortige operative Rekonstruktion nicht möglich, ist die Anlage einer Fersenbeindrahttraktion angezeigt. Aufgrund der hohen Wahrscheinlichkeit der frühen Arthroseentstehung bei inkompletter Wiederherstellung des Sprunggelenkes wird außer bei unverschobenen Frakturen (meist Typ A oder isolierte Innenknöchelfraktur) sowie beim älteren Menschen mit hohem Allgemein- oder lokalem Operationsrisiko die operative Rekonstruktion angestrebt *(Abb. 145).* Bei Pilon-tibial-Frakturen ist zur optimalen Wiederherstellung der tibialen Gelenkfläche meist eine Spongiosaunterfütterung notwendig. Bei hochgradigen Zertrümmerungen des Sprunggelenkes ist eine primäre Arthrodese angezeigt.

Therapie
Frühestmögliche Reposition der Luxationsstellung. Der unverschobene Typ A wird konservativ, die sonstigen Frakturen operativ behandelt *(Abb. 145).* Bei verzögerter operativer Therapie ist eine Fersenbeindrahttraktion notwendig. Bei hochgradigen Zertrümmerungen kann die primäre Arthrodese notwendig werden.

10.5.5 Tibialis-anterior-Syndrom

10.5.5 Tibialis-anterior-Syndrom

Definition. Posttraumatische Ischämie der Muskulatur und Nervenschädigung in der Tibialis-anterior-Loge.

◀ Definition

Ätiologie. Die Extensorengruppe in der Tibialis-anterior-Loge zwischen Schien- und Wadenbein ist durch kräftige Faszien umhüllt *(Syn. 208).* Ein Frakturhämatom oder ein ausgeprägtes Muskelödem kann dort eine lokale Ischämie hervorrufen, die innerhalb weniger Stunden zur **irreversiblen Schädigung** der Nerven und der Muskulatur führt (Kompressionssyndrom, *S. 193).* Weitere, seltene Ursachen des Tibialis-anterior-Syndroms sind ungewohnte Anstrengungen (Dauerläufer) und die Schnürwirkung von Pflasterextensionsverbänden bei Kindern.

Ätiologie
Die Extensorengruppe des Unterschenkels ist durch kräftige Faszien umhüllt. Hämatome und Ödeme können binnen weniger Stunden zur **irreversiblen Schädigung** der Nerven und Muskulatur führen *(s. Syn. 208).*

Klinik. Im akuten Stadium bestehen erhebliche lokale Beschwerden. Die aktive Hebung der Zehen ist unmöglich. Messungen in der Muskelloge zeigen die Drucksteigerung.

Klinik
Im akuten Stadium erhebliche Beschwerdesymptomatik und Unfähigkeit, die Zehen dorsal zu extendieren.

Synopsis 208: Tibialis-anterior-Loge:
Am Unterschenkel werden vier Kompartimente unterschieden. Die Tibialis-anterior-Loge liegt ventrolateral der Tibia und Fibula und deren Verbindung der Membrana interossea.

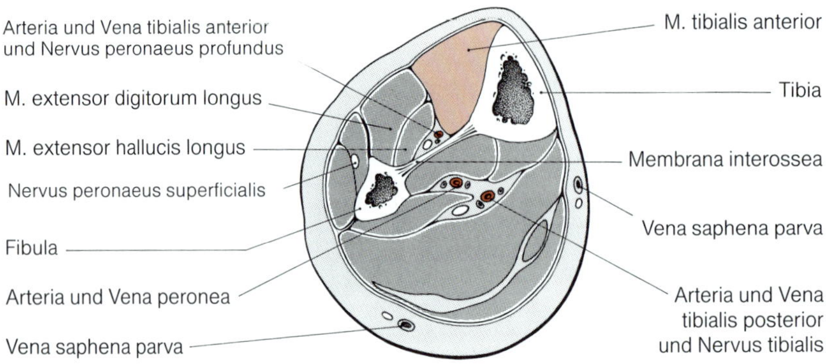

Therapie
Hochlagerung der Extremität. Bei Operation, Einlage einer Redondrainage, Antiphlogistikagabe. Kein geschlossener Gipsverband!
Bei klinischem Verdacht notfallmäßige Spaltung der Faszie.
Sekundär rekonstruktive Eingriffe bei irreversibler Schädigung der Muskulatur sind angezeigt.

Therapie. Prophylaktisch sollte bei Frakturen eine Hochlagerung erfolgen, ggf. Antiphlogistikagabe. Bei offener Frakturversorgung ist neben der subtilen Blutstillung das Einlegen einer Redondrainage indiziert. Ein dichter Faszienverschluß sollte ebenso unterbleiben wie ein geschlossener Gipsverband. **Bei klinischem Verdacht auf ein Tibialis-anterior-Syndrom muß notfallmäßig die Muskelfaszie breit eröffnet werden.** Bei eingetretener Nekrose der Extensorenmuskulatur sind rekonstruktive Eingriffe wie bei der Volkmannschen Kontraktur der oberen Extremität *(S. 377)* durchzuführen. Eine Restitutio ad integrum ist in diesem Stadium nicht mehr möglich.

10.6 Begutachtung

Maßgebend für die gutachterliche Einschätzung ist der plantigrade Auftritt des Fußes sowie die Abrollmöglichkeit. Unterschenkelfehlstellungen sowie eine schmerzhafte Wackelbeweglichkeit des oberen Sprunggelenkes sind deshalb von wesentlicher Bedeutung.

10.6 Begutachtung

Für die funktionelle Leistungsfähigkeit von Unterschenkel und Sprunggelenk sind der plantigrade Auftritt sowie die Abrollmöglichkeit des Fußes maßgebend. Ungünstige Fehlstellungen des Unterschenkels und eine schmerzhafte Wackelbeweglichkeit des Gelenkes sind daher bei der Begutachtung vorrangig zu bewerten. Von wesentlicher Bedeutung sind darüber hinaus neurologische Ausfälle und Durchblutungsstörungen, die die Belastungsfähigkeit erheblich beeinträchtigen können.

11 Fuß

11 Fuß

11.1 Praktische Anatomie

11.1 Praktische Anatomie

Der Fuß hat sich in der Evolution dem aufrechten Gang des Menschen angepaßt. Zusammengesetzt aus einer feinen knöchernen Architektur wird er durch Muskeln und Bänder gehalten und gesteuert. Auch bei extremen Bedingungen erkennt er die Beschaffenheit des Untergrundes und dämpft Stöße ab *(Syn. 209).* Die hintereinandergeschalteten Gelenke des oberen Sprunggelenkes (Flexion/Extension), des unteren Sprunggelenkes (Inversion/Eversion), des Mittelfußes (Pronation/Supination) sowie der Zehengelenke (Flexion/Extension) haben als Funktionseinheit eine limitierte Mobilität in allen Bewegungsrichtungen. Bewegungseinschränkungen des oberen Sprunggelenkes und der Zehen bedeuten eine **Abrollbehinderung.** Störungen des unteren Sprunggelenkes und des Mittelfußes bewirken eine verminderte Leistungsfähigkeit des Fußes bei Gehen auf unebenem Untergrund.

Aus funktionellen Gründen wird das Fußskelett unterteilt *(Syn. 209).* Die Betrachtungsweise des Fußskelettes ist analog den Röntgenstandardaufnahmen gewählt.

Der Fuß ist als eine doppelte **Gewölbekonstruktion** aufgebaut *(Syn. 210).* Im Vorfuß zwischen dem 1. und 5. Strahl befindet sich das **Quergewölbe,** dessen Abflachung als Spreizfuß bezeichnet wird. Das **Längsgewölbe** ist zwischen Vor- und Rückfuß ausgeformt und physiologischerweise medialseitig höher ausgebildet als am Fußaußenrand. Seine Abflachung ist charakteristisch für den Plattfuß. Durch die Gewölbekonstruktion sind die Mittelfußköpfchen des 1. und 5. Strahles sowie die Ferse die Hauptbelastungspunkte des Fußes, was an der Fußsohlenbeschwielung zu erkennen ist.

Die **Dynamik des Fußes** zeigt sich beim Gehen. Die Ferse wird zunächst in leichter Varusstellung aufgesetzt. Der Fuß wird dann über den Außenrand abgerollt. Durch Pronation (Absenken des Fußinnenrandes, Anheben des Fußaußenrandes) während des Abrollens, wird das Metatarsale-I-Köpfchen belastet, von dem das Abstoßen erfolgt. Die unter dem Metatarsale-I-Köpfchen lokalisierten Sesambeine dienen als zusätzliche Belastungspunkte.

Synopsis 209: Darstellung des Fußskeletts in der Aufsicht und von medial.

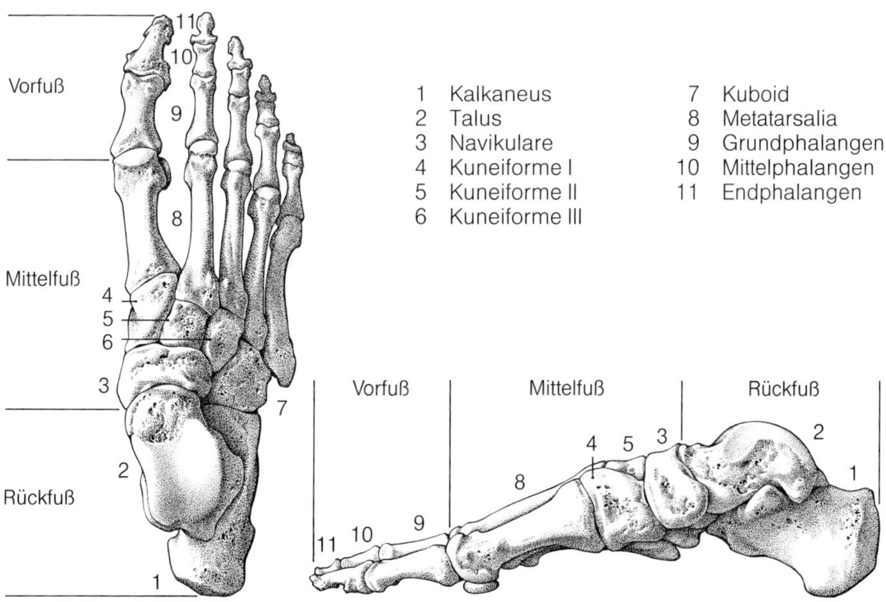

1 Kalkaneus
2 Talus
3 Navikulare
4 Kuneiforme I
5 Kuneiforme II
6 Kuneiforme III
7 Kuboid
8 Metatarsalia
9 Grundphalangen
10 Mittelphalangen
11 Endphalangen

Synopsis 210: Fußgewölbe.

a Quergewölbe

Das Quergewölbe ist im Bereich der Metatarsalköpfchen lokalisiert. Im Bereich des Metatarsale I finden sich zusätzlich zwei Sesambeine.

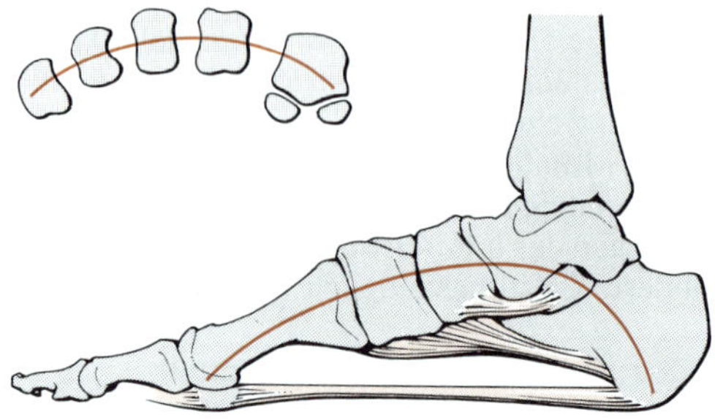

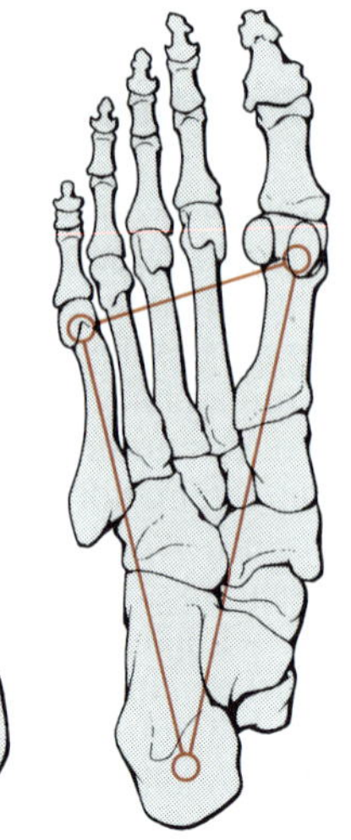

a Längsgewölbe

Das Längsgewölbe ist an der Fußinnenseite am stärksten ausgeprägt.

c Abstützung des Fußes

Die Hauptbelastungspunkte sind das Metatarsalköpfchen I und V sowie die Ferse (Kalkaneus).

Während des Wachstums kommt der ausgewogenen Muskelfunktion ein wesentlicher Einfluß auf die Ausgestaltung des Fußskeletts zu. Durch Tonusdifferenz zwischen Agonisten und Antagonisten kann es bei Lähmungen zu erheblichen Fußdeformitäten kommen.

Die gesamte **Unterschenkelmuskulatur** hat ihren Ansatz, die kurze **Fußmuskulatur** Ursprung und Ansatz am Fußskelett. Während des Wachstums kommt der ausgewogenen Muskelfunktion ein wesentlicher Einfluß auf die Ausgestaltung des Fußskelettes zu. Bei lähmungsbedingtem Ausfall einzelner Muskeln oder Muskelgruppen entstehen immer ausgeprägte Fußdeformitäten. Die sogenannten **paralytischen Fußdeformitäten** beruhen auf einer Tonusdifferenz zwischen Agonisten und Antagonisten.

11.2 Fußdeformitäten

Die ideale Fußform ist nicht definierbar. **Deformitäten des Fußes werden nach der Form und nicht nach der Ätiologie klassifiziert** *(Tab. 47).* **Die Diagnosestellung erfolgt nach klinischen Kriterien.**

Die funktionelle Auswirkung der Deformitäten ist sehr unterschiedlich.

11.2 Fußdeformitäten

Die **ideale Fußform** ist nicht exakt definierbar. Viele Menschen mit einer Abflachung des Fußlängsgewölbes (Plattfuß) sind lebenslang mit dieser »Deformität« beschwerdefrei. Andere Deformitäten des Fußes behindern das Gehen erheblich oder machen es sogar gänzlich unmöglich.

Alle Deformitäten werden nach dem Erscheinungsbild und nicht nach der Ätiologie klassifiziert *(Tab. 47).* Somit erfolgt die Diagnosestellung nach klinischen Kriterien.

Die Röntgenuntersuchung hat nur eine ergänzende Bedeutung. Ursächlich kommen unterschiedliche angeborene oder erworbene Erkrankungen in Frage.

Tabelle 47: Fußdeformitäten

Klumpfuß	Ballenhohlfuß
Spitzfuß	Plattfuß
Hängefuß	Sichelfuß
Hackenfuß	Knickfuß
Hohlfuß	Senkfuß
	Spreizfuß

Konservative Therapie von Fußdeformitäten. Insbesondere in den ersten Lebenswochen und Monaten findet ein ausgeprägtes Wachstum des bis zu diesem Zeitpunkt noch weitgehend knorpelig angelegten Fußes statt *(Abb. 146)*. Redressierende, d.h. **korrigierende Gipsverbände** während dieses Zeitraums führen über eine vermehrte Be- und Entlastung der Wachstumszonen des Fußes zu einer ausgeprägten Lenkung des Wachstums. So können bei regelmäßigem Wechsel von redressierenden Gipsverbänden selbst hochgradige Deformitäten korrigiert werden. Zum anderen können bei Säuglingen durch unsachgemäße Lagerung nach dem gleichen Prinzip auch Deformitäten entstehen *(Bauchlagedeformität, S. 466 u. S. 468)*. **Schuhzurichtungen, Einlagen und Schienenversorgungen** werden bei Kindern ebenfalls zur Korrektur von Deformitäten des Fußes eingesetzt. Beim Erwachsenen werden diese orthopädischen Hilfsmittel lediglich zur Abstützung oder bei schmerzhaft vermehrter Druckbelastung als entlastende Maßnahme verwandt. Von großer Bedeutung in den ersten Lebensjahren ist die Fußgymnastik, die auch in spielerischer Form erfolgen kann. Hierdurch wird die Koordination und Kraft der fußstabilisierenden Muskulatur verbessert.

Konservative Therapie von Fußdeformitäten
In den ersten Lebensmonaten kann durch **Gipsredression** das Wachstum des Fußes gelenkt werden. *(Abb. 146)*. Bei älteren Kindern werden Schienen, Einlagen und Schuhzurichtungen ebenfalls zur Korrektur des Wachstums eingesetzt. Beim Erwachsenen dienen diese Hilfsmittel lediglich zur Abstützung bei schmerzhaft vermehrter Druckbelastung. Von großer Bedeutung ist auch die aktive Fußgymnastik, die die Koordination und Kraft der fußstabilisierenden Muskulatur verbessert.

Operative Therapie. Im Kindesalter können konservativ nicht ausgleichbare Deformitäten durch **Weichteiloperationen** korrigiert werden. Dabei werden die Sehnen der die Deformität verstärkenden Muskulatur verlängert, durchtrennt oder in ihrem Ansatzpunkt verlagert sowie die Gelenkkapseln auf der verkürzten Seite eröffnet. In der Nachbehandlung gelten dann die Prinzipien der konservativen Therapie. Nach Wachstumsabschluß wird die Fußkorrektur durch **gelenkversteifende** Operationen durchgeführt. Am häufigsten wird hierbei die sogenannte **T-Arthrodese** (syn.: Double-Arthrodese, engl. Sprachgebr.: Triple-Arthrodese) angewandt. Hierzu werden die Gelenkflächen zwischen Talus, Kalkaneus, Kuboid und Navikulare knöchern angefrischt *(Syn. 211)*. Durch entsprechende ventrale, dorsale, mediale oder laterale Keilentnahme sowie Rotation des Vorfußes gegenüber dem Rückfuß wird die Korrektur durchgeführt. Zur Verbesserung der Heilungstendenz wird zusätzlich Spongiosa angelagert. Bis zum knöchernen Durchbau der Arthrodese erfolgt die Fixation mit Liege- (6 Wochen) und Gehgips (6 Wochen).

Operative Therapie
Während des Wachstums werden **Weichteileingriffe** bevorzugt durchgeführt. Hierbei werden verkürzte Weichteilstrukturen durchtrennt oder verlängert und durch nachfolgende konservative Therapie ein korrigierendes Wachstum des Fußskeletts erzielt.
Nach Wachstumsabschluß erfolgt die Fußkorrektur durch gelenkversteifende korrigierende Operation. Am häufigsten wird hierbei die **T-Arthrodese** angewandt. Hierbei wird durch entsprechende Keilentnahme sowie Rotation des Vorfußes gegenüber dem Rückfuß die Korrektur des Fußes erzielt *(Syn. 211)*.

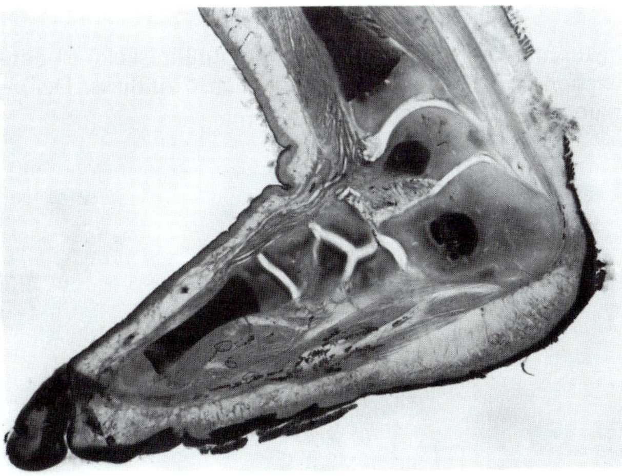

Abb. 146: Plastinationspräparat eines **Neugeborenenfußes** im Längsschnitt. Beachte die noch weitgehend knorpelige Anlage des Fußes. Im Rückfußbereich sind nur die Ossifikationszentren im Talus und Kalkaneus bereits angelegt.

Synopsis 211: Die **T-Arthrodese** umfaßt das untere Sprunggelenk sowie die Talonavikulargelenke und das Kalkaneokuboidgelenk. Durch Keilentnahme und Rotation des Vorfußes erfolgt die Korrektur der Fußdeformität.

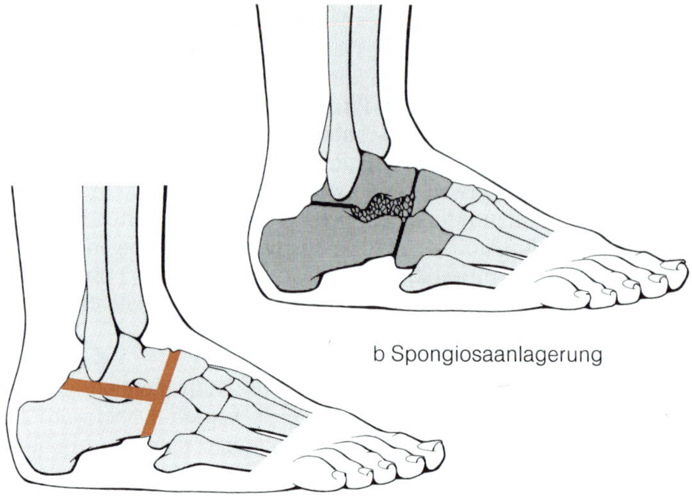

11.2.1 Klumpfuß

11.2.1 Klumpfuß

Synonym. Pes equinovarus, excavatus et adductus.

Definition ▶

Definition. Komplexe Fußdeformität mit vier Komponenten:

- Equinus (Spitzfuß),
- Varus (Supinationsstellung des Fersenbeins),
- Exkavatus (Hohlfuß) und
- Adduktus (Sichelfuß). Siehe *Abb. 147.*

Die Auswirkung des Musculus tibialis posterior (»Klumpfußmuskel«) ist entscheidend. Die Subluxation im Chopartgelenk gehört ebenso zu dieser Deformität wie die Verkürzung der Achillessehne.

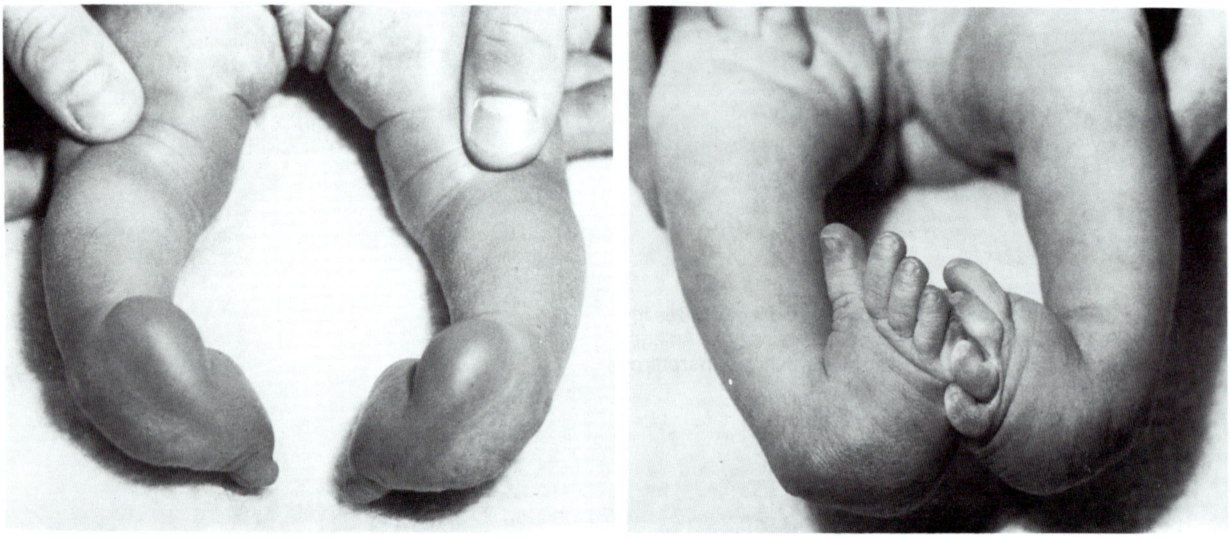

Abb. 147: Doppelseitiger **Klumpfuß** eines Neugeborenen.
Beachte die einzelnen Komponenten dieser Fußdeformität (Supinationsstellung; Hohlfuß; Sichelfuß; Spitzfuß).

Ätiologie. Der Klumpfuß kann als eigenständiges Krankheitsbild oder als sekundäre Erkrankung auftreten. Die Ursache des idiopathischen Klumpfußes ist nicht bekannt. Eine multifaktorielle Vererbung ist gegeben. Die Häufigkeit beträgt ca. 3:1000. **Jungen sind doppelt so häufig betroffen wie Mädchen.** Gleich häufig wird hierbei ein ein- und doppelseitiger Befall beobachtet. Bei Patienten mit Spina bifida und Lähmung unterhalb der Nervenwurzel L 3 oder L 4 kommt es durch den Ausfall der Muskulatur am Fußaußenrand (Peronealgruppe) zum Überwiegen der medialseitigen Muskulatur und damit zur Klumpfußentwicklung. Auch weitere neuromuskuläre Erkrankungen, insbesondere die Zerebralparese, können einen Klumpfuß verursachen *(S. 247).* Kinder mit Arthrogryposis multiplex congenita haben fast immer einen doppelseitigen Klumpfuß *(S. 195).*

Ätiologie
Der Klumpfuß tritt bei 3‰ der Säuglinge als eigenständige Erkrankung auf. Etwa gleich häufig ein- oder doppelseitig. Jungen werden hierbei häufiger betroffen. Daneben werden Klumpfüße auch bei neurologischen Erkrankungen (Spina bifida; Zerebralparese) sowie bei der Arthrogryposis multiplex congenita beobachtet *(S. 195).*

Pathogenese. Unbehandelte Klumpfüße oder Klumpfußrezidive *(Abb. 148),* die während des gesamten Wachstumsalters bei Vernachlässigung der Therapie wieder auftreten können, führen zu einem grotesken Gangbild. Durch das Übergewicht der medialseitigen Fußmuskulatur (insbesondere des M. tibialis posterior) wird der Fuß mit dem Fußaußenrand, im Extremfall mit dem Fußrücken aufgesetzt. Dort entwickeln sich ausgeprägte Hornhautschwielen und Druckulzera. Durch die unphysiologische Belastung kommt es an den Gelenken frühzeitig zu arthrotischen Veränderungen. Der arthrogrypotische Klumpfuß hat die höchste Rezidivrate. Auch bei optimaler Therapie verbleibt hierbei eine erhebliche Bewegungseinschränkung des Fußes.

Pathogenese
Der unbehandelte Klumpfuß oder das Klumpfußrezidiv *(Abb. 148)* führen zu einem grotesken Gangbild mit Gang auf dem Fußaußenrand, im extremen Fall mit Gang auf dem Fußrücken mit entsprechender Beschwielung und Druckstellengefahr.

Klinik. Der angeborene Klumpfuß wird bei Geburt diagnostiziert. Die Deformität ist manuell nur teilweise redressierbar. Bereits beim Neugeborenen ist die Wadenmuskulatur verschmächtigt (sogenannte **Klumpfußwade**). Vom echten Klumpfuß abzugrenzen sind Klumpfußhaltungen, die infolge einer intrauterinen Raumenge entstehen und passiv bereits bei Geburt voll korrigierbar sind. Obgleich sich die Diagnose und Therapie des Klumpfußes aus dem klinischen Befund ergeben, ist die Röntgenuntersuchung zur Verlaufsbeobachtung angezeigt. In *Synopsis 212* sind die Winkelverhältnisse im Vergeich zum Normfuß und beim angeborenen Plattfuß *(S. 489)* angegeben. Beim Klumpfuß verbleibt auch bei der in maximaler Dorsalextension durchgeführten Funktionsaufnahme ein Fersenhochstand.

Klinik
Der angeborene Klumpfuß wird bei Geburt diagnostiziert. Im Gegensatz zu der durch intrauterine Raumenge bedingten Klumpfußhaltung ist der Klumpfuß bei Geburt nicht voll ausgleichbar. Die röntgenologische Darstellung des Klumpfußes ist aus *Synopsis 212* zu entnehmen.

Therapie. Entscheidend ist die **Frühtherapie.** Am Tage der Geburt wird der erste redressierende **Gipsverband** angelegt. Dieser wird zunächst täglich, dann alle zwei Tage, später wöchentlich gewechselt, wobei die Redression kontinuierlich weitergeführt wird. Die Gipstherapie wird bis zum Ende des 3. Lebensmonats fortgeführt.

Bei verbleibender Deformität erfolgt zu diesem Zeitpunkt die **Operation.** Der Fuß muß bis zur völligen Korrektur weiter im Gipsverband redressiert werden. Anschließend wird auf Oberschenkelnachtlagerungsschalen, in der der Fuß in maximaler Eversion gehalten wird sowie nach Laufbeginn zusätzlich auf Klumpfußeinlagen (fersenumfassend mit vorgezogenem Innenrand, *S. 58)* übergegangen. Mit diesem Behandlungsverfahren ist die Korrektur des Klumpfußes

Therapie
Am Tag der Geburt erfolgt die erste Gipsredression des Fußes, welche über Monate weitergeführt wird. **Nach dem 3. Lebensmonat** werden **Restdeformitäten operativ korrigiert.** Bei optimaler vorausgehender konservativer Therapie ist meist hierbei nur die z-förmige Verlängerung der Achillessehne mit dorsaler Kapsulotomie der Sprunggelenke notwendig. Danach erfolgt die weitere Gipsredression. Anschließend

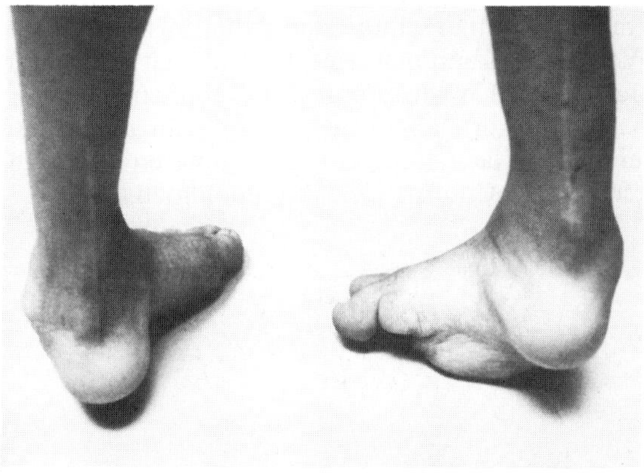

Abb. 148: Ausgeprägtes Klumpfußrezidiv bds. bei einem 8jährigen Jungen nach inkonsequenter Nachbehandlung bei initial guter Klumpfußkorrektur. Das Kind läuft auf dem Fußaußenrand. Rechtsseitig bestehen bereits ausgeprägte Hautulzerationen an der fehlbelasteten Außenseite der Fußsohle.

Synopsis 212: Röntgenologische Darstellung des seitlichen Fußskeletts beim Neugeborenen.

a Normalfuß

Der Winkel zwischen Talus und Kalkaneus beträgt ca. 30 Grad.

b Klumpfuß

Durch den Fersenhochstand kommt es zur Parallelstellung des Talus und Kalkaneus.

c Angeborener Plattfuß

Der Talus steht in Verlängerung der Tibia. Das Talonavikulargelenk ist luxiert.

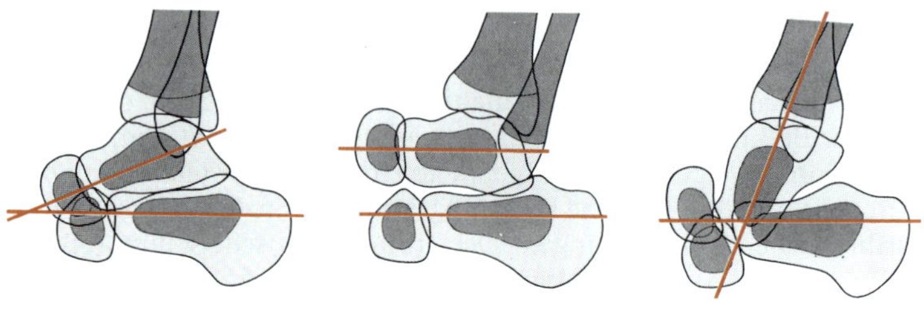

wird auf **Oberschenkelnachtlagerungsschalen,** bei Laufbeginn dann zusätzlich auf **fersenumfassende Einlagen mit vorgezogenem Innenrand** übergegangen.

Beim **Klumpfußrezidiv** (meist durch inkonsequente Nachbehandlung der bis zum Abschluß des Wachstumsalters potentiell sich wieder verschlechternden Erkrankung) ist meist eine **dorsomediale Fußrandentflechtung** notwendig. Hierbei werden die Sehnen des Fußinnenrandes verlängert unter gleichzeitiger Kapsulotomie der medialseitigen Gelenkkapseln.

Bei neuromuskulär bedingten Klumpfüßen erfolgt eine Durchtrennung der medialseitigen Sehnen, da ansonsten eine erhebliche Rezidivneigung besteht. Nach Wachstumsabschluß können Restdeformitäten mit einer T-Arthrodese definitiv korrigiert werden.

vor der Vertikalisierung abgeschlossen. Wird erst bei Laufbeginn operativ therapiert, sind korrigierende Behandlungsmaßnahmen bis in das 2. bis 3. Lebensjahr nicht zu vermeiden.

Der Spitzfuß ist die konservativ am schwierigsten zu korrigierende Komponente des Klumpfußes. Trotz optimaler konservativer Therapie ist vielfach eine **z-förmige Achillessehnenverlängerung** notwendig. Dabei wird die Insertion lateralseitig erhalten , um den Rückfuß zu valgisieren *(Syn. 36, S. 77).* Zusätzlich erfolgt die dorsale Kapsulotomie im oberen und unteren Sprunggelenk.

Beim verspätet oder ungenügend therapierten Klumpfuß sowie beim **Klumpfußrezidiv** wird in den ersten Lebensjahren ein umfassender dorsomedialer Weichteileingriff notwendig. Von einem um den Innenknöchel herumgeführten Hautschnitt werden die Achillessehne, die Sehne des Flexor hallucis longus, des Flexor digitorum longus sowie des Tibialis posterior dargestellt und verlängert und alle Gelenkkapseln und ligamentären Verbindungen des dorsomedialen Fußrandes durchtrennt. Postoperativ ist zur Ausnützung des korrigierenden Wachstums eine mehrmonatige Gipsruhigstellung notwendig. Bei älteren Kindern kann ergänzend die partielle oder komplette Verlagerung der Insertion des Musculus tibialis anterior auf den Fußaußenrand durchgeführt werden. Knöcherne Eingriffe sind in den ersten Lebensjahren nicht indiziert.

Bei Klumpfüßen, die wegen eines neuromuskulären Ungleichgewichtes (Spina bifida) entstehen, wird anstatt der Verlängerung eine Durchtrennung der medialseitigen Sehnen durchgeführt, da ansonsten eine hohe Rezidivneigung besteht. Der Fuß wird durch einen Innenschuh oder orthopädischen Schuh gehalten. Bei orthetischer Versorgung kann man eine Teilmobilität des oberen Sprunggelenkes belassen. Bei und nach Wachstumsabschluß können Restdeformitäten des Klumpfußes knöchern korrigiert werden. Dies erfolgt mit Hilfe einer T-Arthrodese. Hierbei wird ein lateralseitiger Keil im unteren Sprunggelenk sowie ein dorsalbasiger Keil im Chopart-Gelenk entnommen.

11.2.2 Spitzfuß (Pes equinus)

Definition. Fersenhochstand, der ein plantigrades Aufsetzen des Fußes verhindert. Entspricht funktionell-anatomisch einer Beugekontraktur des oberen Sprunggelenks. Siehe hierzu *Synopsis 213.*

Ätiologie. Die Ursachen des Spitzfußes sind vielfältig. Bei der Zerebralparese ist er die häufigste Deformität *(S. 247).* Nach Verbänden, die den Fuß längere Zeit in Spitzfußstellung fixieren, sowie bei längerem Krankenlager ohne Abstützung des Fußes kann ein Spitzfuß entstehen. Auch nach operativen Unterschenkelverlängerungen und posttraumatisch kann eine Verkürzung der Achillessehne verbleiben.

Klinik. Eine verminderte Redressierbarkeit des Spitzfußes bei gestrecktem Kniegelenk ist hinweisend auf eine Verkürzung des Musculus gastrocnemicus (Ursprung am distalen Femur). Oftmals ist der Spitzfuß mit einer erheblichen Valgusstellung der Ferse verbunden, die sich beim Versuch der Redression erheblich verstärkt. Die Spitzfüßigkeit führt zur funktionellen Beinverlängerung, zum **Genu recurvatum** (Überstreckbelastung des Kniegelenkes) sowie bei einseitigem Befall (vergleiche auch *S. 127,* Folgen von Beinlängendifferenzen) zur Ausbildung einer Lumbalskoliose. Durch die funktionelle Überlänge muß das Bein beim Gehen vermehrt angehoben werden.

11.2.2 Spitzfuß

◀ **Definition**

Ätiologie
Der Spitzfuß wird am häufigsten bei der Zerebralparese beobachtet. Auch längerfristige Verbände in Spitzfußstellung sowie nach längerem Krankenlager, nach Unterschenkelverlängerungen und posttraumatisch kann ein Spitzfuß entstehen.

Klinik
Differenziert wird die Spitzfüßigkeit bei gestrecktem und gebeugtem Kniegelenk. Durch die funktionelle Beinverlängerung kommt es zur Überstreckbelastung des Kniegelenkes mit der Gefahr der Entwicklung eines **Genu recurvatum** sowie bei Kindern zur Ausbildung einer **Lumbalskoliose.**

Synopsis 213: Spitzfußdeformität

Kennzeichnend für den Spitzfuß ist die Stellung des Rück- und Mittelfußes in Verlängerung der Unterschenkelachse

Beim Kind erfolgt die Spitzfußkorrektur durch die Achillessehnenverlängerung mit hinterer Kapsulotomie im oberen und unteren Sprunggelenk. Beim kontrakten Spitzfuß des Erwachsenen meist durch die korrigierende **T-Arthrodese**

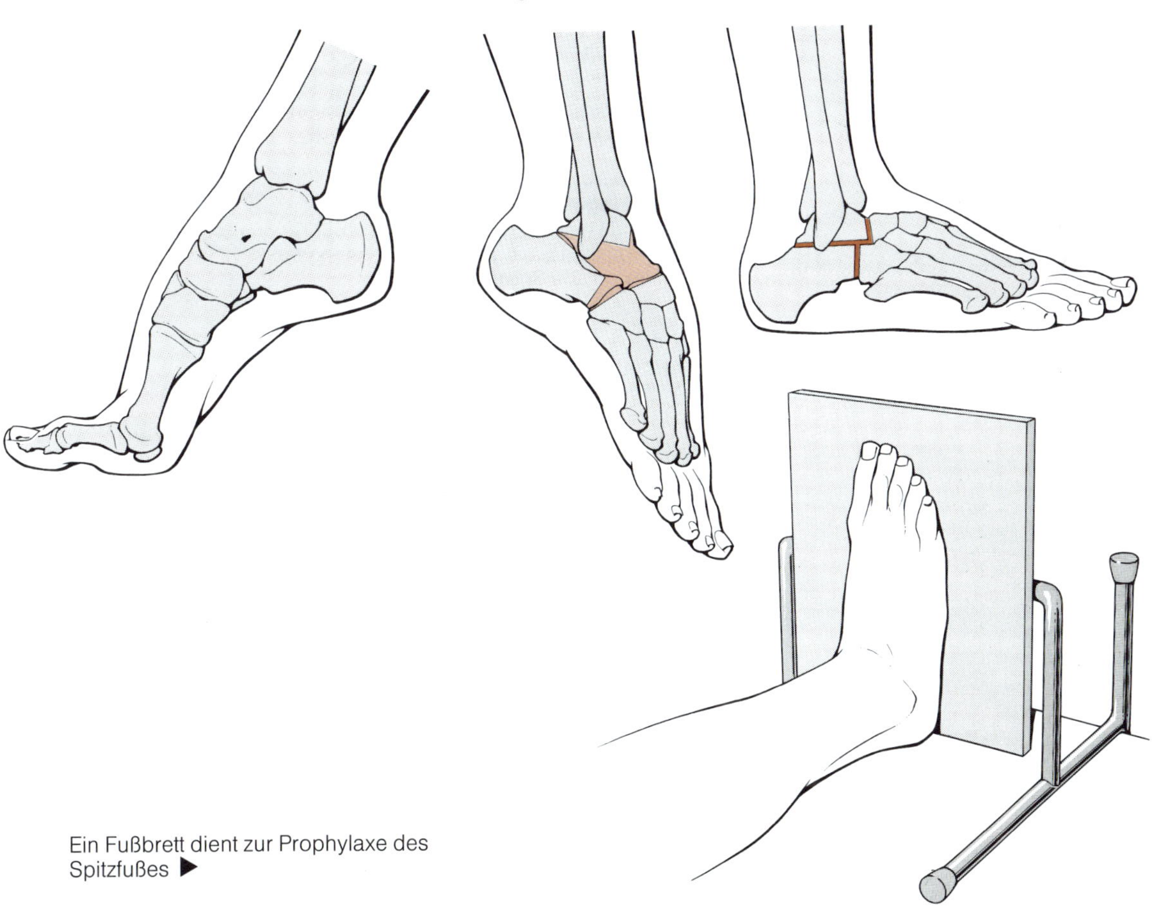

Ein Fußbrett dient zur Prophylaxe des Spitzfußes ▶

Therapie
Durch entsprechende Verbandsanordnung oder mit einem Fußbrett im Krankenlager kann einer Spitzfußentstehung entgegengewirkt werden.
Krankengymnastisch besteht die Möglichkeit der Dehnungsbehandlung. Auch mit Unterschenkelstehgipsen kann ein Redressement durchgeführt werden. Operativ wird eine Achillessehnenverlängerung mit gleichzeitiger dorsaler Kapsulotomie der Sprunggelenke durchgeführt. Beim kontrakten Spitzfuß des Erwachsenen ist eine korrigierende Arthrodese angezeigt.

Therapie. Als prophylaktische Maßnahme ist bei jeder länger dauernden Immobilisation des oberen Sprunggelenkes darauf zu achten, daß keine Spitzfußstellung entsteht. Beim Krankenlager sollte im Bett ein **Fußbrett** angebracht werden, damit sich der Patient dort abstützen kann. Krankengymnastisch wird eine Dehnungsbehandlung der verkürzten Weichteile durchgeführt. Durch Unterschenkelstehgipse kann die Spitzfüßigkeit redressiert werden. Der kontrakte Spitzfuß des Erwachsenen kann durch eine beidseitige Absatzerhöhung versorgt werden. Operativ erfolgt die Therapie des Spitzfußes durch eine z-förmige Achillotenotomie mit dorsaler Kapsulotomie im oberen und unteren Sprunggelenk. Durch mehrmonatige Gipsnachbehandlung wird ein korrigierendes Wachstum des Rückfußes erzielt. Im Erwachsenenalter kann der kontrakte Spitzfuß zusätzlich durch eine Arthrodese korrigiert werden. Bei erhaltener Mobilität im oberen Sprunggelenk wird die Korrektur durch eine T-Arthrodese mit ventraler Keilentnahme **(Operation nach Lambrinudi)** durchgeführt. Ist die Mobilität im oberen Sprunggelenk aufgehoben (posttraumatisch), wird die korrigierende Arthrodese dort durchgeführt.

11.2.3 Hängefuß

11.2.3 Hängefuß

Definition ▶

Definition. Lähmungsbedingte Unfähigkeit, den Fuß aktiv zu heben.

Ätiologie
Schädigungen der Nervenwurzel L 5 bzw. des Nervus peronaeus verursachen einen Hängefuß.

Ätiologie. Dem Hängefuß liegt eine Lähmung der Extensoren des Fußes zugrunde. Diese schlaffe Lähmung kann bedingt sein durch Infektionskrankheiten (Poliomyelitis, Diphtherie), Schädigung der Nervenwurzel L 5 durch Diskusprolaps oder durch Druckschädigung des Nervus peronaeus am Fibulaköpfchen *(S. 463)*.

Klinik
Die aktive Fußhebung ist aufgehoben. Der Patient geht im Steppergang.

Klinik. Durch die fehlende aktive Fußhebung müssen die Patienten im Steppergang gehen. Hierbei wird durch vermehrte Kniebeugung des betroffenen Beines der Fuß nach vorn gesetzt.

Therapie
Bei passagerer Schädigung erfolgt die Spitzfußprophylaxe durch recht

Therapie. Bei passagerer Schädigung ist die sofort einsetzende Spitzfußprophylaxe durch rechtwinklige Schienung des Fußes angezeigt (Hängefußschiene,

Synopsis 214: Hängefußschiene:
Die Orthese bewirkt eine rechtwinkelige Schienung des Fußes. Arthrorise: der eingesetzte Knochenspan begrenzt die Flexion des Sprunggelenkes.

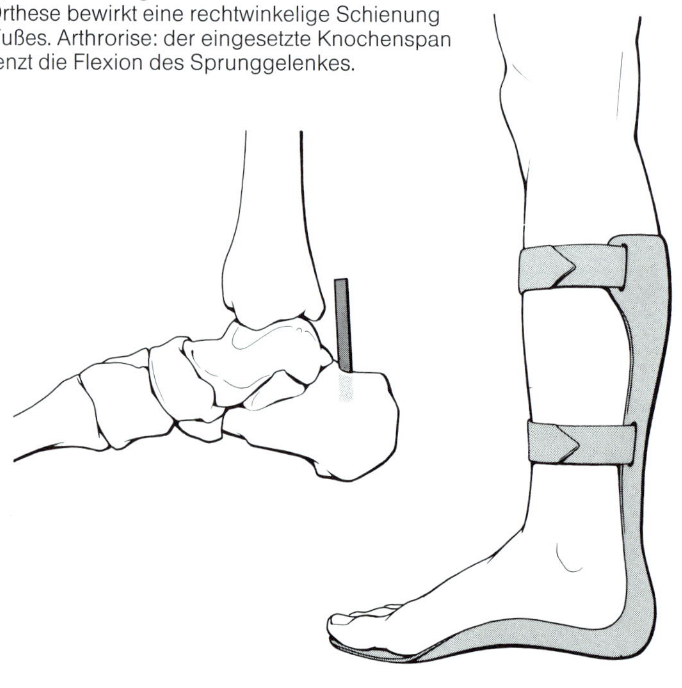

syn.: Peronaeusfeder, Heidelberger Winkel, *Syn. 214).* Ansonsten bleibt die Möglichkeit der Versorgung mit einem Innenschuh oder orthopädischen Schuh mit hochgezogenem Schaft.

winkelige Schienung des Fußes (Peronaeusfeder; Innenschuh, orthopädischer Schaftstiefel). Die operative Behandlung erfolgt durch eine korrigierende Arthrodese oder Schaffung eines knöchernen Anschlages **(Arthrorise).** Zusätzlich werden Tenodesen durchgeführt.

Bei einer lokalen Schädigung des Nervus peronaeus, z.B. am Fibulaköpfchen, ist die operative Rekonstruktion möglich. Beim Erwachsenen kann durch eine T-Arthrodese in der Technik nach Lambrinudi der Hängefuß korrigiert werden. Zusätzlich kann durch eine Tenodese (verkürzte Fixation der Fußextensoren am distalen Unterschenkel) der Fuß stabilisiert werden. Weiterhin besteht die Möglichkeit, durch Einsetzen eines Knochenspans in den Kalkaneus eine knöcherne Anschlagsperre herbeizuführen **(Arthrorise),** ein Verfahren, das allerdings nur selten angewandt wird.

11.2.4 Hackenfuß (Pes calcaneus)

11.2.4 Hackenfuß

◀ Definition

Definition. Fußfehlform mit Steilstellung der Ferse. *Synopsis 215* gibt einen Überblick.

Synopsis 215: Hackenfuß

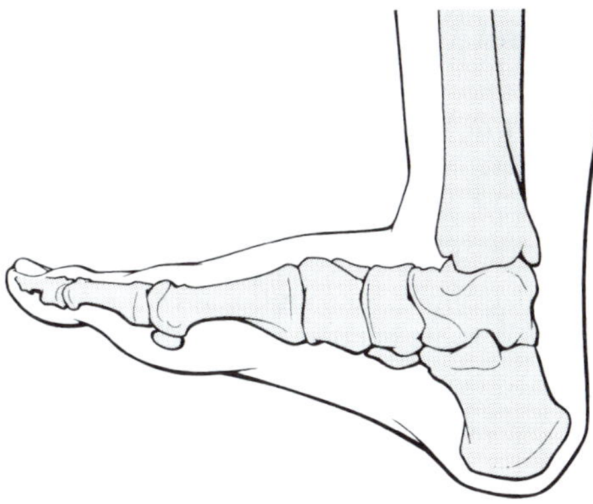

Die Deformität ist gekennzeichnet durch die Steilstellung der Ferse

Hackenfüßigkeit: Häufige, aber prognostisch günstige, durch die intrauterine Lage bedingte Fußform des Neugeborenen ▶

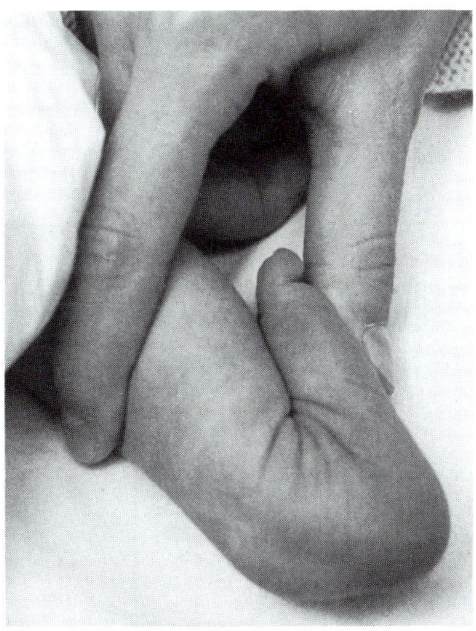

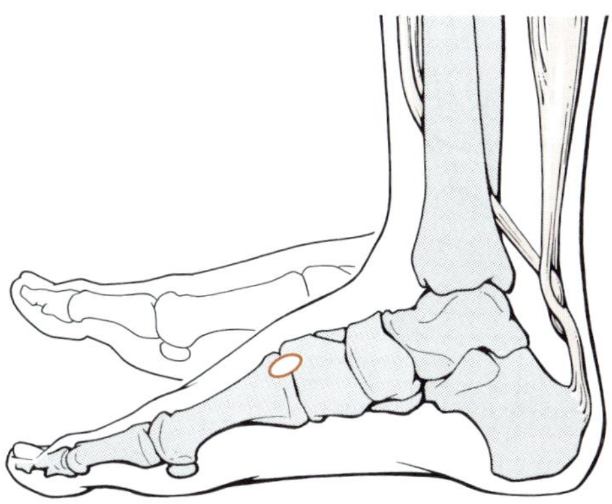

Transfer des M. tibialis anterior auf die Achillessehne als Muskelersatzplastik

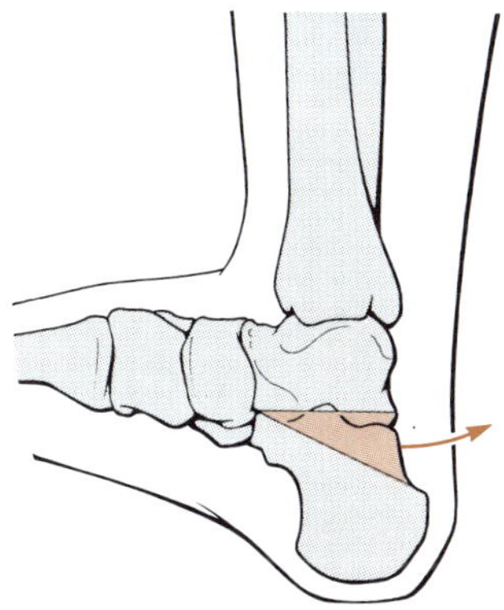

Korrigierende Arthrodese mit Entnahme eines Keiles aus dem Rückfuß

Ätiologie
Die häufige Hackenfüßigkeit des Neugeborenen ohne anatomische Fehlanlage wird differenziert vom seltenen, durch den Ausfall der Wadenmuskulatur (N. tibialis) bedingten Hackenfuß.

Klinik
Die Ferse steht steil nach unten und wird deshalb unphysiologisch belastet, was zu lokalen Beschwerden und bei reduzierter Sensibilität zusätzlich zu Drucknekrosen unter der Ferse führt.

Therapie
Entlastung im orthopädischen Schuh. Bei isoliertem Ausfall der Wadenmuskulatur können Muskelersatzplastiken durchgeführt werden. Im Erwachsenenalter korrigierende T-Arthrodese. Die Hackenfüßigkeit des Neugeborenen hat eine gute Prognose.

Ätiologie. Beim Neugeborenen besteht auf Grund der intrauterinen Zwangsposition vielfach eine **Hackenfüßigkeit.** Der Fußrücken liegt der Vorderseite des Unterschenkels an. Diese prognostisch günstige Form ohne anatomische Fehlanlage ist abzugrenzen vom Hackenfuß, der durch den Ausfall der Wadenmuskulatur (Schädigung des N. tibialis, Achillessehnendurchtrennung oder überdosierte Achillessehnenverlängerung) bedingt ist.

Klinik. Die Ferse steht steil nach unten. Die Extension des Fußes ist zuungunsten der Flexion vermehrt. Unter dem prominenten Kalkaneus kommt es zur unphysiologischen Belastung. Dies führt zu lokalen Beschwerden und insbesondere bei gleichzeitig aufgehobener Sensibilität häufig zu Drucknekrosen. Der Hackenfuß ist eine Wachstumsdeformität.

Therapie. Im orthopädischen Schuh wird der Absatz rückverlagert und eine Teilentlastung des Kalkaneus durch Fußbettung bewirkt. Bei isoliertem Ausfall der Wadenmuskulatur können Muskelersatzoperationen durchgeführt werden (Verlagerung der Insertion des Musculus tibialis anterior auf die Ferse). Im Erwachsenenalter wird die korrigierende T-Arthrodese mit dorsaler Keilentnahme durchgeführt. Die Hackenfußstellung des Neugeborenen bildet sich innerhalb der ersten Lebenswochen spontan zurück. Unterstützend kann eine manuelle Redression durchgeführt werden.

11.2.5 Hohlfuß

11.2.5 Hohlfuß (Pes cavus)

Definition ▶

> ***Definition.*** Fußdeformität mit Verstärkung des Fußlängsgewölbes. *Synopsis 216* gibt einen Überblick.

Ätiologie
Neben einem konstitutionellen Hohlfuß kommt es bei vielen neurologi-

Ätiologie. Bei Lähmung der Fußbinnenmuskulatur sowie bei neurologischen Systemerkrankungen (Muskelatrophie; Spina bifida; Friedreich-Ataxie) kommt es zur Hohlfußbildung. Deshalb sollte bei dieser Fußdeformität immer eine dif-

Synopsis 216: Hohlfuß

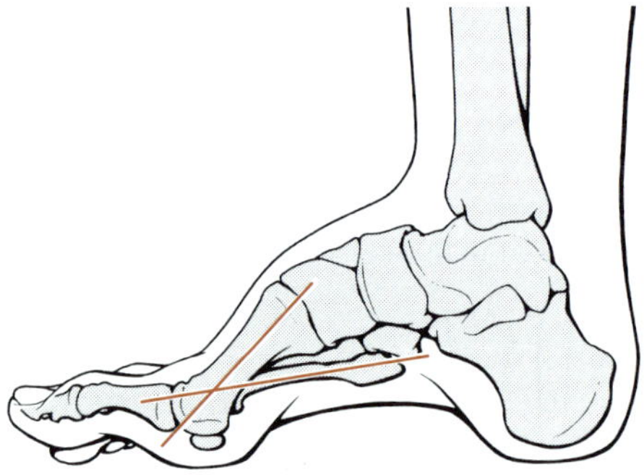

Die Deformität ist gekennzeichnet durch den hohen Rist. Das Fußgewölbe ist medialseitig am höchsten, deshalb kommt es zur Überkreuzung von Metatarsale I und V

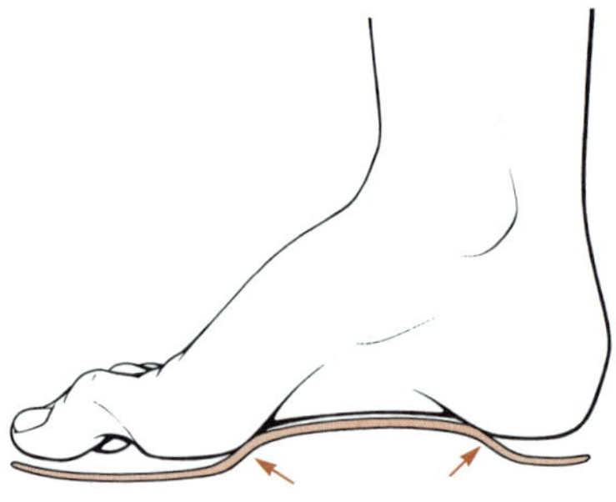

Die Hohlfußeinlage wirkt korrigierend durch die Abstützung am Rande des Fußgewölbes

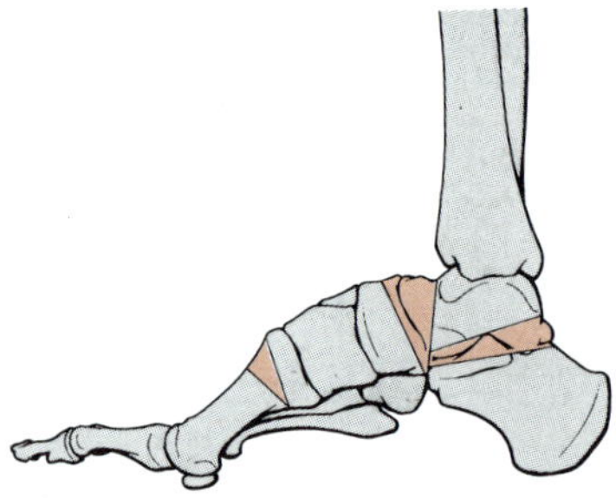

Die korrigierende T-Arthrodese wird oft mit einer basisnahen Metatarsale-I-Osteotomie kombiniert

ferenzierte neurologische Abklärung erfolgen. Des weiteren gibt es eine konstitutionelle Form des Hohlfußes.

Der Hohlfuß kann auch kombiniert als sogenannter Hackenhohlfuß vorkommen (z.B. bei Myelodysplasien, Poliomyelitis).

Klinik. Die Verstärkung des Fußlängsgewölbes ist meist mit einer Steilstellung der Metatarsalia verbunden **(Ballenhohlfuß).** Das 1. Metatarsale weist hierbei die stärkste Steilstellung auf, weshalb sich im seitlichen Röntgenbild das 1. und 5. Metatarsale überkreuzen. Durch die Steilstellung der Metatarsalia kommt es zur unphysiologischen Belastung der Mittelfußköpfchen. Sie sind druckschmerzhaft und vermehrt beschwielt. Durch die Überkreuzung der **Metatarsalia** besteht eine **Rückfußvarusstellung.** Diese begünstigt Supinationsverletzungen im oberen Sprunggelenk (Außenbandruptur). Begleitend entwickeln sich häufig sehr rigide **Krallenzehen.** Insbesondere im engen Schuh kann es deshalb zu ausgedehnten Beschwerden im Bereich der Zehen kommen.

Bedingt durch den **hohen Rist** (Fußrücken) und die Krallenzehen ist die Versorgung mit Konfektionsschuhen bei dieser Deformität problematisch.

Therapie. Die grundlegenden neurologischen Erkrankungen können selten kausal behandelt werden, so daß nur die Möglichkeit der orthopädietechnischen Versorgung dieser sich meist kontinuierlich über Jahre hinweg entwickelnden Deformität verbleibt. Bei Kindern werden korrigierende Einlagen oder Innenschuhe verordnet. Diese werden so aufgebaut, daß sie nicht das Gewölbe abstützen, sondern abflachen und gleichzeitig den Hohlfuß pronieren *(Syn. 216).* Beim Erwachsenen erfolgt die Verordnung eines orthopädischen Maßschuhes. Dieser muß so gearbeitet sein, daß genügend Raum für den hohen Rist und die Krallenzehen besteht. Um die schmerzhaften Metatarsalköpfchen zu entlasten, muß über das gesamte Fußlängsgewölbe abgestützt werden. Wegen der Zehendeformitäten ist eine Schuhabrollung notwendig.

Bei dieser auch operativ nicht immer befriedigend korrigierbaren Fußdeformität kommen unterschiedliche Methoden zur Anwendung. Im Kindesalter wird die Plantaraponeurose tenotomiert, um das Fußlängsgewölbe aufzubiegen. Der Rückfuß kann durch eine T-Arthrodese korrigiert werden. Zusätzlich ist oft eine Osteotomie im Bereich der Basis der Metatarsalia, insbesondere des Metatarsale I notwendig. Im Bereich der Zehen werden Resektionsarthroplastiken *(Abb. 150, S. 497)* durchgeführt. An der Großzehe wird das Grundgelenk versteift unter gleichzeitiger Verlagerung der Strecker auf die Beugesehne zur Verbesserung der Fußabrollung.

schen Krankheitsbildern zur Hohlfußbildung. Diese Deformität entsteht meist langsam über Jahre hinweg. Der Hohlfuß kann auch kombiniert als sogenannter Hackenhohlfuß vorkommen.

Klinik

Das Fußlängsgewölbe ist verstärkt. Das 1. Metatarsale weist hierbei steil nach unten. Dementsprechend werden Supinationsverletzungen im oberen Sprunggelenk begünstigt. Es entwickeln sich oftmals ausgeprägte **Krallenzehen.** Durch den **hohen Rist** ist die Konfektionsschuhversorgung erheblich erschwert.

Therapie

Die grundlegenden neurologischen Erkrankungen sind selten kausal therapierbar. Konservativ werden korrigierende Einlagen oder Innenschuhe während des Wachstums verordnet *(Syn. 216).* Beim Erwachsenen ist wegen der Schwierigkeit der Versorgung mit einem Konfektionsschuh der orthopädische Maßschuh mit gleichzeitiger Schuhabrollung indiziert. Operativ kann bei Kindern die Plantaraponeurose durchtrennt werden. Beim Erwachsenen ist die Korrektur durch T-Arthrodese, basisnahe Osteotomie des Metatarsale I sowie durch Zehenkorrekturen möglich *(Abb. 150, S. 497)*

11.2.6 Angeborener Plattfuß

Synonym. Talus verticalis; Tintenlöscherfuß.

11.2.6 Angeborener Plattfuß

Definition. Der Talus verticalis ist gekennzeichnet durch die Steilstellung des Talus bei hoch stehendem Kalkaneus und Luxation im Talonavikulargelenk *(siehe Synopsis 212, S. 484).*

◀ **Definition**

Ätiologie. Der Talus verticalis ist eine angeborene Deformität, zum Teil mit familiärer Häufung. Bei Kindern mit Spina bifida und bei Arthrogrypose wird diese Fußfehlform gehäuft beobachtet.

Klinik. Diese seltene Deformität muß ätiologisch, pathogenetisch und therapeutisch vom erworbenen Plattfuß getrennt werden. Der Hochstand der Ferse sowie der steil nach unten gerichtete Talus sowie der im Talonavikulargelenk nach kranial luxierte Mittelfuß ergeben das **total konvexe** Bild der Fußsohle. Da beim Säugling durch das subkutane Fettgewebe das Fußlängsgewölbe physiologischerweise abgeflacht erscheint, wird diese Fußfehlform zunächst häufig verkannt. Der Rückfuß steht in Valgusstellung. Beim unbehandelten angeborenen Plattfuß kommt es durch vermehrte Belastung über dem Taluskopf zu Druckgeschwüren, die die Gehfähigkeit zum Teil erheblich beeinträchtigen oder aufheben. Röntgenologisch findet sich eine Steilstellung des Talus, der oftmals in direkter Verlängerung der Tibia steht. In Abhängigkeit des Hochstandes des

Ätiologie

Angeborene Deformität. Gehäuft auch bei Kindern mit Spina bifida oder Arthrogrypose.

Klinik

Diese seltene Deformität wird oftmals wegen dem ausgeprägten subkutanen Fettpolster des Säuglings zunächst nicht diagnostiziert. Durch die Luxation im Talonavikulargelenk kommt es dort im Verlauf des Wachstums zu zunehmenden Druckbeschwerden, die die Gehfähigkeit zum Teil erheblich beeinträchtigen. In *Synopsis 212 (S. 484)* ist der entsprechende Röntgenbefund dargestellt.

Kalkaneus ist der Winkel im seitlichen Strahlengang zwischen Talus und Kalkaneus dorsal offen zwischen 50 und 90 Grad. Das Talonavikulargelenk steht hierbei subluxiert oder luxiert *(Syn. 212, S. 484).*

Therapie
Bei Geburt Beginn mit redressierenden Gipsen wie bei der Klumpfußbehandlung. Nach 3 Monaten Achillessehnenverlängerung, dorsale Kapsulotomie, Reposition im Talonavikulargelenk mit muskelplastischer Stützung des Fußlängsgewölbes. Auch nach der idealen Korrektur dieser Deformität muß langfristig nachbehandelt werden.

Therapie. Wie bei der Klumpfußbehandlung sollte sofort nach Geburt mit einer korrigierenden Gipsbehandlung begonnen werden, wobei durch die alleinige konservative Therapie meist kein befriedigendes Ergebnis erzielt werden kann. Operativ wird die Luxation im Talonavikulargelenk reponiert. Hierzu ist eine ausgedehnte Kapseleröffnung im oberen und unteren Sprunggelenk notwendig. Die Achillessehne wird verlängert und der Tibialis anterior rückverlagert, der Tibialis posterior vorverlagert, um damit eine muskuläre Abstützung des Fußlängsgewölbes zu erreichen. Postoperativ ist eine lange Nachbehandlung mit Gipsen, Einlagen, Innenschuhen und Nachtlagerungsschalen notwendig, um die erreichte Korrektur zu erhalten. Nach Wachstumsabschluß können Restdeformitäten mit einer T-Arthrodese korrigiert werden.

11.2.7 Sichelfuß

11.2.7 Sichelfuß

Synonyme. Pes adductus; Metatarsus varus

Definition ▶

Definition. Vermehrte Adduktion des Mittelfußes und der Zehen. *Synopsis 217* gibt Auskunft über die Deformität.

Ätiologie
Der Sichelfuß kann endogen oder als Lagerungsdeformität (Bauchliegerdeformität) entstehen.

Ätiologie. Der Sichelfuß kann konstitutionell bedingt sein. Die kongenitale Form weist gleichzeitig einen Hallux varus auf. Bei Säuglingen, die bevorzugt in Bauchlage gelagert werden, kann durch stetige Auflage des Vorfußes in Innenrotationsstellung der Fuß in die Sichelfußstellung hineinwachsen. Nach Klumpfußbehandlung kann ein Pes adductus als Restdeformität verbleiben.

Klinik
Metatarsus varus bei meist valgischer Rückfußeinstellung. Diese gut therapierbare Fußfehlform rezidiviert oft.

Klinik. Die erste Zehe (Metatarsus varus) oder alle Zehen stehen nach innen. Im Gegensatz zum Klumpfuß ist der Rückfuß meist valgisch eingestellt und mobil. Obgleich diese Fußdeformität beim Kleinkind meist weitgehend korrigierbar ist, besteht zum Teil eine ausgeprägte Rezidivneigung.

Synopsis 217: Sichelfuß.

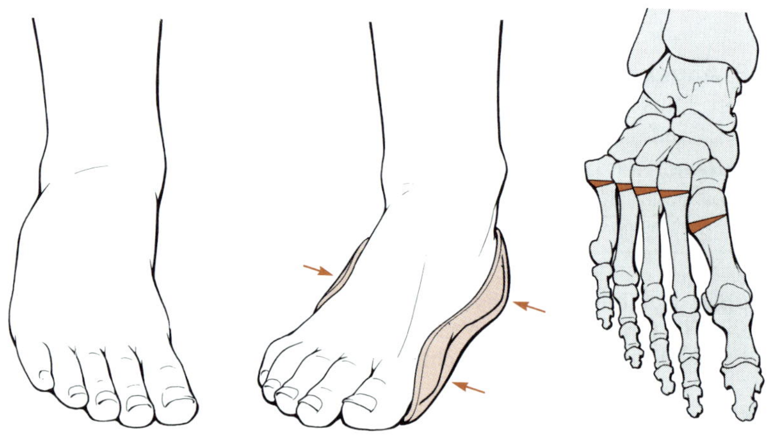

Die Deformität ist charakterisiert durch die Abweichung der Zehen nach medial

Die korrigierenden Einlagen werden fersenumfassend mit vorgezogenem Innenrand gebaut

Die seltene operative Korrektur erfolgt durch basisnahe Osteotomie der Metatarsalia

Therapie. Der Sichelfuß sollte zunächst manuell redressiert werden. Bei Befundpersistenz werden kurzfristig **redressierende Oberschenkelgipsverbände,** später dann Oberschenkelnachtlagerungsschalen sowie fersenumfassende Einlagen mit vorgezogenem Innenrand verordnet. Bei Bauchliegern und geringgradiger Deformität genügt eine Versorgung mit Unterschenkelschaumstoffringen, so daß der Fuß nicht mehr in Bauchlage auf dem Außenrand aufliegt und es somit zu keiner weiteren Verstärkung der Deformität kommt. Die operative Therapie ist nur selten angezeigt. Sie erfolgt durch eine basisnahe Osteotomie der Metatarsalia.

Therapie
Beim Neugeborenen ist zunächst die manuelle Redression angezeigt. Bei Therapieresistenz korrigierende Oberschenkelgipsschalen. Zur Vermeidung von konsequenter Bauchlage ggf. Entlastung des Fußes durch Unterschenkelschaumstoffringe. Selten ist die operative Therapie angezeigt.

11.2.8 Knickfuß (Pes valgus), Senkfuß, Plattfuß (Pes planus)

11.2.8 Knickfuß

Definition. Knickfuß (Pes valgus): valgische Einstellung des Rückfußes. Pes planus (Senkfuß): Abflachung des Fußlängsgewölbes *(Syn. 218).*

◀ Definition

Ätiologie. Der Knick-Senkfuß ist eine **statische Deformität.** Durch die Insuffizienz des aktiven und passiven Halteapparates des Fußes kommt es allmählich unter der Belastung des Gehens und Stehens zur Abflachung des Fußlängsgewölbes mit gleichzeitiger valgischer Einstellung des Rückfußes. Oft wird zusätzlich eine Abflachung des Quergewölbes des Fußes (Spreizfuß, *s.u.)* beobachtet. Der Knick-Senkfuß ist eine sehr häufige Deformität, wobei der Übergang vom physiologischen zum pathologischen kontinuierlich ist und eine der beiden Komponenten dominieren kann.

Während der ersten Lebensjahre ist der kindliche Fuß sehr flexibel. Der Knick-Senkfuß ist in diesem Alter häufig zu beobachten, aber voll redressierbar und verschwindet beim Zehenspitzengang. In der Adoleszenz wird der Fuß rigider, der kindliche Knick-Senkfuß bildet sich häufig zurück. Im Einzelfall bleibt diese Deformität aber auch im Erwachsenenalter erhalten. Da es sich um eine statische Deformität handelt, wird sie häufiger beobachtet bei übergewichtigen Patienten sowie bei konstitutioneller Bandschwäche. Die gleiche Fußform kann

Ätiologie
Der Knick-Senkfuß ist eine **statische Deformität.** Die Abflachung des Fußlängsgewölbes *(Syn. 218)* und die Zunahme des Fersenvalgus erklärt sich durch die Insuffizienz des Halteapparates des Fußes. Dementsprechend sind Übergewicht und Bandschwäche prädisponierende Faktoren. Traumen, Entzündungen und Knochenerkrankungen sowie eine Fibulaminderentwicklung können ebenfalls zum Pes valgus führen. Während des Wachstums kann die Knick-Senkfüßigkeit zurückgehen, aber auch in seltenen Fällen ausgeprägter werden.

Synopsis 218: Knick-Senkfuß.

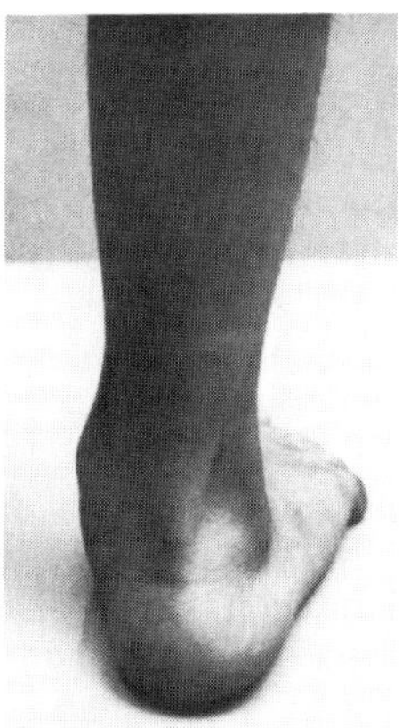

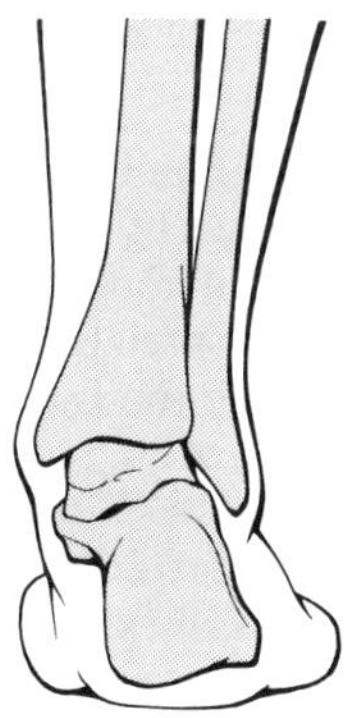

Die Ferse steht in Knickstellung. Diese valgische Fehlstellung ist überwiegend im unteren Sprunggelenk und Kalkaneus lokalisiert.

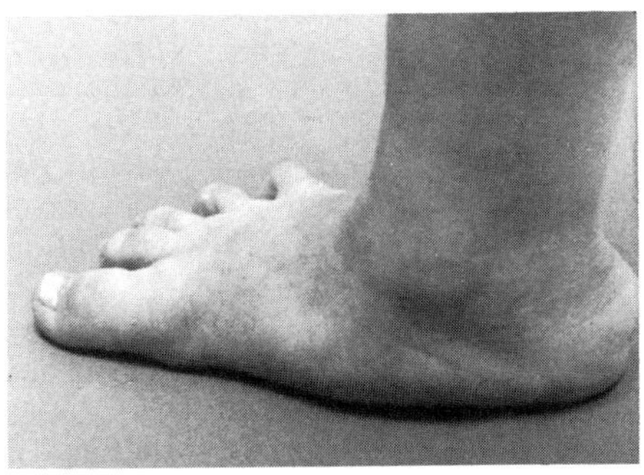

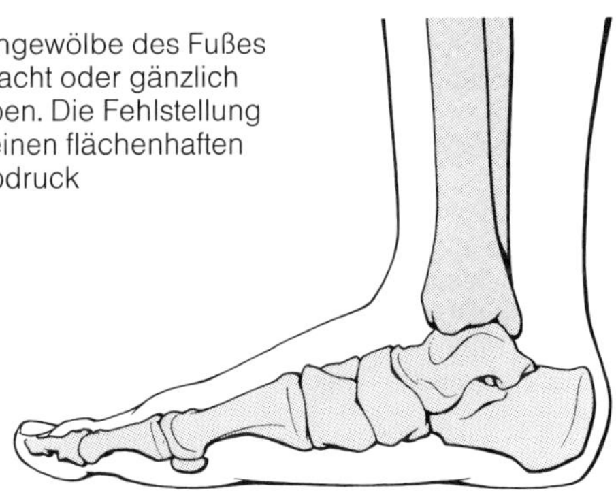

Das Innengewölbe des Fußes ist abgeflacht oder gänzlich aufgehoben. Die Fehlstellung bedingt einen flächenhaften Sohlenabdruck

auch nach Traumen, Entzündungen und Knochenerkrankungen (z.B. Verkürzung der Fibula als Folge einer Knöchelfraktur oder Rachitis) oder bei Fibulahypoplasie/Agenesie *(S. 96)* entstehen.

Klinik
Während des Wachstums bestehen in der Regel keine Beschwerden. Im Erwachsenenalter und insbesondere nach statischer Belastung werden Schmerzen geklagt.

Klinik. Kinder mit Knick-Plattfuß klagen in der Regel nicht über Beschwerden. In der Adoleszenz und im Erwachsenenalter werden zum Teil Schmerzen angegeben, die aber häufig nicht mit dem Ausmaß der Deformität korrelieren. Durch die valgische Einstellung des Rückfußes werden die Schuhsohlen auf dem Innenrand abgeschliffen, so daß bereits vom Schuh auf die Deformität geschlossen werden kann.

Therapie
Bei Kindern ist die **Fußgymnastik** indiziert. Die **Einlagenversorgung** sollte sich auf ausgeprägte Fälle beschränken, wobei die Materialwahl entsprechend dem Körpergewicht erfolgen muß. Hierbei wird der Rückfuß und das Längsgewölbe abgestützt. Auch Versorgungen mit einem Fußbett, insbesondere auch in Sportschuhen, können therapeutisch eingesetzt werden. Die seltene operative Therapie des schmerzhaften Knick-Senkfußes des Erwachsenen erfolgt durch eine T-Arthrodese.

Therapie. Bei Kindern kann mit **Fußgymnastik** spielerisch die Fußmuskulatur gekräftigt werden. Eine **Einlagenversorgung** ist nur bei ausgeprägten Befunden erforderlich. Dabei ist immer zu bedenken, daß eine schlecht passende Einlage (schnelles Wachstum des kindlichen Fußes) schlechter ist als keine Einlage. Die Einlage muß fersenumfassend gebaut werden mit medialseitiger **Unterstützung des Rückfußes** (Fersenkeil) **und des Längsgewölbes** (Supinationskeil). Die Materialwahl muß das Körpergewicht des Patienten berücksichtigen. Auch Schuhe mit integriertem Fußbett stützen das Längsgewölbe. Der fersenumfassende Aufbau des Schuhes bewirkt gleichzeitig eine Führung des Rückfußes, weshalb er bei leichteren Knick-Senkfüßen durchaus therapeutisch eingesetzt werden kann, zumal vor allem Sportschuhe dieser Art eine hohe Akzeptanz bei den Kindern haben.

Da die Prognose des Knick-Senkfußes während des Wachstumsalters nicht sicher beurteilt werden kann, ist die operative Therapie beim Kind, durch Verlagerung von Sehnenansätzen, nur bei schwersten Plattfüßen angezeigt. Im Erwachsenenalter kann bei hochgradigen Deformitäten und ausgeprägten Beschwerden mit einer T-Arthrodese eine Korrektur des Fußes durchgeführt werden. Hierbei erfolgt eine lateralseitige Keilentnahme am Kalkaneus und eine plantarseitige Keilentnahme im Talonavikulargelenk.

11.3 Degenerative Erkrankungen

11.3.1 Spreizfuß

11.3. Degenerative Erkrankungen

11.3.1 Spreizfuß (Pes transverso-planus)

Definition ▶

Definition. Absenkung des Fußquergewölbes. Siehe *Synopsis 219.*

Ätiologie
Der Spreizfuß ist eine statische Deformität, die durch endogene, statische oder entzündliche Faktoren verursacht wird und durch unzweckmäßiges Schuhwerk begünstigt wird.

Ätiologie. Der Spreizfuß ist eine **statische Deformität,** die sich im Zusammenspiel von endogenen Faktoren, Übergewicht und unzweckmäßigem Schuhwerk ergibt. Rück- und Mittelfußdeformitäten können ebenfalls zu vermehrter Belastung der Metatarsalia und damit zum Spreizfuß führen. Bei entzündlich rheumatischen Erkrankungen entsteht durch die Lyse der ligamentären Strukturen ein oft hochgradig schmerzhafter Spreizfuß.

Klinik
Der Spreizfuß ist die häufigste schmerzhafte Fußdeformität. Der Vorfuß ist hierbei verbreitert mit vermehrter Druckbelastung der Metatarsalköpfchen II bis IV. Dort bilden sich **schmerzhafte Schwielen** aus. Bei der klinischen Untersuchung läßt sich plantar, zwischen den Metatarsalköpfchen, ein **Druckschmerz** auslösen. Manchmal ist der gesamte Mittelfuß bei Kompression schmerzhaft. Häufig werden begleitende Zehendeformitäten beobachtet.

Klinik. **Der Spreizfuß stellt die häufigste schmerzhafte Fußdeformität dar.** Durch das Absinken des Fußquergewölbes resultiert eine Verbreiterung des Vorfußes und vermehrte Druckbelastung der Metatarsalköpfchen II bis IV. Dort bilden sich **schmerzhafte Schwielen aus.** Bei der klinischen Untersuchung läßt sich plantar, zwischen dem Metakarpalköpfchen, ein **Druckschmerz** auslösen. Manchmal ist der gesamte Mittelfuß bei Kompression schmerzhaft. Die Zugrichtung der an den Zehen inserierenden Sehnen verändert sich, so daß sekundäre Zehendeformitäten entstehen **(Hallux valgus,** *S. 493,* **Digitus quintus varus,** *S. 496).* Durch die Fehlstatik kommt es zu belastungsabhängigen Beschwerden im Bereich des Fußes. Die Verbreiterung des Vorfußes verursacht Druckstellen im Schuh, welche sich auch über den deformierten Zehen ausbilden.

Röntgenologisch werden die **Divergenz der Metatarsalia,** sekundäre Zehenfehlstellungen und das Ausmaß der sekundär arthrotischen Veränderungen abgebildet.

Synopsis 219: Spreizfuß.
Durch Absinken der Metatarsalköpfchen verschwindet das Fußquergewölbe. Dies bedingt ein Auseinanderweichen des Mittelfußes. Die Metatarsalköpfchen II–IV werden vermehrt (unphysiologisch!) belastet.

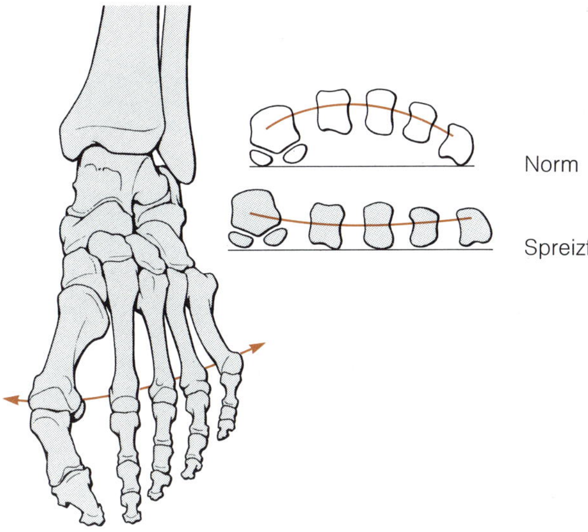

Therapie. Fußgymnastik stärkt die Fußmuskulatur, kann aber nicht eine bereits bestehende Deformität korrigieren. Akute Reizzustände können durch Ruhigstellung und Antiphlogistikagabe therapiert werden. Eine Fußbettung sollte bei jedem Spreizfuß durchgeführt werden. Diese erfolgt durch eine **retrokapitale Abstützung.** Als einfachste Maßnahme genügt hierzu das Einkleben einer entsprechenden Pelotte am Konfektionsschuh. Ansonsten wird die Abstützung in eine Einlage eingearbeitet. Operative Maßnahmen zur Fußverschmälerung werden nur selten angewandt.

Therapie
Akute Reizzustände werden durch Ruhigstellung therapiert. Eine Fußbettung mit retrokapitaler Abstützung der Metatarsalköpfchen ist die wichtigste konservative Maßnahme. Eine operative Fußverschmälerung ist nur selten indiziert.

11.3.2 Hallux valgus

11.3.2 Hallux valgus

Definition. Laterale Abweichung der Großzehe (Subluxation) im Grundgelenk bei varischer Stellung des Metatarsale I (Abduktionskontraktur, *Syn. 220).*

◀ Definition

Ätiologie und Pathogenese. Der Hallux valgus entsteht meist sekundär als Folge eines Spreizfußes. Enges, modisches Schuhwerk führt zu einer verstärkten Ausprägung der Fehlstellung. Beim seltenen kindlichen Hallux valgus besteht eine genetische Disposition. Durch die Divergenz der Metatarsalia beim Spreizfuß kommt es zur varischen Einstellung des Metatarsale I (M. extensor hallucis longus). Hierdurch wirken die Zehenstrecker und -beuger zusätzlich adduzierend, die Beugung des Adduktor wird aufgehoben. Dies führt zu einer Verstärkung der Deformität *(Syn. 220).*

Ätiologie und Pathogenese
Der Hallux valgus entsteht meist als Begleitdeformität des Spreizfußes. Seltener besteht eine endogene Disposition (kindlicher Spreizfuß). Durch den asymmetrischen Zug der Sehnen der Großzehe (insbesondere M. extensor hallucis longus) verstärkt sich die Deformität *(Syn. 220).*

Klinik. Die Großzehe steht in Valgusposition, das Metatarsale I ist varisch eingestellt bei verbreitertem Vorfuß mit Abflachung des Fußquergewölbes. In Abhängigkeit von der sekundär bereits bestehenden Arthrose des Großzehengrundgelenkes ist dort die Beweglichkeit zum Teil erheblich reduziert. Über dem Metatarsalköpfchen sowie an der Grundgliedbasis sind knöcherne arthrotische Anbauten sichtbar und palpabel. Das Metatarsalköpfchen ist innenseitig von einem Schleimbeutel und einer Hornhautschwiele bedeckt. Mitunter kommt es hier zur Ausbildung einer schmerzhaften Bursitis. Die Abweichung der Großzehe kann so ausgeprägt sein, daß sie unter oder über die zweite Zehe

Klinik
Die Großzehe steht valgisch bei varischer Einstellung des Metatarsale I. Schmerzen entstehen am Großzehenballen sowie bei arthrotischen Veränderungen des Großzehengrundgelenkes. Der Schleimbeutel über der Medialseite des Metatarsalköpfchens kann sich schmerzhaft entzünden (Bursitis).

Synopsis 220: Hallux valgus

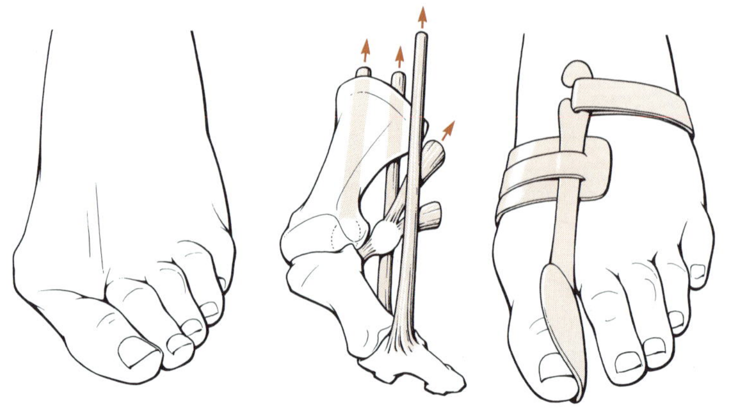

Klinische Deformität mit Subluxation und Abduktionskontraktur im Großzehengrundgelenk

Beim Hallux valgus ändert sich die Zugrichtung der Sehnen (insbesondere des Extensor hallucis longus), was zur Verstärkung der Deformität führt.

Hallux-valgus-Nachtlagerungsschiene

ragt. Röntgenologisch kann das Ausmaß der Subluxation und Deviation im Großzehengrundgelenk sowie das Ausmaß der sekundär arthrotischen Veränderungen dargestellt werden.

Therapie
Behandlung des ursächlichen Spreizfußes. Mit Nachtlagerungsschienen kann einer weiteren Progression entgegengewirkt werden. Die **operative Differentialindikation** berücksichtigt das Alter des Patienten und das **Ausmaß der degenerativen Veränderungen** im Großzehengrundgelenk. Resektions-Interpositions-Arthroplastiken (OP n. Brandes) werden beim älteren Menschen und degenerativen Veränderungen eingesetzt. Beim jüngeren Menschen ohne arthrotische Veränderungen werden Weichteileingriffe (OP n. Mc Bride) sowie Osteotomien des Metatarsale I (OP n. Hohmann) durchgeführt.

Therapie. Die konservative Therapie besteht in der Behandlung des ursächlichen Spreizfußes. Hallux-valgus-Nachtlagerungsschienen werden zur Verhinderung einer weiteren Progression sowie postoperativ eingesetzt.

Entscheidend bei der **operativen Differentialindikation** ist das **Alter** des Patienten und das **Ausmaß der degenerativen Veränderungen** im Großzehengrundgelenk. Bei arthrotischen Veränderungen werden **Resektions-Interpositions-Arthroplastiken** angewandt. Am häufigsten ist die Technik nach Brandes. Hierbei wird eine basisnahe Zweidrittelresektion des Grundgliedes sowie eine Abmeißelung der medialseitigen Exostose des Metatarsale I durchgeführt *(Abb. 150, S. 497)*. Ein distal gestielter Kapselperiostlappen wird als Interpositum eingeschlagen. Postoperativ wird die Zehe über einen Kirschnerdraht oder einer Nageltraktion im Gipsschuh mit Bügel für ca. 12 Tage extendiert.

Beim jüngeren Patienten ohne arthrotische Veränderungen werden **Weichteileingriffe** sowie **Osteotomien** zur Stellungskorrektur angewandt. Bei der Operation nach Mc Bride wird die Exostose reseziert, die medialseitige Kapsel und der Musculus abductor werden gerafft. Das lateralseitige Sesambein wird exzidiert und der Musculus adductor auf das Metatarsalköpfchen zurückverlagert, so daß er valgisierend auf das Metatarsale einwirkt. Bei jüngeren Patienten ohne degenerative Veränderungen wird beim Operationsverfahren nach Hohmann eine subkapitale, trapezförmige Osteotomie des Os metatarsale I mit Verschiebung des Köpfchens lateral und plantarwärts durchgeführt. Die medialseitige Kapsel wird gerafft, der Musculus abductor auf die Medialseite der Grundphalanx verlagert. Alternativ dazu kann die basisnahe Osteotomie des Metatarsale I durchgeführt werden. Hierbei wird ein medialseitiger Keil entnommen.

Gelenkerhaltende Operationen erfordern eine mindestens 6wöchige, postoperative Gipsruhigstellung, weshalb hier nur ein einseitiges Vorgehen praktikabel ist. Die langfristige Prognose des operierten Hallux valgus ist gut.

Alle **gelenkerhaltenden Operationen** erfordern eine mindestens **6wöchige postoperative Gipsruhigstellung,** weshalb hierbei im Gegensatz zur Resektions-Interpositions-Arthroplastik nur ein einseitiges Vorgehen praktikabel ist. Die Langzeitprognose der operativen Behandlung des Hallux valgus ist gut. Die postoperative Nachbehandlung erfolgt mit Hallux-valgus-Nachtlagerungsschalen sowie durch Fortführung der Spreizfußtherapie.

11.3.3 Hallux rigidus

Definition. Arthrose des Großzehengrundgelenkes mit Beugekontraktur des Gelenkes.

Ätiologie. Auch ohne Fehlstellung des Großzehengrundgelenkes (Hallux valgus) kann eine isolierte Arthrose *(Abb. 149)* des Gelenkes bestehen. Die Ursache ist meist unbekannt. Eine endogene Disposition, rezidivierende Traumen sowie eine anlagemäßige Fehlform werden angeschuldigt. Differentialdiagnostisch sind entzündliche Erkrankungen, insbesondere die Arthritis urica (Gicht) zu beachten. Das Großzehengrundgelenk ist das am häufigsten befallene Gelenk bei der Gicht *(S. 185)*. Im Gegensatz zu den chronischen Beschwerden des Hallux rigidus setzt bei der Arthritis urica des Großzehengrundgelenkes die Symptomatik anfallsartig ein **(Podagra)**. Der Hallux rigidus kann Teilerscheinung des Spreizfußes sein.

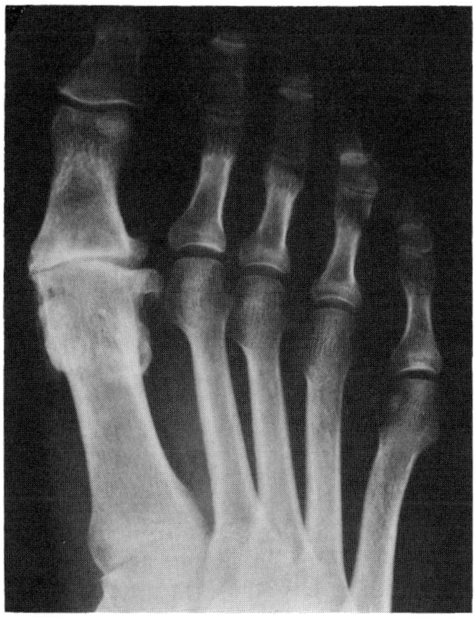

Abb. 149: Hallux rigidus: Beachte die isolierte Arthrose im Großzehengrundgelenk ohne begleitende Fehlstellung

Klinik. Das Abrollen des Fußes ist durch die Arthrose schmerzhaft behindert, da die Dorsalextension eingeschränkt ist. Dies schließt einen Zehenspitzenstand aus. Arthrotische Randwülste verändern die Gelenkkontur. Insbesondere streck- und medialseitig imponieren vielfach die prominenten knöchernen Randzacken. Röntgenologisch zeigen sich die klassischen Arthrosezeichen mit ausgeprägter Gelenkspaltverschmälerung, subchondraler Sklerosierung, Zystenbildung sowie Osteophyten *(Abb. 149)*.

Therapie. Konservativ kann mit einer vorgezogenen starren Einlage (Metall) das Gelenk entlastet werden. Zusätzlich ist eine vordere Schuhabrollung angezeigt. Operativ erfolgt die Resektions-Interpositions-Arthroplastik nach Brandes *(S. 497, Abb. 150)*.

11.3.4 Hammer- und Krallenzehen

Definition. Bei der Hammerzehe besteht eine fixierte Beugung im Zehenendgelenk bei gestrecktem Grundgelenk. Bei der Krallenzehe besteht eine Überstreckung im Grundgelenk bei gebeugtem Mittel- und Endgelenk.

Ätiologie. Diese Zehendeformitäten werden häufig begleitend beim Hallux valgus bzw. beim Spreizfuß und Ballenhohlfuß beobachtet. Auch bei der Zerebralparese sowie nach Muskel- und Nervenverletzungen des Unterschenkels und des Fußes können Krallen- und Hammerzehen entstehen. Angeborene Krallen- und Hammerzehen werden selten beobachtet. Enges, vor allem zu kurzes Schuhwerk kann diese Deformität mitverursachen.

Klinik. Das Köpfchen des Mittel- bzw. Grundgliedes ist dorsal extendiert. Durch den Druck im Schuh entstehen Hornhautschwielen (Klavi). Die Zehen erscheinen insgesamt verkürzt, klinisch läßt sich die Beugestellung passiv nicht komplett redressieren. Auf Grund sekundärer degenerativer Veränderungen kommt es zu Beschwerden im Bereich der fehlgestellten Gelenke sowie zu

11.3.3 Hallux rigidus

◀ **Definition**

Ätiologie
Eine endogene Disposition sowie rezidivierende Traumen und eine anlagemäßige Fehlform werden angeschuldigt. Differentialdiagnostisch müssen entzündliche Erkrankungen (Arthritis urica) bedacht werden. Der Hallux rigidus kann Teilerscheinung des Spreizfußes sein.

Klinik
Das Abrollen des Fußes ist stark behindert. Der Zehenspitzenstand nicht durchführbar. Meist sind ausgeprägte klinische und radiologische Arthrosezeichen sichtbar.

Therapie
Mit einer starren Einlage und vorderen Schuhabrollung kann das Großzehengrundgelenk entlastet werden. Die operative Therapie erfolgt nach Brandes *(Abb. 150, S. 497)*.

11.3.4 Hammer- und Krallenzehen

◀ **Definition**

Ätiologie
Zehendeformitäten werden häufig als Begleitdeformität beim Hallux valgus bzw. beim Spreizfuß und beim Ballenhohlfuß beobachtet. Enges Schuhwerk kann diese Deformität verstärken.

Klinik
Durch Schuhdruck entstehen schmerzhafte Hornhautschwielen (Klavi) über den prominenten Knochenvorsprüngen. Zusätzlich beste

hen Schmerzen in den degenerativ veränderten Gelenken. Hierbei werden auch Subluxationen und Luxationen beobachtet.

Therapie
Weites Schuhwerk vermeidet eine Druckschädigung. Nachtlagerungsschienen wirken einer weiteren Progression entgegen. Operativ werden **Resektions-Interpositions-Arthroplastiken nach Hohmann** durchgeführt. Hierbei werden die prominenten Köpfchen des Grundgliedes reseziert bei gleichzeitiger Raffung der Strecksehne. Oftmals werden diese Eingriffe begleitend bei der Operation nach Brandes der Großzehe durchgeführt. Dies vermeidet auch eine relative Überlänge der Zehen.

Klinisches Beispiel ▶

Schmerzen über den Klavi durch die Druckbelastung. Röntgenologisch wird die Zehenfehlstellung dokumentiert. Das Ausmaß der degenerativen Veränderungen ist sichtbar. In den Grund- und Mittelgelenken können Subluxationen und Luxationen eintreten.

Therapie. Um weitere Druckschäden zu vermeiden ist bequemes Schuhwerk notwendig. Mit einer Redressionsbehandlung können beginnende Deformitäten angegangen werden. Mit Nachtlagerungsschalen wird einer weiteren Progression entgegengewirkt. Im Schuh können die Klavi durch Filzringe entlastet werden. Operativ wird eine **Resektions-Interpositions-Arthroplastik** nach Hohmann durchgeführt. Hierbei wird das prominente Köpfchen des Grundgliedes reseziert und die Strecksehne gerafft. Postoperativ wird die Zehe mit Hilfe eines Pflasterzügelverbandes in Korrekturstellung gehalten. Bei Luxation im Grundglied kann auch die Basis des Grundgliedes reseziert werden. Die Operation der Krallen- und Hammerzehe wird häufig in Kombination mit der operativen Therapie des Hallux valgus (Operation nach Brandes) durchgeführt. Dies verhindert eine relative, auch für die weitere Progression der Zehendeformität wesentliche Überlänge der Zehe nach der Resektions-Interpositions-Arthroplastik der ersten Zehe.

Klinisches Beispiel. 60jährige Patientin, seit ca. 15 Jahren zunehmende Beschwerden im Bereich beider Füße am Fußballen sowie am Fußrücken über den Klavi der Zehen II und III. Deutliche Behinderung beim Gehen durch schmerzhaft eingeschränktes Abrollen des Vorfußes. Das Röntgenbild zeigt die ausgeprägte Valgusstellung des Großzehengrundgliedes sowie die arthrotischen Veränderungen im Großzehengrundgelenk. Linksseitig besteht im Bereich der 2. Zehe eine Luxation im Metatarsophalangealgelenk *(Abb. 150)*. Korrektur der Großzehen durch die Operation nach Brandes. Debasierung der 2. Zehe linksseitig. Operation nach Hohmann (Krallenzehenkorrektur) der Zehen III links- und II und III rechtsseitig. Postoperative Traktion der Großzehen für 12 Tage. Pflasterzügelverbände der Zehen II und III. Nachbehandlung mit Hallux-valgus-Nachtlagerungsschienen sowie Einlagenversorgung mit Metatarsalabstützung.

11.3.5 Digitus quintus (varus) superductus

Definition ▶

Ätiologie
Diese Deformität ist selten angeboren, meist tritt sie begleitend beim Spreizfuß auf.

Therapie
Bei Kindern Versuch der Wuchslenkung mit Pflasterzügelverbänden. Bei Therapieresistenz analoge operative Maßnahmen wie beim Hallux valgus.

11.3.5 Digitus quintus (varus) superductus

Definition. Auflage der 5. Zehe auf der 4. durch varische Subluxation im Grundgelenk. Siehe *Synopsis 221.*

Ätiologie. Häufig tritt sie sekundär als begleitende Zehendeformität beim Spreizfuß auf. Selten ist diese Deformität angeboren. Dann ist sie doppelseitig angelegt.

Therapie. Bei Kindern Versuch der Wuchslenkung durch Pflasterzügelverbände. Bei Therapieresistenz ist die retrokapitale Osteotomie des Metatarsale V angezeigt. Beim Erwachsenen Resektions-Interpositions-Arthroplastik in analoger Technik wie beim Hallux valgus.

Synopsis 221: Digitus quintus superductus.

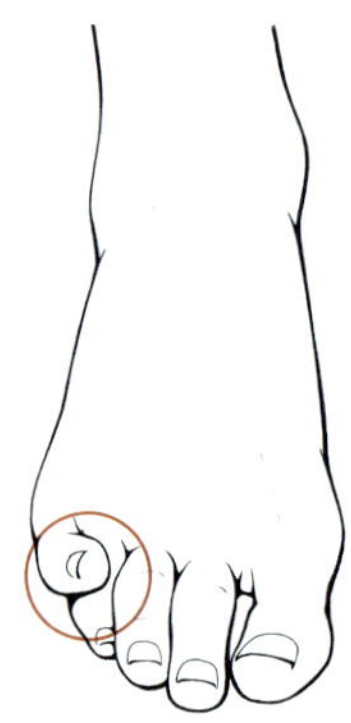

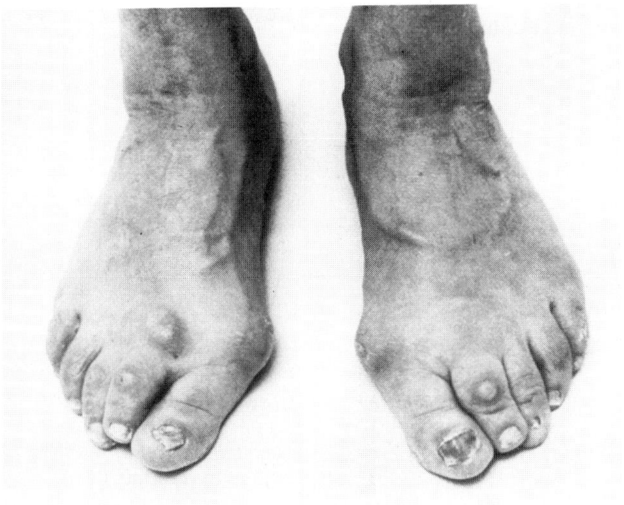

Abb. 150: Spreizfuß mit ausgeprägtem Hallux valgus, Krallenzehen II und III bds. mit ausgeprägten Klavi.

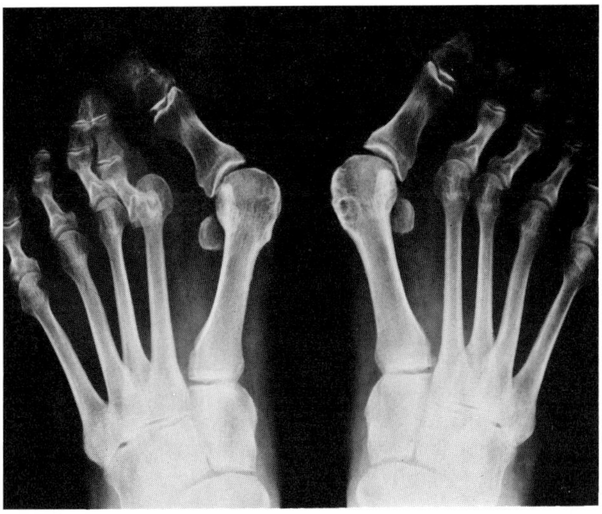

Röntgenologische Darstellung der Fußdeformität mit ausgeprägter Valgidität der Großzehe, Luxation im 2. Metatarsophalangealgelenk linksseitig.

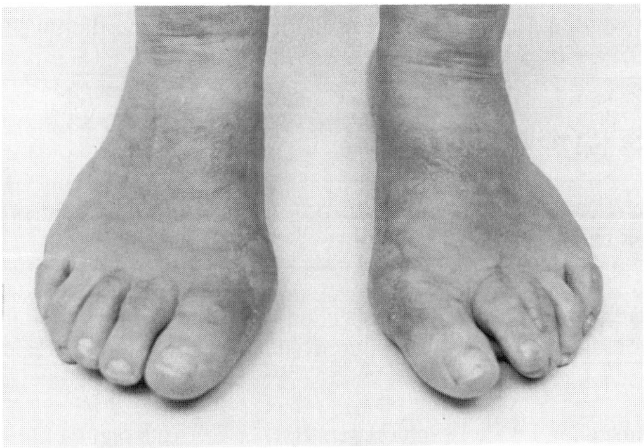

Klinisches Ergebnis 6 Wochen nach der Operation.

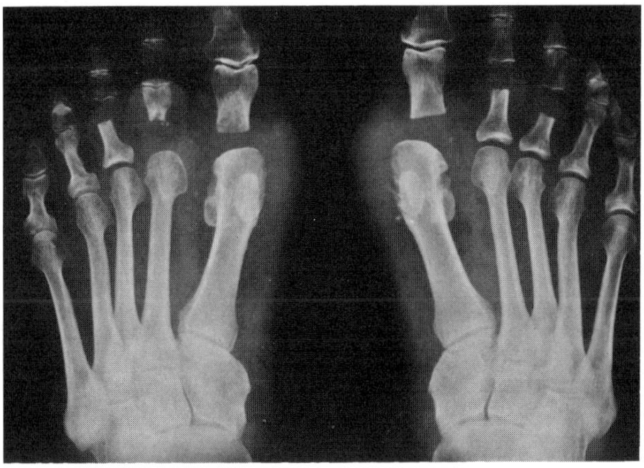

Operative Korrektur: Operation der Großzehe nach Brandes. Resektion der Grundgliedbasis der 2. Zehe linksseitig. Köpfchenresektion der Grundglieder III rechts und II und III links nach Hohmann. Beachte die Stellungskorrektur der Großzehen.

11.3.6 Klavus (Hühnerauge)

> ***Definition.*** Hornhautschwiele über den knöchernen Prominenzen des Fußes. Siehe *Synopsis 222.*

Ätiologie. Chronischer Druck ist ursächlich für die Entstehung von Hornhautschwielen. Die Hornhautschwiele kann sich nach innen fortsetzen, so daß ein harter, druckdolenter Dorn entsteht.

Klinik. Entsprechend der Anatomie des Fußes werden Hornhautschwielen bevorzugt unter den Metatarsalköpfchen, am Großzehenballen sowie bei Krallen- und Hammerzehen dorsalseitig über den Mittel- und Endgelenken sowie an den Zehenspitzen beobachtet. Ausgeprägte Hornhautschwielen können durch den nach innen gerichteten Dorn Schmerzen verursachen.

11.3.6 Klavus (Hühnerauge)

◀ **Definition**

Ätiologie
Chronischer Druck ist ursächlich für die Entstehung von Hornhautschwielen.

Klinik
Hornhautschwielen entstehen an den Hauptbelastungspunkten des Fußes, insbesondere bei Deformitäten. Ein nach innen gerichteter Dorn kann Schmerzen verursachen.

Synopsis 222: Die kleinen Fußübel

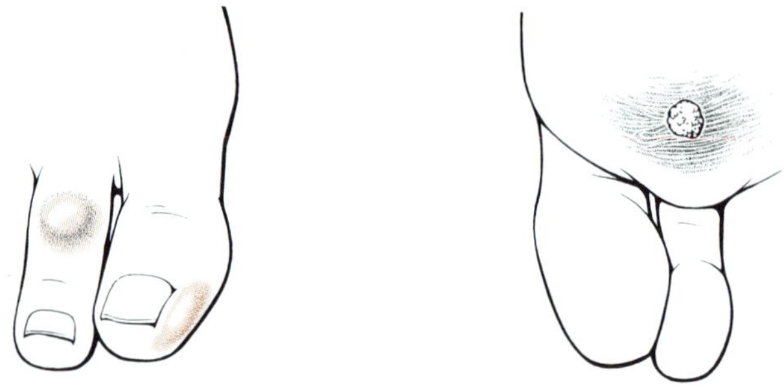

Klavus
typische Hornhautschwiele bei Hammerzehe

Unguis incarnatus
eingewachsener Zehennagel

Dornwarze
Beachte den Stanzdefekt der Haut mit Unterbrechung der Hautlinien

Therapie
Konservative, entlastende Maßnahmen der Hauptbelastungspunkte. Ein schmerzhafter Dorn kann lokal exzidiert werden.

Therapie. Durch entsprechende Versorgung mit Einlagen, Schuhzurichtungen oder Abpolsterung mit Filzringen kann eine Entlastung der prominenten Hautpartien erreicht werden. Ein schmerzhafter Dorn kann lokal exzidiert werden.

11.3.7 Dornwarze

11.3.7 Dornwarze (Syn. Verruca plana)

Definition ▶

Definition. Durch DNS-Viren hervorgerufene, in die Tiefe wachsende Hautveränderungen. Siehe *Synopsis 222.*

Ätiologie
Dornwarzen entstehen meist im Bereich der druckbelasteten Areale des Vorfußes.

Ätiologie. Dornwarzen werden durch Barfußgehen verbreitet. Im Bereich der Fußsohle ist die bevorzugte Lokalisation im Bereich der druckbelasteten Areale des Fußes.

Klinik
Ausgeprägte Dornwarzen können die Gehfähigkeit einschränken. Sie verursachen ausgestanzte Defekte der Haut.

Klinik. Warzen verursachen lokale Beschwerden. Bei starker Ausprägung können sportliche Aktivitäten und längeres Gehen eingeschränkt sein. Im Gegensatz zur Hornhautschwiele, bei der die Oberfläche der Haut und die Hautspaltlinien nicht unterbrochen sind, besteht bei den Dornwarzen ein ausgestanzter Defekt der Haut.

Therapie
Vorbehandlung mit Salizylat. Danach mechanische Säuberung oder Elektrokoagulation.

Therapie. An der Fußsohle Vorbehandlung mit Salizylatlösungen 40–60%ig, danach mechanische Säuberung (Skalpell; scharfer Löffel) oder Elektrokoagulation. Warzen haben eine hohe Selbstheilungsrate, sind aber rezidivfreudig.

11.3.8 Unguis incarnatus

11.3.8 Unguis incarnatus

Definition ▶

Definition. Eingewachsener Zehennagel *(Synopsis 222).*

Klinik
Eingewachsene Zehennägel verursachen lokale Beschwerden und begünstigen Nagelfalzinfektionen.

Klinik. Eingewachsene Zehennägel verursachen oftmals lokale Beschwerden, insbesondere dadurch, daß sie zu Nagelfalzinfektionen (Paronychien) prädisponieren.

Therapie
Bei akuten Paronychien Entfernung des Nagels. Bei chronischen Vereiterungen Teilexzision des gesamten Nagelfalzes.

Therapie. Durch gerades Abschneiden der Zehennägel wird ein Einwachsen verhindert. Bei akuten Paronychien Entfernung des Nagels. Bei chronischen Paronychien Keilexzision des gesamten Nagelfalzes mitsamt der Wurzel.

11.3.9 Dorsaler Fußhöcker

Synonym. Morbus Silfverskjöld.

Definition. Knöcherne Prominenz am Fußrücken.

Klinik. Die Prominenz ist durch eine Osteophytenbildung bei Arthrose des Gelenkes zwischen Metatarsale I und Os cuneiforme I bedingt. Schmerzen entstehen insbesondere durch vermehrten Druck im Schuh.

Therapie. Schuhe mit weichem Obermaterial verhüten Druckbeschwerden. Operativ werden die Exophyten und der ventrale Gelenkanteil keilförmig reseziert.

11.3.9 Dorsaler Fußhöcker

◀ **Definition**

Klinik
Lokale Druckbeschwerden insbesondere im Schuh über dem arthrotisch veränderten Gelenk Metatarsale I-Os cuneiforme I.

Therapie
Schuhe mit weichem Obermaterial, ggf. keilförmige Resektion des ventralen Gelenkanteiles mit den Exophyten.

11.4 Entzündliche Erkrankungen

11.4.1 Der rheumatische Fuß

Definition. Sammelbegriff für Fußveränderungen bei entzündlich-rheumatischen Erkrankungen.

Ätiologie und Pathogenese. Alle entzündlich-rheumatischen Erkrankungen können sich im Bereich des Fußes manifestieren. Im Bereich der Sehnen kommt es zur Tenosynovitis unter Umständen mit Spontanrupturen. Unter den Belastungspunkten des Skelettes entwickeln sich schmerzhafte entzündliche Bursen. Fehlstellungen im Bereich des gesamten Fußes, insbesondere aber im Bereich des Vorfußes entstehen durch die entzündlichen Lockerungen der Kapselbandstrukturen. Die Fußgelenke können von einer chronischen Arthritis befallen sein. Im Extremfall kommt es zur spontanen knöchernen Ankylose des Fußes (Os tarsale). Aufgrund der entzündlichen Gelenkschädigung entstehen sekundär degenerative Veränderungen, so daß röntgenologisch sowohl die Merkmale der Arthritis (Gelenkspaltverschmälerung) als auch arthrotische Zeichen (osteophytäre Anbauten) sichtbar werden.

Klinik. Typische **Manifestationsorte** der entzündlich-rheumatischen Erkrankungen am Fuß sind in *Synopsis 223* dargestellt. Im Rück- und Mittelfußbereich kommt es auf Grund der Gelenkschädigung zur schmerzhaften Bewegungseinschränkung und Fehlstellung (varus/valgus). Insbesondere an der Achillessehne und unter dem Fersenbein können ausgeprägte Beschwerden bestehen. Klinisch bedeutsame Veränderungen sind der rheumatische Spreizfuß und der »pied rond rhumatismale«, Valgusstellung der Großzehe mit gleichzeitiger Varusstellung der Kleinzehe und darüberliegenden Krallenzehen II bis IV *(Syn. 223 und 224)*. Diese Veränderungen können zur Gehunfähigkeit des rheumatischen Patienten führen.

Röntgenologisch imponieren die durch die Knorpellyse bedingten Gelenkspaltverschmälerungen, die sekundär arthrotischen Veränderungen, die Zehenfehlstellungen sowie kleinzystische Veränderungen in den Knochen (Stanzdefekte), die typisch für rheumatische Erkrankungen sind. Die entzündliche Grunderkrankung sowie die schmerzbedingte verminderte Belastung des Fußes führen zur Knochendystrophie und Osteoporose und somit zur vermehrten Strahlentransparenz des Fußskelettes.

Therapie. Zur allgemeinen Therapie der Grundkrankheit siehe *Kapitel 4.5, S. 173*. **Orthopädietechnisch** werden schmerzhaft entzündliche Druckpunkte am Fußskelett entlastet. Abrollungen am Schuh kompensieren die eingeschränkte Gelenkbeweglichkeit. Nachtlagerungsschienen sowie nach den individuellen Gegebenheiten speziell angefertigte Bandagen wirken insbesondere Zehenfehlstellungen entgegen.

11.4 Entzündliche Erkrankungen

11.4.1 Der rheumatische Fuß

◀ **Definition**

Ätiologie und Pathogenese
Alle rheumatischen Erkrankungen können sich im Bereich des Fußes manifestieren. Sie verursachen Tenosynovitiden mit Sehnenrupturen, schmerzhafte Bursen, entzündliche Lockerung der Kapselbandstrukturen, chronische Arthritiden, mit sekundär degenerativen Veränderungen.

Klinik
Im Rück- und Mittelfußbereich kommt es auf Grund der Gelenkschädigung zu schmerzhaften Bewegungseinschränkungen. Oftmals bestehen erhebliche Rückfußbeschwerden. Der rheumatische Spreizfuß und der »pied rond rhumatismale« *(Syn. 223* u. *224)* können zur Gehunfähigkeit des Patienten führen.

Röntgenologisch imponieren neben den Zehenfehlstellungen und den arthrotischen Veränderungen eine ausgeprägte Knochendystrophie und Osteoporose sowie kleinzystische Veränderungen des Fußskelettes.

Therapie
Entlastung der entzündlichen Druckpunkte des Fußskeletts durch Abrollung am Schuh und Fußbettung.

Synopsis 223: Befallsmuster bei unterschiedlichen Erkrankungen des Fußes

a chronische Polyarthritis
b Morbus Bechterew
c Arthritis psoriatica
d Arthritis urica

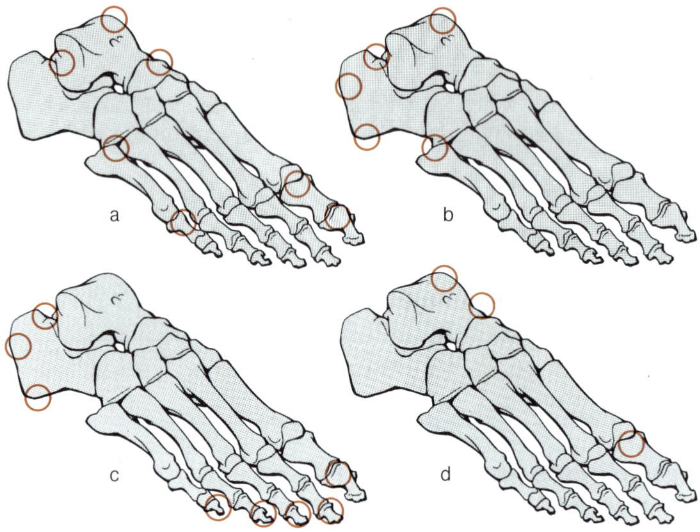

Synopsis 224: Typische Veränderungen beim entzündlich-rheumatischen Fuß »Pied rond rhumatismale«.

Beachte:
1 extreme Valgusstellung der Großzehe
2 Varusstellung der Kleinzehe
3 Subduktion der Großzehe unter die Zehen II–IV
4 Krallenzehen II–IV
5 Entzündliche Bursen plantarseitig der prominenten Metatarsalköpfchen.

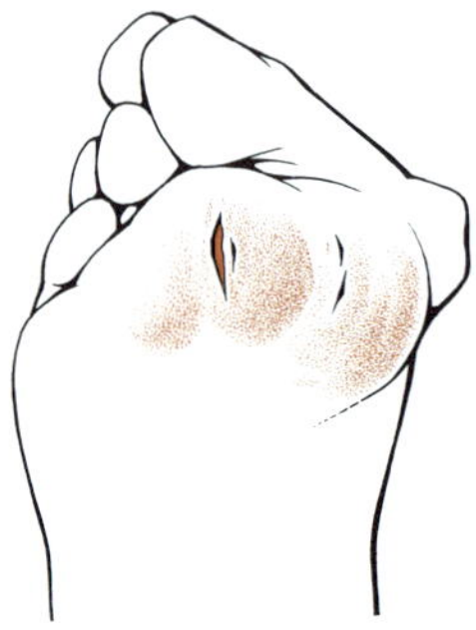

Operativ werden Tenosynovektomien, Bursektomien, Arthrodesen, insbesondere aber **Resektions-Interpositions-Arthroplastiken** angewandt.

Operative Eingriffe sind am rheumatischen Fuß von entscheidender Bedeutung für die Rehabilitation des Patienten. Zur Anwendung kommen vor allem Tenosynovialektomie, Bursektomien, Arthrodesen, insbesondere aber **Resektions-Interpositions-Arthroplastiken.** Im Gegensatz zum degenerativen Spreizfuß stehen bei rheumatischem Spreizfuß die Veränderungen der Metatarsalköpfchen im Vordergrund. Dementsprechend wird bei Resektions-Interpositions-Arthroplastiken bevorzugt das ganze Gelenk reseziert. Dieses Vorgehen wird im Bereich der Zehen II bis IV als Operation nach Clayton, im Bereich der Großzehe als Operation nach Hueter-Mayo benannt. Postoperativ ist eine den Fuß stützende und zugleich die schmerzhaften Regionen entlastende Fußbettung von großer Bedeutung.

11.4.2 Diabetischer Fuß

Definition. Sammelbegriff für Fußveränderungen beim Diabetes mellitus.

Ätiologie und Pathogenese. Die Ursachen für die Entstehung des diabetischen Fußes sind die Polyneuropathie und die Mikroangiopathie. Bei kritischer Blutversorgung eines Fußareales kann die unphysiologische Belastung (sensible Polyneuropathie) zur Perforation der Haut mit nachfolgender bakterieller Infektion führen.

Klinik. Im Bereich der Füße werden zum Teil brennende Schmerzsensationen verspürt. Dieses sogenannte Burning-feet-Syndrom wird auch bei Polyneuropathien anderer Genese beobachtet. Durch die Mikroangiopathie kann es zu Nekrosen im Endstromgebiet der Gefäße kommen. Am häufigsten werden hierbei Nekrosen im Bereich der Zehen beobachtet. Die diabetische Gangrän (häufig bei erhaltenen Fußpulsen!) tritt zunächst streng lokalisiert auf. Durch sekundäre bakteriologische Besiedelung kann es dann aber zu ausgedehnten, sekundär osteomyelitischen Veränderungen kommen. Ein schwieriges therapeutisches Problem ist das **Malum perforans** *(Abb. 151).* An den Hauptbelastungspunkten der Fußsohle entsteht durch die vorgenannten ätiologischen Faktoren eine Nekrose der Haut und Destruktion des Metatarsalköpfchens mit schlechter Heilungstendenz.

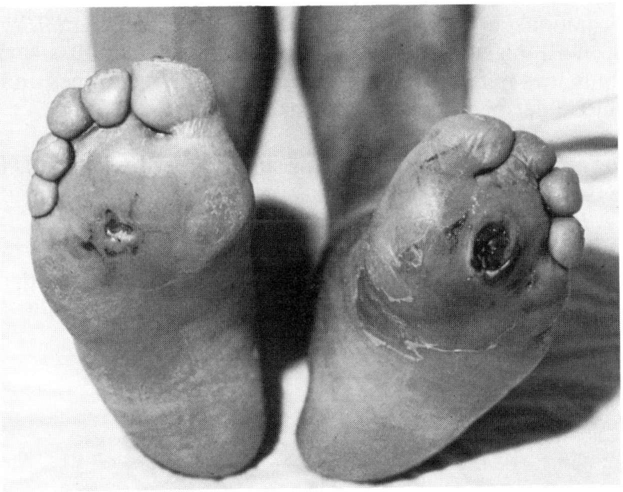

Abb. 151: Malum perforans. Nekrose der Haut und Destruktion des darunterliegenden prominenten Metatarsalköpfchens bei Diabetes mellitus im Bereich beider Füße.

Röntgenologisch zeigt sich das Bild einer neurogenen Osteoarthropathie mit Fehlstellungen der Gelenke, Sklerosezonen und vermehrter Strahlentransparenz. Typisch für die diabetische Osteoarthropathie sind auch reaktionslose Osteolysen, insbesondere der Mittelfußknochen. Die röntgenologische Unterscheidung zwischen diesen Veränderungen und Osteomyelitiden kann schwierig sein.

Therapie. Die Basis der Therapie des diabetischen Fußes ist die **optimale Einstellung des Blutzuckers.** Eine der Voraussetzungen hierfür ist die Erhaltung der Gehfähigkeit der Patienten. Prophylaktisch wichtig ist die Vermeidung von allen Verletzungen im Bereich des Fußes bei der ausgedehnten Infektgefährdung, insbesondere auch die vorsichtige Pediküre. Bei eingetretenen Veränderungen sollte zur Erhaltung der Gehfähigkeit mittels Gipsverband, entlastendem Apparat, Fußbettung oder orthopädischem Schuh eine Entlastung der erkrankten Fußregion erzielt werden. Hierzu wird auch ein sogenannter **Therapieschuh** verwandt, der mit sehr weichem Obermaterial gefertigt ist. Wenngleich Operationen am diabetischen Fuß wegen der schlechten Heilungstendenz nur zurück-

11.4.2 Diabetischer Fuß

◀ Definition

Ätiologie
Ätiologisch bedeutsam sind die Polyneuropathie und Mikroangiopathie. Bei Perforation der Haut besteht eine ausgeprägte Infektneigung.

Klinik
Die Polyneuropathie verursacht ein sogenanntes Burning-feet-Syndrom. Gefürchtet ist die diabetische Gangrän als Folge der Mikroangiopathie. Hierbei finden sich erhaltene Fußpulse. Das Malum perforans entsteht durch Hautnekrosen über den prominenten Metatarsalköpfchen *(Abb. 151).*

Röntgenologisch zeigt sich das Bild einer neurogenen Osteoarthropathie mit Fehlstellung der Gelenke, Sklerosezonen und vermehrter Strahlentransparenz sowie reaktionsloser Osteolysen.

Therapie
Die Basis der Therapie ist die **optimale Blutzuckereinstellung,** weshalb versucht werden sollte, die Gehfähigkeit des Patienten zu erhalten. Prophylaktisch wichtig ist die Vermeidung von auch kleinen Verletzungen, z.B. bei der Pediküre. Wenngleich Operationen wegen der schlechten Heilungstendenz nur zurückhaltend indiziert werden, ist

bei der Gangrän wie auch bei der Osteomyelitis nur ein operatives Vorgehen erfolgversprechend. Hierbei werden Grenzzonenamputationen am Übergang zum gesunden Gewebe durchgeführt.

haltend indiziert werden, ist bei der mikroangiopathisch bedingten Gangrän sowie bei der Osteomyelitis nur die operative Therapie erfolgversprechend. Die Amputation wird hierbei im Gegensatz zur traumatischen Amputation als Grenzzonenamputation am Übergang zum gesunden Gewebe durchgeführt. Im Schuh wird dann ein Zehen- bzw. Vorfußausgleich eingearbeitet.

11.5 Lokalisierte Veränderungen am Fußskelett

11.5 Lokalisierte Veränderungen am Fußskelett

Zahlreiche ätiologisch unterschiedliche Erkrankungen können lokale Veränderungen am Fuß hervorrufen. Kennzeichnend für die nachfolgend dargestellten Krankheiten ist deren klinische und röntgenologische Begrenzung. Dennoch verursachen sie oftmals hartnäckige Beschwerden.

11.5.1 Osteochondrosis juvenilis ossis navicularis pedis (Morbus Köhler I)

11.5.1 Osteochondrosis juvenilis ossis navicularis pedis (Morbus Köhler I)

Definition ▶

Definition. Aseptische Osteochondrose des Kahnbeins.

Ätiologie und Pathogenese
Der Morbus Köhler I entsteht auf Grund einer Vaskularisationsstörung des Kahnbeines. Die Krankheit verläuft in unterschiedlichen Stadien. Nur selten entsteht eine sekundäre Arthrose der angrenzenden Gelenke.

Ätiologie und Pathogenese. Auf dem Boden von ursächlich unbekannten Vaskularisationsstörungen entwickelt sich ein Umbau des Kahnbeins. Dabei wird entsprechend der Perthesschen Erkrankung ein Initial-, Kondensations-, Fragmentations-, Reparations- und Ausheilungsstadium unterschieden *(S. 118)*. Die Erkrankung heilt meist folgenlos aus. Nur in wenigen Fällen kommt es zur Verformung des Kahnbeines mit einer Abflachung des Fußlängsgewölbes und zur sekundären Arthrose der benachbarten Gelenke.

Klinik und Diagnose
Im Bereich des Fußinnenrandes bestehen Beschwerden sowie eine Schwellneigung. Die Diagnosestellung erfolgt röntgenologisch *(Syn. 225)*. **Das Prädilektionsalter ist zwischen dem 3. und 8. Lebensjahr.** In ca. 30% doppelseitiger Befall.

Klinik und Diagnose. Zu Beginn der Erkrankung sind Schmerzen im Bereich des Fußinnenrandes typisch. Bei akuten Fällen kann es auch zu Schwellungen kommen *(s. klinisches Beispiel, S. 503)*. Die Diagnose wird anhand des Röntgenbildes gestellt, das die typischen Zeichen der Osteochondrose *(Syn. 225)* in Abhängigkeit vom Stadium der Erkrankung aufzeigt. **Das Prädilektionsalter liegt zwischen dem 3. und 8. Lebensjahr.** In ca. 30% wird ein doppelseitiger Befall beobachtet, meist unterschiedlicher Ausprägung.

Synopsis 225: Osteochondrosen des Fußes.
Morbus Köhler I
(Os naviculare pedis)
Morbus Köhler II
(Metatarsalköpfchen)

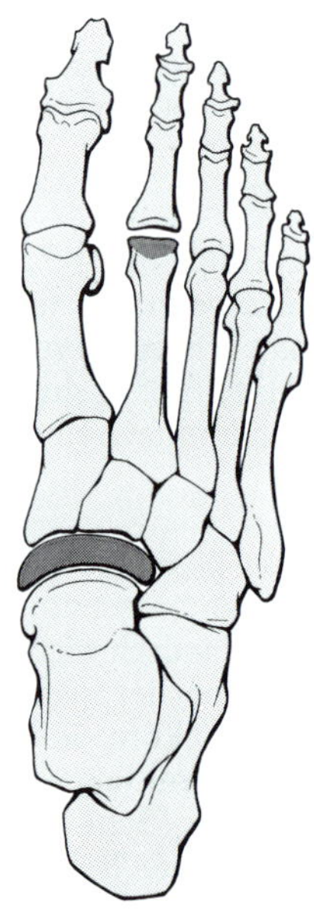

Therapie. Die Behandlung orientiert sich am Alter und dem klinischen Befund. Bei kleineren Kindern ist lediglich eine Verlaufsbeobachtung erforderlich. Bei Schmerzen im Bereich des inneren Fußrandes wird das Längsgewölbe durch eine Einlage unterstützt. Dies ist insbesondere bei schwergewichtigeren Kindern notwendig.

Therapie
Die Therapie ist symptomatisch. Bei Schmerzen erfolgt eine Einlagenversorgung mit Abstützung des Fußlängengewölbes.

Klinisches Beispiel. 5jähriger Junge, der seit einem halben Jahr sein rechtes Bein schont und nicht mehr über längere Strecken gehen kann. Wechselnde Beschwerden. Die Vorstellung erfolgt wegen einer Schwellung im Bereich des Fußinnenrandes. Röntgenologisch zeigt sich ein Morbus Köhler I im Kondensationsstadium *(Abb. 152).* Wegen der akuten Beschwerdesymptomatik zunächst Therapie mit Unterschenkelgipsverband für 10 Tage, danach Einlagenversorgung mit Abstützung des Fußlängsgewölbes. Das Röntgenbild 2 Jahre später zeigt die Osteochondrose im Reparationsstadium mit leichter Verkürzung des Os naviculare pedis bei Beschwerdefreiheit.

◀ **Klinisches Beispiel**

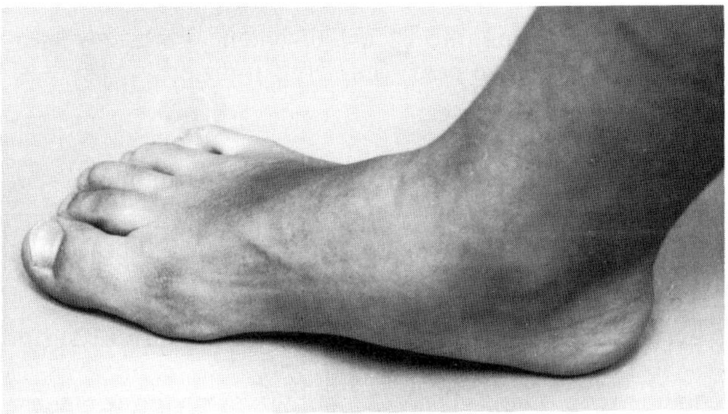

Abb. 152: Morbus Köhler I
a Schwellung an der Innenseite des Mittelfußes

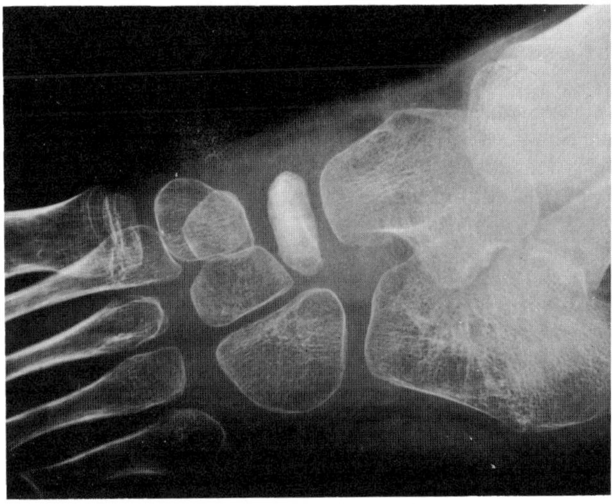

b Kondensation des Os naviculare

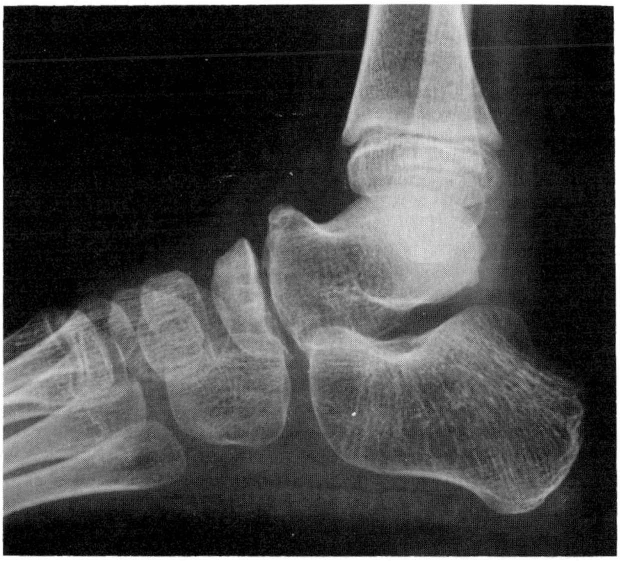

c Reparationsstadium mit Verschmälerung des Navikulare und beginnender Degeneration im Talonavikulargelenk

11.5.2 Osteochondrose der Mittelfußköpfchen (M. Köhler II)

Definition ▶

Ätiologie und Pathogenese
Die Ursache dieser Erkrankung ist nicht bekannt.

Klinik und Diagnose
Der Morbus Köhler II wird bei meist geringgradiger klinischer Symptomatik bevorzugt während der Pubertät beobachtet.

Therapie
Einlagenversorgung mit retrokapitaler Abstützung.

11.5.2 Osteochondrose der Mittelfußköpfchen

Synonyme. Morbus Freiberg-Köhler, Morbus Köhler II.

Definition. Aseptische Osteochondrose des Mittelfußköpfchens II, III oder IV. Betrifft bevorzugt Mädchen *(s. Syn. 225, S. 502).*

Ätiologie und Pathogenese. Die Ursache der Erkrankung ist nicht bekannt. Die pathomorphologischen Veränderungen laufen im typischen Schema der kindlichen Osteochondrosen ab *(S. 118).*

Klinik und Diagnose. Der Morbus Köhler II wird während der Pubertät beobachtet. Meist besteht nur eine geringgradige klinische Symptomatik. Diese Osteochondrose wird gehäuft beim kindlichen Spreizfuß beobachtet.

Therapie. Als therapeutische Maßnahme ist lediglich eine Einlagenversorgung mit retrokapitaler Abstützung wie beim Spreizfuß indiziert.

11.5.3 Apophysitis calcanei

Definition ▶

Ätiologie und Pathogenese
Die röntgenologische Differenzierung zwischen der physiologischen Ossifikation im Bereich der Kalkaneusapophyse und der Apophysitis calcanei ist schwierig und kann nur im Seitvergleich erfolgen.

Klinik
Die Apophysitis calcanei ist eine klinische Diagnose. Richtungweisend ist die Schmerzhaftigkeit und lokale Schwellung. Die Therapie ist symptomatisch.

11.5.3 Apophysitis calcanei

Definition. Osteonekrose der Kalkaneusapophyse. Obgleich hier keine Entzündung vorliegt, wird dieser Begriff aus historischen Gründen noch verwandt.

Ätiologie und Pathogenese. Die Kalkaneusapophyse erscheint röntgenologisch im Alter von 5 Jahren. Mit 12 bis 13 Jahren erfolgt die Fusion mit dem Kalkaneus. Oft wird die Ossifikation von mehreren Knochenzentren aus beobachtet. Die röntgenologische Diagnose einer Osteochondrose ist daher schwierig und nur im Seitenvergleich möglich. Dem Zug der Achillessehne wird eine ätiologische Bedeutung beigemessen.

Klinik. Die Apophysitis calcanei ist im wesentlichen eine klinische Diagnose. Richtungweisend ist die Schmerzhaftigkeit im Bereich der Apophyse sowie die lokale Schwellung. Die Erkrankung wird während des Wachstumsalters beobachtet. Die Behandlung erfolgt durch Schonung, bei Therapieresistenz durch einen Gehgipsverband.

11.5.4 Os tibiale externum

Definition ▶

Klinik
Das Os tibiale externum kann lokale Druckbeschwerden, insbesondere im Skistiefel hervorrufen. Therapeutisch ist die Entlastung im Schuh, ggf. die operative Entfernung angezeigt.

11.5.4 Os tibiale externum

Definition. Akzessorischer Fußwurzelknochen medial/plantarwärts des Os naviculare *(Syn. 226).*

Klinik. Das Os tibiale externum ist der klinisch bedeutsamste akzessorische Fußwurzelknochen. Es kann lokale Druckbeschwerden bei engem Schuhwerk, insbesondere im Skistiefel, hervorrufen. Röntgenologisch wird dieser akzessorische Knochen in der a.p.-Ansicht dargestellt. Therapeutisch kann eine Entlastung im Schuh, ggf. die operative Entfernung durchgeführt werden.

11.5.5 Haglund-Exostose

Definition ▶

Klinik
Bei Wachstumsende bestehen lokale Druckbeschwerden am Schuhrand. Nur in Ausnahmefällen ist die operative Abtragung angezeigt.

11.5.5 Haglund-Exostose

Definition. Proximal dorsal gelegener Fersenhöcker *(Syn. 205, S. 471).*

Klinik. Schmerzen bei dieser Erkrankung entstehen meist zu Ende des Wachstumsalters durch lokale Druckbeschwerden am Schuhrand. Durch entsprechendes Schuhwerk kann dieser Bereich entlastet werden. Nur in Ausnahmefällen ist die operative Abtragung dieser Prominenz angezeigt.

Synopsis 226: Akzessorische Fußwurzelknochen

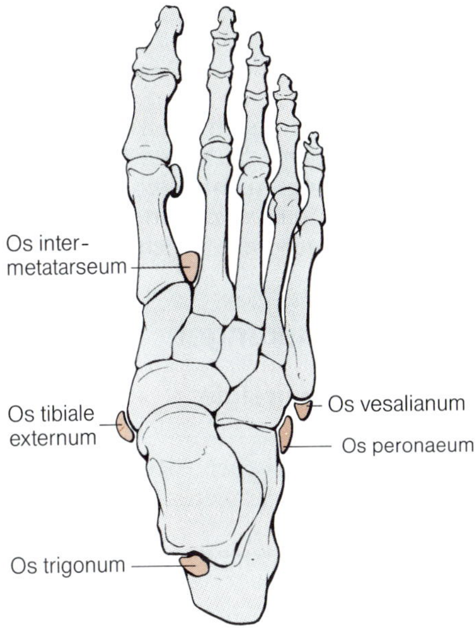

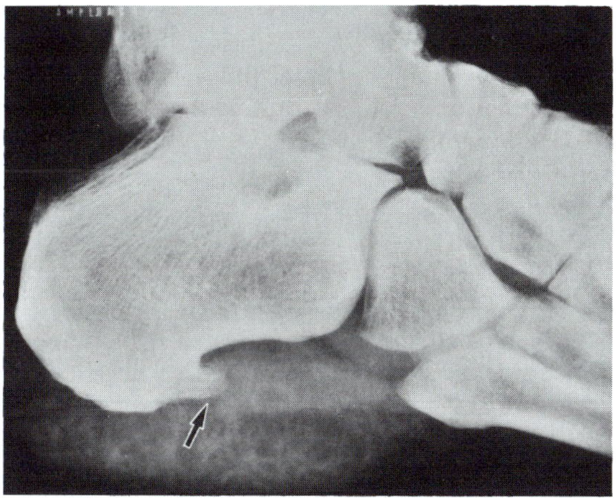

Abb. 153: Fersensporn: Beachte die vom Fersensporn zu den Metatarsalia ziehende Plantarfaszie.

11.5.6 Fersensporn

Definition. Knöcherne Ausziehung an der Medialseite des Kalkaneus am Ansatz der Plantarfaszie *(Abb. 153).*

Klinik. 10% der Bevölkerung weisen diese röntgenologisch nachweisbare Veränderung in unterschiedlicher Ausprägung auf. Selten besteht eine lokale Schmerzhaftigkeit in diesem Bereich. Durch eine Locheinlage kann eine Entlastung erfolgen. Des weiteren besteht die Möglichkeit der Instillation von Lokalanästhetika. Eine operative Therapie ist wegen der Gefahr von Narbenbeschwerden kontraindiziert.

11.5.6 Fersensporn

◀ **Definition**

Klinik
Bei dieser sehr häufig röntgenologisch nachweisbaren Veränderung besteht nur selten eine Beschwerdesymptomatik, welche konservativ (Locheinlage; Instillation von Lokalanästhetika) therapiert wird.

11.5.7 Coalitio calcaneo-navicularis

Definition ▶

Klinik
Diese knöcherne Verbindung wird ursächlich für die Entwicklung eines Knick-Plattfußes betrachtet. Meist ist diese röntgenologische Auffälligkeit ohne klinische Bedeutung.

11.5.7 Coalitio calcaneo-navicularis

Definition. Angeborene knöcherne Verbindung zwischen Kalkaneus und Navikulare.

Klinik. Diese Verbindung wird in ursächlichen Zusammenhang für die Entwicklung eines Knick-Plattfußes gebracht. Meist ist diese röntgenologische Auffälligkeit ohne klinische Bedeutung. Auch zwischen dem Talus und dem Navikulare **(Coalitio talo-navicularis)** und zwischen dem Talus und Kalkaneus **(Coalitio talo-calcaneare)** können angeborene knöcherne Verbindungen bestehen.

11.6 Neurogene Erkrankungen

11.6.1 Morton-Interdigitalneuralgie

Definition ▶

Klinik und Diagnose
Stechende, lokalisierte Beschwerden zwischen dem Metatarsalköpfchen II und IV sind charakteristisch für diese beim Spreizfuß gehäuft zu beobachtende Erkrankung.

Therapie
Neben der Spreizfußtherapie Instillation von Lokalanästhetika. Bei Beschwerdepersistenz Neuromentfernung.

11.6 Neurogene Erkrankungen

11.6.1 Morton-Interdigitalneuralgie

Definition. Neurombildung zwischen den Metatarsalköpfchen beim Spreizfuß. Eine chronische mechanische Reizung verursacht die Neurombildung.

Klinik und Diagnose. Stechende, plötzlich auftretende, lokalisierte Beschwerden zwischen dem Metatarsalköpfchen II und III, häufig mit ausgeprägter lokaler Druckdolenz sind charakteristisch. Oft besteht eine punktuelle Berührungsempfindlichkeit. Die Kompression der Metatarsalköpfchen führt zur Schmerzprovokation.

Therapie. Neben der Allgemeinbehandlung des Spreizfußes wird mit einem Lokalanästhetikum am Schmerzpunkt infiltriert. Hiermit wird auch eine Diagnosesicherung durchgeführt. Bei Beschwerdepersistenz ist die operative Exzision des Neuroms indiziert.

11.6.2 Tarsaltunnelsyndrom

Definition ▶

Klinik
Nächtliche Dysästhesien im Bereich der Fußsohle und Zehen sind charakteristisch für dieses Krankheitsbild, welches elektromyographisch quantifiziert werden kann.

Therapie
Abstützung des Fußlängengewölbes als entlastende Maßnahme. Bei therapierefraktärer Beschwerdesymptomatik ist die operative Dekompression angezeigt.

11.6.2 Tarsaltunnelsyndrom

Definition. Kompression des Nervus tibialis am Eintritt in den Tarsaltunnel am Innenknöchel, entsprechend dem Karpaltunnelsyndrom an der Hand.

Klinik. Neben Entzündungen und Traumen werden auch venöse Stauungen sowie funktionelle Ursachen angeschuldigt. Gekennzeichnet ist das Krankheitsbild durch **nächtliche Dysästhesien** im Bereich der Fußsohle und Zehen. Die Dysästhesien können auch bei Perkussion des Nerven im Tarsaltunnel ausgelöst werden. Die Region hinter dem Innenknöchel ist druckschmerzhaft. Quantifiziert wird das Tarsaltunnelsyndrom elektromyographisch.

Therapie. Als entlastende Maßnahme wird eine medial abstützende Einlagenversorgung durchgeführt, die operative Dekompression ist nur bei einer ausgeprägten therapierefraktären Beschwerdesymptomatik angezeigt.

11.7 Verletzungen und Verletzungsfolgen

11.7.1 Talusfraktur/Luxation

Die Gefäßversorgung des Talus erfolgt durch Äste der Arteria tibialis anterior mit Eintrittsstelle im Bereich des Talushalses. Frakturen des Halses und des Körpers des Talus bergen deshalb die große Gefahr der Talusnekrose. Dementsprechend ist bei diesen Verletzungen die schnellstmögliche anatomische Rekonstruktion und Stabilisierung sowie eine langfristige Entlastung angezeigt.

Einteilung der Frakturen

Osteochondrale Taluskantenfrakturen sowie Frakturen der Prozessus sind im Gegensatz zu zentralen Frakturen (Hals; Körper) sowie Trümmerfrakturen nicht nekrosegefährdet.

Luxationen und Luxationsfrakturen entstehen bei der seltenen kompletten Bandzerreißung im Bereich des oberen Sprunggelenkes, und im Talonavikulargelenk.

Therapie. Die schnellstmögliche anatomische Reposition, insbesondere bei nekrosegefährdeten Frakturen, ist anzustreben. Daneben ist die optimale Stabilisierung (Schraubenosteosynthese) angezeigt. Luxationen, die nicht optimal geschlossen eingerichtet werden können, müssen offen reponiert werden. Dies ist ebenso notwendig, wenn bei der Luxation im Talonavikulargelenk eine Muskelinterposition eintritt. Bei nekrosegefährdeten Frakturen ist eine Entlastung für 6–12 Monate notwendig. Hierzu wird ein entlastender Unterschenkelgehapparat verordnet (Hauptabstützpunkt am Ligamentum patellae).

11.7.2 Kalkaneusfraktur

Ätiologie. Insbesondere beim Sturz von großer Höhe entstehen Trümmerfrakturen des Kalkaneus. Abrißfrakturen des Tuber calcanei (knöcherner Ausriß des Achillessehnenansatzes) treten dagegen indirekt nach Stürzen mit plötzlichem Zug an der Achillessehne auf **(Entenschnabelbruch).**

Klinik. Oft ausgeprägte lokale Schwellungen und Deformierung. Im Extremfall kann ein traumatischer Plattfuß entstehen. Eine deform verheilte Fersenbeinfraktur schädigt und deformiert das untere Sprunggelenk und beeinträchtigt vor allem den Gang auf unebener Fläche.

Therapie. Abrißfrakturen werden osteosynthetisch versorgt. Bei starker Deformierung des Fersenbeins ist die operative Aufrichtung (Fixateur externe, Kirschnerdrahtosteosynthese) angezeigt, ansonsten die konservative Therapie (funktionell; kurzfristiger Gipsverband; entlastender Apparat). Die Behandlung ist meist langwierig, bei ausgeprägten posttraumatischen Fehlstellungen kann die Deformität operativ korrigiert werden durch eine T-Arthrodese, insbesondere bei sekundärer Arthrose des unteren Sprunggelenkes.

11.7.3 Metatarsalefrakturen

Klinik. Oft besteht eine ausgedehnte Schwellung, insbesondere bei Fraktur des 1. oder 5. Metatarsale kann das Fußlängsgewölbe aufgehoben sein.

Therapie. Metatarsalefrakturen werden in der Regel konservativ therapiert. Durch Gips wird das Fußlängsgewölbe hierbei unterstützt. Bei erheblicher Dislokation von Metatarsale-I- oder -V-Frakturen sowie bei Abrißfrakturen der Band- und Sehnenansätze ist die operative Rekonstruktion angezeigt.

11.7 Verletzungen und Verletzungsfolgen

11.7.1 Talusfraktur/Luxation

Die Blutversorgung des Talus erfolgt im Bereich des Halses. Dementsprechend ist die Nekrosegefahr bei Frakturen im Bereich des Halses, des Körpers und bei Trümmerfrakturen groß.

Einteilung der Frakturen

Osteochondrale Taluskantenfrakturen sowie Frakturen der Prozessus sind im Gegensatz zu zentralen Frakturen nicht nekrosegefährdet.

Therapie
Bei einer nekrosegefährdeten Luxationsfraktur ist die schnellstmögliche anatomische Reposition und Stabilisierung angezeigt. Oftmals ist ein offenes Vorgehen hierzu notwendig. Zusätzlich ist eine Entlastung von 6 bis 12 Monaten angezeigt.

11.7.2 Kalkaneusfraktur

Ätiologie
Trümmerfrakturen entstehen meist nach Sturz von großer Höhe. Abrißfrakturen entstehen durch plötzlichen Zug an der Achillessehne.

Klinik
Ausgeprägte lokale Schwellung, Deformierung und Schmerzhaftigkeit. Eine deform verheilte Fersenbeinfraktur deformiert das untere Sprunggelenk und beeinträchtigt den Gang auf ebener Fläche.

Therapie
Abrißfrakturen werden osteosynthetisch versorgt. Trümmerfrakturen werden operativ aufgerichtet, ansonsten erfolgt eine funktionelle Therapie. Hierzu ist oftmals eine lange Entlastung notwendig.

11.7.3 Metatarsalefrakturen

Klinik
Bei Frakturen des 1. oder 5. Metatarsale kann das Fußlängsgewölbe aufgehoben sein.

Therapie
In der Regel konservative Therapie. Bei dislozierten Metatarsale-I- und -V-Frakturen sowie Abrißfrakturen ist die operative Versorgung angezeigt.

11.7.4 Zehenfrakturen

Großzehenfrakturen werden mit einem Gehgips oder starrer Einlage, Zehenfrakturen durch Pflasterverbände therapiert.

11.7.5 Ermüdungsfrakturen im Bereich des Fußes (Marschfrakturen)

Definition ▶

Ätiologie
Bei untrainierten Personen kommt es bei längerer unphysiologischer Belastung des Fußes zum Ermüdungsbruch im Bereich der Metatarsalia *(Syn. 58, S. 134).*

Klinik
Lang anhaltende lokale Beschwerdesymptomatik. Die **Diagnosestellung** erfolgt **radiologisch.** Bereits initial positives **Knochenszintigramm.**

Therapie
Versorgung mit einem Unterschenkelgipsverband. Hierbei kommt es zur schnellen Ausheilung der Ermüdungszonen.

Klinisches Beispiel ▶

11.7.4 Zehenfrakturen

Frakturen im Bereich der Großzehe können im Gehgips oder mit einer starren Einlage mit vorgezogener Lasche über 4 bis 6 Wochen entlastet werden. Zehenfrakturen werden durch einen Pflasterverband gezügelt.

11.7.5 Ermüdungsfrakturen im Bereich des Fußes (Marschfrakturen)

Definition. Frakturen des Fußskelettes durch lang andauernde unphysiologische Belastung.

Ätiologie. Insbesondere bei untrainierten Personen, die plötzlich längere Fußmärsche durchführen, kann es zur Überbeanspruchung des Fußskelettes im Bereich der Metatarsalia kommen. Da die **biologische Adaptation** an den veränderten Belastungszustand länger dauert und die bestehende mechanische Festigkeit nicht ausreicht, kommt es zum Ermüdungsbruch *(Syn. 58, S. 134).*

Klinik. Lang anhaltende, lokale Beschwerdesymptomatik. Zum Teil besteht eine Schwellung. Die **Diagnosestellung** erfolgt **radiologisch,** wobei allerdings im Initialstadium das Röntgenbild unauffällig sein kann bei bereits **positivem Knochenszintigramm** (Umbauvorgänge im Bereich des Knochens).

Therapie. Ermüdungsfrakturen des Fußes werden durch einen Unterschenkelgipsverband therapiert. Während der Schonung kommt es meist zur schnellen Ausheilung der Ermüdungszonen.

Klinisches Beispiel. 23jähriger Mann, der als Untrainierter eine 10tägige Gebirgswandertour unternahm. Nach wenigen Tagen bereits Schmerzen im Mittelfußbereich. Eine Röntgenkontrolle zwei Tage nach Abschluß der Wanderung wegen erheblicher Beschwerdesymptomatik war zunächst unauffällig. Bei einem eine Woche später durchgeführten Knochenszintigramm findet sich eine erhebliche Mehrspeicherung im Bereich der Metatarsalia. Im Unterschenkelgehgipsverband wird für 3 Wochen ruhiggestellt. Die anschließend durchgeführte Röntgenaufnahme zeigt die ausgeprägte Kallusbildung im Bereich des Os metatarsale III in Schaftmitte *(Abb. 154).*
Diagnose: Ermüdungsfraktur.

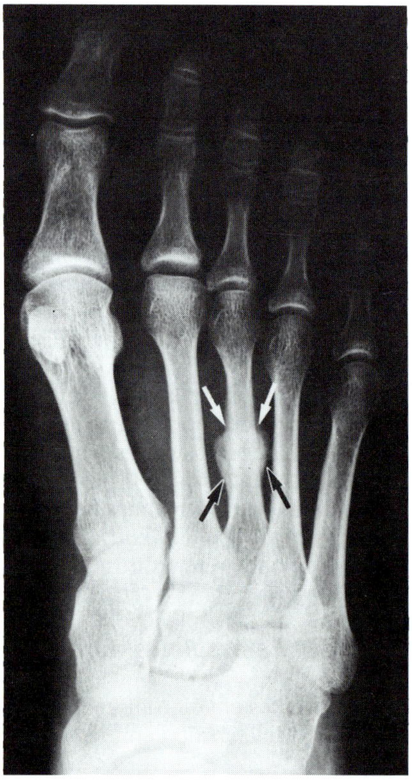

Abb. 154: Ermüdungsfraktur des Metatarsale III mit Kallusbildung.

11.8 Begutachtung

Der Fuß ist Stütz- und Bewegungsorgan. Für die funktionelle Leistungsfähigkeit ist daher sowohl der knöcherne Aufbau als auch die Gesamtfunktion gleichermaßen entscheidend. Knöcherne Fehlstellungen, die den plantigraden Auftritt und damit die Standfestigkeit beeinträchtigen, sind daher gutachterlich hoch einzuschätzen. Dies gilt auch für alle Störungen des Abrollvorganges. Selbst scheinbar geringe Läsionen (z.B. Hallux rigidus) können das Abrollen des Fußes dermaßen stören, daß auch andere Gelenke (Kniegelenk) überlastet werden. Dementsprechend werden Funktionsverluste der Großzehe bevorzugt bewertet *(S. 84)*. Besonders nachteilig auf den Gangablauf wirken sich auch schmerzhafte Teilversteifungen sämtlicher Fußgelenke aus.

11.8 Begutachtung

Der statische Aufbau und die Funktion sind entscheidend für die Begutachtung des Fußes. Dementsprechend werden Störungen der Standfestigkeit und des Abrollvorganges bevorzugt bewertet. Auch schmerzhafte Teilversteifungen sämtlicher Fußgelenke wirken sich besonders nachteilig auf den Gangablauf aus.

Adressen für Behinderten-Selbsthilfegruppen

Der Orthopäde betreut traditionsgemäß viele Behinderte.

Die Behinderten haben sich in Selbsthilfegruppen organisiert. Diese Solidargemeinschaften sind wichtig für die komplexe Problembewältigung und somit auch therapeutisch bedeutsam.

Nachfolgend sind die für den Orthopäden wichtigen Adressen von Selbsthilfegruppen Behinderter aufgelistet.

Adressen für Behinderten-Selbsthilfegruppen

Wenngleich Behinderte oft auf eine multidisziplinäre medizinische Hilfe angewiesen sind, betreut der Orthopäde traditionsgemäß viele dieser Menschen. So sind die meisten orthopädischen Kliniken aus den ehemaligen Landeskrüppelanstalten hervorgegangen.

Die Vielzahl der medizinischen, physischen, psychischen, sozialen und rechtlichen Probleme, mit denen sich Behinderte in unserer Gesellschaft auseinandersetzen müssen, hat zur Bildung von Selbsthilfegruppen geführt. Für Behinderte sind diese Gruppen von eminenter Bedeutung. Diese Solidargemeinschaften dienen dem Erfahrungsaustausch, der gemeinsamen Problembewältigung und Freizeitgestaltung, und sie vertreten die sozialpolitischen Interessen dieser Behinderten. Dementsprechend wichtig ist die ärztliche Zusammenarbeit mit diesen Selbsthilfegruppen. Zur Therapie gehört die Information der Behinderten respektive der Eltern von behinderten Kindern über die Existenz und die Möglichkeiten von Selbsthilfegruppen.

Nachfolgend sind die für den Orthopäden relevanten Adressen von Selbsthilfegruppen Behinderter in der Bundesrepublik Deutschland aufgelistet. Über diese Adressen können die regionalen Selbsthilfegruppen erfragt werden.

Bundesarbeitsgemeinschaft
Hilfe für Behinderte e. V.
Kirchfeldstraße 149
4000 Düsseldorf 1
Tel. 0211/310060
Fax 0211/3100648

Arbeitsgemeinschaft
Spina bifida und Hydrocephalus
Postfach 168
5750 Menden 1
Tel. 02373/67576

Bundesverband
Contergangeschädigter e. V.
Hilfswerk vorgeburtlich
Geschädigter
Paffrather Straße 132–134
5000 Köln 80 (Dellbrück)
Tel. 0221/6803479

Bundesverband für spastisch
Gelähmte und andere Körperbehinderte e. V.
Brehmstraße 5–7
4000 Düsseldorf
Tel. 0211/626651

Bundesverband Selbsthilfe
Körperbehinderter e. V.
7109 Krautheim 1
Tel. 06294/680

Bundesverband Skoliose
Selbsthilfe e. V.
Düstergasse 9 a
5630 Remscheid 11
Tel. 02191/63993

Deutsche Gesellschaft zur Bekämpfung
der Muskelkrankheiten e. V.
Reunerstraße 4
7800 Freiburg
Tel. 0761/277932 oder 278024

Deutsche Heredo-Ataxie-Gesellschaft
Bundesverband e. V.
Möhringer Landstraße 103 a
7000 Stuttgart 80

Deutsche Multiple Sklerose
Gesellschaft
Bundesverband e. V.
Rosental 5/II
8000 München 2
Tel. 089/2608058

Deutsche Parkinson Vereinigung
Bundesverband e. V.
Kurt-Huber-Straße 3
4040 Neuss
Tel. 02101/470441

Deutsche Rheuma-Liga
Bundesverband e. V.
Rheinallee 69
5300 Bonn 2
Tel. 0228/355425

Deutsche Sektion der
Internationalen Liga
gegen Epilepsie e. V.
Postfach 6
7640 Kehl-Kork
Tel. 07851/3144

Deutsche Vereinigung
Morbus Bechterew
Selbsthilfeorganisation der
Bechterew-Kranken
Metzgergasse 16
8720 Schweinfurt
Tel. 09721/22033 oder 22955

Gesellschaft für Osteogenesis
Imperfecta
Betroffene e. V.
Geschäftsstelle
Wangerooger Straße 3
2870 Delmenhorst
Tel. 04221/20160

Gesellschaft zur Förderung
behinderter türkischer Kinder
Sakat Türk Cocuklarini Koruma
Birligi e. V.
Vahrenwalder Straße 194
3000 Hannover 1
Tel. 0511/632142

Schutzverband für
Impfgeschädigte e. V.
Postfach 1160
5912 Hilchenbach/Siegerland
Tel. 0271/55019

Verein kleinwüchsiger Menschen
e.V., Bundesverband:
Harald-Bernd-
Nerthusstraße 2
5000 Köln 91
Tel. 0721/865633

Qualitatives Sachverzeichnis

Apert-Syndrom 106

Häufigste Dysostose mit kranialer und Gesichtsbeteiligung. Klinisch liegen eine typische Schädelkonfiguration (Akrobrachyzephalie) und Syndaktylien (typischerweise als Löffelhand) vor (Akrozephalosyndaktylie). Das Apert-Syndrom ist autosomal dominant vererblich.

Aplasie 93

Sprachlich korrekt bezeichnet die Aplasie das völlige Fehlen einer Organanlage (z.B. Radiusaplasie, Pektoralisaplasie beim Poland-Syndrom). Im weiteren Sinn wird der Begriff allerdings häufig auch zur Bezeichnung von Minderanlagen der Organe gebraucht (partielle Aplasie).

Apophysen 43

Knochenkerne des kindlichen Skeletts, die sich meist im Bereich des Ansatzes von Sehnen, Bändern oder Gelenkkapseln befinden (z.B. Trochanterapophyse als Ansatz für die Glutealmuskulatur). Die Knochenkerne der Apophysen sind während des Wachstums durch eine Wachstumszone (Apophysenfuge, Apophysenplatte) mit dem übrigen Skelett verbunden. Die Verknöcherung dieser Wachstumszonen läuft in der Pubertät nach bestimmtem Schema ab. Dies kann z.B. im Bereich der Beckenkammapophysen zur Bestimmung der Skelettreife genutzt werden (sogenanntes RISSER-Zeichen).

Arthrodese 76, 429

Operative Versteifung eines Gelenkes, die z.B. zur Stabilisierung bei lähmungsbedingter Instabilität oder zur Ruhigstellung von entzündlichen, meist septischen Gelenkdestruktionen durchgeführt wird. Arthrodesen können durch Anfrischen der Gelenkflächen (artikulär) oder auch durch Spanüberbrückung des Gelenkes juxtaartikulär (z.B. bei Tuberkulose des Hüftgelenkes zwischen Oberschenkel und Becken) hergestellt werden.

Arthrographie 44

Kontrastmitteldarstellung des Gelenkraumes zur Erfassung von Kapsel- und Knorpelläsionen bzw. Weichteilinterponaten. Sie ist vor allem zur verfeinerten Diagnostik bei der angeborenen Hüftgelenksluxation, bei Meniskusläsionen und Weichteilläsionen des Schultergelenkes indiziert.

Arthrorise 486

Hemmung der Gelenkbeweglichkeit in einer Richtung durch Einsetzen eines Knochenspanes. Insbesondere beim Lähmungsspitzfuß kann diese knöcherne Anschlagsperre angewandt werden.

Arthrose 23, 42

Degeneration des Gelenkknorpelgewebes mit sekundärer Knochenläsion und entzündlich bedingter Schrumpfung der Gelenkkapsel. Die morphologischen Veränderungen gehen nicht immer mit einer entsprechenden klinischen Symptomatik einher. So können sich arthrotische Veränderungen über viele Jahre langsam zunehmend ohne wesentliche funktionelle Behinderung entwickeln. Fallen allerdings vermehrt Abriebprodukte im Gelenk an (z.B. Überlastung), so entsteht reaktiv eine Gelenkkapselentzündung mit Ergußbildung und Schmerzen (aktivierte Arthrose).

Ataxie 249

Störung der Bewegungskoordination, d.h. des geordneten Zusammenwirkens von Muskelgruppen aus zerebralen, spinalen oder peripheren Ursachen. Zur Ataxie kommt es im allgemeinen auf dem Boden gestörter Tiefensensibilität, sie äußert sich z.B. in ausfahrenden, in ihrem Kraftaufwand nicht zweckangepaßten Bewegungen. Je nach Lokalisation der betroffenen Strukturen werden unterschieden: Hinterstrangataxie (Tabes dorsales), zerebelläre Ataxie (z.B. Kleinhirnerkrankungen), zerebrale Ataxie (Stirnhirnerkrankungen), hereditäre Ataxie (Friedreich-Ataxie, Nonne-Marie-Ataxie).

Athetose 249

Form einer Hyperkinese mit unwillkürlich ablaufenden, langsamen, tonischen, wurmartigen, geschraubten Bewegungsmustern. Befallen sind vor allen Dingen die distalen Extremitätenabschnitte sowie das Gesicht. Meist bei infantiler Zerebralparese auftretend.

Babinski-Phänomen 245

Auch Babinski-Reflex oder Großzehenzeichen genannt: Beim Bestreichen des äußeren Fußrandes tritt statt der normalerweise erfolgenden Plantarflektion der Zehen eine langsame isolierte Dorsalextension der Großzehe ein, während die übrigen Zehen in ihrer Ausgangsposition verbleiben oder eine Plantarflektion unter gleichzeitig fächerförmigem Zehenspreizen durchführen. Der Babinski-Reflex ist das konstanteste und beweiskräftigste Symptom einer organischen Schädigung der Pyramidenbahn.

Brachydaktylie 348

Oberbegriff für alle angeborenen Verkürzungen von Fingern bzw. Zehen. Die Kombination des Fehlens oder der Minderentwicklung einer Mamille und/oder des Musculus pectoralis mit gleichzeitiger Brachydaktylie der Finger wird als Poland-Syndrom bezeichnet.

braune Tumoren 140

Meist im Kindesalter vorkommende Knochenzysten in den metaphysären Abschnitten der langen Röhrenknochen. Die Zysten treten bei verminderter Tragfähigkeit des Skeletts durch Spontanfrakturen mit Blutungen in das Knochenmark auf, nach deren Heilung resorptive Riesenzellgranulome als typische Befunde beim Hyperparathyreoidismus zurückbleiben.

Bursen 202

Aus lockerem Bindegewebe bestehende Schleimbeutel, die überall dort eingelagert sind, wo eine besondere Verschieblichkeit von Gewebeschichten gegeneinander erforderlich ist. Entzündungen der Schleimbeutel treten meist als Reaktion auf wiederholte Traumen oder Dauerreiz (Druck), seltener bei spezifischen Entzündungen (Tb, Gonorrhö) oder bei chronischer Polyarthritis auf.

Cauda equina 295

Aus den unteren Lendenwurzeln, Sakral- und Kokzygealwurzeln gebildetes Nervenfaserbündel, das am Ende des Rückenmarks beginnt und distal sich verjüngend unterhalb des zweiten Lendenwirbels den Wirbelkanal ausfüllt.

Chondrose 328

Synonym: Chondrosis intervertebralis. Gewebealterung der Bandscheiben. Verlust des Wasserbildungsvermögens durch mikroskopische und makroskopische Veränderungen mit Proteoglykanabbau und Zerreißung der kollagenen Fasern.
Im weiteren Sinn wird dieser Begriff auch für alle degenerativen Erkrankungen des Gelenkknorpels im Erwachsenenalter (Synonym: Chondromalazie) und im Kindesalter (aseptische Osteochondrosen) gebraucht.

Clayton-Operation 500

Resektion aller Metatarsalköpfchen und der Basen der Grundphalangen. Diese 1960 von Clayton beschriebene Operation wird häufig am rheumatisch deformierten Fuß zur Begradigung der Zehen bei durchgetretenem Vorfuß durchgeführt.

cold lesion 48, 154

Szintigraphisch verminderte Aktivitätsbelegung des Knochens. Dieser Befund ist typisch für das Frühstadium einer Knochennekrose im Erwachsenen-, aber auch im Kindesalter. Mit Beginn organisatorischer Vorgänge innerhalb des Knochengewebes nimmt das Speicherungsverhalten des Knochens dann wieder zu.

Corpus librum 125

Frei im Gelenk anzutreffender Gelenkkörper, der meistens aus Knochen mit überdeckender Knorpelschicht, gelegentlich aber auch nur aus Knorpel besteht. Ursächlich kommen traumatische Ablösungen von Gelenkflächenarealen, Disseziierungen von Gelenkflächenteilen bei der Osteochondrosis dissecans und Absonderungen von metaplastisch zu Knorpel umgewandelten Zotten der Membrana synovialis bei der Chondromatose in Frage.

Coxa valga/Coxa vara 149; 418–420

Der von Schenkelhals und Oberschenkelschaft gebildete Centrum-Collum-Diaphysenwinkel (CCD-Winkel) ändert sich altersabhängig. Ist der Winkel größer als altersentsprechend, wird dies als Coxa valga bezeichnet. Ein kleinerer CCD-Winkel entspricht der Coxa vara.

Cubitus valgus/varus 371

Bei nach vorne gerichteter Ellenbeuge besteht bei gestrecktem Ellenbogen physiologisch eine Valgität (Außenabwinklung) des Armes, bei Männern bis 10 Grad, bei Frauen bis 20 Grad. Darüber hinausgehende Abweichungen im Valgussinn (s.S.29) werden als Cubitus valgus, Abweichungen im Varussinne als Cubitus varus bezeichnet.

Diaphyse 41

Mittelstück der Röhrenknochen, das durch die Verdichtung der Knochenbälkchen zur Kompakta gezeichnet ist. Die Diaphyse geht proximal und distal in die Metaphyse über.

Diplegie 245

Im weitesten Sinne des Wortes doppelseitige Lähmung. Im engeren Sinne wird darunter die Lähmung beider Beine z.B. bei traumatischer Querschnittlähmung (Paraplegie) oder bei infantiler Zerebralparese (Diplegie oder Diparese) verstanden.

Distorsion 461

Verstauchung, Überdehnung oder Zerreißung der Kapselbandstrukturen eines Gelenkes, unter Umständen auch mit Einbluten in das Gelenk. Am häufigsten sind das obere Sprunggelenk (»Umknicken«) und das Kniegelenk betroffen.

Dysostose 89, 98, 106

Angeborene Entwicklungsstörung einzelner Knochen. Formalgenetisch handelt es sich damit um einen Organdefekt, der von dem systemhaften Gewebedefekt (Skelettdysplasie) abgegrenzt wird.

Dysplasie des Skeletts 98

Systemhafte Entwicklungsstörung des Knorpel-Knochengewebes. Die Dysplasien werden damit als Gewebedefekte von den lokalisierten Organdefekten der Dysostosen unterschieden. Nach anatomischen und pathophysiologischen Gesichtspunkten werden unterschieden: 1) Wachstums- und Entwicklungsstörungen von Knorpel und Knochengewebe. 2) Desorganisierte Entwicklung von Knochen- und Fasergewebe. 3) Erkrankungen mit abnormaler Knochendichte.

Dysrhaphie 305

Sammelbezeichnung für angeborene kombinierte Fehlbildungen infolge mangelhafter Rückenmarkanlage oder Störung des Schließungsprozesses (Rhaphe-Bildung) der primären Neuralplatten. Orthopädischerseits sind die Verschlußstörungen im Bereich der Wirbelsäule von Interesse, die bei geringster Ausprägung als Spaltbildung des Wirbelbogens (Spina bifida occulta) ohne Symptome auftreten können, bei stärkerer Ausprägung immer mit einer Beteiligung von Rückenmark- und Rückenmarkshäuten einhergehen (Myelomeningozele) und dann auch zu neurologischen Ausfällen führen (z.B. angeborene Querschnittlähmung).

Dystrophie des Skeletts 89, 98, 107

Ernährungsstörungen des Knochens, die als Folge metabolischer Störungen des Knorpel- und Knochengewebes, endokriner Fehlsteuerungen und vegetativer Innervationsstörungen am betroffenen Skelettabschnitt auftreten können.
Im engeren Sinne werden die kongenitalen Dystrophien als metabolische Defekte des Knochen-Knorpelgewebes mit bekannter Pathogenese von den Skelettdysplasien (Gewebedefekte mit unbekannter Pathogenese) abgegrenzt. Im Erwachsenenalter wird der Begriff der Dystrophie vor allem für die Sudeck-Dystrophie verwendet. Hierbei handelt es sich um eine Ernährungsstörung von Weichteilen und Knochen, die nach Traumen, einschließlich Operationen, Infektionen, Nervenschädigungen und nach primär vegetativen Störungen auftreten kann.

Elektromyographie 38

Registrierung der von einem Muskel direkt (mit Nadelelektroden) oder indirekt (von der Haut mit Oberflächenelektroden) abgeleiteten Aktionsströme. Diese werden nach elektrischer Verstärkung mit Hilfe eines Oszillographen sichtbar gemacht oder aufgezeichnet. Das EMG ist besonders zur Unterscheidung zwischen neurogenen Muskelatrophien und myogenen Muskeldystrophien geeignet und spielt eine besondere Rolle bei der differentialdiagnostischen Abklärung von radikulären Syndromen im Bereich der Hals- und Lendenwirbelsäule.

Empyem 238

Eiteransammlung in präformierten Hohlräumen. Als Gelenkempyem im Rahmen einer hämatogenen Osteomyelitis oder auch exogen durch Inokulation von Erregern möglich (Pyarthros). Durch den Eiterungsprozeß kommt es rasch zur Knorpeldestruktion. Eine Restitutio ad integrum ist daher nur selten möglich.

Epiphyse 43

Das proximal und distal gelegene Gelenkstück der langen Röhrenknochen. Die Epiphyse ist durch die Wachstumsfuge (Wachstumsplatte, Epiphysenfuge) von der Metaphyse abgegrenzt. Epi- und Metaphyse besitzen während des Wachstumsalters eine eigene Blutgefäßversorgung, die die Entstehung und Ausbreitung verschiedener Erkrankungen während des Wachstumsalters beeinflußt (aseptische Osteochondrose, Tumoren, Infektionen).

Exophyten 167

Nach außen herauswachsende Knochenvorsprünge (Osteophyten). Exophyten entstehen vor allem bei degenerativen Gelenkerkrankungen durch die Schub- und Scherkräfte an den Gelenkflächenrändern, die zur Ausbildung dieser wulstartigen Knochenvorsprünge führen. Damit beginnt die Deformierung des Gelenkes (Arthrosis deformans).

Exostose, osteokartilaginäre 207

Synonym für Osteochondrom. Metaphysennah wachsender, pilzförmiger Knochentumor mit aufliegender Knorpelkappe. Die solitären osteokartilaginären Exostosen treten in der Hälfte der Fälle an der distalen Femurmetaphyse sowie der proximalen Metaphyse von Tibia und Humerus auf. Bei der Exostosenkrankheit (multiple kartilaginäre Exostosen) handelt es sich um eine vererbliche Sonderform der Erkrankung.

Fasziotomie 78

Operative Durchtrennung von Faszien. Die Durchtrennung von Muskelfaszien ist angezeigt, wenn durch die Druckzunahme in Muskellogen (Kompartment-Syndrom) bei Einblutungen (Trauma mit schwerer Gewebequetschung) oder bei Ödemansammlungen (chronische Dauerbeanspruchung bei Leistungssportlern, z.B. Jogger) die Durchblutung der Muskulatur gefährdet ist und Muskelnekrosen entstehen können. Eine Durchtrennung von Faszien wird auch zur Verbesserung der Gelenkbeweglichkeit bei der operativen Bewegung von Kontrakturen (Arthrolysen) durchgeführt.

Fibroosteoplasie 140

Infolge einer verstärkten Osteoblastentätigkeit auftretende, allgemeine Knochenresorption bei Hyperparathyreoidismus. Es kommt zur Auflockerung der Kortikalis und zur Entstehung von Kortikaliszysten. Die Frühsymptome sind vor allem im Bereich des Kiefers und an den Fingerphalangen röntgenologisch zu erkennen.

Galeazzifraktur 397

Kombinationsverletzung mit Luxation der distalen Ulna und Radiusschaftfraktur.

Genu valgum/Genu varum 164, 165, 441

Abweichung der frontalen Kniegelenksachse (Genu valgum = X-Bein, Genu varum = O-Bein) (Merksatz: O [h] Varus gib mir meine Legionen wieder)

Gibbus 238, 319

Winkelförmige Abknickung der Wirbelsäule. Der Gibbus wird als anguläre Kyphose von den großbogigen Hyperkyphosierungen (arkuären Kyphosen) abgegrenzt.

Gipse, redressierende 483

Bei Deformitäten, insbesondere am kindlichen Fuß, werden redressierende Gipse zur Korrektur angelegt. Durch mehrfachen Gipswechsel wird die Fehlform allmählich korrigiert.

Hämarthros 188

Blutung in ein Gelenk. Am bedeutsamsten ist das Hämarthros bei Kniegelenksverletzungen mit der Gefahr der Knorpeldestruktion.

Hemiplegie 245

Halbseitenlähmung, meist durch Krankheitsherde in Hirn und Hirnstamm. Betroffen sind dabei vorwiegend die Extremitäten, Gesichts- und Zungenmuskulatur der Gegenseite. Diese durch Schädigung der Pyramidenbahn entstandene kontralaterale Hemiplegie ist anfangs schlaff, später spastisch und führt dann oft auf der Lähmungsseite zu einer typischen Haltungsanomalie mit Adduktions- und Flektionskontraktur des Armes, Volarflexion der Hand und Extensionskontraktur des Beines.

Hyperlordose der Lendenwirbelsäule 320

Hohlkreuz. Ursächlich können sein konstitutionelle Faktoren, Muskelschwäche, insbesondere der Abdominalmuskulatur, Beckenverkippungen z.B. bei hochstehenden Hüftgelenksluxationen.

Hyperplasie 113

Vergrößerung eines Organs durch zahlenmäßige Vermehrung der Gewebebestandteile im Gegensatz zur Hypertrophie (Vergrößerung der einzelnen Zellen eines Organs).
Im engeren Sinne sind Hyperplasien eine Erscheinungsform der angeborenen Skelettentwicklungsstörungen mit Größenzunahme einzelner oder mehrerer Knochen oder einer Skelettregion bei erhaltener Form (allgemeiner oder lokalisierter Riesenwuchs).

Hypoplasie 93, 113

Unterentwicklung oder unvollkommene Ausbildung eines Organs. Hypoplasien sind eine Erscheinungsform der angeborenen Skelettentwicklungsstörungen mit Größenminderung einzelner oder mehrerer Knochen oder des gesamten Skeletts bei dessen erhaltener Form (z.B. primordialer Minderwuchs, Gliedmaßenhypoplasien).

Kalkaneusfraktur 507

Bruch des Fersenbeines. Diese Verletzung entsteht beim Sturz aus großer Höhe oder durch Aufprall bei Kfz-Unfällen.

Kallus 280

Schwiele, im engeren Sinne Knochenschwiele. Durch die Kallusbildung wird im Rahmen der Knochenheilung die Kontinuität zweier Knochenfragmente wieder hergestellt. Dabei entsteht zunächst ein fibrös knorpliges Knochengewebe zwischen den Knochenenden (Bindegewebskallus), das anschließend mineralisiert wird (Faserknochenbildung) und schließlich unter zunehmender Belastung den ursprünglichen Differenzierungsgrad der spongiösen und kompakten Knochenstrukturen wieder erreicht. Die Art der Knochenheilung wird von der Stabilität der Knochenfragmente wesentlich beeinflußt.

Kalzitonin 135

Kalzitonin wird in den C-Zellen der Schilddrüse gebildet und ist ein Antagonist des Parathormons. Kalzitonin hemmt die Aktivität der Osteoklasten und steigert die Anzahl der Osteoblasten. Seine Sekretion wird durch den Serum-Kalzium-Spiegel kontrolliert. Als Nettoeffekt resultiert eine vorübergehende Senkung des Serum-Kalzium-Spiegels. Wegen des pharmakologischen Effektes ist die Anwendung von Kalzitonin vor allem beim Morbus Paget (vermehrter Knochenan- und -abbau unklarer Genese) sinnvoll.

Klavus 497

Hornhautschwielen (»Hühneraugen«) über den Köpfchen der Mittel- und Grundglieder bei Hammer- oder Krallenzehe.

Kompartmentsyndrom 195

Druckerhöhung in Muskellogen mit den Folgen einer Durchblutungsstörung der Muskulatur, nachfolgender Muskelnekrose und -kontraktur. Kompartment-Syndrome werden vor allen Dingen im Bereich des Unterarmes (hier als Volkmann-Kontraktur bezeichnet) und des Unterschenkels beobachtet. Dort treten sie als Folge einer akuten Schädigung im Bereich der Muskelloge (z.B. Trauma mit Einblutung) oder auch chronischen Schädigung (Druckerhöhung bei venösen Abflußstörungen infolge Muskelhypertrophie; z.B. Bodybuilder; oder durch Dauerbeanspruchung; z.B. Langstreckenläufer) auf.

Kontorsionist 294

Schlangenmensch. Unterschieden werden Artisten, die in Überstreckung der Wirbelsäule (Kautschukkontorsionisten) oder in Überbeugung (Klischniggkontorsionisten) arbeiten.

Kyphose 319

Dorsal konvexe Form der Wirbelsäule. Unterschieden werden arkuäre (bogenförmige) und anguläre (knickförmige) Kyphosen. Die angulären Kyphosen (Gibbus) sind immer als pathologisch anzusehen.

Lachman-Test 460

Überprüfung der Kreuzbandstabilität. Beim entspannt auf dem Rücken liegenden Patienten wird vom Untersucher am 10–20 Grad gebeugten Knie durch Verschieben am distalen Ober- und proximalen Unterschenkel die sagittale Mobilität getestet. Bei einem Riß des vorderen Kreuzbandes kann der Unterschenkel deutlich gegenüber der Oberschenkelrolle nach ventral disloziert werden.

Looser-Umbauzonen 103, 133, 149

Umbauzonen in mechanisch besonders beanspruchten Knochenregionen, die morphologisch mit einem erhöhten Knochenumbau und der Bildung von pseudoarthroseähnlichem Gewebe einhergehen und röntgenologisch als sichtbare Aufhellungsstreifen erscheinen. Looser-Umbauzonen können in normalem Knochengewebe bei einer erhöhten Dauerbeanspruchung (Langstreckenläufer, Jogger) als Ermüdungsfrakturen auftreten oder bei gestörtem Metabolismus des Knochengewebes (Osteomalazie) an Stellen einer primär erhöhten mechanischen Belastung (vor allen Dingen am proximalen Unterschenkel und dem Schenkelhals) zu Pseudofrakturen führen.

Luxation 275, 278

Gelenkverrenkung durch Dislokation der Gelenkflächen gegeneinander, die partiell (Subluxation) oder komplett (Luxation) sein kann. Luxationen können traumatisch als Folge einer plötzlichen und gewaltsamen Verschiebung der Gelenkflächen auftreten oder sich langsam durch Wachstumsstörungen (kongenitale Hüftgelenksluxation) oder auch durch Destruktion der Gelenkkörper (Destruktionsluxation nach Gelenkinfektion) entwickeln.

Mennell-Zeichen 404

Test zur Prüfung des Iliosakralgelenkes. Durch ruckartige Hyperflexion eines Hüftgelenkes durch den Untersucher bei gleichzeitiger maximaler Beugung des kontralateralen Hüftgelenkes können im Iliosakralgelenk Schmerzen auftreten (positives Zeichen).

Metaphyse 41

Zwischen Diaphyse (Mittelstück) und Epiphyse (Gelenkstück) gelegener Bereich eines Röhrenknochens. Die Metaphyse ist durch die Wachstumsfuge (Epiphysenfuge, Wachstumsplatte) von der Epiphyse getrennt.

Monteggia-Fraktur 397

Kombinationsverletzung am Unterarm mit Fraktur der Ulna und Radiusköpfchenluxation im Ellenbogen.

Nidus 211

Inmitten einer sklerotischen Knochenzone gelegener, meist kugelig runder Weichteilherd, der röntgenologisch als zentrale Aufhellungszone imponiert und typisch für ein Osteoidosteom ist (aus dem lateinischen: Nest). Der Nidus ist röntgenologisch in Schichtaufnahmen erkennbar und imponiert szintigraphisch durch eine ausgeprägte lokale Mehrspeicherung. In röntgenologischen Übersichtsaufnahmen kann der Nidus dem Nachweis häufig entgehen.

Omarthrose 362

Verschleiß des Glenohumeralgelenkes. Im Gegensatz zu den Gelenken der statisch belasteten unteren Extremität ist die Arthrose des Schultergelenkes weitaus seltener, da sich die degenerativen Veränderungen aus biomechanischen Gründen vorwiegend in der Weichteilmanschette (Muskulatur, Sehnen) ausbilden.

Orthesen 59, 171

Orthesen sind äußere Kraftträger, die der Ruhigstellung, Entlastung oder Korrektur von Skelettabschnitten dienen. Orthesen für die Extremitäten sind Lagerungsschalen, entlastende oder korrigierende Apparate, für die Wirbelsäule Leibbinden-Mieder und Korsetts.

Osteochondrose 115, 329

Osteochondrosen sind Wachstumsstörungen im Epiphysenbereich, die bei Kindern als Folge von Durchblutungsstörungen unbekannter Ursache auftreten. Dabei kommt es zu lokalisierten Störungen der Verknöcherungsvorgänge, unter Umständen mit begleitenden Knochennekrosen, seltener auch Knorpelnekrosen (Osteochondronekrosen). Osteochondrosen können an allen Epiphysen auftreten. Die häufigsten sind der Morbus Perthes, die Scheuermann-Erkrankung, die Osteochondrosis dissecans der Femurkondylen, die Osteochondrose derTibiaapophyse und des Os naviculare pedis.
Als Osteochondrose wird auch der röntgenmorphologische Befund der Degeneration der Zwischenwirbelscheiben verstanden. Dabei liegt neben einer Verschmälerung des Zwischenwirbelraumes (Chondrose) auch eine Osteosklerose der Deck- und Grundplatten der benachbarten Wirbelkörper vor.

Osteonekrose 153

Absterben von Knochengewebe, das indirekt durch Zirkulationsstörungen, aber auch durch direkte Zerstörung der Knochenzellen ausgelöst werden kann. Eine direkte Schädigung ist bei Entzündungen, Strahlenschäden und bei metabolischen Störungen (z.B. Cortisontherapie) möglich. Traumatisch bedingte Osteonekrosen sind größtenteils durch Vaskularisationsstörungen bedingt. Bei einer großen Anzahl von Osteonekrosen ist die Ätiologie im einzelnen unbekannt, so daß von idiopathischen Osteonekrosen gesprochen wird.

Osteopathie 137, 147

Überbegriff für Knochenerkrankungen, die als metabolische Osteopathien mit verminderter und erhöhter Knochendichte, als zirkulatorische Osteopathien (Osteonekrosen), toxische Osteopathien, infektiöse und neoplastische Osteopathien auftreten können.

Osteophyten 41, 161, 167

Sammelbegriff für alle vom Knochen ausgehenden produktiven Neubildungen, die vor allen Dingen an Gelenkflächenrändern (Exophyten) oder auch an der Wirbelsäule (Spondylophyten) auftreten. Sie sind meist Folge degenerativer Veränderungen.

Pannus 174

Gefäßhaltiges Granulationsgewebe, das bei entzündlichen Erkrankungen der Gelenke auf die Gelenkfläche übergreift. Eine derartige Gewebeschicht tritt vor allem bei entzündlich-rheumatischen Erkrankungen, aber auch Infektionen der Gelenke auf und kann zur Verklebung der Gelenkflächen führen.

Paralyse 245

Vollständige motorische Lähmung. Die unvollständige Lähmung wird als Parese bezeichnet.

Paraplegie 36, 78, 245, 262

Vollständige Lähmung beider Beine, z.B. bei Querschnittslähmung des Rükkenmarks oder zerebraler Kinderlähmung.

Parese 245

Unvollständige, motorische Lähmung. Die vollständige Lähmung wird als Plegie bezeichnet.

Periarthrosis 168

Sammelbegriff für die in den gelenkumspannenden Weichteilen auftretenden degenerativen Veränderungen an Muskulatur, Sehnen, Sehnengleitgewebe und Faszien, die meistens im Zusammenhang mit degenerativen Gelenkerkrankungen (Arthrosis deformans), aber auch eigenständig auftreten können. Klinisch finden sich dabei Muskelverspannungen, Muskelhärten, Insertionstendopathien und Kontrakturen.

Platyspondylie 101, 108

Ausbildung von Flachwirbeln, die durch Verringerung der Wirbelkörperhöhe bei erhaltener Wirbellänge charakterisiert sind. Derartige Flachwirbel finden sich vor allem bei Skelettdysplasien (z.B. Achondroplasie, spondyloepiphysäre Dysplasie). Die Wirbelsäule zeigt dabei meistens eine ausgeprägte Formabweichung im Sinne eines Hohlrundrückens.

Plegie 245

Motorische Lähmung von Gliedmaßen oder Gliedmaßenabschnitten. Eine vollständige Lähmung wird als Paralyse, eine unvollständige als Parese bezeichnet.

Podagra 185, 187

Gicht (Arthritis urica) des Großzehengrundgelenkes. Hierbei kommt es zur Kristallablagerung in Synovialis und Knorpelgewebe des Gelenkes. Im Zustand des akuten Gichtanfalles zeigt das Großzehengrundgelenk alle Symptome der akuten Arthritis mit Rötung, Schwellung und Druckschmerzhaftigkeit. Der akute Gichtanfall betrifft fast immer das Großzehengrundgelenk.

pseudoradikuläre Beschwerdesymptomatik 333

Schmerzausstrahlung in Arme oder Beine, die denen bei Nervenwurzelreizung ähnlich sind. Ursächlich kommen aber ligamentäre und muskuläre Veränderungen sowie pathologische Prozesse im Bereich der Wirbelbogengelenke in Frage.

Pyarthros 227, 238

Eitrige Gelenkentzündung, die nach offener Gelenkverletzung, Injektion, Punktion, Operation oder auch fortgeleitet bei endogener Osteomyelitis auftreten kann. Bei Eiteransammlung im Gelenk kommt es frühzeitig zu destruktiven Veränderungen am Knorpelgewebe mit ungünstiger Prognose für die Gelenkfunktion.

Rhizarthrose 386

Arthrose des Daumensattelgelenkes (Karpometakarpalgelenk). Dieser Gelenkverschleiß tritt häufig postmenopausal bei Frauen auf.

Schmorl-Knötchen 320

Wachstumsstörungen der knorpligen Endplatten der Wirbelkörper, die durch die Verlagerung von Bandscheibengewebe in die Wirbelkörper selbst entstehen. Im Röntgenbild erscheinen die Schmorl-Knötchen als flache oder sogar kugelförmige Eindellungen der Wirbelkörperdeck- und -grundplatten. Die Bandscheiben sind durch die Verlagerung von Gewebe in die Wirbelkörper verschmälert. Diese Befunde sind typisch für die Scheuermann-Krankheit. Pathogenetisch handelt es sich um Veränderungen im Sinne einer aseptischen Osteochondrose. Ursächlich spielt ein Mißverhältnis zwischen der Belastungsfähigkeit der Wirbelkörperendplatten und deren tatsächlicher Belastung eine große Rolle. Schmorl-Knötchen werden mit allen typischen Veränderungen der Scheuermann-Krankheit gehäuft bei jugendlichen Leistungsturnern gefunden.

Skoliose 43, 50, 56, 104, 109, 310

Seitauskrümmung der Wirbelsäule mit Fixation und Torsion. Die Skoliose unterscheidet sich damit definitionsgemäß von anderen Seitausbiegungen der Wirbelsäule wie z.B. bei der Beinlängendifferenz (keine Fixation) oder der reflektorischen Zwangshaltung beim Bandscheibenvorfall (keine Torsion). Nach der Klassifikation von Cobb kann die Skoliose auf Veränderungen im Bereich der Wirbel (osteopathisch), der Muskulatur (myopathisch), der Nerven (neuropathisch) oder auf nicht bekannte Ursachen (idiopathisch) zurückgeführt werden. 85 bis 90% der Skoliosen waren idiopathischen Ursprunges.

Spondylitis 339

Entzündung von Wirbelkörpern oder der gesamten Wirbelsäule (Spondylitis ankylosans). Die umschrieben auftretenden Entzündungen von Wirbelkörpern beginnen in der Regel bandscheibennah. Aus diesem Grund kommt es zur Destruktion der Wirbelkörperendplatten mit Beteiligung des Bandscheibengewebes (Spondylodiszitis). In der Mehrzahl handelt es sich um bakterielle Entzündungen (Staphylococcus aureus, TBC). Aseptische Spondylitiden werden im Rahmen entzündlich-rheumatischer Grunderkrankungen beobachtet. Differentialdiagnostisch sind stets Osteolysen durch Tumoren zu bedenken.

Spondylodese 76, 301, 316

Durch Operation hergestellte Versteifung der Wirbelsäule. Eine Versteifung der Wirbelsäule kann erforderlich werden bei schmerzhaften Veränderungen im Bewegungssegment, bei Destruktionen der Wirbelsäule, durch Trauma, Entzündung oder Tumoren sowie bei Deformitäten der Wirbelsäule (Skoliose, Kyphose) zur dauerhaften Stabilisierung des betroffenen Wirbelsäulenabschnittes.

Spondylodiszitis 339, 341

Entzündung von Wirbelkörper und Bandscheibengewebe, die meist auf bakterielle Erkrankungen zurückzuführen ist (Staphylococcus aureus, TBC). Durch die primäre, bandscheibennahe Ansiedlung der Bakterien im Wirbelkörper kommt es zur Destruktion der Wirbelkörperendplatten mit Befall des Bandscheibengewebes. Im Röntgenbild fällt die Verschmälerung des Bandscheibenraumes auf. Eine aseptische Spondylodiszitis ist bei entzündlich-rheumatischen Erkrankungen möglich.

Spondylophyten 339

Knöcherne Randzackenbildung an den Wirbelkörpern als »Abstützreaktion« beim Bandscheibenverschleiß.

Stereognosie 245

Fähigkeit, Gegenstände allein durch Betasten, also mit geschlossenen Augen, zu erkennen. Zu einer Stereoagnosie kommt es bei einer Läsion des zentralen sensiblen Neurons.

Subakromialgelenk 358

Raum zwischen Unterfläche des Akromeons und der den Humeruskopf begleitenden Rotatorenmanschette. Im eigentlichen Sinne handelt es sich hierbei nicht um ein Gelenk, sondern um eine Verschiebeschicht, die von einem Schleimbeutel (Bursa) ausgekleidet wird, um die besonders große Beweglichkeit des Schultergelenkes zu gewährleisten. Bei der überaus großen mechanischen Beanspruchung der Weichteilstrukturen in dieser Region kommt es vorzeitig zu degenerativen Veränderungen der Rotatorenmanschette, die sekundär die subakromiale Bursa einbeziehen können und zu schmerzhaften Erkrankungen dieses »Gelenkes« führen (subakromiales Impingement).

Tetraplegie 36, 245, 262

Lähmung aller vier Gliedmaßen, die z.B. als Folge einer hohen Querschnittlähmung (Halsmarkläsion) oder einer Poliomyelitis verbleiben kann.

Thrombose 51, 79

Intravaskuläre, intravitale Blutgerinnung. Bei jeder Thrombose der tiefen Beinvenen besteht die Gefahr der Lungenembolie. Die Häufigkeit von Thrombosen ist bei orthopädischen Operationen, insbesondere im Bereich des Beckens (Beckenosteotomien, Endoprothesen) besonders groß.

Trajektorien 131

Der menschliche Knochen besitzt einen strukturellen Aufbau, der sich aus den Besonderheiten der mechanischen Beanspruchung der jeweiligen Skelettregionen ergibt. Die Ausrichtung der Knochenbälkchen nach funktionellen Gesichtspunkten führt zu einer Ordnung der Spongiosabälkchen in Trajektorien, die röntgenologisch besonders gut im epi- und metaphysären Bereich zu erkennen sind. Aus biomechanischen Gesichtspunkten werden Druck- und Zugtrajektorien unterschieden. An der Ausrichtung der im epiphysären Bereich vorhandenen Trajektorien ist auch die Richtung der durch das Gelenk geleiteten Kraft abzulesen.

Traktionsreaktion 252

Lagereaktion des Säuglings, der im Rahmen der entwicklungskinesiologischen Untersuchung besondere Bedeutung zukommt. Bei der Traktionsreaktion wird das Kind aus der Rückenlage an den Unterarmen langsam zum Sitzen hochgezogen. Dabei ist die Bewegungsantwort an Kopf und Beinen zu beachten. Anhand der unterschiedlichen Reaktionen während des 1. Lebensjahres kann die motorische Entwicklung quantitativ und qualitativ bestimmt werden.

Translationsverletzung 343

Verletzung, bei der die schädigende Kraft senkrecht zur Knochenlängsachse einwirkt. Translationsverletzungen treten vor allem an der Wirbelsäule und am Kniegelenk auf. An der Wirbelsäule führen sie zur Verschiebung von Wirbeln gegeneinander mit der Gefahr der sofortigen Querschnittlähmung. Am Kniegelenk führen sie zur Kniegelenksluxation.

Vojta-Reaktion 64

Lagereflex des Säuglings, der im Rahmen der entwicklungskinesiologischen Untersuchung überprüft wird. Bei der Seitkippreaktion nach Vojta wird durch rasches Seitwärtskippen des Kindes aus vertikaler in horizontale Seitenlage die Bewegungsreaktion des Kindes überprüft. Die unterschiedlichen Reaktionen während des 1. Lebensjahres gestatten die qualitative und quantitative Einschätzung der motorischen Entwicklung des Säuglings.